한국 현대 철학

그 주제적 지형도

* 이 저서는 2010-2015년도 정부재원(교육과학기술부 인문사회연구역량강화사업비)으로
한국연구재단의 지원을 받아 연구되었음(NRF-2010-342-A00005).

이화학술총서

한국 현대 철학

그 주제적 지형도

정대현 지음

이화여자대학교출판문화원

들어가는 말
한국 현대 철학, 그 주제적 지형도

정도전을 주제로 한 작품들을 접할 때마다 나는 특별한 감동을 받는다. 조선이라는 나라를 열면서 그 나라 공간을 지성적 내용으로 채우고자 애썼던 정도전의 모습에서 오는 감동이다. 그 감동은 한국 현대의 공간은 어떤 지성적 내용으로 채워질 수 있을 것인가라는 반성으로 이어진다. 정도전은 특정하게 완성된 가치 체계를 국가의 지배 구조에 그대로 적용하려 한 점에서 무리가 있었지만 국가 지향의 공간을 인간 중심적 가치로 채우려 했던 그의 노력은 치하할 만한 것이었다. 정치란 특정 이데올로기의 명사적 실체화이기보다는 열린 소통 행위의 동사적 과정이라는 점에서 정도전의 빛과 그림자가 대조되어 드러난다.

한국 현대 공간에는 어떤 지성적 내용이 들어와야 하는가? 쉬운 방식은 외국의 지성적 산물이나 사상 체계를 수입하여 채우는 것이다. 초기에는 그러한 방식이 필요했고 실제로도 기여를 해왔다. 그러나 이제 그 방식은 지성 내용의 명사형이 함축하는 대로 한국 현실의 특이성과 유동성 때문에 이질적이다. 우리가 무엇을 먹을까, 무엇을 마실까, 무엇을 할까, 어디로 갈까라는 물음을 물으면서 그 답을 외부에서 찾는 것은 우리가 미숙하다는 것을 자인하고 우리의 자율성을 스스로 외부에 양도하는 것이 된다. 어린이가 미숙하다는 외부적 판단으로 그의 자율성을 박탈할 수 없듯 한국 현대가 미숙하다는 판단을 외부로부터 들어서도 안 되는데, 하물며 미숙하다고 스스로 규정할 수는 더욱 없는 것이다. 우리는 한국 역사를 통해 한국 현대는 미숙한 적도 없거니와 자율성을 스스로 포기해서도 안 된다는 것을 터득하지 않았던가?

어떤 사람은 "한국 현대에 철학이 있는가"라고 묻는다. '철학'을 완성된 진리 체계의 이름으로 간주하거나 한국 현대의 모든 철학 활동은 외래 기원적이라고 가정하는 데서 오는 의문일 것이다. 그러나 철학 편재성을 수용하면 그러한 의문은 공허해진다. 인간의 모든 진술에 대해 '왜'라는 물음을 제기하는 순간 철학적 성찰이 불가피하다는 것을 인정하면 철학 편재성은 자명해진다. '왜'라는 물음은 사안에 따라 그 개념성의 정도가 낮거나 깊을 수는 있지만 모두 대답의 개념성을 요구한다. 개념성의 정도가 깊은 사유는 그 철학성이 쉽게 식별되지만 그 정도가 낮다고 해도 철학성이 없을 수는 없기 때문이다. 어떤 것이 개념이라면 그것은 총체적이고 구조적이고 진정성을 갖기 때문이다. 한국 현대는 이미 철학적이고 자율성을 유지할 만큼의 수준이 되었다. 한국 현대는 한국어를 사용하는 사람들의 사회가 나타내는 시간적 양상의 주체이다. 우리 조상들이 생각을 하고 철학을 할 수 있었다면 그 후손인 한국 현대도 그럴 수 있다.

"한국 현대에 철학이 있는가"라는 물음은 깊은 개념성의 철학 활동에 대한 의문일 수도 있다. 이 책은 그러한 의문에 대한 응답으로도 읽힐 수 있을 것이다. 한국 현대의 많은 동시대 철학자들은 깊은 개념성의 사유에 천착해오고 있다. 다만 문학과 사학 분야에서는 '지금 여기'에서의 학문 활동이 학문적으로 인정되고 논의되고 있는 데 비해, 철학 영역에서의 '지금 여기' 학문 활동은 한국 역사의 어느 시대보다 더 개념적이고 창조적인데도 학문적으로 소중하게 인정되거나 논의되고 있지 못하다. 나부터도 한국 현대 철학의 위상을 간과해온 것이 사실이다. 현직 30년 동안 대학원 세미나에서 서양 학자들의 논문을 읽고 분석하고 이해하고 소개하는 데 많은 시간을 보내면서도 동시대 동료 철학자들의 성취를 읽고 토론하는 데는 소홀했던 것이다.

한국 현대의 동시대 철학자들을 읽는 진정한 의미는 '지금 여기'라는 범주에서 찾아야 할 것이다. 인간이 소통하는 존재라면 소통은 언제나 지금 여기에서 이루어지기 때문이다. 과거는 현재의 관점으로부터만 의미가 있고 미래는 현재의 시각으로부터만 다가온다. "공맹의 말씀이라도 늘 새롭게 미루고 헤아려라(推測)"라는 최한기의 '탐구적 마음'도 지금 여기의 현재성에 닿아 있고 "이성 사용에 용감하라(Sapere Aude)"는 칸트의 '계몽성'도 인간 자율성의 지침이다. 보다 근본적으로, 소통이 생각을 전제하고 생각은 언제나 현재적이다. 생각과 독립해서 생각하는 자는 존재하지 않고, 의식도 생각이라면 생각은 인간 존재의 징표이다. 새로움 없이 생각할 수 없다면 지금 여기의 새로움은 인간 존재의 본질이다.

나는 이 책을 쓰면서 많은 분들을 만나게 되었다. 한국 현대의 동시대 철학자들의 성취를 읽으면서 많은 것을 배우고 깨우침을 받았다. 많은 동료들로부터 이 책을 위한 추천이나 평가, 자문과 조언으로 힘을 얻었다. 한국연구재단의 지원으로 이러한 연구가 가능했고, 아내의 시간 할애로 가독성이 높아졌고, 이화여자대학교출판문화원의 세심한 편집으로 보다 그럴듯한 모습의 책이 되었다. 책의 단일 저자 표기 방식은 이 책의 저자권의 경우 은폐적이다. 책의 내용이 채워지고 나오기까지 참여하고 소통한 분들만이 아니라 독자의 참여적 개입이 고려될 때 책의 저작권의 진실이 탈은폐될 것이다. 주체 없는 현재적 소통에 이를 때 진정한 만남이 이루어질 것이다. 이러한 만남은 성기성물적 만남이다. 성기성물적 계기를 주신 모든 분들께 감사한다. 정도전이 조선의 공간을 지성화했던 것처럼, 한국 현대의 동시대 철학자들은 한국 현대의 공간을 이미 철학화하고 있다. 동시대 철학자를 서로 읽음으로써 한국 현대 공간의 철학화가 보다 심화될 수 있기를 소망한다.

2016년 6월
정대현

차례

1장
한국 현대 철학 서설

1. 한국적 공간

책의 개념적 공간

한국 현대 철학은 당대의 한국인들이 한국어를 사용하여 제기하는 철학적 주제들에 대한 성찰이다. 철학적 문제에는 보편적 주제들도 있고 구체적 화제들도 있다. 보편적 주제는 이론적인 성향을 띠고 구체적 화제는 한국 사회에서의 삶이 제기하는 실천적 문제와 관련된다. 한국의 문학, 역사, 문화, 사회의 여러 분야에서 당대적 성찰이 수행되어온 것처럼, 철학의 분야들에서도 당대적 음미를 할 정도로 큰 성취가 있었다고 믿는다. 보편적이건 구체적이건 간에 철학적 성취에 대한 평가에는 시간적 거리가 필요하고, 적절한 평가에는 보다 많은 관점들의 개입이 필요하다. 그러기 위해 우선 필요한 것은 당대의 철학자가 무엇을 하고 있는가에 대한 내용의 음미이다. 이 책은 당대의 철학자에 대한 평가가 아니라 음미를 위해 쓰여졌다. 이러한 종류의 음미들이 소통하고 경쟁하면서 평가는 자연스럽게 이루어지게 될 것이다.

“한국에 철학이 있는가”라는 물음이 있다. 원효, 지눌, 퇴계, 율곡, 다산 등의 철학에 대한 철학적 적합성에 대한 물음이라고 생각한다. 또한 “한국의 현대에 철학이 있는가”라는 물음도 있다. 한국의 현대 철학은 아직 외국 철학의 수용 단계에 있는 것이 아니냐는 물음일 것이다. 적합성이나 수용 단계의 물음은 묻는 자의 관점에서 볼 때 언제나 일리가 있다. 철학의 개념적 공간에서 조심스럽고 겸손한 태도의 천명이고 그래서 이러한 물음은 조용히 표명된다. 철학에서 조심스런 태도는 유지되어야 한다. 그러나 철학적 문제는 개념적 문제이고, 개념적 물음은 초시공적 물음으로 나타날 수도 있지만 대개의 경우 나의 물음, 공동체적 물음에서 제기된다. 공론장에서 논의될 수 있는 철학적 물음을 초시공적 물음으로 한정하는 것은 공동체적 물음이 전제하는 개념의 심각성을 주의 깊게 인정하지 않는 것이다.

한국 과거의 시대적 공간에서 개념적 물음들이 제기되었던 것처럼, 한국 현대의 시대적 공간에서도 개념적 물음들이 제기된다. 한국의 현대 공간에도 사람들이 살고 있기 때문이다. 사람들이 사는 곳에는 물음이 있기 마련이고 어떠한 물음도 개념적이며 이 개념들은 주목할 만하다. 따라서 한국의 당대 철학은 선조들의 철학에 주목할 의미와 필요를 갖게 되고, 선조들의 통찰을 바탕으로 당대의 물음들과 씨름할 수 있는 것이다. 우리 선조들이 인간과 세계를 철학적으로 해석하고 전망하여 이룩한 성취는 한국 역사에 면면히 흐르는 지성의 결을 구성했을 것이다. 현재의 한국 철학자들이 선조들의 어깨 위에 설 수 있다면 더 멀리, 더 깊게 전망할 수 있으리라고 믿는다.

이러한 과제를 향하여, “한국 현대 철학”이라는 표현이 담고 있는 “한국”, “현대”, “철학”이라는 단어들을 보다 명료화할 필요가 있다. 이 표현이 표시하는 개념성에 대한 대강의 지도를 그릴 수 있다면 이 책이 어떤 윤곽으로 기획되고 전개되는지에 대한 지침이 설 것이다.

한국적

무엇이 한국적인가? "한국적"이란 어떤 형용사인가? 이 단어는 그 자체로 사용될 수 없고 어떤 대상을 수식한다는 점에서 특정한 성질을 나타낸다(정대현, 1985: 88–93). 그렇다면 무엇이 어떤 대상을 한국적인 성질로 갖는가? 첫째는 소유나 소속, 출생이나 발생 같은 실체적 조건이다. 백두산, 한글, 대한민국 헌법, 최한기나 3 · 1운동은 그러한 조건을 갖고 있으므로 "한국적" 또는 "한국의(Korean)"라는 단어로 수식된다. 둘째는 한국 사람들이 특정한 방식으로 발전시키거나 좋아하는 방식에서 비롯된 부사적 조건이다. 고려청자나 조선백자, 가야금이나 김치, 생각이나 느낌은 그러한 조건을 만족시키기 때문에 한국적이다. 부사적 조건은 실체적 조건과 달리 정도의 개념이 들어가 더 또는 덜 한국적이라는 비교가 가능하다. 이러한 한국적인 것의 특징들은 한국적이라는 성질을 단순한 성질, 원초적 속성으로 해석하는 것을 방지한다. '한국적'이라는 형용사는 한국인 문화의 실체성만이 아니라 과거나 현재 보존하고 발전시키고, 향유하고 나누고 있는 양식을 지칭한다. 그 양식이 창의적일수록 한국적 성질은 더 강해지고 미래 사회에 개방된다. 최한기라는 인물은 실체적으로 한국적이지만 최한기의 생각인 그의 철학은 부사적으로 한국적이다. 양자를 구분하지 않는다면 혼란이 야기될 것이다.

"한국적"이라는 수식어를 철학에 적용하는 경우 "한국 철학의 본질주의"로 오해할 수 있다. 이명현(1986: 21–22)은 그러한 오류의 가능성을 지적하며 이를 사상 다원주의 논변으로 비판한다. 한국 사람의 의식 세계를 지배해온 금강석 같은 '알맹이 생각'을 발굴해야 한다는 본질주의에는 오류가 있다는 것이다. 다원주의 논변에 따르면 사상이란 인간이 주어진 환경에서 부딪히는 문제를 해결하는 처방이고, 처방은 다양할 수 있으며, 어제의 처방이 오늘 그대로 적용되지 않을 수 있다(최민홍, 1984; 김상일, 1983). 남경희(2003: 73)도 철학자의 철학적 작업은 보편적인 성격을 갖지만 보편성을 본질주의와 혼동해서는 안 된다고 생각한다. 보편성의 기준은 선험적인 원리라기보다는 시간과 경험의 테스트로 생각해야 한다는 것이다. 보편성의 기준은 하향적이기보다는 상향적이고, 선험적이기보다는 구성적이라고 해석한다. 보편성은 근본적으로 언어 의존적이기 때문이다.

김재권(1986: 90)도 한국 철학 또는 한국적인 것에 대해 하나의 통찰을 제시한다. 그는 어떤 예술 작품이 "한국 예술"의 경우인가에 대한 충분조건을 제시하기는 어렵다고 보며, 하나의 필요조건으로 "역사적 연속성"이라는 조건을 제시한다. 역사적 연속성 개념은 애매모호하지만 한국 철학의 문맥에서 비교적 선명하게 해석될 수 있다. 김재권의 역사적 연속성은 앞에서 제시한 두 조건 중에서 실체적 조건이 아니라 부사적 조건이다. 한국인들이 좋아하고 발전시킨 사유의 방식이나 내용은 역사적으로 연속된다는 점에서 한국적이다. 그러나 이 부사적 조건을 실체적 조건으로 해석하는 것은 한국적 사유를 배타적 사유로 만드는 본질주의에 빠지는 지름길이다. 한글, 대한민국 헌법, 3 · 1운동을 실체적으로 한국적이라고 간주하는 구조는 이들이 한국 역사의 공간 이외에서는 발생할 수 없다는 불가능성을 지칭한다. 그러나 한국인의 사유나 철학은 그러한 불가능성을 전제하거나 요구할 수 없다.

한국어와 한국 공간

"한국적"이라는 수식어가 철학의 문맥에서 역사적 연속성을 가질 수 있는 조건 중의 하나는 한국어라고 생각한다. 한국어는 한국 사람들이 한국 공간의 결을 엮어내는 문법이다. 또한 한국어는 어떤 물음이 제기될 때마다 문맥에 따라 개념적 계기를 마련하여 그 물음을 철학적으로 만들게 하는 수단이다. 철학 사유가 개념적 사유이고 개념적 사유가 언어를 수단으로 하여 이루어진다는 점에서 철학 사유는 언어적일 수밖에 없다(정대현, 1985: 17-62). 철학 사유의 단위는 과거 전통에서는 관념이었고 이 관념은 심리적인 것이었다. 데카르트(Descartes, 1999)의 관념은 합리주의적 질서로, 흄(Hume, 2000)의 관념은 경험주의적 인상으로 근거를 갖고자 했지만 그 근본적 심리주의를 벗어나기 어려웠다. 그러나 현대에 이르러 철학 사유의 단위가 언어적 문장이 되면서, 문장은 언어 공동체에 의하여 "참"이나 "거짓" 이라는 간주관적 표준을 보다 명쾌하게 제시하게 되었다. 이러한 언어적 개념의 철학은 경험 과학들과의 관계를 선명하게 한다. 경험 과학의 언어가 대상 언어라면 철학은 그 대상 언어에 대한 물음을 제기하여 개념적, 상위적 물음을 묻게 만든다. 한국 현대 철학은 한국 사람들이 한국 개념 공간의 결을 엮어내는 문법인 한국어에 의존하는 것이다.

한국 현대 철학에서 한국어의 중요성에 대한 강조에 주목할 수 있다. 김혜숙(2000b: 385-386)은 한글의 내포가 깊고 풍부한 철학 언어로 자리잡기 위해서는 철학자들이 한글로 다양한 글쓰기를 실험해야 한다고 한다. 이러한 실험은 특히 언어적 개념을 중시하는 철학 안에서 치열하게 이루어져야 한다. 예를 들어, 강영안(2000: 325)은 안호상이 철학적 개념을 표현하는 데 한자어보다 한국어 고유어를 사용하여 '함', '앎', '참', '있음', '됨' 등을 제안한 사례를 높이 치하하는데, 바로 이런 노력이 필요한 것이다.[1] 같은 맥락에서, 이승환(2000: 99-102)은 전통 철학 연구자들과 현대 철학 연구자들이 현실을 토대로, 개방적이며 현대화된 언어를 사용할 것을 제안한다. 철학 언어의 문법이 현실에 말을 걸어야 하는 것이다. 보다 구체적으로, 백종현(2000a: 66)은 '임-있음'의 문제는 고대 희랍어나 서양 언어가 나타내는 시각과는 다른 '존재자의 본질-존재'의 해명 가능성을 연다고 본다. 이러한 도전을 통해 한국의 철학은 흥미 있고 새로운 국면을 맞게 될 것이다.

이 책은 한국어와 한국의 개념 공간을 연결하고자 한다. 그동안 한국 사람들의 삶은 역사적 연속성에 의한 연결을 본질적인 것으로 간주해오

---

1 한자어와 한국어 고유어의 구분은 명료화될 필요가 있다. 한자어(진리)는 한국어지만 한자(眞理)가 한국어가 아닌 구조는 영자어(유엔)는 한국어지만 영자(UN)가 한국어가 아닌 구조와 같다(정대현, 1994c).

기도 했다. 그러나 한국의 개념 공간이 한국어만으로 표현되어야 한다는 것은 필연적인 것이 아니다. 2008년도의 세계철학자대회 이후 한국의 공간 안에서도 철학 발표에 한국어와 영어의 겸용이 빈번하게 이루어지고 영어권 철학자들이 국내에서 중요한 기여를 하고 있다. 이러한 상황에서 한국의 개념 공간은 한국어를 일차적 언어로, 영어를 이차적 언어로 구성된다는 점을 제안할 수 있을 것이다. 따라서 이 책은 이러한 전망의 발전 단계에서 한국어를 사용하는 철학자들이 한국어를 일차적 언어로 표현한 철학의 내용에 먼저 주목하지만 영어로 발표한 경우들도 제외하지 않았다.

2. 현대성: 주체의 새로운 자율성

상황의 현대성

왜 "한국 현대 철학"인가? "한국 현대 철학사"라고 하지 않은 이유는 무엇인가? 그 이유는 개념적이기도 하지만 개인적이기도 하다. "사"자를 붙이는 경우, "현대"는 "근대"라는 단어로 이해되는 것까지 포함한다. 그렇다면 현대의 시점을 규정할 때, 서학이 한국에 도입(1603)되었거나 3 · 1 운동(1919)의 발생한 시기 또는 "철학"이라는 명칭하에 철학 전공자들이 나타나게 된 시기(1920년대)까지 넓혀질 수 있다.[2] 그 경우 논의 대상을 이미 저명해진 철학자들로 한정하는 장점, 또는 용이함이 있다. 그러나 거의 400년 또는 좀 더 좁혀 100년 동안의 철학자들을 다룬다면 성

2 "근대(modernité)"에 대한 유럽의 문맥은 물론 한국의 문맥과 다르다. 크리스토퍼 콜럼버스(C. Columbus)가 미주 대륙에 도착한 1492년, 종교개혁을 야기한 마틴 루터(M. Luther)의 라틴어 성서의 독일어 번역의 1517년, 데카르트가 "나는 생각한다 고로 나는 존재한다"라는 명제에 이르게 되는 통찰의 1619년, 프랑스 대혁명이 발발한 1789년 등으로 논의된다.

리학적, 양명학적, 노장적, 불교적, 서학/실학적, 헤겔/마르크스적, 관념론적, 언어 분석적 등의 유파 철학으로 구분하여 논의해야 할 것이다. 유파 철학들로 나누어 논의하는 것에는 유파의 독특한 전통, 고유한 기여의 논리 등을 명료화하는 장점이 있다. 그러나 어려움은 이것이다. 그러한 특정 유파들 간에 철학적, 개념적 관계를 추적하여, 유파마다 어떤 점에서 관계가 있는지, 어떤 점이 다른지에 대한 주장을 해야 하며, 이를 위해 유파 간의 언어들을 비교할 수 있는 개념어로 재해석해야 하는 것이다(김영민b, 2005: 218). 유파들의 나열만으로는 개념 없는 직관에 빠질 위험이 있기 때문이다. 따라서 이 책은 본인의 능력의 한계로 그러한 접근방식을 사양하게 되었다.

"한국 현대 철학"에 "사"를 붙이지 않는 경우, "현대"는 성숙의 현대성과 당대의 현대성이라는 의미를 보다 선명하게 갖게 된다. 먼저, 당대의 현대성은 한국 철학사의 철학자 중에서 동시대의 철학자들에 주목하게 한다. 현직 기간 동안 대학원 세미나를 위해 외국어 논문을 읽었던 경험에 못지않게, 동시대의 철학자들을 한국어로 읽고 배우는 경험은 대단한 즐거움을 줬다. "사"자의 유무에 따라 생기는 또 하나의 차이는 한국 철학사에는 온고지신(溫故知新)의 이점이 있어 어제 선배의 철학들을 배워 오늘을 가늠하게 되는 것이지만, 한국 현대 철학은 온금지래(溫今知來)의 이점이 있다. 오늘의 동료의 철학들을 배워 내일을 짐작하게 된다는 점이다. 오늘의 동료 철학자들의 글 읽기는 여러 가지로 권장할 만하다. 철학도는 대개의 경우 시인의 공간처럼 사적 공간에서 보편적 사유를 한다. 그러나 동시대 동료 철학자를 읽는 경험은 이론적 개념성을 구체적 개념성으로 인도한다. 나의 사유가 얼마나 개인적, 주관적, 독립적인지를 알게 하고, 다른 어휘의 사용에도 불구하고 얼마나 공감을 얻고 있는지를 알게 한다. 철학적 차이가 있음에도 인정하게 되는 개념적 통찰을 통해 철학적으로 감사하고 학문적 우정에 도달한다. 이러한 차이와 공유를 통한 철학적 연대는 아무 때나 "소통할 수 있다"는 당대성의 조건으로 철학 공동체의 가능성을 열어주는 것이다.

한국 현대 철학의 당대성은 필요하다. 문학과 사학은 이미 당대성을 선명하게 그리고 설득력 있게 나타내 보이고 있다. 그러한 당대성의 구조나 조건은 철학에서도 구현할 필요가 있다. 철학의 당대성이 구현되지 않는다면, 한국 철학은 원효에서 다산 정약용에 이르는 철학이나 서양 철학의 수입 학문으로만 간주되거나 인식될 수 있다. "한국 현대 철학"이라는 이름을 누군가가 진지하게 불러주지 않는다면 이러한 인상은 지속될 것이다. 반면 우리 모두가 이 이름을 부르기 시작하면 우리는 선조들의 어깨를 딛고 서는 작은 주역이 될 수 있을 것이다. 우리가 주역이 되면 당대 철학자들 간의 대화나 소통이 지금보다 더 활발해질 것이다. 한국의 철학 학술지에서는 왜 토론이 활발하지 않은가? 왜 학자들은 서평 쓰기에 적극적이지 않은가? 당대 철학자들이 주역이라는 의식을 갖도록 지원되지 않아서는 아닐까? 선배들의 어깨를 딛고 올라서기는커녕 그 그림자를 밟을까 조심하는 태도를 취하는 한 이런 소극적 자세는 지속될 것이다.

성숙의 현대성

"한국 현대 철학"에 "사"자를 붙이지 않는 개념적인 이유는 철학성의 이해 방식이기도 하지만 성숙의 현대성이기도 하다. 최인숙(2005: 1-28)은 두 가지 계몽을 구별한다. '개인은 매사에 이성적이어야 한다'는 통속적 계몽과 '사회 속에서 자율적, 창의적, 능동적이어야 한다'는 칸트적 계몽이다. 칸트는 이미 현대의 탈근대성을 선구하고 있었던 것이다. 칸트(1784: 13-22; Kant, 2007)의 계몽은 계몽의 성숙성으로 설명된다. 계몽이란 없는 이성을 찾는 것이 아니라 보유하고 있는 이성을 "지금 여기"에서 사용하는 데 용감함(Sapere Aude)을 드러내는 것이다. 이것이 성숙의 표지이다. 미성년이 후견인의 지도와 허락을 받으면서 안도하듯, 성숙하지 못한 사람은 책, 전통, 종교, 법률 등을 어렸을 때의 후견인처럼 여기고 자율적 생각의 괴로움을 피하고자 한다. 성숙의 현대성은 "계몽을 단념하는 것은 인류의 신성한 권리를 손상시키고 유린하는 일이다"라는 칸트의 언명을 통해 일차적 인간 조건 중의 하나가 되었다. 칸트의 언명에 무게가 실리는 까닭은 그의 사유 주체가 데카르트의 사유 주체를 대치하여 지금에 이르렀기 때문이다. 데카르트는 "나는 생각한다 고로 나는 존재한다"라는 제일 명제를 제시하여 의심 불가능한 세계 인식의 필연적 명제들을 확립했다고 믿었다(이준섭, 1993). 그러나 칸트는 대상 인식의 구조에 주체의 개념성을 도입하여 표상주의적 인식론을 극복한 것이다(이광래, 2007: 79-168; 오생근, 2013: 179-186).

칸트의 성숙의 현대성을 현대적으로 해석한 경우는 푸코(Foucault, 1972)이다. 이진우(1993: 51-71)는 그러한 푸코의 해석에 주목한다. '현대'를 근대로 이해하는 경우, '현대'는 특정한 시대의 계몽성을 지칭할 수도 있지만, 칸트가 제시한 '계몽'의 문법을 따르게 되면 '현대'는 어느 시대건 현대인이 자기 시대를 반성하는 계몽을 표시한다는 것이다. 이러한 현대성은 자아와 주체에 대한 데카르트적 선험성을 거부하고 개인을 사고, 언어, 행위의 주체로 구성하는 역사적 사건과 과정을 중시한다. 우리에게 주어진 한계를 역사적으로 분석하고, 이 한계를 넘어설 수 있는 초월의 가능성을 실험하는 철학적 삶을 지향한다. 현대성은 우리는 무엇을 알 수 있는가, 무엇을 해야 하는가, 무엇을 희망할 수 있는가와 같은 물음이 전제하는 어제와 오늘의 연속성이 아니라 오늘은 어제와 어떻게 달라야 하는가에 대한 차이의 산출이다. 따라서 사유의 자유보다는 행위할 수 있는 자유를 지향한다는 점에서 실험적이다. 기존 질서에 의해 배척되는 "다른 것"에 대해 비판적 관심을 가지면서도 행위할 수 있는 자유의 공간을 확보하는 "바깥의 사유"이다. 현대성은 주체가 항상 새로워지는 상황에서 자율성을 수행하는 것이다.

성숙한 물음

"계몽이란 무엇인가"라는 칸트의 성숙의 현대성 물음은 푸코에 와서 "오늘은 어제와 어떻게 달라야 하는가"라는 차이의 물음으로 번역되었다. 어제와 오늘의 차이에 대한 물음은 철학 전통에 대한 이해를 명료하게 해준다. 김재권(1986: 94)은 "철학 전통에 대한 주석은 가치 있는 일이지만 단순한 주석에 그칠 경우는 문제가 된다. 그럴 경우 전통이라는 것은 역사적 탐구의 대상일 뿐 살아 있는 전통은 못 된다"고 지적한다. 김재권은 전통을 불고하는 것이 아니라 이를 살아 있는 전통으로 만들어야 한다고 강조한다. 기억도 생각이고 꿈도 생각이지만, 꿈으로 연결되지 않은 기억은 죽은 기억이고 기억에 연결되지 않은 꿈은 개꿈일 것이다. 진정한 생각은 꿈을 갖는 기억이 변화하는 상황에 절실한 물음을 물어 현재를 구성하는 것이다. 살아 있는 사람은 현재를 구성해야 할 책임이 있다. 생각하는 사람이라면 현대라는 상황을 무시할 권리가 없다. 현대성은 지금 여기라는 상황을 무시해서는 안 되는 인간 존재의 속성이다.

현대성의 물음이 유형적으로 선명하게 예시되는 한 경우는 지성인 개념에서 찾을 수 있다. 지성인이란 진선미를 지금 여기에서 실현하는 사람이다. 모방하는 자는 물음을 묻지 않는다는 점에서 지성인이 아니다. 진(眞)이란 세계를 알고자 하는 물음 없이 경험될 수 없다. 신문을 몇 년씩 읽지 않고 세상과 단절되어 산속에서 사는 사람은 고매한 신선일 수 있지만 지성인은 아니다. 선(善)이란 역사 발전의 방향에 대해 일관되게 올바른 것을 물으며 가치를 추구하는 것이다. 뇌물은 바치고 세금을 안 내는 사람은 부자가 될 수 있지만 지성인은 아니다. 미(美)는 삶을 광고에 맞추어 사는 것이 아니라 물음을 통해 자기 나름의 새로운 방향으로 즐기는 데서 나타난다. 인생을 습관적으로 비관하고 자살을 생각하는 사람은 지성인이 아니다. 진선미를 합친다고 지성인의 충분조건이 되는 것은 아니지만, 각각은 지성인의 필요조건이다. 중요한 것은 지성인의 세 필요조건이 모두 과거나 미래에 한정된 것이 아니라, 과거와 미래에 연결되어 있으면서 지금 여기라는 현재에 물음을 묻고 실현하고자 하는 태도의 속성이라는 점이다(정대현, 1983b).

한편 현대성의 물음이 개별적으로 선명하게 예시되는 한 경우는 최한기의 실학일 것이다. 허남진(1988: 32, 46; 1999)의 분석에 따르면, 이전의 실학자들이 백과전서식의 박물학의 경향을 보였던 것과는 달리, 최한기는 기(氣)라는 형이상학적 개념을 중심으로 자신의 세계관을 전 분야에 수미일관되게 전개했다. 기 자체가 지니는 리(理)의 성격을 종래의 도덕적 규정에서 수(數)와 경험적 인식에 의한 규정으로 바꾸어놓은 것이다. 즉, "기의 운동에는 모두 일정한 법칙이 있으므로, 기의 운동을 측량하는 산수의 학문이 있게 되며 그 가운데 리가 있어 한 번 더하고 한 번 빼는 것이 이것 아닌 것이 없다." 최한기가 수를 거의 유행지리와 동일시했던 그 장치는 그의 실명적(實名的) 의미론과 과학 방법론이다. 언어가 실제와의 관계에서 의미를 가진다면 과학은 미루고(推, generalization) 헤아리며(測, confirmation), 이러한 추측을 위해 개과천선(改過遷善, 잘못이나 거짓을 바꾸면 선이나 진리에로 가까이 다가감)하는 것이라고 제안한다. 최한기는 이러한 논리에 입각해서 "공맹(孔孟)의 말씀이라도 항상 새롭게 헤아려야 한다"고 말한다. 인간 지식의 모든 명제들이 가설적 성격을 지닌다는 점의 강조가 인간 사유의 현대성에 닿아 있는 것이다(정대현, 1983a; 김선희c, 2014).

현대성의 필연성: 나는 생각한다

'오늘은 어제와 어떻게 달라야 하는가'라는 현대성의 물음은 지성인 개념과 최한기 실학에서 표본적으로 볼 수 있었다. 이러한 현대성은 생각하는 사람의 일차적 범주이다. 그러므로 현대를 사는 사람은 "현재를 기리(celebration of the present)"는 태도로 살 수밖에 없다. 모험적이기는 해도 당대의 사람이나 삶, 작품이나 활동을 영웅화하는 것이다. 물론 "철학자나 철학 저서의 평가는 한 세대 후에나 가능하다"라는 말을 할 수 있다. 올바르고 안정적인 평가를 위해서는 시간이 필요할 수도 있다. 그러나 현대성은 더 이상의 대화가 필요 없는 안정적 평가보다는 다양성 속에서 현재의 삶을 보여줄 수 있는 대화적 소통을 필요로 한다. 현재의 영웅화 모델은 과거에서처럼 유일성이 아니라 대화를 통한 자유롭고 평등한 다수의 영웅화, 어쩌면 주체 없는 공동체 소통의 영웅화를 필요로 할 수도 있는 것이다.

칸트는 성숙의 현대성을 인간의 본질로 구성해 보여줬다고 생각한다. 나의 본질은 내가 보편화할 수 있는 의지의 명제를 나의 행위의 기준으로 선택하는 자율성 개념에서 보여진다. 이러한 현대성의 필연성 논변은 크립키(Kripke, 1972: 160-164, 1980)의 양상 언어에 비추어 구성해볼 수 있다. 어떤 사람에 대해 그의 이름, 그의 부모의 이름, 출생지, 출생연월일을 명시하면서, 그가 그러한 상황에서 태어났다고 말하는 문장(김연아는 대한민국 경기도 부천에서 1990년 9월 5일 아버지 김현석과 어머니 박미희의 딸로 태어났다)은 역사적 사실을 나타낸다. 그러나 이 문장이 역사적으로 참이라고 해도 우유적으로 참인 것은 아니다. 현실 세계에서 참이라면 이 문장은 모든 가능한 세계에서 참이므로 필연적으로 참인 것이다. 김연아가 그때 대한민국에서 태어난 것은 바로 김연아의 본질이다. 더불어 김연아는 김연아의 삶의 기간 동안 김연아의 현재성, 현대성을 김연아의 본질로 갖는다. 김연아의 몸과 생각에 부착된 현대성의 필연성은 그 확실성만큼 축복이지만 또한 그 무게만큼의 책임을 뜻하기도 한다. 김연아가 이 삶을 얻을 수 있기 위해 1만 년 또는 137억 년이 걸렸다면 지금 여기의 김연아의 생각은 그만큼 소중할 수밖에 없다.

한국 현대 철학에 "사"자를 붙이지 않으므로 "현대"는 특정 시기가 아니라 당대 생각을 지시하는 표현이 되었다. "현대"라는 단어에 대한 이러한 이해는 책의 범위와 한계, 구성과 내용에 대한 방향을 시사한다. 현재의 한국 사회는 철학을 향한 심층적 열망을 지대하게 가지고 있다. 서양에서의 철학 전통은 플라톤 이후 2400년의 긴 역사가 있었고, 근세로 한정하는 경우에도 데카르트 이후 400년의 기간이 있었다. 그러나 한국 문화에서 "철학"이라는 표제하의 철학은 지난 100년도 넘지 않은 기간 안에, 그것도 동아시아 전통을 배경으로 단축적으로 수용하여 소화시킬 필요가 있었다. 많은 분야에 대한 지성적 작업을 나름대로 펼쳐야 했기 때문이다. 한국 사회의 철학에 대한 이러한 필요와 요구는 철학사의 철학자들에 대한 연구에서 나타난다. 많은 한국의 현대 철학자들은 우선적으로 서양 철학사와 동양 철학사의 중요한 철학자들에게 주목하고 지식을 산출하여 시대의 요구에 부응했다. 누군가가 "사"자를 부착한 "한국 현대 철학사"라는 이름하에 이러한 모든 철학자들의 연구에 대한 조감, 해석, 의의를 부각해낼 수 있을 것으로 기대한다.

이 책은 "현대"가 의미하는 당대 생각의 뜻을 존중한다. 이러한 뜻을 존중할 수 있는 계기도 있다. 한국 철학계는 "철학"이라는 이름의 전공자가 나타나게 된 1920년대부터 외국 철학의 수용 과정을 거쳐왔다. 그리고 1976년에 한국 철학계 안에 10개의 분과가 만들어지면서, 분야별 모임에서 전문가들이 외국 학자들에 대한 발표자의 소개에 만족하지 않고 "발표자의 관점은 무엇인가?"라는 물음을 치열하게 묻기 시작했다. 자연히 자기 생각을 진지하게 발표하는 계기가 얻어지고 논평하고 토론하는 공간이 생겼으며(이명현, 1986: 27) 그 결과들이 학술지를 통해 공표되어왔다. 자기 생각 또는 자기 철학을 표방하는 이러한 추세는 시간이 갈수록 더욱 확실해지고 그 철학적 논변의 세밀함도 심화되고 있다. 이제 한국 철학자들은 철학의 여러 분야에서 한국 공간에 국한하지 않고 동아시아 공간, 세계 공간으로 나아가 자기 철학을 천명하게 되었다. 이러한 철학 활동의 경향은 현대성이 요구하는 현재를 기리는 성향이고, 인간 본질의 성향을 나타내는 것이다. 나는 그러한 인간 본질의 후보를 다음의 문장으로 표현할 수 있다고 믿는다: 우주가 공간 안에서 팽창하는 것이 아니라 팽창하는 우주인 것처럼, 인간은 생각 안에서 팽창하는 것이 아니라 팽창하는 생각, 그 자체다.

3. 철학성: 주체의 개념적 사유

철학성

철학이란 무엇인가? 철학한다는 것은 생각한다는 것이다. 그리고 그 역도 성립한다. 철학과 생각의 동일시를 통해 철학의 편재성 가설을 제안해볼 수 있다. 어떠한 생각이나 어떠한 문장도 개념성을 갖기 때문이다. 임의의 진술에 대해 "왜" 또는 "어떻게"라는 물음을 제기하는 순간, 그 개념성의 복잡성이 드러난다. 그렇다면 개념성이란 무엇일까? 하나의 단어("사람")에 의해 표현되는 개념(사람)은 그 단어가 속해 있는 언어 체계 안에서 다른 모든 단어들("동물", "가족", "사랑", "사회"…)이 나타내는 개념들(동물, 가족, 사랑, 사회…)과 연결되는 방식들의 복합 구조에서 그 개념적 내용을 가진다. 개념적 생각 중 하나는 애매모호한 개념에 연결되는 방식들의 복합 구조를 명료하게 하는 것이다. 개념적 생각의 다른 하나는 평범하고 사소한 것으로 간주되었던 단어를 그것이 속해 있는 언어 체계 안에서 중요한 개념으로 나타내보이는 것이다. 철학자는 특정한 위기 상황에서 새로운 단어를 제안하고 체계 안에서 다른 단어들과의 관계를 새롭게 구성하여 해명이나 위기 극복이나 자유의 길을 가리키는 개념에 도달할 수도 있다. 또한 생각의 개념성은 원초적이고 궁극적인 주제를 지향하는 무거운 경우도 있지만 일상적이고 자연적인 주제를 다루는 가벼운 경우도 있다. 대개의 경우, 무거운 개념에 대한 생각을 "철학적"이라 불러왔다. 그래서 철학적 생각의 표적이 되는 개념들은 사소하기보다는 중요하고, 주변적이기보다는 인간 사유에 핵심적이고 원초적인 것들로 간주되었다. 예를 들어 존재, 언어, 윤리, 인간, 문화 같은 개념들이다. 그러므로 전문적으로 말하여 철학성이란 인간의 삶에 필요한 핵심적 개념에 대해 수행하는 생각의 심층성이라고 볼 수 있다.

이러한 의미의 철학성 개념은 플라톤에게서 구성되었으며 이 전통은 데카르트, 칸트, 비트겐슈타인 등을 통해 면면이 이어져왔다. 플라톤은 용기, 경건, 아름다움, 중용, 선, 정의, 같음 등의 개념들에 대해 그것이 무엇인가를 묻고 대화했다. 이러한 개념들은 감각적으로 나타나는 경우들만을 주목해서는 이해되지 않고, 그것들이 발현된 모든 경우들의 형상(Form)을 통해 파악된다고 했다. 철학적 생각이 개념적 생각이라는 점을 명료하게 해준 출발점이다. 데카르트는 '나는 생각한다 고로 나는 존재한다'라는 사유 실험을 통해 철학의 패러다임을 중세의 존재론에서 근세의 인식론으로 바꾸었다. 칸트는 나의 세계 인식이 나의 개념에 기초한다는 코페르니쿠스적 전환을 이룩했고, 비트겐슈타인은 언어나 개념이 초월적인 것이 아니라 인간 공동체들의 생활 양식으로부터 구성되었음을 밝혔다. 이들은 모두 인간의 삶이나 생각에 필요한 핵심적 개념들에 대해 생각의 심각성을 보여주었다. 철학성의 대표적 구현자들이다.

"철학"은 동사인가 아니면 명사인가? 철학의 희랍어 어원은 지혜(sophia)를 사랑(philo)한다는 것으로 동사형 해석이나 명사형 해석을 둘 다 허용하는 것처럼 보인다. 그러나 철학에 대한 대중적 인상은 명사형 해석으로 기우는 것 같다. 특히 플라톤(Plato, 1997), 데카르트, 칸트, 비트겐슈타인(Wittgenstein, 2009) 같은 철학 대가들의 개념적 사유의 심각성을 접하고 나면, 이 철학자들의 동사형 철학 활동보다는 그 철학 활동의 결과에 감동적으로 이끌리게 된다. 그렇다면 그 대가들이 한 것은 명사형 철학인가? 동사형 철학인가? 그들은 자신들이 속한 시대의 문제에 대해 동사형으로 철학을 했던 것이다. 그들을 좋아한다면 그들이 성취한 바탕 위에 올라서서 동사형 철학을 이어가야 그들의 철학함을 진정으로 좋아하는 것이 될 것이다. 철학이 일차적으로 동사적이라는 점은 칸트적 현대성과 이성적 사유를 주체적으로 수행한다는 지점에서 만난다. 철학성과 현대성에 차이가 있다면, 현대성은 자율성의 국면을 드러내주고, 철학성은 이성적 사유의 논변성의 국면을 더 잘 보여준다는 것이다.

현대성이 자율성의 국면을 드러내는 것은 성숙과 미성숙을 대조적인 배경으로 하기 때문이다. 철학성이 논변을 요구하는 것은 '생각한다'의 속성이 '침묵의 구조를 수용'하기보다는 '질문의 환경을 구성'하기 때문일 것이다. 사실에 대한 질문은 단답형 답변으로도 해소가 되지만 개념적인 질문의 경우 단순 답변은 질문이 발생한 의문의 상태를 해소하지 못한다. 개념적인 질문의 경우, 고려해야 할 체계의 언어 연결망 후보들을 분류, 선정, 구획, 조정, 통합하는 방식은 헤아릴 수 없이 많고 그중 경쟁적인 소수의 관점에 대해 해명해야 한다. 따라서 개념적 질문에 대한 답변은 논변적일 수밖에 없다. 개념적 질문에 단답형 답변을 제시한다는 것은 진정한 답변이 아니라 관점의 선언에 불과하다. 성의 있는 답변은 길어질 수밖에 없다. 철학적 고전이 길어지는 까닭이다. 하나의 개념적 질문에 하나의 답변을 하는 경우에도 전체의 체계가 그려져야 하기 때문이다.

철학 편재성

나는 철학은 편재적이라는 가설을 지지한다. 일반적으로 사람들은 모든 철학은 생각이지만, 모든 생각이 철학은 아니라고 믿는다. 만일 모든 생각이 철학이 아니라면 철학의 편재성 가설을 포기하거나, 철학의 편재성 가설을 지지하기 위해서 "모든 생각이 철학인 것은 아니다"라는 문장의 해석을 조정할 필요가 있다. 표면적으로 "모든 생각이 철학인 것은 아니다"라는 문장은 옳은 것 같다. 갑작스럽게 떠오른 할머니 생각이나, 피아노 독주를 좋아함은 그 자체로 철학이 아니기 때문이다. 그러나 이들에 대해서도 "무슨 생각이지요?", "어떻게 좋아하시지요?" 와 같이 물을 수 있다. 그렇다면 이를 일반화하여 어떤 생각도 개념성의 물음 앞에 놓인다고 말할 수 있다. 즉 언어가 사용되는 어떤 지점에서도 물음이 가능하며 개념적 조명이 요청될 가능성이 있다는 점에서 철학의 편재성은 유지될 수 있는 것이다.

철학 편재성 가설을 위한 위의 물음 논변은 콰인(Quine, 1960: 270-276)의 의미론적 상승(semantic ascent) 개념에 의해 강화될 수 있다(정대현, 2014: 220-222). "타스마니아에는 일각수들이 있다"라는 존재 사실적 문장은 "타스마니아에는 '일각수'라는 술어가 참인 생물들이 있다"라는 언어 문법적 문장으로 해석된다. 불분명한 대상의 이야기가 보다 분명한 단어의 이야기로 전환되는 것이다. 물리학의 빛, 속도, 중력, 입자 같은 대상들뿐만 아니라 점, 직선, 마일, 수, 속성, 명제, 진리, 사실 같은 대상들의 이야기도 언어의 이야기로 전환될 때 더 명료해지고 논리적 추구의 절차가 선명해진다. 콰인은 구체적으로, 존재라는 형이상학적으로 불투명한 개념에 대해 "존재란 양화 체계의 문장을 참이게 하는 변항의 값"이라고 하며 의미론적 상승을 시도한다. 이런 개념화를 통해 어떤 존재 문장도 양화 체계 안에서 참과 거짓의 평가에 투명하게 열리는 문장으로 번역될 수 있게 된다.

어떤 생각도 물음에 의해 개념적 차원의 논의에 들어갈 수 있는 것처럼, 어떠한 사실이나 의견도 의미론적 상승의 장치에 의해 개념적 차원에 들어갈 수 있다. "태양계 행성은 여덟 개다"라는 사실이나, "1960년 4월 19일의 서울의 학생 시위는 혁명이다" 또는 "식구들은 저녁 12시까지 귀가해야 한다"라는 의견에 대해서 "정말 그러한가?"라고 물을 수 있다. 행성의 수, 혁명성, 귀가 시간 등 대상에 대해 의견을 달리하는 사람들은 각기 다른 의견이 들어 있는 체계를 근본적으로 제시할 수 있다. 각 체계들은 도입해야 하는 가치, 배경 환경의 해석의 구조, 중요성의 우선순위 등을 열거하게 된다. 그러면 최초의 대상에 대한 의견 차이는 체계에 대한 의견 차이로 전환된다. 즉 대상적 갈등이 체계의 차이로 전환되는 것이다. 대상적 갈등은 사안에 대한 비통약적 언어 문법의 차이 때문에 쉽게 인격적 갈등으로 비화될 수 있지만, 체계의 차이는 사안에 대해 다른 관점들과 소통에 필요한 거리를 유지할 수 있게 한다. 이를 일반화할 수 있을 것이다. 의미론적 상승은 인간이 당면할 수 있는 어떠한 차이에 대해서도 개념적 차원 또는 철학적 사유를 통해 상호 이해의 소통의 관계에 진입할 수 있게 해준다. 철학은 편재적인 것이다.

철학의 편재성을 가리키는 또 하나의 주제는 "성찰되지 않은 삶은 살 가치가 없다"는 소크라테스 언명이다(Lee, 2013: 278-281). "성찰되지 않은 삶"이나 "성찰된 삶"이라는 표현이 명사형 실체나 특정 시점에서 성찰이 종료된 삶을 지칭하고 있지 않다는 것은 분명하다. 이 표현은 살면서 이루어지고 있고 이루어질 수밖에 없는 동사형 과정 또는 지속적인 반성의 의식을 나타낸다. 이러한 동사적 해석을 통해 소크라테스의 언명은 "반성하지 않는 자는 인간이 아니다"로 의역될 수 있다. 성찰이나 반성은 단순 사실의 여부가 아니라 총체적 개념성의 결에서 이루어진다. 그렇다면 개인에 따라 달리 갖게 되는 총체적 개념의 둥지는 그 개인의 삶의 의미로 채워질 것이다.

한국 현대 철학의 범위

한국 철학계가 열 개의 전문 분야의 분과 학회로 주체적 철학을 시작한 1976년 이후 한국 사회는 한국 철학계에 다양한 필요와 역할, 여러 차원의 내용과 기능을 요구해왔다. 한국 철학계는 제한된 인력으로 그러한 기대에 부응하기 위하여 암묵적으로 분업 작업을 해왔다. 철학 운동, 철학 실천, 철학 교육, 철학 치료, 영화 철학, 비판적 사고, 인문학, 문화학 등의 철학 활동이 그것이다. 어려운 여건 속에서도 철학은 그 분업 작업을 통해 한국 사회에 기여하여 이만큼의 입지와 역할을 갖게 되었다고 생각한다. 이제는 한국 사회가 요구하는 철학 활동들을 체계적으로 기술하고 그 심층적 기여와 발전적 태동, 전망에 대해 체계적인 논의가 이루어져야 할 시점이라고 생각한다. 그러한 작업을 통해, 한국 현대 철학이나 한국 현대 철학사는 보다 온전한 이름값을 할 수 있다.

한국 철학계는 1976년 이후 자생적 철학을 주제적으로 시작하면서 철학성 개념이 요구하는 논변 중심적 철학 사유에 주목했다. 철학자들은 선배 존중의 방식을 "선배의 그림자도 밟지 않는다"에서 "선배의 어깨 위에 올라서서 내일을 내다보며 지금 여기에서 철학하자"로 바꾸어나갔다. 물론 초기에는 걸음마 수준의 자생적 철학이 시도되었지만 시간이 갈수록 철학 논변들은 심화되고, 세련되고, 강화되었다. 이제 철학 사유는 입장, 관점, 전통 등의 분류적 판별보다는 논변 중심의 개념적 사유에 초점이 모아지게 되었다. 어떤 이들은 이러한 논변 중심의 철학적 생각을 탈가치적, 또는 탈이데올로기적이라고 한다. 그러나 가치나 이데올로기도 논변에 의존하는 한 철학성의 범주 안에서 논의의 대상이 되는 것이다.

철학성 개념이 함축하는 철학 편재성, 논변 중심의 철학하기, 현대성이 함축하는 당대 생각 등의 조건들은 '한국 현대 철학'에 또 한 차원의 범위를 그을 수 있게 한다. 대학에서 소위 '철학과'에 속하지 않는 학자들의 개념적 작업까지 주목할 수 있게 하는 것이다. 전문직 철학자들의 생각만이 아니라 한국어 담론의 개념적 심층성에 도달한 생각을 포함하는 것이다. 그래서 이 책은 철학과에 소속된 학자들만이 아니라 문학, 사학, 법학, 과학 분야에서 활동하는 철학자들을 논의했다. 또한 대학 사회에 소속한 적이 없는 소위 '재야 학자'의 철학적 성찰도 논의의 대상으로 삼았다. 지면상의 한계로 정치학, 경제학, 행정학, 교육학, 무용학, 체육학 등의 분야에서 이루어진 철학 논의를 구체적으로 포함시키지 못하여 아쉽다. 다음 단계에서는 보다 본격적이고 총체적인 논의가 이루어지기를 희망한다.

지형도: 시공적인가 주제적인가

한국 현대 철학이란 무엇인가? 이 물음에 대한 답변은 특정한 지형도를 전제하며 그 지형도는 답변자의 관심과 배경에 따라 다양하게 구성될 수 있을 것이다. 여기에서는 대조되는 두 가지 지형도를 상정해보고자 한다. 첫째는 시공적 지형도이다. 한국의 많은 대학의 철학과와 여러 철학 학술지는 동양 철학과 서양 철학을 구분하고 이들을 나라별로 세분하며 더 나아가 고대, 중세, 근세, 현대, 또는 왕조별로 나누어 명명한 전공에 따라 학자를 초빙하고 교육을 수행하거나 학술지를 편집한다. 그러한 철학과나 학술지의 학문적 문맥에서는 한국 현대 철학의 시공적 지형도가 자연스럽고 설득력을 가질 것이다. 둘째는 주제적 지형도이다. 1976년 이후 제도적으로 개시된 전문 분야의 분과 학회의 주체적, 자생적 철학 활동이나 철학 학술지들은 시공적 지형도에 따른 연구 분야보다는 학자들이 관심을 가지고 선택한 주제에 따라 연구 분야를 분류해왔다. 주제적 지형도는 외부적 우연성보다는 주체적, 자생적 성격을 갖는다는 점에서 설득력을 갖는다.

한국 철학계에서 시공적 지형도는 익숙하다. "한국 철학사"라는 이름으로 출판된 대부분의 저서들은 한국의 철학을 시공적 지형도라 부를 수 있는 방식으로 접근해왔다.[3] "한국 유학사"라는 이름의 저서들도 비슷하다고 할 수 있다.[4] "한국 철학사"의 문맥이 아니어도, 시공적 지형도는 1920년대부터 서양 철학의 수용 과정에서 분류적 필연성과 편의성에 입각한 것이기도 하다. 이러한 필연성과 편의성은 한국 철학의 현대성의 문맥에서도 나타난다. 윤사순 · 이광래(2001)는 『우리 사상 100년』이라는 주제를 전통 한국 사상과 외래 서구 사상이라는 구분하에 제시하고 있다. 시공적 지형도를 한국 현대 철학의 문맥에 적용한 경우라고 생각한다. 이러한 시공적 지형도의 접근 방법은 보다 적극적으로 다양하게 수행되어 역사적 문맥이나 수용기의 조건을 벗어나 자생적이고 주체적인 관점에 도달할 수 있어야 할 것이다.

한국 철학계에서 주제적 지형도는 아직 친숙하지 않다. 그러나 많은 철학자들이 주제적 지형도에 따른 한국 현대 철학에의 접근을 시도하고 있다. 강영안(2002b)은 『우리에게 철학은 무엇인가-근대, 이성, 주체를 중심으로 살펴본 현대 한국철학사』라는 책을 통해 이 땅에서 철학을 한 첫 세대들이 영향 받고 주목한 근대, 이성, 주체라는 세 가지 핵심 주제를 중심으로 한국 현대 철학사의 한 시론을 제시했다. 이규성(2012)은 『한국

3 최민홍, 1974; 유명종, 1975; 한국철학회 편, 1987; 송항용, 1987; 한국철학사연구회, 1997; 김승동, 1999; 김윤경. 2007; 이종우, 2011; 안종수, 2011; 이을호, 2015; 전호근, 2015.

4 현상윤, 1949; 배종호, 1974; 이을호, 1980; 금장태, 1994; 최영성, 1994; 김충열, 1998; 최근덕, 1998; 류승국, 2008; 최영진, 2008; 황의동, 2011; 이병도, 2012; 윤사순, 2012.

현대철학사론-세계상실과 자유의 이념』에서 15인의 철학자[5]를 인물 중심으로 논구하고 있다. 이 인물들은 이 시대에 필요한, "고뇌하는 인생이 도달한 자유의 높이와 구체적 실천의 깊이"에 천착하는 주제의 철학자들이다. 한국철학사상연구회(2015)는 『처음 읽는 한국현대철학 동학에서 함석헌까지, 우리 철학의 정체성 찾기』에서 "격변의 역사 앞에서 스스로 달리 생각하고 실천하면서 독자적인 사유"를 수행한 8인의 철학을 8인의 공동 저자들을 통해 부각하고 있다.[6] 백종현(1998: 250-280)은 한국 사회에 영향을 미칠 실질적 한국 철학의 주제로 형이상학, 정치/사회 철학, 도덕 철학, 환경/기술 철학, 문화 철학의 다섯 가지를 전망적으로 제안하고 있다. 여기에서 "한국 사회에 영향"이라는 표현은 실제와 필요를 복합적으로 의미한다고 보인다. 동양 철학의 전통에도 주제적 접근들(서경요, 1988; 이병우, 2000; 최영진 外, 2009)이 있다.

이 책이 제안하는 한국 현대 철학의 지형도는 존재, 언어, 윤리, 인간, 문화의 다섯 분야에 주목하는 주제적 지형도이다. 다섯 분야의 선정은 "독자적 사유의 실천", "자유의 높이와 구체적 실천의 깊이", "한국 사회에 미친 영향" 또는 "첫 세대"라는 기준보다는 "한국 당대 철학자들의 논의의 무게"라는 기준을 선택했다. 현대성이 요청하는 당대성과 철학성이 요구하는 논변성 성격을 더 존중하고 싶었기 때문이다. 먼저 '존재'는 전통적으로 형이상학의 분야를 나타낸다. 실재, 마음, 필연 등 인간의 일상적 인식의 범위를 벗어나지만, 인간 사유의 전제가 되는 출발점의 논의이다. 또한 이들은 철학의 여러 분야에서 불가피한 연결 고리들을 이룬다. '언어'는 과거에 인식론으로 알려진 분야를 아우른다. 진리, 논리, 과학, 이성 등의 주제들이 현대 철학에 와서 언어적 구조로 해석되기 때문

---

5 최제우(1824-1864), 최시형(1827-1898), 이돈화(1884-?), 김기전(1894-?), 나철(1863-1906), 이기(1847-?), 서일(1881-1921), 신채호(1880-1936), 이회영(1867-1932), 박은식(1859-1925), 전병훈(1857-1927), 박종홍(1903-1976), 함석헌(1901-1989), 신남철(1907-1958), 박치우(1909-1949).

6 최제우, 나철, 박은식, 신채호, 신남철, 박치우, 박종홍, 함석헌의 8인 철학에 대해 이병태, 구태환, 김정철, 이지, 진보성, 유현상, 조배준, 박영미의 8인 철학자가 논의했다.

이다. '윤리'는 인간이 개별적인 존재가 아니라 사회적인 존재이기 때문에 필요한 관계의 질서에 대한 궁리이다. 정의와 법이 주제이기도 하고 한국 사회가 겪고 있는 민주화, 산업화, 분단 상황에 대한 성찰이 주제가 되기도 한다. 환경과 기술이 구성하는 새로운 인간 조건의 무게도 헤아려진다. '인간'은 군자적 조건보다는 약자적 조건으로 해석할 때 보다 잘 이해된다고 믿는다. 그렇다면 고통이 인간 조건의 출발이 될 것이다. 그리고 전통적 관점과 달리 인간의 정체성에는 시간이나 몸의 조건이 부각된다. 또한 인문학은 근본적으로 인간학이라는 점에서 철학으로서의 인문학론이 가능하다. 성리학이 단순한 형이상학이 아니라 인간질서의 윤리로 간주되어왔던 전통에 대한 반성도 포함한다. 마지막으로 '문화'는 역사, 문학, 예술 등의 인문적 조건이 급격하게 달라지고 있는 이 시대의 상황에서 철학이 어떻게 참여하고 기여할 수 있는가를 다룬다. 다양한 조건의 상황을 "혼란"이라는 이름으로 명명하기보다는 주어진 조건의 기회로 해석하여 참여할 수 있어야 할 것이다.

이 책은 존재, 언어, 윤리, 인간, 문화의 다섯 분야에서 20개의 주제에 주목한다. 이런 주제적 지형도에서 다섯 분야의 현시 방식은 진선미의 존재론적 순서나 미선진의 인식론적 순서 중에서 하나를 선택할 수 있다. 이 책은 존재론적 순서보다는 인간, 윤리, 문화, 언어, 존재의 인식론적 순서를 따르고자 한다. 두 순서의 차이는 실천적 관심과 이론적 관심의 구분으로도 조명될 수 있을 것이다. 두 관심은 구분될 수 있지만 분리될 수 없다. 어린이가 먼저 배우는 것은 "엄마"라는 단어나 "이게 뭐야?" 하는 물음이라는 점이 보여주듯이, 어떤 주제도 언어나 존재라는 이론적 지평을 전제하기 때문이다. 두 관심을 구분하는 것은 물음들의 종류를 분류하는 것이 편리하기 때문이다. 따라서 이 책은 편의상 인간, 윤리, 문화를 실천 철학으로, 언어, 존재의 주제를 이론 철학으로 분류하고자 한다.

다섯 분야의 20개 주제는 미흡할 수도 있고 과다할 수도 있다. 인간과 문화의 세부 주제들을 다른 분야에 예속시키거나, 윤리나 언어를 세분하여 독립된 분야로 분류할 수도 있다. 이렇듯 가능성을 항상 열어둬야 하는 것은 그것이 필요하고 권장할 만한 계기들도 있기 때문이다. 다섯 분야 내에서도 나열된 주제들 이외에 많은 주제들을 첨가할 수 있을 것이다. 예를 들어, 존재 분야에 자유 의지, 내세, 종교, 신, 인과성 등의 주제를 더할 수 있고, 언어 분야에 법칙, 믿음, 정당성, 인지 과학 등을 추가할 수 있을 것이다. 윤리 분야에는 정치, 사회 철학과 의료, 생명, 기업 등의 세부 윤리의 논의가 요청되기도 하고, 인간 분야에서는 죽음, 생로병사, 실존, 희망, 문화 영역에서는 영화, 정보 등의 주제의 논의가 더 필요하기도 하다. 이 책이 놓치는 분야와 주제들이 앞으로 여러 가지 방식으로 보완되기를 기대한다.

4. 책의 과제

집필 방식

한국 현대 철학의 집필은 한국 현대 철학자들이 항상 새로워지는 상황의 주제들에 대한 개념적 사유를 한국어로 어떻게 자율적으로 수행하고 있는가에 대한 음미이다. "한국 현대 철학"이라는 표현을 얼핏 고유명사로 간주하기 쉽다. 이 표현이 고유명사가 되는 여러 조건들을 만족하고 있는 것처럼 보이기 때문이다. "현대"의 시점을 제시하기만 하면 이 복합어는 지시어이고 더 나아가 고정 지시어처럼 보인다. 그러나 앞에서 "현대성"과 "철학성"을 논의했듯, "한국 현대 철학"이라는 단어는 기술어귀이고 다양한 해석에 열려 있는 미결정적 지시어이다. "지금", "여기", "나"가 미결정적 색인사인 것과 같은 구조를 갖는다. 현대성과 철학성의 개념을 특정한 방식으로 해석하여 그 해석의 결과로서 다섯 분야의 20개 주제에 도달한 것이다. 한국 현대 철학이라는 표현은 그 자체로 미결정적 지시어이고 해석에 의한 선택적 기술어귀이다.

다섯 분야의 20주제를 공부하면서 약 500여 명의 한국 현대 철학자들의 논문과 책들을 부분적으로 또는 전체적으로 읽었고 깊은 깨달음을 얻었다. 그렇지만 그 내용들을 어떻게 기술할 것인가? 각 주제들에 대한 저술과 논문들이 씌어졌는지를 분석하는 통계적 기술도 한 방식일 것이다. 그 경우 외국 철학의 수용 단계에 대한 상황을 파악하고 전망하는 데 도움이 될 것이다. 또는 모든 철학자들이 창의적으로 기여한 철학의 내용에 평등주의적으로 지면을 배정하는 기술 방식도 있을 것이다. 철학자 사전을 집필하는 경우 이러한 방식은 보다 효과적이다. 그러나 이 경우 "한국 현대 철학"은 그 다양한 주제들과 다수의 철학자들로 인해 나열식으로 되어 산만해질 수 있다. 이러한 위험을 최소화하기 위해 이 책은 현대성과 철학성의 개념을 보다 적극적으로 적용하여 선택과 집중의 절차를 따르고자 했다. 주어진 주제에 대해 지금 여기에서 어떠한 개념적 논변이 전개되고 있는지에 주목하기로 했다.

다섯 분야의 20개 주제는 20개의 장이 되었다. 하나의 주제가 하나의 장을 이루면서 각장은 네 개의 절들로 구성된다. 대부분의 장에서 1절은 그 주제에 대한 배경으로서 원로 철학자 3-5인의 관점들이 소개되고, 2절과 3절은 각각 그 주제에 대한 중심 학자 1인의 철학이 개진된다. 2절과 3절에서 대조되는 2인의 철학자는 실제로 서로 대화한 것 같지도 않고 상호 비판을 통한 토론에 참여하지도 않았다. 그러나 이 책에서는 주어진 주제에 대해 두 철학자가 어떻게 대조적인 관점을 유지하고 흥미있는 긴장 관계를 이룰 수 있는지를 살피고자 했다. 그리고 4절에는 5-10인의 중견 철학자들을 통해 같은 주제가 어떻게 발전될 수 있는지를 전망하고자 했다.

구성적 읽기

이 책은 한국 현대 철학자들을 특정 방식으로 읽은 결과의 보고서이다. 그러면 어떤 방식의 읽기인가? 이 책이 수행하는 읽기는 비판적 읽기나 객관적 읽기, 분별적 읽기가 아닌, 구성적 읽기이다. 이 책에서 특정 철학자에 대한 비판적 논의를 기대하는 독자는 실망할지도 모른다. 비판적 논의는 중요하지만 여기에서는 한국 현대 철학의 음미라는 일차적 목표를 위해 포기해야 하는 가치이다. 이 책은 객관적 읽기를 일차적으로 시도하지만 그 목표를 일관되게 추구하지 않았다. 왜냐하면 객관적 읽기란 정확성을 기준으로 하는 읽기라는 점에서 자료가 애매모호하거나 이해되지 않는 경우, 그대로 남겨두어야 하기 때문이다. 이 책은 한국 현대 철학에 대한 하나의 그림을 그리기 위해 그 엄밀한 객관성은 잠시 사양했다. 이 책은 분별적 읽기도 아니다. 한국 현대 철학자들은 진공 속에서 사유를 시작하지 않았다. 특정한 스승이 있었을 것이고 사숙하거나 영향받은 철학자들이 있기 마련이다. 분별적 읽기란 그러한 사상 발전의 계보를 투명하게 하는 읽기이다. 그러한 읽기는 중요하며, 개인 철학자에 대한 연구서라면 반드시 준수되어야 하는 가치이다. 그러나 필자는 우리의 철학자가 읽었던 책들에 대해 어떠한 선택, 정독, 이해, 해석, 추리를 했는가에는 관심을 갖지 않았다. 이 책은 한국 현대 철학자의 사상의 계보 추적보다는 철학자가 무엇을 생각하는가에 일차적 초점을 두었다. 원효나 지눌, 퇴계나 율곡이 "무엇을 읽었는가?"는 중요한 물음이지만, 보다 중요한 것은 그들이 "무엇을 어떻게 생각했는가?"인 것처럼, 철학자들이 자신의 생각을 어떻게 구성하고 개진하는가에 주목했다.

이 책에서 시도한 것은 구성적 읽기이다. 구성적 읽기란 적극적으로 읽는 방식이다. 나의 관점에서 많은 철학자들을 주제 중심적으로, 체계구성적으로, 논변 중심적으로, 일관성을 유지하며 읽는 방식이다. 대화에서 자비의 태도가 상대방을 이해하는 방식의 한 요소인 것처럼, 구성적 읽기는 철학자 이해를 목적으로 하는 자비적 읽기 또는 공감적 읽기라 할 수 있다. 구성적 읽기는 철학자의 철학에 대한 이해를 넓히면서 또한 그 이해의 한계를 인정하는 것이다. 그 이해의 한계는 철학적 한계뿐 아니라 인간적 한계도 포함한다. 배경 지식과 능력과 시간이 한정적이기 때문이다.

구성적 읽기에는 여러 가지 함축이 있다. 하나의 함축은 대화로의 초대이다. 한 철학자에 대한 구성적 이해는 그 철학자를 반추해보는 계기를 마련한다. 오해나 오독의 가능성이 있기 때문이다. 이 책이 "한국 현대 철학"이라는 살아 있는 문맥에서 담론을 지속시키는 성격을 지니기를 바란다. 사진기의 모사적 현대가 아니라 역동성의 소통적 현대를 선택한 것이다. 따라서 이 책이 대화나 토론을 여는 데 기여하기를 바란다. 이러한 대화는 특정 두 사람의 대화가 아니라 불특정 다수의 대화로 이어질 수 있을 것이다. 이러한 대화는 철학자의 철학 내용에서 시작하지만, 이 책의 여러 가지 국면들에 대해서도 열리게 될 것이다.

남은 과제

이 책은 "현대"와 "철학"을 해석하는 방식에 따라 구성되고 집필되었다. 나는 이 책의 현대성과 철학성에 대한 이해가 플라톤, 데카르트, 칸트, 율곡 이이, 혜강 최한기, 다산 정약용, 비트겐슈타인 등의 철학자들의 철학함의 방식과 일관된다고 믿는다. 그럼에도 불구하고 나의 이해 방식에 내가 공부해온 분석 철학이나 언어 철학의 배경이 투영되었으리라는 것을 인정한다. 그러한 배경이 "한국 현대 철학"이라는 지시어를 선택적 기술어귀로 구성하고 한국 현대 철학의 지형도에 도달하는 데 역할을 했을 것이고, 그만큼 제한적일 수 있다.

그럼에도 불구하고 이 책의 집필을 위해 선택한 현대성과 철학성의 기준이 철학적 문제의 공유를 향한 첫걸음이 되기를 소망한다. 다섯 분야 20개 주제에 대해 각 철학자들의 처방을 공유하지 않더라도, 적어도 문제성을 공유할 수 있기를 바란다. 철학적 문제의 공유는 현대성과 철학성뿐만 아니라 한국 사회라는 현실을 공유할 수 있기 때문에 가능하다(최정식, 2000: 109). 한국 현대 철학의 문제들을 공유하는 것은 철학 공동체가 개별적이면서 연대적이고, 숙고적이면서 활성화되는 데 기여할 수 있다. 이러한 작업이 선행되고 한국의 철학 공동체가 든든해질 때 한국 철학사에 대한 전망이나 연구도 개연성을 가질 것이다. 다행스러운 것은 한국 현대 철학자들의 철학적 성취가 날로 깊어지고 확장되고 있다는 점이다. 이러한 추세는 철학적 문제의 공유 부재를 아쉬워하는 시대도 사라지리라는 기대에 힘을 실어준다. 이 책은 바로 이러한 낙관적 전망으로 오늘을 미루어 내일을 헤아려보고자 하는 노력이다.

실천 철학

1부

인간: 연대성

모든 학문을 인간학으로 본다면 철학은 인간에 대해 기초적인 물음을 묻는 학문이다. 예를 들어 정치학은 인간에 대한 특정한 이해를 전제해서만 가동된다. 인간에 대한 마르크스적 이해나 자본주의적 이해는 상이한 인간론을 지향하여 각기 다른 정치학을 만들어낸다. 이러한 경향은 사회 과학이나 인문학에도 모두 적용된다. 자연 과학도 하나의 인간학으로 볼 수 있다. 자연에 대한 탐구가 깊어질수록 자연세계에서의 인간의 위치가 선명해지면서 인간 이해를 확장해주기 때문이다. 천체 물리학은 우주의 역사나 크기에 대해 말해줌으로써 인간을 이전보다 그만큼 무지로부터 자유롭게 해준다. 알고자 하는 지향을 가진 인간은 스스로에 대해 보다 적극적으로 물음을 묻는다. 철학은 인간을 향한 이러한 물음에 앞장서는 것이다.

인간 이해를 위한 일차적 범주는 무엇이어야 할 것인가? 많은 종교나 여러 이데올로기는 각기 나름의 일차적 범주를 제시해왔다. 그러나 다음과 같은 물음은 또 하나의 일차적 범주의 선정에 도움을 줄 것이다. 죽음이 인간의 최후적 조건이라면 인간의 차최후적 조건은 고통(2장)이 아닐까? 그래서 인간의 행복의 조건은 무엇이어야 하는가에 대해서는 합의하기가 어렵지만 극복해야 하는 인간의 고통의 조건에 대해서는 이를 극복하기 위한 활동(예: 적십자, 적신월)에 쉽게 합의해왔을 것이다. 고통은 그만큼 인간에게 절실한 경험 범주이다. 고통은 철학적 주제로 성찰되어야 하고 씨알 사상이나 여성주의는 그러한 성찰의 시도들이다.

그렇다면 인간이란 무엇인가? 인간 정체성을 영혼이나 사주팔자 같은 형이상학적 실체를 도입하여 이해하고자 하는 시대가 있었다. 그러나 지금은 그러한 관념적 접근보다는 몸이나 사건 같은 구체적 언어 문법(3장)을 통해 보다 쉽게 이해되고 있다. 나의 정체성은 나의 몸을 통해 생성, 유지, 확장된다고 할 수 있다. 영혼이나 생각, 기억이나 소망을 통해 정체성을 규정하고자 했던 전통과는 달라진 것이다. 나를 다른 우주로 전송하는 시대가 된다 해도 나의 정체성은 지금 여기의 나의 몸과 인과적 연쇄를 유지하는 데서 얻어지는 것이다. 인간의 정체성을 몸이라는 공간적 차원보다는 시간적 사건 개념으로 조명하고자 하는 시도도 있다. 인간 정체성을 선험성, 보편의지, 역사 전개 등으로 조명하고자 한 시도도 있었지만, 문화, 역사, 과학의 발전은 관념적 장치보다는 동적 구조가 개입하는 사건성에서 인간 존재의 빛이 드러난다는 것이다.

현대 문화의 속도가 빨라지고 중첩적으로 되면서 기계나 구조의 자리는 확장 추세이고 나나 인간의 자리는 축소되는 경향을 띤다. 이러한 시대 조건에서 철학의 위치, 인문학의 역할이 실질적으로 요청되고 있다(4장). 인문학이 인간의 부정적 조건으로부터 벗어나고자 하는 인간학이라고 한다면, 이를 위한 개념적 성찰이 요구된다는 점에서 인문학은 철학이라고 할 수 있다. 현대 문화의 부정적 조건이 점차 날카롭게 경험되는 시대적 상황에서 인문적 성찰의 공감대는 더욱 넓어지고 있다. 그러면 인문학적 성찰은 어떤 길을 가리키고 있는 것일까? 인간 연대의 주체성의 길을 가리키기도 하고 동양적 초월의 길을 시사하기도 한다. 그러나 기계적 구조의 문명 추세가 이로써 다스려질 수 있을 것인가? 지속적인 탐구가 요청된다.

유학은 전통적으로 인간학으로 간주되었다(5장). 성기성물(成己成物, 나를 이루는 것과 만물을 이루는 것은 맞물려 있다)이라는 명제로 요약되는 수행적 윤리학으로 자부해온 것이다. 그 윤리적 국면은 중요하고 형이상학적 함축이 대안적 철학이 될 수 있지만, 우선은 수행적 윤리학이 전제하는 체계적 국면이 보다 현대화될 필요가 있다. 최소 유학론이나 격물궁리론은 그러한 수행적 윤리학을 향한 형이상학적 정초를 마련하고, 유학적 사유의 패러다임을 새롭게 구성하고 있다. 내가 변하지 않고 새 시대를 살기 어려운 것처럼, 유학적 사유가 새로워지지 않고는 새 시대의 도전을 해석하고 선도하기가 어렵다.

2장
인간 조건: 고통

인간이란 무엇인가? 이 물음에 대한 답변은 '인의예지', '이성', '자유 확장의 역사', '사회적 동물'과 같은 여러 가지 기술들로 나열될 수 있다. 그러나 여기 지금의 나나 우리에게는 나의 고통, 우리의 아픔, 이웃의 슬픔이 구체적이고 시급한 현실이다. 고통은 인간의 현실성뿐만 아니라 가능성에도 영향을 미치거나 결정하는 요소가 되기 때문에 더욱 그러하다. 그렇다면 한국 현대 철학의 문맥에서 고통 주제의 논의를 찾아볼 만하다. 많은 학자들의 논의가 있지만, 우선 주목하게 되는 주제는 손봉호의 고통, 함석헌의 씨알, 허라금의 여성이다. 고통이라는 인간의 부정성 조건으로부터 이들은 어떠한 인간론적 관점에 도달했는지를 살피고, 그러한 논의의 발전 가능성과 후속 논의를 전망해볼 것이다.

1. 고통과 인간

인간론

인간의 정의에 대한 철학사의 여러 논의들은 깊은 통찰을 통해 이루어져왔다. 플라톤(Plato, 1997)의 "어둠 속에서 빛을 추구하는 인간", 아리스토텔레스(Aristotle, 1999)의 "이성적 동물로서의 인간", 아퀴나스(Aquinas, 2007)의 "죄를 지을수록 더 많은 죄를 짓게 되는 인간", 흄(Hume, 2000)의 "이성보다는 감정에 지배되는 인간", 다윈(Darwin, 1964)의 "생존 경쟁 속에서 우연히 살아남은 호모 사피엔스", 니체 (Nietzsche, 1968)의 "동물과 초인 사이에 놓인 밧줄", 프로이트(Freud, 1968)의 "아버지를 죽이고 어머니와 결혼한 오이디푸스의 후예" 등이 그것이다. 이러한 인간관에서 보이는 공통적인 경향은 모두 인간의 특정 국면에 주목하고 있다는 점이다. 이 점을 부각하는 의미에서 합리주의와 경험주의의 두 경우가 어떤 의미에서 국면적인가를 간단하게 살펴보고자 한다.

합리주의의 인간론은 "인간은 생각하는 존재다"라는 명제로 요약될 수 있다. 데카르트는 모든 것을 의심할 수 있었지만 자기 자신의 존재는 예외였다. 그는 "나는 '내가 존재한다'는 것을 의심할 수 있는가?"라고 물었다. 초견적으로 이 물음은 긍정적으로 대답될 수 있는 것처럼 보인다. 데카르트(1999)는 세 가지 논의를 통해 이것은 의심될 수 없다는 것을 보였다. 첫째는 꿈의 논의이다. "내가 존재한다"는 것을 꿈꾸는 경우를 상상해볼 수 있다. 그러나 이 꿈이 실현되기 위해서는 꿈꾸는 자가 있어야 하고 그 꿈꾸는 자가 바로 나여야 한다. 둘째는 전지전능한 마귀가 나를 속이는 경우이다. 실제로는 그렇지 않은데 마귀가 "내가 존재한다"고 나를 속인다는 것이다. 그러나 이 가정이 실현되기 위해서는 마귀가 속이고자 하는 대상이 있어야 하고 속임을 당한 대상이 내가 된다. 셋째는 수행적 논변이다. "나는 '내가 존재한다'는 것을 의심할 수 있다"고 가정하자. 그러나 의심을 하는 행위의 구조 안에는 의심하는 주체가 전제되어 있다는 것을 알 수 있다. 의심을 할 수는 있지만 의심의 내용이 자신의 존재이기 때문에 의심은 오히려 그 의심이 틀렸음을 보이는 방식으로 이루어지는 것이다. 데카르트는 이렇게 나의 존재의 확실성에 도달할 수 있었다. 내가 존재한다는 것을 꿈꾸고, 속이고, 의심할 수 있기 때문에 오히려 나는 존재한다는 것이다. 데카르트는 꿈꾸고, 속이고, 의심한다는 것을 "생각한다"라는 유개념의 피포섭항으로 간주했다. 그리하여 데카르트는 그의 작업을 "나는 생각한다, 고로 나는 존재한다"라는 명제로 요약했다. 데카르트가 구성한 나의 존재의 확실성은 인류 지성사에 개인 개념을 도입시켰다.

그러나 모더니즘의 인간론은 개인의 탄생만으로 충분하지 않았다. 데카르트는 인간은 몸이 아니라 생각하는 존재라고 보았다. 이를 위한 그의 논의는 존재의 확실성처럼 논리적이다. 이를 위해 데카르트는 본질이라는 개념에 호소한다. 본질이라는 것이 어떤 대상의 불가피한 성질이라면, 몸은 과연 나의 불가피한 성질인가를 물을 수 있는 것이다. 데카르트는 몸이 없이도 자신이 존재한다는 것을 상상할 수 있다고 보았고, 그렇다면 몸은 본질이 아닌 것이 된다. 반면 인간은 생각이 없이 자신이 존재한다는 것을 상상할 수 없고, 이 경우 생각은 그의 본질이 된다. 이 논의는 모든 사람들에게 일반적으로 적용될 수 있었기에 그런 결론이 도출되었다.

흄(Hume, 2000)의 경험주의는 인간을 지각의 다발로 보았다. 이러한 인간관은 데카르트의 실체론적 인간관에 정면으로 대조된다. 흄은 데카르트와는 달리 지식의 확장성이 지식 개념의 전형적 구성 조건이라고 생각했고, 새로운 지식이 경험을 통해 얻어진다고 보았다. 그러면 경험이란 무엇인가? 흄에 의하면 경험은 일차적으로 인간이 오관을 통하여 얻는 지각(perception)이다. 지각은 인상(impression)과 관념(idea)으로 나뉜다. 인상은 생생하고, 신선하며, 직접적인 지각이고 관념은 덜 생생하고, 덜 신선하며, 덜 직접적인 지각이다. 인상과 관념은 표면적으로 보이는 것처럼 '대상 앞에서의 지각'과 '대상이 없는 상황에서의 기억'과 같이 구분되지 않는다. 흄은 인상과 관념을 대상의 존재와 관련하여 구분하지 않았다. 흄은 '생생, 신선, 직접'이라는 단어들을 은유적으로 사용했을 뿐 구체적으로 정의하지 않았다. 그렇다면 인상과 관념의 차이는 '덜' 이나 '더'로 규정되는, 정도의 차이인 것이다. 그리고 인상과 관념은 각각 단순하거나 복합적인 것으로 다시 구별된다고 보았다. 복합적인 것은 단순한 것이 아니고 단순한 것은 더 이상 분석되거나 환원될 수 없는 그러한 단위라는 것이다. 인식론적 문제는 생생하지 않은 관념의 차원에서 발생하거나 복합적인 지각에서 나타난다고 보았다. 즉 흄의 인식론에서의 과제는 "나의 혼란스러운 관념은 어떠한 단순한 인상들로 구성되는가?"라는 물음으로 요약된다.

흄의 경험주의는 외부 세계의 인식에도 일관되게 적용된다. 더 나아가, 흄은 '나'라는 관념은 어떤 단순 인상으로부터 유발되는가를 묻는다. 그러나 흄은 자신의 의식을 아무리 찾아보아도 이에 대응하는 단순 인상들은 나타나지 않았고 그 자리에 그의 과거의 지각의 관념들만을 찾을 수 있었다. 그러나 흄은 허구적인 것으로 간주하기에는 나라는 관념이 너무나 일반적이고 집요하다는 점을 인정하고, 결국 나라는 관념은 지각들의 다발이라고 제안했다. 지각들의 다발로서의 나는 데카르트의 생각하는 영혼으로서의 나와는 매우 대조적인 인간론을 구성하는 단서가 된다.

흄의 인간론은 최근 인지 과학에 의해 계승되는 것으로 보인다. 인간의 경험은 인간의 두뇌에 한정되어 이해될 수 있다는 관점이다. 인간의 경험은 사회적으로 구성되기보다는 그의 두뇌의 표상이나 지각에 의하여 결정된다는 것이다. 인지 과학은 인간 경험의 넓은 내용론에 반대하여 좁은 내용론을 주장하는 것이다. 내가 지도교수로서 가난한 한 학생을 매달 5만원씩 4년 동안 도왔는데, 그 학생이 간첩이라고 하자. 검찰은 내가 간첩을 4년 동안 도왔다고 할 수 있다. 넓은 내용론자는 내가 알지 못하고 한 행위에 대해서도 '내가 간첩을 도왔다'라는 기술하에 나의 경험을 사회적으로 발생한 내용으로 보는 것이다. 그러나 좁은 내용론자는 내가 알지 못하고 한 행위에 대해서 그렇게 기술할 수 있지만 그 사건의 일차적 중요성은 나의 인지하에서의 좁은 내용이라고 본다. 이에 따르면 나의 정체성은 나의 지각의 다발이다.

고통

대부분의 전통적 인간론은 "국면적" 또는 "일차원적"이라 부를 수 있을 것이다. 그 까닭은 이들이 인간의 역동적인 연대성에 대한 관심보다는 영혼이나 이성, 지성이나 경험 같은 개인의 심성적 상태에 주목했기 때문이다. 개인의 심성적 상태에 관심을 가졌던 과거의 철학자들은 어떤 사회 계층의 사람들이었을까? 상류 사회의 자유인? 지배 계층의 권력자? 그런데 그러한 계급에 끼지 못했던 대다수의 사람들은 아픔과 고통에 빠져 헤어나오지 못했던 것은 아닌가? 왜 고통은 철학적 사유의 주제가 되지 못했을까? 약자들의 아픔은 강자들의 관심이 되어서는 안 된다는 지성적 논리라도 있었던 것인가? 약자들의 아픔은 아무리 강하고 오래 지속되더라도 자유인의 지성적 주제로서 합당하지 않았던 것일까? 전쟁의 논리가 압도적이었기 때문일까? 전쟁에서 이긴 편의 사람들이 제안하는 "죽을 것인가, 인력 도구로서 노예가 될 것인가?"라는 선택의 기로에서, 진 편의 사람들이 선택한 삶의 조건을 자발적이라고 보았기 때문이었을까? 아픔은 영혼이나 경험처럼 인간을 본질적으로 보여주지 못한다고 믿었기 때문이었을까?

고통의 주제는 철학사의 중심 주제가 되지 못했다. 그러나 이제라도 아픔, 슬픔, 억압, 분노 같은 인간의 부정적 경험은 철학의 중요 주제가 될 만하다. 왜 그러한가? 인간의 모습을 드러내주는 것은 인간이 말하는 모든 말이라고 생각하기 때문이다. 그렇다면 그중에서 인간을 가장 잘 드러내는 말은 어떤 말인가? "가장 잘"이라는 기준은 대부분의 사람들이 합의할 수 있는 것이어야 한다. 영혼, 이성, 지성, 경험 등은 특정한 시대에 호소력 있었던 주제였다고 믿는다. 그러나 이러한 주제는 너무나 개인 중심적이고 본질주의적인, 그 당대의 형이상학의 표출이었다. 그러한 시대를 지나온 후대의 우리는 보다 넓게 조망할 수 있는 지평에 서 있다. 인간의 모습을 잘 보기 위해서는 아픔의 소리에 귀 기울여야 한다는 말에 합의할 수 있게 되었다. 이 점은 후에 더 부연될 것이다.

고통은 교통사고에서 겪는 신체적 사건일 수도 있고, 보안법 같은 법률적 장치에 의해 양심의 자유가 침해되는 경험일 수도 있다. 이러한 차원의 아픔은 개인적이다. 아픔은 사적이고 현상적 경험으로 나타난다. 그러나 인간관계적 아픔은 사적이고 현상적일 수 있는 의식적 믿음과는 다른 방식으로 발생한다. 교통사고에서 이마가 찢어져 피를 흘리는 아픔과 지금 나와 대화하고 있는 상대방이 증오하는 자에 대해 내가 말하지는 않지만 존경하는 의식적 믿음은 둘 다 사적이고 현상적이다. 둘의 차이는 무엇인가? 의식적 믿음의 경우, 나는 상대방이 증오하는 자에 대한 그의 의견에 동의하지 않으면서 그를 존중하는 반성적 여유를 가질 수 있다. 그러나 피를 흘리는 아픔 속에서는 반성적 공간을 가질 수 없다. 나의 아픔의 현장에서는 모든 미래가 닫혀져 버리는 것이다. 반성적 사유가 인간됨의 기준이라면, 아픔 속에서 나는 인간과 비인간의 경계에 걸쳐 있게 되는 것이다.

인간의 아픔은 이 점에서 동물의 아픔과 구별된다. 물론 두 아픔이 공유하는 국면도 있다. 덫에 걸린 멧돼지 신음으로부터 나타나는 아픔은 이와 비슷한 인간의 신체적 아픔에 유비되어 고통을 제거해줄 것을 요구하는 호소력을 갖는다. 그러나 멧돼지에게 표현의 자유가 침해될 때의 아픔은 없다. 이러한 아픔은 반성적 사유가 전제될 때만 경험되기 때문이다. 멧돼지에게는 아플 때 상실하게 되는 표현의 자유도, 잃어서 고통에 빠질 반성적 사유라는 것도 없다. 그러나 인간은 인간의 표지로서의 반성적 사유의 능력을 가지고 있기 때문에, 인간의 신체적 아픔은 그러한 반성적 사유의 가능성을 차단하는 계기가 된다. 동물과 달리 인간의 아픔은 인간을 인간으로서의 존재 위협에 직면하게 만든다. "상처 입은 자에 대해 측은한 마음을 갖지 않은 자는 사람이 아니다"라는 경고는 아픔이 인간다움을 심각하게 위협한다는 것을 전제한다. 아픔은 인간 연대성을 공감하게 하는 출발점이 되는 것이다. 아픔을 추상화하여 이론의 대상으로 삼을 때 우리는 아픔에 대해 제거-소극적 방향으로 나가게 되지만, 아픔을 구체화하여 너와 나의 담론의 대상으로 취할 때 우리는 아픔에 대해 제거-적극적 태도를 선택하게 된다.

부정성의 방법

고통이나 아픔이라는 부정성을 인간론의 출발점으로 선택하는 철학적 근거는 무엇일까? 부정성과 관련된 몇 가지 근거를 살피고자 한다. 첫째는 공자의 부정성 황금률이다. 동서양의 황금률은 "대접받고자 하는 대로 대접하라"는 것이다. 소위 긍정성 황금율이다. 공자는 "자신이 원하지 않는 것을 남에게 하지 말라(己所不欲 勿施於人)"고 한다. "공자는 이것을 인(仁) 사상의 실천적 요약으로 간주했다"고 해석하는 학자는 두 황금률을 동일한 것으로 풀이한다. 그러나 공자는 그러한 해석에 동의하지 않을 것이다. 왜 쉬운 방식을 두고 어려운 방식으로 말해야 했을까? 긍정성 황금률은 사람들 간의 상호성, 교환성 기준을 제시한다. 동전을 넣으면 커피가 나오는 자판기의 정확성 같은 거래적 합리성을 전제한 것이다. 그러나 부정성 황금률은 거래적 합리성에 "상대방도 나 같은 사람"이라는 연대적 인격성 전제를 첨가한 것이다. 이러한 부정성 황금률을 적극적으로 적용할 때, "어려운 상황을 만난 사람에 대하여 불쌍히 여기는 마음이 없는 자는 사람이 아니다(無惻隱之心 非人也)"라고 말하는 맹자의 해석을 만날 수 있다(정대현, 1997: 333-336). 부정성 극복은 인간성의 지표인 것이다.

둘째는 최한기(崔漢綺, 1803-1877)의 개과천선론이다. "개과천선(改過遷善)"은 잘못을 바꾸면 선에 다가간다는 것을 의미한다. 여기에서 중요한 것은 잘못을 버리면 "선이 나타난다"는 존재론적, 정태적인 관계가 아니라 "선에 다가간다"는 기능적이고 역동적인 관계이다. "허물(過)이란 천선(遷善)의 잘못된 것이고 선은 잘못을 적게 만드는 것을 일컬음이니 허물을 없게 하는 것 이외에 어찌 별다른 선도가 있겠는가"(최한기, 1979: II/126)라고 묻고 있다. 과(過)와 선(善) 중에서 전자가 후자보다 인식론적으로 앞서는 까닭은 "불선이 있으면 일찍이 알지 못한 적이 없"(최한기, 1979: I/127)기 때문이다. 이것의 함축은 "그러나 무엇이 선한 것인가에 대해선 알지 못할 수도 있고, 더욱 어려운 것은 안다고 할지라도 그 공동체가 어떻게 합의할 수 있는가라는 문제이다"로 보인다. 진리론의 인식론적 성격에 입각해 있는 개과천선의 논리는 천지 유행(流行)의 리(理)로서의 자연에 대한 추측의 방법이기도 하지만 인심의 리(理)로서의 당연(최한기, 1979: I/268)에 대한 탐구의 방법이기도 하다. 이 구별에서 자연과학과 인문 사회 과학의 구별을 읽어낼 수 있다면 개과천선은 하나의 포괄적 탐구의 방법론의 핵심 개념이 될 수 있는 가능성을 시사하게 된다(정대현, 2006: 151-154, 389-397). 부정성 극복의 논리적, 과학적 방식이 제시된 것이다.

셋째는 포퍼(Popper, 1963)의 박진성(verisimilitude) 개념이다. 포퍼는 "임의의 명제가 참인가는 지금 여기에서 확정할 수 없지만, 거짓인가는 확정할 수 있다"라는 가설로부터 출발한다. 그리고 이 가설은 과학자나 인식론자들에 의해 일반적으로 수용된다. 그렇다면 "문장의 의미는 그 문장이 참일 수 있는 조건들의 합"이라는 검증주의(verificationism)보다는 "문장의 의미는 그 문장이 거짓일 수 있는 조건들의 합"이라는 반증주의(falsificationism)가 더 설득력을 얻는다. 과학은 가설의 진리 확립으로 구성되는 것이 아니라 가설들의 반박을 통하여 진리에 접근해가는 과정으로 구성된다는 것이다. 가설을 수용하는 것은 그 가설이 참이어서가 아니라 그 가설이 아직 반박되지 않았기 때문이다. 그래서 과학은 가설들이 미래의 반박에 열려 있다는 개방성을 그 특징으로 갖는다는 것이다. 자연 과학의 이러한 박진성 논리는 인문 사회 현상에도 적용될 수 있다. 사회의 모든 구성원이 합의할 수 있는 행복의 조건은 제시하기 어렵지만, 아픔의 조건은 제시할 수 있다. 그렇다면 아픔은 인간론의 방법론적 기초로서 어떤 자리를 얻을 수 있는 것이다(정대현, 2006: 175-204). 부정성 극복의 우선성은 그 논리성, 과학성을 넘어 언어 의미의 구조에 깊이 새겨져 있다.

2. 손봉호의 고통 철학

손봉호의 철학은 고통 철학이다. 철학에 대한 이러한 규정은 철학과 고통에 대한 그의 이해와 관점에 근거한다. 그는 철학이 경이와 관련된다는 것을 거부하지도 않고, 근본적으로 지적 문제에 관한 성찰이라는 것을 비하하지도 않는다. 그러나 그는 그러한 전통적 철학 주제들은 고통만큼 절실하지 않다고 본다. "가렵지 않은 사람은 긁을 수 없다." 마찬가지로 전통적 철학에 물음을 묻지 않는 사람에게 "철학적으로 사유하라"고 명령할 수는 없다는 것이다. 그러나 사람들은 누구나 고통을 겪고 있고, 목불인견의 고통 상태에 있는 사람이 부지기수이므로 철학이 고통의 주제에 주목해야 한다는 것이다. 이런 관심이 전통적 "철학의 정신에 어긋난다면, 철학의 정신을 수정하고 철학을 다시 정의해야 할 것이다"라고 손봉호(1995: 20)는 생각한다. 그는 철학을 다시 생각하게 하는 이러한 관점으로부터, 고통 철학의 체계를 구성하여 제시한다.

고통의 원초성

손봉호(1995: 27, 35, 123)는 인간 경험이 하나의 체계를 이룬다면 그 체계의 원초적 출발점은 고통일 것이라고 간주한다. 짐승들이 "아파"(痛, pain)하는 것처럼 사람들이 아파할 수 있지만, 사람의 아픔은 동물의 경우처럼 감각으로 끝나지 않는다. 사람의 아픔이 감각적이고 수동적으로 개시된다고 할지라도 사람의 성격이나 문화 배경에 따라 아픔의 내용은 달라진다. 사람의 고통은 문맥적 조건에 따라 금방 "괴로움(苦, suffering)"

이라는 인격적 내용을 갖게 된다. 사람들이 공유하는 고통 경험이 그들을 일정한 방식으로 처신하고 행동하게 만든다는 것을 쉽게 상상할 수 있다. 고통 경험이 없었다면 인간 사회의 도덕적 질서는 지금의 그것과는 아주 다른 것이었을 것이다. 손봉호는 고통의 원초성을 나타나기 위해 "나는 아파한다 그러므로 나는 존재한다(Dolero ergo sum)"라고 선언하고, 그 원초성을 지지하는 논의를 제시한다.

고통의 원초성은 고통에 대한 상식적 태도에서 읽을 수 있다고 손봉호(1995: 133-134, 48-57)는 생각한다. "아픈 사람은 벌 받은 것"이라는 통념은 고통은 악의 본질이라는 명제와 통한다. "pain"이라는 고통의 영자 단어는 라틴어의 벌이라는 뜻을 가진 "poena"의 어원에서 유래했다는 것이나, "고통을 가했으면 스스로도 고통을 당해야 한다"라는 말이 그러한 태도를 보여준다. 이러한 통념은 레비나스(Levinas, 1987)의 "고통이 부정의 근원"이라는 통찰과도 맞물려 있다고 생각한다. 소설가 박완서가 아들을 잃은 슬픔에 대해 "진심에서 우러나오는 위로가 견디기 어려운 수모"라고 생각했을 때, 수모의 경험은 그 자신의 상황과는 독립적으로 고통이 악의 본질과 관련되어 있다는 통념에 기초한다는 것이다.

고통의 원초성을 지지하는 또 하나의 논변은 "악의 기준"에 호소하는 것이다(손봉호, 1995: 51, 150, 76). 인간 행위는 여러 가지로 평가되지만 그중에서 인간 사회와 가장 관련된 것은 선악의 기준일 것이다. 손봉호는 선악의 기준을 행위자 자율성에 기초한 의무론에 따라 구성하지 않고, 고통 증감의 기여에 따라 구성한다. "사람에게 고통을 주거나 쾌락을 감소시키는 것은 악이고, 많은 사람의 고통을 막거나 줄이는 것, 쾌락을 증진시키는 것을 선"이라고 본다. 선악 개념을 실체론적으로나 본질적으로가 아니라 기능적으로 구성하는 것이다. 더 나아가, 고통은 주체의 표현 충동 가운데 어떤 충동보다 더 대표적이고, 더 강하게 언어를 요구한다는 것이다. 고통 언어의 일차적 진리성이 선악 기준에 반영된다는 것은 기능주의적 선악론의 핵심이라 할 것이다.

이보다 더 강력한 논의는 "고통이 부정의 핵"이라는 논변(손봉호, 1995:

48)이다. 레비나스의 통찰에 기대어 제시되는 이 논변은 쾌락/고통의 쌍이 없이 긍정/부정의 쌍은 가능하지 않다는 것이다. 논리학과 수학의 문법을 구성하는 진위의 가치가 결국은 긍정/부정의 개념으로부터의 추상이고, 모순율, 배중율, 일관성 등을 규정하는 진위도 긍정/부정의 짝의 개념, 더 나아가 쾌락/고통의 짝의 경험이 형식화된 경우라는 것이다. 독재 체제가 지성인을 고문하는 방법 중 하나가 매일 거짓 자술서를 다시 새로 쓰게 하는 것이라고 한다. 이 과정에서 그 사람은 극심한 고통을 겪고 인격이 훼손된다는 것이다. 삶의 세계가 논리적 규칙이 준수되는 의미의 세계라면, 거짓 자술서를 쓰게 하는 고문은 의미를 무화시키는 무의미의 세계이고, 죽음의 세계가 된다. 자살 충동을 갖거나 미치게 되는 것은 의미로부터 무의미에로의 전락과 다를 바 없다는 것이다.

통윤리 이론적 기초: 고통

손봉호(2000: 19)는 고통이 모든 윤리 체계의 출발점이라고 생각한다. 윤리 체계들은 각기 하나의 이론적 체계로서 양립 불가능하다. 예를 들어, 공리주의(Bentham, 1907)는 도덕적으로 옳은 행위는 최선의 결과를 산출하는 행위라 하고, 인격주의(Baba, 1987)는 모든 욕망의 한계로부터 자유로워지고자 하는 의지를 선이라 한다. 두 이론은 각기 욕망 만족 또는 욕망 제한을 기준으로 삼는다. 두 이론은 "선"이라는 동일한 기호를 사용하지만, 이 기호에 다른 의미를 부여함으로써 두 이론이 말하는 "선"은 다른 단어가 되어 통약 불가능한 것이 되고 만다. 이러한 분석을 일반화하고, 엄밀하게 추적하면, 윤리 이론 체계들은 소통이 불가능하다. 손봉호는 이러한 철학적 난국에서 윤리 이론들이 공유할 수 있는 기초가 무엇인지에 주목하고, 모든 윤리 이론이 고통 피해의 경험을 주목하여 이를 출발점으로 취해야 한다고 보았다. 고통은 양립 불가능한 윤리적 이론들이 적어도 "같은 문제에 대하여" 고민하는, 통윤리적 기초라는 것이다.

그러면 손봉호(2000: 20-25)는 어떻게 고통이 통윤리 이론적 기초가 된다고 생각하는가? 윤리는 정의의 문제를 다루고 정의는 공정성을 그 핵으로 하기 때문에 중립적이고 객관적이어야 한다. 그러나 정의의 문제는 고통을 겪는 피해자의 문맥에서 발생한다. 정의는 불의의 문맥에서 가장 명료하게 규명되고 이해되기 때문이다. 바로 고통 피해자의 언어가 윤리 언어의 기초 자료가 되어야 하는 것이다. 윤리는 피해자 관점으로부터의 윤리여야 하고, 그러한 의미에서 중립적일 필요가 없다는 것이다. 고통 경험은 사적이지만 고통 극복은 보편적 당위이기 때문이다. 이러한 고통 극복의 보편적 당위성은 "모든 악은 고통으로 연결된다"는 레비나스의 가설을 통해 나타난다. 고통 없는 악이 없다면, 윤리 이론의 출발점은 추상적 평가어로서의 악 자체보다는 구체적 경험으로서의 고통이라야 할 것이다.

고통이 통윤리 이론적 기초일 수 있는 또 하나의 단서는 고통 경험의 원초적 양상에서 나타난다(손봉호, 1995: 71-75). 나는 누구인가라는 물음에 대한 대답은 다른 사람의 눈길, 다른 사람과의 관계, 사회나 역사에 대한 참여의 방식에 의해 구성될 수 있다. 이러한 과정의 자아 구성은 이론마다 가지고 있는 다양한 해석의 차이를 허용할 것이다. 그러나 손봉호는 고통의 경험은 이론에 따라 달라지기 어렵다고 생각한다. 고통은 나를 인식하게 하는 기본적 경험이기 때문이다. "고통을 당할 때 나는 다른 사람과 철저히 다르다는 것을 뼈저리게 인식한다"는 것이다. 나의 아픔은 너의 아픔일 수 없다. 고통은 나와 너를 가르는 경계이다. 나의 아픔은 나의 부정성이다. 나의 고통은 그러한 부정성으로부터 변증법적으로 사유해 나가는 원동력이 되는 것이다. 손봉호는 이러한 고통의 양상에는 이론들 간의 차이가 문제되지 않는다고 본다.

고통을 통윤리 이론적 기초로 상정할 수 있는 선명한 근거는 손봉호(1995: 60-66)의 "지향적이 될 수 없는 고통"이라는 그의 통찰에서 찾을 수 있다. 고통이 지향적이라면 지향성의 내용에 따라 해석의 계기들이 발생하고 이 계기에는 여러 이론들의 차이를 허용할 수 있다. 그러나 윤리가 인간에 관한 관심이고, 관심 갖는 인간의 상태가 고통 경험의 상황이라면, 윤리 이론들은 모두 공통적으로 동일한 단계의 인간의 고통 경험에 주목하는 것이다. 전쟁 중의 두 나라의 적십자 구급차는 고통 받는 환자가 적군인지 아군인지를 구별하지 않고 후송한다. 마찬가지로 경쟁적인 두 윤리 이론은 고통 받는 두 사람이 어떤 고통 내용을 가지고 있는가를 물을 필요가 없다. 고통은 지향적이 될 수 없기 때문이다. 고통은 명제적 내용이나 해석적 내용을 갖지 않는다. 고통을 받고 있는 인간은 "사람이고 고통을 받고 있다"는 사실만으로 윤리 이론의 대상이 된다. 고통은 통윤리 이론의 기초가 되는 것이다.

아들 잃은 슬픔이 다른 사람의 슬픔에 위로가 되는 경우를 박완서는 "남의 고통에 쓸 약으로서의 내 고통"이라고 적었고, 이러한 경험은 개연성 있는, 정당한 경험의 사례라고 손봉호(1995: 57)는 생각한다. 그러나 어떻게 나의 고통이 남의 고통에 약이 될 수 있을까? 두 사람 간의 관계를 어떻게 설정해야, 이렇듯 사적인 경험에 "약"이라는 실질적 효과나 인과 관계를 도입할 수 있는 것인가? 그의 가설은 "인간은 유기적으로 연결되어 있다"는 것이다. 이 가설은 그의 갈비탕 사유 실험을 통하여 확인될 수 있다. 예를 들어, 슬픔의 고통을 겪는 사람들은 슬픔 가운데 갈비탕을 먹을 수 있다. 그러나 그들은 자신이 먹는 갈비탕의 배후에 있는 소의 고통이나 슬픔을 통해 위로를 받을 수 있는가? 왜, 이 경우에는 아닌가? 사람들은 다른 사람에 대해서는 "나와 같은 사람"이라고 조건 없이 쉽게 간주하지만, 동물에 대해서는 "나와 같은 동물"이라고 조건 없이 쉽게 간주하지 않는다. 고통은 이론들의 차이에도 불구하고 인간이 공유할 수 있는 윤리의 출발점이 된다는 것이다.

최소 고통론

공리주의는 "최대 다수의 최대 행복"을 선의 기준으로 제시했지만, 손봉호(1995: 53, 124)는 "최소수의 최소 고통"을 윤리의 출발점으로 제안한다. "작은 수의 사람이라도, 작은 양의 고통의 조건이라 할지라도 먼저 주목되어야 한다"는 것이 그의 최소 고통론의 내용이다. 실천적으로, 행복 추구보다 고통 극복이 더 절실하기 때문이다. 이론적으로도, 공동체 성원들은 구체적 행복의 조건에 동의하기 어렵지만 고통의 조건에 쉽게 합의할 수 있다. 행복의 조건은 사람들에 따라 다양하다. 자신의 현재의 위치에서 결핍이나 욕구의 순서에 따라 달라지기 때문이다. 개인마다 다른 다양한 행복 조건의 상황에서 최대 다수의 최대 행복의 조건을 구한다는 것은 인식론적으로 여의치 않다. 그러나 고통의 조건은 교통사고나 의식주 같은 기본 조건의 위계에 쉽게 합의할 수 있다. 전화 119 전화의 위기 호소는 고통 조건을 최소화시키기 위해 사회가 어렵지 않게 합의한 제도이다.

왜 최소 고통론이어야 하는가? 손봉호(1995: 108-113, 133)는 "공동체 유지와 고통"의 관계를 유기적 사회성으로 파악하면서 그 이유를 제시한다. 고통 받는 사람에 대한 연민이나 동정은 유기적 사회성을 보여준다는 것이다. 예를 들어, "다른 사람에 대해서 동정한다는 것은 그와 같이 고통 당한다는 것이요, 내가 고통 당하지 않고는 다른 사람과 같이 아파하고 괴로워할 수 없는 것이다."

최소 고통론의 당위성은 주변의 고통에 대한 측은지심이나 죄의식에서도 찾아진다. 손봉호(1995: 204, 194)는 다음과 같이 그의 죄의식을 고백한다: "그 고통으로부터 그 사람을 구해내지 못하는 데서 오는 무력감과 미안함, 그 사람과 같이 고통을 당하지 않음으로써 특권을 누리고 있다는 사실에서 생기는 죄의식이 우리에게 엄습해오는 것이다". 왜 죄의식인가? 어떻게 측은지심이 드는 것일까? 맹자는 죄의식이 전혀 없거나 측은지심이 들지 않는다면 사람이 아니라고 했지만, 이것은 "사람다운" 것이 아니라는 표현의 강조가 아닐까? 이러한 인간관계의 현상과 "사람다움"이라는 표현간의 관계를 수용할 수 있다면, 고통의 최소화는 무엇보다 절실한 인간 사회의 요구가 될 것이다. 이러한 요구 조건을 만족하는 배경에서 사람들은 "자신을 희생하면서 노동하고 그것을 즐길" 수 있다.

고통을 최소화하는 길로 나아갈 수 있는 것이다.

손봉호(2000: 25; 1995: 211)는 고통의 최소화를 위한 적극적 개념으로 '고통 질량 불변의 법칙'을 제안한다: "불의한 이익(쾌락)은 그만큼 다른 사람에게 고통을 가져오고 자발적으로 손해를 감수하면 그만큼 다른 사람의 고통을 감소시킬 수 있다. 잘못을 저지르면 벌을 받고 그 벌이 고통의 형태를 취한다는 것은 그가 다른 사람에게 가한 고통을 보상한다는 것을 뜻한다고 할 수 있다." 이러한 고통 법칙의 구조하에서, 고통 피해자 입장에서 도덕적이 된다는 것은 불이익을 감수하는 것이고, 인간성에 대한 연민은 자발적 고통을 수용하는 것이 된다(Chung, 2015a).

고통 철학의 확장

손봉호의 고통 철학은 누구나 용이하게 합의할 수 있는 지점에서 출발한다. 고통이 모든 인간의 조건인 것은 고통이 원초적이며 모든 경험의 배경이 되기 때문이다. 다른 이론들도 고통의 지점에서 통약 가능해지고 고통의 최소화에 합의할 수 있어야 하는 것이다. 전통적 철학이 칸트적 의무론이나 공리주의에서와 같이 인간 일반의 긍정적 속성으로부터 인간론을 구성해온 것과는 대조적으로 손봉호의 고통 철학은 고통이라는 부정적 속성에서 출발한 점이 새롭다.

한국의 몇몇 철학자들도 고통 철학을 논의한다. 이기상(1995)은 "비정상의 전형이라는 고통을 가지고 모든 정상을 다 설명해버릴 수는 있어도 우리는 자신이나 남에게 고통을 권장하거나 남이 당하는 고통을 예찬할 수는 없다"고 하여 고통이 가지는 의미의 중요성을 제한한다. 그러나 손봉호의 고통론을 긍정적으로 보는 논의들도 있다. 백종현(2000b: 210-211)은 고통을 자원해서 당하거나 거부하지 않을 준비가 되어 있어야 한다고 생각한다. 과잉 쾌락을 자제해야 하는 것은 그것이 누군가의 불필요한 고통을 요구하고, 그 고통이 다른 사람에게 돌아갈 수 있기 때문이다. 이러한 자제가 인간의 고상함이나 윤리의 국면을 보인다는 것이다.

고통을 윤리학의 출발점으로 삼아야 하는 까닭을 구체적으로 시사한 논의도 있다. 최훈(2009: 49-61)은 동물들에게 고통을 주지 않아야 할 신경학적 근거를 논의한다: 고통 주체는 두 가지 고통 경험의 통로를 갖는다는 것이다. 외측 경로(the lateral pathway)는 뇌의 체성 감각 피질로 투사되는 "감각 식별" 하위 체계를 통해 고통의 형태, 위치, 강도와 같은 감각적 성질을 인지하고, 내측 경로(the medial pathway)는 뇌의 전두엽 피질로 투사되는 "감정 동기" 하위 체계를 통해 고통 주체가 겪는 불쾌함의 종류나 정도를 인지한다는 것이다. 척추동물은 두 경로를 통합적으로 또는 분리해서 가질 수 있기 때문에 고통 회피에 신경을 쓰고, 마음을 쓰게 된다는 것이다. 돌이나 나무, 하등 동물처럼 자기 자신에게 일어난 일에 신경 쓸 수 없는 존재에는 도덕적 고려를 할 필요가 없지만, 척추동물에게 불쾌함을 느끼게 하는 것은 옳지 않은 일이라고 믿는다. 윤리가 인간 지배층의 질서였다가 인종 차별, 성 차별을 넘어 인간 보편적 윤리가 된 것처럼, 이젠 종 차별을 넘어서는 윤리를 지향해야 한다는 것이다.

강영안(1998a: 6, 20-25; 1997b: 81; 2004: 51)과 공병혜(2008)는 한걸음 더 나아간다. 이들이 "고통은 사유의 시작"이라는 가설에 동의하는 것은 고통을 받는 순간 미래를 설계할 수 없어 미래가 없어지고, 미래가 없는 자는 인간이라 하기 어렵다는 데서 비롯된다. 사유는 인간임의 부정에 대한 인간임의 긍정 행위이다. 이들은 고통 때문에 생기는 외침, 신음, 한숨은 서술적(locutionary) 언어 행위가 아니라 행위 유발적(perlocutionary) 언어 행위라고 본다. 고통의 행위 유발적 언어 행위는 반응의 요청이고 도움의 요구가 된다. 그리하여 고통은 인간 상호간의 윤리적 관계를 구성하는 단초가 된다. 고통을 겪고 있는 타인이 나의 도움을 요구하고 내가 거기에 응답할 때 타인의 짐은 나의 짐이 된다(참조: 4장 2절). 이때 나는 세계를 지배하고 의미를 부여하는 근대적 주체가 아니라 타인의 고통을 대신하는 대속적 주체가 된다는 것이다.

3. 함석헌의 씨알 민중론

함석헌은 20세기의 한국사가 세계사의 고통, 짐, 부담, 고난을 지고 있으며, 한국의 민중은 그 부정성을 맨몸으로 겪고 있다고 가정했다. 함석헌의 씨알 사상은 바로 이러한 가정에 기초하여 발상되고 전개된 고난의 철학이라고 생각한다. 함석헌(1993: 14/323-325, 14/332-336)의 씨알 사상은 "씨알이 뜻을 체현한다"라는 명제로 요약될 수 있을 것이다.[1] 그는 종자를 뜻하는 "씨"와 "알"을 붙인 씨알 개념으로 통전적(統全的) 형이상학을 구성하지만, 여기에서는 그 형이상학의 인간론적 국면에 주목하고자 한다. 그는 "씨알"의 중요한 의미를 민(民)의 의미에서 찾는다. 인(人)은 차별 중립적이지만 민(民)은 지위 없는 "맨 사람" 또는 피지배 계층에 속하는 사람을 나타낸다. 씨알이 바로 민중인 것이다. 씨알의 외연이 이러하다면, 그 구조적 특성은 다음처럼 제시되는 이른바 "씨알 헌법"이다. "씨알들은 서로 주고받고(對話), 같이 울고(共鳴), 같이 느낄(感應) 때 부분의 합보다 위대해지고 부분은 전체 안에, 전체는 부분 안에 존재하게 되어 개인의 소리는 전체의 외침이 된다"는 것이다.

그러면 씨알이 어떻게 뜻을 체현한다는 것인가? 씨알은 어떤 뜻의 체현자인가? 함석헌(2003: 41, 66; 1993: 9/14; 4/67)은 이를 위해 현상적 씨알 단계에서 형이상학적 씨알 단계로 진입한다. 역사란 사실 기록이 아니라 "사실이 가지는 뜻"이며 모든 사람은 서로로부터 떨어져 있는 것이 아니라 "전체가 한 생명"인 까닭에 "역사는 하나다"라는 형이상학적 비전을 제시한다. 역사란 씨알들이 하나 됨의 완성을 향하여 노력해가는 과정이고 하나의 뜻을 완성하기 위하여 자란다는 것이다. 그러기 때문에 물이 바다로 가는 것처럼 "역사는 씨알로 간다"는 것이다. 그의 씨알 민중론은 "민중이 역사의 주체"라는 명제를 나타낸다. 함석헌의 이러한 씨알

---

1 문헌 표기는 간소화했다. 예를 들어, "14/323-325"은 함석헌의 『함석헌전집』 1권-15권(1993, 한길사)의 14권 323-325쪽을 나타낸다. 이러한 표기 방식은 이후 이 책에서 다루는 모든 전집에 적용될 것이다.

민중론은 어떻게 정당화될 것인가?

씨알 명제의 개념성

먼저, 함석헌의 "씨알이 뜻을 체현한다"는 명제의 성격은 무엇인가? 이 문장은 사실을 나타내는가? 윤리적 당위를 보이는가? 역사적 필연을 요구하는가? 종교적 소망의 결과인가? 이 문장의 의미가 함석헌의 생각들을 요약한 것이긴 하지만 이 문장이 표현하는 명제의 정당성은 어떻게 확보될 수 있는가? 함석헌은 씨알 사상에 도달하기 위하여 어떤 방법에 의존하고 있는가? 그러한 방법이 존재한다면 그것은 이 명제의 정당성을 보이기에 충분한 것일까?(정대현, 2008a)

"씨알이 뜻을 체현한다"는 문장은 얼핏 아무 문제가 없는 것처럼 보인다. 이 문장은 표면적으로 은유적이기 때문이다. 대부분의 사람이 이 문장에 대해 거부감을 갖지 않을 것이고 은유의 차원에서 수용하지 못할 까닭도 없다. 그러나 함석헌은 이 문장의 은유적 해석을 거부했을 것이라고 생각한다. 그의 사상이 이 문장으로 요약되었다고 한다면 그렇다는 것이다. 함석헌은 이 문장이 표현하는 명제를 은유로 담아내기 어려운, 보다 심각한 내용을 나타내려 했다고 믿기 때문이다. 그러나 씨알 명제에 대한 일반 대중의 은유적 해석과 본래의 치열한 사상 간에 작지 않은 간격이 있을지라도 그것은 씨알 명제에 대한 정당화를 통해 최소화될 수 있을 것이다.

씨알 명제는 개념적이다. 씨알 명제는 그 체계를 수용한다면 자명해지는, 그 체계의 요약적 명제이다. 함석헌은 이 문장과 관련하여 여러 방식으로 단어 풀이를 하지만, 이 문장의 단어들은 어의적으로 그 의미나 내용을 구성하는 것은 아니다. 이 명제는 그 체계를 떠나서 어떤 독립적 사태를 서술하는 문장이 아니다. 씨알 명제가 개념적인 까닭은 무엇일까? 이 문장은 보편적 합리주의를 전제하면서 연역된 명제가 아니라 오히려 그가 살아왔고 살아가고자 했던 삶의 방식으로부터 표출된 세계관의 반영이다. 이 문장이 뜻하는 명제는 이 명제가 속해 있는 체계의 모든 요소들과의 총체적 관계로부터 의미와 위치를 부여받은 것이다. 이 명제는 그 체계의 그물망의 중요한 거점들을 드러내주고, 그 개념적 구조를 보여준다. 그러므로 이 명제는 그 체계의 내재적 명제로 보아야 하며, 외부적 명제로 보기에는 무리가 따른다.

"씨알이 뜻을 체현한다"는 씨알 명제는 함석헌의 체계가 설득력을 갖는 만큼 그 체계를 중심적으로 나타내준다고 보아야 개연성을 갖게 된다. 함석헌의 체계는 편의상 크게 두 요소로 구성되었다고 가정하고자 한다. 첫째는 그의 생애를 통하여 그가 섭렵한 사상 체계들이 그에게 어떤 의미가 있었는지와 관련하여 그가 언급한 이성, 언어라는 주제에 대한 것이다. 둘째는 이론적인 차원의 첫째 요소에 생명성을 불어넣은 것이다. 이를 위해 그는 고난으로 요약되는 역사관을 도입하고 역사 해석과 참여의 일치를 통해 씨알 사상 체계를 강력하게 살아 있는 언어로 전환했다.

함석헌은 여러 사상 체계를 섭렵했다. 대표적으로 나타나는 체계들은 우치무라 간조(内村鑑三)의 무교회주의, 폭스(G. Fox)의 퀘이커주의, 간디(M. Gandhi)의 바가바드기타, 데카르트의 생각, 유영모의 동양 사상 등이다. 이 체계들은 강약의 정도는 있지만 거의 동시에 수용되었다는 인상을 준다. 유영모가 읽었던 고전이 유영모 씨알 사상에 자양분을 공급했던 것과 비슷한 구조일 것으로 믿는다. 강조가 달라지는 경우에도 왜 그러한가에 대한 개념적 성찰보다는 개인과 역사의 문맥의 적합성 기준에 의존했다고 생각한다.

함석헌(1993: 2/242; 4/66; 8/459)의 세계관은 인간이 세계와 맺는 관계로 구성된다. 그가 관심 가졌던 인간은 민중적 씨알이다. 씨알은 인간의 대표이며, 씨알 이외의 인간은 껍데기이고 주변적이며 빈탕이다. "높은 것은 하늘과 씨알뿐"이기 때문이다. 모든 정신적 물질적 활동의 목표는 "하나님과 씨알(민중)이란 것이 그 표어"여야 한다. "명이란 천명(天命), 곧 하늘 말씀인데, 땅 위에서 하늘 명령을 듣는 것은 씨알뿐입니다. 그러므로 인심(人心)이 천심(天心)입니다."

함석헌(1993: 3/147; 4/66, 148; 14/341; 9/318)의 민중적 씨알론은 그의 종교론 안에서 선명해진다. "하나님과 민중, 둘이 하나다"라고 할 때 민중과 하나님을 같은 실재의 차원에서 파악하는 것이다. 인내천(人乃天)을 연상케 한다. 실재의 이 끝에서는 씨알로 알려져 있지만 실재의 저 끝에서는 하나님(함석헌, 1993: 4/66)이라는 것으로, 실재가 하나라는 전제로부터 추리해내는 귀결이다. 씨알은 천민(天民), 하늘 백성, "하늘밖에 쓴 것이 없고 땅밖에 디딘 것이 없는 사람"이기 때문에 실재의 그 자리를 차지하는 것이다. 하나님과 나의 관계도 "큰 알 속에 작은 알이 있고 작은 알 속에 큰 알이 있는" 관계이고, "전체, 밖을 그리면 ○ 이요, 하나, 속을 그리면 ●"인 구조이다. 함석헌이 믿는 예수 경험도 "내 안에 있지 않고 장차 오는 인류 속"에 있다는 문장으로 표현된다.

함석헌(1993: 9/384; 2003: 20, 50, 410)의 종교 언어는 표면적으로 기독교적인 것으로 출발하고 있지만 그의 종교, 윤리, 이성, 과학, 언어는 궁극적으로 하늘의 뜻의 다양한 국면일 뿐 특정 종교에 매이지 않는다. 기독교가 진리를 전유할 수 없는 까닭은 "하나님의 입"을 전유할 수 없기 때문이다. "한 소리는 만인의 종교"이고 이 같은 소리, 이 같은 진리가 기독교에서는 기독교식으로 나타났을 뿐이라는 것이다. 유신론자, 무신론자가 다 같이 믿으며 살고 있는 종교, 한소리는 '뜻'일 뿐이고 모든 종교는 구경 하나라는 것이다. 함석헌이 말하는 기독교는 매우 동양적으로 해석되고 있다.

역사 발전론: 고난과 생명

씨알 방법론의 전반 단계는 정적(靜的) 존재론으로 나타난다. 그의 스승 유영모의 형이상학과 크게 다를 바가 없다. 그러나 후반 단계에 들어오면 그의 존재론은 역동적 생명론으로 전환된다(함석헌, 1993: 9/45-47; 8/80; 2/299; 2003: 15, 94). 그의 생명 사상은 고난으로서의 역사 해석을 통해 구성된다. 씨알의 생명성은 바로 뜻을 향한 씨알의 고난에서 체현되는 것이다. 씨알의 생명성은 씨알의 "자기희생에 의해서만 자기 연장"이 이루어지고, "자기를 포기함에 의해서만 가능"한 성질이다. 씨알은 자기 희생을 본질로 가지고 있기 때문에 씨알의 삶은 어리석게 속고, 참으면서 불행하고 스스로를 "죽어라 하고 자르"는 "고난"의 삶이다. 이러한 씨알의 고난은 뜻의 체현으로서 의미를 갖는다. 모두를 하나 되게 하는 고난이다.

함석헌(1993: 4/76; 8/60; 2/68, 2/216; 2003: 463, 482, 478-479)은 자연의 진화론과 역사의 발전론을 함께 수용한다. 그는 생명체가 고난 없이 생명을 유지하기 어렵듯이 역사도 고난 없이 발전이 어렵다는 것을 간파한다. "고통은 영원한 얼의 수정(受精) 작용, 민중이 영원한 얼로 수정이 되어야 미래의 역사가 있을 수" 있다는 것이다. "고난은 죄를 씻"는 구속적인 것처럼 "수난은 결코 약한 자의 일이 아니요 강한 자의 일"이다. 한국사가 고난사인 것은 한국사가 "세계의 짐"을 지고 "불의의 값을 지는 자"이기 때문이다. 세계인은 한국사 고난의 "하수구에 감사" 할 수 있어야 한다는 것이다. 고난을 통한 역사 발전의 궤적에서 생명성에 도달하면 "나와 남이 없고 하나"가 된다. 씨알 민중이 역사의 주체일 수 있는 논리는 이렇듯 제시된다.

씨알 민중은 능동적으로 고난을 수용할 때 강하지만 언제나 능동적일 수는 없다. 그래서 민중은 배려해야 하는 약자의 자리에 놓인다. 씨알이라는 약자 관점으로부터의 세계 해석은 소중하다. 이 관점은 보다 세부적으로 추구될 수 있다. 즉 씨알이라는 민중 일반론을 통해 각론적 소수자 관점들을 구체화시킬 수 있다고 생각한다. 민중의 부정성의 정도에 주목함으로써 장애자, 외국인 노동자, 여성 등의 구체적 씨알들의 다양한 인간 조건을 만날 수 있을 것이다.

역사 해석과 참여의 일치

함석헌은 한국 근대사에서 역사 해석과 참여의 일치를 보인 지성의 사례가 아닐까? 함석헌은 역사에 대해 일관된 해석을 제시했다. "역사가 무엇이냐: 그것은 사람이 하나님을 찾는 기록이요 하나님이 그 아들을 찾는 기록이다. 브라마나의 아트만을 찾음이요, 아트만의 브라마나를 찾음"이라고 믿기 때문에 "역사는 하나다… 역사적 기록은 뜻의 드러냄"(함석헌, 2003: 41, 66)이라고 주장한다.

함석헌(1993: 14/360)은 역사에 대해 이러한 관점을 가졌기 때문에 역사 참여의 방식을 일관되게 유지할 수 있었다고 생각한다. "스스로 해야 된다"라는 그의 소신을 첨가하면 해석과 참여의 일치는 자연스러운 귀결이었다. 그리고 그는 그러한 일치를 몸으로 보였다. 함석헌은 일제 강점기 시대에 삼일 운동과 신의주 사건에 참여했다. 해방 후에는 이승만 정권의 부패와 박정희의 유신 체제에 맞서 『사상계』에 글을 쓰고, 거리에서 시위하며 반대했다. 시국이 요구하는 중요한 시점마다 그는 비폭력적으로, 평화적으로 최초의 "아니다"를 표현했다.

함석헌의 역사 해석과 참여의 일치는 그의 씨알 체계의 언어에 생명력 있는 의미를 부여했다. 많은 이론 체계들이 서재에서 만들어져 지성사회에 발표되고 도서관에 보관된 후에는 잊혀지지만, 함석헌의 씨알 사상은 다르다. 함석헌의 씨알 체계는 그가 몸으로 이룩해낸 한국 현대사 공간의 역사적 담론이다. 역사가 뜻있는 사건의 기록이고 뜻있는 사건의 기록이 역사라면 함석헌의 씨알 체계는 그러한 몸의 참여를 통해 역사 자체가 되었다.

씨알 언어(함석헌, 1993: 14/336)는 "부분은 전체 안에, 전체는 부분 안에" 있는 구조에서 구성된다. 씨알 언어는 하늘 언어이다. 씨알 언어는 함석헌의 역사 해석과 참여의 일치를 통해서 한국어 사회에서 살아 있는 의미를 부여받았다. 씨알 민중의 고난 언어는 역사 언어 자체가 되는 것이다. 씨알 언어는 더 이상 우연적으로 한국어 어원으로 조명받거나 정당화되지 않아도 된다. 지금 여기라는 현장에서 민중의 삶으로 구성되고 표현된 씨알 언어는 역사 해석과 참여의 일치라는 전통을 계승하여 그 생명성을 유지하고 확장해야 할 과제를 부여받았다.

씨알 개념의 계승: 민중과 한

함석헌의 씨알 사상을 철학화하는 데 최근 다수의 학자들이 많은 기여를 했다.[2] 그러나 이 장에서 주목하는 고난의 주제를 집중적으로 철학화한 사람 중의 하나는 김상봉이다. 김상봉의 작업은 다음의 세 명제로 요약될 수 있다: (1) 철학이란 세계 이해가 아니라 세계 만남이다; (2) 만남은 원자적으로가 아니라 고통 경험적으로 이루어진다; (3) 진정한 주체성은 원자적 관계가 아니라 고통 경험적으로 구성된다.

김상봉은 함석헌의 철학을 세계 이해가 아니라 세계 만남이라고 본다(김상봉, 2009b: 16-24). 철학은 전통적으로 "이것이 무엇인가?"라는 희랍적 물음이 강요하는 바에 따라 실재에 도달하는 것을 목표로 했다. 그러한 목표는 한동안 객관적 본질주의로 나타나기도 하고, 실재 자체에는 이를 수 없다는 믿음으로 인간 사유에 개방되어 있는 논리 체계에 따라 주어지는 대상의 보편적 인식을 추구하기도 했다. 그러나 함석헌은 철학을 세계 만남으로 보았다고 김상봉은 정리한다. 그 만남은 존재 전체가 하나라는 감격에 빠질 때 발생하는 사건이다. 존재 전체는 절대자, 진리, 생명, 하나님, 부처, 브라만 등 어떤 이름으로 불리어도 상관이 없다. 철학과 종교의 방식은 달리 인정되지만 그 목표는 같은 것이다. 그러므로 나와 절대자가 달리 존재하는 것이 아니라 하나라는 자각에서 만남이 이루어지고 나의 인격이 완성된다는 것이다.

만남은 원자적으로가 아니라 고통 경험적으로 이루어진다(김상봉,

2 김경재, 1989; 송기득, 1992; 김영호, 2002; 이기상, 2006; 이정배, 2006; 정지석, 2006; 김조년, 2008; 양현혜, 2008; 김명수, 2008; 정대현, (2008a); 이규성, 2009a; 이병창, 2009; 황필호, 2010; 김재현, 2010; 박재순, 2010; 차옥숭, 2010; 이만열 외, 2012; 유현상, 2015.

2010d: 154-158)는 것이다. 서양 철학은 두 가지 보편성 원리로 구성되어 있다. 첫째, 대상 세계 전체가 동일한 지평으로 불러들여지는 소위 "대상 무제약적 보편성"이다. 둘째, 어떤 명제라도 누구에게나 전달될 수 있고 접근될 수 있다는 "주체의 무차별성"이다. 전자는 사물의 비문맥성 또는 기술 체계 독립성을 함축하고, 후자는 인간의 합리성을 전제하여 궁극적으로 원자적 인간론에 도달한다. 그러나 함석헌에 의하면 그러한 정적 보편주의는 한 사회의 기득권적 "자유인"만을 위한 정치적 체계의 소산일 뿐, "자기의 땅에서 유배된 자들"이 더 많은 불구적 사회의 체계라고 생각한다. 함석헌은 오히려 씨알 철학으로서 "노예"가 새로운 동적인 보편성을 구성할 수 있다고 믿는다. 노예 상태는 벗어나야 할 부정적 상태에 그치지 않고 새로운 보편성이 숨어 있다는 것이다. 그것은 "고통 받는 인간의 눈에만 보이는", "고난의 수동성에 참여함으로써 열리는 만남의 세계"이다.

김상봉(2009a: 33-56; 2010d: 158)에 의하면, 진정한 주체성은 원자적 관계가 아니라 고통 경험적으로 구성된다. 함석헌이 요구하는 반성적 자아의식은 필요조건일 뿐 충분조건은 아니며 이를 위해 개성적 보편성의 현실태로서의 인격이 더 요구된다는 것이다. 참된 주체성은 여기 지금의 내가 자신의 개성을 잃지 않으면서 보편성을 담지할 때 비로소 실현되기 때문이다. 함석헌은 모두가 각자의 방식으로 부처가 될 수 있지만, 성불의 방법은 고립된 자기실현이 아니라 절대자와의 만남이라는 것을 역설한다. 새로운 보편성으로서 만남의 주체성은 고통의 수동성에 참여하는 주체성이다. 관조적 자아의 주체성이 원자적 주체성이라면, 고통의 주체성은 하나됨의 주체성이다. 관조의 주체는 그 원자적 성격 때문에 엄밀한 의미에서 주체가 요구하는 타자를 상정할 수 없으므로 주체일 수도 없다. 사물이 고통을 모르는 것처럼, 고통의 주체만이 진정한 주체가 되는 것이다.

함석헌의 씨알 사상은 표면적으로 역사 발전론과 해석론으로 나타나지만 심층적으로 인간론과 우주론을 아우르는 씨알 형이상학이다. 씨알

사상은 씨알 철학, 민중 사회학, 민중 신학, 민중 회화 등 한국 지성계에 직·간접적으로 관련되어 있다. 구체적으로, 민중 역사론에 주목할 수 있을 것이다. 1980년대의 일부 한국지성인들은 "민중이 역사의 주체이다"라는 논제를 걸고 논의를 수행했다. 많은 논의들은 민중이 어떻게 역사의 주체일 수 있는가의 물음에 답하기 위해 민중과 역사의 연결 고리를 찾는 과제에 집중했다. 연결 고리들은 여러 가지로 구분될 수 있지만 편의상 세 가지로 대별하고자 한다. 의식, 정치 참여, 그리고 혁명의 세 후보들이다. 연결 고리로서의 의식화 모형은 수동적 민중을 의식화함으로써 역사의 능동적 주체로 변환시킬 수 있다(한완상, 1984: 27-33; 김인회, 1984: 241-42)는 것이다. 다음으로 정치 참여 모형은 민중이 역사 실재의 중요한 양상에서 소외될 때 수동적 민중이 되고 참여하게 될 때 능동적 주체가 된다(조광, 1984: 290; 안병영, 1984: 118)는 관점이다. 그리고 혁명 모형은 프롤레타리아 또는 노동자 계급의 인민이 강화되어 기득권 계급에 대한 혁명을 완수함으로써 주체가 된다(칼 마르크스)는 시각이다.

왜 이러한 민중론일까? 민중이 역사의 주체라는 명제로 파악되는 민중론은 여러 가지 방식으로 사용되고 다양한 목적에 기여할 수 있다. 그러나 민중론이 가지는 보다 큰 의의는 세 가지로 지적될 수 있다. 하나는 민중 개념이 대안적 인간론에서 차지하는 자리이다. 전통적 인간론은 자유, 정의, 무심, 영혼, 사주팔자 등의 핵심적 개념에 정초한 것이었다. 이들은 역사 발전의 각 단계에서 소정의 임무를 수행하고 얼마간 기여했다. 그러나 역사의 현 단계에도 아직 이 개념에 묶여 있을 필요가 있는지는 의문이다. 이제는 모두가 온전성을 향하여 자기를 표현할 수 있어야 하는 시대이다. 결핍으로부터의 자유 같은 소극적 자유가 아니라, 자기의 온전성의 성취라는 적극적 자유를 추구할 수 있어야 한다. 전통적 인간론에서 간과되었던 주제가 민중이었다면, 민중론은 민중이 역사의 주체로 자리하는 인간론이다.

민중론의 둘째 의의는 현대 사회의 철학적 기초를 시사하면서도 한국의 전통 사상의 맥락에 닿아 있다는 점에서 찾아진다(조동일, 1984: 102-

22). 전통적 사상에서 민중을 바라보는 시각은 여러 가지지만, 여기서 주목하고자 하는 한 관점은 인즉천(人卽天), 민의 인심지천심(人心之天心), 추인측천(推人測天), 민주, 민본으로 보아 다스림의 구심점 또는 하늘 이치의 지상 외현으로 보는 시각이다. 이런 시각은 동학과 천도교가 동양 사상을 현대화하여 발전시킨 중심 개념이라고 생각한다(최동희, 1980; 1983; 2003).

민중론의 셋째 의의는 이것이 인접 분야에 가질 수 있는 함축이다. 문학과 예술 등의 인문 분야에서는 민중이 역사의 주체이므로 민중 체험에 대한 바르지 못한 시각과 바른 시각 사이에 일어나는 갈등의 표현을 통하여 가능 세계의 표상이 이루어질 수 있다. 유토피아를 꿈꾸고 왕자를 기다리는 신데렐라 같은 운명적 기다림도 중요하지만 민중의 고난에 동참하는 인문적 시각의 우선성(안병무, 1982: 151-194; 김용복, 1982: 369-389)이 요청된다. 또한 사회 과학에서는 계량적 자료에 대한 해석에 가치가 개입될 필요가 있을 때 공산주의 같은 폐쇄적 가치나 인본주의 같은 일반적 가치보다 민중 개념이 보다 구체적이고 해방적인 가치를 제시할 수 있다(한상진, 1984: 155).

서광선(1988: 7)은 한국인의 한(恨)의 이야기들을 한 권의 책으로 편집하면서 이 주제에 대한 문제 제기를 선명하게 하고 있다. 한의 근대사, 이 속에서 우리는 문학을 하고(김열규, 1981; 송재소, 1980) 소설을 쓰고(문순태, 1985) 시를 썼다(최하림, 1984). 이 속에서 한을 춤췄다. 한을 춤추다가 잡혀가서 한을 되씹었다. 한을 신학적(서남동, 1982)으로 쓰고, 철학적으로 분석(정대현, 1985)하고, 사회학의 구조로 인식(이효재, 1978)했다. 한 맺힌 응어리를 종교로 달래보고(서광선, 1988; 김진, 2004) 굿으로 발산하고(현영학, 1982) 데모로 끓고 담판으로 풀려고도 했다. 한 맺힌 영혼은 죽어도 죽을 수 없고, 불살라도 불붙지 않고, 물에 처넣어도 가라앉지 않는다. 분노에 허덕이고 몸부림치며 지표와 무덤가를 헤맨다. 영혼은 한 맺힌 우리의 정치적 귀신들이라는 것이다.

한의 경험에 대한 개념적 작업에 주목할 수 있다. 백낙청(1979: 166-

168)과 고은(1988: 161-162f)은 한을 원한과 대조하여 한(恨) 경험은 대상이 없지만 원한(怨恨) 경험은 대상을 갖는다고 한다. 원한의 전형은 부친이 부자집 머슴으로 일하는 동안 부당하게 겪는 부친의 고통에 대해 머슴의 자녀가 갖는 부자 대상을 향한 유감이나 원망의 경험이다. 그러나 한의 전형적인 경우는 조선조 중기의 여인의 사례에서 보인다. 양반집 시집살이 10년 동안 자녀를 출산하지 못한 여인은 칠거지악(七去之惡)에 따라 시집을 물러나지만 출가외인(出嫁外人)의 규범에 따라 친정에 들어가지 못하면서도 자신이 겪는 고통의 원인을 타자나 제도가 아니라 자신에게서 찾는 것이다(정대현, 1985).

서남동(1982: 319-347)과 현영학(1982: 348-368)은 한과 원한이 근본적으로 사회 정의적 개념이라고 지적한다. 원한 경험은 "부당한" 대접에 대한 유감의 경험이다. 그러나 한의 경험은 그리 단순하지 않다. 앞에서 언급한 조선조 중기의 여인은, 한편으로 고통의 까닭을 자신의 자녀 출산 "실패"에 돌린다. 조선조 중기 사회가치론에 따른 제도와 사건에 대한 "해석"이고 그 가치론은 절대적인 것으로 신봉되면서 의심의 여지가 없었다. 한편으로, 그 여인은 그 가치 체계의 판단을 전폭적으로 수용하면서도 남아 있는 고통의 까닭에 대한 미진한 느낌을 무당굿과 같은 의식을 통하여 한풀이하려 한다. "그렇기에 한은 하늘에 호소되는 억울함의 소리, 무명의 무고의 민중의 소리, 바로 그것이다." 한국의 지성인은 이러한 민중의 소리에 귀 기울이고 상처를 싸매주고 주체성을 되찾는 데 함께하는 "한의 사제"가 될 수 있어야 한다는 것이다. 한국 기독교 안에서의 민중 신학[3]이나 여성 신학[4]의 발전은 이렇듯 "한의 사제"라는 시각으로부터 이해될 수 있을 것이다.

---

3 서남동, 1976; 문희석, 1977; 안병무, 1981; 서남동, 1983; 서광선 외, 1986; 한국신학연구소 편, 1990; 안병무, 1993; 문동환, 1997; 권진관, 2009; Jung, 2012; 박재순, 2013.

4 김이봉, 1985; 손승희, 1989; 한국여신학자협의회 편, 1990; 이경숙, 1992; 안상님, 1992; 한국여신학자협의회 엮음, 1995; 이은선, 2004; 최만자, 2005; Chang, 2007; 박경미, 2013.

4. 허라금의 여성주의

함석헌은 고난을, 손봉호는 고통을 원초적으로 보고, 철학이나 인간론이나 윤리학이 고통에 주목하여 사유를 시작해야 한다고 제안했다. 획기적인 약자 관점의 사고 전환이다. 함석헌이나 강영안은 역사적 사유의 실천을 통하여, 씨알 민중의 삶에서 고난이 단순히 도덕적 배려의 수준을 넘어 구속(救贖)이나 대속(代贖)의 성질을 구현하는 것이라고 적극적으로 해석하고 있다. 반면 허라금(1997: 11-14)은 약자이기 때문에 겪는 고통이라는 관점의 인간론에 더 체계적으로 접근한다. 인간 역사에서 가장 오래되고, 가장 큰 피해자 계급으로서의 여성의 관점에 천착하는 여성주의 관점에 서서 보기 때문일 것이다. 이 관점은 철학이나 윤리의 새로운 패러다임이 되고 있다. 여성주의 관점의 핵심 주제들의 논의를 통해 약자 관점의 인간론이라는 새로운 일반론에 도달하는 것이다. 허라금은 도덕 담론의 주체로서의 여성 정체성, 윤리 이론들이 간과해온 편파성과 도덕운의 논의를 통해 여성주의 윤리를 구성하고, 여성주의가 다원주의 시대에 어떻게 대안적 인간론이 될 수 있는가를 살피고 있다.

여성 정체성

허라금(2004: 33, 254-255)은 전통적 윤리가 어떻게 여성 관점을 배제해 왔는가를 짚어낸다. 칸트와 롤스를 비롯한 대부분의 철학자들이 제시하는 전통적 윤리학은 개인이 자유롭고 합리적인 도덕 주체라는 가정을 전제로 이루어진 것이다. 이는 개인들이 처해 있는 우연성의 조건을 간과하고, 체계의 보편성 유지에 주목한 관점이다. 이러한 체계는 표면상 객관적으로 보이지만, 실질적으로 성별화된 도덕적 자아를 이야기하고 있다. 여성의 도덕적 자아를 존재하지 않는 것으로 간주하고, "침묵을 강요"하는 체계이다. 예를 들어, 한국 가정에서 초인종 소리에 자동적으로 일어서서 문으로 가는 사람은 여성이나 어린이지, 남성은 아니다. 허라금은 여성의 도덕적 자아는 섬김, 순종, 겸손, 정서로, 남성의 그것은 용기, 지배, 출세, 이성으로 구성되었다는 것이다. 성별화된 도덕성은 제도, 언어, 의식, 정체성을 편직(編織)하여, 여성에게 자기 성실성(integrity), 자율성(autonomy)의 문제를 발생시킨다. 성별화된 도덕성은 여성에게 인간적 도덕 주체일 것을 요구하면서, 또한 다른 한편으로 여성적 도덕 주체일 것을 강요한다. 이러한 인간 조건과 여성 조건이 항상 조화롭지만은 않은 갈등적 구조 속에서 여성의 도덕적 정체성은 둘을 동시에 요구하는 조건으로 결정되어 있는 것이다.

사회가 여성에게 요구하는 가치들은 여성의 인격과 마음에 갈등으로 각인될 수밖에 없다. 허라금(2004: 260-263)은 보다 구체적인 경우에 주목한다. 예를 들어, 빈곤한 가정의 많은 여성들은 독립된 개인으로서 학업 지속을 소망하지만, 가족 구조 속의 여성으로서 가족 봉양을 원하게 된다. 스스로 갈등적 욕망 속에서 다중적 존재가 되는 것이다. 이를 선명하게 보이는 사례는 루고네스(Lugones, 2002)의 경우이다. 그는 히스패닉이고, 교육 받은 미국 시민이며, 여성주의 공동체 레즈비언이다. 미국 사회가 그에게 요구하는 인간 조건과 여성 조건에 갈등을 느낄 수밖에 없는 존재인 것이다. 남성이라면 하나의 원칙을 무조건적으로 고수하여 "남성적 자기 성실성"을 달성할 수 있었겠지만, 여성이기 때문에 다중적으로 존재하면서 각 가능성은 다른 가능성을 배제하지 않아야 했다. 소위 "여성적 자기 성실성"에 도달한 것이다. 두 자아는 통합되기 어렵고 일관성이 없을 수 있다. 이러한 다중적 자아가 갖는 "여성적 자기 성실성"은 자아 간의 대화를 통해 자신이 누구일 것인가를 끊임없이 반성하는 과정 속에 나타난다.

허라금(1993: 216-227)은 특히 여성 정체성 개념 구성에 중요한 역할을 한 남녀 능력의 비대칭성 논의들에 주목한다. 먼저, 남성은 이성적이고 여성은 정서적이라고 칸트(I. Kant)는 생각했다. 남성은 선악을 판단하여 행위 수행 여부를 판단하지만, 여성은 미추의 정서 기준으로 행위를 수행한다는 것이다. 콜버그(Kohlberg, 1981)도 남성은 정의의 개념을 발전시키지만 여성은 그렇지 못하다고 하며, 배려 또는 보살핌을 여성의 덕목으로 간주했다. 배려에 대한 칸트적 해석은 상상할 만하다. 배려란 친절하고 동정적인 성품의 표현, 미적 감성의 행위일 뿐, 그에 상응하는 권리를 상대방에 대해 주장할 수 있는 속성의 것은 아니다. 상대방이 애초부터 희생을 요구하지 않았고 희생에 대한 대가를 약속한 적이 없으므로 상대방이 그 희생에 대해 보답하지 않아도 배려자의 권리를 침해하거나 도덕적 의무를 저버린 것은 아니다. 기껏해야 아름답지 못할 뿐이다. 이러한 칸트적 도덕의 논리 앞에서 전통적인 여성의 덕을 실천한 여성들은 침묵할 수밖에 없다. 칸트의 도덕 논리로 인해 여성은 자신의 희생을 바탕으로 이룩한 공동체의 번영에 대해 자신의 몫의 도덕적이고 객관적인 역할을 주장할 근거를 몰수당한다. 여성의 배려는 사적인 공간에 침몰되는 것이다.

그러나 허라금(2009: 140-145; 1993: 227; 2006a: 115-145)은 여성 정체성의 개념적 전환을 제안한다. 첫 시도는 배려나 보살핌을 칸트의 사적 공간으로부터 사회적 공간으로 끌어내어 주제화하는 것이다. 인간은 건강한 성인을 모델로 했을 때 독립성을 부여할 수 있는 개인에 기초해 평등을 추구하지만, 이보다 우선되는 것은 출생부터 죽음에 이르기까지 타자의존적 관계에 기초한 평등이라는 것이다. 건강한 성인의 경우조차도 타자 의존성에 정직해야 하는 것이다. 그러한 인간 존재 방식의 일차적 범주가 요구하는 배려 윤리학은 사적 공간이 아니라 정치/경제 활동이 요구하는 정의 윤리학과 더불어 사회적 공간에 위치시켜야 한다.

편파성과 도덕운

허라금(2004: 223-232)은 여성 정체성을 "여성적 자기 성실성"으로 파악하면서 여기에 두 가지 주제를 첨가한다. 즉 편파성과 도덕운이라는 개념으로서, 이들은 약자의 관점을 헤아리기 위한 명쾌한 준거틀을 제시하는 데 도움을 준다. 편파성이란 무엇인가? 객관성이나 보편성을 표방하는 이론이나 윤리라 할지라도 앞에서 본 것처럼 특정한 관점이나 결과적 편파성을 나타낸다. 보편성 역시도 특정한 틀로부터 바라보고 해석되기 때문이다. 보편성이나 객관성도 계산적 개념이고 계산은 특정한 준거틀로부터 이루어진다. 그렇다면 전통적 윤리 이론이 이러한 편파성에 주목하지 못한 까닭은 무엇일까? 첫째, 전통적 윤리는 도덕적 주체를 기성사회의 건강한 남자를 기준으로 삼는 보편성을 추구해왔다. 모든 지성작업의 활동이 그러한 기준을 전제로 이루어지고 있었기 때문에 윤리 구성의 작업에서도 편파성의 특성에 대해 주목할 여유나 계기, 필요가 없었을 것이다.

둘째, 전통적 윤리론은 도덕성을 권력과 무관하거나 대립된 것으로 본다(허라금, 2004: 239-243). 신의 명령, 자연 도덕 법칙, 순수 이성, 도덕 언어의 논리, 행위자의 필요조건, 화용론적 선험적 전제 같은 제안들은 모두 그러한 관점에서 나온 주제들이다. 그러나 이런 시도는 의미를 구성하는 맥락에 작용하는 권력을 보지 못하게 함으로써 기존 권력 관계의 유지에 기여한다. 도덕의 보편성 믿음이 선험적으로 나타나면서 약자의 목소리뿐만 아니라 편파성을 보지 못하고 결과적으로 권력의 작동 구조에 침묵하게 된 것이다.

도덕적 운이란 무엇인가? 나의 친지 한 사람은 녹색등을 보고 교차로를 운전하여 통과했을 뿐인데, 신호등을 무시하고 질주하던 오토바이 운전자가 즉사하여 과실치사 형을 받았다. 춘원이나 육당이 초기 작품만 쓰고 죽었더라면, 또는 다른 시기나 다른 나라에서 태어났더라면 다른 역사적 평가를 받았을 것이다. 도덕적 운이란 "누군가의 행위의 중대한 국면이 그의 제어 범위를 벗어난 요인들에 좌우되는데도 우리가 여전히 그런 국면에 비추어 그를 도덕 판단의 대상으로 취급하는 경우"(허라금, 2004: 257)로 규정된다.

그러나 허라금(2004: 248-257; 2002; 1997: 15)은 도덕적 운을 논할 때, 성품에 작용하는 환경적 조건을 고려해야 한다고 주문한다. 도덕적 운이라 할 때 윤리에 개입되는 사건의 우연성보다는 환경적 우연성의 지속적 윤리 개입에 주목하는 것이다. 예를 들어, 한국 사회는 조선 중기의 내외법에 기초한 전통과 미풍양속이라는 이름으로 여성의 성품을 규격해왔다. "관행이라는 이름으로 성차별적 행위와 제도를 합리화"하고 여성의 인격과 소망을 조정해온 것이다. 그렇게 성별화된 삶이 "분(分)에 맞는 덕성"이라고 정당화되어온 것이다. "실제 우리 사회에서 '여성'이라는 단어가 어떤 의미로 사용되고 있는가를 봄으로써 우리 사회가 여성에게 어떤 곳인가를 가늠"할 수 있다.

여성주의: 대안적 인간론

허라금은 이제 여성주의 윤리를 그려내며 대안적 인간론을 제시한다. 그 윤리의 윤곽은 적어도 세 가지 항목으로 그려볼 수 있다. 세 항목은 여성주의 윤리의 원초성, 논리성 그리고 체계성이다. 그의 윤리의 원초성은 앞의 두 절에서 논의한 정체성, 편파성, 도덕적 운의 개념에서 보여진다(허라금, 1998: 95-109). 이들이 원초적인 까닭은 모든 윤리에서 수용되어야 할 조건들이기 때문이다. 이상의 조건을 수용하지 않는 윤리는 아무리 보편성을 주장할지라도 특정한 편파성에 매몰되고 도덕적 운이나 도덕적 주체성에 대한 정치한 성찰을 담아내기가 어려울 것이다. 그리고 정체성, 편파성, 도덕운의 세 개념이 원초적인 까닭은 약자 조건의 피할 수 없는 국면들에서도 드러난다. 예를 들어, 도덕적 불운이 최소화될 때 수용 가능한 편파성의 관점에서 당당한 도덕적 주체로 서게 되는 것이다.

여성주의 윤리의 논리성은 규범 윤리와 메타 윤리의 관계에서 찾을 수 있다. 규범 윤리가 도덕 행위자들이 이야기하는 "여성적" 윤리(돌봄)나 "남성적" 윤리(정의) 같은 구체적 일차 질서에 관한 담론이라면, 메타윤리는 규범 윤리(들)의 의미나 정당화에 대한 이차적 질서에 관한 담론이다(허라금, 2004: 272-273). 허라금은 여성주의 윤리를 이차적 질서의 메타 윤리로 제안하고 있다. 그의 도덕적 주체, 편파성, 도덕운 같은 개념에 대한 논의는 구체적 규범 윤리의 질서가 아니라, 윤리라면 만족해야 할 일반 조건에 관한 논의이다. 그의 여성주의 윤리는 대상적 윤리 질서로부터 의미론적으로 상승한 질서의 윤리라는 의미에서 여성주의 윤리의 논리성을 보인다. 구체적 규범 윤리와 다른 시각을 갖는다 할지라도, 규범체계들의 차이는 의미론적 상승을 통해 메타적으로 논의될 수 있다.

여성주의 윤리의 체계성은 "철학 다시 하기"라는 패러다임 전환으로 구성된다(허라금, 2007: 163-167). 여성주의는 "인간이 자유롭고 독립된 개인이다"라는 전통적 윤리의 가정이 잘못되었다고 분석해냄으로써 그 가정이 철학적 오류였음을 지적한다. 자의적 요청으로 한 말이겠지만, 엄밀하게 말해 인간은 자유롭지도 않고 독립되어 있지도 않다. 더 나아가 그러한 술어를 받을 만한 대표적 존재가 있다 해도 일반화 오류에 걸린다. 전통적 윤리들은 선험적 확실성에 따른 안정성을 추구했지만 결과는 오류에 근거하여 헤아릴 수 없는 깊은 고통을 뿌려온 것이다. 전통적 철학의 중요 개념들은 이제 새로운 해석에 문을 열어야 하는 것이다. 여성주의 윤리는 새로운 윤리만이 아니라 새로운 철학을 향한 급진적 이상이어야 한다.

허라금(2004: 280-290; 1998: 109)은 윤리 상황에서 다원주의의 양면성을 지적한다. 다원주의가 아니라면 윤리는 단일적, 절대적 체계에 포섭되어 성원들 간의 차이가 존중되지 않지만 다른 한편으로, 다원주의 구조 하에서 윤리 체계들은 통약 불가능하여 도덕적 주체는 일관된 체계를 갖기 어렵게 된다는 것이다. 그러나 전자의 폐해보다는 후자의 곤경이 더 낫다는 판단이다. 이 곤경은 다양한 도덕적 갈등을 불러일으킬 것이다. 그렇다면 이를 극복할 방법은 무엇인가? 허라금(2004: 287-300)은 합의를 통한 접근은 처음부터 거부한다. 어떤 합의도 배제하는 부분을 가질 수밖에 없고 차이를 중요하게 고려하지 않기 때문이다. 그는 두 가지 길을 제안한다. 첫째는 그가 윤리의 원초성으로 요청한 여성적 자기 성실성, 편파성, 도덕운의 개념에 기초한 방식이다. 윤리 체계들이 통약 불가능하다고 할지라도 그것들이 이러한 원초적 개념에 기초하는 한 여성주의가 요구하는 최소의 조건을 만족하리라는 것이다. 둘째는 도덕적 갈등을 제거해야 할 대상으로 보지 않고 차이로 보는 것이다. 여성주의 윤리를 메타 윤리로 설정한 이점이 나타나는 대목이다. 규범 윤리들은 통약 불가능하지만, 그 윤리 규범의 의미를 메타 차원에서 추적하는 것이다. 이러한 의미론적 상승은 일차적으로 그 관점들을 의미 있게 하고 결과적으로 구체적 행위자를 존중할 수 있는 이론적 공간을 마련한다.

다원주의로 당면하게 되는 도덕적 갈등에 대해 허라금의 두 가지 극복 방안은 일견 설득력이 있다. 그리고 이러한 장치는 그의 "실질 다원주의"를 기존의 "현대 다원주의"와 차별화한다. 소위 "현대 다원주의"는 규범 다원성을 병렬적으로 인정하여, 동의와 상호 주관성에 기초하여 강제가 정당화되는 공적 윤리와 자율의 원리가 강조되는 사적 윤리를 구분했다. 그 결과는 이분화된 윤리를 낳고 고통의 문제에 개입하지 않게 하며, "어떤 삶을 살아야 하는가"를 관심의 영역에서 밀어냈다. 다원성의 무게에 눌려 형식적인 질문이 되는 것이다(허라금, 2006b: 155-156). 그러나 허라금(2004: 291-292, 263)의 "실질 다원주의"는 행위자들이 "여성적 자기 성실성"에 입각해서 존재의 다중성을 풀어낸다. 개인 경험에서의 존재 다중성뿐만 아니라 규범 윤리의 다원성에서 비롯되는 존재 다중성도 다중적 자아들 간의 대화를 통해 자신이 누구여야 하는가를 끊임없이 반성하는 과정에서 통합되는 것이다.

1900년대 초기엔 여성주의가 평등 개념에 기초한 법적 권리를 찾고, 1960년대엔 여성의 사회 진출을 위한 실질 조건의 향상에 주력했지만, 1980년대 이후로는 여성 인권이라는 범주를 넘어서 "이 사회에서 주변화된 것들의 권리, 불평등에까지 그 논의의 영역을 확장"하고 있다고 허라금(1999: 167)은 적고 있다. 여성주의가 모든 사람의 조건에 대해 관심을 가지고 대안적 인간론으로서의 위상을 찾고 있는 것이다. 허라금은 이를 위해 몇 가지 논의를 한다.

허라금이 여성주의를 대안적 인간론으로 확대하는 근거는 크게 세 가지로 나누어 고려할 수 있다. 첫째는 약자들이 "배제"되는 것이다(허라금

2010: 11-26). 인간 사회가 합의를 위한 공통성 논의를 하지만 그 합의에 배제되는 사람들의 관점이 반영되어 있지 않다는 것이다. 둘째는 약자들에게 휘둘러지는 권력의 비대칭성이다(허라금, 1998: 95; 2004: 223). 권력 집단이 도덕성의 본질을 구성하고 이를 규범화할 때 "약자의 도덕적 경험은 무화되고 도덕적 주체성은 성립할 수 없는 것"이 되고 "약자의 목소리를 없는 것처럼 만든다"는 것이다. 셋째는 여성 억압과 약자 억압의 뿌리는 같은데, 그것은 "부정의"라는 구조이다(허라금, 2004: 274-276; 1999: 169-171). 여성주의가 자체 "공동체를 넘어 다른 다양한 공동체들과의 만남에도 확장될 수 있어야" 하는 것은 "여성에 대한 폭력은 타민족에 대한 폭력이나 자연에 대한 폭력과 연결되어 있으며, 그 밖의 차이를 기반으로 행해지는 모든 부정의와 맞물려 있기 때문이다. "인간의 부정은 여성주의적 비판에 포함"되어야 하는 것이다. "정의는 공정성에 의거해서 차별의 부당성을 이야기하는 것에 그쳐서는 안 되며, 사회적 약자들을 재생산하는 억압 구조에 초점을 맞추"어야 하는 것이다.

여성주의의 진화

여성주의(feminism, féminisme)라는 단어는 여성의 동등한 권리를 추구하는 관심이나 운동을 나타내기 위해 인간 역사에서 뒤늦게 등장한(1837-1852) 표현이지만, 투표권, 소유권, 교육권 등의 기본권에서 출발한 운동은 아직도 동일 임금, 육아 등의 사회 문화적 영역에서 성취해야 할 과제를 안고 있는 진화 과정에 있다. 1970년대에 활성화된 한국의 여성주의 담론은 국내외적으로 적극적인 기여를 하고 있다.[5] 이러한 활동은 크게 두 가지로 요약될 수 있다. 1세대 여성주의자들은 고통의 현장에 주목했다. 고통을 겪고 있을 때 미래를 생각할 수 없기 때문에, 이들은 당

5 김영정a, 1979; 정세화, 1979; 조형, 1979; 신인령, 1979; 조혜정, 1988; 정현백, 1994; 조은, 1998; Chang, 2012.

장의 고통의 극복에 주력했다. 그리고 호주제 폐지와 성폭력 근절 같은 구체적 사안들에 대한 사회적, 법률적 성취를 이루었다. 이러한 과제는 현재라고 약화되거나 내일이라고 달라지지 않을 것이다. 고통이 있는 동안 내일 일을 염려할 여지는 그리 많지 않다. 모두가 현장의 고통에 주목해야 하는 것이다.

또한 이들은 고통의 근원에 대한 이론성을 탐구함으로써 학문으로서의 여상학을 태동시켰다. 여성학은 다학문 체계로부터 시작하여 간학문적, 다학문적, 통학문적 체계의 과정을 거쳐 정체성을 가진 독립 학문으로 출범되었다. 여성 문제의 이론적 성격은 불가피하게 철학적 성찰을 필요로 하고 이러한 과제는 여성 철학자들에 의해 수행되고 있다.[6] 철학적 과제를 논의하면서 여성주의는 아픔을 겪는 여성 경험을 성공적으로 조명할 수 있었고, 그 아픔의 주체를 여성에 한정하지 않고 보다 일반적 관점으로 승화하게 되었다고 믿는다. 여성주의는 여성만을 위한 인간론이 아니라 전체 인간을 위한 대안적 인간론이 될 수 있다.

이러한 진화 과정에서 허라금의 여성주의에 대한 토론이 제기되었다. 김선희(2004b: 306-313)는 여성주의 윤리 안에서 자아의 다중성과 자기 성실성이 양립 가능하다는 허라금의 주장에 동의한다. 그러나 다원주의 사회에서 자아 다중성이 일반화된다는 추세는 자연적임에도 불구하고, 남성 자아는 단일 자아이고 여성 자아는 다중적이라 보는 것은 설득력이 약하다고 본다. 더 나아가서 자기 성실성이나 자아 개념이 행위자 중심 윤리와 여성주의 윤리에서 달라져야 한다는 주장은 공감하기 어렵다. 행위자 중심 윤리가 "자유인의 관점"을 나타내고 여성주의 윤리가 "피해자 관점"을 나타낸다고 할지라도, 특정 개념이 핵심적이라면 그 개념은 핵심적인 만큼 공유되어야 한다는 것이다. 공유될 수 없는 것은 비교될 수 없기 때문이다.

박정순(2005: 167-179)은 허라금이 지적하는 보편주의가 몰개인적일 수

6 황희숙, 1995; 신옥희, 1997; 이상화, 1998; Kim, 2009.

있다는 것을 인정하면서도 수용해야 하는 개인 특수성과 편파성은 일정 방식으로 억제되어야 한다고 생각한다. 예를 들어, 약자 편파성은 존중해야 하지만 관점 편파성은 수용할 수 있을 것인지가 의문이라는 것이다. 여성주의 윤리가 강조하는 자기 성실성은, "공유하는 이해"를 통해 주관주의나 무정부주의에 빠지는 것을 피할 수 있겠지만, 문제는 "공유하는 이해"와 자기 성실성이 함축하는 개체주의가 어떻게 양립할 수 있는가이다.

김혜숙(2008: 7-28, 2006: 33-49)은 여성주의적 관점의 세계를 음양 개념으로부터 구성한다. 음양 개념이 요청되는 논리는 선명하다. 인간 경험의 모든 사건은 의미 규범에 의해 규정된다. 그러나 의미 규범이 선한 의도로 만들어졌다고 할지라도 어떤 약자에게는 고통을 결과하고 고통의 집적은 의미 규범의 변경을 초래한다. 문제는 고통과 의미 규범의 순환성의 고리를 끊는 것이고 이 계기는 체계의 안과 밖을 동시에 아우르는 반성에서 얻어진다는 것이다. 즉 이분법이 배제되고 두 선택지를 함께 바라보는 사고, 음양적 사고이다. 그러므로 여성주의 세계는 하나의 고정된 교리의 세계가 아니라 음양의 세계가 보이는 대로 균형을 유지하면서 이 균형이 끝없는 힘의 유동 안에서 도달하는, 유동적 균형의 세계라는 것이다.

이현재(2009; 2010; 2012a; 2012b)는 일종의 장법론적 장치를 제시한다. 그는 뉴턴의 절대적 공간을 거부하고, 라이브니츠/아인슈타인의 상대적 공간도 만족스럽지 않다고 보며, 관계적 공간 개념을 발전시키고자 한다. 공간은 절대 체계에 의해 배타적으로 주어지는 것이 아니라 사물들의 운동 체계에 따라 상대적으로 주어지지만, 보다 적극적으로 행위자가 맺고 있는 다층적인 시공간 관계들에 의해 구성된다는 것이다. 예를 들어, 그는 인간의 몸, 여성의 몸을 몸/마음의 이분법적 사고에 따라 연장체로 간주하는 관점을 넘어서 몸을 담론화하고 독자적인 힘을 얻는 데 플라톤의 코라(chora) 개념을 도입한다. 코라는 한편으로 무규정적이지만 다른 한편으로 새로운 관계를 생산하는 힘이다. 태아를 생산하는 어머니의 자궁 같은 공간인 것이다. 그는 코라 공간을 단순히 언어적, 개념적인 것이 아니라 주체, 신체, 그리고 제반 물질적 관계까지도 포함하는 담론적 총체와 관련된 것으로 확장할 필요가 있다고 본다. 이현재가 도입하여 발전시키는 코라라는 장치는 단순한 전통적 개념이 아니고 담론과 물질을 포함하는 새로운 사유의 단위를 목표로 한다.

연효숙(2015)은 새로운 여성 주체의 시간으로 아이온의 시간을 제시한다. 기존의 여성의 시간은 반복적이고 순환적이며, 평범하고 수평적인, 말하자면 "헐벗은" 반복이었다는 것이다. 그러나 그는 니체와 들뢰즈의 철학을 근거로 여성의 "반복"은 특이하고 독특하며, 통약 불가능하며 비대칭적인 "옷 입은" 반복일 수 있다고 한다. 아이온의 시간은 근대적인 직선적 시간이나 절대적인 영원적 시간이 아니라 새로움을 만들어내는 역설적 형식의 시간이다. 도승연(2012)은 현대 철학이 권력과 지식의 분석을 통해 근대적 주체를 해체해왔지만 자기 배려의 전통을 통해 새로운 주체화 가능성을 타진할 수 있어야 한다는 생각에 동조한다. 이것이 올바른 철학적 실용성이라고 보기 때문이다. 이러한 철학적 실용성은 이 시대의 경계적인 존재자로 살고 있는 이들에게 위로의 빛을 던질 수 있을 것이다.

윤은주(2013)는 시간과 공간이 전제된 언어 활동을 통해 자기 존재를 인식하고 서로를 이해한다는 대전제로부터 말하기-듣기의 의사소통적 행위가 정치적 자유와 평등의 실현을 가능하게 하는 토대가 된다고 믿는다. 이것은 동일성의 세계가 아닌 다양성이 공존하는 살아 있는 사람들의 공동체로서의 세계를 유지하는 힘이 된다고 그는 역설한다. 김화경(2006; 2007)은 언어 활동이 어떻게 다양성을 확보해주는가에 대해 도움을 준다. 다양성의 다문화주의는 "같으면서 다른 하나"라는 긴장 유발적인 표현이 나타내는 것처럼 철학적으로 명쾌하게 주어지지 않는다. 비트겐슈타인이 어려워했을 만한 상황인 것이다. 언어의 의미는 인간의 생활양식에 기초하지만 생활 양식은 자연적-문화적으로 규정된 표현 체계 안에서 여러 가지 언어 놀이의 역할과 자리를 부여한다. 그래서 "모든 이성적인 사람들은 그렇게 한다"는 것이다. 그러나 "그렇게"는 "그렇게 쉽고 자연스럽게 본능적으로"를 뜻하는 것이 아니다. "생활 양식" 또한 우리의 믿음의 근거를 철학적으로 확보하지는 못한다. 시초를 발견한다는 것은 어려울 뿐만 아니라 불가능할지도 모른다. 인간은 주어진 언어를 다원주의적인 공감의 언어로 발전시켜야 한다.

황희숙(2015; 2012)은 과학의 젠더적 성격에 관심을 갖고, 구체적으로 "행위자-연결망 이론(ANT)"에 숨어 있는 젠더적 성격을 어떻게 탈피할 수 있는가를 탐색한다. 행위자-연결망 이론은 과학이 개인이 아니라 이질적인 행위자들, 실험 장치, 배경적 기술과 사회의 연결망의 활동이라고 보는 관점이다. 이 이론은 표면적 결백성에도 불구하고 "누구를 위해 어떻게 작용하는가"를 물을 때, 17세기 근대 화학의 사례에서 볼 수 있듯 영웅적 남성과 행위성이 박탈된 여성의 젠더 이분법을 만난다는 것이다. 그러므로 이 이론을 온전하게 하기 위해서는 그러한 물음을 지속적으로 물어야 하고, 젠더화되었던 과학을 하나의 행위자로 참여시켜 연결망 안에서의 대화 상대자로 불러올 수 있다는 것이다. 그러한 물음을 통해 과학은 과학 관행과 실천에 있어서 엘리트주의나 전문가주의에 대한 보완 역할을 할 수 있고, 인지적 다양성을 제고하는 효과를 거둘 수 있다고 믿는다.

김혜련(2008; 2010)은 현대 문화의 NBIC(나노, 생명, 정보, 인지) 과학 기술이 인간 신체와 인간 환경에 심각하게 개입하는 방식에 주목한다. 먼저, 기술은 건강, 인지, 감정의 인간 능력을 강화한다면서 전통적으로 여성적 능력으로 간주되었던 재생산 능력을 여성 신체로부터 분리시켜 기술적으로 조작하는 데 성공을 거두고 있다. 그 결과 모성은 더 이상 여성 신체의 자연적 능력에 의존하지 않을 수 있게 되었다. 그가 '포스트모성'으로 명명하는 기술-매개적 모성은 여전히 여성 신체에 의존하기는 하지만, 그 방식은 전일적 유기체로서의 여성 신체에 모성이 의존해왔던 방식과는 다르다. 이 과학 기술은 여성 신체를 단지 임시 정박소 같은 도구, 재생산을 위한 부속품처럼 다룬다. 다음으로, 기술은 유비쿼터스 네트워크 사회를 만들어 인간 환경을 바꾸어놓는다. 역량 강화, 젠더 역할, 인공 생명 등은 자유와 해방과 평등에 기여하지만 인간이 무엇인가에 대한 정밀한 재개념화의 선행이 필요하다.

이혜정(2008)은 생식 테크놀로지가 발전된 상황에서 계약모 협정을 수행할 때 계약모와 남성의 목소리는 있지만 불임 여성의 목소리는 왜 배제되어 있는가를 묻는다. 불임 여성은 자신의 몸에 대한 지배와 통제가 여성 자신에게 있다는 권리와 의무를 "자유롭게" 행사하고 있는가? 불임 여성의 선택은 "불가피한" 선택인가? 이러한 주제에 대해 철학적이고 윤리적인 성찰이 있어야 한다는 것이다. 이혜정(2012)은 기존의 우정 개념에 대해서도 비판한다. 전통적 우정을 "두 인격체 사이의 연합 관계"나 "좋은 결과를 위한 수단"으로 보았을 때 이들은 자율적 자아, 정의 로고스 중심주의를 만족시킬 수는 있었지만, 윤리적 범주를 전체적으로 대표하는 것이 아니었다고 지적한다. 이혜정은 우정이 이 세계의 저편에 있는 진리에 대한 욕망이 아니라 이 세계의 도덕 자체이고 그 도덕성을 키우는 산파라는 점에 주목한다. 우정은 친구를 보살피고 내가 친구에 의해 보살펴질 때 얻어지고 서로가 도덕의 질서 안으로 입장하는 것이고 도덕적으로 성장하는 것이다.

이정은(2001; 2003; 2009)은 헤겔의 불온전한 여성론에도 불구하고 그의 한 통찰을 발전시킨다. 헤겔에게 "여성은 수동적이며 내적 감정과 사랑에 좌우되어 국가법과 명예심을 저버리기 때문에, 자기 의식이 부족한 가족의 수호자에 그친다." 그러나 헤겔은 여성에게서 현대 사회가 필요로 하는 자매애에 근거한 배려나 보살핌의 근거를 가능하게 했다는 것이다. 이러한 여성성이 인륜성의 전개와 회복을 위해 추상적인 우애를 대치할 수 있다고 본다. 이정은은 배려를 흔히 정의 개념과 대조적인 것으로 사용하지만, 배려는 인간의 특수한 부분만이 아니라 상호 작용하는 인간 삶 전체에 보편적으로 적용되는, 보다 원초적인 개념이라고 설정한다.

고통은 인간 실재의 양면을 보인다. 우선적으로 나타나는 국면은 고통은 극복되어야 한다는 실존적 우선성이다. 고통은 인간으로 하여금 생각을 못하게 하고 동물적 존재로, 사물적 상태로 물화시키는 경험이기 때문이다. 그러나 다음에 나타나는 고통의 국면은 사람들이 혼자가 아니라 이웃과 더불어 서로 '인간'(人間)이라는 연대의 공간을 구성해주는 계기가 된다. 이웃의 신체 · 사회적인 고통을 주목하지 않는 자는 그 인간성이 의문스럽지만, 그에 주목하여 공감하는 자는 이웃만이 아니라 자신까지 위로와 존재의 빛에 이르게 한다. 손봉호는 고통 경험에서 철학의 당위적 출발점을 제시하고, 함석헌은 고통 경험을 역사적 · 우주적인 차원으로 상승시켜 대속적 연대의 경험으로 풀이해냈다. 허라금은 일차적으로 여성의 고통에 주목하고 이차적으로 논의의 철학적 정당화를 통해 고통이 사회의 약자에게 닥치는 부정적 경험이라는 보편적 명제를 보여주었다.

3장
인간 정체성: 사건과 몸

"인간이란 무엇인가?"라는 물음이 우리를 인간 고통에 주목하게 한다면, "나는 누구인가?"라는 물음은 인간 정체성에 주목하게 한다. 인간 정체성의 물음은 중요한 만큼 많이 논의되어왔다. 모든 학문이 궁극적으로 인간에 관한 관심으로부터 출발하거나 인간 설명을 전제로 하여 구성되었던 것처럼, 철학도 근본적으로는 인간학이라 할 수 있을 것이다. 서양의 "너 자신을 알라"는 표어의 전통이 이를 말해주고, 동양의 "글자 하나가 있다면 그것은 '서(恕: 헤아려 동정하다)'이다"라는 교훈 또한 그러한 전통에 서 있다. 과거의 인간론은 영혼이나 지향성 같은 것을 본질주의적이거나 심리주의적으로 다루는 논의들이었다. 그러나 최근에는 개인이나 마음만이 아니라 공동체나 몸에 대하여 고려하게 되었다. 이기상과 김선희a는 그러한 논의를 사건성이나 신체성과 관련시켜 체계적으로 펴고 있다. 또한 과학 기술의 발전과 더불어 이루어지는 인간론은 불가피하게 철학적 논의를 요청하고 있다.

1. 인간 이해의 기초

인간 이해를 향한 철학사적 전통은 합리성을 기본 주제로 선택하기도 하고 충효를 제일 가치로 사용하기도 하면서 다양하게 전개되었다. 그러나 한국 현대 철학에서는 그러한 전통적 접근 방식은 거의 보이지 않는다. 대신 6 · 25전쟁의 경험으로 실존적 언어가 설득력을 갖기도 했고, 이원론이 제시한 서양 언어의 "mind and body"에 대한 처방으로 한국어의 "몸과 마음"의 동북아적 유기론이 제시되기도 했다. 자아의 공동체성을 말하기도 하고 세계 창조의 구도적 참여자의 역할을 말하기도 했다.

실존과 인간

한국 사회는 상당한 기간 동안 실존주의의 철학적 호소력에 부응했다. 일제 강점기, 한국 전쟁과 혼란기, 군사 독재 그리고 민주화 이후에도 자본시장과 기계 문명의 소외는 삶의 의미나 위로를 실존주의에서 찾게 했다. 한국의 많은 철학자들은 여기에 주목했다.[1] 그중에서 표재명(1975, 1978, 1995)은 키에르케고어(Kierkegaard, 2010)의 글을 통해 자신의 철학을 지속적으로 탐구하고 집필한 전형적 경우로 생각된다(박범수 1995: 287). 그는 인간의 문제는 일차적으로 "무엇을 알아야 할 것인가?"가 아니라 "무엇을 해야 할 것인가?"라고 생각했다. 지식의 과제라면 헤겔에서처럼 이성, 일반, 보편, 체계를 추구해야겠지만, 인간의 문제는 나의 실천 과제이기 때문에 개별적 상황의 주체적, 실존적 사고가 삶의 중심에 들어서는 것이다. 인간은 인간종(種)이 아니라 단독자로서 세계를 대면하고 만나는 불확실성 속에서 내면적 정열의 긴장을 체험하게 된다. 단

1 번역 문헌도 많지만, 저서를 출판한 철학자 중 몇몇을 다음과 같이 나열할 수 있을 것이다: 최민홍, 1964; 고형곤, 1969; 조가경, 1972; 남정길, 1975; 박종홍, 1980; 안병욱, 1983; 김홍호, 1984; 김형석, 1992; 고광필, 1993; 서배식, 1999; 신옥희, 2000; 박찬국, 2001; 한국키에르케고어학회 편, 2003; 이승구, 2003; 나종석, 2010; 이명곤, 2014.

독자는 "되어진(being)" 것이 아니라 "되어가는(becoming)" 단독자로서(강학철, 1995: 196-199), 그 자신의 주체성에 대해서는 객관적인 태도를 취하고 자기 자신의 밖에 있는 것에 대해서는 주체적인 태도를 취하게 된다. 이러한 양면적 구조를 인간 경험의 한계까지 밀고 나아갈 때, 단독자는 절대적 역설을 만나게 된다. "세계의 객관적 불확실성이 신(神)의 현실성으로 나타날 수 있다"는 역설이다. 진리가 시간 안에 나타나는 것이다. 그러나 이러한 역설적 진리는 객관적으로 나타나는 것이 아니고, 단독자가 무한한 정열을 가지고 객관적 불확실성을 선택하는 모험 속에서 생성된다. 이러한 선택적 결단이 바로 지식이 아닌 신앙이다. 그러므로 모험 없이는 신앙도 없다는 것이다.

허재윤(1975; 1976)은 플레스너(H. Plessner)의 데카르트 비판에 대해 논의하면서, 학문과 종교를 통합하고자 한다. 인간은 자신과 세계만이 아니라 절대자와도 관계하는 3자적 존재라는 것이다. 그는 아직은 "수수께끼" 같은 영원의 질서로 삼자 관계에 이를 수 있다고 믿고, 인간 존재나 실존의 불가피한 범주를 설정하여 연구함으로써 인간 이해에 기여하고자 한다.

진교훈(2002)은 인간에 대한 탐구를 다각적으로 수행한다. 그는 다양한 특수 경험 과학적 관심들의 주제를 다루는 한편 그러한 관심들의 다원적 구조 속에서도 인간을 하나(Einheit)로 해명하는 데 초점을 맞춘다. 특히 관심을 끄는 것은 인간 본질을 추적해내는 그의 일상 언어 철학적 방식이다. 그는 일상 언어 중 욕이 나타내는 인간 본질에 주목하면서(진교훈, 1982: 74-76; 1994: 17-18), "짐승 같은 놈", "짐승만도 못한 놈"이라는 욕의 표현은 '사람이 사람다워야 사람'이라는 분석 명제를 전제한다고 본다. 일종의 논리적 진리를 나타내는, 사람다움이 인간의 본질이라는 것이다. 그는 사람들이 이러한 일상적 욕을 통해 '인간은 짐승이 아니며, 생각 없는 존재가 아니라는' 것을 함축하여 인간 본질이 사람다움이라는 것을 나타낸다고 본다. "덜된 놈", "못된 놈" 같은 표현의 욕은 '인간은 되어가고 있는 존재이며, 윤리적 존재'라는 점을 드러낸다. "얼빠진 놈", "정신 나간 사람"은 인간이 지정의(知情意)를 지닌 정신 활동의 존재로, 의견, 마음, 관념, 기억 등의 사유 활동을 통해 주변 사람부터 시작하여 모든 사람을 배려하며 감사할 수 있는 존재임을 보여준다는 것이다. 인간 정신은 한편으로 세계를 향한 개방성을 함유하여 학문의 길을 열게 하고 다른 한편으로 사물적 시공을 초월하고 개념적 공간을 초월하여 선험 통찰에 이르면서 종교성에 이를 수 있다는 것이다.

백승균은 "철학적 인간학"이라는 화두로 자신의 인간론을 펼치고자 한다. 현대 철학계는 인간과 도덕을 중시하는 관념주의 전통과 인간 경험의 모든 것을 과학적으로 설명하고자 하는 자연주의 전통으로 양분되어 있다. 그러나 백승균(2005: 157-189, 247-261)은 두 전통의 "모순적" 관계를 극복하고 양자를 중재하기 위해 플레스너의 "인간 탈중심성"에 주목한다. 그에 따르면 첫째, 인간은 자신에 관계하면서도 동시에 밖의 세계에 직접적·지향적으로 관계하여 데카르트적 사유 방식이나 자연주의 방식을 탈피해 있다는 것이다. 인간은 "이미 존재"하여 다른 생명체와 유기적 관계에 들어갈 뿐 아니라 "인간에게 강요된 방식"에 따라 문화를 실현한다는 것이다.

둘째, 인간은 동물과 달리 반성을 하므로 자기 자신에 대한 사유를 통해 내재성을 유지하고, 표현을 통해 자신을 나타내면서도 대상 세계의 물성(物性)에 관계한다. 표현의 물성은 표현의 역사적, 문화적 성격을 가능하게 한다. 언어는 이러한 탈중심적 표현의 제도화라 할 수 있다. 셋째, 인간정신은 학문과 종교를 구분하지만 통합하지 않을 수 없다는 점을 보임으로써 인간의 탈중심성도 드러난다. 정신은 인간과 사물의 국지적 체계로부터 벗어나, "끊임없는 무한의 성실성"으로 세계의 순환을 파괴하여 인간에게 "황홀한 타향(他鄕)"을 열어준다. 소위 학문의 세계이다. 그러나 정신은 다른 한편으로 자신도 초월한다. 상상력을 통해 인간은 시공적으로 어디에나 있고 또한 어떤 특정한 시공에도 없다. 인간은 이러한 부정성 때문에 초월성이나 종교성에 이르게 된다. 즉 자연과 정신이 인간에게 줄 수 없는 궁극적인 "최종의 결정 상태"를 꿈꾸고, "본향

(本鄕)에 이르고자 하는” 프레임을 가능하게 하는 것이다.

김형효(2006; 2008)의 인간론은 “자연주의”라고 부를 수 있는 관점을 나타낸다. 그는 세계 철학사를 크게 두 개의 조류로 구분하여 자신의 자연주의를 명료화한다. 소크라테스 이후의 서양 중세, 데카르트, 칸트, 헤겔이나 유학을 인간 중심주의로 보고, 쇼펜하우어, 니체, 하이데거와 도가 철학과 불교는 인간 해체주의로 간주한 것이다. 전자가 자아의식이라는 지능에 기초하여 이성적이고 계산적인 사유의 전통을 세운 데 반해, 후자는 본능을 기초로 자연 환경과의 유기적 관계를 맺으며 욕망적이고 통합적이고 직관적인 사유의 전통을 세웠다고 본다.

김형효(2006; 2007; 2009a)가 이성적 전통보다 자연적 전통을 선호하는 까닭은 무엇인가? 그는 적어도 세 가지 이유를 댄다. 첫째는 마음 편재성 논변이다. 인간만이 마음을 갖는 것이 아니라 동물, 식물, 심지어 무기물까지 마음을 갖는다는 것이다. 이러한 존재자들도 모두 어떤 의미에서 욕망을 나타내고 있기 때문이다. 존재자들이 생존을 위해 타자 생명을 탈취하지만, 만물은 서로 타자가 존재하도록 기여하는 욕망의 그물 관계, 먹이 사슬의 순환적 관계에 있다. 이러한 욕망 현상을 무시하거나 부인하기는 어렵다는 것이다. 둘째는 사실 존중 논변이다. 이성의 자아의식이 통제적 권력을 위하여 사회적 의식으로 나아가면 불가피하게 현실을 추상화하고 이러한 과정에서 만물의 자연적 욕망을 부정하게 된다. “도덕의 보편화”라는 이름으로 욕망 자체를 부당하게 벗겨내는 것이다. “자연의 사실을 떠난 인간들의 사회적 이성의 테두리는 위선”이라는 것이다. 셋째는 선악 논변이다. 이성적 전통은 선악 이분법에 기대어 악을 원죄의 잔영, 투쟁 대상으로서의 모순으로 간주하고 도덕이 인간의 습관을 교정해야 하는 것으로 간주한다. 그러나 자연주의는 악은 선의 불가피한 그림자이고 자연성의 두 날개일 뿐이어서 이러한 이중성을 하나의 묶음으로 사유하거나 둘 다를 부정할 수도 있다는 것이다. 물론 김형효(2009b)는 사회성을 쉽게 처리하지 않고, 이것을 어떻게 자연화할 수 있을 것인지를 과제로 남겨 두고 있다.

몸의 철학 그리고 한정선

전통적으로 인간론은 마음이나 의식에 주목했다. 인간 논의에서 이성, 생각, 주체 등의 개념은 핵심적으로 다루어졌지만 몸의 차원은 무시되거나 경시되어왔다. 안세권(1994)은 의식이 자아의 정체를 얼마나 해명해 줄지는 미지수이지만, 내부적 관점에서만 나타나는 자아의 모습은 외부적으로 분석할 때 모습이 드러나지 않을 것이라고 상정한다. 그러나 최근의 인간론은 몸의 중요성을 살려내고 있다. 윤혜린(1998)은 몸과 마음을 다른 실체로 보는 이원론을 거부하고, 몸을 정보 처리 체계로 간주하여 마음과 일원적 관계에 있다고 설정한다.

보다 구체적으로, 한정선(2000)은 기(氣)철학, 현상학, 뇌과학이라는 세 분야의 성취를 바탕으로 몸의 철학을 구성한다. 한정선의 기철학적 신체론은 '기를 살린다', '활기가 있다', '기운을 차려라', '기를 죽인다', '기가 막힌다', '기가 찬다'와 같은 일상 언어 표현에 나타난 개념을 존중하면서, 기는 만물(물질, 생체, 의식)의 기능인 미세한 물질이며, 자기 정보로 스스로를 조절, 제어하는 생체 에너지라는 이론적 개념을 수용한다. 기의 형이상학은 현상 일원적 실재론이라 할 수 있다. 인간은 자연의 일부이고, 자연의 기는 인간 신체의 외부 환경이며, 신체 안의 기는 외부의 기와 연결되어 긴밀하게 영향을 받는다고 본다. 신토불이(身土不二)라는 믿음의 근거인 것이다. 인간의 몸은 기의 장(場)이고, 생장 발육, 체온 유지, 방어 작용, 고섭 작용, 기화 작용 등이 모두 기의 활동이라는 것이다. 또한 정신 활동으로서의 신지(神志)는 심장(心腸)의 작용이라고 본다. 이러한 관점은 심신불이(心身不二)라는 믿음의 근거가 되나, 한정선은 기철학이 현대 뇌과학과 연결될 필요가 있다고 생각한다.

한정선(2006)은 몸에 대한 메를로-퐁티(Merleau-Ponty, 1962)의 현상학적 논의도 고찰한다. 몸은 화학적 요소들의 총체로서의 몸, 생물학적 환경과 매개되는 생명체로서의 몸, 다른 주체들과 변증법적 관계를 맺는 사회적 주체로서의 몸으로 구분되지만, 몸으로부터 의미가 솟아나고 그

의미가 몸속에 내재하게 되면 그것이 영혼이라는 것이다. 몸은 세계를 향해 운동해나가는 통로이며 세계에 닻을 내리고, 또한 자신에게 특정한 방식으로 세계를 '옮겨 쓰게' 하고 습관을 획득하게 하여 문화적 몸이 된다. 몸의 지각 능력은 지성의 능력보다 일차적이다. 한정선은 메를로-퐁티의 논의들이 뇌과학의 관점에서 구체적으로 조명될 필요가 있다고 보며, 두 담론은 "의식은 어떻게 육화되는가?"에 대한 상호적인 대화를 해야 한다고 주문한다.

한정선(2008)은 뇌과학이 인간의 몸을 조명하는 빛과 철학의 기여에 자신의 이론적 공간을 할애한다. 그는 승형준(Seung, 2012)을 인용하면서, 게놈이 DNA의 구조를 서술해주듯이 뉴런의 뇌선 연결 구조는 인간 경험의 구조를 조명할 것이라고 생각한다. 그러나 뇌과학이 아무리 발달해도 뇌과학적 상향적 이론이 개념적 구조에 이르기에는 한계가 있으므로, 정신 과학적 · 하향적 이론들과 통합 · 보완되어야 할 필요가 있다고 강조한다. 보다 구체적으로, 철학은 이성 중심적이고 주체 의식 중심적이며, 자유의지적인, 즉 본질적으로 질적인 인간상을 구축해왔고, 뇌과학은 의식, 자아, 이성을 뉴런 연결망의 특정 기능으로 읽어내는 양적 접근의 그림을 그리고 있기 때문에, 양자 간의 대화에서 철학은 뇌과학의 성과와 한계를 지적하고, 뇌과학은 철학의 일부를 수정할 것이라는 것이다. 뇌과학과 철학이 공진화하면서 의식, 표상, 감각, 기억, 학습과 같은 통속 심리학의 중심 개념들은 다른 범주들로 대체되겠지만, 철학사의 선험주의(apriorism)는 경험 과학의 연장선에서 조정되면서도 경험 과학의 한계를 넘어서 긍정적 역할을 할 수 있을 것이라는 전망이다.

정화열(1999: 244, 266-267)과 강동수(2000)는 메를로-퐁티의 현상학에 기대어 몸은 타성적인 것이 아니라 느끼는 주체라는 점에서 우리는 몸으로 실존한다고 본다. 그들은 후설 현상학을 근거로 해서 육체로서의 질료적 신체, 감성적 신체, 의지 작용의 신체를 구별한다. 이러한 구별의 기준은 정신 활동이 개입하느냐의 여부, 수동적인가 능동적인가, 자아 중심적 작용인가의 여부이다. 정신은 신체를 떠나 작동하는 것이 아니라 신체를 통해 자아에 작용한다. 그리고 이러한 자아 작용은 생활 세계 안에서 이해되는데, 생활 세계란 다수의 자아들이 선험적 상호 주관성을 통해 구성되고 유지되며 확인되는 세계이다. 선험적 자아로서의 나의 신체 밖에 존재하는 다른 선험적 자아는 나와 무관하게 존재하는 것이 아니라 이미 자아의 선험성 속에서 융합된 공동적인 또는 보편적인 자아가 구체화된 신체의 다른 모습이다. 몸은 타인, 그리고 다른 사물들과 함께 세계 안에 창조적으로 존재하는 방식인 것이다.

노양진(2009: 7-8, 241-243)은 몸의 철학을 이원론 해체의 관점에서가 아니라 인간의 개념적 세계의 기초라는 체험주의 관점에서 출발한다. 그는 '의미가 생성되고 거주하는 공간은 선험이 아니라 경험'이라는 논제를 통해 몸과 그 직접적 활동은 의미 발생의 뿌리이며 의미의 확장을 결정적으로 제약하는 근거라고 논의한다. 이러한 의미에서 그의 몸의 철학은 인간론이라기보다는 언어 철학이며, '언어 의미의 심성적 내용은 신체적'이라는 정대현(2001)의 언어 철학과 맥을 같이한다. 체험주의에 따르면 우리의 경험에는 두 층위가 존재한다. 신체적 층위와 기호적 층위가 그것이다. 그러나 기호적 층위는 신체적 층위에 근거하고 있기 때문에 인간의 모든 경험은 몸으로부터 출발하며, 처음부터 끝까지 신체화(embedded)되어 있다. 이처럼 신체화된 경험의 구조는 전통적 의식 철학으로는 적절하게 해명될 수 없다. 구체적으로 그는 정대현의 이성 개념을 체험주의 관점으로부터 비판한다. 정대현의 이성은 자기 규범적 초월성으로, 주어진 한 언어의 결만이 아니라 다른 가능한 언어들의 결까지 고려한 초월적 사고의 능력을 의미한다. 그러나 노양진은 이렇듯 강화된 이성에 대해, 여전히 이성에 대한 신화에 빠져 있는 것일 뿐, 그 신화가 초래해왔던 불균형을 해소하기는 어려울 것이라고 간주한다.

엄정식의 공동체적 자아

엄정식(1991: 276-290; 2007: 236-240)은 일관되게 자아의 물음에 천착한

철학자이다. 그의 인간론은 자아의 물음을 통해 자연스럽게 조명된다. 내가 누구인가를 묻는 것이 인간의 윤리적 삶의 필요조건이라 생각하기 때문이다. 이러한 물음은 나의 욕구, 능력, 의무에 연결되면서 윤리적 자아의 삼각 구도를 구성한다. 이러한 삼각 구도는 자아에 대한 데카르트적 실체성보다는 칸트적 선험성을 보여주는 것으로 생각된다. 자아는 삼각 구도와 관련된 잡다한 경험을 하나로 묶지만 자아 자신을 개념화할 수 없으며, 특별한 방식으로 요청된다는 의미에서 "선험적(apriori)"이다. 자아는 지금 여기에 나타나는 대로 경험적 자아를 포함하지만 개념화되지 않는 초월적 자아와 동일시된다. 자아는 자아의 물음을 계속 던지면서 반성된 삶을 지속하여 "무지의 지"가 시사하는 인격의 자율성과 개방성을 유지한다.

엄정식(2007: 233, 241-250)의 개인적 자아는 궁극적으로 공동체 자아와 연결된다. 이 연결은 세 단계를 통해 보여질 수 있다. 첫째, 능력은 타인과의 관계 속에서 인정되는 것이고 의무도 대부분 인간관계 외의 다른 것이 아니다. 욕구도 사적인 것으로 간주되었지만 욕구의 발생, 내용, 방향 같은 요소들을 고려하면 대부분 공동체적이다. 윤리적 자아의 삼각 구도의 내용도 개인 의식이 만들어내거나 비공동체적 실재를 나타내는 것이 아니라 공동체 안에서 구성된다.

둘째, 개인과 공동체는 같은 차원의 자아가 아니지만, 양자는 유비적 관계에 있다. 개인이 생물적 개체성이나 심리적 지향성, 통합적 이성 능력을 갖는 것처럼, 공동체도 역사적 진화의 개체성, 사회적 발전의 지향성, 목표 실현적인 합리성을 갖는다. 그러므로 개인의 활동을 설명하기 위해 인격적 자아를 전제하는 것처럼, 공동체의 활동을 이해하기 위해서는 공동체적 자아를 요청할 수 있다. 개인적 자아가 선험적이므로 경험의 총체로 환원할 수 없고 자율성과 개방성을 허용해야 하는 것처럼, 공동체적 자아도 그 유비적 관계로부터 선험성을 부여할 수 있고 자율성과 개방성을 부여할 수 있는 것이다.

셋째, 개인적 자아는 가족, 회사, 학교, 민족 등 어떤 공동체와 어떻게 관계하는가에 따라 그 공동체적 자아와 여러 가지 방식으로 연결된다. 그 관계는 개인과 공동체에 부여하는 주체성의 정도에 따라 달라질 것이다. 한국의 분단적 문맥은 한국 민족 공동체의 주체성을 우선적으로 요청한다(엄정식, 2001: 45-89). 이러한 요청을 수용할 수 있다면, 민족적 자아는 한국인 개인에게는 자아 발견이나 자아 확장에 불가피한 배경이 될 것이다. 그러나 엄정식(2015)의 민족적 자아는 전통적 민족주의 같은 폐쇄적 이념이 아니라 자율적이면서도 개방적인, 새로운 형태의 구조를 가진다.

김광수의 구도적 인간

김광수(2013: 4-9)의 인간론은 구도적(求道的)이다. 전통적 인간론이 신, 이데아, 음양 같은 외부적 형이상학에 기초한다면, 그가 제시하는 인간론은 인간 내부적이라는 의미에서 구도적이다. 외부적 형이상학이 존재하지 않더라도 인간이 버려진 존재가 아닌 까닭은 인간 자신이 어떤 존재인지를 깨달으면서 삶은 지고의 가치와 의미로 빛나기 때문이다. 즉 존재 각성이 그의 인간론의 핵심이다. 그것은 맑은 정신으로 진리를 사모하고 진리에 헌신하며 진리를 구현하고자 하는 노력이다. 인간은 바로 호모 필로소피쿠스라는 것이다.

존재 각성은 김광수(2013: 82-94, 127-141)의 인간론에 필연적이다. 김광수는 "인간은 자유의 형(刑)에 처해져 있다"고 믿기 때문이다. 얼핏 인간은 무엇을 하건 그의 행위로 구성되는 것처럼 보이지만, 자기 이성으로 삶을 창조해야 하는 이성적 제약을 갖는다. 예를 들어, 히틀러는 유대인을 학살하면서 즐거워하고, 쉰들러는 구하면서 즐거워한다. 사람들은 원수 갚기로 행복해하기도 하고 원수 사랑으로 행복해하기도 한다. 위대한 꿈을 이루면서 즐거워하기도 하지만 사소한 꿈을 실현하면서도 즐거워한다. 이러한 현상은 소위 "즐거움의 중립성"을 보이는 세네카 퍼즐이다. 문제는 인생을 즐기는가가 아니라 무엇을 하며 즐기는가이다. 존재

각성을 한 자는 도둑질을 해도 의적이 되고, 신고간난의 세월마저도 생명으로 넘치게 된다는 것이다. 존재 각성을 할 때 인간의 본질, 이성 기능이 최대한 발현되기 때문이다. 우리는 "나의 생각은 무엇이냐?"를 스스로 묻고 인간 언어가 사회에 적용될 때 관련된 사안들을 철학적으로, 근본적으로 성찰할 수 있게 된다. 예를 들어, 긍정적 황금률(대접 받고자 하는 대로 대접하라)이나 부정적 황금률(내가 원하지 않는 것을 남에게 베풀지 말라)은 타인에 대한 배려가 자신에 대한 배려 외의 다른 것이 아니라는 보편적 법칙의 일반화라는 존재 각성에 기초한다.

김광수(2013: 230-240)가 보는 구도적 인간론에서 큰 장애는 세계의 부조리 상황이다. 부조리는 구도적 존재 각성을 무효화하기 때문이다. 우리는 스스로의 존재나 세계를 선택하지 않았는데도 책임을 져야 한다. 우리가 존재의 의미를 실현하고자 할 때 죽음은 우리의 존재 의미의 추구를 무화시키고, 삶의 성취를 무의미하게 만들어버린다. 허무이다. "나는 세상에 태어날 때 울었지만 지금 매일 그 까닭을 내 눈으로 보고 있다"라는 속담은 세상의 부조리에 대한 증언이다. 존재 의미에 대한 개념적 추구도 마찬가지의 문제에 봉착한다. 인과율, 실체, 자아 같은 개념들은 해체되고 모든 개념들은 언어 놀이에 불과하게 되어 "아무래도 좋다"고 하는 것이다. 존재 의미를 추구해야 하는 까닭이나 방향마저 흔들리게 된다. 그러나 김광수는 부조리 상황 자체를 거부한다. 지금까지 제기된 소위 "부조리" 논리는 유아론적, 절대주의적, 초월론적 형이상학의 체계에서 제시될 수 있다고 믿었던 명증성, 확실성, 필연성의 논리에 근거한다. 그러한 구조에서 부조리는 이성적 인간이 피할 수 없는 존재론적 함정이다. 이성은 존재 의미에 대해 명증한 답을 요구하고 어떤 시도된 답도 거부하기 때문이다. 그러나 현대 인식론의 언어는 아무리 명석하고 판명한 관찰 명제도 이론 의존적이라는 문법을 명확하게 한다. 그렇다면 우리는 스스로 답을 만들어가는 "창의적" 삶을 살아야 하고, "허무"라는 것이 있다면 그것은 극복해야 할 도전이지, 죽음에 이르는 병이 아니게 된다.

구도적 인간론이 당면하는 또 하나의 과제는 고통은 존재 각성에서 어떤 자리를 차지하는가이다. 김광수(2013: 251-255, 262, 325-327)는 '인간은 고통을 피하고자 하지만 고통은 원초적인 자아의 토대'라는 고통의 역설에서 시작한다. 그에 따르면 고통은 인간 존엄성의 표지라는 것이다. 고통이 없으면 인간이 자신의 명예를 걸고 풀어야 할 "나의 문제"라고 할 만한 것을 찾을 수 없다는 것이다. 그는 고통은 심지어 야수까지도 영적으로 만든다고 본다. 내 몸뚱아리의 고통에서는 작은 자아를 확인하지만, 가족의 고통을 느낄 때는 보다 큰 자아를 경험한다. 일반화하면, 고통을 공유하는 범위에 따라 자아의 크기는 확장된다. 가장 큰 자아는 존재 전체의 고통을 품고 있는 자, 곧 신이 되는 것이다. 달리 말해, 자아의 확대는 의무이고, 타인의 고통을 지각하지 못하는 자는 사람이 아니다. 김광수는 샤르댕(Chardin, 1984)의 관점에 동조한다. 신의 창조 작업이 지금도 진행되고 있다는 것이다. 세계가 문제투성이인 것은 창조가 완성되지 않았기 때문이고 인간은 창조 작업의 동참자, 협력자가 되어야 한다. 그리고 그는 타고르(R. Tagore)에 기대어, 다음과 같이 인생에 대한 하나의 그림을 그린다: "죽음이 나의 문을 두드리는 날, 나는 나의 손님 앞에 삶으로 가득찬 그릇을 차려 놓겠습니다; 결코 빈손으로 죽음을 떠나보내지 않을 것입니다; 인간은 충만하게 살 필요가 있습니다; 구도자는 충만한 삶을 살아 인류의 가슴속에 살아남는 것입니다."

2. 이기상의 사건적 존재

이기상은 존재를 실체가 아니라 사건으로 이해한다. 실체적인 것은 본질적이고 비역사적이며 영원하지만 사건적인 것은 구체성과 인간성, 시간성과 역사성을 나타낸다는 점에서 존재의 범주를 구성한다고 본다. 그리하여 그는 존재의 발생 사건들을 추적하여 존재에 이르고자 한다. 그는 여러 가지 존재 발생 사건들의 빛을 보여주지만 여기서는 있음, 생명,

기술의 세 가지 존재 사건에 대한 그의 논의에 주목하고자 한다.

존재: 실체인가 사건인가

이기상(2003a)은 서양 철학사가 그동안 존재를 실체론적으로 해석해왔지만, 존재는 사건적으로 이해되어야 한다는 하이데거(Heidegger, 1988)의 관점에 동조한다. 서양 철학사는 존재를 이원론이나 관념론 또는 물리주의적으로 해석해왔다. 존재하는 모든 것은 물질이나 정신으로 환원된다고 하는 이원론이나 물질이라는 대상조차도 인간 정신이 구성한 것 이외의 다른 것이 아니라는 관념론, 정신까지도 물리적 기초에 의존하는 수반 현상에 불과하다는 물리주의는 모두 실체론적이었다. 실체(이데아, 에네르게이아, 정립, 절대 개념, 힘에의 의지, 마음, 물질)란 그것이 존재를 준다는 것이며, 존재하기 위해 그 자체 이외의 다른 것을 필요로 하지 않는다고 보는 것이다. 이러한 실체는 본질적이며 영원하고, 불변적이며 무시간적이다. 존재를 이렇듯 실체적으로 이해한다는 것은 인식, 지식, 진리도 그에 대응하여 소위 "필연적"인 것으로 파악한다는 것을 뜻한다. 마찬가지로 인간도 실체적으로 파악한다면 생각하는 존재, "썩지 않는" 영혼 외의 다른 것이 아니다. 그러나 이러한 철학적 범주의 상황은 현실적이지 않다고 이기상(2003a: 163)은 생각한다.

존재를 사건적으로 파악해야 한다고 할 때, 사건이란 무엇인가? "사건"은 일반적으로 특정한 성질(깨어짐)이 주어진 사물(김씨네 안방 창문)에서 실현 또는 구현되는 것(김씨네 안방 창문의 깨어짐)을 뜻한다. 그러나 이기상(2003a: 65-66)은 존재를 실체론적으로 해석해온 전통에 맞서 일반적 사건 개념을 보다 구체화한다. 그리하여 존재를 비실체론적으로 보는 사건은 "눈앞에서 벌어지는 것", "그때그때마다의 역사적 세기에 인간 현존재에게 자기를 보내는 존재 파견"이라고 믿는다. 진리가 무엇이든 "탈은폐"되는 것이다. 존재의 사건은 "존재 진리의 발생 사건"이 된다. 예를 들어, 인간 존재는 선험적 종합 판단을 확실하게 천명하는 인식 주체라는 존재 진리가 아니라, 불안을 경험하는 순간 속에서 탈은폐되는 사건 진리로 접근할 때 더 온전하게 파악된다는 것이다.

존재 접근 방식으로서의 실체 개념과 사건 개념은 적어도 두 가지 관점에서 비교될 수 있다. 하나는 시간성이고 다른 하나는 인간성이다. 첫째, 사건 개념의 시간성은 중요하다. 실체는 이데아, 영혼의 경우들에서 볼 수 있듯 불변적이고 무시간적이며 영원한 데 반해 "사건은 일차적으로 구체적인 시간과 공간의 장 안에서 펼쳐지는 힘과 정보에 의한 사물과 사태의 상호 작용이다"(이기상, 2010b: 3). 사건은 구체적이고 세계 안에서 발생하는 시간의 구성물이다. 실체가 이성에 의해 논리적으로 파악되는 추상적 진리라면, 사건은 존재가 "일어나고 전개되고 펼쳐지고 드러나는" 계기이다. 사건은 존재자의 드러남이고, 은폐가 아니라 비은폐이다. 그러나 사건의 이러한 드러남은 감추어져 있던 모든 것의 드러남이 아니라 오히려 "극히 미미한 일부분일 뿐"이다. "비은폐성으로 펼쳐지고 있는 존재자의 사건 속에서 우리가 주목해야 할 점은 바로 이러한 존재의 자기 은닉"인 것이다(이기상, 2010b: 7).

둘째, 사건 개념의 인간적 요소에 주목해보자. 이기상(2003a: 409; 2010b: 4-5)은 인간적 요소를 사건 개념에 어떻게 도입하는가? 존재는 이성이 구성한 실체가 아니라 시간으로 짜인 사건을 통해서 드러난다고 그는 생각한다. 이러한 구조에서 존재의 역사는 시간의 역사가 된다. 역사는 근본적으로 일종의 이해이고 이해는 인간적인 것이다. 그러나 인간의 모든 이해가 존재 이해는 아니라고 본다. 존재로부터의 줌과 인간으로부터의 받음이 서로 상응할 때 존재는 파악된다. 존재의 줌이 없이 인간의 구성만으로 접근하는 전통적 주체 형이상학적 접근은 거부된다. 줌과 받음, 또는 발생하는 던져옴과 발생하는 대응 투사가 존재 진리와 현존재의 존재 발생 사건을 구성한다는 것이다. 인간은 존재자들 속에서 발생하는 이러한 존재 발생 사건을 보고 존재의 도래를 짐작한다. 우리가 보고 있는 것은 존재자일 뿐 존재 자체는 아니지만, 존재자들을 통해서만 그 존재에 이른다는 것이다.

있음: 한국어 사건

이기상(2003a: 49-57; 2004a: 42)은 한국인이 공동체를 이루어 말로 소통하는 한국어 사건을 하나의 존재 발생 사건으로 간주한다. 그는 이성 중심의 보편 언어관을 거부하고 공동체가 시간을 들여 가꾸어온 모국어에 주목한다. 절대 중심의 보편 언어가 아니고 '홀로 주체'가 아니라, 소통하여 '서로 주체'를 세우는 한국어가 한국인에게는 현존재의 언어라고 믿는다. 그는 한국어가 '천지인 합일'의 세계관에 입각하여 구성된 언어이기에 우리말만 연구해도 우리만의 독특한 한국 철학을 재구성할 수 있다고 생각한다. 그리하여 이기상은 2001년에 "우리말로 학문하기" 운동을 시작했고, 구체적으로 "있음"이라는 한국어 표현에 주목하여 보다 자세하게 존재 발생 사건을 분석해낸다.

이기상(2003a: 33-40; 2003b: 192-216)은 인간을 하이데거의 '세계-안에-있음'이라는 개념보다는 유영모의 '사이에-있음'이라는 개념을 발전시켜 조명하고자 한다. 확실하지 않은 내가 보다 확실해진 세계에 던져져 있다는 발상보다는, '사이에 있음'이 제시하는 이음의 주체성에 주목하는 것이다. '사이에 있다'는 것은 공간(空間)적 좌우를 이어내고, 시간(時間)적 선후를 흐르게 하고, 뜻의 주체로서의 인간(人間)들을 잇고, 천지간(天地間)의 상하를 연결하는 것이다. 사람은 공간에서 노동하고 생산하고, 거주하고 예술을 창작하며, 시간에서 생각하고, 반성하고 역사를 발견한다. 사람은 인간 사이에서 마음을 쓰고 관계를 맺으며, 하늘과 땅 사이의 천지간에서 기도하고, 감사하면서 초월적으로 성스러워지고 신적인 질서에 이를 수 있게 된다고 본다.

그러나 이러한 사이에-있음이라는 경험이 어떻게 존재 발생 사건이 될 수 있는가? 이기상(2004: 12, 15)은 이를 위해 두 단계의 사변적 추상을 한다. 하나는 있음-없음의 존재론적 구조화이고 다른 하나는 없음의 불가해성으로부터의 존재론이다. 먼저, 그의 있음-없음의 구조화를 직접 읽어보자: "나의 시간적 있음이란 영원한 시간의 상 아래에서 볼 때 더-이상-있지-않음(지나간 과거)과 아직-있지-않음(아직 오지 않은 미래)이라는 없음과 없음 사이를 잠시 동안 잇고 있는 찰나적 이음이다. 이렇듯 나의 있음이란 한 점에 지나지 않는 한 긋(끝)이 찰나적인 이음으로서의 있음이다…그야말로 없음(텅 빔)과 없음(텅 빔) 사이를 잇는 이음으로서의 있음인 것이다." "우리말의 '있음'은 없음과 없음을 잇는, 잠시 있다가 없어지는 지나가는 있음이다. 우리의 있음은 무(無)에 둘러싸여 있는 있음이다. 우리는 유(有)가 무에서부터 유래하여 잠시 무에 둘러싸여 있다가 다시 무 속으로 사라져버리는 유의 독특함을 동사적으로 '있음'이라 표현하고 있다. 우리에게는 있음을 배태하고 있는 '없음'이 더 중요하다. 있음은 없음과 없음을 잇는 잠간 동안의 있음이다."

다음으로, 있음의 사건으로부터 존재 발생을 읽어내는 이기상의 존재론적 추상을 들어보자. 있음은 없음과 없음을 잇는 잠간 동안의 있음이므로, 여기에서는 존재가 중심이 아니라 무(無), 공(空), 허(虛)가 핵심이 된다. 서양 전통은 '있는 것'에 대한 놀라움이 철학의 시작이라고 했지만 동양 전통은 '없는 것'에 대한 경외심을 철학의 시작으로 간주할 수 있다는 것이다. 이러한 무, 공, 허라는 개념이 제시하는 '빔'이라는 처소는 이기상에게 소중하다. 현대 과학의 이성이 모든 존재를 수량화하고 투명하게 설명하여 신비한 신적인 존재가 들어올 수 있는 자리를 박탈해버렸다면, 텅 빔이라는 자리는 신적인 것, 비밀스러운 것이 들어올 수 있는 여지를 확보해준다는 것이다.

마지막으로, 이기상(2003a: 316-332)은 있음-없음의 정태적 존재론 구조를 "없이-있음"이라는 역동적 존재론 구조로 전환시켜, 있음의 사건 분석을 완성시키고자 한다. 인간은 세계 안에 존재하면서도 그러한 텅 빔에 이르게 될 때 신적으로 비밀스럽고 신비한 성스러움을 체험하게 된다. "성스러움은 자체 안에서 '손상되지 않고 온전하며' 동시에 그것은 모든 현실적인 것에게 '그것의 체재의 온전함'을 선사하는 것이다." 이러한 성스러움이 전형적으로 경험되는 곳은 "자연"이라 불리우는 곳이다. 자연은 시간보다 오래된, 경계나 명명이 주어지기 전의 열려 있음, 텅 빔 그 자체이다. 자연은 시원의 시원, 근원의 근원으로서 신들보다 위에 있다. 자연의 이러한 텅 빔은 존재 진리가 발생하는 자리이다. 자연의 본질인 것이다. 그러나 자연 사물의 있음 방식을 고려한다면, 자연의 본질로서의 텅 빔의 있음 방식은 오히려 '없음'이라 해야 할 것이다. 이러한 독특한 차원의 자연을 기술하기 위해선 '없이-있음'이 적절할 것으로 생각한다. 자연이 사물로서는 '자신을 닫'지만 자연이 존재로서는 '자신을 열'기 때문이다. 자연의 이러한 '없이-있음'의 존재로부터 성스러움을 명명하는 자는 시인들이다. 시인들은 사물들과 성스러움의 '사이-존재'이다. 성스러운 것, 신적인 것을 먼저 보는 중간자, 천사라는 것이다. 사물이 시간과 공간을 전제한 있음이라면, 그러면 끝이-없는-시간과 가-없는-공간은 그러한 사물 전체가 '사이-있음'으로서 성스러운 것이라고 본다. 이들 모두는 없이-있음이라고 한다.

생명 사건

서양 철학사의 실체론적 존재론을 거부해야 한다면, 그 자리에 어떤 존재론을 제안할 것인가? 이기상(2010a)은 생명 사건론을 제안한다. 데카르트가 "인간은 생각하는 존재이다"라고 생각했을 때 그는 무시간적 이성작용에 의해서만 그러한 생각에 도달했다. 그러나 이기상은 21세기의 시간적 조건에 주목하여 인간은 생명 사건의 구성자라는 점을 보임으로써 존재의 진리성에 도달하고자 한다. 이 시대의 시간적 조건은 잘 알려져 있다. 빙하는 녹고 북극곰은 멸종의 위험에 처해 있다. 과학 기술의 시장화는 기술 자본주의를 결과하고 어떤 정치력도 기술 자본주의의 힘에 저항하기 어렵게 되어가고 있다. 정보력에 의하여 온 지구는 인공화되고 지구 원료의 활용은 생태계를, 지구 자체를 위험에 빠뜨리고 있다. 이러한 시간의 구조에서 이기상은 생명 사건이 존재의 진리를 보인다고 제안한다.

하이데거는 존재의 진리가 "세계 속의 존재" 사건들에서 나타난다고 생각했다. 그러나 이기상(2010a: 115-119, 339-342)은 그보다 더 구체적으로 세계의 요소들 "사이 속의 존재"로서 생명성에서 존재 진리를 볼 수 있다고 생각한다. "생명의 진리"를 주제화할 수 있다는 것이다. "생명"이란 목숨으로, 숨 쉬며 살아가는 것이고, 살아 있음이라는 자기 운동이다. 생명은 살아 있음, 살아감이라는 지속적인 과정으로서의 자기 정체성을 잃지 않으면서도 끊임없이 자신을 변화해간다. 자신의 변화 과정에서 삶의 의지는 쇄신, 갱신, 향상을 향하여 지금에 한정하지 않고 자기 복제를 통해 종을 유지한다. 이러한 삶의 의지는 주변에 있는 모든 것이 신비한 생명의 힘에 감싸여 있다는 느낌을 포함한다. 생명 진리는 생명체에서 드러난다. 물리화학적, 생물학적, 사회문화적, 인식론적으로도 나타나지만 생명의 자기 초월인 상징을 통해, 정신과 영혼, 얼 종교의 사람에게서 그 영성이 드러난다는 것이다. 그리고 이러한 삶의 의지는 "생명(生命)"이라는 단어의 의미와 일관된다고 해석한다. "하늘과 땅의 큰 덕으로 하늘과 땅 사이에 서서 살아가는 모든 것"과 "인간은 만물과 더불어 지구 살림살이를 꾸려나갈 명령을 받은 살림지기"라는 의미를 가지고 있다는 것이다.

이러한 생명의 진리는 자유, 평등, 인권, 사회 정의와 같은 가치를 추구해온 서양의 인간 중심적 가치 체계보다 "생명"이라는 단어가 시사하는 동아시아적 가치 체계에서 더 살아 움직인다고 이기상은 상정한다(2010a: 333-334; 2003b: 217-241). 유영모가 지적한 대로, 생명이라는 개념 속에 하늘의 뜻, 살라는 하늘의 명령, 하늘의 마음, 생명학적 지향성이 포함되어 있다는 것이다. 이러한 동아시아의 생명 사상은 동아시아의 학문과도 맥이 통한다. 나의 뜻을 정성되게 하고 마음을 바르게 하는 방식으로 몸과 마음을 닦아야 한다. 더 나아가 자연 자체의 변화를 알고 신의 뜻을 알아내 거기에 맞춰 살아가는 것을 궁극적인 학문의 목표로 삼아야 한다(格物致知, 誠意正心, 窮神知化). 이기상은 생명 개념의 이러한 내용과 학문의 성격에 맞추어 "생명학"에 접근할 수 있다고 믿는다.

이기상의 생명 사건론이 나타내는 궁극적인 생명 진리성은 그의 얼 생명관으로 요약할 수 있다고 생각한다(2010a: 163-164; 2003b: 380-438). 인간을 비롯한 모든 낱 생명은 상대적 생명일 뿐 참 생명은 아니다. 참 생명은 모든 상대 생명을 감싸면서 그것들을 살게 하는 생명이다. 참 생명만이 절대 생명이고 얼 생명이라 할 것이다. 참 생명은 우주 생명이기 때문이다. 얼 생명은 텅 빈, 또는 빈탕 한데로서 하늘이며 한 얼이다. 가짜 생명인 몸 나에 매달리지 않고 끝까지 깨고 참 생명인 얼 나로서 솟아날 때, 사람은 한 얼과 하나 되어 하늘의 뜻을 실천할 수 있다는 것이다.

기술 사건

이기상은 일련의 논문들을 통해 기술이라는 사건이 존재를 드러내는 범주라고 간주한다. 기술(技術, technology)은 일반적으로 생산 양식으로 생각되지만, 그는 존재 사건의 진리를 드러내는 것으로 해석한다. 기술은 본질을 탈은폐한다는 것이다. 이성이 추상적, 선험적 진리를 추구한다면, 기술은 구체적 활동으로서 사건을 통해 존재 진리를 드러낸다는 것이다. 기술은 그 서양어(technik) 어원인 희랍 단어(techne)가 뜻하는 구체적 행위로서의 솜씨, 기능, 숙련, 예술을 나타내고, "만든다"는 의미의 포이에시스(poiesis) 작위를 기초로 갖는다. 이기상(1997: 146-147)은 기술로서의 포이에시스가 두 가지 국면을 아우른다고 생각한다. 한편으로 수공적, 사물적 생산으로서의 "밖으로 끄집어내어놓음"을 보이지만, 다른 한편으로 예술가적 · 시각적 창작에서 빛나는 것 같은, 기술 본질을 "피지스의 밖으로 끄집어내어놓음"에 주목할 수 있다는 것이다. 전자를 기술의 은폐성이라 할 수 있다면, 후자는 기술의 탈은폐성이라는 것이다.

이기상(1997: 149-152)은 기술이라는 사건이 갖는 이러한 은폐성과 탈은폐성을 정교하게 성찰한다. 기술 사건의 양면성을 보기 위해서는 기술의 본질에 먼저 접근할 수 있어야 한다. 기술은 단순한 인간 행위가 아니라 인간을 몰아세우는 힘(Ge-stell, enframing)이다. "인간을 어디서나 매시간 어떤 형태의 시설이나 장치로 몰아세우고 묶어 두고 끌고 다니고 압박하는 힘"이다. 이 힘은 인간이 만든 것이지만 이젠 인간의 의지나 결단력을 넘어설 정도로 비대해져서 인간을 닦달한다. 개항적이고 개인적인 "놓다(setzen)"에서 유형적이고 3인칭적인 "법률(Ge-setz)"이 얻어지는 것처럼, 개항적이고 개인적인 "세움(stellen)"의 사건에서 유형적이고 3인칭적인 닦달(Ge-stell)이 구성되어, 인간은 기술의 닦달하에 놓여진다는 것이다(이기상 1992c: 195-196). 기술이 인간을 이렇듯 닦달하는 문법은 "문명적인 현존재가 세계-내-존재로서 본질적으로 타인들과 함께 더불어 있으면서 실존"할 때 개인이 갖는 생기(生氣)는 개인적일 뿐 아니라 인간종의 공동 생기라는 의미에서 "역운(逆運 Geschik)"이라고 불린다. 기술의 이러한 닦달이나 역운에 처한 인간은 기술의 은폐성과 탈은폐성의 두 국면을 이해하게 하는 두 가지 논리를 갖는다. 첫째 국면은 셈하는 사유, 이성이나 합리성의 결과이고 둘째 국면은 뜻 새김의 사유의 문법으로 구성된다(이기상, 2003c: 1, 17). 전자는 인간을 노예 상태로 전락시키는 위험성을 갖지만 이를 근거로 기술을 역행하는 것은 근시안적인 바보짓이며(이기상, 2001a: 347) 후자는 인간을 존재의 탈은폐, 진리의 국면으로 인도한다는 것이다. 인간을 향한 기술의 닦달과 인간의 역운은 존재를 향한 기술의 위험성과 구원성을 동시에 선사한다.

기술의 위험성은 어떻게 존재에게 다가오는가? 기술이 인간을 닦달하는 조건은 역운이 되어 두 가지 가능성을 열어주지만, 인간은 역운의 비은폐된 것에서 한 가지 가능성만을 선택하여 다른 가능성을 축출하면서 위험에 빠진다(이기상, 1997: 153). 이러한 위험은 다른 가능성에 열려 있지 않을 때 고조될 수밖에 없다. 그러한 상황에서 인간은 쉽게 기계 전체주의에 들어가게 된다는 것이다(이기상, 2003c: 5-14). 사물들을 기술적으로만 취급하고 그것을 넘어서는 지평을 갖지 못하면서 인간을 포함하여 모두가 도구로 전락하게 되는 것이다. 도구(이기상, 1998: 61-62)란 도구 개별성으로보다는 도구 전체성으로 파악된다. 예를 들어 망치는 못을 박는 데 사용되어 시계를 걸 수 있고 걸린 시계는 시간을 알게 하고 그리하여 약속을 수행하고 만나게 하며 계획을 협의한다. 망치의 도구 전체성은 다른 도구의 사용 사태의 전체성과 더불어 기계 전체주의를 구성한다. 인간은 개별적 사유 존재가 아니라 "나는 조작한다 그러므로 나는 존재한다"는 구조로부터 전체 기계의 부품, 또는 네트워크의 연결망이 되는 것이다. 기계 전체주의는 헤아리는 사유, 이성적 활동으로서 철학 본연의 활동과 거리가 있는 사유를 유도한다. 그러므로 기술의 위험은 철학 종말의 위험이기도 하다(이기상, 2001: 343).

이기상은 기술에 의한 인간 존재의 역운은 그 위험성에도 불구하고 기술 사건의 탈은폐성을 통해 구원의 길을 보인다고 한다. 기술은 그저 하나의 수단이 아니라 탈은폐의 한 방식, 진리의 방식이기도 하기 때문이다. 현실이란 일차원적으로 확정된 것이 아니라 시대마다 각기 다르게 구성하여 스스로를 탈은폐하기 때문이다(이기상, 2003c: 13-14). 예를 들어, 대지는 이제 신에 의해 창조되거나 생명력을 가진 것에 그치지 않고, 농부들의 저금통이며 불어나는 자본이기도 한 것처럼 새로운 의미 지평을 연다. 기술의 포이에시스적 탈은폐 방식은 인간으로 하여금 자신의 은폐성에도 불구하고 "인간 본질의 최고의 품위"를 사유하며 그것으로 귀의할 수 있게 한다(이기상, 1997: 155-157). 이러한 사유가 바로 계산적 사유와 대조되는 뜻 새김의 사유이다(이기상, 2001: 344-349). 인간은 한편으로 피할 수 없는 기술적 대상들의 사용에 대하여 "예"라고 하면서도 동시에 "아니요"라고 하여 기술적 사물들과의 관계에서 '내맡겨져 있음(Gelassenheit)'에 처해 있다. 다른 한편으로 인간은 기술적 세계의 숨겨진 의미의 '비밀로 열려 있음'에 끊임없이 주의할 수 있다. 이러한 기술의 양면성은 인간이 존립할 수 있는 바탕과 전망을 약속하는 것처럼 보인다. 결론적으로, 이기상은 인간 정체성을 전통적 실체성이 아니라 시간이 구성하는 사건 개념으로 조명한다. 한국어 사건에서의 사이에-있음, 생명 사건에서의 생명학적 지향성, 기술 사건에서의 도구 개별성보다는 도구 전체성이 비추는 존재의 빛에 주목하는 것이다.

3. 김선희의 신체적 인격

김선희a는 과학 기술의 발전과 자본 시장의 위력은 결국 우리와 같은 인간 자연인에 대조되는 인간 강화인을 만들어낼 것이라고 전망한다. 이러한 상황은 자연적 진화가 이어져온 상황으로부터 선택적 진화를 수행해야 하는 구조로 바뀌고 있음을 시사한다. 그렇다면 선택의 기준은 무엇인가? 김선희는 인간 존엄과 평등의 가치를 적용하기 위해 신체적 인격론을 추구하고 이를 위해 인간 마음의 인과성과 합리성, 인간의 관계성과 자율성을 향한 수반 형이상학을 구축한다.

관계적 자아

인간이란 무엇인가? 김선희a(1996: 62-89)에게 인간은 관계적이고 자율적인 행위자이다. 행위라는 개념은 인간의 관계성과 자율성을 보이는 핵심적 개념이고 다른 사안들은 이 주제를 조명하기 위한 것으로 보인다. 그는 인간의 자율성은 인간 행위가 의도라는 실체를 통한 인과적, 법칙적 연쇄를 통해 발생하는 사건이 아니라 주체적으로 표현하고자 하는 욕구, 긍정적 태도, 믿음 같은 일차적 이유가 다른 대안적 이유가 없을 때 이루어진다고 본다. 그러므로 의도라는 것은 인간 행위의 총체적 술어일 뿐이다. 그에 의하면 인간이 관계적인 것은 인간 행위가 언어적 구조로 구성되어 있고, 언어는 개인적인 것이 아니라 사회적인 것이기 때문이다. 행위는 사건으로서 존재적이지만 그 행위는 언어적 기술을 통하지 않고서는 드러나지 않는다. 따라서 행위와 이유를 이어주는 연결 구조도 행위를 특정 기술하의 특정 언어적 요소와 특정하게 표현되는 이유로 구성된다고 본다. 개인은 모순되는 두 행위를 동시에 수행할 수 없지만 숙고를 통하여 두 개의 모순되는 결론이 함축하는 대안적 행위 중에서 하나를 선택하는 것이다.

인간 행위의 자율성 논제를 지지하기 위해서는 몸과 마음의 관계론이 마주치는 심성적 인과의 물음을 피할 수 없다. 마음의 심성적 경험은 몸의 물리적 사건에 인과적으로 수반되는 것이 아닌가? 김선희a(1996: 172-201)는 인과 법칙의 실재론 대 반실재론의 논의보다는 인과 관계 수반론의 강한 관점과 약한 관점에 주목한다. 그리고 김재권의 환원적 수반보다는 데이비슨(Davidson, 2001)의 약한 수반론을 선호한다. 강한 수반은, 예를 들어, 어떤 개인에게 음악 감상 선호라는 심성적 사건은 뇌 신경 상태 알파라는 물리적 사건에 수반하는, 유형(type)적 수반을 의미한다. 반면 약한 수반은 수반 관계의 구조를 수용하지만 개항(token)적 사건 간의 관계에 한정한다. 강한 수반은 유형적 수반으로서 법칙을 도입하거나 심성적 사건을 무화(無化)하지만, 약한 수반은 심성적 사건의 인과적 연쇄의 개입을 허용하면서도 개별성의 유지에 어려움을 갖지 않는다. 약한 수반은 심성적 사건의 인과성과 합리성을 동시에 유지할 수 있는 것이다.

인간 행위의 자율성 논제는 인간이 도덕적 주체라는 점을 통해서 부각될 수 있다. 김선희a(1996: 90-115)는 인간 행위가 인과성 연쇄에 개입하면서도 합리성의 주체적 실현을 통해 행위에 책임을 지는 도덕적 행위가 된다고 본다. 약한 수반은 심성적 사건이 물리적으로 기술될 수 있다는 의미에서 물리적 사건이 되어 단칭적 인과 연쇄에 들어갈 수 있지만, 그 사건이 심성적 언어로 기술되는 한 다른 심성 사건이나 물리 사건에 법칙적으로 연결될 수는 없다. 심성 사건은 심성적 언어로 기술되는 동안 그 사람의 심성적 체계의 총체성에 의존하기 때문이다. 인간 행위자는 자신의 심성 체계에 내재하는 존재이지 심성 체계와 독립하여 있는 초월적, 체계 외부적 존재가 아니다. 인간은 자신의 체계를 반성하고 수정하는 경우에도 그 체계 밖으로 나가 체계 밖의 어떤 것에 의존하기보다는 심성적 체계 내재적인 정합성이나 일관성을 조정한다. 인간은 심성적 체계가 전제하는 합리적 능력의 주체이고 자신의 행위에 대해 책임을 지는 존재이다.

인간 행위의 자율성 논제를 유지하는 데 있어서 장애가 되는 것 중 하나는 "나의 행위는 나의 의지에 의한 것이다"라는 말로 표현되는 개인주의적 관점이다. 소위 내 마음의 심성 내용이 타자가 아니라 개인의 주체성에 의한 것이라는 주장이다.

(1) 나는 물 한잔 마셨다;

라는 말의 행위는 내가 물을 마시고 싶고, 그래서 냉장고에 가서 물을 잔에 따라 마시는 온 과정이 나의 자발적 주체성으로 구성되었다는 것이다. 그러나 김선희a(1996: 225)는 '심성 작용'과 '심성 내용'을 구분하여, 전자는 개인에게서 나타나지만 후자는 언어적이고 사회적이며 외부적이라고 한다. 퍼트남(Putnam, 1975)의 분석처럼, "물"이라는 표현은 지구에서 H_2O를 지칭하지만, (한 가지만 제외하고 모든 것이 동일한) 쌍둥이 지구에서는 XYZ를 지칭할 수도 있다. 지구의 나와 쌍둥이 지구의 쌍둥이 내가 같은 기호, 예를 들어, "나는 물 한잔 마셨다"라는 기호로 발화할 때, 두 사람의 심성 작용은 동일하지만 그 발화가 각기 나타내는 심성 내용은 다르다(참조: 이주향, 1994). 김선희a(1996: 263)는 이러한 심성 내용의 외부성을 인간의 자유 개념에도 적용한다.

김선희a(1996: 269-299)는 그의 행위 철학이 사회 과학의 모델 구성에 적용될 수 있다고 생각한다. 사회 과학은 방법론에 따라 달리 규정되지만 일반적으로 인간 행위가 사회 영역들에서 주목 받을 만한 사건으로 나타날 때 이에 대한 설명이나 이해의 활동으로 규정할 수 있을 것이다. 김선희는 이러한 사회 과학을 편의상 방법론적 개인주의와 방법론적 전체주의로 나눠 대조한다. 개인주의는 인간 행위의 사회 현상을 개인의 의도, 지향성에 강조점을 두어 자율성 모델을 선택하는 반면, 전체주의는 통계적 분석, 기능주의적 조명, 또는 진화론적 사회 생물학 모델에 주목하여 인과성 모델을 취한다. 그러나 김선희는 앞에서처럼 양자 사이에서 어느 쪽으로도 치우치지 않는 자신의 행위 철학의 모델을 찾아낸다. 인간 행위의 자율성과 인과성을 동시에 포용하는 것이다. 사회 과학에서 사용되는 법칙은 "행위자의 능력 및 사회 구조나 제도를 비롯한 여타의 모든 조건들을 고려하는 상황 법칙(狀況法則, Ceteris-Paribus Law)"이다. 여기에서는 행위자의 자율성이나 사회 구조의 자율성을 서로 침해하지 않고 양자가 상호 의존적이다. 그러나 여기서 인과성을 어떻게 배제하지 않을 수 있는가? 이러한 법칙 자체는 인과성을 갖지 않지만, 이 법칙에 포섭되는 개항적 명제의 사건들은 사회적 기술로 표현되면서도 또한 물리적 기술로도 표현될 수 있고, 물리적 기술로 표현되는 사건들은 인과성을 가질 수 있다. 따라서 상황 법칙하의 개항적 명제는 인과적 법칙 유형 명제에 포섭되지 않지만 그 자체로 인과적 개항 명제의 경우가 될 수 있다.

인간 정체성과 인격적 몸

나는 누구인가? 인간이란 무엇인가? 인간은 도구를 사용하기 전의 단계와 이후의 단계에 따라 달리 이해되었다. 불, 문자, 활자, 동력, 전기, 전화, 자동차, 비행기 같은 중요한 도구가 인간 사회에 도입되었을 때 인간의 자화상은 수정되었을 것이다. 물리적, 생물적 정보의 시대인 오늘날 그 이전의 어떤 도구의 도입보다도 인간 정체성은 더 큰 변혁을 겪고 있다. 이 시대의 도구들은 과거와 달리 능동적이 되면서 인간을 대체할 수 있는 면모를 가지고, 인간종과 비인간종의 경계가 해체될 수 있는 단계에까지 와있다. 인간과 기계와의 경계는 희미해지고, 인간종과 다른 동물종의 경계는 애써 지켜야 하는 것이 되었다. 이러한 인간종 변혁의 시점에서 인간은 무엇인가, 정체성은 어떻게 유지될 수 있는가의 물음은 의미 있는 물음이다.

김선희a(2004a: 29-102)는 그러한 물음을 물으면서 먼저 인격 개념이 몸을 필요로 한다고 주장한다. 인격의 개념은 법적, 도덕적, 사회적 속성들의 집합으로 개별자를 이해하는 방식으로서 신분 확인을 전제하고 신분 확인은 몸을 필요로 한다. 책임, 주체성, 실재성, 실존성, 공동체는 몸을 근거로 하는 개념이기 때문이다. 이러한 관점은 인격성의 충분조건으로 말해왔던 데카르트의 자아, 칸트의 의식 개념을 부정하는 것이다. 따라서 인공 지능, 사이버 자아 등은 몸을 갖지 않기 때문에 개별자로 볼 수 없고, 그러한 것이 존재라면 유형적 존재일 뿐이라고 한다.

보다 구체적으로(김선희a, 2012: 89-122, 136), 정보 공학이나 유전 공학은 개인 기억을 외화(外化)시키고 집단적 기억(cloud computing)을 가능하게 하여 개인의 확장과 분산이 나타나게 된다. 인간 자아는 각기 개별적인 주체라기보다는 전체적인 정보의 흐름과 과정으로 환원되어버린다. 예를 들어, 모더니즘의 시대엔 생산 양식이 개인적이었지만 포스트모더니즘 시대의 정보 양식은 연결망으로 되었다. 정보를 매개하는 연결망의 연결은 개인성을 위협하고, 정보 사용량과 프라이버시 보호 정도는 반비례한다. 자신의 경계가 어디서 시작되어 어디서 끝나는지, 어디까지 자신의 생각이고 어디서부터 타인의 생각인지 불분명해진다. 이러한 문맥에서는 전체주의가 쉽게 나타난다. 그러나 전체주의는 정치적이건 기술적이건 간에 인간의 탄생과 사멸을 부정한다. 전체주의는 인간 자체를 수단으로 삼으며 수단만을 영구화하기 때문이다. 김선희는 이러한 상황에서 인간은 진화에 대한 올바른 선택을 할 수 있어야 한다고 주장한다.

과학 기술과 인간 정체성 진화

인간이 몸의 한계를 보완하기 위해 1280년과 1904년에 각기 착용하기 시작한 안경(Salvino d'Armato degli Armati)과 손목시계(Louis Cartier)는 몸의 부분처럼 되었다. 1877년의 콘택트렌즈(A. E. Fick)는 몸의 부분임을 실증해준다. 최근의 과학 기술은 인간 몸의 한계를 더욱 더 보완해주고 있으며 더 나아가 마음의 능력까지 관여하는 추세를 나타낸다. 앞으로의 과학 기술은 몸과 마음의 능력에 개입하는 획기적인 인공품을 개발하게 될 것이다. 김선희a(2004a, 2012)는 이러한 과학 기술의 문맥에서 인간 정체성에 대한 철학적 물음들을 제기한다. 그중 하나는 인간과 기계 간의 경계 해체와 인간과 자연 간의 경계 해체가 야기하는 인간 정체성에 관한 물음이다. 이 물음은 다음과 같은 형식으로 제기된다: 인간 정체성은 유지될 수 있을 것인가? 유지될 수 있다면 어떻게 가능할 것인가?

먼저 인간과 기계, 인간과 사이보그의 경계 해체 상황의 철학적 함축들이 있다. 첫째, 김선희(2004a: 130-139)는 두뇌 이식의 사유 실험을 논의한다. 황제의 몸에 농부의 두뇌를 이식했다면, 사람들은 "황제가 농부의 두뇌를 갖게 되었다"보다는 "농부가 황제의 몸을 갖게 되었다"고 말하기 쉽다는 것이다. 그렇다면 "나는 두뇌를 가졌다"라고 하기보다는 "나는 두뇌이다"라고 말해야 한다는 것이다. 그러나 김선희는

(2) 두뇌가 동일하면 동일한 사람이다;

라고 말하는 두뇌 동일론자를 비판한다. "몸이 같아야 동일한 사람이다"라고 주장하며, "황제가 농부의 두뇌를 갖게 되었다"라고 말해야 한다는 것이다. 먼저, 황제의 두뇌 제거는 기억 말소나 기억 상실에 비견될 수 있다. 기억을 상실한 사람이 기억 회복을 기대하듯 그의 동일성이 유지된다고 해야 한다. 다음으로, 농부의 두뇌를 황제에게 이식한 경우는 농부의 기억을 황제에게 이식시키는 것에 비견할 수 있다. 그런데 농부의 참된 기억은 황제에게 이식되는 순간 가짜 기억이 된다. 기억하는 사건을 실제로 경험한 적도 그런 과거를 가진 적도 없기 때문에 그 기억들은 황제에게는 가짜에 불과하다. 황제가 가지고 있는 몸이 황제가 갖게 된 기억보다 그 동일성 유지에 결정적 근거를 제시한다는 것이다.

둘째, 김선희a(2004a: 185-216)는 여러 가지 사이보그 중에서 인공두뇌-사이보그의 철학적 함축을 살핀다. 『양전자 인간(The Positronic Man)』이라는 아시모프(Asimov, 1992)의 소설은 인공 두뇌-사이보그로서 생리학자가 된 주인공 앤드루가 인간의 피부를 만들어 부착하고, 인간처럼 숨쉬고 먹고 배설하는 몸체를 구성해가면서 "인간 같은" 인간이 되어가는 이야기이다. 결국 법적 인간 지위에 장애가 되는 두뇌 구성 물질을 양전

자에서 신진대사를 할 수 있는 세포로 바꿈으로써, 앤드루의 몸은 "유기적"으로 된다. 앤드루는 로봇으로 영원히 사느니 인간으로 죽기를 선택한다. 무기적 양자 두뇌는 세계에 대해 계산만을 하는 비인격적 주체지만, 유기적 세포 두뇌는 세계에 대해 해석을 하는 인격적 주체이다. 이 기준에 따라 앤드루는 유기적 몸이 되기 전에는 인격을 갖지 못했지만 그 이후에는 인격적 몸이 된다.

셋째, 김선희a(2004a: 237-289)는 사이버 자아의 경우에도 인격적 몸이 요구된다고 주장한다. 사이버 자아란 이용자에게 가상적 신체를 제공하고 이용자는 사이버 자아에게 인격을 부여하는 사이버 공간의 구성물이다. 문자적 공간의 만남이 서명이나 도장을 통해 시공간에서 인격적 몸을 소통하게 하거나 관계를 구성하는 것처럼, 사이버 공간도 전자적 공간에서 정보 접근성을 통해 사이버 자아들의 관계를 구성한다. 사이버 공간에서의 사이버 자아들의 관계 구성을 살펴보자. 먼저 첫째 이용자 A_1과 그의 사이버 자아 C_1과의 감응과 반응을 통한 관계 구성이 이루어지고, 다음으로 둘째 이용자 A_2와 그의 사이버 자아 C_2의 관계 구성이 이루어지며 두 사이버 자아 C_1과 C_2와의 감응과 반응의 관계 구성을 통해 사이버 공간, 사이버 공동체가 생긴다. 사이버 자아인 C_1과 C_2는 본래 이용자들의 생각을 반영하는 반영적 대리자이기도 하지만, 원격 현전(telepresence)의 로봇 같은 사이버 자아는 인간이 직접 탐사할 수 없는 지하나 해저의 상황에서 돌발적으로 전개되는 환경 변화에 필요한 행위를 계산하여 행위 조절하는 자율적 대리자일 수도 있다. 그러나 자율적 대리자들의 경우에도 상호 관계에서 잘잘못을 가려야 하는 상황이 발생하는 경우, 컴퓨터 바이러스나 웜(worm)에서와 같이 자율적 대리자를 사이버 공간에 도입한 본래의 이용자에게 책임을 물어야 한다. 자율적 대리자는 인공 지능자로서 인격적 몸이 없는, 정보적 속성의 결합적 단위에 불과하기 때문이다. 또한 인격적 몸이 다중 자아를 가질 때에도 책임은 인격적 몸이 지는 것처럼, 사이버 다중 자아들의 행위의 책임은 인격적 몸을 가진, 신분 확인이 가능한 이용자가 져야 한다. 사이버 자아의 행위가 궁극적으로 이용자의 책임으로 귀속되는 것처럼, 사이버 자아는 인격적 몸의 인격적 상승과 초월을 위해 확장적이지만 의존적인 자아로 간주된다.

김선희a(2012: 31-47)는 인간과 기계 간의 경계만이 아니라 인간과 자연 간의 경계 해체 가능성에 대한 철학적 성찰도 수행한다. 유전자 변형 농산물이 급속하게 우리의 삶에 침투하고 있다. 보통 연어보다 2배나 빠른 성장의 연어가 나타날 것이고, 크기가 더 커진 연어도 등장할 것이다. 유전 공학의 발전은 그동안 자연종의 경계 안에서 이루어졌지만, 앞으로는 그 경계를 넘어서 유전 물질을 조합할 수 있게 될 것이다. 김선희는 인간, 소, 돼지, 새와 물고기 같은 자연종은 이제 유전자들의 잠정적 저장소일 뿐 본질적이거나 실체적인 개념일 수가 없게 되었다고 생각한다. 우선적으로 고려할 수 있는 것은 유전 공학을 적용하여 구성되는 인간 강화인 안드로이드와 무지, 가치, 비용 등의 이유로 유전 공학을 적용하지 않는 인간 자연인 사이에 발생하는 인간 차이이다. 유전적 질병을 치료하기 위한 체세포 단위의 치료는 당대에는 효과적이지만, 생식 세포 단위에서 치료하면 다음 세대로 유전이 가능해진다. 다음 단계로 키, 색깔 등의 외모를 선택할 수 있게 되고, 더 나아가 지능, 음악이나 운동의 재능에서 최고 성취의 유전자를 골라 유전시킬 수 있을 것이다. 이렇게 하여, 강화인은 지식 산업, 경제, 매스컴, 정치의 사회 중요 분야를 장악하고 자연인은 저임금의 서비스 분야에서 노동자로 일하게 되는 것이다. 강화인과 자연인은 처음에는 귀족 계급과 평민 계급으로 구분되지만 결국은 섞일 수 없이 완전히 분리된 종이 될 것이다. 인간종은 외부적으로는 다른 종과 경계가 뒤 섞이는 동시에 내부적으로는 둘 이상의 하위 그룹으로 분리되면서 인간의 범위나 경계는 해체된다는 것이다.

김선희a(2012: 247-263)는 이러한 인간과 기계, 인간과 자연 간의 경계 해체가 생각보다 더 빨리 우리 자연인의 삶 속에 들어올 것이라고 전망한다. 정보 공학이나 유전 공학의 기술은 기술의 속성에 따라 움직이기 쉽기 때문이다. 기술은 효율적인 수단만을 지향함으로써 목적을 숙고하거나 성찰할 기회를 배제시키는 경향이 있다. 이러한 경향을 억제하지 않을 때, 기술은 기술 자본주의의 위력을 업고 자기 결정의 논리에 따라 발전하며, 인간은 "기술 유기체" 앞에서 손을 들어야 할 것이다. 그렇다면 인간종 변혁의 이러한 상황은 피할 수 없는 것인가? 이러한 상황에 대해 인간은 어떤 대처를 할 수 있을 것인가? 김선희a(2012: 67-87)는 하나의 처방을 제시한다. 인간은 인간의 "자연적 진화"를 기다리기만 할 수 없고 인간의 "선택적 진화"를 수행해야 한다는 것이다. 유전자 변형에 대해 아무런 자제나 제약을 하지 않는 경우 인간종 내에서의 하위 그룹의 분리는 명약관화하다. 그렇다면 유전시킬 수 있는 유전자 선택의 단위를 어디까지 허용하고 어디부터 금지해야 하는가? 인간의 선택적 진화에서 가치의 기준은 무엇이어야 하는가? "평등과 인간 존엄의 정신으로 인간종 전체의 운명을 함께하는 길"이 김선희가 제시하는 답이다. 강화인에 의한 진화는 불평등한 방식으로 인간종의 분리를 가져오기 때문이다.

자아 정체성: 상담과 여성

김선희a(2009a; 2009b; 2010)는 관계적 자아의 정체성 철학을 철학 상담과 여성주의에도 적용하여 자신의 자아 정체성 개념이 가진 적실성을 보인다. 이러한 작업이 함축하는 바는 적어도 두 가지이다. 하나는 자아라는 정체성이 개인의 마음의 상태라는 데카르트적 관점으로부터 "정치적"으로 구성된다는 것이다. 다른 하나는 몸과 마음의 관계에 대한 철학적 주제가 여성의 경험에서 어떻게 구성될 수 있는가에 대한 조명이다. 몸과 마음을 분리할 수 있는가, 타인의 몸이나 마음은 어떻게 접근되는가에 대한 철학적 주제를 모성의 임신-출산 경험을 통해 파악할 수 있다는 것이다. 이러한 작업에 설득력이 있다면, 김선희a(2009a: 235)에게 철학하기, 철학 교육, 철학 상담은 궁극적으로 "동일한 활동의 세 양상"이라는 주장이 설득력을 갖는다.

자아 정체성을 확인 · 탐색 · 확립하는 것은 철학 상담을 받는 내담자에게 필요하다. 모든 사람이 철학 상담의 가능한 내담자라면 이 필요성은 모든 사람에게 적용된다. 그러면 자아 정체성이란 무엇인가? 나의 정체성의 핵심적 요소는 나의 욕구, 믿음, 가치 체계이다(김선희, 2009a: 230-237). 이러한 핵심적 요소가 나의 인격, 성품 체계를 이룬다. 나의 성품 체계는 실체적이거나 본질적이지는 않지만 대체로 확정적이며, 나의 행위는 그러한 중심적 욕구에 따라 조정되고 정합적이 된다. 이러한 구조에서 나의 정언적 욕구란 그것 없이는 살 이유가 없는 욕구이다.

그러나 김선희의 자아 정체성은 이 단계에서 끝나지 않는다. 나의 욕구, 믿음, 가치 체계는 나 개인의 의식 안에서 구성되는 것이 아니기 때문이다. 데카르트에게 나의 정체성은 생각하는 실체이고, 칸트에게는 "나는 생각한다"는 판단 행위이었으므로 이들에 따르자면 나의 정체성은 나의 개인적 구성의 소산물이다. 그러나 김선희는

(3) 나의 정체성은 나의 생각이 아니라 사회의 정치적 연결망으로 구성된다

고 믿는다. 김선희a(2010: 139-142)에게 여성의 정체성은 여성 경험의 전통을 통해서 알 수 있듯이 가부장제 사회가 여성에게 부여한 구성물이다. 여성의 정체성은 "정치적"인 면을 갖는다. 여성의 범주가 정치적이듯, 모든 개인의 정체성도 정치적이다. 칸트는 개인주의적 정체성에 근거하여 자율성을 요구하지만, 과거 시대뿐 아니라 현대 사회에서도 자율성은 특정한 계층에게만 허용된 질서이다. 사무원, 노동자, 군인, 학생들은 모두 정치적으로 구성된 어떤 질서에 의해 정체성이 부과되고 "자율성"도 그에 의존해 있다.

김선희a(2009b: 210-220)가 여성주의 상담 철학에서 조명하는 또 하나의 주제는 타인의 몸과 마음의 존재이다. 철학 상담자가 내담자의 마음이나 몸의 존재를 의심할 수 있는가? 데카르트는 지각이 자신을 속였던 경험으로부터 남의 몸이나 마음의 존재는 물론이고 자신의 체현된 신체적 자아도 수용할 수 없었다. 그는 자아를 오직 탈육화(脫肉化)한 순수한

사고와 정신 작용에 국한했다. 그러나 모성의 임신-출산의 경험에 주목할 경우, 타인의 몸이나 마음의 존재를 정당화해야 할 문제는 발생하지 않는다. 어머니와 태아는 자아인 동시에 타아이고, 타아인 동시에 자아이다. 어머니는 차이성 안에서의 동일성을 경험한다. 어머니는 데카르트의 유아론적 자아가 아니라 자아와 타아 간의 경계를 끊임없이 조종하고 타협하는 존재이다. 인간이 어머니의 경험에 주목한다면 몸과 마음의 관계에 대한 철학적 논의의 지평은 달라질 것이다. 비트겐슈타인이 지적한 것처럼, 일상적인 상황에서 아이가 치통 때문에 울면서 뺨을 잡고 있는 경우, 어머니는 아이의 고통을 의심할 수 없다. 만약 어머니가 의심한다면 그것은 다른 마음에 대한 회의주의라기보다는 미친 짓에 가까울 것이다. 김선희는 이러한 함축을 더 밀고 나아간다. 다른 사람들이 좀비이거나 회의의 대상이라면, 또는 내가 '통 속의 뇌'라면, 나의 정체성은 완전히 허구적인 것에 불과하고 나의 정체성을 구성하는 믿음 체계는 총체적 오류 가능성에서 벗어날 수 없다. 그러나 내가 나의 몸을 유지하는 현실의 일상적 경험에서 나는 통 속의 뇌일 수 없다. 결국, 김선희는 인간과 기계의 경계가 해체된다고 할지라도 인간 몸에 기반을 둔 정체성을 떠날 수 없다는 것이다. 심성 내용으로 인간 경험의 사회성이나 전체주의가 지배한다 할지라도 심성 작용이 기초하는 인간 몸의 유지는 인간의 선택적 진화를 통해 실현되어야 하는 것이다.

4. 인간 이해의 전망

인간 정체성을 사건성이나 신체성으로 접근하는 것은 중요하다. 개체나 주체라는 것도 결국은 사건의 개념을 통해 조명되고, 과학 기술의 발전에도 불구하고 인간은 몸으로 남아 몸과 연결되어야 하기 때문이다. 니체주의나 트랜스휴머니즘은 그러한 방향으로의 성찰을 담고 있다.

사건과 신체

이기상의 사건적 인간론과 김선희의 신체적 인격론은 각기 고유한 인간 이해를 드러내고 있다. 이들은 새롭지만 아직 충분한 논의를 받고 있지 못하다. 그러나 이들에 대한 음미의 태도는 가능하다.

김기현(1997)은 김선희의 자아의 행위 자율성 개념에 의문을 제기한다. 김선희가 보인 것은 기껏 마음의 상태에 대한 심성적 기술 가능성에 기초한 자율성일 뿐, 마음이 존재론적 필연성의 범주에서 어떻게 자율적일 수 있는가에 대한 과제에는 침묵하고 있다는 것이다. 이는 곧 기술의 자율성이 마음에 기초한 행위의 자율성은 아니라는 문제의식이다. 윤보석(2004)은 김선희의 신체적 인격론을 비판한다. 김선희는 인공 지능, 사이버 자아, 두뇌 전송 등은 신분 확인이 가능한 몸을 가지지 않기 때문에 인격이 될 수 없다고 주장하지만, 윤보석은 그러한 심적 상태가 몸 없이 발생할 수 없다는 것이다. 어떤 인공 지능도 허공중에 실현될 수 없고, 사이버 자아도 계산적 사물 장치가 필요하고 두뇌 전송도 어떤 의미의 기체를 요구한다는 것이다. 그리고 이러한 것들을 "몸"이라 할 수 있다면, 그러한 심적 상태와의 관계에서 이 몸은 인격성을 가질 수 있다고 그는 주장한다. "인격의 동일성에 대한 신체적 기준을 옹호하려면 한 개별자의 성품이 다른 개별자의 신체에 예화될 수 없음을 보여야 한다"는 것이다. 요컨대 김선희(2004c)는 신체성이 지속 가능한 인격적 신분 확인으로 충분하다는 것이고, 윤보석(2005a)은 신체성이 심성 내용의 기능적 외재성을 통해 조명되어야 한다는 것이다.

이기상의 사건적 존재론은 아직 중요한 토론에 접어들지 못했지만, 어떤 관찰을 제시할 수 있을 것으로 생각한다. 시간을 도입하여 존재 이해를 파악하고자 하는 구도는 본질론적 접근에 대하여 현대적 시각을 나타내는 것으로 보인다. 이기상의 사건적 존재론은 인간 일반의 조건을 조명하는 데 성공적이고 유익하다. 그러나 구체적 개인의 조건에 대한 조명은 어떻게 이루어질 수 있을 것인가? 실존주의나 철학적 인간학은 오히려 이 점에서 보다 더 개인에게 가까이 다가와 있는 것이 아닌가? 물론 죽음의 사건을 통해서 나의 존재 이해에 도달할 수도 있을 것이다. 그러나 이 경우도 의문은 가능하다. 나의 죽음이 아직 발생하지 않은 사건이라면 다른 사람들의 죽음의 사건으로 나의 존재를 조명해야 하는가? 일인칭과 삼인칭의 시각은 적절한 조절의 장치를 통해 전환될 수 있을 것으로 보인다. 그리고 "아직 발생하지 않은 사건"도 현실적으로는 비존재이지만, 양상적으로는 시간적 존재라는 점에서 유의미하다.

실험적 인간

몇몇 한국 철학자들은 니체(F. Nietzsche) 사상에서 시대적 메시지를 읽어낸다.[2] 그 메시지는 여러 가지 국면으로 나타나지만 이들의 논의가 해석해내는 메시지는 '인간은 실험'이라는 명제로 요약할 수 있다. 이러한 인간 이해는 인간을 이성, 생각, 의식 같은 실체적 주체로 간주해온 철학 주류 전통과 대조되는 관점이다. 실체적 전통은 불변하는 형이상학적 실재를 상정하고 실재에 이르는 길로 진리 추구라는 방법을 내세웠고, 이것은 동일성과 평등성에 대한 의지로 나타나 차이와 다양성을 평준화시켰다. 그리고 바로 이 진리 추구의 방법이 역설적이게도 인간이 창조한 최고의 가치로서의 신, 절대적 진리 자체를 죽이게 되었는데, 이것은 사필귀정이다. 진리의 세계가 존재하지 않는다면, 형이상학적 세계의 가치들은 타당성을 잃기 때문이다.

그러한 진리 의지가 신을 죽인 결과가 허무주의이다. 절대자를 향했던 초월적 시선은 인간으로 내려오면서 휴머니즘의 이름으로 과학 기술과 민주주의에 도달한다. 그러나 확고부동한 토대로서의 이성적 인간이 사라진 자리에 새로운 유형의 인간은 보이지 않는다. 무엇을 하고 싶은지,

---

2 강대성, 1986; 정동호, 1990; 이진우, 1993; 2009; 강영계, 1995; 2000; 김정현, 1995; 2006; 최준성, 1995; 김진석, 1996; 성진기, 2000; 김상환, 2002; 백승영, 2005; 이주향, 2005b; 진은영, 2007; 박찬국, 2008.

무엇을 할 수 있는지에 대한 무지와 무능력으로 고통스러운 시대가 된 것이다. 어떻게 할 것인가? 어디서 출발할 것인가? 우리 인간 자신이 출발점이어야 하지 않은가? 인간이라는 자연(homo natura)이 근본 텍스트가 아닐까? 이 텍스트는 인간이 존재하는 대로의 인간이 되는 양식을 보인다는 것이다. 인간은 한편으로 욕망, 충동, 감성 등의 성품의 동물이면서 사랑, 안전, 평등, 도덕을 추구해온 마지막 인간이지만, 다른 한편으로 투쟁, 강화, 차별, 모험, 위험을 추구하여 초인(超人)에 이를 수 있다.

그러나 역겨운 마지막 인간이 어떻게 감격스러운 초인이 될 수 있을 것인가? 전통적 형이상학들은 인간 본질이나 진리 방법으로 이성을 세웠지만 새로운 형이상학은 자연인 인간의 현상이 나타내는 권력 의지를 인간 본질로 간주하는 것으로 보인다. 어떤 행동을 하더라도 권력 의지의 명령을 따르는 양식을 볼 때 인간이 바로 그 명령 자체라고 말할 수 있다. 권력은 인간의 본질인 동시에 인간의 악령인 것이다. 모든 것(건강, 음식, 주택, 오락)을 준다고 할지라도, 인간은 여전히 불행하고 불만스럽다. 악령(큰 권력)을 기다리면서 작은 권력(건강, 음식, 인정, 지위 등)이 채워지기를 원하기 때문이다. 그렇다면 인간 사회는 인간의 권력 의지를 가리거나 축소하거나 죄악시하지 말고 오히려 이를 성장시키고 확대해야 한다. 이는 권력 의지의 현상을 생명 현상과 구분하기 어렵다는 점을 감안했을 때도 그러하다. 생명은 약한 것을 자신의 것으로 만들고 이러한 과정에서 이루어지는 침해, 제압, 억압, 동화, 착취가 바로 권력 의지의 현상이기 때문이다.

이러한 권력 의지의 현상은 그 폭력적 서술 양식에도 불구하고 보다 세밀한 이해를 필요로 한다. 갈등과 양질(量質)의 개념으로 실례를 들 수 있다. 첫째, 인간은 순간마다 동물적인 동시에 항상 초동물적이다. 인간은 동물성과 초동물성의 국면에 충실하면서도 선택의 순간에 갈등을 겪는다. 상시적인 모순과 대립, 편재적인 우연과 투쟁 속에서 인간의 권력 의지는 선명해지는 것이다. 둘째, 양질 개념은 중요하다. 양적으로만 파악한다면 권력은 물리적 힘의 관계에 불과하므로 힘들의 상호 작용에 수동적이고, 기계적으로 예속될 수밖에 없다. 물리적 힘의 관계일 뿐이기 때문이다. 그러므로 권력은 양적 관계에서 질적 관계로 전환될 수 있어야 한다. 예를 들어, 선악(善惡) 관계를 권력의 양적 차이로 설명해보자. 선악은 그 자체로는 실체적 속성이 아니라 선한 사람들이나 악한 사람들의 질적 속성이다. 그러나 이런 질적 속성은 도덕에 의해 제도 안의 강한 사람들과 제도 밖의 약한 사람들이라는 양적 속성으로 전환되었다. 양적 차이에서 비롯된 선악은 다시 질적 관계로 복원되어야 하고, 이는 능동과 반동의 관계를 통해서 가능하다. 고통을 당하면서도 열정적인 능동의 힘은 조형적, 돌파적, 차이 인정적이지만, 힘이 남아돌아 허비하는 반동적 힘은 순종적, 복종적, 파괴적, 차이 부정적, 평등적이다. 물리적으로 양적인 권력이 능동적 질적 힘으로 전환될 때 권력 의지는 성숙한다.

편재적 모순 상황에서 작동하는 인간의 권력 의지는 항상 새로울 수밖에 없으며, 권력 의지에 의한 사유는 실험적이어야 한다. 실험은 다양한 관점과 해석을 열어놓음으로써 창조의 가능성을 높여준다. 실험을 통해 전통 철학에서 배제되었던 몸이나 감각 같은 주제를 뒤집어 극단까지 사유함으로써 숨겨진 역사를 벗겨내고 세계의 구체적 성격을 복원하는 것이다. 세계는 전통 철학에서와 달리 비방의 대상이 아니라 긍정의 대상이다. 맞는 경계라는 것을 기준으로 내 세우는 아폴론적인 것이 아니라 개별화의 원리를 깨우쳐 인간과 자연의 합일을 이루는 디오니소스적 도취에 몰입하는 것이다. 물론 이러한 도취 중에 자기 자신에게서 이루어지는 개별화의 고통을 경험하기도 한다. 그러나 자연과의 일치는 인간의 운명애(amor fati)일 수밖에 없다. 운명애는 숙명론이 아니라 삶의 우연을 두려워하지 않고 자신을 지속적으로 실험하며, 위험을 천직으로 감수할 때 도달하는 경지이다.

실험 행위자나 권력 의지의 개념으로 상정된다고 보이는 주체적 요소는 중요하다. 주체나 실체가 형이상학적 허구라면 실험자나 권력 의지는 어떻게 해석될 수 있을 것인가? 만일 개체가 다수적 복합체라면 다수적인 복합체는 주체든 객체든 자기 동일성을 갖지 않는다. 개체는 사건

(Geschehen)의 속도 차이에 의해 다른 개체들과 구별될 뿐이다. 그러므로 "주체"라는 것은 원자적 개체로서가 아니라 다수적 복합체로서, 사건의 결과로서 나온다. 그렇다면 권력 의지라는 것도 특정한 주체의 속성이 아니라 복합체적 사건에 내재하는 것이다. 그러면 주체 없는 행위, 권력자 없는 권력이 얻어진다. 나아가서 "주체"라는 것을 상정하는 민주주의는 역겨운 결과에 이르지만, 주체 없는 민주적 절차에 이르게 될 때 이는 권력 의지의 "주체 없는 소통"으로 분석될 수 있을 것이다.

신상규의 트랜스휴머니즘

신상규(2014: 26-51; 2008a: 7-28)는 현대의 과학 기술이 지동설, 진화론, 무의식론 못지않게 인간의 지위를 축소하는 계기라는 관점을 소개하고 그 관점의 철학적 함축에 대해 자신의 지향을 제시한다. 지동설은 인간이 우주의 중심이라는 믿음을 나타낸 천동설을 뒤집었고, 진화론은 인간이 만물의 영장이라는 믿음 대신 인간과 다른 생물과의 연속성을 주장했고, 무의식론은 인간은 이성적 동물이라는 오래된 믿음을 반박했다. 이제 현대의 NBIC(나노, 생명, 정보, 인지) 과학 기술은 신체, 건강, 인지, 감정 등 인간 능력을 강화하고, 인간 향상(human enhancement)을 통해 결과적으로 인간의 본성 자체를 바꾸려고 한다. 따라서 인간과 기계의 차이가 해체되어 인간의 전통적 의미가 축소되는 한편 전통적 인간과는 다른 인간으로 바뀐 새로운 인간 가능성을 열 수도 있다는 것이다.

신상규(2014: 65-101; 2008a: 63-174)는 인간 향상 과학 기술 변화의 급진성을 예견한다. 우리는 변화를 대체로 완만한 직선의 선형적인 방식으로 생각해왔다. 현재를 살아가는 우리 세대를 제외하곤 사람들이 평생을 살아가는 동안에 세상은 거의 바뀌지 않았다고 말할 수 있었다는 것이다. 아직까지는 생물종 인간과 로봇이나 사이보그 같은 기계들 사이에 질적 간극이 있지만 NBIC 과학 기술 변화의 급진성은 인간을 기계적으로, 기계를 생물적으로 향상하여 차이를 축소해간다는 것이다. 우리는 지능,

운동, 예술의 분야에 따른 맞춤 아기가 탄생하고, 성체 줄기세포를 통해 성장한 신체 부품을 이식받고, 유전자 말단의 텔로메레(telomere) 손상을 막아 노화를 중지시킬 수 있는 단계에 와 있다. 구글 글라스, 입는 컴퓨터, 프로작(prozac), 리탈린(ritalin) 등은 인간의 인지나 감정을 향상할 수 있다. 또한 나노 어셈블리를 통해 어떤 대상도 복제할 수 있고 생각만으로 기계나 사물들에 지시를 내리고, 기계나 물질이 "생각한다"고 말할 수 있게 된다. 또한 정보나 기억을 업로딩하면 인간의 신체적 한계를 극복할 수 있다. 인간 향상 과학 기술은 새로운 인간 가능성을 여는 측면도 있지만 우리에게 여러 가지 윤리적 과제를 부과한다(참조: 이상헌, 2009).

신상규(2014: 97, 205-206)는 생물종-인간과 향상된-인간인 "포스트휴먼" 사이의 연속성을 주시한다. 업로딩 이전 단계와 이후 단계 사이에는 인과적 연속성이 존재하기 때문에 이를 기초로 우리는 여전히 어떤 의미의 신체성을 확보하여 자기 동일성을 유지할 수 있다는 것이다. 신상규는 인간향상 과학 기술에 대한 여러 가지 철학적 관점을 제시한다. 하버마스(J. Habermas)는 출산과 관련된 향상된-인간의 속성(학습, 운동, 예술, 수명)은 그 아이의 인생을 미리 결정하므로 태어날 아기의 자율권을 침해하는 것이라고 비판한다. 인간 향상을 지지하는 자유주의자들의 관점도 선명하다. 노직(R. Nozick)은 문화적 자유주의, 경제적 방임주의, 생명 정치적 트랜스휴머니즘을 천명하여 부모들이 자식의 유전자를 고를 수 있는 "유전자 슈퍼마켓"을 제안하고, 프리드먼(M. Friedmann)은 행동이 야기하는 불편함이나 혐오감보다는 개인의 선택이나 자유를 우선시하는 시장자유주의를 채택하여 국가 개입에 반대한다. 그러나 신상규(2014: 222-229)는 뷰캐넌(Buchanan, 2011)에 동조하여 의무 교육처럼 국가가 향상 기술을 확산하는 책임을 져야 한다고 주장한다. 생각해야 할 문제는 인간 향상 자체가 아니라 자본주의적 삶의 방식이다. 타자들이 행복하지 않고는 나도 행복할 수 없다. 신상규는 향상된-인간은 전통적인 개인적 휴머니즘과는 다른 공동체적 트랜스휴머니즘의 윤리 질서로 들어갈 수 있어야 한다고 믿는다.

신상규(2014: 241-242)는 인간 향상을 적극적으로 추구하지 않지만 그 기술이 확장되는 것을 막을 방법이 없다고 생각한다. 인간 향상이 불가피하다면, 문제는 보다 나은 공동체와 인간적 삶의 가치 실현을 위해 향상 기술을 어떻게 활용하느냐이다. 중요한 것은 향상의 여부가 아니라 향상에 대한 민주적 통제이다. 억압, 착취, 배제로 이끄는 불평등을 감소하고 전체 시민의 복지와 삶의 수준을 개선시킬 방안에 대해 논의해야 한다는 것이다. 이러한 방향의 관점에서, 신상규(2014: 165-181)는 인간 향상에 대한 가장 흥미로운 철학적 반론을 펼친 후쿠야마의 논변에 대해 적극적으로 대응한다. 후쿠야마(Fukuyama, 2002)의 "반인간 향상 X-논변"은 다음과 같이 요약할 수 있다.

(4) 표면적으로 나타나는 인간적 특성들(도덕적 선택, 이성적 판단, 감정 표출 등)의 총체 H는 심층적 인간 본성 X와 동일하다.
(5) X는 환경보다는 유전 요소 G에 의존하고, H는 G에 의해 창발된다.
(6) H는 인간의 도덕성이나 인간 존엄성 D를 내포한다.
(7) G의 수정은 X와 H의 변화를 초래하고, 인간이 이해하는 D를 훼손한다.
(8) 인간 향상은 G의 수정으로서, 허용될 수 없다.

신상규(2014: 180-190)는 후쿠야마의 X-논변을 다음과 같이 비판한다. 후쿠야마 X-논변의 세 전제 (4), (5), (6)은 연언적으로 인간 도덕성, 인간 존엄성이 인간 본성에 의존한다는 것을 함축한다. 후쿠야마는 그러한 함축을 지지하기 위해, 소위 "자연주의적 오류"는 오류가 아니라고 주장한다. 그러나 신상규는 X-논변에 대해 적어도 세 가지를 비판한다. 첫째, X-논변은 인간 본성과 도덕이 관련이 있음을 보일 뿐 사실과 당위 사이의 간극에 대한 반박이 아니라는 것이다. 자연적 사실에서 도덕적 당위로 나아가기 위해서는 "나는 도덕적 존재로 살고자 한다"는 도덕적 결의의 개입이 필요하다. 이러한 개입은 자연적 사실의 문제가 아니고 "왜 도덕적이어야 하는가?"에 대한 물음이 불가피하다. 둘째, X-논변은 인간적 특성이 인간 존엄성을 내포한다고 하지만, 이것은 유전자 변형이 필연적으로 인간 본성을 변형한다거나 인간 존엄성을 훼손한다는 결론을 함축하지 않는다는 것이다. 셋째, X-논변은 인간 본성이 인간 존엄성을 내포한다는 논리적 연결 고리를 제시하지만, 신상규는 인간 본성은 인간 존엄성을 발생시키는 성향이나 능력이라고 하며 사실적 연결 고리를 대안으로 제안한다. 인간은 인간 본성뿐만 아니라 "타인을 목적으로 대우하려는 결의"를 가질 때 비로소 도덕적 존재가 되기 때문이라는 것이다. 자연은 도덕적 질서를 갖지 않으므로, 인간 결의는 인간 존엄성을 구성하는 동시에 자연적 존재로서 갖는 한계를 초월하는 도덕적 능력을 보여주는 것이다.

인간 정체성의 문제는 평상적으로 느껴지는 것보다 시급한 주제를 제기한다. 인간에게 개입하는 과학 기술과 자본 시장의 영향력은 인간 스스로의 진화의 선택 방향을 강요하고 있다. 진화의 내용은 인간 사회 내부에서 자율적으로 선택하지 않는다면 인간 사회 외부의 우연적 조건에 의해 부과될 것이다. 다행히 인간 사회는 인간 정체성을 합리성이나 충효같은 추상적인 질적 상태가 아니라 사건이나 몸이라는 구체성과 인간성, 시간성과 역사성의 범주에서 사유하게 되었다. 이제 우리는 우리 진화의 선택 기준이나 과정에 대해 더 깊이 성찰하고 소통의 장을 열어가야 할 것이다.

4장
철학으로서의 인문학

인문학의 필요성은 현대 사회에서 갈수록 선명해지고 있다. 현대 사회가 구조화되고 계량화되어 빠른 사유의 사회 합리성이 요구되고 있지만, 현대인은 실재의 다른 국면을 그리워하게 되었다. 전체 공동체를 위해서 사회 합리성이 필요하지만, 개인이나 어떤 차원의 공간은 그 합리성으로 채워지지 못한다. 따라서 현대인은 구조화되지 않더라도 깊고 느린 사유로 총체적 통전성을 갖는 문화를 아쉬워한다. 인문학의 인문적 사유는 이전부터 통전성 문화를 향해 유지되어왔다고 믿는다. 인문적 사유는 사실적 합리성을 부정하지 않으면서도 사실적 합리성이 보수적이거나 신선하지 않을 때, 권태롭거나 재미없을 때, 밀려났거나 설명되지 않았던 것을 포함하고자 할 때, 사회적 약자들을 무시하거나 억압할 때 그 역할을 찾아 나서곤 했다. 인문적 사유는 보다 나은 새로움에 대한 가능성을 꿈꾸는 사유의 역할을 해왔다. 그럼에도 불구하고 오늘날 대학 외부의 인문학은 활성화되고 있는데도 대학 내부의 인문학은 축소되고 있다. 이러한 상황은 철학적 성찰을 필요로 한다. 이러한 성찰은 적어도 두 가지 과제를 갖는 것으로 보인다. 하나는 박승찬(2003: 72-75)이 논의하는 것처럼 철학이 개별 학문의 하나가 아니라 개별 학문들이 균형과 총체성을 향할 수 있도록 철학으로서 인문학이게 하는 것이다. 다른 하나는 현대가 요구하는 인문성으로 인문학을 구성하는 것이다. 이 장은 인문학 일반과 한국의 인문학에 대하여 개념적 성찰을 수행한 학자들의 논의 일부를 추적하고, 원로 학자들의 논의를 배경으로 오늘날의 논의가 어떻게 진행해왔는지를 연결시켜보려 한다. 그리고 한국 인문학계에서 흔치 않은 인문적 사유에 대한 체계적 성찰을 담고 있는 강영안의 주체 인문학과 김상환의 내재적 초월의 인문학에 주목할 것이다. 그리고 나서는 인문학의 전망을 위하여 중진 학자들의 새로운 시도, 실험, 전망, 활동, 세부화 등의 노력을 살피고자 한다.

1. 인문학 논의의 과제

인간은 삶이 지루할 때 새로운 것을 상상하고, 억압받을 때 자유를 꿈꾼다. 인문학이란 상상력에 기초한 자유의 학문이다. 그간 인문학은 한국인의 동북아적 문화 배경이나, '아니다'라고 말할 수 있는 저항 또는 비판정신의 강화를 통해 선명해질 수 있다고 논의되어왔다. 또는 인문적 사유의 지향적 성격을 명료화하여 인문 정신의 보편성이나 편재성에 도달할 수 있다고 제안되어왔다.

인문학의 위상

인문학이란 도대체 무엇인가? 박영식(2011: 5-6, 41-84)의 간략한 소사는 인문학에 대한 현재적 위상을 가늠하는 데 도움이 될 것이다. 그는 한편으로는 인문학을 과학이 아니라 문사철의 인간학이자 상상력에 기초한 자유의 학문이라 규정하고, 다른 한편으로는 문학, 사학, 철학, 문명, 노동, 정의, 대학, 유럽 중심주의 등의 현대 문화 주제들에 대해 "이것이 무엇인가"라는 물음으로 인문학적 해석을 제시한다. 인문학에 대한 포괄적 체계를 제시하기보다는 모든 사람이 인간적이 되도록 하는 것은 무엇인지를 조명한 것이다. 이러한 관점은 "인문학"이 지칭해온 변화 과정을 통해서도 지지된다. 고대 그리스에서는 젊은이들이 자유 시민이 될 수 있도록 문법, 수사학, 변증론을 가르치는 "기초 교양 교육(enkyklios paideia)"이라는 프로그램이 있었고, 그리스가 로마에 정복되었을 때는 산수, 기하, 음악, 천문학을 추가하여 인간을 자유롭게 하는 "자유 학예(artes liberales)"의 과정이 있었다. 그리고 1세기 로마의 키케로는 인간을 인간답게 하는 학문으로서의 "인간 연구(studia humanitas)"를 설정함으로써 오늘날의 "인문학(humanities)"의 모태를 만들었다.

인문학에 대한 현재적 규정은 인문학을 인문대학에 소속한 학문들로 간주하는 경향에서 시작할 수 있을 것이다(정대현 외, 2000: 13–23). 이러한 이해는 키케로가 "인간 연구"라는 이름으로 해석해왔던 전통과 맥을 같이한다. 그러나 이 이해는 1세기 서구의 상황과는 달리 인문학을 대학이라는 제도에 한정하고, 교육을 위해 인간 연구라는 학과목들을 가르치는 경향으로 나타난다. 이는 제도적 인문학이지 누구에게나 열려 있는 개방적 인문학이 아니다. 인문학의 정신에 따르면 "인문학이란 인간의 문자나 비문자적 표현을 통해 자연적, 사회적 질서의 제약으로부터 자유인의 가능 경험을 모색하는 노력"으로 이해해야 할 것이다.

인문적 사유의 이러한 속성들 때문에 인간 공동체는 역사적으로 인문학을 중시하기도 하고 경시하기도 했다. 인문학이 시민 교육이나 군자 교육에서 필요하다고 보는 경우 이를 중시했고, 인문학에서 불온한 측면을 보게 되면 이를 무시하거나 억압했다. 현대 문화에서 인문학의 위상은 어떠한가? 그 위상은 두 가지로 나누어 고려해볼 수 있다. 대학 밖에서 이루어지는 개방적 인문학은 상당한 수요와 기여가 있지만, 제도적 인문학은 소위 "위기"의 상황에 처해 있다. 무엇 때문인가? 이에 대한 여러 논의들이 있다. 예를 들어, 도정일(1999)은 경쟁, 과학 기술, 정보 사회 등의 외부적 조건들에 의해 인문학은 "포위 상태"에 들어 있다고 진단한다. 비슷한 분석(정대현 외, 2000: 37–100)도 있다. 인문학이 당면하고 있는 네 가지 조건을 들어 그 포위 상태를 다음과 같이 세분하는 것이다: 자연 과학과 사회 과학이 지속적으로 내어놓는 성공적 사례는 실질적이고 구체적이다; 인문학도 실질적이고 구체적인 작업을 시도하기 위해 전문화되면서 전통적 매력이나 설득력을 잃어가고 있다; 현대 학문의 지성 논리는 보편적 거대 이론의 진리가 아니라 구체적 문제 중심의 주제를 다원적으로 조명하는 담론의 논리이다; 인간 이해는 전통적으로 인문학이 담당하는 질적인 것이었지만, 경험 과학의 성공으로 점차 양적인 이해로 옮겨가고 있다. 인문학이 당면한 이러한 상황들을 고려하면 대학 내부의 인문학이 어려움에 처해 있는 이유에 접근하게 된다. 그리고 이러한 상황은 한국만이 아니라 세계적으로 진행되는 추세이다.

인문학의 구성적 요소

한국의 몇몇 인문학자는 인문학의 구성 요소가 무엇인지에 대해 관심을 기울인다. 서양적 사유 방식에 대조하여 동양적 사유 방식의 특성을 살리려 하기도 하고, 인문학의 소중한 유산을 비판 정신에서 찾기도 하고, 인문학의 근본적 특성은 상상력이라고도 하고, 여러 하위 속성들을 종합하여 제안하기도 한다. 여기서는 이런 네 가지 제안에 차례로 주목하고자 한다(정대현 외, 2000: 325-345).

먼저 백낙청과 조동일은 새로운 인문학을 배타적인 동양 공간이 아니라 수용적인 동양성에서 찾는다. 백낙청(1994b: 249)은 인문학 개념이 진리와 인간으로 구성되어 있지만, 일차적인 것은 진리 개념이라고 본다. 그는 "실제로 후마니타스와 베리타스는 불가분의 관계로서, 후자를 인식할 수 있는 이성적 동물이 되는 것이야말로 전자의 핵심 내용이요 전통적 인문 교육의 목표였다"라고 말한다. 인문학의 개념을 이렇게 정립하므로 자연스럽게 문제는 "진리란 무엇인가"가 되었다. 그러나 백낙청(1990)은 "외부와의 상응"으로서의 현대 서양의 진리 개념에는 만족할 수 없었다. 그는 객관 질서와 실천이 만나는 개념으로서의 진리, 진여, 도,

바로 맞음 등의 대안적 개념을 추구한다. 백낙청은 외부와의 상응으로서의 진리 개념이 아닌 우리말 고유의 의미를 회복해야 함을 강조하고, 그렇지 않으면 한국의 학문은 빈껍데기 학문으로 끝날 확률이 크다고 말한다. 그는 한국인의 삶과 거리가 있는 서양적 진리 개념보다는 동양적 전통에 합치하는 진리 개념의 재구성을 제안한다. 다른 한편, 백낙청은 인간다움을 추구하는 모든 지적 노력을 인문학으로 규정한다. 인간다움의 인문학은 참다운 인간다움의 적극적 연마와 인간 억압의 이데올로기에 대한 부정적 도전이라는 두 가지 측면을 갖는다. 현실 사회주의는 파산했지만, 자본주의가 요구하는 세계 시장과 문명 사회가 어떻게 양립 가능한지에 대해 인문적 성찰은 불가피하다는 것이다.

조동일(1997: 223-227, 364-378)은 인문학을 "학문학"이라 부르면서 인문학은 철학이 담당해야 한다고 생각한다. 이러한 발상에는 철학이 "학문(學問)"의 전형이라는 생각이 들어 있다. 철학은 학문학이고 학문학은 인문학이라고 생각하는 것이다. 왜 그럴까? "학문"은 배우고 묻는 것을 뜻한다. 이러한 학문 활동의 전형을 보여준 학문학자는 최한기일 것이다. 그래서 최한기는 아마도 조동일이 가장 존중하는 학자이다. 중요한 선택이라고 생각한다. 그렇다면 최한기는 무엇을 보여주었는가? 최한기(1966: I-186)의 학문 활동 중에서 그의 추측론(推測論)을 보면, "추"는 미룬다는 뜻이고 "측"은 헤아린다는 의미이다. 최한기의 미룸은 경험한 것을 근거로 일반 명제를 끌어낸다는 것이고, 헤아림은 그러한 일반 명제를 새로운 경우에 적용하여 확인하는 것이다. 공자의 말씀이라도 항상 새롭게 헤아려야 한다고 하는 그의 주문은 어떤 명제도 필연적이지 않다는 것을 전제한다. 최한기의 추측론은 모든 것을 물어야 한다는 학문의 전형을 보이는 것이다. 조동일에게 최한기는 학문의 소중한 모형이다.

김우창과 이진우는 인문학의 중심적 논리를 비판 정신에서 찾는다. 이러한 모색에는 인간은 이성적 존재라는 믿음이 전제된다. 김우창(1999: 170-211; 1977: 338-349, 345)은 일상적 합리성과 초합리성이라는 중층적 이성 개념을 바탕으로 심미적 이성론을 주장하고(16장 참조), 그의 인문학은 바로 이러한 인간의 심미적 이성으로부터 사람다움의 논리를 추구하는 노력으로 나타난다. 사람다움이라는 목표와 당위 사이에는 장애물이 있지만 변증법적 논리를 통하여 해방적 상태에 도달할 수 있다는 것이다. 해방적 상태는 단순한 "정합성이 표현하는 얕음의 세계"로부터 "인간의 정신적 모험이 이룩한 깊음의 세계"에 도달하는 상태이다. 그는 일상의 합리적 질서에 초합리성의 정신의 바람을 불어넣는 것을 인문학의 과제로 파악한다.

이진우(1995: 41-64, 45-58)는 인문학의 기원에 대하여 특별한 이론을 펼친다. 그는 인문학을 "인문 과학"이라 부르며, 인문 과학의 존립 근거를 확보하기 위해서는 자연 과학과 정신 과학의 이원적 모델에서 출발해야 한다고 생각한다. 그의 이원 모델론은 실험 과학에 대한 정신 과학의 비판론으로 구성되어 있다. 그는 정신 과학을 실험 과학에 대한 도전으로 생겨난 신생 학문이라고 본다. 이진우는 과학과 기술이 문명과 후기 자본주의에 강도 높게 영향을 미치므로 삶의 관계를 총체적인 관점에서 파악하는 것이 어려워지고 있다고 믿으며, 그러한 위기 앞에서 인문학의 탈현대적 재구성을 제안한다. 그는 광의의 "문화"를 자연에 대립된 것으로, 협의의 "문화"를 기술에 대립되는 개념으로 파악한다. 그리고 "기술이 인간 없이는 존립할 수 없는 사물들을 생산하는 것이라면, 협의의 '문화'는 '이미 존재하고 있는 것'을 보존하고 가꾸는 실천 행위를 의미한다"고 본다. 여기에서 이미 존재하는 것은 "인간성"이고, 인간성은 개인적 자유의 관점에서 이해되어 왔다는 것이다. 따라서 이진우의 인문학 재구성은 "인문학이 과학과 기술에 의해 추진되고 있는 광의의 문화적 진보로부터 인간성을 보존할 수 있는 '비판적 문화 과학'이어야 한다"는 것이다. 이를 위해 그는 "자연 과학과 기술에 의해 포섭되지 않는 영역"에 대한 감수성의 배양, 전통의 의미 보존, 역사의 방향 감각의 상실을 보상하는 역할을 탈현대적 인문학의 조건으로 요구한다.

김영한a과 김현은 인문적 활동의 특징을 상상력으로 규정한다. 사회과학이 인간 현실의 문제를 분석하여 이해하고, 자연 과학이 자연 현상의 질서를 찾아내 설명하고자 한다면, 인문학은 사실적 세계보다는 현실을 포함하는 가능 세계의 꿈을 꾸는 것이라고 보는 것이다. 김영한a(1997: 195-221)은 인문학을 다른 분야와 대조하며 그 특징을 다음과 같이 제안한다. 사실보다는 사람다움의 규범성, 확실성보다는 가능성의 개연성, 지식이나 이성보다는 지혜나 감정, 권위보다는 반성적 자기 성찰, 대중적이기보다는 귀족적 교육 기회의 성질이 인문학의 특성이라는 것이다. 그는 인문학이 위기를 맞고 있는 원인을 다음과 같이 분석한다. 인문학이 과학화되면서 세분화되고 파편화되었고, 민주주의에 의한 대중 사회는 귀족적 성격의 유지를 어렵게 만들었으며, 자본주의의 이윤 가치가 인간다움의 가치를 대치하게 되었기 때문이라는 것이다. 이런 위기에 대한 김영한의 처방은 역사적 관점으로부터 나온다. 자연과 역사와 인간은 모두 평형을 유지하려는 속성이 있으므로, 이러한 유지 속성이 지속된다면 17세기 이래 400년 동안 과학 지상주의가 지배해왔으니 앞으로는 인문학이 부활할 것이라고 예측한다. 그리고 르네상스 시기를 인문주의가 절정에 달한 시기로 해석하여 앞으로 나타날 인문주의도 그에 유추해볼 수 있다는 것이다. 르네상스는 다양성, 복수성, 모호성이 관용되고 모든 담론이 자유롭고 실천 철학과 수사학적 학풍이 번영한 시대였다는 것이다. 김영한a은 새로운 인문학을 지향하고 지구촌의 생태적 요소를 첨가하면서도 르네상스의 특성들을 "상상력"이라는 단어로 요약하여 제안한다: "한 시대에서 보면 신화와 꿈에 불과했던 인문적 상상력과 이상이 없었다면 오늘날의 문명은 있을 수가 없습니다."

김현(1990: 39-48, 120)은 글쓰기와 꿈을 같은 논리적 지평에서 바라보았다. 인문학이나 문학을 글을 통한 자유 가능성의 확장 모색으로 이해한다면 김현의 꿈으로서의 글쓰기는 인문학의 고전적 이해와 맞닿아 있다(참조: 12장 3절). 꿈은 가능성의 모색과 같은 상상력의 구조를 지닌다. 일반적으로 가능성의 세계는 논리적 모순이 없을 뿐 물리적 법칙이나 사회적 제약이 적용되지 않는 세계이다. 꿈을 모순을 허용하는 넓은 의미로 보지 않고 모순이 배제되는 좁은 의미로 수용한다면 양자는 같은 외연으로 이해될 수 있을 것이다. 김현에게 있어서 정상적인 글쓰기는 개성적 작업이다. 일반적으로 수용할 수 있는 이 명제는 하나의 배경을 갖는데, 글쓰기는 문화의 규범에서 벗어날수록 개성적이라는 것이다. 그는 문화 규범은 객관성, 섬세한 취미, 명료성으로 구성된다고 본다. 만일 어떤 글쓰기가 문화 규범에 일치한다면 그것은 개성적이기보다는 기존 문화 동화적이고, 개성적 작업으로서의 글쓰기가 아닌 것이다.

강내희(2010)는 인문학을 구성하는 속성을 향연, 시학, 발명학에서 찾는다. 과거에 향연은 가난한 사람들에게는 봉쇄되었지만, 앞으로의 향연은 참석자들이 놀이와 대화를 향유하는 구조의 사회적 기반을 세움으로써 모두가 공유할 수 있는 민주주의, 인간적 권리, 공적 질서, 자유의 공간을 즐기는 것이다. 시학은 일어난 사실이 아니라 허구적으로 가능한 것을 말하는 것에서 얻어지는 조건 없는 자유이다. 이런 의미에서 시는 모든 창조적 활동의 대명사이다. 또한 발명학은 텍스트 해석이 아니라 텍스트 발명을 향하여 현실의 온갖 잡동사니를 버무려 자신을 만들어야 하는 당위의 요구이다. 현대적 인문학은 이러한 전환을 통해 새로워질 수 있다는 것이다. 여러 학자들이 인문학의 구성적 속성을 이렇듯 여러 가지로 논의하는 것은 이 시대의 문화 조건에서 여러 요구에 대한 진단이라고 생각한다.

활동으로서의 인문학

인문학을 규정하는 방식 또한 여러 가지이다. 구성적 속성에 주목하기도 하지만, 인문학을 활동으로 바라보기도 한다. 이는 교양(paideia)의 전통과 이어진다고 생각한다. 이규호(2005: 229)는 놀이마다 규칙이 다르듯이 말놀이들은 서로 다르지만 함께 만나고 즐김으로써만 발전해갈 수 있다고 하며, 인간 공동체가 생존하는 길을 말놀이를 통해 개척할 수 있다고 제안한다. 백승균(2014: 113-116)은 인간만이 유일하게 "아니라고 말할 수 있는 능력자"라는 인간론에서 출발하며, 인간은 여러 능력들을 가지고 이념과 현실, 정신과 욕망, 이론과 실천 간에 발생하는 긴장이나 갈등을 순화할 수 있다고 믿는다. 인문학을 통해 일어나는 그러한 과정이 궁극적으로는 평화와 사랑으로 채워지는 미적이고 문화적인 공동체로 이어질 수 있다는 것이다. 장경렬(2003: 245-153)은 활동으로서의 인문학을 저항이라는 개념에서 찾는다. 이를 위해 그는 언어의 일반적 성격을 먼저 규정하고 이 규정으로부터 저항이라는 개념을 끌어낸다. 그는 언어의 논리와 수사의 전통적 구분을 거부하고, 모든 언어는 수사적이고 이데올로기라는 이념의 논리적 이론이라고 규정한다. 그리고 그는 투명한 언어가 주어지지 않는다면 객관적 진리도 접근 가능하지 않다고 믿는다. 그렇다면 인문학은 달라지는 상황의 문맥에 따라 언제나 새로운 이론을 제안하게 되고 새로운 이론 그 자체가 저항일 수밖에 없다. 인문학은 이러한 저항을 통하여 자기 성찰에 입각한 인간의 삶을 새롭게 보게 한다는 것이다.

정대현, 박이문, 유종호, 김치수, 김주연, 정덕애, 이규성, 최성호(2000)는 표현이라는 활동 개념을 인문학의 중심 개념으로 제안한다(정대현, 2001). 이들은 인문학을 언어에 기반을 둔 활동을 통하여 사람다움을 추구하는 노력으로 이해한다. 철학이나 해석학의 전통은 이성적 이해와 감성적 표현간의 이분법에 따라 전자에 주목하고 후자에 천착하지 못했지만 그러한 이분법은 극복되어야 한다(김창래, 2001). 그러면 인문학은 어떻게 표현 인문학이 되는가? 첫째, 현대인의 인간 조건은 적어도 네 가지로 파악될 수 있다. 자기실현의 논리로서의 일, 인간과 자연 환경의 공동운명체, 정보 사회에서의 인격 편재성, 가장 구체적 인간 경험으로 남는 성(性)이 그것이다. 이들은 그 인간 조건으로부터 도달하고자 하는 인문학의 조건을 다음과 같은 세 가지 가설로 요약한다: 시공은 가소적이다; 시공은 개인 구성적이다; 인격은 비환원적이다. 이러한 세 명제가 수용된다면, 현대인의 조건은 세 명제를 동시에 표상할 수 있는 하나의 개념으로 요약할 수 있으며 그 후보 중의 하나는 표현 개념이라고 본다. 둘째, 인문학과 표현은 성기성물의 형이상학을 통하여 존재론적으로 통합된다고 본다. 성기성물(成己成物: 나를 이루는 것과 만물을 이루는 것은 맞물려 있다) 명제를 수용한다면, 나를 이루는 어떤 행위도 일관된 표현이고 만물을 이루는 어떤 몸짓도 적실한 표현이다. 성기성물 명제는 궁극적으로 표현 개념으로 구성되어 있을 뿐 아니라 표현을 요청한다. 어떠한 이름도 표현이고 모두가 이름의 주체일 때 표현의 수행자가 되기 때문이다. 표현 인문학은 성기성물 명제를 통하여 적극적 자유를 나타내고, 또한 인간 연대의 책임에 적극적이게 된다.

이태수의 인문적 사유

이태수(1995: 89-107)는 인문학에 대해 독특한 포괄적 이론을 펼친다(정대현 외, 2000: 345-347). 그는 모든 학문(인문학, 사회 과학, 자연 과학)을 지식활동으로 본다. 그리고 지식 활동을 지향적인 것으로 보며 이를 직지향과 사지향으로 나눈다. 직지향(直志向, intentio recta)은 신호등 앞에 정차하는 것처럼 주체가 사건이나 대상에 일방향적 관계를 갖는 데서 나타나고, 사지향(斜志向, intentio obliqua)은 주인 마님에 대한 하인 갑돌이의 사랑에서처럼 상위 주체 의식 안에서 하위 주체와 객체 간의 부단한 양방향적 교섭의 내용을 담는 사건의 관계에서 나타난다. 유리창의 성에에 대한 직접 지각이나 이로부터의 직접 추리는 직지향적이지만 상위 주체 의식 안에서 하위 주체와 성에 간의 양방향적 교섭의 내용을 담은 성에에 대한 반성은 사지향적이다.

직지향은 논리적으로 사지향에 선행하지만 또한 사지향에 의하여 언제나 흡수될 수 있는 가능성을 갖는다. 일반적으로 자연 과학은 직지향적이고 인문학은 사지향적이다. 그에 따르면, 인문학의 대상 영역은 정신이 아니라 과학의 대상에 관한 것이다. 인문학은 과학 대상에 대해 사지향적이며 주체와의 의미 관계를 추구한다. 인문학의 의미 추구는 근원적이고 총체적이다. 또한 과학자의 관찰이 이론 의존적이듯 인문학자의 의미 추구는 문헌 텍스트, 그중에서도 고전 의존적이다. 그리하여 이태수의 인문학의 개념은 약간의 다른 조건을 추가하여 다음의 명제로 표현될 수 있다. 변항 x가 인간의 생각이나 행위, 말이나 글을 대상으로 하는 범위를 나타낸다면 다음과 같다.

(1) 만일 x가 사지향적이고, 근원이나 총체 추구적이고, 그리고 고전 의존적이라면 그러면 x는 인문(학)적이다.

위의 요약에서 보이듯이 이태수의 인문학 이론은 많은 인문학 논의에서 보기 어려운 이론적 투명성을 지니고 있다. 인문학의 많은 논의들이 "문사철" 등의 나열적 규정으로 접근하거나 정신 과학 또는 텍스트 중심의 반성 활동으로 간주하는 데 비해, 이태수는 지향성이라는 기본 개념을 도구화하여 인문학의 개념적 필연성을 보이고 있다. 또한 직지향과 사지향의 논리적 구조를 통해 자연 과학과 인문학의 연결 가능성을 열어두고 있다. 많은 사람들이 자연 과학과 정신 과학의 대립적 구도에 빠지는 것을 생각하면 이것은 큰 진전이다.

이태수(2003: 107–114; 1994: 231)는 인문학 내의 두 관계에도 주목한다. 그 하나는 인간 경험의 구체적 영역들에서의 진리의 계기로서, 소위 경험적 진리의 체계이다. 인문학은 이 영역들을 논리적 따짐(ratio)의 분야로 존중하며, 사실 정보에 관한 한 다른 경험적 학문에 의존적이다. 둘째는 그럼에도 인문학이 경험적 진리들로 환원되지 않는다는 점이다. 인문학은 어떤 영역의 주제에 대해서도 관심을 가지며 각 영역이 인간의 총체적 삶의 맥락에 닿게 하는 수사(oratio)의 교화 행위이다. 인문적 관심은 진리 인식을 존중하지만 인식 주체의 인간다움의 앙양에 일차적 관심을 가진다는 것이다. 두 계기는 흔히 긴장 관계에 들어가기도 하지만 필연적인 것은 아니다. 긴장은 오히려 인문적 사유를 위해 생산적인 요소가 된다고 본다. 이태수가 시작한 인문적 사유의 논리 구조에 대한 조명은 심화된 논의를 거쳐 더욱 발전될 수 있을 것이다.

2. 강영안의 주체 인문학

현대 문화에서 포스트모더니즘은 비제도적 분야는 물론 제도적 분야에도 막강한 영향력을 행사하고 있다. 포스트모더니즘은 모더니즘의 이성주의, 논리 중심주의, 실재론과는 다른 방향을 가리키고 있다. 이러한 문맥에서 강영안은 주체의 해체를 역설하는 포스트모더니즘에 대해 주체의 복원을 주장한다. 그의 주체는 모더니즘의 주체가 아니라 르네상스적 주체로서, 그는 포스트모더니즘으로 약화되고 위축되고 있는 인문학을 소생시키기 위한 새로운 패러다임을 제시하고자 한다.

인문학의 3요소

강영안의 주체 인문학은 현대 인문학의 위기의 진단과 처방을 체계적으로 제시한 보기 드문 경우라고 생각한다. 강영안(1997: 346-347; 2002a: 5-7, 15-19)은 동서양 전통의 고대 인문학이 고전 교육을 그 중심에 두고 있었던 까닭을 인성(Humanitas) 개발(Bildung) 때문이었다고 생각한다. 반면 근대 인문학은 "과학적 지식"을 인문학에 도입하여 인문학 자체의 내면성의 고백이나 내성적 성찰보다 객관적, 수량적 연구를 추구함으로써 인문학적 논의에서 주체성을 제거해버렸다고 본다. 근대 인문학의 이러한 성격 변화는 산업 자본주의의 지배와 더불어 외적 유용성의 위기를 맞은 동시에 내적 유용성의 자체 폐기의 원인이 되고 말았다는 것이다. 강영안은 이러한 인문학의 위기 진단과 처방을 구체적으로 제시하기 위해 르네상스 인문학을 통찰하고 이를 현대화하여 자신 나름의 체계를 제시한다.

강영안(1998b: 98-102)은 르네상스 인문학 시대를 특징짓는 "휴머니즘"이라는 단어에 주목한다. 르네상스 인문학자들은 키케로의 인문 연구(studia humanitas)를 따르면서 사람됨의 이념을 신성시했다. 사람이 된다는 것은 제대로 생각하고, 제대로 행동하고, 제대로 말하는 것이다. 이러한 인간관은 형이상학적 질서와 논리학을 결부시킨 중세 스콜라 전통과 대조된다. 르네상스 인문학자들은 변화하는 인간, 세계, 문화에 관심을 두었다. 이들은 영원한 지식보다는 가변적 상황에서 더불어 살 수 있는 판단력에 기여하는 귀납적 지식의 중요성을 인식했다. 주어진 공동체적 삶의 틀 속에서 각각의 역할을 제대로 수행할 수 있는 자질을 키우는 일에 집중했고, 그러기 위해 청소년들의 공통 감각(sensus communis) 또는 상식을 키우려 노력했다. 또한 기억력이 뛰어난 젊은 시절에는 비판적 방법보다는 시와 같은 상상력을 키워 윤리적 감각의 소양에 노출되어야 한다고 보았다.

르네상스 인문학에서 또 하나 강조된 것은 수사학이다. 인문학자들은 수사학을 모든 학문의 여왕이라고 생각했다. 사물의 존재는 언어를 통해서 접근 가능하기 때문에 언어를 잘 다룰 줄 안다는 것은 사물을 잘 다룰 줄 안다는 것을 뜻했고, 언어는 세계 이해를 담고 있기 때문에 새로운 언어를 배우는 것은 곧 새로운 세계를 배우는 것과 같다고 보았다. 언어에 대한 강조는 사물 자체보다 언어를 다루는 활동의 강조로 이어졌다. 중세에는 자유 교육의 일곱 과목 가운데 사물(res)과 관련된 과목인 기하학, 산수, 천문학, 음악학보다는 말(verbum)과 관련된 문법, 변증법, 수사학이 더 중요했다. 1540년에 창립된 예수회는 인문학(humanités)이라는 과목을 설정하여 그리스어, 라틴어, 수사학, 철학을 가르쳤다. 그러나 이후 데카르트적 자연 과학 중심 교육이 유럽을 지배하게 되면서 18세기 영국 학술원은 은유법을 비롯한 수사학적 기법의 사용을 금지했고, 19세기 중반 이후 수사학에 대한 강조는 쇠퇴의 길을 걸었다.

강영안은 르네상스 인문학에서 세 가지 요소를 끌어내고 있다. 르네상스 인문학의 지식이라는 전체성, 르네상스 휴머니즘의 무한성, 그리고 르네상스 수사학의 "문자 사랑(philo-logia)"이다. 강영안은 레비나스(Levinas, 2001)와 폴라니(Polanyi, 1958)의 논의를 분석하면서 이러한 세 요소들이 어떻게 미래 인문학의 통합적 구조에 들어올 수 있는가를 논의한다. 그리고 현대 인문학의 위기가 근대 지식의 이념에 기인하며, 스스로 인간성을 배제함으로써 위기를 자초했다고 분석한다. 이에 대한 그의 분석을 추적해볼 필요가 있다.

지식 이념–전체성

강영안(1998b: 104–123; 2002a: 26–27)은 데카르트의 지식 이념이 근대 인문학에 도입되면서 현대 인문학이 위기를 맞게 되었다고 생각한다. 대상에 따라 방법이 다를 수 있다고 본 아리스토텔레스 전통과는 달리, 데카르트는 오직 인간의 정신 활동, 즉 "자연의 빛인 이성"에 의존하는 동일한 방법으로 상이한 대상을 모두 탐구했다. 그의 이성을 사용한 사례는 "나는 생각한다 고로 나는 존재한다(cogito ergo sum)"라는 명제로 나타났다. 모든 것을 의심할 수 있지만 나의 존재는 의심 불가하다는 것이다. 의심하는 행위가 의심 행위자를 전제하는 데서 의심 행위자의 존재는 드러나기 때문이다. 나의 존재는 의심할 수 없는, 그가 원하는, 확실성에 이르게 된 것이다. 그가 모든 명제들에 요구하는 이러한 종류의 확실성은 두 가지 함축을 보인다. 그의 확실성 조건을 만족하는 수학은 학문이지만, 그러한 조건을 만족하지 못하는 문학, 철학, 역사, 신학, 사회과학은 학문 영역에서 배제되는 것이다. 또한 확실성 조건에는 바람직한 지적 태도가 어떤 것인가를 보이는 처방적 의미도 있다. 고전어와 역사는 외국 여행처럼 소중하지만 현대 사정에 어둡게 한다는 것이다. 과거보다는 현재가 더 중요한 까닭이다. 수사학과 문학, 덕과 신앙도 아름다운 글쓰기에 좋지만 그건 배움이 아니라 자질의 문제라는 것이다. 데카르트의 지식 이념은 지식의 형식화, 비관찰 술어의 관찰 술어로의 환원, 거리와 분리(detachment) 등의 객관주의 방법론으로 학문적 공간에서 영향력을 행사해왔다(강영안, 1996: 293–295; 2005: 29–33, 40–41).

데카르트의 근대 지식 이념의 객관주의는 개별적 인식 주체와 분리된 전체적 인식 주체를 들여온다(강영안, 1997a: 348–356). 객관주의에서 "수학"이라는 단어는 지식(과학)과 동일한 의미를 지니는 것으로 간주되었고, 이러한 객관주의의 추구에서 통일 과학의 이념이 나타났다. 전형적인 경우는 비엔나 서클의 논리 실증주의로서 이들은 베이컨(F. Bacon)의 귀납법과 데카르트의 연역법을 방법론으로 채택하여 "과학적 세계 파악"을 목표로 했다. 보다 구체적으로 말하자면, "모든 언어는 과학 언어로 환원이 가능하다"는 환원주의 기치를 든 것이다. 예를 들어, "물체에 탄력성(elasticity)이 있다"라는 비관찰적 문장은 그에 대응하는 관찰 문장으로 다음과 같은 환원 등식을 통해 환원된다: "물체 x가 시간 t에 펼쳐졌다가 시간 t+1에 다시 되돌아간 경우 그리고 이 경우에만 x는 탄력성이 있다." 관찰 가능하지 않은 술어인 "탄력성"이 관찰 가능한 술어 "펼쳐졌다"와 "다시 돌아갔다"로 환원된 것이다. 사물의 비관찰적 성향 술어뿐만 아니라 "화가 났다"라는 타인에게 관찰되지 않을 수 있는 심리 언어도 궁극적으로는 관찰 가능한 신경 체계나 행동의 계량적 언어로 환원될 수 있다는 것이다.

이러한 근대 지식 이념은 여러 가지 함축을 갖는다(강영안, 1998b: 118-121; 2002a: 26-27, 87-95). 강영안은 통일 과학 이념은 토대주의로 완화되었지만, 어떤 학문도 그 자체로 직접 경험에 기초하여 정당화될 필요가 없는 토대 명제에 기초해야 한다고 요구한다. 직접 경험은 합리론자에게는 정신적 직관의 이성이고 경험론자에게는 감각적 경험이 된다. 이러한 지식 이념의 첫째 함축은 지식을 관찰 가능한 영역에 제한하고 개별적인 것, 특수한 것, 애매한 것을 배제하는 것이다. 이 경우 종교, 도덕, 예술 등은 사적 경험으로 간주되어 많은 전통적 언어는 격하된다. 둘째 함축은 인문학으로 알려진 분야들이 정신 분석학, 심리학, 구조 언어학, 인류학 등의 "인간 과학"이라는 이름의 옷을 입고 등장하여, 전통적 휴머니즘을 공격하는 것이다. 자기 의식은 자기 자신에 대한 현존 주체가 아니라 수많은 충동과 영향, 그리고 언어에 의해 생산된 부차적 산물이고, 그 결과 생긴 인격은 기껏해야 자신을 감추는 가면에 불과하다고 한다. 철학도 그러한 토대주의에 서면서 이치를 따르고 그럴 만한 이유(logon didonai)만 생각하고 발언하는 것을 자기 자신을 책임지는 윤리적 요구로 생각하게 되었다는 것이다. 그 결과 철학은 삶과는 거리가 있는 이론적 활동이 되었다고 보면서, 강영안은 이러한 지식 이념의 논리에 의문을 제기한다. 이론 구성과 수용은 관찰과 실험에만 의존하는가? 형식화된 지식만이 과학적 지식인가? 과학적 지식은 가치 평가를 배제하는가? 그러면서 그는 가능한 다른 길을 모색한다.

강영안(1997: 357-367)은 인간을 추상화한 근대 지식 이념에 대한 대안으로 '인간의 얼굴을 한 지식' 이념을 제안한다. 그는 인간 과학이 된 인문학은 실패할 수밖에 없다고 본다. 이러한 인문학은 자연 과학처럼 아무런 관점이 없이 아무 곳에도 뿌리를 내리지 않고 객관적 관점(view from nowhere)으로 어떤 가치도 개입시키지 않는다. 인간의 자기 인식, 자기 형성을 인도하기보다는 인간이 축적해놓은 여러 표현들(사상, 종교, 역사, 예술, 문학 등)을 대상적으로 연구하는 또 하나의 연구(Forschung) 활동이 되었다. 인간은 개별성이나 내면성이 없는 존재가 되고, "나"라는 일인칭적 존재는 삼인칭의 사물적 존재로 환원되고 말았다. 그러나 인문학은 인간의 얼굴을 유지해야 한다는 것이다. 왜냐하면, 인문학은 자연 과학과 함께 둘 다 "인격의 행위"의 결과이고 여러 요소들을 통합하는 인간 노력이기 때문이다. 모든 지식은 인격적 지식이며 거주를 통한 참여이기 때문이다.

윤리적 주체: 무한성

근대적 지식 이념은 객관주의의 추구를 통해 개인적 주체성을 인문학의 영역에서 추방했다. 그러나 강영안은 인문학뿐만 아니라 모든 학문에서 주체성을 복원하고자 한다. 그는 레비나스의 얼굴 개념을 확장하고 구체화하여 그러한 복원을 시도한다. 첫째, 얼굴 개념에는 윤리성이 있다(강영안, 1996: 235-239, 297, 305-306; 2005: 41-42). 얼굴이 코, 입, 눈으로 이루어지는 것과 책상이 판자, 서랍, 책상 다리로 이루어지는 것 사이에는 차이가 있다. 모든 책상은 세계라는 전체의 부분이지만, 얼굴 하나하나는 전체의 부분이 아니라 오히려 전체성을 깨트리는 맥락 없는 의미화이고 무엇으로도 환원될 수 없는 자기성 자체이다. 예를 들어, 과부와 고아의 얼굴은 한편으로 상처받은 무력함의 속성을 보이지만 다른 한편으로 '나의 자유를 정당화하라'고 요구하는 주인의 속성을 나타낸다. 나는 타인의 얼굴 앞에서 독립성과 애매성을 동시에 경험하면서 나의 주체성, 윤리적 주체성의 상황에 빠진다. 타인을 대신해서 자율적으로 짐을 지는 능동성이 아니라 "타인의 자리에 놓이는" 수동성, 타인의 짐을 짊어져야 하는 수동적 주체(subjektum)가 된다.

둘째, 얼굴 개념은 형이상학적 차원을 갖는다. 강영안(2012: 188-189; 2005: 40-41)은 타인의 얼굴에서 어떻게 윤리적 과제를 읽어내는가를 조명한다. 타인의 얼굴이 심리적, 역사적, 문화적 체계 등 어떤 것으로도 환원될 수 없다는 것을 나는 어떻게 아는가? 그것은 "눈에 보이지 않는 데서 출발해서 눈에 보이는 데로 오는 방식"으로 나의 인격이 타인의 얼굴에서 현현되기 때문이다. 이렇듯 타자는 나에게 윤리적 요구를 하는 무한자가 되고 절대적 외재성을 나타낸다. 강영안(1996: 296-299, 305-306)은 이러한 형이상학적 차원이 얼굴의 윤리적 국면을 지탱한다고 생각한다. 무한성의 이념은 전체성의 깨어짐, 절대 경험을 전제한다. 절대 경험이란 타자의 타자성이 수용되는 구조로 타자의 얼굴이 현현하는 경험이다. 얼굴의 현현은 윤리의 근원적 현상이고, 형이상학적 사건이다. 참된 초월과 참된 무한성의 세계로 진입하는 유일한 통로이다. 타자는 마치 신이 현현하듯이 나에게 다가온다는 것이다. 무한의 이념은 높음과 고귀함이요, 초월의 차원에서 온다. 무한의 이념으로 자아와 타자를 분리하는 것은 타자를 자아 속으로 끄집어들이는 것을 막는 동시에 오직 타자와의 사회적, 윤리적 관계를 통해서만 신이 우리에게 현현하기 때문이다. 타자와의 관계는 신을 만날 수 있는 유일한 길이고, 자신의 유한성으로부터 구원에 이르는 길이라는 것이다.

환원 불가능한 무한성 형이상학에 기초한 타인 얼굴의 윤리학은 인간 지식이 어떤 모습으로 나타나야 할 것인가를 보인다. 이에 따르면 지식은 인간의 얼굴을 해야 한다.

강영안(2002a: 107-112; 1996: 272-273)은 이를 위해 타인의 얼굴의 윤리성만이 아니라 학문 행위의 인간성 논의에 주목한다. 객관주의 지식론은 정당화된 참 믿음의 조건에서 지식 개념을 설정하지만, 거기에는 문제가 있다는 것이다. 참 조건은 많은 것을 배제하고 정당화 조건은 토대주의적 접근을 요구하기 때문이다. 실제에 있어서 인간 지식은 참이나 사실에 한정되어 있지도 않고, 참에 근거한 논리적 논증에 국한되지도 않는다. 인간 지식은 대부분의 경우 실증주의적이기보다 수수께끼 풀이 같은 것이다. 수수께끼 풀이로서의 인간 지식은 형이상학의 두 차원에서도 나타난다. 주관적 차원은 도덕적, 미적, 종교적 탐구를 통해 주체로서의 자기 이해에 도달하고, 객관적 차원은 대상 세계 이해를 통해 과학적이고 통합적 세계 해석을 성취한다.

강영안(1996: 253, 266-271; 1997a: 366-367; 2002a: 99-112; 2006: 152)은 레비나스와 폴라니의 사유 개념을 분석하여 인간의 얼굴을 한 지식론을 향한 하나의 논변을 구성한다. 먼저, 사유의 근본 과제는 사물이나 실체 같은 존재에 대한 사유가 아니라 타자를 위한 윤리적 사유이다. 그러므로 이러한 사유의 구조에서 인문학과 자연 과학 간의 엄밀한 구분은 의미가 없다. 모든 지식은 "인격의 행위"이고 여러 요소들을 통합하는, 거주를 통한 참여이다. 지식은 현실에 대한 참여(commitment)가 내포되어 있다는 점에서 인격적 지식이고, 지식의 현실 참여성은 암묵적 지식 개념을 통해 나타난다. 지식의 암묵성에는 여러 차원이 있다. 하나는 존재론적 암묵성이다. 예를 들어, '수학은 사태의 구조를 유지한다'고 말할 때 수학은 존재론적으로 암묵적이다. 다른 하나는 인식론적 암묵성으로, 벽에 못을 박을 때 못과 망치의 관계에 대해서는 초점 의식을 갖지만 주변의 상황 조건에 대해서는 보조 의식으로 떠올리는 구조에서 나타나는 기능적 암묵성의 경우를 예로 들 수 있다. 언어 문장이나 수학 공식이 사물 현상에 통합될 때 나타나는 의미적 암묵성도 있다. 또한 의미를 알지 못해 소음에 불과했던 외국어가 해독되면서 전모가 드러나는 현상적 암묵성도 있다. 그렇다면 어떠한 명시적 지식도 암묵적 지식을 전제한다고 말할 수 있다. 특정한 명시적 지식이 구성되기 위해서는 수많은 암묵적 지식들에 대해 "인격의 행위"가 개입하는 것이다. 인격의 행위가 구성한 지식은 인격적 지식이고 이것은 정의상 인격의 "개입과 헌신을 통하지 않고서는 얻을 수 없"다. 즉, 인격적 참여가 요청된다.

이상은 인간 주체가 추방된 객관주의 지식론의 인문학으로부터 인간 주체가 개입하는 지식론의 인문학으로 전환시키는 시도였다. 이제 강영안(2002a: 8, 118, 151)의 남은 과제는 이러한 인문학이 다른 분야의 지식들과 어떤 관계를 갖는가를 조명하는 것이다. 이를 위해 그는 하트만(N. Hartmann), 쉘러(M. Scheler), 도여베르트(H. Dooyeweerd), 반 퍼슨(C. A. Van Peursen) 등의 현실 개념에 주목한다. 현실은 다면성, 다층성, 영역성(aspects, layers, spheres)을 갖는다. 말하자면 현실은 하나의 얼굴이 아니라 여러 얼굴을 하고 있다. 현실은 수나 운동 또는 물리뿐만 아니라 생물, 감각, 경제, 역사, 예술, 윤리, 종교, 철학, 국가 등의 국면을 갖고 있다. 이 국면들은 여러 방식으로 연결되어 있지만, 하나가 다른 것으로 환원될 수 없다. 환원하고자 하는 경우 물리주의, 역사주의, 심리주의, 전체주의에 빠지기 때문이다. 예를 들어, 종교와 국가의 분리는 이들의 자율성에 입각한 측면적 분리이다. 강영안(2005: 128)은 국면 간의 환원 불가능성의 형이상학을 제시한다. 우리는 사물들 자체를 고립된 것으로 체험하기보다는 분명히 규정할 수 없이 우리가 몸담고 있는 세계로 체험한다. 세계는 원래 사물들의 총체이기보다는 삶의 요소이다. 마치 물고기가 물을 삶의 요소로 체험하듯 세계는 사람에게 요소이고, 터전이다. 요소로서의 세계는 무규정성을 특징으로 한다. 세계는 쉽게 대상화할 수 없을 뿐더러 손쉽게 다룰 수 있는 도구로 환원할 수도 없다.

인간 지식이란 현실에 대한 다면적 이해나 구성을 의미한다. 그러나 강영안의 인문학은 현실에 대한 다면적 지식들에 대해 인간의 얼굴을 한 지식 개념의 방향을 가리킨다. 강영안(1997: 361; 2002a: 6-7; 2005)은 인문학의 대표적 분야를 문학, 사학, 철학, 언어학으로 표시하지만, 인간이 남긴 사상, 종교, 역사, 예술, 문학 같은 것들을 다루는 것이 아니라 인간의 얼굴을 한 지식을 구성하는 활동으로 지칭한다. “인간이 남긴 표현”은 그의 총체적 학문 개념에 따라 해석할 때 제도적 사회 과학이나 자연 과학 등 모든 인간의 흔적을 포함한다. 인문학이 인간의 얼굴을 한 지식이라는 윤리적 주장은, 인간이 인식적 선험성의 주체가 아니라 타인의 얼굴이 자기성과 타자성으로 상대화할 수 없는 절대적 성격으로 현현하는 구조 속에서 윤리적일 수밖에 없는 수동적 주체라는 인식에 기초한다. 타인의 얼굴은 나에게 말을 건네오면서 나의 유한성의 테두리를 깨트리고 인간성의 차원을 열어준다. 일종의 계시로 나타나는 나의 초월, 절대적 경험의 길이라는 것이다. 이러한 주체적 인문학은 인간을 연대하게 할 뿐 아니라 인간의 모든 활동이 인간성 가치를 실현하도록 한다.

문자 사랑

강영안 인문학[1]의 셋째 요소는 “문자 사랑”이 보이는 텍스트이다. 텍스트는 인문학이 인간성 가치를 실현하는 출발점이기 때문이다. 강영안은 이를 위해 두 개의 논변을 가지고 있다. 첫째는 인칭성 논변(2002a: 119-120, 152)이다. 근대의 지식 이념은 객관주의를 추구하면서 비인칭성, 탈인칭성을 지향하고 지식이나 인문학에서 주체성을 폐기했다. 객관적 지식에는 “인간 과학”이 있을 뿐, 문화를 통해 자신을 빚어가는 인문학은 있을 수 없다. 그러므로 객관적 지식론에 기초한 텍스트는 일인칭성을 유지할 수 없다는 것이다. 그러나 주체적 인문학은 인간의 얼굴을 한 지식 이념에 의하여 텍스트 자체를 인격성의 표현으로 간주하며 그 인격성

1 강영안의 “철학”은 “인문학”으로 대치될 수 있다고 생각한다. 양자는 특별한 경우(철학사 문맥)에는 차별화되지만 일반적 경우(삶의 의미의 문맥)에는 대치될 수 있다. 그는 철학과 문학이 연속적이라고도 생각(2012a: 181)하지만, 근대 지식의 객관주의를 극복하고자 하는 그의 인간의 얼굴을 한 지식 이념은 그러한 대치성을 정당화한다. 여러 학문들 간의 현실 측면적 자율성이 필요하지만, 다른 한편으로 그 학문들의 윤리적 성격이 인문적 지식관에 근거하기 때문이다.

을 텍스트를 통해, 텍스트와 함께 나타낸다. 텍스트 읽기가 나와 너와 그가 만나는 사건이 된다. 이렇게 만나는 사건을 통해서 인간의 내면적인 기쁨과 고통, 기대와 좌절, 사랑과 증오, 선과 악 등 인격적 존재로서 자기 인식이 가능해진다. 인문학은 세계를 보되, 세계를 보는 자신을 되돌아보며, 자신을 빚어가는 활동이 되는 것이다.

텍스트가 인간성 실현의 출발점이라는 것을 보이는 둘째 논변은 현실성 논변(2002a: 115-118, 150-151)이다. 로티나 데리다(J. Derrida)는 현실이란 하나의 허구라고 주장한다. "텍스트 밖에는 아무것도 없다"고 하면서 자아, 가치, 신, 자아 밖의 세계는 실재하는 것이 아니라는 것이다. 그러나 우리 삶의 현실은 이것이 아닌 저것일 수 있고, 지금은 이렇지만 나중에 저럴 수도 있으며, 그렇다고 해서 모든 것이 허구라고 할 수는 없다. 인문학은 삶의 현실을 텍스트 속에 담아내고 삶의 현실을 지시하고 해석하며 그를 통해 의미를 드러내고자 한다. 이러한 현실은 명사적이기보다는 동사적이다. 우리의 기획에 따라 빚어지고 조성되는 것이다. 현실은 늘 자명하게 있는 것이 아니라 우리를 놀라게 하며 다층적이며 새로운 모습을 읽어낼 수 있게 한다. 현실의 이러한 속성을 "초현실성"이라 한다. 초현실성은 텍스트의 존재를 요구하며 이렇게 구성된 텍스트는 다양한 목소리를 허용하지 않을 수 없다. 근대적 인문학의 텍스트 읽기가 일의적이라면 주체적 인문학의 텍스트 읽기는 다원적이다. 근대적 인문학이 외부로부터 오는 형이상학적 텍스트를 가지고 있다면 주체적 인문학은 내부로부터 오는 현실론적 실재 구성의 텍스트를 가지고 있다.

그러나 텍스트는 어떻게 인간성 가치실현의 출발점일 수 있는가? 강영안(2002a: 142-146)은 이 물음에 대해서도 두 가지 답변을 제시한다. 첫째는 '텍스트 존재론'이다. 텍스트는 집과 도로, 관습과 규칙, 일정한 관념과 가치 판단과 같이 인간의 일상 세계의 내용을 형성한다. 그러나 어떤 텍스트도 자체 독립적으로 존재하지 않는다. 모든 텍스트는 어떤 것도 "지시 전체성" 또는 "의미 전체성" 속에 포섭된다. 텍스트와 텍스트의 상호 지시성은 텍스트를 쓰고 읽는 데 불가피한 조건이다. 이러한 관계를

"상호 텍스트성", "접붙임"이라고 부르기도 한다. 따라서 저자는 텍스트를 쓰는 행위를 통해 저자로 등장하는 것이지 텍스트 이전에, 텍스트에 앞서 존재하지 않는다. 텍스트는 텍스투라(textura), 즉 주어진 재료와 형태에 따라 짜여진다. 그러므로 하나의 텍스트는 그 텍스트를 쓴 저자의 의도만으로 환원될 수 없다. 전혀 새로운 형이상학을 시도한 칸트의 『순수이성비판』도 전통 형이상학과 논리학의 개념들과 분류법을 서술 구조로 선택하고 있다. 이러한 텍스트 의미 전체성 명제에 인간의 얼굴을 한 지식 개념을 첨가할 수 있다. 텍스트들은 시간이 흐를수록 보다 깊은 인간의 얼굴을 한 내용으로 채워진다. 그러면 텍스트 의미 전체성 명제로 인문학에서 텍스트의 위치를 조명할 수 있다는 것이다.

텍스트가 인간성 가치 실현의 출발점이라는 가설에 대한 강영안(2002a: 153-194)의 둘째 논변은 '사유 발생 논변'이다. 칸트의 사유는 나의 능동적 자율성의 작동으로 나타나지만, 강영안이 수용하는 사유론은 타인의 얼굴 앞에서 수동적 책임을 느끼는 주체에서 발생한다. 사유는 고통의 경험을 통해 주체적으로 시작된다는 것이다. 그리고 텍스트는 고통의 경험에 생각할 거리와 물음을 제공한다. 텍스트는 고통과 사유 사이의 매개자이다. 텍스트는 사유를 가능케 하는 조건이고 "인간의 존재 방식"이다. 인간은 "책으로 향한 존재"이다. 책은 타자가 남긴 흔적이고 이 흔적은 타자를 만날 수 있는 통로이며, 윤리적 삶에 참여하게 하는 계기가 된다.

강영안의 인문학은 텍스트에 기초한 윤리적 주체성의 인문학이다. 그의 텍스트 개념은 문자에 한정된 좁은 텍스트와 문자에 종속되지 않는 넓은 텍스트(2002a: 183-192)로 구분된다. 넓은 텍스트는 속담, 우화, 민속 등 "책에 선행된 책"을 포함하고, 구술성과 문자성의 엄밀한 구분을 부정하며 일상 담론에 열려 있고, 행위적 텍스트를 허용한다. 인간의 삶은 좁은 텍스트에 종속되어 있는 것이 아니라, "존재 저 너머"에 있는 "선의 이념"에 닿아 있는 "윤리"의 차원에 들어가야 하는 것이다. 그러면서도 치열한 일인칭성의 인격적 참여가 개입된 전체성의 학문이다. 강영안의 주체 인문학은 인간의 얼굴을 가진 지식이 과거, 현재, 미래를 잇는 역사적-윤리적 지평에서 삶의 물음과 연관해서 텍스트를 읽고 응답하는 지적 추구인 동시에 그 응답의 수행이다.

3. 김상환의 내월 인문학

포스트모더니즘은 모더니즘의 개념과 주제들을 해체한다. 모더니즘의 진리, 객관성, 인식, 주체 같은 기본적 개념뿐만 아니라 국가, 법률, 공동체, 가족 같은 사회적 단위들도 해체한다. 이들은 모더니즘의 외재적 초월에 뿌리를 두고 있기 때문에 당연히 해체의 대상이 되는 것이다. 문제는 이들을 해체한 자리에 시적 사유가 아니라 해체하고자 했던 모더니즘이 과학 기술의 옷을 입고 뒷문으로 다시 입장한 것이다. 김상환은 이러한 현대 사상의 큰 얼개를 역사 철학적 방법론으로 그려내고 동양적 사유를 통해 시적 사유의 복원을 꿈꾸고자 한다. 인문학에 내재적 초월의 새 패러다임을 제안하는 것이다.

역사-철학적 방법론

김상환(2012: 272-283, 410-412)은 인문학이 처한 위기의 기원을 인문적 상상력의 왜곡으로 진단한다. 그에 따르면 왜곡은 적어도 두 가지 조건으로 구조화되어 있다. 첫째 왜곡은 인문적 상상력에 과학적 방법을 적용한 것이다. 인문적 상상력이란 인간의 고유한 덕과 존엄성을 새로운 가능성에서 추구하는 것으로 예술이나 학문의 경험, 진선미를 인간의 확장 경험으로 통합하는 능력일 것이다. 그러나 자연 과학의 성공과 더불어 분석과 환원, 자율화와 전문화가 인문적 사유에 유입되어 무한한 것, 신적인 것을 증발시키며, 인문 경험의 진선미 영역을 고립시키고 파편화시킴으로써 인문적 사유를 축소시켰다는 것이다. 인문적 사유는 시인적 사유가 아니라 우표나 난초 수집가의 사유처럼 되어버렸다. 둘째 왜곡은 인문적 사유가 상상력의 불꽃을 키워 나가거나 유지하지 못한 것이다. 인간 조건의 인문적 상상력이 감동, 영감, 울림의 언어를 새롭게 하지 못하고 오히려 기계 문명이 양산하는 매체, 정보, 장르 해체, 경계 약화, 자본 기술 언어의 문법을 모방했다는 것이다.

김상환은 인문학의 위기를 여러 국면에서 논의하며, 많은 개념들을 사용하여 인문학과 철학을 엮고 설명한다. 주체, 인식, 직관, 진리, 필연, 우연, 초월 같은 전통적 주제들도 있고, 해체, 흔적, 텍스트, 차연, 시뮬라크르, 불행한 의식, 몸, 계보학 같은 현대적 화두들도 있다. 플라톤, 데카르트, 칸트, 헤겔, 쉴러, 셸링, 비트겐슈타인, 노장, 박동환에 대한 찬미도 있지만, 르네상스, 계몽주의, 낭만주의, 외재주의, 논리 실증주의에 대한 비판도 있다. 이 모든 논의들은 어떻게 통합적으로 그의 인문학 철학을 구성했을까? 그의 논의들을 체계화할 수 있는 후보 개념들은 다양하지만 여기에서는 "내재적 초월"이라는 개념으로 그 논의의 통일을 시도하고자 한다. 이를 줄여 "내월"이라 할 것이다.

김상환(2012: 254-300)은 그의 내월 인문학에 도달하기 위해 단순한 길 대신 "역사-철학적 방법"이라 부를 수 있는 복잡한 길을 헤치고 나아간다. 이러한 점에서 그의 인문학 철학에 접근하기는 쉽지 않다. 그의 역사-철학적 방법은 헤겔적이지만 나름의 색깔을 유지하고 있다. 헤겔은 인문적 사유의 새 아침을 유럽 전통의 맥락에서 찾지만 김상환은 한국에서 찾을 수 있다고 믿고 논의를 이어간다. 인문적 사유가 단순성에서 '복잡성'에로 발전되어가는 과정의 중요성에 주목하는 것은 역사적 계기에 주목하는 것이고, 과거의 서양적 사유가 '동양적 사유'로 전환되고 있다는 추세나 관찰 역시 역사적 모티프이다. 또한 그의 내월 인문학의 중요 내용은 서양 전통의 '외재적 초월성'이 아니라 동양 전통의 내재적 초월성을 유지하고 발전시키는 것이다.

외재적 초월성

김상환이 그의 내월 인문학에 이르는 첫걸음은 단순성에서 복합성으로 전개되는 상상력의 역사적 과정을 추적하는 데서 시작한다. 그 역사는 현대까지 이어지지만 우선 르네상스에서 계몽주의, 낭만주의, 헤겔체계의 전개를 주목하고자 한다. 그는 이러한 역사적 전개를 통해 인문성의 초기 단순성이 어떻게 복합적인 면모를 갖추어가는지를 추적해낸다.

김상환(1996: 320–330; 2012: 424–427)은 르네상스 인문주의의 핵심을 인간을 "더욱 인간적이게(humaniora)" 하는 성질이 인간성이라는 상상력에서 본다. 인간은 자연적 본성만으로도 인간이지만 예술, 학문, 규범, 도덕 등의 교양(Bildung)을 통해서 추가적 본성에 이른다는 것이다. 이것은 서양의 중세 기독교가 '인간은 신의 형상을 닮았다'는 본질론으로부터 교양의 목표를 규정한 것과 대조된다. 르네상스인들이 옛 문헌에 주목한 것은 그 문헌의 탁월성보다는 그 문헌을 통해 드러나는 저자의 인간됨 때문이다. 저자는 영원의 신성(divinitas)을 다루지 못하는, 죽음 앞에 무력한 인간성(humanitas)의 담지자에 불과하지만, 이 인간성이 나름의 인간적 덕과 존엄성을 나타낸다는 것이다. 스콜라 철학은 무로부터 창조를 이룬 신적 기예를 중시하고 무로부터 아무것도 창조할 수 없는 인간적 기예를 경시했지만, 르네상스는 인간이 회복해야 할 본래의 인간성은 장인 정신이라는 점을 강조했고, 자유는 건축과 조형 예술에서의 거장다움에 있다고 보았다. 르네상스의 인간성에 대한 이러한 이해를 바탕으로 인문학은 인간(homo), 예술(litterae), 학문(studia)을 요소로 하는 인문학 "litterae humaniores"으로 표기되면서 글과 사상을 심미적으로 표현하고, 예술적 창작에 몰두하게 되었다. 이러한 교양의 여정에서 이상적 인간이 완성되고 자신보다는 다른 사물을 드러내게 된다고 보았던 것이다.

김상환(2012: 77–78, 95, 281, 291–292)은 이후의 계몽주의는 상상력을 개념적으로 파악하는 동시에 예술과 종교의 언표 불가능한 무한성을 허용한다는 점에 주목한다. 먼저, 상상력은 개념적이라는 것을 보자. 데카르트는 학문적 재현과 예술적 재현을 분리하면서 학문적 재현에 개입되는 경이감을 이지적이거나 개념적 충동으로 전환하고자 했다. 지성과 감성의 이분법에서 지성의 우선성을 주장하기 때문이다. 칸트는 그러한 이지적 충동을 판단력이라고 불렀다. 이는 지성과 감성, 보편과 특수 사이를 자유롭게 이동하는 개념이나 규칙 활용의 상상력이다. 그리고 이러한 판단의 상상력은 모든 종류의 판단에 적용된다고 보았다. 미지의 사물을 기지의 개념에 예속시키는 과학자의 규정적 판단뿐만 아니라, 기지의 개념으로는 파악되지 않는 사물에 새로운 개념을 부여하는 반성적 판단에도 적용된다는 것이다. 반성적 판단은 법, 정의, 인간, 삶 같은 주제들에 대해 근본적 물음을 묻는 것이다. 규정적 판단이 기계적, 계산적, 직지향적이고 수평적인 상상력의 소산이라면, 반성적 판단은 방만적, 활동적, 창조적, 사지향적이고 수직적인 상상력의 결과이다. 상상력의 무한성은 이러한 반성적 판단의 초경계적 사유, 역설과 모순에 빠지는 상상력에서 드러난다. 초경계적 사유에서 예술가는 세상사를 지배하는 법칙으로 증명할 수 없는 초시간적인 합법칙성의 "흔적"과 도덕적 이념의 "암시"를 경험한다. 예술 작품은 초월적인 도덕적 이념의 목적 없는 합목적성을 "상징적으로 말해주는 암호문"이고 작품 앞에서 아름다운 영혼들이 내리는 심미적 판단은 그 암호문에 대한 "해독"이자 "경탄"인 것이다.

김상환(2012: 422-423)은 낭만주의에서 다루는 상상력은 이전 시대의 단순한 상상력과는 다르다고 보며, 이를 다음과 같이 요약한다. 복합적인 낭만주의 상상력은 이성/감성, 자연/문화, 천문/인문, 인과/역사를 구별하는 계몽주의의 이항의 대립을 하나의 논리-역사적 연속성 안에서 파악한다. 논리-역사적 연속성에서 중요한 것은 두 항을 매개하는 세 번째 항인 이념 또는 절대자라 불린다. 이념 또는 절대자는 다양한 이항대립의 질서를 통해 자기를 표현하고 실현하는 항이다. 이는 자연적인 것이든 정신적인 것이든 존재하는 모든 것이 로고스 또는 절대자를 옮기거나 번역한 것이라는 신비주의와 통하는 직관이다. 절대자의 표현적 자기실현은 논리적인 동시에 역사적이다. 무한자가 역사화되는 것처럼 역사는 무한화되고, 자연과 문화는 하나의 단일한 체계 속에서 논리-역사적 연속성을 획득한다. 세계는 논리적일 뿐만 아니라 역사적이다. 따라서 '설명'되어야 하고 '해석'되어야 하는 텍스트, 하나의 무한한 텍스트가 된다. 낭만주의 시대의 인문주의자에게 시간의 도식(운명, 역사)은 단순히 관찰되거나 추종해야 하는 것에 그치기보다 오히려 옷이나 집처럼 새로 지어야 하는 것으로 설정된다. 인간의 사유를 절대자의 표현적 자기실현 과정에 동참하는 창조적 활동으로 간주하기 때문이다. 여기서 작시(作詩)는 시간-짓기, 작시(作時)와 구분되지 않는다. 시-짓기는 시간의 건축술이고, 시간의 건축술은 새로운 시작의 가능성을 영접하는 기술이다. 낭만주의에서 인문적 상상력은 새로움의 도착과 역사적 전회가 일어나는 사건을 이야기할 수 있을 때 종결된다. 인문적 사유는 역사적 예언의 목소리로 갈라질 때 숭고한 백조의 노래가 된다.

김상환(2012: 435-449)은 헤겔이 낭만주의 상상력의 기본인 무한자에 대한 주관적 개념을 어떻게 역사-철학적 개념으로 상승시키는지를 추적한다. 김상환(2012: 452-453)은 그 한계를 비판하면서도 인문적 상상력의 중요성에 대한 헤겔 철학의 기여에 천착한다. 여기서는 헤겔의 무한자와 인문적 주체에 대한 그의 논의만을 살피기로 한다. 헤겔의 시각에서 낭만주의가 찬양하는 무한자는 예술 작품이라는 물질적 제약에 구속되어 있다. 그러나 예술 작품 속에서 정신은 아직 물질적인 것에 소외되어 있는데, 이는 미적 상상력이 주관적 종합에 불과하기 때문이다. 그는 이것은 낭만주의가 아직 계몽주의의 주/객, 정신/자연의 대립을 완전히 해소하지 못했기 때문이라고 본다. 따라서 헤겔은 무한자는 예술 작품이 아니라 오로지 순수 개념에 의해서만 완전하게 표현될 수 있다고 믿었다. 헤겔에게 정신은 개인적 삶의 원리이기에 앞서 규범 체계 안에 묶는 끈, 계사로서 시기에 따라 다른 문화 정체성이 부여되는 것이다. 그리고 이러한 문화 정체성들은 상호 작용하면서 객관 정신으로 나타나 인륜적 질서를 이룬다. 이런 인륜 질서의 원천에 있는 상위의 원리가 절대 정신이다. 절대 정신은 객관 정신 속에 움트는 반성적 자기 의식이고 보편적 이념이며 또한 세계사의 법정이다. 역사는 철학이고, 철학은 역사인 것이다. 역사는 완전한 자기 인식이라는 자유의 이념을 향해 가는 빌둥(Bildung)의 역사이고, 절대 정신에서 정신은 자기 자신을 알고, 대상화하고, 발견하며, 대자적 내면성을 찾으며, 자기 자신과 하나가 된다.

인간이란 무엇인가? 인간의 이상적 상은 어떤 모습일까? 김상환(2012: 358-409)은 인간의 이상적 모습을 인문적 주체로 보고 그 개념적 구조를 헤겔에게서 찾는다. 헤겔의 인문적 주체는 자기 의식, 이성, 정신이라는 개인 의식의 세 단계를 통해 발전한 주체이다. 먼저, 자기 의식의 최초 형태가 주인과 노예라면 이 두 주체가 하나의 단일한 의식 속에 나타난 것이 불행한 의식이다. 노예는 노동 속에서 자신을 예속하는 죽음의 공포와 절대적 주인으로부터 해방된다. 자유는 정신의 본질적 속성으로서 한편으로는 자기 의식과, 다른 한편으로는 자기실현과 밀접한 관계가 있다. 자기 의식은 죽음의 공포와 자기실현의 모순된 두 항을 자신의 단일한 내면성의 두 계기로 받아들인다. 하나이면서 둘이고 둘이면서 하나인 자기 의식, 내적으로 이중화되어 있는 자기 의식은 불행한 의식이다.

다음으로, 이성은 주체들의 상호성과 관련된다. 주체의 자기 의식은 주체들 간의 상호 주관적 관계에 의존하고, 그 관계는 자율적이고 평등하며 대칭적일 때 상호 인정에 이른다. 상호 인정은 화해와 용서를 통해 실현되고, 자연적 질서와 구별되는 사회적 질서를 요구한다. 이성적 주체는 바로 이러한 상호 인정의 사회적 질서의 주체이다. 개별적 현존재를 불변적 본질 속에 활동하게 하는 주체인 것이다.

마지막으로, 정신은 코기토(개인) 주체의 내면적 회귀와 상호 주관적인 소통을 통해 도달하는 코기타무스(정신)이다. "우리면서 나고 나면서 우리"라는 이중화의 의식이다. 따라서 정신은 한 민족의 인륜적 삶이고, 개인들을 하나의 역사적 공동체로 묶는 끈이다. 불행한 의식에서 태어난 자기 의식은 자신의 내적 균열을 극복하고 화해하여 이성 의식에 이르고 사회적 주체로서의 성실한 의식으로 변신한다. 그리고 성실한 의식을 통해 세계의 역사적 형태(객관 정신)가 이루어지면서 아름다운 영혼이 태어나고 근대성을 완성하는 절대 정신이 출현한다. 인문적 주체는 불행한 의식, 아름다운 영혼, 절대 정신에 이르는 과정에 있는 중간 단계의 의식이다.

인문적 복잡성

고전 인문적 상상력은 르네상스, 계몽주의, 낭만주의, 헤겔에 이르기까지 시대마다 얼마간 기여를 해왔지만, 김상환은 달라진 시대에 태어나는 새로운 상상력의 단계에 주목한다. 그중 하나는 그토록 강조되었던 주체가 죽음을 맞이한 것이고 다른 하나는 새로운 형이상학의 전개이다. 주체의 죽음은 구조주의와 복잡성 사유를 통해 도입되었다. 김상환(1999b: 45-48)은 복잡성의 사유란 분석적 사유가 갖는 함정에 대한 치유로서의 해석적 사유라고 본다. 분석적 사유는 '논리나 진리는 단순하고 직접적이며 복잡한 것보다 선행적이므로 아르케에서 주어진다'는 믿음에 근거한다. 따라서 분석이란 전체를 더 이상 나뉘지 않는 요소들로 분해함으로써 확실한 논리나 진리에 도달하고, 그렇게 얻어진 단위 요소들을 결합하여 전체를 재구성하는 활동이다. 그러나 니체는 그러한 직접성의 전제는 신화에 불과하다고 비판한다. 그에게 직접성의 의식은 허위의식이고 아르케란 결과일 뿐이다. 인식은 언제나 이미 선택된 해석이라는 것이다. 우리에게 주어진 것은 아르케가 아니라 흔적일 뿐이고, 흔적이란 관계의 산물이다. 전체와 부분, 복잡과 단순, 상위 구조와 하위 구조가 관계하면서 남기는 자국이다. 논리적 분석은 흔적을 무시해야만 비로소 태어날 수 있다. 그런데 바로 이 흔적들에 관계하면서 환원적 분석을 파탄에 빠트리는 것이 해석이다. 사유는 분석의 적극적 주체보다는 해석의 관계적 연결자를 지향한다.

김상환(1996: 23-26, 98-101)은 고전적 상상력에서 중심적 역할을 했던 주체가 어떻게 종말에 이르게 되었는가를 구조주의를 통해 보다 구체적으로 적시한다. 구조주의는 르네상스 이래 중심을 차지해왔던 개인적 자아에 안녕을 고하고, 그 자리에 "주관 없는 익명적 체계" 또는 "익명적 사유"를 내세운다. 이러한 구조주의의 모티프에는 역사적 계보가 있다. 스피노자는 데카르트의 "나는 생각한다(cogito)"가 아니라 "인간은 사유한다(homo cogita)"라는 공리를 제기했고, 헤겔은 "우리"가 아니라 진리 총체성으로서의 절대 정신인 "실체가 주체이다"를 주장하며 개인적 주체를 보편성 뒤로 편입시켰다. 마르크스는 정치 경제학적 인과 관계를 일방적으로 결정하는 구조적 인과성에 주목하며 역사 변화를 이해했고, 프랑스 현대 철학자들은 사르트르의 실존적 자아에 안녕을 고했다. 소쉬르(F. de Saussure), 레비스트로스(C. Levi-Strauss), 바르트(R. Barthes), 뒤앙(P. Duhem)과 연관된 구조주의는 인문적, 사회적, 자연적 모든 현상은 해석되어야 할 텍스트 내적 기호 또는 암호라고 생각했다. 어떤 관찰 자료도 이미 설정된 이론적인 구조로 환원되지 않는다면 무의미한 사실에 지나지 않는다는 것이다. 의미 혹은 진리는 오로지 이론 안에서 구성되고 그 안에서 위상을 얻는다. 이론적 구조 우위의 사유 방식에서 개인적 의식은 과학적 진보를 가로막는 사사로운 정념으로 간주되어 배제된다. 고전적 사유에서의 주체는 종말을 맞게 된 것이다.

김상환(2012: 417-424; 1996: 332-337)은 하이데거의 해체적 상상력이 어떻게 새로운 형이상학에 닿아 있는지도 보여준다. 하이데거는 선험적 인식의 주체로서의 고전적 형이상학의 자리에 언어를 도입했다. 새로운 형이상학의 언어는 초월적 기의로 구성된 로고스 언어(Sprechen)가 아니라 존재의 사건 안에 머무는 말(Sagen)이다. 인간은 로고스의 이야기가 아니라 멜로스의 노래라는 것이다. 하이데거가 로고스와 멜로스를 구분하는 사례는 그의 휴머니즘 비판에서 나타난다. 그는 휴머니즘은 모두 로고스 언어로 이루어지고 있다고 생각한다. 인간이 유적 본질을 묻고 그 존재 원리나 원인을 최상의 존재자(신, 정신, 물질, 주체, 실체)에서 찾기 때문이며, 이러한 방식의 접근은 존재가 스스로 뒷걸음치고 은폐하는 과정이라는 것이다. 그리하여 하이데거는 전통적 언어에 대한 우리의 관계를 새롭게 변형하여 인문적 상상력의 가능성을 준비한다. 그에게 인문주의란 인간(人)과 언어(文)의 본질적 관계에 대한 새로운 존재 사유이고 변화해야 하는 사유이다. 멜로스의 노래 가능성은 건축(Bauen), 거주(Wohnen), 사유(Denken)라는 단어들의 역사적 유래와 의미가 같다는 점에 착안하여, 현대인의 존재를 위협하는 테크놀로지보다는 시적인 거주나 건축이 되어야 한다고 처방한다. 이러한 처방이 전통적인 심미 교육을 발전시킨 것으로 보인다.

김상환은 데리다의 해체적 상상력 또한 차연 개념에 기초한 새로운 형이상학이라고 본다(김상환, 1999a: 53-61). 데리다는 헤겔, 하이데거, 소쉬르의 차이 개념을 배경으로 자신의 초월론적 차연 개념을 제시한다. 동일성은 차이 속에서 차이와 더불어 현상된다. 개방성으로서의 존재와 사물적 사건으로서의 존재자는 각각 은폐적이지만 서로는 탈은폐의 유일한 관계를 이룬다. 기호의 의미란 기호 교환의 총체일 뿐이지 교환 전의 실체가 아니다. 데리다는 수평적 차이를 통해 총체성을 이루는 사물들의 차이를 수용하고, 수직적 차이를 통해 그 총체성에 한정 불가능한 상위 구조 사이의 차이 개념을 도입한다. 수직적 차이는 총체성의 닫힘과 열림의 이중성을 유지하는 장치로서, 변화의 원천이자 역사의 계기이다. 이러한 그의 차연 개념은 해체 개념으로 이어진다. 그의 해체 개념은 로고스 중심주의로 구성된 서양적 사유의 울타리를 그려냄으로써 그 바깥으로의 외출을 가능하게 만든다. 해체론적 의미의 해체란 초월자가 로고스를 통하여 초월적 기의에 의해 지배되는 책의 시대를 끝내고, 쓰기를 통해 끊임없이 다시 태어나는 텍스트의 시대를 열어 사라진 초월자의 흔적을 드러내는 과정이다. 고전적 형이상학과는 다른 새로운 형이상학의 시대가 열리는 것이다.

동양적 사유

김상환은 그의 역사-철학적 방법론에 따라 내월적, 내재 초월적 인문학에 이르고 있다. 고전 인문적 상상력과 해체 인문적 상상력은 모두 역사-철학적으로 필요한 단계들이지만 또한 극복되어야 하는 단계이기도 하다. 김상환은 앞으로 전개되어야 하는 단계는 극복이 필요하지만 또한 기초로 삼아야 하는 흔적들에 바탕을 둔 내월적 상상력이라고 보았다. 그는 이를 위해 개념적 논변, 역사적 논변, 적극적 논변을 펴고 있다. 먼저 김상환(1999: 42-48, 55-58; 2012: 291-292)의 개념적 논변은 인간의 사유가 어떻게 내재적이면서 초월적일 수 있는지를 보여준다. 내재적 사유는 데카르트의 "cogito ergo sum"으로 표명되는 반성적 내면성의 발견에서 시작하지만, 아인슈타인의 상대성 이론은 데카르트적 자연관을 폐기한다. 세계에 관한 사유는 시간, 공간, 물질, 정신, 지각 등과 같은 범주들을 재정위하여 내재화시키고, 분석 철학도 비트겐슈타인을 거치면서 환원적 지식 모델을 포기한다. 다른 한편, 초월적 사유는 분석적 직접성의 신화에서 벗어나 복잡성의 차이를 수용하는 데서 출발한다. 여기에서 수직적 상상력이 가동되어 규칙의 원천을 묻고 뿌리를 흔든다. 진위의 구별 자체보다는 그런 진위 구별의 가능성이 성립하는 공간을 여는 데 관심을 갖는 것이다. 진위 또는 정상과 비정상의 경계를 처음부터 다시 조율하는 수직적 개방성으로 나아가고, 이데아 원형, 신의 세계, 센스 데이터 같은 외재적 초월이 아니라 스스로 동기, 규칙, 방향을 새롭게 만들어가는 능동적이고 창조적인 초월적 사유를 추구한다. 초월 없이 생각할 수 없다고 말할 수 있는 것은 모든 생각은 새로워야 한다고 해야 하기 때문이다.

내월적 상상력을 위한 김상환(1999a: 39-40; 2012: 521-540)의 역사적 논변은 20세기 서양 사상사를 섭렵하여 도달한 "서양 철학은 동쪽으로 오고 있다"라는 믿음에 근거를 둔다. 그가 관찰한 최근 서양의 세 주제는 복잡성, 차이, 내재성이다. 서양 사상사에서는 낯설지만 동양 사상사에서는 친숙한 이 주제들에서 그는 사상의 동점(東漸)을 읽어낸다. 이 주제들은 고대 그리스에서 싹텄던 합리적, 과학적이라는 서양 전통의 사유 방식을 대치하면서 탈서양, 탈근대의 화두가 되고 있지만, 이미 동양 전통의 노장에서는 이전부터 선명하게 존재했다. 동양에서도 유가는 사물이 특정한 규정성(形)을 띠고 있다면 이 규정성은 특정한 부분법(分)에서 비롯되며, 이 구분법에 의해 결정된 규정성이 이름(名)의 근거라는 분형명(分形名)의 삼위일체론을 견고하게 지켜왔다. 그러나 노장은 삼위일체론이 함축하는 진위, 선악, 안팎, 보편/특수 등의 이항들의 대립은 차별적 구성일 뿐이고, 이항들은 모순통합적인 사태에서 상호 보충적인 대대(待對) 관계로 나타난다고 보았다. 본래는 무차별의 제일(齊一)적 사태일 뿐이라고 본 것이다. 노장의 무명자는 겨우겨우 존재하나 소멸하지 않고, 어디에나 미치고 막힘이 없으며, 부드럽고 약하지만 굳세고 강한 것을 이끈다. 이것이 노장 무명자의 본성이고 하향적인 내재의 초월성이다.

김상환(2012: 547-587)은 자신의 내월적 인문학을 향하는 도상에서 박동환의 철학을 만나 이를 의미 있게 살려낸다. 여기에서 내월적 상상력의 개념성과 역사성이 적극적으로 구체화된다. 박동환(1996; 2013) 철학의 개념성은 그의 난해한 존재자 개념에서 나타난다. 박동환에게 모든 존재자는 시원의 파생 흔적이고 해석되어야 하는 암호이다. 존재자는 실타래(絲球體)와 같아 초월적으로나 내재적으로 끈을 푸는(ana-lysis) 운동 속에서 사라진다. 존재자는 한편으로 다른 존재자와 함께 가능함의 관계 속에서 상대와의 다름에 의해 규정되는 자신의 같음을 유지한다. 주체로 불리는 것은 모두 이러한 구조에서 서로-주체성을 나타낸다. 한편 존재자는 유한자의 속성의 부정을 통해서 절대자의 무한에 도달한다. 박동환은 존재자를 절대자와의 다름 속에서 존재자의 궁극적 모태의 곳을 "[ ]"으로 표시한다. [ ]은 시간도 공간도 아니고, 형상도 힘도 아니며, 현실적이거나 잠재적인 것도 아니다. 이것은 몸을 숨기는 X로서 모든 존재자의 보편적 바탕이 숨어 있는 장막이다. 이는 "빈 것, 없는 것은 있는 것의 뿌리요, 빈자리가 먼저 있지 않고서는 어떤 새로운 것도 생겨날 수 없다"(조대호, 2002: 51)는 것이나 "존재의 은폐성과 비은폐성 관계의 시간성"(이기상, 2004: 1-2)들과 맥을 같이하는 것으로 보인다. 바로 거기에 모든 존재자의 단일한 통일성이 있다. 이러한 존재론적 공간에서 버리기라는 마음의 논리가 작동한다. 버리기는 실천적 경험과 분리되지 않으면서

유의미한 경험을 향도하는 리듬이고, 경험적 내용 자체의 자기 순화 운동이자 자기 극복을 통한 반복적 자기 고양이다. 박동환 철학의 역사성은 한(恨) 개념으로 나타난다. 한은 한국인이 한국사에서 수모와 좌절을 통해 체험한 반전과 허무의 경험이고, 절대의 타자가 한국인의 소멸의 경험에 나타난 흔적이다. 박동환은 한을 해체 시대의 비전으로 간주하고자 한다.

김상환이 이러한 박동환의 한적 존재론을 수용한다면, 그는 이 존재론에서 대대(待對) 관계의 이분법 논리가 아니라 노장적 제일(齊一) 논리를 세워 모순 통합적인 사유 질서를 새롭게 시작할 수 있으리라고 전망한다. 한이 맺혔던 마음만이 한을 풀이할 수 있다는 점에서 해체 시대를 향한 권력을 수행할 수행자는 [ ]의 존재론과 인식론의 상세한 규정을 통해 앞으로 서서히 떠오르게 되기를 소망하는 것이다.

4. 인문학의 미래

영원한 선험적 주체는 죽었지만 늘 새롭게 태어나는 주체는 인간의 표징이고 인문적 사유의 거점이다. 모든 사람이 늘 새로워지는 다원적 세계에서 다른 언어를 사용한다 할지라도 사람들이 지향하는 것은 "그것"이라 말할 수 있는 존재 언어에 닿아 있고, 그러한 형이상학을 바탕으로 인문학은 안정적이고 자유롭게 태동할 수 있다. 그러한 까닭에 인문학은 상처나 사랑을 말하고, 주변인의 위로가 되며, 사회 과학이나 자연 과학과 연대하여 도시화나 정보화의 질서가 부과하는 인간 조건을 밝은 빛으로 인도할 수 있는 것이다.

인문학: 주체와 내월

이정우(1996)는 강영안의 연구가 주체 개념을 새로운 차원으로 진입하도록 하는 실마리를 제공했다고 본다. 방대한 철학사적 연구가 요구될 때 불가피하게 누락되기도 하지만, 주체의 죽음을 넘어 주체의 불가피성의 방안을 보이고 있다는 것이다. 김상환(1997)은 강영안이 탈현대론을 인격적 주체에 자리를 내주지 않는 객관주의에 대한 반발로 이해하는 한편, 탈현대론이 주체성의 이념을 완전히 포기하여 마치 목욕물을 버리면서 아이까지 버리는 것으로 해석한다고 보았다. 그러나 김상환은 "주체의 죽음"을 메타-언어적으로 해석하면 주체의 죽음을 의미하지만 또한 대상-언어적으로 해석하면 인간 사유의 주체성을 요구하는 것이라고 풀이한다. 니체가 신의 죽음을 말했을 때 이것은 철학의 종언뿐 아니라 주체의 죽음까지 암시하는 것이었다. 이 3중의 죽음은 동시적 사건일 뿐만 아니라 해체론 시대의 주요 풍경이 되었고, 여기에서 나타나는 주체의 죽음은 스스로를 이성적 표상 세계의 근거로서 정립하는 사유하는 주체의 죽음, 메타-언어적 사건이라는 것이다. 그러나 탈현대론의 해체주의는 대상-언어적으로 예술적 사유의 주체성을 강조한다. 그는 두 언어 간의 이러한 대비는 레비나스에게서도 보이는 것이 아닐까 생각한다. 스스로 윤리적 사유로 전회할 것을 요구했을 때 레비나스 역시 해체론과 동일한 메타언어적 상승을 보여준다는 것이다. 그러면서 레비나스가 그때 묵시적으로 철학의 종언과 주체의 죽음을 외치고 있었던 것은 아닌지 묻는다.

한편 김영한b(1997)는 해체주의 일반을 비판한다. 이 관점은 이성과 진보를 부정하고 다원성과 절충주의를 수용하면서 실물을 이미지로 대체하여 가상 현실이나 환상을 숭배한다는 것이다. 강신주(2012)는 김상환의 인문적 사유의 역할에 주목한다. 관념, 이미지, 개념, 이념, 가치들에 대하여 자유롭고 활력적인 재조합의 가능성을 불어 넣는 능력 때문이다. 그러나 특별한 논의 없이 인문적 사유를 한(恨)의 철학과 연결하는 김상환의 작업에 대해서, 강신주는 일면 긍정하면서도 또한 염려한다. 김상환이 논의를 열어두고 있는 상황에서 독자들은 추측할 수 있을 뿐이다. 강신주가 긍정하는 것은 한 개념이 부정성의 총칭으로 지시될 때 얻게 되는 인간론의 프레임 때문이지만, 염려하는 것은 한의 개념을 원한의 대조 개념으로 대비시킴으로써 한국인의 주체에 보편적이고 선험적 실체성을 부여하는 위험이 있기 때문이다. 구체화되지 않은 한의 개념에 대해 강신주는 자연스러운 의문을 제기하는 것이다.

대안적 인문학

한국 현대 철학의 공간은 최근 활발한 인문학 논의들로 채워지고 있다. 많은 논의 중에서 몇 권의 단행본에 주목하여 대안적 인문학의 시도와 주제별 인문학의 논의들을 살펴보고자 한다. 이정우(2000; 2009)는 새로운 인문적 사유를 위한 기초적인 주체 개념을 명료화한다. 그는 인간은 개체적이고 생명적이어야 하지만(필요조건), 주체적인 것만이 인간일 수 있다(충분조건)고 본다. 이정우는 언어 문법적 성찰을 통하여 주체성을 세 단계로 조명한다. "나는 ○○이다"라고 언표할 때, "나"라는 색인사가 지금 여기에서 말하고 있는 화자를 지칭하는 고유명사적 지시사라면 비어 있는 술어 자리에는 여자, 불교도, 선생, 곱슬머리, 한국인, 인상파 기피, 개념 미술 선호, 철학도, 채식주의자, 여성주의자 등 많은 개념들의 이름이 술어로 들어간다. 이러한 문법은 먼저 나를 이 술어의 적용을 받지 않는 타인들과 구별하고 경계를 그어주어 나의 개별성을 드러낸다. 둘째, 이 문법은 또한 그 술어에 포섭된 타인들과의 관계를 구성하고 그런 만남을 통해 타자되기의 경험을 허용한다. 셋째, 이 문법은 나에게 적용되어온 기존의 그물망에 나를 고착시키는 것이 아니라, 기존의 경계를 가로지르는 무위(無位)의 공간을 허용한다. 나의 진정한 주체는 늘 새롭게 태어나는 무위인이 되는 것이다.

최진덕(2004: 70-78)은 역사적으로 수행되어온 여러 전통의 인문적 사유를 통합하는 하나의 관점으로 불성, 자성, 도, 천리, 존재, 인성, 일관지도, 일자, 인간성, 사람다움 등의 개념으로 나타내고자 했던 것들은 모두 "그것"이라는 색인사로 지칭된다는 명제를 제시한다. 여러 전통의 다른 이론들은 그것에 대해 다른 이름으로, 구별되는 개념으로 이야기해왔지만 도달하고자 했던 지혜의 길은 그것으로 통하고 있다는 것이다. 최진덕은 "그것"이라는 단어를 이론간 공지칭적 고정 지시어로 사용하고 있는 것으로 보인다. "그것"의 언어는 존재론적 언어이고 "그것"에 대한 여러 다른 방식의 깨달음의 언어는 인식의 유한성을 보이는 인간의 언어라고 본다. 인간은 특정한 인간의 언어로 태어나고, 인간의 언어들은 존재론적 언어를 필수 불가결한 요소로 지니고 있다. 따라서 인간은 자신의 언어에 근거한 배움과 사유를 통하지 않고는 인문적 사유가 가리키는 "그것"의 개현(開顯)에 도달할 수 없다. 인문적 사유에 대한 하나의 형이상학적 틀이 제시되고 있는 것이다.

이왕주(2014)는 인문적 사유가 상처에 기초한다고 생각한다. 상처는 예리하게 찔러오는 사물의 뾰족뾰족한 표층들에 기인하고, 실재 또는 인간 연대의 고르지 않은 질서에서 유래하므로 상처는 일상의 진실을 폭로해 준다는 것이다. 상처를 유발하는 질서에 민감하지 않은 자는 인간 존재를 놓치고 생각도 글쓰기도 불가능해진다. 이왕주는 그러한 상처의 존재론적 관점으로부터 일상의 여러 진실들을 드러내는 인문학을 시도하고 있다. 서동욱(2013)은 인문적 사유의 모범적 사례를 사도 바울에게서 본다. 바울은 이미 율법에 간음 · 살인 · 도둑질하지 말라 등의 계명들이 있지만 이들은 모두 "네 이웃을 네 몸과 같이 사랑하라"는 한마디 말로 요약된다고 하며, 사랑이 율법을 완성한다고 본다. 이러한 율법과 사랑의 관계는 과거의 율법을 폐기하고 그것을 사랑의 형태로 성취하는 것이다. 율법의 억압성은 사랑이라는 인간다움의 인문성에서 해체된다는 것이다.

인문학의 성격을 특별하게 규정하는 철학자들도 있다. 몇몇 학자들은 인문학의 좁은 의미와 넓은 의미를 구분하여, 넓은 의미에서 인문학의 편재성을 제안한다. 정대현(2015; Chung, 2015b; 2011)은 인문성과 인문학을 구분하여, 인문성은 모든 언어 사용에 전제되어 있는 인간성 연대나 인간성 증진의 속성이고, 사회 과학이나 자연 과학은 그러한 속성을 사회 현상이나 자연 현상에서 추구하지만 인문학은 그 속성을 인간 언어의 가능성 확장에서 찾으며 전문적으로 탐구하는 분야라고 말한다. 신승환(2010a: 105-114)도 인문학의 철학적 편재성을 제시한다. 그의 편재성 논제는 몇 개의 명제로 구체화될 수 있다: 인문학이란 인간 존재에 대한 경외감, 경건성이라는 종류의 생각함이다; 인간은 모두가 언제 어디서나 생각하며 그러한 생각은 인간 존재와 직 · 간접적으로 연결되어 있다; 인간은 근원적으로 인문학적 존재이다; 철학이란 근원이나 일상에 대해서 생각함이라는 과정의 활동이다; 철학은 인문학 이외의 다른 것이 아니다. 신승환에게 있어서, 인문학은 철학으로서의 인문학이고 인간 존재의 방식으로서의 인문학이 된다.

인문성이 편재적이라면, 인문성은 인문학의 전유물이 아니다. 달리 말해 사회 과학이나 자연 과학도 언어적 상상력에 기초한다는 점에서 인문성을 나타낸다. 이러한 국면을 살려, 사회 과학의 인문성에 주목하는 학자들이 있다. 전상진(2013)은 인문학과 자연 과학의 성격을 배경으로 사회 과학의 위치를 설정하고자 한다. 인문학이 삶의 의미와 좌표를 밝히는 정향지(定向知)이고 자연 과학이 사물에 대한 지식을 기술 공학적으로 접근한다면, 사회 과학은 사회 문제에 대한 공학적 지식과 정향지를 목표로 해왔다. 그러나 자연 과학은 최근 성공의 여세를 몰아 종교를 포함한 정향지의 영역을 침범했다. 반격에 착수하여 인문학이 사회 공학적 영역에 관심을 나타내면서 두 문화의 융합을 시도한다면, 사회 과학은 제3의 문화로서 전통적 역할을 새롭게 하면서 정향지 생산에 인문학과 동맹해볼 수 있다는 것이다.

백영서(2014: 7-11)는 학회 학술지에서 이루어지는 제도적 학문과 사회 현실에 비판적인 운동적 학문을 통합하여 "사회 인문학"이라는 개념적 공간을 제시한다. 이것은 제도 안에서 벌어지고 있는 인문학의 위기와 제도 밖에서 나타나는 인문학의 붐이라는 소외된 현상을 조정하는 대안 개념이기도 하다. 이 개념은 인문학이 지향하는 연대적 인간성의 고양과 사회가 갈급해하는 인문적 가치를 구현하고자 하는 비판적 활동의 지향성을 나타낸다. 장석주(2013)는 한국 사회 자체를 인문적 성찰의 대상으로 선택한다. 외국에서는 한국을 민주화와 산업화라는 두 마리 토끼를 동시에 잡은 사회의 모델로 보고 있지만, 평등주의와 성과주의가 동시에 한국 사회를 덮칠 때 동물원 사회가 되고 만다는 것이다. 장석주의 인문적 처방은 잠정적이긴 하지만 한(恨)이라는 피동적 사유에서 흥(興)이라는 능동적 사유로 전환하자는 것이다. 그의 지금 여기에서의 능동적 사유에서 생명성, 창조성의 원형을 볼 수 있다. 표정훈(2013: 62-63)은 인문학의 상략적(商略的) 활용 현상을 인정하면서도 또한 인문학의 인문학 자체에 대한 비판적 성찰이 필요하다고 주장한다. 경영, 광고, 주식, 스펙, 자기 계발의 주제의 공간에서 출판 시장이 인문학을 상표로 내세우기도 하지만, 인문학은 문사철이라는 텍스트와의 담론이라는 본래적 성격에 충실해야 한다고 보며 바로 지금 여기에서 반성이 필요하다고 역설한다.

주제적 인문학

윤병태(1999: 225)는 인간 연대성에 대한 하나의 논변을 제시한다: 살아 있는 개체는 그 자신의 것일 수 없는 다른 개체에서 탄생하며 자신의 것일 수 없는 다른 개체 및 대상들과의 관계 속에서 자기의 생을 누려가며 자신의 것일 수 없는 데로 사라진다는 것이다. 산다는 것 자체가 타자에 대한 빚(부채)이라면 인간은 서로 빚을 져가며 사는 존재이다. 서유석(2010)은 철학적으로 인간 연대의 필연성을 주목해왔지만 정작 그 적용, 구현, 발전, 진화의 과정에도 노력을 기울여야 한다고 지적한다. 한국 사회는 복잡한 삶의 양식에 따라 다양한 인문적 필요를 드러내기 때문이다. 강신주 · 지승호(2013)는 그 구체화의 한 방식으로 인문학을 상처 치유의 행위로 일반화할 수 있다고 상정한다. 상처는 인간 초월적 가치나 제도나 행위에서 비롯되므로 상처의 원인에 대해 진통제 주사가 아니라 메스를 들이대야 한다. 이는 "불온한" 처방으로 보일 수 있지만 피해자에게는 치유, 위로, 사랑의 행위가 된다. 이러한 인문적 사유의 관점에는 한국 현대 문화의 다양한 주제들에 대한 생생한 담론이 들어 있다.

임철우 · 우기동 · 최준영 외(2008)의 11인 저자들은 사회적으로 소외된 이들을 위한 실천 인문학의 경험을 기록하고 있다. 재소자, 노숙인, 자활 센터 주민 등 기회가 박탈되거나 결핍된 사람들에게 인문학이 어떤 의미를 부여하고 있는지를 적고 있다. 우기동은 인문학이 기회 결핍자에게 다가가 인문학의 본분을 실천적으로 꽃피울 수 있다고 믿는다. 박남희가 강조하는 대로, 인문학은 기회 결핍으로 상처받은 이들에게 존중감, 자존감, 삶의 의미를 세우는 데 도움을 줄 수 있기 때문이다. 임철우의 제자가 쓴 「그리움」이라는 작품, 이명원의 제자가 쓴 「별님」이라는 작품, 고영직의 제자가 쓴 「독거 초등학생에게」라는 작품들은 눈물 없이 읽기 어렵다. 문학, 철학, 사학의 여러 저자들이 성취한 것은 그 실천적 꽃피움의 결과임에 틀림없어 보인다. 한편 강양구(2013)는 인문학이 사람을 바꾸지 못하는 경우들에 주목하여 인문학이 비인문적 병에 대한 치료제가 아니라는 점을 지적한다. 사람들의 문맥에 맞는 인문학의 재해석의 필요성을 말하는 것이다. 유한 계급이 감당할 수 있는 정전(正典)의 해석만이 인문학이 아니라 소외 계급의 언어와 삶에 다가가는 인문학이어야 한다고 본다.

한편 한국의 현대 사회가 필요로 하는 여러 주제들에 대한 인문적 성찰들 또한 제시되고 있다. 한국철학사상연구회(2010)의 저자들은 세상을 바꾼 아홉 개의 개념(권력, 진보, 민족, 전통, 소비, 합리성, 오리엔탈리즘, 환경, 문명)을 조명한다.[2] 안광복(2011)은 인문학을 거인의 어깨 위에 올라타서 "사람과 세상을 고민하는 학문"으로 이해한다. 그는 생활인이 경험하는 50개의 주제에 대해 그러한 인문학적 해석을 제시하여 삶에서의 답답함, 갈등, 억압으로부터 새롭고 자유롭고 의미 있는 공간을 확보하고자 한다.

박정하(2003)는 인문학의 근본을 글쓰기에서 찾으며, 인문성은 글쓰기

---

2 박민미, 2010; 여현석, 2010; 이병수, 2010; 김선희c, 2010; 김범수, 2010; 송종서, 2010; 신우현, 2010; 김문정, 2010; 김시천, 2010.

를 위해 필요하고, 글쓰기를 통해 배양된다는 관점을 취하는 것으로 보인다. 김경집(2013)은 인문적 사유를 텍스트 읽기나 정답 수용으로 보지 않고, 물음을 묻는 것이라고 한다. 그는 물음의 방법으로 인문학이 포괄하는 많은 주제들에 접근한다. 예를 들어 페미니즘을 휴머니즘이라 하기도 하고, 역사의 주제는 과거가 아니라 나의 삶 자체라고도 한다. 박민영(2009)은 한국의 정치, 경제, 사회, 문화의 여러 주제들에 대해 "인문의 눈"으로 해석한다. 인문적 해석은 시대나 사회의 위기에서 두드러지게 나타나고 기여하므로, 현대 한국 사회의 위기가 고조될수록 그 해석은 의미를 가진다.

인문 주제를 특정 주제에 한정하여 인문학을 전문화하는 경우도 있다. 심광현(2010)은 한국 사회의 도시화 비율이 90%를 넘기 때문에 신체 감각들과 맞물린 다감각적 공간(치명적 거리)이 파괴되어 우울증과 자살 유발성의 위험 앞에 직면해 있다고 판단하면서 도시 인문학을 제시한다. 몸의 관계적-체험적 공간이 철학적, 정치적, 예술적 성찰들을 통해 인문적 공간으로 전환되어야 한다는 믿음을 나타낸다. 이광수(2015)는 12명의 외국 철학자들의 사진 철학을 소개하고 12명의 한국 작가들의 사진을 인문적으로 분석하여 사진 인문학을 제시한다. 강민혁(2014)은 플라톤, 세네카 같은 철학자들과 루쉰, 소세키 같은 문학가들의 작품에 대한 인문적 성찰을 한다.

신옥희(2014: 4-13)는 11개의 문학 작품과 그에 대응하는 주제의 철학 작품들과의 대화를 시도한다. 문학 작품은 암호이고, 해석도 암호이다. 해석은 임의의 빛이 아니라 실존이라는 빛에 의한 해석이다. 인간은 유한성과 무한성, 가능성과 필연성, 시간과 영원이라는 양립 불가능한 요소들의 긴장 안에 존재하고, 이러한 양극적 요소들을 어떻게 종합하느냐에 따라 개인의 고유한 존재 가능성이 창조된다. 이러한 창조 안에 실존의 자유가 주어지고, 이러한 자유 안에서라야 불안과 절망은 극복된다. 그렇지 않으면 죽음에 이르는 병 이외의 다른 출구는 없다. 문학 작품을 통해 실존적 자유를 만날 수 있는 이유는 인간의 현실적 조건에 대한 바람직한 가능성의 범주를 구체화해주기 때문이다. 이는 인문적 사유를 통해 개인적이면서 구체적인 범주를 실현해내는 것이라 할 수 있다.

조광제: 매체적 몸의 형이상학

조광제(2010)는 매체에 대한 철학적 성찰을 통하여 의식의 형이상학으로부터 몸의 형이상학으로 논의를 확장시킨다. 그에게 의식의 형이상학이란 주체의 탄생과 주체의 소멸로 이루어진 것이다. 주체의 탄생은 거울과 구텐베르크의 책을 통해 나타난다. 렘브란트는 엄청나게 많은 자화상을 그렸는데 이것은 선명해진 크리스털 거울 덕분이었다. 자화상의 시대는 과거의 신학적인 내용이 제거된, 화가 자신의 내면을 표현한다. 내가 거울을 바라볼 때 거울 속의 나를 바라보기 위해서는 그 거울속의 내가 거울 바깥의 나를 쳐다보지 않으면 안 된다. 거울 보기는 생각하는 나를 생각하는 내가 무한하게 분열되어 나타나는 것과 같다. 이것이 바로 반성이다. 데카르트의 "나는 생각한다 그러므로 나는 존재한다"라는 논리의 거울적 반영이며, 주체의 의식이 탄생하는 것이다. 구텐베르크의 인쇄술은 책의 보급, 특히 민족어로 쓴 책들을 급격하게 유통시켰다. 구술 문화에서 문자 문화로의 전환은 책이 지닌 서론에서 결론에 이르는 선형적인 사유를 끌어낸다. 이것은 인과적이고 과학적이고 체계적인 사유 방식으로, 저자를 탄생시켰다. 저자의 탄생은 개인적 주체의 탄생 이외의 다른 것이 아니다(조광제, 2010: 180-182, 192-193).

조광제(2010: 197-200, 207-210)는 사진과 영화라는 매체로부터 주체가 어떻게 소멸되는지를 읽어낸다. 문자가 선형적 사유의 매체라면 사진은 복합적이고 총체적인 사유의 매체이다. 사진은 분석적이고 논리적이며 체계적인 설명을 거부한다. 사진은 선논리적이고 선의식적이고 선주체적이기 때문이다. 많은 광고 사진은 관람자의 무의식을 파고든다. 사진은 무의식의 주체에 말을 건다. 회화가 인간의 눈으로 본 세계의 인식이라고 한다면, 사진은 기계의 눈으로 본 세계이다. 기계의 눈은 내가 본

것도 아니고 네가 본 것도 아니다. 기계의 눈앞에서 개인은 사라진다. 한편 영화는 주체 없는 시선으로 보여질 수 있다. 영화는 시간 자체를 보여주기 때문이다. 영화는 시간을 조형하여 과거와 현재와 미래의 시간을 동시화할 수 있다. 영화의 시간 조형성은 책의 인과적이고 직선적인 시간 질서를 뛰어넘는다. 근대가 구성한 주체성은 다른 주체성으로 태어나야 하는 것이다.

조광제(2010: 224-231)는 컴퓨팅 매체의 성찰로부터 새로운 몸의 형이상학을 제안하고 있다. 인간은 자연적인 물리 공간에 살고 있지만 또한 정보 공학을 통해 전자 공간에 살고 있다. 물리 공간과 전자 공간은 통합되어 인간의 몸과 같은 단일한 형이상학적 질서에 진입할 수 있다. 두 공간의 통합은 사람의 몸이 신경 물질적 공간이면서 동시에 정보의 입력과 출력으로 이루어지는 정보 공간의 통합인 것과 같다는 것이다. 세계의 물리 공간과 전자 공간의 통합은 인간 개인들이 인터넷 주소를 가지는 것처럼 세계의 모든 사물들에 주소를 부여하는 데서부터 시작한다. 인간이 감각 뉴런, 운동 뉴런, 양자를 연결하는 연결 뉴런을 갖는 것처럼, 세계의 모든 사물들도 세 가지 뉴런을 부여받아 세계 전체가 하나의 몸이 되는 것이다. 사물들의 감각 뉴런은 센서 장치로, 운동 뉴런은 로보틱으로, 연합 뉴런은 초고속 무선랜 등으로 작동될 수 있다. 모든 사물들의 뉴런 장착은 전자 공간의 속성을 통해 "저항과 마찰의 시공간적 거리=0"이 구현됨으로써 세계 사물의 공간이 인간 몸과 같은 네트워크화된 통일 공간을 갖게 된다. 그러면 온 세계는 분리된 사물들의 집적이 아니라 인간의 감각-운동처럼 상호 반응하는 활성체가 된다. 전통적으로 형이상학의 전환은 개념적으로 접근되어왔다. 플라톤의 형상, 데카르트의 관념, 칸트의 개념, 프레게와 비트겐슈타인의 언어 등 형이상학의 전환은 전문적 철학자의 언어로 파악되어왔다. 그러나 조광제의 매체를 통한 형이상학의 전환, 통일 공간은 일상인의 경험에서 이루어진 세계관의 변화 가능성을 보여줌으로써 인문학의 미래에 대한 전망을 제시한다.

인문적 사유에 대한 대부분의 학자들의 논의는 인문학의 편재성 논제에 닿아 있다. 인문적 편재성이 제기하는 여러 물음 중의 하나는 다음과 같다. 원형적 종교들은 인문적이었지만 그것들이 제도화되면서 종교의 창시자조차도 알아보지 못할 형태로 내용이 변해버렸다. 그렇다면 과거에 훌륭하게 역할을 수행했던 종교의 빈자리를 이제 인문학이 매울 수 있을 것인가? 원형적 종교들이 추구했던 가치와 새로운 인문학이 꿈꾸는 가능 세계는 동일한 그것에 닿아 있는 것이 아닐까? 새로운 인문학은 이러한 물음들에 대해 보다 적극적이고 전향적으로 그 대답을 추구해나갈 수 있을 것이다.

5장 유학의 현대성

유학은 서양 철학과 마찬가지로 시대에 따라 변천하고 발전해왔다. 서양 철학이 지구촌 문화의 문법을 주도하면서 유학은 지난 몇백 년 동안 주류 문화의 문법으로부터 밀려나 있었다. 그러나 최근에 서양 전통의 형이상학이 어려움을 겪으면서 동양 전통의 형이상학이 대안적일 수 있다는 기대가 커지고 있다. 그러한 대안적 형이상학의 한 함축은 수행적 윤리학으로서의 인간학이다. 이러한 상황에서 새롭게 제기되는 "유학의 현대성" 논의는 주목을 받는다. 철학이 현대를 또는 미래를 전망하고자 할 때 유학의 현대성은 어떤 모습이어야 할 것인가? 예를 들어, 유학 언어는 과거의 한자에 고착되어야 하는가? 유학이 한국의 일상 언어나 현대 과학 언어와의 소통의 논리를 선도할 수 있을 것인가? 유학의 현대성은 "유학"이라는 체계적 분류어 유지보다는 유학의 중요 주제들의 선도적 발전에서 나타나는 것이 아닌가? 한형조의 최소 유학이나 이승환의 격물궁리는 지금 여기에서 나름대로 생각하는 방식의 철학하기를 가리키는 것 같다. 그리고 활발한 새로운 움직임들이 나타나고 있다.

1. 유학 현대성의 과제

유학의 적합성을 나타내고자 하는 학자들은 한동안 서양의 x 개념이 동양의 y 표현에 의해서도 개진되어왔다는 식의 논의를 지속해왔다. 그러나 이런 식의 논의는 그 자체로 흥미 있는 관찰이지만, 유학의 현대성 논의에는 도움이 되지 않는다. y가 x의 기능적 대역 개념일 수 있는가가 아니라, x 자체가 시대적 적실성을 만족하는가를 물어야 하기 때문이다. 다행히 한국의 원로 유학자들은 유학의 중심 개념 중에서 하나를 선택하여 인간론, 형이상학, 윤리학 등의 체계 구성에 노력하여 서양 체계들에 대한 대안적 모형을 찾고자 한다.

유학 현대화의 두 길

유학에서 대안적 모형을 찾는 시도들은 크게 두 가지로 구별할 수 있을 것이다. 첫 번째 길은 "동도서기론"으로 말할 수 있는 방식이다. 송영배(김교빈 외, 1998)와 최영진(강정인 외, 2002)은 이 길로 기우는 것 같다. 이들은 서양의 도구적 문명의 훌륭함은 인정하지만 천인합일의 길은 동양 전통에서 본다. 서양이 재(才)를 발전시켜 각 분야의 과학자, 전문가를 길러냈지만 사람의 길은 그것으로 다 되는 것이 아니기 때문에 이것을 모든 것으로 간주하는 사람들은 "재승박덕"이라는 말로 소인 취급을 당했다는 것이다. 따라서 동양의 도는 동양 전통의 원전을 기초 자료로 하여 재를 다룰 수 있는 덕(德)의 길을 추구해야 한다는 것이 그들의 입장이다.

유학 현대화의 두 번째 길은 "문제 중심론"으로 명명될 수 있는 방법이다. 한형조(2010), 강정인(강정인 외, 2002), 성태용(2000)은 이 방식을 드러내고 설명한다. 허남진(1998: 94-102)도 이 길로 기운다. 이 방식은 유학을 현실 모순의 묘약으로 배타적으로 거론하기보다는 큰 체계와의 연결에서 오늘의 문제를 다루는 것이다. 기독교가 처음에는 민주주의, 생태주의, 페미니즘 등을 반대했지만 후에 지지 입장으로 바뀌어 오히려 이 주제들의 세련화의 선봉에 선 것처럼, 유교도 자본주의, 민주주의, 페미니즘 등 현대적이고 정치적인 주제들을 개발하고 지지하여 바닥에 깔린 전통의 힘을 실어줄 때 주제 선취의 자리에 설 수 있다. 달리 말해, 과거든 현재든, 동양이든 서양이든 전통이란 현재의 문제를 설명하고 해결을 모색하는 참고 자료라는 프라그마틱한 의식으로 접근해야 한다는 것이다. 이들은 이러한 구조에서만 유학은 새로워질 수 있고, 동양 철학은 어두운 골방에서 나와 세계의 학문들과 겨룰 수 있다고 본다. 이들의 입장에서 보면 개념의 근접과 담론의 지적 이해 가능성을 가로막고 있는 것도 바로 이 텍스트 중심, 권위에 대한 굴종에 원인이 있다. 현실의 문제가 책을 참고해야지, 책이 현실 문제를 지배해서는 안 된다는 것이다.

이상은(1998a: 412-424, 512-542)에게서 유학 현대화를 위한 "문제 중심론"을 선명하게 볼 수 있다. 그는 현대 신유학의 유학 현대화 전략을 수용하면서(참조: 김병채, 1995; 이혜경, 2006) 그 구체적 사례로 주체 개념을 새롭게 제안한다. 그의 주체 개념은 서양의 원자적인 근세적 주체 개념과 대비된다. 그의 주체 개념은 의례(義禮: 羞惡之心, 惻隱之心, 辭讓之心, 恭敬之心)의 질서에서 구성된다. 부끄러움, 불쌍히 여김, 사양, 공경의 마음은 모두 나와 남의 대비 속에서 서로가 인격적 존재임을 인정, 확인하는 능력의 인간성이라는 것이다. 이상은의 주체 개념은 나와 남을 나누는 개념이 아니라 오히려 양자의 피아적 경계선이 타파되어 하나의 생명으로 통하는 본성으로 나타난다고 볼 수 있다. 이상은(1961; 1998b: 203-204)의 이러한 주체 개념은 이승만이나 박정희의 잘못을 비판하는 원동력이 되었다.

거의 모든 유학 철학자는 각자의 방식으로 유학의 현대화를 추구한다. 그 현대성을 추구하는 방식이 보다 선명한 경우들에 주목할 수 있다. 예를 들어, 이강수(2005; 2013)는 현재 지배적인 기계 문명의 기심(機心)을 대체할 새로운 세계관으로 다른 전통적 동양 철학보다 노장사상이 대안이라고 생각한다. 노장 사상은 오래되었지만 대안적 관점에서 새롭게 태어날 수 있다는 것이다. 물질을 주재하되 물질에 의하여 주재되지 않는(物物而不物於物), 천지의 바른 이치를 타고서 하늘을 나는 것 같은 소요유(逍遙遊)를 할 수 있어야 한다는 것이다. 정인재(2004)는 "마음을 초월한 어떠한 본질도 없다(心外無理)"라는 기본 명제를 설명해낸다. 의(意)가 있는 곳(意之所在)을 물(物)이라고 하여 심물(心物)을 이원론적으로 보는 것이 아니라 "양지(良知)"라는 내재적인 관계로 파악한 것이다. 유인희(1999)는 공학 산업적인 현대 사회의 문제를 기(氣) 일변도로 치우친 결과로 보고 진정한 지식-정보 사회로 가기 위해 리를 앞세우는(理先氣後) 철학을 발전시켜야 한다고 주문한다. 김용옥(1985a; 1985b: 83-94)은 기 개념에 근거한 동양적 일원론을 제시한다. 기는 천지(天地)의 소산이고, 생자(生者)와 불생자(不生者)의 긴장 사이에서 성립하며, 황제내경(黃帝內徑)으로 그 효험이 실증되어왔다는 것이다. 이러한 기 개념의 관점은 철학과 과학과 종교를 하나로 융해시킨 포괄적 우주론과 인생론을 나타낸다.

박종홍의 유학 현대성

박종홍(1954a: 156-157)에게 철학은 현실의 자기 부정을 통하여 다시 현실로, 즉 현실 아닌 것의 자기 부정으로 돌아오는 것이다. '부정의 부정'의 사유이다. 따라서 그에게 현실은 철학하는 것의 출발점(1926: 331)이다. 이 시대, 이 사회, 이 땅, 이 현실적 존재 자체에 주목해야 하는 것이다. 그렇지 못할 때 "우리의 위기는 철저하게 극복될 수 없다"(1935)고 말한다. 그러나 박종홍에 대한 몇 철학자의 평가는 그가 독재 시대의 정부 폭력성보다는 그 자의적 현실성을 지지한 것 때문에 비판적이다. 그가 자유민주주의가 실현될 수 있는 조건은 문화마다 다를 수 있다고 하고 5·16의 혁명적 거사는 민주 해방 정신과 인간의 존엄성에 기초한 것(1963: 535, 539)이라고 말하면서 독재 정권에 참여했기 때문이다. 그러한 비판들(홍윤기, 1999; 김석수, 2001; 김재현, 2002; 김교빈, 2007)은 정당하며 그러한 일은 되풀이되지 않아야 할 것이다. 그러나 우리가 하이데거를 평가할 때 역사적 우연성과 철학적 진실성을 구분하여 평가할 수 있다면, 같은 종류의 구분을 적용하여 박종홍을 평가할 수도 있지 않을까? 박종홍은 하이데거의 역사적 처신에 대해 평가 유보적이었지만, 본인 스스로 이 구분을 구성하지 않은 점에서도 하이데거와 같은 위치에 서 있다. 필자가 이 구분을 도입하고자 하는 것은 동양 철학의 현대성에 대한 그의 기여를 인정하기 때문이다. 윤리적 우연성과 철학적 개념성을 임의로 구분할 수 있다면, 그의 윤리성 담론은 설득력을 갖지 못하지만 그의 철학적 통찰은 인정할 수 있는 것이다. 예를 들어, 박종홍(1974; 1954a)이 제시한 물리주의에 대한 대안으로서의 정성성(誠)의 형이상학, 최한기의 개과천선(改過遷善) 방법론, 우리말의 중요성 등이다.

박종홍(1954a: 156-157)은 철학이 무지의 자각에서 시작하고 부정의 부정의 태도를 유지하는 것이라고 믿는다. 여기에는 진지(眞知)를 사랑하는 성실이 요구된다. 참(誠)이 결여될 때 모든 지식과 기능은 도리어 참(眞)을 왜곡, 은폐하는 수단으로 바뀌고 말 염려가 있다. 참(眞)을 파악하기 위해서는 우선 나의 태도부터 참(誠)되어야 한다. 참(眞)과 참(誠)은 본래 떨어져 있는 것이 아니요 구경(究竟)에 있어서 하나가 되지 않을 수 없다. 참(誠)을 희구하여 참(眞)을 사랑하는 것이 사람이고, 사람이 사람 노릇하는 것이 곧 철학이며, 철학적 태도란 별게 아니라, 사람이 참말로 사람답게 살려고 애쓰는 태도, 바로 그것이다. 그는 이러한 성(誠)적 인간론이 한국 전통에서 유지되어 왔다고 믿는다(1963: 536). 인간의 존엄성은 하늘에 견주어 공경받아야 하므로 "사람이 곧 하늘이다(人乃川)" 또는 "사람 섬기기를 하늘과 같이 하라(事人如天)"라는 명제가 한국 문화에 깊숙이 들어 있다는 것이다. 이 명제는 사람이 속임 없는 참(誠) 그대로요, 참되려고 노력하는 존재라는 것을 보이는 것이다. 한국 전통은 여기에서 인간의 고귀함을 찾으려는 가치관을 반영하고 있다는 것이다.

박종홍(1965: 544-545)은 성(誠) 개념을 인간론의 핵심으로 볼 뿐만 아니라 이것이 기초하는 형이상학에도 주목하여 『중용』의 자사가 강조한 성(誠) 개념을 도입한다. 저절로 참되어 진실무망한 것은 하늘의 도요, 사람은 언제나 저절로 참되다고만 할 수 없으므로 참되도록 노력해야 하는 바 이것이 사람의 도라는 것이다. 성은 그 극치에 이를 때 천부 본연의 성이 그대로 충분히 실현되는 것이요, 그리되면 사람의 성(性)도 물의 성(性)도 충분히 실현될 수 있다. 그러므로 성(誠)은 사람이 자기만을 이루는 것이 아니고 만물(物)을 이루는(成己成物) 것이다. 박종홍은 『중용』의 철학 체계를 성(性)은 천명이니 순종하고 거짓 없는 성(誠)에 의해 실현되어 나를 이루고 물을 이루게 될(成) 때 성(聖)인이 되는, 발전 단계(性 → 誠 → 成 → 聖)로 파악한다. 박종홍(1954a: 156-157; 1959: 682-686)에게 있어서 "참되면 밝다(誠則明)", "참되지 않으면 물이 없다(不誠無物)"라는 자사의 문장은 천명지성을 나타내는 것이고 천리를 지칭한다. 이러한 천리 수행은 현실의 부정성에 대한 자각에서 시작된다. 부정성을 자각하고 창조적인 참여를 함으로써만 인간이 인간 구실을 할 수가 있다. 이러한 부정성의 자각 위에 서 있는 한 "천에 앞서되 천에 어기지 않는다(先天而天弗違)"라고 말할 수 있는, 인간과 천(자연)의 지속성이 유지된다. 박종홍은 이러한 성(誠)의 실현에서 우리 멋의 형식도 드러난다고 믿는다. 멋은 맞을 것이 제대로(時中) 맞았을 때 모방이 아니라 주체성이 맞게 살아난 경우라고 한다.

윤사순의 자율성 유학 · 송영배의 유기적 유학

윤사순(2010; 1980; 2008)은 조선 유학사를 일이관지할 수 있는 개념으로 자율성 도덕의 발전을 선택한다. 조선 시대 유학자들은 인간 자신의 의지와 이지적 능력을 구사함으로써 "자율성을 확대해온 철학"의 자취를 보였다는 것이다. 14세기 정도전은 인간의 선 지향적인 심성과 의지의 구사를 논하면서 윤회설, 영혼 불멸에 기초한 불교의 응보설보다 진척된 응보론을 보였다. 14-15세기의 권근은 하늘(天)을 상제가 아니라 우주의 근원으로 보고, "天"을 대비할 것이 없는 "一"과 밖이 없는 "大"의 합성어로 해석하여 천인합일, 천즉리(天卽理)라는 이상 아래서 인(人)

이 인(仁)의 화신이 되는 선을 추구했다. 16세기 퇴계 이황은 성학십도를 통해 사단을 "리의 발(理發)"로, 칠정을 "기의 발(氣發)로 해석하여, 성선설의 확신에 기초한 인성의 신뢰를 전제했다. 율곡 이이는 퇴계의 리기호발설(理氣互發說)을 거부하고 주자가 리(理)를 생각했었다면 주자 역시 틀렸다고 선언했다. 그는 리통기국설(理通氣局說)을 창안하면서 리는 어디서나 통하여 임재하지만 기가 없이는 드러나지 않는다고 보았다. 17-18세기의 김장생, 박세채 이재 등은 오상(五常)의 마음씨가 오륜(五倫)을 성립시킨다는 덕성 윤리설을 논의했고, 19세기 정약용은 선행을 기호라는 인성, 곧 "선을 좋아하는 소질적 성향"의 자율적 행위로 해석했다. "스스로 작정(自作)"하고, "스스로 주장(自主張)"하는 능력을 논의하여, 타고난 "자주의 권능 또는 권형(自主權)"이라는, 성리학에서 볼 수 없던 자율 능력에 대해 분명한 방향을 제시했던 것이다(김형찬, 2010: 71-93). 조선 시대 유학자들의 이러한 자율성 윤리학은 앞으로의 도덕이 지향해야 할 질서가 결코 단선적이고 획일적인 질서일 수 없으며 "다원적 가치의 조화로운 질서"일 수밖에 없음을 나타낸다.

윤사순(2010: 209-211)은 자율성 도덕을 위해 보다 구체적이고 철학적인 자기 나름의 유학적 논법을 제시한다. 그는 "내가 하기 싫은 것은 남에게 시키지 않는다(己所不欲 勿施於人)"라는 명제를 도덕을 형성하는 제일원리로 제안한다. 어떻게 이 명제가 도덕의 제일원리일 수 있는가? 이 부정적 황금율은 "대접받고자 하는 대로 대접하라"는 긍정적 황금률과 대조될 때 그 까닭을 짐작할 수 있다. 긍정적 황금율은 궁극적으로 거래관계를 나타낸다. 거래 관계는 사람들 간에도 일어나지만 상대방이 사람으로 간주되지 않는 상황에서도 발생한다. 이를테면 동물이나 식물과의 관계에서도 거래 관계는 발생하지만 부정적 황금율은 상대방을 인격적 존재로 전제할 때에만 발생하는 인격적 관계의 규칙, 윤리 관계를 보인다. "남이 나를 인격적 관계 이외의 관계로 대하는 방식의 관계를 남에게도 부여하지 않는다"는 것이다. "나를 미루어 남을 대하는 태도"의 구조야말로 인간이 남과 더불어 공생하는 당연의 리(當然之理)로서의 도덕 그 자체이다. 이러한 리로부터 덕의 항목들이 여러 방식으로 구성되고 제안될 수 있다. 이것이 나와 남과의 관계에 대한 성실성의 조건이자 자율성의 조건이다. 『중용』에서 "참된 성심(誠)이 나와 남을 이루는 것(成己成物)"이라고 한 것은 이를 두고 한 가르침이라 해석하는 것이다.

송영배는 유학의 현대성에 대해 선명한 기획을 한다. 현대 문화의 문제를 진단하고 유학 자체의 현대성을 분석하여 일관되게 유기적 형이상학으로부터의 처방을 제시하는 것이다. 송영배(2012: 358-361)는 현대 문화의 문제점을 서양 형이상학의 기본 구도에서 읽어낸다. 즉 인간이 만물의 척도라는 믿음으로부터 인간 중심주의적 세계관에 도달했고, 이에 입각하여 주체적 인간과 객체적 자연이라는 이분법의 형이상학을 구성했으며, 이에 따라 추상적, 산술적 계산에 몰두하는 도구적 이성으로 세계를 해석하고 사회를 경영하게 되었다는 것이다. 송영배는 그러한 형이상학에 의한 귀결은 존재 망각에 이를 수밖에 없고, 따라서 대안적 형이상학을 새롭게 제시할 수 있어야 하는데, 그것이 유학의 현대성이라고 믿는다. 인간의 근본 문제는 구체적 환경에서 출발하는 자기 자신에 대한 철저한 반성과 내성(內聖)의 추구, 즉 자아 초월을 실현하는 일이다. 현세를 뛰어넘는 초리(超離)가 아니라, 현세에서 자기 한계를 확대·발전시키는 내재적 초월의 삶을 사는 것이다. 이것이 신유학이 바라보는 세계 현대화, 현대성의 핵심(2004: 300-322)이다.

송영배(2012: 362-397; 2004: 285-297)에게 있어서 이러한 내성적 현대성은 한편으로 유기적 형이상학을 요청하고 다른 한편으로 상관적 사유의 방법론을 가능하게 한다. 그에게 존재한다는 것은 스스로 자신을 드러냄을 의미한다. 드러냄은 인간의 실존, 현존재의 열림일 수밖에 없다. 이것은 자신을 가사자(可死者)로 자인하고, 하느님, 그리고 하늘과 땅과 만나면서 그들을 포용하면서 함께 사는 것을 의미한다. 그것들은 더 이상 인간의 욕구 충족을 위한 수단적인 대상이 아니라, 그들의 존재 의미를 그대로 수용하며 그들과 하나로 어울리는 아름다운 시적, 예술적 융합의 대상이다. 인간의 지배 욕구를 확장하는 것이 아니라 인간과 자연의 존재론적 융합, 유기적 세계관에 도달하는 것이다. 그러한 세계관은 특정한 사유 방식을 현실화해준다. 예를 들어, 언어의 경우 실체와 속성의 분류 방식으로서의 언어가 아니라 문장을 구성하는 글자 상호 간에 평등한 관계가 드러나는 상관적 사유를 본질적 특성으로 한다. 음양, 고저, 미추, 상하, 강약, 남녀 등 상호 연관을 맺고 있는 짝들은 모두 배타적 관계가 아니라 상호 의존적이다. 짝들의 한 요소는 다른 요소 없이 자립적으로 존재할 수 없다. 한자 문화권에서 보이는 짝 개념의 평등적 상관적 사유의 특징은 서양의 "일방에 의한 타방 지배적인 종속적인 이분법"과 확연히 구분된다는 것이다.

2. 한형조의 최소 유학

유학을 비판하거나 옹호하려고 할 때 혼란스러운 지점은 유학의 총체론적 성격에서 나타난다. 유학의 모든 명제는 유학의 체계 안에서 이해되기 때문에, 그 명제는 총체론적 의미를 가질 뿐 아니라 그 체계의 다른 모든 명제들과 의미론적으로 연결되어 있다고 가정된다. 그런 까닭에 유학의 명제 하나를 비판하거나 옹호하면 유학 전체를 비판하거나 옹호하는 것이고, 그 역도 참이라고 생각하기 쉽다. 그러나 한형조는 유학의 현대화를 위해 유학의 의미론적 총체론을 포기하고, 유학 체계를 최소주의로 접근할 수 있는 방법론을 제시한다. 조선 사회를 닫힌 사회로 만들어버린 신분제 같은 최대 윤리의 부분들은 버리고 형이상학적으로 최소의 명제들만을 요구하겠다는 것이다. 이는 유학의 현대화를 위한 과감한 처방으로 보인다.

최소 유학의 길

한형조(2008: 113-115, 150-155)는 최소 유학의 길을 구체적으로 제시한다. 그는 성즉리(性卽理: 인간이 구현해야 할 길이 우주적 지평에서 인간 안에 선험적으로 예비되어 있다)라는 명제를 유학의 필요충분조건으로 제안하면서 그 외의 추가적인 주석, 경전, 전통을 요구하지 않는다. 그는 이런 최소 구조를 통해 유학은 오히려 새로워지고 강화되고 설득력을 가질 수 있다고 믿는다. 이 명제만으로 최소 유학의 체계가 완성될 수 있는 자연신학이 가능하고, 예(禮)의 개념 요구를 최소화함으로써 시의성에 따르는 현대화가 가능하며, 다문화의 문법도 구성될 수 있다는 것이다.

전통적 유학의 문제점에 대하여 한형조(2008: 18-21)는 현상윤(1949)의 진단을 수용하면서도 한걸음 더 나아간다. 유학의 죄는 문벌이나 가족을 중시하여 계급을 고착시키고 울타리 밖의 사람들에게 배타적으로 대했으며, 당쟁의 격화로 학문이나 국정에서 대화를 원만하게 수행하지 못하게 했고, 경서에 매몰되어 국방을 경시했던 것이다. 현상윤은 이것은 유학 자체의 문제라기보다는 유학자들의 "잘못"이라고 해석한다. 그러나 한형조는 유학자들의 개인적 잘못도 있지만 유학의 경전에도 "잘못"이 있다고 천명한다: "사회적 관계의 범주와 그 규범은 주자가 말한 대로 하늘이 규정한 천리(天理)라기보다 인간의 필요에 따른 고안과 습관일 수밖에 없다…주자가 설정한 관계 범주와 그 덕목은 지나치게 딱딱하고 닫혀 있다."

그렇다면 주자의 잘못에도 불구하고 주자로부터 배울 수 있는 유학의 핵심은 무엇인가? 한형조(2008: 258-260; 2012: 88-93; 2010: 137; 2000: 234-239)는 성즉리 명제를 구체화한다. 인간은 자기 "안의 혼란" 속에 살면서 이를 다스려야 하고, 그 다스림은 외부적으로가 아니라 내부적으로 이루어진다. 인간의 도덕적 계발은 인간의 타고난 본성을 따르기 때문에 그 본성을 깨닫는 것, 그 본성의 발견의 기획이 중요하다. 이것이 유학의 내용이고 철학의 기본 정위인 삶의 기술이라고 본다. 그리고 그 깨달음의 내용은 "경(敬)"으로 요약될 수 있는데, 바로 경이 심학의 알파요 오메가이다. 이 말은 원래 경천, 경인 등에서처럼 대상을 갖고 있었지만, 주자학이 목적어를 지워버려 "자기 마음의 존중"을 의미하게 되었다. 존중의 핵심은 자각과 성찰에 있고, 따라서 공부는 나를 위한 학문(爲己之學)이 된다. 삶을 둘러싼 외면적 영향력을 무화시키고 내면적 자발성에 전적인 힘과 책임을 부여하는 것이다. 유학은 바로 그 자잘한 통속적인 일상 속에서 보상도 기대도 없이 올리는 자신을 향한 예배이다. 여기에서 주목할 것은 그 예배가 현재적이라는 점이다.

그러나 유학의 위기지학이나 심학은 개인 주체적이거나 개인 중심적이지 않은가? 이러한 의문에 대해서, 한형조(2008: 212-216)는 하나의 답변을 준비해두고 있다. 인간의 내적 본성은 미리 규정(天命之謂性)되어 있지만, 내적 본성들은 서로 연결되어 있다는 것이다: "자연 우주는 의미로 차 있고, 각각의 사물과 생명은 그 의미의 분신들(理一分殊)이기 때문이다; 달은 하나이지만 그 그림자는 많은 강 위에 떠 있는 것과 같다(月印千江); 천하에 리 없는 기가 없고 기 없는 리가 없듯이, 자연의 질서와 인간의 질서는 이원화될 수 없다." 그래서 그는 인간이 구현해야 할 길은 우주적 지평에서 인간 안에 선험적으로 예비되어 있다고 한다. 인간론이 형이상학과 연결되는 것이다. 그러기 때문에 인간은 자기 자신에 대해서만이 아니라 자연과 다른 인간을 향하여 갖는 관계가 둘이 아니고 하나인 것이다. 한형조는 이러한 시각을 발전시켜 자연 신학을 통해 체계로서의 최소 유학을 구성하고자 한다.

리의 자연 신학

한형조(2008: 229-261; 2010: 142-143)는 성즉리(性卽理) 명제를 최소 유학의 조건으로 삼을 뿐 아니라 자연 신학을 구성하기 위한 출발점으로 택한다. 한형조는 주자와 퇴계의 통찰에 기대어 리(理) 개념을 제시한다. 천지가 있기 이전에 리가 있었고, 리가 있었기에 이 천지가 있게 되었다. 리가 없었다면 천지도 없었을 것이고, 리가 있어 기가 유행하고 만물이 발육하게 되었다. 그러니 리는 신묘할 수밖에 없다. 리는 텅 비어 있으면서 가득 찼고, 아주 없으면서도 다 있고, 움직이면서도 움직이지 않고, 지극히 순수하여 한 올도 더하거나 뺄 수 없다. 이러한 리의 이해는 리에 대한 형식적 이해와 대치된다. 한형조의 리는 만물의 생성과 유지에 관련한다는 의미에서 존재론적으로 능동적일 뿐만 아니라, 만물의 성(性)으로 알려질 수 있는 가능태라는 점에서 인식론적으로도 능동적이다. 그러므로 다른 종교에서처럼 계시는 필요하지 않다. 리는 형상이 없고 하늘은 말이 없지만, 리는 어느 때 어디서나 없는 곳 없이 양양히 흘러넘치는 것이다.

그렇다면 리는 어떻게 그의 자연 신학의 내용을 구성하는가? 한형조는 기본적으로 인격과 응보의 개념에 주목한다. 먼저, 리의 인격성에 관한 그의 생각은 분명하다(2008: 247-253; 2010: 143-144). 주자가 "지금 그 하늘에 죄와 악을 판정하는 사람이 있다고 해서는 절대 안 된다"고 했을 때 시사하는 것처럼, 주자의 태극이나 리에 대한 의인화는 주의를 요한다. 그의 천지지심은 "인간적 의지"도 아니고 "의지가 없다"고 해서도 안 되는 것이다. 차라리 리의 의지는 "비의지적 의지"라고 해야 한다. 조금 더 구체적으로, 리를 무위(無爲)로 기술할 수 있지만, 이것은 "전혀 다른 방식으로 일한다"는 것이지, "아무 일도 하지 않는다"는 것이 아니다. 의도적이 아닌 유기적인 방식이고, 단선적이 아닌 복합적 인과를 나타낸다. 신은 세계 속에 거처하되 세계와 동일시할 수 없다. 만약 동일시한다면 리의 절대성을 훼손하는 것이 된다. 한형조가 지향하는 리는 사람이나 개인(humanity)이 아니라 행위자나 참여자(personhood)로서의 인격성이다. 서학의 신은 개인이기보다는 행위자라는 인격을 말하지만, 자연 신학의 리는 더욱 확장되어 행위자로서 개별화되지 않은, 총체적이고 유기적이며 편재적인 행위자를 의미한다. 물리적 사태들 간의 정보적 교환을 통한 상호 변화가 그러한 문법의 사례를 보여준다. 예를 들어, 식혜 잔의 물이 얼음을 녹이고 그 잔의 얼음이 물을 시원하게 할 때 그 인과는 단선적이 아니라 상호적, 동시적, 유기적이다. 물과 얼음은 정보 교환의 발신자일 뿐 아니라 수신자가 되는(정대현, 2014), 리의 상호적 구현자인 것이다. 한형조는 리를 바로 이러한 상황의 실현자로 봤다.

한형조(2008: 255-258)는 응보 개념으로 자연 신학을 명료화한다. 그는 "내 내부에 모든 길이 예비되어 있다(萬象森然而具焉)"라는 명제에 의한 자각이 공부의 알파요 오메가라고 강조한다. 덕 수행은 내재적인 것이지 외재적인 것이 아니며, 자율성이 핵심이기 때문이다. 주자학은 안정복이 밝히는 대로 덕 자체가 보상이며 지복인 것으로, 덕의 보상은 내재적 보상이라야 성즉리의 자율적 덕성에 일관된다. 만일 덕의 보상이 외재적으로 이루어진다면 그것은 성즉리의 자율성에 위배되는 것이다. 안정복의 이러한 사유 방식은 안정복의 서학 비판에서 선명하다. 그는 서학이 "밤낮으로 기도하고 간구하며 지난 잘못의 용서를 빌고, 지옥에 떨어지지 않게 해달라고 기구하기를 무당이 기도하듯이 하면서, 하루에 다섯 번 하늘에 예배하고, 7일에 하루를 재소(齋素)해야 하는지" 이해하지 못한다. 주자학은 인간 행위의 덕성의 의미를 그 자체에 두는 자율성 구조를 가지므로, 행위의 의미를 외부적 응보에 두는 타율적 윤리가 요구하는 영혼 불멸, 외재적 신, 심판, 천당, 지옥 같은 사안들을 설정하지 않는다. 그러한 요청은 자연 신학의 구성적 요소가 될 수 없는 것이다.

예의 문법: 성즉리

한형조(2002: 36-47)는 최소 유학을 제안하면서 "유학"이라는 이름마저 버릴 수 있어야 한다고 한다. 이는 "유학"이라는 이름으로 주자적 예법을 지칭하는 경우를 염두에 둔 처방이다. 전통의 예는 표면적으로 신분제를 인정하는 바탕 위에서 구성원들의 상호 의무를 제시하지만, 심층적으로 그 제도는 "인간 이전의 자연이 예비한 길"이라는 초월적 형이상학에 정초해서 보아야 한다고 한형조는 생각한다. 그는 주자의 예법은 최대 윤리적이어 공허하다고 판단하여 거부하고, 최소 유학의 예는 성즉리에 입각한 최소 윤리를 지향하는 것으로 본다. 주자의 최대 윤리는 "시대와 상황에 따라 끊임없이 변"해온 "현실적" 윤리의 과제에 부응한 것이었겠지만, 유학의 핵심과 유학의 실천이라는 두 과제를 분리하지 못하고 혼동한 과오라는 것이다. 유학의 실천을 위해 어리석은 백성들을 교화하고 설득하는 "지나친 처방"이 유학의 핵심을 오히려 혼란스럽게 만들었다는 분석으로 보인다.

그렇다면 한형조(2002: 27-47; 2012: 91-93)의 최소 윤리로서의 예는 무엇에 기초한 것일까? 그 기초는 역시 성즉리라는 명제에서 찾을 수 있다. 인간은 성(性)이자 리(理)인 인의예지를 최적으로(中和) 실현해야 한다. 이로부터 겸양(謙讓)의 도덕적 근거로서의 기소불욕 물시어인(己所不欲勿施於人, 내가 하고자 하지 않는 바는 남에게 시키지 말아야 한다)이라는 논리가 제시되고 충서(忠恕)라는 표어가 나타날 수 있다. 이것은 공자가 "아버지의 기대만큼 아들 노릇을 못하고 있으며 군주의 기대만큼 신하 노릇을 못하고 있으며 친구의 기대만큼 시의와 정성을 다하지 못했다"고 반성하는 혈구지도(絜矩之道)와 통한다. 한형조는 이러한 최소 윤리를 심학의 일부로 인지하고 훈련하여 일상(日常)에서 도달해야 하는 성사(聖事)로 간주한다. 일상의 바로 그 자리가 의미가 구현되는 공간이며 "자신과 관계하고 동시에 타자와 관계하는 인간 조건"이다. 일상 속에서 올리는 자신을 향한 예배에서 예의 본질과 동시에 총체가 나타난다는 것을 제안하는 것이다.

다문화: 최소 유학의 응용

한형조의 최소 유학은 전통적 유학과 구분되는 또 하나의 면모를 갖는다. 전통적 유학은 모든 사회 구성원에게 신분 체제를 도입하여 각각의 역할을 제시하는 최대 윤리에 입각해 있을 뿐 아니라 중국을 중심에 두는 존화양이(尊華洋夷)의 단원적 문화론을 발생시키고 유지해왔다. 반면 한형조(2012)의 최소 유학은 성즉리의 최소 윤리로 인간관계를 구성하는 구조에서 문화 체제 간의 다원성을 허용할 뿐만 아니라 요구하고 있다. 최소 유학이 문화 다원주의를 요구하는 논의들에 주목해보자.

한형조의 시의(時宜) 개념에 입각한 논의(2012: 173-175, 150-152)는 중

요하다. 성즉리는 주자의 가례 개념에서 보이는 것처럼 문맥적 시의에 따라 해석되고 구체화된다. 요순시대의 문화가 훌륭하다고 해도 이 시대의 사람들에게 요순시대 사람들의 의복을 따르라는 규칙은 성립되지 않을 것이다. 어떤 명제의 진리도 문맥적이라면, 어떤 가치도 시중(時中)에 따라 최적화(中和)될 수 있다. 예를 들어, 홍대용과 박지원 같은 실학자들은 청(淸)의 만주족을 전통적 신분제에 따라 오랑캐(夷狄)로 간주할 것이 아니라 "법이 좋고 제도가 훌륭한 것이라면" 그로부터 배워야 한다고 주문했다. 민족이나 문명이 성즉리를 시의에 따라 구현한다면 각기 자신의 주인이 되고 독자적 가치를 갖게 된다는 논의이다. 다양한 문명들은 자체의 시의에 따라 리인(里仁)의 공동체를 구성할 수 있는 것이다. 그 공동체에 맞는 개인의 자유, 시장의 활력, 사회적 질서, 정치적 역량을 존중하고 사회적 약자를 돌보고 교육의 기회를 확장할 때 그 공간에 어울리는 어진 공동체에 도달할 수 있다.

최소 유학의 문화 다원주의는 "사해동포주의"라고 불릴 수 있는 관점을 지지한다. 한형조(2012: 155-156)는 이 점에서 장재(西銘)의 관점을 따른다. 하늘은 아버지이고, 땅은 어머니이다. 내 몸은 천지를 채우고 있는 물질이고 내 정신(性)은 천지를 이끌고 있는 원리와 다름이 없다. 노인을 공경하는 것이 곧 내집 어른을 받듦의 경우이고, 힘없고 외로운 자를 보살피는 것이 곧 내 자식을 거두는 일이다. 만물과 타인은 나와 '한 몸의 동포요 가족'이다. 사람들은 각자의 차이에도 불구하고 서로를 이웃으로 대하여 '인간은 하나'라는 사해동포주의의 개념에 도달한다.

요약하자면, 한형조의 최소 유학은 성즉리라는 명제만이 필요하고 충분하다는 유학이다. 성즉리는 달은 하나일 뿐이라는 명제에 매달리는 최대 유학의 본질주의가 아니라 달의 그림자는 많은 강 위에 떠 있다는 사물 본성의 다원적 체현이나 그 해석을 허용한다. 성즉리는 천지 이전의 리를 요청하는 자연 신학이면서 만물 행위자들을 유기적으로 연결하기에 덕 자체가 내재적 보상으로 제시된다. 그러므로 그는 예라는 것도 사람들을 우둔하게 여겨 최대적으로 요청하기보다 모든 관계들이 자신을 향한 예배라는 자율성에 기초한 최소성으로 한정했다.

3. 이승환의 격물궁리 철학

유학이 철학일 수 있는가? 이 물음은 유학에 대한 잘못된 가정에 기초해 있다. 그 가정은 유학은 과거 전적을 읽고 해석하고 주석을 붙이는 회고적 활동이나 그 결과일 뿐이라고 전제하는 것이다. 이 전제가 옳다면 그 물음은 정당하고 답은 부정적으로 주어질 것이다. 이승환은 유학에 대한 이러한 편견을 극복하여 유학이 진정한 철학 행위라는 것을 보임으로써 유학 현대화의 문을 열고자 한다. 그에게 유학의 현대성은 격물궁리의 지금 여기에서의 직접적이고 분석적인 합리성의 사유 이외의 다른 것이 아니다(참고: 정상봉, 1999).

격물궁리의 방법: 분석적 합리성

이승환에게 격물궁리(格物窮理)란 무엇인가? 그것은 존재 세계의 이치(物理)와 행위 세계의 이치(事理)를 탐구하는 것이다. "철학"이라는 단어가 지칭하는 활동의 바로 그 외연이다. 이러한 연결성은 동아시아 전통에서 철학의 긴 역사를 입증하는 것이기도 하다. 이승환(2005: 19-58)은 격물궁리를 위해 "분석적 합리성"이라 부를 수 있는 방법이 있다고 생각한다. 그의 분석적 합리성은 철학적 문제를 "지금, 여기"라는 현재성의 지평에서 파악한다. 격물궁리는 지금 여기에서의 직접적 격물궁리로서, 다른 사람의 생각을 통한 간접적 격물궁리로 대치할 수 없다. 우회적인 것은 진정한 것이 아니다. 그는 "동양 철학자"로 알려져 있지만, 그의 철학은 철학성을 문제적 범주로 구성하고 동양성은 필요할 때 의존하는 소재적 범주로 한정한다. 그는 동양 철학 현대성을 향해 흔치 않은 출발을 한다. 그의 합리성과 분석성을 간단히 살펴보자.

이승환(1998: 259-285)의 합리성 개념은 한편으로 주자학적이지만 다른 한편으로 주자학적 체계를 벗어난다. 그의 주자학적 합리성은 계몽주의 합리성을 극복하기 위한 처방이다. 계몽적 합리성이 자연에 내재되어 있다고 믿었던 합목적적 질서를 탈신화화하면서 인간이 수행하는 추론, 분석, 계량의 능력, 도구적 이성을 제시하는 것에 대해, 이승환은 합리성이 인간의 인지 능력이 아니라 인간의 마음 안에 품수되어 있는 리(理)에 있다고 주장한다. 객관 세계의 궁극원리(理)가 인간의 마음에 내재되어 있다는 것이다(性卽理). 그러나 그는 또한 주자학적 이성관의 한계를 지적한다. 주자학의 리(理)가 현실에 적용될 때, 이는 군신 사이의 관계를 중심으로 한 모든 사회적, 인간적 관계의 상하적 명분을 나타내야 한다는 것이다. 주자학의 이성은 유교라는 제도적 울타리의 체계 내적 이성일 뿐, 제도에 대한 비판 능력으로서의, 체계 밖으로부터의 초월 이성의 여지가 허용되지 않는다는 것이다. 이러한 한계의 명시는 대상 체계와 상위 체계의 구분을 요청하고 또한 대상 체계들의 다원성을 시사하는 것으로 이해된다.

이승환(2012: 408-410; 2004: 357-377)의 분석성 개념은 사변적 성리학과 분석적 성리학에 대한 그의 구분에서 드러난다. 사변적 성리학은 성리학 문헌이나 성리학의 개별 학파의 진정성을 수용하여 그 속에 들어가서 내재적 해석과 음미의 일관성을 추구한다. 그에 비해 분석적 성리학은 전통적 문헌이나 과거 학파의 주제들을 고려하지만 그들이 사용하는 단어나 개념이 내부적으로뿐 아니라 외부적으로 쓰이는 방식에 주목한다. 그리하여 분석적 성리학은 "신성불가침의 기원 중심주의"를 추종하거나 특정한 문헌이나 학파의 주제들이 개인 학자의 철학적 사유의 중심이나 방향을 강요하는 것을 허용하지 않는다. 학자는 자기를 "중심의 위치에 놓고" 나름대로의 격물궁리를 할 수 있게 된다. 이승환의 이러한 분석적 합리성은 횡설 수설 논쟁, 권리 개념, 신체 언어의 주제에 대한 그의 논의들에서 나타나 있다.

리기 논쟁의 종언

이승환(2012)은 조선 유학이 400년 넘게 지속해온 퇴계학파와 율곡학파간의 리기론 논의를 프레임의 차이로 분석하여 파국을 극복하고 소통 가능성의 구조를 제시한다. 먼저, 문맥에 따라 "리"(理)는 존재세계에 내재해 있는 일정한 성향성(disposition)으로서의 원리, 원칙, 또는 이유를 지칭하고, "기"(氣)는 각 존재물을 구성하는 재료, 동력, 몸뚱어리를 보존하기 위한 욕구, 또는 욕구 성향을 뜻한다고 그는 본다(2012: 29). 성리학자들은 동일한 "리"와 "기"라는 기호를 사용하지만 자신의 지향에 따라 가능한 의미 선택지 중에서 상이한 선택지의 의미를 부여한다. 그리고 이러한 의미 부여는 각기 주자 문헌에 근거를 두고 있는 한 그 정도의 정당성을 갖게 된다.

이승환(2012: 85-120; 193-244)의 논의로부터 리기에 대한 퇴계와 율곡의 관점을 대비해볼 수 있다. 퇴계는 리기론을 3단계 국면론으로 진술한다. 첫째는 본연 지성으로서의 리(사단: 惻隱 辭讓 羞惡 是非)가 미발(未發)이지만 욕구 성향 또는 자연 감정(칠정: 喜怒哀懼愛惡欲)으로서의 기의 이발(已髮)로 이행하는 사건 존재론의 단계이다. 둘째는 리가 승반(乘伴)자로서 적절한 승반 기초인 기를 타고 자연 감정을 예화하는 형이상학적 단계이다. 셋째는 리와 기가 각기 사단과 칠정으로 대립되는 성향 이원적 경험의 단계이다. 칠정의 기는 흐트러지지 않기 위해 사단의 리의 지배를 받아야 한다. 이에 반해, 율곡은 리기론을 일원적으로 개진한다. 이때 리와 기는 승반 관계이다. 사람의 마음뿐 아니라 천지의 현상도 "기가 운동 변화함에 리가 올라타고 있는", 즉 리가 기에 존재론적으로 의존하고, 리가 기에 방향성을 주는 구성적 지향 관계이다. 따라서 사단칠정은 승반 관계의 결과물일 뿐이다. 사단은 칠정 가운데서 선한 것만 구별하여 붙인 이름으로, 사단적 도심은 도덕적 경험으로 나타나고, 칠정적 인심은 인간적 경험으로 나타났을 뿐, 둘 다 승반 관계에서 파악되는 한 그 근원은 하나이다.

리기의 관계에 대한 퇴계의 이원론과 율곡의 일원론의 차이는 분명하다. 두 학파가 자체 관점의 진정성에 매여 있는 한, 서로를 향한 이해나 소통의 가능성은 파국적일 수밖에 없다. 그러나 이승환은 두 학파가 자체 진정성을 유지하면서도 서로의 언어를 서로가 처해 있는 프레임에 따라 파악해야 할 문법의 필요와 이해의 논리를 제시한다. 프레임 유일주의 체제에서는 하나가 정설이면 다른 것은 사설이 되지만, 프레임의 차이를 인정하는 체제에서는 각자의 프레임이 설정한 문제 조명의 역할을 인정한다. 리기 이원론은 인간의 도덕 경험을 조명하고 자기 수양을 할 목적으로 리기의 어휘들을 도덕-원리로서의 리와 욕구-내용으로서의 기를 대립적 횡설로 구성하고, 리기 일원론은 인간을 포함한 세계의 현상을 존재론적으로 규명하기 위하여 리기의 언어를 자연-질서로서의 리와 자연-질료로서의 기를 통합적 수설로 개진한다. 횡설은 인간 경험에 한정하여 보편성이 떨어지지만 인간에게 직접적이고 직관적이며, 수설은 승반 구조를 설명하는 난삽한 개념들을 요구하지만 인간과 자연의 지속성을 볼 수 있게 한다.

리기 이원론을 당위 담론의 횡설 프레임으로 해석하고 리기 일원론을 존재 담론의 수설로 파악하는 것은 분석적 합리성의 힘으로 보인다. 그리고 이러한 분석적 합리성은 이승환(2012: 382-385; 279-302)이 기술하고 있는 심대윤과 정약용의 철학에서도 나타난다. 심대윤은 기존의 성리학과 다른 방식으로, 욕(欲)이야말로 하늘이 명한 참다운 성(性)이라는 것을 논의한다. 그는 사람이 욕구가 없으면 나무토막이나 돌멩이와 다를 바가 없다고 한다. 보고 듣고 생각하고 말하고 염려하고 움직이는 일, 음식을 먹고 짝을 구하는 일, 이 모든 일은 욕구 때문에 일어난다. 사람이 욕구가 없으면 사람이라 할 수 없다는 것이 그의 입장이다. 정약용은 리기론 자체에 대한 관찰을 제시했다. 퇴계는 인간의 도덕 경험에 대한 전문적인 설명(專論)을, 율곡은 존재계 일반에 대한 총체적인 설명(總論)을 했다는 것이다. "인의예지"라는 명칭은 인간의 상태나 행위 이후에 성립하는 말일 뿐, 어찌 복숭아씨나 살구씨처럼 사람 마음속에 숨어 있는 네 개의 번쩍거리는 구슬을 지칭하는 것이겠는가라고 반문했다. 심대윤의 욕즉성(欲卽性) 논변이나 정약용의 반실체론적 사단론은 동양 철학의 현대성을 가리키는 분석적 합리성의 빛나는 사례라는 것이다.

권리 개념

이승환(1998: 203-231)이 그의 분석적 합리성으로 작업한 또 하나의 주제는 권리 개념의 분석이다. 서양 철학에서는 전통이나 종교를 포함한 모든 것을 의심할 수 있지만, 나의 존재는 의심할 수 없다는 데카르트의 논변을 통하여 개념사적으로 개인이 탄생했고, 양심의 자유가 근거를 얻었으며, 인권이나 권리 같은 시민 사회를 가능케 한 거점이 얻어졌다. 반면 유가의 덕 윤리는 자기 몫에 대한 주장보다는 어짐, 양보, 화합, 겸양을 강조한 사회 안정 체계를 지향했으며, 권리라는 것이 없었다고 많은 학자들은 주장한다. 그들은 세 가지 논변을 편다. 당시는 "권리"라는 단어가 없었고, 덕 윤리는 역할 중심의 윤리이므로 권리 개념을 필요로 하지 않았고, 덕 윤리가 구성해내는 공동체주의도 권리가 아니라 신뢰 기반적이었다는 논변이다. 이승환은 그러한 세 가지 논변에 대해 구체적 반박 논의를 전개한다.

먼저, "권리"라는 단어가 유학 경전에 나타나지 않았다고 유학에 권리 개념이 없는가? 이승환은 개념은 단어가 아니라 복합적 문장을 통해서만 표현된다는 명제로 그 질문에 반박한다. 예컨대 어린이는 "효도"나 "이웃 사랑"이라는 단어를 몰라도 부모의 가치를 따르는 행위나 그의 친구들과 즐겁게 놀고 나눔을 즐기는 행위들을 통하여 효도나 이웃 사랑의 개념을 파악하고 있음을 보여준다. 구체적으로, 맹자는 목축인이 가축주에게 가축을 길러주기로 약속한 경우의 예를 들고 있다. 목축인이 가축주에게 가축을 기르기로 약속을 했으면, 목축인은 의무를 지고, 가축주는 권리를 갖는다. 가축주가 "권리"라는 단어를 모르거나 그러한 단어를 갖지 않는 경우에도, 약속이 발생한 문맥의 상황에서 가축주는 약속을 이행하지 않는 경우의 목축인에게 "왜?"라고 책임을 추궁할 수 있다. 이 상황에서 책임 추궁의 자격은 권리 외의 다른 것이 아니다. 개념이란 단어보다는 문장들의 복합적 구조를 통하여 개념의 내용성과 선명성을 갖는다는 것이다.

역할 중심의 윤리는 권리 개념을 필요로 하지 않는가? 역할 윤리는 사람을 역할 덩어리로만 간주하고 개인, 자율성, 자유, 이성, 권리 등의 개념이 끼어들 여지가 없는가? 이승환은 그렇지 않다고 생각한다. 역할분담(군신, 주노, 남녀, 부자)이 신분 차별과 직결된 경우, 불평등한 권리 관계로 빠지기도 했다는 것을 인정한다. 그러나 일반적으로 사회적 역할은 사회 기능의 효율성을 위한 것이다. 사람은 한 가지 역할만 갖는 것이 아니고, 하나의 역할을 맡는 경우에도 다른 역할을 전제로 성립하여 두 개의 상응하는 역할들이 필연적 관계라는 개념이 수반되기도 한다. 아비가 양을 훔친 경우, 아들은 아비를 향한 아들 역할과 나라에 대한 국민 역할에 동시에 당면한다. 가족의 범죄 사실에 대한 불리한 증언을 하지 않아도 되는 면책권과 공공질서 유지를 위한 참 증언의 의무도 갖는 것이다.

유학의 공동체주의는 공동선의 실현에 필요한 덕의 함양과 인격의 도야를 목표로 하기 때문에 개인의 사익을 정당화할 권리 개념은 필요하지 않다고 한다. 그러나 이승환은 유학 경전으로부터 "최소한의 도덕 원칙"을 끌어낸다. "측은하게 여기는 마음이 없는 자는 사람이 아니다(無惻隱之心 非人也)"라는 명제는 측은을 인간의 필요조건으로 세우면서 측은을 의무화하고, 측은의 공동체가 이루어지는 경우 측은은 그 성원의 권리가 된다. 같은 논리가 "자기가 당하기 싫어하는 일을 남에게도 하지 않는다(己所不欲 勿施於人)"라는 명제에도 적용된다. 이러한 명제들은 정의의 준수 뿐 아니라 권리의 존중을 나타낸다. 이러한 최소한의 도덕 없이 쌓아 올려지는 공동체란 사상누각에 불과하다.

신체 언어: 눈빛 · 낯빛 · 몸짓

이승환(1996)의 분석적 합리성이 잘 드러나는 주제는 눈빛 · 낯빛 · 몸짓을 다루는 신체 언어이다. 기존의 철학에서 간과되었던 현대적 주제에 천착한 분석성이 나타나고 그의 분석적 논의에서 설득력과 합리성을 볼 수 있다. 신체 언어의 의의는 두 가지로 제시된다. 첫째(1996: 125–128), 기존 철학이 이성 중심주의를 따르면서 자기의 구체성이 놓여 있는 자리로서의 신체성을 잃었다는 것이다. 보편 이성이 절대화되면서 거대 담론이 철학을 이끌었고, 윤리학에서도 칸트 같은 규칙 중심의 윤리학을 통해 공동체를 유지해왔던 덕의 윤리는 취미 태도가 되어버렸다. 둘째(1996: 170), 현대 사회가 화폐를 주체로, 인간을 상품으로 보는 자본주의 체제에 대한 대안은 덕의 윤리를 복원할 신체 언어의 회복이라는 것이다. 화폐는 인간 행위의 평가 기준이나 목표가 되고 인간은 그러한 화폐의 논리에 순응하는 존재로 전락했기 때문이다. 오늘날 눈빛 · 낯빛 · 몸짓은 내면의 도덕성이 아니라 몸의 도덕성을 화장하거나 기만하는 장치로 되어버렸다. 부를 과시하는 치장과 의복으로서의 몸짓, 각종 이미지 메이킹으로서의 낯빛, 없는 자나 약자를 백안시하는 눈빛은 유가가 보여온 진정한 신체 언어로 대치되어야 한다. 이승환은 이러한 기획을 위해 신체 언어의 존재론 · 의미론 · 도덕론이라는 세 가지 논의를 구성한다.

먼저 이승환(1996: 129–137)은 신체 언어의 존재론을 제시한다. 신체 또는 몸은 마음과 육체의 통일이다. 데카르트 언어의 마인드(mind)와 보디(body)는 실체 이원론을 구성하지만, 한국어의 몸과 마음은 속성의 다름을 인정하면서도 실체로서의 차이를 부정하기 때문이다. "배가 부르다", "소화가 안 된다"는 육체의 속성을 나타내고, "선친이 그립다", "권력이 부패했다"는 마음의 속성을 지칭한다. 그러나 두 종류의 속성은 인과 관계에 들어가지 않을 만큼 다른 실체에 속한 것이 아니라, 오히려 유기적인 관계에 들어갈 수 있는 몸의 상태에서 통일을 이룬다. 나란 육체와 정신이 분리되지 않은 몸 그 자체가 된다. 나의 존재는 나의 순수 의식이 아니라 타인의 시선에 의해 확인되는 몸이다. 몸은 의식의 드러남이고 몸을 통하지 않고서는 나를 드러낼 수 없으며, 몸을 통하지 않고서는 상대방의 마음을 이해할 수 없다. 유학은 데카르트의 코기토 명제의 자리에 "나는 드러난다. 고로 나는 존재한다"라는 명제를 유지해온 것이다.

이승환(1996: 138-141, 169)은 다음 단계에서 신체 언어의 의미론을 제시한다. 눈빛 · 낯빛 · 몸짓이라는 신체 표현은 어떻게 언어 의미를 갖게 되는가? 그는 신체 표상 중에서 경련, 조건 반사 같은 생리적 반응이나 인사, 초대 같은 의식이 개입된 신체 행위를 일단 제외하고, 웃음과 울음처럼 의식이 개입되지만 비자발적, 통제가 안 되는 표현을 신체 언어의 전형적 경우로 주목한다. 맹자가 말하는 "올바른 사람의 맑은 눈빛"은 언어적 신체 표현의 경우가 된다. 이러한 신체 표현은 선을 향한 감정과 의지가 내부에서 무르익었을 때, 내면 세계를 감싸는 껍질을 뚫고 외부 세계로 돌출하여 밖으로 드러난 것이다. 즉 단순히 지향적 의식 작용으로만 머물러 있던 감정과 의지는 낯빛과 몸짓을 통하여 외화 또는 육화됨으로써 감정의 자연스런 '흘러내비침(流露)'이 일어나 다른 사람에게 보여지며 따라서 지각 가능해진다. 흘러내비침의 감정 표현은 희노애구애오욕에서 비롯되고 이러한 감정들은 판단의 한 형태이다. 예를 들면, 노여움은 '비난받을 만함'에 대한 판단을 내포하고, 사랑과 욕망은 가치의 높낮이에 관한 평가를 내포하고, 두려움은 예상되는 위험과 손상에 대한 예측을 내포한다. 개념과 판단이 이성을 구성하듯이, 감정에도 이미 이러한 이성적 요소가 내재되어 있는 것이다. 눈빛 · 낯빛 · 몸짓은 기호의 운반체가 되어, 한 사람의 정신성(기의)이 밖으로 드러난 것(기표)이다.

이승환(1996: 142-168)은 신체 언어의 의미론을 신체 언어의 도덕론과 연결시킨다. 신체 언어는 감정의 표현으로서 판단, 평가, 예측 같은 인지적 의미를 수반하면서 사회의 다른 성원들과 관계를 맺을 때 도덕적 의미를 갖는다. 신체 언어는 단순한 내면적 상태의 기호일 뿐 아니라 의사소통의 매체가 되기 때문이다. 그래서 유가는 도덕적 수양으로 도덕적 마음 수양 대신 몸 수양을 강조했을 것이다. 눈빛 · 낯빛 · 몸짓은 모두 수신의 대상이다. 이룬 사람(成人)의 눈빛 · 낯빛 · 몸짓은 타인에게 도덕적 전범이 되는 요소들로 구성되고, 몸 가꾸기(修身)는 덕 윤리의 핵심이다. 신체 언어는 비문자적이지만 적절한 문맥에서 어느 문자보다 더 선명하고, 강력한 사회적 의미를 갖게 된다. 물론 신체 언어의 습관성으로 인해 가식적 낯빛이나 기만적 몸짓 같은 권위적 가면이 나타나기도 하지만, 그러한 것은 말류적 유자(末流的 儒者)나 숙고되지 않은 신체 언어에서 보이는 현상일 수 있다. 진정한 신체 언어는 덕 있는 사람을 알아보는(知人) 기준이 될 수 있다. 이성 언어가 덕의 속성을 취미 요소로 환원하고 자본주의가 화폐를 주체화하는 현대 사회에서, 신체 언어는 대안적 또는 보완적 언어로서의 기능을 담당할 수 있다.

이승환의 유학은 격물궁리 철학이다. 유학의 철학적 정신이 격물궁리이며, 이는 지금 여기에서 간접적으로가 아니라 직접적으로 존재 세계의 물리(物理)와 행위 세계의 사리(事理)를 탐구하는 것이다. 이승환은 주자학의 사회 위계적 이성관을 비판하면서도, 도구적 이성의 계몽적 합리성에 대한 대안으로 인간의 마음에 내재되어 있는 주자적 성즉리의 분석적 이성관을 풀어낸다. 그는 이러한 분석적 이성으로 리기 논쟁, 권리 개념, 신체 언어를 분석하여 현대적 격물궁리의 일단을 보여주었다.

4. 유학의 구체적 현대성

율곡이 주희에 대해 당당하게 철학을 논하고, 다산이 퇴율에 대해 주체적으로 사유를 했던 것처럼, 한국의 많은 현대 철학자들도 그러한 전통을 이어가는 듯하다. 공자나 노자의 핵심 개념을 새로운 논리로 구성하기도 하고, 유학 전통을 일용인륜이나 슬픔 같은 인문적 범주로 파악하기도 한다. 유학의 주제들에 대한 다양한 시도들은 권장되고 함께 논의될 수 있어야 한다.

유학 현대성의 전통

율곡과 다산은 몇 세기를 앞서 살았지만, 지금의 시점에서 봐도 현대성을 살고 몸소 표현한 철학자이다. 일반적으로는 시대가 생각을 제한하지만, 율곡의 철학함은 그의 시대적 제약을 벗어난 경우로 보인다. 율곡은 주자가 리기에 관해 말할 때 리기일원론을 생각하지 않았다면 그는 주자가 아니라고 했다. 다산은 퇴계와 율곡이 "리기"라는 동일한 기호를 사용하지만 부여하는 의미가 다르다며, 두 이론을 전(專)론과 총(總)론으로 분류해냈고 그 논의의 생산성에 의문을 제기하면서 유가에 대한 실학적 해석을 천명한다(이승환, 2012: 286). 율곡과 다산은 권위적 고전에 매몰되지 않고 개성의 사유를 드러내는 현대성의 표지를 나타냈다. 우리 시대에도 많은 철학자들이 율곡이나 다산에 못지않은 현대성으로 유학의 새로운 지평을 열고 있다고 생각한다.

한형조의 최소 유학은 동양 철학의 현대성을 향한 소중한 몸짓이라고 생각한다. 김상준(2009; 2011; 2014)은 한형조의 관점을 지지하여 주자와 스피노자의 자연 신학이 표면적으로 다르게 보일 수 있지만 결국의 분석에서 비슷하다고 판단한다. 최소 유학에 대한 보다 심층적 논의를 기대하게 한다. 이승환의 철학은 본격적인 격물궁리로서, 리기 논쟁을 종결시키고 권리 개념이나 유교 담론이 어떻게 현대적 언어로 태어날 수 있는가의 한 사례를 보여주었다. 그의 작업에 대한 본격적인 논의는 아직 부족하지만, 오미환(2012)을 통해 이승환의 작업에 대한 학계 일부의 반응을 예측할 수 있다. '존재와 당위는 서양 철학 개념인데 왜 동양 철학에 적용하느냐'는 지적부터 시작해서 '성리학은 분석 대상이 아니라 마음으로 깨닫는 것'이라며 '퇴계의 종지에 부합하지 않다'는 의견도 가능하다. 앞으로 학계의 주류에서 이러한 작업을 의미 있게 고려하고 진지하게 토론할 것으로 생각한다.

유학의 새 논리

유학의 현대화를 위해 유학의 새 논리를 제시하는 움직임들이 있다. 같음과 차이라는 개념에 주목하는 학자도 있고, 철학의 주체 개념에서 추구하는 사람도 있다. 곽신환(1995)은 인성과 물성의 같고 다름을 논해온 오랜 과정에서 "무엇과 무엇이 '같다'는 것은 다름을 전제하는 것이고, 무엇과 무엇이 '다르다'는 것은 이미 같음의 전제 위에서 그 의견을 개진하는 것"이라고 존재론적으로 생각한다. 이러한 생각은 ((㉮=㉯) → 모든 ㉰에 대하여 ((㉮≠㉰) ↔ (㉯≠㉰))) & ((㉱≠㉲) → 모든 ㉳에 대하여, ((㉱=㉳) ↔ (㉲=㉳))) 와 같은 자명한 논리로 파악된다. 그러나 최영진(2006)은 인물성동이론(人物性同異論)을 "하나의 달이 모든 강물에 비치듯이, 같음 속에서 다름을 보아야 하고 다름 속에서 같음을 보아야 한다"고 인식론적으로, 윤리적으로 해석한다.

전통적으로는 차이가 아니라 차별로 음양 개념을 파악해왔지만, 이에 대한 대안적 작업도 제안되고 있다. 이숙인 · 고정갑희(1999)는 차이(分殊)라는 것이 있기 전에는 기(氣)이건 리(理)이건 하나라는 점에 주목하고, 하나였던 것이 생성을 통해 차이가 생겼다고 본다. 김세서리아(2006)는 음양론을 주역의 차이-사이 개념으로 조명하고자 한다. "사이"라는 말이 나타내는 성질은 차이를 보전하고 장려하면서도 연결을 통해 관계를 유지하는 성질이라는 것이다.

오상무(2005; 2012)는 『노자』의 유무도(有無道) 개념들의 관계를 새롭게 밝혀낸다. 전통적으로 도는 유의 생성 원인으로서의 무이며, 무는 무형, 무명이고 유는 유형, 유명으로서 만물을 지칭한다. 이러한 관점은 존재론적 차원에서 도(무)와 만물(유)를 이질적, 단절적 차원에 놓는다. 그러나 정치적 차원에서 도(무)와 만물(유)의 대비성은 무명/유명, 불언/유언, 무위/유위의 대비성으로 표현되어, 그 존재론적 차원에서의 단절성을 완화한다. 오상무(2012)는 『장자』의 좋은 사회 개념에 대해서도 관심을 갖는다. 좋은 사회는 국가가 국민의 특정한 삶의 양식을 강요하지 않으면서도 방임적이지 않아야 하는데, 이는 국가가 좋은 삶을 실현하는 데 방해가 되는 요인들을 제거하는 역할을 해야 하기 때문이다.

양재혁(2004)은 공자의 시중지도(時中之道)의 주체를 새롭게 제안한다. 그는 군자나 현인은 전통적으로 엘리트 주체였지만 이제는 민중이라는 민주적 주체에 포섭될 수 있어야 한다고 생각한다. 유권종(2002)은 주자학의 이기론적 도덕 본질주의가 아니라 다산의 인륜적, 신교적, 도덕 후천적, 심신일관적 인간관의 의미를 명료화한다. 다산은 왕도를 향한 예와 같은 사회적 차별을 요구하는 한계를 보였지만 서구식의 이성적 평등이 아닌 도덕적 평등론을 제시했다는 것이다. 정재현(2006; 2009)은 철학을 철학함이라는 활동으로 파악하여, 그 활동이 이념의 영역에서 보편적이지만 또한 개별적이라는 점에서 역사적이라고 생각한다. 그는 보편적 문제는 항상 구체적인 경로를 통해 드러나기 때문에 실천과 이론, 수양과 탐구는 엄밀한 의미에서 구분할 수 없다고 판단한다.

유학적 주제의 개발

유학을 현대화하기 위해 유학이 제시할 수 있는 새로운 주제 개발에 천착하는 철학자들이 있다. 이들 중 몇 경우에 주목할 수 있다. 먼저 이규성(1996)은 생(生)철학을 제시한다. 그는 철학이 생의 통일성과 의미를 추구하는, 생의 기술에 관한 형이상학이라고 생각한다. 이를 위한 물음은 "생의 우울로부터 명랑으로의 전환은 어떻게 가능한가"이다. 이 물음은 생철학의 여러 가지 요소들을 아우른다. 그중 한 요소는 존재의 가치나 존재의 품격을 인정하여 상품 생산 사회에 저항하는 윤리적 원리를 추구하게 하는 것으로, 소유와 도덕이 강제하는 구조를 넘어서는 존재에의 용기에 이르게 한다. 이규성(2009b)의 생철학의 요소들은 더 나열될 수 있다. 생의 통일적 의미는 우주와 연관된 무한성에 대한 초절적 경험을 허용하여 또 다른 차원의 자유의 경험에 이르게 하고, 이때 인간은 세계와 화해하고 자기 자신과도 화해하게 된다고 말한다. 또한 그는 초절적 경험과 과학적 경험을 대비하여, 과학적 인식의 한계를 설정하면서도 자연사의 진화와 인간의 생리-심리학적 측면을 설명한다. 그의 생철학은 자유와 화해의 가치에서 출발하여 자연과 인간 및 사회에 대한 형이상학적, 과학적 해석을 통한 세계 지혜가 되는 것이다.

최진덕(1997)은 일용인륜(日用人倫)으로서의 유학은 기존의 종교나 철학의 지평을 넘어서 왔다고 주장한다. 종교나 철학은 궁극적인 존재 물음을 묻거나 그로 환원되어 이해되지만, 유학은 일상 세계와 그 질서를 무조건적으로 수락하고 이를 위해 배울 것을 요구한다. 일상적 세계의 삶은 삶의 근본적인 양식이고, 인간의 운명이기 때문이다. 종교나 철학은 그러한 일상 질서 안에서 구성되어야 한다는 것이다. 인간은 어떤 특수한 인간이기에 앞서 평범한 일상인(homo quotidianus)이고, 오랜 역사를 통해 구성된 언어 질서가 녹아 있는 일상적 세계의 문법 안에서 살고 있다. 그래서 유학에선 도(道)라는 것이 잠시도 일상으로부터 떠날 수 없다. 도는 대로와 같아, 따로 찾을 필요도 없는 것이다. 그것은 단지 일상적 세계의 도리일 뿐이고, 일마다 옳은 것이 곧 도이다. 그러므로 배운 사람들이 언어를 바르게 사용하는 과제(正命論)를 지켜야 사회적 질서가 개선될 수 있다. 예(禮)와 악(樂)도 언어 질서인 것은 매한가지이다. 예는 사람과 사람, 사람과 귀신, 사람과 자연, 사물과 사물의 차이, 다름(異)에 따라 나누는(分) 질서이고, 악은 세계의 같음(同)을 직관하여 나누어진 것을 합하려는 질서이다. 인(仁)이라는 개념 속에는 합(合)의 의미와 분(分)의 의미가 공존하고 있다. 언어를 바르게 하는 데는 시간이 걸리지만 도달한 언어 질서로서의 일용인륜은 인의 세계임이 분명하다.

최진석(2008: 162-166, 171-172)은 오류의 계보학을 추적하여 공자의 언어 본질주의를 밝혀낸다. 군자, 신하, 아버지, 아들은 각기 그 이름이 요구하는 기준에 맞추어야 한다(君君臣臣父父子子)는 공자의 명제는 "이름을 바르게 하는 일(正名)"이 필연이라는 것이다. 정명은 인(仁)과 개념적으로 연결되고, 인(仁)과 인(人)을 동일시(仁者, 人也)한다. 그러한 언어 본질주의는 사회의 신분 체계의 위계를 본연지성으로 보게 만든다. 이에 대해 최진석 · 김상환(1999: 140-151)은 노장의 해체주의를 지지한다. 유가는 "사물이 특정한 규정성(形)을 띠고 있다면 이 규정성은 특정한 부분법(分)에서 비롯되며, 이 구분법에 의해 결정된 규정성이 이름(名)의 근거"라는 분형명(分形名)의 삼위일체론을 견고하게 주장한다. 그러나 분과 형은 쉽게 해체될 수 있고, 명은 "우주의 사물은 우주의 그물일 뿐"이라는 천망(天網)으로 해체될 수 있다. 이러한 천망 개념은 노장의 존재론을 나타낸다. 우주는 무물, 무극, 제일(齊一)로의 복귀 사상을 보인다. 여기에 도라는 개념이 도입된다. 도란 무도 아니고, 천망(一)을 낳는 어떤 것이다. 도는 텅 비어 있지만 그 작용에는 끝이 없다. 도는 상제보다 앞선다. 도는 내용을 지닌 본체가 아니다. 도란 개방성의 발현, 그 기원적 사건에 대한 이름(道生一)이다. 이러한 "도는 자연을 본받는다"고 하며, 이때 자연은 도 작용의 자기 전개로 이해된다. 자연은 도 이외의 어떤 법칙에도 종속되지 않는다. 노장적 해체의 자연주의의 얼개가 제시된 것이다.

이기동 · 박찬영(1995)은 동서의 온전한 철학을 향하여 동양의 중용과 서양의 최고선의 융합을 추구한다. 서양은 최고선을 모든 존재가 자신의 본질과 현실을 동일시하는 완전성에 두는데, 그 완전성은 실천적 차원에서 행복이라는 인간의 선으로 나타난다. 동양의 중용은 성선설을 따르는 경우 모든 존재자에게 공통적으로 존재하는 생명의 원천에 따라 사는 삶이고, 성악설을 따르는 경우 모든 존재들이 조화롭게 살 수 있는 수양이 된다. 동양과 서양의 세계를 단일한 철학 체계로 이어주는 중용과 최고선의 융합 가능성이 제시된 것이다.

김경호(2012: 141-145)는 맹자 철학의 슬픔을 도덕적 슬픔으로 해석하여 현대 인간론의 핵심적 요소로 탐구한다. 슬픔(哀)과 노여움(怒)은 인간 연대를 보이는 인간의 대표적 자연 정서이다. 이역만리의 모르는 사람이 어려운 일을 당했을 때 슬퍼하고 억울한 일을 당했을 때 노여워하는 것이다. 인간의 이러한 자연 정서는 차마 어찌할 수 없는 애처로운 마음(不忍人之心)으로 말해져왔다. 김경호는 이러한 맹자의 생각을 도덕성이라는 마음의 싹(端)이라고 해석한다. 그는 슬픔의 도덕성을 단순히 개념적으로만 풀이하는 것이 아니라 신체성, 인지성, 심리성 등 현대 과학의 성취와 관련시켜 맹자의 통찰을 현대 언어와 연결시킨다.

유학 언어의 현대화

홍원식(2005)은 우리라는 주체 존재론을 시도한다. 현대 사회가 각종 공동체의 파열로 위기를 맞고 있다는 판단에 따라 "우리"라는 표현에 담긴 한국적 생각들을 철학적으로 이론화하여 이에 대처하고자 하는 것이다. 한국인은 "나"보다 "우리"라는 단어를 즐겨 쓴다. 여기에는 한국인이 다른 사람과 관계 맺는 방식의 특징이 잘 나타나 있다. 한국인들은 나와 너가 모여 우리가 되는 것이 아니라, 우리로서 너와 내가 관계를 맺는다. 우리는 우리를 떠나 너와 나로 환원되지 않는다. 그러나 우리에 들어 있는 관계 · 역할 중심적 요소는 개인을 증발시키지 않고 오히려 개인의 사회적 기능이 전제하는 능력과 권리를 요구한다. 홍원식은 이러한 한국어가 나타내는 우리 개념이 특정한 형이상학에 기초해 있음을 분석해낸다. 주자학은 만물의 리(理)는 '하나의 리(理一之理)'인 태극에서 나왔다고 말한다. 리의 관점에서 보면 만물은 다 같지만 기의 관점에서 보면 만물은 서로 다른 기를 가지고 있다. 만물은 모두 하나의 태극을 가지며 또한 각기 하나의 정해진 분을 가지고 있다(理一分殊). 태극을 태허로 볼 수 있다는 점에서, 만물이 리를 받아 기로 태어나지만 또한 다시 그곳으로 돌아간다는 생각(物我同胞)은 가능하다. 이러한 형이상학은 관계 속에 존재하며 좁은 울타리를 넘어 끝없이 나를 넓혀갈 것을 요구한다. 우리 의식은 좁은 우리로부터 넓은 우리, 포괄적 우리, 대인(大人)을 포함한다.

신정근(2009)은 유학 언어가 어떻게 새로워질 수 있는가를 구체적으로 논의한다. 그는 전통적으로 유학 언어에 두 가지 기능이 있다고 파악한다. 하나는 수학적 언어의 기능으로서, 묵자가 모든 주장에 대해 "그 까닭이 무엇인가?(基故何也)"를 묻고 순자가 "주장은 근거를 가지고 있고 주장은 조리를 갖추어야 한다(持支有故, 言之成理)"고 말한 데서 나타난다.

다른 하나는 공자의 논어가 보여주는 산문적 언어나 장자의 시적 언어가 보이는 문학 언어이다. 전자는 철학적 언어의 논리성을 추구하고 후자는 철학적 언어의 이야기성을 보인다.

신정근(2008)은 유학 언어의 수학성과 문학성을 통합하는 작업을 수행한다. 예를 들자면, 한국어의 호칭에 대한 분석이다. 호칭은 상대를 부르는 독특한 방식으로 세계를 구성하는 행위이다. 많은 한국인은 사람을 처음으로 만났을 때 출신, 나이, 본관, 부모의 직업 등을 묻는다. 상대를 만나면서 상대를 뒤로 제쳐두고, 상대를 구성하고 있는 조건을 우선시한다. 답을 하면 "그럼 내 후배구먼", "이제부터 말을 낮추어도 되겠지!"라고 한다. 사회적 위계의 높낮이에 따라 사람을 서열화하는 질서 원칙이 핵심 장치가 된다. 자연적 사회적 관계에 따라 세계를 끊임없이 미시적인 영역으로 분할하여 배치하고 도덕의 이름으로 고유한 영역을 지킬 것을 요구하고(郡君臣臣父父子子), 그 경계를 넘으면 "사람의 도리를 저버렸다"고 한다. 학생은 학생일 뿐 사람이 아니고, 노동자는 노동자일 뿐 시민이 아니다. 우리는 사람과 시민이기 전에 국부적인 생활 세계에 분할되고 고착되어, 그것을 넘어서고자 하는 신나는 비행(飛行)은 천박한 비행(卑行), 몹쓸 비행(非行)이 되고 만다. 신정근은 한국인은 사람을 만날 때 그 사람의 "…으로서의 사람"이라는 과거성보다는 "…임의 사람"이라는 현재성을 물어야 한다고 말한다. 상대방의 현재 취미나 관심을 묻는 것은 상대방을 과거의 관계로 환원할 수 없는 타자로서의 개인 이름을 호명하는 것이 된다. 상대방을 불편하게 하는 과거 구속적 관행으로부터 실천적 해방의 방향으로 나아갈 수 있다는 것이다.

이하배(2007; 2011)는 나이 차이에 기인한 한국 사회의 언어 사용방식을 분석한다. 그는 사람들은 만나기 마련이고, 만남의 본질은 소통이라고 규정한다. "만남"은 나아가서 마주함, 함께하기라는 어원에서 비롯된 단어이고 이 단어가 사용되는 방식의 의미는 두 주체의 사이를 없애거나 잇기를 뜻하는 소통이다. 그러나 그러한 만남은 주자 성리학의 오독을 통해 왜곡되었다는 것이 그의 주장이다. 예를 들어, 그 오독은 나이 차이를 근거로 만남을 가르고 만남에 많은 부담을 주는 수직주의적 문화를 지향하는 장유유서(長幼有序)라는 "예-사회화"를 도입했다는 것이다. 그러한 수직주의는 자유, 자율, 평등, 다원성, 연대, 민주, 합리 등의 가치와 공존하기 어렵다. 이하배는 나이 차이를 억압적인 "분리-예"가 아니라 늙거나 어리거나 간에 나이로 인한 불편함에 먼저 주목하여 돌보는 "해방-예"의 계기로 선택해야 한다고 주문한다.

서양 철학을 전공한 몇몇 학자들은 유학의 주제들에 관심을 가지고 현대적 범주와 관련시키는 작업을 한다. 조가경(Cho, 2013)은 주체 개념에 기초한 서양 전통의 철학과 환경 개념에 기초한 중국 전통의 철학의 차이에 주목한다. 그리고 주체 개념은 직선적(linear) 인과 개념을 결과하고 환경 개념은 순환적(ambient) 인과 개념을 불러낸다는 관찰을 제시한다. 이러한 관찰은 중요하다. 직선적 인과는 순환적 인과를 수용할 수 없지만, 순환적 인과는 필요에 따라 환경으로부터 추상된 직선적 인과 개념을 적용할 수 있는 구조를 허용한다고 해석할 수 있기 때문이다(손명현, 1972: 52-53).

이광세(1995; 1998)는 동양 철학과 서양 철학이 지난 시대에는 대립적이었지만 최근으로 올수록 융합의 단계에 들어섰다고 판단한다. 로티 같은 해체 철학자가 대화는 자기 창조의 과정이라고 했을 때, 이것은 장자 같은 동북아 철학의 다원주의적 자연주의가 만물의 통소리에 귀를 기울임이 자아의 화(化)의 과정이라 해왔던 철학에 가까이 다가온 것이다. 승계호(2008: 523-551)는 동서양 철학의 차이를 형이상학적 주제학의 차이로 해석한다. 서양에서는 사람이 세계를 어떻게 물질적으로 실현하는가를 주제로 삼았다면, 동양에서는 온 세상이 인(仁)이고 성(誠)이라는 내재적 주제로 살아왔기 때문에 물질에 대한 걱정(anxiety)을 하지 않는다는 것이다. 신귀현(2001)은 플라톤의 철인왕은 지혜, 용기, 절제, 정의의 덕을 갖지만 인이 요구되지 않았고, 퇴계의 성군은 인의예지의 덕목을 갖지만 절제가 누락되어 있었다고 판단한다. 그는 두 전통이 유사점을 기반으로 융합할 수도 있지만 또한 차이 때문에 자기 정체성을 유지하면서

"융합하는 것은 불가능"하다고 본다.

한국도가철학회(2002)는 서양 철학 전공자들의 노장 사상에 대한 관심에 주목하고 『노자에서 데리다까지』라는 책을 엮어 여러 논의들을 가능하게 했다. 그중의 하나는 노자의 도에 대한 다음과 같은 논의들이다. 김형효(2002a: 22-24; 2002b: 311-321)는 노자의 도(道)를 해체주의적 관점으로부터 다음과 같이 조명한다. 공자가 인(仁)을 진리의 일점환원주의적으로 해석한 것과는 달리, 노자는 도를 이중적 의미로 보았다. 빛을 보기 위해 그림자가 필요하듯이 선(善)도 실체적 속성이 아니라 문맥으로부터 합의된 양가성의 구성물로 보았다. 그리고 선을 이렇게 해석할 수 있는 법칙을 도라고 불렀다. 노자의 도는 무(無)의 비어 있음이 모든 유(有)를 품 안에 포용하고 유의 상호적인 상관 작용을 가능케 한다는 의미를 내함하고 있다. 유와 무는 차이의 갈라짐 속에서 구분되는 상생적인 것이며 위계적 관계를 가지지 않는다. 도의 양가성은 이중 부정의 소요유와 이중 긍정의 제물론을 함의하고 양자택일을 허용하지 않아 절대적 형이상학이 배제된다. 도의 문법은 안/밖, 같음/다름의 대립을 지우는 접목의 논리라는 것이다.

그러나 이승종(1998: 45; 2002: 24-30)은 노자를 선험주의자로 규정하는 김형효의 판단에 의문을 제기한다. 만일 노자가 선험주의자라면 도의 다양한 소리, 도의 다수 실현의 국면들이 배제되는 절대적 형이상학의 제시자가 되어야 한다는 것이다. 그러나 이것은 김형효 자신의 노자 이해와도 일관되지 않는다고 한다. 김영건(2002: 206)은 선험주의자 가설을 표면적으로 지지하지만 심층적으로 의문을 나타낸다. 도의 무와 만물의 유는 존재론적으로 상호의존적이고, 인식론이 기초에 있다는 의미에서 인식론의 문법은 선험적이라 할 수 있다. 그러나 모든 선험성이 특정 언어의존적이라면, 노자의 선험성을 정당화하는 근거는 무엇인가? 김영건은 김형효와 이승종의 담론이 제기하는 개념적 주제를 한 차원 높여 과제를 선명하게 만들고 있다.

음양론에 대해 이루어지고 있는 여러 작업 중 몇 경우를 참작할 수 있다. 이명현(1997: 71)은 음양 관계에 대한 논리적 분석을 하고 있다. X와 Y가 음양과 비슷한 관계에 놓여 있다는 것은 다음과 같은 조건들이 충족되었다는 것을 말한다. (1) X는 Y와 다르다. (2) X가 없이는 Y도 없다. (3) Y가 없이는 X도 없다. (4) Y가 a와 같은 방식으로 작용하면 X는 비-a와 같은 방식으로 작용한다. (5) X와 Y는 상호 보완적이다. (6) X와 Y는 전체를 구성한다. 이명현은 음양 개념을 둘째 조건과 셋째 조건을 기능 조건으로 풀이하고, 넷째 조건과 다섯째 조건을 맞물림 조건으로 해석하여, 여섯째 조건에서 대상의 구성 조건을 제안한다.

김혜숙(2000a: 52-77; 2014: 336-338)은 음양적 사유가 전통적 인과적 사유와 달리 유기적일 수 있는 포괄적, 맥락적, 상호 감응적 특징들에 주목한다. 그는 먼저, 음양적 사유가 하나의 설명 체계로서 기능한다는 점에 착안한다. 하나의 체계에 "사물 연관은 무한히 추가될 수 있으므로 지식의 체계는 언제나 유동적이고 열린 구조를 갖는다"라고 해야 한다. 음양적 설명의 포괄성은 음양론의 존재론적 총체성을 전제한다. 인식론적 포괄성과 존재론적 총체성이 대칭적이라면 모든 존재들은 맥락적으로 연관된다. 존재들은 시간적, 종적 성격만이 아니라 공간적, 횡적 성격도 갖는다. 그러므로 대칭적이고 과정적이며 상호 감응적이 된다. 존재들의 상호 감응성은 사물계뿐만 아니라 인간 사회도 정성스럽고 진실된 마음의 질서로 인도하여 서로 친해지고 기뻐하는 관계를 향한다.

김세서리아(2003)는 음양 개념을 이분법적 구도가 아니라 여러 개념 사이를 가로질러 존재하는 모호한 유기성을 나타내는 차이-사이 관계를 나타내는 개념으로 읽어낸다. 정대현(2014)은 물리주의의 단선적 인과론이 관계항들의 수동적 사물성에 기초한 것이라면, 음양론의 상호적 인과론은 관계항들의 능동적 정보 처리성에 기초한다는 가설을 지지한다.

유학의 현대화를 위한 몇 가지 제안들을 살펴보았다. 이들은 다음과 같은 방향에서 이해될 수 있다. "유학"이라는 명칭은 "칸트 철학"이나 "마르크스주의"라는 이름처럼 특정한 명제들의 집합으로서의 체계를 가리킨다. 전통적으로 이러한 명칭들은 최대주의적으로 해석되어왔지만 최근에는 최소주의적인 해석의 방향이 주류를 이룬다. 최소주의적으로 나아갈 때 그 명칭은 과거의 거대 담론적 의미를 갖기보다는 유학적, 칸트적, 마르크스적이라는 속성을 표시하는 주제 담론적 의미를 나타낸다. 칸트의 선험적 주체나 마르크스의 역사적 필연성을 부인하면서 이들의 체계를 수용하기는 어렵지만, 칸트의 개념적 사유나 마르크스의 역사적 구성에 대한 통찰은 우리로 하여금 칸트적이기도 하고 마르크스적일 수도 있게 한다. 이러한 속성을 돋보이게 하는 철학적 성찰은 특정한 이데올로기적 체계 담론을 향하기보다는 목전의 특정 문제의 조명을 위한 도구적, 기능적, 개념적 해명에 기여한다. 과거의 특정 체계를 유지하고자 하는 사람은 그 체계가 요구하는 총체성의 일관성으로 인하여 그 체계의 추종자일 수 있지만 지금 여기에서 직접적으로 격물궁리하는 철학자이기는 어렵다. 철학자는 기존의 특정 체계보다는 자신의 생각을 수행하며, 생각의 국면에 따라 유학적일 수도 있고, 칸트적일 수도 있는 면을 드러내며 결국 자신의 체계에 이른다. 이때 철학자는 "유학"이라는 체계 분류어에 종속되기보다는 유학적 성향의 합리적 사유의 수행에 몰두할 것이다.

실천 철학

2부

윤리: 사회성

인간은 홀로 살 수 없는 연대적 존재이다. 그 연대성은 자연종으로서의 연대성이기도 하지만 사회종으로서의 연대성이기도 하다. 사회적 연대성은 사람들을 엮어내는 결을 필요로 한다. 이것이 바로 윤리이다. 윤리는 기존 사회를 유지해온 질서이기도 하지만 새로운 환경과 도전에서 새로운 결을 엮어내는 질서이기도 하다. 현대 한국 사회가 변모해가는 과정에서 규범, 민주화, 산업화, 분단, 환경, 기술 등의 범주들은 새로운 결을 구성해야 하는 철학적 과제를 안겨준다.

인간이 연대적 존재라면 아무리 서로 다르다 해도 공존보다 더 소중한 가치는 없다(6장). 공존을 위해 규범이 존재하고 어떤 규범도 공존을 향하여 정당화된다. 윤리도 그러한 목표를 향해 선험적으로 요청되었고 천상적 질서의 인간적 판본으로 해석되기도 했다. 그러나 이제 언어의 공동체성이 주어진 현 단계에서 그러한 외부적 설명의 시도는 공허하게 들린다. 규범은 인간의 눈높이에 맞추어 정당화되고 윤리는 총체적이어야 한다. 법이라는 장치도 과거에는 많은 경우 높은 자가 낮은 자를 지배하여 사회를 안정시키는 폭력적인 것이었지만, 이제 공동체의 생활 경험에 맞추어 소통되어야 하는 합의의 장치가 되었다. 인간 세계가 새롭게 맞는 정치경제 질서나 과학 기술의 공간에서도 인간 사회는 세계 질서로 가는 규범에 다가갈 수 있는 것이다.

한국 사회는 20세기 전후로 일제 강점기를 겪으면서 기미독립 선언문(1919)을 통해 "위력(威力)의 시대", 식민제나 왕정제로부터 벗어나기 위한 "조선인의 자주민"임을 선포하고, 공화제로 전환하는 공동체 문법을 천명했다. 다행히 강점기를 벗어난 한국 사회는 공화적 민주화와 가난 극복의 산업화를 동시에 수행해야 하는 과제를 껴안았다(7장). 그러나 권위적 정권들은 산업화를 빌미로 민주화에 대한 열망을 채워주지 못했다. 결과는 산업화와 민주화 간의 정치적 가치의 갈등을 낳았고 그러한 갈등은 쉽게 해소되는 것 같지 않았다. 두 세력은 긴장 관계를 유지하면서 대치해오다 1987년을 기점으로 민주화와 산업화가 만족할 정도는 아니지만 상호의 관점을 이해하고 용인할 수 있는 단계에 이르게 되었다. 한국 사회의 산업화 철학과 민주화 철학은 회고적인 면이 있지만 지속적 발전을 위해서도 점검될 필요가 있다.

인간은 연대적 존재이고, 한국인은 한반도라는 지형도에 의해 구성된 구체적 연대성을 가지고 있었다. 그러나 한반도의 분단(8장)은 한반도의 주체적 구심점이 없는 상황에서 외부로부터 부과되었다. 그로 인해 얼마나 깊은 고통과 많은 비극이 초래되었는가? 한반도의 남과 북은 1940년대 말에 구심적 주체 세력을 구성했지만 분단 상황에 대해 아직 뚜렷한 방향성에 대한 합의에 도달하지 못하고 있었다. 한국전쟁에 대한 휴전에 실질적으로 동의했지만, 양측은 공존의 논리보다는 자기 체제의 우선적 지배를 요구하는 것처럼 보인다. 전쟁 상처의 흔적과 기억의 소산일 것이다. 북이 약자의 딜레마에 빠져 있다고 한다면, 남이 강자의 여유를 가질 수는 없을까? 한반도 분단에 대해 공존 언어의 문법은 어떻게 설득력을 가질 수 있을 것인가?

과학 기술과 자본 시장의 힘은 자연을 자연으로 남겨 두지 않고 있다(9장). 이제 더 이상 야수적 자연과 인간적 문화라는 이분법은 성립하지 않는다. 자연은 이제 인간의 보호를 받아야 하는 피보호자이자 인간과 연속적인 존재 구조를 갖는 인간 생태적 존재가 되었다. 기술도 인간 가치와 독립된 이분법적 기계 작동술이 아니라 자연에 행위 능력을 부여하여 모든 유형의 행위자들과 더불어 소통적 연결망에 참여하는 새로운 문화 존재성을 갖는다. 자연과 기술에 대해 통전적 접근을 하지 않는다면 자본은 자본대로, 기술은 기술대로 자체로 축적한 자율성에 따라 인간의 삶을 식민지화할 것이고, 결국 인간은 자본 시장이나 기술 세계에서 또 하나의 부품이나 상품으로서의 가치만을 가질 것이다.

6장
인간 규범: 정의와 법

사람은 낯선 세상에 홀로 등장한 것 같지만 부모로부터 태어나고, 부모가 이미 맺어온 인간 세계로 들어온다. 태어나자마자 고아가 된 경우에도 부모의 생물학적 정보와 부모와의 이별이 빚어낸 사회적 구조의 정보에 의존해서 살게 된다. 그래서 사람은 인간 세계에서 관계적 존재일 수밖에 없다. 관계적 존재인 인간은 윤리를 지켜야 하고, 그 결과 사회적 존재로서 규범적 존재가 된다. 윤리나 규범은 언어를 통해 인간에게 부여된다. 따라서 윤리나 규범에 대한 언어적 성찰이 요청된다. 이 장에서는 원로학자들의 윤리관을 살핀 뒤, 황경식의 윤리 체계를 고려하고 박은정의 규범 체계에 주목할 것이다. 인간의 윤리와 규범은 사회와 문화가 과학 기술적으로 급변하면서 과거에 경험하지 못했던 새로운 차원의 복잡성을 만나고 조명과 설명을 요구한다.

1. 윤리 언어와 윤리 내용

어떻게 살아야 할 것인가? 이 물음에 대해 많은 사람들이 잠정적인 의견을 말하기도 하고 여러 전통들은 확실한 대답을 제시하기도 했다. 그러면 나는 어떤 길을 걸어야 하는가? 윤리적 회의주의는 불가피한가? 어떤 확실한 처방을 따를 것인가? 윤리 언어가 진위(眞僞)의 가치를 갖지 못한다면 윤리 언어의 목적은 어디에서 오는 것인가? 외부에서 온다는 것은 발에 맞추어 신을 짓지 않고 미리 지은 신에 발을 맞추려 하는 사유 방식이 아닌가? 윤리 언어의 목적은 구체적 일상 언어에서 보이는 것처럼 인간 선택의 소관이 아닌가? 인간의 언어 체계 자체가 그러한 사람의 결을 그려온 소산이 아닐까? 이러한 논의들을 위해 한국 현대 철학자들은 분석 윤리를 말하기도 하고 규범 윤리를 논의하기도 했다.

윤리 언어

인간은 몸을 가지고 자연 질서에 맞추어 살면서도, 생각하는 존재로서 자연 질서를 벗어나 보다 자유로운 언어의 가능성을 추구한다(김영철, 2002: 11-14). 자연이 강요하는 현실과 자유의 가능성이 불러내는 이상 사이에서 인간은 스스로 "인간이란 무엇인가?"라고 묻는다. 그리고 이에 대한 대답은 인간이 추구하는 자유의 가치에 따라 달라진다. 그래서 "어떻게 살아야 할 것인가?"는 인간의 기본적 물음 중 하나가 된다.

박희성(1989: 44-73)은 윤리나 인간 규범에 대해 "가치에 객관성을 부여하는 것은 시간이다"라는 가설을 세운다. 그의 가설은 직관적으로 제시되지 않고 논변의 구조로 나타난다. 그는 가치보다 더 직접적인 "직관도 인류의 역사에서 기원을 찾아야 한다"고 말하면서 객관성을 시간과 관련시킨다. 이것은 객관성이 초월적인 것이 아니라 내재적인 것임을 나타낸다. 가치는 역사적이고 공동체적이라는 것이다. 이 가설의 정당화를 위해 그는 습관 개념에 주목한다. 그에 따르면 습관은 어떤 목적, 예를 들어 A라는 것을 성취하기 위하여 행동에 옮기는 것으로, A를 성취하는 데 필요한 행동을 할 수 있도록 우리의 신체를 조직한 물질에 시공 형태를 부여하는 것이며, 가치란 공동체의 숙고된 습관의 결이라는 것이다.

김기순(1981)은 보다 구체적으로 윤리를 언어적인 측면에서 접근한다. 그는 윤리의 언어적 접근을 가능하게 하기 위해 당위나 가치의 판단들을 존재나 사실을 바탕으로 정당화한다. 설(J. Searle)은 "이제 나는 당신에게 5달러를 지불하기로 약속합니다"라고 말하는 화자는 그러한 말을 함으로써 당신에게 5달러를 지불할 의무를 떠맡는다고 논의한다. 혹자는 설의 논변이 순환적이라고 하지만, 김기순은 그렇게 생각하지 않는다. 오히려 인간의 언어 체계의 사용 자체가 그러한 질서를 함의하고 있다는 점에서 순환성은 사실과 가치가 총체적 체계의 요소들이라는 점을 보강한다고 믿는다.

김영진(1981: 165-168)도 윤리학이나 미학 등의 가치 탐구가 학문으로 성립할 수 있는가에 대한 물음을 묻는다. 그리고 검증주의 의미론 기준으로, 가치 언어가 진위(眞僞)의 인식적 내용을 갖지는 못하지만 감정 표현의 의미를 가지는 한편 부분적으로 감정의 기반이 되는 서술성을 갖는다는 점에 주목한다. 윤리 언어의 의미 가능성을 향한 분석 윤리를 추구하는 것이다. 김영진(1984)은 이를 위해 특별히 헤어(Hare, 1952)의 언어철학적 분석 윤리에 관심을 갖는다. 화자의 "좋다"라는 발화는 화자의 권장을 나타내지만 그 발화에 대한 근거로서의 의미 지시적 기준을 포함한다는 것이다. 특히 "좋다"에 대한 무어(Moore, 1959)의 분석을 비판하는 것은 흥미롭다. 무어는 "좋다"가 정의할 수 없는 어떤 비자연적 성질을 지시한다고 보았다. 바로 이 때문에 무어는 "'좋다'는 말이 가진 가장 중요한 의미론적 기능, 즉 권장의 기능을 간과했다"는 것이다.

김태길의 분석 윤리

김태길(2010: 5-32, 410-414)은 "어떠한 삶을 살 것인가?"라는 물음에서 모든 인간에게 철학적으로 중요한 과제를 발견했다. 그러한 과제의 발견은 그 자체로 윤리적 사유에의 참여였다. 전통적으로 철학은 인간 목적이나 세계 법칙이 따로 실재한다고 상정하여 마땅히 있어야 할 세계를 추구하고 마땅히 해야 할 바를 밝히고자 해왔다. 그러나 이제 그러한 목적이나 법칙은 인간 선택의 소관이고 언어 구성적이라는 사실이 수용되면서 삶은 형이상학적이기보다는 형이하학적인 것으로 간주되었다. 김태길은 윤리적 삶의 조건을 적어도 두 가지로 제시했다. 첫째, 인간은 남과 더불어 공존해야 하는 사회적 존재이다. 인간은 고립해서 살기 어렵기 때문에 상호 협조가 요청되고 이를 위해서는 평화, 자유, 평등뿐만 아니라 정의와 도덕이 전제되어야 한다. 둘째, 인간의 삶은 죽음에 의해 한계지워지므로 가치 창조라는 의미 구성을 통해 "죽음 뒤에도 오래오래 생명을 유지"하는 영생에 이를 수 있다.

김태길(2010: 249-252)이 "어떠한 삶을 살 것인가?"라는 물음에서 부딪친 것은 "도대체 이 물음에 객관적인 대답이 가능한가?"였다. 그는 윤리적 언어의 객관성을 문제스럽게 보았고, 그의 윤리학은 "분석 윤리학"이 되었다. 자연 과학의 가설들은 실험을 통해 참이거나 거짓의 평가에 열려 있는 구조에서 의미를 찾는다. 그런데 "이웃을 배려하라", "선보다 정의가 우선적이다"와 같은 윤리 명제들은 참이나 거짓의 평가에 열려 있을 수 있는 가설들인가? 그러한 평가에 열려 있지 않다면 윤리적 문장들은 어떤 절차를 통해 의미성을 확보하는가? 진위의 검증 가능성 조건이 문장의 유의미성의 기준이라면, 윤리 문장은 유의미성을 어떤 방식으로 확보할 것인가? 이런 물음들에 답하기 위해 윤리 문장의 유의미성 확보를 위한 윤리 문장의 분석은 절박한 과제가 되었다. 분석 윤리학은 그러한 윤리 회의주의에 대한 불가피한 처방이다.

김태길(2010: 260-305)은 스티븐슨(Stevenson, 1944)의 분석 윤리학이 얼마나 희망적인가를 고려했다. 스티븐슨은 "약속은 지켜야 한다", "훔치는 것은 악이다"와 같은 윤리 문장이 진위의 평가를 받을 수 있는 사실 문장이 아니므로 사실 의미성을 갖지 않는다는 평가에 동의하면서 다른 종류의 의미 가능성을 분석해내고자 한다. 이와 같은 윤리 문장은 발화자가 이 문장을 말할 때 특정한 심리적 태도를 갖는다는 점에서 정의(情意)적 의미를 갖는다는 것이다. 이러한 윤리적 발언의 의미는 그 발언과 연결되기 쉬운 성향 (disposition)을 가진 심리적 반응으로 생각할 수 있다. 성향적 특성의 정의적 의미는 인과율적 상관 관계에 기초한 서술적 측면을 포함한다. 보다 구체적으로, "이것은 잘못이다"라는 윤리 문장의 정의적 의미는 "나는 이것을 못 마땅하게 생각한다, 너도 그렇게 생각하라"이다. 그러나 김태길은 "의미"의 의미에 관한 스티븐슨의 언어 심리학적 정의가 윤리학의 방법론으로 적합한가에 대해 의문을 표시한다.

김태길(2010: 356-370)은 분석 윤리적 작업을 구체적으로도 시도한다. 예를 들어, 그는 "좋음"과 "옳음"을 분석한다. 먼저, "좋다"와 "휴대용이다"라는 술어에는 공통점도 있지만 차이점도 있다는 것이다. 가령, 타이프라이터에 대해 "휴대용이다"라는 술어가 가볍다, 손잡이가 있다 등의 사실을 보인다면, "좋다"라는 술어는 글씨가 잘 찍힌다, 고장이 잘 안 난다 등의 서술적 사실을 보인다. 이렇듯 서술적 의미는 둘 다 문맥에 따라 바뀌지만 그 중심 의미는 일상적 의미, 관용적 의미다. 같은 휴대용이지만 라디오와 타이프라이터는 다른 기준을 가지며, 사과와 고무신이 둘 다 좋다고 할지라도 그 좋은 국면은 다르다. 그러나 "휴대용이다"에는 없지만, "좋다"라는 술어에 있는 특징들이 있다. 발언자의 긍정적 마음가짐이 좋음과 마음가짐의 변치 않는 서술적 관계를 나타낸다는 점에서 이 관계는 "좋다"의 정의적, 규정적 의미가 될 수 있다. 무어(Moore, 1959)는 "옳음"에 대해 "좋음"으로 정의할 수 있다고 생각하지만, 김태길은 달리 생각한다. 우리가 약속을 지키는 것이 옳다고 말할 때 우리는 약속 이행이라는 행위가 초래할 결과를 반드시 생각하는 것은 아니라는 것이다. 반대로, "좋음"을 "옳음"으로 정의할 수도 없다. 우리가 좋아하는 모든 것이 옳은 것은 아니기 때문이다. 노래하기나 술 마시기를 좋아하지만, 이들이 옳음의 평가 대상인가는 의문스럽다는 것이다.

김태길(2010: 389-410)은 윤리적 회의주의를 극복하기 위해 분석 윤리학을 추구했고, 얼마간 결실을 맺었다. 그는 특정한 형이상학에 기초한 포괄적인 윤리학의 언어를 분석하여 그 정체를 나타내 보였다. 그는 플라톤이나 칸트의 철학이 "발에 맞추어 신을 짓지 않고 미리 지은 신에 발을 맞추려 한" 잘못을 저질렀다고 판단한다. 이들은 일상생활에서 실제로 살고 있는 윤리적 질서에 주목하기보다는 소망하는 특정한 형이상학적 질서를 독립적으로 추구했다는 것이다. 이들은 "나는 믿는다"와 "나는 믿기를 원한다"를 혼동했다. 김태길은 분석 윤리학이 윤리학의 전부가 아니라고 믿는다. 그러면서 "시대와 사회를 위하여 실천의 원리를 제공"하는 규범 윤리학의 필요를 역설한다. 구체적으로, 김태길(1982)은 롤즈의 평등주의적 정의론은 목적론과 법칙론, 개인 윤리와 사회 윤리의 관계를 명료화하고 조화시킨다는 점에서 기여하지만, 자유민주주의 이외의 전통의 사회에서 얼마나 설득력이 있는지를 묻는다. 일반적으로, 규범 윤리는 자연적 세계나 초자연적 세계의 형이상학적 질서로 주어지는 것이 아니라 지성의 참여로 이루어지는 의견들을 통일하여 "만들어내는" 것이어야 한다. 김태길(1977)은 이러한 목적을 향하여 한국 소설에 나타난 가치관을 분석하기도 하고, 수필을 통하여 자신의 지성적 가치를 드러내고 철학 문화를 진작해왔다(참조: 12장 1절; 10장 4절). 인간은 어떤 목적을 위해서 태어나지는 않았지만 목적을 갖지 않고 살 수는 없다. 그렇다면 우리가 "만들어내는" 목적은 실현 가능하고 보람과 만족을 주며 시대와 사회의 요구에 부응해야 한다는 윤리 언어의 과제를 제시한 것이다.

규범 윤리

윤리 언어의 과제는 규범 윤리학에서 구체화될 수 있다. 현대 한국의 많은 학자들이 이 과제에 대한 작업을 꾸준히 해왔다. 그중의 몇 사례에 주목하고자 한다. 심헌섭(1984)은 정의론을 크게 방법론과 내용론의 두 가지 요소로 나누어 접근한다. 그의 방법론은 "비판적 합리주의"라고 불릴 만하다(정태욱, 2002). 그는 켈젠(H. Kelsen)의 상대주의를 멀리하고 하버마스(Habermas, 2003)와 달리 합의란 의견의 일치이고 의견은 어디까지나 의견이지 진리에 이르지는 못한다고 생각하며(심헌섭, 1993: 46-47), 경험적 인식도 궁극적으로 가설적인 것에 불과하다고 믿어 롤즈(Rawls,

1971; 1993)에 가까이 가지 않는다. 오히려 자연법칙도 그것에 대한 반증이 나올 때까지 타당할 뿐이라는 명제를 수용하여 포퍼(Popper, 1963) 철학에 친근감을 나타낸다(심헌섭, 1984: 275-287). 자연법칙과 사회 규범 사이에 본질적 차이는 없다는 것이다.

심헌섭(1995: 92-109)의 정의의 내용론은 추상적 논의를 벗어나 사회관계에 기초하여 구체적 규준을 제시한다. 사회 관계란 개인들이 갖는 상호 작용 관계, 공동체적 관계, 지배 관계, 부당 관계로 구별할 수 있다. 물론 이러한 관계는 공간적으로가 아니라 개념적으로만 분리될 수 있다. 가족 구성원 간에도 이러한 네 관계가 발생하기 때문이다. 전통적으로 정의의 핵심은 평등이고 평등은 "본질적으로 평등한 것은 평등하게, 본질적으로 불평등한 것은 불평등하게 취급하라"로 정리되며, 전자는 "각자에 똑같은 것"이, 후자는 "각자에 그의 것"이 평균적 정의와 분배적 정의의 구별로 나타난다고 해석해왔다. 그러나 심헌섭은 보다 구체적인 공준이 필요하다고 믿어 교환적 정의, 분배적 정의, 정치적 정의, 시정적 정의라는 네 가지 규준을 제시한다. 교환적 정의는 자유롭고 동등한 당사자들의 상호 이익을 보장하는 조건하에서만 교환 관계가 정의롭다는 것이다. 분배적 정의는 공적(desert), 필요(need), 권리(right)의 기준에 따른다. 공적과 필요와 권리는 각각 다른 것으로 완전히 환원될 수 없는 독립적인 것들로서 각자의 행위의 특성을 승인하고, 각자의 생활의 필수 조건을 제시하고, 각자의 기대의 안정과 자유를 보장하는 기준이다. 그리고 정치적 정의는 지배의 수행으로서 국가와 법에 의한 강제의 필연성은 피강제자로부터 수긍되고 강제를 상쇄하고도 남을 이익이 있을 때 정당화된다. 또한 시정적 정의는 권리와 의무의 존재를 전제하고 그 침해에 대해 배상이나 형벌을 부과하는 불법의 종류에 기초한 정의이다. 심헌섭은 네 가지 규준이 가족 구성원 간에도 적용되어야 하는 것처럼, 사회 전체에도 일반화될 수 있어야 한다고 믿는다.

규범 윤리는 한국적 맥락에서 보다 밀접하게 논의되기도 했다. 차인석(1995a)은 한국 사회의 사회 병리에 대해 그 나름의 분석을 제시한다. 그는 한국인을 신민과 시민으로 나눈다. 신민은 대중 매체에 현혹되고 감성이 조종되는 사람이고 시민은 스스로 생각하고 비판하는 자율적인 사람이다. 인간은 계몽 사상가들이 믿었던 것처럼 모두 이성적인 존재가 아니다. 한국 사회는 여러 가지 병리에 시달리고 있고 여러 가지로 분석될 수 있지만, 그 중심에는 전통 문화를 대치하는 자본주의 시장의 초문화화, 대중 매체의 물신주의 조장이 있다. 우선 고지를 점령해놓고 보자는 경제 전략은 한국인의 삶의 방식이 되어가고 있다는 것이다. 초문화화 과정은 탈전통 사회가 일반적으로 겪는 현상이지만 한국 사회의 경우 그 사정이 여러 가지 지표에서 더욱 심각하게 나타난다. 그는 역사의 흐름을 올바르게 고치는 데는 대중 매체를 선도할 수 있는 힘의 결집이 요구되며, 진정한 개혁을 도모하려는 시민 집단이 연합 정치를 통해 영향력을 키워야 한다고 본다.

진교훈(2012, 2014)도 한국 사회를 위협하는 현상으로 개인주의와 황금만능주의를 지적한다. 그리고 이러한 현상이 무엇보다도 가정 제도와 결혼 제도를 급격하게 해체한다고 진단한다. 이러한 위험에 대한 처방으로 그는 효의 개념을 제시한다. 효는 가정의 기본 질서로서 인간 이성, 인간 의지, 인간 정서, 특히 인정이 함께 작용하는 전인적인 개념 질서이다. 그러므로 사람은 그러한 전인적 질서에서 비로소 사람다움의 성향을 싹틔워 기르며 성숙해질 수 있다는 것이다. 가정은 자녀의 사회화, 정서의 순화와 안정, 도덕 교육의 교실이라는 것이다.

한국 사회에서 분석 윤리의 중심 자리가 규범 윤리로 대치되는 과정에서 "국민 윤리"라는 이름의 기획은 기억할 만하다(황경식 2003: 505-510). "국민 윤리"는 공산주의 비판, 한국적 민주주의, 민족주의적 역사 등의 주제가 대한민국 국민에게 최선의 질서로 수용되는 가치 체계를 구성하기 위해 의도된 것이었다. 이 체계 안에서 그 가치는 완전주의적이었다. 이것 이외의 가치는 배제되고 개방적 다원성에 열려 있지 않았기 때문이다. 국민 윤리는 1970년부터 20여 년 동안 한국 사회나 학교에서 홍보되고 교육되었다. 그러나 완전주의적 윤리 체계는 그 체계를 수용하지 않는 개인의 자율성을 침해하기 마련이다. 이 기간의 군사 독재가 끝나면서 완전주의적 실험은 바로 종료되고 새로운 시민 윤리가 태어났다. 이제 많은 학자들이 한국 사회의 민주화로 활성화된 시민운동을 지지하며 철학적 시민 윤리를 펼치고 있다. 시민 윤리가 시민운동에 기여하고 추동하는 철학적 기초를 구조화하기를 기대한다.

규범 윤리는 인간 사회 밖으로부터 오는 것이 아니라 시대와 사회의 요구에 부응하여 우리가 선택하는 목적을 실현할 수 있는 윤리라야 한다. 그렇다면 우리는 어떤 목적을 선택할 것인가? 규범 윤리를 구성하기 위해 선택할 수 있는 목적 후보들은 많다. 논의의 시작을 위해 던지는 하나의 후보는 "성기성물(成己成物: 나를 이룸과 다른 만물을 이룸이 맞물려 있다)"이라는 가설이다(정대현, 2006). 이 가설 명제는 해당 사회의 지향성을 나타내는 목적론적 윤리성을 나타내면서 그 사회의 성원들이 져야 할 의무론적 당위성을 함축한다. 달리 말해, 이 명제는 사회 윤리와 개인 윤리를 조화시키는 통전적(統全的, integrational) 구조를 보인다. 한편으로 공평한 사회를 위한 정의의 감각을 요구하면서 다른 한편으로 유덕한 개인을 향한 도덕성을 강조하는 것이다.

2. 황경식의 통합 윤리

도덕 질서는 전통적으로 또는 주류적으로 천상적 질서나 인간 사회 경험과는 독립된 선험적 질서로 간주되었다. 동서양을 막론하고 도덕 질서를 절대주의적으로 이해하던 시대에는 그 질서를 그렇게 해석하고 수행하는 집행자의 주체성이 사회와 역사에 막대한 영향력을 행사했다. 당시의 닫힌 질서와 억압, 폭력과 고통은 대부분의 인간이 겪어야 하는 일상적 경험이었다. 현대에 이르러 철학자들은 도덕 질서의 공동체성, 개방성, 인간성 등의 성격에 주목하게 되었다. 황경식은 이러한 문맥에서 도덕 질서의 형식적이고 보편적인 특징만이 아니라 실질적이고 구체적인 개인의 덕의 요소를 도입하여 통합적 윤리 체계에 이르고자 한다.

규범: 정당화와 동기화

모더니즘적 절대주의 체계 안에서는 이성의 힘에 대해 심각한 물음을 제기할 수 없었다. 절대 체계 안에서 그 체계에 대해 의문을 제기한다는 것은 비이성적이기 때문이다. 그러나 체계들이 다원화되면서 이제 "누구의 이성으로?"라는 물음은 의미를 갖게 되었다. 윤리도 절대 체계에서는 공맹이나 자연법에서처럼 천상적이고 유일한 인간 규범으로, 인간 마음에 쓰인 양심으로 파악되었지만, 이제는 문화의 다원화를 통하여 다원적 윤리 체계를 경험하게 되었다. 그렇다면 다양한 윤리 체계에 대해 평가할 수 있어야 하는 것이 아닐까? 황경식(2012a: 48-50)은 그 평가 기준을 두 가지로 제시한다: 첫째, 이 윤리 체계는 인간다운 삶을 위해 바람직한가? 이 체계는 좋음이나 옳음을 어떻게 규정하는가? 예를 들어, 최대 다수의 최대 행복은 항상 좋은 것인가? 참말을 하는 것은 항상 옳은 것인가? 좋음과 옳음 중에서 어떤 것이 우선인가? 둘째, 이 윤리 체계는 실현 가능한가? 구체적으로, 공산주의 체계가 실현 가능하지 않은 것으로 드러났지만, 공리주의 체계나 당위주의로서의 칸트 체계도 그 자체로 얼마나 실현 가능한가? 윤리 체계들은 이러한 물음들에 대해 설득력 있는 해명을 해야 한다는 것이다.

황경식은 이 물음에 대해 적어도 두 가지 접근을 인정한다. 형이상학적 접근과 인식론적 접근이다. 황경식(2012a: 45-46)은 사회 구조와 윤리 유형 간의 상관성(co-relation)을 상정하는 형이상학적 접근들에 대해서는 지면을 할애하지 않는다. 예를 들어, 사회 경제적 하부 구조가 윤리 유형 같은 상부 구조를 일방적으로 결정한다는 관점은 동일한 하부 구조가 상이한 윤리 유형을 결정할 수 있다는 복수 실현 가능성론을 들어 비판한다. 그리고 사회 구조와 윤리 유형이 상호 작용적이라는 입장에 대해서는 그 작용의 두 주체가 동등한 수행자가 아니라 사회 구조가 우선적이라는 점을 들어 거부한다. 그리고 윤리 체계가 사회 구조에 의존하되 일단 생겨난 윤리 체계는 나름의 부분적 자립성을 갖는다는 수반(supervene)의 관점에 대해서는 비판도 지지도 유보한 채 발전 가능성을 열어두고 있다.

황경식(2012a: 50-63)은 사회 구조와 윤리 유형의 관계에 대해 "인식론적"이라 부를 수 있는 접근을 시도한다. 역사적으로 사회 구조는 근세이전의 공동 사회와 근세 이후의 공동 사회가 각기 다른 유형의 윤리를 요청했다. 근세 전 공동 사회는 교통, 통신 등의 조건이 제약되어 지역적, 국소적인 사회였다. 따라서 자연히 사회 구성원 간의 윤리 체계에서는 구성원 간의 안면(顔面)성과 지명(知名)성이 개입된 도덕관을 공유했고, 그 도덕적 구속력은 강할 뿐 아니라 도덕 적용의 범위도 넓었다. 사회가 투명하므로 그 공간적 구조에서의 윤리 체계는 만나는 사람이 유덕한지 아닌지를 개인적 차원에서 인지할 수 있었다. 그러한 사회에서는 유덕하다는 인간 완성도에 접근하는 사람을 인정하는 덕 윤리가 효과적이고 지배적이었다.

그러나 근세 후 사회는 자연적 경계나 인위적 장벽이 감소하거나 해체되면서 사회 구성원 간의 이동과 접촉이 다차원적이고 편재적으로 변화되었다. 구성원 간의 익명(匿名)성이나 익면(匿面)성이 일반화되고 나의 도덕 체계와 낯선 사람의 도덕 체계가 같다고 전제할 수 없으며 그 경우에도 차이를 확인하는 절차가 용이하지 않은 상황이 되었다. 공동체라고는 하나 다원적 공동체가 된 것이다. 이러한 상황에서는 공동체 안에서 더불어 살기 위해 상호 공존을 위한 최소한의 도덕이 우선된다. 서로에게 유익한, 이성적 합의로 가능한 규범이 필요하며, 공존에 필요한 의무의 윤리가 도입되어야 하는 것이다.

정의: 의무의 윤리

황경식(2013: 265-275, 434-441; 2009: 15-44)은 근세 후 사회의 다원성이 윤리 체계의 과제를 달리 보게 했다고 생각한다. 이 점에서 그는 롤즈

(Rawls, 1971; 1993) 철학에 대해 기대 효용 극대화 기준을 멀리하고 평등주의를 전제한다는 점은 비판하지만 다원적 사회를 안정시킬 수 있는 사회 철학의 모델이라는 점을 옹호한다. 칸트와 롤즈를 비교해서 보자면, 칸트는 자율성이나 개성을 인간의 총체적 가치로 간주하여 자유주의의 형이상학을 추상적 개인, 원자적 개인, 선험적 자아에 기반시킴으로써 포괄적 자유주의 전통을 세웠고 그리하여 개인 간의 차이가 나타날 때의 갈등의 까닭을 누군가의 비합리성에서 찾았다. 그러나 롤즈의 정치적 자유주의는 근대 사회의 성원들이 갖는 종교적, 도덕적, 철학적 교설(doctrine)들이 포괄적이어서 합의가 어렵다는 다원주의의 사실에서 출발한다. 성원들이 근시안적, 이해 타산적, 비합리적, 추론 오류적이어서가 아니라 다른 세계관을 갖기 때문이라는 것이다. 롤즈는 그러한 불일치가 합리적 불일치라는 점을 수용하므로 칸트와 달리 공존의 문법 구성을 사회 철학의 과제로 선택한다. 불일치로 인해 피를 흘리지 않기 위해서는 다른 사람들과 더불어 살 수 있는 질서로서 공존 정의의 우선성이 요청되는 것이다.

그러나 어떤 정의인가(황경식, 2013: 251-260, 410-425; 2009: 17-18, 36-41)? 현대 윤리학은 크게 공리주의와 계약론이라는 두 전통에서 논의되고 이해되어왔다. 공리주의는 최대 다수의 최대 행복이라는 기준에 의존한다. 그러나 사회 모든 성원들의 행복을 계산해낼 수 있다는 계산 가설은 개인 간의 능력, 목적, 가치, 쾌락이 다양하고 비교 불가능하다는 점에서 어려움에 봉착할 뿐 아니라 노예 제도의 존속 가능성을 허용한다. 정의란 계산의 결과가 아니라 계산의 전제이다. 반면 롤즈는 정의라는 것이 경험주의나 선험주의에서처럼 외부로부터 단일하게 나타난다는 관점을 부정한다. 그러한 관점은 지배적인 가치의 일원론을 함의할 뿐 다원적 목표들이 실현될 수 있는 공정한 사회적 협동 체제를 구성하기 어렵게 만든다. 그렇다면 정의는 구성적일 수밖에 없고 계약적 모습을 갖는다. 예를 들어, 단일한 가치의 형이상학을 도입하면 그 결과인 보편적 자유주의(the liberalism)는 쉽게 이데올로기화되지만 다원적 구조에서는 자유주의의 여러 버전이 가능하여 필요에 따라 역할을 달리할 수 있다. 사유 재산권이라는 것도 소유권과 개인 자유는 동전의 양면이라는 명제의 발견으로 보고 소유권을 단일 권리(the right)로 읽을 때 사회 통합이 어려워지지만, 엔클로저 운동 이전의 거대한 공유지에서의 사람을 고려하면 꾸러미 권리들(bundle rights, 이용, 처분, 양도)로 구성될 수 있다. 이에 따르면 정의의 개념도 발견되는 것이 아니라 현대 사회의 과제에 대응하여 구성될 수 있다.

황경식(2013: 251-260, 276-296, 418-419, 427-430)은 다원주의 사회의 갈등적 관계를 통합적 사회 안에 정치(定置)하기 위해, 롤즈가 구성한 정의 개념을 몇 단계로 나누어 분석한다. 첫째, 원초적 관점의 마련이다. 원초적 관점은 두 가지로 구성된다. 하나는 개인이 자신의 천부적 능력이나 자연적 조건을 알지 못하는 무지의 베일이다. 그러나 개인은 사회에 대한 일반적 사실, 특히 사회가 정의를 필요로 한다는 것을 안다. 다른 하나는 다른 사람의 조건에 대해 시기하지도 않고 동정심도 갖지 않으며 애정이나 이타심이 없지만 자신의 이익을 추구할 수 있는 상호 무관심적 합리성이다. 이렇게 구성된 원초적 관점은 무지의 베일 때문에 개인의 이익 추구의 합리성은 이타심이 없는데도 불구하고 일반화되면서 타인이 이익 추구할 때의 합리성과 만난다. 그리하여 도덕적 관점의 단순성과 명료성이 얻어진다. 둘째, 원초적 관점으로부터의 어떤 행동도 불확정한 상황하의 선택이지만 최소 극대화(maxmin) 원리에 따르는 행동이다. 가능한 대안 가운데 각각이 초래할 최악의 결과(minimorum) 중 가장 다행스러운 것(maximum)을 선택하는 것이 기대 효용 극대화에 의한 선택보다 합리적이기 때문이다. 셋째, 정의의 두 원칙이다. 하나는 "각자는 모든 사람에 대한 유사한 자유의 체계와 양립 가능한 평등한 기본적 자유의 가장 광범한 총체 체계에 대한 평등한 권리를 가져야 한다"는 평등한 자유 원칙이고, 다른 하나는 차등 원칙이다: "사회적 경제적 불평등은 다음과 같은 두 조건을 만족시키도록 편성되어야 한다: (i) 최소 수혜자(the least advantaged)에게 최대 이득이 되고, (ii) 기회 균등의 원칙하에 모든 이에게 개방된 직책과 직위가 결부되어야 한다"는 것이다. 이를 풀어 말하면, 경제적 이득에 대해서는 자유가 우선이고; 단순한 평등이 아니라 차등 원칙하에서의 평등이며; 기회가 공정하게 배분되어야 한다는 것은 개인의 자연적 능력은 집단의 자산이기 때문에 소득과 부의 분배는 우연적이어서는 안 된다는 것이다.

황경식(2009: 17-18, 36-41; 2013: 251-274)은 이렇게 구성된 정의 개념을 구체화하기 위해 몇 가지 중요한 통찰을 제시한다. 첫째는 정의라는 것은 절차 자체의 결과로서 규정될 수 있다는 점이다. 정의의 본질은 문맥과 독립하여 존재하지 않기 때문에 문맥 없이 발견될 수 있는 그러한 것이 아니다. 정의를 구성하기 위해 도입되는 절차는 질서 정연한 사회와 도덕적 인간을 먼저 상정하고, 두 개념은 원초적 입장이라는 제3의 개념으로 매개한다. 둘째, 정의에 도달하기 위한 이러한 절차는 경험적 일반화나 특정한 관점의 교설이 아니라 반성적 평형에서 주어지는 중첩적 합의라 할 수 있다. 철학자들은 이러한 상태를 조명하기 위해 자연 상태 또는 선험적 자아 같은 개념에 호소했지만, 생활 양식이 정의 개념의 구성성이나 계약성을 보이는 데 도움이 될 것이다. 셋째, 이러한 정의 개념에서 자율성이란 개인의 심성적 상태가 아니라 원초적 입장의 규정 속에 표현되어 있다. 사회 협동체라는 개념이 내포하는 두 계기로 나타나는 것이다. 하나는 원초적 입장의 당사자들이 수행하는 숙고의 합리성이고 다른 하나는 모든 사람의 공동 이익과 공동 부담에 관련된 합당성이다. 합리성(rationality)에 대한 합당성(reasonableness)의 절대적 우위, 선에 대한 의의 우선이 자율성의 기초이자 구성주의의 특성으로 강조된다.

도덕: 행복의 논리

인간이 사회적인 존재인 한 인간의 규범은 사회적일 수밖에 없다. 규범은 인간 존재의 사회성에 한정되고, 그 결과는 최소적 의무 윤리가 된다. 최소 윤리는 인간관계의 공존을 위한 정의의 의무에만 주목한다. 그러나 인간관계의 풍부함이나 아름다움은 상생이나 공존의 범주만으로는 펼쳐지기 어렵다. 인간은 공존의 윤리를 필요로 하지만 삶의 풍성함은 그것만으로는 충분하지 않다. 인간의 행복은 금지 같은 의무 사항의 준수만으로 얻어지는 것이 아니라 최소 윤리가 언급하지 않는 허용 사항이나 권장 사항을 통해 도달할 수 있다(황경식, 2012b: 16-21). 성인다운 행위, 영웅적 행위, 친절, 용기, 배려를 통해 인간관계에서의 기여감, 만족감, 행복감에 이르는 것이다. 인간은 공존을 위해 정의의 의무를 지켜야 하지만 또한 서로 행복해지기 위해 도덕의 윤리를 추구한다.

그렇다면 덕 윤리는 무엇인가? 황경식(2012a: 20-31, 133)은 덕 윤리를 행위 윤리가 아니라 존재 윤리라고 한다. 그리고 덕 윤리는 3단계를 거쳐 존재 윤리에 도달한다고 본다. 첫째, 덕 윤리는 기술(skills)이다. 덕에는 이유 또는 논리가 있다. 그래서 덕의 습득은 악기를 배우는 것과 같다. 둘 다 개별적인 사례들이 공유하는 이유를 갖기 때문에 가르칠 수 있고 배울 수 있다. 그 이유를 모르면 헤매고, 타인에게도 설명할 수 없으며, 이유를 인지함으로써 새로운 상황에 응용하는 능력을 갖게 된다. 둘째, 덕 윤리는 성향(disposition)적이다. 덕의 이유를 새로운 상황에 응용하면서 이성적으로 자제하여 감정 조화를 이루고 시정적(corrective)이 되며 습관에 이르게 된다. 셋째, 덕 윤리는 성품(character)의 윤리에 도달하여 존재 윤리가 된다. 덕 윤리는 이제 외부로부터 나오는 제약이 아니라 내부로부터 나타나는 인격의 표현이 된다. 자애, 관용, 친절, 동정, 양심, 정직, 신중, 정의 같은 성질은 의무적 명령의 내용이 아니라 유덕한 사람의 성품의 내용을 이루는 것이다.

덕 윤리가 성품 윤리라면 덕 윤리는 습관 함양이나 몸가짐의 수양에 초점을 맞추어야 하는 것이다. 덕 윤리에도 상황 문맥에 대한 분석을 위한 비판적 사유가 필요하지만 이에 의해 대치될 수는 없다. 비판적 사유 훈련보다는 진정한 도덕적 사유(황경식, 2012a: 33-37)를 위해 의지 나약, 감정 부조화, 자제심 결여, 감정 조율에 일차적으로 주목해야 한다. 그러한 훈련을 통해 실천적 지식을 쌓고 실천적 지혜를 습득하여 습관화에 이르는 것이다. “도를 닦고 덕을 쌓자”는 실천은 유덕한 사람이 되는 첩경이다. 도(知情意)를 닦는다는 것은 신(信)을 배경으로 인의(仁義)를 전제하고 비상한 문맥에서 적합한 예(禮)를 지(智)혜롭게 모색하면 정당화와 지적 깨달음이 얻어지고 의지가 단련되고 감정이 조율되어 통합적 인격을 얻게 되는 것이다.

덕윤리는 흔히 중용 개념을 표지로 하는 성품 윤리로 알려져 있다. 그러나 황경식(2012a: 480-488)은 중용 개념이 명료화될 필요가 있다고 논의한다. 중용은 산술적 중간이 아니라 가치론적인 정점을 나타낸다는 것이다. 성품을 의미하는 내면적 중(中)이 행위의 외면적 중(中)으로 표현되는 것(的中)이 중용이라는 것이다. 내면적 중은 감정이 표현(發)되기 이전의 상태이고 감정이 발휘되어 절도에 적중(的中)할 때 중절(中絶)을 이루어 행위자는 조화로운 상태(和)에 놓인다. 적중 개념은 동양 전통과 서양 전통에서 궁도(弓道) 또는 궁술(archery)과 비교된다. 인간이 그 자체로서 욕구하고, 행하고자 하는 어떤 목적을 갖는다면 이는 선일 뿐 아니라 주도적 선이어야 한다. 이것은 과녁을 맞추려는 궁사와 같이 인간이 적중해야 할 목표이다. 유덕한 행위는 내면적 중용을 외면적 중용을 통해 실현하는 것이고 중용에 적중(hitting the mean)하는 것이다.

황경식(2012a: 131-139)은 덕과 행복의 관계에 대해서도 논의한다. 그에 따르면 덕 윤리는 행복한 도덕 생활을 영위하게 하는 인간적 기술인 동시에 행복의 기술이다. 덕 윤리가 성품 윤리인 것을 고려하면 유덕자는 나이에 관계없이 종심소욕불유구(從心所慾不踰矩: 하고 싶은 대로 하여도 법도에 어긋나지 않는다)의 자유의 경지에 이르는 것이다. 그러나 덕윤리는 행복의 필요조건이긴 하지만 충분조건은 아니다. 행복이란 불의한 권력자나 부자가 죽으면서 “행복했다”고 진정으로 말했다고 해서 도달할 수 있는 주관적 심성 상태가 아니기 때문이다. 유덕하지 않고는 행복할 수 없다. 또한 아무리 유덕하다고 할지라도 여러 가지 종류의 불운(不運)으로 고통이 가능하기 때문에 행복하지 않을 수도 있다. 덕 윤리는 행복의 충분조건이 아니다. 그러므로 덕 윤리는 불운한 자의 고통을 최소화할 수 있는 배려의 덕을 강조해야 한다.

정의와 도덕의 통합

황경식은 의무 윤리와 덕 윤리는 각기 제안되었던 당시 시대의 국소적 요청에 부응한 것이었다고 인정하지만 이들이 인간 일반 또는 사회 일반을 향한 통전적인 윤리였는지에 대해서는 비판적이다. 덕 윤리는 공동체가 지역적으로나 국소적으로 작을 때는 안면성과 지명성으로 인해 투명하고 전인적일 수 있지만 낯선 사람이나 다른 가치관을 갖는 성원들에 대해서는 배타적, 독선적이며 전체 공동체의 규범에 대해 미결정성을 노출하므로 사회적 통합에 적절하지 않다는 것이다. 그는 의무 윤리에 대해서도 불만을 나타낸다. 의무 윤리는 각기 다른 사람들을 하나의 공동체 내에 공존시키는 규범으로 기능적이지만 윤리는 인간 생존의 최소 윤리만으로 그 소임을 다한다고 할 수 없기 때문이다. 인간은 다른 사람들과 더불어 살 뿐 아니라 더불어 번영, 행복할 수 있어야 한다. 그렇다면 의무 윤리와 덕 윤리의 잘못된 점을 배제하고 좋은 점을 통합하는 꿈을 꿀 만하다.

황경식(2012a: 217)은 이러한 통합에 대해 슬로트(Slote, 2010)의 통합 불가능성 논의를 확인한다. 칸트의 의무 윤리는 모든 것이 보편화라는 하나의 근원칙에서 도출될 수 있어야 한다고 하는데, 슬로트는 모든 것이 공감이라는 하나의 근본 원칙에서 도출될 수 있어야 한다고 믿는다. 보편화 원리와 공감 원리는 통합될 수 없다는 것이다. 그러나 황경식(2012a: 101-104)은 슬로트 식의 두 윤리의 통합 불가능론에 대해 하나의 해결책으로 행위란 수행(遂行)과 형성(形成)의 양의성을 갖는다는 가설적 논의를 제시한다. 의무 윤리가 요구하는 행위 수행은 공동체적 단위에서 공존의 합리성을 담지하면서 개인적 단위에서 의무의 합리성을 표출한다. 또한 덕 윤리는 도를 닦고 덕을 쌓는 행위의 형성적 기능을 통해 성향적 성품 윤리에 도달하게 된다. 두 윤리 체계를 비교해볼 때, 의무 윤리는 최소 윤리이기 위해 형식적이고 덕윤리는 실질 윤리이기 위해 내용적이 된다. 그렇다면 형식 없는 행위는 혼란스럽고 내용 없는 행위는 공허하다고 할 수 있다. 이 단계에서 슬로트의 혼란이 지적될 수 있다. 칸트의 의무 윤리의 형식적 합리성과 덕 윤리의 내용적 연결성을 각각 범주적으로 다른 "근본 원칙"으로 설정하는 데서 오는 혼란이다. 그러나 행위의 양의성을 도입하면, 의무 윤리와 덕 윤리는 단순히 병행적인 통합이나 상보성의 단계를 넘어 단일한 윤리, 또는 통전적 윤리라고 할 수 있는 관점에 도달한다. 행위가 양의적이라는 것은 두 행위의 연결 가능성을 말하는 것이 아니라 단일한 행위의 두 국면을 나타내기 때문이다.

이렇게 도달한 황경식의 통합 윤리 또는 통전 윤리는 몇 가지 특징을 갖는다. 첫째, 덕 윤리는 의무 이상의 행위(supererogation)가 요구되는 사적 공간에서 기대되고, 의무 윤리는 시민 공동체 같은 공적 공간에서 요구된다. 그러나 이러한 두 공간의 구별이나 차이는 관행적 또는 지침적일 수 있지만 방법론적이거나 통전적이지는 않다. 둘째, 통합 윤리는 의무 윤리와 덕 윤리에 대한 전통적 양분법 때문에 양자 간의 긴장, 장애, 갈등이 있을 수 있지만, 이러한 상황은 개인 행위자의 도덕적 창조성을 촉발하는 계기가 된다. 개인적 윤리와 사회적 윤리의 사이에 새로운 문맥이 요구하는 창조적 윤리 행위가 요구되고 또한 그의 품성으로부터 가능해지는 것이다. 셋째, 덕의 역설이 주는 통찰이다. "유덕한 자만이 유덕한 행위를 할 수 있지만, 유덕한 행위를 통해서만 유덕자가 될 수 있다"는 순환 논리의 역설이다. 그러나 역설은 도를 닦고 덕을 쌓음으로써 도달하는 덕 윤리의 품성 윤리에는 문제가 되지 않는다. 품성 윤리에서는 유덕한 행위가 유덕하겠다는 의도조차 담지하지 않는 은밀한 행위이기 때문이다. 이는 덕행의 감화력이 들어서는 배경이 된다.

3. 박은정의 인간학으로서의 법학

전통적으로 "법과 질서"라는 말은 권력 집행자가 국민들을 보호하는 것일 뿐 아니라 억압하는 장치를 나타내는 것으로 이해되었다. 그러나 20세기 후반에 들어서면서 그러한 법 이해는 전기를 맞이한다. 양심의 자유, 종교의 자유, 표현의 자유 같은 인권은 오히려 국민이 권력자에게 요구하는 지구촌적으로 집행 가능한 법률적 장치가 된 것이다. 예를 들어, 종교 간의 다원주의를 유지하는 모습은 법률 이외의 장치에서 찾기가 어렵게 되었다. 박은정은 이러한 법 지배 개념에 대한 인문 · 철학 · 존재론적인 성찰을 통해 인간학으로서의 법학을 구성한다.

인간학과 법학

인간이란 무엇인가? 박은정(2007: 159-165)은 "인간이란 자연종(自然種)으로서의 양적, 경험적, 실체론적 존재를 넘어 세계 속의 존재로서의 질적(質的) 선험적 존재 차원에 접해 있다"는 하이데거의 통찰에 동조한다. 이에 따르면 '나'는 데카르트가 상정했던 영혼적 실체가 아니라 더불어-존재로서 타자와 같이 세계를 공유하며 타자에 개방되어 있어야 한다. '나'의 진정성은 나 자신이 아니라 타자(그들)의 실존적 범주에 의존하기 때문이다. '나'와 그들과의 유대성 주제는 존재론적으로는 정의의 형이상학을 요구하고 윤리적으로는 정의의 법학을 요청한다. 법 철학은 한편으로 존재론적 성찰의 기획이지만 다른 한편으로 윤리적인 역사적 제도에 대한 탐구이기도 하다. 넓은 지평에서 볼 때 법은 단순히 법률과 판례들의 총체가 아니라, 법 원리와 법 이념을 담지하여 발생하는 정신적 긴장이나 대결을 결과하는 법 실천을 포함한다. 그러므로 박은정에겐 "인간이란 무엇인가"라는 물음과 "법이란 무엇인가"라는 물음은 동일한 실재에 대한 양면적 물음이 된다(박은정, 2010: 16).

인간과 법이라는 개념이 동일한 현상을 아우르는 범주라면, 인간 이해가 인문적인 것처럼 법 이해 또한 인문적일 수밖에 없다(박은정, 2010: 270-280). 예를 들어 "자연성"이 강아지가 태어나 자기에게 주어진 사물적 조건들에 대해 아무런 의문 없이 수용하는 것과 같은 사물성을 지칭한다면, "인문성"은 인간 이해의 조건이 주어진 사물적 조건에 한정된 것이 아니라 '꽃이라 말하니 꽃이 되었다'는 것과 같은 언어 규정을 통하여 보다 자유로운 가능성에 열려 있는 성질을 표시한다. 법 이해도 화석화된 법 질서의 조문으로 이해하는 것이 아니라 모두가 보다 자유로운 질서의 가능성을 추구할 수 있다는 믿음에서 비롯된 이해이다. 법 언어는 한편으로 자유 지향적이지만 다른 한편으로 사태 규정적인 양면성을 갖는다. "강"이라고 불리울 때 한강이나 라인강의 구체성이 사라지듯이, 누구나 "피고"로 불리면 "아무개의 아버지 누구"라는 구체성이 사라지고 법률적 계산의 대상이 될 뿐이다. 법률가가 이를 극복하기 위해서는 법 언어의 자유 지향적인 가능성에 주목해야 하고 그러한 자유는 이야기식 서술, 내러티브 기법, 케이스 중심적 관점에서 확보될 수 있다. 자유는 체계가 보존하는 무게의 억압성에서 벗어난 구체적인 이야기에서 나오기 때문이다. 약자 언어나 소수 의견이 존중되어야 하는 까닭은 인간 세계가 단일한 체계로 온전하게 엮어지는 것이 아니기 때문이다. "소수 의견"은 틀린 답이 아니라 다른 정답으로 사회에 영감과 희망을 공급할 수 있는 자원이 될 수 있다. 법 언어의 이러한 국면이 바로 법의 인문적 특성을 나타낸다.

박은정(2007: 163-169; 2010: 14-15, 119-140)은 법에 대한 인간학적 · 인문학적 성찰을 보다 구체화하여 "인간학으로서의 법학"을 제안한다. 사회 과학이 현실의 인간 조건을 분석하고, 철학이 지향해야 할 인간 이념을 추구한다면, 법학은 사회적으로 "더 이상 미룰 수 없는 결정"이 요구되는 상황에서 현실과 이념을 아울러 판단하는 인간학이다. 법학은 현실적이고 이념적이며 실존적인 인간학이다. 이러한 법학적 인간학은 몇 가지 특정 인간 조건에 주목한다. 먼저 인간은 도덕적 존재나 종교적 존재이기 전에 법의 저작권자로서의 시민이다. 시민은 이상적 입법자로서의 가능성에 열려 있도록 보호되어야 한다. 그리고 시민들이 전체 법 체계를 존중하여 보여주는 태도의 일상법은 법의 위압 때문이 아니라 따를 만하기 때문이라는 사실에 주목해야 한다. 시민들의 일상법에 대한 믿음은 법 이념에 대한 신뢰에 기초하고 법의 정당성은 그러한 신념에 바탕하기 때문이다.

법지배의 필연성: 공존의 정의

왜 법을 지켜야 하는가? 왜 법이 지배해야 하는가? 박은정은 이 주제에 천착하여 법 지배의 필연성을 구조화하고 이를 두 단계로 제시한다. 법 지배의 필연성은 첫째 단계에서 개념적으로 나타난다(박은정, 2010: 32-33). "법 지배"라는 단어의 수용이 인간 사회에 필연적이라는 것이다. 인간 사회의 성원들은 먼저 안정적이고 지속적인 사회를 만들고자 하는 기대와 여망을 가지고, 그런 사회 체제는 법에 따라 작동하는 체제라고 믿는다. 이러한 여망과 믿음 때문에 법 자체의 존립이 보장된다. 법 존립이 보장되는 사회 구조에서 "법은 사회의 안정과 지속을 가능하게 한다"는 문장은 필연적 분석 판단이 된다. 법 지배의 필연성은 사회 성원들이 "법"이라는 단어를 사용하는 방식에 의해 나타나고 개념적으로 확보된다. 즉 법학은 인간학적 성찰의 결과 이외의 다른 것이 아니다. 법 지배 필연성의 둘째 단계는 역사적, 경험적으로 제시된다. 법 지배의 필연성은 시대적 필요와 성찰에 따라 달라지고, 학자들의 관점에 따라 달리 구성되어왔다. 박은정은 이러한 차원에서의 다양한 논의들에 주목하면서 자신의 관점을 드러낸다.

먼저 박은정(2010: 104-106, 153-158)은 법 지배의 양식이 서양 역사에서 근세 이전과 근세 이후에 현저하게 달라진다고 보며, 이 차이에 주목한다. 그 하나는 법(jus)과 법률(lex)의 구분으로, 법은 올바른 것, 정당한 것을 나타내고 법률은 법전화된 규칙을 지칭한다. 근대 이전에는 올바른 것은 하늘의 뜻이라고 보면서 소위 자연법 또는 종교법이 지배적이었다.

따라서 왕권이나 종교 권력의 측령이 법이 되었고 법(jus)이 지배적이었다. 그 시절의 법률(lex)은 절대 권력에 대한 저항으로부터 도달한, 권력 제한적 장치였다. 즉 왕권의 단일주의를 전제했다. 그러나 근세이후에는 시민적 국가가 국가 입법권을 갖게 되면서 법률이 우위의 자리에 오르게 되었다. 각기 다른 사람들의 차이를 인정하는 다원주의 구조에서 법률이 지배하는 구조가 된 것이다. 홉스가 말한대로, 법률만이 법이고 유스(jus)는 법의 세계에서 배제된다. 괴테가 지적한 대로, 군주의 자의가 아니라 법률만이 우리에게 자유를 부여했다. 칸트의 통찰대로, 공동의 자유가 가능하기 위한 조건이 법률에 구속적인 힘을 부여하는 조건이었다.

박은정은 근세 이후에도 법률의 법 지배가 다양한 방식으로 발전되어 온 추세에 주목하며, 특히 켈젠(H. Kelsen)과 드워킨(R. Dworkin)을 중요하게 생각한다. 켈젠(박은정, 2010: 47-64)은 존재와 당위의 이분법을 수용한다. 그리하여 법에 효력 또는 강제성을 부여하는 것은 국민의 일반 의지나 자연법 또는 자연권 같은 존재 질서가 아니라, "역사상 최초의 국가 헌법에 따라 정립된 규범들이 확정하는 조건과 방식"이라는 당위의 질서이다. 이 당위가 근본 규범이 되어 헌법이 구성되고 피라미드 체계에 따라 하위 법들이 만들어진다. 법은 "있어야 할 법"이라는 물음으로 체계 밖의 질서를 바라보지 않고, "있는 법"이라는 현실 내 질서, 즉 실정법에 주목해야 한다. 예를 들어, 대한민국 검찰(박은정 · 한인섭, 1995)은 5 · 18 관련으로 고발된 사건에 대해, 1995년에 이러한 법 개념에 따라 "성공한 쿠데타"라는 규정으로 불기소 처분을 내렸다: "정치적 변혁이 성공하여 새 질서가 실효를 얻으면 새 질서가 법률 질서가 되며, 이는 근본 규범의 변동으로 새로운 정부가 법 정립의 권위로 인정되는 데 따른 것"이라는 근본 규범을 형식적으로 적용한 것이다.

켈젠(Kelsen, 1960)의 근본 규범의 오용 가능성은 드워킨(Dworkin, 1977)의 통합성 이념에 의해 조정된다. 드워킨은 법실천이 묵수(墨守)적이 아니라 구성적이라고 본다(박은정, 2010: 74-88). 법관은 법을 해석할 때 법 조문의 규칙만이 아니라 과잉 제한 금지, 죄형 법정, 손해 배상, 책임 같은 법 원리와 집행되고 있는 여러 가지 사회 정책의 명시적 기준들과 그 저변에 있는 묵시적 기준들을 찾아내거나 구성하여 사안마다 '더 나은 이론'을 구성할 수 있어야 한다는 것이다. 법관은 개인 선호적 양심이 아니라 스스로 구성한 기준 이론의 양심에 따라 판단해야 한다. 그러나 통합성 원리라는 법의 핵심은 구성적 해석에 열려 있지 않다. 통합성 원리는 모든 시민들에게 정합적인 방식으로 하나의 목소리로 포괄적인 정의관을 강제적으로 표현하는 정치 이념이다. 통합성 원리가 정의, 공정성, 절차 같은 가치보다 우선되는 까닭은 이 원리가 계약 공동체나 정의 공동체가 아니라 친밀 공동체에 기초해 있기 때문이다. 공동체 성원들을 결속시켜주는 것은 계약이나 정의가 부과하는 관계의 질서가 아니라 친밀성에서 파생하는 상호 배려의 질서이다. 그러나 상황에 따라서는 "배려"라는 이름의 개입보다는 다소 차갑더라도 정의로운 의무가 선호될 수 있다.

켈젠이 근본 규범이라는 이념을, 드워킨이 통합성이라는 가치를 법개념의 핵심으로 선택하고 있다면, 박은정(2010: 19-21, 94-99, 173-174; 2007: 164-170)은 그 자리에 공존이라는 개념을 도입한다. 고대 희랍 작품인 소포클레스의 비극 『안티고네』는 법의 원천이 대립적인 것들의 공생에 있음을 보여준다. 주인공 안티고네와 크레온 왕은 정치적 · 도덕적 가치에서 서로의 우위를 주장하다가 모두의 비극으로 마지막을 맞이한다. 어느 쪽도 비합리적이거나 사실에 불충실하지 않았으며, 둘 다 진정성을 가지고 자신의 가치에 충실하고자 했다. 이러한 비극이 역사에서 반복되면서 인간 사회는 법을 통하여 양쪽의 차이를 수용하여 공생, 공존의 질서를 부여하게 된 것이다. 공존의 정의보다 더 절실한 정의는 없다는 의미에서 정의의 물음은 실존의 물음이 된다. 공존의 정의는 정의의 최상위 개념이며 인간 존재의 가장 기본적인 가치가 된다. 이러한 관점은 사회가 급변하는 변혁기에 더 두드러지고, 종교 전쟁 같은 갈등이 나타날 때 더 절실해진다. 서로를 인정하는 공존의 조건은 근세 이전에는 하늘의 명령 같은 형이상학적 질서로 제시되었지만 근세 이후에는 법률적 장치로 나타난다. 법의 지배의 필연성이 나타나는 것이다. 법률의 강행력, 국가의 공권력은 이러한 공존의 정의를 통해 정당화된다. 자유로운 인간의 공존을 가능하게 하는 요건인 한에서 법 체계는 그 자체로 가치 체계가 되는 것이다.

권리의 정의

박은정(2010: 19-24)은 공존의 정의가 정의의 최상위 가치이지만 정의를 모두 포괄하는 가치라고 생각하지는 않는다. 법은 공존의 정의가 유지되도록 하는 현미경적 실무이기도 하지만 좋은 사회가 만들어지도록 하는 망원경적 실천이기도 하다는 것이다. 법으로 사람을 위한다(以法爲人)는 것은 인간 연대를 위한다는 것이고 이는 좋은 품성과 좋은 사회가 분리되지 않음을 뜻한다. 좋은 품성은 개인의 권리들이 보호되는 것을 전제하고, 좋은 사회는 사회 정의를 개선하려는 민주적 절차에 정치적 합의가 이루어지지 않을 때 불가피한 사법적 판단을 전제한다. 권리와 절차가 법률로 구성되는 것이 입헌주의라면 입헌주의는 또한 개인과 사회와의 관계에 대해서도 다원적이면서 균형 잡힌 질서를 구성해가야 하는 것이다.

인간의 권리인 인권은 "세계 사회에서 거의 유일하게 합의 가능한 보편 규범으로 부각"되고 있다(박은정, 2010: 181-198). 유엔 등 다양한 국제기구들의 노력으로 권리 담론은 20세기 후반에 당당히 안착했으며 이들은 권리를 보호하기 위해 권리, 의무, 공권력을 법률로 정하고 있다. 생명권, 결사, 출판, 신앙, 고문 당하지 않을 권리 같은 것은 자의성을 배제하고 어떤 정치적 다수도 변경할 수 없는 권리로, 위정자들이 시민에게 요구하는 것이 아니라 시민이 위정자에게 요구하는 것이다. 이러한 권리 확장의 경향에 대해 의문들도 제기된다. 개인 권리의 확장은 시민 다수적 참여의 민주주의에 긴장을 발생시킬 것이라는 점이다. 또한 권리 담론은 윤리 영역을 권리와 의무의 관계로 좁힘으로써 인간 연대나 덕의 추구의 풍성함이 손상된다. 더 나아가 권리 담론이 최상의 건강을 누릴 권리, 일할 권리, 영예권, 상속권, 행복 추구권의 주제에 오면 그 범위를 정하는 데 남용이나 오용이 개입될 수 있다. 그러나 박은정은 "개인의 자유와 권리 목록이 민주적 합의에 따라 제정된 헌법에 포함되어 있다면 민주주의는 작동"한다고 믿는다.

사회 정의나 국민 주권도 기본적 인권처럼 법의 지배하에 구성되는 규범적 현상으로 볼 수 있다(박은정, 2010: 199-209). 사회 정의는 사회 구성원들에게 고용, 교육, 음식 같은 사안에 대한 생존적 최소 기회를 부여하는 사회권 또는 복지권의 질서로 이해된다. 하이예크(Hayek, 1988)는 복지란 권리가 아니라 목표적 가치에 불과하므로 최소 법치에 기초한 자유의 공간을 훼손한다고 본다. 그러나 박은정은 길게 보면 법치의 틀 속에서 복지 국가가 가능하다고 보고 여기에 "최소한의 문화적 삶"의 사안까지도 포함할 수 있어야 한다고 믿는다. 국민 주권은 흔히 투표권과 동일시되며, "피 흘리지 않는 정권 교체"를 민주주의로 인식하기 쉽다. 그러나 대한민국 헌법재판소는 민주주의란 "국가 권력의 형성 및 행사의 근거를 국민적 합의에 두는 것", "주권자인 국민이 되도록 정치 의사 과정에 참여하는 기회가 폭넓게 보장되는 것", "적법 절차에 따른 수단과 절차의 존중"이라고 판례를 통해 규정한다. 이러한 판례와 현실의 간격은 어떻게 메울 수 있을 것인가? 국민은 국민의 일반 의지를 어디서 경험할 것인가? 일반 의지의 길은 공론장의 토론을 통해 국민 주권과 법의 지배를 보완하는 것이다. 토론의 길은 어렵지만 그 외의 길은 더 어렵다.

박은정(2010: 217-287)은 더 나아가 정치나 사회의 사법화 현상에 주목한다. 일찍이 토크빌(Tocqueville, 1805-1859)이 "미국에서 모든 사회 문제는 조만간 법정으로 넘어간다"고 말했지만, 우리나라에서도 그러한 경향이 보인다는 것이다. 이러한 경향을 촉진시키는 요인들에 주목할 수 있다. 한 중요한 요인은 1987년의 민주화 이후, 민주주의의 최소 조건이 갖추어졌고 권력 분립이 실질적으로 정착된 것이다. 그리고 권리 담론의 확대에 따라 사법이 비교적 우위를 점하게 되고 사법부의 전문성에 대해 사회적인 신뢰가 얻어져 사법적 판단의 정당성에 대한 회의가 극복되었다. 그리고 국회가 부담을 느끼는 민감한 사안들은 사법화의 길을 부추기고 정부나 다수당의 정책에 반대하는 수단으로도 사용되고 있다. 이제 법의 지배는 사법적인 것만이 아니라 정치적인 것이 되었다. 법이 사법 권력에 의해 국정의 조정 작용을 하게 된 것이다. 이러한 문맥에서 헌법 재판의 기능이 조명된다. 헌법은 국민의 자기 지배의 이념, 즉 정치 과정의 자율성을 담는 구조이다. 국민적 권위가 여기에 뒷받침된다. 그래서 헌법적 문제는 법적인 동시에 정치적 사안이 되며, 헌법 재판 행위는 법치와 민주를 결합시키는 행위가 된다.

법: 세계 질서로의 길

박은정(2010: 291-325)은 20세기 후반에 이룩한 세계 국가들의 법 지배의 성공이 지구촌적 법 지배로 승화될 수 있을지의 가능성을 논의한다. 그 가능성을 밝게 하는 요소는 적어도 두 가지이다. 첫째는 "세계화"라는 이름의 역사적 추세이다. 세계화에는 통합된 세계 시장, 세계 자본주의, 무한 경쟁, 세계적 헤게모니라는 단어로 기술되는 위로부터의 세계화와, 세계 시민성, 민주주의 확대, 인터넷 공론장, 지구 공동체라는 이름의 활동들이 나타내는 아래로부터의 세계화가 있다. 혹자는 이러한 추세를 "균질화"로 규정되는 어두운 그림자로 해석하기도 하지만 세계적인 것과 지역적인 것의 변증법적 역동성으로 읽을 수도 있다. 그 가능성을 보게 하는 둘째 요소는 국제적 사법화 현상이다. 시장 경제가 지구촌적으로 확장되고 긴밀해지면서 국민적 지역 질서 외에 시장 경제적 질서가 개입하면서 국가적 규제 기능이 점진화되고 있는 것이다. 유엔, 세계무역기구(WTO), 세계은행, 유럽 연합법 같은 비국가법들은 지구촌적 네트워크 법 기능을 행사하고 있다. 유엔 세계 인권 선언, 이주노동자법, 난민법, 인류 공동 유산법 등의 사례들은 미래 세계를 위한 법률의 통일화 가능성을 보여준다.

그렇다면 박은정(2010: 326-338)은 칸트나 한용운 같은 세계주의자들과 더불어 세계 입헌주의의 기획을 꿈꿀 수 있다고 생각한다. 초국가적 권리헌장을 골격으로 일반적인 법의 지배 모델을 그릴 수 있는 것이다. 국가 헌법처럼 세계 헌법도 헌법의 정당성은 다수의 합의로부터 나오지만 그 합의는 모든 국가의 기본적 자유와 국가의 권리라는 기본 가치에 놓인다. 서로의 의견과 문화가 다르고, 이익이 충돌하는 국가들 사이에 공존이 보장하는 조건을 확대하는 데 있어서 이런 법의 지배 가치는 언제나 핵심을 이룬다. 물론 정치적 권위에 대한 신뢰에 의해 발동되는 강제력의 문제는 남는다.

그러나 초국가적 규범 이성을 발전시켜 나가려는 노력이 중요하다. 이 길 이외의 길은 더 어렵기 때문이다. 그러므로 지구촌의 이질적인 법질서들이 끊임없이 교차하는 전환과 경계 초월이 요청되는 복합적 네트워크 속에서 지구촌이 더 나아지고 있다는 것을 보일 때 세계 입헌주의의 기획은 신뢰를 얻을 것이다. 박은정(2010: 16, 193, 337-338)에게 있어서 "법으로 사람을 위한다 (以法爲人)"는 것은 법으로 인간 연대를 위한다는 것이고, 이것은 법의 기능이 좋은 품성, 좋은 사회, 좋은 세계의 과제들을 분리하지 않음을 뜻한다. 일차적으로 보아, 국가 기능이 뒤처지고 사회계약이 붕괴되고 자연 상태로 돌아가는 듯한 이 시대에 주목해야 할 것은 법지배가 어떻게 잘 작동되는가이다. 그것은 종교도 아니고 도덕도 아니고 경제도 아닌, 오직 법만이 저 일반 의지를 담아낸다는 가능성에 대한 희망과 신뢰와 믿음이 아닐까? 예를 들어, 유엔 헌장과 유엔 협약들은 대부분의 종교, 윤리보다 앞서 있는 것처럼 보인다. 많은 종교, 가치관, 이데올로기들이 이룩하지 못한 차이의 통합이 역사적 발전의 결과로서 법률로 엮어지는 것이다. 이차적으로 보아, 일반 의지로 구성된 법의 질서는 개인의 좋은 품성 형성에 전제 조건이 된다. 이러한 품성의 덕이 활성화될 때 공동체 또한 유덕한 품성을 갖게 된다. 사회의 덕성은 사회적 제도 속으로 해체되어버리는 것이 아니라 개인의 품성을 강화하면서 사회 자체의 덕성이 고양되는 좋은 사회의 표지가 될 것이다.

박은정의 이법위인으로 표현되는 인간학으로서의 법학 개념은 선명하다. 인간성이 '모두가 보다 자유로운 질서의 가능성'의 꿈이고, 법이 그러한 꿈에 대한 '망원경적 실천인 동시에 현미경적 실무'라면, 인간과 법은 동일한 현상을 아우르는 범주이다. 그렇다면 이러한 인간학이 공존의 정의뿐만 아니라 모두를 위한 최소한의 문화적 삶과 세계 질서를 향한 노력이 되리라는 것은 분석 판단적으로 자명해 보인다.

4. 인간 규범의 전망

윤리 언어를 객관화하고 정의와 도덕을 통합하고 법 지배의 필연성을 실현하는 길은 아직 요원하다. 그러나 인간은 그러한 방향을 향하여 꿈을 꾸고 노력할 수 있다. 그러한 노력의 과정에서 인간 규범의 범주는 사회의 여러 분야와 문화의 여러 주제들에서 새로운 과제, 날카로운 문제 제기에 마주친다. 예를 들어, 한 국가의 교육 정의는 그 나라의 헌법만큼이나 그 사회 구성원들의 정의감에 일치해야 한다. 또한 법의 지배와 민주주의는 서로를 강화한다고 하지만, 중첩적 합의라고 할지라도 공적 합리성의 조건에 맞추려고 할 때 소수 집단의 배제나 해체의 위험성이 발생할 수 있다. 그리고 윤리적 문제들은 과학 기술이 자본주의와 결합되면서 나타나기도 하고, 개인과 공동체와의 관계가 조정되어가면서 새로운 도전에 당면하기도 한다. 미래 시대의 인간 규범은 날이 갈수록 다원적이고 복합적인 차원으로 들어가고 있다.

자유주의와 법 개념

소홍렬(1985)은 롤즈의 사회 정의론과 공리주의의 개인주의적 자유주의에 대한 황경식의 비교 논의가 의미 있다고 생각한다. 그러나 그는 황경식의 "공리주의는 목적론적이고 사회 정의는 법칙론적이라는 점에서 양립 가능하다"는 주장을 인정하면서도 변증법적 지양의 가능성을 충분히 검토하지 않은 것을 아쉽게 생각한다.

남경희(1995)는 황경식의 자유주의 개념이 적어도 두 가지 점에서 보완되어야 한다고 본다. 첫째, 황경식은 자유주의를 "특정의 자아론이나 인간 본성론 또는 사회 이론으로서가 아니라 최소한의 정치 철학으로서의 자유주의적 정치론, 보다 정확히 말해서 국가 권력의 적정 범위와 한계에 관한 단일한 이론"으로 규정한다. 그러나 여기에는 개념적 차원과 제도적 차원의 관찰이 제시될 수 있다. 먼저, 개념적 차원에서 국가 권력의 적정 범위는 어떻게 단일한 이론으로 규정될 수 있는가의 과제가 있다. 예를 들어, 롤즈의 "반성적 평형"은 단일한 이론으로 규정되는 것이 아니라 도덕 판단과 이를 정당화할 수 있는 여러 이론들 사이를 오가면서 양자가 맞을 수 있는 상태이다. 이 상태는 사실 기술의 사태나 여론 조사의 결과로 도달하는 것이 아니라 오직 매 단계에서의 가설에 대해 "그 가설이 참이 아니었다면 어떤 결과가 나타났을 것인가"라는 반사실적 상황으로부터 추리해낸 결론이고(성창원, 2012), 이는 정합성과 포괄성의 최대화와 수정의 최소화를 기준으로 선택되는 것이다(최경석, 2008).

둘째, 국가 권력의 적정 범위에 대한 제도적 차원의 관찰에 따르면 단일한 이론에 의한 규정은 사회 윤리 규범 체계의 확립에 지극히 소극적이거나 부정적일 수 있다는 것이다(남경희, 1995). 자유주의는 최소한의 정치적 규범뿐 아니라 최소한의 윤리적 규범, 그리고 타인의 자유와 권리를 침범하지 않는 한에서의 최대한의 개인적 자유를 지향할 수 있어야 하고, 그것은 최소 규범주의, 최소 도덕주의라는 것이다. 또한 윤리성이 본질적으로 사회적이라면, 윤리적 규범은 정치적 사회적 규범과 외연이 일치할 것이며, 규범들의 사회 구성적 성격은 명확할 것이다. 황경식은 "근세 이후의 윤리학은 개인의 양심보다는 사회의 구조나 체제의 문제를 우선적으로 다룸으로써 사회 윤리적 전환의 추이를 보인다"고 지적하면서도, 이런 전환을 위한 사회 윤리의 지평의 성격에 대한 논의를 별로 하지 않고 있다는 것이다. 근대의 정치 규범론이 자연 상태와 정치 세계의 구분에서 시작되었고, 사회 계약론의 논의가 후자의 공간에서 이루어지고 있는 점은 시사적이기 때문이다.

한편 황경식은 관용, 친절, 동정, 양심, 정직, 신중, 정의 같은 성질은 의무가 아니라 유덕의 내용이라고 하지만, 김용환(2006: 65-90)은 베풂의 대상이 아니라 도덕적 명령의 내용이라고 주장한다. 이들은 인간의 우연적 속성이 아니라 당위적 속성이라는 것이다. 안옥선(2005)은 그러한 정언 명령적 덕성을 화쟁(和諍)이라는 존재론적 논리 구조, 일심(一心)에 기초한 다름의 인식론에 정착시키고자 하고, 목광수(2010)는 역량에 따른 인정의 문제에 주목한다.

안경환 (1993)은 박은정의 법 개념에서 정의론의 인간학적 기초를 확인하고, 정의의 여신 디케(Dike)의 다섯 가지 신화적 속성, 즉 정돈하고, 수호하고, 빛을 밝히고, 심판하고, 투쟁하는 속성을 추출해낸다. 이들은 사회 정의의 문맥에서 인권과 복지라는 양대 요소로 나타난다는 것이다. 최병조(1988)는 박은정의 자연법 개념이 법률 목록이 아니라 실정법의 한계 또는 실정법의 근거에 관한 성찰을 담고 있다고 판단한다. 근본 규범의 존재론적 파악을 거쳐서 법인간학의 "인간의 규범적 가능성"을 추구하여 복수 사회에서 인류 공존을 위한 미래 지향에 개방되어 있다고 추정하는 것이다. 고명섭(2010)은 박은정의 법 지배 개념에서 두 가지를 특히 선명하게 기술한다. 첫째, '법의 지배'와 민주주의는 서로가 서로를 강화해주는 관계에 있으며, 법치주의와 민주주의는 서로 다리를 묶고 함께 달리는 '이인삼각' 경기의 두 사람과 같은 관계여서 어느 한쪽이 넘어지면 다른 한쪽도 달릴 수 없는 것과 같다. 둘째, 최근 한국 사회에서 발생하고 있는 '정치의 사법화'는 사회의 민주화 과정에서 발생하는 현상이다. 다만 사법화 경향이 과도해져서 사법부의 권력이 남용에 이르면 '사법 독재'로 빠질 수 있다는 것이 우려된다. '법의 지배'가 '법관의 지배'로 타락하고 마는 것인데, 이런 문제는 '좋은 법관'을 통해 해소될 수 있다. 좋은 법관은 "법만 아는 게 아니라 사회 문제와 사회의 여망을 아는 법관", "법정을 합리적 소통이 가능한 구조로 만드는" 법관이다. 이렇게 좋은 법관이 '법의 지배'의 이념에 충실할 때 민주주의는 더 확고해진다는 것이다.

사회 윤리

이돈희(1990)는 정의의 물음을 교육 제도 안에서 묻고 있다. 전통적으로 정의는 외부로부터 제공되어 시혜를 받는 삶의 질서로 여겨졌지만, 현대에 와서는 인간 자신이 참여하여 구성하는 정치적 질서로서의 민주주의 과정으로 여겨지게 되었다. 이제 정의는 사회의 모든 분야에 적용되어야 하는 질서로 여겨지는 것이다. 정의는 사람을 어떤 인간으로 어떻게 길러야 하는가라는 교육의 과제에서도 물어야 하는 중요한 가치이다. 한 사회의 교육 제도는 "헌법" 만큼이나 그 사회의 이념적 특징과 가치 지향성을 결정할 수 있다. 이돈희는 교육 정의를 기본적 사회재를 어떻게 배분하는가의 문제로 파악하고, 평등적 가치와 능력적 가치를 긴장 없는 병렬적 가치로 제안한다. 국가는 한편으로 평등적 가치를 바탕으로 사회 성원 모두의 삶의 질을 확보하는 사회 복지적 가치를 펴야 한다는 것이다.

조경원(1991)도 역시 이러한 평등적 가치를 중시한다. 평등적 가치는 개인의 능력이나 노력에 따라 제공하는 기회 부여의 형식적 차원이 아니라 사회적(가정적), 자연적(천부적) 불운(不運)에 따른 불평등 때문에 불이익을 당하는 사람들, 예를 들어, 학업 성적이 뒤지는 학생 같은 최소 수혜자에게 실질적 기회 균등이 분배되도록 하는 가치이다. 국가는 다른 한편으로 능력적 가치도 추구해야 한다. 즉 학문 능력, 과학 탐구 능력, 예술 창조 능력 같은 것을 개발하여 국가가 필요로 하는 인력을 확보하는 사회 투자적 가치도 추구해야 한다. 그러므로 평등적 가치와 능력적 가치는 택일적인 이분법적 가치나 나열적 병렬 가치가 아니라 사회의 유지와 확장을 위한 통합적 가치의 두 국면이다.

오병선(2008)은 "정의란 기본적 사회재를 사회의 성원들에게 평등하게 분배하는 것"이라고 이해한다. 이러한 평등에 대한 논의는 복지론보다는 자원론과 능력론의 통합적 시각으로부터 평등 개념을 파악한 것이다. 그는 복지 평등론을 개인 재화의 양이나 정도가 똑같아야 한다는 결과 추구적 평등론으로 파악하면서, 개인의 선택에 따라 결과된 불평등에 대해서는 개인이 책임져야 하는 것이 아니냐고 비판한다. 그러나 자원 평등론에 대해서는 기초적 사회재만을 분배의 대상으로 취급하는 것은 물신주의라고 비판하면서, 자연적 운(brute luck)을 포함해 개인의 피부색, 성별, 연령, 가문, 재능 등 선택의 여지없이 주어진 재화에서 비롯된 불평등은 분배되어야 한다고 본다. 그는 이러한 것까지 분배 대상으로 삼는 조세 제도는 강제 노동과 같다는 비판에 대해서는 자원(자유)의 초과분을 재분배하는 것이지 동등한 자유의 수준을 희생하는 것이 아니라고 답한다.

장영민(2000)도 이러한 자원 평등론에 호감을 갖는다. 시장 기제에 동등한 배려와 존중이라는 윤리적 기초를 제공함으로써 선택된 소수자의 불균등한 자유 향유를 억제해야 할 뿐만 아니라, 인간 자율성 역시 인정해야 한다고 그는 말한다. 즉, 주식 투자나 도박과 같이 개인 선택의 운(option luck)으로부터 결과된 불평등은 개인의 책임하에 둠으로써 자유의 하향평준화를 막을 수 있어야 한다는 것이다. 그러나 자원 평등론은 인간이 자유를 향유하기 위해 필요한 기본적 기능과 능력을 소홀히 하고 있다고 지적한다. 장애인과 같은 개인의 경우, 제한적인 능력에 대한 보상을 통한 자유의 평등적 분배가 절실하다는 것이다.

김비환(1996; 1997)과 장동진(1996; 2005)은 강조의 차이는 있지만 롤즈적 자유주의를 비판하는 데 한목소리를 낸다. 롤즈 정의의 첫 원칙은 모든 사람은 다른 사람들이 유사하게 갖는 자유와 양립할 수 있는 가장 광범위한 기본적 자유를 누릴 동등한 권리를 가져야 한다는 것이다. 이 원칙은 도덕적, 종교적, 철학적으로 상이한 포괄적 교의들을 모두 포함하는 것처럼 보이지만, 중첩적 합의에 합당해야 한다는 공적 사고(public reasoning)의 조건 때문에 그 교의들이 소수 문화 집단들을 배제 또는 해체한다는 것이다. 롤즈의 시민론은 자유로운 개인은 합리적으로 자기 이익을 추구한다는 시민적 인문주의와 포괄적 가치관 없이도 정치 참여의 미덕을 실현할 수 있다는 고전적 공화주의로 구성되어 있다. 롤즈의 시민은 실질적 인간 내면의 이상은 제거되고 인문주의와 공화주의가 요구하는 합리성과 정의감이라는 형식적 특징으로 구성되어 있다. 그러나 김비환과 장동진은 롤즈가 합리적(the rational)으로 규제되는 이기적 좋음과 합당함(the reasonable)으로 질서 잡히는 사회적 옳음 사이에서 옳음의 우선성을 요구함으로써 정의를 도덕에서 분리하는 계몽주의적 단일 이상을 추구했다고 비판한다.

김비환(2012)은 자유 민주주의의 위기와 근대 계몽주의의 위기를 하나의 뿌리에서 나온 것으로 보고 있다. 사고는 역사적 상황을 벗어날 수 없다는 역사주의, 지식이나 진리의 보편적 토대는 없다는 상대주의는 철학의 종언을 초래하여 정치적 도덕적 위기에 도달했다는 것이다. 그러므로 이에 대한 대안은 고전적 정치 철학이 가르쳤던 인간 본성과 도덕과 정치의 통합의 길이라는 것이다. 인간의 자연적 욕구와 필요는 자연적 질서를 반영하는 것이고 자연적 옳음의 기초이다. 사회적 삶을 사는 인간 영혼은 공동체의 완전성을 도모할 수 있는 덕스러운 통치자의 계몽적 지배를 받음으로써 관조적 삶의 올바른 질서를 향하게 된다는 것이다.

장동진(1996; 2003)도 자유 민주주의가 야기하는 가치 무질서에 대해 처방을 제시한다. 공동체적 완전주의가 자유 민주주의를 보완할 수 있다는 것이다. 그러나 자유주의는 정의를 도덕에서 분리하여 옳음을 좋음에 선행시키므로 개인적 가치에 중립적이지만, 공동체주의는 정의와 도덕을 사회가 공유하는 가치에 정초시키기 때문에 정의 원리의 원천도 그 가치에서부터 찾고자 하면서 긴장이 발생한다. 자유주의는 개인 자율성, 이성 같은 내재적 능력을 존중하지만, 공동체주의는 그보다는 사회 실천, 문화 같은 객관적 실재에 무게를 둔다. 그러나 장동진은 자유주의와 공동체주의를 매개할 수 있다고 생각한다. 인간은 신념 체계들의 상이성에도 불구하고 그 중첩적 합의를 모색할 수 있는 반성적 평형감이라는 능력을 가진다. 그러므로 자유주의가 요구하는 계약적 상황의 사실 판단을 재기술하여 공동체주의가 부과하는 원칙에 부합하는, 숙고된 판단에 이를 수 있다. 예를 들어, 자해 행위나 마약 행위는 자유주의의 중립성을 손상하지 않으면서 공동체주의가 요구하는 원칙에 맞게 재기술하여 허용하지 않을 수 있다는 것이다.

기술 윤리

불이나 문자, 활자나 동력이 인간 사회의 모습을 바꾸었지만, 지난 1세기의 과학 기술[1]의 영향은 과거에는 상상하기 어려웠을 만큼 급격히 진행됐다. 현대 기술은 인간 사회는 물론 인간 개인 그리고 그 삶의 질서에 개입하여 인간 조건을 향상시켰지만, 여러 윤리적인 문제들을 낳고 성찰을 필요로 한다. 이봉재(2000: 229-232)는 기술이 자본주의와 결합함으로써 이제껏 인간 경험을 통해 던져져온 질문을 새로운 차원에서 묻는다고 생각한다: 무엇을 할 것인가? 우리가 원하는 것은 무엇인가? 우리는 어떤 우리를 원하는가? 와 같은 물음들이다. 이러한 물음들은 "창조주가 가졌던 고뇌를 나눠 가지게 된 것"이라고 말할 만큼 과제의 총체성과 포괄성을 나타낸다.

김유신 · 성경수(2004)는 기술이 윤리적으로 문제되는 측면을 기술이 결과하는 "재난"의 범주에서 선명하게 그려낸다. 예컨대 챌린저 참사나

1 "과학 기술"이라는 표현은 현대의 많은 도구적 기술이 현대의 깊은 과학적 지식에 기초한다는 관점을 나타낸다. 과학과 지식의 관계에 대해서는 별도의 논의를 필요로 한다. 예를 들어, 사회 구성주의에 대한 논의는 지식으로서의 과학과 도구로서의 기술의 관계를 명료화하는 데 기여했다(참조: 김환석, 1997; 홍성욱, 1999; 이봉재, 2000; 손화철, 2003). "기술철학"이라는 표현으로 개별적 철학 분야를 지칭한다면, 그것은 현대 사회에서 새롭게 조명되어야 하는 기술 인문성(한양대학교 과학철학교육위원회, 2010; 홍성욱, 2008a), 기술 본질(홍성욱, 1999; 손화철, 2006), 환경 윤리(송상용 외, 1999; 최종덕, 2007), 인간 정체성(김선희, 2012), 인간 공동체(김환석, 2006; 홍성욱, 2008b) 같은 세부 주제들을 체계적으로 엮어낼 수 있을 것으로 믿는다. 그러나 이 책에서는 기술 발전 심화에 따른 주제 확산의 전망에 따라 주제들을 개별적으로 접근하는 길을 선택했다. 과학 기술 철학자들의 확장적 활동들은 이러한 전망을 더욱 선명하게 한다.

대구 지하철 참사는 설계나 경영의 차원에서뿐만 아니라 윤리적 차원에서 예방 윤리의 절실성을 요청한다. 개별적인 기술 엔지니어는 전문가로서의 권위와 조직의 일원으로서의 충성이라는 두 윤리적 범주 사이에서 피해와 유익의 크기를 측정하고, 위험에 대한 정보, 계산, 동의에서 자유롭고 공평할 수 있어야 한다.

홍성욱(1999: 350-362)은 정보 소통을 위한 디지털 기술의 발전이 실제 공간의 실제 공동체와 구분되는 가상 공간의 가상 공동체, 사이버 공동체를 가능하게 했다고 지적한다. 전신(telegraphy)이 1820년대 지역신문을 국가적 단위의 신문으로 바꾼 기술적 추진력이었다면, 20세기 이후 나타난 라디오, TV, 위성 방송, 인터넷 등은 국민이나 세계인을 연결하여 뉴스, 스포츠, 오락 프로그램을 공유하게 함으로써 한편으로 "균일한 대중"이라는 새로운 공동체를, 다른 한편으로 규범의 선택에 따라 다양한 "전자 마을"들을 만들게 했다. 참여자들은 실제 공간에서는 차이의 부담으로 누리지 못했던 표현의 자유를 사이버 공간에서 향유할 수 있게 된 것이다. 사이버 공간은 소통을 위해 진리나 신분 정보는 요구하지 않고 앞말과 뒷말의 합리성만을 요구하므로 익명성이 정당화되고 소통 민주화의 모델이 되어 "되고 싶은 사람"이 탄생할 수 있다. 이러한 소통 민주적 모델은 정치, 사회 운동에 막강한 영향력을 행사한다. 네티즌들은 사이버 공간의 자율성을 보호하는 데 민감하고, 공통되는 이슈를 중심으로 모이며, 기존의 매체가 주목하지 않는 주제를 들추어내고 정부나 권력자의 관점에 대해 감시자가 되는 것이다. 이제 우리는 사이버 공동체의 유지뿐만 아니라 실제 공동체와의 관계 등에서 발생하는 많은 윤리적 주제의 함축에 천착할 필요가 있다.

이상욱(2008a: 211-228)은 나노 기술이 제기하는 윤리적 상황에 대해 어떻게 접근할 것인가를 논의한다. 나노 기술이란 10억분의 1미터(머리카락 굵기의 5만분의 1) 내외의 물질을 분석 · 제어 · 조작하여 새롭게 개선된 물리 · 화학 · 생물학적 특성을 가지는 소재, 소자 또는 시스템을 만들어내는 기술이다. 이러한 소재는 의약품, 화약품의 원료로도 쓰이지만 추적 장치나 저장 장치에 사용되기도 한다. 예를 들어, RFID(radio frequency identification)는 극소형 칩에 상품 정보를 저장하고 안테나를 달아 무선으로 데이터를 송신하는 장치인 IC칩과 무선을 통해 식품·동물·사물 등 다양한 개체의 정보를 관리할 수 있는 인식 기술을 가지며 '전자 라벨', '무선 식별' 등으로 불린다. 전자 라벨은 유통 분야에서 물품 관리를 위해 사용된 바코드를 대체할 차세대 인식 기술로 인공 위성이나 이동 통신망과 연계하고 정보 시스템과 통합하여 사용된다. 전자 라벨이 허용하는 혜택은 분명하지만 이것이 야기하는 프라이버시 침해 또한 명백하다. 그러나 신용카드 사용의 경우에도 혜택과 오용의 가능성이 있지만 양자택일 대신 오용 방지의 제도적 장치를 마련한 것처럼, 나노 기술의 혜택과 침해 가능성에서도 택일이 아니라 절충과 조정을 마련할 수 있어야 한다. 이상욱은 이를 위해 나노 기술의 개발 단계에서 정보 공개가 투명해야 하고 국민 세금에 기초한 국가적 기획이라는 점을 고려하여 보다 적극적으로 책무성(accountability)에 열려 있어야 한다고 주문한다.

개인과 공동체

박정순(1999a, 282-285; 1999b, 21, 65; 1993, 34-37)은 우파의 자유 지상주의나 좌파의 공동체주의로부터 롤즈적 복지 자유주의를 비판적으로(Park, 1992) 옹호한다. 먼저 자유와 자유 가치를 구분한다. 자유란 평등한 시민이 갖는 법률적 체계에 의해 표현되는 것인 반면 자유 가치란 개인이나 단체가 그 체계 내에서 자신의 목적을 증진시킬 수 있는 역량에 비례한다. 전자는 모두에게 열려 있지만 후자는 그렇지 않다. 자유 지상주의(libertarianism)는 법 체계를 단순화하여 최소 국가론을 지향하며 자유 가치를 개인적으로 최대화하고자 하지만, 복지 자유주의는 분배적 평등 장치를 통하여 자유 가치를 총체적으로 최대화하고자 한다. 한편 공동체주의(communitarianism)에서는 정의가 특정 공동체가 공유하는 가치이기 때문에 인간과 공동체와 가치는 유기적이라는 점에서 고전적 자유주의가 놓치는 인간 연대성이나 가치 탁월성을 확보할 수 있다. 반면 복지 자유주의는 한 사회를 규제하는 정의의 원칙은 어떤 특정한 가치관과 삶의 방식을 반영해서는 안 된다는 가치 중립성을 요구하고 어떤 특정한 가치관과 삶의 방식은 절대적으로 탁월하다는 완전주의를 거부한다. 완전주의가 국가 권력과 결부될 때 개인 자율성은 훼손되기 때문이다.

박정순(1999b: 63-71)의 자유주의는 개인과 공동체의 관계를 명료화한다. 공동체는 자기 이익을 위한 도구적 장치가 아니라 자기 이익 추구의 제약을 위한 공정한 협동 체계라는 것이다. 개인과 공동체는 존재론적으로 결부되어 있기 때문에, 개인은 도덕적 자율성을 가지고 의무와 책임을 져야 한다. 개인적 자아란 가치관에 대한 합의가 없는 다원주의 사회에서의 자유롭고 평등한 시민이다. 그러나 포괄적인 도덕·종교·철학적 교의를 갖는 사람들 사이에서 중첩적 합의를 추구해야 하기 때문에 보편주의가 요구된다. 서로 다른 포괄적 교의를 가진 사람들 간에 있어 왔던 서로를 죽이는 공멸의 최고악(summum malum)을 막기 위해, 개인이 자신의 사적 신념 체계에서 절대적으로 탁월하다는 최고선(summum bonum)이라고 믿는 것을 다른 사람과 더불어 살아야 하는 공적 체계에서는 포기할 수 있어야 한다. 공생의 정의보다 더 절실한 정의는 없기 때문이다. 공생의 정의를 지키기 위해서 사람들은 국가에 공권력을 너그럽게 부여할 수 있는 것이다. 나의 자유는 오직 나의 자유를 위해서만 제한될 수 있다.

주동률(2012: 46-54, 57-62)은 응분(應分 desert) 개념에 주목한다. 정의란 개인이 마땅히 받아야 할 것을 주는 것이라는 상식적 정의관은 어떤 정의론이건 가져야 하는 기본적 인간 경험이라는 것이다. 이로부터 그는 복지 자유주의가 개선될 수 있는 한 가지 논의를 구성한다. 복지 자유주의의 차등 원칙이 최소 수혜자의 기대치를 극대화하는 방식으로만 불평등을 허용한다면, 최소 수혜자가 만족해야 할 독립적 기준으로서의 응분은 없다는 점에 착안한 것이다. 개선을 향한 그의 명제는 응분과 평등은 유기적이라는 것이다.

이 주장은 두 단계를 통해 지지된다. 첫째, 롤즈는 응분이라는 개념을 순환적이고 다양하고 임의적이고 측정이 어렵다는 점에서 멀리하지만, 행위자가 자신의 처지 향상을 위해서 얼마나 합리적으로 숙고하고 실천했는가라는 타산적 노력에 대한 평가에는 공동체가 어렵지 않게 합의할 수 있다. 그렇다면 평등은 응분을 필요로 한다. 둘째, 응분이 합리적으로 적용될 때 평등을 결과한다. 사람들은 저마다 마땅히 도달해야 하는 복지의 절대적 수준을 가진다는 입장이다. 이 수준을 "정점"이라 부를 수 있는 것은 사람의 복지 수준이 정점에서 상황의 좋음에 기여하는 바가 최대이기 때문이다. 가능하면 많은 개인들을 그들의 정점에 이르게 하는 것이 비상대적 응분의 이상이다. 정점은 사람들마다 다르기 때문에 "비상대적"이다. 정점 초과나 미흡은 비상대적 응분의 관점에서 나쁘다. 그러나 동일한 정점을 가진 두 명 중 한 사람의 복지 수준은 정점에 있고 다른 사람은 정점 너머에 있는 경우, 만약 후자의 복지 수준을 움직일 수 없고 전자를 후자만큼 "정점 너머로 올릴" 수 있다면 비상대적 응분은 이를 금하겠지만 상대적 응분은 이를 요구할 것이다. 이러한 응분의 요구가 합리적일 때 응분에 기초한 평등은 얻어질 수 있다.

정원규(2009b)는 롤즈적 복지 자유주의의 이론적 미흡성을 논의하고 자신의 경제 민주주의를 대안으로 제시한다. 그는 롤즈의 이론적 미흡성을 형이상학적인 부분과 개념적인 부분으로 나눠 지적한다. 롤즈는 도덕적, 철학적, 종교적으로 포괄적인 서로 다른 교설들은 통약성을 갖지 않으므로 상호 비교될 수 없고 따라서 합의가 불가능하다는 차이의 인정에서 그의 정의론을 출발하지만, 이러한 교설들이 합당성(reasonableness)을 갖는다면 "중첩적 합의"에 도달할 수 있다고 믿는다. 그렇다면 그러한 합당성의 근거나 내용이 무엇인지 물음이 제기되는데, 롤즈가 이에 답하지 않는 것은 형이상학적 인간관의 부재 때문이라는 것이다. 그리고 롤즈가 복지 자유주의에 도달하고자 하는 정의원칙은 민주주의의 입헌적 또는 결과적 상태이긴 하지만 민주주의의 실행 과정은 아니라고 본다. 우리 사회의 성원들이 어떤 종류의 시민이기를 원하는가의 물음 앞에서 선택해야 하는 개념적 주제이며, 자유주의적 상태보다는 민주주의적 과정에 중심을 둘 수 있다는 것이다.

정원규(2009a)의 경제 민주주의는 경제 문제의 핵심을 무엇으로 보는가의 관점을 통해 명료화된다. 맑스는 생산의 사회적 성격과 소유의 사적 성격 사이에서 비롯되는 자본주의의 착취 구조에서, 롤즈는 인간 사회의 최소 수혜자에게 돌아가야 하는 자산 분배의 정의성에서, 메이슨(R. Mason)과 달(R. Dahl)은 기업의 소유와 기업의 운영에 한정하여 경제 문제의 핵심을 구성하고 있다. 그러나 정원규는 경제 문제의 중심은 정치적 민주주의를 어떻게 경제 체제에 적용할 수 있는가에 있다고 파악한다. 이를 위해 그는 한편으로 민주주의를 세련화해야 하고 다른 한편으로 그 민주주의의 실천 방안을 강구해야 한다고 본다. 그중 하나는 민주주의는 다수결이라는 인민 주권의 원리에 입각해야 하지만 또한 다수 독재를 완화할 수 있는 소수의 정치 단위 구성권을 허용하여 다원주의적 공화적 구조를 도입하는 것이다. 또한 시민들이 경제 활동에 모두 참여하여 공적 자율성을 유지할 수 있어야 하는 것이다.

기후 변화처럼 자연환경이 급격하게 달라지고 정보 속도나 생명 공학과 같은 인공 환경이 급속도로 바뀌면서 인간 조건은 몰라보게 변하고 있다. 인간의 윤리적 감각이나 법의 개념은 지역적인 것에서 지구적으로, 공간적인 것에서 시공간적인 구조로 변하고 있다. 윤리는 당대 사람들만이 아니라 후손을 포함하는 인구 윤리여야 한다는 점에서 인구 윤리학을 포함해야 한다고 김현섭(Kim, 2012)은 생각한다. 예를 들어, 공존보다 절실한 정의는 없다는 데 동의한다면 공존의 대상자에는 후손을 포함해야 한다. 핵 폐기물의 유해성 기간을 고려하면 그 후손의 범위는 무기한으로 개방적이어야 한다. 법(jus)이 공동체의 밖으로부터 오는 것이 아니라 인간이 만든 법률(lex)이 법이라는 명제에 합의할 수 있는 것처럼, 공존의 공동체에 중요한 것은 그러한 의사소통의 합리성을 유지해가는 과제일 것이다.

세상은 놀라움으로 가득 차 있다. 자연은 우연적으로 발생했지만 그 발생체가 갖는 사물적 성격은 법칙적인 구조를 보이고, 인간 사회는 우연적 개인들로 구성되어 있지만 인간 연대의 윤리 규범을 드러낸다. 인간이 자연에 대해 호기심을 갖지 않을 수 없듯이 인간 사회의 의미에 대해 존중감을 갖지 않을 수 없다. 지금 지구에서 살고 있는 인간은 빅뱅 138억 년, 태양계 46억 년, 인간 시조 200만 년을 통해 진화되어왔지만, 몇 천억 넘는 별을 거느리는 개별 갤럭시와 400억 개의 항성 주위 생명체 거주 가능 영역(CHZ) 행성에는 인간 같은 지능체는 아직 보이지 않는다. 지구의 인간 사회는 아직 우주에서 유일하고 보존되어야 하는, 의미가 유지될 만한 사회이고, 이를 위한 윤리 규범 체계는 소중하기에 정제되어야 하며 소통을 통한 합의가 확장될 수 있어야 한다. 이러한 관찰은 "우리는 왜 윤리적이어야 하는가?"라는 물음에 대한 또 하나의 답이 될 것이다.

7장
민주화 철학 · 산업화 철학

한국 현대 사회에 대해 외국인이 던지는 질문 중 하나는 다음과 같다. "한국은 어떻게 민주화와 산업화를 동시에 성취할 수 있었는가?" 이 질문은 한국의 지성인들을 당혹스럽게 한다. 한국 지성인은 민주화에 주목하는 좌파 지성인, 산업화가 우선이라고 믿는 우파 지성인, 그리고 좌우에 관심이 없거나 입장을 선택하지 않는 지성인의 세 종류로 대별된다. 산업화와 민주화가 한국 현대 사회라는 한 실재의 두 국면이라는 점이 분명하게 인식되지 않았거나 체계적으로 설명되지 않았기 때문일 것이다. 적어도 1987년 민주화가 이루어지기 전에는 그러했다. 민주화 이후의 한국 사회는 한국 현대 사회를 하나의 실재로 파악해야 하는 단계에 와있다. 한국 현대 사회가 지금 살고 있는 민주화와 산업화의 구조는 100년 전만 해도 상상하기 어려운 일이었고, 우리 스스로도 놀라는 현상이다. 이는 선배와 동료, 후배들이 이룩한 성취이다. 물론 성숙한 민주화와 혁신적 산업화로 나아갈 길은 아직도 멀지만 이 시점에서 그 목표를 향해 점검하고 반성하는 자세가 필요하다.

1. 민주화 · 산업화 갈등

내 머리는 너를 잊은 지 오래
내 발길도 너를 잊은 지 너무도 오래

오직 한 가닥 타는 가슴속 목마름의 기억이
네 이름을 남몰래 쓴다
타는 목마름으로 타는 목마름으로
민주주의여 만세

살아오는 저 푸르른 자유의 추억
되살아나는 끌려가던 벗들의 피 묻은 얼굴

떨리는 손 떨리는 가슴 치 떨리는 노여움에
서툰 백묵 글씨로 쓴다
타는 목마름으로 타는 목마름으로
민주주의여 만세

타는 목마름으로 타는 목마름으로
민주주의여 만세

한국 민주화를 위한 대표적 노래 중 하나인 '타는 목마름으로(김지하 작사, 이성현 작곡)'이다. 1960년의 4 · 19 학생 혁명이 이승만의 부정 선거 정권을 하야시키고 다양한 목소리가 표출되는 분위기 속에 출범한 장면 내각(1960년 8월 19일)의 질서가 잡히기 전인 1961년 5 · 16 군사 정변이 발생했다. 3 · 1운동에서 출발한 민주 공화정의 이념이 대한민국 임시 정부 헌법(1919년 4월 11일)에서 성문화된 이후 이어진 전통(이상헌, 2015)을 군사 정변이 뒤집은 것이다. 대학 사회의 학생들은 4 · 19 혁명 정신을 이어받아 반절차적·반민주적으로 권력을 잡은 군사 정권에 대항했다. 종교계와 문화계, 언론계와 지성계 역시 그러한 저항에 크게 동조했다.

그러나 군사 정권은 4·19 학생 혁명 후의 "무질서"로는 인권의 기본인 빈곤 퇴치가 어렵다고 판단했다. 군사 정권은 빈곤 퇴치를 통한 생존권을 민주주의에 기초한 자유권보다 선행적 가치로 선택하고 이를 위해 "한국적 민주주의"라는 정치 이념을 제안했다. 군사 정권의 산업화 정책은 상당한 성취를 했고, 경제적 성취는 민주화라는 정치적 성취와 더불어 현대 한국 사회를 구성하는 중요한 거점이 된다.

민주화: 독재 타도

1961년에서 1987년에 이르는 군사 정권의 독재는 강력하고 효과적이었다. 양심, 언론, 결사 등의 자유가 억압된 시기에 대학 사회와 지성계는 위축되었고 독재에 대한 저항은 이념적 플랫폼 없이 효과적으로 지속되기 어려웠다. 이러한 문맥에서 나타난 여러 플랫폼 중 두 가지에 주목하고자 한다.

첫째는 소위 "운동권 학생"들이 제시한 독재 저항 플랫폼이다. 물론 이 플랫폼은 운동권 학생 조직의 수만큼 다양하고 양립하기 어려운 주장들을 포함한다. 한 관점(People Democracy)은 자본가와 노동자의 계급 모순을 강조하는 마르크스주의 처방에 친화적이고, 다른 하나(National Liberty)는 북한의 주체사상을 한국의 상황에 적용하려고 했다. 강력한 독재에 대한 대안적인 이념적 세계관의 실천적 탐구가 그러한 방식으로 나타났다고 생각한다. 목표를 향한 우선순위에서 여러 의견들이 충돌했지만 이들의 지향점은 공통으로 독재 타도와 민주 성립이었다.

둘째는 일부 지성인들이 논의한 민중론(정대현, 2006: 142-161)으로, "민중이 역사의 주체"라는 명제다. 이는 왕이나 독재자가 아니라 민중이 역사의 주체여야 한다는 것이다. 이 명제는 민주주의 정신의 현실화 논리이고, 정치의 민중 주체성 실현이다. 그렇다면 "어떻게 민중이 역사의 주체일 수 있는가?"라는 물음이 제기된다. 민중은 자기 이름이 "민중"이라는 사실조차 모르는 수동적 존재일 뿐인데, 어떻게 역사의 주체라는 능동자가 될 수 있는가? 한쪽의 수동적 민중과 다른 쪽의 역사의 능동적 주체 사이에는 넓은 간격이 있다. 이 틈을 어떻게 메울 수 있을까? 이 간격을 메워줄 연결 고리는 무엇일까? 마르크스는 민중 또는 프롤레타리아 혁명을 그 연결 고리로 주장했다고 생각한다. 그러나 백낙청, 한완상, 안병무, 현영학은 민중의 의식화를, 안병영, 조광은 민중의 정치 참여를, 김인회는 민중의 교육을 그 연결 고리로 제안했다. 이들은 민주화 운동의 구체적 실천 단계로 이러한 연결 고리의 구성에 참여했다(참조: 2장 3절).

산업화: 빈곤 퇴치

1961년 5월의 군사 정변으로 권력을 잡은 군사 정권은 "혁명 공약"에서 "반공을 국시의 제일의"로 삼고 "기아 선상에서 허덕이는 민생고"를 해결하겠다고 천명했다. 반공이 요구하는 안보 질서로 강한 국가를 구성하고 이에 따라 빈곤 퇴치에 매진할 수 있다고 믿은 것이다. 군사 정권은 군사정변의 정당성을 민주적 절차가 아니라 경제의 효율성에서 얻을 수 있다고 믿고 이를 추구했다. 안호상(안호상 · 김종욱, 1975: 308)과 박종홍(박종홍 · 유달영, 1973: 103)은 5 · 16 군사 정변을 정당한 사건으로 해석한다. 4 · 19 학생 혁명으로 등장한 장면 정권은 "미완성의 혁명을 완성시킬만한 능력을 갖추지 못했"고 "독재에서 풀려난 민중은 무질서와 방종이 마치 진정한 민주주의이며, 참자유인 것처럼 행세"하게 되었기 때문에 "군사 혁명"이 일어났다는 것이다.

빈곤 퇴치를 위한 강한 국가론은 군사 정권이 추구한 이념이다. 개인 없는 국가가 없고, 국가 없는 개인이 없으며, 국가와 개인은 모두 한 핏줄 · 한 운명체라는 개인과 국가 간의 관계를 유기체적으로 간주하는 해석은 전에도 이미 있었다. 이러한 시각에서 강한 국가론, 강한 지도자론은 불가피하다. 국민 윤리 교과서에 기고한 한 익명의 저자는 다음과 같은 인용으로 글을 마무리한다(국민윤리, 1976a: 160): "원래 국가란 지배자와 피지배자의 복합체요, 지역적으로 조직되고 지배자에게 이양된 권력은 사회활동을 유효하게 규제하는 목적을 갖는 것이다. 지배자는 이 목적을 위하여 필요하면 강제력을 행사할 수 있는 권리를 가진다."

강한 국가론은 빈곤 퇴치를 위해 필요하지만, 또한 그 자체로 정당화가 필요했다. 이를 위해 국민 윤리 학과목이 개설(1963)되고, 국민 교육 헌장이 선포(1968)되고, 새마을 운동이 전개(1970)되었다. 그리고 "한국적 민주주의론"이 등장한다. 국민 윤리 교과서의 한 익명의 저자는 현대 사회에서 중요한 것은 "민주주의를 방위"하는 것이 아니라 "민주주의를 창조"하는 것이라고 주장(국민윤리, 1976b: 175)한다. 이데올로기의 대립은 자유라는 이념의 찬반이 아니라 그 이념의 실현 과정에 기인한다는 것이다. 이규호(1976: 193)는 조금 더 구체적이고 현실적이다. 그에 따르면 민주주의란 고정적 이론도 아니고 확정적인 제도도 아니며, 고정적이고 확정된 민주주의는 없다. 그는 민주주의를 주어진 상황에서 어려움을 극복해가면서 전개되는 발전 과정으로 본다. 바로 여기에서 민주주의가 교조주의일 수 없는 까닭이 찾아진다는 것이다.

한국 현대 사회의 민주화 세력은 군사 정권의 보호 아래 관변 이념을 펴는 산업화 세력과 첨예한 갈등과 억압을 겪었다. 그러나 시민들의 민주화 염원은 오랜 세월의 운동의 결과로 1987년의 직선제 민주화 헌법 개정을 성취했다. 다행스럽게도 이러한 민주화를 통해 산업화 세력은 산업화 추구를 위해 관변의 권력보다는 자체 개발한 중립적 설득력을 찾게 된 것이다. 그러한 설득력을 통해 산업화 질서는 새로 태어나고 강화되는 계기를 갖게 되었다. 산업화 질서는 권위주의적인 모습에서 민주적 모습으로 변신할 수 있게 되었다. 그동안 축적된 산업화 능력이 이제 인간적 얼굴을 한 질서로 진입하는 시대를 맞이한 것이다. 시장 질서의 관점에서 볼 때 이 도전은 새로운 것이고, 민주 질서의 관점에서 볼 때 이 도전은 아직 완성되지 않은 과제이다. 산업화 철학을 향한 윤평중의 작업과 민주화 철학을 향한 김상봉의 노력은 이 시대의 대변적 담론으로 주목할 만하다.

2. 윤평중의 산업화 철학: 자유 인간론

현대 한국 사회에서 한국의 산업화를 철학적으로 꾸준히 성찰해온 학자는 많지 않지만 그중의 한 철학자가 윤평중이다. 윤평중은 한국 현대 사회의 산업화 문맥에서 자유의 주제를 구체적으로 조명한다. 예를 들어 보자.[1] 그는 북한의 주체사상에 대해 "사람이 모든 것의 주인이며 모든 것을 결정한다"는 자주성 테제는 수령이 인민에게 '정치적 생명'을 부여한다는 해괴한 결론에 이른다고 주장한다. 언론 관계법에서 신문 대(對) 신문, 신문 대 방송의 편들기 사고가 만연하다고 개탄하면서 문화방송은 미국산 쇠고기와 인간 광우병을 직결시킨 보도 자체에 대해 반성해야 한다고 주문하기도 한다. 또한 그는 노무현 전 대통령의 선거법 위반을 법치주의가 민주주의의 핵심적 내용이라는 것을 망각한 사례로 들고 있다. 그에 따르면 민족문제연구소가 박정희 전 대통령의 이름을 『친일인명사전』에 올린 것은 그가 '피라미 친일파'였으므로 정당한 기준에 못 미치는데도 한국 보수의 성채를 흠집 내기 위해서라는 것이다. 2008년 촛불 정국에 대해서도 "역동적인 우리 시민 사회의 얼굴이다. 하지만 촛불이 아름답기만 한 것은 아니다."라고 한다.

위의 예들이 우파 관점의 표현이라면, 좌파 관점으로부터 쓴 평론도 많다. 세종시 문제 해결은 "원안밖에 없다"라고 하고, 이명박 대통령은 중국과 일본 사이에서 대한민국의 적절한 자리를 지켜야지, '오버'해서는

---

1 윤평중, 「자주를 생각한다」(〈조선일보〉, 2006년 9월 12일자), 「언론의 정치성과 공론장의 붕괴 위험」(〈조선일보〉, 2009년 1월 5일자), 「법치주의와 민주주의」(〈중앙일보〉, 2007년 6월 20일자), 「박정희는 과연 친일파인가」(〈동아일보〉, 2009년 11월 13일자); 「촛불은 우리를 비춘다」(〈동아일보〉, 2008년 6월 11일자), 「묘청의 난」(〈조선일보〉, 2010년 2월 3일자), 「더 큰 대한민국의 꿈을 이루려면」(〈조선일보〉, 2009년 10월 5일자), 「한국에 보수주의가 있는가」(〈조선일보〉, 2003년 1월 9일자).

안 된다고 지적한다. 「한국에 보수주의가 있는가」라는 글에서는 한국 보수주의의 진정성을 비판한다. 경제를 주도하는 재벌이나 여론을 마사지하는 보수 언론은 실제 행태에서 '건강한 자유주의'도 아니고 '성숙한 민주주의'와도 거리가 멀다는 것이다. 그는 보수 언론이 냉전 반공 이데올로기에 젖어 있으며 절대적 시장을 숭배하고, 가부장적이고 권위적인 관행으로 기득권을 강화하고 있다고 한다. 극히 적은 소유 지분으로 전체 기업 집단을 좌지우지하는 재벌의 행태는 예리한 비판에서 제외하고 있다는 것이다.

그러나 윤평중의 자유론을 좌우에 기울지 않은 중립적 관점이라고 해석하기는 어렵다. 최근 저서에 "급진 자유주의 정치 철학"이라는 제목을 단 것처럼, 자신의 명료하고 일관된 관점을 강하게 표명하고 있기 때문이다. 그의 자유주의는 중립적이기보다는 급진적이다. 그러나 그가 중립적으로 보이는 국면 또한 소중하다. 그는 자유를 자신의 인간론의 핵심으로 채택하고 있기 때문이다.

극단의 시대에 중심 잡기

20세기에 세계는 물질적 풍요에 어느 정도 도달했지만 한편으로는 히틀러 나치즘이나 국가 사회주의의 난폭성을 겪어야 했다. 윤평중(2008: 163-193)은 그러한 난폭의 시대가 물러간 자리에 난폭의 시대가 각인시킨 "외부적" 극단의 사고방식이 여전히 현대의 세계 사회나 한국 사회에서 "내부적"으로 작동하고 있다고 판단한다. 이편과 저편의 대립이 과거에는 울타리를 경계로 외부적으로 구성되었지만, 모든 경계나 울타리가 해체되고 있는 현대에 그 대립과 긴장은 사회 내부에서 조성되고 있다고 본다. 보다 심각한 것은 과거처럼 극단적인 대립이 내부로부터 조성되고 있다는 점이다.

한국 사회의 경우, 이 극단의 경험은 보다 처절하고 지속적이다(윤평중, 2008: 164). 한국 사회는 지난 100년 동안 왕조 붕괴와 일제 지배, 해방과 분단, 건국과 전쟁, 군사 정변과 독재, 산업화와 민주화를 삽시간에 겪어냈다. 서양이 500년에 걸쳐 진행해온 과정을 한국 사회는 "역사의 초압축적 진행"으로 밟아왔다. 다른 한편 한국 사회는 아직도 국토 분단의 이데올로기가 담론 구조에 들어와있다. 북한을 반공의 표적으로 보느냐, 대화의 대상으로 보느냐에 따라 담론의 논리가 달라진다. 한국 사회는 21세기에도 여전히 극단의 시대를 살아야 하는 처지인 것이다.

윤평중의 처방은 무엇인가? 그는 담론의 논리가 극단으로 달릴 때 대화는 가능하지 않다고 생각한다(윤평중, 2008: 7). 논리가 다르다면 어떻게 대화가 가능할 것인가? 그럴수록 지성인은 "비판적 거리 두기"를 유지해야 한다는 것이 그의 처방이다. 지성인들이 극단적 담론에 직접 개입하면 편 가르기의 진영 사고(陣營思考)가 불가피하다. 강정구 교수 사태가 보인 통일 담론은 미국과 이승만을 악마화하고, 뉴라이트는 신자유주의를 확장한 노무현을 좌파라고 하며 허수아비 공격을 한다는 것이다(윤평중, 2008: 165-173).

급진 자유주의

극단의 논리로 양분되어 있는 한국 사회가 추구해야 하는 것은 시장 질서의 회복과 '정치적인 것'의 구현이라고 윤평중은 판단한다. 시장과 정치의 두 질서는 한국 사회가 주목해야 하는 철학적 문제의 지평이다. 그는 두 질서의 온전한 확립을 위한 처방을 급진 자유주의라고 본다. 철저하고 일관된 자유가 인간의 기본 범주라고 보는 것이다. 그의 급진 자유주의가 어떻게 문제의 지평을 안정화시키는지는 다음 절에서 주목하기로 하고, 이 절에서는 그의 급진 자유주의의 성격을 살피고자 한다.

윤평중(2009)은 급진 자유주의를 비판적 자유주의, 성찰적 개인주의, 자유주의의 우선성이라는 세 개념으로 규정한다. "비판적 자유주의"라는 주제에서 그가 제시하는 것은 비판 정신의 일반 조건에 해당한다. 자신과 주변, 사회와 역사에 대해 개인의 삶을 방해하는 일체의 것에 대한 비판이다. 여기에서 주목할 것은 그가 "인간의 삶" 대신, "개인의 삶"이라는 표현을 선택한다는 점이다. 인간 자유는 구체적이어야 한다는 것이다. 비판의 대상으로서의 방해자는 집단, 공동체, 민족, 대중문화 같은 인격체일 수도 있고, 가난, 억압, 착취, 불평등, 폭력, 전쟁 같은 상태나 사건일 수도 있다.

윤평중(2009: 32-34, 41-44)은 한국 사회의 우파와 좌파의 자유주의의 실상을 비판한다. 전경련에 뿌리를 둔 자유기업원은 강령을 통해 "사회복지와 평등에 대한 욕구가 경제적 자유를 간섭하고 재산권을 침해하는 법률로 입법화되고 있다"면서 한국 사회의 법제도를 성토한다. 그리고 "자유 시장 경제 원리를 채택한 국가는 거대 정부와 공존할 수 없다"고 난폭하게 선언한다. 그러나 윤평중은 오히려 권력과의 유착과 특혜, 구조화된 탈세와 부동산 투기를 행하는 한국 재벌은 "작은 정부론"을 주장할 입장이 아니라고 비판한다. 윤평중은 또한 좌파 자유주의에 대해서도 비판한다. 그는 한국의 진보를 마르크스주의를 적용한 세력으로 파악하고 양자를 연결한다. 그리하여 한국 좌파 자유주의에 대한 그의 비판은 마르크스주의에 대한 비판이 된다. 마르크스주의는 전통적 자유주의나 민주주의를 부르주아 계급 독재를 유지하는 도구로 간주하고, 개인과 사회가 모두 공동체적 존재성(the communal being)을 획득할 때 "진정한 민주주의" 또는 "공산주의"의 질서에 도달한다고 본다. 윤평중은 마르크스의 치명적 오류를 그의 시민 사회에 대한 이해에서 찾아낸다. 시민 사회는 개인 착취와 소외의 무대이기도 하지만 시민들의 계몽, 교화, 해방을 통한 연대의 자리라는 것이다.

윤평중(2009: 52-53)이 말하는 급진 자유주의의 둘째 요소는 성찰적 개인주의이다. 개인이 자유주의를 구체적으로 체감할 수 있는 주체라고 생각하면 개연성이 있다. 그러나 개인에다 "주의"를 첨가하면, 이야기는 복잡해진다. 개인주의는 공동체주의의 대척점에 서기 때문이다. 이러한 문맥에서 개인주의의 개연성은 어떻게 얻어질까? 윤평중은 개인주의를 지지할 수 있는 몇 가지 관찰을 제시한다. 그에 의하면 진보성의 잣대는

"깨어 있고 행복한 개인 삶의 형성과 성취에 긍정적으로 기여하는가"의 여부이다. 모든 개혁과 진보가 개인으로부터 시작해서 궁극적으로 개인에게로 귀결된다는 것이다. 윤평중은 자율적이고 독립적인 개인이 세상사의 원점이라고 확신한다. 그러나 그는 개인을 원자의 이념으로 실체화하는 데는 반대한다.

그러면 윤평중(2009: 144-149)은 개인주의와 공동체주의를 어떻게 평가하는가? 그는 공동체주의 윤리는 복원하고자 하는 도덕적 목적론의 이론 전개가 부실하다고 평가하고, 아직 완성된 체계가 아니라며 분석의 대상도 아니라고 생각하는 듯하다. 또한 덕의 윤리에 입각하여 자유주의를 비판하는 것은 구체성이 약하고 현실 정치적으로 담보하기 어렵다고 본다. 반면, 그는 개인의 확립이 무엇보다도 중요하다고 믿고, "공동체의 좋음"보다는 "개인의 옳음" 테제가 우선적이어야 절차적 합리성과 사회정의의 수립에 이를 수 있다고 강조한다. 공동체주의가 암시하는 "하나는 전체를 위해, 전체는 하나를 위해"라는 구호는 관념적 순환 논리에 불과하다는 것이다.

급진 자유주의의 셋째 개념은 자유주의가 민주주의보다 우선한다는 논리다. 급진 자유주의의 세 요소 중에서 가장 급진적인 주장이다. 자유주의와 민주주의를 대립적 개념으로 바라보는 시각은 그 자체로 급진적이다. 윤평중의 설명에 주목해야 하는 까닭이 여기에 있다. 윤평중(2009: 54-55)에게 루소의 인민 주권론은 민주주의적이지만 반자유주의적이다. 인민 주권은 일반 의지에 의해 구성되지만, 한 시점의 다수결이나 만장일치와는 차별화된다. 한 시점의 만장일치가 반드시 일반 의지와 합일되는 것은 아니기 때문이다. 루소는 일반 의지에의 복속을 거부하는 사람들은 "자유롭도록 강제되어야 한다"고 주장하는데, 윤평중은 그러한 선언이 반자유주의적이라고 판단하고, 루소의 논리에서 파멸적인 결과를 읽어낸다. 인민 주권론이 "원래 의도와는 정반대로 가장 전체주의적인 체제"로 이어질 수 있다는 것이다. 윤평중은 "대한민국은 민주 공화국"이라는 우리 헌법 제1조 1항도 루소적 전체주의에 함몰될 가능성이 있기 때문에 급진 자유주의 관점에서 재해석할 것을 주문한다. 민주주의 없는 자유주의는 있지만 자유주의 없는 민주주의는 가능하지 않다는, 자유주의의 우선성을 보이고자 하는 논변이다.

윤평중의 급진 자유주의 관점은 슈미트(Schmitt, 2007) 논의를 통해 선명하게 나타난다. 슈미트는 국가(정치 통합성 주체)가 선차적이고, 정치는 국가의 보존을 위한 적과 동지의 이분법적 투쟁으로 그 본질을 전쟁이라고 보았다. 슈미트는 자유주의가 토론적 합의를 신성시하여 차이나 갈등을 해소하고자 한다는 점에서 정치를 "탈정치화"했다고 비판한다. 윤평중(2009: 96-98; 1988: 336-340)은 이러한 슈미트의 자유주의 비판에 대해 양면적이다. 한편으로, 그는 슈미트가 적과 동지의 이분법으로 양자 간의 소통 가능성을 거부하여, '정치적인 것'의 이념이 전제하는 민주적 다원주의의 여지를 부정했다고 비판한다. 다른 한편으로 그는 슈미트에 동조하여 자유민주주의는 역동적 정치에 필수적인 모순과 적대의 갈등을 합리적 토론으로 조절할 수 있다고 보았다. 윤평중이 슈미트를 "희대의 반동 사상가"라고 비판하면서도, 그가 "격렬한 투쟁과 대립이 자유주의 정치의 필수요건으로 항상 남아 있어야 한다는 교훈"(2009: 98)을 준다고 한다. 윤평중의 급진 자유주의는 "자유 또는 이를 위한 국가 체계의 보존을 위한 투쟁"으로 요약할 수 있다.

질료적 · 담론적 자유

윤평중이 급진 자유주의를 통해 조명하고자 한 것은 정치 질서와 시장 질서의 확립이다. 먼저 '정치적인 것'의 개념을 통해 도달하는 자유의 내용을 알아보자. 윤평중은 "정치"보다는 '정치적인 것'이라는 표현을 선호한다. 실체나 목적론으로서의 정치보다는 과정으로서의 자기 충족적 정치를 추구하기 때문이다. 윤평중(2009: 88)은 정치적인 것이 무엇인가에 대해 다음과 같이 설명한다: 시민은 실체적 고정성을 가진 주체가 아니라 헤게모니 투쟁의 잠정적 결과이고, 사회의 통합성도 정치적 투쟁의 역동적 열매이다. 급진성의 핵심은 자유주의 정치의 제도적 틀을 무너뜨리지 않으면서 운동성을 극대화시키는 데 있다. 정치적인 것은 스스로를 정의해가는 과정 속에서만 자신의 모습을 드러낸다.

이런 정치적인 것의 과정은 구체적으로 어떻게 나타나는 것일까? 윤평중(2009: 157-169)은 담론으로서의 공론장 개념을 도입한다. 칼 슈미트의 닫힌 정치학에서는 공론장의 출범 자체가 불가능하지만, 윤평중의 급진 자유주의는 정치적인 것과 공론장, 또는 대의제와 공론장을 분리 불가능한 관계 속에서 파악한다. 하버마스가 해명한 것처럼, 자유주의와 공론장의 생성 과정은 역사적으로 동행되어왔다고 믿기 때문이다. 법치주의, 입헌 국가, 삼권 분립, 정당, 언론, 출판, 집회, 결사, 환경 등의 주제들이 입법화되는 대의제의 과정은 그에 선행하는 공론장의 논리에 입각해 있다는 것이다. 그럼에도 불구하고 윤평중은 적어도 두 가지 우려를 나타낸다. 첫째는 복지 국가 체제가 공론장을 통하지 않고 시민 사회에 의해 직접 부과되고, 거대 이익 집단들이 공론장을 통하지 않고 국가에 압력을 행사하여, 공론장이 '재봉건화'되고 있다는 것이다. 둘째는 정보 시대의 전자 민주주의가 축복이면서 재앙일 수도 있다는 것이다. 정치의 국민 투표화로 인해 '정치적인 것'이 오히려 실종될 수 있으며, 상설 여론기관이 대의제를 대치하여 전자 일반 의지에 의한 독재가 가능하다는 것이다.

공론장의 위협은 어제오늘의 일이 아니다. 위협은 역사의 고비마다 항상 대두되었으며, 이 시대라고 다르지 않다. 윤평중은 현대 공론장의 위기에 대해 적실한 처방을 가지고 있는 것으로 보인다. 공론장의 핵심인 담론이라는 개념이다. 담론은 명제들의 집합으로서의 이론과 대비되는 구성물이다. 이론의 적합성은 사안의 전문적 문제에 대한 설명에서 진위나 일관성 그리고 설명력으로 평가되지만, 담론의 적합성은 사람들의 총체적 삶의 공간에서 화자와 청자의 소통의 합리성으로 평가된다. 그러나 윤평중은 담론에 대한 형식주의적 단계에서 한걸음 더 나아가 담론을 물질화하고자 한다.

윤평중(1988: 131-137, 163-168)은 알튀세르(Althusser, 1969)를 통하여 질료적 자유에 도달한다. 이데올로기는 사회의 상부 구조나 허위의식만이 아니라 생각과 행동으로부터 분리될 수 없다. 이데올로기는 신념, 의미, 실천의 체계로서 우리의 몸과 소유물, 제도와 국가 기구에 "중층 결정"적으로 개입하고 산출된다. 이데올로기 언어는 행위나 사건, 정책이나 제도에 단선적 인과성만이 아니라, 다양한 구조를 통하여 중층적으로 결정에 영향을 미친다. 이데올로기로 이루어지는 담론이 우리의 자유를 향상시킨다면, 이데올로기의 총체적인 중층 결정성 때문에 담론적 자유는 관념적 자유만이 아니라 또한 질료적 자유가 된다는 것이다.

산업화: 시장 철학

윤평중은 자유 또는 국가 체제 보존을 위한 투쟁성을 급진 자유주의의 특성으로 요구한다. 이것은 정치 질서만이 아니라 시장 질서를 위한 처방으로 기획된 것이다. 그렇다면 그가 추구하는 시장 질서란 무엇인가? 그의 시장 질서는 어떻게 급진 자유주의를 처방으로 삼는 동시에 그 내용으로 삼을 수 있는가?

윤평중(2009: 49, 77)에게 있어서 시장이란 모든 상품의 가격이 자유로이 결정되는 곳, 수요와 공급이 만나 하나의 가격을 형성하는 공간이다. 국가란 이러한 시장 개념을 수용하여 국민 경제의 여러 문제들을 시장의 힘에 의해서 해결하는 체제로서의 시장 경제를 지향해야 한다. 윤평중은 시장 자본주의와 민주주의가 동행적일 뿐 아니라 양자는 상호 구성적이라고 믿는다. 문제는 시장 질서와 민주 질서가 다른 관심의 목표를 지향한다는 데 있다. 시장 질서는 자발적 교환에 기초하고 민주 질서는 일정한 강제력을 전제한다. 양자가 항상 동행하는 것은 아니다. 여기에서 윤평중은 시장의 우선성에 기운다.

시장 질서가 민주 질서보다 우선된다는 명제는 시장의 특별한 논리적 설득력으로부터 나오는 것으로 보인다(2009: 63-67). 그는 시장이 인간 행동의 결과이지만, 인간이 설계한 결과가 아니라 자생 질서(catallaxy, spontaneous order)라는 하이에크(F. A. Hayek)의 관찰을 수용한다. 언어가 인간 행동의 결과이긴 하지만 인간이 설계한 결과가 아닌 것과 같다는 것이다. 이에 반해 민주 질서는 강제력을 필요로 한다는 점을 사회가 인정한다. 그렇다면 두 질서 중 우선을 가린다면 어떤 기준으로 평가하여, 어떤 질서가 우선적이라 할 것인가? 시장의 선차성은 직관적이고, 상식적이다. 존재론적으로, 인식론적으로, 그렇다고 해야 하지 않을까? 시장 선차성의 정당화는 이러한 구조에서 개연성이 있다고 주장된다.

윤평중(2009: 77-78)은 폴라니(K. Polanyi)가 제기한 시장 선차성 반론에 주목한다. 시장은 옛날에는 자생적이었지만 이제는 국가의 정책에 따라 결정되고, 따라서 시장 질서와 민주 질서의 접합을 위해 국가가 개입해야 한다는 것이다. 그러나 윤평중은 보다 원칙적인 점에 주목한다. 시장경제의 자원 배분과 민주주의적 자원 배분 간의 차이는 엄존하다는 것이다. 시민 주권에 정치적인 것의 계기는 엄중하고 다원적이지만, 소비자 주권의 계기는 그렇지 않다고 보는 것이다. 그러므로 국가가 시장에 개입할 여지는 있지만 그 개입은 범선 같은 시장의 방향 결정일 뿐이고, 범선 같은 시장의 풍력의 동력은 자생적이다.

윤평중의 산업화 철학은 그의 자유 인간론에 근거한다. 자유나 시장은 언어처럼 인간 행동의 결과이지만 인간 설계의 결과가 아니라는 점에서 원초적이다. 그러나 민주 질서는 사회가 결정한 강제력의 질서이다. 이로부터 자유가 민주보다 우선적이라는 급진적 자유주의의 논리는 존재론·인식론적으로 선명하게 부각된다. 그는 좌우 이데올로기에 빠지지 않으면서 산업화 철학을 그러한 인간론에 정초시킨다.

3. 김상봉의 민주화 철학: 슬픔 인간론

현대 한국 사회의 민주화는 철학적 성찰이 필요한 주제이다. 1987년의 민주화 성취를 찬양하는 것으로 만족해하는 사람들도 있지만 김상봉은 민주화의 지속적 과제를 주장한다. 지속적 과제를 이루어나가야만 1987년 체제도 제대로 이해할 수 있다고 믿는 것이다. 민주화 개념은 단순히 직접 투표로 규정되는 것이 아니라 보다 깊은 인간에 대한 성찰에 근거한다. 따라서 김상봉의 민주화 철학은 구체적일 수밖에 없다.[2] 예를 들어, "희망과 대안"이라는 이름의 진보적 시민 단체가 만들어지는 것이나 "선거 연합이나 좋은 후보 추천 및 지원을 통해 정치에 개입하기로 했다"는 선언 같은 것은 공허하다고 비판한다. 안타까운 마음이야 이해가 가지만, 경기하는 선수가 힘이 달리는데 밖에서 훈수를 두어 판세를 바꾸려는 발상은 놀랍고 기이하다는 것이다. 그는 밖에서 훈수를 두기보다 차라리 정당에 입당하라고 권한다. 대의 민주주의 시대에 정당 밖에서 정치의 희망과 대안을 말하는 것은 옳지 않다는 것이다. 또한, 진보신당은 자본과 타협하지 않아야 하는 이유를 "특정 신문을 보지 않는 것이 진보적 교양이 되었듯이, 어떤 재벌 제품은 사용하지 않는다는 것을 진보적 문화로 만들 수 있"기 때문이라고 말한다. 교육에 대해서도 할 말이 많다. 김상봉은 스스로 '학벌 없는 사회'라는 시민운동에 참여했고 이와 관련한 본격적인 저술도 냈다. 개별적 주체가 학벌이라는 한국 사회의 구성물에 의해 집합적 주체성으로 대치된다는 것이다. 그는 학교 교육에 대해 부정적이다: "긍지 높은 자유인으로 살고 싶다면 지금 당장 학교를 떠나, 낙오를 두려워 말고 자기의 길을 가라. 병든 세상에서 낙오를 두려워하지 않는 용기를 가진 사람만이 새로운 세상을 여는 선구자가 되는 법이다." 더 나아가 경기도 부천의 한 초등학교 교장이 학생 성적이 좋지 않은 학급의 담당 교사 둘을 교장실로 불러 30센티미터 자로 손바닥을 때린 사건에 대해, "이젠 교장이 손바닥을 내밀라거든 책상을 엎어라! 그

2 김상봉, 「공허한 희망과 대안」(〈경향신문〉, 2009년 10월 23일자); 「진보신당을 위하여」(〈경향신문〉, 2010년 1월 26일자); 「낙오자를 두려워 말라」(〈경향신문〉, 2009년 12월 15일자), 「주체성을 지키는 게 근대화다」(〈경향신문〉, 2010년 1월 5일자); 『학벌사회: 사회적 주체성에 대한 철학적 탐구』, 한길사, 2004.

것이 근대화다"라고 주문하기도 한다.

김상봉의 민주화 철학은 구체적이면서 다양하다. 그는 다양한 주제들을 어떻게 민주화와 관련시키는가? 그는 민주화란 먼저 모든 형태의 독재에 맞서는 것이라는 신념을 가지며, 슬픔이라는 인간 연대성의 표현이라는 믿음을 바탕으로 한다고 주장한다. 슬픔 인간론이 김상봉의 민주화 철학의 내용이다. 슬픔 인간론이 어떻게 민주화 철학으로 이어지는가를 살펴보자.

대안적 철학: 슬픔 철학

김상봉(2002: 249)의 슬픔 인간론은 기존의 철학에 대한 대안론이다. 그는 기존의 철학을 서양의 자아 중심주의에서 읽어낸다. 사람들은 전통적으로 프톨레마이오스(Ptolemaius)의 천동설처럼 대상을 인식의 중심에 설정했지만, 칸트에 이르러 코페르니쿠스(N. Copernicus)의 지동설처럼 사람을 인식의 중심에 놓게 되었다. 그러면서 존재의 진리는 더 이상 사물적 존재에게서 발견되어야 할 것이 아니라 생각하는 나의 대상 속에서 반성되어야만 하는 것이 되었다. 칸트는 첫째, 시간과 공간이 사물을 지배하는 객관적 관계가 아니라 인식 주체가 대상을 직관하는 형식이라고 주관화하고, 둘째, 직관에 주어진 대상의 잡다한 요소들을 인식 주체가 선천적으로 가지고 있는 논리 또는 이성 능력을 통하여 종합, 통일한다고 하여 대상 인식의 길을 보였다. 칸트의 인식 주체 또는 자아는 "선험론적 자아(transcendental Ich)"라고 불린다.

김상봉(2002: 275)은 칸트의 "선험론적 자아"를 독일 관념론의 "절대적 자아"와 관련시킨다. 칸트의 자아는 모두인 동시에 아무도 아니고, 어떤 경험적인 개인도 아니면서 동시에 모든 사람들의 자아이다. 독일 관념론은 이러한 칸트의 자아가 가지고 있는 보편적 능력에 주목하여 이를 절대화한다: "모든 것은 나 속에 있다. 그리고 나밖에는 아무것도 없다." 칸트의 자아는 독일 관념론의 초자아(Ueber-Ich)가 된 것이다. 경험적 자아는 이념적 "초자아에 예속되고 억압될 수밖에 없다…초자아에 억압되는 자아가 바로 우리 시대정신의 자화상이다. 그것은 더 이상 근대적 정신이 생각했던 자율적인 주체가 아니다. 이른바 주체의 죽음이다"(2002: 277).

김상봉(2002: 234-243)은 독일 관념론에서 절정을 이룬 서양 철학의 자아 중심주의의 본질과 면모를 "나르시시즘"이라는 은유로 그려내고 있다. 미소년 나르시스는 자기를 사랑하지만 자신의 말을 반복하기만 하는 소녀 에코(echo)와 대화 한번 하지 못하고, 물속에 비친 자기 모습만을 사랑하다가 번민 속에 죽는다. 나르시스는 몇 가지 특징을 보여준다. 자신의 아름다움에 대한 긍지는 우월 의식으로 나타나고, 진정한 타자를 만나지 못해 누구와도 대화를 할 수 없으며, 자신을 타자화하여 몰입하고, 홀로 주체성 속에서 자기와 진정한 합일을 이루지 못하고 오히려 자기 상실로서의 죽음을 맞는다.

김상봉(2003: 259-261)의 대안 철학은 서양 전통의 홀로 주체성을 대치할 서로 주체성에서 찾아진다. 홀로 주체성이 자아의 반성 과정을 통한 결과라면, 서로 주체성은 자아와 타자의 만남을 통한 구성이다. 그리고 이런 만남은 한국의 경우 고난의 역사를 통해 발생한다. 서양사가 자유라는 아름다운 모습에 빠져 나르시시즘에 들어갔다면, 한국사는 수난의 치욕을 통한 슬픔의 경험에서 서로 만날 수 있다. 역사를 자유 발전의 역사라고 할 때 자아는 개인주의의 자아가 되지만, 역사를 슬픔 공유 확장의 역사라고 할 때 자아는 공동체적 우리에 뿌리를 내린 자아가 된다.

김상봉(2003: 23-26)에게 있어서 민주주의는 이론적인 것이 아니다. 민주주의는 자유로운 시민 공동체의 가치를 구현하는 노력일 뿐이다. 여기에서 중요한 것은 "자유로운 시민 공동체"가 어떻게 구성되는가에 주목하는 것이다. 그 공동체는 슬픔 경험에서 너와 내가 만난 우리의 공동체이다. 우리 공동체는 각자가 자신의 주인일 것을 서로 요구·존중·보호하는 공동체로서, 이해 계산의 공동체가 아니다. 그러므로 각자가 자신의 주인일 수 있기 위해서는 권력 독재뿐 아니라 모든 형태의 독재에 맞서야 한다. 김상봉이 참여하는 민주화 운동의 범위는 자본 독재, 교육 독재, 도덕 독재 등으로 규정되고 있다. 이제 그의 각론적 주제들에 천착해 보기로 한다.

슬픔과 민주주의

김상봉의 민주주의론은 정치 철학적 이론이 아니다. 그것은 "원형적 민주주의"라고 부를 수 있는 조건을 기본으로 갖고 있다. 그는 민주주의가 고대 그리스에서부터 나타난 것으로 파악한다. 그는 그리스 비극이 민주주의의 기본을 보여주며, 민주주의는 비극적 슬픔과 연결된 인간론의 표현이라고 본다.

김상봉(2003: 105-119)은 그리스 비극을 당함의 비극이 아니라 행함의 비극이라고 판단한다. 역사나 자연의 뒤틀림으로 고통을 당하거나 권력이나 돈의 횡포로 슬픔을 겪지만, 그리스 비극은 주인공이 주체적 행위자로서 참여한 사건(hamartia)에서 비롯된 고난의 이야기이다. 전자가 노예의 비극이라면, 후자는 자유인의 비극이다. 자유인의 관점에서 볼 때 전자는 숨기고 싶은 치욕의 경험이지만 후자는 인간 정신의 숭고함을 보여준다.

그리스 비극은 슬픈 이야기이다. 고통을 당하는 사람들은 개개인의 차이에도 불구하고 고통의 동질성으로 인해 같은 자리에 처하게 된다(2003: 261-264). 슬픔은 인간들을 만나게 하는 것이다. 이 만남이 중요한 까닭은 "진리가 오직 슬픔 속에서만 계시"(2003: 383)되기 때문이다. 사람들 간의 만남이 진리라는 선언을 하는 것이다. 비극이 자유인의 비극이라는 사실은 인간이면 누구건 간에 당면할 수 있는 비극의 가능성을 함축한다. 사람들은 누구나 비극적 슬픔의 가능성에서 만나는 것이다.

그리스 비극이 이렇게 슬픔의 인간론에 기초해 있었기 때문에, 그리스 비극의 목표는 "민주주의, 곧 자유로운 시민 공동체"였다고 김상봉(2003: 23, 20-26)은 해석한다. 슬픔을 통해 나와 네가 만나 우리가 될 때, 우리의 나와 우리의 너는 서로 주체성의 나와 너가 된다. 김상봉은 이러한 나와 네가 만나 우리가 되는 행위를 "정치"라고 부르고, 민주주의란 그러한 자유로운 시민 공동체의 정치를 가치로 채택하는 관점이라고 본다.

서로 주체성

앞서 살펴본 것처럼 김상봉에게서 슬픔 인간론과 민주주의를 연결하는 핵심적 개념은 서로 주체성이다. 그렇다면 서로 주체성은 보다 세밀하게 주목할 필요가 있다. 서로 주체성을 위한 지지 논변은 적어도 세 가지로 구별되어 제시될 수 있다. 의식, 인격 그리고 만남의 개념들은 서로 밀접하게 관련되어 서로 주체성을 총체적으로 표상하지만, 각기 서로 주체성을 향한 고유한 징표를 가지고 있으므로 독립적인 논변으로 구성될 수 있다. 이 논변들의 설득력에 따라 서로 주체성이 홀로 주체성을 대체할 수 있는 대안적 개념인지가 나타난다.

전통적으로 의식은 주체성의 기본 개념이었다. "나는 생각한다 고로 나는 존재한다"라고 할 때 데카르트의 "생각"은 모든 의식을 지칭했고, 비트겐슈타인이 보여준 것처럼 유아론적이었다. 데카르트의 생각은 홀로 주체성의 실체이다. 그러나 김상봉(1998: 361–373; 2002: 316–319)은 다른 종류의 의식론을 제안한다. 그에게 의식은 추상적 동일성이 아니라 내 안의 나와 너의 대화이다. 내 안의 너와 나는 반성 형식을 빌어 대화를 나눈다. 내 안의 너와 나는 여기에서 역사와 현재 사이를 왕래하면서 "지금과 역사의 본질적 동일성"으로 들어간다. 김상봉의 의식은 유아론적이지 않은 역사적인 것, 서로 주체성의 활동이다.

김상봉(2002: 312–314)의 인격은 한편으로는 형이상학적이고 다른 한편으로는 인식적이다. 그는 형이상학적 인격론에 하나님을 개입시킨다. 그의 하나님은 존재자가 아니라 존재자를 존재하게 하는 존재 그 자체이다. 하나님은 사람들에게 존재자로서가 아니라 의미로서만 다가오고 "뜻"으로서 사람들에게 역사하여 개성적 인격으로 나타난다. 그렇다면 사람들은 하나님을 자신의 내부에 각인된 뜻에서 찾아야 한다. 그러나 "어리석은 자는 하나님을 자기 밖에서 찾"고, 그래서 발견할 수 있는 것은 사물일 뿐이다(참조: 2장 3절).

이러한 인격은 사람들에게 어떻게 나타나는가? 인격은 눈으로 볼 수 있는 것이 아니다. 눈으로 보는 것은 사물일 뿐 인격이 아니다. 인격은 말로 구성되고, 말로 표현되며, 말로 만나진다. 말없이 나의 믿음과 소망을 구성할 수 없고, 말없이 나의 사람됨을 표현할 수 없고, 말없이 다른 사람과 생각을 나눌 수 없다. 중요한 것은 이러한 인격 총체성에 나타나는 말이 바로 우리가 추구하는 뜻의 저장고이고, 사람들을 연대하는 장치라는 것이다. 이를 위한 김상봉(2007: 257-262)의 논리는 분명하다. 말하기와 말 듣기는 구분되지 않는다는 것이다. 말하기와 말 듣기는 상호교환적이고, 서로 주체적이다.

김상봉(2007: 281-282)에게 있어서 만남 개념은 중요하다. "나와 너의 만남 속에서 나도 세계도 존재한다"는 만남의 선험론을 믿기 때문이다. 만남의 선험론은 무엇인가? 누구도 이 세상에 태어나 다른 사람 없이 자기 홀로 자기를 의식할 수 없다. 다른 사람이 나의 이름을 부르고, 나를 인간으로 대접할 때 나는 자기 의식을 가질 수 있다. 내가 "나"라는 단어를 홀로 부를 수 있게 되는 것이 아니라, 다른 사람이 "나"라는 단어를 제대로 사용하는 경우를 보았어야 한다. 내게 나타난 세계 존재도 그러하다. 세계의 어떤 사실도 특정한 체계의 어떤 문장을 사용하지 않고는 그 사실을 생각할 수 없고, 언급할 수 없으며, 전달할 수 없다. 이처럼, 나의 존재나 세계 존재는 내가 너와 더불어 수용하는 언어의 틀 속에서 구성되어 나타난다. 나와 네가 만나지 않고 이 언어가 가능하지 않다면, 나와 세계의 존재는 주어지지 않는다.

만남의 선험성을 이렇게 구성한다고 할지라도 만남의 서로 주체성은 어떻게 제시되는가? 김상봉(2007: 285-6)의 만남론으로부터 이 물음을 조명할 수 있다. 김상봉의 만남은 부름과 응답의 사건이고, 자기 복귀와 자기 초월의 동일성이다. 만남은 형식적인 면과 내용적인 면으로 구분될 수 있다. 형식적으로는, 만남의 크기와 깊이를 통하여 말할 수 있다. 만남의 폭이 넓으면 큰 만남에 이르고, 만남에 성실성을 쏟을수록 그 만남은 깊어진다. 그러므로 만남은 단일 사건이 아니라 온전한 만남에 이르는 과정으로 나타난다. 온전한 만남은 "절대적 서로 주체성"이라는 이념으로 지칭될 수 있다.

만남에서 얻어지는 부름과 응답, 자기 복귀와 자기 초월은 정확하게 무엇인가? 김상봉(2007: 297)은 이를 위해 "모심"의 뜻을 도입하여 조명한다. 만남은 모심에서 핵심적으로 나타나고, 모심의 모형은 가까이 모시는 관계에서 보이는 배움의 관계이다. 모심보다 더한 만남이 어디 있고, 배움보다 더 소중한 모심이 어디 있을 것인가를 생각하면, 이들 사이의 개념적 관계는 선명해 보인다. 김상봉은 여기서 더 나아간다. 배움이란 자기를 비우지 않고는 개시되지 않는 과정이다. 그렇다면 만남은 모심, 배움, 비움의 역과정이고, 이러한 과정이 상호적일 때 만남이라는 계기가 얻어진다. 이러한 만남은 자기 복귀와 자기 초월이 동시적으로 실현되는 뜻의 때(kairos)가 된다.

민주화 이후의 민주주의: 여러 형태의 독재들

민주주의는 개인의 관점에 따라 다양한 이론이 가능하고 공동체가 처한 상황에 따라 여러 유형의 현상들이 발생한다. 예를 들어, 민주주의의 대치점을 종교, 군주, 귀족, 이데올로기 중 어느 것으로 취하는가에 따라 민주주의 개념의 지형이 달라진다. 김상봉(2005: 155; 1999: 301)은 그 대치점을 독재에서 찾는다. 그래서 김상봉의 민주주의는 이론적인 것이 아니라 직관적이고 원형적이다. 한국 사회가 1987년 체제 이후의 민주주의를 지속하고 발전시켜야 하는 단계에 처해 있기 때문이다. 그에게 있어서 민주주의는 자유로운 시민 공동체의 가치를 구현하는 노력이다. 시민 공동체는 슬픔 경험에서 너와 나가 만난 우리, 우리의 공동체이고, 각자가 각자의 주인일 것을 서로 요구 · 존중 · 보호하는 공동체이다. "자유롭게 자기를 정립하고 형성하려는" 의지의 본질을 손상하거나, "인간에게 어울리지 않는 것들"을 강요하는 것은 모두 독재인 것이다. 그렇다면 김상봉이 맞서온 몇 가지 형태의 독재들에 주목할 만하다.

사람들은 한국 사회의 민주화로 독재(1961-1987)가 마감되었다고 믿지만, 김상봉(2010b: 18; 2010c:341-362)은 군부 독재의 자리에 자본 독재가 들어왔다고 판단한다. 김상봉은 자신이 칼럼을 써왔던 경향신문사에 김용철 변호사가 쓴 『삼성을 생각한다』라는 책의 서평을 보냈으나 거절되었다. 그는 소위 진보계 언론이 고정 칼럼마저 부정하면서, 자본이 지배하는 한국 사회의 거대 구조를 따르는 것을 자본 독재의 사례라고 보았다. 이 사건 주제와 관련된 글들을 김상봉이 모아 엮은 책이 『굿바이 삼성』이다. 노무현 전 대통령이 "권력이 청와대에서 시장으로 넘어갔다"라고 말한 것은 자본 권력이 선출된 권력 위에 군림하고 있다는 사실의 인정이다. 김상봉은 이러한 자본 독재에 대해 철학적 성찰을 한다. 태양이 주변에 여러 행성들을 거느리지만 그 자체로 중력의 지배하에 있는 하나의 별이듯이, 재벌도 자본의 운동 법칙에 따르는 꼭두각시이다. 이 꼭두각시가 공동체의 성원들에게 일방적으로 행사하는 지배 권력의 홀로 주체성을 서로 주체성의 공동체 구성 원리로 민주화해야 한다는 것이다.

김상봉(2005: 29-59)은 도덕 교육과 관련된 독재를 지적한다. 그는 국정 교과서에 나타난 것을 토대로, 한국의 도덕 교육은 자유인의 도덕 교육이 아니라 노예를 기르기 위한 도덕 교육(2005: 26)이라고 분석한다. 교과서는 예절은 강조하면서 불의에 대해서는 침묵하고, 국가와 민족은 개인에게 의무와 책임을 요구하는 실체로 군림하며 국가가 시민들의 참여를 통하여 구성되는 민주적 공화체의 과정이라는 역동적인 모습을 보이지 않는다. 도덕 교과서의 저자들이 헌법 제1조의 의미를 얼마나 충실하게 따르는지 의문스러워지는 대목이다. 도덕의 내용뿐 아니라 그 내용을 가르치는 방식도 질문과 대화의 방식이 아니라 명령과 당위문으로 표현되어 있어 타율적이다. 학생들로 하여금 생각하게 하는 것이 아니라 지시에 순응하는 태도를 요구하는 것이다. 김상봉은 도덕은 자유와 같은 말이어야 한다고 본다. 자유는 만남이고, 자유의 능력은 만남의 능력이며, 이 만남의 능력은 자기 강제와 자기 형성의 통합된 능력이다(2005: 25). 그러기 때문에 도덕적이 된다는 것은 자유로워진다는 것(2005: 155)이다. 도덕의 왜곡된 독재에 인간을 가두는 것은 노예 도덕이다.

"학벌 사회"는 어떻게 학문적 주제가 되고, 어떻게 독재의 형태를 지니며 반민주적 구조를 나타낼까? 김상봉(2004: 191-198)은 뒤르켐(Durkheim, 1997)이 자살을 사회 과학적으로 탐구하기 전에는 자살이 개인적 문제일 뿐 사회적 주제가 아니었다는 점에 주목하여, 한국 사회에서 학벌 사회라는 주제가 논의되어야 한다고 주장한다. 사회는 서로 주체성의 공동 주체이기 때문에, 공동체의 서로 주체성의 성격에 따라 여러 목적의 사회가 가능하다. 학벌 사회란 같은 학력을 가진 개인들이 학연으로 연결하여 이루어낸 공동 주체의 사회이다. 인륜 공동체는 그것의 이상을 추구하는 반면에, 학벌 공동체는 가족 공동체처럼 구성원의 복리 증진을 추구한다. 학벌 공동체는 대학 기반적이지만 인륜적으로 개방적이 아니라 사회적으로 폐쇄된 가족이요 문중이다. 김동춘(2004)은 이를 "현대판 신분제"라고 하고, 박노해(2010)는 이 신분제를 비판한다: "…양반인지 상것인지 신분을 물었다(…)집안과 학벌을 물었다(…)신분제를 타파하는 죽창이 들렸고(…)계급 차별에 맞선 총이 들렸고(…)" 그리고 강준만(1996)은 그 신분제의 범죄를 고발한다: 학벌 같은 "연고에 의한 청탁은 괜찮고 금품을 이용한 청탁은 범죄라면, 그건 정말이지 너무 불공평하지 않은가?"

김상봉의 민주화 철학은 그의 슬픔 인간론에 기반을 둔다. 이에 따르면 선험 주관성과 같은 홀로 주체성에 기초한 전통 철학의 나르시즘은 고통을 당한 사람들 간의 동질성에서 오는 슬픔의 서로 주체성으로 대치되어야 한다. 슬픔을 통해 나와 너가 만나는 행위는 자유로운 시민 공동체의 정치성을 갖는다. 서로 주체성의 정치성은 바로 민주주의의 출발점이다. 그러므로 민주화는 이러한 슬픈 인간들의 서로 주체성의 복원 이외의 다른 것이 아니다.

4. 민주화 · 산업화 양립

인간론: 자유와 슬픔

윤평중의 산업화 철학이나 김상봉의 민주화 철학은 각기 자유 인간론과 슬픔 인간론에 입각하여 고유한 철학 체계를 구성하고 있다. 이러한 체계들은 여러 가지로 논의된 바가 있다. 김선욱(2004: 150)은 윤평중이 제시하는 자유의 정치 철학이 슈미트의 이론을 "일관된 지침"으로 삼으면서도, 이에 대한 정당화를 충분히 하고 있지 않다고 지적한다. 장춘익(1999: 385)은 형식주의적 실천 철학의 이성적 주체관과 무의식/욕망의 동학을 강조하는 질료적 주체관이 어떻게 매개될 수 있는지에 대해 추가적 작업을 요구한다. 이한구(2010c: 202)는 윤평중의 급진 자유주의가 전통적으로 이해되어온 자유주의의 개인 불가침 원리를 위반하는 것은 아닌지를 묻는다. 불가침 원리는 재산을 최대한 소유한 자에게도 적용되지만, 재산을 최소한으로도 소유하지 못하여 생존권에 위협을 받는 자에게도 적용되어야 한다는 관점을 나타낸다는 것이다.

김상봉의 민주화 철학에 대한 비판은 그의 슬픔 철학이 기초하고 있는 서로 주체성 개념에 모아지고 있다. 김상봉은 서로 주체성을 내 안의 의식 속에서 내가 만난 타자와 근원적 통일을 하지 못하고 만남과 헤어짐이라는 반복적 경험 속에서 구성된 것으로 파악한다. 서양 전통이 나르시즘 경험을 통하여 내 안의 자아와 타자의 통일을 통하여 홀로 주체성으로 나아갔다면, 한국 전통은 만남과 헤어짐의 경험들을 통하여 서로 주체성으로 인도되었다는 것이다. 그러나 김선욱(2005a: 333)은 서양 사람들도 김상봉의 서로 주체성의 조건을 만족하며 서로 주체성에 도달할 수 있어야 한다고 생각한다. 장은주(2005: 298, 301)는 홀로 주체성에 입각한 서양 전통의 자유, 주체 개념은 "서양에서도 이미 오래전에 버렸다"고 지적한다. 중요한 것은 철학이 우리의 과제 해결을 성공적으로, 실천적으로 안내할 수 있는가의 여부이며, 그것이 발생적으로 어디에서 온 것인가는 중요하지 않다는 것이다. 서정혁(2007: 361)도 "자본이라는 홀로 주체성의 현실태는 다만 서양적 사유만이 극복해야 할 문제가 아니"라고 한다.

김상봉의 민주화 철학과 윤평중의 산업화 철학은 훌륭한 개시이다. 민주화 이후, 한국 사회는 민중 운동 단계에서 시민운동 단계로 접어들었고, 한국 사회라는 하나의 실재가 민주화와 산업화라는 두 과제를 갈등적으로가 아니라 국면적으로, 양립적으로 유지할 수 있게 되었다. 한국 사회의 산업화는 이제 민주화의 배척점에 있는 것이 아니라 보완적 지점에 있는 것으로 이해되고 있다. 장하준(2007)은 군사 권위주의 정부가 관치 경제를 통해서이긴 했지만 한국 경제의 국제 경쟁력을 높였다고 평가하고, 백낙청(2005)은 박정희의 경제 정책이 지속 가능한 것은 아니었지만 "경제 성장의 유공자"라는 점을 인정한다. 최장집(2010)은 박정희 정권이 한국 경제의 성공 신화를 만들었지만 자신의 권위주의를 지속 가능한 체제로 만드는 데 실패함으로써 민주주의로의 탈출 경로를 열었다고 진단한다. 정연교(2010)는 특정 정권의 역할보다 국가의 역할이 무엇이어야 할 것인가에 대해 묻는다. 그는 국민의 사적 영역(표현, 징집, 섹스, 마약, 주민등록)이나 경제 영역(정부 보조, 자유 무역, 연금, 복지, 세금과 정부 지출)에서 국가의 역할이 어떠해야 하는가에 대해 긴 호흡을 가지고 성찰해야 한다고 주문한다. 민주화와 산업화는 그러한 국가 역할에 대한 전제 조건이라는 것이다. 그렇다면 이제 앞으로의 시대에 한국 사회는 민주화와 산업화의 과제에 대하여 어떤 전망을 할 수 있을 것인가?

산업화-시장의 담론

한국 사회는 민주화 이후의 정부들에 의하여 민주 질서와 시장 질서, 사회 복지와 신자유주의를 병행하는 정책이 도입되었다. 아직 그러한 병행적 구조, 또는 소위 "자본주의 4.0"에 대한 체계성, 일관성을 보이는 "새로운 시야와 언어"(최장집, 2010: 252)는 마련되지 않았다. 그러나 현재

한국 사회는 현장의 요구와 현실의 강제에 의하여 그러한 지평을 향하고 있고, 한국 지성계는 조만간 그러한 언어의 문법을 구성해내기를 요구받고 있다.

민주화 이전의 정권은 절차적으로 정당하지 않았기 때문에 경제 효율성으로 정당성을 추구하려는 과정에서 민주 질서와 시장 질서가 이데올로기 언어로 해석되어 갈등을 불러일으켰다. 그러나 민주화 이후의 정권하에서는 두 질서가 담론 언어의 체계 안에 들어와야 한다. 이데올로기는 이론적 언어이므로 비통약적이어서 소통이 불가능하고 갈등을 불러일으킨다. 그러나 담론 언어는 현실 소통적이어서 담론 참가자의 토론을 통하여 차이가 존중되면서 합의의 길을 모색할 수 있는 구조이다. 민주화 이후의 언어는 더 이상 이데올로기적일 수 없는 것이다.

한국 사회는 한편으로는 이데올로기 언어로부터 벗어나고 한편으로는 소위 "포퓰리즘"을 극복해야 한다고들 한다. "포퓰리즘"은 "인기 영합주의"라고도 하고, "대중에의 직접 호소와 엘리트에 대한 불신"(김우택, 2004: 170)의 표현이라고도 한다. 이론이 특정 문제에 대해 논리적으로 추상적 공간에 시도하는 체계적 설명의 노력이라면, 담론은 삶의 총체적 문맥에서 이루어지는 구체적 소통의 활동이다. 이데올로기가 특정 가치를 지향하는 이론 언어라면, "포퓰리즘"이라 불리는 여론적 호소 또한 특정 방향을 지향하는 담론적 사건이다. 그러나 여기서 중요한 것은 포퓰리즘이건 여론적 호소이건 간에 담론 과정에 들어가기 위해서는 일회적 사건으로 종결되어서는 안 된다는 것이다. 특정한 여론적 호소를 "포퓰리즘"으로 평가하는 경우는 그 호소가 단발적이거나 폐쇄적인 경우 정당하지만, 담론 과정에 개방적인 경우에는 부당한 억압적 평가가 되는 것이다(홍윤기, 2004a: 322~355). 그렇다면, 민주화 이후의 한국 사회의 통합적 언어를 향한 지성계의 노력이 절실히 요구된다. 일차적으로 두 질서를 통합하는 "일관적 이론"들이 제안되고 그다음 이 이론들을 한국 사회의 "현실적 담론" 구조로 들여와 토론해야 한다. 이 과정에서 중요한 것은 이론과 담론의 구분 그리고 그 작업들의 활성화이다.

손호철(2007: 385)은 민주화 이후의 정권들이 도덕적 · 정책적 · 시국적으로 실망스럽지만, 정작 위기는 세계화와 신자유주의라는 유기적 요인이라고 진단한다. 지구적 추세이긴 하지만 이런 유기적 요인을 무비판적으로 추진하여 양극화를 초래했다고 비판하는 것이다. 반면, 민경국(2007: 612)은 오히려 신자유주의의 논리를 편다. 시장 질서는 왜 매력적인가? 시장이 요구하는 자유는 인간에게 불가피한 정보 처리의 한계를 극복해준다. 인간은 혼자 살 수 없고 많은 사람들이 더불어 살아야 하는 구조이기 때문에 엄청난 양의 재화가 필요하다. 그러나 무엇이 얼마나 필요하고 어떻게 가격을 매겨야 할 것인가? 이러한 정보 처리는 계획이 아니라 시장의 자유로운 질서에 의해서 이루어진다는 것이다. 비슷한 문맥에서 임혁백(2000: 133)은 시장은 잔인하지만 시장의 부재는 더 잔인하다고 하면서 시장을 요청한다. 그러나 그는 삶의 모든 재화를 시장 영역 내부로 몰아넣는 것은 시민의 자유를 침해한다고 본다. 그래서 그가 제안하는 기준은 시장이 효율적으로 자원을 배분하는 사적 영역과 시민의 자유가 확보되는 공적 영역을 구분(윤선구, 2003: 180)하는 것이다. 시장은 자유 시장이지만 인간 사회가 구성해야 하는 공간이다.

민주화 참여의 소통

그렇다면 한국의 민주 질서는 시장 질서와 양립적으로 발전할 수 있어야 한다. 시장 질서가 능력과 경쟁에 기초한 질서이고, 민주 질서가 국민 지배라는 거대 화두에 대한 참여와 복지라는 구체적 관심의 질서라면, 양자 간에는 오래 묵은 긴장이나 갈등의 요소가 있을 수밖에 없다. 재벌 순화(최장집, 2010: 266-269)나 복지 확장(제갈현숙, 2010: 125)은 당장 제기되어야 하는 문제이자 지속적으로 확인되어야 하는 주제이다. 이러한 배경에서 도달한 한국 사회의 시장 질서와 민주 질서의 병행 발전론은 특수한 정치 인식론에 정초할 필요가 있다. 김선욱(2001: 80-81)은 정치가 진리의 영역이 아니라고 선언한다. 정치를 진리론적으로 접근하는 경우 그 진리 이외의 다른 입장은 진리의 역사에 대한 반동이고 반역이 된다. 진리론적 정치학은 의견의 다원성, 인간의 복수성을 파괴하고 양방향적 소통을 불필요하게 만든다. 강정인(2002: 57)은 "사회에 무엇이 좋은가에 대한 궁극적 진리의 존재를 부정하는 인식론적 회의주의"라는 명제의 관점을 지지한다. 이 명제는 민주 질서와 시장 질서가 양립하여 발전할 수 있는 인식론적 기초일 가능성을 시사한다.

구체적으로, 참여의 소통적 질서는 어떻게 가능한가? 양승태(2007: 247-220)는 국민과 시민이 "구분될 수 있는 유일한 근거는 문명성"이라는 전제하에 그 전제를 수용할 수 없다고 보며, 양자는 구분되지 않는다고 한다. 그러나 양자를 분리시키는 시각도 있다. 임혁백(2000: 163-170, 353)은 단순한 투표 행위만으로 국민 지배라는 민주주의 이념이 실현되었다고 볼 수는 없다고 판단한다. 인간의 의견은 투표와 같은 특정 시점 전에 완성된 것이 아니라 담론을 통해 조정되고 구성되는 과정의 산물이기 때문에 이러한 과정을 민주 질서 안에 들여놓아야 한다는 것이다. 그는 시민 간 소통이 과부하된 국가는 감당하기 힘들고 시장에만 맡길 수도 없으므로 영역별로 담론을 활성화할 것을 주문한다. 그리고 온전한 민주 질서가 사이버 문화 활성화로 현실화 될 수 있다고 말한다. 이상훈(2004: 129)도 사이버 문화를 통해 "깨어 있는 비판적 대중"이 살아날 수 있고 직접 참여뿐 아니라 전자적 정체성에 의한 평등 관계의 유목적 재현이 얻어진다고 본다. 한승완(2004: 97-121) 역시 사이버 문화가 민주 질서가 요구하는 조건을 쉽게 충족시킬 수 있다고 한다. 폐쇄적이고 특수주의적 관계의 "연줄망"으로부터, 집단 외부의 타자들에게까지 확장될 수 있는 개방성, 효율성, 정당성의 연결망에 접속할 수 있다는 것이다. 과거 인연의 연줄망으로부터 미래 구성의 연결망으로의 전환을 촉구하는 것이다.

역사적으로 대한민국은 중국과 일본 사이에 끼어 주체적으로 자국민을 보호하고 행복을 충분히 추구하기가 어려웠다. 그러나 민주공화국을 추구한 기미 독립 선언 이후 식민지 억압에서 벗어난 대한민국은 정부

수립 후에도 혹심한 6·25전쟁을 겪고 군사 정권의 과정을 겪으면서도 산업화와 민주화라는 두 과제를 성취하는 계기들을 마련했다. 한국의 상품과 외교력, 문화와 학문, 인간미와 삶의 방식이 세계 각지에서 영향을 미치고 기여하기 시작한 것이다. 그러므로 세계인의 마음에 전쟁으로 각인된 대한민국이 어떻게 이러한 민주화와 산업화를 이룩했는가라는 외국인의 물음은 자연스럽다. 오늘의 대한민국을 있게 한 성취 주역들의 삶과 희생과 기여를 기억하게 된다. 그러한 성취를 가능하게 한 민주화 철학과 산업화 철학은 더 탐구되고 심화되고 확장될 필요가 있다.

8장
한반도 분단: 공존 언어의 문법

한반도는 70년 넘게 남북 분단 상태에 있다. 70세 이하의 한국인은 분단을 자연적 환경으로 인지할 수 있다. 그러나 한국인이 정치, 경제, 사회, 문화, 가족 등의 삶에서 겪어온 많은 고통은 강대국이 부과한 분단에 기인한 것이다. 제2차 세계대전 기간 동안, 미국 · 영국 · 중국은 카이로 회담(1943.11)에서 한국의 독립에 합의하지만, 미국 · 영국 · 소련은 얄타 회담(1945.02)에서 한반도 분할을 논의하고, 미국 · 영국 · 중국 · 소련은 포츠담 회담(1945.7)에서 한반도를 38도선으로 나누는 신탁 통치안을 협의했다. 미국이 1945년 8월 6–9일에 히로시마와 나가사키에 원자 폭탄을 투하하고, 소련의 태평양 함대는 1945년 8월 11–13일에 웅기, 나진, 청진에 상륙, 23–27일에 개성, 평양, 신의주를 진주하여 북한을 사실상 점령했다. 연합군을 향한 일본의 항복(1945.8.15)과 더불어 미국의 하지(J. R. Hodge)장군의 24사단이 인천에 상륙(1945.9.8)하여 38선 이남의 일본군의 항복을 받았고, 미영중소는 모스코바 회담(1945.12)에서 한반도 신탁 통치안을 채택했다. 유엔 결의에 따라 대한민국은 남한에만 적용되는 정부를 수립(1948.8.15)하고, 조선민주주의인민공화국은 북한을 영토로 하는 실체를 구성(1948.9.9)하여, 남북 분단은 다분히 외세에 의해 고착되었다. 상해 임시 정부가 일본과 싸웠던 연합군의 부분 주체가 되지 못했던 것은 안타까운 일이다.

1. 한반도 분단의 언어

6 · 25 전쟁이 한반도의 38도선 분단을 휴전선 분단으로 바꾸면서 남북 관계는 국제적 이데올로기 대립의 대리전이 되었고, 냉전과 열전이 병합적으로 대치하면서 대한민국 국민에게 동족의 혈연과 기억에 대한 상호 부정과 파괴를 경험하게 했다. 언론 자유가 허락된 남한의 지성계는 이러한 분단을 어떠한 문법 언어로 접근할 것인가에 대해 논의를 해왔다. 북한의 공산주의나 주체사상을 먼저 극복할 것인가, 공존을 우선할 것인가에 대한 논의들이다.

한반도 전쟁과 휴전–분단

북한이 남한을 침범(1950.6.25)한 데는 여러 가지 요인이 있지만, 그중 다음의 네 가지가 가장 주요했다고 한다. 먼저 주한 미군이 1949년 6월에 철수를 완료하고, 1949년 10월에 중국 본토가 공산화되었다. 그리고 1950년 1월에 애치슨(Acheson, D. G.) 미국 국무장관이 미국의 극동 방어선에서 한국과 대만을 제외시킨다는 성명을 발표한 상황에서, 북한은 소련과 중국과 방위 협조 체제를 이루어내어 남한의 공산화에 대한 자신감을 갖게 되었다. 전쟁은 치열했고 양쪽 모두에 지대한 인명 · 경제 손실을 불러오면서도, 한쪽으로 전세가 기울지 않았다. 결국 미국, 중국, 북한은 휴전 협정(1953.7.27)에 합의하여, 남북 분단을 위도 38도선에서 휴전선으로 다시 규정했다. 남한의 이승만 대통령은 휴전 협정에 참여하지 않음으로써 남북 분단 상황을 휴전이 아닌 지속적인 전쟁 상태로 인식하게 하는 긴장감을 유지했다. 그가 주장해왔던 “북진 통일론”이나 “대한

민국의 국시로서의 반공론"은 이러한 정치적 선택의 문맥에서 이해된다.

남한이 휴전 협정에 참여하지 않음으로써 휴전 협정은 남한에게 법적(de jure)인 것이 아니고 사실(de facto)상의 의미만을 갖게 되었다. 그러나 남북 간의 불가침을 선언한 7 · 4 남북 공동 성명(1972.7.4.)은 남한이 휴전 협정에 뒤늦게나마 법적으로 직접 참여하고, 북한을 반국가 단체가 아니라 독립된 국가로 승인한 계기가 된다. 그런데도 남북 분단 상황에 대해서는 낙관론과 비관론이 평행선을 달리고 있다. 낙관론은 공동 성명 이후 이루어진 남북 관계의 긍정적 발전에 주목하지만, 비관론은 여전히 지속되는 부정적 사실들에 주목한다. 핵무장에 대한 북한의 욕망은 동북아 질서를 긴장 관계에 몰아넣고 있고, 남한을 공산주의화하겠다는 적화 전략을 여전히 보여준다는 것이다. 특히 북한은 최근(2013.3)에 "조선정전협정의 효력을 완전히 전면 백지화해버릴 것"이라는 도발적 발언도 서슴지 않고 표명하고 있다.

이러한 상황에서 대한민국의 국민은 1953년의 휴전선 분단을 어떻게 볼 것인가? 그 관점은 크게 두 가지로 나눌 수 있다. 첫째는 공산주의를 우선적으로 반대하는 관점이다. 남한의 많은 사람들은 분단의 상황에서 반공 우선성 언어에 동조적이다. 둘째는 남북 공존의 언어를 우선적으로 지향하는 관점이다. 1953년까지는 분단 상태면서도 분단 체제가 형성되지 않았다. 서로 무력으로 통일하고자 했기 때문이다. 그러나 휴전의 진정한 의미는 공존 문법의 시작이지, 한편이 다른 편을 이기고자 하는 결정이 아니다. 이와 같이 남한 사회는 한반도 분단에 대해 반공 우선성 언어 관점과 대화를 목표로 하는 공존 우선성 언어의 관점이 오랫동안 대조적으로 유지되어 왔다(고영근, 2006). 이들에 대하여 차례로 간단히 살펴보고자 한다.

반공 우선성 언어: 박종홍 · 신일철

반공 우선성 언어 관점은 한반도 분단과 관련하여 공산주의를 반대하는, 휴전 조약에 참여하지 않은 이승만 정권의 북진 통일론을 지지하는 관점이다. "반공" 관점은 자유 민주주의를 함축한다는 점에서 체계화되어 있고, 이를 분단 언어의 마땅한 문법으로 상정할 수도 있다. 한반도 분단에 대해 반공 우선성 언어를 체계화하는 반공 또는 반공 철학은 박종홍과 신일철에 의해 이론화되었고, 실천적 차원에서 여러 가지 활동으로 나타났다. 과거에는 국민회, 대한반공청년단, 국민반 같은 조직원들이 있었고, 최근에는 뉴라이트, 자유주의연대, 그리고 몇 개의 관변 단체들이 반공의 방향으로 활동해왔다. 그중 하나는 남북 대화의 조건을 형성하려는 활동들에 대한 비판으로 나타난다. 여기에서는 반공 철학에 대한 이론적 작업에 주목하고자 한다.

박종홍(1963: 536; 1965: 544-545; 1998: 2/251-257, 554-613)의 반공 철학은 반공 언어 우선의 철학으로 이해할 수 있다. 그의 반공 철학은 한편으로 그의 기본적 관점인 『중용』의 정성성(誠)을 실존주의의 향내적 성실성으로 해석하고 다른 한편으로 듀이(Dewy, 1999)의 실용주의를 향외적으로 이해하여 균형을 이루고자 한다. 박종홍은 공산주의가 기초하여 있는 마르크스주의는 인간의 향내성과 향외성의 균형을 깨트린다고 믿는다. 마르크스주의의 변증법적 유물론은 향외적 세계관을 구성하기 때문에 인간 의식의 자발성을 부인하고, 물질 작용 또는 경제적 현상이 인간 의식을 결정한다고 본다. 박종홍이 이해하는 마르크스주의의 인간 주체는 자발성은 없으면서 경제적 하부 구조로 결정된 의식의 주체이다. 마르크스주의에서 주체들이 공산당의 지시에 따라 움직일 때 해방에 이른다고 하는 것에 대해, 박종홍은 마르크스주의에서 인간은 기계적 주체가 되어 인간 존엄성을 잃어버리는데도 인간을 사회 변혁의 주체로 설정하는 비일관성을 나타낸다고 비판한다. 그는 박정희 정권의 반공 철학을 구성하고 실용주의적 향외성으로 "국민교육헌장"을 기초하는 등 국가주의적 개발 정치에 참여했다(백종현, 1998: 71-81; 홍윤기, 1999; 김석수, 2001; 김재현, 2002).

신일철(1987; 1991; 1999)은 북한 노동당의 주체사상을 추적하면서 그것을 "그대로 소개하는 것 자체가 비판"이 된다고 본다. 주체사상은 당내 중공파와 소련파의 숙청(1962)을 계기로 마르크스-레닌주의를 "계승하고 혁신"하여 개발한 독자적 통치 이데올로기이다. 사상, 정치, 경제, 국방의 4자(自) 노선을 천명한 자주 선언(1966)은 김정일의 「주체사상에 대하여」라는 보고(1982)에서 체계화되었다. 주체사상의 핵심은 '인간은 유물론의 단순한 물질이 아니라 가장 발달된 물질'이라는 사람 중심주의 명제와 '인간은 육체적 생명보다 사회 정치적 생명에 의해 규정된다'는 테제이다. 이 테제는 수령과 당의 지배에 대해 절대적으로 복종함으로써 인간의 생명이 부여된다는 것을 의미한다. 수령과 당은 개인의 생명에 구성적으로 연결된다. 레닌주의의 "정치적 영도의 예술"을 계승하고 혁신하여 일인 지배화, 세습화가 이루어져야 한다는 것이다(정대현, 2015b: 127).

신일철은 주체사상의 오류를 세 가지로 지적한다. 첫째, 주체사상에 대한 해석은 국민이나 독자에게 열려 있는 것이 아니라 수령의 독점적 역할이다. 나아가 주체사상의 사회 정치적 생명론은 "수령과 후계자"의 역할이 "사회력사원리"라고 하여, 세습을 정당화한다. 둘째, 주체사상은 스스로 주체적이라고 하면서 우리 민족 사상에 대한 허무주의에 빠져 있다. 보우스님의 인즉천(人卽天), 동학의 시천주(侍天主), 천도교의 인내천(人乃天)을 거부하고 3대 수령의 통치로 전체화, 독재화하는 것이다. 셋째, 주체사상에서는 민주적 사회주의나 개방과 실용주의를 기대하기 어렵다. 이데올로기의 상징 조작으로 냉전적 전쟁 상태를 유지하려 하기 때문이다. 그런데도 남한에서 일어나는 민주화, 통일, 청년 학생들의 투쟁의 일부가 북한을 "희망의 등대"로 해서 진행되고 있는 상황은 위험하다고 평가한다.

박종홍과 신일철이 이론적으로 소신적 반공 철학을 지향했다면, 박효종, 김학준 등은 크게 반공적 방향을 추구하면서도 실천적으로 시대 상황과 화해하는 모습을 나타낸다. 이들을 반공 관점의 범주로 분류하는 것은 이들이 대화를 지지하면서도 공존 우선성 관점과 대화를 하기 위한 조건을 구성하는 데는 상대적으로 적극적이지 않을 뿐 아니라 반공 원칙을 지키기 위해서는 전쟁도 불사해야 한다는 일부 극우 입장에 대한 태도도 분명하지 않기 때문이다. 예를 들어, 박효종(2003: 40-41)은 지금 이 시점에서 반공주의로만 모든 것을 재단하려는 사람들은 화해와 포용이라는 시대정신을 바로 읽지 못하는 사람들이라고 지적한다. 그는 색깔론과 역색깔론은 현실에 대한 해석에서의 정과 반을 이루고 우리는 합의 질서에 갈 수 있어야 한다는 통합론을 편다. 또한 박효종(2005: 54-56)은 어떤 교과서는 북한에 대해서 중립적이면서도 남한에 대해선 독재와 억압의 어두운 이야기를 싣고 있다는 점을 불편하게 생각한다. 북한이라는 실패한 국가에는 민족적 정통성을 부여하고 남한이라는 성공한 국가에 민족적 정통성을 인정하지 않는 것은 건강한 민족주의가 아니라고 말하는 것이다. 김학준(2006)도 분단에 대한 논의에서 온건한 태도를 취한다. 한반도의 분단은 국제형이기도 하고 내전형이기도 하여 복합적이라는 것이다. 이러한 분단 체제를 극복하기 위해서는 미국 대북 정책과의 조화, 중국과의 관계 강화, 6자 회담의 진전, 비핵화의 성취가 필요하다고 주장한다.

공존 우선성 언어: 한완상 · 이삼열

한반도 분단에 대한 이야기 방식으로 반공 우선성 언어가 있어왔지만 공존 우선성 언어도 발전해왔다. 남북 관계가 지속적으로 갈등의 어려움에 처해 있었지만 그 가운데서도 남북 공존 우선성 언어는 진화해왔다. 자주, 평화, 민족 단결이라는 통일 3원칙에 합의한 "7 · 4 남북공동성명"(1972), 상호 인정과 교류를 하자는 "남북기본합의서"(1991), 남북 거래를 국가 간이 아니라 민족 내부의 거래로 규정한 "남북 관계 발전에 관한 법률"(2005), 남의 국가 연합제와 북의 국가연방제의 공통성을 추구하자는 "6 · 15 공동선언"(2000), 6자 회담을 통해 한반도 핵문제를 해소하자는 "10 · 4 선언"(2007) 등이 있었다. 휴전 협정(1953) 이후에 나타난 이러한 흐름은 남북 공존 우선성 언어 추구가 필연적임을 가리킨다.

한완상(2013: 93-98)의 한반도 분단에 대한 공존 우선성 언어는 "햇볕 정책"(1993)이라는 단어로 요약될 수 있다. 남한과 미국의 북핵 철거 요구와 북한의 체제 보장 요구라는 남북 관계에서의 핵심적 과제는 상호 신뢰의 부재로 해결의 실마리가 잡히지 않았다. 특히 남한이 세계 경제에서 갖는 위상 자체가 북한에게는 우려의 조건인 것은 흡수 통일 가능성 때문이다. 햇볕 정책은 남북 간의 그러한 미묘한 관계로부터 탈출구의 계기를 마련하고자 한 것이다. 북한이 냉전이라는 두꺼운 옷을 벗으면 남한도 냉전의 옷을 벗게 된다. 이러한 목표를 위해서 햇볕 정책으로 두꺼운 옷을 한 겹씩 벗기자는 것이었다. 반공 우선성 언어가 함축하는 냉전 강풍으로는 남북이 대결 방향으로 갈 수밖에 없다는 것이다. 남북이 서로에게 강경하게 대응할수록 강해지기만 하던 적대적 공생이라는 역설적 비극의 과거 사례는 남북이 나아가야 할 방향을 보여준다. 적대적 공생은 남북을 모두 반민주 · 반인권 · 반민족의 체제로 인도한다고 본 것이다.

이삼열(1990: 274-279; 1991: 200-215)은 공존 우선성 언어의 논리를 대화 개념에서 찾는다. 한반도 분단이 대화냐 아니면 갈등이냐의 양자택일을 강요하고 있기 때문이다. 평화 통일인가 무력 통일인가의 선택지를 놓고 대화의 개념은 정부 간의 협의의 대화와 다양한 시민들 간의 교류의 광의의 대화로 구분할 수 있다. 그는 협의의 대화는 분단 논리 등 여러 가지 요인에 의하여 벽에 부딪칠 수 있기 때문에 광의의 대화를 통해 협의의 대화를 지속적으로 발전시켜야 한다고 본다. 그리고 광의의 대화도 통제되고 억압적인, 반쪽의 대화가 아니라 상호 인정을 전제조건으로 자유롭고 자발적인 대화여야 한다는 것이다. 그러기 위해서는 서로 국호를 인정하자고 한다. 서로의 국호를 인정하지 않으면서 진정한 대화에 임할 수 없기 때문이다. 진정한 대화는 상호의 대립과 갈등을 해소하고 병리를 치료하리라 기대할 수 있다.

이하에서는 남북 공존의 언어를 보다 체계적으로 접근한 두 경우를 살피고자 한다. 송두율의 경계인 언어와 백낙청의 분단 체제론이다.

2. 송두율의 경계인 언어

한반도 분단은 표면적으로 미국과 소련의 이해의 합일점에서 이루어진 것처럼 보인다. 미국은 일본과의 전쟁에서 소련의 개입을 원했고 소련은 일본과의 전통적 대립에서 북한이라는 완충 지역을 원했다고 보여진다. 그러나 한반도 분단 이후의 한국인의 경험은 미소의 단순한 국익 차원을 넘어선다. 70년 넘는 세월은 남북한 사람들의 분단 경험을 질적으로 다르게 구성해버린 것이다. 북한은 진리, 국경, 민족, 주체, 노동 같은 근대적 이데올로기의 구조로 체계화된 경험에 익숙해지고, 남한은 세계화의 물결 속에서 탈근대적 정보 공간을 통해 민족보다 민주가 우선적이라는 반실체적 과정적 흐름을 우선시하게 되었다. 송두율은 남북의 공존 언어를 모색하기 위해 남북의 시간-공간적 차이를 경계의 개념으로 접근한다. 경계 개념은 남북의 언어를 융합하기 위한 불가피한 장치라는 것이다.

경계인: 이해 내재성

송두율은 한반도의 분단에 대해 말할 수 있는 언어를 철학적으로 그리고 신체적으로도 구성했다. 그의 분단 언어는 그가 자신을 "경계인"이라고 규정하는 구조에서 나타난다. 이를 위한 그의 역사적-신체적 참여는 여러 가지로 중요하지만,[1] 여기에서는 그의 철학적-개념적 참여에 한정하고자 한다. 송두율(1995b: 240-242; 2007: 91-101)은 "경계인"이라는 단어가 기회주의자, 회색분자 같은 여운을 남길 수도 있지만, 유목민처럼 삶의 흐름 속에서 정체성을 유지하는 여운을 선호한다. 경계인은 기존의 경계선을 허물고 이쪽과 저쪽이 모두 숨 쉴 수 있는 틈을 만드는 사람이다. 송두율은 분단 언어의 기초로서의 경계인 개념을 구성하기 위해 보

1 강준만, 2001; 김창룡, 2003; 조국, 2003; 김세균, 2004; 오동석, 2004; 홍윤기, 2004.

다 자세한 논의를 펼치고 있다. 여기서는 그중에 문학적 · 동양적 · 논리적 논변들을 살펴보도록 하겠다.

송두율(2007: 187–189)의 경계인을 위한 문학적 논변은 풍자(irony) 개념으로부터 시작된다. 풍자란 상식 개념의 반대이고, 성스러움, 순수함을 의미하는 엄숙(Ernst)의 반대 개념이다. 풍자의 표현은 내용이나 진리, 실재나 본질을 주장하지 않는다. 풍자는 어떤 사태의 국면에 대해 말하는 유명론적 이야기이다. 니체(F. Nietzsche)가 독일 관념론의 절대 진리 추구를 '도덕적 격분이 보여주는 우둔함'이라고 꼬집으면서 이념의 엄숙에 반대하는 삶의 엄숙을 주장했을 때 그 주장은 풍자로 보인다. 독일 문학의 풍자 작가 하이네(H. Heine)가 프러시아에서 추방되어 공화주의의 본산인 파리로 망명하고 그곳에 묻힌 사건은 풍자의 독일적 숙명을 단적으로 보여준다. 나치를 피해 파리를 거쳐 스페인으로 망명하는 도중 국경 근처에서 자살한 벤야민(Benjamin, 1991)도 "개인의 삶이 사회의 존재와 불일치할 수 있다고 요구할 수 있는 유럽 정신의 최고의 재산인 풍자가 독일인에게는 전혀 허용되지 않고 있다"고 비판했다. 로티(Rorty, 1989)는 현대에 잃어버린 풍자의 복원을 주장한다. 한국의 상황도 풍자를 오랫동안 허용하지 않았다. 김지하의 「오적」과 같은 정치적 패러디를 사법적 대상으로 다스렸다. 그러나 풍자는 짓눌린 존재에 가벼움과 즐거움을 주려는 시도이고, 풍자나 해학이 없거나 용인되지 않는 것은 전체 안에서 개체가 숨 쉴 공간이 없음을 뜻한다. 풍자는 주류 공간 내의 서술적 언어는 아니지만, 주류 공간에 자유를 선사하는 상상력의 언어인 것이다.

송두율(1996: 210–233; 2007: 187–189)의 경계인을 위한 동양적 논변은 삶에 대한 동양적 처방에 기인한다. 이 처방은 절대적 진리의 담지자로서의 주체를 부정한다. 아리스토텔레스 이후의 서양적 실체 형이상학은 채움을 지향하여 실체나 주체를 채우고자 했지만, 동양적 형이상학은 실체 개념을 장애물로 규정하고 총체적 도(道)를 우주적 질서로 해석하거나, 무아(無我)나 무위(無爲)를 향해 비움을 지향하고 아만(我慢)과 작위(作爲)의 세계를 경고하기도 한다. 채움과 비움의 미학을 동서양이 달리 추구해온 것이다. “탈근대”는 주체나 실체의 세계를 환영의 세계라고 비판하면서 동양 전통과 만나고 있다. 송두율(2000: 104; 2007: 101)은 다름이 있어야 같음이 드러나고 같음이 있어야 다름이 드러난다는 원효(元曉)의 가르침을 도입한다. “이것이 존재하지 않는다면 저것도 존재하지 않는다, 이것이 사라지면 저것도 사라진다”는 연기(緣起) 사상이다. 사태에 대한 양자택일식 발상은 상황을 흐리게 하는 근본무명(根本無名)이다. 다양성의 철학은 압축 성장을 통해 구축된 현대의 한국적 공간에서 금강경, 화엄경, 장자 속에만 남아 있는 골동품일 수 없다.

송두율(2002: 128–129, 149–150, 166–168; 2001: 116)의 경계인 개념을 위한 논리적 논변은 문화 인류학에서 시작된 내재적 접근법에 기초한다. 서양의 인류학자가 중앙 아프리카 잔데(Zande)족의 사고와 행동 양식을 이해하기 위해서는 서양 언어가 아닌 잔데 언어로 접근해야 한다. 잔데족의 삶을 외부적인 서양 언어로 기술하려고 할 때 견강부회, 왜곡, 언어폭력의 현상이 생긴다. 인류학자는 잔데족의 삶에 참여하여 그들의 언어를 배우고 그 언어로 잔데족의 삶을 기술해야 한다. 잔데족의 삶의 문법과 잔데족의 언어의 문법은 상호 구성적이기 때문이다. 문화인류학의 이러한 통찰은 일반화할 수 있다: 어떠한 이해도 내재적이다. 이러한 문화 인류학자의 내재적 관점이 바로 경계인의 관점이라는 것이다.

공간적 경계인: 남북, 동서, 지구화

송두율(2007: 101, 238; 2000: 86–87)은 한반도의 분단을 이해하기 위해 남북 자체만이 아니라 동북아, 동서 관계, 지구화라는 공간을 바라보면서 경계인의 관점을 취한다. 한반도의 남과 북이 휴전선을 두고도 서로 숨쉴 수 있기 위해서는 공간의 이쪽–저쪽의 경계선 개념으로부터 스스로를 해방해야 한다는 것이다. 이쪽–저쪽 사이에 있을 수 있는 제3의 공간을 생각해볼 여유를 가지라는 것이다. 남쪽은 탈근대적 사고로 이데올로기의 역사가 끝나고 진리, 국경, 민족, 노동 세계도 끝이라는 관점을 이해하거나 동조할 수 있는 공간이지만, 북쪽은 아직도 민족, 역사, 계급, 인민을 강조하여 앞세우는 근대적 사고의 공간이다. 한반도는 동시성과 비동시성의 가치들이 혼재되어 있다. 지성인은 경계인으로서 남북이 그동안 각각 달리 구성해온 정치적 · 사회적 · 경제적 · 문화적 공간 개념들을 확인하고 제3의 공간을 구성하는 작업에 관심을 가져야 한다. '메이드 인 개성'의 시대는 그러한 작업의 필연성과 가능성을 동시에 보여주었다.

송두율(2007: 213-241)은 한반도 "문제 상황의 중심에 놓여 있는 것이 바로 북의 핵 문제"라고 규정한다. 남쪽과 미국은 북쪽의 핵 포기를 요구하고 북은 남과 미국에게 체제 보장을 요구한다. 남북은 서로 "네가 먼저 나의 요구를 들어주라"는 요청을 하는 이중적 우연성에 갇혀 있다. 북한이 경제적, 정치적 여건이 순조롭지 않아 체제가 급속히 위기에 빠지면 중국이 개입할 것이다. 그렇다면 경계적 사유는 어떤 처방을 하는가? 휴전선의 의미를 적극적 의미의 평화 개념으로 확장하는 것이다. 전쟁과 같은 직접적인 폭력이 없는 소극적 의미의 평화가 아니라 가난과 질병, 교육, 인종 간의 차별, 문화적 폭력 등이 극복되고 남북이 상호적 환경으로 설정되어 동적 안정성을 갖는 적극적 의미의 평화이다. 그는 북은 주한 미군을 외세가 아니라 동북아 질서 유지를 위한 환경으로 해석하고, 남은 개성공단이나 금강산 관광을 안보 위협이 아니라 평화 투자로 보아야 한다고 생각한다. 이러한 과정을 거쳐 남과 북은 정체성의 구조를 바꾸어 남의 '국가 연합'과 북의 '낮은 단계의 연방'이 공유하는 질서에 이를 수 있고, 지금까지 지지부진했던 핵 포기와 체제 보장의 과제도 성취되리라는 것이다.

송두율(2007: 248-249)은 경계적 사유 방식을 한반도의 동북아 상황뿐 아니라 동서 관계, 지구화에도 적용한다. 한반도는 동북아에서 중화주의와 일본주의의 가운데 끼어 괴로운 관계에 처해 있다. 동북아 국가들의 과거 역사에 대한 기술이나 영토 관할에 관한 분쟁은 아직도 동북아가 민족 단위의 정치적 사고 체계에 갇혀 있음을 보여준다. 한반도가 처해 있는 동서 관계에서의 위치도 밝지가 않다. 유럽은 탈민족 시대에 진입하고 있는 데 반하여, 동북아는 해결되지 않는 역사 문제에 발목이 잡혀 있다. 한반도는 통일 담론의 주제인 민족 개념을 풀어야 할 과제를 가지고 있다. 송두율(2000: 73-83)은 한반도 분단을 지구화(globalization)의 문맥에서도 논의한다. 남한은 지구화를 통시성의 원칙에서 긍정적으로 해석하여 "세계화"라 부르고, 북한은 서방의 압력으로 전 세계를 하나의 가치로 편성하는 행위라고 부정적으로 규정하여 "일체화"라 부른다. 지젝(Zizek, 2014)이 "식민주의의 마지막 형태"라고 기술하는 것과 맥을 같이 하는 것이다.

송두율은 카스텔(Castells, 1996)의 공간 개념의 구분을 응용하는 사유 실험을 제시한다. 유럽이 자본, 정보, 기술, 문화적 상징이 모두 연결되어 흐르는 그물망 사회(network society), 즉 '흐름의 공간'이라면 동북아는 경계선으로 구획되어 갇혀진 장소, 즉 '장소의 공간'이다. 경계적 사유는 바로 이 지점에서 요청된다. 두 공간이 의거하고 있는 공간, 시간 개념이 다르기 때문이다. 세계 사회의 중심부와 주변부 사이에는 질적인 차이가 있다. 이러한 차이는 '민족 국가'의 성격을 규정하는 데 주변부와 중심부의 이해가 다르기 때문에 발생한다. 그렇다면 둘 사이를 연결하는 교량이 필요하다. 흐름의 공간은 해방의 요소를 지니고 장소의 공간은 특수성을 통한 주체성을 유지한다. 만약 흐름의 공간이 또 하나의 새로운 식민화를 야기하고 주체성을 파괴한다면, 이 흐름의 공간은 누구를 위한 공간이 될 것인가? 그러므로 흐름의 공간과 장소의 공간은 상호 보완적이어야 한다. 두 공간은 보편성과 주체성의 통일에 적용되어야 한다. 과거의 아시아의 실망은 희망으로 전환될 수 있어야 하고, 통독이 유럽연합(EU)의 중심이 되었듯이 한반도는 통일을 통해 동북아에 희망을 줄 수 있어야 한다는 것이다.

시간적 경계인: 근대와 탈근대

송두율(2007: 99, 186)은 근대성과 탈근대성이라는 대조적 범주들이 한반도 분단의 현실을 복잡하게 만들고 있다고 판단하고, 여기에 경계적 시간 사유가 어떻게 작동할 수 있는가를 고려한다. 한반도는 "근대" 자체를 자생적으로 가지기보다 일본이나 미국 또는 소련에 의해서 강요되거나 부과된 계기들을 통해 가졌기 때문에, 남한이나 북한은 부여받은 양식에 따른 역사적 맥락의 차이로 복잡한 양식을 갖게 되었다. "탈근대"의 "탈"은 일정한 방향으로 나간다는 뜻도 있지만 반근대, 초근대 극복이 임의의 방향으로 나아갈 수도 있는 가능성도 담고 있다. 따라서 근대와 탈근대는 한반도의 분단 상황에서 중요한 함축을 갖게 된다. 여기서는 어떻게 북한 사회의 현상들을 "근대"라는 범주로, 남한 사회의 문제들을 "탈근대"라는 범주로 묶을 수 있는가에 대한 그의 생각을 살피기로 한다.

송두율(1996: 210-214)은 "근대"라고 불리우는 계몽적 정신을 데카르트 등이 제시한 실체 형이상학에서 찾는다. 실체 개념은 가변적 우유성들에 대조되는 불변적 담지자를 상정한다. 데카르트에 의하면 나는 몸을 나의 우유적 성질로 갖지만, 생각을 나의 불변적 성질로 갖는다. 즉 생각은 나의 실체가 되는 것이다. 나는 몸 없이도 존재한다고 생각할 수 있지만, 나는 생각 없이는 존재한다고 생각할 수 없기 때문이다. 이러한 실체주의는 비변증법적인 동일률(同一律)과 이가율(二價律), 인과성(因果性) 같은 직선적 논리에 기초하며, 절대주의적 시작점을 전제하고 미래에 대해 낙관적이다. 그리고 다양한 현상들을 그러한 실체 또는 본질로 환원하고자 한다. 북한이 주장하고 강조하는 사안들은 이러한 근대성의 구조에서 체계화할 수 있다. 주체, 자주, 민족, 인민, 역사, 지도자 등의 개념들은 근대성의 논리와 일관된 속성들을 공유한다. 북한에서 경험되는 모든 현상들은 그러한 현대성의 실체로 환원되는 것이다.

송두율(2007: 182-187)은 남한의 탈근대성에 대해서는 특별한 논의를 하는 것 같지 않다. "탈"이 의미하는 대로 근대성의 개념들의 극복일 수도 있고 임의의 방향으로 나아가는 것일 수도 있다는 생각 때문이다. 그는 탈근대적 현상으로 보이는 경우들을 예시한다. 탈근대가 강조하는

‘차이’의 문화는 우선 근대가 합리성의 이름으로 알게 모르게 강요해왔던 동일성의 논리에 대한 저항을 의미한다. 유럽의 성당 건축 양식을 따라 지은 서울의 큰 교회 건물을 보면서 유럽에서 금발로 염색한 동양 여성을 보고 느끼는 것과 같은 감정을 느끼는 것, 서울의 중심에 있는 광화문을 원래의 자리에 복원한 것, 성 담론이 차이 담론으로 성공적으로 수행되었지만 문화에 미미하게 반영되는 점 등은 근대적으로 읽힐 수도 있고 탈근대적으로 읽힐 수도 있다. 식민지 시대의 조선 지식인은 동도서기(東道西器), 조선의 얼을 이야기했지만 분단 시대의 남한 지식인은 민주를 현대의 기획으로 채택하여 민중과 민족이라는 일종의 탈근대적인 기획과 접목시키고 있다.

근대성과 탈근대성은 이 시대의 중첩적인 문화적 국면이고, 이러한 국면은 지구화라는 주도적 세계관과 맞물려 있다. 한반도 역시 남한의 세계화와 북한의 주체화를 아우르는 경계적 사유를 끌어낼 수 있어야 한다. 송두율(1998: 73-77)은 이를 위해 근대와 탈근대 사이에 서서 반성한다. 한반도는 민족 해방과 함께 찾아온 분단의 멍에를 지면서 산업적 근대의 ‘일본적 구성’에 내재된 기획(자본주의와 공산주의)의 첨병 노릇을 의식적이든 무의식적이든 수행해왔다. 남한은 세계화가 의미하듯 근대화의 길을 질주해왔고 이제는 선진 산업국이 안고 있는 지구화, 정보화라는 과제 앞에 함께 서 있다. 북한은 산업적 근대의 소련적 구성으로부터 자신을 해방시켜 주체 사회주의라는 담론 아래 주체성과 근대성을 결합해왔다. 세계화를 통해 일등 국가가 되겠다는 남한의 전략과 주체화를 통한 근대화로 조선 민족 제일주의를 실현하겠다는 북한의 전략은 합쳐질 수 없는가? 세계화는 자기 정체성을 허문 토대 위에서 가능하고 주체화는 외부 세계에 대한 저항을 전제하기 때문에 두 세계관은 발상의 전환을 필요로 한다. 두 세계관은 제3의 공간에서 만날 수 있어야 하는 것이다. 남북이 참여하는 “6자 회담”은 그러한 발상의 전환의 결과이다.

민족적 경계인: 통일 의지

지금과 같은 탈근대 시대에 한반도의 통일은 바람직한가? 또는 필요한가? 송두율(2000: 68-78)은 그러한 물음에 대해 두 가지로 긍정적 비판을 한다. 첫째는 '민주(demos)가 종족(ethnos)보다 우선한다'는 하버마스 관점으로부터의 통일 반대론이다. 하버마스는 경제 통일을 최우선으로 여기는 "서독 마르크 제국주의"를 겨냥하여 동서독 국민의 합리적 합의 도출을 거치지 않은 독일 통일의 정당성을 문제 삼는다. 그러나 송두율은 독일과 한반도가 처한 국제 정치적, 지리적 여건이 다르다고 본다. 독일 상황은 국제적 합의하에 논의되었지만, 한반도는 그렇지 않다. 일제 식민지와 오랜 독재를 겪은 한반도의 상호 연대적인 민족 통일은 민주와 양립할 수 없다는 것이다. 둘째는 지구화가 설정하는 체제 이론적인 전제는 계급, 민족 단위의 분화를 무의미하게 만들기 때문에 민족을 기초로 하나로 묶으려 해서는 오늘의 세계 사회를 파악할 수 없다는 것이다. 날이 갈수록 강화되고 있는 국경 없는 경제의 실상은 이 전제를 정당화한다는 것이다. 송두율은 체제 이론적인 지구화는 중심부와 주변부의 관계를 유일한 과제로 파악하고 그 결과는 패권 국가 중심의 세계 통합이라고 본다. 중심부에 대한 어떠한 도전도 무의미하고 개별 민족국가는 중심의 복제품이 된다. 진정한 지구화는 지구촌의 보편성과 지역성의 특수화가 양립할 때 얻어지는 풍성함이라는 것이 그의 관점이다.

진정성 있는 지구화는 남한의 세계화와 북한의 자주화가 양립할 수 있다는 것을 보임으로써 확인될 수 있다. 송두율(2007: 191-194, 251-255; 2000: 78-79)은 민족적 경계인으로서 바로 이러한 과제의 개연성을 주장한다. 탈근대성이 추구하는 개체성은 근대성이 유지하는 보편성과 긴장 관계에 들어갈 필요가 없다. 북은 주체와 외세라는 주객 관계를 전제한 자주 개념에 호소하고, 남은 세계화라는 새로운 환경에 적응하면서 자신의 주체를 강화한 자주 개념에 의존한다. 북은 경계선을, 남은 지평선을 유지하고자 하는 것이다. 양자는 민주적 담론 체계를 벗어날 수는 없다.

민주화를 떠난 세계화와 인민 대중 중심의 사회주의를 떠난 주체화는 공허한 담론일 것이다. 세계화는 기존의 자기 정체성을 해체하지 않아야 하고, 주체화는 배타적 정체성만으로 과거를 지향하지 않아야 한다. 세계 중심에 선 한국과 근대화·과학화를 추구하는 주체화는 양립 가능하다. 목표 설정이 달라서 다른 길을 걸어왔지만, 하나의 민족 공동체 안에서 다른 경험 공간이 존재한다는 사실이 반드시 부정적이지만은 않다는 것이다.

지구화는 오늘의 시대와 오는 시대를 연결하는 중요한 화두이다. 그렇다면 한반도의 남북 민족은 진정한 지구화를 향해 가야 하고 이 과정에서의 장애물들은 극복되어야 한다. 송두율(2002: 181-183; 2007: 126-127)이 논의하는 장애물 중에서 수시로 발생하는 갈등과 정보화를 언급할 수 있을 것이다. 서해 교전, 천안함 사건, 금강산 관광객 피살 등 갈등 야기적 국면들이다. 어떤 이는 "전쟁까지도 각오하여 원칙을 지키자"고 말하지만, 그러한 갈등 국면들은 전쟁 위협적인 것은 아니다. 사람들이 이민 가는 이유는 전쟁 위협이 아니라 자녀 교육, 취직 등이다. 한반도는 이제 그러한 갈등 상황을 평화적으로 처리할 만큼 성숙해 있다. 지금 한반도가 처해 있는 상황에서 민주, 민중, 민족이라는 세 개념은 6·15 공동선언 이전의 개념이 아니다. 우리는 세 개념이 나타내는 삼원색을 벌써 새 상황에 맞게 그려내고 있고 앞으로도 그려갈 수 있다.

맥루한(McLuhan, 1964)은 "누구와도 정보를 나눌 수 있게 되었지만 이로 인해 사회 성원들이 개인적 정체성을 상실하게 되는 것처럼 정보 사회는 세계화와 마찬가지로 민족 국가의 틀을 해체시킬 것"이라고 생각한다. 송두율(1998: 69-73)은 그러한 전망이 한반도 통일 문제의 핵심을 건드리고 있다고 믿었다. 그는 정보화로 실질적 세계 정부가 들어서면 민족주의도 지역 패권도 몰락할 것이고, 20세기의 마지막 장은 포탄의 전쟁이 아니라 모니터에 나타나는 우상(icon)의 전쟁이나 전자 작용에 의해 조작된 갈등으로 기록될 것이라고 보았다. 그는 맥루한의 가설이 걸프전에서 검증되었듯이 한반도도 비슷한 운명을 피할 수 있을지 의문이라며 정보화가 다양성으로 충만해진 지구촌으로 갈 것인지, 일체화와 마찬가지로 부국과 빈국 간의 착취-갈등 구조로 갈 것인지 우려했다. 그러나 민족적 경계인으로서 그는 정보화로 남북이 통일될 수 있다는 확신이 서기 위해서는 남북 간에 교환되는 정보는 공론적이어야 한다고 믿는다. 민족 공동체는 민족 성원 간에 교호하는 공동체이다. 남북 사이에 서로 넘기 어려운 벽이 있다는 사실을 인정하면서도 하나가 되려는 긴장을 안고 살아가는 개체들의 공동체가 바로 민족 공동체라는 것이다.

송두율(1998: 77-78)은 남북이 연대를 통해 통일로 가는 길은 향후 10-15년 사이에 본격적으로 이루어지지 않으면 어려운 일이 될 것이라고 당시 전망했다. 한반도 분단 해소의 길은 북핵 포기와 북한의 체제 보장이라는 두 개의 단순 조건으로 구성되는 것 같지만 남한 자체의 존재가 흡수 통일이라는 부담으로 작용하는 한 지난하다는 것이다. 결국 송두율은 남북이 연대적인 공동체를 형성하는 길밖에 없다고 믿었다. 그는 공동체 형성에 장애가 되는 요인들 때문에 통일의 시간적 조건을 명시했다. 장애 중에서 세 가지를 지적할 수 있다는 것이다. 첫째, 한반도 지도의 인지에 대한 세대 차이가 점점 벌어지고 있다. 북한 땅을 '미수복 지역'으로 기억하는 자의 수는 줄어들고, 남한 땅만을 '전국 지도'로 지각하는 세대의 수는 늘어 남북의 연대감이 떨어지고 있다. 둘째, 한반도는 동북아 지역 국가들 사이에서 통합의 어려움을 안고 있다는 것이다. 중화주의와 일본주의는 특정 방향으로 한반도의 통일이 진행되는 것에 대해 원칙적으로 불편함을 느끼기 때문이다. 그리고 중국과 일본의 그러한 태도는 점점 더 강화되고 있다. 셋째, 세계화와 정보화가 더욱 강력해지면서 민족 국가의 건설보다는 그것을 해체하는 방향에 더 힘이 실릴 것이라는 것이다. 그렇다면, 한반도 통일의 동력이 민족의 통일 의지라는 점을 고려할 때, 통일의 동력은 흔들릴 수 있다. 통일의 길은 시간적으로 더 단축되어야 하는 것이다.

3. 백낙청의 분단 체제

한반도의 남과 북이 서로를 극복의 대상으로 간주하는 한 양자는 열전이나 냉전의 관계를 유지하는 것 이외에 다른 방법이 없다. 한반도의 휴전 협정에 대해 북은 공식적으로, 남은 사실적으로 참여하고 있다. 그리고 양자는 "7 · 4 남북공동성명"에 합의했다. 그렇다면 남과 북은 공존의 문법에 다가갈 수 있는 구체적 장치를 강구해야 한다. 백낙청은 그러한 구체적 장치를 "분단 체제"라는 개념으로 제시한다. 이러한 개념적 장치가 남과 북의 공존의 문법이고 대화의 문법이라는 것이다.

인간–개별성과 열린 민주주의

백낙청은 "분단 체제"라는 개념을 제시하여 한반도 분단의 기원, 과정, 현상, 모순, 흔들리는 분단, 끈질긴 분단 등 한반도의 여러 모순적 현상들을 체계적으로 조명하고자 한다. 이러한 분단 체제론의 전제는 한반도 통일이 분단 이전과 현재와 이후에 대한 한반도의 사회상에 대한 체계적 그림 없이는 완성되기 어렵다는 믿음이다. 사회상 없이 통일론을 편다는 것은 선명한 지향적 가치의 부재로 자칫 반대를 위한 반대, 투쟁을 위한 투쟁이 되기 쉽다. 백낙청은 통일 한반도에서 추구해야 하는 사회가 민주, 평등, 평화, 복지, 자유, 박애 등의 가치를 어떻게 유기적으로 결합할 것인가를 논의한다. 그가 지향하는 사회상은 그의 인간론, 민주주의론, 문학론을 중심으로 구성될 수 있다. 그는 이러한 방향의 작업을 위해 로렌스(Lawrence, D. H. 1955)의 인간론에서 서양적 궤적을 부정하고 동양적 흐름을 부각한다. 먼저 그의 문학론부터 살펴보자.

백낙청(2006)은 "…누구에게나/ 있어야 할 불만이/ 있는 불만보다 많아야 한다…"라는 고은의 시를 높이 평가한다. 이 구절은 백낙청의 문학관을 선명하게 드러내는 한 경우로 해석될 수 있다. '있는 불만'은 판에 박힌 불만으로서 극복되어야 할 과학적 탐구의 대상이고, 이러한 서술적 불만이 극복될 때 "현상적" 진리에 이르게 된다.

그러나 인간은 현상적 진리만으로 만족할 수 없다. 근원적 진리를 향한 꿈을 꾸기 때문이다. "있어야 할 불만"은 바로 이러한 근원적 진리를 향한 추동력이다. 백낙청(2011c: 77)은 "일어날 수밖에 없거나 일어나야 마땅한 일들"은 현상적인 것이 아니라 근원적인 것이라고 판단하면서도 근원적 진리가 현상적 진리와 분리된 것이 아니라는 점을 읽어낸다. "개별적 사실이 일반적 진실을 담을 수 있다"는 것이 바로 문학의 속성이라는 것이다. 근원적 진리에 대한 물음에서 나온 문학은 그 자체로 이미 개별적 사실과 떼어 생각할 수 없고 근원적 진리, 곧 진실의 구현을 통해 문학은 인간 삶의 의미를 나타내고 인간 해방을 경험하게 한다.

그러므로 최종 단계에서 과학과 예술은 하나가 된다. 모든 인간 지성의 활동은 설명의 극진함을 통해 인간의 인간다움을 구현한다는 점에서 하나의 인문학이다. 모든 지성은 인간다움, 인간 해방을 향하여 시대의 첨단에서 끊임없이 새 경지를 개척하는 것을 본질로 갖기 때문이다(백낙청, 2011a: 100). 이러한 논리에 의하면, 문학은 좁은 의미의 문예물이 아니라 좋은 글들을 두루 가리키는 것이다(백낙청, 2011c: 6).

"개별적 사실이 일반적 진실을 담을 수 있다"는 백낙청의 리얼리즘 문학론은 인간다움의 인간 해방을 지향하는 인간론으로 이어진다. 백낙청(2011b)은 로렌스가 주장하는 사회 위계 질서, 차등 교육, 남자 동지 관계, 영웅 외경심, 선의의 독재, 토착 종교의 부활 같은 주제들에 부정적이지만, 로렌스의 민주주의론으로부터 인간론의 얼개를 도출해낸다. 로렌스에게서 기존의 민주주의란 개인이 아니라 국민의 가장 낮은 욕구, 즉 물질적 최소 기반이라는 "평균적인 것"의 확립을 위해 존재한다. 그러나 국민의 평균적인 것은 국민의 동일성(one identity)으로서 필요하지만 충분하지 않다고 한다. 평균적인 것은 국민 개인의 진정한 정체성(identity)이 아니기 때문이다. 진정한 정체성은 어떤 것이 그 자체로 유일한 경우로서 각자가 자연 발생적으로 그 자신이 되는 것이다. 여기에서는 평등/불평등, 저급/우월 등의 차이, 의식, 평가가 존재하지 않는다.

그러므로 진정한 민주주의는 평등/불평등의 프레임으로 관념화된 개성(personality)이 아니라, 살아 있는 자아의 개별성(individuality)의 실현이어야 한다. 개별성의 실현에서 인간의 원초적이고 근원적인 자아의 자연생동적 창조성이 표현되고, 이러한 표현을 통해 달리 정의될 수 없는 인간의 현존적 자아가 드러난다. 인간 모두가 이러한 개별성 실현에 이르는 길은 그야말로 "열린 길"이어야 한다. 열린 길은 자신의 개별성에 충실한 영혼들이 걷는 공통된 길이고 서로를 알아보며 숭배하는 길이다. 이 길이 바로 엘리트적이 아닌, 민중이 스스로를 다스리는 열린 민주주의의 길이라는 것이다.

분단 체제 개념: 현실 읽기의 체계화

백낙청(1992: 291; 1994a: 13-48)은 한반도 분단이 야기하는 모든 현상을 체계적으로 통합하여 읽어낼 수 있는 장치를 "분단 체제"라는 개념에서 구하고 있다. 분단 현상들에 대한 개념적 장치에 의존하지 않는 경우 그러한 현상들은 모두 독립적이고 파편적이어 경우마다 연결성을 달리 찾아야 하는 부담이 있기 때문이다. 분단 체제 개념은 분단이 야기한 여러 가지 모순들을 통합해준다. 분단 모순은 한반도가 분단이 되었으므로 남과 북은 사실적으로 두 개의 다른 사회 구성체면서도 당위적으로는 하나의 사회 구성체라고 해야 하는 모순(백낙청 외, 1987: 72)이다. 민족 모순은 북한은 주체사상으로 민족 우선성을 내세우지만 남한은 다문화 현실에서 민족 우선성을 택할 수 없을 뿐 아니라, 당국의 허락 없이 남한 사람이 북한 사람을 만날 수 없는 모순이다. 또한 계급 모순은 정치적 권력과 경제적 권력 간의 불일치일 수도 있지만, 주권 재민의 법률적 민중 권력과 현실적 정치 실체인 엘리트 권력 간의 관계에서 불합치하는 모순이다. 또한 한반도 분단에서 경험하는 대한민국과 조선민주주의 인민공화국의 국가적 대립; 자본주의와 공산주의의 이념 갈등; 남한과 북한 사람들의 분열; 남북 기득권 세력의 공생 관계(독재 체제 유지); 외세 축출 운동; 한반도 변혁 운동; 남한의 반공주의; 북한의 주체사상 등을 독립적이고 파편적 현상들로 보면 단순화의 오류에 빠지지만, 이들이 모두 밀접하게 연결되어 있다는 가정을 하면 문제에 대한 조명이나 해소의 실천 가능성이 높아진다. 분단 체제라는 개념은 남북 분단의 많은 담론들을 하나의 체계적 언어 문법으로 선명하게 소통하도록 하는 구조적 개념이다.

한반도의 남북 분단 체제는 한국 전쟁(1950-1953)의 휴전으로 휴전선에 의해 이루어졌다. 전쟁 체제에서 휴전에 의한 분단 체제로의 전환은 당시 고통 받던 남북한의 주민들에게 희망의 사건이었을 것이다. 그러나 백낙청(2012b: 142)은 이때 도입된 분단 체제가 시간이 갈수록 더 강화되고 끈질긴 체제로 고착화되었다고 진단한다. 북한의 김일성, 김정일이나 남한의 박정희, 전두환의 독재 권력은 국민의 동의를 얻지 않은 불안한 체제였고, 남북 대결이 격화될수록 "안보와 성장"이라는 이데올로기로 독재 권력을 정당화하면서 정당성의 물음을 약화시켰다. 남북 대결은 서로를 도와주는 모습이 된 것이다. 백낙청(2014: 27-29; 2012b: 143-147)은 분단 체제의 끈질긴 완고성을 분단 체제가 허용한 "결손 국가" 개념에서 왔다고 진단한다. 분단 체제의 결손 국가성은 헌법이 제정 당시부터 한반도 영토성의 주권을 명시하는 것과 국가 보안법으로 주권 재민 명제(헌법 1조와 2조)를 제한하는 데서 나타나고 있다. 국가 보안법은 북의 주장을 동조 · 찬양 · 고무하거나, 북쪽 사람을 만나거나, 보안법을 위반한 것을 알고도 고발을 하지 않는 행위를 모두 처벌하도록 되어 있다. 국가 보안법은 헌법을 제한하는, 헌법에 우선하는, 이면(裏面) 헌법이다. 분단 체제 극복을 향한 남북 공통성 모색의 담론조차 어려워지는 것이다. 예를 들어, 송두율 교수의 기소(2003), 통진당 해산 판결(2014)과 같은 제도적 표현은 국가 보안법으로 분단 체제를 끈질기게 유지하는 흐름으로 읽힌다.

백낙청(1998; 2012b; 2014)은 분단 체제의 끈질긴 완고성에도 불구하고 분단 체제가 흔들리는 추세를 읽어낸다. 실망했던 기대에 또 하나의 기대, 좌절했던 희망에 또 다른 희망을 건다. 이러한 실망과 희망의 지속적 교차가 또한 분단 체제의 중요한 요소임은 말할 것도 없다. 분단 체제의 흔들림은 계속될 수 있고 그래야 한다는 믿음에서 그 추이를 추적하는 것은 분단 체제를 명료화하는 데 도움이 된다. 한국 전쟁 휴전으로 시작된 1953년의 분단 체제는 "7 · 4 공동성명"(1972)이 나왔을 때 처음으로 흔들릴 수도 있는 체제임을 보여주었다. 1987년 남쪽은 민주 항쟁으로 군사 독재가 붕괴되면서 분단 체제를 유지시켰던 두 기둥 중 하나가 제거됨으로써 큰 희망을 갖게 되었다. 그리고 1991년 소련의 붕괴를 통해 다른 하나의 제거 가능성이 선명해지는 듯 보였다. 소비에트 연방 공산당의 고르바초프 대통령이 사임하고, 바르샤바 조약 국가의 공산당 지도자들이 권력을 잃고, 연방 내 공화국들이 자치를 요구하면서 남북은 "한반도 남북기본합의서"를 이루어냈다. 이후 별 진척이 없다가 남북의 정상이 "6 · 15 공동선언"(2000)을 하면서 남북 간의 정치, 경제, 문화의 교류가 활발해지는 듯했고 이어지는 남북 정상의 "10 · 4 선언"(2007)은 그러한 흐름을 강화했다. 그러나 이런 흐름은 바뀌어 "5 · 24 조치"(2010)는 "7 · 4 공동성명" 이후 어렵게 이어져온 남북 화해의 성과를 훼손했고, 한미 간 전시 작전권의 환수가 무기 연기(2014)되고, 통진당은 기소되어 헌법재판소가 해산(2014)을 명령했다. 앞으로 남북 관계에 어떠한 발전적 처방이 나타날지는 미지수이다. 분단 체제 해소의 방향일지, 분단 체제 고착화의 방향일지, 앞으로의 선택의 방향이 중요하다.

분단 체제 이론: 지향 설정의 체계화

백낙청(1992: 294)이 제시한 분단 체제 화두는 한반도 분단을 담론 언어의 문법으로 접근할 수 있음을 보여주었다. 이 거대하고 중요한 과제를 향한 그의 분단 체제 화두는 단순화하기 어렵고, 복잡할 수밖에 없다. 그의 분단 체제 화두는 분단 현상들을 체계적으로 읽어내는 개념적 구조를 가지며 현상들을 연결하여 읽는 개념적 구조는 체계를 상정한다는 점에서 이론적 성격을 갖는다. 즉 백낙청의 분단 체제는 체계적 이론으로서의 특징들을 갖는다. 그중의 첫째 속성은 남북의 분단 체제가 체계적 자율성을 상호 인정해야 한다는 점이다. 서술적인 "인정한다"가 아니라 이론적인 "인정해야 한다"이다. 백낙청(1992: 288-289)은 분단 체제의 이러한 체계적 성격을 일관되게 주장한다. 그에 따르면 분단 체제는 대결 체제가 아니다. 남과 북은 군사적으로만이 아니라 정치, 경제적인 대결을 거부해야 한다. 대결을 거부해야 하는 까닭은 분단 체제의 체계적 성격의 논리적 특성 때문이다. 체계적 자율성의 상호 인정이 아니라면 대안적 길은 대결이고 전쟁이기 때문이다.

백낙청(2012b: 148)의 분단 체제의 둘째 속성은 체계적 개방성이다. 논리 체계나 절대주의 종교나 이념 체계는 완전성에 대한 믿음 때문에 폐쇄적이다. 수정에 열려 있을 필요도 없고 열리지도 않아야 한다. 그러나 인간 경험 특히 사회 현상을 설명하는 체계들은 그 내용의 시간성 때문에 폐쇄적일 수 없다. 변화를 수용해야 하기 때문에 개방적일 수밖에 없다. 이러한 체계 개방성은 몇 가지 특징을 갖는다. 첫째, 체계가 구성되었을 때의 시점의 상태에 고정되지 않고 변화하는 상황에 따라 새로운 내용에 적응하는 성장적 특성을 가진다. 분단 체제에서는 이렇게 도달한 단계를 "개량된 분단 체제"라고 부른다. 둘째, 분단 체제의 체계 개방성은 다른 체계에 대해서도 열려 있어야 한다. 임의의 체계(국가)는 독립 체계로 출발했을 수 있지만 상위 체계(국제연합)가 발생할 수도 있고 하위 체계들(지방자치제)을 허용할 수도 있어야 하기 때문이다. 체계의 이러한 속성을 위계적 속성이라 할 수 있다. 한반도의 분단 체제는 세계 체제의 동아시아적 하위 체제이면서 또한 그 안에 각종 각색의 주제, 운동, 실험, 단체들을 하위 체제들로 허용하고 요구하는 것이다. 셋째, 분단 체제의 남북 체계들은 일시적으로 분리("현존 2체제", 백낙청, 1992: 306)되어 있지만 역사적으로 연결되어 있는, 보다 큰 하나의 체계를 구성한다. 모순적으로 보일 수도 있지만 이것을 상호 구성적 속성이라 할 수 있다. 백낙청의 분단 체제 이론은 이러한 이론적 속성들에 주목해왔고 이들을 아우르는 체계 개방성을 일관되게 유지하고 요구해왔다.

백낙청(1992: 293)의 분단 체제의 셋째 속성은 체계적 문맥주의이다. 체계 안의 사태의 기술, 문제의 설정, 문제들의 연결, 조명의 빛, 해결의 연대성 등 모든 요소들의 이해 가능성은 연결되어 있다. 다음의 인용문은 그러한 이해의 방향을 시사한다: "무릇 어떠한 체제건 그것이 '체제'라는 이름값을 하려면 일정한 지속성 즉 자기 재생산 능력이 있어야 하고 그러기 위해서는 지배층뿐 아니라 일반 대중들을 위해서도 그 물질 생활을 상당 부분 해결해주는 능력은 물론 어느 정도의 자발적인 순응을 확보할 객관적 근거가 없을 수 없다."(백낙청, 1992: 293) 예를 들어, 백낙청(2012b: 148)은 빈부 양극화, 환경 파괴, 성차별, 폭력 과잉 등의 문제는 세계 체제의 문제점이지만 한반도의 분단 체제에서는 이 문제들이 더 굴절되고 악화되어 나타난다고 본다. 한걸음 나아가 백낙청(2014: 44-46)의 문맥주의로 보이는 "더 기본적인 것들"이라는 개념에 주목해보자. 그는 남북연합, 정치, 경제보다 더 기본적인 것은 상식, 교양, 염치, 약속 지키기라고 말한다. 이러한 것들의 전제 없이는 거짓말이 다반사가 되고 "정상적인 언어생활마저 위협" 받기 때문이다. 역사상 언어를 위협하는 기본의 위배가 많았지만, 한반도에서의 기본의 위협은 분단 체제의 환경 때문에 더욱 악성적이다.

분단 체제의 체계적 속성들은 위의 세 가지 이외에도 많이 있지만, 여기서는 마지막으로 백낙청(2014: 56-62)의 변혁적 중도주의를 살펴본다. "변혁"이란 분단 체제보다 나은 사회를 건설하는 작업을 지칭하고, "중도주의"는 좌우의 단순 논리를 벗어나야 한다는 관점을 나타낸다. 단순 논리란 예를 들어 분단 체제에 무관심한 개혁, 전쟁을 불사하는 원칙 고수, 북한의 변혁만을 고수하는 주장, 남한만의 변혁에 치중하는 노선, 한반도의 실천과 지구적 기획의 연결성의 간과 등에서 나타난다. 이러한 단순 논리는 분단 체제라는 구도에서 주제나 문제들을 체계적으로 인식할 때 극복될 수 있다. 중도주의는 단순히 좌우의 단순 논리에 대칭적인 것을 말하는 것이 아니라 분단 체제가 요구하는 체계적 인식하에 떠오르는 "열린 길"을 말한다. 모든 민중이 인간다움의 인간 해방에 이를 수 있는, 살아 있는 자아의 개별성(individuality)의 실현의 길이다. 열린 길은 자동적으로 주어진 길이 아니라 각 개인이 마음 공부를 통해 도달할 수 있는 중도의 길이다.

분단 체제의 현재

백낙청의 분단 체제는 한반도 분단에 대한 담론 언어의 문법을 추구하는 역할을 수행해왔다. 백낙청(2012b: 142)은 자신의 문법으로 한반도 분단이 어떻게 남북 사회의 현실에 특이한 자체 생산적인 구조적 현상을 가능하게 했는가를 보였다. 북한은 정권의 3대 세습이라는 구조를 수반했고 남한은 이승만, 박정희, 전두환이라는 정권의 통치 방식을 가능하게 했다. 이러한 남북의 독재 정권들은 차이가 판이하고 이질적이었기 때문에 분단 체제의 문법은 더욱 설득력을 발휘하는 것으로 보인다. 남과 북이 다른 체제를 유지하면서도 역사적으로 하나의 체제에 속하는 자기 모순적인 구조를 보유하면서 세계 체제의 하위 체제라는 것을 이보다 선명하게 나타낼 수 있는 문법은 없다. 백낙청은 분단 체제로서 좁은 의미의 분단 구조를 체계적으로 기술하고 해석하는 문법을 제시한다. 그런데 그는 현재의 남한 사회의 다른 문제들에 대해서는 어떻게 조명하는가? 그리고 1987 체제 이후의 현상들을 어떻게 바라보는가?

백낙청은 분단 체제로 현재 남한 사회의 구체적인 여러 문제들도 해석한다. 이 중에서 근대성, 자본주의, 여성 등을 언급할 수 있다. 백낙청(1999: 14-28)은 분단 체제가 근대성의 이중 과제를 부과한다고 한다. 적응해야 하는 근대성 과제는 세계 체제의 문화와 과학 기술의 성취로부터 특정한 주제나 영역에 제한적으로 몰두하지 않고 근대 전체, 분단 체제 전체에 대해 끊임없이 새 경지를 개척하는 것이고, 극복해야 하는 근대성은 과학 기술을 진리라고 보는 도구적 이성에 안주해버리는 것이다. 분단 체제는 이런 과제 실현을 위해 보다 근원적인 진리를 예술적인 노력, 중도의 공부로 추구함으로써 남과 북의 식민성의 문제를 자주성, 민주성, 그리고 통일과 연결하여 볼 수 있게 한다. 백낙청(2012b: 148; 2014: 49–50)은 자본주의 자체를 부정하지 않으면서도 극복해야 할 국면들을 지적한다. 성장 제일주의, 단기 실적주의 등은 세계 체제의 요소이지만 분단 체제로 인해 더 악화되고 있다는 것이다. 생명보다 돈이 지고의 가치가 되어 기업체들의 파업 노동자들에 대한 손해 배상 소송은 재산 가압류에 이르고 끊임없는 자살을 불러온다는 것이다. 백낙청(2014: 51–54; 2012b: 149)은 또한 남한 사회의 성차별에는 일제 잔재인 요소도 있지만, 분단 체제의 군사 문화, 마초 문화가 연결되어 있다고 믿는다.

백낙청(2012a: 100–112; 2014: 24–44)은 분단 체제의 현재 상황을 다음과 같이 요약하고 점검한다. 한반도의 분단 체제는 한국 전쟁의 1953년 휴전으로 합의된 휴전선을 기준으로 "1953 체제"가 시작되었고, 이 체제는 1987년 6월 항쟁 결과 근본적으로 수리되어 "1987 체제"가 되었다. 노태우 정부와 김영삼 정부는 시대가 요구하는 1987 체제의 정신을 상당 부분 수행했다. 예를 들어, 노태우는 전두환을 백담사에 보내고, 김영삼은 군부의 사조직인 하나회를 해체했다. 김대중 정부는 남북 정상의 "6 · 15 공동선언"을 통해 남북 화해와 협력의 길을 열어 공안 통치의 명분과 신자유주의의 압력을 줄일 수 있었다. 노무현 정부는 남북 정상의 "10 · 4 선언", "남북관계 발전에 관한 법률"을 제정(2005), "베이징 9 · 19 공동성명"(2005) 등 적극적 기여를 했지만, 남북 관계의 발전에 일관적 정책을 수행했는지는 의문이다. 이명박 정부는 "비핵 개방 3000"이라는 상대가 수용할 수 없는 일방적 포용론을 제시하고 "5 · 24 조치"(2010)를 발표하여 "7 · 4 공동선언"(1972) 이후 38년간 어렵게 강화해온 남북 화해의 흐름을 훼손했다. 이명박 정부에서의 남북 관계 악화에도 불구하고 개성공단이 계속 가동되었고 서해 교전 시에도 국민의 동요가 없었다. 백낙청은 2014년 글에서 박근혜 정부는 우려되는 면이 없지 않지만 임기 동안에 1987년 체제의 정신을 남북 관계 개선에서 살릴 수 있어야 한다고 지적한다.

분단 체제의 현재 상황이 이러하다면 백낙청은 무엇을 소망하는가? 백낙청(2012b: 155; 2011b: 408)은 자신의 소망을 민중 자치의 "열린 민주주의" 안에서 구체화한다. 구제적인 제안들 중에서 두 가지를 언급할 수 있을 것이다. 첫째, 백낙청(2012a: 118-119)은 통일 과정에서의 시민 참여를 강조한다. 분단 체제의 남북은 국가 연합(낮은 단계의 연방)이라는 중간 과정을 거쳐서 통일로 간다는 점에 합의했다. 이러한 합의는 당국자들의 의도가 무엇이건 간에 시민 사회가 참여할 공간을 열어 놓은 것이다. 이러한 합의 자체는 열린 민주주의에 부합하여 시민들이 통일 과정에 참여할 수 있다. 예를 들어, 시민들은 그러한 합의를 향해 갈 수 있도록 남측 정부의 적극적 자세를 추동하고 그러한 합의에 역행하는 정권을 견제할 수 있다. 민간 기업을 포함하는 시민 사회가 남북 화해와 교류에 참여하고 북측의 비핵화, 친환경, 주민권 향상 등 의제들을 제기할 수도 있다. 정부 당국만이 아닌 시민이 능동적으로 참여하는 통일 과정이야말로 열린 민주주의의 길이고 "자유민주적 기본 질서"를 전제한 평화적 통일이라는 헌법 정신에 가장 부합하는 길이다. 둘째, 백낙청(2012a: 120-121)은 한반도 분단 체제의 해소를 위해서는 한반도 비핵화가 선결적 문제라고 생각한다. 이것은 동북아 평화 체제와도 맞물려 있지만 그 출발점은 완전한 비핵화에 대한 북한의 동의다. 이를 위해서는 체제 보장에 대한 북측의 요구가 어느 정도 충족되어야 한다. 남북 간의 평화 협정을 체결하고, 북미 간 수교를 열고 대규모 경제 원조가 이루어져야 한다. 남한의 존재 자체가 위협으로 남을 수밖에 없는 상황임을 고려한다면, 남북의 국가 연합이라는 장치가 마련될 때 북측 정권으로서는 비핵화 결단을 내리고 자체 개혁의 모험을 할 수 있을 것이라고 본다.

4. 남북 1단계 연합

한반도 분단 상황에서 공존 언어의 문법은 전쟁 유발적인 주제들의 논의보다 우선적이다. 경계인이나 분단 체제에 대한 논의들을 활성화하고,

후속 주제들의 개발과 발전을 추구해야 한다. 예를 들어 통일은 개항적 사건이 아니라 유형적 과정이라는 개념적 구조, 공존의 주체가 민족적인가 탈민족적인가의 물음, 소통의 중요성에 대한 사회 과학적 분석과 인문적인 성찰과 같은 주제들이다.

경계인과 분단 체제

이성백(1996)은 소련과 중국에 대한 송두율의 내재적 분석이 효과적이지만, 북한에 대한 내재적 분석은 아쉬움으로 남는다고 지적한다. 예를 들어, 1인 독재 체제로 나타난 북한의 수령관을 송두율은 "카리스마적 지배 양식의 중요한 특성"으로 요약하는데, 이런 내재적 분석의 결론이 얼마나 효과적인지 의문이라는 것이다. 탁석산(2000)은 송두율의 민족 개념을 논의한다. 송두율은 남한의 '세계화'와 북한의 '주체화'라는 표면적으로 갈등적인 개념을 민족 개념으로 연결시키고자 하지만, 문화적 정체성을 가진 인간이 어떤 이유에서 '지구화'되지 않고 지역적 특성을 유지하는 민족으로 남을 수밖에 없는가를 설명하지 않고 있다는 것이다. 김성민 · 박영균(2010: 148-151)은 송두율이 경계인의 내재적 사유를 통해 남북은 "집합적 단수로서의 우리"에 이를 수 있다고 한 주장에 대해 이견을 제시한다. 공존을 합리적 차원에서 이론화하기는 쉽지만 분단이 낳은 고통의 상처들은 실제로 공존을 수행하기 어렵게 만든다는 것이다. 소통이 이루어지려면 우선 대등한 사람들이 규칙을 공유해야 한다. 그러나 남북은 대등하지도 않고 규칙을 공유하기에는 너무 멀다. 내재적 접근은 타자를 자기 규칙 안에 넣고서 수행하는 자기 대화에 지나지 않는다. 그러므로 남북 관계의 패러다임은 내재적 접근이 함축하는 "자기 안의 타자"가 아니라 "타자의 타자성"이라야 한다는 것이다(박영균, 2010). 김혜숙(2000b)은 경계인 개념과 유사한 대안적 개념을 고려한다. 그에 따르면 냉전의 산물로 지구상에 유일하게 남아 있는 한국은 독특한 인식론적 지점을 설정하여 갖게 되었다는 것이다. 이 지점은 "사이 세계(the worldin-between)"라는 관점으로 표현될 수 있고, 이 개념으로 실재적 진리가 아닌 다른 관점들 간의 의사소통의 과제와 씨름하는 문화적 인식을 구성할 수 있다고 본다.

이병창(1994: 270-274)은 백낙청의 분단 체제론이 기능적 분석은 하지만 구조적 분석이 모호하다고 비판한다. 과학적 인식이 기능적 인식에서 구조적 인식으로 이행해야 하는 것은 구조적 인식을 통해서만 기술적 실천이 가능하기 때문이다. 그러나 백낙청은 생산 수단과 노동력의 결합으로 이루어진 자본주의 체제에서 두 요소의 관계로부터 남북의 체제의 성질을 구조적으로 도출하지 않고, 두 체제의 결과를 놓고 두 요소의 관계를 기능적으로 파악하고 있다는 것이다. 김동춘(1998: 263-268) 역시 여러 가지 의문점을 지적한다. 남북의 차이를 과소평가하고 대칭적으로 볼 때, 북한 체제의 위기 가능성을 무시하게 된다. 이러한 가능성은 남한의 자본 주도로 통일이 이루어질 가능성 때문에 부담스럽다. 그리고 이러한 문제점에 대한 경계와 비판이 없는 것은 남북한 양자 책임론, 남북 화해론과 다를 바가 없게 된다고 우려한다.

분단 주제들

김동춘(1997)은 분단이 오늘날 한국 사회의 모든 현상과 관련된다는 환원주의를 취하지 않는다. 그는 분단 이후 남한이 성취한 발전으로 달라진 질적 사회 현상은 두 가지 국면을 갖는다고 본다. 하나는 과거와의 연속성을 보이는 것이고 다른 하나는 새로운 주제적 범주에 착안하여 우리의 현실에 뿌리 내린 사유를 하는 것이다. 그렇다면 새롭게 주목할 만한 주제는 분단 문맥에서 민족 개념의 위상이다. 나종석(2011)은 민족 개념의 중요성을 강조한다. 통일과 평화 공존을 분리하여, 평화 공존에 우선성을 부여하는 것은 시민적 민족주의를 동족적 민족주의로부터 분리할 수 있다는 전제에 기인한다. 인간의 종족적 정체성에 뿌리를 둔 소속감은 부정하기 어려운 사회 문화적 공유 의식이다. 보편적 정의로 대체될 수 없는 연대성의 자원으로서의 종족성에 기반을 둔 민족 통일은 남북의 차이에도 불구하고 평화 공존과 상충되지 않는다. 이러한 민족 개념의 중요성은 양해림(1998)의 생활 세계 논변으로 지지될 수 있다. 그는 생활 세계의 세 가지 구성 조건으로 확고한 배경을 갖는 순수한 믿음, 상호 주관적으로 분리된 세계의 타당성, 불확실한 생활 세계의 한정된 특성을 든다. 이러한 세 조건은 남북 분단 상황에서 만족되지 못하고 있다. 그러나 남북은 동일한 언어와 오래된 역사를 함께 공유해왔으므로 의사소통을 재개할 수 있다. 소통은 남북의 모든 문제를 풀어줄 수는 없지만 생활 세계를 공유할 수 있는 공간으로 들어가게 할 수 있다는 것이다.

분단 담론에 민족적 경향만 있는 것도 아니다. 양승호(2014)는 한반도 통일에 대해 남북은 동일한 "민족"이라는 기호를 사용하면서도 통일의 기제를 달리 갖는다고 지적한다. 북은 동족적 민족을 의미하고 남은 시민적 민족을 뜻한다는 의미에서 그러하다. 물론 두 민족은 동일한 언어와 오래된 역사와 문화를 공유하여 통일의 당위를 말할 수 있다. 그러나 그는 남북의 통일이 "다민족 연방제"의 방향으로 나아갈 것을 주문한다. 많은 수의 외국 태생 사람들이 남한에서 시민으로 살고 있는 것을 고려하면 더욱 그러하다는 것이다. 한승완(2011)의 탈민족성은 더 선명하다. 그는 과거에는 한국 국민 정체성이 민족적이었지만, 세계화, 다문화, 탈근대, 민주화, 이주민 등의 담론 과정을 거치면서 달라지고 있다고 생각한다. 그 정체성은 "민족"으로부터 "국민"으로 바뀌어가고 있다. 남한에서의 이러한 변화의 경험은 북한에서의 정체성 경험과 점점 달라질 것이다. 그는 이런 상황에서 "민족 동질성"보다는 "민주적 국민 정체성"의 통일 원리가 규범적일 뿐 아니라 현실적이라고 진단한다.

통일 인문학

한반도 분단 언어를 모색하는 과정에서 주목할 만한 시도가 보인다. "통일 인문학"이라는 새로운 주제이다. 이병수(2009; 2010)와 김도식

(2011b)은 통일 당위성에 대해 사회 과학적 논의보다는 인문적 논의를 전개한다. 남북 간에는 차이도 많지만 언어, 문학, 역사, 사상을 공유하는 경험에 대한 조명은 분단 극복을 위해 필요할 뿐 아니라 인문적 조명일 수밖에 없다. 그러한 조명의 경우들을 나열할 수 있다. 첫째는 고대로부터 하나의 핏줄, 하나의 문화를 형성해온 단일 민족에 근거한 통일의 민족사적 정당성이다. 민족사적 사유는 통일 지상주의를 함축하거나 포함하는 것이 아니다. 오히려 민족 개념에 대하여 허구와 사실, 종족과 시민, 근대와 탈근대의 관점들의 해석이 대립하고 있지만 그 대립은 한반도의 복합적 현실을 반영하지 않은 이분법적 논리라는 입장이다. 현실 공존을 근거로 하는 균형적 사유는 민족사적인 고려를 허용하고 그러한 범위에서 통일 당위성이 도출될 수 있다. 둘째는 현실에 대한 실용주의적 측면에서 당위성을 찾는 것이다. 경제적 이익과 국력의 향상 그리고 분단 고통에 대한 소통과 치유, 인간다운 삶의 중요성이다. 셋째는 화해와 협력이라는 통일 담론은 평화 담론에서 분리되어야 한다는 관점이다. 통일 담론이 오히려 평화 담론을 위협한다는 것이다. 그러나 두 담론의 분리는 통일을 단계적 과정으로 파악할 때 극복될 수 있을 것으로 생각한다.

김성민(2010)과 박영균(2013)의 통일 인문학은 소통 개념을 강조한다(김성민 · 박영균, 2011). 소통은 남북 간의 많은 차이를 현실로 이해하고 공통성을 창출할 수 있을 때 현재의 단계가 잠정적이고 과도기적이라는 것을 인식하게 하는 것이다. 통일은 어느 날 발생하는 사건이 아니라 "7 · 4 남북공동성명"(1974)에서 시작하여 "10 · 4 선언"(2007) 이르기까지의 흐름에서 볼 수 있듯 과정적이다. 이러한 과정에서 통일 인문학은 남북의 공통성을 찾고, 만들고, 연결하고 소통하며 치유의 역할을 담당할 수 있다고 본다. 달리 말해, 통일 인문학은 분단 체제를 작동시키는 가치, 정서, 문화를 조명하여 동질성-이질성이라는 틀을 차이성-공통성이라는 틀로 바꾼다는 것이다. 이러한 변화는 공통 규칙을 함께 만들어 가는 소통을 통해서 가능하다. 소통은 분단이 수반했던 고통 경험이 몸과 마음에 새겨 넣은 가치와 성향을 연대와 우애의 성향으로 바꿀 수 있게 한다. 소통은 통일을 국가주의적 관점으로부터 국가 연합적으로, 또는 국가 연방적으로 접근하는 것보다 서로 가르치고 배우는 방식에 강점을 둔다. 궁극적으로 통일 인문학은 소통을 통하여 치유, 통합, 연대, 우애라는 보편적 인문학의 가치를 한반도 분단의 문맥에서 실현할 수 있다고 본다.

한반도 분단에 대한 인문학적 논의는 많은 것을 시사한다. "분단"의 대조어는 "통일"이 아니라 "공존"이라는 것, 통일은 어느 날 발생하는 사건이 아니라 과정이라는 것과 같은 통찰이다. "통일"의 의미는 한반도 상황에서 새롭게 조정될 필요가 있다. 분단은 어느 날 미영중소의 포츠담 회담(1945.7)에서 발생했다. 북한은 이들의 이해관계를 업고 6 · 25전쟁을 발생시켰고 남한이 참여하지 않은 미국과 중국의 휴전 협정에 조인했다. 남한은 이론적으로 아직 전쟁 중이다. 그러나 다행히 자주, 평화, 민족 단결이라는 통일 3원칙에 합의한 "7 · 4 남북공동성명"(1972)은 "남북기본합의서"(1991), "남북관계 발전에 관한 법률"(2005), "6 · 15 공동선언"(2000), "10 · 4 선언"(2007) 등으로 이어졌다. 통일이 사건이 아니라 과정이라면, 통일은 이미 시작되었다. 남은 문제는 북한의 흡수 통일에 대한 불안과 남한의 북한도발에 대한 두려움으로 요약되는 상호 신뢰의 문제이다. 그렇다면 남북은 지속적인 소통으로 상호 협조적 관계를 이룩해나가야 한다. 지속적 협조 관계는 단기적 안목에서 볼 때 남북 1단계 연합에서 최대화될 수 있으며, 이는 장기적 안목에서 남북 공존의 길을 확실히 하는 지름길이다.

9장
생태와 기술

몇몇 국가에서는 임산부와 임신을 계획하는 여성에게 생선 섭취량을 제한한다고 한다. 바닷물이 방사성 물질이나 중금속 등으로 오염되었기 때문이다. 자연은 이제 더 이상 "목가적 자연"이나 "인간을 위협하는 황야(wilderness)"가 아니라, 인간의 보호를 받아야 하는 "피부양자"가 되었다. 이 장은 인간의 과학 기술이 자연을 피부양자로 만들어온 전통으로부터 어떻게 자연과 인간이 더불어 사는 생태적 일체성으로 들어설 수 있을 것인지에 대한 관심에서 비롯되었다. 생태와 기술은 그러한 의미에서 인간 생명, 인간 조건, 인문성과 깊은 관련을 갖는 두 주제이다. 이러한 주제에 대한 배경적 검토를 한 다음, 한면희의 인도적 생태주의와 과학 기술에 대한 홍성욱의 소통적 행위자 연결망론에 주목하고 중견 철학자들의 논의를 전망적으로 살피고자 한다.

1. 배경: 생태와 기술

인간과 자연의 관계를 생각할 때 겪는 긴장은 인간과 자연의 연속성을 강조해온 동양 전통과 과학 기술의 성공으로 인간의 자연 경험을 과학의 물리적 질서로 환원하고자 하는 유혹 사이에서 발생한다. 생태와 기술의 주제를 고려하기 위해 그 배경을 살피는 것이 필요하다고 생각한다.

인간과 환경

최근 사람들은 먹거리에 예민하게 반응하지만 무농약이 아니라 저농약의 농산품을 찾을 수밖에 없다. 농촌의 노동력으로는 무농약을 기대하기 어렵기 때문이다. 많은 사람들이 혈액의 콜레스트롤 수치 때문만이 아니라 광우병의 위험이나 동물 학대를 피해 육식 위주의 식단에서 벗어나려 한다. 그리고 1986년의 체르노빌 원전 사고, 2011년의 후쿠시마 원전 사고 이후 생선에 대한 의혹도 커졌다. 바닷물이나 대기의 공기는 더 이상 인간의 "자연 조건"이라 하기 어렵게 되었다. 이제 자연은 인간에게 음식물을 제공하는 청정 지대가 아니라는 것을 인정해야 한다. 현대 사회의 환경 조건은 인간의 생존 문제로 다가오고 있다.

환경적 조건만이 아니라 현대인은 과학 기술의 급진적인 발전을 현기증이 날 정도로 노력해야 따라갈 수 있다. 세계의 각종 원전 사고들은 원전 에너지에 대해 어떤 경고를 하고 있는가? 정보 기술의 혜택에 따른 부작용, 프라이버시 침해 같은 것을 어떻게 최소화할 수 있는가? 분자 생물학의 발전으로 노화가 질병으로 간주되는 것을 인정해야 하는가? 보다 심각한 주제는 인간적 가치를 논의할 때 모든 것을 환원적으로 설명하려는 과학 기술 언어의 성향에 대해 인문성의 언어는 어떻게 개입할 수 있는가이다. 이러한 논의를 위해서도 과학 기술의 언어는 면밀하게 검토될 필요가 있다.

"환경 위기"의 뿌리는 백여만 년 전 인간이 나무에서 내려와 직립하면서 시작된 것이 아닐까? 송상용(1990; 1999)은 "자연주의적 휴머니즘"이라는 관점을 제안하기 위해 환경의 위기에 대해 두 가지 요소를 지적한다. 첫째는 인간의 자연사적 발전 과정이다. 인간의 삶의 역사 자체가 환경 오염의 역사로 간주할 수 있다는 시각이다. 불의 사용은 토양 부식의 시작이고 농토 확장은 숲의 축소를 의미했으며 산업 혁명은 심각한 대기 오염의 출발이었다. "발전"에만 치우쳐 "모든 것이 다른 것과 연관되어 있다"는 생태학의 제1법칙에 주목하지 않은 결과로 볼 수 있다는 것이다. 둘째는 인간의 지성사적 발전 과정이다. 고대 그리스 과학은 자연이 성스럽다는 견해를 거부하는 데서 시작되었고, 기독교는 자연이 인간을 위해 만들어졌다는 신앙을 바탕으로 한다. 베이컨(Bacon, 2000)은 명상적 과학을 행동-조작적 과학으로 바꾸면서 우주 지배의 영역을 확장했고 데카르트는 인간 이외의 모든 것을 기계로 보는 시각을 제공했다. 스펜서(Spencer, 1901)는 적자생존 개념으로 인간의 도덕적 우월을 보이고자 했고 마르크스(Marx, 2000)는 자연을 효용의 대상으로 생각했다. 그러나 인간 지성사에는 아리스토텔레스에서 시작해 스피노자에 이르는 자연 친화적인 관점도 있다. 이는 자연이 인간의 고향인 동시에 조상이며, 인간과 자연은 공생이라는 자연주의적 휴머니즘에서 통합된다.

동양 전통과 생태 철학

김종욱(2011)은 지구 생태계에서 불교 형이상학적인 중중무진법계의 화엄적 질서를 추정하는 동시에 복잡성 과학에서의 비선형 인과를 확인한다. 그는 생태계를 복잡계와 법계가 상호 의존성, 순환성, 항상성으로 만나는 통일체라 생각한다. 그리고 인간 삶의 생태계가 복잡계에 의해 확인되면서 법계를 나타낼 때 인간 경험은 무상성(無常性), 무아성(無我性), 공성(空性)에 도달하게 되리라고 본다. 서재영(2011)은 구체적으로 한국 선원이 불교 전통을 어떻게 생태화하고 있는가를 보여준다. 풀과 나무도 성불한다(草木成佛)라는 불교 신앙은 흙과 몸이 하나(依正不二)라는 자연과 인간의 관계적 존재론에 기초하여 모든 존재에 불성이 내재되어 있음(無情佛性)을 전제한다. 한국 불교는 이를 토대로 한가하게 살고(閑居靜處), 욕망을 줄이고(小欲知足), 먹을 만큼만 먹고(拔羽供養), 숲과 자연을 보호하는 산주(山主)가 되어, 농사일 자체를 수행(禪農一致)으로 하는 삶의 형식을 추구한다.

이러한 불교 전통은 여러 스님들의 삶에서 나타난다(조은수, 2011; 이도흠, 2011; 도법 · 이주향 외, 2010). 도법 스님은 생명을 그물의 그물코처럼 온 우주가 참여하여 이루어진 총체적 관계의 존재이자 지금 상대와 조화로운 관계 속에 온전히 살아 있는 것으로 파악하고, 생명 공동체 운동을 비롯한 사회적 참여에 힘썼다. 수경 스님은 새만금, 4대강 등의 사업을 반대하다가 다리를 절고 시력까지 잃었고 문수 스님은 소신공양(세납 47세)에 이르렀다. 지율 스님은 지구적이고 모성적인 본능을 텅 비고 고요하며 넓고 평탄하고 따뜻하고 온화하고 평화롭고 균등하다고 하는 에코페미니즘의 소신으로 천성산 살리기 등 “초록의 공명” 운동을 전개했다. 이는 “모든 생명뿐만 아니라 세상의 사물들은 서로 연결되어 있으며, 하나가 깨지면 다른 것도 깨진다”는 신념에 기초하고 있다. 인간과 세계의 동체성을 확인하기 때문이다.

홍원식(2011)은 유교 사상을 생태론적으로 읽어내기 위해 두 전통을 구분한다. 한 전통은 인간을 짐승과 구분하는 맹자나 퇴계 성리학에서 보이는 인간 중심주의이고, 다른 한 전통은 양명학에서 보이는, 존재하는 모든 것을 하나의 체계로 읽어내고자 하는 전일주의, 유기체론, 물아동포론(物我同胞論)의 전통이다. 김세정(1999)은 양명학의 진수를 “인간과 천지만물은 한 몸이며 인간은 천지만물의 마음”이라고 하는 천지만물일체설이라고 본다. 여기서 인간 마음, 즉 양지(만물일체의 仁心)는 천지만물과의 감응의 주체이고 천지만물의 생명이 손상될 때 그 아픔을 자신의 아픔으로 느끼는 통각의 주체이다. 최영진(1998)은 실학의 전통에서 나타나는, 인간과 자연이 다르다는 정약용의 인물성(人物性) 호론(湖論)을 멀리하고 금수와 초목에도 예와 의가 있다고 하는 홍대용의 인물성 동론(同論)을 지지한다.

김지하는 동학의 전통에 기대어 자신의 생태 사상을 전개한다. 그의 관점은 기존의 연구 문헌(한면희, 2009b; 박영신, 2011)을 통해 접한 것만으로도 웅장하고 심오하다. 김지하는 불교, 유교, 노장, 서양 전통을 두루 섭렵했지만 핵심적인 내용은 동학의 형이상학이다. 그의 한울님은 우주에 내재하고 자연의 진화에 동참하는 과정 속의 존재이고 생명이란 실체나 상태가 아니라 끝없이 변화하는 생성(生成)이라고 해석한다. 김지하의 방법론은 "아니다 그렇다(不然基然)"의 방법론으로서, "그렇다고 하기 어려운 것은 불연이고 딱 잘라서 말하기 쉬운 것은 기연"이 된다. 드러나지 않은 것과 드러난 것의 질서 사이에 조성되는 상관 관계를 통해 각 개체가 서로 유기적으로 연계되어 조응하는 가운데 확장되는 경로와 과정을 파악하는 방법으로서의 화쟁(和爭)론이다.

김지하의 이러한 방법론에 따라 우리는 생명을 향한 모심의 형이상학에서 실천적인 살림의 윤리학으로 들어선다. 구체적으로 세 가지가 지적되고 있다. 첫째, 과거에는 제사를 지낼 때 돌아가신 분의 위패를 벽 쪽으로 향하게 하고 제사상 위에 음식을 차려 놓았지만(向壁設位), 김지하는 최시형을 따라 위패의 위치를 제사 지내는 내 앞으로 돌려 놓는다(向我設位). 시간적으로 지금, 공간적으로 여기, 위치상으로 나와 우리에게 시선을 돌리자는 것이다. 여기에 있는 우리가 현실에서 자리를 바로잡을 때 비로소 현재를 축으로 과거와 미래가 이어질 수 있고, 여기에 담기는 내용의 핵심이 생명의 흐름이라는 것이다. 둘째, 경천, 경인, 경물의 강조이다. 셋째, 평범한 "밥 한 그릇의 진리"를 보여주는 것이다. 밥을 먹는다는 것은 한울님이 한울님을 먹는다(以天食天)는 것이니, 천지 만물에 시천주(侍天主) 아님이 없기 때문이다. 천지 만물을 한울님으로 섬기라는 것이다. 그러니 사람이 한울님(人則天)인 것은 두말할 것이 없다.

기술 철학의 배경

손화철(2003; 2006a; 2006b)은 기술론을 논의하면서 그 배경으로 현대 기술에 대한 우려를 표현하는 고전적 기술 철학을 논의(J. Ellul; M. Heidegger; H. Jonas)하고, 그 대안으로 나온 기술의 경험적 전회나 민주화

이론이 그러한 우려를 효과적으로 잠재울 수 있는가를 토론(L. Winner; R. E. Sclove; A. Feenberg; J. Ellul)한다. 그는 기술의 문제는 기술이라는 분리된 활동의 문제가 아니라 정치, 사회, 문화, 윤리, 존재적 범주들을 아우르는 보다 큰 틀에서 조망되어야 한다고 본다.

이중원(2008a: 14-31; 2008b: 34-71)은 기술에 대해 현대인들이 "싫다"와 "좋다"의 태도적 관점을 취하기보다 철학적 성찰이 필요하다고 제안한다. 기술에 대한 긍정적 철학은 데카르트와 칸트가 인식론과 정치론을 발전시켜 지식 구성과 연결하고 인간 이성을 수동적 상태가 아니라 능동적 구성 행위 능력이라고 본 것과 마르크스가 기술을 노동-생산의 효율적 기제로 도입했던 것에서 나타난다. 부정적 철학은 루소가 기술이 사회 발전의 부나 자유의 확장에 기여한다는 낙관주의를 비판하고 하이데거가 현대 기술은 다양한 존재자들을 획일화된 기능으로 환원한다고 했던 관점에서 보여진다. 그러나 사르트르는 양자를 중재하며 표상적 기술과 조작적 기술을 구분하여 각각에 의미를 부여한다. 이중원은 이러한 성찰로부터 기술 철학의 과제를 제시한다. 파생적 활동으로서의 기술이 아니라 기술이 전제하는 존재론, 인식론, 윤리에 대한 탐구가 필요하다는 것이다.

2. 한면희의 환경 철학: 인도적 생태주의

자연과 인간의 관계에 대한 성찰은 철학사 내내 유지되어왔다. 그러나 그러한 성찰이 얼마나 일관적이었는지, 얼마나 통전적이었는지는 의문이다. 동북아인에게는 인간은 그가 살고 있는 세계와 연속적이라는 관점이 익숙하지만 이 관점은 선언적으로가 아니라 개념적으로 잘 연결되어 제시될 필요가 있다. 한면희는 동북아 전통의 중요한 개념들을 이 시대 문화의 언어와 필요에 맞추고 엮어내어 자기 나름의 생태관을 전개한다.

인도적 생태주의

전 세계가 당면한 "환경의 위기"라는 현대적 범주에 대해 한면희(2007b: 15-34)는 그 나름의 처방으로 "인도적 생태주의"를 제시한다. 그는 이 관점에 도달하기 위해, 먼저 보수적 환경주의(環境主義 environmentalism)와 급진적 생태주의(radical ecology)를 대조한다. 환경주의는 의미적으로 인간이 중심이고 자연은 주변이라는 뜻을 가지면서 인간은 목적이고 자연은 자원일 뿐이라는 관점을 나타낸다. 따라서 환경에 문제가 있다면, 현대 문명의 틀을 유지하는 범위에서 사후 관리 해법적 정책을 추구한다. 이러한 접근에는 "공유지의 비극"이라는 문제가 내재되어 있다.

전통 생물학이 생물과 무생물의 이분법에 기초하고 있는 것과는 대조적으로, 생태주의는 열역학 물리학을 배경으로 "생태(eco)"라는 단어를 선택한다. 생태학은 자연적 존재(동식물 개체, 빛, 물, 대기, 흙, 바람)들이 서로 분리되어 있는 것이 아니라 유기적으로 연계되어 각종 지구 생명체를 부양한다고 인식한다. 여기에는 크게 세 가지 유형이 있다. 심층 생태주의(deep ecology)는 모든 자연적 존재는 살고 피어날 수 있는 고유한 권리를 갖는다는 생물권 평등주의를 주장하고 큰 자기실현(Self-realization)과 작은 자아실현(ego-realization)을 구분한다. 자아실현은 개체론적으로 고립적인 인간성을 타인과 경쟁하여 실현하는 것이지만, 큰 자기실현은 타인과 하나 됨을 확인하는 경로를 거친다. 사회 생태주의(social ecology)는 환경 위기가 인간의 책임이긴 하지만 아프리카의 가난한 소년과 농업 생물 공학 기업인 몬산토(Monsanto)의 책임이 같을 수 없다는 사회적 구조에 주목하고 자연의 섭리에 인간의 문화가 포섭되는 제3자연, 자유 자연(free nature)을 지향한다. 생태 여성주의(ecofeminism)는 여성 문제를 인권에서 바라보는 자유주의적 여성주의나 경제 질서에서 바라보는 마르크스적 여성주의가 아니라 가부장제가 그 뿌리라는 급진적 여성주의에서 출발한다. 생물적 성(sex)과 사회적 성(gender)을 분리하는 체계에 도전하면서 지구 생명체와 여성 생명체의 연결성에 주목한다.

한면희는 생태주의의 이러한 발전 과정에서 환경주의는 인간 중심주의 때문에, 생태 중심주의는 불법도 불사하는 운동 단체들의 전략 때문에 제외시키고, 생태 여성주의에 친화성을 보인다. 그러나 그는 이것만으로는 부족하다고 하여 문화와 자연이 상생하는 길로서의 인도적 생태주의를 구성한다. "인도적"이라 함은 서양 르네상스의 인본주의로서의 휴머니즘이 아니라 "인간이 따라야 할 길"로서의 인도(人道)를 나타낸다. 기존의 생태주의가 스피노자의 범신론적 자연주의에 기초(이현복, 2011)하는 등 서구적이어서 동양 사상을 신비적인 것으로 평가하는 것을 재고하자는 것이다. 그의 인도적 생태주의는 생태 여성주의와 동아시아 전통의 기 철학에 기반을 둔 기(氣)적인 생태주의를 결합한 것이다.

기(氣)적 생태주의

한면희(1997: 227-294)는 기적 생태주의에 이르기 위해 먼저 동서가 보이는 주류적 방법론의 차이에 주목한다. 서양은 개체론(individualism)의 전통으로 과학에서는 환원주의, 개념에서는 분석주의, 윤리에서는 개인주의를 취했고, 의학에서도 개체론적 투약과 시술을 했다. 사회 발전론도 개체론적이라 경제 위기가 닥칠 때마다 국가의 구제 금융으로 금융회사들의 연쇄 도산을 막았다. 반면 동양은 총체론(holism)으로 특징되어지는 방법론을 갖는다. 전체는 구성 부분들의 단순한 합이 아니라 부분들 간의 유기적 연대이고, 내재적 관계성이 실재한다는 것이다. 따라서 인간은 자연과 분리되어 있는 것이 아니라 기(氣) 흐름의 연장선상에 놓여 있다. 인간은 자연에서 호연지기(浩然之氣)를 기르기도 하지만 주로 곡식을 통해서 기를 제공받는다.

한면희(2009a: 249-263)에 의하면, 서양인은 인간의 몸에서 혈(血)만 보지만 동양인은 혈과 기를 본다. 혈은 음식물이 신기로 나타난 것이고 기는 곡식, 나물, 약초, 숲, 공기, 수목의 기를 통해 부양된다, 이러한 전통을 허준(許浚)은 의학적으로 요약하고 있다. 정(精)은 몸의 바탕이며, 기는 신(神)의 주인이고, 몸(形)은 신이 머무는 집이다. 신은 기를 먹고 몸은 음식을 먹으므로 기가 맑으면 신이 맑고 몸이 지나치게 수고로우면 기가 혼탁해진다. 기를 매개로 마음과 몸이 연결되므로, 치료란 몸과 마음을 함께 다스려야 하며 발병 이후의 치료보다는 예방이 중요하다. 도가(道家)는 이를 형이상학적으로 요약한다. 도에서 기가 나오고, 기가 음양의 이기로 분화하며 음양의 이기가 서로 어우러져서 조화를 이루는 화기(和氣)를 낳으니, 음기와 양기, 화기가 합세하여 만물이 탄생한다.

한면희(2009a: 264-277)는 위와 같은 기적 세계관으로부터 나름의 기적 생태주의에 도달한다. 자연은 기가 흐르는 생명의 그물망이다. 다만 기의 흐름은 나름대로의 연유에 의거하는데 이때 그 근거나 원리로서 리(理)가 설정된다. 한면희는 리와 기의 관계는 어느 한쪽이 우위에 놓인 형세가 아니라 서로 연계되어 균형을 이루고 있다고 본다. 기에는 여러 가지 종류, 역할의 유형들이 있지만 그는 자연의 생명 에너지에 국한하여 "생태적 기"를 다룬다. 인간은 허기(虛氣)가 지면 곡식으로 식사를 하여 곡기를 채운다. 기가 모이면 생명이 되고 흩어지면 죽음에 이른다. 이것은 자연에 거주하는 모든 생명체에 해당한다. 지구 자연에는 무수히 많은 생태계가 있다. 단위 생태계는 지역의 토착 생명체가 고유한 역할을 통해 기를 생산하고 그리고 생태계 먹이 사슬 체계를 통해 기가 순환하는 작은 생명의 장이다. 지구 자연은 단위 생태계가 또다시 서로 간의 관계 속에서 연결되는 더 큰 규모의 생명의 장으로서 숱한 지구 생명체를 부양하는 기의 연결망이다.

한면희(2009a: 278-302)는 기의 연결망으로서의 자연을 하나의 개념으로 요약한다. 온가치(Onn-value)이다. 온가치는 자연을 이루는 구성 원인이고, 자연적 존재들이 서로 얽혀서 상보적으로 에너지 흐름을 이음으로써 생명을 유지하는 장의 가치이다. 또는 그물코로 상징되는 수많은 자연적 존재가 서로 생명을 기대어 유지하게 되는 망의 가치이다. 그는 '온'이란 표현은 한글 창제 정신을 담은 용비어천가에 나타난 것으로 부분들의 단순 합인 "모든"의 의미가 아니고 개체의 자율성을 존중하는 관계적인 전체를 의미한다고 해석했다. 한면희는 동아시아의 "모두"라는 개념을 둘로 구분한다. 최상위의 전체를 단일한 실체로 규정하고 다른 존재자들은 후순위에 세우는 유기적 전일(全一)론과 고유한 부분들이 자율성과 실체성을 가지면서 전체로서의 지구를 개체 생명체가 의지하는 생명의 장(biotic field)인 유기적 전체(全體)론이다.

동물권

한면희(2007a: 137-156, 157-169)는 구체적으로 동물의 권리가 어떻게 인도적 생태주의에 의해 유지될 수 있는가를 기존 자료를 통해 다룬다. 먼저 동물들이 실험실이나 동물 농장에서 어떤 대우를 받는가를 확인하자. LD(Lethal Dosage) 50이라는 독성 실험은 샴푸, 화장품, 잉크 등 새롭게 개발되는 화학 재료의 상품들이 인간에게 안전한 기준치를 확정하기 위해 동물들에게 투여하는 "50% 치사량"의 실험이다. 어느 정도 양의 화학 자료에서 쥐, 토끼, 원숭이 등의 피험 동물 절반이 죽는지를 평가하는 것이다. 실험이 진행되는 동안 피험 동물은 극도의 고통을 겪으며 죽어간다. 농장 동물의 경우도 가혹하다. 연한 육질을 얻기 위해, 어린 송아지는 태어난 지 며칠도 되지 않아 어미로부터 떨어져서 얇은 판자로 만들어진, 비스듬하게 간신히 드러누울 정도의 공간에 감금되어 사육된다. 움직이는 공간이 조성되면 근육이 형성되어 육질이 질겨지기 때문이다. 또한 철분이 포함된 마른 사료를 먹이지 않기도 한다. 철분 함량이 많아지면 고기 색이 너무 붉어져 고급 레스토랑에서 선호하는 고기의 연한 분홍색에 맞지 않다는 것이다. 송아지는 자연적 성향이 차단된 채 홀로 누워 위장병, 빈혈, 스트레스에 걸리고 항생제 약품이 든 사료와 주사를 맞으면서 사육된다.

싱어(Singer, 1990)는 공리주의에 따라 인간의 행위가 도덕적으로 옳은 경우는 그것이 영향을 받는 최대 다수의 존재에게 최소한 고통을 주지 않거나 줄이면서 쾌락을 최대로 증진시키는 것이라고 생각한다. 그리고 동물은 이성이나 담화를 나눌 능력은 없지만 고통을 느낄 수 있다는 점에서 인간의 도덕 공동체에 포함해야 한다고 말한다. 쾌락 공리주의가 일관성을 유지하기 위해서는 고통을 겪을 수 있는 감응자(sentient) 모두에게 이 가설이 적용될 수 있어야 한다. 그렇지 않으면 인종 차별주의(racism)나 성 차별주의(sexism)와 같은 논리의 종 차별주의(speciesism)에 빠진다는 것이다. 동물이 인간과 동등한 가치(equal worth)를 갖는다고는 생각하지 않기 때문에 도덕적 권리를 함께 갖는다고는 하지 않지만 쾌락 공리주의를 수용하는 합리적인 인간은 동물의 고통을 최소화해야 한다는 것이 싱어의 주장이다.

레간(Regan, 1985)은 싱어의 쾌락 공리주의에 반례를 제공한다. 마을 사람 수십 명이 잔치의 안주로 돼지고기가 적합하다고 판단했다고 하자. 돼지 한 마리와 마을 사람들의 고통 대비 쾌락의 총량을 계산하는 것은 쾌락 공리주의에 일관된 계산 판단이다. 그러나 레간은 동물의 권리를 인간과의 대비적 구조에서 찾고자 한다. 인간이 수단이 아닌 목적으로 대우받을 내재적 가치를 가지는 것은 인간은 자신의 생활의 주체이기 때문이다. 이러한 인격 주체성은 자신뿐만 아니라 주변 사람들의 존중으로 유지된다. 동물도 인간과 마찬가지로 다른 존재에게 유용하다거나 다른 존재의 이해와 관심의 대상이라는 식의 논리가 아니더라도, 동물도 인간처럼 존재 조건이 더 나아지거나 나빠질 수 있는 생활의 주체라는 사실을 고려해야 한다는 것이다. 동물에게 생활 주체성을 허용할 수 있는 범위에서 동물은 인간과 평등한 내재적 가치를 갖는다고 본 것이다.

한면희는 인도적 생태주의 관점으로부터 싱어와 레간을 비판한다. 이들의 입장은 동물의 고통 능력에 착안하여 인간에게 부여할 수 있는 권리를 동물에게 부여하자는 것이다. 이는 자연적 개체인 동물의 특성에 맞추어진 자연적 개체 중심주의의 윤리를 제안하는 것이다. 한면희는 여기에서 적어도 두 가지 문제점을 본다. 먼저 동물을 도덕 공동체에 진입시키는 것은 이들이 합리성의 주체여야 한다는 직관에 어긋난다. 권리는 책임과 함께 동전의 양면이고 이 개념은 도덕 주체의 합리성을 전제하기 때문이다. 둘째, 개체주의적 환경 윤리는 현대 환경 문제의 상황을 기술하고 설명하고 처방하는 데 실패했다는 생각이다. 예를 들어, 종은 개체가 아니므로 고통을 경험할 수 없고 따라서 생물 종의 다양성 보존에 일차적 관심을 갖기 어렵다. 특수한 생물 종이 멸종에 처해 있다는 것은 어떤 도덕적 고려 대상도 되지 못하기 때문이다.

초록 문명론

한면희는 동물권 논의에서처럼 개체주의적 환경론에서도 유기적 전체론의 관점으로부터 인도적 생태주의적 "초록 문명론"을 제안한다. 여기에는 적어도 세 가지 강조점이 있다. 첫째는 지속 가능한 발전 개념이다. 환경 문제는 현대 사회에 하나의 딜레마를 제시한다. 환경을 보존하기 위해서는 경제 개발을 조절해야 하고 경제 개발을 지속하기 위해서는 환경 훼손을 감수해야 한다. 한면희(2007a: 365-385)는 이러한 상황에서 유엔의 세계환경발전위원회(WCED)가 1987년에 제안한 브룬트란드(G. H. Brundtland) 보고서의 "지속 가능한 발전(Sustaining Development)" 개념을 논의한다. 생태적 지속 가능성과 자연 자원의 보존에 주안점을 둔 이 보고서는 전 지구적 차원의 환경 보호에 모두 함께 참여하지 않고서는 더 이상 지구촌 사회가 지속될 수 없다는 점에 착안한다. 보고서는 "지속 가능한 발전"을 미래 세대 인간의 필요 여력에 손상을 주지 않으면서 현세대 인간의 필요에 부응하는 것으로 규정하고 있다. 이 규정은 남북이나 세대 차이에 기인하는 필요(needs)와 자연 자원의 한계(limits)를 특징적으로 나타내고 있다. 세계의 남쪽 사람들은 세계의 북쪽 사람들 못지않은 필요를 가지고 있으며, 다음 세대들도 지금 세대와 같은 정도의 풍요를 필요로 할 것으로 예상된다. 지구 인구의 0.1%에게만 허용되고 사치품으로 여겼던 많은 것들을 지구 인구의 70%가 필수품으로 간주한다면, 지구의 자원은 쉽게 고갈될 것이다.

둘째, 한면희(2007a: 301-322)는 생태 정의를 강조한다. 사람들의 생태적인 조건과 정의의 조건이 맞물린 환경 정의는 중요하다. 2005년 미국 뉴올리언스에 허리케인 카트리나가 닥치면서 사망자와 경제 손실이 있었다. 2014년 한국 진도 근해에서 세월호가 침몰하면서 많은 사망자가 발생했다. 두 경우 모두 단순한 자연 재해나 교통사고로 간주될 수 있지만 희생자들은 모두 사회적 약자였다. 또 한 가지 중요한 점은 정책(policy)이다. 국가의 정책이 사회적 강자는 혜택을 많이 누리고 사회적 약자는 불이익을 당하더라도 어쩔 수 없다는 기조를 유지하는 한 그러한 희생자는 계속 발생할 것이라는 점이다. 한면희는 환경 정의가 자유주의, 마르크스주의, 롤즈주의에 머물고 있는 한 인간 중심주의에 불과하다고 판단하며 생태 정의(ecojustice)를 제안한다. 인간 사회의 문화적 필요에 따른 발전과 성숙이 생태계의 생명 부양 체계와 유기적으로 어울릴 때 생물종의 다양성이 구현되고 지구촌 문화의 다양성도 존중되며, 인간 존엄이 유지되는 정의의 사회가 실현된다는 것이다.

셋째, 한면희(2004: 243-285)는 환경 제국주의에서 생태 정의의 초록 문명으로의 전환이 시급하다고 처방한다. 먼저 환경 제국주의의 실상을 살펴볼 필요가 있다. 세계화는 19세기 선진국이 상품 및 자본을 수출하고 원자재를 구하기 위해 식민지 확보에 노력하면서 생겨난 개념이다. 2차 세계대전 이후 식민지 국가들이 독립했지만 북쪽 국가가 남쪽의 정치, 경제, 사회, 문화를 관리하고 통제하며 구조적 · 과학 기술적으로 남쪽 경제를 북쪽에 종속시켜왔다. 여기에서 환경 제국주의가 나타난다. 선진국은 공해 다발성 산업 설비를 후진국으로 이전하고, 선진국은 비교 우위에 의거하여 리카도 식의 국제 분업이라는 명목으로 후진국에 단일 경작을 요구했다. 예를 들어, 탄자니아는 용설란과의 사이잘삼을, 필립핀과 중남미는 바나나를, 세네갈은 땅콩이라는 단일 농산품을 경작하도록 했다. 미국의 부시 행정부는 2001년에 생물 다양성 협약 조인을 거부하여 몬산토(Monsanto, 전 세계 GMO 특허의 90%를 차지하고 최근 한국의 1, 3위 종자 회사도 인수한 업체)가 농산물 유전자 조작을 통해 다음 세대를 번식시킬 수 없는 종자를 만들어내는 것을 허용했고, 후진국의 농부는 종자 관리자의 지위에서 종자 소비자가 되어버렸다. 국가 간의 소득 불균형도 점점 확대되고 있다. 세계 인구의 20%를 점하는 선진국과 최하위 20%의 인구를 차지하는 빈곤국 사이의 소득 격차는 1960년의 30대 1에서, 1990년에는 60대 1로, 1997년에는 74대 1로 갈수록 악화되고 있다. 환경 제국주의란 자연을 이용하는 과정에서 이익은 선진국이 향유하고, 그에 따른 피해와 부담은 후진국에게 전가하는 형태를 띠는 것이다.

이러한 환경 제국주의를 어떻게 초록 문명으로 전환할 수 있을까? 한면희에게, 초록 문명 패러다임의 바른 내용은 사회 정의와 생태주의라는 두 마리 토끼를 함께 잡는 것이다. 이는 개체론적 환경 정의보다는 유기론적 생태정의 실현으로 구현될 수 있다. 세계 체제가 자본주의 시장 경제인 한, 선진국 사람들이 특히 이기적이거나 냉정해서가 아니라 시장 체제의 논리적 귀결에 따라 약자는 가난하고 열악한 환경에 놓여도 어쩔 수 없기 때문이다. 세계화 시대에는 제도적으로 생태 정의가 실현되어야 북쪽 국가만이 아니라 남쪽 국가의 사람들도 치명적인 건강의 위험에 노출되지 않고 최소한의 삶의 질을 누리면서 살아갈 수 있으며, 생명 부양 체계가 붕괴되지 않는 자연 안에서 안정적으로 거주할 수 있다. 인간과 자연과의 유기적 생태 정의는 생태계와 생물종 다양성의 관계를 고양시키고, 지구촌 세계화와 문화 다양성의 관계를 증진시킬 것이다. 이것은 인간 중심의 환경 정의에서 인간의 문화가 자연과 상생하는 생태 정의로 확장되어가야 함을 의미한다.

3. 홍성욱의 기술 철학: 소통적 행위자 연결망 이론

"진리가 너희를 자유케 하리라"는 대부분의 종교적, 형이상학적 세계관을 반영하는 인간 역사에 면면히 내려온 믿음 내지 소망이자 격언이었다. 그러나 최근에 이 명제는 과학 기술의 성공과 영향력으로 "과학 기술이 너희를 자유케 하리라"는 과학적 세계관을 나타내는 옥조가 되었다.

문제는 과학적 세계관이 이 옥조를 모더니즘의 논리에 따라 휘두를 때 열림과 닫힘, 긍정성과 부정성의 국면이 동시에 나타난다는 것이다. 이 금언적 옥조는 새롭게 조명되어야 한다. 홍성욱은 그가 발전시킨 연결망 이론으로 과학 기술 철학이 어떻게 이러한 과제에 대처할 수 있는가를 보인다고 생각한다.

의사소통적 행위자 연결망

기술의 철학적 주제를 존재, 인식, 가치 등으로 제안하는 논의의 개연성을 인정할 수 있다면(이중원 2008a: 18-20; 2008b: 50-71), 플라톤이 존재론, 인식론, 가치론을 이데아(형상)라는 단일한 개념으로 모두를 경제적으로 조명하고 연결한 것처럼, 홍성욱도 기술의 존재론, 인식론, 가치론을 소통적 행위자 연결망 이론으로 모두를 경제적으로 조명하고 연결하는 것처럼 보인다. 라투어(B. Latour)의 행위자 네트워크 이론이 기술 철학의 존재론에 국한되어 있다면, 홍성욱은 의사소통 개념을 도입하여 기술 철학을 그 존재론, 인식론, 가치론으로 확장하고 이들을 연결한다.

먼저 라투어의 행위자 네트워크 이론(actor-network theory)이 어떻게 구성되었는가를 살펴보자(홍성욱, 1999: 43-47). 라투어는 인류학자로서 소크(Salk) 연구소의 분자 생물학 실험실에서 과학자들의 실천에서 주목을 끌지 못했던 사안들을 관찰해 과학자들과 실험실의 기기들은 각종 문자 기록을 남긴다는 것과 과학적 사실의 생산 방식을 알게 되었다. 예를 들어, 소크 연구소는 TRF(thyrotropin releasing factor)의 발견으로 노벨상을 탔는데, TRF는 호로몬으로, 동물의 뇌에서 추출하기 위해 돼지 머리를 500톤이나 소비하여 기재 장치(inscribing device)에서 TRF의 존재를 보여준다고 해석될 수 있는 데이터를 발견한 것이다. 이들은 참 데이터(true data)와 배경 잡음(background error)은 어떻게 구별했는가? 이 연구소는 경쟁적 연구소 과학자들과의 정보 교환, 표준 타협을 통해 구별할 수 있었다고 말한다. 홍성욱은 TRF가 '타협의 산물'이라는 비실재론적 규정에는 동의하지 않으면서 '실험실에서 생산'된다는 사회적 규정에 동조한다. 라투어는 사회가 과학을 구성할 뿐 아니라 과학이 사회를 구성한다는 것에도 관심을 갖고, 인간 행위자 못지않게 비인간 행위자, 가령 기구, 기계, 전자, 센서, 기록 등에도 주목한다. 라투어는 인간 행위자(human actor)와 비인간 행위자(non-human actor) 사이의 대칭적 관계를 주장한다. 과학자의 행위만이 아니라 실험실의 각종 기구나 기록에도 행위자 능력(agency)을 부여하여 두 그룹의 행위자들이 연결망을 이룬다는 점에 초점을 맞춘다.

홍성욱(1999: 64-67)은 라투어의 이러한 행위자 연결망 이론을 비판적으로 확장한다. 첫째는 라투어의 도덕적 감각에 대한 비판이다. 라투어는 파스퇴르 연구를 나폴레옹 전쟁에 비교하거나 사업가들의 기업-경제적 활동에 견주기도 한다. 그는 군사 작전이나 기업들의 적대적 M&A, 실험실의 과학자 활동과 전쟁 총사령부의 군인들이 하는 활동, 기업들의 기획실 운영 간의 유사성에 주목한다. 둘 다 싸움, 조종, 권력 영역의 확장, 새로운 동맹 및 연결망 창조 등의 과정을 겪는다. 라투어는 과학과 경제의 역사에 등장하는 무명의 행위자보다 파스퇴르, 카네기 같은 영웅적 행위자에 관심을 가진다. 행위자 연결망의 성장은 대기업의 성장과 유사하다. 그에게 성공이라는 규범은 도덕적 관심을 무색하게 하는 것이다. 라투어는 적과 힘겨루기, 징집, 동맹, 적 길들이기, 권력 등 군사적·대결적 메타포를 사용하여 권력이야말로 과학자들이 추구하는 모든 것이라고 말한다. 그러한 언어 구조에서 라투어는 과학 속에 내재한 군사주의적 성향에 대해 비판적일 수가 없다. "인간 게놈 계획이 과연 추구할 만한 가치가 있는가?", "과학자들이 국방과 관련된 연구를 수행해야 하는가?" 와 같은 도덕적 질문을 할 수 없는 것이다.

라투어에 대한 홍성욱의 둘째 비판은 과학 언어 행위의 투명성에 관한 것이다. 과학 언어란 무엇인가? 라투어는 과학 언어를 근본적으로 권력 추구의 언어로 간주하는 데 반하여, 홍성욱은 소통 추구의 언어로 해석한다. 권력 추구의 언어는 군사적 메타포로 물들여진 구조 때문에 제3자에게 개방적이거나 투명할 수 없고 제국주의적 언어로 추락하는 것으로 보일 수 있다. 그러나 의사소통 추구의 언어는 소통이 요구하는 화자-청자의 평등성 때문에 제3자에게 감출 필요가 없고 개방적이고 투명하다. 제국주의 언어에서는 "우리 가설"이 승리해야 하고 "다른 가설"은 허용될 공간이 없어 박멸되어야 한다. 신뢰성과 협동성은 축소되지만 획일성과 명료성은 확보된다. 반면 의사소통이 투명한 언어에서는 "반박되지 않은 가설은 허용된다"는 준칙이 수용되고, 가설들이 경쟁하면서 애매-모호성이 들어오지만 신뢰와 협동은 증가한다. 홍성욱은 최근의 과학 발전은 과학 언어의 제국주의적 모델보다는 의사소통적 모델을 따른다고 해석한다. 가령 분자 생물학, 천체 물리학, 컴퓨터 과학 같은 경계 공간(bounding space)의 하위 분야들은 힘겨루기, 승리 같은 제국주의적 확장이 아니라 갈등 중재 같은 의사소통을 통해 성공을 거둔 과학이라는 것이다.

홍성욱은 과학 언어에 대한 라투어의 제국주의적 해석을 비판하고 그 자신의 의사소통적 해석을 부여하여 라투어의 행위자 연결망 이론을 소통적 행위자 연결망 이론으로 확장한다. 기술 철학의 존재론 · 인식론 · 가치론은 라투어의 이론에서 통합되는 것 같지도 않고 각 주제들의 조명이 어려워 보이지만, 홍성욱의 이론으로는 그러한 주제들의 연결망 과제들이 보다 용이해진다. 기술의 존재론은 사회 편재적인 잡종 공학으로서의 기술이 하나의 의사소통적 문화 양태로 나타나는 것을 보여준다. 기술의 인식론은 과학과 기술의 이분법이 실험실의 의사소통적 문법을 통해 극복된다는 것을 나타낸다. 그리고 기술의 윤리론은 윤리와 기술의 전통적 이분법 해소가 의사소통을 통해 인간의 생존 전략이 되어야 한다는 당위를 현실화한다.

존재와 기술

홍성욱(2008c: 146-150)은 라투어의 통찰에 동조하여 자연과 인간의 이분법에 기초한 여러 가지 이분법적 구분(주체/객체, 자연/문화, 자연/사회, 과학/기술)을 거부한다. 이분법 극복의 논리는 인간과 비인간을 대칭적으로 다루는 것에서 시작한다. 이 둘을 대칭적으로 다룬다는 것은 기술을 포함한 자연에 능동적인 행위와 목소리를 부여함을 의미한다. 자연에 행위능력(agency)을 부여해 인간 행위자 유형과 비인간 행위자 유형들이 연결망을 이루는 새로운 존재의 지평을 열 수 있다는 것이다. 기술을 이러한 연결망 안에서 파악하면 현대의 기술은 과거의 기술과 달리 산업적 생산력뿐 아니라 현대인의 삶 속에 인간과 상호 작용하는 또 하나의 문화적 양태로 떠오른다. 기술은 마술, 종교, 과학, 윤리, 미학처럼 문화적 양상의 존재성을 갖는 것이다.

홍성욱(1999: 180-184, 58-60)에게 현대인이 살고 있는 세계는 인간 행위와 비인간 행위들이 얽혀 있는 세계이다. 이것을 "잡종적" 결합이라고 한다. 이러한 특징은 "근대(헌법)"를 구성하는 중요한 요소이다. 홉스는 리바이어던을 만들면서 인간 행위자들만을 요구하고 실제 필요한 온갖 종류의 비인간적 행위자들을 간과했다. 그러나 자연, 기술, 기록, 장치 등 비인간 존재자들은 수동적 배경으로 침묵을 지키는 것이 아니라 능동적 존재로서 목소리를 내고 있다. 실험실은 비인간 행위자들로 가득 차 있다. 과학자와 비인간 행위자들의 힘겨루기가 일어나고, 치환(translation), 새로운 징집(enroll), 새로운 권력, 이질적 동맹들이 발생한다. 행위자 네트워크가 안정되었을 때 기술의 안정화가 일어난다. 사회적 이해가 기술을 안정시키는 것이 아니라, 사회적인 것이 기술적인 것과 맞물려 있기 때문에 기술/사회의 연결망 자체가 잡종적으로 안정되는 것이다. 잡종공학은 사회적 이해관계에 의한 기술적 인공물의 구성보다 기술에 의한 사회의 구성 또는 기술-사회 연결망의 공동 구성(co-construction)을 강조한다. 사회적인 것과 기술적인 것은 동시에 발전하며 본질적으로 분리될 수 없다. 세계라는 존재가 전통적으로 실체론, 물리주의, 자연주의, 관념론, 유물사관 등으로 규정되어왔다면, 홍성욱이 조명하고자 하는 세계란 기술-사회의 공동 구성적 세계이다.

홍성욱(2001: 278-293)의 잡종 공학적 세계를 잘 보여주는 주제 중의 하나는 정보 기술로서의 인터넷이다. 정보 기술은 육체 기능을 지식 기능으로 대치하고 위계적 인간관계를 수평화하며 시공적으로 국소적인 인간 경험을 탈경계적으로, 빛의 속도로 확장한다. 여기에는 열림과 닫힘의 국면이 존재한다. 먼저 정보 기술이 수반해온 '닫힘'의 국면에는 정보 기술이 대체하는 분야의 탈숙련화와 실업 유발이 있고, 원자력 발전, 통제를 위해 사용되는 각종 관료제들이 있다. 프라이버시가 침해되는 파놉티콘의 성향, 정보의 빈부 격차, 익명 도배족의 소통 구조 교란 등이 있다. 그러나 정보 기술은 또한 '열림'의 국면을 강화한다. 예컨대 실리콘밸리의 혁신은 경쟁사의 엔지니어들이 비공식적인 소통을 하며 형성한 네트워크, 그렇게 만들어진 구성원들 간의 신뢰와 상호 협력, 상호 의존에 기대고 있다. 전통적 권위가 붕괴되고 실천가들의 상호 작용이 증대된 연결망의 공동체는 참여자들의 책임감, 의사 결정력, 이해력을 증진시키고, 그들을 언어와 기계 적응에 민감하게 하며, 돌봄, 감성적 지성, 도덕적 유창함(moral fluency)에 이르게 한다. 도시의 바쁜 삶 속에서 공동체를 잃어버린 현대인에게 인터넷을 통한 사이버 공동체는 인격적 안정을 제공한다. 인터넷을 통한 잡종 공학의 세계는 단선 체계가 아닌 복잡 체계이고, 기계가 아니라 생태적 시스템으로 생활하는 것이다. 이러한 세계는 닫힘의 기능을 최소화하고 열림을 최대화하는 해방적 네트워크를 활성화하여 자본적 연결망의 대안이 될 수 있다. 즉 혁명과 해방의 조건을 만드는 데 기여할 수 있고 사회 진보와 공명의 방향으로 나아갈 수 있다. 기술의 존재론은 사회 편재적인 잡종 공학으로서의 기술이 하나의 의사소통적 문화 양태로 나타나는 것을 보여준다.

인식과 기술

자연과 인간의 이분법은 기술의 존재론적 함축뿐 아니라, 기술의 인식론적 함축도 갖는다. 그 이분법은 주체와 객체의 이분법을 요구하며 인간 이외의 존재자들을 “생각 없는 기계”로 설정함으로써 기술과 환경을 인간 중심적으로 이용한다. 그러나 소통적 행위자 연결망 이론은 인간과 비인간을 대칭적 소통 파트너십으로 구성하며 자연만이 아니라 인간이 아닌 것, 즉 인공물에도 행위 능력(agency)을 부여한다. 이러한 대칭적 구조는 과학자의 실험실에서 선명해진다(홍성욱, 1999: 51-54). “내게 실험실을 달라, 그러면 세상을 들어올리리라”는 라투어의 논문 제목은 시사적이다. 실험실은 비인간 행위자들로 가득 차 있다. 기기, 기록기, 검파기, 분석표, 센서, 컴퓨터 같은 다양한 기구가 필수적이며 세균이나 전자 등도 존재한다. 실험실은 과학자가 비인간 행위자를 치환(translate)해서 새로운 네트워크를 만들고 이것이 성공적일 때, 비인간 행위자들이 가졌던 힘을 동맹군으로 사용할 수 있게 된다. 그러한 동맹군의 힘은 세상을 들어 올릴 수도 있는 인식론적 힘이다.

홍성욱은 인간 행위자와 비인간 행위자와의 동맹이 수반하는 결과에 주목한다. 소위 비인간 행위자로서의 “물건”들이 과학과 기술에 똑같이 중요하기 때문에 과학과 기술의 차이는 거의 소멸된다. “관찰한다”는 단어는 현미경이나 망원경의 발달로 ‘관찰의 동맹’을 의미하고, “생각한다”는 단어는 컴퓨팅의 발전으로 데카르트적 유아적 사유와는 다른 ‘사유의 동맹’을 뜻하게 되었다. “문서”의 의미도 서고에 있는 단순한 자료에서 재해석된다. 두뇌 속의 지식은 공유될 수 없지만 문서 속의 지식은 옮겨 다니면서 공유될 수 있고 새로운 동맹을 구성하는 참여자가 된다. 더 나아가, 파스퇴르 실험실이 만들어 보급한 백신과 같은 과학의 물질적 성과는 사람들이 거쳐야 하는 의무 통과점(obligatory passage point)을 이루고, 파스퇴르 실험실은 더 많은 힘을 갖게 되었다. 현대 과학 연구의 상당 부분이 이런 의무 통과 지점을 창조하고 유지하는 데 관련된다. 예를 들어, 단위와 표준은 가장 기본적인 의무 통과점이고 산업 생산품이 거쳐 만족해야 하는 기술의 인식론적 기준이다.

기술의 인식론적 함축이 강한 주제 중의 하나는 “해석적 유연성”이다(홍성욱, 1999: 29; 2004: 17-34). 콰인은 원주민이 말한 “개바가이(gavagai)”

라는 문장의 의미를 결정하기 위해 인류학자들이 관찰한 사실들(토끼의 시간적 단면들이 있다, 토끼의 공간적 부분들의 집합이 있다, 토끼가 있다)은 무한히 경쟁적이기 때문에, 관찰의 축적만으로는 특정 이론을 결정하는 데 미흡하다(under-determination thesis)고 한다. 관찰 축적과 이론 선택의 연결은 논리적 과정이 아니라 실용적 과정이고, 여기에는 정확성, 일관성, 포괄 범위, 단순성, 결과의 풍부함과 같은 가치 혹은 미적인 요소가 개입된다는 것이다. 과학 이론들은 한 시점에서 서로 경쟁하면서 여러 단계로 발전할 수 있는 가능성, 즉 "해석적 유연성(interpretive flexibility)"을 갖는데, 이 해석적 유연성이 외부의 사회적 요소에 의해 제한될 수 있고, 그 결과로 지속되어온 논쟁들이 종결된다. 과학 지식에 대한 이러한 사회구성주의에 대해 홍성욱은 과학 지식의 형성을 두 단계로 나누어 구분할 필요를 제기한다. 첫째는 연구 프론티어 단계이다. 이 단계는 가설이나 논의들이 불확실성, 미결정성, 개방성, 유연성, 동물적 영감, 미적 취향, 전통, 인간관계, 사회 문화적 배경, 형이상학적 믿음 등의 영향을 받는 단계여서 사회적 요소의 개입을 인정하게 된다. 둘째는 "후방"의 안정 단계이다. 이 단계에서는 확실하게 정립된 가설, 이론, 데이터가 존재하고, 합리성 · 객관성 · 중립성 · 보편성 등 "과학의 특징"이라고 불릴 수 있는 실재의 요소들이 지배적이다. 기술 인식론에서의 지식이 사회적 요소를 갖는다는 것을 인정하면서도 그 지식이 단순한 사회적 합의라는 규정을 사양하는 것이다. 그 지식을 지식이게 하는 최종적인 것은 과학자들을 수긍하게 하는 과학의 특징의 개입이다. 기술의 인식론은 과학의 특징을 포함시킨 실험실의 의사소통적 문법을 통해 과학과 기술의 이분법이 극복되는 것을 말한다.

윤리와 기술

홍성욱(2008b: 222-225)은 기술과 윤리의 관계에 대해 논의한다. 전통적으로 기술은 가치를 중립적인 것으로, 윤리를 사실 독립적인 것으로 간주해왔지만, 그는 과학 기술의 발전으로 사회의 연결망이 복잡해지면서 그러한 이분법은 더 이상 유지가 어렵다고 판단한다. 과학 기술과 관련된 어떤 환경 현상들(핵폐기물, 생태계 파괴, 환경 호르몬, 농약 과다 사용, 복제)에 대한 책임 소재를 이야기할 때 과학 기술의 책임, 기업의 자본주의적 방식, 인구 폭발의 수반 현상 등 책임 떠넘기기가 나타난다. 그러나 이러한 이야기의 방식은 과학 기술이 사회에 복잡하게 얽혀 있다는 것을 간과한 것이고, 이는 과학 기술, 기업, 자본주의, 인구 폭발 등의 요소들을 분명히 분리해낼 수 없다는 점을 인식하지 못한 것이다. 현대 사회는 기술과 윤리의 이분법적 전통을 따르기보다는 그러한 사안에 대해 참여적으로 대화해야 한다. 기술도 윤리도 모두 인간 행위자와 비인간 행위자의 소통적 연결망의 구조 안에서 이야기될 때, 자연스러운 접합점을 갖게 된다.

홍성욱(1999: 274-283)은 기술과 윤리의 접합점을 보이는 한 영역으로 여성의 조건과 기술의 관계에 주목한다. 가부장제는 임신이나 출산과 같은 조건을 이용해서 여성을 억압해왔지만 생식 기술은 그러한 여성 조건의 한계를 완화해주었다. 그러나 아직도 생식 기술의 성공률은 10-20%에 불과하고 성차가 강조되고 있다. 무엇보다도 새로운 기술은 불임을 자연적인 상태가 아니라 병리적인 상태로 규정하고, 여성성을 임신과 출산이라는 여성의 생리적 특성에 따라 규정하는 기존의 성차 이데올로기를 강화한다. 예를 들어, 인공 수정법에 의해 레즈비언들은 태아의 명시적 아버지가 필요 없어졌지만 현존 사회법 질서는 법적인 아버지 명시를 요구한다. 지금까지의 기술이 남성성의 동반자로 발전해왔다면 이런 관계는 어떻게 변화시킬 수 있을 것인가? 사이보그(cyborg)는 기계와 유기체의 잡종으로 전통적 몸의 인격성을 갖지 않는다는 점에서 극단적이지만 정신/육체, 자연/문화, 여성/남성의 전통적 이분법 극복의 가능성을 시사한다. 미래 여성은 사이보그화 될 수 있는 가능성에 열려 있는 것이다. 홍성욱은 여성과 기술이 서로 무관하거나 하나가 다른 한쪽에 종속된 것이 아니라는 관점을 취하면서 기술에 대한 적극적, 비판적, 참여적 소통을 통해 새로운 사회 형성의 가치를 세울 것을 주문한다.

홍성욱(2008a: 200-201)은 기술과 윤리의 접합점을 찾아야 하는 또 하나의 영역으로 분자 생물학을 제시한다. 1950년대와 1960년대에 의학은 분자 생물학과 결합했다. 분자 생물학은 인간의 질병을 디엔에이(DNA) 수준에서 규명하고, 디엔에이를 조작함으로써 특정 디엔에이를 복제하고 이를 통해 새로운 생명체를 만들어내기 시작했다. 이러한 기술은 윤리적 함축을 갖는다. 생명 윤리는 인공 수정, 디엔에이 재조합, 실험실에서 만들어진 새로운 생명체, 유전자 치료, 배아 연구, 인간 복제, 유전자 특허, 맞춤 아기, 유전자 향상, 이종 간 장기 이식, 신경 생리학과 같은 새로운 생명 공학 등을 논의하게 되었다. 2001년에 인간 게놈 계획이 성공적으로 마무리되면서 인간을 유전 정보의 총체로 간주하는 환원적인 인간론이 대두되고 있지만, 생명 공학 시대의 소통적 행위자 연결망 이론은 사람들뿐 아니라 기술도 포함하는 소통을 통해 인간이 유전적 존재 이상의 전인격적 존재라는 가치의 확립에 도달하도록 도울 것이다. 기술의 윤리론은 윤리와 기술의 접합 가능성이 의사소통을 통한 인간의 새로운 생존 전략이라는 것을 현실화한다.

4. 전망: 생태와 기술

인간의 생태 세계와 과학 기술 공간이 지금처럼 발전해간다면 인간은 인간이 알고 있는 인류로서 지속 가능할 것인가(박은진, 1998)? 이러한 물음은 많은 주제들에 대한 물음을 연이어 던진다. 비인간 존재자를 얼마나 인간 유사적 존재자로 설정할 수 있을 것인가? 지속 가능하다는 것은 누구의 관점으로인가? 생태주의는 보다 온전한 개념적 체계성을 필요로 하지 않는가? 자기실현을 최대화한다는 것은 자연과의 일체감, 천인합일의 지향이 아닌가? 이 질문은 다른 한편으로 씨름해야 할 과제들의 목록을 나열하게 한다. 원자력, 감시와 소통, 인간과 포스트휴먼 등의 영역에서 인간 존재들은 비인간 존재들과 지속적인 소통에 들어갈 수 있어야 한다.

생태와 기술

한면희의 인도적 생태주의는 여러 가지 요소로 구성되어 있다. 그중의 두 가지가 주의를 끈다. 하나는 지속 발전 가능성 개념이고 다른 하나는 생태주의가 전제하는 형이상학적 일원론이다. 먼저 홍원식(2011: 24)은 지속 가능한 개발론이 생태의 문제를 논의 속에 끌어들이긴 했지만 초점은 여전히 개발에 맞추어져 있다고 지적한다. 개발을 정당화해주는 논리로 여전히 인간 중심적 관점을 가지고 있다고 비판한다. 김형철(2004)과 이태수(2009)는 자연과 인간을 나누는 이원론이 아니라 이들을 조화롭게 하는 형이상학적 일원론과 전일적 세계관에 기초한 생태학에 도달하고자 한다. 이들에 따르면 인간이 자연과 일체감을 느낄 때 비로소 자연 자체의 본래적 가치를 인정할 수 있다. 생태주의가 요구하는 이러한 일체감은 인식론적이기보다는 존재론적인 함축을 갖는 것으로 보다 철저한 분석이 필요하다고 본다.

홍성욱의 소통적 행위자 연결망 이론은 라투어의 이론에 의존한다. 김환석(2001)은 자연 과학에 있어서 인간 행위자뿐만 아니라 비인간 행위자의 역할에 주목한 라투어의 성찰은 사회 과학에 시사하는 바가 있다고 본다. 그러나 라투어는 양자 간의 대칭적 관계에 대해 얼마나 주목하는가? 장대익(2014)은 이 물음을 확장하여 라투어는 비인간 존재자들이 어떻게 행위자일 수 있는가에 대해 설명을 하고 있지 않다고 비판하고, 데닛(D. Dennett)의 이론을 통해 이를 보완하고자 한다. 데닛은 통속 심리학의 심성적 술어들(원한다, 결정한다, 지향한다)로 이루어진 체계를 "지향계 이론(intentional system theory)"이라 부른다. 장대익은 이 이론이 상정하는 심성적 실체는 부인하지만 그 어휘 의미는 용인하여 인간 행위뿐 아니라 비인간 행위에도 같은 수준에서 적용하고, 결과되는 체계를 "지향적 입장(intentional stance)"이라 부른다. 즉 인간의 심성적 실재에 대해서는 제거론적이지만, 인간의 심성적 술어에 의미를 부여할 수 있는 구조를 비인간 존재자들의 행위에 적용함으로써 같은 존재-인식론적 지위를 부여할 수 있다는 것이다.

생태 철학의 전망

이태수(2009)는 내스(A. Naess)의 생태주의를 자연 신학적으로 해석하고 여기에 철학적 개념을 부여한다. 내스의 생태주의는 모든 존재의 번성이 자체 목적적이라는 본질주의, 존재들의 평등성에 기반을 둔 도덕성, 그리고 자기실현의 자연화 등의 요소들을 포함하고 있다. 이태수는 그러한 요소들을 적극적으로 해석하여 보다 온전한 생태주의 개념의 체계에 이르고자 한다. 먼저, 자기실현이란 타자들과의 동일화 체험이라고 하지만 이것은 물리적이거나 과학적인 것이 아니라 정서적인 것으로 본다. 예를 들어, 타자를 사랑한다는 것은 자기를 희생하여 타자를 살리고 그의 실재성을 드러나게 하는 것이다. 사랑의 논리는 모든 긍정적 정서로 확장될 수 있다. 좋음, 호감, 동정, 우정, 존경, 외경의 느낌들이 사람만이 아니라 모든 자연에 적용되므로 자연에 대한 도덕적 의무가 발생한다. 자기실현을 최대화한다는 것은 전 세계와의 동일화이고, 이는 신이 되어야 한다는 주문이라고 추정한다. 그러한 신은 초월적 인격신이 아니라 세계에 내재하는 자연 자체로서의 신이다. 인간이 신이 되는 그러한 자아실현은 자연 전체와 혼연일체가 된 것 같이 느끼는 순간에만 가능하다는 것이다. 바로 그러한 순간을 서정시적 중심점으로 삼아 서사시적 인생을 살아 갈 수 있어야 한다는 것이 그의 주문이다.

생태주의가 조명해야 할 주제 중의 하나는 인간이 어떻게 자연과 일체감을 가질 수 있는가라는 물음이다. 김진(2003: 19-44)은 이러한 과제를 향하여 칸트적 처방을 제안한다. 칸트의 인간 중심주의가 자연을 수단으로 간주하지만 오히려 생태주의를 풍부하게 할 수 있다는 해석이다(참조:

김양현, 2014). 구체적으로, 김진은 자연에 대한 칸트의 목적론적 이해와 미감적(美感的) 취미 판단의 관점을 논의한다. 첫째, 웅장한 자연을 보면서 "이것은 아름답다"라는 판단을 할 때, 이는 개념적 판단이 아니라 개인의 쾌–불쾌 경험에 기초한 주관적 판단이다. 대상에는 '무관심'하면서도 주관적이며 형식적 합목적성의 보편성을 갖는 판단이다. 둘째, 인간은 자신의 이성에 의하여 합목적적으로 이루어진 사물들의 총합을 목적의 체계로 만들 수 있는 유일한 존재로, 반성적 판단으로 자연 목적을 구성한다. 따라서 자연 존재의 합목적적 활동들이 인간의 문화 창달을 위한 수단으로 규정된다. 문화란 자연의 목적과 인간의 목적이 수렴 통합됨으로써 이루어지는 모든 가능한 합목적적 활동의 최종 목표인 것이다. 결론적으로, 인간은 미적 판단이나 목적론적 이해의 주체이기 때문에 인간 중심적일 수밖에 없지만, 자연과의 합일을 미적 판단의 체험이나 문화의 지향의 지점에서 경험할 수 있다.

김성진(1999)은 첨단 기술이 결과적으로 생태계를 종말론적 위기에 빠트리고 있다고 본다. 생태계의 위기는 인간의 형이상학적 고향의 복원 즉 자연과 인간의 관계 복원을 통해 극복될 수 있다는 것이다. 그러기 위해 생태적 인간상이 다시 그려져야 하며, 이를 통해 모든 존재들의 연대성과 공존성이 윤리적, 미학적, 신체적으로 표현될 수 있다고 그는 믿는다. 장춘익(1999a)은 생태적 사유의 성격에 주목한다. 자연이 인간처럼 존중받아야 한다는 가치 명제는 논리적으로 증명될 수 있는 것도 아니고 사람들에게 도덕적으로 지시될 수 있는 것도 아니다. 그러한 가치 명제는 인간 중심주의적 환경론에 대한 비판을 통해 도달할 수밖에 없는, 지적 상상력으로서의 가치라는 것이다. 그렇다면 생태 철학은 선험적 현학성이 아니라 과학적으로 현실적이고 숙지된 상상력에 기초해야 한다는 것이다.

강지연(2008)은 생태주의가 전제하는 "자연 유기체론"을 도가의 천인합일론으로 심화하고자 한다. 그는 생태주의에 개입할 수 있는 인위를 자연 관점의 무위로 대치할 수 있어야 한다고 믿는다. 구승회(1996)는 에코 아나키즘을 제안하여 "상호 부조에 의한 공산적 자유", "권력과 위계 없음", "폭력의 거부"라는 명제를 통해 자본에서 기인한 생태 위기를 극복하고자 한다. 이현복(2011)은 생태주의자들이 데카르트의 이원론보다 "만물에 신이 깃들어 있다"는 스피노자의 '자연=신의 일원론'에 친근감을 갖지만, 스피노자의 『에티카』는 인간을 위한 『에티카』이지 모든 생명체의 평등을 주장했다고 볼 수는 없다고 말한다.

기술 철학의 전망

과학 기술의 급격한 발전은 여러 분야에서 철학적 성찰을 요구한다. 여러 분야의 많은 주제들이 있지만[1] 여기에서는 원자력, 파놉티콘, 유비쿼터스의 주제들에 간단히 주목하고자 한다. 이필렬(1994; 2012)은 많은 자료들을 토대로 원자력 사용의 위험성에 대해 설득력과 일관성을 가지고 논의해왔다. 체르노빌(1986)이나 후쿠시마(2011) 사건으로 세계의 경각심은 높아졌지만 한국 사회나 정부는 여전히 둔감하기 때문이다. 최근에 보도된 한국 원자력과 관련된 부서들의 부패와 비과학적인 연결 구조(2014)는 세월호 사고(2014) 같은 사고를 야기할 가능성이 높다. 그리고 그 여파는 후쿠시마가 체르노빌 이상의 세계적 사건이듯 후쿠시마 이상의 세계적 사건으로 벌어질 수도 있다. 이에 대한 보다 체계적인 시민운동이 요구된다는 것이다.

이영준(2008)은 정보 기술이 강화해온 감시의 폭력성과 인격성에 주목한다. 파놉티콘(panopticon)은 100개의 눈을 가진 희랍 신화의 거인을 지칭하는 감시 건물로, 그 안에 사는 사람들은 항상 감시받는 느낌으로 스스로의 행동과 마음을 규제하게 된다. 본래의 인격적 시선은 상호적, 소통적, 주체 구성적이다. 그러나 시선이 일방적일 때 이것은 "위에서 아래

---

1 기술 철학(송성수, 2008), 뇌과학(장대익, 2008), 나노 기술(이상욱, 2008a), 정보, 격차(손화철, 2008; 2014), 인간, 향상(김국태, 2001; 현남숙, 2013).

를 내려다 본다"는 어원의 감시(surveillance)가 되고 소통이 불가능해지며 사람은 데이터로만 남는다. 이러한 일방적 시선이 기계적 시선으로 대치되면서 감시는 더 강력해졌다. 감시는 독재자의 감시처럼 적대적, 파괴적일 수 있고, 관리자의 감시처럼 보안적, 인격 구성적, 인격 유지적, 범죄 예방적일 수도 있다. 관리적 감시는 감시자와 피감시자의 상호 합의하에 벌어지는 이벤트이다. 이러한 상호 합의의 구조는 감시가 일방적이 아니라 상호적인 구조, 즉 "균형적 시선"으로 나아갈 수 있음을 시사한다. "아래로부터의 감시"를 허용하면, 감시자와 피감시자의 비대칭성이 깨지면서 균형적, 상호 소통적 시선의 관계로 진입할 수 있다. 양쪽에서 축적한 시선의 자료들을 어떻게 해석하고 평가하는가에 대해 공동체적 소통에 이르게 되는 것이다.

이장규(2008)는 디지털 시대의 인간 조건으로서의 유비쿼터스에 주목한다. "유비쿼터스"란 언제 어디서나 이루어지는 접속 상태를 지칭한다. 유비쿼터스 능력은 정보의 생성, 저장, 디스플레이를 수행하는 컴퓨팅 기술, 유무선 통신과 네트워킹 기술, 그리고 초음파, 적외선, 위성항법 등에 의한 센싱 기술의 세 가지 기술로 구성된다. 예를 들어, 라이프 재킷은 개인의 건강 및 의료 정보를 측정, 점검하는 의료 서비스이다. 이와 같은 장치는 가정이나 사무실에 실현되어 가고 있다. 정보 기술의 경우, 사용자가 단계마다의 선택으로 연결망에 연결되지만, 유비쿼티스 기술의 경우 사용자의 의도와 무관하게 네트워크에 연결되고 사용자는 그 연결망의 한 지점으로, 기계 체제의 부속처럼 행동하게 된다. 그리고 유비쿼터스 시민은 언제 어디서나 접속한다는 유비쿼터스 최대화 지점에 도달하고자 한다. 임의의 지점에서 매우 짧은 시간에 어디든지 갈 수 있다면 그것은 모든 지점이 항상 어디에나 존재하는 것과 같다. 정보 빈자는 타자화됨으로써 고립되지만, 정보 부자는 유비쿼터스 최대화 지점에 이르고, 정보 과잉의 부담에 빠진다. 정체성이 우리의 의미와 경험의 근원이라면, 이러한 성향으로 달려가는 유비쿼터스의 조건을 해결할 수 있어야 한다. 우리는 이미 언제 어디서든지 타인과 접속하고 소통할 수 있는 신유목민, 디지털 노마드가 되어가고 있다. 그러나 인간은 유비쿼터스의 도구가 아니라 유비쿼터스를 도구화할 수 있어야 한다(참조: 4장 4절).

21세기의 현시점에서 생태 철학과 기술 철학은 여러 가지 시사점을 제공한다. 그중의 하나는 "인간은 어떻게 인간의 업보를 지양해갈 수 있는가"이다. 인간은 자연환경을 훼손하여 온난화와 오염 같은 생태 위기에 처하게 되었고 과학 기술을 발전시켜 개인/공동체, 시간/인격 등에 유지되어온 경계들이 해체되는 포스트-휴먼 시대에 들어서고 있다(참조: 3장 4절). 인간은 인간이 알고 있는 인류로서 지속 가능할 것인가? 자본시장과 과학 기술의 자체 성향들은 그러한 지속 가능성을 어떻게 왜곡할 것인가? 우리 인간들은 그러한 왜곡 가능성에 어떻게 대처할 수 있을 것인가? 지속 가능성의 왜곡 현상들은 지구 온난화, 먹이 사슬, 생명종 위협 등 도처에서 나타나고 있다.

우리 인간은 이러한 도전들에 대해 여러 가지 물음들을 제기해야 한다. 화석 연료의 이산화탄소는 어떻게 줄일 수 있는가? 차세대 안전을 위해 원자력 사용은 어떻게 막을 수 있는가? 인간종 지속을 위해 현대의 나노-생명-정보-인지(NBIC) 과학 기술을 통한 인간 향상(human enhancement)은 어떻게, 얼마나 억제해야 하는가? 이러한 주제들에 대한 논의는 특정한 전문가 집단만이 아니라 제안되고 있는 연결망 구조를 통해 이루어질 수 있다. 인간과 자연의 특정 부분을 악마화하지 않으면서 모두가 참여하는 연결망의 구조에서 인간과 자연의 일체적 생태계가 지속 가능해지기를 소망한다.

실천 철학

3부

문화: 인간이 만드는 세계

인간의 삶은 내용을 가지고 있고 그 내용들은 각기 특이한 방식으로 표출된다. 이러한 삶의 방식의 표출 내용이 문화이다. 인간은 주어진 자연 세계에 살지만 각 공동체의 기억에 기초하여 문화 세계를 창조적으로 만들어간다. 인간은 연대나 윤리라는 최소 조건으로부터 최대 조건의 문화를 향하여 가는 존재이다. 두 조건 사이에는 차이가 있다. 연대나 윤리라는 조건은 최소적이기 때문에 연대의 현실이나 윤리의 방향이 달라지지 않지만, 문화라는 조건은 최대적이기 때문에 그 내용은 공동체마다 달라진다. 공동체마다 창조적으로 만들기 때문이기도 하지만 공동체에 따라 변화를 최소화하고 전통적 자연에 동화하는 방향을 선택할 수 있기 때문이기도 하다. 문화의 이러한 중첩적 삶의 결은 여러 가지 방식으로 접근할 수 있지만 여기서는 역사, 문학, 예술의 영역으로 나누어 한국 현대 철학자들이 어떻게 철학함을 수행하는가를 살펴보고자 한다.

공동체마다 달리 이루어지는 삶의 방식의 내용인 문화는 철학적 성찰의 대상이 된다(10장). 이러한 문화관은 문화의 특수성을 존중하는 한편 그 특수성이 인간 연대와 윤리라는 최소 조건을 부정하는 것은 아니라는 전제를 가지고 있다. 문화 특수성은 문화가 교양과 다르다는 점을 보여준다. 일 년 내내 세상이 어떻게 돌아가는지에 관심을 갖지 않는 자는 고매한 도사일 수 있어도 역사 참여적인 지성인은 아니다. 도사는 교양인은 아니지만 자신이 선택한 문화의 참여자일 수는 있다. 문화 보편성은 가치가 시간적이라는 점을 나타낸다. 가치란 개인 선험적 속성이 아니라 공동체의 역사적 전개의 속성이기 때문이다. 국가마다 그 안에 상이한 문화 전통들을 포함하지만 국가 질서 안에서의 공존 필연성은 최소한도의 연대와 협조의 방향으로 움직이게 한다. 공존 필연성은 역사를 현상적으로 또는 정치적으로 성찰할 수 있는 기초가 된다.

문화는 역사적 시각에서 선명해진다. 공동체 문화나 인간 문화는 그 역사의 전개를 통하여 이해할 수 있다(11장). 역사적 전개와 역사적 도달점이 바로 그 문화의 내용을 구성하기 때문이다. 이러한 의미에서 인간은 역사적 존재이다. 인간은 이야기 덩어리이고 역사는 바로 그 이야기 덩어리의 서사이다. 어떤 사람들은 역사를 과거 유물과 동일시하지만, 역사는 살아 있는 이야기로 말해져야 하고, 역사는 꿈을 가진 기억이라야 한다. 꿈이 없는 기억은 화석일 뿐이고 기억이 없는 꿈은 개꿈이다. 그러면 살아 있는 역사란 무엇인가? 역사란 살아 있는 사실인가? 살아 있는 서술인가? 사실과 서술에 대한 철학적 성찰이 필요한 시점이다.

문화는 사람들의 삶의 방식의 내용이라는 점에서 현상적 사실 구조에 집중하는 경향이 있다. 그러나 인간은 현상적 사실들의 전체만으로 규정되지 않는다. 따라서 문화는 창조적일 것을 요구받는다. 이러한 문화 창조성은 어디에서 오는 것일까? 그 창조성의 자양분은 어떻게 공급되는 것일까? 문학은 바로 그러한 비규정성의 통로가 되고 창조성의 자양분이 되는 인간 세계에서 달리 생각할 수 있는 상상력의 영역이다(12장). 역사가 현실의 살아 있는 이야기라면 문학은 성찰적 꿈의 이야기이다. 인간의 삶은 때때로 지루하고 권태롭다. 권위에 시달리기도 하고 억압을 당하기도 한다. 소외와 우울, 슬픔과 외로움 등 인간은 온갖 부정적 그늘의 위험 속에서 살고 있다. 문학은 그러한 부정적 조건으로부터 자유 경험의 가능성을 제공한다.

꿈의 이야기는 문학 이외의 예술에도 그대로 적용된다(13장). 문학은 문자 언어로 이루어지는 예술이고 다른 예술은 비문자 언어로 수행된다는 점만이 다를 뿐이다. 전통적으로 언어와 비언어의 구분은 이성과 비이성의 구분만큼 확실하고 절대적이었지만 이제 문자적 언어와 비문자적 언어의 구분은 애매모호할 만큼 희미해졌다. 예술은 그러한 꿈의 무한한 가능성 속에서 인간의 자유를 확장하는 언어이다. 현대인은 자본 시장과 과학 기술의 긍정성만을 향유하는 것이 아니라 그 부정성에 의해서도 시달린다. 그리고 그 시달림에서 벗어나는 것은 자본 시장이나 과학 기술의 길이 아니라 예술의 길인 것이다.

10장
문화와 철학

문화란 무엇인가? 문화(culture)는 땅의 경작이나 농작물의 재배를 의미하는 어원을 가지고 있다. 문화란 자연에 대한 인간의 행위 또는 그 결과를 의미했다. 그러나 인간 역사의 상당한 기간 동안 그 단어는 달리 쓰여왔다. 문화는 지배 국가의 상류층 사람들의 생활 양식으로 이해되었고, 그러한 관점은 고급 문화에서 저급 문화로 전파되거나, 저급 문화가 고급 문화로 진화한다는 이론으로 나타나기도 했다. 그러나 20세기에 들어 "역사적 공동체마다 삶의 양식이 특이하게 구조화되어 있다"는 구조주의는 언어적 다원주의와 더불어 영향력을 행사했다. 현대 문화는 불과 1세기 전과 비교했을 때 몰라보게 복잡해졌다. 다원주의, 과학 기술의 발전, 변화의 속도, 기대와 욕구의 다양한 강도들은 현대 문화를 풍성하게 하는 동시에 설명하기 어렵게 만들었다. 한국 철학계는 자연스럽게 이러한 과제에 대해 지속적인 관심을 표명해왔다.[1] 이 장에서는 문화 논의의

---

1 한국현상학회 편(1992); 한국동양철학회 편(1994); 한국철학회 편(1995); 한국철학회 편(1996); 하일민 엮음(1996); 한국철학회 편(1997); 한국철학회 편(1998a); 한국철학회 편(1998b); 한국현상학회a 엮음(1999); 한국현상학회 편(2000); 한국철학회 편(2001); 한국철학회 편(2003); 한국철학회 편(2005); 한국여성철학회 편(2007); 한국철학회 편(2011).

배경을 살피고, 문화에 대한 체계적 논구를 제시한 학자 중에서 이종관과 이진우의 경우를 소개하고 어떤 전망적 문화론이 가능할지를 살펴보고자 한다.

1. 문화 · 자연 · 언어

문화 개념 자체는 자연 개념과 대조적으로 자연에 인간의 생각이 부과된 활동 또는 그 결과를 나타낸다. 그러나 자연 개념은 몸의 확장을 통해 개입되는 문화와 분리되지 않는다. 또한 문화는 부분적으로 인간 상징체계를 통해 이루어진다는 점에서 인간 언어와의 관계 설정이 불가피하고 언어 역할의 명료화가 필요하다. 김여수는 문화의 다양성 속에서도 오류주의적 언어 공학을 통해 보편성으로서의 문화적 종합에 이를 수 있다고 믿고, 이명현은 농경 문명의 전체론 문법, 산업 문명의 개체론 문법에 대조되는 언어적 정보 문명을 위한 신문법을 제안한다.

문화 개념

문화 철학의 배경은 문화에 대한 여러 개념 규정들을 통해 조감해볼 수 있다. 차인석(1995b: 11-13)은 문화를 사람들이 나름대로 이루어내는 생활 양식이라고 규정한다. 공동체마다 고유한 문화를 갖고 있다는 것이다. 차인석의 문화 개념에는 두 차원이 들어 있다. 첫째, 문화는 자연에 대비되는 범주로, 인간이 자연을 손질하는 곳에 문화가 나타난다는 것이다. 이때 노동적 인간과 문화적 인간은 동의어가 된다. 일은 노동의 의미를 갖지만 원초적으로는 인간이 하는 어떠한 '함'도 문화 행위가 되는 것이다. 함은 자연을 바꾸어놓는 행위이며, 노동을 하는 인간은 원초적으로 문화적 존재가 된다. 둘째, 노동이 문화의 토대라면 문화의 상부 구조로서의 정신 활동이 요청된다. 반성, 표현, 예술 활동, 즐김 등으로 구성되는 자기 해방의 도정은 역사로 나타나고, 인간은 그러한 역사적 도정 단계에서 창조적이 아닐 수 없다. 한국과 세계는 과거의 통제와 규제의 시대에서 벗어나 비로소 문화의 시대에 진입하게 된 것이다.

강영안(1995: 190-222)은 문화 개념을 철학사적 전통에서 개념화한다. 인간은 자연 또는 에덴동산(자연의 모태)을 떠나 자연을 노동에 예속시키는 주체가 되었다. 본능의 유모차에서 내려 이성의 자율성으로 바꿔 탄 것이다. 자연으로부터 자유로의 이행이 이루어진 것이다. 이기심, 불화, 경쟁, 적대심, 명예욕, 소유욕 같은 자연 속의 인간은 도덕이라는 인간 활동의 문화를 통해 자유를 얻게 되었고, 이러한 자유를 통해 인류의 공동체는 저마다의 독특한 체계를 이루게 되었다. 이제 문화는 단수 명사가 아니라 복수 명사이다. 즉 문화는 전통적인 서양 중심주의, 백인 우월주의를 넘어 인종적, 문화적 편견으로부터 사람을 해방시키고 문화의 다름에 대해 관용적인 태도를 갖게 하는 가치가 되었다. 문화마다의 독특성은 인간만이 상징을 사용한다는 사실에서도 확인된다. 인간은 상징을 통하여 새로운 의미나 가치를 창조해낸다. 인간은 자신을 가두는 자연으로부터 상징을 사용해 벗어날 수 있었고 이러한 해방을 통해 판단, 사회의식, 도덕, 종교에 이르게 되었다. 인간의 삶은 문화에서 그만큼 풍성해진 것이다.

김도종(1997: 11-33)은 문화를 역사의 하위 개념으로 자리매김한다. 그는 하르트만(Hartman, 1953)과 전원배(1983)의 다원론을 수용하고 인간은 어디에서 사느냐에 따라 생활 양식이 달라진다는 점에 착안하여, 문화를 추상적인 단위가 아니라 구체적 구성체라고 해석한다. 문화 구성체의 구성 요소는 자연, 생태계, 자원, 정신, 욕구, 생산 양식, 민족 등에 따라 다양하다. 이러한 문화 구성체들은 특정한 문화 개념으로 모순 없이 통합되거나 종합될 수 없고, 일반적 문화 개념에 포섭되는 경우 공허해진다. 다원론에 상치하기 때문이다. 김도종은 그러한 통합적 관점을 위해 역사 개념을 요청한다. 역사는 시간적이고 공간적이면서 문화가 요구하는 구체적 구성체를 요청하지 않아도 되기 때문이다. 그러면서도 역사의 시공

개념은 사회적 시공 개념을 매개로 문화의 시공 개념에 닿아 있다.

자연 개념

이원론적 전통이 강한 배경을 이루는 서양 사상에서 문화와 자연이 대립적이라는 것은 철학적 상식이었다. 동양에서는 인간과 자연의 지속성 논제의 전통을 보여왔고 서양에서도 그러한 지속성 논의가 없는 것은 아니었다. 서양에서도 행위의 규범을 인위적인 약속이 아닌 자연의 질서에서 찾고자 하는 노력들이 있었다. 덕성이란 사람에게 주어진 탁월한 품성과 자질, 즉 '아레테'를 실현하는 것이고 이러한 실현은 바람직한 공동체의 형성과 맞물리면서 교양(파이데이아)과 문화(자연 가꿈)가 동일한 활동이라고 보았던 것이다. 몇몇 한국 현대 철학자들은 그러한 인간-자연 지속성 세계관을 이어가고자 한다.

소흥렬(1996)은 문화를 자연주의라는 존재론적 범주로 이해한다. 문화를 자연에 대립되는 것이 아니라 오히려 일종의 자연 현상으로 보는 것이다. 전통적 자연주의는 자연 현상을 설명하는 동일한 구조로 인간을 설명할 수 있다는 물리주의의 확장이지만, 소흥렬의 자연주의는 어떠한 현상도 자연이라는 내재적 질서 안에서 이해될 수 있다고 보는 일종의 반초월주의이다. 그의 자연주의에서 하느님은 우주의 마음이고, 진리는 역사이다. 방법이라고 불리는 언어는 형식이기보다는 일상이고, 가치는 인간에게만 특이하게 진화된 창조성의 표현이다.

손동현(1994)은 "문화란 지적 행동에 의해 새로이 형성된 자연"이라는 논제를 수용하여 하르트만(Hartman, 1953)적 논의를 편다. 경험 세계의 어떤 존재나 마찬가지로 정신은 경험 세계 안에서 시간성과 개체성이라는 실재성의 기준을 만족한다. 정신은 심적 존재, 유기적 생명체, 물질에서 단계적으로 담지되는 한편, 자신을 형성하고 창출하면서 자기 동일성을 견지하는 의존적 자율성의 존재, 즉 대자적이면서 즉자적인 존재이다. 이러한 정신은 표면적으로는 개인적인 인격, 정신, 객관적인 공동 정신, 객체화된 정신으로 표출되지만 심층적으로는 자연이 요구하는 바에 대한 인간 행동의 주체이다. 바로 이것이 인간에 의해 이 세계 안에 지어진 둥우리로서의 문화이다.

박인철(2005)은 자연을 추상적 구조물로 간주하고, 연구의 대상으로 삼기보다는 심미적 태도로 접근할 것을 주문한다. 자연을 대상화하는 경우 인간은 한계에 부딪히는데, 인간의 인식론은 자연의 자발성이나 자기 조직성에 열려 있지 않고, 인간은 자연의 일부로서 죽음이라는 존재론적 유한성을 갖기 때문이다. 이러한 한계는 자연을 유기적인 전체로 파악해야 함을 시사한다. 유기적 전체성은 동양의 천인합일 전통과 통하고 후설의 지평 개념과도 일치한다. 대상을 둘러싸고 있는 의미 연관의 총체들이 모여 더 이상 나아갈 수 없는 하나의 보편적 연관체를 형성하면 그것이 곧 세계이다. 부분과 전체는 불가분리의 관계를 맺는 조화로 나타나고, 이러한 조화는 자연의 무한성 테제에서는 허용되지 않고 유한성을 전제해야만 주어진다는 것이다.

조관성(1998)은 자연과 문화가 둘이 아니라 하나라는 것을 후설 현상학의 생활 세계 개념에 의존하여 논의한다. 생활 세계는 일차적으로 그리고 근원적으로 자연이고, 자연은 객관적으로 규정되는 물질적 자연인 동시에 또한 상호 주관적으로 공유하는 자연이다. 그런데 생활 세계는 자아가 구성하여 부여한 의미의 문화이므로 양자는 분리 가능하지 않다. 달리 말해, 문화는 자연을 전제하고 자연은 문화를 통해서만 의미를 갖는다.

박찬국(1998)은 하이데거의 동물 존재론을 통하여 그동안 보지 못했던 자연의 의미를 조명한다. 그는 존재자들 사이의 관계는 진화론적 지속성이나 위계 질서의 예속성의 관계가 아니라고 보며, 생물을 물질과 인간의 중간 단계로 보는 것을 거부한다. 전통적으로 인간은 인간 이외의 모든 것들을 하나의 범주로 묶어 '자연'이라 불러왔지만 동물 존재론은 모든 종류의 존재자들이 고유하고 온전하다고 주장한다. 그는 이러한 온전성 논제를 배경으로 돌, 동물, 인간의 관계를 조명하여, 자연의 심화된 의미에 접근한다. 먼저, 세계는 존재자 전체가 그 자체로서 개현(開顯)되어 있는 상태이며, 우리 인간은 그러한 세계에 대해 아직 제대로 알고 있지 못하지만 개현성의 근본을 이해해야 한다는 것이다.

박찬국에 따르면 돌은 세계를 갖지 않는다. 돌이 길 위에 있다고 할 때 그 돌은 땅에 접하고 있다. 그러한 접합의 방식은 도마뱀이 햇볕을 쬐면서 돌에 접하고 있는 경우와는 다르다. 후자의 접함은 결함이 아니라 다른 존재자들이 흉내낼 수 없는 독자적인 존재 방식이다. 물리적인 자연의 특수한 존재 방식 표출로서의 돌은 개현적 세계를 지향하지 않으므로 세계가 존재하지 않는다. 동물도 세계를 결여하고 있다. 동물은 유기체 생물로서 고유의 통일성과 본질적인 전체성을 갖지만, 동물은 존재자로서 개현되어 있지 않으므로 '사로잡혀 있음'의 단계에 있다. 예를 들어 꿀벌은 믿음, 지각, 확인, 앎 같은 행위의 행동자가 아니라 행동의 단계마다 충동들의 계열을 따르는 '사로잡혀 있음'의 행동자이다. 이러한 충동들의 계열은 무질서하게 분리되어 있는 것이 아니라 동물 스스로 넘어설 수 없는 어떤 권역의 유발성을 전제로 한다. 동물은 지향적이긴 하지만 그 지향성이 개현적 세계를 향해 있다고 보기 어려우므로 세계를 결여하고 있다는 것이다. 반면 인간은 세계를 형성한다. 세계는 존재자가 그 자체로서 개현되는 성격을 가지면서 근본 기분을 나타내고, 그때그때마다 현존재 자체의 특수한 개현성을 드러낸다. 인간의 본질이 이성 존재가 아니라 현존재인 것은 모든 판단 수행이 현존재를 전제하기 때문이다. 인간 현존재는 신, 동물, 식물 등과 같이 존재자 중의 하나가 아니라 존재자 전체의 고유한 존재가 드러나는 장이다. 그러므로 인간 현존재는 존재자 전체에 대한 지배가 아니라 "존재자 전체가 그 고유한 존재를 존재하도록 돕는 것(seinlassen)이다."

진교훈(1998)은 한국 전통문화에 나타난 자연관을 살핀다. 한국의 조원(造園)은 자연과의 융화로 규정되어 서양과 일본의 건축이나 정원의 특징과 대조된다. 지형을 존중하여 자연을 허물지 아니하고 인위적인 수형에 맞추어 전지하지 않으며, 주춧돌도 가공석이 아닌 자연석을 사용하고 담도 토담, 바자울, 싸리울 등 환경과 어울리게 만들었다. 민화(民畵)는 안방과 건넌방의 안쪽 장벽에 두 장씩, 샛문 앞뒤 쪽에 두 장, 벽장문에 작은 민화 두 장 등 합쳐서 적어도 여덟 장이 걸려 있다. 민화의 대부분은 산수화, 화조도이고 수복장수나 벽사의 의미를 담는 그림도 있다. 한국의 전통문화는 목공예, 도자기, 자수, 초고(草藁) 등 자연의 주제를 정직하고 꾸밈없이 표현함으로써 오히려 강한 개성을 드러낸다는 것이다.

김여수의 보편자 문화

김여수(1995; 1997: 221-238)의 문화 개념은 분석 철학적 논변에 근거하여 문화는 방향성을 가질 뿐 아니라 보편자라는 존재론적 가치를 갖는다는 명제를 지지한다. 첫째, 그의 문화 방향성 주제는 실재론적이다. 인간 본질을 슈바이처(Schweitzer, 1923)는 '생명의 존엄'으로 이해했고, 엘리엇(Elliot, 1948)은 종교성으로 설명하고자 했고, 그것을 바탕으로 합리성, 지식, 과학, 기술, 자유, 평등, 정치, 경제, 인공품, 예술 등이 실재론적으로 구성될 수 있었다. 그러나 김여수는 인간 경험의 한 단면을 절대화하는 시각으로 문화에 접근하는 경우 일방성을 일관성으로 혼동하기 쉽고 당위론적 실재론에 빠질 수 있다고 염려한다. 그는 대신 문화 현상에 대한 서술적 실재론의 입장에서 문화의 방향성을 다음과 같이 제안한다: 문화란 사람들이 세계와 관계를 맺을 때 합의해가는 가치, 믿음, 태도, 지식 그리고 실천들이 이루어내는 내재적으로 일관되고 응집력 있는 집합이다. 이 명제는 '문화란 공동체의 주체적 활동'이라는 것을 나타내고 이러한 문화 주체성은 입장에 따라 상대적 문화 주체성과 개방적 문화 주체성으로 나뉠 수 있다. 상대적 문화 주체성은 20세기 초 보아스(Boas, 1963)가 제기한 개념으로, 특정한 문화 주체의 환원 불가능성을 그 본질로 삼아, 문화 제국주의를 결과하는 문화 보편주의에 대한 대항적 개념으로 볼 수 있다. 그러나 김여수가 제안하는 개방적 문화 주체성은 문화 단위의 독립성을 수용하면서도 인간은 모두 자연적 종(自然的 種 naural kind)의 관계에 있다고 하며 통문화적 종합의 가능성을 갖는다.

둘째, 김여수의 상대적 문화 주체성과 개방적 문화 주체성의 구분은 자연스럽게 그의 보편자 개념으로 이어진다. 상대적 문화 주체성은 어떤 개념적 근거를 갖는가? 상대주의가 이 시대의 지배적 사상으로 수용되었지만 이런 물음은 철저하게 제기된 것 같지 않다. 그러나 김여수는 보아스의 이 개념이 어떻게 철학적 설득력을 가지는가에 많은 지면을 할애한다. "지시체는 체계와 독립하여 의미 있게 물어질 수 없다"는 콰인(Quine, 1960)의 논의는 존재론의 상대성을 결과하고 이는 "진리와 이성이 체계 의존적이다"는 개념적 또는 인식론적 상대주의로 나아가며, 따라서 삶의 양식에 대한 문화 상대주의는 어렵지 않게 그 정당성을 가진다. 김여수는 이러한 상대적 문화 주체성은 수용되기 어렵다는 것을 데이비슨(Davidson, 2001b)적 논의로 다음과 같이 주장한다: 두 언어가 상호 번역 가능하면 동일한 개념 체계에 속한다; 우리의 언어로 번역 가능하지 않은 언어란 없다; 그렇다면 우리의 개념 체계와 다른 개념 체계는 존재할 수 없다; 왜냐하면 소리나 기호가 우리의 언어로 번역될 수 없으면 그를 언어 사용자나 생각하는 존재로 간주할 이유가 없기 때문이다; 고로 번역 불가능하거나 비교 불가능한 다른 문화란 없다. 그리하여 김여수는 상대적 문화 주체성은 다원성을 너무 강조한 나머지 교섭이나 발전에 대해서는 말도 할 수 없을 정도의 폐쇄적 문화 주체성을 결과한다고 본다.

김여수는 문화 종합에서 개방적 문화 주체성을 찾는다. 문화 종합이란 무엇인가? 그리고 이것은 어떻게 가능한가? 김여수는 상대적 문화 주체성의 철학적 근거를 콰인의 존재론에서 발견했듯이 개방적 문화 주체성을 위한 철학적 근거를 마련한다. 그의 문화적 실재론을 위한 알키미디안 포인트는 보편자이다. 그는 보편성이 철학사를 통해 진화되어온 과정을 추적하여 '보편성이란 문화적 종합'이라는 자신의 논제를 제안한다. 문화적 종합의 제1단계는 동서양 고대 철학으로, 인간과 자연을 지배하는 궁극적 원리로서 초월적 보편성을 추구했고, 제2단계는 계몽주의로서 진보 개념에 의한 보편성을 추구했다. 제3단계는 상대주의의 도입에 의해 보편성이 급격한 변모를 겪는 단계로서, 상대주의는 문화들 간에 위계 질서가 있다는 관념을 파기하고 민족마다 고유한 보편성을 갖는다는 믿음을 가능케 했다.

제4단계에서 김여수는 보다 구체적으로 자신의 논의를 편다. 문화 종합의 보편성은 출발은 다원적이지만 결과는 통합적이고, 인간 사회에 의한 구성적 특징을 가지면서 그것의 통합적 성격은 실재적인 구조에 의해 담보된다는 것이다. 보편성이라는 것이 '하나' 또는 '통일'이라는 철학적 야망의 이름이라면 문화는 그러한 꿈을 개개의 인간 사회에서 체현하는 양식이다. 그러나 양자를 잇는 교량은 어디에 있는가? 김여수는 신비한 공학에 의하여 그러한 철학적 꿈이 지상에서 이루어진다는 것을 거부하고 두 가지 길을 제시한다. 하나는 오류주의적 언어의 공학을 통해 보편성과 문화를 매개할 수 있다는 것이고, 다른 하나는 모든 인간은 공통의 종특수적인 원초적 사실을 공유하며, 문화의 다양한 방식에도 불구하고 외부 세계가 인간의 삶에 부과하는 기본적 제약들이 본질적으로 동일하다는 것이다. 김여수의 문화론은 보편성을 지향하면서 그 보편성을 외부적 형이상학에서 구하는 것이 아니라 인간 존재의 내부적 형식과 논리를 통해 구성해보이고 있는 것이다.

이명현의 신문법 문명

이명현(1997: 45-49, 105-108)은 21세기의 새 천년 시대에는 문명 또는 문화의 대전환을 이룩해야 한다고 믿는다. 이 전환은 농경 시대 문명과 산업 시대 문명이라는 두 문명의 차이에 버금가는 정보 시대 문명으로 나타난다는 것이다. 농경 문명은 혈연적 친소 관계의 공동체가 중심이고 근육의 힘을 통해 생산 활동을 했으며 자기 욕망을 조절하는 것이 자아를 이해하는 최선의 삶의 지혜이고 행복의 길이라고 믿었던 문명이다. 산업 문명은 계약 관계의 공동체를 구성하고 기계적 에너지를 이용한 공장 생산에 의존하면서 "이성적 동물"로 수식되는 표현에서 "이성적" 특성을 부각시켰다. 농경 문명의 틀을 전체론(holism)이라 할 수 있다면 이것은 아리스토텔레스의 목적론(teleology)적 유기체론을 통해 자연과 인간을 유기체로 이해한 농경 문화의 삶을 나타내는 문법이다. 서양 중세도 그 영향하에 있었고, 이는 헤겔, 마르크스로 대표되는 역사주의, 유물사관의 문법이기도 하다. 산업 문명의 문법은 개체론(individualism)으로 요약할 수 있고 세계 이해의 중심에 전체보다는 개체를 우선해두자는 것이었다. 전체론이 전체와 평등을 핵심으로 내세웠던 것과는 대조적으로, 개체론은 개체와 자유를 중시하는 것으로 실증 과학과 시장 경제에 의해 추구되는 문법이다.

이명현(1997:54-61, 143)은 "창연 단자(Monad with Open Window)"를 정보 문명의 존재론적 신문법으로 제안한다. 21세기의 정보는 과거의 문명 문법을 무화시킴으로써 새로운 문법을 요구한다는 것이다. 과거의 정보가 아날로그적 일차원 정보였다면 21세기의 정보는 디지털적 다차원적 · 다매체적 정보이기 때문에 과거의 시간, 공간, 영역의 장벽을 허물어버린다. 창연 단자는 존재론적으로 "신문명의 구조", "신세계 풍경의 골격"이고, 인식론적으로 "신문명을 인식하고 해석하는 틀"이며, "존재세계를 들여다보는 안경"이다. 농경 문명의 전체론과 산업 문명의 개체론이 존재 국면과 인식 국면을 갖는 것처럼 정보 문명의 창연 단자도 두 국면을 유지한다. 창연 단자는 라이프니츠의 창문 없는 단자와 달리 창문이 있을 뿐 아니라 창문이 열려 있다. 단자의 열린 창은 모든 단자들이 서로 맞물려 있는 성향의 구조를 나타낸다. 창연 단자는 전체론과 개체론 사이에 놓인 불상용(不相容, incompatibility)의 관계를 해소하고 두 문법의 장점을 살려 새로운 현실에 적합한 열린 사고의 틀을 제시하는 것이다. 이명현은 창연 단자라는 신문법을 위해 음양적 맞물림에 기초한 존재론적 논변과 상호 주관적 육화 언어라는 인식론적 논변을 독립적으로 제안하는 것으로 보인다.

먼저 이명현(1997: 71, 117-122)의 음양적 맞물림에 기초한 존재론적 논변을 요약할 수 있다. 신문법으로서의 창연 단자에서는 어떤 개체도 전체와 맞물려 있다. 이러한 맞물림은 우연적 속성이 아니라 개체 속에 전체가 드러나 있는 본질적 속성이다. 유전 세포가 한 사례일 수 있다. 하나의 세포는 양적인 관점에서 생체의 한 부분이지만, 구조적 관점에서는 전체를 그 안에 내포하고 있다. 전체론자는 유기적 통합성에 주목하고 개체론은 양적 측면에 관심을 두었지만 창연 단자는 개체와 전체가 맞물려 있다는 관점을 취한다. 같은 것끼리는 맞물릴 수 없고 다른 것끼리만 맞물릴 수 있다면, 이러한 "다름의 맞물림"은 정보화, 중층화, 다원화, 다핵화, 녹색화라는 다양성의 문화의 경향을 구조화하면서 설명할 수 있는 논리를 제공한다는 것이다. 다름의 맞물림은 어떤 제약 조건을 가질 것인가? 같은 사람의 왼손과 오른손은 서로 악수를 할 수 없다. 다른 두 사람의 오른손과 왼손도 악수를 할 수 없다. 악수를 위해서는 다른 두 사람의 같은 오른손끼리여야 한다. 악수의 맞물림이 시사하는 것처럼 다름의 맞물림은 보다 구체적 억제의 조건을 필요로 한다. 맞물림이라는 구조는 다름을 허용하고 요청하면서도 조화의 질서에 구성적이라는 속성을 보이는 것이다. 이명현의 이러한 맞물림은 그의 음양 개념에 의해 보다 형식적으로 제시된다: X와 Y가 음양과 비슷한 관계에 놓여 있다는 것은 다음과 같은 조건들이 충족되었다는 것을 말한다. (1) X는 Y와 다르다. (2) X가 없이는 Y도 없다. (3) Y가 없이는 X도 없다. (4) Y가 a와 같은 방식으로 작용하면 X는 비-a와 같은 방식으로 작용한다. (5) X와 Y는 상호 보완적이다. (6) X와 Y는 전체를 구성한다.

이명현(1997: 60, 311-326)은 창연 단자에 대해 상호 주관적 육화 언어 논변으로 그 인식론적 구조를 가능하게 한다. 이러한 논변이 필요한 까닭은 분명하다. 창연 단자는 존재론적 구조를 가지고 있지만 우리의 인식이 체계 의존적이라면 창연 단자의 복합체로서의 신문명에 대한 인식은 어떻게 객관성을 유지할 수 있는가라는 물음을 만나기 때문이다. 창연 단자가 신문명에 대해 가지는 함축을 고려하면 더욱 그러하다. 창연 단자는 정보화 조직의 원형이고 중층화와 다핵화의 근거여야 하기 때문이다. 따라서 상호 주관적 육화 언어 논변은 중요하다. 이명현은 인간은 말을 하는 존재라는 명제를 원초적 사실로 수용한다. 어떠한 지성도 이 명제를 일관되게 부정할 수 없기 때문이다. 그렇다면 이로부터 언어 대화는 상호 주관성이 숨 쉬는 현장이고 상호 주관성의 육화이며, 상호 주관성이 인간 존재의 원초적 구조라는 결론을 도출할 수 있다고 생각한다. 객관성의 근거가 마련되는 것이다. 이명현은 이로부터 한걸음 더 나아가 언어로 말해지는 자연은 그 상호 주관성에 의해 객관적으로 경험될 수 있고, 인간의 세계 이해의 구속성에 의해 객관성을 얻을 수 있다고 믿는다. 구체적으로, 이해의 체계 구속성은 인간이 이해의 지평을 초월하는 것이 원리적으로 불가능하다는 의미는 아니다. 이해의 다원성은 단일적 이해의 작은 우물로부터 나를 해방시키고, 그럼으로써 큰 바다의 상호 주관성의 구성적 요소가 되게 한다. "객관성"이란 큰 바다에서 모든 사람들이 참여하는 상호 주관성에 붙여진 언어의 팻말이라 할 것이다. 이명현은 창연 단자적 문명론의 포괄적 존재론과 객관적 인식론의 구조를 드러내 보여준다.

2. 이종관의 현상학적 문화론

이종관은 현대 문화 현상들에 대한 철학적 성찰을 현상학적으로 논의해온 문화 철학자이다. 그는 현대 문화의 과학 기술을 부정하지 않고 오히려 과학 기술이 전제하는 도구성의 본질에 인간 주체적으로 접근하고 성찰하여 이를 인간 존재에 예속시킬 수 있는 방향을 논의한다. 세계의 시간공간은 이미 아인슈타인적으로 인간의 일상에 들어와 있다. 거의 모든 의료 기구들, 스마트폰, 네비게이션, 정보 기기들이 아인슈타인의 일반 상대성 이론에 기반해 있다는 점에서 인간의 시공은 점점 더 가소화(可塑化 plasticity)되어가는 것 같다. 그러나 이종관은 동물과는 달리 인간은 이러한 종류의 "도구와 함께 행동"하면서도 세계를 "열고 형성하여 탈존(Ex-istence)"한다고 본다. 그러한 탈존의 모습을 현대 문화의 몇 주제를 중심으로 추적하는 것은 철학적으로 의미 있을 것이다.

몸과 의상의 지속성

인간의 몸은 서양 철학의 전통에서 중요한 자리를 차지하지 못하고 오히려 정신 계발의 장애 요소나 부끄러운 요소로 간주되어왔다. 옷 역시 몸을 감춰주는 장치로 이해되었다. 이종관은 그러한 전통의 까닭을 서양의 경험주의와 지성주의에서 진단해낸다(Lee, 2008: 193). 경험주의는 인간의 몸이 물리 세계의 물체와 다를 바가 없다고 본다. 둘 다 인과 관계의 법칙이 적용된다는 점에서 기계적이기 때문이다. 경험주의는 데카르트 이원론의 물질 개념을 수용하여 물체나 몸을 모두 수동적(inert)이고 무감각(senseless)한 물질로 이해했다. 지성주의도 데카르트의 이원론에 따라 마음과 물질의 관계 중에서 마음을 우선에 둔다. 몸이 없이도 마음은 지향성에 따라 움직이지만, 몸은 마음의 지향성 없이는 움직일 수도 없는 수동적 존재라는 것이다. 그러므로 몸은 단지 마음의 의도를 실현하는 수단에 불과하다. 지성주의와 경험주의는 의식의 역할에 대해서는 관점을 달리하지만 몸의 역할에 대해서는 그 수동성에서 합의하는 것이다. 따라서 의상은 "몸을 공간적으로 가리는 물리적 물체"(Lee, 2008: 202)에 불과하다는 점에서 몸과 의상은 지속적인 물질 현상이 된다.

이종관(2005: 256-262; Lee 2008: 194-197)은 메를로 퐁티(Merleau Ponty, 1962)의 신체론에 주목한다. 첫째, 지각이란 거울처럼 세계를 의식에 인과적으로 반영하는 것이 아니라 세계가 자신을 '살아 있는' 것으로 나타내는 신체 과정이다. 몸이 수동적으로 세계를 완성체로 지각하는 것이 아니라 세계의 구성에 능동적으로 참여하는 것이다. 환지통(phantomb-limb)이라는 것도 물리적 원인이나 정신적 의식이 야기하는 것이 아니라 신체 자체의 현상이다. 둘째, 몸은 육화된 지향 활동이다. 지각의 능동적 세계 구성이 지향적이기 때문에 모든 지각은 이미 표현을 하고 있다는 것이다. 지각과 표현은 몸을 전제하기 때문에 몸에서 환상(環狀 inter-circulate) 운동을 한다. 웃음, 찡그림, 분노, 제스처, 모방, 눈짓 등의 신체 움직임은 세계의 부분이면서 지각의 내용이다. 이들은 기표이면서 동시에 기의이다. 신체 동작을 먼저 하고 나서 거기에 의식이 지향하는 의도를 부여하는 것이 아니다. 어떠한 몸가짐도 기표와 기의가 통합된, 예술품 같은 것이다.

이종관(2005: 273-277)은 여기에서 더 나아가 몸의 육화된 지향성이 어떻게 인간관계의 존재론적 토대가 되는가를 추적한다. 육화된 지향성의 몸은 이 세계의 주관이지만 동시에 세계와 타인으로부터 자신들과 같은 의식 주관이라는 대상이 된다. 육화된 지향성은 밀폐된 내면적 주관성이 아니라 밖으로 객관화된 지향성이다. 그러기 때문에 하나의 몸은 다른 몸들과 더불어 상호 신체성(intercorporeite)을 갖는다. 몸들은 단순한 표피가 아니라 여러 차원의 의미의 두께를 갖고 서로의 세계들에 관계하게 된다. 여러 몸들은 이미 서로를 함축하고 있는 상호 신체성 속에서 의미에 젖고 의미를 새롭게 생화(生化)한다. 몸들의 상호 신체성은 긴밀한 공동체의 조건이고 부부 관계의 전제 조건이다. 공동체 성원이 상호 신체성에 장애를 입는 경우 자연이나 인간을 향하여 전인격적 태도를 갖기 어렵고, 추상적 결단에 의한 지성적 관계에 머물게 된다. 그런 장애가 있는 경우에도 부부관계는 총체적인 끌림이나 기쁨이 아니라 생리적 자극과 반응의 관계에 머문다.

이종관(Lee, 2008: 190, 198-217)은 몸이 단순한 물질인가 상호 신체성을 갖는가에 따라 의상의 성격이 달라진다는 점에 주목한다. 먼저, 몸이 물질일 때 의상은 "몸을 공간적으로 가리는(encapsulaltion) 물리적 물체"에 불과하다. 또는 물체의 수학적 비율에 강조점을 두는 신-고전주의 미학에서처럼 인간 신체의 황금 비율을 나타내는 의상을 추구하게 된다. 의상 자체는 공간 구성 능력이 없고, 오직 객관적 미학의 질서를 나타내는 수동적 물질로 남는 것이다. 그러나 몸이 상호 신체성을 갖는 주체로 파악될 때, 의상은 또 하나의 몸으로서, 몸의 연장으로서, 공간을 구성하는

'문화의 피부'가 된다. 의상은 몸의 '정상적 기능'을 방해하여 몸의 자유로운 처신을 박탈하는 공간 해체를 보이기도 하고, 몸이 그동안 종속되었던 서구 이성 역사를 해체하여 몸을 공허한 의미 놀이터로 제시하면서 몸과 다른 목소리를 내는 주체가 되기도 한다. 그러나 일반적으로 이제 의상은 몸의 지향성을 숨기면서 표현하는 개체성을 갖는다. 의상은 기쁨이나 슬픔을 지향성의 표적으로 삼기도 하고 배려나 유혹, 노동이나 놀이의 주체가 되기도 한다.

철학으로서의 영화

이종관(2003a: 182; 2003b: 10-12)은 영화에 철학적 중요성을 부여한다. 잘 된 영화는 "철학보다 더 철학적"일 수 있다는 것이다. 그는 영화를 진리를 드러내주는 탁월한 양상으로 본다. 그는 이러한 주장을 위한 근거로 몸 지각과 영화 지각의 평행론을 제시한다. 앞에서 논의한 대로, 그에게 몸은 지각과 표현을 순환시키는 과정에서 기호학적, 해석학적 활동을 수행하는 상호 신체성의 주체이다. 몸은 기표와 기의가 통합된 의미 자체이다. 그는 영화도 몸과 같은 순환적 상호 교호 작용을 한다고 생각한다. 영화 경험은 지각과 표현의 순환 과정으로 살아 있는 체험이 되는 것이다. 그는 이러한 영화 철학의 이론적 기조는 이미 존재한다고 말한다. 베르그송(H. Bergson)은 "운동은 공간상의 위치 변화이고 시간도 공간적 표상"이라는 전통적 관점을 수정하여, "진정한 운동과 시간은 과거와 현재가 상호 침투하는 기억 속에 나타난다"고 주장했고, 메를로 퐁티는 시각을 단순히 외부 세계와 인과적 관계에 결박되어 있는 생리적 현상으로 보기보다는 시각을 포함한 온몸의 활동을 육화된 지향 활동으로 이해해야 한다고 제안했다. 들뢰즈(Deleuze, 1991)는 영화가 공간적 사유에서 빠져나가고 마는 미세한 실재들을 포착하여 의미의 두께를 갖도록 돕는다고 생각했다. 이종관이 관심하는 영화 현상학의 이러한 기조에 조금 더 깊이 들어가보자.

이종관(2003a: 149, 152)에 의하면, 영화 현상학의 첫째 기조는 "영화는 내면의 존재론적 잠재력"이라는 명제로 표시된다. 영화는 단순한 기록 장치나 오락 도구가 아니고, 언어의 도구화에 저항하여 존재와 언어를 그 시원에 있는 밀월 관계로 귀환시키는 언어이다. 그는 영화와 존재의 연결을 영화의 시적 언어성에서 본다. 영화는 서사 구조를 갖지만 시적 이미지를 기반으로 한다. 이미지는 존재에서 비롯되어 울려오고, 존재는 이미지가 드러나는 방식에서 밝혀진다. 이미지는 실체성을 지닐 수 없고 무(無)에 불과하지만 바로 그 무 속에서 사물이 드러난다. 죽은 자의 시체는 무에 불과하지만 그 이미지는 그 존재를 보여준다. 파졸리니(Pasolini, 1988)가 이미지는 "비합리적 유형의 것이고, 절대적으로 구체적이고 철저히 몽환적"이라고 말하고, 에바(C. Eva)가 "시적 언어는 지식적 기능뿐 아니라 리듬과 톤, 운율과 음악성, 이미지 등이 들어 있는 언어"라고 규정하는데, 바로 이것들이 모두 영화에 그대로 적용되는 범주라는 것이다.

이종관(2003a: 183-194)은 영화 현상학의 둘째 기조를 메를로 퐁티의 몸의 현상학에 대한 소브책(Sobchack, 2004)의 논의에서 본다. 앞에서 논의한 대로, 인간 지각은 육화된 지향 활동으로서의 상호 신체성을 포함한다. 소브책은 영화를 인간 몸에 대비하여 '영화 신체(film-body)'라는 용어로 호칭하고, 영화가 인간 지각에서와 같은 신체화된 봄(seeing)의 주관적인 구조를 갖는 것으로 해석한다. 영화는 기계적으로 인간이 보는 순환적 구조, 즉 보이는 것과 보일 수 있는 것의 체계를 보여준다는 것이다. 영화도 신체처럼 지각 기관으로서의 카메라, 표현 기관으로서의 영사기, 세계 공간으로서의 스크린의 3항적 유기체로 구성되어 있다고 간주할 수 있기 때문이다. 영화는 살아 있는 신체 경험의 지각적이고도 표현적인 활동을 가시화해주는 것이다. 한편, 그는 인간 신체의 지각 구조와 영화 신체의 지각 구조의 결합에 대해서도 논의한다. 영화는 단순히 인간의 봄을 기계적 봄으로 대치하기보다는 기계적으로 인간 봄(봄과 보여짐)의 순환적 구조, 즉 세계 내의 대상뿐만 아니라 신체화된 지각 주관을 동반하는 살아 있는 체계를 가시화하는 것이다. 영화의 지각 수행 신체는 바로 관객과 영화가 소통할 수 있는 관계의 기반이 된다. 즉 영화와 관객 사이에 상호 작용이 진행될 때 관객과 영화라는 두 몸 사이에서 상호 소통이 일어난다. 인간 신체와 영화 신체는 상호 신체성으로 연결되고, 따라서 영화 관객이 영화와 맺는 관계는 자신의 지각 세계와 맺고 있는 관계와 유사해진다. 관객은 자신의 지향적 봄의 활동을 수행하면서 영화를 보는 동안 영화와 함께 끊임없이 기호와 의미를 만들어낸다.

이종관(2003a: 195-209)은 영화 현상학의 셋째 기조를 들뢰즈의 영화 의미 두께에 대한 싱어(Singer, 2009)의 논의에서 찾는다. 사람들은 일상적이고 자연스러운 공간적 사유에서 미세한 실재들을 놓치지만, 카메라는 그러한 실재들을 포착하고 의미의 두께를 보완하여 인간의 봄의 결핍을 채운다는 것이다. 카메라는 쇼트, 줌인, 클로즈업, 편집 기술, 점프-컷, 연속성, 몽타주 등의 기법으로 관객으로 하여금 영화 지각의 의미 구성에 참여하게 한다. 관객은 시각적 경험에서 적극적이며 구성적인 역할을 포기하는 위치에 배치되어 있지만, 영화 체험은 나의 활동적 지향성이 탈중심화된 지금 영화 관람의 순간에 만들어지는 것이다. 물론, 영화적 봄과 자연적 봄의 사이에는 상호 신체성의 지속성에도 불구하고 어떤 단절이 있기 때문에, 영화가 자연적 봄의 현상학적 구조를 대치할 수는 없다. 그럼에도 불구하고 영화는 인간의 삶을 증폭시키고 고양시키는 시적 담론이라는 것이다.

가상 현실: 그림자와 빛

이종관(2013a: 5-29)은 영화에서 더 나아가 가상 현실을 다룬다. 그는 가상 현실로 상징되는 정보 사회의 등장을 두 계기에서 바라본다. 첫째는 과학 기술적인 측면이다. 모든 존재가 디지털화되면서 개체의 자연적 아날로그인 연속성(continuous)이 인공적 디지털인 단속성(discrete)으로 번역되어, 결국 존재자의 경계가 숫자적 유연성으로 해체, 결합, 혼종, 창발할 수 있게 되었다. 현실적 공간도 예외가 아니어서 거리와 시간이 증발하면서 연장(extension)이 부재하여 외연 논리로서의 모순율은 내포 논리로서의 모순율로 축소 또는 확장되었다.

둘째 계기는 자본주의의 요소이다. 이종관(2005: 183-187)은 자본주의가 생산성 향상으로 공급 과잉에 도달하여 공황에 빠지게 되었다는 진단에 동의한다. 세계 경제는 새로운 소비시장을 찾아내야 했고 그것은 바로 인간 내부의 구별을 통한 자기 정체성의 확인 욕망, 즉 차이에의 욕망을 발견해냈다는 것이다. 소쉬르(Saussure, 1993)의 기호론은 이러한 경제 시장의 욕망을 조명해낸다. 종래 언어론이 기호와 대상 간의 지시 관계에서 의미의 기원을 찾는 대상주의적 기호론이었다면, 이제 기호의 의미는 다른 기호들과 관계 속에서 기호 간의 변별적 차이에 의해 생산된다는 것이다. 그렇다면 생산과 소비의 관계는 기본 욕구를 만족시키기 위한 실물 생산 중심에서 욕망을 부단히 확대 재생산하는 소비 중심으로 이행하게 된다. 소비란 상품이 곧바로 기호, 기호가 바로 상품이 되는 단계로 진입하는 것이다. 자동차, 의상, 신발 같은 상품들이 기능이나 유용성만이 아니라 이미지, 신분, 세대 등의 의미적 요소로 소비되는 것이다. 가상 현실의 정보 사회는 이러한 시장의 구조를 여실히 반영하고 있다는 것이다.

가상 현실에 대한 논의들에는 좋다/나쁘다의 선택적 판단을 하는 경우가 많지만 이종관은 가상 현실이 어떻게 위험한지, 어떻게 유익한지를 논의한다. 먼저 가상 현실의 그림자에 대한 분석을 위해서 이종관(2003a: 346-349)은 현상학의 동적 지시 체계로서의 지각 개념에서 출발한다. 지각이란 현재 수행된 지각 내용과 현재 수행되지 않는 지각 내용을 함께 지시하는 과정으로서 체계적으로 조절된 내용을 나타낸다. 여기에는 과거로 빠져나가는 인상을 현재로 다가오는 인상과 함께 현재에 보존하는 파지(retention)라는 의식과 현재 부재하는 미래 인상의 다가옴이 예기되는 의식의 계기로서의 예지(protention)라는 활동이 포함된다. 즉 지각이란 현재 수행되지만 단절적인 것이 아니라 파지와 예지에 의해 과거와 미래가 현재에 개입해 있는 역사적 존재 방식의 활동이다. 그러나 가상 현실에서의 경험은 어떠한가? 이종관(2003a: 360-362)은 가상 현실 시스템은 체험자에게 영화나 소설처럼 제3자적 입장에 서게 하는 것이 아니라, 일인칭 체험의 주체로서 지각 경험의 구성적 역할, 즉 파지와 예지를 요구한다고 본다. 그러나 또한 동시에 가상 현실을 실재적으로 체험하기 위해서는 과거와 미래와의 연계를 작위적으로 차단하면서 파지와 예지의 피드백 고리를 단절시켜야 하고, 그 결과 경험 방향에 교란이 오고, 경험 체계의 정지를 자연스러운 것으로 수용하게 된다는 것이다.

가상 현실론이나 과학 기술이 기계적으로 함축하는 존재론과 문법을 무반성적으로 수용하는 경우, '테크노퓨처리즘'에 빠지게 된다고 이종관(2013a: 5-29)은 경고한다. 과학 기술에 대한 낙관론이 그에 대응하는 인간론을 만들어낼 것은 당연하다. 인공 생명 기술은 그러한 인간론을 강화할 것이고, "인간은 동물과 같은 생명체와 동일한 범주에 속한다"고 믿게 만들 것이다. 그렇게 되면 230만 년 걸려왔던 인간 진화의 과정을 30년이나 50년으로 단축시킬 수 있다는 낙관적 믿음이 생기고 '트랜스휴머니즘'의 시대로 향할 것이다. 실재는 재현이나 모사의 대상이 아니고, 오히려 모사물(시뮬라크르)이 과잉(현실) 실재가 되어 실재는 무한 재생산되고 조작될 것이다. 사물적 상품을 생산하는 것이 아니라 이미지를 코드화하는 후기 산업 사회의 시뮬레이션 단계에 들어서는 것이다.

이종관(2005: 188-209)은 가상 현실이 드리우는 그림자에도 주목하지만 또한 이러한 환경이 불러올 수 있는 가능성에도 무게를 둔다. 현실의 형이상학적 기초를 탄생과 죽음, "과거 → 미래"라는 시간의 비가역성, 그리고 배려라고 한다면, 가상 현실은 이런 조건들을 무화시키는 방향으로 사용될 수도 있지만 또한 이를 강화시킬 수도 있다는 것이다. 예를 들어, 타자를 직접 만나지 않으면 우리의 책임감은 희박해진다. 그러나 가상 현실이나 통신망은 인간 상호 만남의 기회와 폭을 확대하고, 인간 상호 작용을 촉진시키고 공동체성을 회복시키며 소규모 마을에서 가능했던 밀도 짙은 공동체성을 복원하고, 새로운 형태의 공동체를 축조할 수 있도록 도울 수 있다. 시민 중심의 전자 아고라가 이루어지는 것이다. 이런 소통의 사회성은 자아의 탈중심화를 가속시키고, 자기 타자화에 의해 구성되는 타주관성은 나와 동일한 것이면서 무한수의 주관의 공존 관계가 형성되는 다중심화를 수행시킨다.

더 나아가, 트랜스퓨처리즘이 수반할 수도 있는 트랜스휴머니즘은 소통의 사회성을 통해 오히려 공동체적 반성의 문화에 도달할 수 있다. 이종관(2013a: 29-45; 2013c: 127-129)은 그러한 반성의 가능성에서 네오휴머니즘의 길을 전망한다. 모던 휴머니즘은 인간을 세계나 진리의 중심에 있는 세계 구성적 주체로 확립했지만, 결과는 양적으로 계산하는 과학에 그 주체성을 양도하고 질적으로 생각하는 인간 자신은 증발하고 말았다. 그러나 네오휴머니즘은 양적으로 접근할 수 없는 죽음, 몸, 예술적 몰입 같은 가치에 주목한다. 이러한 경험은 어떠한 인공 지능으로도 시뮬레이션할 수 없는 주제들이다.

시적인 도시

이종관은 가상 현실뿐 아니라 실제 인간이 몸담고 있는 도시 공간에도 관심을 가진다. 현재 한국은 인구의 90%가 도시 지역에서 살고 있다. 1960년에 도시 인구가 39%였던 것을 고려하면 대단한 변화이고 이것은 세계적 추세이기도 하다. 인간의 삶이 개인 자족적인 생활 단계에서 노동 분업 단계로 옮겨가면서, 삶의 통합적 조건을 요구하기 때문이라고 생각한다. 도시 또는 도시화는 현대 문화의 불가피한 범주이고 이에 대한 철학적 성찰이 요청되는 것은 도시가 인간 존재에 드리우는 비인간성 때문이다. 이종관(2004: 202-203, 222-224)은 시적 도시로 가기 위해 먼저 현대 도시의 문제를 점검한다. 현대 도시는 세계의 어디에 자리하건 간에 공간을 동질적 연장성(延長性)으로 파악한다. 이러한 공간 인식은 데카르트의 합리주의에 기초한 것으로, 공간을 기능성 범주로만 번역하게 한다. 한국에서는 도시를 합리적으로 건설하기 위해 대대적인 공사나 강력한 파괴를 통해 분당이나 일산 같은 신도시 또는 '재개발' 도시가 구성되었다. 여기에는 동질적 공간, 효율적 기능을 향한 강력한 조작의 원리가 지배한다. 터를 여는 두 요소, 즉 중심과 경계가 상실 · 삭제되고, 자연적 터와 인위적 터라는 차원이 이어지지 못하고 그 관계가 파괴되고 있다. 고층 건물들의 고저는 하늘과 땅의 관계를 어우러지게 하기보다는 스카이라인을 형성하는 감각적 장식미를 산출하는 데 맞추어져 있다.

이종관(2012a: 102-110, 139-141, 163-168; 2004: 204)은 지각 대상으로서의 연장이 아니라 행위를 통한 사물과의 실천적 만남이라는 현존재의 존재 방식으로서의 도시 공간 개념을 제시한다. 먼저 지각과 행위의 구별은 중요하다. 망치를 대상으로 만나는 것은 망치가 발생하는 상황을 추상하게 하지만, 망치를 행위로 만나는 것은 못, 벽, 걸게 될 물건, 환경 질서, 다른 도구들 등의 문맥에서 만나는 것이다. 태양도 거시 물리적 지각 대상이 아니라 일출, 일몰, 빛과 열, 거주지와의 관계 등 태양과 인간 행위와의 문맥에서 그 정체성이 드러난다. 또한 사물과의 실천적 만남도 많은 것을 시사한다. 사물은 주관적 인식의 대상이나 양화 가능한 과학의 물체가 아니라 다른 사물들 곁에서 서로를 비추며 특정한 초점(foci)을 이루고, 이 사물들이 놓여 있는 장소나 터의 성격을 고유하게 구성한다. 예를 들어, 산은 땅에 속하면서 하늘을 향해 일으켜 세워졌고, 나무는 터가 열릴 때 중심으로 구체화되는 사물이며, 거울 놀이를 하는 호수는 하늘과 땅을 반사하는 호수 표면의 2차원적 영상이 아니라 하늘의 드높음과 땅의 깊음을 감추면서 드러내는 생기 현상이다. 이종관은 하이데거(Heidegger, 1962; 1982)와 슈츠(Schutz, 1982)를 따라 이러한 사물을 사방, 즉 하늘, 땅, 죽을 운명의 인간 그리고 신적인 것의 모임으로 이해한다.

이종관(2012a: 124-131, 139-141; 2004: 203-207)은 사물의 그러한 특이한 사방성(四方性)을 지나치지 않고 중요한 주제로 삼는다. 사물의 외연성(外延性)이나 연장성은 사물에 대한 기술적(記述的)인 언어를 요구할 뿐이지만, 사물의 사방성은 시원적 방향성을 가리키는 사물에 대한 시적(詩的) 언어를 선사(gabe)하기 때문이다. 기술적인 언어는 언어의 도구성에 초점을 두지만, 시적인 언어는 신화나 예술에서처럼 존재의 진정한 현상을 나타낸다. 언어는 도구성을 벗어나 시적인 것이 될 때 존재와의 밀월로 귀환하며, 존재는 언어 안에 머물고 언어는 존재의 집으로 지어진다. 예를 들어, 아테네의 아크로폴리스 희랍 신전은 뭔가를 재현하는 외연적 물체가 아니라 시원적 사방성을 나타내는 사물, 시적 언어이다. 희랍신전은 포도주를 담는 단지 같은 것이다. 포도주 단지는 단순한 도구가 아니라, 하늘에서 내린 빗물이 땅에 스며들어 자라난 포도나무에서 영근 포도로 만든 포도주를 그 안에 담아 언젠가는 죽을 자신의 운명을 넘겨주어야 할 신에게 헌사하는 영원성의 그릇이다.

이종관(2012a: 156-163)은 사물의 사방성으로부터 건축의 기본 원리를 끌어낸다. 언어가 존재의 집이라면, 집은 존재의 언어가 된다. 집을 짓는 작업은 단순한 노동이 아니라 존재의 언어를 말하는 과정이다. 그렇다면 인간이 먼저 존재하고 그 다음에 거주하는 것이 아니라 그 자체가 이미 거주이다. 거주는 단순히 정착하는 것이 아니라 존재론적 맥락에서 죽을 운명의 인간이 대지 위에 존재하는 방식이다. 건축은 본래적으로 거주이다. 그러므로 건축이란 구조, 재료, 미학 같은 것을 구성 요소로 하는 것이 아니라 사물의 사방성과 인간 존재가 펼쳐질 차원들이 어우러지는 터를 여는 것이다. 집, 마을, 도시는 그 주위에 다양한 세계를 모으는 건축 작품이고, 세계 자체가 인간이 거주하는 집이 된다.

이종관(2012a: 343-350; 2012b)은 현대 문화의 정보성을 바탕으로 위와 같은 사물의 사방성이 건축과 어우러질 수 있는 방안을 탐구하며, 와이서(M. Wiser)의 말처럼 정보 기술을 도입하여 유비쿼터스(ubiquitous) 도시를 만들 수 있다고 제안한다. '유-시티'는 유비쿼터스 정보 기술을 도시 생활에 필요한 모든 설비와 수단에 도입하는 도시로서, 정보 기술이 교통, 환경, 방범, 행정, 건강, 쿠킹 등의 작업을 수행한다. 구체적으로, 각종 사물, 상품에 부착할 수 있는 소형칩(RFID: Radio Frequency IDentification), 사물이나 환경 정보를 감지, 저장, 가공, 통합, 관리, 통제할 수 있는 장치(USN: Ubiquitous Sensor Network) 등을 사용하는 것이다. 이러한 기술은 스며 있는(pervasive), 조용한(calm), 눈에 띄지 않는

(invisible) 기술이다. 또한 기술들은 경험의 개인화에도 적용되어 HMD(Head-mounted display), DG(Data-glove), MC (Motion-capture) 등 우리 인간이 그동안 경험해왔던 현실과는 다른, 컴퓨팅 지능으로 증강된(augmented) 가상 공간, 혼합된 현실에서 살게 만들 것이다(참조: 4장 4절).

인천 송도, 용인 광교는 전 세계가 한국의 발명으로 인정하는 유-시티이다. 이종관(2012a: 361-374; 2012b)은 이러한 유-시티가 함정에 빠지지 않기 위한 처방을 제시한다. 한국인이 기술의 의미와 목적을 망각할 때 유-시티는 흉기로 돌변할 수 있다는 것이다. 유-시티가 하이퍼 기능주의로만 실현된다면, 인간은 결코 자기 집으로 돌아올 수 없는 상황에 들어갈 수 있다. 아니 돌아갈 집이 어디에도 존재하지 않을 수 있다는 것이다. 그러므로 인간은 실존적 존재론을 통해 그 의미를 계속 성찰하고 "인간을 집으로, 친숙한 장소로 돌려보내는" 작업이 필요하고, "인간의 집은 어디인가"를 밝혀야 한다. 이종관은 유비쿼터스 기술에 의해 기능 위주적 정체성이 기반하는 도시 건물의 공간이 축소되고 있지만 그러한 기능적 공간의 외연을 더 축소하여 배경으로 밀어 넣으라고 주문한다. 뉴욕의 하이라인 공원(The High Line Park)은 그러한 방향의 사례라고 본다.

이종관(2012a: 381-425)은 서울시가 채택한 디자인 시티 개념에 대해서도 논의한다. "디자인 시티"란 도시 기능주의에서 벗어난 살 만한 도시, 세계인들이 가보고 싶은 관광 도시로 기획된 도시를 나타낸다. 그러나 모더니즘의 기능주의에서 벗어나는 것은 치하할 만하지만, 기표들의 놀이라는 포스트모던적 도시 디자인이 수반할 수 있는 두려움을 지적한다. 벤치마킹이란 전략 아래 페스티시(혼성 모방)로 진행될 수 있다는 것이다. 예를 들어 각국의 명품 도시의 부분 부분을 복제하여 혼성, 잡종화하는 것이다. 그런 경우 서울은 거주의 공간이 아니라 각국의 모사물이 전시되는 쇼케이스가 될 수 있다. 모사 도시에서는 진품의 진정성과 예술성을 담보하는 작품의 고유한 분위기, 즉 아우라가 증발한다. 아우라가 사라진 곳에서는 그리움이 남지 않고 그리움이 사라진 곳은 사람들이 찾지 않는다. 서울의 아우라는 무엇이어야 하는가? 서울이 벤치마킹해야 하는 도시가 있다면, 파스타슈의 라스베이거스인가? 아니면 자기 진정성을 유지하고자 하는 바르셀로나인가? 한국은 새만금에는 두바이를, 탄광지에는 독일 에센시를, 당인리 발전소에는 런던의 발전소를 모방하여 아우라를 만들어낼 수 있는 것일까? 이종관은 서울, 한국은 인간 존재의 근원적 터인 풍경으로 되돌아와야 한다고 주장한다. 그는 인간, 풍경 그리고 거주가 이뤄내는 상호 창조적 관계가 늘 상기되어야 한다고 말한다. 사물의 사방성이 상호 작용하는 터의 도시가 되어야 한다는 것이다.

이종관의 문화 현상학은 이와 같이 의상, 영화, 가상 현실, 도시라는 현대 문화의 '사건'들이 드러내고 있는 존재의 왜곡에 주목하고 그러한 사건들이 존재의 진정한 의미를 내보일 수 있는 방식에 천착하고 있다. 하이데거적 현상학의 사건 개념을 문화 현상에 적용하여 인간 존재의 시적 빛을 보이고자 하는 것이다.

3. 이진우의 정치적 문화론

문화는 삶의 양식이다. 그러나 삶의 양식에서 개인의 자리는 무엇이며 공동체의 역할은 무엇인가? 개인과 공동체의 관계가 제대로 정립되지 않은 상태에서 문화는 얼마나 의미 있는 것일까? 이진우는 개인과 공동체의 관계를 민주주의라는 인간 역사가 도달한 지혜로 조명한다. 문화는 민주주의를 바탕으로 할 때 진정한 문화의 삶이 되고 그렇지 않을 때 독재자의 전승탑 같은 유적이 된다. 이러한 의미에서 문화는 근본적으로 정치적인 것이다. 이진우는 인간이 당면하고 있는 프라이버시, 자연, 기술 등의 문화적 주체를 그러한 정치적 문법에 따라 조명한다.

정치와 문화

이진우(2000: 37-39)의 문화론은 정치적이다. "불교 문화", "르네상스

문화"와 같은 명칭은 해당 문화 현상을 관통하는 문화의 문법이 실현되었기 때문에 생겼을 것이다. 그러나 지금과 같은 다원주의 시대에는 인간의 삶이 다양하므로 현대 사회의 문화를 하나의 문법으로 담아내기가 어렵다. 이진우는 이러한 상황에서 다원주의를 허용하면서도 또한 다원적 문화 현상들이 적극적으로 발생할 수 있는 공동체 담론의 문법을 정교화시키려 노력하면서 문화 현상에 대한 '상위적' 언어 문법을 제시한다. 상위적 문화론은 이슬람 문화나 기독교 문화 또는 문학, 미술, 음악 같은 특정 분야의 문화 경험을 일반화한 '대상적' 문화론에 대조할 수 있다. 상위적 문화론이 유의미한 이유는 현대 미술에서 미술적인 것과 비미술적인 것의 경계가 해체될 수 있는 것처럼, 민주주의의 발전으로 고급 문화와 저급 문화, 문화와 비문화의 경계가 해체되고, 그 자리에 생활의 문화화, 문화의 생활화가 새로운 화두로 떠오르고 있기 때문이다. 공동체의 삶의 양식은 모두 문화이다. 또한 민주주의는 완성된 정적 체계가 아니라, 다양한 개인과 공동체를 연결하여 역동적 공론장을 열며 '정치적인 것'이 역할을 할 수 있는 인위적 장치이다. 이진우는 현대 문화의 성격과 방향을 논의하는 데 있어 민주주의, 공동체주의의 개념에 주목하고 이 개념들에서 핵심적 역할을 하는 의사소통적 이성을 명료화한다.

이진우에게 있어서 삶의 양식이 문화라는 것은 기존의 삶, 소위 '고유문화'를 수용하는 것만이 아니라 자신의 삶을 창조의 대상으로 삼는 것을 의미한다. 여기에는 생활 수단을 '어떻게' 생산하느냐 하는 물질적 측면과 동시에 자신의 삶에 의미를 부여하는 것이 '무엇'이냐 하는 이념적 측면을 포괄한다. 창조성에 열려 있지 않은 고유 문화는 외래 문화에 감염될 확률이 높다. 그러나 과제는 개인 삶의 창조성이 얼마나 보장될 수 있는가 하는 점이다. 이진우(2009a: 15-20)는 이 지점에서 문화와 민주주의를 결합한다.

민주주의는 개인의 자유를 공적으로 보장하고 실현하는 사회적 제도이다. 개인의 차이와 자유를 보장하려면 공공질서를 민주적으로 강화해야 한다. 민주화는 두 가지 국면을 갖는데, 하나는 국민의 합의 아래 창출된 국가 권력의 획득과 그 사용을 합리적으로 규제하는 제도적 장치의 확립이라는 제도적 민주화이고, 다른 하나는 권력, 기회, 부의 배분이라는 사회적 민주화이다. 제도적 민주화는 사회적 민주화와 결합되지 않을 때 형식적 민주화에 빠지며 배타적 집단 이기주의를 막지 못하게 된다. 우리 삶의 양식 안에 이러한 민주주의가 생활화될 때 이를 '문화 민주주의'라 부를 수 있다. 얼마나 많은 차이를 관용하고, 얼마나 많은 소유를 나눌 수 있는지의 능력의 정도에 따라 삶의 양식으로서의 문화는 달라진다.

이러한 문화 민주주의를 태동시키기 위해 이진우(2009a: 23, 67-71; 1997: 51-52; 2000: 345-349)는 개인과 공동체와의 관계를 규정하고 작동해야 하는 정치적인 것들을 논의한다. 일상적으로 '정치적인 것'은 어떤 제도의 설립이나 운영의 행위이지만, 이를 더 천착하면 역사적 연속성을 파괴하여 스스로를 작품화하는 제도적 행위이다. 고전 철학은 개인과 사회를 대립적인 것으로 간주하면서 그 까닭을 전체는 부분의 합보다 질적으로 우선한다는 데서 찾았다. 그러나 현대 철학은 양자를 연관 관계로 파악한다. 개인은 자유주의를 통해 강화되고 전체는 공동체주의에 의존한다. 한편으로, 개인이 사회적 맥락에서 경험하는 자유주의는 전통적인 신분적 위계질서에서 분리되고 경제 복지, 사회적 유동성, 자율 책임 같은 자유 공간의 확대로 나타난다. 이러한 개인화는 이제 돌이킬 수 없는 시대의 운명이 되었다. 다른 한편으로, 전체는 공동체주의를 내세운다. 진정한 자아를 찾기 위해 우연적 조건들을 제거하면서 모든 역할을 할 수 있다는 것은 유령적 자아의 착각일 뿐이라는 것이다. 개인의 역할은 다른 사람들 또는 공동체를 전제하는 것이기 때문이다. 따라서 개인 도덕 특성인 자율만으로는 공동체적 연대를 창출할 수 없다. 공동체는 공동체 질서의 안정화를 위해서 공동선에 대한 절차적 정의의 우선권을 필요로 한다. 그렇다면 자유와 공동체의 관계는 분명해진다. 개인의 자유를 진지하게 생각하지 않는 어떤 공동체도 민주적일 수 없다는 점에서 '자유주의적'이고, 어떤 개인적 자유도 공동체를 통해서 실현할 수밖에 없다는 점에서 '공통체주의적'이다. 더 나아가, 세계가 자본주의적 시장이 되더라도 국가를 포함하여 어떠한 공동체도 도덕적 인격을 가져야 하는 것이다. 공동체란 인간성이 무엇인가를 공동으로 찾아가는 해석의 공동체, 공동선을 공동으로 실현하고자 하는 이성적 실천의 공동체를 말한다. 이러한 공동체에서는 미리 결정된 것이 없기 때문에 도전, 모험, 실험이 요청되고, 개인들 · 공동체 · 국가 간의 자유로운 경쟁이 요구된다. 그래서 개인은 이기적이지만 공동체를 통해서만 자신의 본성을 실현할 수 있다. 개인은 공동체, 국가의 시민일 뿐만 아니라 인간성을 공동으로 찾아가는 세계 시민이다. 공동체는 개인의 이기심을 인류애로 승화시킬 수 있는 도덕적 장치라는 것이다.

민주주의나 공동체주의가 명제들의 체계가 아니라 삶의 양식이라면, 그러한 삶의 양식은 어떤 종류의 양식일까? 삶의 양식이 문화라면 그러한 문화의 동력은 무엇일까? 이진우(2000; 1996: 187-191; 2009a: 116-119)는 그 답변을 여러 후보 중에서 하버마스의 의사소통적 이성에서 찾아낸다. 민주주의 원리인 정의와 공동체주의의 원리인 유대성은 상호 구성적이어서 서로에게 필수적인 요소이다. 또한 이러한 정의와 유대성이 도출되는 방식이 중요한데, 이들은 선험적 주체의 실천 이성을 통해서가 아니라 관계적 공동체의 의사소통적 이성을 통해서 나타난다. 칸트는 권리, 자유, 법을 인간임, 자율, 보편화라는 일반 법칙, 선험적 주체에서 발원하는 도덕성으로 파악하고 합법성이나 민주주의 원리도 그러한 도덕성으로 환원된다고 보지만, 하버마스는 담론적 여론 형성과 소통 양식, 정치적 자율이 행사되는 양태, 민주주의적 절차에 기초한다고 보았다. 의사소통적 이성은 주체에 선험적으로 주어진 것이 아니라 언어에 내재하는 것이다(참조: 14장 3절). 특정한 공동체 내에서 공동의 관심사에 관한 논의에 참여한다면 우리는 이미 의사소통적 행위를 통해 재생산된 생활양식을 공유하는 것이다. 의사소통적 이성은 행위자가 실용적 전제 조건들에 의해 반사실적으로 이상적 담화 상황의 관점에서 콘텍스트를 넘어서는 타당성을 주장하며 관계를 맺을 때에만 규범적 내용을 가질 수 있다. 달리 말해, 의사소통적 이성은 상호 주관적 상호 이해와 호혜적 인정의 구속력을 통해 타당성을 획득한다. 그것은 동시에 공동의 생활 양식의 우주를 서술한다.

프라이버시: 자유의 최소 조건

이진우(2009a)는 『프라이버시의 철학』이라는 책에서 현대 문화의 구체적인 주제 하나를 분석한다. 전체주의는 오웰(G. Orwell)의 소설 『1984』의 빅브라더처럼 국민들의 사적 공간을 장악하는 것은 물론 내면적 생각의 세계까지 통제하고자 했다. 현대 사회는 이러한 전체주의의 기획의 실현 가능성을 허용하지 않지만 그 자리를 디지털 기술에 의한 정보 체계가 '자유 민주주의'라는 이름으로 대치하고 있다. '부드러운 전체주의'라 불리우는 이 체제는 사생활의 투명화와 권력의 익명화를 요구하지만 빈틈없는 감시로 우리 자신에 관한 정보를 더 많이 수집한다. 그러나 프라이버시가 없다면 자유는 존재하지 않는다. 자유가 다른 사람의 삶을 침해하지 않는 범위에서 자신의 삶을 스스로 결정할 수 있는 가능성의 조건이라면, 프라이버시는 근본적으로 자유의 문제이기 때문이다. 이러한 상황은 심각하다. 개인이 없다면 공동체가 있을 수 있는가? 이진우는 개인과 공동체의 올바른 자리를 확보하기 위하여 프라이버시의 개념을 구성하고자 한다. 그러한 목표를 향하여 자기 보존의 원칙을 토대로 국가 질서를 정당화하는 홉스의 급진적 자유주의, 사유 문제를 통해 자유 실현의 조건을 탐색하는 로크의 소유 개인주의, 개인의 의지에서 출발해 인류의 도덕 공동체를 구축하는 칸트의 도덕적 개인주의로부터 몸이라는 공간, 소유라는 관계, 인격이라는 조건의 세 가지 정치적 개념을 재구성하여 프라이버시의 개념에 이르고자 한다.

이진우(2009a: 137-148, 189-200)는 홉스(Hobbes, 1994)를 급진적 개인주의자로 복원하여 몸의 공간적 프라이버시를 확보하고자 한다. 홉스는 개인을 주체, 자아, 정신이 아니라, 좋음과 싫음이라는 몸의 감각, 정념으로 이해한다. 이는 우리가 사람을 볼 때 그의 영혼, 인격, 개성이 아니라 그의 몸으로 나타난 사람 전체를 본다는 사실에 근거한다. '자유'는 의지의 자유가 아니고, 외적 장애의 부재, 움직일 수 있는 운동의 능력이다. 장애는 종종 우리에게서 권력의 일부를 박탈해가지만 우리에게 남겨진 권력을 우리 마음대로 쓰는 것을 막지는 못한다. 외부 권력에 대항해서 자유를 지킬 수 있는 사적인 권력 공간이 없다면, 우리는 과연 자유롭다고 할 수 있는가? 생존은 자기 보존의 권리로서의 자연권이다. 자연권이란 자기 보존을 위해 하거나 하지 말아야 할 것에 대해 내리는 자연적 이성의 명령이다. 이진우의 몸의 공간적 프라이버시는 홉스의 몸의 불가침성에서 시작한다. 그 기본 원칙은 자기 보존이고 사적 공간의 확보이다. 사적 공간은 소유권보다는 통제권으로 이해되는 공간이다. 귀걸이를 하거나 가족 사진을 설치할 수 있고, 외로움이나 고독이 들어올 수 있는 공간이다. 외로움이 많은 사람과 같이 있으면서도 버려진 상태의 느낌이라면 고독은 혼자 있으면서 두 인격의 내면적 대화가 일어나는 공간이다. 자기 정체성을 찾고 자신과의 관계를 복원함으로써 다른 사람들의 의미를 발견할 수 있는 공간이다. 가정은 가족 관계가 이루어지지만 자기 표현과 자기 발견이 가능한 고독의 장소이며, 사랑과 친밀을 요구하는 사적 공간이면서도 성원들 간의 정의의 관계를 요구하는 공적 공간이기도 하다.

또한 이진우(2009a: 149-162, 206-219)는 로크(Locke, 1975)의 소유 개인주의로부터 정보 관계의 프라이버시를 도출해낸다. 로크도 자기 보존을 자연권으로 파악하지만 더 나아가 자기 보존은 생활 수단을 필요로 한다고 주장한다. 자기 보존 자연권은 소유 자연권과 연결된다. 소유권은 자유의 전제 조건이다. 로크는 자연과 노동의 요소를 도입하여 소유 개념을 명료화했다. 자연의 모든 것은 인간의 생존을 위해 공동으로 주어지지만 여기에 개인의 노동이 첨가되는 경우 개인 소유가 발생한다. 산의 딸기는 공동의 소유이지만 나의 손으로 따는 노동을 투여하면 나의 소유가 된다. 우리는 노동을 통해서만 소유할 수 있다. 우리는 노동을 통해 자기 보존에 필요하고 유용한 만큼만 소유하여 부패하기 전에 사용해야 한다. 그리고 우리가 무엇인가를 소유할 때는 다른 사람에게도 충분한 여지를 남겨놓아야 한다. 이진우는 여기에서 관계의 프라이버시를 도출해낸다. 프라이버시는 단순히 주어진 것이 아니라 개인의 노력을 통해 확보되고, 자신의 삶과 자기 활동을 위해서만 허용되며, 다른 사람의 프라이버시를 보장하는 한에서만 나의 프라이버시를 주장할 수 있다는 것이다. 로크에게서 소유가 자유의 전제 조건인 것처럼, 이진우에게서 자신에 관한 정보는 자신의 프라이버시, 자신의 자유의 확보에 중요하다. 정보 통제권의 상실은 다르게 행동할 수 있는 자유를 박탈당하는 것이기 때문이다.

이진우(2009a: 163-180, 221-233)는 칸트(Kant, 1996)의 도덕 철학도 프라이버시의 철학으로 재구성한다. 칸트에 의하면, 인간은 자신의 욕구와 경향에 따라 움직이는 동시에 도덕적일 수 있는 이성적 능력을 가진 존재이다. 인간은 욕구와 도덕이 대립될 때 자신의 의지의 이성을 사용하게 된다. 의지란 '어떤 법칙의 표상에 따라 스스로의 행위를 규정하는 능력'이다. 행위를 할 때 주어진 법칙에 따라 행동하는 것이 아니라 어떤 법칙을 스스로 설정하여 자율성을 행사하는 것이다. 인간은 목적 자체로 존재하기 때문이다. 프라이버시 철학의 계기는 바로 이 지점에서 얻어진다. 사회에서 물러날 수 있는 프라이버시의 공간이 없다면 개인은 인격적 존재로 발전할 수 없고, 그러한 인격적 조건은 단순히 주어지는 것이 아니라 저항과 대립을 통해 확보된다. 따라서 프라이버시가 궁극적으로 보호하고자 하는 것은 개인의 자율이다. 인격의 조건으로서 개인의 자율은, 예를 들어, 신앙, 생활 양식, 삶의 목표, 배우자 선택, 거주 이전, 의상, 친구, 교우, 포르노 잡지, 결사, 투표 등 개인사의 선택이나 자식의 친구, 직업, 환경, 친구의 의상, 용모, 취미 등에 대해 거리(유보, 무관심, 비인지)를 유지하는 것을 포함한다.

프라이버시는 표면적으로 개인적이고 사적인 것처럼 보이지만 그러나 공동체적 구조를 전제하지 않는 경우 '프라이버시'라는 단어의 의미 자체가 성립하지 않는다. 이진우(2009a: 213, 38-42)는 그래서 프라이버시의 이중성에 주목한다. 예를 들어, 프라이버시를 보호하려면 강한 국가의 보장이 필요하고, 강한 국가는 우리를 감시하고 통제하는 권력으로 다가온다는 것이다. 그래서 프라이버시를 추구하는 개인과 프라이버시를 보장하는 사회는 상호 의존 관계에 있다. 개인이 없는 사회는 공허하고, 사회가 없는 개인은 맹목적이다. 이진우가 몸이라는 공간, 소유라는 관계, 인격이라는 조건을 세 가지 정치적 개념들로 도입한 까닭이 보인다. 개인들은 자신의 삶이 위협받는다고 생각하면 더 강한 국가를 요구한다. 국민은 '안전과 평등'을 '간섭에서의 자유'보다 더 강력한 가치로 느낄지도 모른다. 그리하여 국가는 국민의 안전(테러, 환경 재난, 경제 위기)을 위해 군대, 경찰, 정보를 가진다. 자유와 민주주의는 동일하지 않을 수 있고, 자유 민주주의가 법에 따라 프라이버시를 침해하게 된다. 그래서 프라이버시는 정치적 개념이다. 개인과 사회의 관계가 의사소통적 이성이 지배하는 공동체 안에서 부단하게 논의되어야 하는 이유는 이 관계가 정치적으로 수용되어야 하기 때문이다.

문화 범주가 된 자연

자연은 전통적으로 인간 경험에서 문화에 이원론적으로 위치한 대척점으로 이해되어왔다. 문화가 인간이 구성한 삶의 양식이라면, 자연은 인간의 손에서 독립해 있는, 그러나 인간의 생존에 필요한 것을 공급하는 무한한 자원으로 인식되어왔다. 그러나 72억의 인구(2015년), 인간의 기술 능력, 자본주의가 부추긴 소비욕이라는 3대 요소가 소위 '환경 위기'를 야기하여 인류의 생존 지속 가능성을 위태롭게 하면서, 자연이 문화의 범주로 들어오게 되었다. 이진우(1997: 279-288)도 자연을 문화 범주로 상정하여 "자연이 보호의 대상인가 권리의 주체인가?"를 묻는다. 그리고 자연이 전통 윤리의 범위를 벗어나는 생태학적 윤리의 주제가 될 수 있도록 자연의 가치를 정당화하는 형이상학적 기획을 시도한다.

환경 위기를 야기한 3대 조건 중에서, 이진우(1997: 229-242)는 과학 기술의 한 특성에 주목한다. 과학 기술은 문화에 대해 중립적이지도, 맹목적이지도 않다. 과학 기술은 일단 가동이 되면 자기 증식적 자율성의 유기체적 운동을 하게 된다. 그래서 과학 기술은 특정한 과학자나 자본가라는 개인을 추적하기 어려운, 유기체 자체로 권력을 형성하여 사회나 문화에 권력으로 작동하기 시작한다. 보다 구체적으로, 기술 권력은 사회의 언어를 재구성한다. '합리적이어야 한다'는 표현은 최소 비용으로 최대 효과를 추구하라는 지시이고, '기능만 좋으면 된다'는 말은 효율성의 이름으로 일련의 관습과 도덕 규칙을 파기할 수 있다는 가능성을 함축한다. 이쯤 되면, 과학 기술은 다른 가치에 대해 절대성을 주장하는 이데올로기라고 할 만하다. 기술 권력이 사회 언어를 이렇게 수정하면 그 결과는 자명해져, 기술 권력은 기술 관료제를 구축하고 인간의 삶을 단지 기술적 문제로 파악하게 된다. 인간이 추구하는 모든 가치들을 기술적 효용성과 기능성으로 흡수할 수 있다고 상정하는 것이다. 그렇게 되면 사회는 효율성이라는 하나의 합리성으로 획일화되고, 과학 기술적 전체주의에 빠지게 된다.

이진우의 정치적 문화론은 한국 사회가 호주제를 철폐하고 독일이 원전 폐쇄 정책을 세운 것처럼 기술 권력의 전체주의 가능성에 대해서 어떤 정치적 기획을 구상할 만하다. 이진우(1997: 295-309)는 이 사안에 대해 자연과 인간 사이의 도덕적 관계의 구성에 관심을 갖고 두 가지를 논의한다. 첫째, 동물을 도덕 공동체에 포함할 수 있는 기준은 무엇인가이다. 도덕 공동체를 자유롭고 평등한 개인들이 자유의 실현을 위해 상호 구속하는 행위 공동체라고 규정할 때, 혹자는 동물도 고통을 느낄 수 있으면 도덕 공동체에 포함될 수 있다고 한다. 소위 '쾌락 증진-고통 회피'라는 공리주의적 기준을 제시하는 것이다. 그러나 이진우는 그 이유를 달리 생각한다. 의식, 느낌, 고통의 정도는 어떻게 계산할 수 있는가? 우리가 동물에 유사 주체적 지위를 부여하는 것은 도덕적으로 고려되어야 하는 동물이 우리의 인격적 정체성과 밀접한 연관이 있기 때문은 아닌가? "자기가 원치 않은 일을, 남에게 베풀지 말라"는 원리가 유사 주체인 동물에게도 적용될 수 있다는 것이다. 둘째, 생명 중심주의는 "생명은 그 자체로 신성하다"는 주장이다. 많은 생태주의자들은 모든 유기체가 자기 고유의 생명의 목적론적 중심의 존재라며 그 이유로 인간은 다른 생명체보다 우월하지 않다는 것을 내세운다. 그러나 이진우는 여기에서 더 나아가 목적 지향성이 왜 생명체에 국한되어야 하는가를 묻는다. "가이아(Gaia)"라고 불리는 지구 역시 하나의 유기체가 아니냐는 것이다. 인간은 약한 인간 중심주의에 만족하면서 자연에 휴식, 질서, 아름다움 같은 고유한 가치를 부여해야 한다는 것이다.

자연과 인간 사이의 도덕적 관계의 구성에 대한 이진우(1997: 113-114)의 관심은 보다 구체적이다. 과학 기술이 만든 자기 증식적 자율성을 가진 유기체는 인간 통제를 벗어나 인간의 행위를 지시하는 상황에 들어갈 수도 있다는 것이다. 흄(D. Hume)은 존재에 관한 명제로부터 어떤 당위의 명제도 도출할 수 없다고 하겠지만, 칸트(I. Kant)는 적극적 처방을 제시할 것이다. 그에게 있어서, 당위(sollen)는 실천의 능력(koennen)을 포함한다. 능력은 항상 자신의 행위와 의지를 통제할 수 있는 힘을 전제한다. 1차적 의미의 권력은 자신 이외의 타자를 자신의 의지에 예속시키는 능력을 의미하지만 이러한 능력은 그것이 기여할 수 있는 목표와 방향을 전제한다. 즉 도덕적 권력이고 2차적 권력이다. 기술 시대는 1차적 권력을 비대하게 발전시킴으로써 2차적 권력을 불가능하게 만든다. 해야 할 것과 해서는 안 될 것의 구분을 허물어버리는 것이다. 만일 기술 행위가 우리의 의지와는 관계없이 필연적으로 이루어진다면 우리는 기술 체계의 부품으로 전락한다. 인간이 자유를 가진 자율적 존재라면, 인간의 당위는 능력으로부터가 아니라 의지로부터 도출되어야 한다.

인간적 기계

이진우(2013: 28-40)는 "인간이 기계적으로 되어가고 있는 시대에는 기계가 인간적이어야 한다"는 믿음을 가지고 있다. 잡스(S. Jobs)의 작품들이 그가 기술과 인문학이 교차하는 지점에 있으려고 노력하는 중에 결과되었다고 말할 때, 세계 사회는 이미 융합에 대해 태도를 바꾸고 있었다. 사람들은 기술 진화론을 인정하고 기술에 우호적 태도를 갖고 "인간은 기계적일 수 없다"라는 전통적 이원론을 수정하게 되었다. 인간 향상(enhancement) 기술은 질병, 노화, 장기 장애를 극복해가고 있고 결국 죽음을 이겨내는 시대를 전망하게 되었다. 생물학적 한계를 그렇게 극복한 인간을 "탈인간(posthuman)"이라고 한다면, 현재의 우리는 이미 과거의 인간과 탈인간의 중간 지점 어디엔가 존재하는 "전환적 인간(trans-human)"이라 할 것이다. 과학 기술은 도구 이상의 것이 되었고 심각한 문제는 대부분 '기술적 능력과 윤리적 능력의 불일치'에 기인한다. 무엇이 인간적인가? 인간 존엄과 인간 품위는 유지될 수 있을 것인가? 인간 사회는 이러한 물음들에 어떻게 대처할 것인가? 물음들은 윤리적이고 철학적이고 정치적인 것이 된다(참조: 3장 3절).

이진우(2013: 46-47; 288-305)는 인간이 이러한 시대에 그 자율성을 정신의 영역에 국한한다면 인류의 운명을 과학 기술에 내맡기는 결과에 이를 것이라고 우려한다. 휴머니즘마저 과학 기술의 영역으로 식민지화된다는 것이다. 커즈와일(Kurzweil, 2005)이 말한 대로, 기술 변화의 속도가 너무 빠르고 그 영향이 너무 깊어서 인간의 삶은 회복할 수 없을 정도로 변형되고, 인간 역사는 가까운 미래에 그 이전과 이후가 분명히 구분되는 특이점(singularity)을 통과한다는 것이다. 기술이 해방의 도구가 될 것인지 아니면 억압의 도구가 될 것인지는 인간 공동체의 정치적 결단에 달려 있다. 기술이 제공하는 해방 조건에 대해 공동체는 의문을 제기하면서 선택적 공간을 확대해야 된다. 인터넷, 게놈 프로젝트, 브레인 이니셔티브(The BRAIN Initiative)에서처럼, 인간 공동체는 정치적 개입으로 기술을 통제할 수 있어야 한다. 기계가 인간에 맞게 인간적이 되도록, 현대 인간 사회는 이러한 상황의 인간 조건에 대해 철학적 휴머니즘의 성찰을 할 수 있어야 한다.

이진우(2013: 55-66, 111-140)는 과학 기술이 인류에게 제시하는 인간 향상 기술에 추가하여 이미지 세계 기술에도 주목한다. 이미지라는 개념의 한 기원은 플라톤에게서 찾을 수 있다. 신의 세계가 실재, 즉 에이도스(eidos, 形相)의 세계라면 인간의 세계는 그러한 실재를 닮아 있는 현상, 즉 이미지(image)의 세계라는 것이다. 건축가, 대장장이 등 제작자들은 집, 칼과 같은 인공품을 만들 때 이들의 에이도스를 모방하여 재현하지만 화가와 시인은 이미 자연에 주어진 현상적 이미지를 다시 모방하므로 에이도스로부터 한 단계 더 떨어져 있다는 것이다. 그러나 디지털 기술은 모더니즘이 플라톤적 세계 구조를 현대화한, 실재계로서의 현실 세계와 이미지 공간으로서의 가상 세계의 구분을 불분명하게 하거나 무화시킨다. 이진우는 보드리야르(Baudrillard, 1983)의 통찰에 일부 동조한다. 현대 사회의 이미지는 신적, 제작자적, 예술가적 이미지들의 3단계를 넘어, '시뮬라시옹' 이라는 넷째 단계에 들어섰다는 것이다. 시뮬라시옹은 재현이나 모방 같은 사실성 구조를 전제하지 않고 이미지들이 자체 충족적인 세계를 전개해가는 단계이다. 실재는 간섭과 왜곡 가능성을 함축하지만, 시뮬라시옹은 오류 가능성을 배제하여 현실보다 더 현실 같은, 과잉 실재(hyperreality)의 감각을 제시하게 된다. 이러한 전개 과정은 이미지의 대상 지시적이 아닌 기호 나열적인 성격 때문에 더 이상 인간의 상상력을 도발하지 못하고 결국 이미지의 죽음이라는 파국을 맞게 될 것이라고 예측했다.

보드리야르의 이미지론에 의하면 현대인은 죽은 이미지의 시뮬라시옹의 세계에 살기 때문에 인간 조건에 관한 물음, 문제, 조명 같은 성찰의 작업을 하기 어렵다. 그래서 이진우(2013: 69-78, 83-106, 141-143)는 보드리야르의 이미지론에 반성적 거리를 유지하면서 플라톤의 미메시스를 현대적으로 재구성하고자 한다. 이미지를 의미 있게 만들기 위해 그는 이미지에 관한 새로운 형이상학을 제시한다. 플라톤으로부터 구성할 수 있는 가설은 '새로운 세계를 꿈꿀 수 있는 상상은 이미지를 넘어서 이미지가 지시하는 세계를 전제할 때 비로소 가능하다'는 것이다. 따라서 이미지와 실재의 구별이 없는 이미지는 그 감각적 강도가 높아질수록 점점 더 상상을 불가능하게 한다. 이미지는 단순한 비물질적 환상이 아니라 새로운 세계를 구성하는 물질적 미디어여야 한다. 따라서 이미지를 형성하는 인간의 상상력은 중요하다. 그림은 구체적 세계를 재현하지만 구체적 물질로부터 분리된 이미지들은 스스로 하나의 세계를 형성한다. 인간이 도구를 통해 환경 세계의 구속으로부터 자유로워질 수 있다면, 이미지는 인간에게 새로운 자유를 부여한다. 상상은 이미지를 구체적 시공에 예속된 대상으로부터 분리시키기 때문이다. 21세기가 영상 시대인 것은 이미지의 힘과 자유가 실현되기 때문이다. 현대인은 어느 시대보다도 더 이미지로 현실을 통제하고 새로운 세계를 만들어갈 수 있는 가능성에 열려 있다. 이진우는 과거의 문화가 예를 들어 홉스적 자유, 로크적 소유, 칸트적 자율 개념이 정치적이었던 것처럼 현재나 미래의 급변하는 문화도 정치적이 아닐 수 없는 까닭을 밝힌다.

이진우의 문화론은 다양한 개인과 공동체의 삶의 양식이 어떻게 각기 자유롭게 융성할 수 있는가에 대한 상위적 언어 문법이다. 그는 그 문법을 "정치적"이라 지칭하는데, 그 까닭은 상위적 언어 문법으로서의 민주주의가 완성된 정적 체계가 아니라 담론적 여론 형성과 소통을 통해 구성되는 과정이기 때문이다. 그는 이러한 시각으로부터 프라이버시, 자연, 기계 등의 문화적 주제를 분석해낸 것이다.

4. 철학 문화 · 한국 문화

현대 문화는 그 성취를 바탕으로 미래를 낙관적으로 전망하고 있지만 현실은 자본주의의 마력이 일상을 식민지화하고 있다. 인간은 예술적 특성을 살려 거기에서 탈출하고자 하지만 현실은 획일적 이성에 의한 권력의 왜곡 성향을 나타낸다. 그럴수록 사회가 참여하는 철학적 사유의 양상으로서의 철학 문화를 발전시켜 문화 주제들을 다양하고 풍성하게 하여 한국 문화 문법을 쇄신해나가야 할 것이다.

현상적 · 정치적

이종관의 현상학적 문화론은 예술적 진리 체험의 중요성을 강조한다. 여기에 대한 두 철학자의 관찰은 예리하다. 이한구(2003)는 이종관이 진단하는 사이버 문화의 위기감에 동조하지만 이종관의 위기에 대한 처방에 대해서는 의문을 제기한다. 이종관은 사이버 공간에서 예술적 특성을 읽어내고 사이버 공간의 기술적 양식들을 예술적 차원의 존재 진리의 체험의 계기로 전환하고자 하지만, 그러한 전환이 이루어진다고 할지라도 사이버 공간의 기술적 양식들은 물리적 공간과 사이버 공간의 동일화 경향으로 인간 존재의 동일성 자체를 위협하는 것이 아니냐고 묻는다. 김진석(2003)은 이종관의 사이버 문화에 대한 진지한 철학적 성찰의 시도를 높이 산다. 철학함의 중요성을 보이는 사례가 되기 때문일 것이다. 그러나 사이버 문화의 위기에 대한 처방으로 제시된 이종관의 예술론은 적극적이지 않다고 아쉬워한다. 하이데거의 예술론에 대해서는 장황하게 설명하면서 정작 자신의 대안적 예술론으로서의 은유론에 대해서는 그에 걸맞는 분석이 보이지 않는다는 것이다. 하이데거의 존재 드러내기로서의 예술보다 예술 언어들이 작동하는 그 은유성이 어떻게 진리를 더 잘 출현시킬 것인지 명료하지 않다는 것이다. 연희원(2011)은 의상은 몸의 연장으로서, 공간을 구성하는 문화의 피부라는 점에 이종관과 생각을 같이하지만 남성 복식의 권력 관계와 여성 복식의 성적 어필의 구분은 주목할 필요가 있다고 지적한다.

차인석(1990)은 이진우의 권력 개념을 논의한다. 이진우의 정치적 문화론에서 정치적인 것은 인위적인 것이고, 인위적인 것은 권력의 행사와 관련되어, 권력 개념은 불가피한 주제가 되기 때문이다. 이진우는 플라톤과 홉스의 논지를 수용하여 "악마의 민중조차도 국가를 필요로 한다"는 가설하에 필요악인 국가 강제권을 정당화할 뿐 아니라 국가 공권력에 한계를 짓는 시민의 비판권과 저항권을 정당화한다. 권력에 대한 이러한 이해는 이진우 스스로 이중적 본성으로서의 인간 이성관에 입각한 것으로 파악한다. 인간의 정치적 이성은 한편으로 자기 보존의 질서를 추구하고 다른 한편으로 그의 자유가 보장되도록 의회 민주주의의 의사소통을 통해 지배가 없는 지배라는 지배 중립화를 지향하게 한다는 것이다. 그러나 차인석은 이진우의 국가 권력을 제재할 장치의 강구에 동조하면서도, 그의 낙관적 이성론에는 회의적이다. 지배 중립화란 규범적 요청일 뿐 현실은 권력 정치이기 때문이다. 이중적 이성론은 희망 사항일 뿐 현실은 획일적 이성만이 권력 행사에서 수행된다고 보는 것이다.

철학 문화

한국 현대 사회에서 철학 문화는 한국사의 어느 시기보다 활발하고 융성하다고 할 수 있다. "철학 문화"라는 단어는 사용자에 따라 다양한 범위와 층위로 사용될 수 있지만, 여기에서는 시민을 상대로 하는 철학 운동, 교육 제도 내에서 추구되는 철학 교육, 그리고 특별한 인간 조건하에서 필요가 요청되는 철학 치료 등의 활동들이 일구어낸 사회 참여적인 철학적 사유의 양상을 지칭하고자 한다. 이 책은 한국 사회에서 철학 문화가 수반하는 활성도나 성취에 견주어볼 때 철학 문화 활동에 걸맞는 지면을 할애하지 못했다. 그만큼 이 책은 "철학"이라는 단어가 한국 사회에서 사용되는 방식과는 거리를 가지고 있다. 그 이유는 이 책의 서설에서 말했듯이 이 책의 기획과의 괴리로 비롯된 것이다. 철학 문화는 그 활성도와 성취를 감안하여 독립적인 논구와 저술이 이루어져야 한다고 생각한다. 여기에서는 철학 문화에 대한 본격적인 내용보다는 대략적인 윤곽을 기술하고자 한다.

철학 운동이란 쉽게 말해 고매한 철학을 현실에 가깝게 하고 얄팍한 현실을 보다 개념적으로 풍성하게 하자는 "철학적 지성 운동"이라 할 수 있다. 퍼트남의 말대로 "민주주의를 하기 위해서는 구성원들이 어느 정도 철학자가 될 필요"가 있기 때문이다. 개인과 공동체, 자유와 평등, 시민 불복종, 종교와 국가의 분리, 헌법의 다원주의, 복지와 시장 같은 주제들에 대해 시민들이 자율적으로 사유하기 위해서는 철학적 능력을 필요로 하기 때문이다. 철학 운동은 민주주의의 성숙을 위해서도 불가피하다. 현재 한국 사회에서 이루어지는 철학 운동은 참여적이기도 하고 공동체적으로 이루어지기도 하고, 개인적으로 수행되기도 한다.

먼저, 참여적 철학 운동은 김태길(1981), 이명현(1997), 엄정식(2015) 등 대학 교수들이 사회 참여적으로 시작한 『철학과 현실』 계간지로 대표된다. 교육과 토론, 윤리운동과 사회 참여도 있지만 그 중심적 활동은 계간지이다. 그 창간사(『철학과 현실』, 1988)는 철학 운동의 목표를 분명히 한다. 철학은 골동품 같은 장식품이 아니라 삶의 문제들에 대한 응답의 몸짓이어야 한다는 것이다. "아무개 가로되"를 주문처럼 읊을 것이 아니라 제 목소리로 제 곡조의 노래를 불러 시대의 요청에 응할 수 있어야 한다는 것이다. 철학은 사람을 살리는 밥이고 치료제여야 한다고 보았다. 한국 사회의 가려운 곳을 긁어주고 아픈 곳을 어루만지는 역할을 해야 한다는 것이다.

공동체적 철학 운동도 활발하게 이루어지고 있다. '모두가 씨알 주체'라는 명제에 뜻을 같이하는 씨알 공동체들도 있고,[2] 한국인이 한국어로 학문을 해야 한다는 당위성을 공유하는 '우리말로 학문하기' 공동체도 있다.[3] 또한 철학을 알리며 생활화하는 이정우(2004), 조광제(2010) 등의 철학 아카데미, 다양한 철학 카페, 독서 클럽 등의 철학 실천도 있다. 예를 들어, 이정우(2004)는 나름의 공동체론을 제시한다. 인간은 "나" 또는 "우리"라는 표현에 의해 주체가 경험하는 자기 규정자이다. 이러한 자기 규정자는 다른 자기 규정자에 의해 객체화되고 그러한 관계에서 모두가 주체성을 지니기 위한 길은 대화이다. 대화는 사회적 이성을 전제하며 적어도 세 가지 특징을 갖는다. 대화는 상생적이고 약자 고려적이며 사회적 이성을 거부하는 세력에 저항적이다. 한국 사회가 겪고 있는 어려움

2 김경재(1989), 김영호(2002), 박재순(2009), 김상봉(2010a), 이만열 외(2012).

3 이기상(1999), 정현기(2000), 한학성(2000), 최봉영(2002), 신승환(2008), 구연상(2009), 이은주(2010).

중의 하나가 소통의 부재라면, 공동체적 철학 운동은 대화의 길을 철학적으로 선도하는 상징이다.

어떤 철학자들은 자신의 철학 지평에 따라 철학 운동을 지면, 강좌, 텔레비전, 온라인 등의 매체를 활용하여 개인적으로 펼친다.[4] 이들은 자신의 삶에서 우러나는 목소리로 많은 사람들에게 철학적 소통을 한다. 예를 들어, 윤구병(2004)의 철학 운동은 공생 운동으로 이해할 수 있을 것이다(윤구병 · 김남두, 2000: 86, 100-103). 인간은 소화나 배설에서처럼 본래 자연의 시간에 따라 살아왔지만, 인간이 자기 삶의 주체가 되어 의식적으로 살림을 꾸리기 시작하면서 자연의 시간과 인간의 시간이 분리되었다고 할 수 있다. 그런데 이 분리가 급작스럽게 이루어져 변화된 삶의 체험을 유전 정보화시켜 자연의 시간으로 번역할 수가 없었으므로 이를 보완하기 위한 교육이 필요하다는 것이다. 자체 생존 유지 능력 배양과 사회적 공생 능력 함양을 위한 교육이 필요한 것이다. 서열화, 경쟁이 공생 능력을 키워주지 못하고 있는 시점에서, 공생 능력이 미래 사회를 어떻게 이끌고 갈 수 있을 것인지 추구하려는 것이다.

그렇다면 철학 교육은 어떻게 이루어지고 있는가? 먼저 한국의 초중고 교육 제도에서 철학 교육이나 윤리 교육 활성화를 위해 노력하는 공동체들이 있다.[5] 이들은 그러한 목표를 위해 헌신해왔다. 예를 들어 이지애(2001, 2007)에게 있어서 "철학한다"는 것은 진솔한 물음을 묻고 전체를 조망하여 공동체와 더불어 자율성에 도달하는 것이다. 이를 위해서는 개인이나 공동체가 타당성을 찾는 이성과 통전성을 추구하는 지혜의 능력을 함양하는 철학 교육이 필요하다. 이지애는 한걸음 더 나아가, "철학을 가르친다"는 행위를 "철학적으로 돌보는 것이다"로 해석한다. 철학 교실이 철학적 돌봄의 공동체가 되는 것이다. 배움의 주체들이 삶에 대한 통

---

4 김용옥(1985a), 윤구병(2004), 김영민a(1992), 이주향(2015), 강신주(2010), 김영건(http://sellars.blog.me/).

5 철학 교육: 이초식(1968), 이지애(2001), 안광복(2007), 한기호(2011); 윤리 교육: 손봉호(1995), 정원규(2009a), 진교훈(2002), 박효종(2005), 박찬구(2006).

전적 사고, 배려적 사유를 한다는 것은 창조적 사랑에 기초한 공생 공감의 공동체를 확장하는 것이다.

한국 대학에서 철학 교육은 어떻게 진행되고 있는가? 이 물음의 주제를 대학의 교양 교육, 인문 교육과 관련하여 주목한 공동체가 있다.[6] 이들은 대학에서의 인문학 교육, 철학 교육의 정상화를 위해 노력해왔다. 김남두(2001)는 지구 전체가 하나의 경제 단위가 된 지구촌은 전자 통신, 인간 게놈 지도 등 과학 기술의 혁명으로 급격하게 지식 사회로 변하고 있다고 진단한다. 여기에서 기초 학문의 위치는 무엇인가? 한국의 산업 정책은 1960-80년대에 외국 기술의 모방을 촉진하는 데 초점을 맞추어 왔으며 아직도 정부 정책의 지원은 IT, BT, NT, ET, CT 등 공학 기술 분야에 집중되어 있다. 그러나 한 나라의 창조적 연구 능력과 지속적 연구의 활력은 기초 학문의 수준에 좌우된다는 것을 기억해야 하고, 정부는 인문, 사회, 자연의 기초 분야의 지원을 더욱 확장해야 한다는 것이다. 구체적으로는 학문 후속 세대 지원 체제, 무차별한 광역 단위 모집 제도를 재고하고 법학, 의학, 경영, 신방학 등을 전문 대학원의 분야로 승격하여 학부에서의 인문학 교육, 교양 교육이 정상화되어야 한다고 주문했다.

최근에 "철학 치료"라는 분야가 활성화되고 있다.[7] 이들은 인간의 문제 중에 신체적인 것도 있고 심리적인 것도 있지만, 이러한 분야가 포괄하지 못하는 많은 문제들이 있다고 본다. 그리고 그중의 심각한 문제들은 "철학적"이고 "개념적"인 데서 비롯된다고 본다. 김성진(2009, 2010a)은 현대 철학에서 철학의 세 가지 전환에 주목한다. 아카데믹 철학이 중심이었던 공간에 철학의 생태학적 전환, 어린이 철학, 철학 상담이라는 세 가지 주제가 등장한 것이다. 철학 상담은 철학 실천이다. 인간은 체질적으로 철학하는 존재라는 점에서, 철학하기와 철학 상담은 둘이 아니고 하나다. 철학 상담은 타인과의 대화이기도 하지만 자신과의 대화이기도

---

6 손동현(2003), 김광수(2013), 김남두(2001), 홍윤기(2013).

7 김영진(2004), 김성진(2010a), 김예숙(1994), 이영의(2013), 이진남(2013), 김선희a(2015), 김선희b(2014), 노성숙(2012), 박병준(2015), 김영주a(2015).

하다. 이러한 철학 상담의 성격은 철학이 명사가 아니라 동사로서 수행될 필요를 보인다. 소크라테스를 비롯하여 철학사의 성현들이 수행적 철학을 했다는 것을 기억할 수 있다. 철학은 이제 상담 철학을 통해 타인과 자아를 치유하고 위로하고, 사회에 기여하는 것이다.

문화 주제

한국 현대 사회가 다원적이고 다층적인 만큼 문화 담론도 다원적일 수밖에 없다. 다양한 문화 주제 모두를 살피는 데 한계가 있어, 여기서는 정보, 세계화, 지식 통합, 노동, 여가에 한정해서 보고자 한다. 임일환(1999)의 정보 개념은 두 단계로 접근할 수 있다. 첫째 단계는 어떻게 세계에 대한 인간의 비인지적 감각(sensation)이 인지적 지각(perception)으로 전환되는가이다. 예를 들어, 아이들이 놀고 있는 놀이터를 바라보면서 인간은 무수한 양의 아날로그적 정보를 '감각'한다. 그러나 인간은 놀이터에 적용될 수 있는 상당한 양의 개념을 이미 학습했고 관심에 따라 특정한 개념만을 적용하여 "옆집 아이가 줄넘기를 잘한다"라는 문장하에 디지털적 '지각'을 한다. 아날로그적 감각 정보는 진위의 평가에 열려 있지 않지만 지각 정보는 진위의 평가의 대상이 된다는 의미에서 디지털적이다. 밀집적(dense) 감각 내용이 판별적(discreet) 기호들의 언어 지배를 받는 지각 내용으로 전환되는 것이다. 정보 개념 구성의 둘째 단계는 샤논(C. Shannon)의 지적처럼 어떻게 정보는 의미론적인 것이 아니라 수학적으로 통사적인가라는 물음을 규명하는 단계이다. 의미론적으로는 정보를 참문장으로 규정하여 의미를 부여하지만 여기에 개입하는 정당화의 주관성을 피할 수 없다. 그러나 정보를 통사적으로 규정하는 것은 정보를 "비인지적 과정에 수반하는 인지적 과정"으로 이해하여 정보의 객관주의를 지향하게 된다. 아이들이 놀고 있는 놀이터에 대해 인간은 다양한 관심에 따라 여러 가지 체계를 적용하여 통사적 단위에 이를 수 있고, 그러한 디지털화된 통사적 단위들에 하나 이상의 적절한 해석들을 부여할 수 있는 것이다. 농경지, 군사 시설, 지하 자원 등 각종 정보를 위한 인공위성의 사진들은 모두 통사적 단위의 사진들이다.

정보 사회에서는 인간 관계에서 신체의 중요성이 소멸되는 것처럼 보인다. 회의나 인간 접촉을 할 때 동일한 물리적 시간 공간 안에 몸으로 모여 있어야 할 필요가 없어진 것이다. 정보 사회는 대화나 만남이라는 개념을 유익한 정보 교환의 일종으로 해석한다. 이러한 해석은 서구의 오랜 주지주의적 전통에서는 낯설지 않다. 아는 것이 힘이고 진리가 사람을 자유하게 한다는 것이었다. 그러나 신체가 소멸되고도 인간 관계가 유지될 수 있을 것인가? 엄정식(1999)은 주관적 의식이 인격의 징표가 되는 이유는 "의식과 신체와 두뇌의 통일체로서의 인간"을 전제로 할 때 비로소 성립된다고 한다. 바로 이것이 인간이 언어를 가질 수 있는 신체들의 공동체를 구성한다는 것이다. 정보가 언어의 특정한 구현이라면 인간 신체성은 정보 개념이 전제하는 조건이 된다. 손동현(1999)은 보다 구체적으로 인간 경험에서의 감각질(qualia)이 존재론적 기반임에 주목하여, 감각질이 사유의 대상으로, 사유의 대상이 감각질로 정보론적으로 전환될 수 있다는 가능성을 허용한다. 그러나 이 과정에서 감각질은 객관적 대상으로서나 주관적 내용으로서나 그 존재적 지위를 상실한다고 상정한다. 정보 개념에서의 신체성의 한계를 지적하는 것이라 할 수 있다.

이봉재(1999)는 몸이 배제되는 것처럼 보이는 가상 현실 개념에 주목한다. 그는 먼저 가상 현실과 사이버 공간을 구분한다. 가상 현실은 감각 통제 기술에 의한 영역이고 사이버 공간은 정보 처리 기술에 의한 영역이다. 감각 통제는 기억이나 지각이 전제하는 실재를 통제하여 이루어지는 경험이고, 사이버 정보 처리는 현실 정보 처리의 문맥을 연장(extended)하여 이루어진 영역이다. 이봉재는 영화 「토탈 리콜」(2012)을 통해 가상 현실 개념을 구체화한다. 주인공 더글라스 퀘이드(콜린 파렐)는 원래 정부군의 스파이였지만 어떤 음모의 일환으로 반란군의 일원이 되도록 기억이 이식된다. 이러한 상황 묘사는 모든 상황을 마치 신처럼 내려다보는 관객의 관점에서나 파악이 가능하지만 퀘이드 본인은 알 수 없다. 그가 '진정한 기억'에 의해 자신의 '이식된 기억'을 판별해내는 것은 불가능하다. 이러한 가상 현실의 경험은 윤리적 함축이 없이도 발생할 수 있다. 여행사가 화성 여행의 기억을 이식시킴으로써 개인이 화성 여행의 경험을 가질 수 있는 것이다. 가상 현실은 '충실한' 것이기 어렵지만, '자족적'이기도 어렵다는 문제가 있다. "언제 우리는 가상 음식을 먹고 가상의 변을 배설할 수 있는가?"라는 페니(S. Penny)의 물음처럼, 자족적일 수 없는 것이다. 그러나 가상 현실은 우리의 '현실'을 전체적 규모로 다시 보게 하는 거울의 역할을 할 수도 있다. 가상 현실은 출발점으로서의 '고향'으로 돌아오기 위한, '고향'을 더 잘 이해하기 위해 떠나는 여행의 체험으로서만 의미 있는 경험이라야 한다. 우리의 익숙한 현실에 대해 그 낯선 한계를 새삼스럽게 깨닫게 해주는 그 경험은 숭고(崇古)한 체험이 될 수도 있다.

'세계화'는 현대 문화에서 중요한 하나의 화두이다. 칸트(백종현, 2010: 394-401)가 세계 평화를 위해서는 도덕적 인격체로서의 국가들의 국제 연맹이 필요하다고 제안했지만, 세계화는 국가들을 민주화와 시장화라는 두 개의 세계 시간에 맞추는 기능체로 구조화했다(임혁백, 2000: 25-29). 칸트의 국가관은 법률적으로 아직 유효하지만 세계화가 요구하는 국가 기능은, 국가 부도 사태에 직면했던 국가들의 경우에서처럼 생존과 자율의 저울에 따라 조정되고 있다. 세계화는 신자유주의의 3인방(WTO, IMF, World Bank)을 통해 국가주의를 무력화하여 민주주의를 강화하고 시장화를 확장하는 데 기여하지만, 무한 경쟁, 약육강식, 적자생존 등 부익부 빈익빈의 현상을 결과하고 있다(임현진, 2011: 5-8). 세계화의 문제점에 대한 처방은 다양하게 제안되고 있다. 그중의 하나는 개별 국가의 독립성을 국제 연맹에 양도하기보다는 그 체제를 유지하면서 지구적 수준의 정치적 행위와 제도를 조정, 운영하는 행위 주체를 설정할 수 있어야 한다는 것이다(임홍빈, 2002: 63-68).

최근에 자연 과학과 인문 사회 과학의 통합에 대한 꿈을 꾸는 학자들이 있다. 구체적으로, 인간 문화를 자연이나 물리 질서로 환원하고자 하는 관점에 대한 논의를 하는 것이다. 문화와 자연의 지속성을 주장하는 관점으로는 통섭(統攝, consilience)이 있고 또한 통전(統全, integration)도 있다. 이 단어들은 총체적 형이상학에 대한 관점을 드러내는 어휘들로서 최근에 주목을 받아 일상 언어화되고 있다. 통섭은 윌슨(E. Wilson)의 물리적 환원주의를 나타내고(최재천 외, 2007), 통전은 함석헌의 중용(中庸)적 자연주의를 드러낸다(정대현, 2011). 윌슨은 인문 사회 과학이 기초해 있는 인간의 마음이나 의식도 인과성을 통해 물리 과학적 존재로 환원되거나 설명될 수 있다는 점에서, 모든 인간 지식은 원칙적으로 통합된다고 생각한다. 그러나 이남인(2009)은 의식과 뇌에 대한 접근이 근본적으로 다르다는 점을 들어 통섭 개념을 비판한다. 뇌과학은 실험과 관찰에 의존하여 의식이나 마음을 물리적 인과 관계의 질서로 환원하고자 하지만(박승억, 2008), 의식은 그러한 방법으로는 이해되지도 않고 접근되지도 않으며, 의미 연관, 목적 연관, 동기 연관 같은 범주를 통해 "반성적으로" 파악된다는 것이다. 신승환(2010b)은 윌슨이 "생물학적 지식과 존재론적 지식의 범주를 혼동하고 있다"고 지적하고, 배식한(2007: 249)은 윌슨의 논의를 최근의 철학적 논의를 충분히 반영하지 않은 낙관적인 소망으로 해석한다. 한국의 철학자 중에 환원적 물리주의의 꿈을 유지하는 형이상학자도 있지만 그에 회의적인 사람들이 더 많다(하종호 · 김선희 외, 2008).

문화에서 여가는 중요한 요소이다. 노예나 동물은 휴식이 있을 뿐 여가가 없다. 노예에게 여가가 있다면 그것은 노예를 위한 것이 아니라 주인을 위한 것이다. 그러므로 자유로운 인간만이 여가를 갖는다. 왜 그러한가? 전통적인 대답은 노예나 동물은 자신의 일을 갖지 않기 때문이라는 것이다. 자유로운 인간만이 자신의 일을 할 수 있는 특권이 있다는 것이다. 그러나 오늘과 같은 정보 사회가 더 발전한다면, 인간 경험에서 일과 여가라는 이분법적 관계는 유지될 수 있을 것인가? 현대인의 조건으로서 일과 여가의 관계는 어떤 구조에서 이해될 수 있는가? 이러한 구조에서 전체성의 왜곡이나 억압은 없는가? 일과 여가의 관계는 어떤 점에서 상보적이고 또한 대립적인가? 여가와 놀이는 구분되어야 하는가? 일은 놀이처럼 수행될 수 없는가? 일과 여가는 현대인의 표현의 형식이 될 수 있는가? 이훈(1988)은 아리스토텔레스와 마르크스를 원용하여 여가 개념을 당위론적으로 구성하면서 여가를 일차적으로 명상 활동으로 본다. 진리를 발견하는 최선의 방법이 명상(theorein)이라는 것이다. 명상은 자기 이해의 관점으로부터 벗어난 활동이기 때문에 왜곡되지 않은 관점을 유지할 수 있다는 것이다. 그는 이러한 여가가 노예나 노동자를 포함한 모든 사람들에게 주어질 수 있기 위해서는, 사회적 생산력이 모두를 위한 물질적 생산 수단인 동시에 학예적 장인 노동을 위한 수단이 되어야 한다고 주장한다. 이러한 구조는 역으로 생산력을 발전시키면서 동시에 노동과 여가의 이분법을 극복하는 장치가 되리라는 것이다.

정수복의 한국 문화 문법

정수복의 세계를 보는 눈은 사회 과학적이면서 경계 해체적이고 인문적이면서 개념적이다. 그가 다루는 여러 주제들 중에서 책, 생태, 시민, 참여 민주주의에 대한 그의 성찰을 살필 수 있다. 정수복(2007)은 그가 살고 있는 공간인 한국의 문화가 어디로부터 왔는지를 물으면서 의미론적 상승을 시도한다. 한국 문화는 한국인들이 각자 독립적으로 우연히 살게 된 방식들의 사건적 집적이 아니라 체계적으로 구성되고 사회적으로 집행되고 공동체적으로 존중되어온 문법적 의미 언어라는 것이다.

한국어에는 한국 사회의 문법이 내재화되었기 때문에 한국인들은 한국어를 배우면서 한국 문화로부터 벗어날 수 없다. 따라서 한국인의 삶에 나타나는 현세적 물질주의, 감정 우선주의, 가족주의, 연고주의, 권위주의, 갈등 회피주의 등의 부정적인 문제에 대한 처방은 단순할 수 없다. 문제는 현상적인 것이 아니라 그 현상을 가능하게 한 세계관의 가치이고, 그 가치들은 무속, 왜곡된 유교, 일제 강점기, 국가 중심주의 등을 배경으로 하기 때문이다. 따라서 그의 처방은 이중적이다. 한편으로 한국사의 배경으로부터 건강한 개인 주체를 세우면서, 다른 한편으로 세상이 하나가 되어가는 상황에서 환경과 성장의 지속 가능한 문화를 추구하는 것이다. 정수복은 전통과 연결되면서도 대안적일 수 있는 한국 문화를 위해 두 가지 안을 제시한다. 하나는 한국인이 문화적 교양층으로 일어서는 것이고 다른 하나는 대안 문화의 주도층을 구성하는 것이다.

정수복(2013a; 2013b)은 문화적 교양을 위한 독서의 의미를 여러 저자들을 참조하여 구성한다. 그의 독서론은 다음과 같이 요약될 수 있다. 먼저, 독서는 주체적 자아의 기초이므로, 독자 스스로가 자신의 몸과 마음의 주인이 되게 한다. 독서를 통해 내면으로의 침잠이 이루어지면서 고유한 개인, 이른바 근대적 자아가 형성된다. 따라서 독재자에게 책은 저항의 불씨로 보일 수도 있다. 또한 정수복은 독서를 통해 주체성에 이르는 길의 구조를 보인다. 독서란 우리를 일상생활의 굴레에서 벗어나게 하고 무중력 상태를 경험함으로써 마법처럼 시공을 초월한 다양한 삶의 모습들을 만날 수 있게 해주는 외출증이다. 결과적으로, 독서는 독자의 풍경을 바꾸어놓는다. 독서는 독자가 마음을 열고 저자와 대화하게 하는 신비한 장치다. 대화를 구하는 마음으로 독서를 하다 보면 어느 날 문득 깨달음이 오고 경험의 세계가 확대되고 지지부진한 현실 세계를 떠나 참신한 자기 완결적 공간의 세계로 날아가게 된다. 독자는 독서를 통해 새로운 풍경의 일부가 되는 것이다.

개인 주체를 세우면서 환경과 성장의 지속 가능한 문화를 추구하고자 한 정수복(2002: 79, 251-252; 1993: 74-77; 1997)의 또 하나의 처방은 시민운동이다. 그에게 있어서 시민운동이란 식민지화된 생활 세계에서 녹색 대안을 찾는 것 같은 복원 운동이다. 국가와 기업이 권력과 화폐를 매개로 주도하는 재생산 체계는 관료적 합리성과 시장적 합리성으로 국민들에게 수월성, 효율성, 이윤 같은 기준의 만족을 요구하여 시민들의 생활 세계를 식민지화하고 파편화한다. 그렇다면 손상된 생활 세계를 회복시키는 작업이 필요하고, 회복하는 방식은 생활 세계의 합리성 복원이다. 그 복원을 위해서는 공적 담론 영역을 구성하여 개방적이고 공개적이며 투명한 의사소통의 공간에서 토론하는 것이 필요하다. 진리성, 정당성,

진실성을 만족하는 공적 담론은 진정한 생활 세계의 반영일 뿐만 아니라 생활 세계로 인해 가능해진다. 시민운동은 식민지화된 체계에 대해 공적 의사소통을 통해 사회적 정당성을 얻는 노력이다. 한국 문화에 대한 정수복의 문법적 접근은 다양한 문화 현상에 매몰되기 쉬운 위험성을 경계하고 성찰과 대화의 공간을 확보하는 하나의 방식일 수 있다.

"문화"의 대조어는 과거에 "자연"이고 "하급"이고 "원시"였지만 이제는 "자본 시장과 과학 기술의 조정"이 되었다. 과거에는 절대적 권력이나 확실한 지배 계층이 생활 양식을 지배했고 이제는 민주적 주체가 생활 양식을 선도해야 하지만, 민주적 주체라야 할 공공 영역의 구성은 아직 절차적으로 미완이다. 그래서 문화는 정치적인 구조를 가질 수밖에 없고, 이 과정에서 소통이 절실하게 필요하다. 또한 시대마다 문화적 아이콘이 있었다면, 이 시대의 그것은 무엇인가라는 물음이 떠오른다. 종교를 포함한 절대화된 신념이 장대한 신전, 만리장성, 피라미드, 기념관, 승전탑, 개선문을 만들었다면, 지난 100년의 문화 흔적을 보이는 아이콘으로 체르노빌 같은 원전 폐기물 창고가 후대에 기억되어야 하는가? 민주적으로 소통된 공공 문화의 아이콘은 어떻게 나타날 것인가? 정치가 이루어낼 인문적 인류 이외의 아이콘이 필요할 것인가?

11장
역사의 이해

"사람 만나는 것이 중요한 까닭은 그 사람이 살아온 모든 것에 접할 수 있기 때문이다." 어떤 현수막의 문구이다. 사람은 모두 각자가 살아온 과거를 반영하고 있다. 여기에서 더 나아가 우리가 다른 문화의 사람을 만난다면 우리는 그의 개인 과거사만이 아니라 그의 문화를 만날 것이고 그의 문화 구조는 그의 생애를 벗어나는 과거와 미래로 인도할 것이다. 그의 문화 전망과 우리의 문화 전망은 어떤 국면들을 공유하지만, 다른 국면에서는 차이를 나타낸다. 인간은 역사적 존재이기 때문이다. 그러면 역사란 무엇인가? 역사는 인간과 어떻게 관계하고 인간은 어떻게 역사를 구성하는가? 인간에게 관계하는 역사는 관점 독립적으로 실재하는가? 역사 실재를 긍정하는 논리는 무엇이며 부정하는 근거는 어떤 것인가? "역사를 구성한다"는 말은 무엇이며, 어떻게 역사를 구성한다는 것인가? 역사 구성에 대한 찬반 이유들은 무엇일까? 지금과 같은 소통의 시대에 이런 기본적인 물음에 대해 우리는 어떤 의견을 가지는가? 그 까닭은 무엇이며 어디에서 시작해야 하는가?

1. 시간과 역사

역사 이론이 전개되는 현장에 들어가기 전에, 배경적 논의가 필요하다. 대상이 관찰 관점 의존적인 것처럼, 역사도 관점 의존적임은 자명하다. 그래서 세계를 해석하는 중요한 체계들은 독특하고 일관된 역사관을 제시한다. 종교에 따라 역사에 대한 태도가 다르고, 식민지 시대 체계와 해방 이후 체계에서 역사를 보는 관점이나 논의의 내용이 달라지는 것이다. 역사관이 관점이나 체계에 따라 달라지는 것처럼 달라지는 또 하나의 계기는 시간이다. 시간을 어떻게 보는가에 따라 역사관이 달라진다. 시간을 실재적으로 보는지 구성적으로 보는지에 따라 역사가 달리 나타나는 것이다. 그러므로 역사 이해를 위한 서설로서 사관과 시간의 주제에 한국 현대 철학자들이 어떻게 주목하고 있는지를 살피고자 한다.

역사와 사관

역사를 어떻게 볼 것인가? 인간의 모든 인식이 이론 의존적이듯, 역사를 보는 사관도 관심하는 주제, 세계관, 종교, 시대에 따라 달리 나타나거나 구성된다. 먼저 종교 사관들이 어떻게 논의되고 있는가를 보자. 방인(1996)은 불교의 여러 전통 중에서 고사카(Ghosaka) 관점을 수용하여 불교적 역사관을 나타낸다. 불교는 연기로 모든 현상의 세계를 설명하므로, 시간도 연기적 방식으로 파악한다. "시간이란 오직 이런 저런 현상에서 유출된 개념이다"라고 믿는 것이다. 과거는 과거의 상을 지니지만 그 경우에도 현재와 미래의 상을 떠나 있다고 말할 수 없고, 미래는 미래의 상을 지니지만 그 경우에도 과거와 현재의 상을 떠나 있다고 말할 수 없고, 또한 현재도 현재의 상을 지니지만 그 경우에도 과거와 미래의 상을 떠나 있다고 말할 수 없다는 것이다. 방인은 과거와 미래를 비실재적인 것으로 환원하지는 않지만, 현재의 실재성에 주목하는 역사관을 펼친다.

김도종(1988)은 기(氣)의 개념으로 유불도의 공통적인 역사관을 구성한다. 그는 기가 정신과 물질의 근원체로서 자연사만이 아니라 인간사를 구성한다고 본다. 시(時)와 역사가 기의 운행이므로 기의 운행이 아닌 것이 없고, 인간사는 자연사와 분리되어 있지 않다는 것이다. 유불도는 이러한 기의 운행을 각기 성(誠)으로, 선(禪)으로, 무위(無爲)로 파악하여 수련의 방식을 달리 제시하지만, 역사와 자연과 인간의 해방적 합일을 목표로 한다.

유인희(1985)는 주희 철학을 통해 유학적 역사 이념을 개진한다. 그는 유학은 역사를 개인적 욕망과 물리력에 내맡길 수 없다는 도덕적 인문주의의 관점이고, 역사적 폐해를 합리적으로 개혁하려는 이성주의의 철학이라고 믿는다. 송영배(1985)는 동중서를 통해 보다 구체적으로 논의한다. 왕도는 실천 과정에서 민(民)의 이름이 우매(瞑)를 뜻한다고 하여 민의 능동성을 부정하고, 백성이 왕을 세우지도 폐하지도 못한다는 주장을 하여 보수적 한계를 보이기도 했지만, 왕도의 정치 이상은 덕치라는 통치 이념으로 민생을 안정시키는 것이었고 군주 권력의 독재를 비판하여 신왕의 출현을 정당화했다는 것이다.

김형석(1993)은 역사는 사건의 인과보다는 역사의 주체성에 의해 파악되는 의미의 인과일 것을 제안한다. 인간성과 역사에 내재하는 근원적인 악이 초래하는 역사적 난파의 가능성 앞에서 긍정적인 역사가 완성될 수 없을 때 역사의 의미 또는 구원은 초역사적인 곳에서 종말론적으로 찾아진다는 것이다. "자연의 반복되는 시간(aión)이 아닌" "내용과 사건으로 채워지는 구원의 때(kairos)"가 도래한다는 것이다. 박순영(1994)은 이러한 김형석의 역사 철학을 "이성을 초월하는 의미의 요청"인 동시에 인간성의 완성과 악의 문제를 극복하고자 하는 "이성적이며 인간적인 욕망"이라고 평가한다.

한국사는 일본 강점기를 통해 독특한 사관의 유형을 맞게 된다. 소위 "식민 사관"과 "민족 사관"이라 불리는 사관들이다. "식민 사관"이란 일제가 "식민지 통치를 정당화하고 식민 통치에 이용할 목적으로" 만든 한국사의 관점이다(박찬승, 2010: 187; 1992: 367). 일제는 조선사편수회, 청구학회, 경성제국대학을 중심으로 한국사 왜곡 작업을 착수했다. 그 중심 주장은 단군 설화, 고조선 등을 부정하고, 신공 왕후의 신라 정복설, 한반도 남부 가야국에 대한 4세기 임나일본부설(任那日本府說), 한국 역사를 만주에 종속된 것으로 보는 만선사(滿鮮史) 이론, 한민족의 독자성을 부정하는 일선동조론(日鮮同祖論), 한국의 근대화를 위하여 일본의 역할이 필요하다는 정체성론, 한국이 역사를 스스로의 주체적인 역량으로 전개시키지 못한다는 타율성론, 한국 민족의 성격에 대한 사대주의론, 당파성론 등이다.

일제 강점기를 지배한 이러한 식민 사관에 반대하여 한국의 몇몇 사학자들은 당시의 다른 지성인들과 더불어 단군 신앙을 강조한 대종교(大倧教)와 관계하면서 "민족 사관"이라는 관점을 주장했다. 한국의 근대 민족주의 사학은 한말-일제 시기 외세의 침략에 대한 학문적 대응으로 형성(박찬승, 2004: 83)된 것이다. 박은식은 일제하에서 "나라는 가히 멸할 수 있으나 역사는 가히 멸할 수 없다. 대개 나라는 형체이지만 역사는 정신이다. 지금 한국의 형체(나라)는 훼파되었지만 정신(역사)은 가히 독존시키지 못하겠는가?"라고 했다(이만열, 2000: 37). 또한 신채호는 3·1 운동 후에 중국에 망명하여 "조선혁명선언"을 발표하면서 "역사의 주체는 곧 민중"임을 주장했다(이만열, 2000: 40-41). 독립운동을 민족보다 차원 높은 보편적인 단계로 고양시킨 것이다.

일본의 강점기로부터 벗어나면서 역사를 바라보는 시각은 달라질 수밖에 없었다. 식민 사관은 더 이상 논의나 반박의 대상이 되지 못했기 때문이다. 그러나 일제 강점기에 나타난 식민 사관과 민족 사관의 사이에 "실증 사학"이라는 또 하나의 한국사 연구의 조류도 있었다. 이병도, 신석호, 이선근 등은 랑케(Ranke, L. von)류의 실증 사학의 영향하에 한국사의 "있는 그대로의 과거 사실"을 복원하는 것을 사학의 본령으로 삼았다. 해방 후의 실증 사학은 이한구에 이르러 철학적 이론의 틀을 갖게 되었다고 믿는다. 이한구는 탐조등(探照燈) 방법론을 통해 실증보다는 반증 개념을 수용하여 역사적 사실의 실재를 요구하는 사관을 취한다. 이에 대해서는 2절에서 보다 상세하게 논의할 것이다.

최근에는 역사 실재론에 대조되는 역사관이 제시되었다. 김기봉, 조지형 등은 과거 사실의 실재를 인정하면서도 그 사실의 다원적 인식에 주목한다. 사실이란 단일하게 드러나거나 확인할 수 있는 것이 아니다. 어떤 사실도 특정한 문장으로 표상되지만 그 문장하의 사실이 나타내는 실재는 다른 문장으로도 표상될 수 있다. 첫째 문장과 둘째 문장은 동일한 실재에 대해 다른 사실 인식이 될 수 있고 때에 따라서는 양립할 수 없는 사실 인식이 되기도 한다. 두 문장이 비통약적인 다른 체계에 속할 수 있기 때문이다. 언어 없이 역사적 사실에 접근할 수 없으므로, 언어 체계는 역사를 바라보는 역사가의 눈을 제약하는 면이 있다. 따라서 체계의 선택이 중요해지고, 역사는 구성적이라는 가설에 설득력이 부여되는 것이다. 김기봉의 역사 구성론은 3절에서 살피고자 한다.

시간과 역사

자연사가 자연의 시간적 흔적이라면, 인간 역사는 인간의 시간적 기록이다. 그렇다면, "역사란 무엇인가"라는 물음은 "시간이란 무엇인가"라는 물음에 기초할 만하다. 역사의 의미는 시간론의 단초와 연결되어 있다(소광희, 2009: 9; 백승균, 2007: 88-89). 그래서인지, 철학사나 한국 현대철학에서 시간에 대한 성찰은 지속적으로 이어져왔다. 시간에 대한 철학적 논의들은 다양하게 이루어졌지만 여기에서는 이 장의 기획에 따라 시간 실재론과 시간 구성론으로 대별하여 주목하고자 한다.

먼저, '시간은 실재한다'는 명제를 지지하는 전통이 있다. 김규영(1979: 258)은 아리스토텔레스, 플로티노스, 오거스틴, 아퀴나스, 칸트, 베르그송, 베라자에프, 후설, 하이데거의 시간론을 탐구했다. 그러한 연구를 통하여 그가 도달한 시간론은 실재론적인 것으로 보인다. 그는 시간은 영원을 본뜬 것이라는 플라톤의 관점을 밀고 나아가 자신의 논의를 제시한다. "영원한 생명", "영원한 존재", "영원한 사랑" 같은 형용사나 명사뿐 아니라, "영원히 살기 위하여", "영원히 잊지 못할"이라는 부사는 시간의 양상을 보여준다는 것이다. 부사의 경우는 "인간 주체의 어떤 양식의 존속성"이나 "시간의 지속성"을 전제하고, 형용사나 명사의 경우에는 "우리가 동경하거나 갈망하는 대상격이 되는 영원 자체를 의미하는 것이니, 내실적으로 어떤 실체적인 무엇을 예상하는 말이 아닐 수 없다"고 한다.

김규영의 시간론은 보다 선명하게 요약될 수 있다(황필호, 1989). 시간은 인간에게 무상과 항상, 순간과 영원, 짧은 시간과 끝없는 시간이고, 의식과 존재를 동시에 경험하게 하는 역설적 성질을 가진다. 우리가 시간을 영원의 시각에서만 정확히 이해할 수 있는 이유이다. 분명히 존재하는 것, 그리하여 언제나 변하지 않는 것은 시간이 아니라 영원이다. 간단히 말해, 영원이 실재하는 것이니 그 영상으로서의 시간도 실재적이라는 것이다.

박병철(1996)의 시간론은 중기 비트겐슈타인을 통하여 도달한 시간 실재론으로 추측된다. 그의 실재론의 논리를 구성해보자. 인간은 일차적으로 직접 경험 속에서 산다. 그렇기 때문에 "세계는 5분 전에 생겨났다"라는 러셀이 가상한 회의주의가 가능한 것이다. 그러나 이 회의주의를 위한 증거로 제시되는 것은 무엇이든 "수치를 측정하는 자(尺)를 제시"하는 것과 같은 것이 되고 만다. 그렇다면 이러한 의식 현상적 사실의 세계에서 시간적으로 지속하는 대상을 찾는 것이 필요하고, 색채는 그 후보가 된다. 색채는 색채 공간에 속하고, 문제는 그 색채 공간이 진정한 공간이 아니라는 점이다. 색채는 시간적으로 지속하는 대상이 아니기 때문이다. 의식 현상에만 주어지는 것은 끊임없이 유동한다. 문제는 끊임없이 유동하는 직접 경험의 세계는 시간적인 성격을 가지는 단어에 포착될 수 없고 시간적으로 지속하는 대상은 의식 현상적일 수 없다는 점이다. 직접 경험의 세계는 끊임없이 유동하기 때문에 명제에 의해 포착될 수 없지만 우리는 현재라는 고정된 시점에서만 명제를 검증할 수 있다. 우리는 일차적으로 직접 경험의 세계에 살고 있지만 우리가 언어로 표현할 수 있는 것은 유동하고 있는 직접 경험의 대상은 아니라는 것이다. 언어는 물리적이고 검증은 시간적이다. 검증은 시간적 질서에 대한 공적인 동일시가 가능할 때에만 가능하다. 그렇다면 언어가 가능하기 위해서는 공적 동일시에 필요한 시간이 실재적이어야 한다.

소광희(2009: 5-7, 721)는 시간에 대해 현재까지 가장 총체적이고 방대한 연구를 제시했고, 시간 실재론보다는 시간 구성론에 기운다고 생각된다. 그는 계산의 대상으로서의 객관적 시간을 허용하지만 이 객관성은 시간의 실재성에는 미치지 못한다. "변화에 대한 지각이 없다면 시간이 있을 수 없"다고 믿기 때문이다. 다른 한편, 그는 시간에 대한 핵심 화두로 "삶의 지속", "고뇌", "죽음"과 같은 개념을 제시한다. 소광희의 시간은 죽음을 향한 삶의 지속에서 경험된 일회적 고뇌 경험이다.

소광희(2009: 402-420, 562-619)의 시간 구성론은 베르그송과 하이데거의 시간론을 조정하여 통합한 결과로 보인다. 태양계 운동이나 이세돌의 바둑 경기는 시간에 공간이 삽입되어 구성된 계산적·분석적 시간 지속의 경우이다. 그러나 순수 지속으로서의 시간은 멜로디에서와 같이 직접적·직관적으로 지각된다. 멜로디는 여러 음으로 구성되어 있지만 음들의 차이보다는 음들의 연속, 연속에 의한 통일, 통일로부터의 조화, 조화로의 몰입, 몰입의 지속으로 구성된다. 이러한 지속은 마음 씀(Sorge)에서 현저하게 나타난다. 죽음 앞에서 예감되는 무의 경험이 불안을 인간의 근원적 범주로 만들고 있기 때문일 것이다(정은해, 1999: 185). 인간 고뇌는 그러한 불안에 대한 마음 씀에서 나타나는 양심의 책임감(Schuldigsein)이라 할 수 있다는 것이다.

문창옥(2007)은 시간을 개념적으로 구성한다. 화이트헤드를 통해 도달한 그의 시간론은 물리적 시간을 개념적 틀에 따라 해명하고 있다. 그 개념적 틀은 창조성, 하나, 많음을 내용으로 하며 가장 기초적이라는 의미에서 "궁극적"이지만, 이들을 조합하는 설명 방식이나 제약 조건에 따라 상이한 체계에 도달할 수 있다는 의미에서 다원성에 열려 있다. 그러한 궁극적 범주와 조합 방식에 의해 결과되는 현실적 계기의 구성 또는 합생(concrescence)은 "물리적 시간 밖에 있으면서 물리적 시간의 출현을 설명하는 존재론적 시간의 담지자로 기능"하게 된다. 그의 시간론을 개념 구성적이라 볼 수 있는 계기는 그가 합생을 물리적 시간 밖에 있는 것으로 보기 때문이다.

김연숙(2009)은 레비나스 시간론을 통하여 시간의 흐름을 겪는 주체의 수동성을 "인내"라 부른다. 그는 인간 의지가 시간에 예속되어 있으면서도 몸의 신체성에 의해 그 동일성이 드러나는 것을 다음과 같이 피력한다: "그것은 심지어 일종의 주체의 무력감과 동일시되면서 혼란스럽게 이해되어온 정념의 수동성과는 구분되며 어떤 수동성보다도 더 수동적인 방식으로서의 인내를 의미한다". 그리고 모든 자의식적 노력에도 불구하고 그 자신의 의지를 거스르면서 모든 덕을 휩쓸어가는 것, 어떤 주도권이나 목적적 행위가 작용할 여지없이 이행해가는 시간의 수동적 종합 아래서 존재의 늙어감에 주목한다. 이런 늙어가는 신체의 주체성은 동일성을 유지하지 못하지만 유일무이한 주체인 것으로, 정체성이 없는 단일성의 주체로 표현된다. 이상의 시간론들을 역사의 이해에서 주목하는 것은 시간을 구성적으로 보거나 실재적으로 보거나 간에 시간을 인간 경험의 문맥에서 이해하면 그것은 역사, 인간사가 된다는 점이다.

2. 이한구의 역사 실재론

역사란 무엇인가? 이 물음을 묻는 사람들에게 역사란 일차적으로 사람들의 역사일 것이다. 그러면 사람들이 이야기하는 인간 역사란 무엇인가? 자신을 있게 하고 자신이 그 부분이며 또한 자신이 참여하게 되는 역사란 무엇인가? 이야기되는 역사는 울산 바위처럼 거기에 있는 것인가, 아니면 인간 역사는 사람들이 만들어가는 것인가? 이한구는 역사가 어떻게 실재적인지, 어떻게 구성적인지를 보이기 위해 이야기 개념이 도움이 된다고 생각한다(이한구, 2007: 134-153). 이야기는 역사 소설처럼 허구적일 수도 있고 사회 실재와 동형 구조를 유지하는 사실적인 것일 수도 있다고 믿는다. 그렇지 않다면 역사학은 학문이기 어렵고 궁극적으로 "자기 파괴적"인 것이 된다는 것이다.

역사-구성적인가 실재적인가?

이한구(2010a: 34-36, 27-58)는 인간이나 사회가 역사적이라는 점에서 시작한다. 고흐의 해바라기, 조선 시대 한옥 같은 예를 들면서, 사건의 역사성이란 그 사건이 과거의 다른 사건들에 영향 받은 어떤 성질을 구성적 속성으로 갖는 시간적 속성이라는 것이다. 그러나 그의 이론은 헤겔, 마르크스 같은 역사주의자와는 다르다. 그들은, 계몽주의의 보편적 이성에 대한 반명제로, 인간 존재의 역사성을 이론화하여 세계 해석의 본질적 지점으로 "역사적 이성"을 제안했다. 보편적 이성론은 단일한 이성 능력으로 인류가 세계를 설명하고 역사의 주체로서 인류 역사를 만든다는 것이었다. 인권이나 민주주의의 확장을 그러한 이성적 진보의 결과로 보았다. 반면 역사적 이성론은 거대 담론보다는 구체 담론에 주목하여 개인, 시대, 민족, 국가가 달라짐에 따라 고유한 이성의 계기들이 작동한다는 점에 주목한다. 개체건 전체건 실질적 구체성을 부여할 수 있어야 한다는 것이다.

이한구가 역사적 이성에 기초한 역사주의에 반대하는 것은 객관적 지식의 실종 때문이다. 역사주의는 개체를 강조하는 개성주의(historism)로 나가건, "전체"에 주목하는 법칙주의(historicism)로 나가건 간에 공통적으로 상황적 역사성을 실재의 본질적 구조로 간주하는 관점이다. 둘 다 이성이 그 시간적 범주를 벗어날 수 없다는 것이다. "전체"라고 하는 경우에도 특정한 개성이 부여된 전체이고, 이성은 역사적으로 자유로운 초월성의 능력이 아니라 역사적으로 제약되어 갇히는 폐쇄성의 능력이다. 객관적 지식의 전망을 가질 수 없는, 개성 존중의 관점에 따라 모두가 캄캄한 밤중으로 들어가는 것이다.

이한구(2010a: 245-246; 2007: 111-112)는 역사 해석에서의 관점 다양성

이 불가피하다는 점을 인정하면서도, 해석의 객관성이 유지될 수 있다는 점을 확실히 한다. 이 객관성은 역사가 과거를 재현(reproduce)한다는 강한 객관성이다. 이한구는 인과, 법칙, 설명, 반증, 합리성 같은 개념들을 변용하고, 활용하여 역사 실재론의 장을 연다. 그의 강한 역사 실재론에 주목해보자.

설명적 해석학

역사 실재론을 위한 이한구의 첫째 논변은 설명적 해석학이다. 인간은 어떤 사물이나 사건을 인식할 때 관점적일 수밖에 없다. 세종로의 이순신 동상의 인식이나 일본의 2011년 3월 11일 후쿠시마 참변 사건의 인식은 시공 자리, 개인 신념의 선택에 따라 다른 관점을 구성한다. 인식은 수동적이 아니라 능동적인 것이다(이한구, 2010a: 305-306, 279-280). 역사를 서술하는 것도 관점적인 것은 마찬가지이다. 역사 서술은 선택된 사건들에 대한 일관된 이야기이기 때문이다. 서술이란 해석이고, 해석은 관점적이다. 이한구는 해석을 사실의 관점적 범주화로, 설명을 법칙적 사실 연결로 구분하면서도, 또한 양자를 접목시킨다. 이 접목을 위해 이한구(2010a: 312-314)가 호소하는 원리는 두 가지이다. 첫째, "실재적인 사건은 인과력을 갖는다"는 원리이다. 사건이란 어떤 대상이 특정 시간에 특정 속성을 갖는 것이고, 역사적 사건도 그러한 사건의 범주에 들어있다는 것이다. 둘째, "법칙은 우리가 어떤 동일한 수준에서 사건들을 함께 묶고 연관짓도록 해주며, 우리가 자의적으로 사건들을 범주화하지 못하도록 어떤 제한을 가한다"는 것이다. 이러한 넓은 법칙 개념에 의하면 자연 과학의 법칙과 인문 사회 과학의 법칙이 동일한 법칙 개념하에 나란히 설 수 있다. 이것을 기초로 이한구는 "어떤 사건도 법칙에 기반을 두지 않고는 설명할 수 없다"라고 말한다. 바람직한 관점적 해석은 법칙적 설명과 양립 가능하다는 것이다.

이한구(2010a: 249-257, 315-319)의 넓은 법칙론은 반증주의라는 그의 일원론적 방법론과 관련된다고 생각한다. 그는 포퍼(K. Popper)의 비판적 합리주의의 중요한 부분을 비판하지만 많은 부분에서 반증주의 논제에 동의하기 때문이다. 반증주의란 이성이 오류 가능하므로 비판에 비켜 있는 명제란 없다는 주장과 가설 연역 명제로 구성되어 있다. 가설 연역 명제란, 명제가 참인 것은 확정할 수 없지만 거짓인 것은 확정할 수 있다는 믿음에 기초하여, 특정 문제 상황에서 해결로 제안된 가설이 거짓인가를 탐구하여 거짓인 경우 새로운 가설을 시도함으로써 진리에 다가간다는 것이다. 이때의 연역성이란 "가설 H가 참이라면 명제 P가 관찰될 것이다"라는 실험 명제와 "명제 P가 관찰되지 않았다"라는 단칭 명제의 두 전제에서 "가설 H가 거짓이다"라는 가설 반박 명제의 결론을 연역해 내는 것으로서, "후건 부정식(modus tollens)"의 논리를 나타낸다. 반증주의는 부정하기 어려운 방법이기 때문에 자연 과학뿐 아니라 인문 사회 과학에도 적용될 수 있다. 반증주의의 방법은 "실수를 회피해야 한다"는 검증적 귀납주의가 아니라 "더 작은 실수를 선택"해야 한다는 것이다. 이것은 진화론적 인식론과 맥을 같이하는 것으로, 문제 해결에서 어떤 전략이 살아남을 것인지는 자명하다.

이한구(2007: 235, 264-266)가 자연 과학과 인문 사회 과학을 반증주의라는 방법론으로 연결하지만, 다른 한편 이해라는 개념으로 구분한다. 이해는 자신의 의도와 같은 정신 현상에 대한 직접적 인식이고 설명은 자연에 대한 간접적 인식이다. 물론 다른 사람의 의도는 직접적으로가 아니라 추리로서만 접근되고 또한 행위는 의도하지 않은 결과를 낳기도 하기 때문에 설명이나 이론이 개입되어야 한다. 그러나 이한구는 여기에서 중요한 관찰을 한다: "인간이 합리적이고 자율적인 존재인 한에서 인간의 의식적 행위가 자연 법칙적으로 설명된다고 할 수는 없다. 이런 의문을 해결하는 것이 합리성의 원리에 입각한 상황의 논리이다." 일반 법칙으로 자연 법칙과 인문 사회 법칙을 포섭하지만 또한 자연 법칙과 인문 사회 법칙을 분리하는 것이다. 이한구의 관찰은 합리성의 선험적 성격과 더불어 중요한 시사점을 함의한다. 둘 다 인과성을 포함하지만, 자연 법칙은 개별적 명제로 구조화되는 데 반해, 인문 사회법칙은 총체적으로 구성된다는 것이다.

다음에 보이는 이한구(2007: 281-297)의 설명 정식은 일원론적 방법론에 중요하다.

(1) a는 C 유형의 상황 속에 있다.
(2) 인간은 합리적으로 인식하고 행위한다.
(3) C 유형의 상황 속에서 Q를 하는 것이 합리적이다.
(4) 그러므로 a는 Q를 한다.

이 설명 정식은 표면적으로 단순해 보이지만, 이한구가 정치하게 결합한 세 가지 요소로 구성되어 있다. 첫째는 상황의 논리이다. 상황의 논리에 따라 행위자의 상황을 분석한다는 것은 "행위자가 그 자신을 파악한 상황에 기초하여 수행하는 인간 행위에 대한 어떤 종류의 잠정적이거나 가정적인 가설"이다. 이 파악은 주관적이긴 하지만 대다수의 사람들이 비슷한 상황에서 비슷하게 파악한 것이 된다. 설명 도식의 명제 (1)은 이러한 상황 논리의 표현이라고 보인다.

설명 정식의 둘째 요소는 법칙의 선험성이다. 모든 설명은 하나의 일반법칙이 있어야 한다고 요구해왔다. 설명 정식도 "헴펠의 설명 모형과 동일해 보인다"고 하는 것이다. 그러나 이한구(2010a: 248)는 "인간 행위가 자연 법칙으로 설명될 수 없다"고 믿으면서 일반 법칙을 "선험적 법칙"으로 변형하라고 요구한다. 설명 정식의 명제 (2)와 (3)은 바로 그 변형의 결과이다. 이들은 경험적 법칙은 아니지만 행위 설명에 있어서 연역을 가능케 하는 법칙의 역할을 한다고 믿는 것이다. 그리고 이들이 선험적이라고 한 까닭은 행위 합리성의 성질이 외부 기준이 아니라 내부 기준으로 발생한 것이기 때문이다. 셋째 요소는 합리성이다. 모든 사람은 인식과 행위에 있어서 합리적이라고 믿는다. 계몽주의의 전통을 이어받아 보편주의라는 형이상학적 관점을 나타내보이는 것이다. 이한구는,

역사가 실재적이라면 자연 현상을 설명하는 방법론은 또한 인간 현상을 설명할 수 있어야 한다는 일원론적 방법론을 강하게 요구한다.

역사 객관성

이한구(2010a: 291, 307–309; 2007: 120–123)의 역사 실재론을 위한 둘째 논변은 역사 객관성 논변이다. 역사를 바라보는 관점이 다양하지만 그러한 관점들 간의 우열을 가릴 수 있는 기준을 제시할 수 있다는 취지의 논변이다. 이 논변의 다양한 접근 방식들을 조감해보자. 먼저, 그는 관점(觀點)은 객관주의와 양립 가능하다고 생각한다. 관점들은 배타적일 필요가 없기 때문에 입장을 바꾸어 생각해보는 역지사지(易地思之)에 열려 있어서 조정이 가능하다. 역지사지가 가능하다는 생각의 논리는 관점이 동일한 사물을 다르게 인식하는 것이기보다는 동일한 사물의 다른 국면을 인식한다는 차원에서 찾을 수 있다. 그러면서 이한구는 포퍼가 제시한 관점들 간의 선택을 위한 산출력(fertility) 기준을 수용한다: 사실 자료와의 모순성이 있는가; 모순을 피하기 위한 보조 가설이 있는가; 다수 사실들과의 연계성을 확보하는가와 같은 조건들이다.

역사 객관성을 위한 또 하나의 고려는 반증주의 원리 적용에서 필요한 단칭 명제의 성격에 관한 것이다. "명제 P가 관찰되지 않았다"는 단칭 명제는 "가설 H가 참이라면 명제 P가 관찰될 것이다"는 실험 명제로부터 "가설 H가 거짓이다"는 가설 반박 명제의 결론으로 가기 위해 필연적이다. 이한구(2010a: 255–257; 2007: 194–195)는 이 단칭 명제의 경험적 성격에 관한 논의가 그동안 불충분했다고 하면서 단칭 명제의 성격을 보이기 위한 논의를 계속한다. 이한구는 합의와 같은 인식론적 객관성은 진정한 의미에서 객관성이 아니라 "간주관성"이라 규정하면서 칸트와 하버마스를 비판하고, 존재론적 객관성을 지지한다. "나에게 이 개나리는 노랗게 보인다"거나 "나는 이 개나리가 노랗다는 것을 의심하지 않는다"와 같은 인식적 사태가 아니라, "이 개나리는 노랗다"와 같은 객관적 사태의 가설이 제안될 수 있다는 것이다.

이한구(2007: 347-349, 356-357, 324-325, 362)는 또한 역사관의 다원성에 대해서도 비교의 잣대를 적용할 수 있다고 믿는다. 역사관은 역사의 주체는 누구인가, 주체가 구성한 목적은 무엇이며 이를 위한 수단은 어떻게 구성되는가, 그리고 그 역사 방향은 무엇인가와 같은 물음과 그 물음의 조명으로 구성된다. 이러한 역사관의 구조는 사건의 구조와 동형적인데, 사건 구조란 한 대상이 특정 성질을 특정 시간에 구현하는 형식이다. 이한구는 라카토스의 과학적 연구 프로그램을 수용하여, 역사 연구 프로그램은 부정될 수 없는 핵심 원리를 가지면서도 탐구 강령이 어떻게 전개되어야 하는가를 지시하는 지침을 갖는다고 믿는다. 그렇다면 역사관은 중핵 가설의 체계가 되고 사실에 의해 정당화되어야 하는 가설이 되면서도 또한 연구 프로그램들 간의 우열 비교에 열려 있게 된다. 물론 "부정될 수 없는 핵심 원리"들로 달리 구성된 역사관들을 어떻게 비교할 수 있을 것인가의 문제가 제기될 수 있다. 이 점은 이한구의 역사 언어학에서 살펴볼 것이다.

그리고 이한구(2010a: 280, 293, 322, 349)는 "포퍼를 넘는" 객관성을 요구한다. 포퍼는 이론과 해석을 구별하여, 이론은 반증 가능성에 열려 있지만 해석은 관점의 차이라고 간주하고 관점의 우열의 차이로 객관성에 접근하고자 한다. 그러나 이한구는 포퍼의 이러한 해석 객관성은 "훨씬 강화될 필요가 있다"고 생각한다. 해석에 준이론성을 도입하여 해석에도 반증 가능성의 논리를 적용하고자 하는 것이다. 한편 포퍼의 열린 사회는 통치자를 비판할 수 있는 자유와 전체 행복을 위해 개인의 고통을 요구할 수 없다는 부정 공리주의로 구성되어 있다. 그러나 이한구는 여기에 "진리를 함께 추구하는" 지식 공동체 조건을 첨가하여 열린 사회의 지성적 조건을 요구하고 있다. 행위의 합리성은 인식의 합리성을 통해 선명해진다는 믿음을 나타낸다. 그리고 이한구는 포퍼를 넘어 "유토피아적 사회 공학도 허용"할 수 있어야 한다고 과감하게 선언한다. 상황에 따라서는 "위로부터의 근대화"도 도움이 된다는 것이다. 그의 특정 지식 개념에 기초한 객관성의 적용이 인도하는 귀결점으로 보인다.

역사의 언어학

이한구(2007: 157-185)가 자신의 역사 실재론을 위하여 가장 많은 지면을 할애한 것은 역사주의 비판이고, 가장 심혈을 기울였다고 생각되는 것은 설명적 해석학이지만, 가장 결정적인 논변은 그의 역사 언어학에 있다. 이한구는 "언어적 전회"에 대해서는 양면적 관점을 갖는다. 그는 언어적 전회는 인식론적으로는 언어적 칸트주의이고 존재론적으로는 개념적 상대주의라고 비판한다. 그는 동일한 개바가이를 보고(seeing) 달리 인식(perceive)하게 된다는 콰인(Quine, 1960)의 온건론(참조: 9장 3절)이나 체계 간의 비교 불가능성을 말하는 쿤(Kuhn, 1970)의 강경론도 모두 궁극적으로는 체계 간 번역 불가능성에 이른다고 비판하면서, "번역이 가능하다면 하나의 개념 체계 안에 있다"는 데이비슨(Davidson, 2001b)적 논의를 편다.

그러면서 이한구(2007: 223-234, 246-247)는 역사 이해는 역사의 언어 이해이고, 결국 역사학은 역사 언어학이라고 생각한다. 어떻게 그러한가? 역사 이해가 궁극적으로 선택된 사람들의 의도와 정신의 이해라면, 의도와 정신은 물질적 세계에 나타나야 한다. 그렇지 않으면 학적 탐구의 대상이 될 수 없다. 그러므로 정신은 마음 밖의 표현 속에서 "고정"되고 이렇게 나타난 삶의 세계는 과학적 탐구의 대상이 된다. 지식, 행위 예술 같은 표현들이 개인의 정신에서 산출되지만 실재성, 자율성, 비시간성, 상호 주관성을 갖는 독자성을 갖게 된다는 것이다. 이러한 표현 중에서도 언어는 특수한 위치를 차지한다. 언어가 가장 객관적이고 이해가능한 표현 형식이고, 언어의 공공성은 이해의 주관성을 최대한 배제하기 때문이다. 언어가 역사의 최대 담지자이고, 언어에 의해 역사는 보존된다고 할 수 있다는 것이다.

언어가 정신의 고정적 표현이라 할 수는 있지만, 그 고정적 표현은 사람마다 달라질 수 있는 것이 아닌가? 이한구(2007: 186-187)는 이 물음에 대한 답으로 '언어 이해는 삶의 양식을 기초로 이루어진다'는 가설을 제안한다. 공동체가 다르고 시대가 다르다 할지라도, 그 공동체가 인간의 삶의 양식을 가지고 있다면 인간 상호 이해의 단초를 제공한다는 것이다. 이 가설에 따르면 공동체들이 공유하는 삶의 양식이 많을수록 이해는 수월해지고 작을수록 소통은 어려워진다. 이러한 논리는 언어적 전회의 핵심적 기여이다.

이한구(2007: 324, 356)의 역사 언어학은 역사 이해의 공유 가능성을 보이는 데 그치지 않는다. 지금까지의 논의에서 어려운 문제는 다양한 관점이나 복수적 체계들을 비교하고 선택하는 문제였다. 따라서 어떻게 선택이 가능한가에 대한 구조적 분석을 할 필요가 있다. 설상가상으로, 역사관들은 반증 가능하지 않은 핵심 가설을 필요로 한다. 자유주의 사관이나 유물 사관에서 자유 원리나 유물론 명제는 반증에 열려 있지 않은 가설이다. 이러한 역사관들을 어떻게 비교할 것인가? 반증을 원초적으로 봉쇄하는 그러한 사관들은 비교할 수 없는 것이 아닌가?

이한구(2007: 188)는 이 문제에 대해서 하나의 해결책으로 "체계가 같은 한 지칭을 여러 가지 방법을 동원해서 투명하게 할 수" 있고 "체계가 다를 때도 우리가 동일한 대상을 지칭할 수 있다"고 제안한다. 이를 부연해보자. 자유주의 사관이나 유물사관은 둘 다 "자본"이라는 같은 기호를 사용하지만 두 체계가 이 기호에 부여하는 의미가 다르기 때문에 다른 단어들이다. 그러므로 자본에 관하여 두 체계 중 어떤 것이 나은가를 비교할 수 없다는 콰인-쿤의 논리가 성립한다. 비교의 표적이 되는 것을 공유하고 있지 않기 때문이다. 그러나 이한구의 "다수 체계의 공지칭성" 논제에 의하면, 비교할 수 있는 근거가 확보된다. 두 체계는 "자본"이라는 동일한 기호에 상이한 의미를 부여하여 다른 단어로 사용하지만 "같은 것"을 지칭한다. 그러므로 같은 것에 대한 상이한 이해에도 불구하고 현실의 상황 논리에 따라 하나를 선호하고 다른 하나를 기피할 수 있는 것이다. 신자유주의, 사회주의, 수정 사회주의 등의 체계들은 모두 그러한 "같은 것"에 대한 비교 평가에 의해 나타난 선택의 결과이다(참조: 15장 4절; 20장 1절).

3. 김기봉의 역사 구성론

그동안은 역사는 실재적이라는 역사 실재론이 지배적이었다. 역사가가 인식적으로 다루는 사실과 "사실"이라고 불리는 존재의 질서는 일대일 대응 관계로 성립할 때에만 진정한 역사가 얻어진다는 믿음의 구조인 것이다. 한국의 사학자들도 대부분 이러한 관점을 수용하거나 그에 기우는 것으로 보인다. 그러나 사실의 인식과 사실의 존재 사이에 "언어"라는 것이 개입하기 때문에 일대일 대응 관계는 유지할 수 없다는 관점이 나타났다. 소위 "언어적 전회"이다. 김기봉은 역사가 언어에 의해 구성되는 것이라고 믿는다.

역사 실재론 비판

김기봉(2000: 21-22, 95, 29, 46)은 역사 실재론자 중에서 설득력 있고 온건한 카(E. H. Carr)를 비판의 표적으로 선택한다. 카는 역사의 사실(a fact of history)에 대하여 사람들이 기록한 과거에 대한 사실(a fact about the past) 중에서 역사가가 일부를 선택하여 의미 있다고 설명의 문맥에 배열한 역사적 사실(historical fact)에 주목했다. 이러한 세 가지 사실의 연관 구조 속에서 "현재와 과거의 끊임없는 대화"를 역사라고 규정했다. 카는, 데카르트의 "나는 생각한다 고로 나는 존재한다"라는 인식의 현재성에 주목하여 역사가의 현재적 판단성을 수용하면서, 또한 역사의 객관성을 주장한다. 같은 산이 이렇게도 보이고 저렇게도 보이지만 다양한 해석 중에서 선택할 수 있는 까닭은 그러한 해석들에 대한 과거, 현재, 미래의 관계적 객관성이 있기 때문이라는 것이다. 이러한 객관적 역사관은 카의 역사 나침반으로서의 진보 이념과 더불어 모더니즘 역사관의 한 사례가 되었다. 김기봉(2000: 25, 108)은 카의 역사관을 여러 가지로 비판하지만 현재주의와 언어성 간과라는 두 가지로 요약할 수 있다. 먼저 카의 현재주의는 자신이 말한 과거와 현재의 대화로서의 역사관을 무효화한다는 것이다. 역사적 대화의 현장에서 나는 현재인으로서, 역사가로서 생각하고 인식하지만 과거인은 생각할 수 없기 때문이다. 과거인은 카의 세 가지 사실 중에서 역사의 사실에서 나타나지만, 역사가에게는 접근될 수 있는 존재가 아니다. 또한 과거인은 과거에 대한 사실에서 발생하지만, 사람으로서가 아니라 사람의 흔적으로서만 역사가에게 보인다. 그 흔적이 선택되어 설명의 문맥에 나타날 때 역사가와 그 흔적과의 대화는 어떤 의미가 있을 것인가? 김기봉의 무효화 주장은 일리가 있어 보인다.

카는 역사 인식에서 언어의 개입을 간과하고 있다고 김기봉(2000: 126)은 지적한다. '과거와 현재 간의 대화'라는 표어는 그럴듯하지만 이 표어가 함축하는 "대화 방식에 대한 메타언어적 반성을 생략"하고 있다는 것이다. 카는 같은 산을 이리도 보고 저리도 볼 수 있다고 하지만, 김기봉(2000: 95)은 "과거의 사실이란 지금 우리가 보고 싶을 때 언제나 찾아가서 바라볼 수 있는 산과 같지 않다"는 점을 카의 "치명적 오류"로 지적한다. 먼저, 산을 바라보는 여러 관점들의 차이에 언어가 개입해 있는 것처럼 과거의 사실이라는 것도 역사가의 언어 매트릭스에 의존한다. 나아가 여러 관점이 접근할 수 있는 같은 산은 거기에 있지만, 과거의 사실은 그러한 접근에 열려 있지 않다. 카의 역사 실재론의 한계가 보이는 대목이다.

역사 구성론의 구조

김기봉(2000: 126-184)의 역사관은 역동적으로 개진되지만 난해한 표현들도 포함한다. 그러나 핵심 개념들을 중심으로, 그의 역사관은 두 개의 명제로 요약될 수 있다. 첫째는 인식론적 명제이다. 역사란 한 집단이 과거에 대해 언어적으로 기억한 담론이다. 역사는 "역사가"라는 개인이 착수하는 작업이지만 과거만이 아니라 그가 속한 공동체 안에서 일구어내는 담론, 공동체적 담론이다. 역사는 개인이나 집단이 과거를 직관하거나 투시하는 것이 아니라 합의된 언어를 통해서 그려지고, 그리하여 공유할 수 있는 경험이 된다. 또한 역사는 기억일 뿐 아니라 언어의 선택적 개입 때문에 선택적 망각이 불가피하기도 하다. 둘째는 존재론적 명제이다. 역사는 일종의 기억이므로, 기억의 대상으로서의 사건적 존재성을 포함한다. 역사는 이성에 따라 움직일 뿐 아니라 과거의 모든 사실이 '구원'되기를 기다리는, 존재의 지평에 서 있는 것이다. 지배자의 사실뿐 아니라 약자의 사실까지도 포함해야 하는, "아래로부터의 역사"가 주목되는 것이다.

먼저 김기봉(2000: 168)은 역사 인식에 있어서의 언어 개입에 주목한다. 데카르트의 모더니즘이 서양 중세 사상에서 신이 차지하던 자리에 이성을 놓았다면, 포스트모더니즘은 그 이성의 자리에 언어를 대치시켰다. 포스트모더니즘은 소위 "언어로의 전환" 또는 "언어적 전회(Linguistic Turn)"로 규정된다. 김기봉(2000: 112, 95-96, 117-118, 179-184)은 데리다(Derrida, 1974)의 "텍스트 밖에는 없다"라는 강한 포스트모더니즘을 수용한다. 모더니즘이 절대성, 확실성의 유일 체계론이었다면 포스트모더니즘은 열린 다원주의이다. 모더니즘이 절대주의적으로 구성한 진리, 과학, 국가, 중심, 경계, 거대 담론 같은 것들을 해체하는 것이다. 결과는 무의미한 것으로 배제되었던 것에 새로운 의미가 부여되고, 상상력의 지평이 확장되고, 언어가 담론적으로 되었다. 1980년대의 동구권 사회주의 파산은 포스트모더니즘의 확산의 계기가 되었다. "이 체계는 온전하므로 수정에 열려 있지 않다"는 명제를 수용하는 이론으로서의 이데올로기는 포스트모더니즘의 체계 다원주의로 대체될 수밖에 없었다. 닫힌 체계는 열린 체계 앞에서 붕괴되었다. 거대 담론이 환경, 소수자 같은 미시 담론에 의해 대치된 것이다.

모더니즘의 유일주의에서 포스트모더니즘의 다원주의로의 전환은 어떻게 일어났는가? 김기봉(2000: 128-129)은 그 전환이 데리다에게 영향을 준 소쉬르(Saussure, 1998)의 업적에서 비롯된 것으로 본다. 소쉬르에게 있어서 언어란 기호, 단어, 소리 같은 기표가 특정한 뜻, 의미, 생각, 이미지 같은 기의를 가질 때 사람들 간의 소통이나 표현의 수단으로 사용되는 것이다. 그러나 기표와 기의 간의 관계는 모더니즘이 상정했던 이성적으로 확정된 구조가 아니라 사람들의 상상력에 의한 자의성이 개입한다. 기표와 기의 간의 이러한 틈새가 체계들의 다원성을 가능하게 하는 것이다. 표상과 실재가 일대일로 대응된다는 모더니즘의 공리는 부정되는 것이다.

김기봉(2000: 116)의 다원적 포스트모더니즘의 역사관은 객관성을 어떻게 확보하는가? 김기봉은 이를 위해 세 가지 논의를 제시한다. 첫째, 김기봉은 포스트모더니즘의 인식론적 관점은 수용하면서도 그 존재론적 주장들을 거부한다. 역사 진술을 과거에 실재했던 사건의 반영으로 보지 않고, "실질적으로 역사란 없다"라는 것을 함축한다고 보기 때문이다. 김기봉(2000: 153)은 그러한 포스트모더니즘의 언어적 전회의 자리에 "문화적 전환"을 도입한다. 민중들의 삶이 언어로 표현되지 않고 언어로 환원될 수 없다면, 그 삶을 역사에 올리기 위해서는 새로운 전환이 필요하다는 것이다.

둘째, 역사 진술의 객관성을 위해 김기봉(2006b: 73-75)은 칸트적 논변을 시사한다. 역사가의 역사 진술은 역사가가 접근할 수 없는 과거의 사건에 관한 것이다. 실증 사학은 지나간 과거를 재현할 수 있다고 하지만, "과거라는 원본은 칸트가 상정한 물자체(Ding an sich)처럼 인식 너머에 있는 것"이다. 그러나 그것은 역사가 진술을 가능하게 하는 존재론적 기초이다. 부재하는 과거를 현실로 경험하게 하는 시뮬라시옹(simula-tion)이라는 것이다.

셋째, 김기봉(2006b: 87-91)에게 있어서, 과거 사건과 역사 진술의 관계는 실증 사학이 원하는 것처럼 원본과 복사의 관계에서처럼 "유사성"이 아니라 "상사성"으로 구성되는 관계이다. 푸코(Foucault, 1972)를 인용하여, "유사성은 원본의 존재를 전제로 해서 그것의 재현에 충실한 것을 목표로 하지만, 상사성은 원본의 존재에 얽매이지 않고 복제와 복제 사이의 닮음과 차이에 주목한다"는 것이다. 이러한 상사성 개념이 역사 진술에서 객관성을 확보하는 것은 굿맨(Goodman, 1976) 이론으로 조명될 수 있다. 대상(인물)과 작품(초상화)의 관계는 양자의 유사성(resem-blance)에 의해서 결정되는 것이 아니라 화가의 지칭성(referentiality)에 의해 구성된다는 것이다.

김기봉(2009: 145, 22)의 역사 구성론은 많은 함축을 가지고 있다. 언어적 전회에 의한 다원주의적 포스트모더니즘은 한 사건이나 대상에 대해 여러 가지 기술을 허용한다. 때로는 동학(東學)운동에 대해서처럼 모순되는 진술이 대립되기도 한다. 하나의 사건에 대해 "동학난" 또는 "동학 혁명"이라고 기술하는 것은 역사가의 관심에 의한 구성(fictio)이지만 둘 다 동학 운동이라는 동일한 과거의 사실(fact)에 관한 것이다. 이러한 시각을 확장할 때 사학과 문학의 경계는 모호해질 수 있다는 것이다. 결국 인간사의 진실은 역사의 문일 수도 있고 시와 같은 문학의 문일 수도 있다. 중요한 진실은 역사가 누구를 위한 것이어야 하는가, 삶의 지도는 어떻게 그려져야 하는가이다.

구성적 역사학의 실제

김기봉(2000: 111-122)은 포스트모더니즘의 언어적 전회와 객관성을 부여하는 문화적 전환의 두 요소로서 역사 구성론을 제시했다. 그리고 그는 이러한 구성론이 실제로 어떻게 작동하는가를 보이고자 했다. 구성론이 인식적으로 언어 다원주의를 표방하고 존재적으로 민중 문화론을 요구한다는 점을 고려하면 실제 역사 진술의 모습이 어떠할지 자연스럽게 떠오른다. 절대적이고 중심적인 개념들의 해체라는 논리로 기존 역사 해석을 수정하고 지배자 중심의 역사 진술에서는 인정받지 못했지만 실재했던 사람들의 이야기에 주목하는 미시사적 관심을 부각시키는 것이다.

중심 개념 해체라는 수정주의적 역사 구성의 경우로 프랑스 혁명과 자본주의 기원을 예로 들 수 있다. 프랑스 혁명은 봉건제에서 자본주의로 이행해가는 필연적 역사 이성, 또는 변증법적 역사의 전개로 설명되어왔다. 그러나 이러한 헤겔-마르크스적 거대 담론은 언어적 전회를 통한 다양한 해석으로 여러 가지 관점의 해석에 열리게 되었다(김기봉, 2000: 131-138, 146-152). 예를 들어, 샤르티에(2015)는 담론적 실재와 비담론적 실재를 통합하는 문화적 전환을 통하여 역사적 물음을 묻는다. 그는 프랑스 대중의 참여 없이는 프랑스 혁명은 없었다면서, 프랑스 혁명에서 중요한 것은 그 주체가 누구인가보다는 "일반 대중이 정치의 주권자로 등장"한 것이라고 한다. 즉 대중의 여론은 모더니즘에서처럼 계몽적 이성과 독립되어 있는 것이 아니라, "사적 개인이 이성을 공적으로 활용하는 곳"으로 연결된다.

웨버(Weber, 1992)는 자본주의의 기원을 개신교 윤리로 설명했다. 세속적 욕망의 억제와 소명적 직업에 충실함은 구원에 이르는 길이라 믿어졌고, 그 결과 쌓게 된 부의 축적을 구원의 징표로 간주하는 개신교 윤리가 자본을 정당화했다는 것이다. 그러나 이에 대해 메딕(Medick, 1981)은 다른 해석을 제시한다(김기봉, 2000: 204-205). 17세기 뷔르템베르크의 슈바벤 지방의 개신교도들은 자연적으로 생겨나는 자식 전부를 먹여 살릴 형편이 못되어, 유아 사망률이 35-50%에 달했다. 이 사례는 개신교 윤리와 자본주의 정신의 탄생 간의 연결을 개념적 필연성으로 간주하고자 했던 웨버의 논제에 대한 반증이 된다. 그 연결 고리가 우연에 불과한 것이라면 자본주의 정신의 개신교적 중심은 해체될 수 있다는 것이다.

김기봉은 문화적 전환이 언어적 전회와 더불어 역사학에 영향을 주고 있다고 본다. 언어적 전회가 "역사를 언어적 구성물로 환원"하는 경향을 갖는다면, 문화적 환원은 언어화되지 않은 사회적 실재를 문화의 문맥 안에 진입시켜 역사적 생명을 불어넣는다. 따라서 김기봉(2000: 153-155)은 카의 "과거와 현재의 대화" 대신에 "과거 문화와 현재 문화의 대화"를 제안한다. 문화적 전환은 과거에 주목받지 못한 미시사에 관심을 갖는다. 브라우닝(Browning, 2010)의 『아주 평범한 사람들』은 유태인을 학살한 500명 나치 경찰들로서 평범한 소시민 남성이었다는 구조를 통해 독자 모두에게 도덕적 위기의 계기를 드러내고 있다. 긴츠부르그(Ginzburg, 1980)의 『치즈와 구더기들』은 16세기의 한 방앗간지기 메노키오가 어떻게 이단 재판으로 처형되었는가를 이야기한다. 지배적 세계관과 타협하지 않고 자신의 세계관을 고집하여 처형된 이야기는 역사가 우리에게 무엇을 가리키는가를 보여준다.

동아시아사 구성을 향하여

김기봉(2006a: 21-43)은 자신의 역사 구성론을 통해 동아시아사 구성을 전망한다. 이 과제를 위해서는 어려움을 인식하고, 만족해야 할 조건들을 고려해야 할 것이다. 어려운 난제는 적어도 세 가지이다.

첫째 어려움은 동아시아를 지배했던 동아시아 자체의 제국주의의 기억이다. 동아시아를 하나의 공동체로 묶을 수 있는 공유된 기억에 과거의 상처가 아직 아물지 않았기 때문이다. 중국의 중화주의와 일본의 대동아 공영권주의가 그것이다. 동아시아에서 중국 황제는 주변 왕조의 지배자들을 군왕으로 책봉하고 조공이라는 연성 권력으로 제국 질서를 오랫동안 유지해왔고 일본 제국주의는 20세기 전후 강성 권력으로 동아시아의 많은 나라들을 식민지로 지배했다.

둘째 어려움은 동아시아에 만연해 있는 민족이나 민족주의의 요소이다. 동아시아의 민족 매트릭스는 서구의 영향과 지배로부터 독립하기 위한 계기에서 발생했다는 점을 무시하기 어렵다. 동아시아 나라들이 민족 개념을 선험적 개념성으로 구성한 역사관을 따르자면 최근의 동아시아 역사 전쟁은 자명해진다(김기봉, 2006b: 177-179, 34-48). 한국 민족주의, 중화 민족주의, 일본 민족주의 간의 관계로는 대동아 공동체를 향한 전망이 어렵다. 그러나 이러한 관계는 달라질 수 있다. 매트릭스는 인간의 선택으로 작동하고 역사의 주인공은 과거가 아니라 현재를 사는 인간이다. 한국의 국사 교과서도 공격적 민족주의와 저항적 민족주의를 구분하면서 민족주의를 지향한다. 동아시아사에 포함되는 여러 나라 중에서 특히 한중일 세 나라는 자체의 역사에서 민족 개념을 탈피해야 한다는 것이다.

셋째는 동아시아 나라들이 각기 갖는 국사의 개념이다(김기봉, 2006b: 26-28). 한국사, 중국사, 일본사와 같은 각 나라의 "국사"는 해당 나라에 사는 국민들의 삶을 지배하는 매트릭스이다. 각국의 교과서 편찬자는 현재를 지배하는 자가 과거를 지배하고 과거를 지배하는 자가 미래를 지배한다는 생각에 빠져 있을지 모른다. 그러나 역사란 선천적으로 물려받은 유전자가 아니라 집단적 삶의 정체성을 규정하는 사회적 기억 장치다. 동아시아가 각기 그러한 국사 매트릭스에 몰입해 있다면 동아시아 공동체 구성은 요원할 것이다. 한국의 경우를 예로 들 수 있다. 일제 강점기와 6 · 25 전쟁이라는 경험의 특수성은 중요하다. 그러나 특히 교과서의 경우 이 경험을 "역사적"으로가 아니라 "국사적"으로 한정하는 것 같은 경향은 차세대나 한국민의 넓은 시각을 위해 건강하지 않다고 김기봉(2006b: 170)은 생각한다. "국사"보다는 "한국사"여야 한다는 것이다. "국사"란 "우리"를 역사 주체로 만들기 위해 타자 관점을 가위질하라고 요구하는 관점의 이름이다. 김기봉(2006a: 193-195)은 다행스럽게도 이러한 국사 해체 움직임이 최근에 감지된다고 보고한다. 한국의 탈근대주의자들은 민족과 근대화 개념의 수정을 요구하면서 통일이 아닌 탈분단을 지향하여 탈국사적 동아시아사를 지향할 것을 피력한다는 것이다. 다른 한편, 뉴라이트들은 민족 대신에 대한민국이 역사의 주체이고 통일보다 성장을 우선하여 북한 역사를 한국사에서 제외한다는 것이다.

왜 동아시아사인가? 김기봉(2006a: 48)의 역사 구성론은 언어적 전회와 문화적 전환을 중심으로 구성되어 있다. 문화적 전환은 지역에 주목하게 하고 다원주의는 중심을 해체하면서 또한 많은 중심들의 연대를 추구하게 한다. 단순한 교환 증대의 국제화를 넘어 정치, 경제, 문화가 유기적으로 연결된 세계화(globalization)를 추진하면서 또한 지역의 고유성과 자율성에 주목할 수 있어야 하는 것이다. 문화의 지역성은 국가 차원일 수도 있고 국가보다 작은 공간이나 보다 큰 공간일 수도 있다. 유럽, 아메리카, 중동 같은 국가 단위를 넘는 크기의 동질적 문화 공간이 등장한 것처럼 동아시아도 그러한 문맥에 대응하는 공동체를 전망할 수 있어야 한다는 것이다.

다행히 최근에 한중일 3국의 학자들이 참여하여 『미래를 여는 역사』를 출판했다. 이 책은 1945년의 8 · 15 경험에 대해 침략과 저항, 가해와 피해의 관점에서 기술되었고, 한국 전쟁에 대한 종합적 해석이 시도되기도 했다. "평화와 민주주의, 인권이 보장되는 동아시아의 미래를 개척"(김기봉 2006b: 186-190)한다는 목표에는 아직 미흡하지만 그를 향한 첫걸음이라고 생각한다. 동아시아 개념의 기본 코드에 천착할 필요가 있다. 혹자는 동아시아의 성공적 자본주의화를 동아시아의 핵심 개념으로 간주하고 이를 소위 "아시아적 가치"나 "유교 자본주의"로 설명하고자 하지만 이는 "반서구적 서구 중심주의"라는 비판을 면하기 어려울 것이다. 김기봉(2006a: 51-55)은 동아시아 개념의 기본 코드를 문화라고 생각한다. 인간과 환경의 관계에 대해 소원한 서구적 "문화 세계화"에 대해 대안적 문화를 제시할 수 있어야 한다는 것이다.

4. 역사와 이야기

역사는 실재적인가, 구성적인가? 이러한 주장에 대한 비판은 어떻게 제시되는가? 그리고 이러한 관점에 대한 보완적, 대안적 논의들은 어떻게 전망할 수 있는가? 역사가 현재의 관점으로부터 반성된다면, 현재의 자리는 무엇인가? 현재의 부담은 어떻게 벗어날 수 있는가? 역사는 결국 인간의 이야기가 아닐까? 이에 대한 찬반 논의는 어떻게 이루어지는가? 역사 흐름에 방향이나 내용이라는 것이 있는가? 이상의 질문들에 대한 전망적 논의들이 요청된다.

비판과 보완

이한구는 역사 실재론을 주장하기 위하여 적어도 세 가지 논변을 제시했다. 첫째는 역사적 사건은 헴펠(Hempel, C.) 설명 모델과 같은 "설명정식"의 논리로 설명될 수 있다는 가설이다. 둘째는 해석도 이론처럼 반증주의라는 일원적 방법론의 적용을 받아 "거짓"이나 "부적합"한 역사관을 배제할 수 있는 절차에 열려 있다는 것이다. 셋째는 "체계가 다를 때에도 우리가 동일한 대상을 지칭"할 수 있다는 것이다. 이한구의 역사 실재론에 대해 여러 가지 비판이 제기되고 있다. 이좌용(2010: 9, 14)은 이한구의 설명정식은 인과적이지도 법칙적이지도 않고 행동의 이유를 제시하는 선험적 정당화의 구조를 갖고 있다고 지적한다. 그러면서 "어느 과학자가 행위의 정당화 작업을 과학적 본업이라고 믿고 있을까?"라고 묻는다. 원만희(2010: 72)는 이한구가 인정하는 "관점"과 개념 체계는 다른 것이 아니라고 하면서, 객관주의 역사학과 개념 상대성은 모순적이지 않다고 주장한다. 개념 상대성이란 양립 불가능한 해석들이 동시에 객관적일 수 있기 때문이다. 김현식(2008: 677-686)은 이한구가 해석의 평가 기준으로 객관적 "조망성"과 왜곡적 "투사성"을 제시하면서도 동학 혁명, 일제 강점기, 프랑스 혁명 사례의 해석들을 소개할 때 그 기준을 적용하여 우열을 가리지는 않고, 관점이 다름에 따라 사건이 달리 서술된다는 상식을 확인하는 데 그치고 있다고 지적한다.

김기봉은 "언어적 전회"를 이룩한 포스트모더니즘의 시각으로부터 역사를 한 집단이 과거에 대해 언어적으로 기억한 담론으로 보았다. 합의된 언어를 통해 기억이나 망각을 공유하는 담론인 것이다. 김응종(2000: 152)은 김기봉의 역사 구성론이 "사실"의 존재를 인정한다면 어떻게 가능할 것인가에 의문을 품는다. 그렇다면 모더니즘과 포스트모더니즘의 구분이 무의미해지는 것이 아니냐는 것이다. 김호(2000)는 모더니즘과 포스트모더니즘 사이에서 김기봉이 취한 신중한 자세를 긍정적으로 평가하고, 도면회(2002)는 김기봉의 포스트모더니즘이 민족주의나 국사 해체를 향한 이론적 관점을 제시하는 것으로 파악한다.

조지형(1997a; 2000a)은 김기봉의 역사 구성론에 근접해 있지만 이론적 경쟁 관계에 있는 것으로 보인다. 김기봉이 "신중한" 포스트모더니스트라면 조지형은 "일관된" 포스트모더니스트로 보이기 때문이다. 조지형의 김기봉 비판은 신랄하다. 그는 언어적 전회나 포스트모더니즘이 역사적 사실을 "허구화"한다는 김기봉의 진단에 동의하지 않는다. "형태지어진"이라는 원의를 따서 사용하는 포스트모더니즘의 "픽션(fiction)"이라는 단어를 "사실이 아닌 것을 사실처럼 만듦"이라는 의미의 "허구"로 설명 없이 번역하는 것은 언어적 전회를 오도하는 첫걸음이라고 비판한다. 그리고 비언어적 문화 전환이 언어 전환의 언어 환원론을 극복할 수 있다는 김기봉의 의견에 동의하지 않는다. 언어적 전회는 문화 관행을 이미 포함하고 있다는 것이다.

조지형(19970b; 2000)은 역사 구성론을 향하여 이론적 기초를 명시한다. 그는 먼저 포스트모더니즘을 언어 불투명성, 언어 의미 무한성, 원초적 번역의 불확정성, 지칭 불가해성 등의 주제들이 지배하는 문법의 언어로 규정하여, 언어 다원주의에 도달한다. 이 프로그램에서는 진리 절대성과 상대성을 부정하고 그 개연성을 추구한다는 것이다. 기록적 객관주의와 상대주의적 주관주의는 양자택일의 문제가 아니다. 조지형은 이를 바탕으로 구성적 역사학의 언어를 모색한다. 언어는 실재를 반영하기도 하지만 굴절시키기도 한다. 결과된 반영상은 역사 실재 구성의 요소지만 전체상에 이르지 못한다. 실재를 환유하고 다원화된 굴절상들을 통하여 보다 총체적인 실재를 그려내야 한다는 것이다.

이야기로서의 역사

이한구의 역사 실재론이나 김기봉의 역사 구성론은 둘 다 이야기로서의 역사관에 긍정적이다. 김기봉의 구성론은 이야기론을 함축하지만 이한구는 실증주의적 반이야기론과 이야기 관념론 사이에서 조심스런 선택을 한다. 역사는 표상적이지 않을 뿐 아니라 역사는 콰인류의 체계적 관념론도 아니라는 것이다. 이러한 상황에서, 역사가 이야기이면서 허구성을 벗어나는 방식은 없는가?

차하순(1993: 149)은 역사가들은 "진리 자체를 위한 진리 탐구라는 초월적인 자세를 버리고", 역사 서술의 "이야기"(차하순, 1981: 274-281)로 전환할 것을 요구한다. 이러한 전환의 논리는 분명하다. 문학적 장치물은 역사적 진리로부터 분리될 수 없으며 그것들은 진리를 전하는 수단이라는 것이다. 역사가는 과학적 성향을 버리지 않고도 역사에서 다채로운 문학성을 유지할 수 있다고 믿는 것이다.

신일철도 이야기로서의 역사에 대한 근거를 제시한다. 역사는 역사적 사건의 일회성으로, 과학은 과학적 사건의 반복성으로 구성된다는 것이다. 역사가는 과학자와는 달리 "일반 법칙이 아니라 스토리텔러로서 역사 해석을 통한 전체상 구성"(신일철, 1979: 34; 1969: 99)을 하는 것이라고 그 과제를 읽어낸다. 그는 역사적 이해의 기준이란 역사적 사건들을 총괄함으로써 도달하는 통찰, 보다 큰 역사적 문맥에 위치를 부여하여 얻어지는 이해를 향한 창조적 종합이라고 제안한다.

역사적 사건들을 이야기로 묶어낸다는 것은 무엇인가? 그것은 어떻게 가능한가? 박순영(2004: 150)은 역사적 사실들이 역사가에게 전해지는 단계에서부터 "단절과 불연속"적이라는 점에 주목한다. 역사가는 역사적 사실이 발생하는 현장적 시간 공간에 존재하지 못하고, 기록이나 증거를 통한 언어적 시간 공간이라는 구조의 제약 속에 있기 때문이다.

김애령(2001: 271-280)은 리쾨르(Ricoeur, 1988)를 인용하여 이 점을 보다 구체화한다. 사물의 시간은 단절적이지만, 인간의 시간은 통합적이라는 것이다. 인간의 시간은 다양한 경험들이 하나의 줄거리로 엮이고, 소통 가능한 언어의 공공성을 획득하는 "이야기된 시간"으로 이해된다는 것이다. 사물의 시간은 외연적이어 사물적이지만, 인간의 시간은 내포적이어 의미론적이기 때문이다. 그리하여 이야기는 과거의 경험들과 미래에 대한 기대를 나의 현재의 관심을 중심으로 이야기함으로써 나의 역사를, 나의 정체성을 형성할 수 있게 된다는 것이다.

백영서(2014: 25-48)는 역사적 언어의 공공성을 대중적 공공성으로 확장하고자 한다. 그는 "역사하다"라는 화두를 통하여 공공성의 역사학을 제안한다. 역사학은 과거 사건의 인과 해명을 통해서도 과거와 만나지만 공감을 통한 과거와의 동일시를 통해 과거와 더 잘 만날 수 있다는 것이다. 이러한 만남은 과거와 이야기 소통의 양상을 허용하며 역사의 대중화와 대중의 역사화를 동시에 구현할 수 있게 한다. 역사학은 "역사하다"라는, 지금 여기에서의 현재적 행위로 구성될 때 진정한 인문적 사유에 다가가게 된다는 것이다.

역사의 역사성

역사는 객관적 과정의 인식론적 대상이기도 하지만, 역사의 과정을 통해 나타난 특수성이기도 하다. 역사에서 실제로 중요한 것은 후자, 즉 역사의 역사성일 수 있다. 몇몇 철학자들은 이 주제에 대해 논의한다. 역사의 역사성은 개인이 아니라 공동체의 기억에서 보다 잘 드러날 것이다. 홍성하(1993)는 선소여적인 생활 세계에서의 공동의 기억은 공동체의 역사가 되며, 공동체에서 상호 주관적인 세계를 구성하고 기억의 지평으로서 주위 세계를 연다고 한다. 주위 세계를 여는 공동체의 역사는 보편사라는 특수성을 나타낸다고 생각한다. 이러한 보편사를 다루는 데는 여러 가지 접근들이 있다. 자유와 필연의 변증법(임석진, 1986: 11-41)으로 접근하기도 하고, 정신 현상의 개념(임홍빈, 2007: 99-127)으로 접근하기도 한다. 그러나 여기에서는 두 가지 대조적 접근을 고려하고자 한다. 헤겔의 운명 개념과 국가 개념에 의한 접근이다.

황문수(1984)는 헤겔의 운명 개념을 역사 철학의 핵심으로 파악한다. 역사의식은 "인간은 자유로운 주체로서 그 행위에서 필연적으로 객체와 관계하고 이 객체와 합일하는 운동 과정(역사)에 있다"는 의식이고, 운명의식은 "소외된 자기의 운명을 사랑으로 화해하는" 의식이므로, 결국 두 의식은 동일하다는 것이다. 이것은 개인적 차원에서의 역사를 바라보는 역사의 역사성이다. 이는 종교와 연결된다. 칸트는 종교를 도덕화하여 개인 당위적 이성 종교를 제시하지만, 헤겔은 종교를, 운명을 포함한 역사의 모든 것의 사랑으로 해석하여 인간 역사와 필연적 합일을 이루는 것으로 제시한다. 개인은 역사적으로 세계 이성의 자기 전개의 도구이지만, 인간적으로는 역사 창조의 주체인 것이다. 개인은 도구이면서 주체인 구조적 불합리성, 운명을 수용하면서 이성의 간지(奸智)로서 주체성을 약화하여 남은 공간에서 창조성을 발휘한다는 것이다.

설헌영(1991)은 헤겔의 국가 개념을 헤겔 역사 철학의 중심 개념으로 파악한다. 칸트가 인간 자연 상태의 귀결을 전쟁 상태로 보고 보편적 시민사회의 건설을 역사 철학의 과제로 제시했을 때, 칸트는 대의제적 공화제에 입각한 법치 국가들이 국제법에 따라 국제 연맹을 형성하고, 자유와 평등이 법으로 보장되는 세계 시민법을 통해 영원한 평화 상태에 이를 수 있을 것으로 소망했다는 것이다. 그러나 헤겔은 칸트의 역사 철학은 시민 사회의 경제적 구조의 모순적 본질을 간과했다고 판단하고 그 모순을 타개할 국가야말로 민족정신의 구현체로서 역사의 주체라고 믿었다는 것이다. 그러나 김창호(1991)와 설헌영(1991)에 의하면, 마르크스가 이러한 헤겔의 민족정신의 추상성과 신비성을 지적하고, 국가는 사회의 계급 이해관계에 종속된다고 비판하면서, 국가 해체를 통해 모순을 극복하려 했다는 것이다. 인간은 사회 의식적 존재로서 역사 발전의 주체적 요소이고 인적 요소의 조직화를 통해 역사에 대한 주체적 파악과 객관적 파악의 결합의 양식이 실현될 수 있다고 본 것이다.

설헌영(1980; 2000)은 마르크스의 역사적 보편성의 철학에 대해 하이데거와 아도르노의 구체적 연대성의 철학이 빛을 준다고 믿는다. 자연 과학의 양적 시간과 역사학의 질적 시간을 구분할 수 있다면, 질적 시간은 사실이 아니라 "기존적 현존재의 가능성의 은밀한 힘을 개시하는" 시간이라는 것이다. 일반 법칙이 아니라 존재 가능성, 즉 개인의 역사적 숙명이나 민족의 운명의 기저에 놓여 있는 실존적 가능성을 자신의 시대를 위해 반복하거나 재구성하는 것이다. 헤겔, 마르크스, 루카치 등은 역사적 총체성, 역사적 필연성, 역사 발전성 같은 테제를 신봉했지만 이들은 신화에 불과했다는 것이다. 역사와 자연을 배타적인 반정립 관계에 놓을 때 그러한 신화가 가능하지만, 이제 둘은 더 이상 반정립적이지 않다. 양자는 상호 규정적이고 상호 비판적이어서, 동일성에 의해 억압받고 손상당한 비동일성에 대해 공감할 수 있다는 것이다. 공감만이 고통과 희생으로 얼룩진 오늘날의 역사와 다른 것의 가능성, 파국을 피할 역사적인 타자 가능성을 인식하게 한다는 것이다.

역사에 대해 많은 철학적 물음들이 제기될 수 있다. 역사와 시간, 역사와 공간의 관계의 물음들이 제기되고, 역사의 의미, 역사의 방향이 관심의 대상이 아닐 수 없다. 그러나 이 장에서는 역사 사건과 역사 진술의 관계 규명에 초점을 맞추었다. 인간 행위에 들어와있는 언어적 선험성, 관점들 간의 역지사지적 객관성 같은 요소를 강조하는 역사 언어학은 역사 실재성을 보이고, 과거라는 원본은 칸트적 물자체처럼 인식 너머에 있고, 어떠한 진술도 언어의 선택적 개입이라는 다원주의적 관점은 역사 구성성을 나타낸다. 그러나 절대적 이데올로기들이 사라진 자리에 어떤 가치가 들어와야 하는가? 그 많은 사건들 중에서 어떤 것을 역사 진술의 대상으로 선택할 것인가? 이데올로기가 거대 담론적이라면 인문적 역사는 미시 담론적인가? 모든 것들이 함께 성취해낸 것이나 공감하는 것들은 역사 진술의 내용으로서, 가치로서 더 의미 있는 것이 아닐까?

12장
문학과 철학

'문학과 철학'은 두 주제어의 단순한 나열이 아니다. '문학도와 철학도'와 같은 표현처럼 학문 활동을 분업적으로 병렬한 것이 아니라, 보다 선명한 주장을 함축하기 위한 표제어이다. 이 명제는 '문학도 철학'이라는 일반 명제와 '문학의 어떤 주제들도 철학적 성찰을 필요로 한다'는 특수 명제를 함축한다. 보다 구체적으로, '철학 문학'이 전자를 나타낸다면, '문학 철학'은 후자를 표시한다. 여기에서 일반 명제는 조금 더 부연하여, '모든 글은 철학적'이라는 보다 확장된 일반 명제와 관련시킬 수 있다. 사건을 기체(substratum)의 특정 성질 구현이라 하고 글을 문장들의 결합이라고 규정할 수 있다면, 사건 공간과 문장 공간은 현격한 차이를 가진다. 사건은 인접 사건들과 시간 공간적 인과 관계로 구성되지만, 글은 인과 관계와 관련되면서도 그 중심적 구조는 '말이 되는가?' 또는 '상상할 수 있는가?'와 같은 언어 문법의 조건으로 구성된다. 사실 대응적 구조이기보다는 반성적이고 가능성 추구를 지향한다. 이러한 문법은 인문적이고, 철학적이다(정대현, 2010a: 253-272). 이 책에서는 '철학 문학'과 '문학 철학'이라는 표현으로 지칭되는 주제에 한정하여 철학적인 시, 소설, 수필과 철학적 문학론에 주목하고자 한다.

필자는 문학을 좋아하지만 좋아하는 만큼 읽지는 못했다. 그래서 "문학과 철학"의 장은 부담스럽다. 집필을 위해서는 많이 읽고, 가능한 모두 읽어야 했을 것이다. 이러한 책임감은 필자가 문학 작품을 읽을 때마다 거의 항상 깨우침을 얻고 감동을 받으며 삶과의 연결을 볼 수 있었기 때문에 더해진다. 그러한 한계 때문에 오랫동안 이 장을 쓰기를 주저했지만, 주제의 중요성 때문에 피하기가 어려웠다. 문학의 범주는 세부 영역을 포함하여 다양하며 오늘날 한국에서 많은 작가들에 의해 활발한 작업들이 이루어지고 있다.[1] 이 주제들이 분명한 철학적 국면을 갖는다는 점에서 보다 자세한 철학적 논의들이 조속히 이루어지기를 소망한다.

1. 문학과 철학의 배경

한국의 철학적 시, 소설, 수필, 문학론이 다루는 작품에는 고전이 많다. 여러 기관에서 추천하는 고전의 목록들은 결코 짧지 않다. 이 절에서는 한용운, 최인훈, 김태길, 김형석, 안병욱, 박이문, 김우창의 작품들을 언급하고자 한다. 시적 상상력의 중층성이나 소설 안에서 보여주는 가능성의 선택, 구체적 삶의 행위들에서 나타나는 존재의 빛은 문학이 바로 철학이라는 것을 보여준다. 그러한 문학에 대한 논의 자체도 문학 언어가 어떻게 가능성, 전체성, 고양성의 언어일 수 있는가를 조명하는 것이다.

1 전문가는 온전한 체계적 목록을 제시할 것이지만, 이 경우에는 가감에 열려 있는 출발적 목록으로 대신한다: 시 비평(유종호, 2009; 김화영, 1984; 김현자, 1982; 김영무, 2011), 소설 비평(이어령, 1986; 정과리, 2009), 국내 작품 분석(김치수, 1982; 김병익, 1985), 외국 작품 분석(정명환, 1989; 신옥희, 2014), 고전 문학(이혜순, 1985; 서대석, 2011; 김대행, 1986), 신화 문학(정재서, 2011), 문학사(김윤식 외, 1998; 권영민, 2002; 조동일, 2005; 김주연, 2006), 문학 철학(황현산, 1989; 임재해, 1984; 장경렬, 2000a).

철학 문학: 시 · 소설 · 수필

모든 글이 철학적이라면, 시는 더욱 그러할 것이다. 독자들은 시를 읽으면서 세계에 대해, 인간에 대해 신선한 통찰로 위로를 받고 자유를 경험한다. 윤동주, 서정주, 김수영, 김춘수 같은 다루고 싶은 철학적 시인들이 많다. 그러나 이 지면에서는 한용운(1926)의 시를 언급하고자 한다. "님은 갔습니다. 아아 사랑하는 나의 님은 갔습니다… 아아 님은 갔지마는 나는 님을 보내지 아니했습니다. 제 곡조를 못 이기는 사랑의 노래는 님의 침묵을 휩싸고 돕니다." 많은 한국인이 애송하는 이 시에서 얼핏 한용운의 '님'이 유일하게 단칭화될 수 있을 것처럼 생각되지만, "기린 것은 다 님"이라는 표현은 님의 일반 명사성을 수용한다. 한용운의 겸손한 접근에 숨어 있는 그의 중층적 상상력의 구조라야 이 시의 힘을 설명해낼 것이다. 대부분의 상상력은 지금 여기에 주어진 상황의 문제로부터 하나의 대안 가능성을 찾는 단칭적 사유 능력이지만, 한용운의 이 시에서의 상상력은 특정한 상황에 한정되지 않은 상상력이다. "기린 님을 잃어버린 모든 사람의, 한 개인의 모든 상황"을 포괄하는 중층적 상상력이다. 그러나 이러한 일반화는 그의 상상력에 필요하지만 충분하지 않다. 그의 상상력은 그 시대의 상황에 대한 정치적 상상력의 일반화이다. 한용운에게서 배울 수 있는 것은 정치적 상황이 중요하여 이러한 시를 썼다는 것이다. 그러나 그 상황은 실체적인 것이 아니라 과정적이기 때문에 시인의 언어는 단칭적 상상력으로는 접근하기 어렵다. 한용운은 동시대의 정치적 상황에 주목하면서도 또한 시적 상상력의 중층성을 통해 시적 언어의 자유로움을 유지할 수 있었던 것이다.

한국 문학에서 보다 철학적인 소설을 생각할 때 먼저 떠오르는 것이 있다면 필자의 경우 최인훈의 『광장』이다. 많은 독자들도 비슷하게 생각할 것이다. 작품의 주인공인 철학도 이명준은 남한 자본주의의 실상을 어려서부터 보아왔다. 그것은 탐욕, 허영, 배신, 폭력, 살인으로 얼룩진 광장이었다. 그는 월북한 아버지의 사상 때문에 형사의 폭력적 취조가 이루어지는 질서 속에 살다가 우연한 기회에 월북한다. 그러나 북한의 공산주의는 또 다른 방식으로 왜곡된 광장이었다. 그가 아버지의 소개로 신문 기자가 되어 겪은 북한 사회는 개인 의지의 자리는 없고, 당의 명령만이 모두에게 진정한 자율성과 자유를 준다는 논리의 잿빛 광장이었다. 명준은 은혜를 만나 사랑하게 되고, 북한 장교로 참전한 전장에서 종군 간호사로 복무하던 그녀와 재회하여 사랑을 나누지만, 그녀는 딸을 임신한 채 폭격으로 죽고 그는 포로가 된다. 휴전이 되어 남한도 아니고 북한도 아닌 중립국 인도행을 선택한 그는 인도로 가는 포로 수송선에서 "바다를 본다. 큰 새와 꼬마 새는 바다를 향하여 미끄러지듯 내려오고 있다. 바다, 그녀들이 마음껏 날아다니는 광장을 명준은 처음 알아본다… 제정신이 든 눈에 비친 푸른 광장이 거기 있다"(최인훈, 1960: 188). 선명하지 않다는 것을 인정하면서도, 이명준은 바다라는 인격화된 광장을 선택한다. 생각이 언어의 질서이듯, 삶 또한 그가 체험해온 자기 진정성의 언어 문법이었기 때문일 것이다. 많은 사람들이 꿈꾸었던 광장은 이것도 아니고 저것도 아닌, 제3의 중립주의도 아닌 사랑의 인격체들이 만나고 소통하는 공간이었다. 이명준은 이 광장을 선택한 것이다.

한국 문학계는 시와 소설 못지않게 수필 분야의 활동이 활발하다. 수필가 중에서 보다 철학적인 수필가를 고려할 때 김태길, 김형석, 안병욱의 이름은 친숙하다. 그만큼 오랜 기간 동안 훌륭하고 많은 창작을 했기 때문일 것이다. 먼저, 김태길(2000)은 수필들을 통해 인간 조건을 성찰한다. 그의 수필 중 "굼벵이에게도 구르는 재주 하나는 있다"는 속담에서 출발한 「굼벵이의 구르는 재주」를 예로 주목해보자. 그는 이 속담에 교만함이 들어 있다고 한다. '구르는 재주'를 언어 분석해보면 그저 없는 것보다는 낫다는, 그 재주를 업신여기는 태도가 일관되게 드러난다. 김태길은 이 속담이 위계 사회의 발현에서 비롯된 것임에도 불구하고 현대 사회에 어떤 의미를 갖는지 살려내고자 한다. 과거 제도와 관련이 있는 학문 숭상의 시대에 구성된 이러한 속담이 현대 사회에서는 가치 측정 제도가 바뀌었기 때문에 달리 해석될 수 있다고 본다. 옛날에는 '구르는 재주'로 우습게 여겨졌던 재능이 오늘에 와서는 학문의 능력을 대치하고 있다. 노래 솜씨, 춤 솜씨, 만화 그리는 재주, 운동 경기 등에서 뛰어나기만 하면 된다. 과거의 '구르는 재주'가 이제는 '하늘을 나는 재주'가 되었다. 모든 사람이 자신의 장기를 살려 귀천 없이 잘살 수 있는 시대가 된 것이다.

김형석(1990)이 집필한 수필 중 관심을 끄는 것은 '영원'을 주제로 한 수필집이다. 영원이라는 철학의 지속적 화두가 일상 언어의 공간에서 어떻게 문맥적으로 조명되는가에 주목해보자. 김형석은 영원을 가리키는 문맥들을 드러낸다. 많은 사람들의 사랑, 봉사, 인간미 등의 문맥이 그러하다. 구체적으로, 큰 이모가 그에게 베푼 사랑이 그러한 경우이다. 멀리 사는 아지미는 동네에서도 가장 초라한 집에 살고 있었다. 그 집에 가 있는 일주일 동안에 그는 극진한 대우를 받으며, 맛있는 깨소금을 계속 먹었다. 그리고 아지미는 다른 집에 가서 일을 해주고 먹을 것을 가져다주었다. 몇 년 후에 들은 것이지만, 아지미는 남의 밭에서 깨 농사를 지었는데, 그해에 나온 깨를 일주일 동안 그에게 다 준 것이었다. 조카에 대한 사랑 속에 들어 있는 영원을 일주일 동안에 담아낸 것이다. 김형석은 인간관계의 문맥에서 영원의 그림자를 보았고, 이 그림자 뒤에 실재해 있는 영원을 향한 그리움으로 삶을 구성했다.

안병욱(2005)도 수필을 통해 독자들에게 다가갔다. 예를 들어, 그의 대표작으로 소개되는 행복에 관한 수필은 세 개의 단위로 되어 있다. 첫째는 「앉은뱅이 꽃의 노래」이다. 보람이 없으면 허무하고 보람은 행복의 내용이라는 것이다. 보람, 허무, 행복의 관계는 개념적인 것이 아닌, 공감에 의존하는 문법을 갖는다. 둘째 단위, 「세 사람의 석공」에서 그 관계는 선명하게 제시된다. 무엇 때문에 교회 건축 일을 하느냐는 물음에 대해 세 사람의 석공은 다른 답을 한다: "죽지 못해서 이놈의 일을 하오." "돈 벌려고 이 일을 하오." "신의 영광을 드러내기 위해 이 대리석을 조각하오." 안병욱은 사람들이 "저마다 저다운 마음의 안경을 쓰고 인생을 바라본다."고 적었다. 그렇다면 보람, 허무, 행복의 관계는 이 안경으로 연결될 수 있는 개념적 구조를 갖는다. 행복하다는 것과 행복의 조건이 구분되어야 하는 것처럼, 행복의 조건을 못 갖추어도 행복할 수 있다는 것이다. 셋째 「밀레의 만종」은 "나의 안경"에 객관성을 부여하는 단위로 보인다. 농부의 그림은 사랑과 노동과 신앙을 통해 나의 분(分)을 아는 것이 행복에 이르는 지름길이라는 것이다. 그러한 입장에서 그는 "행복은 감사의 문으로 들어오고 불평의 문으로 나간다."는 통찰을 제시한다(정대현, 2010a: 250-253).

문학 철학: 꿈 · 감각적 전체성

박이문과 김우창은 많이 읽히고 널리 영향을 미친 문학 철학 작품들을 저술해왔다. 박이문(2013: 218-219)의 예술론, 문학론은 언어적이다. 그에게 언어는 인간 세계에서 적어도 두 가지 기능을 한다. 언어의 첫째 기능은 인간 사회에 질서를 주는 규율화이다. 인간의 언어 사용 능력은 그러한 규율화를 통해 소외, 의무, 고통을 결과하게 된다. 이는 자연이라는 고향으로부터의 가출을 의미한다. 언어의 둘째 기능은 그러한 고통, 또는 사물화의 질서로부터 해방을 가능하게 한다. 언어를 통해 인간은 물질로 환원할 수 없는 관념의 세계를 창조할 수 있는 자유로운 동물이 되는 것이다. 이러한 언어의 해방적 기능을 박이문은 양상 예술론(참조: 13장 2절)을 통해 구조화한다. 문학 작품은 세계 또는 세계의 일부를 '새롭게 볼 수 있는 가능성의 제안'이다. 그러한 의미에서 문학 작품은 기존 언어에 대한 비판이고 아방가르드이며, 혁명성이 없는 예술 작품은 자기모순적인 것이 된다.

"시적인 것" 또는 시의 해방성은 박이문(2013: 83-87); 2003: 166-187)의 미적 조망에서 나타난다. 미적 조망은 존재(대상)론적으로나 의미(언어)론적으로 모호한 공간을 차지하는, 묘한 복합적 조망이다. 예술은 물질을 의미적 조망으로 해석하고 관념을 물질적 조망으로 엮어낸다. 시는 의식과 대상 사이, 인간과 세계 사이를 원초적으로 맺어준다. 미적 조망은 앞의 의미적 조망과 물질적 조망과의 거리를 없애지 않고 최소화하면서 궁극적 가치로 나타난다. "시적인 것"은 언어의 내포적 의미의 기능이 최대한으로 살려졌을 때 생기는 언어 의미의 상태를 말한다. 시는 언어를 통해서 언어로부터 해방되려는, 언어를 씀으로써 언어를 쓰지 않는 언어가 되려는 노력이다. 시는 언어를 통해서 언어를 파괴하고 존재와 일치하려는 언어 표현이다. 미적 조망의 경험은 썰매 타기의 경험과 같다. 썰매를 타고 눈 쌓인 비탈길을 미끄러져 내려올 때 경험하는 신나는 즐거움, 자연과 인간의 관계, 객체인 산과 통제하는 자기의식 사이의 경험은 단순한 물질적 조망이나 의미적 조망이 아니라 미적 조망의 경험이다. 자연과 인간이 가까워지고 억압적 구조를 벗어나는 자유의 경지인 것이다. 시는 언어의 궁극적 꿈이다.

김우창에게서 문학은 무엇인가? 일상 언어가 현실 세계를 구성하는 현실 수행적인 것이라면, 문학 언어는 현실과는 다른 하나의 가능 세계를 구성하여 그 세계에서 가능한 경험을 다루는 수행이다. 문학의 독자는 현실 세계에 거주하면서 문학 언어가 가능성으로 표상하는 "대응물로서의 세상"을 경험한다. 그러한 경험은 어떻게 가능한가? 김우창(1983: 122-4)은 문학적 지각의 기초로서의 육체는 생물학적 의미의 유기체로 존재하는 육체를 지칭하는 것이 아니라고 생각한다. 문학적 지각의 육체는 세상을 지각할 뿐 아니라, 감각에 대한 대응물로서 세상을 존재하게 한다. 그것은 세상과 우리를 연결해주며 동시에 세상을 살아 있는 육체의 대응물로 열리게 한다. 그것은 "세계에서의 우리의 닻"이며 "일정한 세계의 가능성"이다. "우리의 육체는 기동력 또는 지각능력의 체계로서 하나의 균형을 지향하는 체험된 의미의 덩어리이다."

김우창(1980: 143; 1977: 148; 1986: 336-340)의 문학적 지각은 문학 언어로 구성된다. 문학 언어는 한편으로 사람과 사물의 감각적 구체성을 중시하여 사건의 충일감을 나타내고 다른 한편으로 단편적 사실들에 전체성을 부여한다. 전체성의 부여는 그의 심미적 이성론(참조: 16장 2절)과 결부되어 있다. 어떤 대상도 전체성과 독립해 있을 때는 조야한 사물이지만 예술의 개입으로 그 대상의 구체적 구속에서 벗어나 감각의 전체성 속에서 파악될 때 이성적 의미를 갖는다. 예술 개입은 파악을 돕고 허용하는 즐김의 해방적 사건이 된다. 문학이 개인뿐만 아니라 사회에 중요한 것은 문학이 시사하는 도덕 때문이기보다는 삶의 전체성에 대한 의식의 자극 때문이다. 문학 세계와 현실 세계는 독자의 경험 속에서 전체성의 체계를 이루어 "높은 정서적, 지적 이해에의 변조와 고양화"라는 심미적 이성에 열리게 되는 것이다. 전체성을 향한 통로가 문학 외에 또 있을 것인지를 김우창은 묻는다. 다른 통로가 없다면, 문학의 운명은 필연적으로 인간의 운명을 뜻하게 될 것이다.

2. 철학 문학: 정현종 · 김애란 · 이주향

앞 절에서 고전적 배경으로 다루었던 시, 소설, 수필이 작가들의 당시대적 철학 상황의 반영이었다면, 이 절에서 다루는 시, 소설, 수필 또한 작가들의 당시대적 철학 과제를 나타내고 있다. 한용운은 일제 강점기의 아픔과 꿈을, 최인훈은 분단 이데올로기의 고통과 좌절을, 김태길, 김형석, 안병욱은 윤리-실존적 상처를 어루만지고 위로했다. 오늘의 시대에 정현종은 사물의 꿈을 노래하여 존재론적 합일을 향한 철학을 시어화하고, 김애란은 정보 시대의 온라인 언어나 오프라인 언어의 실재성과 생명성을 인간 조건으로 부각하고, 이주향은 이론이나 체계를 세우는 수필이 아니라 인간 관계를 반성하고 인생을 위로하고 삶을 기리는 수필 철학을 향하고 있다.

정현종의 시: 사물의 꿈

정현종은 사물의 꿈을 노래한다. 그의 시정은 서정이나 자연에서 주제를 택하는 시인들과 대조된다. 그는 젊은 시절부터 오늘에 이르기까지 사물이 꿈꿀 수 있다는 전망을 일관되게 유지한다. "사물을 컴컴한 죽음으로부터 건져내면서"(정현종, 1999: 1/58) 모든 즐거움과 슬픔으로 완성하고자 하는 것이다. 그에게 사물이란 일 사(事)와 만물 물(物)의 합성이 보이는 대로 시공의 연장을 가진 만물만이 아니라 인간 개인, 인간 사회, 자연계에서 발생하는 모든 사건과 사태를 포함한다. 그의 시적 주제는 전 우주적, 전 존재적이고 이들이 꿈을 꾼다는 것을 노래하기 위해 특유의 상상력을 나타낸다. 그의 시는 철학적 내용과 면모를 갖추고 있다. 그의 중심 주제들을 차례로 살펴보자.

시적 상상력과 취중 경험

정현종에게 술은 납덩이 인생(2/63)을 깃털로 바꾸는 상상력이다. 그는 시적 상상력을 취중 경험과 동일시하지는 않으면서도 취중 경험의 날고, 벗어나는 특성을 노래하여 결과적으로 시적 상상력에 대한 물음을 조명한다. 정현종의 취중 세계는 먼저 가능 세계이다. "숨쉬는 법을 가르치는/ 술잔 앞에서/ 비우면 취하는/ 뜻에 따라서// 오늘도 나는 마시이느니/ 여러 세계를 동시에 넘나드는 몸/ 원천 없는 메아리와도 같은 말…"(1/299). 생각 없이 삶이 없고, 상상 없이 생각이 없는데, 술은 상상이니 숨 쉬게 하는 것이다. 상상은 현실 세계를 벗어나 다른 가능 세계에 들어가는 것이다. 그것은 단일한 가능 세계일 필요가 없다. 여러 가능 세계들마다에서 들리는 말은 현실 세계를 벗어난 것이니, 원천이라는 것은 아예 생각하기 어렵다. 또한 정현종은 취중 경험의 경계 탈출을 적고 있다. "하루여… / 신성한 시간이여, 그대는 가혹하다/ 우리는 그대의 빈 그릇을/무엇으로든지 채워야 하느니, … 시간이여, 취하지 않으면 흘러가지 못하는 그대,/ 낮술로 붉어진/ 아, 새로 칠한 뼁끼처럼 빛나는 얼굴,/ 밤에는 깊은 꿈을 꾸고…"(1/95) 시간의 현실은 제도적 구조이고 규칙의 체계이다. 그러한 점에서 자유의 경계, 한계가 설정되어 있고 경계 탈출은 금기다. 그러나 술은 그 경계 탈출을 허용한다. 술의 상상력으로 시간은 다름을 향한 운동을 할 수 있다. 특히 낮술 마시기는 제도적 현실 세계에서는 자기 모순적 행위이지만 상상적 가능 세계에서는 경계 해방을 선언하는 행위가 된다. 정현종은 이러한 자유의 세계를 다른 이들에게 권한다. "우리의 어린 아들들에게 술을 권하고 싶다/ 모든 생명 있는 것들에게 술을 권하고 싶다"(1/91) 왜 권주가인가? 어린 아들에게 가장 필요한 것이 왜 술인가? 술은 상상력이고 상상력 없이 생각은 불가능하고 생각 없는 인간은 주검일 뿐이기 때문이다.

취중 경험이 납덩이 인생으로부터 가벼운 가능 세계로 탈출하는 경험이라면, 정현종의 이러한 취중 상상력은 단계적으로 추적될 만하다. 먼저 일반적 상상력을 보자. "내 속의 大醉한 까닭 없는 밑 빠진/ 불길에 자꾸 기름을 부어/ 두루 태우고 뒤집고 열고 켜고/ 뿔뿔이 놓아주고 한군데 모으고/요컨대 세상을 깨끗이 재편하고"(1/260). 정현종의 세상 재편적 상상력은 지식, 지각, 기억, 믿음 같은 현실 세계에 대한 사실적이거나 사태 재현적 의식이 아니라 추측, 억측, 소망, 기원 같은 꿈 세계를 환기하거나 가능 세계를 구성하는 의식이다. 이러한 세계를 항하여 "우리는 늘 안 보이는 것에 미쳐/ 병을 따라가고 있었"(1/45)다고 한다. 다음으로, 문학적 상상력은 "알코올 함유량이/ 부드러운 40도쯤 되는/ 가령 '술집'은 문맥을 부드럽게"(1/258) 하는 현실의 번역이다. 이 번역은 "어디를 갈까를/ 끊임없이 생각하며/ 길과 취기를 뒤섞"(1/23)는, 현실 세계에 바탕을 둔 가능 세계로의 지향이다. 마지막으로, 시적 상상력은 "아마 포도주를 마셨지요/ 병과 하나님을 나란히 놓고"(1/38), "전진과 후진을, 좌진과 우진을, 그대들의 전후좌우를 축하한다"(1/115)에서처럼, 하나님의 기승전결의 이야기가 아니라 "길 없는 데서의 질주"이다. 시적 상상력은 "바다의 모든 가장자리의 항구에/ 불을 켜 놓는다/"(1/66)로 노래된다. 정현종의 취중 상상력 관점은 많은 시인들의 찬주가(讚酒歌)의 까닭을 설명할 수 있는 것이다. 정현종에게 술 마시기는 상상력 마시기이다.

몸의 꿈

정현종은 사물이 단순히 연장(延長)적일 뿐이라는 데카르트적 이원론이나 과학적 물리주의를 무시한다. 더 나아가 그는 사물에 대한, 몸에 대한 동북아적 전통 철학의 유기론에서 출발하여 이를 시적 언어로 승화시킨다. "나무들은/ 난 대로가 그냥 집 한 채"(2/55)여서 새나 벌레들만이 아니라 사람들도 거기에 깃들여 살고, 창(窓)은 "자기를 통해서 모든 다른 것들을 보여준다. 자기는 거의 부재에 가깝다"(1/129). 물과 물고기처럼, "물이 끓으면 나도 끓고/ 물이 얼면 나도 얼"(1/148)고, 벌에 쏘였을 땐, "아픔도 만물과 내통하는 길/ …/그 깊음 속에 몸을 섞었"(2/45)다고 고백한다. 새로 낳은 달걀 하나는 그 생명의 신성감으로 내 발걸음을 땅이 떠받들게 하여 거룩하게 하고(1/341), 흙의 탄력은 나의 걸음걸이를 한가닥 공기가 되게 한다(2/38). 내 몸이 세상의 사물에서 움직일 때, "바깥은 가이없고/ 안도 가이없다/ 안팎이 같이 움직이며/ 넓어지고 깊어진다"(2/252)고 통찰한다.

정현종은 사물을 의인화하는 것이 아니다. 그는 사물을 그와 동종화할 뿐 아니라 오히려 사물에게서 자신의, 인간의 지향을 꿈꿀 수 있게 된다고 고백한다. "지붕마다 구멍이 뚫려 있다./ 지붕 바깥으로 손들기 위해서이다./ 손 들고 있는 편안함!"(1/141). 이것은 집이 하늘로 날 수 있는 한 방식이다. 사람이 그 집에서 어떻게 살고 있는가에 따라, 집은 부동산으로 운명지어지지 않아도 된다. "파랗게, 땅 전체를 들어 올리는/ 봄 풀잎,/ 하늘 무너지지 않게/"(1/149). 사물이 서로서로 떠받치는 것은 꿈으로 보이지만 실제로 그렇다. 꿈을 통해 알게 된 통찰이다. "흔들리는 풀잎이 내게/ 시 한 구절을 준다// 하늘이 안 무너지는 건/ 우리들 때문이에요"(1/157). 풀잎의 꿈은 하늘을 받들면서 모두의 분수를 보이는 일이다. "나방이 풍경을 완성한다"(2003: 15). 풍경은 정적으로 보이는 어떤 때에도 나방의 등장은 온 자연이 하늘로 날 수 있는 공간이라는 것을 보인다. "개들은 말한다/ 나쁜 개를 보면 말한다/ 저런 사람 같은 놈"(2/145). 그런 비난을 받을 만하다. 사람만이 악하기 때문이다. "내 필생의 꿈은/ 저 새들 중 암놈과 잠을 자/ 위는 새요 아래는 사람인/ 반인반조 하나 낳는 일!"(1/288). 인간이 자력으로 날 수 없다면, 새의 도움을 받아서라도 날 수 있어야 한다.

인간

정현종의 인간관은 이중적이다. 무거움의 현실 앞에서 무겁지만 날 수 있다는 가능성에서 낙관적이다. 현실의 고통을 아파하고 분개하면서도 인간과 자연이 새로워질 수 있다는 전망에서 의미를 구성할 수 있는 존재이다. 먼저 인간의 무거운 현실이 인정된다. "여기 우리는 나와 있네/ 고향에서 멀리/ 바람도 나와 있고 불빛도/ 평화가 없는 데를 그리움도 나와 있네/"(1/36). 인간은 언제나 실향민이다. 고향을 그리워하는, 불빛과 평화로 구성된 근본 존재를 꿈꾸는 존재이다. 그래서 언제나 밖에 외출해 있는 것이다. "내 일터의 책상 네 귀에서/ 나는 그냥 아주 작은 난쟁이 되어/ 자꾸 아래로 굴러 떨어지고 있지만"(1/40). 직장 다닌다는 것, 일한다는 것, 자기 표현이 아닌 일을 한다는 것들은 모두 사회에, 전체에 필요하다 할지라도 구름처럼 나는 시간을 그리워하는 결핍을 안는 것이다. "완성된 결혼은 없어, 되어가는 결혼/ 안 되어가는 결혼이 있을 뿐…"(1/88). 모든 인간관계는 사건이 아니라 과정이다. 모든 사물도 사건이 아니라 꿈꾸는 과정이다. 지금 여기의 완성은 보이지 않는다.

그럼에도 불구하고 정현종의 인간은 날고, 튀어오르는 존재이다. "옳지 최선의 꼴/ 지금의 네 모습처럼/ 떨어져도 튀어오르는 공/ 쓰러지는 법이 없는 공이 되어"(1/125). 떨어져도 떠오르는 것이 공의 속성이다. 나도 이러한 속성을 갖고 있는 것이 아닌가? 사람은 낱개의 모래알이 아니다. "사람이 풍경일 때처럼/ 행복한 때는 없다"(1/147). 사람들은 더불어 나타나는, 더불어 어우러지는 풍경이다. 더불어 행동하는 관계이다. 이러한 관계는 어떻게 얻어지는 것일까? "그대 마음속의 빈자리가/ 결국 모든 사람의 자연인 달빛이나/ 시간의 은혜로서 채워질 뿐임을/"(1/33). 달빛의 자연이나 시간의 역사가 인간에게는 은혜라는 것이다. 인간관계는 은총의 사건이다. 정현종의 인간은 더 고양된다. 인간은 밥을 떠 놓음으로 걸신(乞神)을 만들고 신을 세울 때 그 스스로 신으로 날게 된다. 인간 행위는 신으로 나는 행위다. 인간관계는 서로 나는 관계다(2/39). 그래서 사람들 사이에 있는 섬에 가고 싶은 것이다(1/162). 그 섬은 행복, 사랑, 꿈, 이상으로 보일 수도 있지만 인간들을 이어주는 연대성일 수도 있다. 인간성이란 연대성 이외의 다른 것이 아니다. 물론 아직 인간은 슬픔의 주인, 기쁨의 주인, 행동의 주인(1/73)이고, 각자의 몫에 따라 밥 먹고, 놀고, 걸어야(1/160) 한다. 그러나 각자의 처한 상황들이 다름에도 불구하고 하나의 온전한 풍경을 이룬다.

세계

정현종은 세계의 현실적 부정성을 인정하면서도 세계의 긍정성을 노래한다. 자연의 부정성도 빼놓을 수 없다. "아무것도 그리워하지 않으려고 애쓰는/ 능청스런 치열한 철면피한 물질!"(1/65). 물질은 이원론자의 옹호 속에 아무것도 그리워하지 않고, 아니, 그리워할 능력조차 없는 철면피다. 가을도 "우리를 무한 쓸쓸함으로 고문하는"(1/109) 원수 같은 시간이다. 인공적 부정성은 더 적극적으로 펼쳐진다.

"도덕의 원리는 잘 생각하는 데 있는데/ 실은 그렇게 쉬운 얘기인데/ 그게 필경 쉽지 않은 일인지/ 잘못 생각하는 일이 하도 많"(2/43)다고 염려한다. "사람이든 사상이든 그 무엇이든/ 하나밖에 없으면 말할 나위 없이 전면적인 죽음"(1/22)이라고 걱정한다. 도시는 "슬픔이 없는 슬픔의 거리"(1/71)가 되고 학교는 "남이 한 소리 따라하고/ 제가 한 소리 또 하는"(2/140) 앵무새 둥지가 되고, "모든 흔적은 상흔이니/ 견딜 수 없"(2003: 50)다고 상흔들에 공감을 표한다. 그렇지만 염려는 넘어서야 한다. "물의 색깔은 참 여러 가지인데요/ 그러나 듣지 마세요 그대/ 모든 끝과 이별을 사랑할 수 있을 때까지"(1: 47). 모든 이야기는 들을 가치가 있지만 그러나 이야기마다 공감을 할 때까지 듣지 않을 수 있어야 한다. 그리고 나서야 보다 적극적으로 나아갈 수 있다. "나는 모든 담에 구멍을 뚫으리라/ 다람쥐와 더불어/ 아이들과 더불어"(1: 298). 아이들의 담 구멍 뚫기는 어른들의 낮술 마시기처럼 현실에서 자기 모순적이지만 현실의 부정성을 극복하기 위해선 자유 얻기의 상징이 된다. 그리하여 죽음의 전쟁 질서에 "다른 무기가 없습니다/ 마음을 발사합니다// …하여간 새들을 발사합니다 그 모오든 사신들한테"(2/72).

정현종의 세계는 "거울"이라는 작품에 선명하게 그려져있다. "사물은 각각 그들 자신의 거울을 가지고 있다… 가장 작은 소리까지도 각자의 거울에 비…"(1: 78)치고, 거울들은 흔히 바뀌면서 비밀이 없고 사물을 빨아들이는 입술식 거울이 된다. 각각의 사물은 자신의 성(性)이라는 거울을 가지고 있지만 그 성들이 유기적으로 상호 작용한다는 것을 거울들이 바뀐다고 표현한 것이 아닐까? 이러한 그림은 성기성물(成己成物: 나의 이룸과 다른 만물의 이룸은 맞물려 있다)이라는 명제의 그림으로 볼 수도 있지 않을까? "떠나는 길과 끝나는 길이/ 만나서/ 모든 도중의 하늘에 별을 빛나게 하고/ 흘러가는 모든 것들을/ 한 번의 폭포로 노래하게…"(1/50)한다. "사물을 가장 잘 아는 법이 방법적 사랑이고"(1/75) 그 사랑은 자신의 고통과 죽음이다. 씨알이 죽지 않으면 생명은 피어나지 않기 때문이다. "모든 때의 알 또한 / 꿈꾸며 반짝이며/ …/ 시간의 태가 배고 있는 모든/ 내일의 꽃의 향기를/ 그때들은 꽃피운다"(2/266). 물론 인생은 짧다. 그래서 "나, 시간은 원래 자연입니다/ …/ 나는 천천히 꽃피고 천천히/ 나무 자라고 오래오래 보석됩니다"(2003: 53). 정현종의 세계는 기다릴 줄 아는 사람을 위한 세계이다.

김애란의 소설: 언어의 실재성

김애란(2011; 2013)은 인간의 언어 조건을 드러내는 소설을 쓴다. 언어가 인간의 실재를 구성하고 또한 동시에 생명성을 부여한다는 특이한 주제이다. 기독인이 성서를 통해서 세계를 보고, 공산당원이 마르크시즘을 읽어 역사를 보듯이, 인간 모두는 각자 자신의 언어로 세계를 구성하고 그 패러다임이 부여하는 구원을 받고 생명성을 얻는다는 것이다. 여기서는 특히 그의 두 작품, 장편 『두근두근 내 인생』과 단편 「침묵의 미래」에 주목하고자 한다. 장편은 온라인 언어 실재성을 현실적으로 나타내고 단편은 오프라인 대화의 절실성을 보여준다. 단편은 '온라인 언어는 허구적일 뿐이지 않느냐'는 염려에 대한 언어 다원적 관점으로부터의 조명으로도 읽힐 수 있다.

『두근두근 내 인생』

주인공 "아름"이라는 소년은 고등학교도 퇴학 당하고 반듯한 직장도 없는 열일곱 살짜리 부모에게서 태어나 자란다. 아름이는 조로증(早老症)으로 학교도 못 다니고 집에서 인터넷으로만 세상과 관계 맺으면서 살고 있다. 그러다 아름이는 17세 되던 해에 자기처럼 머리가 빠지고 다른 병원에 입원해 있는 처지의 동갑내기 "서하"라는 소녀와 인터넷으로 연결된다. 느릿느릿하게 이루어지는 서신 교환은 두 사람의 동병상련, 세상에 대한 깊은 통찰력을 바탕으로 깊은 우정으로 발전한다. 만나지는 못하지만 빈번한 교신으로 서로의 배려에 감사하고 서로의 버팀목이 되고, 사진을 교환하고 관계가 고조되어 또 하나의 깊은 단계의 계기를 기대하게 된다. 그러나 눈이 멀고 인터넷도 사용할 수 없는 상태로 죽어가면서 아름이는 "서하"라는 이름의 사람이 36세의 중년 남자라는 것을 알게 된다.

아름이는 출생이 부적절하고 신체가 부자유하고 원하는 교육을 받지 못하고 인간관계가 제한적이었으며, 유일했던 인간관계마저 허구였다. 더구나 아름의 인생은 짧았다. 이러한 아름의 인생을 어떻게 해석할 것인가? 아름의 삶은 최근의 젊은이의 초상이 아닐까? 한국의 젊은이들은 아름이를 "실패자"로 규정할 수 있을까? 아름이를 "낙오자"로 낙인찍는 기존 질서에 대해서는 어떻게 생각할 것인가? 기존 질서가 모든 수단을 동원하여 아름이와 같은 상황을 피하고자 할 때, 기존 질서와 새로운 질서 사이에는 괴리가 없을까? 한국의 젊은이들은 한국의 기존 질서와 세계의 진보 질서 사이에서 어떤 긴장을 경험할 것인가?

아름의 인생 궤적을 한걸음 더 나아가 보면 이 시대의 조건처럼 보이지 않는가? 모든 것이 "가짜"인 것처럼 보이고, 세상은 "혼란" 그 자체인 것처럼 보이지 않는가? 모더니즘적 유일 체계의 시민들에게 포스트모더니즘의 다원주의는 혼란스러워 보인다. 그들은 최근의 다문화주의적 가족 형태도 이상적인 것이 아니라고 할 것이다. 다만 경제적 질서의 균형의 힘이 한국 사회의 현실로 들어섰을 뿐이라고 간주할지도 모른다. 이러한 표면적 "혼란" 속에도 진실은 있을까? 혼란 뒤의 질서는 무엇일까? 가짜로 보이는 현상들 배후에 숨겨져 있는 실재는 무엇인가? 백남준의 "통전적 피아노(Integral Piano)"에서처럼 "혼란적 질서"의 미학을 제시한 것이 아닐까? 혼란적 질서의 실재를 수용하는 것이 아닐까?

이 작품이 전제하는 사이버 언어의 실재성을 보이기 위해서는 세 가지 시간론의 배경이 중요하다(정대현, 2001; 2013). 먼저 "시간이 절대적이다"라는 절대적 시간론은 시간이 사건이나 변화와는 독립적으로 존재하며 "시간은 하나"라는 주장이다. 뉴턴(I. Newton)은 물체의 속도는 시간 공간에서 임의의 지점을 향해 위치가 변화하는 비율이라고 믿었다. 물체의 시공적 지점들은 절대적 질서 안에 절대적으로 규정된 지점이기 때문에 절대적 속도가 가능하다고 본 것이다. 칸트(I. Kant)는 시간과 공간을 지성의 형식, 직관의 형식으로 간주했다. 이러한 시간론에서 언어는 절대적 시간의 질서 속에서 현상을 "있는 그대로" 반영하게 된다. 본질주의적 기술이 얻어지는 것이다. 반면, 아인슈타인(A. Einstein)의 특수 상대성 이론은 시간이 관측자의 체계에 따라 달리 관측된다고 주장한다. 인간들은 일상 세계에선 차이가 작지만 우주 여행에서는 차이가 큰 무수한 시간 체계들을 넘나드는 과정을 경험한다는 것이다. 라이헨바하(H. Reichenbach)는 떨어져 있는 두 사건 간의 동시성을 지식의 문제가 아니라 규약의 문제라고 보았다. 언어 체계 없이 세계 경험은 가능하지 않고, 세계 경험은 다원주의적인 것이 되었다. 마지막으로 아인슈타인은 그의 특수 상대성 이론에 중력 개념을 도입하여 일반 상대성 이론에 도달한다. 시간과 공간은 그 속의 질량과 에너지의 분포에 따라서 휘어진다. 절대적 시공이나 특수 상대성의 시공이 화가의 텅 빈 캔버스 같다면, 일반 상대성의 시공은 부자(父子) 같아서 아버지와 아들이 존재하지 않으면 부자 관계도 존재하지 않듯 이성적 구조가 없다면 상대적 시간은 필요가 없다. 아인슈타인은 이러한 일반 상대적 시간 속성을 물질과 시공이 서로에게 영향을 미친다는 상호성으로 설명한다. 양자 물리계 s가 어떤 물리량 A에 대해 중첩 상태에 있을 때, s는 측정과는 별도로 일정하지 않은 A 값을 가지면서 어떤 선언적 사실{A1 v A2 v … An}로 나타나지만, "물리량의 일정한 값은 측정과 더불어 얻어진다"는 것이 양자 역학에 대한 표준적 해석이다(조인래, 1992; 1990). 물질과 시공의 상호성은 쌍둥이 역설을 통해 예시된다. 쌍둥이 중 형은 해변에 살고 동생은 산에 산다면, 중력 때문에 형은 동생보다 더 빨리 늙는다는 것이다. 개인이 어디에서 어떻게 움직이는가에 따라 개인적 시간은 달라지는 것이다. 이것을 시간의 가소성(可塑性, plasticity)으로 해석한다면 언어나 생각은 사실적이거나 실재를 반영한다기보다는 사람들이 어떤 삶을 사는가에 따라 달라진다. 시간은 사람들의 삶의 방식에 따라 달리 경험되는 가소적인 것이다.

이제 이 작품에 대해 물음을 물을 수 있다. 『두근두근 내 인생』의 아름이의 삶의 의미는 무엇인가? 아름이는 조로증(早老症)으로 스무 살도 되지 않았지만 80세가 넘은 신체로, 눈도 멀고 의식도 자주 혼미해지면서 병실과 중환자실을 오가는 상태가 된다. 소설의 마지막 부분에서 어머니가 병실을 잠시 비우는 사이, 아름이는 인기척 소리를 듣는다. "엄마야?"라고 아름이는 묻지만 인기척의 주인공은 대답을 하지 않는다. "누구세요?"라고 해도 대답이 없다. 간호사를 부를까 하는 생각을 하면서 무서워지는 사이,

"미안하다"

라는 목소리가 들려온다. 아름이는 "뭐라구? … 뭐가?"라고 반문하면서 한 번도 들어본 적이 없는 목소리에 순간적으로 가슴이 아려와 큰 소리로 물었다.

"서하니?"

상대방은 계속 대답을 하지 않았지만, 아름이는 혼자 독백을 했다. "맞구나. 그럴 줄 알았어", "우린 한 번도 만난 적이 없지? 직접 목소리를 들은 적도 없고, 얼굴을 마주한 적도 없고 어쩌면 앞으로도 영영 만날 수 없을 테지? 하지만 너와 나눈 편지 속에서, 네가 하는 말과 내가 했던 얘기 속에서, 나는 너를 봤어." "그 자리에 있어주었던 것 고마워." 그러는 사이, 어머니가 병실에 들어오면서 "누구세요?"라고 물었고, 상대방은 "죄송합니다. 제가 병실을 잘못 찾았나 봅니다"라고 예의 바르게 사라져버린다.

아름이의 "서하니?"라는 물음은 이 소설의 클라이맥스라고 생각한다. 가슴이 메는 순간이기도 하다. 36세의 중년 남자의 "미안하다"라는 목소리에, 아름이는 20세가 아직 되지 않은 또래의 소녀냐고 묻는다. 중년 남자의 "미안하다"라는 시공 질서에, 아름이는 "서하니?"라는 시공 질서로 대응하고 있었다. 자신을 둘러싸고 있는 수많은 시공 질서의 문법들을 아름이는 일관되게 자신만의 시공 질서로 대면하고 적응하며, 위로하고 위로 받으면서, 자신의 짧은 삶의 의미를 펼치고 있다. 김애란에 의하면 인간은 모두 각자의 시간으로 사는 것이다.

「침묵의 미래」

이 작품의 '나'는 이 세계의 한 언어에서 빠져나온 숨결과 기운들로 이루어진 영(靈)이다. 다른 언어의 영들과 몸을 섞기도 하지만, 나는 구름처럼 가볍고 바람처럼 분방하여 어디론가 이동한다. 나는 시원이자 결말이고, 미지(未知)이자 지이며, 거의 모든 것인 동시에 아무것도 아닌 노래다. 우리는 뚜렷한 얼굴이나 몸통이 없다. 하지만 우리는 우리가 누구인지 안다. 그리고 그게 우리의 정체다. 그래서 우리는 소수 언어 박물관에 주목한다. 지구상에서 화자가 10명 이하인 언어 종족 중에 한두 사람을 뽑아 입주시킨 마을로, 천여 명 거주자 중 대개 한 사람씩 각기 전시동을 지킨다. 내 언어의 화자도 15세에 들어와 노인이 된 후두암 말기 환자이다. 이들 마지막 화자들은 자기 말을 알아듣는 누군가가 곁에 한 명쯤 있기를 바란다. 혼자가 아닌, 누군가와 같이 있으면서 '응'이나 '그래' 같은 아주 간단한 말이라도 하고 싶어한다. 이런 저런 쓸데없는 말이라도 좋다. 이들의 고독은 고통과 인내 속에서 소금처럼 하얗게 결정화되고 있었다. 나는 후두암 말기 환자가 90세가 된 어느 날 죽으면서 그를 떠났다. 나는 나무에 그려지고 돌에 새겨지면서 태어나, 우리의 이력을 단숨에 학습했다. 고유한 단어를 발음할 때 여러 개의 시간으로 뜀박질 하면서 범람 직전의 댐처럼 말로 가득 찬 슬픔이고 복잡한 문법 안에 담긴 사랑이었다. 그러나 우리의 종착지는 내세도 우주도 아닌 공장이다. 우리가 죽은 뒤 한 번 더 죽게 되는 지옥처럼 뜨거운 공장이다.

'언어'라는 단어를 접할 때 흔히 동북아 사람들은 한자어에 대해, 서양 사람들은 라틴어나 그리스어에 대해 갖는 전통적 태도를 머리에 떠올린다. 이 언어가 영원한 질서, 절대적 진리를 나타낸다고 믿으면서 언어를 일상성 밖의 질서로 간주하는 것이다. 그러나 김애란은 이런 보수적 언어관에는 눈길 하나 주지 않고 일상 언어의 삶으로 바로 들어간다. 현실 세계가 사실상 언어 다원적 세계이기 때문일 것이다.[2] 언어는 사람들의 오해의 과정을 겪지만 이해의 구조가 되고, 지식과 무지, 세계에 있는 것과 없는 것 모두의 역사를 담을 수 있게 되는 것이다. 작품은 다원주의를 전제하지만 문제가 되지 않는 까닭은 언어의 영들이 몸을 섞고 있기 때문이다. 언어의 영들은 언어가 죽은 뒤에도 도서관에 살아남기도 하지

---

2 전 세계에서 사용되는 6000여 개 언어 중 2500여 개가 사멸될 위기에 처했다고 유네스코는 보고한다. '세계 사멸 위기 언어 지도' 제작에 참여하고 있는 오스트리아 언어학자 크리스토퍼 모슬리는 "지난 3세대에 걸쳐 이미 200여 개 언어가 지구상에서 사라졌으며 199개 언어는 구사할 줄 아는 사람이 채 10명도 남지 않았다"고전했다. 미국 오클라호마주에서 Wichita어를 사용하는 사람은 10명, 우크라이나에서 Karaim어를 사용하는 사람은 6명, 인도네시아에서 Lengilou어 사용자가 4명, 라트비아의 Livonia어를 구사하는 사람은 1명뿐이다. 터키 카프카스 북서부에서 사용되던 우비크어는 오스만 마을의 테베크 에센크가 1992년에 죽으면서 사어의 대열에 끼었고, 미국 알래스카의 에야크어는 이 언어의 마지막 사용자인 메리 스미스 존스가 2008년 세상을 떠나면서 함께 소멸했다(다니엘 네틀 2003: 12-66; 연합뉴스 2002/2/21).

만, 작품 속 언어의 영들은 자본주의의 효율성 논리가 지배하는 생산 공장의 뜨거운 불에 의해 잊힐 수밖에 없다고 그려낸다.

「침묵의 미래」는 시대적 함축을 갖는다. 첫째, 작품은 많은 자연종의 멸종과 마찬가지로 수천 년, 수만 년 선조들이 쌓아온 경험 축적인 언어가 사라지는 것을 보여주고 있다. 이는 단순히 한 인공품의 소실이 아니라 한 인간종의 흔적의 망실이다. 소설은 이것을 새로운 방식으로 묘사한다. 혼자서는 말을 할 수 없고 말을 할 수 없으면 사는 것이 아니다. 산다는 것은 서로 말을 하면서 주변을, 세계를 매일 새롭게 또는 다르게 구성하는 행위들의 모음이기 때문이다. 소수 언어 박물관 거주자들의 고독이 소금처럼 하얗게 결정화된 것은 그들이 이미 죽어가고 있었음을 나타낸다. 둘째, 현대인이 사이버 시대나 세계화 시대를 외면할 수 없고, 한국어가 아직 살아남을 수 있는 언어라고 할지라도 우리가 일상 공간에서 말하는 대화는 그 동네 거주자들이 기적처럼 기다렸지만 도래하지 않았던 은총의 사건이다. 그들은 쓸데없는 말이라도, 다른 의견이라도 상관없이 간절하게 그 언어를 기다렸다.

「침묵의 미래」가 "사랑"이라는 단어에 주요한 자리를 부여하는 데 주목해보자. 작품은 사랑을 "문법 안에 담긴 단순한" 것으로 묘사하고 더 이상 부연하지는 않지만 언어의 특별한 성질이 이 단어에 부여되고 있다고 생각한다. 작가가 언급하는 몇 개의 표현은 이것을 부각하는 데 도움이 된다. 그 동네 거주자들은 "혼자"라는 단어를 닳아 없어질 때까지 만지고 또 만지면서 "응"이나 "그래" 같은 간단한 대화라도 하고 싶어한다. "응"이나 "그래"는 간단한 단어이지만 이 단어를 이해하기 위해서는 그 거주자 언어의 총체적 의미를 알아야만 한다. 그들은 이 총체적 의미를 터득한 같은 종족인과 말하고 싶은 것이다. 언어에 대한 총체적 의미를 공유한다는 것은 세계와 자기에 대해 공유하는 의미를 부여하고 확인하는 것이다. 그러므로 말을 나눈다는 것은 자기 의미의 인정이고 확인의 행위이다. 자신의 생명의 확인이다. "혼자"라는 단어를 만지작거리는 것도, 이 단어가 나타내는 언어 체계의 다른 요소들과의 관계 속에서 의미가 드러나기 때문이다. 이 거주자의 역설은 "혼자"라는 단어를 만지작거리면서도 이 단어의 의미 유지의 체계로부터 멀어지고 있다는 점이다. 거주자는 "혼자"를 만지고 "그래"라는 목소리를 기다리면서 그가 태어난 언어의 실재성과 생명성을 그리워하는 것이다.

이주향의 수필: 아공적 운명애

이주향은 수필 철학자다. 그는 이론이나 체계를 세우기보다는 자기와 타자 간의 관계를 반성하고 변화시켜 인생을 위로하고 삶을 기리는 데 생을 건다. 철학에 대한 이러한 시각은 칸트-니체-푸코로 이어지는 철학 관점의 유형을 나타낸다. 즉 철학은 과거의 철학처럼 영원성에 매여 있는 것이 아니라 현재성의 추구라는 것이다. 지금, 여기에서의 관계를 새롭게 추구하는 현재성을 나타내야 하는 것이다. 이러한 의미에서 "철학은 일종의 근본적인 저널리즘"이고 "최초의 저널리스트 철학자는 니체"라는 푸코의 해석(오생근, 2013: 52)에 닿아있다. 이주향 작품의 배경에 내재되어 있는 이러한 철학적 지형도는 그의 수필 철학을 가늠하게 한다. 그의 철학 수필은 두 가지 형태로 현재성을 추구하는데, 하나는 "자신의 이성을 용감하게 사용하라"(Sapere aude!)라는 근대성에 기반을 두어 각 개인의 자율성을 최대화하는 것이고, 다른 하나는 그 결과 나타난 현재성의 운명은 독립된 것이 아니라 세상 안에 자기 자리를 잡고 있기 때문에 그 구조에서 인간을 위로하고 기리는 것이다. 이주향의 수필들은 각각 삶의 구체적 문맥에 대한 개별적 통찰로 이루어져 있지만, 시인이 과거의 시인들과 연결되듯 한 시인이 쓴 모든 것들이 한 개의 작품을 이룬다는 엘리엇(Elliot, 1919)의 생각처럼 삶의 온전한 한 그림을 나타내고 있다.

중력의 악령

인간은 각자 자신의 자율적 삶을 기려야 한다. 이주향은 이러한 가치를 방해하는 것을 악령으로 본다. 인간이 그러한 가치에 이르지 못하도록 끌어내리는 악령에는 적어도 세 가지가 있는데, 그것들은 자본주의, 선악 이분법, 실체성의 악령들이다. 먼저, 이주향(2002a: 86)이 보는 자본주의 악령의 모습이다: "오늘날 세상을 읽는 키워드는 '과잉'입니다. 과학기술의 발달은 뭐든 너무 많고 뭐든 너무 흔한 사회를 만들었습니다. 당신조차도 마구 농약을 친 쌀처럼, 점점 근사한 모습으로 쏟아져 나와 마침내 근사하지 않은 것들의 쓰레기 더미를 만드는 가전제품처럼 너무 많고 너무 흔한 사람이 되어버린 겁니다." 인간 사회는 산업 혁명, 정보 혁명으로 세계화라는 무한 경쟁에 빠져 있고 사람들은 소유할수록 자아가 든든해진다는 악령에 끌려 돈을 신으로 믿고 자본주의를 신전으로 삼아 그 언어 속에서 인격이 형성되어가는 것이다(이주향, 2002a: 109; 2009: 197).

선악 이분법은 인간 자율성을 가로막는 또 하나의 악령이다. 한용운은 "자유를 모르는 건 아니지만 당신에게는 복종만 하고 싶어요. 그러나 당신이 다른 사람에게 복종하라고 하면 그것만은 할 수 없습니다. 그러면 당신에게 복종할 수 없는 까닭입니다"라고 말하지만, 이주향(1996: 261)은 복종을 거부하고 "길들여지지 않기"를 선언한다. 이주향(2007a: 232; 2008: 51; 2012a: 118)은 복종이나 길들임이라는 것은 개인의 자율성을 배반하는 개념이고 우리를 유지하기 위한 공동선이 만들어낸 선악 이분법에 기초한다고 보며, 니체적 기독교 분석에 관심을 갖는다. 인간이 죄인이기 때문에 스스로 구원할 수 없고 하나님께 절대적으로 의존할 수밖에 없다면, 절대 창조자 의존성 때문에 피조물 개인 의지는 설 자리가 없고 따라서 자기란 없게 된다는 것이다. 그런 인간의 도덕은 자율 도덕이 아니라 타율 도덕일 수밖에 없다. 자율 도덕이 아닌 모든 타율 도덕은 선악 이분법에 기초하여 "우리가 아직 요람에 있는 무렵 선악의 지참물을 넣어" 노예 도덕으로 몰아넣는다.

"나는 '산 좋고 물 좋고 사람 좋고…'라는 말의 리듬감을 사랑합니다. 그 리듬은 살아 있는 모든 존재가 서로 통해 있다는 철학을 충만하게 담고 있습니다"고 이주향(2002a: 116; 2004a: 210-216; 2005: 99-118)은 적고, 실체성이라는 악령을 비판한다. 개체를 실체로 본다는 것은 개체가 다른 것과 관계없이 홀로 존재한다는 것을 나타내기 때문에 실체는 허상이고 개체는 가명일 뿐이라고 한다. 존재하는 것은 사건들이다. 세계는 존재의 이데아가 아니라 생성의 강이다. "되어감"의 과정에서 모든 것이 흐르고, 관계의 그물망에 따라 변한다. 예를 들어, 바닷물은 청정하기도 하고 오염된 것이기도 하다. 물고기에게는 마실 수 있는 건강한 물이지만 인간에게는 마실 수 없는 물이다. 바닷물은 특정한 이름으로만 불리는 실체성으로부터 해방되어야 하는 것이다. 오르막길과 내리막길이 동일한 길인 것처럼, 선악, 밤낮, 빛과 그림자들은 대립 구조일 뿐 실재적인 것이 아니며 실체적인 것은 더욱 아니다.

모두 하나

중력의 악령을 벗어나면 어떤 세계가 보이는가? 아니면, 중력의 악령이 들어오기 전의 세계는 어떤 것이었을까? 이주향은 그러한 세계를 디오니소스적인 것으로 파악하여 언어와 아공(我空)의 개념으로 조명한다. 먼저 이주향(2002a: 142)은 언어 억압성의 한 경우를 들여다본다: "'아줌마라뇨?' '아줌마를 아줌마라고 하는데 뭐 잘못됐소?' '아니, 이 아저씨가'. 적어도 이 시대에 '아줌마'는 넉넉하거나 인심 좋은 사람들이 아닙니다. 유능, 매력, 섹시, 개성 없는 제3의 성, 함부로 왕따해도 좋은, 왕따의 기호입니다. 그만큼 '아줌마'는 욕이고 수렁입니다." 사람들이 종종 말에 걸려 넘어지는 까닭은 언어로 된 개념이 실재가 되고 박제가 되고 우상이 되기 때문이다(이주향, 2009: 193-199; 2005: 99-118). '논'이라고 하니까 논이고, '밭'이라고 하니까 밭이다. 나무-꽃, 선-악, 빛-그림자, 남-여, 노예-주인, 신하-왕, 너-나, 전쟁-평화, 죄-구원, 유한자-무한자의 구분이나 차별은 모두 시장의 우상을 섬기는 자들이 만들어낸 것으로, 그들 스스로 거기에 걸려든다. 언어는 사물을 은폐하는 장치가 되는 것이다. 이러한 개념들을 어찌할 것인가? 우리는 우리의 느낌 자체가 언어적이어 언어의 세계가 끝나는 곳에 존재의 세계도 끝나고 언어 없이는 존재도 심리도 없다고 믿었다. 그러나 언어가 있어도 존재와 심리가 없을 수 있듯, 언어 없이도 존재나 심리가 있을 수도 있다. 그렇다면 어떤 개념도 세계를 언어 이전의 하나의 상태에 주목하는 것이 그 본질일 것이다.

모두가 하나인 세계는 언어 이전의 하나의 상태에 주목하여 짐작할 수도 있지만, 실제의 세계는 각종 언어로 덮여있고 언어 없이 접근되지 않는다. 그렇다면 언어로 구성된 세계를 어떻게 하나의 세계로 경험할 수 있을 것인가? 이주향(2004a: 207-226; 2005: 109, 219; 2002b: 122)은 아공(我空)이라는 불교적 처방을 제시한다. 지금 우리가 탈가치화하여 '허무'를 선언해야 하는 것이 있다면 그것은 모든 가치 위에 군림한 경제적 가치다. 소유하는 문화, 이기성의 문화는 고삐 풀린 거품 욕망의 귀결이고, 진정으로 자신을 채우기 위해서는 비워야 한다. 금강경에서 말하는 것처럼, 마음을 비우면 과거의 마음이 없으니 돌아봐 맺힐 것이 없고 현재의 마음이 없으니 정착할 것이 없고 미래의 마음이 없으니 기대할 것이 없다. 그러면 세계는 인드라 하늘에 둘러진 그물처럼 된다. 그 그물을 이루는 구슬들은 서로 연결되어 있어 어떤 구슬 하나가 소리를 내면, 다른 구슬 모두에 그 울림이 연달아 퍼진다. 하나 가운데 모든 것이 있고 모든 것 가운데 하나가 있게 되어, 모두가 하나가 되는 것이다.

모두가 하나인 세계는 언어가 없어진 세계가 아니라 언어의 위협적 왜곡성에도 불구하고 인간의 아공적 합일이 경험되는 세계이다. 이주향(2010: 189; 2002a: 76; 2009: 189)은 이러한 세계를 "디오니소스적인 것"이라고 규정한다. 삶의 가혹한 문제들에 직면해서도 삶 자체를 긍정하고 제 고유의 무한성에 환희를 느끼는 삶에의 의지가 유지되는 것이다. 그는 이러한 디오니소스적 경험 중의 하나를 여행이라고 생각한다. "여행은 변화입니다. 지금껏 살아온 세계를 떠나 새로운 세계를 만나는 것입니다. 모든 자연을 물질로 바꾸고 마침내 생명과 생명의 관계까지 자본의 관계로 바꿔내는 문명의 세계에 익숙한 당신이라면 떠나야 합니다. 모든 물질을 생명으로 바꿔내는" 질서로 떠나야 한다는 것이다. 생명의 질서가 모두가 하나라는 것을 보이기 때문이다. 이주향은 김아타의 설치 작품에 주목한다. 작품 "파르테논 신전"은 실제 그 신전을 1/10로 축소한 얼음 신전이다. 얼음의 운명은 녹는 것이다. 그 작품은 서서히 녹으면서 무상(無常)을 두려워하지 않는 신전을 보여준다. 얼음 신전이 녹아 비신전과 하나가 된다. "얼음으로 완성한 파르테논이 아름다움으로 빛날 때 니체적인 탄성이 절로 나온다. 몰락하는 것의 아름다움이여, 아름다운 것의 비극이여! 존재하는 것에 대한 비극적 통찰이 우리를 자유롭게 한다."

자기 앎의 고통

이주향 철학에서 또 하나의 중요한 주제는 인간이다. '자기'라고 불리는 나는 누구인가? 사람들은 모두가 하나인 세계로 들어가고자 하지만 중력의 악령들이 씌우는 페르소나(Persona)나 여러 가지 사회적 계기들을 통해 부과되는 고통을 감내하면서 살아야 한다. 이러한 인간 조건에서 나는 나 자신을 어떻게 정치시켜야 하는가? 이주향(2007b: 237-243)은 이 물음 앞에서 융의 진단에 호의적이다. 자기(Selbst)란 자의식도 아니고 외적인 자아도 아니라 "정신적 전체성"이다. 소위 선한 사람이나 제도적 인간은 총체적, 전일적 총체일 수 없다. 정신적 전체성은 선이 드러나는 바로 그곳에 숨겨져 있는 악의 씨앗을 보살피는 것이며, 악이 나에게 말을 걸 때 그 악을 외면하지 않고 경청하는 것이다. 이 점에서 자기는 선악을 넘어서있다. 그러나 제도적 인간은 숨겨져 있는 그림자에 주목하기 어렵다. 주변이 강요하는 또는 자신이 선택하는 페르소나에 빠져 고통에 들기 마련이다.

그러나 역설적이게도 고통에는 자기 회복의 역할이 있다. 이주향(2012a: 176-181; 2010: 189; 2013: 174)은 반 고흐가 규정하는 고통에서 그 역할을 본다. "고통스러운 것들은 저마다 빛을 뿜어내고 있어 별은 심장처럼 파닥거리며 계속적으로 빛나고, 캔버스에서 별빛 터지는 소리가 들려온다." 그는 고흐가 동생에게 쓴 이 편지에 대해 다음과 같이 적고 있다. "연인도 떠나고 친구도 떠나고 마침내 물감 살 돈도 없었던 반 고흐, 그 쓸쓸하고 팍팍한 삶이 앗아간 꿈이 저렇게 별을 사랑하는 마음으로 부활한 것은 아닐까요? 저렇게 아름다운 그림을 그리기 위해 그는 그렇게 아파야만 했던 걸까요?" 그래서 별을 보지 못하면 꿈을 꿀 수 없고, 꿈이 없는 인생에게는 그 누구도 그 무엇도 기대어 쉴 수 없다고 한다. 고통은, 그리고 이에 수반되는 고독은 삶에 대한 반박이 아니라 삶의 증거가 된다. 고통은 죄의 결과가 아니라 인간의 조건인 것이다. 고통은 생성의 철학으로 들어가는 문이고 스스로의 소멸을 담담히 받아들이게 하는 계기이다. 인간은, 영웅은 영원히 존재하는 실체가 아니라 영원회귀하는 생성의 한 계기이기 때문이다. 그러므로 고통을 통과하지 않은 환희는 없고 환희를 모르는 고통은 노예의 고통이다. 고통은 결국 자기를 아는 자에게만 부여된 계기이다. 고통이건 고독이건 간에, 광야의 시간이야말로 자기 생명을 사는 시간이며 자기 생명을 키우는 시간이다.

고통으로 키워진 자기 생명은 어떤 것일까? 사람들은 누구처럼 되고 싶어해야 할까? 어떤 학생이 "저는 되고 싶은 게 없는데…"라고 선생의 질문에 답했다고 한다. 그 대답은 불량하지만 반성적이기도 하다. 보통 학생들이 대답하는 되고 싶은 사람이란 사회가 사회 유지를 위해 기능에 따라 수요에 따라 씌워준 가면의 이름, 페르소나이다. 페르소나에 숨겨져 있는 존재의 가벼움을 이미 간파한 것일까? 그 학생은 페르소나란 언젠가 제거되어야 할 일시적 버팀목이라는 것을 눈치챘던 것 같다. 이주향(2007b: 238-243; 2011: 69)은 자신을 사랑하는 사람이 되라고 주문한다. 본능과 육체의 충동은 외면해야 할 것이 아니라 귀 기울여야 할 영감의 원천이다. 자기가 자신의 주인이 되는 길이 성숙의 길이다. 미성숙이란 공동체의 시선에서 자기를 보고 자기를 통제하려는 태도에서 나타난다. 미성숙자는 실제를 보지 않으려고 눈을 감는 비겁자이다. 우리는 사회가 일방적으로 요구하는 선한 사람이 되기보다는 자기 자신을 펴나아가는 온전한 사람이 되어야 한다.

생명 체험

자기 자신을 실현하는 온전한 사람은 어떤 삶을 살 것인가? 이주향은 니체의 디오니소스적 분석을 통해 예수, 아리아드네, 하갈의 인간상을 제시한다. 주변으로부터 고난을 받으면서도 상대에게 미움을 투사하지 않고, 그 무엇으로도 빼앗기지 않고 고통 속에서도 포기할 수 없는 자기를 유지한 자들이다. 이들은 자신의 가치를 알고 있었고, 최악의 사태를 피하지 않고, 오히려 도발했다. 운명애(運命愛 amor fati)를 품었던 존재들이다. 아공(我空)은 세상이 아닌 자기 욕심과의 단절이고, 운명(運命)은 독립된 것이 아니라 세상 안의 자기 자리이다. 그래서 이주향(2012a: 141; 2011: 69)은 임재범에게서 또 하나의 디오니소스를 본다: "사랑이 별건가요, 생(生)을 걸었으면 전쟁 같은 사랑이지"라는 노래를 듣기 때문이다. 그래서 전쟁 같은 사랑 때문에 아픔을 삼키는 고단한 영혼이 아름답다고 위로의 말을 건넬 수 있는 것이다. 아공적 운명애는 전쟁 같은 사랑을 전제하기 때문에 이주향은 사회 정의(2002a: 206-212; 2003; 1985)나 환경(2002a: 223-242; 2004b)의 문맥에서 전쟁 같은 사랑의 수필을 쓴다.

이주향(2012b: 154; 2002b: 121)은 운명애의 두 경우에 주목한다. 하나는 아사다 지로의 작품 「천국까지 100마일」의 이야기이다. 70세 노모는 심장병으로 앓고 있으면서도 부도가 난 막내아들에게 "나는 가난한 네게 도움을 받기보단 부자인 네게 버림을 받고 싶다"고 말한다. 너무나 잘 살고 있는 다른 세 자식들이 죽어가는 어머니를 찾지 않는 것에 대한 사랑과 이해의 말이다. 다른 하나는 얀 반 에이크의 「수태고지」의 함축이다. 예수를 잉태했다는 소식을 처녀 마리아에게 알리는 장면의 그림을 이주향은 일반화한다. "우리 안에는 우리가 이 생에서 키워내야 할 우리의 소중한 꿈, 새로운 태양이 수태되어 있습니다. 우리는 우연히 던져진 왜소한 존재가 아니라 우주와 자연과 역사가 마침내 낳은 세계의 주인공인 겁니다…그 사명에 눈뜨는 순간 우리는 부드럽게 우리를 지키고 있는 우리의 수호천사를 보게 될 것입니다." 인간은 누구나 자기만의 독특한 '운명'이라는 이야기를 지고 나온다. 이 이야기를 좋아하고 펴며 발전시키는 것이 운명애의 진정한 모습이라는 것이다.

산다는 것은 무엇인가? 나의 삶을 편다는 것은 어떻게 하는 것인가? 이주향(2002a: 7477)은 어느 산사 식당 입구에 걸려 있는 말을 기억한다: "이 음식이 어디에서 왔는가, 내 덕행으로 받기가 부끄럽네. 마음의 온갖 욕심 버리고 육신을 지탱하는 약으로 알아 보리를 이루고자 공양을 받습니다." 그리고 이에 대한 명상을 한다. 한 그릇의 밥에는 농부의 손길이 있고, 논이 들어 있고 태양이 비치고 바람이 들어 있다. 그러니 밥을 제대로 먹는다면 농부가 되고 태양이 되고 바람이 되고 구름이 되는 것이다. 그러므로 밥은 단순한 물질이 아니다. "그것은 먹는 일이 신성한 일이 아니면 어디서든 신성은 없다는 가르침을 주는 스승이었고 나와 다를 바 없는 존재였습니다." 산다는 것은 우리의 일상에서 모든 것의 연결을 경험하고 모든 것이 하나라는 신성을 모시는 것이다. 산다는 생명 체험은 일상 속에서 새롭게 드러내야 하는 거룩한 경험인 것이다.

3. 문학 철학: 김현

김현은 제도적 철학자가 아니지만 그를 진지한 철학자로 해석하고자 하는 까닭은 그의 문학 경험과 저술에서 "철학적"이라 규정할 수 있는 계기들이 보이기 때문이다. 그렇다면 김현의 문학 철학은 무엇인가? 김현은 스스로 이 물음에 대한 답을 할 수 있는 단서를 제시한다. 김현(전집 1991-1993: 11/143-146)은 "철학이란 어떤 대상에 대해 행해진 진술에 대해 진술하는 2차적 언어이고, 문학에 대한 철학적 사고는 그 모든 형식들을 포괄할 수 있는 새로운 내적 통합의 시도"라고 생각한다. 문학과 철학의 관계에 대한 이러한 관점에 따라 그가 48년 생애(1942-1990) 동안 저술한 내용을 근거로 2차적 언어로서의 그의 문학 철학을 조감해보고자 한다. 첫째 그의 문학론은 꿈 문학론으로 해석될 수 있다. 둘째 그의 꿈 문학론은 그의 생애를 배경으로 전개 모습이 세 시기에 걸쳐 달리 나타난다. 초기(1942-1967)는 고독을 배경으로 문학의 꿈을 꾸고 말라르메(S. Mallarmée), 하이데거 등을 읽으면서 영혼, 세계 같은 주제에 주목하는 문학적 모색기이다. 중기(1968-1979)는 한국 군사 독재가 야기한 문학의 순수주의와 참여주의의 논쟁을 배경으로 특정 이데올로기를 도식적으로 따르는 글쓰기가 아닌, 매순간 자신을 완전히 던지는 프락시스이며 동시에 테오리아라는 꿈으로서의 문학론에 이르는 시기이다. 바슐라르(G. Bachelard)의 영향이 드러나는 시기이다. 마지막 후기(1980-1990)는 광주민주항쟁과 『문학과지성』 폐간에 개입된 신군부 폭력을 배경으로 푸코의 폭력론을 도입하여 중기의 꿈으로서의 문학론 구도를 확장하는 시기이다. 그는 현실의 폭력을 꿈의 문학 공간으로 순치하기 위해 철학적으로 "오만한 기획"(10/109)을 감행하고 3기를 독자적으로 연결해내는 꿈 문학론을 마무리한다. 김현에 대한 이러한 큰 그림의 구성적 읽기를 통해 언어, 인간, 세계, 문학에 대한 그의 이해 방식을 추측해보고자 한다.

언어: 변증법

김현 문학 평론은 다양한 주제와 방대한 양으로 구성되어 있다. 그럼에도 불구하고 그의 문학 평론의 언어를 특징지어야 한다면 "농"(non, 아니오)의 철학관과 형태/내용의 총체관에 대한 논의에서 추리되는 변증법적 구조이다. 먼저, 농의 철학관(9/ 38-70)은 주어진 경험이나 명제에 대하여 "아닐 수도 있지 않는가?"라는 의문의 계기에서 발단하는 철학이다. 새로운 인식은 언제나 옛 경험을 바탕으로 하는 인식론적 연속선상에서가 아니라 단절을 통해 나타난다. 그러나 단절을 의미하는 "농"이 표시하는 것은 과거의 것을 무시하는 데서 그치지 않고 감싸 안는 행위이고 새로운 농에 의해 감싸이는 것을 포함한다. 농은 이러한 의미에서 단순한 부정이 아니라 변증법적 구조를 나타내는 초(超, meta)의 뜻을 갖는다.

김현은 농의 철학은 선언적인 것이라기보다는 바슐라르가 데카르트

철학에 구조적으로 적용한 농의 변증법으로 얻어진 것이라고 "새롭게" 해석한다.[3] 먼저 단절에 대한 해석을 보자. 데카르트가 "나는 생각한다 고로 나는 존재한다"라는 명제에 도달하는 방식은 나의 존재를 의심할 수 없다고 생각하는 나의 실체를 전제했다. 그러나 김현은 데카르트의 이 전제가 요구하는 연속성을 단절할 수 있어야 한다고 본다. 양초는 상황에 따라 커지거나 줄어들므로 양초의 실체로서의 연장성은 단순성, 통일성, 항구성으로 유지되는 것이 아니고 관념적일 뿐이라는 것이다. 더 나아가, 초가 변하면 나도 변해야 하는 까닭은 내가 생각하는 순간에 나는 모든 나의 사고인 감각과 함께 변하기 때문이다. 느끼는 것도 생각이기 때문이다. 두 개의 다른 경험 속에 느껴진 것은 같은 초가 아닌데 어떻게 딱딱한 초를 느끼는 존재와 무른 초를 느끼는 존재가 같다고 할 수 있을 것인가? 경험적 사고는 현상의 구성적 성격이고 객관적 관찰의 동적 성격은 주관적 경험에 반사된다는 것을 데카르트는 보지 못했다. 김현이 지적하는 것처럼 데카르트는 코기토에 사로잡혀 나의 항구성을 의심하지 못한 것이다.

그의 농 문법의 적용은 여기에서 끝나지 않고, 감싸기에 대한 해석으로 이어진다. 그는 데카르트의 전체성 의식은 부분적이거나 완전하거나 간에 경험적으로 얻어진 기억술에 의한 열거가 아니라 "사고와 경험의 엄격한 평형", 또는 합리주의라는 총체론에 입각해 있다고 본다. 데카르트의 주관적 경험의 엄격성은 그것이 합리주의적, 또는 과학적 경험임을 인정할 때 완성되고, 그 객관적 합리적 경험을 가능하게 하는 것이 이성이라는 것이다. 데카르트 철학에 대한 이러한 농 문법의 적용은 데카르트 인식론의 단절성에도 "불구하고(malgré)" 데카르트의 합리주의적 전체성 사고를 중요하게 인정하는 것이다. 이때 단절과 감싸기는 변증법적으로 얻어진다.

3 곽광수(2008)와 장경렬(2000)은 김현의 감싸기(envelopment) 해석에 대해서 천착된 논의를 제시한다.

농 문법에 기초한 김현의 언어는 변증법적이어서 인식론적으로 지향할 만한데도 정작 선택한 것은 심리적이고 정신 분석적이다. 왜일까? 이에 대한 단서는 오류 개념의 심각성과 인식 개념 자체가 인식론적 지속성이 아니라 단절성에 기초했다는 점에서 찾을 수 있다. 단절이란 농 문법이 가리키는 대로 전 단계의 경험에 대한 의문 또는 회의 이외의 다른 것이 아니다. 오류의 가능성에 주목하는 것이다. 지식이나 인식에 있어서 가장 위험한 것이 있다면 그것은 오류 자체보다는 "나는 틀리지 않는다"는 믿음이다. 주체의 기본적 기능은 틀릴 수도 있다는 가능성에 열려 있는 개방성이다. 이러한 개방성으로 오류 교정이 가능하고 오류가 교정될 때 진실에 가까워진다. 순수 존재란 잘못을 깨닫는 존재이다. 따라서 오류 교정으로서의 정신 분석은 "질문이 없다면 과학적 인식도 없다"는 과학성의 원리에 일관된 것처럼 보인다. 그렇다면 정신분석을 통해 무의식의 교란적 작용을 규제하거나 세척하여 인식론적 방해물을 제거할 수 있다는 것이다. 사람마다 자기 운명에 응답하는 특별한 형태의 정신 분석을 만날 수 있는 것이다.

말, 글, 이야기 그리고 형태 내용의 총체론-오만한 기획

김현 문학의 언어론은 농의 철학관 못지않게 형태/내용의 총체관을 중요한 요소로 도입하여 구성된 것이다. 총체관은 그가 중기에 오랫동안 논쟁을 벌인 문학의 순수주의와 참여주의의 논의에서 여러 가지 방식으로 드러난다. 여기서는 그중 사르트르(J. P. Sartre)의 언어관을 비판하는 문맥에서 그가 구성해내는 논리(11/149-162)에 주목하고자 한다. 사르트르의 언어론은 시와 산문을 구분하여 시는 뜻(sens, sense)의 언어이고 산문은 의미(signifi-cation, référence)의 언어라고 본다. 뜻은 마음도 아니고 사물도 아니지만 이들과 같은 존재론적 위상을 갖는 제3의 객관성을 갖는 존재이고, 의미는 뜻에 의하여 연결된 시공상의 지시체를 나타낸다. 따라서 시인은 그럴 필요가 없지만 산문가는 현실의 지시체에 대해 참여(engagement)하지 않을 수 없다. 산문가는 현실에 대해 할 말을 해야 한다는 것이다.

김현은 이러한 사르트르 언어론에 대한 여러 방식의 분석에 주목한다. 먼저 시와 산문의 구분의 근거로 제시되는 뜻과 의미의 구분을 비판한다. 뜻이 사물과 같은 객관적 실재를 갖는다는 가설은 20세기 초에는 영향력이 있었지만 너무 형이상학적이어서 이젠 수용할 수 없고, 오히려 의미가 기호의 기능 또는 사용이라는 관점이 지배적이고 설득력이 있다는 것이다. 또한 기호가 뜻을 중재로 하여 의미에 연결된다는 형태와 내용의 이분법도 문제라고 본다. 형태와 내용의 전통적 이분법에 의하면 "물은 H_2O이다"라는 문장은 이 문장에 들어 있는 두 명사의 뜻은 다르지만 의미가 같으므로 분석 판단이라 해야 한다. 그러한 판단은 19세기 이전에도 이 문장이 의미론적 분석에 의해 그런 화학적 지식에 도달할 수 있음을 상정한다. 그러나 화학적 지식은 19세기 이후에야 도달한 지식이다. 이에 대한 올바른 해석은 기호의 의미는 기호의 기능이나 사용 방식에 의해 결정되거나 수정된다고 해야 할 것이고, 사르트르 류의 언어 참여론은 설득력을 갖기가 어렵다.

그렇다면 김현의 문학 언어론이 나타내고자 하는 것은 선명해진다. 글을 쓴다는 것은 순수주의나 참여주의라는 이데올로기의 특정 도식을 따르는 것이 아니다(3/23-31). 글쓰기란 주어진 억압의 조건을 인식론적으로 단절하면서도 그 조건의 상황을 형태와 내용의 구분에 따르지 않고 매순간 글을 쓰는 자리에서 탐구하고 개성을 나타내는 행위이다. 억압의 조건을 형태/내용의 구분 언어에 따라 기술하는 것은 그 구분 자체가 억압 구조 안에 들어 있기 때문에 위의 진술에서처럼 도움이 되지 않는다. 글쓰기는 항상 새로운 것이다. 단절하면서 감싸안는 글쓰기 행위는 결론이나 목적을 선험적으로 상정하지 않기 때문에 위험하고 예측하기 어렵다. 폭력의 현실성 앞에서도 단절과 감싸기의 변증법은 유지되어야 한다는 것이 김현의 오만한 일관성이다. 이러한 집요한 일관성을 위한 노력은 그의 인간론, 세계관, 문학론을 통해 보다 선명해진다.

인간: 뜨거운 현대성

김현이 제시하는 단절과 감싸기의 변증법은 그의 인간론에서도 유지되고 강화된다. 김현은 욕망, 폭력, 권력, 현대성 등의 주제의 논의들에 주목하고 이 논의의 개연성이 "성숙한" 인간이 지향할 방향을 나타낸다고 생각한다. 김현에게 인간은 본질적으로 욕망적이다(6/211-212). 팽창과 수축이 우주의 본질이듯이, 욕망이 모든 인간의 변화를 낳는다. 이 변화는 사람들의 말의 풍경을 통해서도 보인다. 그 풍경은 빛의 움직임에 따라 물의 색깔이 변하듯 사람 마음의 움직임에 따라 변한다. 풍경은 수직적인 의미의 중첩이고, 수평적인 의미의 이동이다. 내 밖의 말의 풍경은 내 안의 욕망의 풍경이다. 안과 밖은 하나이고, 욕망은 자신을 숨기면서 결과되는 자기의 흉포성을 개인적 외상으로 바꿔치기한다. 욕망에서 시작된 말의 풍경은 자기 흉포성에 의해 상처를 야기하고 말의 신체성의 흔적을 남긴다. 이러한 말의 신체성은 한편으로 인식의 오류론과 더불어 정신 분석의 길을 보이지만 다른 한편으로 폭력의 근원에 대한 물음을 묻게 한다.

김현이 1980년 이후 문학의 테두리를 넘어 다른 영역에까지 관심을 쏟았던 것은 폭력이라는 개념의 심각성 때문이었다(10/iii-v). 폭력은 통상적으로 개인이나 집단이 저지르는 단발적 사건들의 유개념쯤으로 이해되어왔다. 그러나 김현은 폭력의 총체적 모습에 주목한다 (10/46-50). 전 세계에 널리 퍼져 있는 제의적 희생(le sacrifice ritual)을 모든 종교적, 문화적 활동의 원형으로 볼 수 있다는 것이다. 이런 의식은 인간이나 동물을 희생물로 바쳐 신의 노여움을 풀고 선의를 염원하고 모든 가능한 희생물을 단일한 희생물로 대치시켜 좋은 폭력으로 나쁜 폭력을 막는다는 의미의 초석(礎石)적, 대속(代贖)적 의식(儀式)이다. 이 의식의 개념은 문화사회적으로 확장되어 과거 회고적인 폭력에 대한 카타르시스 기능도 갖고, 미래 전망적인 폭력에 대한 예방적 기능도 담당하며 도구적으로 또는 편의적으로 사용되기도 한다. 그러나 좋은 폭력과 나쁜 폭력, 순수와 불순의 구별이 불가능해질 때 희생 체계는 흐트러지고 사회는 무차별 폭력 속에 빠진다. 구별이 유지될 때에는 희생양이 만들어지면서 혼란이 질서로 이행되고 그것이 문화의 원형이 된다. 일인에 대한 만인의 폭력으로의 이행이 바로 모든 문화의 기원이라는 것이다. 그래서 희생양에 대한 집단 무의식은 오랜 역사를 갖는다. 폭력은 집단적 욕망을 내면에 숨기고 있으며 결국 우리 모두는 어떤 형태로든 그 폭력에 연루되어 있다. 신들이 존재하는 것이 아니라 우리 속에 저마다 갖고 있는 폭력의 환상적 육화가 바로 신이다. 금기는 폭력을 막기 위한 이러한 신의 목소리이다.

그러나 김현은 지라르(Girard, 1979) 류의 제의적 폭력 원형론보다는 푸코(Foucault, 1972) 류의 계몽적 폭력론에 주목한다. 계몽주의가 자유를 발명하고 규율도 발명했다는 생각에 동조하는 것이다. 금기는 단순한 신의 목소리가 아니라 사회 성원들이 합의한 규율로 대치되어 자유를 확보할 수 있게 되었다고 본다. 욕망과 폭력과 자유의 질서에서 규율은 질서 유지의 기능을 한다(10/242-263). 계몽주의가 발명한 규율의 체계에서 욕망은 계산된 정치 도구이고 생산력을 가진 육체는 예속 체계 속에서만 유용하다. 규율은 육체의 예속에서 가장 중요한 기능을 하고 18세기에 그 모습을 드러내기 시작하여 오늘에 이르게 되었다. 규율과 자유의 상관 관계를 보면 권력의 개념은 보다 선명하게 다가온다. 권력은 얻거나 뺏기거나 나눠 갖는 것이 아니다. 권력 관계가 수많은 지점에서 동등하지 않지만 유동적인 작용인 것을 고려해보면 권력은 외재적이 아니라 내재적이다. 권력을 위에서 오는 것으로 생각하지만 실제로 아래에서 온다는 것을 참작하면 권력 관계는 의도적이지만 비주관적이고, 개인적인 것이 아니라 총체적 장치를 이룬다는 것을 알 수 있다. 권력 구조가 이렇기 때문에 이 구조에 반하는 경향에 대해서는 저항이 있기 마련이다.

그렇다면 계몽주의란 정확하게 무엇인가? 계몽주의란 신비화로 가려진 모든 현상 개념들을 이성의 빛으로 깨트리는 정신적 움직임이며 이는 끊임없는 자기 반성으로 특징지어진다 (10/216-241). 칸트의 계몽 개념에 대한 분석은 지금 여기라는 현재성에 대한 통찰에서 시작되었다. 현재는 전체성이나 완성태로 이해되는 것이 아니라 미숙함에서 벗어나 성숙을 향해가는 단계로 파악된다. 칸트는 계몽을 미숙의 현재에서 성숙의 미래로 가는 출구로 간주했다. 미숙은 성인이 아동의 식생활을 결정하는 것과 같은, 사람이나 책의 권위에 의해 판단하는 의지의 속성이다. 그렇다면 성숙을 향한 미숙 탈피의 조건은 분명하다. 비반성적 복종의 영역에서 벗어나 지금 여기의 의미를 능동적이고 지속적으로 묻는 물음을 통해 이성 사용의 영역에 진입하는 것이다. 매사에 따질 만큼 따지는 속성이다. 이러한 성숙성을 향한 현대인의 반응은 한결같지 않고 매번 다르며, "천칭(天秤)"은 정의를 뜻하는 차가운 상징이 아니라 물음, 공감, 반발, 저항을 나타내는 뜨거운 기호가 되는 것이다 (16/ 124-125). 단절과 감싸 안음의 김현의 변증법은 중기의 차가움에서 후기의 뜨거움으로 변모한다.

상상력: 현실과 가능성

사람들은 신문과 같은 현실 세계에 대한 서술적 글도 읽지만 소설과 같은 가능 세계에 대한 상상적 글도 읽는다. 그러나 그런 소설을 읽는 까닭은 무엇일까? 김현은 그 까닭을 "내가 살고 있는 그 좁은 공간 밖에 무엇이 있을까?"하는 물음으로부터 소설을 읽는다고 본다(7/ 215-222). 현실의 사실적 세계가 중요하지만 인간의 삶은 사실 세계만으로는 충분하지 않다. 현실의 세계는 답답한 구석이 있고 누구나 순간적으로 그로부터 벗어나고자 하는 열망을 갖는다. 사실 세계에 대한 답답함과 가능 세계를 향한 호기심이 소설을 읽는 계기이다. 그 상상적 가능 세계가 독자의 호기심을 충족시켜주었다면 그 가능 세계는 독자에게 자유의 세계가 되고 문학은 자유의 가능 세계를 여는 공간이 된다.

김현이 문학을 가능하게 하는 상상력의 주제에 대해 보이는 관심은 적어도 상상력의 표출 양식과 상상력의 작동 방식의 두 가지로 나누어볼 수 있다. 상상력 표출의 경우, 작가들이 생활에서 사용되는 사물 이미지에 기초한 형태적 상상력을 사용할 수도 있고 삶의 정신적 조건 이미지를 구성하는 동적 상상력을 사용할 수도 있다(3/81-91). 인간을 소나무나 갈대 같은 식물로 상상하거나 바다나 바람 같은 공간으로도 상상한다(3/187-193). 사람이 지고 있는 짐의 무거움과 가벼움이 일의적이 아니라 상관적이라는 변증법적 상상력도 있고 4/64-73), 아파트의 획일적 삶으로부터의 도시적 상상을 할 수도 있고 농촌의 소박한 삶으로부터의 목가적 상상을 할 수도 있다(13/203-206). 김현은 상상력의 작동 방식에도 관심을 갖는다(9/128-139; 140-165). 새로움의 경험으로서의 열림의 상상력이 있고, 억압이 없는 내면적 승화가 이루어지는 순수 상상력이 있으며, 새로운 질서를 계시할 수 있는 힘으로서의 창조적 상상력도 있다는 것이다.

그러나 김현의 상상력 논의에서 보다 주목하게 되는 주제는 억압이다. 문학이 상상되는 가능 세계의 자유 공간이라면 현실 세계가 금기로서 제약해오는 억압은 문학의 일차적 표적이 될 만하다. 금기는 모든 사회에서 편재적이다. 인간이 모여 살기 위해서는 최소한의 금기가 있게 마련이다(10/301-306). 프로이트는 그 최소한도의 금기를 근친상간이라고 생각했고 이것이 현실 원칙이다. 이러한 금기는 일반적인 성의 억압으로 확장된다. 결국 현대 문화란 성의 억압에서 비롯되고, 다른 종류의 여러 금기들이 권위주의적인 사회에 의해 부과된다. 인간 욕망은 쾌락을 추구하지만 이러한 쾌락 원칙은 사회에 의해 억제되면서 여러 가지 콤플렉스에 걸리게 된다는 것이다. 그러나 다행히 인간의 인문성이나 문학은 그러한 금기나 억압에 맞서 싸운다. 모든 싸움은 관습과 상투화된 사고에서 벗어나려는 자유스러운 정신과 그것을 계속해서 관습의 틀 안에 묶어 두려는 정황 간의 싸움이다(13/109-115). 문학은 "단지 금지된 것을 뛰어 넘겠다는 것뿐만 아니라 가능한 한도까지 가보겠다"는 열망을 가지고 있다(10/138-175). 그러한 의미에서 문학은 서양 중세의 고해(스캔들) 문학에 뿌리를 둔 18세기 말의 음란 소설을 통해 존재하게 되었다고 말할 수도 있다. 또한 상투성에서 벗어나는 자유의 정신은 문학에서 실험 정신으로도 나타난다(5/199-212). 사회가 건강하지 못하고 기존의 문학이 변하는 사회의 실재를 나타내지 못할 때 실험 정신은 전위라고 불리는 이름의 문학 장르를 다양하게 시도한다.

김현은 억압의 현실 세계로부터 벗어나고자 하는 자유의 공간으로서의 가능 세계를 규정한다 5/222-233). 그에게 자유의 가능 세계는 "거꾸로 선 세계"이다. 문학의 독자는 망명 정부의 왕이 되는 꿈을 꾸는 세계로 들어가 물구나무선 마음의 나라를 세운다. 그 가능 세계의 이야기는 자유로 채워져있기 때문에 억압적 현실의 이야기보다 "더 현실적"으로 읽힌다. 예수교도가 성경을 통해서만 세계를 보듯이, 동무들이 볼셰비키 당사를 통해서만 역사를 보듯이, 소설의 독자는 소설을 통해 자유의 가능 세계를 "현실적으로" 보게 된다. 인간적 삶의 원모습을 보면서 행복해지는 것이다. 그러나 독자는 그런 책을 살 수 없는 시대를 살면서 책읽기의 고통을 겪는다. 책읽기의 영광과 비참함을 동시에 느낀다. 그럼에도 불구하고 독자들은 책의 부름에 저항할 수 없는 사람들이다. 그 가능 세계에서 인간적 원형을 만나고 자유의 꿈을 꿀 수 있기 때문이다. 사실 세계에 사는 것만으로 행복해질 수 없기 때문이다. 사실 세계는 너무 작은 골방이기 때문이다.

김현의 "거꾸로 선 세계"로서의 가능 세계는 인식론적 구조화를 통해 한층 명료화된다(10/138-175). 이 가능 세계는 "모든 것을 뒤집어볼" 수 있는 세계이다. 그러나 "뒤집어봄"은 정확하게 무엇인가? 김현은 앎의 고고학과 물질적 상상력으로 이 물음을 조명한다. 먼저, 그는 앎의 고고학으로 에피스테메의 단절성과 주제의 연속성에 주목한다. 인식은 단계의 단절을 통해 새로움에 도달하지만, 같은 주제는 다른 시기에, 여러 체계에 분산되어 펴져 있고, 앎은 연속과 불연속의 주체적 사유를 통해 일어나는 것이다. 주체의 사유는 사유의 사유로서 "모든 체계 내에서 그것을 벗어나는 움직임" 자체이다. 자신의 본질에 대해 사유하는 사유야말로 전복 원리이고 뒤집어 봄의 문법이다. 한편 물질적 상상력이란 좁은 의미의 유동적인 꿈에 물질적 형태를 부여하는 넓은 의미의 꿈이다. 인간은 살균된 세계에서는 살기 어렵고 여기에 생명을 끌어들이기 위해서는 미생물들을 들끓게 해야 한다. 물질(matiere)은 형체적 대상이 아니라 가능성의 대상, 추상적 개념이다. 물질은 자유롭고 유동적이며 일종의 원초적 무의식이다. 꿈의 비상은 공기의 가벼움을 사는 것이다. 비상 자체는 무거울 수 있지만 가벼움과 무거움의 대비 혹은 변증법, 유동의 변증법은 물질적 상상력의 특징이다. 김현의 뒤집어본 가능 세계는 단절과 연속, 유동적인 분산에 물질적 형태를 부여하는 독특한 문학 언어의 논리로 형성되어 있다.

문학: 구체적 온전성

김현 문학 언어의 변증법은 뜨거운 현대성으로 폭력까지 순치하면서 상상력을 구조화시켰다. 문학 언어의 변증법은 마지막 단계에서 문학 언어의 온전성과 더불어 풍부해진다. 문학 언어의 온전성이란 무엇인가? 보들레르(Baudelaire, 1988)는 현대성이란 현재를 영웅화하려는 의지이고 자신을 예술 작품으로 만들고자 하는 의지라고 생각한다(10/222-224). 현재를 반어적으로 영웅화하는 공간은 사회나 정치가 아니라 예술에서만 가능하다고 믿기 때문이다. 김현은 여기에서 더 나아간다(김현, 1976: 29). 문학은 "인간 정신의 자기 전개"로서 유일한 분야는 아니지만 가장 대표적이고 탁월한 분야라는 것이다. 그는 문학이 인간 기획의 완성을 위한 최적의 공간이라고 본다. 문학은 그림이나 소리 또는 조형물이 아닌 언어를 통해 깊은 상상력을 발휘하기 때문이다(9/135). 중층적 반성으로서의 상상력은 언어에서 작동되기 때문이다. 시인 또는 김현의 문학성 집착이 설명되는 지점이다.

김현은 인간 기획으로서의 문학이 구체적 모습을 갖게 된다는 점에도 주목한다. 그중의 몇 개만 나열하자면 진실, 수필, 독자, 시공을 들 수 있다. 김현 문학에서 진실이란 "아름다운 것과 마찬가지로 우리 주위에 널려 있는 것이 아니라 인간 정신을 억압하고 축소시키는 힘과의 싸움 속에 깃들여있는 것이다"(김현, 1976/14-34). 도덕이라는 것도 사람이 지켜야 할 절대 진실이 아니라 인간 사회의 금기 체계가 보이는 대로 시대가 만들어낸 습속에 불과하다. 진실이란 사회 속의 모든 또는 대부분의 구성원들에게 행복감을 주는 진실화 과정과 다름이 없다(5/269). 이론이나 이데올로기라는 것도 절대적 진리의 보전체가 아니라 인간 현상을 이해 또는 설명하는 하나의 방법일 뿐이다. 이들은 인간 현상이나 작품을 논리화하려는 지적 태도이지 밖으로부터 주어지는 것이 아니다.

수필은 김현에게 문학의 구체적 온전성을 보이는 중요한 문학 장르 중의 하나이다. 그러나 피천득과 달리 김현에게 수필은 붓 가는대로 쓴 글이 아니다(7/215-222; 정대현, 2010a). 수필은 다른 종류의 글처럼 말들의 풍경을 이룬다. 각각의 말들은 저마다 자기의 풍경을 가지고 있다(6/211-212). 보는 사람에 따라 다르고, 볼 때마다 다르고, 부여하는 의미가 중첩된다. 욕망의 유동성 때문이다. 빛의 조건에 따라 물의 색깔이 변하듯, 말의 풍경도 욕망이라는 물감의 계속적인 덧칠로 변하고 성장한다. 말들의 풍경은 체계의 성장에 따라 야기되는 수직적 의미의 중첩을 가지며 인간 경험의 확장으로 구성되는 수평적 의미의 이동을 겪는다. 수필은 이렇듯 무한히 가능한 말 풍경 속에서 어떤 풍경을 선택하여 태도를 표명한다는 점에서 철학적이다. 수필은 풍경을 삽화적으로 나열한다는 점에서 소설에 가깝다고 할 수 있다. 그러나 소설이 소설 인물을 통해 풍경을 그린다면, 수필은 수필가의 직접적 인격으로 풍경을 그린다는 점에서 보다 철학적이다.

문학의 구체적 온전성은 문학 작품의 저자와 독자의 관계를 전제하지 않고는 상상할 수 없다. 저자는 작품을 쓰고 독자는 그것을 읽는다. 전통적으로 저자는 종교 개혁, 합리주의, 경험주의, 자본주의 등의 근세적 인물이었다(10/163). 종교 개혁은 개인이 교회 제도가 아니라 자신의 "믿음을 통해서만(sola fide)" 신에게 연결된다고 하고, 합리주의는 세상의 어떤 것도 의심할 수 있지만 나의 존재는 의심할 수 없다고 한다. 경험주의는 "나"라고 불릴 수 있는 나의 실체는 없고 나의 지각의 다발로서의 기능만이 있다는 것이며, 자본주의는 저자와 독자의 질적 관계를 생산자와 소비자의 양적 관계로 환원하고자 했다. 그러나 작품은 왜 읽는가(7/215-222)? 독자는 억압, 고독, 권태 등의 넓은 의미의 금기로부터 그 밖에 있는 세계에 대한 호기심으로 이야기를 읽는다. 이야기는 현실 원칙이 쾌락 원칙을 어떻게 억압하고 있는가를 보인다. 이야기를 하고 듣는 행위는 자유의 공간을 넓게 하는 행위인 것이다. 아라비안나이트에서 세헤라자드의 이야기처럼, 이야기가 없다는 것은 죽음이며 이야기가 계속되는 동안은 살 수 있다. 문학은 이야기가 인간 존재의 없음과 있음을 맺어주는 연결 고리라는 점을 나타낸다. 문학의 저자와 독자의 관계는 근세 이후에나 선명해진 인간 존재의 구체적 방식이 되었다.

문학에서의 시간과 공간은 특별하다. 글이나 영화 중에서 논픽션만을 고집하는 사람들이 있다. 픽션을 거짓이라고 보고, 사실만으로도 바쁜데 지어낸 이야기에까지 시간을 허용할 수 없다는 태도의 표명일 것이다. 김현은 그의 시공관을 통해 그러한 태도에 대해서 일종의 해명을 한다고 생각한다(14/417-428). 김현은 실재론적 뉴턴의 시공 분리론이 아니라 상대론적 아인슈타인의 시공 통합론을 수용한다. '가'라는 공간에서는 '가'라는 시간이 흐르고, '나'라는 시간에서는 '나'라는 공간이 흐른다. 영화에서 대상의 어떤 부분을 다른 부분보다 크게 강조하는 클로즈업이나 여러 개의 장면을 하나의 공간에 포개는 몽타주 기법은 아인슈타인 이전에는 망상이었지만 그 이후에는 인식적 구성이 된다. 소설에서 이전에는 직선적 플롯이 중심 구조였지만 이후에는 이것이 해체되고 머릿속처럼 과거와 현재, 미래가 하나의 틀 속에서 체험된다. 소설에서도 클로즈업과 몽타주 기법이 나타나 페이지마다 가능한 이야기들이 트럼프처럼 순서가 바뀌고 전경과 배경이 교차되고 처음과 끝이 동시적이 되기도 한다. 시에서도 우주의 모든 것을 한편의 작품에 담아보는 시도가 감행된다. 상대적 시공론을 수용하면, 문학에서뿐만 아니라 물리 세계에서도 "우리의 삶은 그 본질은 없고 시공 자리의 선택으로 결정되는가?"라는 물음을 물어야 한다. 시공의 상대성이라는 존재의 우연성 속에서도 의미 구성은 가치가 있다는 것이다. 사랑이라는 것도 특정한 사람과의 관계라는 점에서 우연적인 것이지만 그 관계에 의미를 부여하는 것은 그 사랑의 필연성이 되어, 인간의 원초적 모습에 도달하는 문법이 되는 것이다.

김현의 문학 철학은 문학이라는 꿈 또는 상상력의 언어를 변증법적으로 해석한다. 그는 고독, 이론/실천의 이분법, 폭력의 상황에서도 한결같이 꿈의 언어가 갖는 단절과 감싸기의 변증법의 구조를 유지한다. 그의 성숙한 인간상은 천칭(天秤)을 차가운 정의가 아니라 물음, 공감, 반발, 저항이라는 뜨거운 변증법으로 해석하는 데서 나타난다. 또한 그는 언어 변증법을 통해 "거꾸로 선 세계"인 상상력의 세계를 자유로 채우고자 한다. 상상력의 세계는 억압적 현실의 이야기보다 더 현실적으로 구성될 수 있고, 문학을 통해 현재를 영웅화하고 독자를 예술 작품화할 수 있게 한다는 것이다.

4. 문학과 철학의 전망

문학과 철학의 관계를 새롭게 혹은 더 선명하게 구성하려는 많은 시도들 중 문학과 철학의 지속성 논제(김상환, 1994; 2000b; 장경렬, 2000; 강철웅, 2004)는 일반적인 관계 논의보다 구체적인 논의들을 보여준다. 다양하게 제시된 이러한 논의들 중 양자의 관계를 새롭게 구성하는 몇 경우에 주목할 수 있을 것이다.

철학 문학: 시 · 소설 · 수필

황지우(1983: 24-25; 1987: 21; 1998: 12; 1986: 217-234; 1993: 44)는 인간의 모든 경험에서 '시적인 것'이라 부를 수 있는 것을 드러낸다. 형사의 감시를 받는 상황이나, 육신 속에서 괴로워하는 번데기를 볼 때, 또는 무궁한 바깥으로의 초월을 꿈꾸는 시간에도 그는 시적 언어의 틈을 내보인다. 황지우는 시적인 것을 정확히 규정하지는 않지만 그러한 것이 있다고 보는 시적 실재론자이다. 모든 좋은 시들이 가리키는, 시적인 것이라고 불리는 그 무엇이 있다는 것이다. 시적인 눈을 가진 자만이 시적 언어의 가능성으로 시적인 것을 형상화한다. 세상은 잡다하게 지루한 것 같지만 시인에게는 시적 의미로 충만하다: "마른 가지로 자기 몸과 마음에 바람을 들이는 저 은사시나무는, 박해받는 순교자 같다. 그러나 다시 보면 저 은사시나무는, 박해받고 싶어 하는 순교자 같다."

진은영(2012a: 54; 2012b: 96-102; 2008a: 79-81; 2003: 77)의 시는 중첩적 상상력의 시라고 생각한다. 예를 들어, "하늘이 저기 있다/ 입은 채로 자신의 나일론 치마를 불태우는 여자처럼// …// 불꽃, 너는/ 내부에 젖은 눈동자가 달린 동물 하나를 키우고 있다"라는 시는 문학적 장과 정치의 장을 구분하여 어느 하나에 국한하는 단칭적 상상력 대신 작품이 읽혀질 때 새로이 열리는 공간의 중첩적 상상력으로 해석된다. 식민지 시대의 독자들이 한용운의 시에서 위로와 해방의 아토포스에 들었다면 포스트모던 시대의 독자들은 진은영의 시에서 불일치를 극복하는 미학과 공통감각이 뒷받침하는 연대를 함께 공감하게 된다: "한 알의 밀알로 썩어/ 거대한 밀밭을 꿈꾸는 사람들// 나는 하나의 밀알로 썩어/ 세상의 모든 바람이 취기로 몰려오는/ 한 방울 향기/ 아득한 밀주/ 아무런 후일담도 준비하지 않는."

전경린(2004: 1/36; 2/23)은 소설에서 젊은 여성을 주인공으로 내세워 사랑 같은 여성적 소재를 통해 한국적 현대성을 주제화한다. 이러한 특징을 구체화시킨 작품이 『황진이』이다. 소설에서 황진이는 양반 아버지와 첩 어머니의 사이에서 태어난 서얼 출신 성분 때문에 그 자신 기생의 길을 선택한다. 이러한 선택 뒤에는 황진이가 어려서부터 누군가를 싫어하기에는 산다는 것이 "너무 소중"하다는 것을 알았고, 경전에서 읽었던 것을 체화했기 때문이었다. "우주는 크게 성실하니 인간은 그를 본받아 작게 성실"하고, "생각하는 사람은 순응만을 할 수 없기 때문에 사악할 수 없다(思無邪)"고 믿어 스스로 생각하는 사람이 된다. 그녀가 만난 선비들은 "이 나라를 지배하고 있는 낡고 군은 언어라는 감옥이 문제"라고

(2/22), "지금 여기에서 너 자신을 사랑하거라"(2/277)라고 하며, 그녀의 현대성을 지지해주었다. 황진이는 자기 "몫을 알게 되었으니 무엇을 탐"낼 수 없었고 "기꺼이 자족하는 운명의 길"(1/180)을 가면서, 젊은 양반의 첩이나 늙은 양반의 후실로 되어 "소유당할 생각"(2/140)을 하지 않았다는 것이다. "네게서 몸은 무엇이냐?"라는 서화담의 물음에 황진이는 대답한다: "제게 몸은 길과 같은 것이었습니다. 사내들이 제 몸을 지나 제 길로 갔듯이 저 역시 제 몸을 지나 나의 길로 끊임없이 왔습니다. 길이 그렇듯이 어느 누가 몸을 목적으로 삼고 누가 몸을 소유할 수 있으며 어찌 몸에 담을 치겠습니까?"(2/276). 소설 속 황진이는 지금의 한국 직장인에게 암묵적인 메시지를 내재화한다: "직장들이, 사주들이 제 몸을 지나 제 길로 갔듯이 저 역시 제 몸을 지나 나의 길로 끊임없이 왔습니다"라고.

김영민a(1996: 142-151, 294-305)은 문학과 철학의 분리를 주저 없이 거부한다. 문학이나 철학이 둘 다 진리의 재현을 목적으로 하지 않고, 진리를 찬양하지 않지만 무리를 추구하지도 않고 일리(一理)를 지향하기 때문이다. 사람은 잡스러운 존재이고 우리의 이야기는 잡스러울 수밖에 없다는 것이다. 김영민a의 일리 개념이 "해석학적"인 까닭은 그의 말을 통해 분명해진다: "결국 인간이 이해할 수 있는 것은 일리뿐이다. 대체로 진리란, 대화를 잃고 죽어 빼드러진 일리가 기득권의 금테를 두른 형상에 지나지 않는다. 진리 없는 일리는 있을 수 있지만, 일리 없는 진리는 없기 때문이다." 김영민은 문학과 철학을 통합하여 철학 수필과 수필 철학의 온전성에 도달한다.

김영민a는 그의 일리의 해석학을 위해 예를 들어 묻는다. "인당수 검푸른 바닷물에 몸을 던져 눈먼 아비를 건지려는 심청이의 효심"을 어떻게 이해할 수 있는가 하는 것이다. 우리는 심청의 효심을 지성이면 감천한다는 친숙한 동양적 일리로 답할 수 있을 것이다. 그러나 김영민은 그러한 표면적 분석의 일리로는 만족하지 않는다. 그것은 "이 무슨 해괴한 짓인지 도대체 이해할 수 없다"거나 이를 "미친 짓"이라 규정하는 사람들의 반박을 만나기 때문이다. 그는 심청의 효심 행위를 "이해할 수 없다"라고 할 때의 의미는 무엇일지를 묻는다. 인륜에 어긋난다는 범죄의 의미일까? 형이상학적으로 불가능하다는 존재론적 의미일까? 이해를 도울 수 있는 충분한 문맥의 결여인가? 이해의 전제 조건인 통사적 구조의 미비인가? 그는 이러한 조건들은 모두 이해의 인식적 조건이어서, 이들을 만족한다 해도 이해할 수 없는 것은 매한가지라고 생각한다. "이해할 수 없다"라고 말하는 평자는 "행위 자체에 대해 불만"을 가지는 것으로 보는 것을 "더 적실한 설명"으로 판단한다. 그것은 정의적 발언일 뿐 정보적 요구가 아니라는 것이다. 그는 심청의 효심 행위를 이해하는 일은 "심청의 세계 그리고 심청과 함께 살아가는 우리들이 공유한 정서의 지평을 드러내고 '참여'하는 문제"라고 제안한다.

강신주(2006: 71, 97-105)의 철학은 지금-여기를 비판적으로 다루면서 또한 동시에 아직은 없는 세계를 꿈꾼다. 그의 글들은 이러한 철학적 시각을 전개하기 위한 특별한 방법론을 나타낸다. 그것은 필연성을 넘어 우연성에 천착하는 것이다. 노자는 도(道)의 필연성을 말하지만 장자는 만남의 우발성을 선호한다. 동중서는 천인 감응 관계의 필연성을 강조하지만 순자는 기우제가 수반하는 우연성을 따른다. 칸트는 도덕적 당위의 필연성을 내세우지만 니체는 복종 거부의 우연성을 설파한다. 이문열의 소설 『선택』은 주인공 장씨 부인을 통해 "시 짓고 글 쓰는 일은 여자로서 반드시 해야 할 일은 아닌 듯합니다. 이제부터 안채와 부엌을 떠나지 않고 여자의 본업을 배우겠습니다"라 말하여 "본업"의 필연성을 선언하지만, 강신주(2006: 245-246)는 규범 구성의 역사적 우연성을 요청한다.

강신주가 우연성을 중심에 세우는 것은 자기 주체 이외의 어떤 것도 그 중심의 자리에 들지 않게 하여 자기 자신을 지키기 위한 것이다. 이를 위한 강신주(2006: 262, 174)의 사례 분석은 선명하다. 아이가 혼자 바닷가 모래사장에 가서 모래성을 만드는 경우 이 놀이의 수단과 목적은 우연적으로 일치하며 놀이의 재미를 구성한다. 그러나 만약 부모가 어린이에게

"모래성을 열 개 만들어! 안 그럼 너 오늘 저녁을 굶는다"고 한다면 어린이의 행위는 노동이 되고, 수단과 목적이 필연적으로 분리되어 소외를 구성한다. 놀이가 의무나 임무여서는 안 되는 것처럼, 인간의 삶에서도 주체성의 수단과 목적이 일치해야 한다. 이러한 인간 주체성을 위협하는 것은 자본주의이다. 어떤 상품보다 화폐가 우선적이라는 자본주의의 질서에서, 화폐는 교환 수단의 자리에서 신성한 왕좌에 올라 모든 것을 화폐로 전환 가능한 매매의 대상으로 만든다. 화폐가 주체의 자리에 오르고, 인간이 상품의 자리에 서는 까닭은 인간이 구매력 있는 상품으로 팔려야 하는 노동력에 불과하기 때문이다. 세계화라는 것도 자본주의가 스스로 지속될 수 있는 문법 이외의 다른 것이 아니다. 인간 주체성을 향한 강신주(2012: 387-400)의 처신은 그의 위로이고, 버팀목이고 멘토였던 시인 김수영과의 관계에서도 드러난다. 김수영에 매여있는 한 그는 필연성의 요소이지만, 김수영이 가르친 대로 자유하고 고독하기 위해 그는 김수영과의 관계를 우연의 관계로 환원해야 했다.

문학 철학: 연루된 사랑 · 접합적 감각

서동욱의 문학론은 언어적이다. 그의 문학은 억압의 언어를 극복하고 사랑의 언어를 지향한다. 억압의 언어는 어떻게 극복되는가? 억압은 한 사람이 다른 사람을 일방적으로 강제하는 것으로, 억압자나 피억압자가 모두 주체가 될 때 극복된다. 서동욱(2000: 237-246; 2011b)은 주체를 해체하여 이름으로 호명되기 전의 익명성을 통해 억압을 극복하고자 하는 들뢰즈(Deleuze, 1991)의 기획에 호의적이다. 내가 "나"라고 말하는 주체는 유명론적 이름이고 이때 발생하는 언표의 주체란 내용물이 없는 익명의 우리이다. 익명적 우리는 익명적 웅성거림, 웅성거림의 교류를 통해 시공적 규정을 극복하여 카오스, 비주체적 풍경에 다다르고 익명의 공동체를 더 잘, 더 유연하게 이해하게 되는 것이다. 시는 제도적 규정, 법, 이름을 폐기하여 근본적 익명성으로 돌아가는 자유의 경험이다. 익명성이 우선적인 것은 이름이 대상의 본질을 나타내는 것이 아니기 때문이다. 대상의 본질 또는 원본이 인정될 수 없는 문법에서 오히려 시뮬라크르는 원형인 척하는 거짓이 결과하는 억압성을 거부하고 순수 감각으로서의 이미지, 기원을 묻지 않는 인간의 복제들을 환대한다(서동욱 2011a: 254-259; 2000: 367).

서동욱(2011a: 283-290; 2011b: 159-161)의 문학은 어떻게 사랑의 언어가 되는가? 사랑이란 아름답고 좋은 것을 자기 것으로 갖기를 원하는 힘이다. 아름답고 좋은 것이란 비율의 완벽함이고, 개인의 몸과 마음의 완벽함이란 사회의 몸과 마음의 완벽함과의 연결이고, 사회의 완벽함이란 절제와 정의로 구성되는 것이다. 사랑이란 결국 사회의 정의에 마음을 쓰는 정치적 감수성과 연결된다. 사회도 국가도 우리 마음 깊은 곳의 타고난 기본적 욕망, 바로 사랑을 만족시키기 위해서 태어났다는 것이다. 서동욱은 완벽함에 대한 개인과 사회의 관계에 대해서도 주목한다. 그 관계는 "전체적 기도의 인간"이라 불리는 총체론으로 조명된다. 세계는 의미의 세계이고 개인이나 사회는 세계의 의미의 질서에 "연루"되어 있는 것이다. 개인에게 심적 언어를 허용하지만 이것마저도 사적일 수 없고, 개인 의식은 공동 의지의 부분으로, 개인 결단도 공동체 운명과 관련된다. 개인의 어떤 선택도 전체를 선택하는 것이다.

진은영(2008b: 70-79)의 문학론은 감성적이다. 그는 예술이 인간의 비예술 경험으로부터 독립해 있는 주관적 정서에 기반을 둔 자율적 영역이 아니라 미학이 감성학(aesthetics)인 것처럼 인간의 몸이 수행하는 감각 경험을 특별한 방식으로 재분배하는 경험이라는 랑시에르(J. Rancière)의 생각에 동조한다. 정치가 인간 공존의 질서보다 우선적 가치란 없다는 전제에서 출발하는 활동이라면 감각 경험, 즉 예술은 필연적으로 정치와 관련된다. 감각 경험의 재분배란 특정 정치 질서의 재현이 아니라 습관적 감성의 공간에 불일치하는 예술적 사건을 보여주는 것이다. 그러나 하나의 작품이 나타내는 기묘한 감성적 충격과 정치적 의미의 가독성은 어떻게 연결되는가? 그 연결은 "확정할 수 없는 방식으로 순간의 토포스를 생성하고 파괴하며 진행되는" 양자의 "이중의 효과"로 이루어진다(진은영, 2012b: 111). 진은영(2008b: 83)은 보다 구체적으로 "문학 텍스트와 다른 사회적 텍스트의 끊임없는 접합"이 예술가 자신의 삶 속에 마련되어 있어야 한다고 요구한다. 이러한 접합이 가능한 것은 예술적 상상력과 정치적 상상력이 예술가와 정치가의 노동 분업에서처럼 분리되어 있는 것이 아니라 둘 다 하나의 몸에서 이루어지는 감각 경험이기 때문이다.

어떤 언어 사용도 개념적이라는 의미에서 철학적이라면 문학도 언어적 예술이라는 점에서 철학적이다. 철학의 언어적 편재성이 유지되는 것이다. 더 나아가 사건 공간이 시공적 인과 관계의 연쇄 공간이라면 문장 공간은 인과 관계를 배제하지 않으면서도 그 중심적 구조는 '말이 되는가', 또는 '상상할 수 있는가'와 같은 물음이 물어지는 상상 공간이다. 문학은 이러한 상상 공간을 통해 사물공간이 나타내지 못하는 인간 존재의 빛을 드러내보인다. 이 장을 공부하면서 도달한 깨달음이다. 그러나 문학과 철학의 관계는 더 많은 탐구와 창작을 기다리고 있다. 그러한 탐구를 통해 문자적 예술로서의 문학이 철학이나 비문자 예술과 갖는 지속성과 비지속성이 보다 더 선명해지기를 기대한다.

13장
예술: 구체적 보편성

현대 문화에서 예술이란 무엇인가? 자본주의적 시장 구조가 인격성을 획일화하고 과학 기술이 모두를 평준화하여 몰개성화하는 현대 문화에서, 예술은 어쩌면 유일한 출구일 수 있다. 그러나 미술 전시회를 가면 종종 지루하거나 우리의 감성에 말을 걸어오지 않는다는 인상을 받기도 한다. 현대 음악, 현대 시, 현대 소설, 현대 무용에서도 이러한 당혹성은 비슷하게 경험된다. 예술을 향한 인간의 기대와 예술의 현대적 위치를 연결해주어야 하는 미학이나 예술 철학은 무엇이라고 말하는가? 그 연결의 다리는 과연 구축할 수 있을 것인가? 이 장에서는 예술 상황에 대해 어떤 논의들이 있었는지 배경을 살펴보고 박이문과 오종환이 가능성이라는 양상적 개념을 통해 수행하는 전문적 분석을 볼 것이다. 그리고 활성화되고 있는 새로운 미학의 전망을 살피려 한다.

1. 예술 철학의 배경

얼마 전 싸이의 '강남 스타일'이 세계적 주목을 받았을 때 TV에 나타난

영상 중의 하나가 기억난다. 기저귀를 찬 아이들이 싸이의 노래가 나오자 울음을 멈추고 춤을 추는 것이었다. 노래와 춤은 동서를 막론하고 인간의 원초적 유희의 형태가 아닌가? 아이들이 보여준 인간의 본래적인 총체적 유희는 현대인의 삶 속에서 사라져가고 점차 지성화되고 분업화되고, 직업화되고 파편화되고 있다. 총체적 유희의 여러 부분들은 직업적 전문가에 의해 수행되고, 그 수행 내용은 음악 · 무용 · 미술 · 연극 · 문학과 같은 대학의 분과적 지성의 활동으로 개념적 해석의 대상이 되었다. 유희가 인간 본래의 총체적 경험이었다면 현대적 생활 양식의 파편화 경향은 예술에서 치료적 처방을 얻을 수 있다.[1] 파편화되는 것은 유희만이 아니라 인간의 삶 자체이다. 자본주의 시장의 문법과 과학 기술의 논리가 경쟁, 성취, 효율, 인정 등의 기준으로 현대인의 삶을 획일화, 식민지화하고 있다. 노예에게는 휴식이나 유흥만 가능하며, 여가는 가능하지 않다. 노예에게 여가가 있다면 그것은 주인의 것이거나 노예의 나태나 타락 이외의 것이 아니다. 마찬가지로, 현대인에게 여가가 있다면 그것은 효율 기재적이거나 효율 반기재적으로만 경험되고 있다. 현대 사회의 이러한 획일화는 시간이 갈수록 더욱 심각해지고 있다. 예술은 그러한 현대 문화의 토양에서 틈과 공백을 마련하여 진정한 여가, 명상적 합일의 경험을 가능하게 한다.

체계적 미학 · 주제적 미학

원로 미학자들 가운데는 예술에 대해 체계적 성찰을 하는 학자도 있고 구체적 주제에 친근감을 보이는 학자들도 있다. 오병남(2003: 508–520; 2014: 33–41, 105–150)은 서양 예술사를 인간학적 체계로 접근하면서, 예술사의 흐름을 크게 모방적 인간론과 상상적 인간론의 이중주 연주로 본다. 모방적 인간론이란 예술가가 작품을 만들 때 실재를 모방할 수 있는

1 이훈, 1987; 김재현, 1987; 정대현, 1992; 함정혜, 1996; 문성원, 2014.

능력을 가진다는 것이고, 상상적 인간론이란 예술가가 작품을 만들 때 상상이라는 사유에서 현실을 벗어나는 능력을 갖는다는 것이다. 모방론은 실재를 무엇으로 보느냐에 따라 달라지는데, 시대에 따라 이데아나 보편자, 영원으로 보거나 빛, 색채, 입체로 보면서 르네상스 고전주의나 프랑스 신고전주의 운동이 전개되었다. 모방론자들은 실재로 간주되는 속성에 다가가기 위해 이성이나 과학, 비율이나 조화에 호소하고 규칙이나 지식을 축적, 전승, 실천해왔다. 한편 뮤즈 여신이 내쉬는 숨을 들이쉰다는 영감론에 기원을 둔 상상론은 신명 나는 가무에서처럼 불가지론적이었지만, 낭만주의에 이르러 예술가는 억압적 제도나 규칙을 벗어나 능동적 창조의 능력으로 그 자신이 뮤즈가 되려 했다. 현대 예술에서도 몸과 마음에 능동성을 주는 경우 예술가는 자유로운 정신으로 태어나지만, 몸에서 물리적인 것을 빼면 격정, 충동, 본능이 살아나 동물적 상태에 이르고 정신에서 인위적 상상력을 빼면 반정신으로서의 자발적 자연이라는 무의식이 된다. 그리하여 "꽃이 저절로 피듯 창조가 무의식 상태에서 저절로 진행"된다는 것이다.

그러나 오병남(2003: 428-464, 481-497; 2014: 7-10, 252-260)은 두 인간론의 이중주에서 조화나 진정성을 보기보다는 혼란, 기준 상실, 잘못을 본다. 합리주의의 모방론이나 자유주의의 상상론은 미래 시대의 예술론을 감당하기가 어렵다고 해석하는 것 같다. 그렇다면 새로운 인간상을 정립해야 하고 이것은 어느 한쪽으로 치우친 것이 아니라 정상인(正常人)의 개념에서 출발해야 한다고 본다. 오병남은 이러한 출발을 위해 미학의 문제는 "동일한 하나"라고 주장한다. 예술은 과학이나 합리성으로 간주된 적이 없다고 본다. 물론 예술의 비합리성에 대한 해석들은 다르다. 인간 정신은 예술가에 따라 초합리라는 신성, 탈합리, 전합리, 타합리라는 인성, 그리고 무합리라는 동물성 등으로 달리 나타나고, 이러한 비합리성이 예술의 근원, 모태라는 것이다. 인간의 근원은 그러한 차원 이상으로 소급될 수 없기 때문에 어느 시대의 예술가에게서도 비합리성 구조는 동일하다는 것이다. 그렇다면 예술가는 모두 동일한 능력의 존재들이고,

예술에 필요한 비합리적 힘은 세계와의 근원적인 교류를 통해 새로운 세계를 열어보이게 된다. 예술이란 인간의 비합리적 힘을 가지고 세계와 근원적 접촉을 통해 새로운 세계를 개시한다고 보는 것이다. 오병남은 이러한 비합리성의 원형을 유희의 개념에서 보고 예술은 유희의 총체성, 창조성, 의미성의 구도를 가지고 있다고 해석한다.

환경이라는 주제에 주목하는 일군의 철학자들이 있다. 김문환(1994: 275; 2011: 108)은 환경 미학적 관점을 구성한다. 예술 작품은 작품이 들어서야 하는 주변 환경과의 빈틈없는 짜임새를 통해 그 자체에 머무는 것만으로도 자연이 말하는 유일한 방식인 침묵의 모범이 가능하다는 것이다. 그는 자연의 침묵 언어는 비의도적이지만 훌륭한 사회에서 실현이 가능한 소통적 전범을 보일 수 있다고 믿는다. 더 나아가 자연에 인간이 개입할 때 도시 환경의 중대한 의의가 간과되지 않아야 한다는 것이다.

김광명(1995: 20)은 근대 미학의 출발점이자 그 원형으로서의 칸트 미학에 남다른 관심을 갖고 연구를 수행하면서 환경 개념을 도입한다. 미적 체험은 무관심적 또는 무의도적이지만 미적 성질에 대한 온전한 경험은 환경인식 혹은 평가를 통해 미적 차원을 드러낸다는 것이다. 환경이 감각에 의해 흡수되고 지성에 의해 개념화되며, 상상력에 의해 형성될 때 완전하고 통합된 미적 행위가 된다고 생각하는 것이다. 김성진(2007: 68)은 환경 미학에서 자연의 생태학적 조건들을 도입하여 실재의 양면으로 생명과 썩음에 주목할 것을 제안한다. 미와 추, 선과 악, 가치와 반가치를 대립시키는 개념 구도를 벗어나는 것이 온전환 환경에 충실한 길이라는 것을 역설하는 것이다.

많은 예술론자가 회화를 예술론의 중심에 두는 것과는 대조적으로, 김혜숙(1998)은 영화를 예술론의 중심에 세운다. 현대 예술의 많은 경우 뒤샹의 「샘」에서와 같이 자기 지시성과 씨름하고 자기의 역사 안에 갇혀 있음에 반해 영화는 대중성을 담보하는 구조에서 다른 예술의 난해함과는 다른 국면을 갖는다고 본다. 그러나 김혜숙은 영화도 자기 역사로부터 벗어나 재현적이어야 할 필요가 있다고 한다. 그는 영화의 재현적 과제는 형식주의나 사실주의 모두 인간과 세계를 이분화하기 때문에 양자를 매개할 수 없다고 생각한다. 형식주의는 재현 대상 자체가 아니라 대상 재현 방식의 형식에서 배움과 즐거움이 얻어진다는 것이지만 영화는 바로 이 구조에 의해 영화 자체가 실재가 되어 관람자를 감상자의 자리에서 밀어낸다. 사실주의는 표현주의에서처럼 해석되어야 할 실재가 외부 세계가 아니라 내부 세계라고 하면서 영화의 경우 '지금 여기'가 아니라 '거기에 있었던 현존, 여기 그리고 그때'의 사실에 주목하여 인간 기억을 소멸한다는 것이다. 김혜숙의 영화론에 따르면 영화는 인간과 실재를 매개하는 것이 아니라 이 세계에서 나의 수양, 나와 남을 이어주는 소통의 수단이다. 영화의 기법은 사실 그대로 묘사하는 기법보다는 뜻(기세와 기운)의 경지를 드러내는 기법을 존중하고, 의미 내용의 전달에 초점을 맞추며 방법론적이고 인식론적 주객 대립을 넘어 시적 자유를 추구한다. 영화는 존재의 도(道)가 드러나는 공간이 되는 것이다.

조요한의 인간적 미학

한국에서 초기의 예술 철학을 집중적으로 추구한 철학자 중의 한 사람은 조요한이다. 조요한(2003: 35, 106-111, 62-67)의 예술 철학은 특정한 인간론에서 출발한다. 원시인의 노래, 춤, 유희, 놀이 등을 통해 추측할 수 있는 것처럼, 예술은 인간 최초의 기본적 정신 활동이라는 것이다. 그는 "사람인 한 놀이하고, 유희하는 한 온전한 인간"이라는 명제를 수용한다. 그는 참된 예술가이기 위해 참된 인간이어야 하고 위대한 인격 없이 위대한 예술은 없다고 믿는다. 그래서 예술이 품성(habitus)의 소산인 것과 예술이 영혼을 충만시키는 능동적인 능력인 것은 상관이 있다고 본다. 예술가는 억압적 사회 구조에 저항하면서 방랑하지만 자유를 꿈꾼다는 것이다. 이러한 꿈 속에서 예술가는 삶을 리얼하게 묘사하며, 나무가 태양 쪽으로 가지를 뻗치는 것과 같이 본체적인 미의 방향으로 뻗어나간다. 예술가는 성스러운 것과 속된 것의 "사이" 존재일 수밖에 없는 것이다.

이러한 인간론에서 조요한(2003: 348-353; 2004: 15-60)은 한국미를 탐구한다. 그는 전통이란 역사적 감각이며 과거의 사건인 동시에 과거의 현재성이라고 보며 이를 선명하게 나타낸 사례로 겸재 정선의 진경산수화를 든다. 겸재의 작품들은 법의 깨달음이 서서히 이루어진다는 북종(선)화와 어느 날 갑자기 이루어진다는 남종(선)화의 중국 전통으로부터 벗어나 한국에서 경험되는 체험미를 나타내며, '여(如: 그대로)'라고 불리우는 평상미를 갖는다고 개념화한다. 자연적 관조를 존중하는 한국적 자연주의로 해석될 수 있는 것이다.

조요한(2003: 38-42, 79-87)은 예술 철학의 이론적인 주제들에도 주목한다. 그는 예술 작품과 비예술 작품은 어떻게 구분되는지, 예술가가 서툴게 만든 청자와 좋은 형태라고 널리 인정되는 안성 유기의 차이는 무엇인지에 주목하면서 예술 작품은 작가가 의미 있는 형식을 부여한 것이라고 본다. 자유, 자족성, 창조성, 유일성, 무관심성으로 빚어진 작품은 서툴다고 해도 전달되는 공감의 정도가 복제된 상품들과는 다르다는 것이다. 예술 작품이 재현적이어야 하는지, 표현적이어야 하는지의 물음은 오랫동안 많이 논의된 주제이지만, 조요한은 기술적 묘사(descriptive portrayal)와 표현적 묘사(expressive portrayal)의 구분을 수용하여 이분법을 극복한다. 어떤 묘사에도 기술적 국면과 표현적 국면이 있다는 것이다. 그는 예술 작품에 대한 고전주의의 형식과 낭만주의의 내용의 이분법에 대해서도 칸트의 격언을 인용하여 양자의 유기적 동일성을 제안한다. 미적 내용 없는 미의 형식은 공허하며, 미적 형식 없는 미의 내용은 맹목이라는 것이다. 감정을 품은 작품은 감정을 명확하게 표현하는 표현적인 형식(an expressive form)을 가지고 있다고 본다. 조요한의 미학은 인공적 구분들을 극복하는, 인간과 미의 동체적 자연주의의 인간론에 입각해 있다.

김혜련의 유기적 미학

한국 현대 예술 철학을 굳건한 반석 위에 세운 철학자 중의 한 사람은 김혜련이다. 그의 예술 미학은 유기적이다. 그의 관점을 "유기적"이라 하는 것은 그의 관점이 환경 개념에 기초한 것이지만 여성주의, 음악 등의 예술적 작품들에 적용될 수 있는 일관성을 갖기 때문이다. 먼저, 김혜련(1998a; 1998b)은 근대 미학이나 현대 미학 대신에 환경 미학을 제안한다. 그는 전통 미학들은 앞 시대의 문제 상황에 대한 적절한 대응이었지만, 앞 시대의 문제들은 이미 해소되었고 뒷 시대의 문제를 대비하지 못함으로써 생명력을 다했다고 생각한다. 근대 미학은 종교 예술, 호국 예술 같은 특정 목적의 예술 작품에서 벗어나 진정한 예술 작품으로 가기 위해서는 대상에만 주목(attention)하고 대상 이외의 사안에는 무관심(disinte-rested)해야 예술의 자율성에 도달한다고 보았다. 미적 대상의 우아함이나 장엄함 같은 속성이나 애잔함이나 장엄함 같은 미적 심리 술어가 지시하는 것은 창발적 현상으로 작품의 사물적 토대에 수반된다는 것이었다. 그리고 이러한 심미적 경험을 가능하게 하는 마음의 능력은 개인의 취미(taste)로 가정되고 그 대상은 시각이나 청각의 지각 현상에 한정되었다. 그러나 현대 미학은 근대 미학이 예술 작품에 대한 사적인(private) 심미적 경험에 치중했던 문제점을 파악했다. 현대 미학은 "나만이 경험한다"고 할 때의 사적 경험에 대한 사적 언어 불가능성이나 특정 사태에 대한 유일한 기술로서의 번역은 가능하지 않다는 번역 불가능성을 배경으로 한다. 예술 작품은 이제 심미적 경험의 촉진제이기보다는 언명 제시자, 의미 담지자가 되었고, 다원적 해석의 대상이 되었다. 제작의 개념은 훼파되고, 작품은 기교적(techne)이기보다는 언어적, 개념적, 지성적, 철학적이 되었다.

김혜련의 환경 미학은 작품과 작가와의 거리나 경계에 기초한 전통 미학들의 오브제 모델에서부터 거리나 경계를 해소하는 모델, 환경 모델을 선택한다. 환경은 그동안 정복과 제어로서의 인간 중심적 환경으로 해석되어 왔지만 이제는 모든 생명이 소중하다는 생명 평등적 환경으로 이해된다. 환경은 물리적, 인간적, 지역적, 제도적, 역사적 자료를 포함한다. 오브제가 아니라 환경 개념에 기초한 환경 미학은 크게 세 가지 요소, 즉 인간, 경험, 기능성으로 나누어 조명해볼 수 있다. 먼저, 우리는 인간으로서 과연 어떤 존재인가의 문제이다. 우리는 거울이나 녹음기 같은 시각, 청각의 기록 기계가 아니라 몸을 가진 유기체이다. 이 사실을 간과하면 행복 성취는 어렵다. 우리의 정체성은 공동체 독립적인 고상한 목적이나 신체의 단일 기능에 의해서가 아니라 미적으로 즐겁고 자유로운 삶을 통해 결정된다. 그러므로 행복 성취는 인습이나 전승에 묶이는 것보다 반성을 통해 무한한 가능성을 추구하며, 미적이고, 즐겁고, 선한 삶을 살면서 이루어진다. 우리가 공유하는 객관적인 세계는 우리의 경험 가운데에 얽혀 있는 유기적 접속점이다. 여기에서 하나의 경험으로 통일을 이룰 때 심미적 가치를 갖게 된다고 본다.

경험에 대한 고전적 이해는 경험 주체와 경험 객체를 나누는 이분법의 구조지만, 김혜련의 경험에 대한 환경적 이해는 심적인 것으로 환원되지 않는다. 그의 환경적 경험 개념을 세 가지로 조명해보자. 먼저, 경험은 대상 지각에서의 수동성이 아니라 대상 지각의 탐구성, 실험성으로 특징지어진다. 경험은 미래와 연관 짓고자 하는 투사에 의해 "주어진 것을 변화시키려 하는 노력"이다. 예술 작품이 새로울 수 있는 계기는 인간 경험의 이러한 구조에서 비롯된다. 둘째로 경험의 공간은 객관적인 것이 아니라 주체와 객체가 상호 작용하는 공간, 체험된 공간(lived space)이다. 이러한 참여적 경험은 공간과 물질, 사람과 장소, 자연과 지각, 감각과 상상, 현전과 기억 간의 역동성과 연속성에 의해 창발된다. 자연히 작가와 작품, 예술가와 감상자, 예술계와 일상계의 구분은 약화된다. 마지막으로, 경험은 신체적(somatic)이고 총체적인 것이다. 경험의 지각은 시각이나 청각의 단독 기관에 의존하지 않고 다양한 감각들이 협동하는 공감각적(synaesthetic)인 것이다. 이러한 통일적 지각의 구조에서 심미적 차원이 나타난다. 환경과의 상호 작용에 의해 하나의 경험이 비롯되고 좋은 것과 즐거운 것, 지성적 즐거움과 신체적 만족감이 융합될 수 있는 것이다.

환경 미학은 전통 미학들이 거부하거나 주목하지 않았던 예술 작품의 기능성을 강조한다. 기능성은 환경적이기 때문이다. 물론, 기능적 예술론이 없지 않았다. 예술 작품에 대해, 동양 전통은 인격과 신체의 도야를 목표로 했었고 플라톤은 마음과 건강에 유익한 것으로 보았다. 아리스토텔레스는 카타르시스라는 심미적 효율성을 믿었고 어거스틴은, 예를 들어, 장화에 대해 그 형태미뿐 아니라 발 보호와 편함이라는 적합성을 고려했다. 기능성은 진화론적인 의미도 갖는데, 동물은 종의 보존을 위해 미적으로 매력적인 몸의 형태를 갖춤으로써 짝짓기 경쟁에서 이기고자 한다. 미적 경험이 동물의 기본적 필요가 되는 것이다. 프로이트도 이와 비슷하게 예술이 성적 충동을 문화적으로 승화시키는 수단이라고 생각했다. 상식적으로, 기능성은 개인과 공동체의 삶의 목표와 가치에 의존한다. 전통적으로 지식 개념이 이성에 의한 보편성 원리로 구성되었다면, 디자인 개념은 삶의 구체적 문맥의 기능성에 기초했다. 디자인은 삶과 긴밀하게 연관된 미적 개념으로서, 청사진 작가와 실물 제작자, 주문자, 복수 제작, 경제적 기능 등이 분리되지 않고 융합된 노력의 결과이다. 김혜련에게 있어서 환경은 분리된 존재의 공간이 아니라 유기적으로 접속된 총체이다.

김혜련(2001)의 유기적 미학의 구조는 여성주의 미학의 주제에서도 보이는데, 여성들의 고통에 내재되어 있는 회고에서 드러난다. 전통적 미학의 한 주제를 보다 구체적으로 접근할 때 이 관점은 선명해진다. 그는 칸트의 숭고를 여성적 숭고로 대체하고자 한다. 칸트는 거대한 대상이나 대상의 엄청난 가상적 힘 앞에서 숭고를 체험한다고 보았다. 대상의 수학적 크기에 압도당할 때 인간은 그 합리성의 능력에 의해 큰 대상을 무한성의 관념으로 파악해내면서 흥분하고, 힘들 간의 역동적 관계에서 가상적 공포나 고통을 느낄 때 도덕성의 관념에 호소하고 상상된 공포를 성공적으로 저항(나는 벌 받을 짓을 하지 않았다)하면서 환희를 느낀다는 것이다. 그러나 칸트의 숭고는 합리성, 도덕성, 가상적 공포에 의존한다는 점에서 설득력이 떨어지고 현대 예술의 개념성, 변태성, 비도덕성 등을 조명하는 데 허약하다.

김혜련은 현대 예술의 특성들을 미학으로 담아낼 수 있는 장치를 오히려 근대 미학이 비하하는 여성적 숭고에서 찾는다. 여성이 힘을 가진 것으로 표상될 때 그것은 부적절한 것으로 간주되고 칸트의 역동적 숭고에 대비해서 "나쁜 숭고"로 불려졌으며, 이야기적 텍스트에서는 흔히 힘을 가진 여성은 실패하여 고통에 이르게 되는 결말에 이르렀다. 그러나 여성의 숭고는 고통 속에 비롯된다. 여성의 고통은 첫째, 급속한 변화, 범주의 붕괴, 가치관의 전환, 복잡성 같은 포스트모던적 범주에 기초한 고통을 포함할 수 있다. 모든 것은 본질적으로 힘들 간의 관계이고 삶을 파괴할 수 있다는 데서 고통이 야기되기 때문이다. 둘째, 이러한 고통에 내재되어 있는 회고적 계기는 보편적인 것의 갈구이고 미래 지향적 계기는 해방과 자유를 향한 소망이다. 고통의 이러한 두 계기는 칸트의 형식적 가치가 아니라 인간 지성이 꿈꾸어온 인문적 가치이다. 아들을 출산하지 "못했다"는 이유로 쫓겨난 조선조 중기 여성의 고통은 모든 종교나 도덕 질서에서 해소되지 못하고 여성들의 한(恨)으로 남았지만, 그것이 가부장 질서 때문이라는 개념적 분석에 착안하여 인문적 능력 강화에 이를 때 여성적 숭고에 도달하는 것이다.

김혜련의 유기적 미학은 음악 언어를 은유 개념으로 분석하는 데서도 나타난다. 김혜련(1995)은 비재현적 음악이 어떻게 인지적일 수 있는가를 묻는다. 이 물음은 은유가 상호 작용론적 실재론의 범주이고 음악 기호는 특별한 은유의 논리를 갖는다는 두 단계의 논의를 통해 제기된다. 첫째, 문자적 기호뿐 아니라 비문자적 기호도 체계 안에서 개념으로 작동한다는 가설에 동의할 수 있다면, 은유 또한 개념으로 사용될 수 있다. 그리고 지각은 실재의 국면들을 수동적으로 보고하는 것이 아니라 인간이 구성한 개념을 실재에 적용하여 인지 주체와 실재로부터 이중적 제한을 받으면서 주관적인 동시에 객관적으로 실재를 구성한다. 주관성은 주체가 개념을 능동적으로 구성할 수 있다는 가능성에 대한 믿음이고, 객관성은 주체의 도식 구성의 결과는 외부의 경험을 통해 발견된다는 필연성에 기초한다. 그러나 필연성은 사물의 내재적 성질이 아니라 도식을 통해 얻게 된 인지 방식의 성질일 뿐이다. 칸트의 비인지적 미학을 거부하면서도 칸트의 인지적 선험주의를 미적 경험에 도입하여 예술 언어의 상호 작용론적 실재론에 도달하는 것이다.

둘째, 김혜련은 음악 기호의 은유성에 대한 굿맨의 논의를 확장한다. 예술 작품은 특정한 정서의 일반적 유형(슬픔 일반)이 아니라 개별적 정서 개항(이 슬픔, 미켈란젤로의 피에타)으로서의 정서 성질을 예시(exemplify)하고 그 정서의 심성 상태를 지시(denote)한다. 그러나 작품은 심성적인 것이 아니라 물성적인 것이므로 슬픔 속성의 예시에도 불구하고 슬픔 속성을 실질적으로(materially) 소유할 수는 없고 단지 은유적으로만 소유(metaphorical possession)할 뿐이다. 슬픔이라는 심적 성질이, 음악의 경우 소리라는 물리적 성질로 전이되어 음악 기호가 사용된다는 의미에서 기호는 은유가 된다. 악보가 기호로서 지향성을 갖는다는 것은 음악 자체가 특정한 정서를 갖도록 구성되고 그 음악적 구성을 통해 특정한 정서가 표현된다는 것을 의미한다. "바로크적" 선율의 특징을 은유적으로 사용함으로써 바로크적 정서를 표현할 수 있는 것이다. 대상 인식에서 대상을 "…로서 보는 것"처럼, 음악 인식에서 소리를 "…로서 듣는 것"이다. 음악적 귀가 선율을 정감적으로 "듣고" 청체험의 특징을 정감적 술어로 기술할 때 정감적 술어는 그 선율에 대한 은유가 된다. 이것은 우리가 은유적 표현을 사용할 때 비로소 그 표현의 은유적 의미를 알게 되는 바로 그런 구조이다. 작곡가나 감상자는 미적 경험에 주목(attention)하여 은유적 음악 기호를 사용하면서 선택 · 가치 · 배경을 드러내고 연결시키며 확장한다.

2. 박이문의 양상 예술 철학

박이문은 한국 현대에서 아마 가장 많이 읽힌 철학자일 것이다. 그는 논어, 노장 같은 동양 철학뿐만 아니라 시, 문학, 예술에 대해 관심을 가졌고 50권이 넘는 저술을 통해 윤리, 환경, 생명, 종교, 인문학, 과학 문명의 주제들, 그리고 인식론, 분석 철학, 현상학, 과학 철학 등에 관해 자신의 입장을 드러냈다(강학순, 2014; 정수복, 2013; 정대현, 2010b, 2010c). 그러나 박이문이 기여한 것으로 간주되는 분야는 그가 가장 오래 탐구해온 예술 철학이다.

미와 예술

박이문(1983: 246–253, 2010: 29–30)은 미와 예술을 다음과 같이 구분한다. 미(美, beauty)가 아름다움의 경험으로 감성적(aesthetic)인 것이라면, 예술(藝術, art)은 아름다움을 추구하는 활동에서 나오는 작품(works)적인 것이다. 미는 인간이 경험하는 대상이나 그 내용의 성질로서 심리적이고, 예술은 활동의 작품이 시간 공간을 점유한다는 점에서 물리적이다. 미와 예술은 둘 다 학문적 성격을 갖는다. 미를 다루는 미학은 아름다움이라는 경험의 체계화이다. 아름다움의 경험은 개인에게서 나타나지만 개인마다 다를 수 있고, 집단에 따라, 연령 · 사회 · 문화 · 역사에 따라 가변적이다. 그럼에도 불구하고 그러한 다양한 경험들은 "아름답다"는 표현으로 통합된다. 미학은 이러한 통합이 어떻게 가능한가를 철학적으로 추구하는 성찰이다. 한편 예술을 다루는 예술 철학은 인간 활동에서 예술적인 것과 비예술적인 것에 대한 구분의 개념적 정당화이다. 그러한 구분이 가능한 근거와 필요의 이유를 묻는 것이다. 이러한 정당화의 작업에서 예술가, 작품의 창조성, 가치 평가, 감상자의 역할이 조명된다. 한마디로 말해, 박이문에게 있어서 미는 아름다움의 수동적 경험으로서 감각적인 것이고, 예술은 아름다움의 추구적 활동으로서 개념적인 것이다.

박이문(1983: 149–161)의 미와 예술의 구분은 중요하다. 그는 이 구분으로 전통적 예술 철학을 거의 모두 부인하면서 또한 이 구분으로 자신의 예술 철학의 구성을 시작한다. 먼저 예술 이론 중 예술이란 실재의 모방(mimesis)이라는 표상론(representationalism)을 보자. 플라톤이 시작하고 굿맨(N. Goodman)이 체계화한 이 입장은 작품이 실재를 지칭(denote)한다고 보며, 과학이 실재를 그려내는 것처럼 예술도 세계 이해의 방식으로 간주한다. 표상론자에 따라 표상 개념에 요구되는 유사성, 진리, 지식, 언어 등의 조건들이 달라지긴 했지만 작품과 세계의 인식적 관계는 유지되었다. 그러나 박이문(1983: 201-205; Park 2012a: 253)은 그러한 인식적 관계의 성질들이 특히 현대 예술 작품에는 필요하지도 않고 충분하지도 않다고 주장한다. 그래서 세계 실재에 대한 궁극적 표상으로서의 예술 이념이란 태양을 향해 비상해 들어가는 이카루스(Icarus)의 자기 파멸적 운명일 뿐이라고 믿는다. 박이문(1983: 35-76)은 표상론뿐 아니라 실재를 나타내는 작품의 형식이 보편적 심미적 감동을 준다는 형식론(formalism)은 예술의 작품 개념에 치우쳐 있고, 표현론(expressionism)은 예술을 세계에 대한 이해의 반응으로서의 결과로 아름다움에 대한 수동적 경험에 주목할 뿐이라고 본다.

박이문(1983: 262; Park 1998: 267)은 이 이론들을 넘어서서 예술이란 예술가가 예술 작품을 통해 나타낸 세계 확장이나 그 내용이라고 본다. 이러한 예술 개념은 예술 작품에 감성 감각적 요소와 예술 개념적 요소가 둘 다 개입하는 구조를 갖는다. 미적 가치와 예술적 가치가 동시에 작동하는 것이다. 예술 작품이란 한편으로 수동적 감각 경험에 대한 능동적 추구의 결과이지만 다른 한편으로 개념적 활동의 결과로 도달한 미적 경험 내용이기도 하다. 그러나 박이문은 미와 예술을 둘 다 수용하지만, 미와 예술의 구분이 나타낸 수동적 감각성(aesthetic)과 추구적 활동성(artistic)은 예술의 정의 도달에 미흡하다고 생각한다. 예를 들어, 그러한 속성들은 예술과 비예술의 경계를 긋는 데 별로 기여하지 않는다면서 예술에 대한 철학적 정의를 위해서는 보다 포괄적이고 총체적인 접근이 필요하다고 보는 것이다. 이를 위해 그는 "예술가가 작품을 창작할 때 그는 세계를 새롭게 볼 수 있다"는 가설(Park, 1998: 268; 2012a: 252)을 제안한다.

언어로서의 예술

"예술 작품은 세계(대상)를 새롭게 보자는 제안"이라는 가설을 수용한다고 하자. 이 가설이 함축하는 것 하나는 예술 작품은 단순한 지각 대상이 아니라 의미 대상이라는 것이다. 예술 작품은 과학적 관찰이나 통계적 측정의 대상이 아니라 그 의미를 밝혀내야 하는 해석의 대상이 된다. 박이문(1983: 187; 1993: 37–49, 105–112)의 해석 개념은 자연 과학, 사회 과학, 인문 과학의 대조를 통해서 이해해볼 수 있다. 자연 현상을 '설명'한다는 것은 실증된 기계적 인과 법칙의 틀로부터 연역적으로 추리하는 것이고, 사회 현상을 '이해'한다는 것은 사회라는 책 속에 나타나는 단편적, 파편적 현상들을 전체 문맥에 짜 맞추는 것이다. 그러나 인문 현상은 사실 기술적 현상이 아니라 새로운 경험의 장에 대한 반성적 활동의 현상이다. 그렇다면 예술 작품이라는 새로운 경험의 의미체에 대해서는 '해석'이 요청된다(정대현, 1994: 419–422). 예술 작품의 해석이란 작품이 포함하는 다양한 요소들을 일관적으로 연결하여 작품의 전체적 의미를 구성하여 가설을 세우고, 그 가설에 따라 여러 독립적 요소들에 의미를 부여하여 모든 요소들이 유기적 전체의 부분이 되게 하는 것이다.

박이문은 예술 작품이 이러한 개념의 해석 대상이라는 것을 보임으로써 예술 작품은 일종의 언어라는 생각에 도달할 수 있었다고 생각한다. 그래서 그는 굿맨 예술 언어론 같은 것을 제안하거나 그에 의존할 필요가 없었을 것이다. 그러면 예술 작품은 어떤 종류의 언어일 것인가? 박이문(1983: 117, 173–178, 138–148; Park, 2012a: 254)의 예술 언어론은 적어도 세 가지 특징으로 요약된다. 첫째, 예술 언어는 상징적이다. 꽃이라는 사물, 슬픔이라는 감정은 "꽃", "슬픔"이라는 발성 또는 문자적 표기로서 표상 또는 표현되기도 하지만, 그림이나 멜로디에 의해서도 표상되거나 표현될 수 있다. 예술 언어는 기호를 해독해서 얻는 축어적 의미를 포함하지만, 해독을 토대로 상징적 의미에 도달하는 것이다. 상징적 의미는 해석된 작품이 분할될 수 없는 하나의 통일된 전체임을 보이며, 예술 작품에 유일성, 특수성, 상위적 의미를 부여함으로써 특수적 개별자를 통해 보편성에 이르게 한다. 그는 이러한 상징적 의미를 "주제"보다는 일종의 "세계"로 부르자고 제안한다. 둘째, 언어로서의 예술 작품의 의미는 예술가의 개인적인 생각이나 의도가 아니고 언어적, 공적 의미이다. 예술가의 의도는 그 개인의 심성적 상태이지만 예술가가 일단 작품으로 새로운 세계(대상)를 제시하면 이 작품은 공적 의미를 갖는다는 것이다. 셋째, 모든 예술 작품이 창작이고 새로운 세계라는 점에서 예술 작품의 언어는 기존 언어에 대한 비판이 된다. 따라서 모든 작품은 필연적으로 아방가르드이고, 최소한도의 혁명성도 없는 예술 작품은 자기 모순적이라는 것이다.

그렇다면 예술 언어는 일상 언어 또는 한국어, 영어 같은 자연 언어와 어떤 관계에 있는가? 이 물음은 자연스럽다. 왜냐하면 일상 언어가 보편적, 반복적, 공적인 구조임에 반해 예술 언어는 개인 예술가가 고안한 언어로서 단칭적, 특수적, 비개념적인 것으로 규정되기 때문이다. 박이문(1983: 124~136; Park 1998: 264-265)은 이 물음을 스스로 묻기 때문에 비예술 작품 언어로서의 정상 언어와 예술 작품 언어로서의 비정상 언어를 구분한다. 사람들은 정상적인 경우 자신의 정상적 언어가 허용하는 범위 안에서 자신을 표현하고, 그 허용 범위를 벗어나기 어렵다는 점에서 인간은 언어라는 감옥에 갇힌 수인(囚人)들이다. 그러나 예술가는 정상 언어로 표현하기 어려운 창의적인 생각을 표현하고자 하고, 이를 표현하기 위해 언어를 비정상적으로 사용한다. 예술의 본질은 그 언어의 비정상성 때문에 뜻이 불투명하게 되고, 작품 해석의 문제가 필연적으로 제기된다. 해석의 문제는 비정상적 언어 의미의 일차적인 애매모호성이나 무의미성 속에서 이차적 의미를 찾는 것이다.

예술 작품: 가능 유일 세계

예술 개념의 정의는 예술 언어론만으로는 충분하지 않다. 예술 언어가

정상 언어에 대한 비판이나 수정을 통해 구성된 비정상 언어라면, 비정상 언어는 엄밀하게 말해 어떤 언어인가? 그 조명을 위해 박이문(2011: 294-303; Park 2012a: 252)은 한 단계 비약한다. 그의 비약은 단토(Danto, 1981) 예술론의 비판을 통해 이루어진다. 단토는 예술 작품이 대상성(무엇에 관함)과 언어성(육화된 의미)으로 구성된다고 제안하지만, 박이문은 단토의 두 조건이 평면적일 뿐 예술 작품의 양상성의 차이들에 민감하지 않다고 비판한다. 예술 작품이 창조성이나 새로움을 필수적인 속성으로 갖고 있음을 고려한다면, 작품의 양상성은 독립적으로 주목될 수 있어야 한다는 것이다. 그는 이를 위해 칸트의 단언적(assertoric: 하늘은 실제로 푸르다), 필연적(apodictic: 지구는 반드시 태양을 돈다), 개연적(problematic: 사람이 펄펄 날 수도 있다) 판단의 3등분적 양상 개념을 도입한다. 예술 작품은 진위(眞僞)의 단언적 양상에 관련된 것이 아니라, 현실 세계에 대해 새로운 가능성을 제안(proposal)하는 개연적 양상이라는 것이다.

박이문(2010: 42~45)의 개연적 양상 개념을 조금 더 부연해보자. 개연적 양상은 단언적 양상과 달리 그 진위가 현실 세계에서 우유적으로(contingently) 확정될 수 있는 것이 아니다. 개연적 양상은 필연적 양상과 달리 그 진위가 모든 가능한 세계에서(necessarily) 긍정적이거나 부정적으로 선정되지 않는다. 개연적 양상은 그 진위가 단 하나의 가능 세계에(possibly) 열려 있는 것만으로 충분하다. 그러므로 개연적 양상은 현실 세계의 사실들과는 관계가 없고 논리적 세계의 진리나 모순과도 상관이 없고, 오로지 적어도 하나의 가능한 세계에 열려 있는 것만으로 족하다. 예를 들어, 예술 작품의 개연적 양상은 "경주는 한국의 수도이다"와 같이 반사실적일 수도 있고, "사람은 펄펄 난다"와 같이 반과학적일 수도 있다. 개연적 양상은 에셔(Escher et al., 1995) 판화에서처럼 반기하학적일 수도 있고, "오바마는 여성이다"와 같이 반본질적일 수도 있으며, "전지전능한 마귀가 존재한다"와 같이 데카르트적 상상일 수도 있다.

그렇다면 박이문(1983: 101-109, 162-166; 2010: 42-45; 1998: 268)의 예술 작품의 규정은 무엇인가? 예술 작품은 일차적으로 "가능한 유일 세계"이다. 이것이 규정하는 것은 예술 작품 일반이 아니라 구체적 예술 작품에 대한 것이다. 이 규정에서 "가능"이란 앞에서 본 바와 같이 개연적 양상을 나타낸다. "유일"이라는 표현은 지구상의 모든 사람들이 독자적 개성을 갖는 것처럼 예술가의 각각의 작품이 갖는 창조적, 독립적, 자율적, 자체구성적 성질을 지시한다. 그리고 "세계"라는 것은 앞에서도 지적한 것처럼 하나의 예술 작품이 주제로서가 아니라 세계로서 해석의 대상이라는 것을 의미한다.

그러나 "가능한 유일 세계"가 모두 예술 작품인 것은 아니다. 그래서 박이문의 예술론은 예술 작품의 이차적 규정을 필요로 한다. 일차적 규정이 존재론적 규정이라면 이차적 규정은 기능적이다. 어떤 사물에 칫솔의 기능이 부여되었을 때 구둣솔과 구분되는 기능으로서 평가를 받게 되는 것처럼 예술 작품도 비예술 작품과 대조되는 기능을 갖는다. 일반적으로 비예술 작품의 기능은 현실 세계 생활의 효율화에 맞추어져 있지만, 예술 작품의 기능은 그 존재론적 구조가 현실의 세계와는 다른, 새로운 질서의 세계를 보이는 것이다. 현실 세계가 지루하고 억압적이고 소외적이고 무의미한 세계로 경험되고 있다면, 예술 작품은 보다 해방적이고 자유와 희망을 보이는 가능 세계를 가리킬 때 그 창조성이 돋보인다. 예술 작품의 가치는 그것이 나타내고자 하는 유일한 가능 세계를 얼마만큼 나타내는가에 따라 결정된다. 예술 작품들이 비교되는 것도 어느 것이 주제나 형식에 더 새로운가, 어느 것이 기술적으로 더 표현적인가에 따라 평가된다. 그렇다면 박이문에게 있어서 예술 작품이란 현실 세계와는 다른 가능한 유일 세계를 보이는 것이다.

생태 세계: 예술 작품

박이문은 그가 도달한 "가능 유일 세계"로서의 예술 작품 개념을 생태적 문맥에 적용한다. 현대 사회는 거의 모든 사람이 인정하는 대로 생태적 곤란에 처해 있고 정보 과학, 생물 공학 등의 발전으로 더욱 심화되고 있다. 이러한 어려움은 결국 사회적, 도덕적 판단의 결함과 연결될 수밖에 없다. 문제는 과학 기술 자체가 아니라 인간 판단이기 때문이다. 그러면 이런 판단 결함은 무엇에서 비롯되는 것인가? 박이문(Park, 1998: 268–269)은 이 결함이 인간과 세계의 이분법에서 온다고 진단한다. 데카르트에서 철학화된 이분법은 언어와 표상, 개념과 지각, 추상과 구상, 객관과 주관, 의미와 실재의 이분법으로 확장되어 왔다. 인간이 세계를 이러한 이분법하에서 경험하게 되면 세계를 인간과 독립된, 인간 편리를 위한 도구에 불과한 것으로 인식하는 것은 자연스럽다. 박이문은 현대 문화의 생태 문제의 해결은 이러한 이분법의 인식 방식을 극복하는 것으로, 그 극복의 길은 예술 이외에 없다고 제안한다. 그의 제안은 생태 세계를 예술 작품으로 보자는 것이다. 이것은 단순히 문자적인 것이 아니라 두 가지 논리를 갖춘 제안이다. 예술사 논리와 작품의 논리이다.

박이문(Park 2012a: 253–258)이 제시하는 예술사 논리는 예술이 역사적으로 해체되어온 구조이다. 박이문은 모든 예술 작품을 기존의 예술 언어에 대한 비판으로 간주한다. 이러한 문맥에서 플라톤이 예술은 실재에 대한 모방이라고 생각한 것은 예술사의 첫째 단계를 구성한다. 첫 단계에서 예술사는 이 실재를 무엇으로 볼 것인가에 대한 주제들을 작품의 내용으로 선택했다. 이데아, 종교, 일상 대상을 작품 대상으로 선택했던 것이다. 둘째 단계는 예술 언어의 구성 조건들을 재조직하는 것이다. 그는 핵심적 구성 조건을 빛이라고도 하고 색깔이라고도 하고 느낌이라고도 했다. 셋째 단계는 예술 언어의 매체 자체를 달리 선택하는 것이다. 비디오, 소리, 영상, 상품, 일상적 대상, 박스 광고가 예술 언어가 구성하는 가능 세계로 제안된 것이다. 박이문은 이러한 예술 언어의 역사적 과정을 "해체적"으로 읽고 바로 이러한 해체 과정 자체가 세계를 예술 작품으로 통전(統全, creative integration)화하는 과정이라고 본다.

생태 세계가 예술 작품이라는 박이문(Park, 2012b: 264～269)의 작품 논리는 개인 예술가의 개별 예술 작품의 구조를 생태 세계에 적용할 수 있다고 제안한다. 이러한 적용은 데카르트적 이분법을 벗어나는 방식일 뿐 아니라 바로 생태 세계를 작품으로 변형시키는 논리가 된다. 개인 예술가는 잡다한 사태들을 단일한 유기적 단위로 변형하여 그 모든 요소들을 해방적 의미를 갖는 조화의 전체로 만들어낸다. 예술가의 이러한 변형의 논리는 생태 미학에 적용되어, 잡다한 생태계를 단일한 전체로 재구성할 수 있다고 본다. 그리하여 세계가 자연이면서 동시에 문화일 때 이분법은 극복되고 인간과 다른 모든 요소들이 단일한 통전적 유기체의 구성적 부분이 된다는 것이다. 니체가 이미 세계를 "예술의 눈으로" 볼 것을 제안했던 것처럼.

예술 작품으로서의 생태 세계라는 생태 미학은 생태 세계를 예술의 눈으로 보는 관점적 전환을 하는 것이고 새로운 세계관(Weltanschauung)을 갖는 것이다. 전통적 세계관이 실증적, 유물론적, 경험적, 합리주의적인 것이었다면 생태 미학적 세계관은 이에 따른 독특한 태도를 갖는다. 개인 예술가가 구체적 대상을 특별한 장르에서 온전한 개별자로서의 작품을 창작한다면, 생태 미학자는 전체 세계를 예술 작품으로 취하여 다른 사람들과 공동체적 예술 작업을 하고, 그 자신 예술 작품의 부분이 되면서 또한 동시에 예술 작품의 창작자가 되는 것이다(Park 2012b: 271; 1998: 269; 2012a: 256). "꿈꾸는 자가 말할 때 누가 말하는 것인가? 그인가 세계인가?"라고 바슐라르가 적은 것처럼, 생태 미학에서 인간과 세계의 이분법이 극복된다. 예술 작품이 현재의 조건으로부터 우리를 해방하는 것처럼 생태 미학은 우리를 인지적으로 참다워지게 하고 세계와 존재론적 화해를 하도록 돕는다는 것이다. 생태 미학은 새로운 예술의 탄생이고 새 문명의 여명이 된다는 것이다.

3. 오종환의 현대 미학

박이문이 예술 작품의 경험에서 추상적인 개념적 지형도에 보다 깊은 관심을 쏟았다면, 오종환은 예술 경험의 감각적 차원에 상대적 무게를 두었다고 보인다. 따라서 오종환의 예술 철학은 현대 미학에 초점을 맞춘다. 그는 현대 예술 작품의 특징에 주목하고 전통 미학이 설명하지 못했던 점에 착안하여 현대 미학을 총체적으로 구성하고자 한다. 이를 위해 그는 전통 미학이 조명할 수 없었던, 적어도 세 개의 현대적 주제를 논의한다. 예술 작품 대상과 비예술 작품 대상이 지각적으로 구분 불가능한 상황에서 개념적 구분은 어떻게 가능한가? 예술 작품들이 불투명하거나 허구적인 경우에도 불구하고 우리는 어떻게 "작품을 본다"고 말할 수 있는가? 경계 해체의 시대라고 하지만 고전 예술과 대중 예술의 경계도 해체가 가능할 것인가? 먼저 전통적 미학이 현대 예술 작품을 설명할 수 없는 구조가 무엇인지를 확인해보자.

근대성 미학: 자율적 예술

전통적 미학은 일반적으로 "예술 자율성"이라는 특징적 표현으로 규정된다. 오종환(2005: 176-184)은 전통 미학의 자율성을 근대성(modernity)과 연관시켜 분석한다. "근대성"이란 데카르트의 합리주의를 지칭하고 합리주의는 인식에서 인간 내재적 합리성에 반하는 것은 거부한다는 것을 뜻한다. 인간 내재적 합리성은 서구 중세의 종교적 권위를 거부하고, 개인이나 공동체의 삶에서 도구적 장치나 통제의 역할을 했다. 이러한 관점이 계몽주의 사회를 구성했고, 경제적 자본주의를 낳았다. 근대성이라는 관점은 칸트의 인식 판단과 가치 판단의 이분법을 허용했고 논리실증주의에 따라 검증 가능한 인식 대상의 의미 판단과 검증 가능하지 않은 가치 경험의 정서 판단을 구분(오종환, 1999: 88-90)했다. 따라서 근대성은 미적 경험을 가치적인 것, 정서적인 것으로 한정하고, 미적 경험의 독립성 또는 개별 예술 작품의 통일성, 자율성이라는 범주를 만들어냈다.

오종환(1995: 84-86)은 예술 작품의 자율성 개념을 보다 명료화한다. 칸트는 인식 판단에 개념의 선험성(apriority)을 도입하여 인식의 보편성을 확보하는 한편, 가치 판단에 있어서는 무관심성(disinterestedness)을 구조화하여 보편성에 도달하고자 했다. 즉 도덕적 가치의 행위는 "오직 그것을 해야만 한다"는 도덕적 가치만으로 행위를 하는 것이고, 인정, 칭찬, 유익, 소망, 보상, 관심 같은 것은 비도덕적인 것으로 분류되어 도덕적 공간에서 제외되었다. 마찬가지로 미학적 감상의 행위도 "오직 그 대상만을 대한다"는 것이 미학적 가치의 행위이고, 지식, 이익, 과시, 기여 등의 관심은 제외되어야 한다. 저변의 목적 없이 대상을 대하는 무관심의 관조가 미적 태도이고, 이 태도의 대상이 미적 대상이며, 이 대상의 가치가 미적 가치라는 것이다. 예술 작품의 독립성과 자율성은 이러한 미적 관조가 수반하는 무관심성에서 비롯되었고, 낭만주의는 이러한 예술 작품 자율성을 확장하는 데 기여했다. 예술 작품의 자율성 논제를 수용할 때, 예술가는 천재, 특권층에 속하고 "예술을 위한 예술"이라는 이념이 필연적이 된다. 이렇게 예술 작품의 개념이 근대성의 소산이라면, 18세기 전에 구성된 작품들은 "인문학적 기술"의 작품으로서 "감상"되기보다는 "장인적 기술"의 결과로 "음미"되어야 할 것이다.

그러나 오종환(1995: 91-97)은 이러한 무관심성은 허구라고 생각한다. 이런 생각은 그의 예술 철학 전반을 통해 나타나지만, 그 예비적 논의는 "무관심성에 근거한 미적/비미적 주목의 구별은 허용할 수 없다"는 데서 시작한다. 근대성 미학의 무관심성이 요구하는 것은 미적 대상 이외의 것들에 대한 관심을 제외해야 한다는 조건으로, 미적 대상의 지각 성질이 아닌 모든 요소를 배제하는 것이다. 작가의 의도, 작가의 배경, 작품이 산출되는 시대의 역사성을 배제하는 것이다. 심지어는 작품의 이름까지 작가의 의도를 나타내고 작품의 지각적 성질이 아니라는 이유로 배제되어야 했다. 그러나 작품을 지각 대상으로 한정하지 않고 가능성의 공간으로 인도하는 상상 표지로 해석한다면, 작품은 그것이 태어나는 문맥으로부터 새롭게 창조되는 가능 세계의 개시가 된다. 작품이 포함하는 가능성의 성질들은 그것이 경험적이건 제도적이건, 형이상학적이건 간에 새로움의 경험인 한에서 유의미하다. 뒤샹(M. Duchamp)의 '샘'이라는 작품을 지각 대상으로만 한정하려고 시도한다면 어떤 것도 허구일 수밖에 없다.

작품 대상: 지각 구분 불가능성

현대 미학의 과제 중 하나는 "예술 작품 대상과 비예술 작품 대상이 지각적으로 구분 불가능한 상황에서 개념적 구분은 어떻게 가능한가?"라는 물음의 해명이다. 오종환(1995: 103-105)은 "단토(A. Danto) 전람회"를 거명하면서 문제를 제기한다. 여러 화가들의 똑같은 붉은색으로 칠한 직사각형의 그림들이 전시되어 있고, 이 작품들에는 '홍해를 건너는 이스라엘 사람들', '키에르케고어의 기분', '붉은 광장', '빨간색의 직사각형', '열반', '붉은 식탁보' 등의 이름이 달려 있다. 단토는 여기에 작품이 아닌 것도 두 개 전시했다. 지오르지오네(Giorgione)가 붉은색으로 바탕을 칠한 캔버스와 일상적인 널빤지도 포함시킨 것이다. 이것을 본 젊은 제이(J)가 작품과 비작품을 동시에 전시한 것에 격분하여, 전시된 것들과 똑같은 것을 만들어 같이 전시했다. 여기에서 중요한 것은 단토 전람회에 전시된 예술 작품들이나 예술 작품으로 의도되지 않은 대상들이 모두 "지각적으로 구분 불가능하다"는 점이다. 그런데도 이들은 모두 예술 작품으로 독립성과 개성을 갖는다. 오종환(1991: 114-116)은 이러한 현대적 미학의 상황에서 하나의 구분에 동조한다. 일상적 작품들의 동일시(identification) 조건과 예술적 작품들의 동일시 조건들은 다르다는 것이다. 작품들이 동일시되는 물리적 지각 성질(P)들이 분리 불가능함에도 불구하고 하나는 갖지만 다른 것은 갖지 못하는 그러한 예술적 성질(Q)이 있다는 것이다($((\forall P)(Pa \leftrightarrow Pb)$ & $(\exists Q)(Qa$ & $-Qb))$). 그렇다면 그러한 예술적 성질(Q)이 무엇인가에 대한 물음에 답할 수 있어야 할 것이다.

예술가가 작품을 창작할 때 그 작품은 일상적 공간의 대상을 표상할 필요가 없다. 그 작품은 "불의 신"에서와 같이 이 세계에 존재하지 않는 것일 수도 있다. 오종환(1995: 106-109)은 이러한 예술 작품의 존재론적 성격을 논의의 출발점으로 채택한다. 예술 작품은 비사물적 대상을 나타낼 수 있다는 의미의 지향성(intentionality)과 해석의 대상이라는 의미의 내포성(intensionality)을 갖는다고 본다. 이러한 구조에서 그는 "문장 '예술 작품은 해석적이다'는 분석적이다"라는 가설을 세운다. 이 가설은 단토가 제시하는 이미지, 즉 화가가 여성 모델을 그리는 경우에서 잘 보여진다. 화가에게는 알려져있지 않지만, 모델과 화가의 눈 사이에 투명한 유리판이 있다는 것을 상상해보자. 그러면 모델 소재, 유리판, 작가의 눈 그리고 작품의 관계가 구성된다. 작가는 작가의 눈에 들어온 것이 소재의 반영이라 생각하지만, 시상과 소재 간의 인과적 관계는 유리 상의 개입으로 달라진다. 유리는 빛뿐만 아니라 윤곽에도 영향을 미치기 때문이다. 작품은 모델이나 대상의 온전한 모방일 수 없다. 유리의 투명성의 정도에 따라 작가의 자서전적 경험의 깊이에 따라 빚어진 경험의 결과가 작품에 나타나는 것이다. 작품은 단순한 지각적 경험만으로 감상될 수 없다. 작품 자체가 지향성과 내포성을 가지므로 그 의미의 총체에 다가갈 수 있을 때 진정한 작품 감상이 가능하다.

예술 작품의 의미 총체성에 대해 오종환(1995: 95-97, 102-103)은 보다 자세하게 논의한다. 예술 작품은 재현적인 경우 대상 지시적(referring)이지만 허구적인 경우 성질 구현적(exemplification)이기도 하다. 삽화가의 풍자 만화는 김 씨보다 이 씨를 더 닮았지만 삽화가의 의도에 따라 김 씨를 지시하고, 들라크루아의 '민중을 이끄는 자유의 여신'은 구체적인 이 세계의 대상을 지시하기보다는 자유, 평등, 박애라는 이념의 속성을 구현한다. 김 씨 풍자 만화나 들라크루아 회화는 단순한 지각적 대상이 아니라 하나의 의미체로서 총체적이다. 이러한 의미체는 어떻게 파악될 수 있는가? 카르납(Carnap, 1928)은 의미를 세계에 대한 원초적 진술로 환원하여 확보하고자 했지만, 콰인(Quine, 1969)은 표현의 의미는 그 표현이 속한 체계의 다른 표현들과의 관계 속에서 나타난다는 의미 총체론을 보였고, 비트겐슈타인(Wittgenstein, 2009)은 언어의 의미란 그 언어 공동체의 생활 양식에 의해 확정된다고 보며 의미와 삶의 분리 가능성보다는 그 유기성을 강조했다.

그러나 예술 작품이 해석에 의존한다면 여기에는 어려움이 도사리고 있다. 작품에 대한 해석은 단일하지 않고 다양하기 때문에, 인문 경험의 풍부성은 담보되지만 해석 다원성이 불러올 수 있는 복합성, 혼란성이 생길 수밖에 없다. 오종환(1995: 100, 104; 1990: 314-315)은 고정 지시어의 고정성에 대해 의문을 품기도 했지만, 해석 다원성이 요구하는 "사실의 상대성"을 허용하면서도 또한 해석이 해석일 수 있는 그 작품의 "물리적 대상"으로서의 사물성도 요구한다. 이러한 사물성의 유지 가능성을 통해 어떤 해석이 작품의 조명에 설득력이 있는지, 또는 궁극적으로 인류의 번영에 기여하는 것인지를 판정할 수 있다고 보는 것이다. 이 관점은 "실용적" 또는 "내재적 실재론"으로 불릴 수 있다.

작품 내용: 작품 허구성과 실재 가능성

현대 미학이 조명해야 하는 또 하나의 과제는 예술 작품의 허구성이 제기하는 개념적 상황이다. 오종환(2002: 155-156; 2005: 199-202)이 예술 작품이 허구라는 것을 알면서도 감정이 발생하는 상황에 주목하는 까닭은 전통적 미학의 기준들이 이를 설명하지 못하기 때문이다. 예를 들어, 작품의 지각적 사물성 이외의 요소들에 대해 무관심해야 한다는, 소위 "예술 자율성" 기준은 예술의 모든 장르에 관통하여 적용될 수는 없다. 예술 작품의 감상은 평가적이지만 장르에 따라 감상이나 평가의 방식이 달라져야 하고, 그 평가의 기준은 공통적, 본질적이기보다는 가족 유사적, 선언적(disjunctive)이어야 한다는 것이다. 많은 예술 작품들이 이야기로 구성되거나 이야기를 배경으로 하고 있다면 그 이야기의 기능이 별도로 주목되어야 하는 것이다. 이야기의 문장들은 참인가? 참이 아니라 허구라면 허구적 이야기는 예술 작품 안에서 어떻게 기능하는가? 예를 들어, 사람들은 영화를 볼 때 무엇을 보는가? 허구적 이야기로 구성된 영화 경험은 어떤 종류의 경험인가? 허구적 예술 작품이 감상자의 감정을 야기하는 구조는 무엇인가? 이러한 물음들은 현대 미학이 조명해야 할 주제를 구성한다고 본다.

허구적 예술 작품이 인간 감정과 어떻게 연관되는지를 추적하기 위해 오종환(2002: 156-160)은 허구 역설이 시사하는 허구 세계 또는 가능 세계의 개념을 우선적으로 고려한다. 그는 허구 작품을 감상하는 동안 감상자가 허구라는 사실을 잊을 수 있다는 환영론을 거부하고, 감상 대상이 존재하는가의 여부에 대한 믿음 없이도 감상이 가능하다는 이론도 사양하며, 대상을 감상하기 위한 필요조건은 믿음이 아니라 사고(thought)라는 관점도 부인한다. 오종환은 허구적 예술 작품 감상은 "믿는-체하기(make-believe)"라는 해석에 동조한다. 작품들은 어린이의 소꿉장난과 같은 소도구(prop) 역할을 하여 허구적 세계 또는 가능 세계 상상을 돕는다는 것이다. 그리하여 명제 p를 허구적으로 상상한다는 것은 p를 한 가능 세계에서 참으로 간주하는 것이다. 현실 세계에서의 인간관계나 백두산 천지를 직접 관람하고 생기는 행복, 갈등, 환희, 놀람 같은 경험은 현실적 감정이지만, 소설이나 영화 같은 허구적인 가능 세계에서 얻어지는 공포, 슬픔, 분노 같은 감정 경험도 유사 감정(quasi-emotion)으로 분류한다. 이런 감정도 일상적 감정과 더불어 진정한 감정이라는 것이다. 예술 작품은 현실적으로는 허구적이지만 그 작품이 제시하는 가능 세계의 구도 안에서는 독자적 실재성을 갖는다. 현실 세계에서는 소도구이지만 가능 세계에서는 영원한 구체적 보편자인 것이다.

오종환(2002: 161-174)은 예술 작품을 감상할 때 갖게 되는 감정이 인지적이라고 본다. 감정을 비인지적으로 간주하는 전통에서는 생리적으로 느끼는 변화의 감각에 초점을 맞추고 벌레가 기어가는 느낌이나 갑자기 눈앞에 스쳐가는 형체에 대한 소스라침 같은 경우에 주목한다. 그러나 감정이란 감각과 달리 대상에 대해 지향적인 것으로서, 기어가는 느낌이나 소스라침도 얼핏 믿음이 결핍된 경험으로 보이지만 이들도 배경 믿음이나 판단을 전제한다는 것이다. 감정은 자연종이 아니기 때문에 현상적 인지 조건으로 정의될 수는 없지만 인지의 정도는 다양한 스펙트럼을 가지고 있다는 것이다. 깜짝 놀람이 인지 정도가 낮은 것이라면 욕망, 두려움, 분노, 슬픔 등은 인지 정도가 충분한 것이며 시샘, 수치심, 자만심, 질투, 회한 같은 것은 인지 조건을 형식화할 수 있는 정도라고 본다. 이것들은 알아차림, 보는 단계, 명제적 개념화 단계, 믿음 구조화 단계로 구별될 수 있다. 예술 작품의 감상을 위해 배경적 믿음이 필요하다는 것을 수용할 수 있다면 그 인지적 조건은 평가적이고 판단적이라 할 만하다.

예술 작품이 현실 세계에선 소도구일 뿐이고 가능 세계에서라야 실재성을 갖는 구체적 보편자라면, 예술 작품을 "본다"는 것은 어떤 행위인가? 우리는 예술 작품을 볼 때 무엇을 보는 것인가? 오종환(2008: 3-10, 35; 2011: 108-133)은 이러한 과제를 조명하기 위해 '로서-보기(seeing-as)'와 '에서-보기(seeing-in)'의 구분을 수용한다. 일상 공간의 인물이나 사물에 대해, 사람들은 관심에 따라 다른 대상을 볼 수 있다. 예를 들어 정약용을 실학자로 보기도 하고 천주교인으로 보기도 한다. 그러나 예술 공간의 작품에 대해 감상자는 작품의 물리적 속성만을 보는 것이 아니라 작가의 의도에 따라 대상, 사태, 문맥을 보고 눈앞에 없는 것까지 '작품에서-본다'고 할 수 있다. 미적 보편자는 감각에 직접 나타나지 않아도 개별자를 통해서 감각에 지시될 수 있기 때문이다. 작품에서 감각적으로 나타나지 않지만 감상자가 볼 수 있는 대상의 성격이 작품의 "비국지화(non-localization)"이고, 이런 비국지화는 지각적 현전(presence) 개념을 통해 지지될 수 있다. 책이 책상 위에 놓여 있을 때 사람들은 책과 책 아래의 책상 표면을 동시에 보는데, 이때 책상 표면은 사람의 지각에 현전한다. 오종환은 지각적 현전이 실제 일어나는 것처럼 예술 작품의 공간에서도 지각적 현전이 발생한다고 본다. 우리는 구체적이고 사물적인 예술 작품을 볼 때 보편적이고 비국지적 성질의 구현 또한 보게 되는 것이다.

대중성 미학: 매체 대중성

현대 미학의 과제 중의 하나는 대중 예술도 예술인가라는 물음에 대한 해명(오종환, 2005: 175-207)이다. 이제는 영화가 예술이냐고 묻는 사람은 별로 없다. 그러나 영화 같은 것이 어떻게 예술이 되는가에 대한 물음은 아직 남아 있다. 근대성 미학이 요구하는 무관심성, 자율적 미적 가치의 기준들에 대한 기억이 아직 선명하게 남아 있기 때문일 것이다. 미적 대상은 관람자의 적극적 판단을 유발하는 지각적 대상이어야 함에 반해 대중 예술의 작품은 관람자를 수동적이게 만든다는 것이다. 그래서 한국에서 영화학이 많은 예술대학에 개설되지 못하고 뮤지컬이 음악대학에서 환영받고 있지 못하는 것이다. 대중 예술에 대한 이러한 저항은 근대성 미학의 관점에서 볼 때 이해되는 측면도 있다. 예술의 자율성과 독립성에 의하면 예술의 분류와 평가는 둘이 아니고 하나여야 하기 때문이다. 예를 들어, 낭만주의 전통에서 모든 예술 작품은 미적 감상의 대상으로 분류되고 모든 예술 작품은 훌륭한 미적 가치를 가지고 있는 것으로 평가되었다. 그러나 근대성 미학이 전제하는 인식과 가치, 주관과 객관, 언어와 세계의 이분법에서 벗어나면서, 대중 매체를 포함한 어떤 인공품도 예술 작품의 후보가 될 수 있고 그 나름의 가치를 갖게 되었다. 그러므로 대중 예술이라는 까닭만으로 이것이 진정한 예술이 아니라고는 할 수 없다.

그렇다면 예술 작품에 있어서 매체란 무엇인가에 대한 조명이 대중 예술의 성격을 이해하는 데 도움이 될 것이다. 오종환(1991: 116-124)은 소재와 작가 사이에 있을 수 있는 유리상 논의를 통해 매체의 불투명성, 재현의 불투명성에 주목했다. 대중 매체가 많은 사람에게 접근 가능하다는 것과 대중적 소비를 의도한다는 것 외에 그 불투명성은 고전적 매체와 다를 바가 없다고 본다. 예술 작품은 은유적이고 표현적이고 양식적이라는 점에서 그 불투명성이 개념적으로 함축되어 있다. 모델이 자신의 동일성을 포기하고 재현 대상의 동일성을 가지는 것을 변형(transfiguration)이라 하고, 소재가 자신의 동일성을 유지하며 은유에 의해 새로운 성질을 얻는 것을 은유적 변용(metaphoric transfiguration)이라 한다면, 예술 작품은 단순히 재현에 그치지 않는, 변용된 재현(transfigurative representation)이라는 것이다. 한편 표현의 불투명성에 대해서는 리히텐슈타인(R. Lichtenstein)의 '세잔 부인의 초상화'를 통해 예시한다. 이 그림은 재현의 대상만이 아니라 이 재현이 표출되는 방식을 통해 그 부인이 남편과 갖는 관계의 성질을 표현하고 있다는 것이다. 또한 양식의 불투명성은 일차적으로 한 시대가 재현의 대상을 보는 방식이지만, "렘브란트 작품 같다"는 말이 시사하는 것처럼 개인 화가나 영화감독에게도 적용된다고 본다. 양식은 자필적(autographic)이라는 것이다.

오종환(2005: 192-202)은 대중성 미학의 중요한 속성 하나를 내러티브에서 발견한다. 영화, 만화, TV 연속극, 뮤지컬, 대중 가요, 상업 광고가 모두 내러티브를 포함하고 있기 때문이다. 내러티브는 근대성 미학의 작품에서는 생소한 것이었다. 내러티브는 일상 언어의 담론에 기초하지만, 근대성 미학의 언어는 천상적 이데아 언어가 추구하는 보편성을 향하고 있었다. 근대성 미학의 작품들이 귀족적이고 소수를 향한다면 대중성 미학의 작품들은 일상적이고 공동체 생활적이다. 그래서 내러티브는 보다 윤리적이고 인식적이다. 이유 없는 잔인함에 대한 거부가 있고, 분노는 무엇인가 잘못되었다는 생각에 수반되는 강한 느낌으로 공유된다. 작품 내의 고뇌와 분노를 이해하지 못한다면 우리는 작품을 제대로 감상할 수 없다. 소위 "통속 심리학"이라고 하는 일상 언어에서 상정하는 심리 구조를 그대로 나타내는 것이다. 예를 들어, "TV가 청소년에게 나쁜 영향을 끼친다"는 대중 예술의 폭력성을 지적하며 반대하는 말은 TV나 영화의 내용이 관람자의 심리에 나쁜 정서나 행위를 촉발하는 "원인"이라는 것을 상정한다. 그러나 통속 심리학은 관람자가 단순히 인과적인 반응-기기이기보다는 반성적 존재라고 본다. 대중 예술의 폭력성, 잔인성이 더한 일본 사회의 범죄율이 미국 사회보다 낮다는 것을 예로 들 수 있다.

오종환은 근대성 미학을 사양하고 현대 미학의 과제에 주목했다. 그는 일상작품과 지각적으로 구분 불가능한 예술 작품과의 차이를 드러내고, 허구적 작품을 보면서 감상한다는 것이 무엇인가를 밝히며 대중성 미학의 철학적 근거를 제시하고자 했다. 그러나 이러한 작업들은 현대 미학을 구성하는 데 충분한가? 그는 이 과제를 위해 무엇을 제시하는가? 오종환(1991: 107-108)은 "선험적"이라 부를 만한 예술론을 제시했다. 어떤 개체가 사람인 것은 그 개체가 특정 조건을 만족해서가 아니라 사람이라는 동일성 조건을 가지고 있기 때문인 것처럼, 예술 작품은 그것의 성질에 의해 예술 작품으로 동일시되는 것이 아니라 예술 작품의 동일시가 그것의 성질을 결정한다는 것이다. 이러한 선험적 예술론은 예술 작품에 대해 일원적 접근을 요청한다. 예를 들어, 단토는 예술 작품의 존재성과 내포성에 이분법을 적용하여, 예술 작품은 비물리적이어서 추상적이고 보편적인 내포성으로 동일성이 규정된다고 하면서 작품의 물리성이 파괴된다고 할지라도 작품의 존재성은 살아남는다고 믿었다. 그러나 오종환(2002: 156-160; 1990: 314-315)은 존재성과 내포성을 일원적으로 해석해낸다. 예술 작품이 현실 세계에서는 물리적 소도구이지만 가능 세계의 보편적 성질을 구현해낼 수도 있다. 물리적 존재성과 의미적 내포성이 이원론을 도입하지 않고도 통합될 수 있는 것이다. 개념 체계의 상대성을 허용하면서도 실재는 그것을 파악하는 방식에 따라 주어진다는 내재적 실재론의 근본 취지를 살려내는 것이다.

4. 예술 철학의 전망

박이문과 오종환의 예술 철학 또는 미학을 살펴보았다. 여기에 의문이 없지 않고, 따라서 새로운 전망의 논의들도 제기되고 있다. 그런 논의들 중에는 기존의 예술 철학 프레임 안에서 이루어지는 관찰들도 있고 환경 미학이나 여성주의 미학 같은 대안적 미학의 제안들도 있으며, 개별 분야에 따라 심도 있는 논의들도 있다. 이들을 간단하게나마 차례로 살펴보고자 한다.

예술 철학의 지평

박이문의 양상적 예술관에 따르면, 비예술 작품의 기능은 일반적으로 현실 세계 생활의 효율화에 맞추어져 있지만, 예술 작품의 기능은 그 존재론적 구조가 현실의 세계와는 다른 새로운 질서의 가능 세계, 자유와 해방의 희망을 보여주는 것이다. 이승종(2004)은 박이문이 가능 세계를 도입하면서 인지적으로 진실되고 세계와 존재론적으로 조화를 이룰 수 있다고 하지만 그러한 주장에 대한 "제대로" 된 해명을 제시할 수 있어야 한다고 말한다. 강학순(2014: 349-359)은 예술 철학이 기초해 있는 박이문의 인식론과 존재론에서의 일관성 문제를 거론한다. 박이문이 일원론과 이원론, 인격주의와 자연주의, 실재론과 반실재론, 환원주의와 비환원주의, 무신론과 불가지론의 대립적 명제들을 "존재-매트릭스" 구조에서 화해하려고 하지만 융합보다는 절충주의가 발생하고 있다고 지적한다.

오종환은 지금 여기에서 묻고 있는 물음들을 다루면서 현대 미학을 구성하고자 했다. 그 물음 중 하나는 지각적으로 구별 가능하지 않은 두 대상을 미적 대상이나 비미적 대상으로 구분하는 기준에 관한 것이다. 그는 일상 대상과 미적 대상의 동일성 조건들이 다르다는 점을 들어 설명한다. 그러나 일상 대상과 미적 대상의 구분 자체를 거부하는 뒤샹(M. Duchamp)적 관점에서는 그 구분의 적용 가능성이 의문스럽다. 또한 오종환은 "예술 작품은 재현적인 경우 대상 지시적"이라고 하지만, 황유경(2002)은 회화 작품이 지시적이라는 예술 언어론과 회화 작품이 지각적이라는 예술 재현론이 양립할 수 있다는 가설을 지지한다. 김요한(2006)은 예술 작품이 예술 공동체라는 제도에 의해 규정된다는 관점에 대해 그것이 모두가 아니라고 주장한다.

김애령(2006: 160-225)은 예술의 지평을 더 넓게 전망한다. 뒤샹이 "R. Mutt"라고 서명된 남성용 소변기 하나를 출품(1917)하고, 케이지(J. Cage)가 피아노 작품 '4'33'을 소리 없이 연주(1952)하고, 백남준이 새로운 음악을 위한 축제에서 바이올린 악기 파괴("One for Violin", 1962)를 수행했을 때, 예술은 끝난 것인가? 김애령은 현대 예술의 초견적 혼란스러움이 불러내는 이러한 물음에 대해 "아니"라고 답한다. 끝난 것은 예술 자체가 아니라 예술에 대한 특정한 방식으로 이해된 관념이라는 것이다. 그리고 이러한 현대 예술의 추세를 개념적으로 추적하면서 20세기 예술의 급진성은 모더니즘에 근거한 것이라고 진단한다. 이 급진성은 예술가들이 "'늘 새로워야 한다'라는 모더니즘이 요구하는 현대성의 명령"을 수행한 결과라는 것이다. 현대성의 명령은 예술에 대한 20세기의 각종 실험들의 사조를 설명하고 급기야는 새로움의 한계까지 밀고나가 더 이상 "새로운 것은 없다"라는 명제에 도달한다. 앤디 워홀의 '브릴로 박스'(1964)는 일상품과 예술품의 경계를 허물면서 일상인과 예술가의 구분을 약화시키고, 일상 행위가 예술이 될 수 있게 만들었다. 몸이 자라면 옷도 바꾸어야 하는 것처럼, 예술의 관념이 성숙해지면서 모든 사람이 자신의 삶을 예술 작품으로 승화시킬 수 있는 가능성을 갖게 된 것이다.

박구용(2006)은 긍정 예술을 통해 예술 종말을, 부정 예술을 통하여 미학 재생을 조명한다. 긍정 예술은 칸트나 헤겔에서처럼 미적 이념과 감각적 요인을 갖는 것이기 때문에 둘 중 하나가 결여되면 예술은 종말을 고하게 된다. 이념은 예술의 내용, 목적, 의미와 관련되고, 감각은 이념을 표현하고 실제 현상적으로 존재하게 만드는 형식이고 구성이기 때문이다. 예를 들어, 시(詩) 예술이라는 최고의 단계에 이르면 순수하게 정신적인 것이 되어 더 이상 감각적인 자료가 필요하지 않게 되는 것과 같다. 공기의 저항 없이 새가 날아갈 수 없는 것처럼, 탈감각화된 예술은 더 이상 예술이 아니다. 탈감각화된 예술, 현실과의 긴장을 상실한 예술은 목적을 잃어버린다. 사람들은 더 이상 예술 작품을 신처럼 존중하고 숭배하지 않는다. 예술 작품에서 더 이상 최고의 정신, 즉 신이 출현하지 않기 때문이다.

박구용에게 있어서, 부정 예술은 긍정 예술의 미적 이념을 부정한다. 긍정 예술의 미적 이념은 '지금 여기에서 진리를 알 수 있다'는 과학자처럼 대상에서 미적 성질을 확정할 수 있는 것으로 상정한다. 그러나 부정 예술은 '지금 여기에서 진리는 알 수 없고 부정해야 할 것은 거짓일 뿐'이라고 생각하는 과학자처럼 대상에서 반성적 미학, 부정의 예술을 추구한다. 박구용은 예술 작품이 긍정의 유토피아를 통해서가 아니라 부정적 현실에 대한 끊임없는 부정을 통해 암호 문자처럼 피어나는 부정의 유토피아라고 제안한다. 예술을 식민지화하고 억압하고 소외시키는 규제에 맞서며 자연적인 것, 구체적인 것, 개별적인 것의 언어로서 예술을 강조한다. 긍정의 예술은 회고적이어 생동감을 잃어버리지만, 부정의 예술은 전향적이어 현실의 어둠을 드러내고 고통을 표현하며, 억압을 고발하고, 이질적이고 낯선 것을 들춰내어 빼앗긴 것을 위한 언어가 된다는 것이다.

박구용과는 달리 민주식(2008)은 미추(美醜)의 이분법에 기초한 부정성 미학을 긍정적으로 보지 않는다. 미추는 서양어(beauty-ugly)에 기초한 번역어이고 이에 해당하는 동양 전통의 예술적 감상의 단위는 반이분법적 개념인 아속(雅俗)이라는 것이다. 아예술이나 아문화는 기본적으로 문자능력을 갖춘 사람들의 삶의 심미적 경향과 지향성을 드러낸다. 아문화는 과거 제도, 문벌 사회로 나타나는 신분 사회나 심미적 이데올로기를 지니고 있지만 속개념이 아개념에 대한 경쟁적 개념이 아니기 때문에 아속이라는 관념 자체는 이분법적인 것도 대립적인 것도 아니다. 이러한 점에서 그는 아속을 현대 문화의 인문성과 반인문성의 대조에 비견할 수 있다고 본다. 반인문적 속성이나 현상에 대해 언제나 인문적 반성이 가능해야 하는 것처럼, 속된 속성이나 현상에 대해서도 치료적인 아개념의 언어적 노력이 요청된다는 것이다.

한편 정수경(2008)은 "abject art"를 "혐오 미술"로 번역하여 미추의 이분법을 가로질러 미술이라는 범주에서 추하고 혐오스러워 보이는 작품들을 미학적으로 조명한다. 이를 위해 그는 혐오라는 개념을 일상적 이해와는 다르게 정의한다. 어린 아이들은 똥오줌, 자신의 코딱지나 눈곱을 혐오하지 않는다. 영아들은 때때로 자신이 싸놓은 오줌 위에서 놀이를 하고, 코를 후빈 후 그 손가락을 입으로 가져가 맛보기도 한다. 그들이 대상을 혐오하게 되는 것은 그 맛이 고약하기 때문이 아니라 어른들이 간섭하여 그것을 혐오스럽고 손조차 대서는 안 될 것으로 규정하고 금지하기 때문이다. "혐오스럽다"는 대상의 성질이 아니라 공동체가 그 대상에 대해 지각적으로 해석한 방식의 성질을 지칭하는 것이다. "변기"나 "샘"이라는 이름들이 특정 사물의 성질을 지시하는 것이 아니라 공동체가 그 사물을 의도하고 해석하는 방식을 나타내는 것과 같다. 공동체가 신디 셔먼의 '혐오', '섹스 사진' 연작을 혐오스럽게 인지하게 되는 구조는 라멜라(lamella)의 예를 개념적으로 도입하여 설명할 수 있다는 것이다. 라멜라는 아메바처럼 성적 분화를 일으키지 않고 신체 기관들로도 분화되지 않은 전체로서의 순수한 생명의 흐름이며 영원불멸인 리비도 그 자체이다. 그러나 라멜라가 성적으로 분화하면, 즉 인간이 성적 존재(sexed being)로 탄생하면 그 충만함은 사라진다. 정수경에 의하면 인간은 남녀 성관계를 통해서도 충만함에 이르지 못하며, 어머니의 분비물은 한편으로 혐오스러우면서도 다른 한편으로 순수한 생명의 무의식적 그리움을 촉발하는 승화의 계기가 된다.

여성주의 미학

여성주의 미학은 소위 "자율성 미학"이라는 기존의 체계를 부인한다. 자율성 미학은 작가나 감상자가 예술 작품 이외의 사안들, 예를 들어 작가의 생애, 작품의 문화적 배경, 경제적 손익 등에 대해서는 관심을 갖지 않고 오로지 대상 자체의 미적 경험의 속성에 주목해야 한다고 주장한다. 그러나 신정원(2007)은 자율성 미학이 전제하는 작가나 감상자의 자율성 개념을 비판한다. 여성이나 노동자는 "먹고 살기에 바쁜" 일상의 물리적 조건으로부터 벗어나기 어렵기 때문에 자율성 미학이 요구하는 자율성을 가질 수 없다는 것이다. 자율성은 주변 사람들에게 노동을 시키고 자신은 끝없는 마음 공부에 몰입할 수 있는 상류층 남자나 군자만이 누릴 수 있는 것이다. 달리 말해, 자율성 미학은 남성적 관점에서 바라보면서(male gaze) 중립적인 척하지만 여성을 대상화하고 여성을 배제하는 관점이라는 것이다.

신정원(2012)의 여성주의 미학은 체계의 논리로서 유비적 해석학을 제안한다. 그는 통약 불가능성이나 통약 가능성을 허용하지 않고 그 자리에 다원주의적 겹침(overlapping)을 제안한다. 겹침은 일시적이고 임의적이고 불완전하지만 잠정적으로나마 공유할 수 있는 해석이 일어나는 지점이다. 예를 들어, 부모 자녀의 네 식구는 각기 다른 체계를 갖지만 생활공간이 겹쳐지기 때문에 소통이 가능하다. 그는 이러한 틀로부터 "예술적으로 유관한 속성"을 통해 전통 미학과는 달리 작품의 제작 과정이나 소수자의 삶의 유의미한 부분들을 개입시킬 수 있다고 본다.

김주현(2010)은 전통적 미학에 대한 대안으로서의 여성주의 미학의 체계를 반미학이라는 개념으로 구성한다. 전통적 미학이 형식이나 비율의 온전성, 조화, 미적 쾌감이나 정신적 고양을 중요한 범주로 선택했다면 반미학은 오히려 대상에서 느끼는 추(醜)의 감정에 주목한다. 형식의 결여, 불균형, 외관 손상, 불쾌한 현상 등에서 비롯되는 이러한 경험은 아브젝트(abject)라는 크리스테바(Kristeva, 1982)의 개념을 통해 미학적으로 조명된다. 아브젝트는 오브젝트(object)와 달리 명명하고 상상할 수 있는 대상이나 관계항이 아니라 오직 나에게 대항한다. 아브젝트는 타자가 아니라 나 자신으로서 일종의 자기 분열이나 공포다. 이것은 추의 경험이 나에게 발생하는 아브젝트로서의 첫째 단계로, 나는 이로부터 벗어나고자 하기 때문에 이것은 분리 단계라는 것이다.

그러나 김주현은 아브젝트는 그 자체 안에 승화의 단계를 포함한다고 본다. 아브젝트의 추 경험은 필연적이 아니라는 것이다. 추 경험 자체가 다른 가능성을 함축하는 데서 승화의 출구가 열린다는 것이다. 아브젝트는 추할수록 해방의 탈주를 더 모색하게 하고 예측할 수 없는 창조성을 억제하여 극단의 쾌를 제공한다. 예를 들어, 힘센 여성, 목소리가 큰 여성, 행동이 거친 여성, 자기주장이 강한 여성, 다리를 벌리고 있는 여성, 웃을 때 목젖이 보이는 여성은 기존 미학에서 추하지만 여성주의 미학에서 그 추한 단계는 일차적일 뿐 이차적 승화의 단계에 오를 때 해방의 쾌감을 가질 수 있다.

구체성의 미학

현대 예술은 많은 분야에서 활발하고 더욱 생산적이 되고 있다. 예술은 지각적 감각성과 가능적 상상력을 통해 이루는 일상 소통이고 진리 경험이며 실재 발견(박일호, 2009)이기 때문일 것이다. 이에 따라 그 철학적 성찰도 풍성하게 이루어지고 있다. 무용, 건축, 패션, 도시, 음악, 영화 등 분야들은 더욱 세분화되고 있다. 여기에서는 그 모두를 다루지 못하고 영화와 무용에 한정해보고자 한다.

하선규(2012)는 현대 영상 매체가 "공간적 이격" 또는 시공간 가소성을 갖는다는 점에 주목한다. 예를 들어, 1969년 아폴로 11호의 달 착륙 때 달에서 전송한 지구의 모습으로 지구촌의 인간은 역사상 처음으로 화면에서 달 표면과 자신이 살고 있는 지구가 동시에 나타나는 이중적이며 자기 연관적인 매체 이미지를 경험했다. 이러한 "자기 연관성"의 이미지는 "인간은 하나"라는 메시지를 철학이나 종교보다 강력하게 전달했다. 이러한 공간적 이격은 공간의 층위와 종류를 구별하지 않는다. 스포츠 경기장과 같은 외부 공간은 물론 내밀한 방 안과 인간의 몸속, 마음의 불안과 욕망과 같은 보이지 않는 공간으로까지 들어간다. 그 결과 사적 공간과 공적 공간, 내부와 외부, 표면과 심층의 경계가 모호해지고 불분명해진다. 현대 영상 매체는 시공간의 가소성을 보다 현실화하는 매체가 된 것이다.

김소영(1994: 99-102)은 영화에 대한 일반론뿐만 아니라 구체적 인간 경험에 대한 영화 미학적 조명을 시도한다. 예를 들어, 그의 서울에 대한 영화적 분석은 거대 도시를 하나의 "예술 작품"으로 감상할 수 있게 한다. 김소영은 먼저 영화와 도시의 관계에 대한 일반적 유비에 주목한다. 도시 기획자가 속도를 올리면 자동차도 군중도 빨리 달리고, 속도를 내리면 도시의 삶이 느려지는 것처럼, 영화 카메라는 시간과 공간을 자유

자재로 조작한다. 도시인을 위한 생산과 소비가 컨베이어 벨트로 자연과 독립하여 인위적으로 구성되면서 대량화, 익명화될 때, 인간 경험은 영화의 시공 재구성적 미학에서 재연된다. 그리고 도시인은 영화관을 통해 이질 공간(heterotopia)의 여행 역동성을 체험한다. 김소영은 「자유부인」(1956), 「마부」(1961), 「맨발의 청춘」(1964)과 같은 작품을 자세하게 분석하여 당시적 관점에서 서울의 문화적 지형도를 보여준다. 서울의 삶은 사람들을 모호함 속의 희망, 모순 속의 모험, 해체나 붕괴, 패러독스로 가득찬 경험으로 몰아넣었다는 것이다. 1970, 80년대 영화에서는 반복적으로 유토피아적 시골과 디스토피아적인 서울의 대립이 작용하고 있었다. 영화는 다양한 인물들이 각자의 모더니티 경험을 생동적으로 짜나가면서 부딪히는 제도적 장치들의 파괴적 힘을 드러낸다. 그러나 영화 속 인물들은 현대화의 대상으로 추락하는 것이 아니라 주체로서 싸움을 해나가고 있었다는 것을 보여준다는 것이다.

김말복(1995a; 1995b)은 무용의 정체성을 두 가지로 탐구한다. 첫째는 무용의 여러 차원에서 나타나는 무용 언어의 과제이다. 무용은 인간이 직접 매체가 되고 동시에 의미의 주체가 되는 예술 형태로서, 무용수 자신이 기표이면서 동시에 기의가 되는 이중적인 의미체로 공존한다. 무용수의 신체성은 일상적 시간과 공간 질서에 의해 지배되지 않는다. 음악의 악보에 대한 의존도를 무용은 무용보에 갖지 않는다. 그러기 때문에 무용은 개별적 사건성을 특징으로 한다. 중요하게는 의미 이중성 때문일 것이다. 그래서 흔히, 무용에서는 "보이지 않는 것이 있다"라고 말한다. 그 의미는 무엇인가? 그것은 주어진 작품이나 동작에 대해서 개념화의 공유에 아직 열려 있다는 것을 의미한다. 이러한 현상은 어떤 인간 경험에서도 발생한다. 그는 개념적 공유화를 위한 출발점을 몇 가지로 제시한다. 무용수에 관련된 사실적이고 직접적인 정보들에 접근할 수 있어야 하고, 무용이 어떻게 존재하게 되었는가, 과거 작품과의 연결성과 새로움은 무엇인가를 물어야 한다는 것이다. 새로움의 의미는 역사적, 문화적, 사회적 배경과의 관계 속에서 명료화될 수 있다. 또한 춤추기 동작들의 상징성, 기교, 능력, 표현, 효과, 절제의 요소들이 분석될 수 있어야 한다. 무용의 정체성을 향한 둘째 근거는 중요한 무용학자들이 무용 감상에 대해 공유하는 관점으로, "무용은 움직임으로 생각하는 행위이다"라는 것이다. 우리는 무용수의 신체 동작을 경험하면서 무용수의 의식 내용을 볼 수 있어야 한다. 무용수의 의식 내용으로서의 생각은 무용수의 주어진 의도이고, 객관적이지도 않고 주관적이지도 않은 특질이며, 대필적이지도 않고 자필적이지도 않은 무용의 특성을 나타내준다.

음식은 30일을 먹지 않으면 살아남기가 어렵지만 예술은 30년을 체험하지 않아도 생존에는 문제가 없다. 그렇다면 예술은 왜 필요한가? 인간은 의식주를 해결하는 과정에서 자본 시장과 과학 기술의 유용성, 효율성을 인정하다가 부지불식간에 그것의 노예가 되고 획일성의 희생자가 된다. 예술은 바로 시장과 기술의 물성화에 대한 해방적 처방이다. 개인적 차원에서 획일성을 벗어나게 하고, 사회적 차원에서는 바라보고 꿈꾸어야 하는 다른 가능성들을 열어준다. 현대 문화에서 불편하거나 억압받는 조건은 다양하다. 따라서 인간의 예술적 꿈도 다양하게 이루어져야 한다. 그리고 그러한 꿈들을 꿀 때 예술적 꿈은 인간으로 하여금 자유로운 존재의 빛에 이르고 인간 스스로가 예술 작품이 되는 가능성에 열리게 해줄 것이다.

이론 철학

4부

언어: 공동체적 실재성

인간은 연대, 윤리, 문화라는 실천적 공간에 살면서 자신과 환경을 알고자 하는 관심으로 이론적 공간에 들어가기도 한다. 이론적 공간은 언어로 구성되어 있고, 언어는 소통의 수단이지만 사유, 지식, 이성의 작동이나 오류나 범위, 평가나 한계를 명료하게 하는 기제 자체이기도 하다. 인간은 불을 사용하여 자연을 활용하는 동력을 얻었고 또한 언어를 사용하여 인간 사회를 스스로 구성, 유지하는 지성을 확장해왔다. 철학사는 인간 언어가 얼마나 포괄적이고 다양하며, 얼마나 심층적이고 편재적인가를 보이는 인간 지성의 보고이다. 언어는 불 같은 가시성을 갖지 않아서 숨 쉬는 공기 같은 조건으로 간주되었을 것이다. 그러나 이제 언어는 공기 같은 자연사의 일부이면서 동시에 도서관 같은 지성사의 부분으로 인정되고 있다.

언어가 자연사의 일부이고 지성사의 부분이라는 점을 인정한다면, 언어가 중요한 만큼 언어에 관련된 철학적 주제들도 다양하다. 한국 현대 철학계는 언어에 대해 특히 두 가지 주제에 관심을 보여왔다(14장). 언어 의미는 어디에서 온 것일까? 가치가 시간의 언어적 흔적이라면 소통만큼 가치의 상승을 위한 지름길이 더 있을 것인가? 언어 의미를 천상적인 조건이나 인간 외부의 조건으로 해명하고자 하는 노력들이 있었지만 한국 철학자들은 인간 내부의 일상 언어 사용 자체에 눈길을 돌려왔다. 또한 인간 사회를 유지하기 위해 과거의 전통은 언어 소통보다 노동 분업의 사회적 위계를 실체화하는 데 주력했다. "무슨 말대답이냐?"라는 어귀는 소통보다는 위계의 우선성이나 절대성을 확인하는 표현이다. 이제 위계는 사라지고 소통을 활성화할 시대가 되었다.

언어와 지식의 관계는 지식의 개념을 어떻게 설정하는가에 따라 달라진다(15장). 한동안 지식은 불변적 대상에 대한 앎으로 규정되었다. 영원한 질서의 지식이나 천상의 지식이 추구되고 천리나 자연법을 지식의 대상으로 간주하는 경우, 정확하지 않은 인간 언어는 특별한 역할을 담당하기 어려웠다. 선험적 지식이 철학적 지식론의 탐구 대상이었다. 그러나 경험주의의 강세로 지식이 경험적이고 계산적인 것이 되면서 과학이 지식의 전형이 되었다. 과학은 진리의 확정보다는 가설의 반박에 관심을 갖는다는 점에서 오류적 언어의 역할이 중요해졌다. 소위 지식의 자연화가 이루어지고 있다. 철학적 지식론은 이제 지식과 과학의 지속성을 자연화의 관점에서 옹호하는 쪽으로 기울고 있다. 자연화, 자연주의 같은 주제는 이러한 지식론의 추세에 전환적 개념이 되었다.

20세기 초에 이루어진 프레게-비트겐슈타인의 언어적 전회는 인간 지성의 거의 모든 면에 닿아 있고 중요한 영향력을 미쳤다. 그중에서 이성 개념에 미친 영향은 선명하고 뚜렷하다(16장). 전통적으로 이성은 천상적인 것이었다. 그러나 언어적 전회는 그러한 이성관을 바꾸어놓았다. 이제 이성은 외부로부터 오는 신비한 능력이 아니라 인간 언어의 내재적 사용 능력으로 설명된다. 인간이 예술 작품을 만날 때 언어는 이성으로 작동하고, 인간 공동체가 정치 질서를 개선해가면서 인간 언어는 새로운 이성으로 나타난다. 이성의 이러한 공동체 언어적 성격은 과학적 합리성, 공적 합리성에서 선명하게 드러난다.

도서관은 인간 지성의 보고이다. 그중에서도 철학 도서는 인간 지성의 결정체이다. 철학사는 그러한 지성의 결정체가 어떻게 전개되어왔는가를 보여준다. 지성인들은 그러한 전개 과정을 배우고자 한다. 그리고 그러한 배움은 다음 단계에서 "나와 철학사의 관계는 무엇인가?"라는 물음을 묻게 한다(17장). 이러한 물음은 별 의미가 없을 수도 있다. 철학사의 주인공 철학자가 철학하는 대로 철학을 한다면 그 물음은 공허하기 때문이다. "자신의 철학을 하라"는 말 이외의 말을 해줄 것 같지 않기 때문이다. 이것은 언어의 문맥에서 "자신의 말을 하라"는 자명한 명제가 된다. 칸트와 후설은 이 명제의 자명성을 구체적으로 보여준 철학자이다.

14장
언어: 의미와 소통

서양 철학사에는 몇 차례 철학적 전회가 있었다. 소크라테스 이전의 우주론적 철학 시대로부터 플라톤-아리스토텔레스에 의해 개념적 사유가 철학의 전형으로 간주되는 "개념적 전회"가 일어났고, 어거스틴-아퀴나스에 의해 서양 중세 시대의 철학을 구조화하는 "종교 형이상학적 전회"가 마련되었으며, 데카르트-칸트에 의해 종교 형이상학의 모델로부터 벗어나는 "인식론적 전회"가 성취되었다. 20세기에 들어서면서 프레게-비트겐슈타인은 철학의 인식론적 모델의 바탕이 되는 언어 구조에 주목하여 "언어적 전회"를 개시했다. 언어적 전회는 언어 철학이라는 분야를 태동시켰고 학문이나 생활의 분야에서 그 영향력을 증진해왔다. 특히 한국에서는 언어의 진리론적 의미론의 규명보다는 일상 언어와 소통의 철학적 성격 규명에 노력이 경주되었다. 비트겐슈타인(Wittgenstein, 1953)의 일상 언어 철학과 하버마스(Habermas, 2003)의 의사소통 철학은 몇몇 한국 철학자들에 의해 수용되고 지지되고 해석되고 확장되고 응용되어왔다. 이들은 철학의 언어적 전회를 더욱 고조시키고 확장하고 있다.

1. 언어적 전회

철학사에서의 전회들은 여러 갈래의 길에서 어느 하나를 우연적으로 선택한 것이 아니라, 당대의 철학적 사유에 대한 개념적이고 체계적인 요구에 따라 이루어졌다. 언어적 전회도 20세기 전후의 철학적 사유의 조건이 개념적으로 요청되어 일어나게 되었다고 생각한다. 따라서 그러한 개념적 조건이 무엇인가를 조명해보고자 한다.

진리와 의미

언어적 전회에 중요하게 대두된 주제는 무엇인가? 하나는 철학적으로 명료화되어야 하는 것을 "진리가 아니고 의미"라고 보는 것이다(김여수, 1986). 20세기 초의 서양 철학은 데카르트 인식론 전통이나 헤겔 류의 관념으로 지배되었고, 진리 개념을 절대적인 것으로 간주했다. 이때 진리 언어는 사적 언어이거나 관념적인 것이었고 이를 유지하기 위해서 역설적으로 진리는 실체적이어야 했다. 그러나 현대에 와서 데카르트나 헤겔 류의 실체적 진리관은 수용되기 어렵게 되었는데, 거기에는 적어도 두 가지 이유가 있다. 첫째, "진리" 또는 "참"이라는 표현은 실체적이기보다는 문장 수식적인 술어라는 점이 설득력을 갖게 되었다. 즉 어떤 진리도 특정한 문장을 통하지 않고는 접근될 수 없고, 표현될 수 없다는 것이다. 진리의 문제는 이제 문장의 의미의 문제가 된 것이다. 그렇다면 문장의 의미는 그 문장의 진리 조건으로 확정될 수 있는 것인가? 여기에는 또 다른 문제가 도사리고 있다. 문장이 참이라는 것을 말하기 위해서는 그에 대응하는 사실을 전제할 수 있어야 하고, 문장에 대응하는 사실로 문장의 참을 판단하기 위해서는 그 사실이 문장과 독립하여 표시될 수 있어야 한다. 그러나 그 사실은 그렇게 접근될 수 없다는 것이 분명하다. 둘째, 문장의 의미는 진리 조건보다는 검증 가능성, 주장 가능성, 정당화 가능성, 사용 같은 개념적 절차를 통해 가능하다는 주장들이 제기되었다.

서정선(1989)은 진리 대응론의 문제를 극복하기 위해 이를 사실 대응론과 만족 대응론으로 구분하여 후자는 앞의 문제를 비껴갈 수 있다고 믿었다. 만족 개념을 의미론적으로 해석한 전통을 수용하여 이를 대응론에 적용한 것이다. 이영철(1995: 162)은 이러한 정신에 따라 착수할 수 있는 절차들은 모두 사람들이 수행하는 지성적 작업이므로 사람들의 믿음과 해석에 영향을 받는다고 믿는다. 그렇다면 "의미나 진리는 믿음과 해석으로부터 독립하여 주어지는 것이 아니다." 진리 개념은 실체적이 아니라 언어 내재적이다.

언어적 전회를 지지하는 또 하나의 논변은 언어 편재성(남경희, 2005)이다. 이전에는 인간 경험에 주관과 객관의 이분법이 적용될 수 있는 양자의 분리가 전제되었지만, 이젠 그 분리가 유의미하지 않다는 것을 알게 되었다. 이러한 언어적 전회는 플라톤의 이데아나 칸트의 개념이 그들의 인식론에서 해온 역할과 무관하지 않다. 이데아나 개념을 현대적으로 단어, 문장, 언어로 대치하여 표현하고 확장하여 전면화한 것이다. 이러한 유기성으로 인해 후대 철학은 모두 플라톤의 이데아와 칸트의 개념에 빚지고 있다.

이명현(1982: 57)은 언어적 전회가 왜 필요했는지를 나름대로 제시한다. 인간 생활에서 흥미 있는 생각, 예를 들면 의도, 믿음, 이유, 지식들은 언어 없이 표현될 수 없고 전달될 수 없는 것이다. 더 나아가 그러한 생각들이 언어 없이는 거의 불가능하다는 강한 주장도 한다. 사람들이 모여 어떤 문제를 제시할 때도 반드시 언어의 문장으로 표현하고 동의와 이의의 발생도 특정한 문장과의 관계 속에서만 가능하다. 그러므로 의도, 토론, 동의, 이의 등의 내용이나 구조는 사람들의 관념이나 의식을 들여다봄으로써 찾아지는 것이 아니라 문장이 표현하는 언어의 문맥과 그 문장의 이해의 구조 속에 나타난다. 언어는 인간 이해, 소통의 통로가 된 것이다.

언어 편재성 관점에 대한 반론(김동식, 2001: 73-75; 정호근, 2002: 240)도 없지 않다. 과학 활동과 언어 활동이 분리 가능하다는 의미에서 언어 편재성은 제한적이라는 것이다. 물론 언어 편재성 논제는 진리 대응론이 문장 없이 진리치 담지자를 제시해야 하는 만큼의 어려움을 안고 있다는 의미에서 제한적일 것이다. 그렇다면 언어적 전회는 방법, 담론, 소통 등의 주제를 통하여 보다 선명하게 부각될 필요가 있다.

방법 · 담론 · 소통

언어적 전회의 특징 중 하나는 언어를 방법의 수단으로 사용하는 것이다. 이 방법은 "언어 분석 철학"이라는 이름으로 더 잘 알려져 있다. 이 명칭은 하나의 통일된 방법론을 지칭하지는 않는다. 언어 분석 철학의 큰 틀에서 행해지고 있는 논리 분석(Russell, 1961 ; Quine, 1960), 양상 분석(Kripke, 1980; Montague, 1970), 반사실 분석(Lewis, 1973; Kvart, 1986), 반증 분석(Peirce, 1998; Popper, 1963), 일상 언어 분석(Austin, 1975; Searle, 1969) 등에서 "방법"이라는 단어가 시사하는 것처럼, 언어 분석 철학은 일의적이거나 기계적인 방법을 나타내지 않는다. 문제 상황이 무엇이고 요구하는 바가 무엇이냐에 따라 이들은 여러 가지 방식으로 병용, 겸용, 혼용될 수 있다(정대현, 1993b). 언어에 대한 성찰을 통하여 이규호(1968)는 "언어의 핵심은 말"이라는 일상 언어 철학적인 주제를 제안했고, 엄정식(1994)과 최세만(2000)은 일상 언어가 담아내지 못하는 신비의 영역을 오히려 언어의 자리를 통하여 인정하여 주목하기도 한다.

언어적 전회의 또 하나의 징표는 담론과 이론의 구분이다. 언어적 전회 이전에 사람들이 가지고 있었던 언어의 원형은 플라톤의 이데아, 데카르트의 이성, 또는 칸트의 개념이었고 이성이라는 보편적이고 절대적인 질서의 이론 언어를 전제했다. "일상 언어"를 일컫는 담론은 그 자체로 불완전한 것으로 간주되어 보편적 언어에 닮아가야 하는 과제를 지녔다. 그러나 언어적 전회는 담론과 이론의 관계를 뒤바꿔놓았다. 이제 "인간은 혼자서는 인간이 아니다(Ein Mensch ist kein Mensch)"라는 것을 알게 되었고 "이성이란 곧 생활 세계의 산물", 즉 "생활 세계적 이성"이라는 것을 보게 되었다(이기상, 2004: 25-42). 생활 세계는 "우리의 감성이 외부 세계와 만나는 그대로의 세계, 그러니까 주관의 이성 작용이 미치기 이전의 선술어적- 선논리적 영역"(한전숙, 1984: 217-238)이고, "이것은 우리의 신체가 가지는 가장 구체적이고 가장 직접적인 경험의 세계"(백종현, 2000b: 221)이다. 이명현(1991: 183-188)은 이러한 삶의 형식의 일치로 인간은 언어 규칙을 배울 수 있게 되며, 언어의 토대는 우리의 삶이라고 말한다. 그러므로 일상 언어는 언어의 모형이 되었다. 언어의 모형으로 일상 언어가 닮아가야 했던 이론 언어의 자리를 이제는 일상 언어가 담당하게 되었다. "언어적 전회"란 여러 가지 특징들을 나타내지만 이론 언어와 일상 언어 간의 자리 바뀜을 지칭하는 면이 더 선명하다.

언어적 전회를 통하여 일상 언어가 이론 언어보다 우선적 자리에 올랐지만, 이론 언어의 자리를 약화하거나 간과, 무시하는 것은 올바른 관점이 아니다. 이론 언어는 이제 이상적 언어는 아니지만 여전히 특수한 목적을 위한 과제 지향적 언어로서의 역할을 하고 있다. 이론 언어는 논리 질서나 과학 질서를 위한 형식적 언어로서 진리 조건적 의미 이론으로서 분명한 과제를 갖는다. 현대인의 일상 언어를 풍요롭게 하고 있는 정보 언어도 그러한 이론 언어 이외의 다른 것이 아니다. 이론 언어에 대한 한국 현대 철학자들의 기여는 19장(진리와 논리)과 20장(필연과 반사실)에서 다루기로 하고, 이 장에서는 일상 언어에 주목하고 일상 언어가 다루어지는 의미와 소통의 영역에서 한국 현대 철학자들의 논의를 살펴보고자 한다. "일상 언어 철학"과 "소통 행위 철학"은 영어권과 유럽권이라는 서로 다른 배경적 전통을 가지고 있어서 적극적 상호 작용이 이루어지지 않았다고 생각한다. 그러나 두 전통은 각각 일상 언어의 중요 국면에 대해 불가피하고 소중한 논의를 해왔다. 상호 보완적이라는 점에서 앞으로 두 전통의 관계가 기대된다.

2. 일상 언어 철학

분석 철학의 전통적 언어 의미론은 표현의 의미를 그 표현이 지칭하는 외재적 대상이라고 전제했다. '최한기'라는 고유 명사의 의미는 이 명사가 지칭하는 사람이고, '책상'이나 '아름다움'이라는 술어의 의미는 이 술어가 적용될 수 있는 대상들의 집합이라는 것이다. 그러한 의미론은 다음과 같이 요약될 수 있다: "모든 낱말은 하나의 의미를 갖는다. 그 의미는 그 낱말에 연결되어 있다. 그것은 바로 그 낱말이 나타내는 대상이다"(김여수, 1984: 184; 강진호, 2010a: 131). 그러나 한국의 일상 언어 철학자들은 외재적 지칭에 관심하기보다는 후기 비트겐슈타인 철학에 주목하여, 언어는 천상적이거나 외재적인 것이 아니라 일상적이며 내재적이라고 생각한다. 이러한 일상 언어 철학을 제시하기 위한 작업들은 비트겐슈타인의 단편적, 잠언적 단상들을 다양하게 연결하고 조정하여 구성한 결과로 나타났다. 그것은 "언어 의미란 사물이나 관념의 지시체가 아니라, 언어 사용에서 비롯된다"는 말로 요약될 수 있다. 그리고 언어 사용은 규칙 따르기로 이루어지고, 규칙 따르기는 삶의 형식 또는 생활 양식이라는 구조에 의해 안정된다고 본다. 한국에서 이루어진 일상 언어 철학을 보다 상세하게 조감해보자.

언어 의미: 지칭적인가

전통적으로 단어와 지시체의 관계를 강조해온 지칭적 언어 의미 이론에 대해 한국의 일상 언어 철학자들은 여러 가지 비판을 제기해왔다. 박영식(1991: 20-21)은 모든 단어들이 사물적 지시체를 갖는 것이 아니라고 한다. '그리고', '혹은', '그런데', '에게', '위에'와 같은 표현은 그러한 지시체 없이도 잘 사용되고 있다는 것이다. 또한 단어의 지시체와 단어의 의미 사이에는 괴리가 있을 수 있다. '컴퓨터'라는 단어의 사물적 지시체를 아는 것과 이 단어가 사용되는 방식의 의미를 아는 것은 다르다. 이러한 상황은 '미국의 44대 대통령'과 '말리아의 아버지'가 버락 오바마라는 동일한 사람을 지칭하지만 같은 의미를 갖지 않는다는 사실에 의해 확인된다.

김여수(1984: 184-186)는 "한 낱말의 의미를 그 낱말에 의하여 이름되는 대상과 동일시한다는 것은 곧 그 이름의 의미와 그 이름의 담지자를 혼동하는 것이다"고 지적한다. 예를 들어, "소크라테스는 죽었다"와 같은 문장에서 "소크라테스"라는 이름은 소크라테스의 생사 변화에 따라 다른 의미를 가져야 한다는 것이다. 소크라테스는 그가 살아 있을 때는 하나의 인격적 인간을 나타내지만, 그가 죽었을 때는 이 이름이 나타낸다고 믿는 특정한 관념을 지칭한다고 보는 것이다. 그러나 이러한 이름의 의미 변화는 반직관적이다.

노양진(1998: 209-210)은 사물적 지시체론을 반대하는 가상적 단어를 제시한다. 무등산 정상이 바라보이는 고층 찻집에서 아름다운 여인의 코가 산 정상과 일치를 이루는 경우 한 개인이 이 코를 "무등코"라 부르기로 한 경우이다. 이 경우는 전통적 사물적 지시체론이 요구하는 조건을 만족하므로 "황금산", "둥근 사각형", "천마"와 같은 경우와는 구별된다. 그러나 "무등코"라는 단어는 아무런 쓸모가 없다. 왜냐하면 소통 가능성은 특정한 언어 사용자들의 목적과 필요에 따라 결정되기 때문이다.

한국 일상 언어 철학자들은 언어 의미가 지칭적이지 않다는 논제를 더 확장한다. 단어는 사물 지칭을 통해 의미를 확보하지 않는 것처럼 또한 관념 지칭을 통해서도 의미를 갖는 것이 아니라는 것이다. 박병철(2002; 2003)은 비트겐슈타인의 논의를 통해 시작된 소위 "사적 언어 논의"를 보완하고 확장하여, 사적 언어 논의는 단순히 감각뿐만 아니라 유아론에도 적용되는 논의라고 본다. 최신한(2010)도 비트겐슈타인에게서 믿음과 확실성의 실재론적 지위를 확인하여 의미가 지칭적이지 않다는 관점을 유지한다. 철학사(Jacobi, 1994; Reid, 1997)에서도 보인다는 이 관점의 핵심은 "근거지어진 믿음의 근저에 근거지어지지 않은 믿음"이 있는 것은 실험을 할 때 "눈앞에 있는 기구가 실존한다는 것을 의심"하지 않는 데서 나타난다는 것이다.

남기창(1994: 231-232)은 "고통"이라는 감각 경험에 주목한다. 그는 이 단어의 관념적 대상화에 반대한다. "책상"이라는 단어의 의미는 이 단어가 지시하는 지시체가 아니지만, "책상"이라는 단어가 책상의 그림이라고 말하는 것은 "책상"이라는 단어가 책상의 이름이라고 말하는 것과 같다. 그러나 "고통"이라는 단어의 경우 우리는 그것이 고통의 이름이라고 말할 수 없고 따라서 고통의 그림이라고 말할 수 없다는 것이다. 고통과 책상은 서로 다른 범주에 속하는 것이다. 고통은 어느 것도 아니지만 그렇다고 아무것도 아닌 것은 아니다. 고통은 한 마리 소나 한 대의 차와 같은 것은 아니지만 그렇다고 아무것도 아닌 것은 아니다. 왜냐하면 당신이 그것을 가지면 어떤 차이가 생기기 때문이다. 고통은 불편하거나 무섭거나 심지어 공포를 느끼게 할 수 있다. "존은 책상을 느낀다"는 존과 책상의 존재를 함축하지만, "메리는 고통을 느낀다"는 메리와 고통의 존재를 함축하지 않는다.

김학근(2001a: 118-119; 2001b)은 감각 지시체 의미론을 보다 일반화하여 이를 비판한다. "단어의 의미는 그 단어가 불러일으키는 관념"이 아니라는 것이다. 그는 관념적 지시체론을 다음과 같이 요약한다: 하나의 단어를 들을 때 우리의 머릿속에 그 단어에 대한 관념이나 영상이 나타난다는 사실로부터 "그 관념이 그 낱말 사용 방식을 강요한다; 그 낱말의 의미를 이해한다는 것은 그 관념을 갖는 정신적 상태이다; 정신적 상태로서의 이해가 그 낱말에 대한 올바른 사용의 원천이다"라는 것을 끌어낸다는 것이다. 그리고 이에 대한 비판을 한다. 예를 들어, "입방체"라는 사물적 단어의 경우에도 이 단어가 불러일으키는 관념이 다양하여 사용 방식 간에 불일치가 발생하며, 슬픔, 고통, 흥분 등의 경우는 지속-중단, 강도-정도와 관련된 정신적 상태이긴 하지만 그에 대한 이해는 정신적 과정이 아니라 능력이나 성향에 의존한다는 것이다.

양성만(1999: 205-222)은 에어(Ayer, 1946), 앨스톤(Alston, 1993)의 사적 언어 가능론을 살핀다. 기억이 처음부터 사적 기억과 공적 기억으로 나누어져 있는 것이 아니라, 사적 기억이 외부 기준을 가질 때 공적 기억이 된다면 그 사적 기억이 공적 기억이 되기 위해 외부 기준에 관련되는 과정 자체는 사적 연결을 통하지 않을 수 없다는 것이다. 그러나 양성만은 한편으로 사적 기억론자가 제안하는 정당화의 구조, 즉 사적 기억은 개별적으로가 아니라 집합적으로 정당화된다는 구분의 유의미성을 인정하면서도 다른 한편으로 그 구분이 제시하는 양자 간의 차이에도 불구하고 집합적 기억은 외부적 연결성이 미흡할 때 결국 사적 언어가 불가능해진다고 판단한다.

언어 의미: 사용적인가?

한국의 일상 언어 철학자들은 단어의 의미는 지칭적인 것이 아니라 사용적이라는 관점에 동의한다. 언어 의미로서의 언어 사용이란 무엇인가? 이영철(2009: 25-49)은 언어 사용은 규칙과 관련되어 있다고 본다. 이때 규칙이란 그 언어 사용에만 유일하고 비자의적인 것이 아니라 상이한 언어 놀이들에 존재하는 자율적인 언어 사용으로서의 문법 규칙이다. 규칙들은 논리적, 구문론적 차원에서가 아니라, 실천적, 화용론적 차원에서 적용된다. 구체적 실천으로서의 언어 사용만이 말에 의미를 주고 언어 사용의 기준(criterion)이 언어의 의미를 설명해준다는 것이다.

남기창(1997: 123-127)은 언어 사용의 기준에 천착한다. 언어 "사용"은 애매모호하기 때문이다. 예를 들어, "약혼"이라는 단어는 "결혼을 하겠다는 약속"의 의미로 "국부적으로 사용(usage)"되기도 하지만, "결혼을 목적으로 이 사람과만 교제하겠다는 약속"의 의미로 "일반적으로 사용(use)"된다. 이러한 언어 사용의 기준에는 의미적 측면과 증거적 측면이 있다. 의미적 측면이란 "김 씨가 상을 찌푸리고 몸을 비틀고 신음을 하는 행위"를 본 사람이 "김 씨가 아프다"는 의미의 말을 할 수 있는 것을 말한다. 증거적 측면이란 "a가 b의 비귀납적 증거라는 말은 a가 b를 참으로 만드는 증거라는 주장이 우연적인 것이 아니라 필연적으로 참"이라는 것을 나타낸다. 달리 말해, 물이 H_2O 라는 가설을 보이는 하나의 실험 사실이 물이 H_2O 라는 가설에 대한 비귀납적 증거라는 것은 실험 사실과 비귀납적 증거의 관계가 우연성에 기초한 것이 아니라 필연성의 구조에 기반해 있다는 것이다. 그러므로 언어 의미로서의 언어 사용의 기준은 귀납적으로 도달하는 것이 아니라 비귀납적으로 구성된다고 본다. 김 씨가 아프다고 생각되는 증상(symptom)들이 나타나는 경우, 증상은 귀납적 증거의 역할을 할 뿐 기준적 증거가 되는 토대적 역할을 하지 못하며, 기준을 전제로 해야만 사용될 수 있다는 것이다.

그러나 아직 어려움이 남아 있다. 언어 사용 기준의 의미적 측면과 증거적 측면을 일반적으로 알고 있다고 할지라도, 구체적 문맥에서 주어지는 자료를 비귀납적 증거(본질적 사용)로 볼 것인지 아니면 귀납적 증상(비본질적 사용)으로 간주할 것인지 명료하지 않기 때문이다. 이영철(2009)과 박병철(2005; 2008)은 이에 대해 "관상적 보기"라는 관점을 처방한다. 언어 사용에서의 내적 연관성을 본다는 관점이다. 인간은 훈련을 통해 언어 사용을 배우지만 훈련에서의 언어 사용은 유한하여 귀납적 증상이나 비본질적 사용으로 흐르기 쉽다는 것이다. 이들은 언어 사용의 내적 연관을 보는 훈련을 통해 비귀납적 증거 또는 그 표현의 본질적 사용의 문법에 도달할 수 있다고 본다. 단어 사용에 대한 관상적 보기에 일단 도달하면 새로운 해석의 필요나 숙고의 요구는 없어진다.

그렇다면 언어 의미로서의 언어 사용은 충분히 보여졌는가? 아직 그런 것 같지 않다. 언어 사용이 구체적으로 제시되고 있지 않기 때문이다. 일상 언어 철학은 언어 사용을 "생각하지 말고 보라"는 명령으로 생각한다. 언어 의미는 "설명이 아니고 기술"이기 때문이다(이훈 1984: 273). 그렇다면 언어 사용의 구체적 경우들이 어떻게 수행되고 있는가를 살펴봄으로써 언어 의미로서의 언어 사용의 개념이 보다 명료해질 수 있을 것이다.

강진호(2010a: 119-120)는 "아프다"는 표현이 "손"과 "마음"이라는 단어와의 관계 속에서 잘못 사용되는 경우를 분석한다. 우리는 이러한 낱말들의 사용법이나 문법을 잘 알고 일상 생활의 구체적 문맥에서 잘 사용하는 한편 이 표현들의 문법을 잘 모르기도 한다. 우리가 일상 생활의 구체적 상황 속에 있지 않을 때 이 어휘들이 갖는 겉모습의 획일성 때문에 이들의 문법의 복잡성을 쉽게 망각하는 것이다. 구체적으로, "나의 손이 아프다"와 "나의 마음이 아프다"라는 문장은 피상적인 유사성 때문에 두 표현이 비슷한 방식으로 사용된다고 생각하기 쉽다. 따라서 손과 마음을 같은 종류의 실체로 간주하고, 그 결과 "전혀 다른 두 실체인 몸과 마음이 도대체 어떻게 인과적으로 상호 작용할 수 있는가?"와 같은 잘못된 질문을 하게 된다는 것이다.

남기창(1999: 289-290)은 "여기 내 손이 있다"라는 문장의 사용이 배리적(背理的; unsinnig)이지는 않지만 무의미(無意味; sinnlos)한 문장 사용이라는 것을 분석한다. 데카르트의 합리주의 전통에서는 이 문장이 나타내는 명제를 논리적으로 의심할 수 있으므로 앎의 대상이 아니라고 할 것이다. 우리는 모두 꿈을 꾸고 있는지 아닌지를 언제나 알 수가 없고, 꿈을 꾸고 있는 동안은 어떤 것도 "안다"고 말할 수 없다는 것이다. 그러나 일상 언어 철학의 언어 사용 문법에 따르면, "안다"고 말하는 경우는 앎의 대상인 명제가 참인지를 의심할 수 있을 때에만 가능하다. 그렇다면 이 문장이 사용되어 보여주는 명제는 현실적으로 의심되지 않기 때문에 확실하다. 그렇다면 아무도 의심하지 않는 명제를 말하거나 이에 대해 "안다"고 말하는 것은 무의미하다는 것이다.

언어 의미로서의 언어 사용론은 '치통', '기쁨', '사랑', '믿음' 같은 표현들이 개인의 사적 감각이나 심적 상태를 나타내는 어휘라고 보는 소위 '사적 언어관'의 주장을 비판한다. 사적 언어관은 언어 사용에 있어서 오류의 객관적 표준을 갖지 못한다는 것이다. 이훈(1984: 265-266)과 엄정식(1983: 20-21)은 사적 감각 s를 다시 's'라 부를 때, 어떻게 진실로 s인지 아느냐가 문제가 아니라, 's'라고 다시 부를 때 's'라는 말로써 무엇을 의미하는지를 어떻게 아느냐가 문제라고 본다. 사적 언어는 기억력 문제 이전에 무의미의 문제로 말미암아 불가능하다는 지적이다. 이에 따르면 오류의 객관적 표준이 없다는 것은 특정 명제의 진위 판결의 문제가 아니라 그 명제를 나타낸다고 믿는 문장의 의미 구성이 불가능한 것이 문제이다. 오류의 객관적 표준을 유지하는 사회적 삶의 바깥에는 언어 의미, 언어 자체가 있을 수 없다. 이러한 성찰은 중요한 함축을 갖는다. 철학적 사유의 전통에서 아르키메데스의 거점으로 간주되어온 데카르트의 생각하는 자아, 흄의 감각 경험, 칸트의 선험적 구조, 후설의 본질 직관, 하이데거의 존재 등은 사적 언어관에 빠져 있었다는 것이다. 인간이 사회적 삶을 살기 이전에 이미 "자율적으로" 사유할 수 있다고 믿고, "반성만 하면" 온갖 제약을 초월해서 객관적 혹은 간주관적 진리를 얻을 수 있는 것으로 간주했다는 것이다.

언어 사용 개념은 언어 의미가 얻어지는 양식뿐 아니라 언어 의미를 설명하는 방식을 보인다. 그러나 그 양식이나 방식을 어떻게 구조화할 수 있는가? 정대현(1997)은 이를 위해 동양 언어 전통으로부터의 성찰로 "맞음" 개념을 제시하고 서양 언어 전통의 "진리" 개념 중심에서 벗어나고자 한다. 참과 거짓은 진위를 지칭하는 서양어의 이분법적 의미에 따르기보다는 가득 차다와 빈 거죽과 같은 농경 사회적 삶의 양식, 일상의 통전적 생활 양식을 반영하여, 삶과 민중과 생명의 핵심적 가치를 드러낸다(김수중, 2004). 맞음 개념은 서양 철학의 내재주의와 맥을 같이 하지만 서양 언어에서 대응되는 단어(fitting)가 표현하는 것보다 더 풍부하다. 서양 언어가 전통적으로 진리에 근거한 외재주의 형이상학에 의하여 구성되었다면 동양 언어는 내재주의 형이상학에 의하여 형성되었다. 유학의 통중도(通中道) 개념이 그러하고 불교의 화쟁(和諍)이 그러한 전통을 나타낸다. 진화론을 가설로서 수용한다면 적자생존은 맞음의 내재적 질서를 다른 방식으로 표현하는 경우가 될 것이다. 최근에는 서양의 진리 개념도 내재적으로 해석되는 경향을 보이지만 대응론적 성격의 국면은 아직 유지되고 있다. 그렇다면 맞음 개념은 진리를 설명할 수 있지만 그 역은 성립하지 않을 것이다. 진리 개념을 수정하고 조절하는 이론을 만들기 위한 시도가 있다면, 필자는 맞음 개념을 제시하고자 한다. 진리 기준은 많은 책들을 제외하지만, 맞음 개념은 모든 책을 읽을 수 있는 기준이 될 수 있다.

규칙 따르기

사용 의미론은 언어 사용 개념을 규칙, 기준 같은 개념에 의존하여 설명하고 있다. 그러면 규칙이란 무엇인가? 언어를 사용할 때 규칙을 따른다는 것은 무엇인가? 송하석(1999: 372-373)은 이 주제에 천착한다. "규칙을 따른다"고 말할 수 있는 현상들은 일반적으로 "앞의 행위와 동일한 행위"의 관계 속성을 갖는다. 그러나 관계 속성만으로는 규칙 따르기가 제대로 조명된다고 할 수 없다. 이런 관계는 우연적 상례성에서도 나타날 수 있기 때문이다. 요구되는 것은 그러한 관계에 들어 있는 "내재된 암묵적 규범"의 상례성이다.

그렇다면 우연적 상례성과 규범적 상례성은 어떻게 구별될 수 있는가? 이 구별을 구성하는 방식은 다양할 수 있지만, 하나의 효과적인 방식은 해석과 실천을 대조(이명현, 1991: 266-267; 이영철, 1995: 151-160)하는 것이다. 규칙에 대한 해석은 규칙적이라는 점에서 상례성을 유지하지만, 사람들마다 다양할 수 있다는 점에서 우연적이다. 상례성에 대한 다양한 해석 중에서 특정한 하나가 아니라 임의의 하나를 만난다는 것은 우연적이다. 그러나 실천은 다양한 해석들 중에 임의의 하나를 선택한 해석이 아니라 관습에서 지정된 방식의 실천이다.

송하석(1999: 359-360)과 남경희(2005: 106-122; 2012: 449-457)는 해석과 실천을 선명하게 대조하고 있다. 다음과 같은 수열이 주어졌다고 하자.

(1) 1, 4, 9, 16, 25, a1, a2, . . .

이 수열은 어떤 규칙에 따른 것이다. 그 규칙은 무엇인가? 이 수열이 따른다고 보이는 규칙에 대한 해석들은 다양하다. n을 수열의 몇 번째의

수라고 할 때,

(2) $a1=36=n^2$

(3) $a1=156=(n-1)(n-2)(n-3)(n-4)(n-5)+n^2$

(4) $a1=36=n^2/n\leqq 6$, $26=n+20/n\gneqq 6$

(5) $a1=36=n^2/n\leqq$ 내가 그동안 경험해본 수, $5/n\gneqq$ 내가 그동안 경험해본 수

(6) …

등등의 해석들이 있다. 우리가 위와 같은 수열을 적을 때 따른다고 생각하는 규칙을 확정하는 방식은 아무것도 없다. 그 해석을 고정해줄 수 있는 사실은 없기 때문이다. 규칙의 해석은 다양하다. 그러나 실천은 관습에서 배우는 것이다(정대현, 2004). 규칙을 따른다는 것은 얼핏 과거의 유한한 사례를 미래 혹은 현재의 행위에 적용하는 귀납적 일반화라고 생각하기 쉽지만, 그러한 생각은 오도적이다. (2)에서 (6)에 이르는 규칙의 다양한 해석의 문맥에서 귀납은 발생할 수 없다. "규칙을 따른다"는 것은 사회적 관습이 고정해낸 해석 (2)를 배움으로써 가능해지는 실천인 것이다.

위와 같은 수열 (1)에 대해 다양한 규칙 해석들 (2)-(6)이 발생할 때 역설이 발생하기 쉽다. 그러한 해석들 중 어느 하나를 고정할 수 있는 사실이 없기 때문이다. 크립키(Kripke, S. 1982)는 규칙 고정의 사실이 없다는 문맥으로부터 의미 회의주의에 도달했다. 그러나 한국의 일상 언어 철학자들은 "규칙 해석들 중 어느 하나를 고정할 사실이 없다"는 관점에 동의하면서도, 이로부터 회의주의가 귀결된다는 것은 거부한다. 규칙 따르기는 관습에 의해 고정되기 때문이다. 그러므로 일상 언어 철학의 사용 의미론은 크립키가 시사하는 것처럼 해석들에 대한 "회의적 처방"이 아니라, 언어 사용 실천의 "당당한 기술"인 것이다.

생활 양식

규칙 따르기라는 실천이 우연적 상례성이 아니라 내재 규범적 상례성이고, 규범에 대한 다양한 해석들 중에서 선택된 수행이 아니라 '관습에서 지정된 방식'을 따르는 실천이라는 것을 보았다. 그러면 관습에서 지정된 방식이란 무엇인가? 언어 의미로서의 언어 사용이 관습에 의존한다는 것은 언어 사용자들의 생활 양식에서의 일치를 전제하는 것이 아닌가? 그렇다면 결국 언어 의미로서의 언어 사용은 생활 양식에 일치해야 하는 것이다.

생활 양식이란 무엇인가? 생활 양식은 사실이나 제도가 아니라 사람들의 삶에서 시간이 걸러내는, 변화에 열려 있는 유기체적인 것이다. 생활 양식은 물리적 사실의 집적으로 설명될 수 없을 뿐만 아니라 지향성으로 이루어지는 사회적 합의의 결과도 아니다. 예를 들어, 아기가 "엄마"라는 단어를 배우는 과정은 아기가 주변 사람들과 전언어적, 비언어적 소통을 하면서 상벌의 강화를 통한 반응들로 이루어져 있다.

생활 양식 또는 삶의 형식 개념은 이원적이다.[1] 이것은 문화적으로 다양한 언어 놀이를 가능하게 하는 기반으로서의 다원적 생활 양식을 허용하지만, 동일한 인간종이라는 생물학적 조건으로 제약하여 인간종 성원들에게 자연적 보편자로서의 생활 양식을 강제한다. 이러한 보편적 생활 양식 덕분에 인간의 모든 자연 언어는 상호 번역이 가능하게 된다. 한국

---

1 나는 이 책에서 "생활 양식", "삶의 형식" 또는 그 유사 어휘들을 병용한다. "Lebensform" 또는 "form of life"에 대응하는 한국어 단어들은 문맥에 따라 적실하게 사용될 수 있다고 믿기 때문이다. 한 가지 주목할 것은 "form"이라는 서양어는 양식이나 형식의 의미를 둘 다 허용하지만, "형식"이라는 한국어는 양식이라는 개념에 대조적이거나 배척적이라는 것이다. "형식"이라는 단어는 "내용"과의 이분법을 전제하여 구성된 개념을 나타내기 때문이다. 그러므로 "형식"을 "삶"에 연결시킬 때, "삶의 내용"은 무엇인가라는 의문을 갖게 된다. 내용 없는 양식은 제시될 수 없지만, 내용 없는 형식은 추상될 수 있어야 하기 때문이다. 그러나 언어 없이 그러한 형식을 추상해낼 수 있을 것인가? 내용과 분리된 형식이 언어 의미의 부여자일 수 있는가의 의문이 남는다.

의 사용 의미론자들은 생활 양식에 대해 대체로 세 가지 다른 관점을 가지고 있다. 첫째 관점은 생활 양식의 중첩성을 인정하면서 문화적 측면을 중시(박영식, 황필호, 엄정식, 남경희, 김영건)하는 것이고, 둘째 관점은 그 중첩성을 수용하면서 인간종 특성을 강조(김여수, 이명현, 송하석)하는 것이며, 셋째 관점은 삶의 형식의 인간종 성격만을 요구하여 자연주의적 관점(이훈, 이승종, 양은석, 정대현)을 드러내는 것이다.

남경희(2012: 292-293, 2005: 334)는 문화적 생활 양식을 지지한다. 그는 인간들의 생활 양식은 어느 정도 유사하기 때문에 기본적인 어휘들을 유사한 관계망으로 연결하여 사용해왔다고 생각한다. 생활 양식의 복수성을 유지하면서도 그 양식들 간의 유사성을 근거로 어휘들을 연결했다는 것이다. 그러나 남경희는 한걸음 더 나아가, "정확히 동일한 의미를 지닌 어휘는 없다"고 한다. 그 까닭은 무엇인가? 어휘의 문법이란 어휘의 사용례들을 기초로 하지만, 상황이 매번 다르기 때문에 사용의 상황들에 대한 기억으로 구성되는 용례는 고정적일 수 없다는 것이다. 장기적으로 문법은 달라지기 마련이며, 어휘 의미의 정체성은 외부성, 상황성, 전체성, 사용자 관점 등이 개입하여 이루어진다는 것이다.

신상규(2004: 137)는 생활 양식 논의에 중립적이면서 문화적 생활 양식을 조명한다. 생활 양식은 궁극적으로 생물학적 욕구와 능력에 근거하지만 이러한 관행이 전달되고 공유되고 발전되는 것은 역사 속에 등장하는 특정한 언어 놀이를 통해서 이루어진다는 것이다. 언어 표현은 언어 공동체의 성원들이 공유하는 공통된 전망, 가정, 관행 등을 습득하면서 그 의미를 획득하게 된다. 이렇게 이루어지는 공동체는 문화적으로 구별되는 공동체가 되고 이를 가능하게 하는 것이 문화적 생활 양식이라는 것이다.

송하석(1999: 370-371)은 인간종 생활 양식을 지지한다. 생활 양식이 문화적 요소를 포함하지만, 먹고 마시고 노는 것과 같은 인간 자연사의 부분들은 인간의 삶에 필연적인 조건이라는 것이다. 기호의 상례적 사용은 관습이고 기호의 의미는 관습의 존재에 의존한다. 관습이 존재하는 것은 언어 사용자들의 삶의 형식이 일치하기 때문이다. 그렇다면 어떻게 삶의 형식을 공유할 수 있는가? 사람들은 인간종이라는 동일한 생물학적 조건 때문에 같은 삶의 형식을 자연사의 부분으로 갖는다. 따라서 인간종적 생활 양식은 인간의 근원적인 존재 조건이고 인간 사유의 근원적 지평이 된다. 그러므로 인간의 삶의 형식은 언어에 대해서건, 삶의 조건에 대해서건 물음의 답변이 정당화의 출발점이 된다. 그렇기 때문에 삶의 형식에 대해서는 더 이상 물을 필요가 없다. 정당화가 어디선가 끝날 수 있다면 그것은 바로 삶의 형식의 문맥에 닿을 때이다.

이승종(1993: 182-187; 2005: 127-128)은 자연주의적 생활 양식을 지지한다. 그는 생활 양식이 자연적 조건이나 언어의 변화에 따라 변할 수 있지만, 이 변화는 문화 상대적인 것은 아니라고 한다. 어떻게 그러한가? 그 논변은 다음과 같이 요약될 수 있다: 언어 게임들은 다양하지만 가족 유사적 관계에 의해 언어 게임의 형식 안에 포섭되고, 저마다 우리 삶의 양식의 일부를 이룬다. 이 논변은 "모든 언어 게임들은 유일한 양식에 포섭되고 삶의 양식의 일부를 이룬다"는 것을 함축하여, 언어 게임들의 총체와 그것이 기초해 있는 삶의 양식은 동전의 양면이 되는 것이다. 언어 게임들의 총체가 하나이고 인간종적 생활 양식이 하나인, 동전의 양면 구조를 보이는 것이다.

양은석(1999: 240-256; 2005: 131-133)의 자연주의적 생활 양식 논변은 조금 더 구체적이다. 그는 "반응"이라는 생물학적 장치로 언어 사용의 실제를 기술하고자 한다. 그는 언어 사용이 본능적이며 이성적 산물이 아니라고 본다. 아이들의 언어 습득 과정은 언어 놀이의 원초적 양식인, 반응의 측면을 보인다는 것이다. 물론 하나의 자연적 사실에 일대일로 대응하는 하나의 언어 놀이만 있는 것은 아니다. 동일한 자연적 사실에 대해 다른 언어 놀이의 반응이 가능하다. 반응은 생물학적이긴 하지만 기계적인 것은 아니기 때문에 언어 사용에 위반이나 반대가 있을 수 있고 언어 사용이 획일화되는 것은 아니다.

3. 소통 행위 철학

프레게-러셀의 언어 계산성이 언어적 전회를 출발시켰고 후기 비트겐슈타인의 일상 언어 철학은 언어적 전회를 풍성하게 했다. 이러한 움직임과 더불어 하버마스의 의사소통 행위 철학에 주목한 한국 철학자들은 여러 가지 논의들을 통하여 선험적 주체성 철학과의 차이를 분명하게 하고 사회 구성의 언어성을 통찰하여 주관과 객관을 통합하여 삶의 세계와 사회 병리 현상을 분석해왔다.

왜 사회의 언어화인가

하버마스(Habermas, 1979; 1989)에 의해 제시된 소통 행위 철학은 21세기 전후의 현대 철학의 "언어적 전환"에 주목한다. 소통 행위 철학은 사유 활동의 기초 단위로 간주되었던 관념, 이념, 논리, 선험, 명석, 판명, 불가분리성, 원자성, 불멸성 같은 기준들을 사양한다. 그 대신 인간 상호적 이해 활동에서 사용되는 일상 언어의 소통 행위의 총체적 합리성을 의미나 이해 기준으로 채택한다. 그리고 이러한 소통 행위의 역동성을 구체적 사회 구성의 언어성에 적용하여 일상 언어 철학의 가능성을 확장한다(홍윤기, 1996: 65-97). 달리 말하면, 의사소통적 이성은 주체에 선험적으로 주어진 것이 아니라, 생활 양식의 공유를 통해 언어에 내재한다는 것이다. 그리고 의사소통적 이성은 행위 규범의 원천이 아니라 이상적 담화 상황에서 행위자가 실용적 전제 조건들에 대해 반사실적으로 콘텍스트를 넘어서는 타당성 주장을 하여 관계를 맺을 때 규범적 내용을 갖는다(이진우, 1996: 187-188). 소통 행위 철학은 구체적으로 적어도 세 개의 과제를 가진 것으로 보인다. 데카르트-칸트 이후에 구성된 주체 철학 패러다임은 철학적 정당성이 미흡하다는 것, 이 전통에서 제시되는 비판 이론적 사회이론의 웅변력은 뜨겁기는 하지만 바람직한 현실적 균형이나 설득력에는 이르지 못한다는 것, 그리고 결국 포스트모더니즘 같은 상대주의에 빠진다는 것이다.

소통 행위 철학은 데카르트-칸트 철학의 전통이 선험적 주체성을 철학의 출발점으로 택한 것을 오류로 규정한다. "나는 생각한다"는 철학적 출발점은 그 정당성을 확보해주는 객관적 합리주의나 보편적 논리 형식을 가질 수 없다는 것이다. 그러한 구조는 처음부터 없었다는 것이다(박영도, 1997: 71). 선험적 주체성에 입각한 철학 전통은 의식과 대상, 주관과 객관의 이분법을 선호하게 했고 이러한 주객 이분법은 현상학이나 경험주의에서도 나타났다(박영도, 1997: 59-59). 후설의 현상학적 의미 이론에서 의미란 고독한 주체가 말없이 수행하는 내면적 자기로부터 도출해내는 것이고, 경험주의의 지시론적 의미 이론에서 의미란 말과 대상 사이의 경험적 지시 관계 속에서 그 뜻을 파악하려는 시도이다. 두 이론 모두 의미를 구성하는 상호 주관적 관계를 주객 관계로 환원해버렸다는 것이다.

헤겔, 마르크스, 루카치, 그리고 비판 이론가들 역시 그러한 의식 철학 패러다임에 빠져 있었다(김재현, 1996a: 42)고 지적된다. 그러한 패러다임은 노동과 소통을 별개의 활동으로 간주하면서 유물론에서 언어가 물질성에 대해 갖는 중요성을 인식하지 못하게 했다(한상진, 1997: 23). 역사와 사회의 총체적 관점을 성급하게 도입한 형이상학 프레임에 가두어버린 것이다. 그러나 소통 행위 철학은 언어 사용에 구체적 합리성을 적용하여 주관과 객관을 통합(홍윤기, 1996: 65; 2007)하고, 삶의 세계뿐 아니라 체계를 포괄하여 사회 병리 현상의 분석 틀을 제공할 수 있어야 한다는 믿음으로 탈형이상학적 사회 이론을 구성하게 되었다(김재현, 1996a: 36).

소통 행위 철학의 또 하나의 과제는 포스트모더니즘이라는 상대주의에 대한 대응이다. 소통 행위 철학자들은 니체를 포스트모더니즘의 전환점으로 파악하며 그가 이성 개념의 새로운 수정이라는 주관 중심의 내재적 비판을 시도하지도 않고 이성의 기획 자체를 폐기함으로써 해방적 기획을 포기했다고 본다(김재현, 1996a: 49-51). 포스트모더니즘은 근(현)대의 양면성, 즉 물화적, 해방적인 측면을 동시적으로 파악하지 못하고 생활 세계와 체계의 구분을 하지 못하며, 도구적 이성이 지배하는 체계 합리성만을 강조하여 비판함으로써 결국 이성의 해방적 가능성을 포기해 버렸다는 것이다. 게다가 포스트모더니즘은 총체적 이성 비판을 통해 이성의 한계를 넘어서려 하지만, 이성 비판을 위해 이성이라는 도구(언어)를 사용할 수밖에 없는 수행적 모순에 빠지고 있다는 것이다. 결국 포스트모더니즘도 의식 철학, 주체 철학의 틀 안에 갇혔다고 본다.

소통 행위의 화용론

소통 행위학파의 관점에서 볼 때 언어는 행위이고, 발화 행위이고, 소통 행위이다. 전통적으로 언어를 사실 반영 또는 사태 기술이라 간주했던 언어의 수동적 관점에 대조해보면 소통 행위론은 언어의 역동적 관점을 드러낸다. 일상 언어학파의 언어관이 언어 사용의 모든 국면을 아우르고자 하는 포용적 관점이라면, 소통 행위 관점은 언어의 적극적 역할에 주목하여 공시적으로 선험적이고 통시적으로 경험적인 구조로 이를 부각시키는 관점이다(김재현, 1996a: 46–47). 그러한 구조에 근거하여 언어는 발화 행위라는 단위를 통한 상호 이해의 소통 행위라는 것이다.

상호 이해란 말하는 이와 듣는 이가 상호 관심의 사안에 대해 교환한 표현의 의미를 파악하는 방식에 대한 동의의 상태이다(홍윤기, 1996: 91–97). 이 상태는 언어적 표현체를 같이 이해하기 위해 규범적 배경과 정확성이 일치하는 상태이다. 상호 이해의 개념은 언어의 개념 안에 이미 들어 있다. 두 사람이 서로 말하기 위해 사용하는 언어는 상호 이해의 구조를 갖지 않고는 말하고자 하는 목적을 성취할 수 없다. 언어는 공시적으로 선험적이고 통시적으로 경험적인 구조를 배경으로 구체적 상황에서 발화되어 표현된다. 언어 표현의 의미는 그 표현 사용의 동일성에 기초한다. 사용의 동일성이란 하나의 사용 규칙을 따르는 것이며, 두 사람은 그 규칙의 타당성을 상호 주관적으로 인정(박영도, 1997: 56)하는 것을 전제한다. 따라서 상호 이해란 일종의 규범적 개념이다. 서로의 발화나 이해가 규범적 구조에 어긋나지 않아야 하는 것이다. 발화 이해에 대해 조금 더 논의해보자.

실증주의의 "진리", 헤겔의 "자유", 롤스의 "정의"와 같은 언어 표현들은 각각 자체 체계의 내적 구조에 의해 의미 규정이 이루어졌다. 그러나 소통 행위 철학은 언어 표현이 그러한 방식으로 의미를 획득한다는 것에 반대한다. 오히려 구체적인 문맥에서의 발화 행위가 의미를 갖는다. 예를 들어 4/19 혁명 때 4/25 교수 데모단이 "쓰러진 학생의 피에 보답하라"고 외칠 때, 이 표현은 발화 문맥이 요구하는 타당성 조건을 만족하고, 소통적 의미를 획득하여, 합리적 설득력을 가졌다. 그 타당성 조건은 진리성, 정당성, 진실성이다(김재현, 1996a: 32-36). 교수단의 발화는 "학생들이 피 흘려 쓰러졌다"는 명제의 진리성, "당국은 학생들의 피에 보답해야 한다"는 주장의 정당성, 그리고 제자들의 피에 "보답하라"는 요구의 진실성의 요소들로 구성된다.

교수단 발화의 타당성 조건은 발화의 합리적 설득력을 위해서 필요하지만 그보다 먼저 그 발화의 의미 구성을 위해 필요하다. 타당성을 위해 요청되는 진리는 실증주의의 진리 대응론적 진리가 아니라 참여자들이 자료를 통하여 잠정적이지만 합리적으로 도달한 합의의 진리(한상진, 1997: 37-46)이다. 정당성이나 진실성과 관련하여, 헤겔이나 마르크스의 의식 철학 전통에서는 그것들이 의식의 순수성이나 역사적 필연성의 주제하에 주어지는 것으로 간주하고, 불가지론은 계약 주체들이 자신들의 구체적인 특성을 알지 못할 수 있다(정원규, 1998: 238)고 하며, 합의론은 공허하거나 명목에 불과하다고 할 것이다. 그러나 소통 행위 철학은 달리 생각한다. 정당성이나 진실성도 진리의 타당성 조건처럼 "합리적으로 검증할 수 있는 가능성"의 구조를 갖는 것으로(한상진, 1997: 34-35; 박영도, 1997: 58), 가부 판단과 같은 사건적인 것이 아니라 진화와 같은 과정적 속성이라는 것이다. 이러한 타당성 조건을 만족시키게 될 때 발화의 의미는 의미 동일성, 의미 공개성, 의미 투명성을 유지할 수 있게 된다.

그렇다면 타당성 조건을 만족시킨 발화는 이해나 소통에 문제가 없는가? 발화의 타당성 조건은 이해의 필요조건이기는 하지만 충분조건은 아니다. 어떤 사람은 "만족한다고 하는 그 타당성 조건"을 아직 수용하지 않을 수 있기 때문이다. 따라서 타당성 조건을 이해의 충분조건으로 확립하기 위해서는 또 하나의 논변이 필요하다. "한 사람이 특정한 언어를 사용하여 대화에 참여하면서 그 언어의 문법을 거부하는 것은 자기 모순적이다"라는 논변이다. 이 논변은 "수행적 자기 모순"(박구용, 2003: 218)이라고도 하고, "말하는 이는 그 대화 언어에 벌써 들어 있다"라는 의미의 "이미 항상"(정호근, 1997: 117) 논변이기도 하고, "의미와 타당성이 내재적으로, 구조적으로 연결되어 있다"(한자경, 1996: 66-70)는 선험성 논변이기도 하다. 그러므로 듣는 이가 말하는 이의 발화를 이해한다는 것은 두 사람이 같은 언어를 사용한다는 것 이외의 다른 것이 아니다.

발화 이해는 언어 사용자들에게 허용되는 선험적 특권임을 알 수 있다. 그러나 모든 인간의 언어 행위가 이렇게 이해되고 소통되는 것은 아니다. 말하는 이가 자신의 발화에 대해 제시하는 타당성 조건에 대해 듣는 이는 다른 생각을 가질 수 있다. 따라서 언어 행위는 소통 행위와 담론 행위로 구분된다(한자경, 1996: 74). 소통 행위는 그 행위에 전제된 타당성 조건을 어느 정도 수용하여 정보 교환을 하는 행위이고, 담론 행위는 소통 행위에 전제된 타당성 조건 자체를 주제화하여 교환되는 의사소통의 행위이다. 그러므로 담론은 "소통에 대한 상위적 소통"이라 할 수 있다.

"소통에 대한 상위적 소통"으로서의 담론은 소통 행위 철학에 중요하다. 소통이 단절된 경우 이를 극복하는 장치가 있어야 하기 때문이다. 담론 행위는 "실천적 담론의 절차"(박구용, 2003: 218)를 따라야 한다. 담론이 소통 단절을 야기하는 진리성, 정당성, 진실성의 타당성을 주제로 하는 것이므로 이 구분에 따라 담론은 인식적-도구적 합리성, 도덕적-실천적 합리성, 미학적-표현적 합리성(김재현, 1996a: 46)의 담론으로 분화된다. 그리고 동일율(갑은 반드시 갑이다), 모순율(갑은 갑인 동시에 비갑일 수 없다)뿐만 아니라 발화 진지성, 표현 자율성 같은 절차가 존중되어야 한다. 또한 담론은 "자신의 주장을 정당화할 때 논지를 사용해야 한다는 측면에서 합리적이고, 다른 방식이 아닌 논지로서만 정당화해야 한다는 측면에서 규범적"(장춘익, 1997: 224)이어야 한다. 이러한 담론의 구조는 "하나의 이상화(idealization)"(윤평중, 1997: 99)이기도 하다.

사회의 언어성

소통 행위 철학은 인간 해방을 위한 사회 질서를 "마르크스와는 달리 구성하여 노동과 상호 작용, 전략적 행위와 소통적 행위를 구분하고, 후자의 영역을 강조"(김재현, 1996a: 54)한다. 그리고 반계급 운동 같은 제도적 행위 방식이 아니라 소통을 통하여 생활 세계를 방어하는 "새로운 사회 운동"을 지향한다(권용혁, 1996; 1997: 349-352). 소통 행위는 상대방을 전략적, 수단적 대상이 아니라 합의에 이르기 위해 서로 필요로 하는 협력자로 등장시키는 점에서 전략 행위와 대조(김재현, 1996a: 43)된다. 소통 행위는 말하는 이와 듣는 이가 상호 이해를 위해 서로 조정하는 경우의 행위이고, 전략 행위는 영향력 행사를 위해 조정하는 경우의 행위(정호근, 2002: 322)이다.

소통 행위는 그 언어 행위 안에 명제적 요소와 언표 내적 요소라는 두 개의 요소만을 갖지만, 전략 행위는 명제적 요소, 언표 내적 요소 외에도 화자의 숨은 의도를 포함한다(김선욱, 2005b: 77). 언표 내적 행위(illocutionnary act)란 "김 씨는 내일까지 빚을 갚겠다고 이 씨에게 약속했다"에서처럼, 그 표현의 사용을 통해 표현의 내적 내용을 수행하는 행위이다. 이에 반해 언표 수반적 행위(perlocutionary act)는 "박 씨는 최 씨에게 '오늘 바깥 날씨가 찹니다'라고 말했다"에서처럼, 표면적으로는 날씨 이야기이지만 "창문을 닫는 것이 어떠한가"라는 요구나 물음의 행위 같은 것이다. 언표 내적 행위가 언표 내적 내용에 따른 좁은 의미의 소통 행위라면, 언표 수반적 행위는 언표 내적 내용과는 독립적이지만 이를 수단으로 특정한 목적을 수행하고자 하는 전략적 행위이다(김선욱, 2005b:

75-76).

김선욱은 소통 행위와 전략 행위의 관계에 주목한다(김선욱, 2005b: 74-79). 그는 소통 행위가 전략 행위보다 우선적이고 소통이 언어의 내재적 목적이므로, 전략 행위는 소통 행위에 기생적이고 파생적이라고 주장한다. 소통 행위의 우선성은 화자의 소통 행위에 화자의 의도가 첨가된 것이 전략 행위라는 구조에서 드러나고, 언어의 내재적 목적으로서의 소통은 "소통 행위는 전략 행위 없이 가능하지만, 소통 행위 없는 전략 행위만으로서의 언어 행위는 참여자들의 결속의 역할을 손상시킨다"는 논변에 의해 지지된다. 전략 행위가 소통 행위에 기생적이라는 것은 전략 행위의 성공은 소통 행위의 성공에 의존하기 때문이고, 전략 행위가 소통 행위에 파생적이라는 점은 갈등, 경쟁 같은 전략 행위의 현상들은 이해 도달을 지향하는 소통 행위를 통해 이루어지기 때문이다

소통 행위가 근본적이라는 논의는 중요하다. 소통 행위는 "생활 세계"를 재생산하지만, 또한 소통 행위 자체가 이 "생활 세계"에 기반(김선욱, 2005b: 70)해 있다. 소통 행위는 개별 사건적이고 개인 행위적인 것으로 나타나 보이지만, 그러한 소통 행위를 가능하게 하는 것은 그 소통 행위들의 합리성이 축적된 결과로 이루어진 생활 세계이다. "근대 이전 미분화된 사회"에서 생활 세계는 인격, 문화, 사회(Gesellschaft)의 모든 사회적 행위의 조정이 그 안에서 이루어졌지만, "근대 이후 분화된 사회"에선 경제적 재생산과 권력 배분의 영역이 분리되어 인격, 문화, 시민 사회(Zivilgesellschaft)라는 "체계"가 독립적으로 나타나 "생활 세계"와는 구분된다(장춘익, 1997: 234-235). 권력과 화폐를 매개로 재생산이 이루어지는 영역의 체계인 것이다.

생활 세계가 지배적이었을 때에는 동질성과 생활 세계 통합이 체계 통합을 포괄했지만, 사회가 진화, 발달하여 "체계"화될수록 생활 세계는 자기 통합을 유지하기 위하여, 체계 통합과는 다른 방식으로 분리해간다. 소통 행위의 진리성, 정당성, 진실성의 세 가지 타당성 요구는 사회가 분화해가면서 그에 상응하는 세계 개념이나 기본 태도로 부상하는 것이다.

객관 세계, 사회 세계, 주관적 세계가 사람마다 선명해지고, 객관주의적 태도, 규범 동조적 태도, 표현적인 태도를 각기 나타내보이게 된다(김재현, 1996a: 43-44). 그리하여 생활 세계 통합의 세 가지 국면이 가능해지기 시작했다. 문화적 재생산의 기본권(사상, 출판, 언론, 의사소통의 자유); 사회적 통합의 기본권(결사, 집회의 자유); 인성의 형성에 필요한 기본권(프라이버시 보호, 친밀성, 인격의 불가침)이 그것이다(김재현, 1996a: 52).

생활 세계의 소통 행위는 진리성, 정당성, 진실성의 "타당성" 기준을 만족할 것을 요구하지만, 체계의 전략 행위는 그러한 것을 요구하지 않고 대신 이윤, 수월성, 효율성 같은 "타당성" 기준을 요구한다. 따라서 체계의 확장은 생활 세계를 축소, 왜소화시킨다. 생활 세계가 식민지화되는 것이다. 사회 구성원은 그러한 체계 확장을 강제적이고 억압적으로 수용하는 입장에 서게 된다. 이러한 식민화는 자유 자본주의에서 극대화된다(이홍균, 1997: 149). 전략 행위는 시장의 논리에 맡겨지고, 전략 결정은 전문 경영인의 손에서 판가름난다.

생활 세계의 소통 행위는 맞물려 잘 돌아가다가도 이견(異見)이 발생하고, "소통에 대한 소통"이라는 상위적 소통, 담론 차원으로 나아가게 된다. 생활 세계의 실질적 다원화가 구성되는 것이다. 이러한 다원화 또는 다원주의는 가치나 사실에 대한 결단주의나 정서주의 같은 비인지주의의 탓일 수도 있고 파편적 원자주의 때문일 수도 있고 "독백적 홀로 주체성"의 까닭에서 비롯된 것일 수도 있다(박구용, 2003: 212-215).

생활 세계는 한편으로 돈과 권력이라는 체계의 진입으로 식민지화되고 다른 한편으로 이견에 의한 실질적 다원화에 들어간다. 소통 행위 철학은 이러한 상황에서 생활 세계를 복원하고자 한다. 그 복원은 "민주적 의지 형성의 사회적 제도화를 통해, 즉 시민 사회와 정치적 공론 영역의 활성화"(김재현, 1996a: 51-52)를 통해 가능하다. 또는 타자성과 이질성을 동일성으로 환원하지 않고, 합리적 불일치(reasonable disagreement)를 확보하고, 맥락 포괄적 합리성에 도달하여 생활 양식들의 공약 가능성을 마련함으로써 절차적 보편주의에 이를 수도 있다(박구용, 2003: 222-230).

공론 영역의 사회 통합성

체계가 생활 세계를 식민화할 때 이를 극복하는 방식은 생활 세계의 합리성 복원이다. 그러한 복원을 위해 주목하게 되는 것은 공론(公論, public sphere, Oeffentlichkeit)의 구조이다. 토의 민주주의의 정치적 공론장은 시민의 개인적 덕성이나 능력이 아니라 절차적 합리성에 기초되어야 한다(윤형식, 2002). 이를 위해 공론장은 개방적, 공개적, 투명적 의사소통의 공간이어야 한다. 이러한 공간은 국회, 정당 같은 제도적 공론장과 시민 단체, 언론, 방송 매체 같은 비제도적 공론장으로 구분되어왔지만, 소통 행위 철학은 그러한 구분을 "헛된 일"(김재현, 1996b: 141)로 간주한다. 두 공론장은 점점 더 유동적으로 거의 동일한 차원에서 작동하고 있으며, 시민 사회의 "제도적 핵심"은 최근의 사회 매체들을 통해 보여지는 것처럼 보다 "직접적"이기 때문이다.

권력의 요소들이 생활 세계를 식민화하는 경향성을 가질 때, 시민 사회의 공론이 중요해지며 특이한 성격을 보인다. 소통 행위 철학이 주체나 의식의 철학을 거부했다는 점을 보면, 시민 사회의 공론의 성격은 예견될 수 있었다. 시민 사회의 공론은 이상적 담화 참여자인 개인 시민들의 주체적 지향성이나 개인적 합리성의 집적이 아니라 "주체 없는 소통이 도달하는 연대적 합리성"을 나타내는 것이다. 의사소통적 이성은 주체에 선험적으로 주어진 것이 아니라 언어에 내재하기 때문이다. 소통의 과정이나 구조가 모든 단계, 모든 사람에게 개방적일 때 어떤 개인이 지속적인 주체성의 징표를 소지하는 것은 의미가 없을 뿐 아니라 오히려 방해가 된다. 실천 이성의 고전적 모델과 달리 의사소통적 이성은 행위 규범의 도달이나 자기 관점의 지지가 아니라 사안에 대한 상호 이해를 목표로 한다. 따라서 진정한 "민주적 절차를 '주체가 없는 소통'으로 규정"(이진우, 1996: 183-184)하는 것은 자연스럽다. 공론성의 이러한 성격은 "합리화된 생활 세계의 출현에 의존"(이진우, 1996: 208)할 수밖에 없다. 같은 맥락에서, 세계 정부도 "세계 정부 없는 세계 내부 정치"(박구용, 2005:

187)가 되는 것이다.

장춘익(1997)에 따르면, 소통 행위 철학은 "주체가 없는 소통"을 위해서 법의 역할을 중시한다. 법이란 보편적인 도덕적 규범과 특정 공동체의 강제 규범을 하나의 체계로 통합한 것이다. 물론 두 규범 모두 직·간접적으로 영향을 받을 수 있는, 모든 사람들이 합의하여 도달한 실천적 합리성을 갖기 때문에, "법은 언어적 의사소통에 내재하는 상호 인정의 요구가 구속력있는 규범을 제도화한 것이다." 공동체의 법 체계는 도덕 규범과 강제성 규범이 합의되는 절차에 의해서만 정당성을 얻고, 시장과 관료 조직을 움직이고, 사회적 상호 행위에서의 갈등 해소를 절차화하며, 국민의 의견을 정치, 선거, 결사, 여론 형성에 참여할 수 있게 한다. 법은 사회 통합의 충분조건은 아니지만 필요조건이 되는 것이다.

이제 결론적으로 소통 행위 철학이 제시하는 '시민 사회'의 구조를 들여다보도록 하자. 여기에서의 시민 사회는 "국민"이니 "인민"이니 하는 실체 지칭적 단어로 주권의 소재를 나타내기보다는 공론장에서 "소통적으로 유동화"하는 기능을 표시한다(황태연, 1997: 205-206). 이러한 구조에서 시민 사회의 주권은 "주체가 없는 소통"으로 환원될 수 있다. 이런 환원이 가능한 것은 의사소통적 이성이 주체에 선험적으로 주어진 것이 아니라 언어에 내재해 있기 때문이다. 언어가 참여에 전제하는 소통 문법의 조건을 만족시킨다면 소통에 참여하는 사람은 누구나 다른 참여자와 의사소통적 이성을 공유하게 된다(이진우, 1996: 183-188). 소통 행위 철학은 계급적 국가나 욕망적 개인의 현실을 외면하는 국면을 보이지만 생활세계의 합리화를 통해 우려되는 국면을 점차적으로 극복해갈 수 있다. 근본 민주주의의 실현을 앞당기기 위해서는 시민들이 정치적 공론 영역에 적극적으로 참여하도록 돕는 요인들에 대한 탐구가 필요하다(선우현, 1999).

4. 언어 전회의 확장

20세기에 들어서면서 철학은 언어적 전회를 맞이했고 이 전회가 발전하며 구성된 "언어 철학"의 분야는 여러 방식으로 표출되기 시작했다. 일상 언어 철학은 그 전회의 기초적 관심에서 출발한 주제들의 발전에 주목했고 소통 행위 철학은 그 중심 관심으로부터 보다 실천적인 함축에 주목했다. 달리 말해, 언어 철학의 초기적 관심은 언어와 세계의 관계를 탐구하는 것이었고, 이를 위해 지칭, 진리 같은 주제에 천착하여 언어가 어떻게 세계를 표상할 수 있는가를 탐구하여 언어의 실재성에 도달하고자 했다. 그러나 지칭과 진리의 주제들은 논리 언어 또는 이론 언어에서 유의미한 중요 개념이지만, 언어의 모형으로 간주되는 일상 언어 또는 담론 언어를 조명하는 개념은 아니라는 이해에 도달하게 된다. 이론 언어는 논리학의 과제 의존적 주제가 되고, 담론 언어는 일상 언어의 생활세계에서 그 실재성을 갖는 것으로 간주되었다고 생각한다. 언어와 세계의 관계는 실재적인지 아닌지와 같은 전통적 논의를 더 이상 할 필요가 없게 되었고 그 대신 소통이 과제가 된 것이다. 이제 의사소통 철학의 체계적 구조화를 추구하고 일상 언어 철학이 어떻게 당당한 언어 철학일 수 있는가를 탐구하게 되었다. 철학의 언어적 전회가 한 단계 심화된 것이다.

계보적 담론

담론은 일상 언어이거나 일상 언어에 대한 이야기라는 관점에 의문이 제기되었다. 이 관점은 "언어가 단순히 중립적인 관점에서 소통적인 것이 아니라 힘의 관계의 구조에서 사용되고 소통되고 있다"는 점을 놓치고 있다는 것이다(김형효, 1994; 이광래, 2001). 그래서 담론에 대해 소위 "계보학적"이라 부르는 접근이 제안되었다. 중립적 소통의 담론은 "화자는 청자에게 빚을 지고 있다"와 같은 진위를 가릴 수 있는 명제나 문장으로 예시할 수 있고, 힘의 관계를 나타내는 계보학적 담론은 "다음 주말까지 빚을 갚겠습니다"라고 화자가 청자에게 말하는 경우로 예시할 수 있다. 후자에서처럼 화자가 청자에게 말로 수행하는 언어 행위는 특정한 사실의 기술 행위이기보다는 약속이라는 힘의 관계를 창조하는 행위 담론이다.

이정우(2011: 14-37)에 의하면, 후자의 "계보적 담론"은 통사(언표)적 차원과 의미(담론)적 차원으로 나뉜다. 통사적 차원은 명제, 문장, 언어 행위 등에 들어 있는 "언표" 또는 아직 해석되지 않은 통사적 기호를 사용하여 "구성할 수 있는 공간"이다. 이 공간은 특정한 생활 양식에 배어 있는 일상적 담론을 나타내는 것이 아니라 가능한 담론들을 아우르는 해석 이전의 담론들을 모두 포괄하는 언어 단위이다. 계보적 담론의 의미 차원은 일상적으로 이해되는 담론과 비슷하지만, 독특하게 규정된다(이정우, 2011: 37-63). 여기에서의 언표들은 표현-지시-지시체라는 전통적 지시 관계가 아니라 그 언표가 나타나는 프레임 안의 다른 요소들과 가지는/가질 수 있는 관계들의 그물망을 나타내고, 특정한 실체적 개인 주체가 아니라 그 프레임 안에서 특정한 역할을 하고/할 수 있는 행위자의 기능 가능성을 표현한다. 그렇기에 언표의 이해는 무시간적 논리적 서술을 통해서가 아니라 시간이 흐르는 "고고학적" 기능 복원을 통해 이루어진다. 또한 언표들은 동질적인 것이 아니라 다질적이고, 일원적이 아니라 다원적 공간들을 가로질러 나타난다. 이때 언표는 정치 경제의 물질성을 배경으로 욕망과 소유의 계기를 나타내고, 주제나 담론의 전유(專有)의 현상으로 권력의 자국을 드러낸다. 따라서 언표 이해는 그러한 현상의 과정을 동력학적으로 추구하는 "계보적" 접근을 필요로 한다.

하상복(2009: 258-262)은 근친혼(近親婚) 금지라는 한국적 담론에 대한 계보적 분석을 시도한다. 파키스탄 국적에서 한국 국적으로 귀화한 남자가 고향인 파키스탄에 가서 결혼을 했지만, 그의 신부가 4촌 동생이라는 사실 때문에 파키스탄 주재 한국 대사관은 근친 혈족 간의 혼인을 금지하는 민법 규정을 들어 신부에게 배우자 비자 발급을 거부했다는 것이다. 한국 사회의 근친혼 금지의 근친의 범위는 헌법 재판소가 1997년에 위헌으로 판결할 때까지는 동성동본(同姓同本)이었지만 2005년에 법제화되면서 8촌이 되었다. 근친혼 금지는 맹목적으로 강요된 것은 아니다. 역사학, 생물학, 심리학, 사회학 등 소위 전문가 의견을 참작했을 것이다. 그러한 의견에 바탕하여 제도가 만들어질 때 한국 사회의 근친혼 금지 담론은 사회 성원들의 사유나 삶을 지배한다. 근친혼 금지의 가치 이분법, 자연스러움/ 부자연스러움, 정상/비정상, 도덕적/부도덕적의 대립 구도가 성립한다. 근친혼 금지의 담론은 정치적이고 권력적인 것이 된다.

소통 행위 철학과 홍윤기

의사소통 행위 철학자들은 여러 분야에서 활발하게 이를 적용하고 있다. 그중의 한 경우는 여성주의의 확장이다. 이상화(1997: 381-408)는 소통 행위 철학의 관점으로부터 여성주의의 설득력을 보완한다. 그는 소통 행위의 관점에서 정치와 경제의 규칙으로 구성된 체계와 일상적 문화, 사회, 인격으로 이루어지는 생활 세계를 공적인 것과 사적인 것으로 구분해서는 안 된다는 점에 동의한다. 그는 공사 이분법의 극복의 중요성을 인정하면서 그 극복의 과정에 여성 경험의 세계가 독립적으로 주제화되어야 할 이유를 제시한다. 첫째는 역사적 이유이다. 그동안의 역사가 남성 관점의 역사였기 때문에 공론장에서의 소통은 남성적 관점의 주제들에 한정되었다. 이상화는 소통 행위가 공론장에서 완성되려면 소수자 관점의 주제들이 간과되지 않도록 구조화할 필요가 있다고 역설한다. 둘째는 구조적 근거이다. 소통 행위 철학은 한편으로 담론 윤리학의 보편성을 요구하면서도 다른 한편으로 규범을 적용하는 구체적 문맥에서의 실천적 지혜를 요청한다. 소통 행위 철학은 양자 간에 발생할 긴장을 “정합성의 관점”으로 해소하고자 하는 낙관적 태도를 유지한다. 그러나 그러한 관점만으로는 “추상적”이거나 “공허”하므로 보다 참여적 관심이 개입된 소통이 이루어져야 한다는 것이다.

김선욱(2007)은 의사소통 행위 철학의 관점에 서서 민주주의를 '진리의 정치'가 아니라 '의견의 정치'라고 제안한다. 진리의 정치를 추구해야 한다면 거대 담론들이 요구해왔던 것처럼 시간이 걸리는 대중들의 의사소통행위에 경주하기보다는 엘리트 정치인의 진리의 발견에 공동체의 운명을 걸어야 할 것이다. 김선욱은 진리의 정치 전통이 서왔던 '홀로 주체성'의 지성주의가 가진 문제점을 지적한다. 나는 이성적 존재이기 때문에 타자를 내 안에 정립할 수 있다고 믿고 타자에게 다가서지만, 가능한 만남을 체험할 수 없다는 것이다. 그러나 대중들은 타자에게 다가가서 이루어지는 만남을 통해 '서로 주체성'을 구성하여 의견의 정치를 가능하게 하는 계기를 만든다는 것이다. 대중은 지식을 갖지 않아 다수의 횡포나 권력자의 도구로 전락할 수도 있지만, 의견으로, "나에게 열려진 만큼의 세계"로 서로에게 열려 있다는 것이다. 대중은 도구 전락 가능성과 상호 개방 가능성이라는 양면성을 갖지만, 공동체 감각, 의견의 총체적 안정성, 구체적 민감성 같은 대중적 인식론에 의해 주도될 수 있다. 그렇다면 대중을 민주주의의 불안 요인으로 보는 관점은 진리의 정치가 요구하는 엘리트 지배와 대중 피지배의 질서를 상정할 때 유의미하지만, 그러한 실체론적 질서는 수용하기 어렵다. 그렇다면 대중은 수평적 의사소통 행위의 대상으로 상정되어야 한다.

홍윤기는 그의 소통 행위 철학을 한국 사회의 여러 주제들에 구체적으로 적용한다. 박종홍 평가(1999), 과학적 합리성(2000), 비판적 사고(2002), 송두율 사건(2004b), 교육(2013), 세월호 참사(2015a), 통진당 해산(2015b) 등에 관한 분석들이다. 홍윤기(2011: 196)의 일련의 작업에서 특히 돋보이는 것은 소통 행위 철학을 "정치적인 것"의 담론에 적용하여 정치 언어학의 철학적 기초를 구성하여 소통 행위 철학의 전면적 활성화를 시도한다는 점이다. 그는 "정치"라고 불려온 질서를 크게 두 가지로 구별한다. '침묵하는 정치'와 '소통하는 정치'이다. 침묵하는 정치는 피치자를 침묵하게 하면서 통치자는 언어를 사용하지만 이를 통치술의 수단(선전, 교육, 일방적 전달, 목표 지향적 도구)으로 사용하여 진정한 정치 언어를 우회한다.

그러나 소통하는 정치는 정치와 언어 간의 관계에 본래적 연계(intrinsic link)를 요청한다(Joseph, ed., 2009). 홍윤기는 이러한 소통하는 정치의 정치 언어학에 대한 철학적 기초를 마련하고자 한다.

"정치적인 것"이란 무엇인가? 무엇이 담론을 정치적으로 만드는가? 홍윤기(2011: 198-199)는 일차적으로 "정치적인 것"의 좁은 의미를 규정한다. 그에게는 정치 공동체를 구성하거나 권력의 창출에 관련된 어떤 행위도 정치적인 것이다. 그러한 행위에 대한 담론은 어떠한 것도 정치 언어가 되고, 관심의 초점은 권력 구성이나 행사의 정당성에 모아지고 그 권력 행사가 공동체성을 어떻게 제고하는가가 된다. 그러므로 정치 언어는 특정 언어 체계의 본래적 실체 언어이기보다는 정치적인 것을 구현하는 과정에서 담화 행위들을 정치적 언어로 변형하는 언어화이다. 따라서 정치 언어의 규범성은 정치적인 것의 공동체성에서 얻어진다. 공동체성에 대한 고려 없는 권력은 부당하며, 권력 없는 공동체는 공허하기 때문이다. 정치 언어는 정치적인 것이 얼마나 관철되는가에 대한 정도의 기술과 그 정당성 정도에 대한 규범적 평가가 함축되어 있다.

홍윤기(2002: 201-205)는 "정치적인 것"의 좁은 의미로부터 넓은 의미로 가기 위하여 정치 언어의 구문론, 의미론, 화용론을 구성한다. 정치적 구문론은 일상 언어 문장들이 정치적인 것, 즉 공동체성과 권력성을 만족하는 정합적 관계의 정치적 문법이다. 일상 언어가 정치적 구문론에 맞는 발화체가 되기 위한 기본적 통사 조건인 것이다. 정치적 의미론은 정치적 구문의 단위들이 질서 지워진 권력 순환 체계가 제대로 작동되었을 때 부여되는 그 체계에서의 역할들의 관계의 구조이다. 예를 들어, 독일의 경우 공중 영역 (언론, 이익 단체, 시민 결사 등)과 국가 정치 영역(정당 및 입법, 사법, 행정의 국가 기관)에 걸쳐 질서지워진 권력 순환 체계가 제대로 작동하면서 국가 시민의 정치적 의사는 생활 세계, 시민 사회, 공중 영역, 정당, 국가 통치의 단계를 밟아 정책화되고 입법화될 때 모든 정치 구문 단위들은 의미를 부여받는다.

홍윤기(2002: 209-211)의 "정치적인 것"의 넓은 의미는 그의 정치 화용론에서 드러난다. 화용론은 기표 사용자들 사이의 상호 관계와 상호 소통의 양식을 고찰한다. 그 양식은 효과 유발적 발화 행위(perlocutionary act)로 구성되어 있고, 발화 행위는 흔히 설득, 확신, 위협, 명령, 깨우침, 영감이지만 화자의 개인적 자질, 사회적 세력, 제도적 동원 태세, 세력 규합 능력을 포함한다. 그렇다면 정치적 의미론은 정치적 화용론에 와서 정치 공동체와 언어 공동체의 범위가 "일치"하게 된다. 일상적으로 통용되는 각 분야의 언어들이 정치적인 것과의 직간접적인 연관과 접촉을 통해 정치 언어로 전환된다는 정치 언어 형성의 대전제를 고려한다면, 정치 언어의 현행적/잠재적 사용자층은 사실상 정치 공동체를 구성하는 정치 시민 또는 국가 시민, 국민 전체로 확대된다. 자유로운 정치 활동이 보장되는 진정한 민주주의 국가의 경우 모든 시민은 현재적으로나 잠재적으로 정치인이라는 것이다. 그렇다면 언어 공동체의 어떠한 언어 행위도 서로 연결될 수밖에 없는 정치적인 것이다. "정치적인 것"의 소통 행위는 공동체성과 권력성을 구현하는 정치 언어가 되는 것이다.

이렇게 구성되는 정치 언어학을 근거로, 홍윤기(2002: 213-215)는 임의의 정치적 담론에 대한 적합성 테스트 기준을 구체적으로 제시한다. 구문론적 기준은 "담화자는 정치적인 것에 대한 구문론적 문법을 어느 정도 수용하는가?"이고, 의미론적 기준은 "담화자는 정치적인 것의 행사에 대한 의미론을 어느 정도 따를 수 있는가?"이며, 화용론적 기준은 "담화자는 정치적인 것의 의미 실현을 위해 어느 정도 소통할 수 있는가?"이다. 예를 들어, 독재 통치 담화 유형(홍원표, 2009; 박동천, 2008)의 히틀러는 정치적 구문론을 만족하지 못했고, 과두 정치 담화 유형의 레이건은 정치적 의미론을 충족하지 못했고, 민주주의적 담화 유형의 루즈벨트는 정치적 화용론에 미치지 못했지만, 지구 공동체 지평의 담화 유형의 리하르트 폰 바이체커나 버락 오바마는 정치적 화용론의 문법을 수행하는 것으로 평가할 수 있을 것이다. 홍윤기가 철학적으로 구성한 정치 언어학은 제도적 정치 담화 행위, 언론적 정치 담화 행위, 생활 세계에서의 일상적 대화에 대한 정치적 적합성의 기준을 제시할 뿐 아니라 시민들의 정치 담론의 역능화(empowerment)의 진작에 기여할 수 있을 것이다.

일상 언어 철학과 강진호

일상 언어 철학은 언어의 안정성이나 실재성을 주장하기보다는 이를 전제한다. 일상 언어는 인간이 만든 것이긴 하지만 협약으로 만든 것이 아니라 자연사의 과정에서 만들어진 것이기 때문이다. 실재성에 대한 전통적 논의는 지칭, 진리 같은 기초 개념에 호소한 것이었지만, 이제 이 주제들은 언어 일반의 기초로는 간주되지 않고, 논리 언어와 같은 특수 언어의 기초로 해석된다. 그러나 일상 언어가 전제하는 실재성에 대한 의문이나 호기심은 철학적 논의의 대상이다. 일상 언어가 자연사의 부분으로서의 인간 생활 양식에 의존한다는 관점은 많은 철학자들이 공유하는 가설이다. 그중 그러한 가설을 조명하는 이명현(1982)의 논의는 구체적이다. 그는 언어의 "보편적인 성격을 결정하는 것은 생물학적 종의 하나인 인간의 생리적 구조"라고 본다. "모든 인간의 의식 구조의 선험적 보편성은 바로 종으로서의 인간의 생리적 구조의 공통성과 맞물린다. 바로 이 사고의 보편성이 언어의 보편적 구조를 가능케 한다"는 것이다. 여기에서 "맞물린다"라는 논리적 단어는 중요하다. 왜냐하면 이 표현은

(7) 인간은 하나의 생리적 종이다;
(8) 인간은 의식 구조의 선험적 보편성을 가지고 있다;

의 두 명제의 쌍조건 접속사로 이해할 수 있기 때문이다. 그러면 언어지는 쌍조건 문장은 참이기 위해

(9) 모든 생리적 종은 그 종내에서 의식 구조의 선험적 보편성을 가지고 있다;

라는 명제를 가정하기보다는

(10) 인간은 합리적 동물이다;

라는 명제와 동치의 성격을 갖는다. 물론 명제 (10)은 인간 언어에 있다고 생각되는 보편성을 설명하는 가설일 수도 있지만 인간 언어의 보편성이 그로부터 연역되는 명제일 수도 있다. 이명현은 인간 언어의 보편성이 자연종으로서의 인간의 생리적 구조와 인간의 의식 구조의 선험성이 맞물림으로써 얻어질 수 있다고 판단한 것이다.

한국 일상 언어를 사용하는 데 있어서 여러 가지 소통의 장애들이 제시될 수 있겠지만, 그중의 하나는 반말이라고 생각한다. 반말의 자기 모순적 개념성은 다음의 다섯 문장으로 보여질 수 있다: 반말 사용은 한국어의 화자와 청자가 반말에 대응하는 두 사람의 사회적 신분이 본질적으로 그리고 정당하게 구분되어 있을 때에만 정당하다; 그러나 이 본질주의는 수용되기 어렵다; 언어 사용의 기본적 목표는 소통, 합리화, 표현의 최대화이다; 그렇다면 언어 사용은 인간화와 자유화를 향한 활동이다; 그러나 한국어의 반말 사용은 그러한 언어 사용 목표 자체를 파괴한다. 이렇듯 자기 모순적인 반말 개념에 대해 적어도 두 가지 설명 방식이 가능하다. 하나는 반말 관계론(정대현, 2003)으로서 화자와 청자의 관계에 따라 동일한 표현이 반말일 수도 아닐 수도 있다는 관점이다. 회사 사장이 "식사했니?"라는 표현을 자신의 아들에게 사용하는 경우 반말이 아니지만 자신의 회사 사원에게 하는 경우 반말이라는 것이다. 그러나 선우환(2003)은 반말 관계론에 대해 반말 객관론을 제안한다. 반말 개념에서 반말 사용과 반말 사용의 적절성을 구분하여 도달하는 객관론이다. "식사했니?"라는 동일한 표현에 대해서, 사장의 이 표현 사용은 적절하지만 수위의 그 표현 사용은 적절하지 않다고 하여, 반말 사용의 적절성은 관계적이지만 반말의 사용은 객관적이라는 것이다.

한국 일상 언어를 학문 언어로 사용하는 것에 대해서는 여러 가지 제약이나 반대가 있어왔다. 다산 정약용 같은 깨어 있는 지성인도 당시의 젊은이들이 한자(漢字)라는 진서(眞書)를 잘 모른다는 사실을 개탄했다. 최근까지도 논문의 매 면마다 한자가 몇 자씩 들어 있어야 한다는 주문이 있었다. 한글의 비학문성을 말하는 사람은 "우리 마누라"라는 표현을 그 예로 들면서 이것은 "잘못된" 표현이라는 것이다. 그러나 "우리 마누라"라는 표현은 한국 일상 언어 안에서 "잘된" 표현이라는 논의가 가능하다. 강진호(2010b)는 "우리 마누라"가 의미 속성적 지시체가 아니라 화자 지칭적 지시체를 나타낼 수 있는 표현이라고 생각한다. 강진호는 트로트 애호가 김철수 씨가 그의 아내에게 "심수봉 씨 옆에 무전기를 든 경호원이 나를 무대 위에 올라가지 못하게 막았다"라고 말한 경우를 고려한다. 그러나 그 경호원은 실제로 무전기기 아니라 휴대 전화를 들고 있었으므로, "무전기를 든 경호원"이 성공적 표현이라면 "의미 속성적 지시체"를 나타냈을 것이다. 이 경우 성공적 표현은 아니지만 그의 아내가 알아들었을 정도의 기능을 수행했다는 의미에서 "화자 지칭적 지시체"를 드러내고 있다는 것이다.

일상 언어 철학은 체계화하기가 어렵다. 이를 출발시킨 비트겐슈타인 스스로 체계화를 하지 않은 탓도 있지만 철학을 이론이 아니라 서술적 실천으로 이해한 그의 관점과 관련되어 있을 것이다. 일상 언어 철학이 체계화되지 않은 철학적 풍토는 어려움을 수반한다. 일상 언어 철학을 이해하고 작업하거나, 교육하고 소개하는 과제들이 용이하지 않은 것이다. 일상 언어 철학은 일상 언어의 표현들을 분석하는 사례들의 모음 정도로 인식되는 것이다. 그러한 사연으로 일상 언어 철학이 한국과는 달리 영미의 언어 철학계에서 중요하게 다루어지지 않았던 것으로 보인다. 그러나 강진호의 최근 논문들은 일상 언어 철학의 체계화에 대한 하나의 단초를 보이는 것 같다. 강진호는 지칭, 사용, 공유된 내용 등의 핵심 개념들을 현대 언어 철학의 맥락주의로 조명하고 비트겐슈타인과 통합적으로 연결하면서 체계화 가능성을 제시한다.

강진호(2010a)는 언어 철학의 표준적 의미론인 지칭론 대신에 맥락주의를 지지한다. 그는 비트겐슈타인을 받아들여 철학이란 이론 구성이 아니라 언어 문법의 서술이라고 생각한다. 문법이란 각 언어적 표현의 사용법이고 문법의 서술이란 언어적 표현들을 어떻게 사용해야 하는지에 대한 기술이다. 구체적 문맥에서는 표현 사용을 잘하지만, 문맥을 떠나서는 그 표현이 드러내는 겉모습의 획일성으로 문법의 복잡성을 쉽게 망각한다. 그리하여 표현의 이해는 문맥적이고 "맥락주의"의 관점이 요구되고 반이론적 철학관의 기초가 되는 것이다.

그렇다면 단어의 의미는 지칭적인 것이 아니다. 특정 단어가 문맥 없이 무엇을 지칭하는지를 어떻게 알 수 있는가? 단어의 사용 방식에서가 아니라면, 그것이 지칭하는 것이 어떻게 드러난단 말인가? 지칭은 사용 방식에서 나타나는 것이다. 어떤 것이 어떤 종류의 대상인가는 문법이 말하는 것이다. 단어의 사용 방식은 무한하다. 따라서 무수히 많은 종류의 언어놀이가 있다. 언어 사용은 과학적인 이론으로 설명될 수 없는, 자유롭고 이성적인 인간 행위이다. 언어 사용은 사람들의 관심, 의도, 목적과 분리되지 않는 맥락 의존적 행위이다. 지칭론이 가정하는 표현과 사물 간의 단일한 지칭 관계와 같은 것은 없다는 것이다.

강진호(2009, 2007)는 '의미는 사용'이라는 의미 사용론이 비트겐슈타인의 전기와 후기를 지속적으로 지배한 관점이었다고 생각한다. 전기에 "논리 상항과 논리 법칙이라는 것은 없다"고 했던 논의는 이것들이 모두 언어 사용의 방식에 내재해 있기 때문에 제거해도 된다고 보았다는 것이다. 철학 진술이 무의미하더라도 '철학 진술이 참이라면 필연적으로 참'이라는 것을 수용해야 하지만, 문장의 의미는 참-거짓의 가능성으로 구성되어야 하기 때문이다. 전기와 후기에 차이가 있다면 전기는 언어의 단일한 사용을 전제했고 후기는 단일 사용론을 "중대한 오류"라 규정하면서 다양한 사용론을 제시한 것이다.

화자와 청자가 성공적으로 소통하기 위해서는 최소한의 공유된 내용이 존재해야 한다는 사실에 많은 철학자가 동의한다. 그러나 공유된 내용이 진리 조건적으로 설명되어야 한다는 스탠리(Stanley, 2008)나 르포어

(Lepore, 2005; 2006)에 반대해, 강진호(2013b)는 진리 조건이 아니라 유사성만으로 족하다고 생각한다. 이를 위해 두 가지 근거가 강진호에게서 보인다. 첫째, 진리 조건은 불투명하다는 것이다. 화자가 발화된 문장의 진리 조건에 대해 갖고 있는 지식은 부분적으로만 명시적이고 상당 부분 암묵적이다. 그 문장의 진리 조건에 대한 청자의 지식도 마찬가지이다. 그렇다면 발화된 문장에 대한 이해는 진리 조건의 동일성이 아니라 유사성에 기초한 것이 된다. 화자와 청자는 발화된 문장에 대해 가장 인접한 반사실적 가능 세계의 진리치 함수로 이해할 때 의사소통에 충분한 유사성에 도달할 수 있는 것이다. 둘째, 자연 언어의 의미는 열린 구조(open texture)를 통해 "끊임없이 맞부딪히는 세계의 새롭고 다채로운 상황"을 소화해낸다. "다리"같은 다의어의 외연 조건은 "대략적으로만 서술"되는 것이다. 유사성과 서술의 대략성은 가족 유사적 개념으로 보다 잘 구조화될 수 있을 것이다. 강진호는 일상 언어 철학을 본격적인 언어 철학의 당당한 분야로 세워가고 있다고 생각한다.

언어와 소통을 공부하면서 무엇을 배웠는가? 필자는 다음과 같은 물음들을 심각하게 묻게 되었다. 인간 사회에서 일상 언어를 제대로 사용하는 데 장애는 무엇인가? 인간의 원활한 소통을 방해하는 것은 무엇인가? 일상 언어와 소통의 주제에 대해 보편적으로 탐구할 국면들이 많지만, 한국어라는 구체적 문맥에서도 이 주제는 철학자의 관심사가 아닐 수 없다. "무슨 말대답이냐?"라는 관용어구의 흔적은 문자적으로나 태도적으로 한국 사회의 각종 공동체에 남아있다고 생각한다. 한국 현대 철학은 이러한 과제에 대해 어떤 처방을 하고 어떤 조언을 할 수 있을 것인가?

15장
지식과 과학

우리는 무엇을 아는가? 무엇을 알아야 하는가? 무엇을 알 수 있고, 무엇은 알 수 없는가? 우리는 인간이기에 앎의 문제를 피할 수 없고, 따라서 지식은 철학의 중심적 주제가 되었다. 근대 이후 지식 경험을 밝히기 위해 분야에 따른 특수한 방법론들이 나오면서 과학의 분야들은 독립적으로 지대한 기여를 해오고 있다. 전통적으로 철학적 지식론과 과학적 지식론은 선험성과 경험성이라는 다른 방법론적 성질을 가진다고 강조되어왔다. 그러나 최근 들어 지식의 자연화가 주목을 받고 과학적 지식이 성장함에 따라, 철학적 지식과 과학적 지식 간의 연속성은 그 어떤 때보다 현저한 특성으로 나타나고 있다. 이 장에서는 먼저 그 배경이 되는 몇몇 철학자들의 기여를 살펴보고 김기현의 지식 자연화론과 장회익의 과학적 지식론에 주목하고자 한다.

1. 지식론의 과제

"안다"는 것은 무엇인가? 전통적으로 앎의 대상은 영원한 것이었다.

감각적이거나 현상적인 것, 시공적이거나 가변적인 것은 앎이라는 고상한 차원의 대상이 되기에 부족한 것으로 간주되었다. 그러나 20세기 이후 앎의 개념은 대상의 영원성이 아니라 앎의 과정에 의해 규정되고 있다.[1] 이러한 방향은 지식 획득의 과정을 과학의 과정과 일치시키게 되었다. 소위 자연화, 자연주의의 등장을 가능하게 한 것이다. 지식에 대한 한국 현대 철학자들의 논의는 중요하고 주목할 만하다.

지식 개념

김혜숙(1988)은 제일 철학으로서의 지식론을 넓게 조감하여 제일 철학의 현대적 가능성을 추구한다. 그는 아리스토텔레스류의 논리주의나 콰인(Quine, 1969)류의 자연화에 의문을 제기하면서, 퍼트남(Putnam, 1981)류의 길을 통해 제일 철학의 가능성을 본다. 아리스토텔레스는 제일 철학과 개별 과학을 구분하면서, 전자가 후자를 보편적 법칙 안에 정치시킨다고 보았다. 제일 철학은 존재를 존재 자체의 차원에서 다루는 반면 개별 과학은 존재를 특정 공간에서 탐구한다는 것이다. 철학은 모든 존재를 지배하는 가장 확실한 원리로서 모순율을 제시한다. 예를 들어, 사람이라는 실체는 이성적이라는 성질을 본질로 갖는 존재이고, 이성적이 아닌 것을 사람이라 하는 것은 모순율을 위반하는 것이 된다. 데카르트는 "나는 생각한다"라는 명제로 제일 철학을 존재 원리로부터 인식 원리로 전환했다. 의심하려야 할 수 없는 확실한 명제로 생각 명제를 제시한 것이다. 모순율이 작동하는 양상성을 도입한 논변이다. 한편 카르납(Carnap, 1928)은 철학을 과학 언어에 대한 논리적 분석으로 한정했다. 그

---

1 앎의 과정은 문장으로 표현되는 명제에 대한 이해와 명제에 대한 지식의 구분을 포함하기도 한다. 예를 들어, 박우현(1991: 201)은 문장으로 표현되는 명제에 대한 이해의 조건과 지식의 조건의 관계를 적시한다. 문장의 이해는 그로 표현되는 명제가 참인 경우들과 거짓인 경우들의 모든 가능한 조건들의 의미를 아는 것이고, 그 명제의 지식은 그 문장이 현실에서 만족된 경우를 아는 것으로 해석한다.

는 관찰 언어에만 의존하여 경험의 이론적 구성물들 간의 관계를 논리적 기본 개념으로 환원하고자 했다. 모순율에 기초한 논리 언어의 장치로 철학 언어를 규명하고자 한 것이다.

콰인은 실재에 대한 여러 기술론적 체계들에 대해 이러한 재구성은 무엇인가라고 묻는다. 그는 이론적 구성물 간의 논리적 관계를 보는 대신, 실질적 구성물들 간의 사실적 관계를 보고자 했다. 철학이나 인식론은 이제 인지 심리학 같은 경험 과학의 한 부분이라고 생각하고, 인간 감각과 외부 환경 간의 관계를 물리적, 인과적으로 설명하고자 한 것이다. 그러한 자연주의적 지향에도 불구하고 콰인은 외부 세계에 대한 진술들은 그들 자신만의 경험 함축을 담지 못하고 오직 이론들의 덩어리만이 경험적 함축을 갖는다고 한다. 예를 들어, "자연종"이라는 술어는 외부 세계의 부분을 직접 만나는 것이 아니라 이 술어가 속한 이론 단위를 통해서 만난다는 것이다. 김혜숙(1988; 1989)은 이러한 콰인의 지식론에 대해 부정적이다. 콰인의 자연주의는 그의 자연주의 안에서도 성공적으로 옹호되어질 수가 없다는 것이다. 그것에 대한 옹호는 비자연적, 비과학적 언어로 이루어질 것이고, 그렇게 되면 그가 거부하던 제일 철학의 길로 들어서야 한다는 것이다. 김혜숙은 퍼트남의 "철학적 탐구란 내재적이면서 동시에 초월적"이라는 말에 동조한다. 아르키메데스의 고정점은 없고 언어는 시공 안에서 사용되지만, 우리가 말하는 것의 옳고 그름은 단순한 시공의 문제가 아니라는 것이다. 김혜숙은 인간의 믿음, 인간이 세계에 대해 말하는 방식, 인간의 사유 작용 등의 지식론이 경험 과학에서와는 달리 이야기될 수 있다는 것이 수용될 때 전통 인식론으로의 복원은 아니지만 제일 철학으로서의 가능성이 열려질 것이라고 믿는다.

전통적으로 지식에 대해 여러 가지 물음이 제기될 때 일시에 답할 수 있는 지식 개념이 제시되어왔다. 지식은 정당화된 참 믿음, 이유 있는 참 믿음, 또는 근거 있는 참 믿음이라는 것이고, 이것은 지식에 대한 필요충분조건으로 앎의 물음들에 답할 수 있는 길을 열어 준다는 것이었다. 김도식(2011a: 44-56)은 지식에 대한 전통적 분석을 소개하고 게티어(Gettier,

1963)가 제기한 반례들을 토론한다. 정당화된 참 믿음이라는 조건을 만족하는데도 상식적으로 지식이 아닌 경우의 반례들이 있다는 것이다. 믿는 믿음이 현실적으로 참이지만 믿음의 과정에 관련 없이 우연적인 참인 상황의 경우들이 있는 것이다. 김도식(2011a: 57-112)은 그러한 반례들을 극복하고자 하는 여러 시도들이 있지만 만족스럽지 않다고 보고, 정당화라는 개념을 달리 설정할 수 있는가의 가능성을 논의한다. 그러나 정대현(1990)은 지식이라는 개념을 형식적으로 구성하는 데서 게티어 문제가 발생한 것으로 보고, 이 개념을 가족 유사적 개념으로 간주할 것을 제안한다.

과학의 영역

이초식(1982: 63-88; 1986: 79-105)은 지식과 과학의 과제를 동일한 것으로 파악한다. 지식이나 과학이 모두 사실을 대상으로 한다는 점에서 그러하다. 그러나 그는 지식이나 과학의 활동에 대한 정당성 여부를 성찰하고 분석해야 하는 상황에서는 사실의 문제와 권리의 문제가 분리되어야 한다는 칸트의 구분을 조심스럽게 수용한다. 이것은 발견의 맥락과 정당화의 맥락의 구분으로 이어지고, 과학과 과학 철학의 역할 분담의 구분으로 이어진다. 그렇다면 과학 철학의 한 핵심 과제는 정당한 과학과 정당하지 않은 과학의 경계, 소위 "과학성"이 주제가 된다.

과학과 비과학의 경계를 긋기 위해, 이초식은 적어도 두 가지 과제를 수행한다. 첫째는 과학의 필요조건을 제시하는 것이다: 과학이란 관찰과 실험이 허용하는 유의미한 술어들을 모순 없이 논리적 규칙에 따라 언어적으로 체계화하는 활동이다. 둘째는 인식론과 과학의 연속성을 지지하는 자연화 프로그램에 대한 성격 규명이다. 인식의 자연화론은 제일 철학, 기초주의, 지식의 선험성 규범 등은 부당하다는 관점에 호의적이다. 그러나 이초식은 이러한 연속성 지지가 과학에 관한 메타과학적 주장의 정당성을 과학 안에서 구하려는 것이라면 어려움에 처할 것이라고 말한다. 자연화 자체의 근거를 자연 과학에서 찾을 수 있다는 것이기 때문이다. 그러므로 비록 절대적인 기준은 못되더라도 메타과학적 기준은 과학의 수준을 넘어선 차원에서 구할 수밖에 없다고 제안한다. 사실 영역과 규범 영역 사이에 적절한 거리 유지가 필요하다는 것이다.

이초식이 과학의 영역을 다분히 구조적 구도에서 접근하고 있다면, 신중섭(1991; 1990)은 "역사적 합리주의"라는 비형식적인 관점에서 접근한다. 과학의 영역은 과학의 이론이 어떻게 선택되는가에 의해 선명해진다. 예를 들어, 서양 근대의 특징이 인식론의 토대주의, 언어 철학의 진리 대응을 핵심 개념으로 삼고 있었다면, 포스트 근대의 특징은 인식론의 전체주의, 언어 철학의 의미 사용을 중심 개념으로 삼는다. 역사적 합리주의는 과학의 이론 선택을 할 때 형식적 합리주의와 역사적 상대주의의 이분법을 넘어서기 위해 구성한 개념이다. 형식적 합리주의는 검증이나 설명 개념을 형식적으로 간주하지만 관찰의 이론 의존성 테제로 그 힘을 잃었고, 역사적 상대주의는 통약 불가능성 때문에 패러다임들이 비교될 수 없다고 하지만 이론 선택에 대한 설득력 있는 설명을 제시하지 못했다. 반면 역사적 합리주의는 과학의 합리성이 역사성을 띤다고 주장한다. 이론 선택에 사용되는 기준이란 당시의 과학자 공동체의 합의로 구성되는 것이며, 그 기준이 되는 초역사적 규칙은 없다는 것이다. 과학적 합리성은 진리, 보편성, 객관성, 불변성 등의 개념과 관련지어 이해되지 않고 과학자 공동체의 판단, 자연의 개방성, 탐구의 개방성, 성공 등의 개념과 관련하여 이해된다. 그렇다면 이론들의 대치는 진리 접근성이 아니라 합의 확장성으로 이루어지고, 단일한 평가 기준이 아니라 가족 유사적 평가 기준으로 수행된다는 것이다.

신중섭이 과학적 합리성을 비형식적으로 구성했다면, 조인래는 비형식성을 유지하면서도 이를 자연화 쪽으로 밀고 나간다. 조인래(1994; 1996; 2006)는 이를 위해 적어도 두 가지 처방을 제시한다. 첫째는 비교가능성을 확보하는 것이다. 통약 불가능성을 인정한다고 할지라도 비교가능성의 여지는 있다는 것이다. 두 이론은 경험적 동등성에도 불구하고 정확성, 일관성, 단순성, 다산성 같은 이론의 설명력이라는 증거적 차이를 보일 수 있다고 생각하는 것이다. 경험적 동등성은 인간의 현상적, 의식적 경험이지만, 이들이 증거적 동등성을 강요하지는 않기 때문이다. 이론들은 전제들이나 보조 가설들을 사용하기 때문에 범패러다임적 가치가 개입할 수 있는 여지를 허용한다는 것이다. 그는 토마스 쿤도 통약 불가능성을 전면적이기보다는 국소화된 것으로 보아 비교 가능성의 여지를 열어두었다고 생각한다. 둘째는 '과학 철학의 자연화'를 지지하는 것이다. 과학 철학에서 인식을 정당화하는 대신에 인식을 자연화하는 것이다. 정당화 규범을 자연적 성질로 환원, 설명, 또는 조명하는 것이다. 예를 들어, 다음과 같이 방법론적 규칙들을 가언적 명령으로 해석하는 것이다: "y가 목표라면 x를 해야 한다." 규범 또는 방법 M이 목표 G를 달성하는 데 얼마나 효과적인지를 알기 위해서 G와 M이 각각 목표와 방법으로 실제 채택된 역사적 맥락들을 들여다보는 것이다. 구체적으로, 귀납의 규칙은 자연화된 가언적 규칙이 된다. 귀납의 원리가 타당하지 않으면 다른 어떤 규칙도 타당하지 않다는 관찰에 의해 실용적으로 정당화되는 것이다. 이는 귀납의 정당화를 귀납의 성공 사례들을 통해 시도한다는 점에서 순환적이지만 역사적 사례들을 동원한다는 점에서 자연적이다. 실용적 정당화의 순환성은 통상 문제시되는 악순환과는 달리 경험적 성공의 확대 재생산을 주된 추진력으로 삼는다. 순환성은 인정되지만, 자연화의 기획을 거슬릴 정도의 악순환은 아니다.

근대적 지식 개념은 합리주의적이거나 경험주의적이거나 선험주의적이거나 주체 중심적이라는 점에서 관념론으로 분류되고, 근대적 과학 개념은 사물 현상에 국한한다는 의미에서 유물론으로 분류되었던 것은 의미가 있다고 생각한다. 이러한 상황에서 김용정(1990; 1978)은 지식과 과학에 대해 관념론이나 유물론이라는 이원론적 뿔 중의 하나를 선택하기보다는 두 뿔을 함께 잡고, 지식을 유기적 자연주의의 두 국면으로 해석한다. 그의 논의는 많은 내용을 담고 있는 서지적 접근 방식을 취하지만 궁극적으로 물질과 정신의 결합을 위한 매개는 자연주의적 정보론이라는 것이다. 고전 물리학은 측정의 개념을 인과율에 입각하여 우주를 자동기계쯤으로 간주하지만, 현대 물리학은 열역학 제2법칙인 엔트로피 증대율에 입각해 우주를 예술 작품으로 묘사하는 그리스적 사고에 가깝다고 생각한다. 실험의 양자 역학적 물체가 파동 또는 고전적 입자의 성질을 보인다는 상보성원리는 관찰과 대상, 주체와 객체, 정신과 물질의 정보론적 관계를 시사한다는 것이다. 이러한 시사점은 숨겨진 질서의 세계에서는 물질과 정신이 둘이 아니라 보다 높은 차원의 실재의 양면성임을 보여준다. 『주역』이 말하는 "양의"(易有太極 是生兩儀)는 음과 양이 둘이 아니라 하나의 양면성을 나타낸다고 보는 것과 같다.

김용정은 물질과 정신의 관계를 어떻게 해석하는가? 그는 물질과 정신은 이원론이나 이원론의 영향하에 구성된 물리주의가 의미하는 물질이나 정신이 아니라고 본다. 물질과 정신은 유기주의에서 새롭게 규정된 것으로, 유기체에서 통합적으로 구현되며 유기체는 물질적으로 구성되지만 자기 조작의 정신적 능력을 갖는다는 것이다. 냉장고가 냉각도를 측정하여 자동 제어 회로를 통해 냉각도의 상승과 하강을 조정하는 것처럼, 자연 상태의 유기체들은 장애가 나타날 때 물질적으로 반응하지만 정신적으로 자기 조절을 하게 된다. 유기체 안에서 물질과 정신의 이러한 통합적 구현은 자연 상태에서의 정보 구조에 근거해 결과된 것이다. 정보 개념은 유전자 디엔에이(DNA)가 유전할 정보 내용을 담고 있으면서도 자발성, 능동성, 통합성, 자기 생성 같은 주체성을 갖는 것과 같은 구조라는 것이다. 근대적 인식론의 관념론과 유물론의 이분법과는 달리 자연적 유기주의의 관점에서는 물질과 정신을 새롭게 규정하여 양자가 정보 구조로 연결된다고 보는 것이다.

소흥렬의 자연주의

소흥렬(1992: 19-22; 2003: 3-6; 2006: 71-73; So, 1976)은 과학적 세계관을 보이기 위해 많은 시간을 할애해왔다. 이를 위해 그는 적어도 세 가지 작업을 수행했다. 첫째는 "과학적"이라고 불리우는 외연을 선정하는 과제이다. 과학은 학문의 전형이지만 모든 학문이 과학이 되어야 하는 것은 아니다. 과학의 언어는 수학이지만 과학 이외의 모든 학문이 수학 언어로 구성되어야 하는 것은 아니기 때문이다. 예를 들어 철학은 일상 언어에 의존하고, 일상 언어는 유비, 변증, 실천, 귀납 같은 비수학적 논리를 구사하므로, 철학은 지식이 정당화된 참 믿음이라고 제안할 수 있었다. 그에 반해 과학의 수학 언어는 실험의 반복을 허용하고 연역 논리에 따라 검증 조건을 찾고 인과적 설명이나 예측을 수행한다. 이 세계와 우주는 수학적 법칙으로만 지배받고 있는 것이 아니다. 생명체, 의식, 사회현상 등의 비수학적 경험들이 있기 때문이다. 소홍렬은 수학적 현상과 비수학적 현상을 연결하여 통합적 영역을 확보하기 위해 "자연적"이라는 개념을 도입한다. 그의 자연주의는 우주의 존재 단위들은 모두 정보기능으로 연결되어 있다는 믿음에 기초한다. 그러므로 정보 속성을 공유하지 않은 단위는 어떤 것도 말할 수 없는 초월적인 것이고 여기에서 배제된다. 그는 과학의 외연을 이렇게 통합적 차원에서 선정하면 환원주의 같은 장치에 의존하지 않고도 과학의 외연에 합의할 수 있다고 믿는다.

소홍렬(1988: 76–78, 85–87)은 자신의 과학적 세계관을 위한 둘째 과제로 과학적인 것과 비과학적인 것의 경계를 밝히고자 한다. 먼저 몇 가지 구분이 필요하다. 수학 언어가 적용될 수 있는 물리 현상은 인과적 또는 연역-법칙적 설명이 가능하지만 수학언어의 지배를 받지 않는 현상들은 비인과적 설명이 부여되어야 한다는 것이다. 인과적 설명의 원인은 지배법칙 아래 좁은 의미의 원인이고, 비인과적 설명의 원인은 '어떤 시인이 가을날 석양의 황홀한 광경에 도취한 까닭으로만 투신 자살한 사건'에서처럼, '어떤 결과를 가져오게 하는 조건' 또는 '결과 사건과의 인과적 연쇄에 들어 있는 사건'이라는 넓은 의미의 사건이다. 그러나 석양 도취라는 높은 차원의 심리적 사건도 그 시인의 두뇌 상태의 낮은 물리적 차원의 사건에 의존하고 수반(supervenient)하여 출현, 창발(emergent)한 것이다. 이러한 구조로부터 낮은 단계의 물리적 인과 관계와 높은 단계의 수반적 인과 관계가 구분된다. 그러나 물리적 인과 관계의 두 사건 간에는 법칙적 질서가 얻어지지만, 수반적 인과 관계의 두 사건 간에는 이들이 아래 단계에 의존하고 있음에도 불구하고 법칙적 질서가 얻어지지 않는다. 석양 도취가 있을 때마다 투신자살이 발생하는 것이 아니기 때문이다. 그러므로 수반적 인과 설명은 귀납적 일반화에 머물 뿐 법칙적 필연성 같은 힘을 갖지 못한다. 그러나 미신, 주술 같은 경험에서도 나타날 수 있는 수반적 인과 설명으로 보이는 행동들을 어떻게 제외시킬 수 있는가? 소흥렬은 그 경험들 간의 단위에 자연주의적 정보 연결성을 요구할 수 있다고 본다. 그렇다면 과학적인 것과 비과학적인 것의 경계 구분은 다음과 같은 쌍조건문으로 제시될 수 있다: (1) 행위사건 a는 물리적 인과 설명을 향한 탐구 과정에 있거나 또는 (2) a는 수반적 인과 설명을 위한 탐구 과정에 있고 그리고 물리적 인과 탐구의 제약에 열려 있는 경우 그리고 이 경우에만 a는 과학적이다.

소흥렬(1992: 174-179; 1996: 10-14)의 과학적 세계관의 셋째 과제는 중층적 존재론의 구성이다. 그의 자연주의적 정보 개념은 존재 단위들을 연결하는 기능을 가지면서 물리적 인과 관계와 수반적 인과 관계의 작동에도 관여해왔기 때문에, 중층적 존재론을 구성하는 데서도 구성적 역할을 한다. 정보는 임의의 개체나 사태가 주변과 상호 작용을 하는 데 개입하는 통사적 상태로 해석된다. 정보는 참 문장이라는 명제적 실체가 아니라 자연주의적 상태인 것이다. 그리고 세계의 개체들은 작은 것들이 모여서 큰 것을 형성하고 그 큰 것들이 모여서 더 큰 것을 구성하는 방식으로 중층적이다. 예를 들어, 물리적 개체인 소립자들이 모여 원자가 되고 분자, 물체, 지구, 태양계 등으로 나아가는 것이다. 인격적 개인들은 가족을 이루고 사회, 국가, 인류 사회로 나아간다. 이러한 개체들의 중층 구조에 대응해서 정보의 중층적 역할이 구분된다. 예를 들면, 원자분자는 물리 정보에 따라 작동하고, 세포는 유전 정보, 몸은 감각 정보, 마음은 언어 정보, 영혼은 직관 정보에 따라 기능하는 것이다. 중층적 존재의 구조에서 정보가 역할하는 바에 따르면, 컴퓨터가 인간 마음의 연장인 것이 지금 명료해진 것처럼, 모든 사물이 정보 입출력의 대행자(agent) 또는 처리자(processor)라는 차원에서 심적인 존재로 해석되어야 한다는 것이다. 그렇다면 근대적인 유물론과 관념론의 대립이나 긴장은 필요하지 않고 소모적일 뿐이다. 통합적 존재론이 구성되는 것이다.

소홍렬(1992: 183-189; 2003: 19-24)은 그의 중층적 존재론이 현대 물리학의 성과에 의해 지지된다고 생각한다. 대폭발(big bang)과 대압축(big crunch)은 그 사이의 시공간과는 전혀 다른 단일성(singularity)을 갖는다. 그 단일성이란 일반 상대성을 비롯한 모든 물리 법칙이 깨지고, 시공간의 곡률이 무한대가 되는 성질이다. 여기에선 모든 이론이 깨지기 때문에 대폭발전이나 대압축 이후에 대해 무엇도 말할 수 없고 그 사이의 사건들에 대해서만 말할 수 있다. 소홍렬은 "singularity"를 정성적(定性的)인 "특이성"으로 번역하기보다는 정량적(定量的)인 "단일성"으로의 번역을 선호한다. 대폭발이나 대압축 순간의 단일성 상태는 개체로서 분리되고 형상화된 것들이 존재하지 않아, 시공적으로 측정 가능한 대상들이 일체 존재하지 않는 단일 상태이다. 물질과 정신의 구별도 없는 상태인 것이다. 일반 상대성 이론과 양자 역학이 시사하는 물질-반물질의 존재론은 우리의 물질 세계가 유일한 세계라는 생각의 한계를 말해준다. 우리의 우주는 단일 상태에서 시작하여 이루어졌으며 시공간의 역사가 끝날 때 다시 단일 상태로 돌아간다는 것이다. 소홍렬은 이러한 통합적 존재론의 관점에서 시간-공간의 연속체와 정보-논리의 연속체를 별도의 존재 세계로 생각하는 것은 자연주의적이 아니라고 본다. 이들은 정보-논리-시간-공간이 들어간 6차원적 연속체의 세계라야 한다는 것이다. 세계의 대상들을 시공의 4차원적 연속체로만 이해하는 것은 추상화된 세계로 제한된 대상 세계만을 다루는 것이고, 수학적 연역 논리가 지배하는 대상 세계로 제한하는 것을 뜻하기 때문이다.

소홍렬은 과학적인 것의 영역, 경계 그리고 존재론을 제시하여 과학적 세계관에 대한 대체적 윤곽을 그렸다고 생각한다. 그러나 아직 남아 있는 과제들이 있다. 그중의 하나는 자연 과학 문화와 인문 사회 과학 문화

간의 소통이다. 대개의 경우 후자가 전자에 접근할 것을 강조하는 경향에 반해, 소홍렬(2003: 6-12; 2006: 74-77)은 전자가 후자에 접근할 수 있는 담론의 공간을 제시한다. 즉 메타과학이라는 언어이다. 메타과학은 "과학의 영역을 벗어난" 담론이다. 과학자의 모든 과학 활동이 인과적인 것은 아니라는 것을 참작하면, 메타과학에서 다른 문화의 사람들과 상호작용할 수 있다. 인문학도 과학적 진리를 전제하면서 의식 세계와 영성 세계의 관계를 추구하고 지성과 정서의 이분법을 극복하는 논리를 개발할 수 있다는 것이다. 또 하나의 주제는 창조성(소홍렬, 1996: 23-25)이다. 그는 자연 과학자나 인문 사회 과학자는 모두 창조적이어야 한다고 본다. 그리고 자연적 지향성과 문화적 지향성 간에는 연속성이 있다고 본다. 마음의 창조 능력도 자연의 창조 능력이 만들어낸 2차적 창조 능력이다. 정신 기능과 직관 정보가 자연의 진화 역사에서 나타난 중층 구조의 최상위 차원인 것을 고려하면, 문화적 지향성도 자연적 지향성의 산물임을 말해준다. 자유나 지혜 같은 문화적 지향성의 가치도 궁극적으로 자연적 가치에 포섭된다는 것이다. 동양의 도(道)나 공(空) 같은 개념은 그러한 가치들의 합일화를 나타내는 사례가 된다.

2. 김기현의 지식 자연화

지식을 정당화된 참 믿음이라고 했을 때, 세 조건을 모두 만족하면서도 참이라는 것이 우연적으로 생길 경우가 있기 때문에 반례가 발생했다. 김기현은 그 우연적 참의 문제를 해소하기 위하여 지식의 자연화의 길로 나아간다. 자연화가 요구하는 분석 판단과 종합 판단의 구분의 부정에 대해서 김기현은 유보적이지만, 그러나 자연화가 수반하는 반사실문 조건문의 설득력을 수용하여 암스트롱의 신빙론을 김기현의 신빙론으로 심화시켜 지식 자연화를 공고하게 한다.

지식 자연화의 지식론

김기현(2011: 261-264, 278-280)이 근대적 지식론과 지식 자연화론의 관계를 논의한 것에 먼저 주목해보자. 근대적 지식론은 어떻게 믿을 것인가라는 물음을 물어 인간의 2차원적 감각 경험이 3차원적 객관 세계를 나타내는 규범적 방식에 주목한다. 이에 반해 자연 과학은 어떻게 서술할 것인가를 물어 지각 판단의 자연적 성질들 사이의 법칙적 연관성을 추구한다. 근대적 지식론은 사실을 다루는 자연 과학과는 달리 규범적 학문으로서 오히려 자연 과학의 정당성의 근거를 문제 삼고 그 논의를 선험적으로 추구해왔다. 예를 들어, 지식을 정당화된 참 믿음이라는 형식적 조건으로 규정하기도 했다. 그러나 "게티어 반례"가 제기되어, 어떤 우연적 참의 경우는 이 형식적 조건을 만족하지만 지식이 될 수 없다는 반례가 근대적 지식론을 흔들었다. 이러한 우연적 참의 경우는 철학자들의 주목을 받았고 그중의 한 유파는 지식에서의 참이 우연적 참이 아닐 수 있는 구조를 과학의 방식 또는 자연화 방식을 통해 추구했다. 소위 지식 또는 인식의 "자연화"가 태동한 것이다.

지식 자연화를 향한 그림은 흄(D. Hume)의 경험주의로까지 추적(최희봉, 1996)할 수 있지만 그 구조적 전회는 콰인(W. Quine)이 분석 명제와 종합 명제의 구분을 거부한 것에서 계기를 얻었다. 예를 들어, 동일한 대상에 대해 "인간"이라는 표현을 사용하여 "인간은 합리적이다"라고 말하면 이는 분석적이지만, "무익이족자(無翼二足者)"라는 표현을 사용하여 "무익이족자는 합리적이다"라고 말하면 이것은 종합적이라는 것이다. 분석 명제와 종합 명제의 구분은 말해지는 대상의 성질에 입각한 것이 아니라 그 대상에 대해 사람들이 말하는 방식에 의존한다는 것이다. 두 종류의 명제 개념들의 연관성은 경험을 조직화하고 설명하고자 하는 오랜 역사적 과정을 통하여 정착된 가설에 불과하며, 따라서 개념적 분석을 통해서 얻어진다고 생각된 인식적 규범은 궁극적으로 선조들의 경험에 의존한 것으로서 경험적 가설에 다름 아니라는 것이다. 분석 명제는 핵심 명제이고 종합 명제는 주변 믿음으로 간주될 수 있는, 정도의 차이가 있을 뿐이라는 것이다. 달리 말해, 선험적 지식과 경험적 지식의 질적 차이의 구분은 거부되어야 하는 것이다. 철학의 지식은 자연 과학의 지식과 연속적이라는 주장이다.

김기현(2011: 265-275)은 근대적 지식론과 지식 자연화론의 연속과 단절을 더 선명하게 한다. 그는 한편으로, 두 지식론 간의 연속성을 인정하면서 인식 개념을 비인식 개념으로 분석하는 방식은 지식 자연화론에 유일한 것이 아니라 근대적 지식론에서도 있었다고 지적한다. 또한 전형적인 지식 자연화론자로 간주되는 골드만(Goldman, 2012)도 반성적 평형(reflective equilibrium)에 의존하여 자신의 핵심 개념을 구성했지만, 이것은 경험과 무관한 방법이었다는 것이다. 다른 한편, 그는 인식론과 자연과학의 연속성은 개념적/존재론적일 뿐 아니라 방법론적인 것이라고 본다. 지식 자연화론자는 지식 개념을 인지 과정에서의 인과성이나 자연법칙에 따른 관계로 분석하고 인식 정당성에 자연적 성질을 부여한다. 여기에서 근대적 지식론과의 단절성이 명료해지는 것이다. 근대적 지식론이 인식론을 제1철학이라고 내세우면서 인식이 순수히 선험적일 필요가 있다고 했을 때, 이것은 인식론적 작업의 내용이 자연 과학의 실질적 연구 결과를 반영해야 한다는 지식 자연화론과는 전혀 다른 방법론이었다. 지식 자연화론은 근대적 지식론의 "기본적 틀을 뒤엎는" 진정한 새로운 입장이다. 지식 자연화론은 인식론과 자연 과학 간의 방법론적 연속성을 다음의 두 가지 점에서 분명히 한다. 첫째는 인식적 규범의 내용을 해명하는 인식론의 작업이 인간의 인식적 구조와 그에 따른 인간의 인식 능력의 한계에 대한 경험 과학적 탐구와 전적으로 분리될 수 없다는 것이고, 둘째는 인식의 규범, 목표의 합리성, 지적인 책임 등은 본성에 대한 선험적 반성을 통해서가 아니라 인간의 욕구, 처한 환경, 욕구 실현의 방식 등을 사실적으로 고려함으로써 얻어진다는 것이다. 지식의 목표, 규범, 사실에 대한 탐구는 모두 동일한 천으로부터 재단된다는 것이다.

김기현은 지식 자연화론에 대한 최종적 평가를 유보하면서도 이 방향을 향하고 있다고 생각한다. 김기현(2011: 284-286)이 유보적인 것은 분석 판단/종합 판단의 구분에 대한 콰인의 관점을 거부하고 그 거부의 함축이 더 충분히 논의될 필요가 있다고 지적하며, 인식에 있어서 규범성 배제나 약화는 과학사 자료나 철학적 논증을 통해 보다 엄밀하게 검증되어야 한다고 지적하는 데서 보인다. 그러나 다른 한편으로 김기현(2011: 142, 261, 282-283)은 자연화론으로 기울고 있음을 그의 논의들을 통해 읽어낼 수 있다. 그는 자연화 운동은 현대 영미 철학의 거의 전 영역에 걸쳐 큰 조류를 이루고 있다고 지적한다. 그리고 근대적 인식론의 기본적 틀은 뒤엎어졌다고 평가하고 있다. 예를 들어, 인식 정당화에 대한 내재론과 외재론의 논의들은 이제 더 이상 논쟁 주제가 되지 않으며, 인식적 목표는 특정한 시대 사람들의 세계관, 그들의 욕구, 세계와 사람 사이의 관계의 함수로 이해되어야 한다고 말한다. 그렇다면 세계가 변하고 욕구가 변하므로 인식적 목표도 변해야 하는 문맥에서, 김기현이 주목하는 점은 인식론의 규범성을 철학적으로 배제한 콰인의 주장이 이제 과학사가들과 과학 철학자들의 과학사에 대한 구체적 고찰과 철학적인 논증을 통하여 설득력 있는 입장으로 수용되고 있다는 것이다. 그의 자연화를 향한 보다 실질적인 근거는 다음에서 살펴볼 반사실문 논리와 인식 정당화에 대한 그의 관점이다.

반사실문 논리: 자연화의 길

김기현(2011: 73-201)은 게티어 반례를 극복하는 데서 출발하지만 지식의 자연화의 길로 진입하는 데 있어서 핵심적인 근거를 가정법적(subjunctive) 또는 반사실적(counterfactual) 조건문에서 찾고, 이를 자세하게 논의한다. 지식을 정당화된 참 믿음으로 규정한 근대적 관점에 대한 게티어 반례가 우연적 참에 근거한 것이라면, 반사실문이 그 우연적 참을 제거하는 장치라는 것이다. 지식 자연화론은 지식의 개념을 다음과 같은 세 가지 조건으로 제안한다: 's가 P를 안다'는 것은 (i) s가 P를 믿는다; (ii)

P가 참이다; 그리고 (iii) P가 참이 아니었다면 s는 P를 믿지 않았을 것이다라는 경우 그리고 이 경우에만 성립한다는 것이다. 이러한 반사실문의 장치는 이중적 구조로 되어 있다. 믿음의 참이 지식의 참과의 실질적 또는 인과적 연결을 확보하면서도 또한 동시에 그 연결에 법칙적 또는 논리적 구조를 유지하는 것이다. 이 장치는 지식 자연화론이 추구하는 우연적 참의 제거를 사실적으로 보일 뿐 아니라 근대적 지식론이 요구하는 정당화 조건은 삭제하면서도 개념적 선험성으로써 논의를 전개하는 것이다. 그만큼 이 논의는 선명하고 설득력이 있어 보인다. 이 논의를 구체적으로 추적할 필요가 있다.

김기현은 조건문(conditional)을 실연적(material), 엄밀적(strict), 반사실적(counterfactual) 조건문의 세 종류로 구분한다. 모든 조건문들은 '만약 A 이면 B이다'의 형식으로 되어 있고, 'A가 참이면서 B가 거짓이지 않다'는 것을 말한다. 이에 대한 반례는 'A가 참이고 B가 거짓인 경우'이고, 조건문은 그러한 반증 사례가 존재하지 않는다는 말이다. 그러면 위의 세 가지 조건문은 각기 반증 사례가 존재하지 않는다고 주장하는 세계들 범위의 사이즈를 달리 제시하는 것이다. 먼저, 실연적 조건문은 반증 사례가 이 현실 세계에서 성립하지 않음을 말하는 것이다. '이 현실 세계에 A 이면서 B가 아닌 경우가 존재하지 않는다'는 것이고, A가 이 세계에서 거짓이거나 B가 참이기만 하면 이 조건문은 참이다. 따라서 전건의 내용과 후건의 내용이 실질적으로 연결될 필요가 없는 것이다. 엄밀적 조건문은 '만일 철호가 아버지였더라면 그는 자식을 갖고 있었을 것이다'에서처럼, '아버지임'과 '자식을 갖고 있음'의 개념적 연관성을 가지고 있는 조건문이다. 현실 세계에서뿐 아니라 논리적으로 가능한 모든 세계에서 A가 참이면 B도 그러하다는 것이다. 반증 사례가 모든 가능한 세계에 없음을 말한다. 엄밀적 조건문이 참이라면 논리적으로 필연적인 참이다.

이제 반사실적 조건문을 보자. 이것은 '만약 내가 새라면 나는 하늘을 날 것이다'에서처럼, 조건문의 전건과 후건이 모두 거짓이다. 그러나 '새임'과 '하늘을 낢'은 실질적 연관성을 말한다. 이 조건문이 참이기 위해서는 반증 사례가 모든 가능한 세계에 없어야 하는 것이 아니라 전건이 참인 모든 가능한 세계에서 없으면 된다. 지식 자연화론이 제안하는 지식 개념의 조건 중 (iii) P가 참이 아니었다면 s는 P를 믿지 않았을 것이다는 어떻게 우연적 참을 배제하는가라는 셋째 조건이다. (iii)의 전건과 후건의 관계는 모든 논리적 가능 세계에서가 아니라 전건이 참인 모든 가능 세계에서 유지되면 된다. 전건이 참인 그러한 모든 가능 세계에서 후건이 반드시 참이어야 하는 것이다. 그러므로 이 모든 가능 세계들은 전건만 이 현실 세계와 다를 뿐 다른 점에서는 모두 동일한 그러한 세계들이다. 현실 세계를 최소한으로 변화시킴으로써 얻어지는 세계들이다. 그러므로 전건만 제외하면 이 가능 세계들은 현실 세계의 과학 법칙이 유지된다. 엄밀적 조건문이 논리적 필연성을 말한다면 반사실적 조건문은 자연법칙적 또는 전건과의 관계에서의 상황 내적 필연성을 말하는 것이다. 그렇다면 반사실문은 P가 참이 아닐 때 s가 P를 믿는 경우를 배제하는 것이다. 이 반사실문이 참이라면, 환질 환위법에 의하여 s가 P를 믿으면 P는 참일 수밖에 없는 것이다. 그러므로 이 반사실문이 참이라면 이것은 자연법칙적으로 필연적인 참이다.

김기현은 이러한 반사실문의 논리에 대하여 한동안 유보적이었지만(김기현, 1995a: 99-100) 후에 긍정적으로 되어, 이를 통하여 지식 자연화의 핵심 개념인 신빙성 지표 인식론(reliable indicator theory of knowledge)의 발전을 추적하고 이를 확장한다(김기현, 2011). '불이 발생하지 않았더라면 연기가 발생하지 않았을 것'이라는 반사실문을 보자. 연기의 존재는 불의 존재를 보이는 신빙성 있는 지표라고 할 수 있지만, '불이 없이도 연기가 발생할 수 있다'는 것은 연기의 존재는 불의 존재를 보이는 신빙성 있는 지표가 아니라는 것이다. 그렇다면 지식 자연화론의 조건 (iii) P가 참이 아니었다면 s는 P를 믿지 않았을 것이다에서, s가 P를 믿는 것은 P가 참이라고 할 신빙성 있는 지표가 된다. 연기 존재와 불 존재 간의 신빙성 지표 관계가 자연화의 한 성질인 까닭은 연기 존재와 불 존재라는 두 사실 간의 관계가 자연적 성질들의 관계이기 때문이다. 이것은 연기

존재를 아는 것이 불의 존재를 믿을 만한 증거인가라는 인식적 질문과는 독립적으로 성립한다.

암스트롱(Armstrong, 1997; 2004)은 반사실문의 논리에 의존하는 신빙성 지표 인식론을 자연법칙적으로 구체화한다. 잘 작동하는 온도계가 정상적인 조건에서 외부의 온도를 눈금으로 표시하듯이, 한 인식 체계가 잘 작동하여 외부의 사실을 믿음의 형식으로 등록할 때 그 믿음이 지식이 된다. 자연법칙은 잘 작동하는 온도계의 눈금이 X_1을 가리킬 때 외부의 온도가 X_1이라는 것을 보장한다. 온도계의 눈금은 외부 온도의 신빙성 있는 지표가 된다. 이 현상은 '외부 온도가 X_1이 아니라면 온도계 눈금은 X_1을 나타내지 않을 것'이라는 반사실문의 논리의 예화가 가능하기 때문이다. 그리하여 그의 지각적(비추론적) 믿음은 다음과 같이 형식화된다: 'a는 지각적으로 P를 믿는다'는 지각적 믿음은 (i) P는 참이다 & (ii) a에 대한 〈특정한 서술〉이 있어서, 만약 누구든지 그런 서술을 만족하고 그리고 P를 믿었더라면 P는 참이었을 것이다의 경우, 그리고 이 경우에만 성립한다는 것이다. 특정한 서술은 a 에 포함된 지각 장치가 정상적으로 작동하는 조건을 이루는 기술을 포함한다. 암스트롱은 지식의 중심에 믿음과 사실 사이의 합법칙적 함축 관계가 놓여있고 이 함축 관계가 반사실적 조건문 관계로 대변되는 신빙성 지표 관계의 근거를 이루는 것으로 보고 있다.

이러한 논의를 근거로, 김기현(2011: 100-101)은 전형적 신빙론에 대한 반례를 들고 자신의 신빙론을 제시한다. 이 신빙론은 "만일 P믿음의 참인 것이 객관적이도록 산출되었다면 P믿음은 정당하다"라고 표현되는 객관적 절차의 과정 신빙성이다. 인식적 정당화는 전통적으로 "믿음이 참이라고 생각하는 이유"와 동일시되었지만, 과정 신빙론은 인식 주체가 신빙성 관계에 대한 인지적 파악을 하지 않아도 되어, 지식이 소박한 성인, 어린이, 고등 동물들에게 귀속될 수 있고, 귀납 같은 인식론의 난제들을 풀 수 있으며, 과학의 실천의 논리를 제시하는 장점을 갖는다. 이 신빙론의 지식 조건은 신빙성 있는 인지 과정 M을 사용하여 다음이 된다:

인식 주체 s는 M을 통해 명제 P를 안다 ↔ (i) s는 M을 통해 P라고 믿는다; (ii) P가 참이다; & (iii) P가 거짓이었더라면 s는 M을 통하여 P라고 믿지 않았을 것이다. 그러나 이에 대해 김기현은 반례를 제시한다: 주변이 어두워서 사물의 형태를 분간할 수 없는 상황에서 한 사람이 어떤 사물을 보고 그것이 나무라고 믿었고 실제로 그 사물은 나무였다는 것이다. "그것은 나무이다"가 거짓이었더라면 그 사람은 그것이 나무라고 믿지 않았으리라는 것이다. 이 예가 과정 신빙론의 조건을 얼마나 만족하는지는 분명하지 않다. 그러나 그의 예가 가지는 목적은 분명하다. 과정 신빙론의 조건을 만족하지만 지식의 경우라고 보기 어려운 예가 있다는 것이다. 그러나 김기현은 지식 개념에 정당화의 규범이 없을 수 없다고 생각한다. 정당화 없는 지식 개념은 자기 모순일 수도 있고 콰인도 후기에 들어 규범에 대해 수용적이었다는 점을 이유로 든다(김기현, 1995: 80). 그리하여 여기에 넷째의 조건, 즉 (iv) 믿음 P가 s에게 인식적으로 정당하다를 추가한다. 김기현 나름의 새로운 신빙성 이론을 제안하는 것이다.

인식 정당화의 자연화

김기현(2011: 103-129)은 인식 정당화에 대한 상반된 두 관점을 논의한다. 그리고 이러한 논의는 그의 자연화의 길과 연결된다고 생각한다. 먼저, 인식 정당화에 대한 근대적 입장은 한 믿음이 인식 주관에게 정당하기 위해서는 그 믿음이 근거를 성찰하는 인식 주관의 반성적 의식에 참인 것으로 나타나야 한다. 그 믿음의 근거가 내재적으로 포착되고 그 근거의 참됨 또는 참일 개연성이 의식에 내재적으로 포착되어야 한다. 예를 들어, 지식 자연화론이 요구하는 인과적 고려는 인식 정당성과 무관하다고 주장한다. 한 믿음이 정당하기 위해서는 그 믿음의 원인이 있어야 한다는 주장은 인과적 오류라는 것이다. 왜냐하면 믿음의 정당성이 어떤 증거에 의존한다 할지라도, 그 증거가 그 사람이 그 믿음을 받아들이는 이유를 전혀 설명하지 못할 수 있기 때문이다. 개별적 믿음이 적절한 역사를 가져야 한다는 합리적 믿음에 대한 이론은 인식적으로 정당한 믿음에 대한 이론이 아니라는 것이다.

그러나 지식 자연화론은 "한 믿음이 인식 주관에게 정당하기 위해서는 그 믿음이 근거를 성찰하는 인식 주관의 반성적 의식에 참인 것으로 나타나야 한다"는 근대 인식론이 요구하는 상위 의식은 믿음 정당화를 위해 필요하지 않다고 주장한다. 만일 근대적 견해에서 한 하위 믿음을 정당화하기 위해서 상위 믿음이 필요하다면 그 상위 믿음 역시 정당해야 하고 그리고 이러한 상위 믿음은 더 높은 상위 믿음을 필요로 하는 등 무한 퇴행에 들어가게 된다는 것이다. 자연화론은 적절한 환경에서 적절히 작동하는 지각 장치에 의하여 구성된 믿음은 비록 상위 의식을 동반하지 않는다 하더라도 인식적으로 정당한 믿음으로 간주할 수 있다는 것이다. 근대적 이론은 '한 믿음의 정당함'과 '그 믿음이 정당함을 아는 것'을 구분하지 않고 혼동하고 있다는 것이다. 한 믿음이 정당하기 위해서는 적절한 근거로부터 올바른 방식으로 형성되는 것으로 충분하며, 상위 의식은 그 믿음이 정당함을 알기 위해서 필요할 뿐 믿음 자체를 정당화하기 위해서 필요하지는 않다는 것이다.

김기현(1995: 87)에게 있어서 근대 지식론이 인식 정당화에서 인식 주관을 평가하고 있다면, 지식 자연화론은 믿음 자체를 평가한다. 근대 지식론이 내재적 포착에 주목한다면, 지식 자연화론은 이 요구를 부정하고, 믿음이 사실상 참일 개연성이 높은 것으로 족하다고 주장한다. 그래서 근대 지식론과 지식 자연화론은 내재론과 외재론으로 구분되기도 한다. 지식 자연화론은 인지 과정의 성향을 인식적 평가의 대상으로 삼는 것이다. 그리하여 근거라는 인지 과정에서의 개념을 보다 자연화된 인과 개념에 토대시키는 것이다. 이를 다음과 같은 인과적 믿음 명제 (B)로 나타낼 수 있을 것이다:

(B) R이라는 근거에 의하여 S가 P라고 믿는 것이 정당하기 위해서는 S가 P라고 믿는 것이 R에 의하여 야기되어야 한다.

김기현은 지식 자연화론이 인식 정당성을 구체화하는 작업의 필요성을 나타내고 정당한 믿음과 불합리한 믿음을 구분하는 구조에 대한 분석을 할 수 있어야 한다고 요구한다. 그렇다면 이를 위해서 앞 절에서 논의한 반사실문 논리를 여기에 적용할 수 있을 것이다. 인과적 믿음 명제 (B)는 믿음이 정당하기 위해서 충분히 적절한 근거로부터의 올바른 방식을 나타낸다고 생각한다. 그 올바른 방식은 보다 간출하게

(B') S가 문맥 t_2에 P라고 믿는 것이 R에 의하여 t_1에 야기되었다;

라고 적을 수 있을 것이다. 그렇다면 반사실문 논리를 적용하여,

(CB') 만일 S의 문맥 t_1에 R이 없었더라면 S는 문맥 t_2에 P라고 믿지 않았을 것이다;

를 얻을 수 있다. 반사실문적 인과적 믿음 명제 (CB')는 S의 P 믿음이 근거 R과의 관계가 필연적임을 보여준다. 이 필연성은 논리적인 것이 아니라 자연법칙적 필연성이다. 인과적 믿음의 구조가 어떻게 자연법칙적인가를 보이는 것이다. 이는 반사실문 논리가 지식 자연화의 길에 얼마나 소중한가를 보여 준다. 정당화된 믿음에 관한 올바른 원칙은 인과 관계를 요구하는 원칙이어야 하기 때문이다.

회의주의

모든 진리론이 설득력을 갖기 위해서는 진리와 비진리의 경계를 설명해야 하듯이, 김기현(2011: 219-259)도 지식 자연화론이 대안적 지식론일 수 있기 위해서 지식의 회의주의에 대해서 설득력 있는 설명이 가능한지를 조명한다. 회의주의의 많은 유형 중 실수로부터의 논증과 지식 폐쇄성을 통한 논증을 보기로 하자. 먼저, 실수로부터의 논증은 두 믿음을 비

교하는 데서 시작한다. '나는 내 앞에 컴퓨터가 있다고 믿는다'와 '나는 전능한 기만자에 의하여 조작된 경험에 의거하여 내 앞에 컴퓨터가 있다고 믿는다'의 경우이다. 두 경우에 증거를 포함한 나의 인식적 상황은 동일하다. 후자의 경우는 기만자에 의해 조작된 까닭에 지식에 이를 수 없다. 그러나 만약 두 믿음이 인식 내적으로 동일한 상황에서 발생했다면 두 믿음은 동일한 인식적 지위를 가져야 한다. 그렇다면 전자의 경우도 지식에 이를 수 없기는 마찬가지라야 한다.

다음으로, 지식 폐쇄성을 통한 논증을 보자. 이 논증은 한 명제에 대한 믿음이 지식이라면, 그 명제가 연역적으로 함축하는 명제에 대한 믿음도 지식이 된다는 명제(지식 폐쇄성 원리)를 핵심으로 한다. 논리적 연역이 함축하는 전제와 결론의 관계는 논리적 필연성을 나타낸다는 의미에서, 전제에 대한 지식은 필연적으로 결론에 대한 지식이 된다. 동일성 대치율에 맞먹는 진리치 보존의 규칙을 준수해야 하기 때문이다. 그런데도 다음의 사례는 그러한 논리적 질서에 대한 회의주의적 결과를 초래한다는 것이다. '내 앞에 컴퓨터가 있다'는 명제를 P라 하고, '내 앞에 컴퓨터가 없는데, 전능한 기만자가 나의 경험을 조작하여 나로 하여금 마치 내 앞에 컴퓨터가 있는 것처럼 느끼게 한다'는 명제를 SH라 하자. 그러면 P는 SH의 부정, 즉 ┐SH를 함축한다. 그렇다면 P의 지식은 지식 폐쇄성 원리에 의하여 ┐SH의 지식을 함축해야 한다. 그러나 실제로는 ┐SH의 지식이 발생하지 않는다. 그렇다면 후건 부정 논법에 의해 P의 지식도 부정되어야 한다.

이러한 회의주의 논변들은 서로 연결되어 있지 않으면서도 "모든 지식은 불가능하다"라는 결론에 도달한다. 이러한 회의주의에 대해 근대적 인식론의 대응은 회의주의는 자기 논박적이라면서 "모든"을 "대부분"으로, 또는 "지식"을 "믿음"으로 바꾸어 쓸 수 있다고 한다. 또는 회의주의가 거부하는 "지식"의 개념이 너무 순수하거나 절대적이어서 다른 의미로 쓰이고 있다고 지적한다. 그러나 회의주의에 대한 근대적 지식론의 그러한 대응들은 특정 관점적인 것으로 보인다. 회의주의 자체가 형식주의적인 것처럼, 그 대응도 형식적인 것으로 들리는 것이다. 그러나 김기현은 형식주의적인 회의주의에 대해서도 실질적 대응을 시도한다.

먼저, 실수로부터의 논증은 인식 내적인 것들이 동일하다는 이유만으로 두 믿음이 동일한 지식의 지위를 갖는다고 논의하지만, 이것은 지식에 관한 초보적인 정의를 위배하는 것이라고 본다. 그는 모조 기와집 논의를 소개한다. 여행객이 한 집을 제외하고 무두가 모조 기와집의 동네와 모두가 실제 기와집인 두 동네를 지나면서, 각 동네 앞에서 "저것은 기와집이라고 믿는다"고 말하는 경우를 보자. 여행객의 두 동네 믿음은 둘 다 참이다. 그리고 여행객의 인식 내적 조건도 같다. 그러나 이를 둘러싼 외적 상황은 다르다. 그렇다면 여행객의 두 동네 믿음들이 지식의 지위에서 같은 값을 갖지 않는 것은 분명하다.

다음으로 지식 폐쇄성을 통한 논증에 대한 반박을 보자. 두 개의 명제 P '내 앞에 컴퓨터가 있다'와 SH '내 앞에 컴퓨터가 없는데, 전능한 기만자가 나의 경험을 조작하여 나로 하여금 마치 내 앞에 컴퓨터가 있는 것처럼 느끼게 한다'라는 명제에 대하여, 각기 대응하는 반사실문을 얻을 수 있을 것이다. CP '만약 내 앞에 컴퓨터가 없었다면 나는 내 앞에 컴퓨터가 있다고 믿지 않았을 것이다'와 C ┐SH '만약 나의 믿음이 전능한 기만자에 의하여 조작된 것이었더라면 나는 나의 믿음이 전능한 기만자에 의하여 조작되지 않았다고 믿지 않았을 것이다'라는 명제이다. 그러나 C ┐SH는 거짓이다. 나의 믿음이 조작되었을지라도 그러한 사실을 모르고 믿을 것이기 때문이다. 이 상황의 이해를 위해서는 데카르트 사례가 도움이 될 것이다. 전능한 기만자가 실은 내가 존재하지 않는데도 내가 존재한다고 성공적으로 나를 속이면 그러면 나는 내가 존재한다고 생각한다는 경우이다. 이 경우에도 전능한 기만자가 실은 내가 그렇게 생각하지 않는데도 내가 그렇게 믿도록 성공적으로 속인다면 그러면 나는 그렇게 되어 있다고 믿는 것이다. 이 논의의 함축은 P가 SH를 논리적으로 함축함에도 불구하고 P에 대한 지식을 가지면서도 ┐SH에 대한 지식을 갖지 않는다는 것이다. 이것은 상식과 직관에도 부합한다. 일상에서 우리의 P에 대한 믿음은 지식이지만 ¬SH는 알 수 없다고 판단할 것이기 때문이다. 반사실적 조건문 CP는 현실 세계와 유사하면서 내가 컴퓨터를 보고 있지 않는 가능 세계를 나타낸다. 이러한 세계들에서 내가 여전히 컴퓨터를 보고 있다고 믿을 것인가 아닌가에 의하여 CP의 진위가 결정된다. 그리고 C¬SH는 전능한 기만자가 나의 정신 세계를 조작하고 있는 가능 세계들을 표상한다. 이러한 가능 세계에서 내가 나의 정신 세계가 그러한 기만자에 의하여 조작되고 있다고 믿을 것인가 아닌가에 의하여 C¬SH 의 진위가 결정된다.

김기현은 그의 지식론의 자연화적 구조가 선명한 것과는 대조적으로 자연화의 형이상학에 대한 신뢰는 유보적이다. 한편으로 그는 반사실문 논리를 수용하고 인식 정당화를 반사실문 논리로 조명하여 지식 자연화를 변호한다. 그러나 다른 한편으로 그의 조심스러운 유보는 회의주의를 반박하는 두 논변이 분석 판단과 종합 판단의 구분을 필요로 하지 않는 논변일 수도 있지만 또한 그 구분을 가정하는 논변으로 해석될 가능성을 나타낸다.

3. 장회익의 과학적 지식

장회익은 과학적 지식이 지식의 한 모형이라 제안한다. 그의 지식 모형은 야심적이다. 그는 이를 위해 최근의 학습 이론과 과학사를 활용하지만 이 이론들은 그의 자연주의적 전망 내에 포용된 주제들이다. 그의 과학론은 자연주의적 지식을 바탕으로 한 온생명과 온의식에 대한 논의 구성을 통해 선명해진다. 그의 자연주의는 학습 이론에서 시작된다. 인간의 두뇌 속에는 불완전한 바탕 그림이 있고, 살면서 얻는 경험 정보에 따라 이 그림이 수정, 보완, 확대된다는 것이다. 이러한 과정에서 의문이 풀리기도 하고 새로운 의문을 품게도 된다. 인간 두뇌의 신경 세포들은 출생 전에 모두 형성되고 더 이상 만들어지지 않지만, 이들 사이의 연결망

이 20년 동안 서서히 이루어지고, 두뇌 기능이 바로 이 뉴런 간의 연결망(connectome)을 작동한다는 것이다. 이렇게 형성된 연결망의 바탕 틀에 맞지 않는 외부 정보들이 들어오고 이런 정보들이 어느 정도 쌓이면 두뇌는 스스로 대안적 인식 틀을 작동시키고 갈등적 정보들을 정리하면서 기존의 바탕을 버리고 새 바탕을 선택한다는 것이다. 이는 바탕 틀의 변경은 반드시 인지적인 것이 아니라 생리적일 수 있다는 것을 함의한다.

과학적 지식 모형

장회익(2009: 29-39)의 과학적 지식 모형에서 가장 중요한 것은 지식 주체와 지식 객체의 관계에 대한 그의 관점일 것이다. 이 관점은 칸트의 어휘를 빌리면서도 현대 물리학의 성취와 맞물려 도달한 독창적 해석의 결과로 보인다. 칸트가 지식에 있어서 주체와 객체의 관계에 대한 코페르니쿠스적 전회를 일차적으로 개시했다면, 그가 제안한 주객 관계에 대한 "양자 역학의 서울 해석"은 인식론적으로 중요한 계기이며 칸트의 코페르니쿠스적 전회를 완성하고자 하는 시도이기도 하다. 그렇다면 양자 역학의 서울 해석은 무엇이며 이는 주객 관계에 대한 칸트의 해석과 어떤 관계를 갖는가?

지식이란 일상적으로 사람이 사물이나 사태를 있는 그대로 관찰하고 서술함에 따라 도달하는 이해의 양식으로 간주되어왔다. 이때 있는 그대로의 지식 객체는 지식의 문맥에서 중심을 차지하고, 지식 주체는 그 객체의 내용을 마음 비우고 모사해내는 주변적 존재가 된다. 그러나 칸트는 이러한 전통적 주객의 위치를 바꾸었다. 태양이 지구를 중심으로 도는 것이 아니라 지구가 태양을 중심으로 회전하는 것처럼, 중심에 있는 주체에 따라 객체가 인식되어야 한다는 것이었다. 대상(Gegenstand)이라는 지식의 객체는 지식 주체의 감성과 지성이라는 인식 기능의 구성물이라는 것이다. 칸트는 감성은 시간과 공간의 형식을 통해 감각에 촉발되는 질료에 질서를 주지만 아직 혼란스럽고(verwirrt) 지성이 부여하는 개념을 통해 구체적 대상이 인식된다는 것이었다. 지식 주체와 지식 객체의 인식론적 연결성이 제시된 것이다.

장회익(2009: 66-83, 214-218)은 칸트의 지식 선험성을 필연적으로가 아니라 우유적으로 수용하여 양자 역학에서의 주체와 객체의 관계를 인식론적으로 연결하지만 존재론적으로 구분하고자 한다. 양자 역학이 대두되기 전까지 과학의 논의에서 서술 주체는 자신의 모습을 드러낼 필요는 없었다. 다큐멘터리의 카메라처럼 관측자는 그 모습을 감추고 카메라에 찍힌 내용만을 보여주면 되는 것이었다. 그러나 이제 양자 역학에서는 측정의 내용이 대상 세계의 모습을 있는 그대로 보여준다는 해석을 할 수 없게 되었다. 대상 세계와 측정 주체, 서술 대상과 서술 주체는 인식론적으로 연결되어 있으면서 존재론적으로만 역할이 구분되는 것이다. 예를 들어, "나는 거짓말쟁이다"라는 거짓말쟁이 역설은 서술 대상과 서술 주체의 역할이 구분되지 않을 때 발생하고 그 구분을 준수할 때 역설이 해소된다. 그리고 그 역할들의 연결은 측정을 통해 대상의 현 상태를 결정하는 데서 나타난다.

거짓말쟁이 역설에 대한 장회익의 통찰은 양자 역학에 대한 그의 "서울 해석"을 발단시킨 것으로 보인다. 이에 대한 기존의 논의(이중원, 2012; 김재영, 2012)를 참조하여 그의 해석을 다음과 같이 재구성해보고자 한다. 양자 역학에 대한 표준적 해석인 코펜하겐 해석을 포함한 기존 해석들은 양자 현상에 대한 불확정성 원리로서 세계에 대한 확률성의 불완전한 그림의 반실재론이었거나, 다수 세계나 다수 마음 같은 숨은 변항을 도입하여 세계에 대한 온전한 그림을 제시할 수 있다는 실재론으로 분류된다. 그러나 서울 해석은 거짓말쟁이 역설을 해소하는 서술 대상과 서술 주체의 역할 구분을 도입하여, 대상 이론으로서의 양자 역학 자체와 이에 대한 메타이론으로서의 해석 규칙을 구별하고 실재론과 반실재론의 기존 해석의 틀을 극복하고자 한다. 존재와 인식이라는 구분의 전통적 틀을 사양하는 것이다. 그러면 장회익의 서술 대상과 서술 주체의 구분은 물질과 마음의 이원론이 아닐까? 기존의 존재와 인식의 구분과는 어떻게 다른가? 서술 대상에 대한 대상 서술만으로는 서술 주체가 대상으로부터 정보를 얻는 메타서술을 얻을 수 없는 것이 아닌가? 서술 대상과 서술 주체는 서술에 의해 중재되므로 둘 다 서술과 독립하여 주어질 수 없다. 서술에는 이미 대상과 주체가 각기 구성적으로 새겨져 있는 것이다. 그리고 메타서술을 하는 서술 주체는 개인적 주체가 아니라 집합적 지성의 지식 주체로 조명된다. 그가 양자 역학에 대한 새로운 해석을 제안했을 때 대상의 초기 물리량이 지성화를 통해 대상의 초기 상태에 이르렀고, 이를 향해 "상태 변화의 법칙"을 적용하여 대상의 말기 상태를 얻어 거기에 개념의 상대화를 첨가하여 대상의 말기 물리량을 얻을 수 있었던 것이다(참조: 15장 4절). 여기에서 그가 의존하는 지성화나 개념의 상대화도 다음에서 논의할 집합적 지성의 지식 주체에서 구성된 것이다.

지식 주체: 집합적 지성

장회익(2009: 220-221)이 지식 주체와 지식 객체의 관계에 대한 독창적 해석을 통해 지식의 과학적 모형을 출발시켰다면 지식 주체의 성격은 그러한 모형의 이해를 위해 반드시 조명되어야 하는 주제가 된다. 일반적으로 지식 주체는 정상적인 지적 능력을 지닌 임의의 자연인으로 간주되지만 그는 지식 "대상을 제외한 정보적으로 연결 가능한 그 모든" 것들을 집합 주체로 간주한다. 지식 주체의 개념을 선명하게 하기 위해 그는 "과학적 지식의 주체가 누구냐"고 묻고 이 물음에 대한 답변은 어떤 특정인이 아니라 관측 장치들을 포함하는 집합적 지성의 구조가 답한다고 본다. 이러한 구조는 지식이 개인 간에 비전(秘傳)되는 것이 아니라 누구에게나 소통되도록 열린 학문의 성격을 보여 준다. 지식 주체의 집합성은 그의 다른 논의들을 통해 더 선명해진다.

지식 주체는 집합적 지성이라는 주장을 위해 장회익(2009: 39-53)은 "칸트적 논변"이라 할 수 있는 논의를 제시한다. 칸트가 감성과 지성을 분리하면서도 이들 기능을 종합하여 개별적 대상 개념을 이야기했을 때 감성은 개인적인 것이 아니고 지성은 개별적인 것이 아니라는 것이다. 감성의 형식으로서의 시간과 공간은 개인 특유의 경험 형식이 아니라 모든 사람에게 공유되는 것이고 지성의 형식으로서의 범주들 또한 특정 개인이 논리적 판단들로부터 도출한 것이 아니라 논리적 판단을 수행하는 사람들에게서 나타나는 범주라는 것이다. 예를 들어, 인과성이라는 것은 사물의 성질도 아니고 특정 개인에게 고유한 범주가 아니라 인과 판단을 수행하는 모든 사람들이 적용하는 인식 주체의 선험적 구조로서의 범주라는 것이다. 장회익은 칸트의 시간과 공간 또는 범주에 대해 제약을 가하지만 그것은 유일성이나 필연성에 대한 제약일 뿐, 인간 경험에서 갖는 역할의 선험성에 대해서는 지지적이다. 그리고 지식 주체의 집합성에 대해서는 시공이나 개념이 개인적인 것이 아니라 인간 공동체적인 것이라는 점에서 인식적 상황의 본원적 구조의 특성이라고 본다.

지식 주체의 집합성에 대한 또 다른 논의는 "선험적 논변"이라 부를 수 있는 것으로, 장회익 철학의 여러 단편들에서 찾아볼 수 있다. 다음에서 상론할 의식 주체로서의 온생명이나 온의식이라는 장회익의 개념들은 개인적인 것이 아니라 집합적인 것이고, 경험적인 것이 아니라 선험적인 것이다. 선지자나 예언자는 개인적이었지만, 과학적 지식의 주체는 그러한 개인적 능력이 아니라 집단적 지성의 능력으로 구성된다는 것이다.

지식 1: 온생명

장회익은 과학의 지식 모형으로서 지식 주체와 지식 객체의 관계를 존재론적으로 분리할 수 있다고 하면서도 인식론적 연결성을 주장한다. 지식 주체의 집합성 때문에 연결성을 강조하는 것이라 생각한다. 이러한 논의의 구도는 그의 서울 해석과 온생명과 온의식의 주제들이 독립적인 것이 아니라 총체성을 이루어 주체 집합성과 주객 연결성에 의존하는 격자적 짜임을 만들었다고 생각한다.

장회익(2008: 189-210; 2009: 77-136)은 생명이란 무엇인가를 묻는다. 사람들은 흔히 생명에 대해 말할 때 세포나 디엔에이(DNA)를 말하고, 토끼 한 마리나 소나무 한 그루 같은 유기체를 사례로 든다. 그러나 이들은 생존에 필요한 적절한 조건에서 고립되면 생명체로서의 특성을 상실하고 만다. 이러한 상황은 크리스털 잔 같은 결정체와 비교될 수 있다. 크리스털 잔은 주변으로부터 존재 지속적인 지원을 받지 않아도 되기 때문에 존재의 단위로 성립하지만, 세포나 유기체는 존재 단위로서 필요한 독립성을 자신 안에 갖지 못하고 있다. 토끼 한 마리가 10분 동안 진공 속에 있으면 생명은 없어진다. 생명의 단위는 존재의 단위와 연계해서 개념적으로 구성되어야 한다. 그렇다면 생명이란 이를 유지하기 위해 여러 요소들이 긴밀한 연결망을 이루는 전체 체계가 하나의 실체로 파악될 때 나타나는 것이다. 그는 이것을 "온생명(global life)"이라고 명명한다. 온생명은 생명이 갖추어야 할 필수 단위이고 외부에 의존하지 않는다는 점에서 자족적 단위이다. 그리고 개별 생명체들은 온생명 안에 들어 있는 조건부적 단위라고 보며, "낱생명"이라 부른다. 낱생명을 가능하게 하는 여건, 온생명의 나머지 부분을 그 낱생명에 대응하는 "보생명"이라 한다. 낱생명은 독자적 단위가 아니라는 점에서 생명의 독립적 단위일 수가 없다는 것이다.

장회익(2009: 88-89)은 이러한 온생명 개념에 이르는 과정에서도 주객 연결성과 집합적 지성의 구도를 나타낸다. 개구리는 날아다니는 파리를 잡아먹을 수 있는 눈을 가진 것으로 알려져 있지만 실제로 움직이는 것만을 보는 눈을 가졌다는 것이다. 만일 개구리가 생명 개념에 관심이 있다면 흔들리는 나뭇잎을 보고 나뭇잎을 독자적인 생명 단위로 간주할 것이고 나무 둥치는 볼 수 있는 관찰의 범위에서 제외시킬 것이다. 그러나 사람은 나뭇잎과 나무 둥치를 연결하여 볼 수 있다. 나뭇잎에 대한 개구리 눈과 사람 눈의 관계의 유비를 낱생명에 대한 일상적 속견과 과학적 지식의 관계에 도입할 수 있다. 우주인이 지구를 방문하여 지구에서의 생명 단위를 개념화하고자 한다면 태양과 지구 간의 거리 같은 요소를 핵심적으로 고려하여 유기체 개별자가 아니라 온생명을 생명 단위로 보아야 한다는 것이다. 우주인은 지구에 살지 않지만 과학자 공동체의 집합적 지성을 나타내고 과학자 공동체는 지구에 살면서 주객 연결성을 나타낸다는 것이다.

장회익(2008: 190-197; 2009: 102-111)은 온생명의 정교한 체계가 어떻게 구현되는가를 볼츠만(L. Boltzman)의 엔트로피, 슈뢰딩거(E. Schroedinger)의 부엔트로피 등의 개념으로 설명한다. 예를 들어, 차가운 물이 반쯤 차 있는 그릇에 뜨거운 물을 얼마간 붓는 경우 동역학적 서술이 가능하다. 각 입자들은 질량과 힘에 따라 수많은 가능 개별 상태에 들어가고 상태 변화의 법칙에 의해 미래 개별 상태를 예측할 수 있다. 그러나 입자의 갯수가 많아질수록 이 방법의 현실적 적용 가능성은 떨어진다. 그렇다면 개별 상태들을 군집하여 모은 개괄 상태의 관계들에 주목하는 열역학적 서술을 할 수 있다. 물을 붓고 난 직후 물은 '부분적으로 뜨겁고 부분적으로 차가운 상태'라는 열역학적 개괄 상태 I이고, 시간이 조금 지난 물은 '전체가 미지근한 상태'의 열역학적 개괄 상태 II가 된다. 개괄 상태 I에서 개괄 상태 II로 가는 것은 열역학적 개괄 상태 안의 개별 상태들이 서로 지속적 상호 전환 과정에 의한 가장 흔한 동역학적 상태로의 전환이다. "대상이 놓인 개괄 상태는 항상 가능한 개괄 상태들 가운데 엔트로피가 가장 큰 개괄 상태 쪽으로만 변하며 그 반대의 경우는 발생하지 않는다"는 소위 열역학 제2법칙을 따르는 것이다. 엔트로피란 이러한 전환에서 열역학적 상태에 대응하는 동역학적 상태의 수와 관련된 물리량이다. 모든 사물은 그 엔트로피를 증가시키며, 이로 인해 물은 식어가고 생명체들은 죽어간다. 그러나 유기체들은 주변으로부터 부엔트로피를 끌어들임으로써 그러한 상태를 모면하여 생존할 수 있다.

지식 2: 온의식

장회익(1998: 326-338; 2009: 170-174)은 낱생명이 아니라 온생명을 생명의 단위로 간주하는 것처럼, 의식도 인간 개인 의식의 단위로부터 온생명의 온의식의 단위로 이동한다. 그의 과학적 지식의 모형인 주체 집합성과 주객 연결성은 온의식의 분석에서도 그대로 드러난다. 인식 주체로서의 온생명은 협동적 학문 활동을 하면서 개별 인간을 넘어 공동 주체를 형성해왔다. 과학의 역사는 바로 이러한 집합적 의식 주체의 성격을 보여준다는 것이다. 여기에서 두 가지를 지적할 수 있다. 첫째, 양자 역학에서 "관측 전후에 대상의 상태가 달라진다"는 명제를 이해하는 방식은 "관측이 된 것"을 자연인 주체가 아니라 집합적 지성 의식의 주체로 해석해야 한다는 점이다. 둘째, 의식 개념을 현상적으로가 아니라 정보적으로 확장하는 것이다. 느낌이라는 현상적 요소를 배제하지는 않지만 필요조건으로 요구하지 않는 것이다. 그렇다면 의식의 주체가 된다는 것은 지적 작업을 위한 인식의 주체, 지향성의 주체가 된다는 것을 의미한다. 이러한 정보론적 의식은 신경 세포들 간의 연결망 소통처럼 의식 주체들 간의 연결망 소통과 유비적 관계를 갖는다. 21세기에 현실화된 전 지구적 정보 통신망은 개인적 활동이 아니라 집합적 활동이다. 정보론적 의식 모델에서 '나'는 가족, 부족, 민족, 인류 공동체로 점점 확대되어 '가장 큰 나'에 이르게 되고, 온생명의 유기적 조직에 대응하는 정보적 온의식에 닿을 수 있다는 것이다. 생명이 지구상에 나타난 40억 년 만에 처음으로 온생명은 통합적 의식을 가질 수 있게 된 것이다.

장회익(2009: 161-169)은 온생명과 온의식의 개념에 대해서 물음이 없을 수 없다는 점을 인정한다. 크게 말해, 이원론과 자유 의지의 수수께끼이다. 먼저, 이원론 극복의 과제는 슈뢰딩거에 의해 제기되었다: "내 몸은 자연법칙을 따르는 순수한 역학적 기구로 기능한다; 그렇지만 나는 직접 경험에 의해 내가 내 몸의 움직임을 지시하고 있음을 안다; 고로 내가 자연법칙에 따라 원자들의 운동을 조정한다." 평범하고 자명한 두 개의 전제로부터 반직관적으로 보이는 결론을 도출하는 것이다. 결론 명제는 물리적 인과의 원인과 행위적 동기의 이유의 구분을 무시하여 이원론의 요구 조건에 반하고 있다. 슈뢰딩거는 '나'라는 것이 이러한 물질적 현상에 내재하는 "존재의 한 양상"이고 나는 이 물질과 다른 존재가 아니라는 것이다. 장회익은 이 삼단 논법을 모순으로 파악하는 것은 이원론을 전제해서일 뿐 "나와 물질이 하나"를 수용하면 문제는 간단하다고 처방한다. 의식을 일으키는 바탕 곧 두 사람의 두뇌만을 보자면 두 의식은 분명히 서로 다른 데서 일어나지만 그 안에 담긴 내용에는 공통점이 매우 많다. 그런데 물질과 의식은 둘이 아니고 한 실체의 두 측면이다. 그렇다면 의식은 담고 있는 그릇의 범위를 분자 하나, 세포 하나, 두뇌 하나에 한정할 수 없다. 의식은 두뇌들 간의 공동 작업으로 형성되는 것으로, 사회적이고, 공동체적이다. 생명조차도 다수의 생명이라는 것이 우리들의 잘못된 관념의 소산이듯이 의식도 다수의 의식이라든가, 더 나아가 다수의 영혼이라는 것 자체가 부적절한 관념의 소산일 수 있다. 생명 현상이 유기적이어 온생명이 진정한 단위이듯, 의식 현상도 지성의 집합성을 까닭으로 온의식을 유일한 유의미한 단위로 갖게 되는 것이다.

온의식론이 만나게 되는 또 하나의 과제는 자유 의지라는 것을 어떻게 이해할 수 있는가이다(장회익, 2009: 146-158). 양자 역학이 대두되기 전까지 우리가 서술해온 동역학의 세계 속에는 주체가 끼어들 여지가 없었다. 그 안에 인간은 존재하지만 '나'는 존재하지 않는 기묘한 세계였다. '나'라는 것은 온생명과 온의식의 문맥에서 이해되어야 함에도 불구하고 전통적으로 이원론적 언어로 이해되었고, 물리주의에서조차도 이원론적으로 구성된 언어로 해석되어왔다. 예를 들어, '나'를 의식 주체와 신경조직망의 "설명할 수 없는" 그러나 결과적으로 나타난 단위로 보았다. '나'는 독자적인 두 개의 실체, 생각하는 실체(res cogitans), 공간 점유의 실체(res extensa)의 결합이었다. 그러나 인간의 의식과 그것을 구성하는 신경조직망 사이의 상관 관계가 아직 엄밀하게 해명된 것은 아니지만, '나'는 그 상관 관계의 기능적 또는 수반적 질서로 이해할 수 있고, '나'의 물질이 이 두 성격을 동시에 나타낸다는 것이다. 그러므로 장회익은 "신체를 구성하는 신경 세포들의 조직망이 어느 정도 이상의 복잡성과 정교성에 도달할 때 이러한 물질적 구성 안에서 스스로 자기 자신이라 여기는 주체 의식이 발현된다"는 가설에 도달한다. 의식 주체와 신경 조직망은 동일한 한 실체의 양 측면, 곧 외적 측면과 내적 측면이 지니는 차이이다. 그렇다면 자유 의지란 신체의 물리적 바탕 속에 형성된 그 어떤 상황에 대한 주체적 파악의 한 양상으로 이해할 수 있게 된다.

4. 지식의 규범성과 자연성

인식의 정당성 물음은 아직도 살아 있는 주제로 논의가 진행 중이다. 최근에 이 물음은 두 가지 방향에서 전개되고 있다. 하나는 정당성의 물음을 보다 큰 문맥에 설정하여 정당성 개념을 개별화하거나 세분하는 인식론적 논의이고, 다른 하나는 인식의 근거를 찾는 존재론적인 논의이다. 예를 들어, 진리 개념을 맞아떨어짐이나 원초적인 개념으로 요청하기도 하고 "저 모양(that shape)" 같은 지시사적 문맥에 한정하여 실재성을 확보하려고도 한다. 하나의 개념 체계 안에 들어 있는 단칭 명사와 체계 밖에 존재하는 실재의 관계에 대해 선험성이나 정의성 없이 "그 무엇"에 대한 측정이 동일한 조건하에 언제나 동일한 결과를 산출할 수 있다면, 인식의 자연화는 생각보다 어려움 없이 이루어질 수 있다고 믿게 된다. 두 가지 방향은 지속적인 토론의 주제를 이룬다. 그러나 존재론적인 자연화의 방향이 인식론적인 정당화 프로그램을 포용할 수 있는 것으로 간주한다면 남은 과제는 인간 경험의 다양한 중층성 구조에 주목함으로써 인간과 자연의 연속 관계와 불연속 관계를 보다 선명하게 하는 것이다.

자연화와 지식 모형

김도식(1999, 2008, 2010)은 김기현의 지식 자연화 기획에 대해서 몇 가지 의문을 제기한다. 김기현의 신빙론은 "만일 명제 P가 참이 아니었더라면 사람 s는 P를 믿지 않았을 것이다"라는 것을 인식의 필요조건으로 요구하여, s의 증거 E와 s의 믿음 P 간에 인과적 관계를 설정한다. 증거와 믿음 간의 인과적 관계가 인식에서 신빙성 있는 지표를 나타낸다는 것이다. 그러나 김도식은 인식의 정당성은 믿음의 개별적 차원, 개별적 명제 차원에서 구성될 뿐인데, 신빙성론은 인과성 또는 과정이라는 이름으로 믿음의 유형에서 정당성을 찾고 있다고 지적한다. 그는 믿음들의 유형은 원칙적으로 무한하게 나열될 수 있고, 그 유형을 선택하는 것은 인과적인 것이 아니라 개념적이거나 자의적일 뿐이라고 지적한다. 또한 인과성을 개입시키는 반사실문의 논리는 "현실 세계에서 최근접한 가능 세계들"을 요구한다. 그러나 여기에서도 현실 세계와의 최근접성을 측정하는 객관적 기준이 분명하지 못하다고 지적한다.

이병덕(2001)은 '인식적 정당화의 내재주의적 접근이 무한 퇴행에 빠진다'는 김기현의 지적에 동의하지 않는다. 무한 퇴행의 문제는 s의 믿음 p가 합리적이기 위해서는 그가 p를 적절한 증거 E에 입각하여 믿어야 하고 E가 주어졌을 때 p가 참일 개연성이 높다는 상위 믿음 H를 가져야 하지만, 상위 믿음 H는 이를 정당화해주는 고차의 상위 믿음 H를 요구하고 그리고 이러한 정당화의 요구는 무한히 계속된다는 것이다. 그러나 이병덕은 추론적 정당화와 추정적 정당화의 구분을 수용하여 무한 퇴행을 차단하고자 한다. 추론적 정당화가 믿음 p를 정당화하는 이미 확립된 다른 믿음 q로써 수행하는 것이라면, 추정적 정당화는 단지 p가 참이라고 추정할 이유가 있고 참이 아님을 나타내는 증거가 보이지 않기 때문에 성취되는 것이다. "유죄로 입증될 때까지 무죄로 추정한다"는 사회 제도적 관습과 일치하는 것이다. 악령 가설은 진정한 의심이 아니라 인공적 의심일 뿐이고, 경험에 의한 정당화는 언젠가 끝을 내면서 더 이상의 회의를 멈추고 "이것이 우리가 말하는 방식이다"라고 말해야 한다는 것이다. 그렇다면 대부분의 지각적 믿음은 과학적 설명과 일상적 이해를 조화시킨다는 점에서 참이라고 추정할 이유가 있고(서상복, 2006: 467-485) 참이 아님을 보이는 것이 없을 때 추정적으로 정당화된다. 이 믿음에 대한 상위적 평가가 달리 생각해야 할 이유가 없을 때는 그러하다. 이러한 절차는 인식론적으로 무책임하다고 볼 이유가 없고, 무한 퇴행은 차단된다.

소흥렬(1999)은 장회익의 온생명과 낱생명의 구분을 긍정적으로 수용하면서도, 낱생명이나 온생명 모두 생명 현상을 몸과 마음의 기능을 함께 포함하는 '전일적' 현상으로 보기 때문에 몸과 마음의 관계를 중층적 차원의 관계로 파악하지 못한다고 지적한다. 몸과 마음의 관계를 서술적으로 다루기 때문일 것이다. "몸은 밖으로부터 보는 것이고 마음은 안으로부터 보는 것"이라고 말하는 것은 하나의 현상이 두 가지 다른 측면에서 서술되는 관계임을 뜻한다. 몸과 마음의 상호 작용 관계가 부정되고 만다는 것이다. 이러한 상호 작용이 가능하기 위해서는 몸의 기능과 마음의 기능이 서로 독립된 기능이어야 한다고 본다. 말하자면 연속 관계와 불연속 관계가 함께 존재하며, 중층적 관계이어야 한다는 뜻이다. 중층적 관계에 이르지 못하면, 온생명과 온의식은 온정보에 이르지 못하고, 실재가 생명체나 의식체 중심의 세계가 될 것이다. 진정한 유기적 세계관, 자연주의적 과학관에 이르기 어렵다는 것이다.

조인래(1991)는 장회익의 과학적 지식론이 특정한 가치론을 필요로 한다는 점을 지적한다. 장회익은 우주적 생명이라는 생명 단위를 끌어내기 위해 한편으로 '작용체'와 '보작용자'라는 개념적 구조에 의존하고 다른 한편으로 '자유 에너지'와 같은 과학 지식에 호소한다. 그러나 여기에는 또한 우주적 생명을 개별 생명에 우선하는 가치론적 개입이 들어 있다는 것이다. 우주적 생명의 우선성 가치론이 전제되면서, 전통적으로 이해되어온 기존의 인권, 생명권, 인격권 같은 가치들은 우주적 문맥의 필요에 따라 우선순위에서 밀려날 수 있다는 것이다.

인식 정당화

지난 세기는 근대적 인식 가능성의 주제가 인식 정당성의 주제로 바뀐 세기였다. 그러한 변화 속에서 앞 절에서 본 것처럼 인식의 자연화가 중심 주제로 떠올랐다. 자연적 인식론은 콰인(Quine, 1969)에 의하여 구성되었다. 콰인은 데카르트의 "의심할 수 없는 믿음" 같은 모델이 보이는 규범적 인식의 추구보다는 "과학 실험실에서 보이는 믿음" 같은 모델이 보이는 서술적 인식의 추구를 선호한다. 전자는 나의 지각이 외부 세계의 존재를 정당화할 수 없다는 흄적인 절망으로 파산할 수밖에 없다고 생각한다. 규범의 엄밀성은 정당화의 엄밀성을 요구하기 때문일 것이다. 한국의 몇몇 인식론자들은 자연적 인식론에 대하여 많은 관심을 표명해 왔다.

김동식(1995)은 "자연주의가 철학을 과학의 시녀로 만들" 것인지 또는 "자연주의가 과학으로 대표되는 지식을 추구함으로써 철학을 지켜"갈 것인지는 아직 판단하기 어렵다고 생각한다. 이것은 과학과 철학의 보다 포괄적 관계 속에서 평가되어야 한다고 진단한다. 김영정(1992)은 콰인의 자연적 인식론의 연장이라 할 수 있는 인지 과학의 철학 논문에서 기능주의적 지식으로서의 표상의 논리를 추구한다. 그러나 감각질(qualia)이 기능주의 구조 안에서 해석될 가능성에 대해서는 여러 가지 의문을 품었다. 감각질은 주관성의 핵심적 거처이고 기능주의 설명의 가능성은 결국 다른 하나의 환원주의를 함축하기 때문이다.

최순옥(1995a)은 콰인의 "이론도 엄밀하게 따져보면 변형된 토대론의 일종이고 언어 공동체와 과학적 권위에 최종적으로 호소"하고 있다고 비판한다. 최순옥(1995b)은 내재주의의 변형들 중에서 정합론보다 토대론에 대해 호의적이다: "토대 믿음들을 하나하나 짚어감으로써 정당화를 설명하는 것이 좀 더 경제적이고 용이할 것이다. 토대론은 정교하게 잘 짜여진 믿음 체계 전체에 대한 인지를 요구하지 않는다. 토대 믿음을 파악하고 그것에 의거하여 정당화하는 것은 인지자 자신에게조차 알려지지 않은 믿음 체계 전체를 파악해야 하는 것보다 훨씬 더 간단한 일이다."

이제 보다 구체적으로 한국의 몇 인식론자들이 어떠한 주제에 관심을 갖는지를 살펴볼 수 있을 것이다. 김도식(1995a: 179-186; 1994: 348-353)은 첫째, 인식 정당화를 증거론적으로 접근한다: 증거 E는 사람 s가 시점

t에 가지고 있는 모든 증거이며 명제 P를 믿는 것이 E와 맞아떨어지는 경우 그리고 이 경우에만 s가 t에 P를 믿는 것이 정당하다. 여기에서 증거를 갖고 있다는 것은 증거를 생각하거나 기억한다는 것이고, 믿음 P와 증거 E의 관계가 맞아떨어진다는 조건은 다음과 같이 제시된다: "P를 믿는 것이 E와 맞아떨어진다 ↔ 지각적 증거 E를 가진 모든 사람이 명제 P와 증거 E에 관련된 동일시 조건을 만족시킨다." 김도식이 "모든 사람"이라는 공동체를 도입하는 것은 증거와 믿음의 관계를 공동체 안에 정치하는 결과를 낳는다. 정당성을 공동체와의 관계 속에서 의미론적 개념으로 구성하는 것이다. 김도식의 공동체 도입은 콰인이 관찰 문장을 구성할 때 도입하는 바로 그 언어 공동체라고 생각한다.

둘째, 김도식(2008; 2004)은 인식 정당화 논의에서 발생하는 혼란에 주목한다. 여기에서 중요한 것은 인식적 정당성이 이미 형성된 믿음 명제 P에 대해서 적용되는 것이 아니라, 명제 P를 믿는 인식 주체 s에게서 성립한다는 것이다. 인식적 정당성이 믿음 명제 P에 적용되는 경우, "E를 근거로 P를 믿는 것"은 증거 E가 믿음 P의 원인이라는 것이고, 인식적 정당성이 인식 주체 s에게 적용되는 경우, "E를 근거로 P를 믿는 것"은 증거 E와 믿음 P의 관계가 논리적이거나 확률적이라는 것이다. 증거론의 "제대로 된 근거로부터 형성됨", 즉 명제 P를 뒷받침하는 근거를 바탕으로 믿음을 형성해야 한다는 조건은 신빙론의 믿음 형성 과정을 바탕으로 믿음을 형성해야 한다는 것과 평행적으로 이해될 수 있다. 결국 믿음 형성의 근거가 되어야 하는 내용이 P를 뒷받침하는 증거냐 아니면 신빙성 있는 믿음 형성 과정이냐에 따라 증거론과 신빙론이 구분되는 것이다. 양자의 차이는 경험적 탐구의 필요성을 부여하는 위치에 대한 차이이다.

김도식(1995b: 148-149)은 믿음 획득의 당위적 절차와 서술적 절차의 관계에 대하여 여러 가지 자연적 인식론들의 입장을 비판적으로 검토한다. 그의 결론은 먼 훗날 이것들이 하나의 절차로 합쳐지겠지만 현재로서는 양자가 각각의 기능을 가진다고 지적한다. 따라서 양자는 배타적이기보다는 협조적인 관계라고 해석한다. 이것은 양시론이고, 만일 양시론이 옳다면 콰인의 프로그램은 근대적 인식론을 대체하는 데 실패했다는 비판이 될 것이다.

김혜숙(1992: 8-9)은 인식 정당화의 여러 가지 유형 중에서 몇 가지 유예에도 불구하고 정합(coherence)론 논의 전개에 친근감을 나타낸다. 정합론에 대조되는 정초(foundationalism)론은 자신의 정당화를 위해 다른 명제들을 필요로 하지 않지만 감각 자료나 분석 명제처럼 믿음 체계를 버티어주는 근본적 명제들이 있다는 것이다. 그러나 정합론은 그러한 정초 명제가 진리를 담보한다는 주장에 무리가 있다고 생각한다. 정합론은 지각의 언어 의존성에 주목하여, 오류 불가능한 판단이나 순수한 사실(solid fact)이란 없다고 믿는다. 개념 체계와 그것이 표상해내길 기다리고 있는 '세계'라는 이분법을 수용하지 않고, 진리가 비인식적이라는 견해를 거부하는 것이다. 진리는 경험의 전체 질서와의 정합성의 정도에 따라 그 정도가 결정되는 인식적 개념이라는 것이다. 그리고 정합성이란 체계 내의 명제들의 일관성만으로는 충분하지 않고, 보다 큰 포괄성, 상호 함의, 설명력 같은 유기적 개념으로 규정된다.

김혜숙(1992: 21-25)에게 정합론은 외부 세계와 관계를 맺어 실재성을 확보할 수 있어야 한다. 지속적인 관찰들을 유입하여 정합성의 안정성, 지속성의 정도에 비례해서 독립적 실재와의 연계를 시도할 수 있지만 종교적 믿음의 체계는 구분해내지 못한다. 그렇다면 '믿음 체계' 대신에 '수용 체계', '관찰' 대신에 '확률'이란 개념을 사용하여, 정합성을 어떤 배경 체계에서 한 명제가 갖는 상대적 합당함의 측정 장치로 다시 규정해볼 수 있을 것이다. 합당함을 결정하는 것은 배경 체계에 상대적인 개연성 혹은 참일 확률로 본다: P가 체계와 정합적이라는 것은 그 체계에 근거해서 P를 받아들이는 것이 그것과 경쟁 관계에 있는 다른 명제를 받아들이는 것보다 더 합당하다(reasonable)는 것이다. 여기에서는 P가 사실상 참이 아니더라도 P를 합당하게 수용할 수 있다. 정당성과 진리의 연관은 자연주의적 가설로 조명된다. 우리는 우리 자신, 우리의 감각 능력, 다른 사람들의 지각적 판단을 신빙해온 것처럼 앞으로도 그러할 것이고 그러한 신빙은 선험적 전제이기보다는 우리의 자연적 소질(natural constitution)의 일부라는 것이다.

김혜숙(1992: 25-28)은 정합론의 어려움도 인정한다. 정합론은 진리를 지나치게 인식적인 것으로 만들 소지를 안고 있고, 인식 주관에 따른 상대성을 피하기 어렵다는 것이다. 정합론의 기준인 상호 함의성이나 설명력은 종교나 이데올로기에 적용될 때 정합성의 정도가 높은 것으로 나오는 것을 고려하면, 문제적으로 보인다. 인간의 믿음 체계는 진리를 구하고 오류를 피하려는 목적을 갖는다는 제한은 적절한 진리론의 부재로 인한 순환성의 문제 때문에 공허해진다. 즉 진리나 오류가 언제나 믿음 체계에 상대적인 차원에서 결정된다면 이 조건의 제약적 기능은 무화된다. 그러나 정합론의 매력은 믿음 체계나 언어를 떠난 외부적 요소, 정초를 설정하지 않고 지식의 개념을 논의할 수 있다는 점이다. 인간의 인식은 생존의 필요에서 생겨난 것이라는 점에서 정합적 체계는 생명체의 생존 가능성을 높인다. 그러나 체계 정합성이 지나치게 높으면 설명 완결성이나 단순성은 확보하지만 환경 적응력이 떨어진다. 데이비슨이 제안한 대로, 진리 개념을 원초적인 것으로 수용하여 대부분의 믿음들이 참이라는 가설은 인식적 바탕을 가진 것이기보다는 방법론적 필연성으로 이해할 수 있고, 진리와 믿음의 연결은 믿음과 의미 사이의 연관 때문에 진리와 의미와의 연결로 이어지는 것으로 해석할 수 있다는 것이다.

하종호(2008a)는 인식의 정당화를 위해 정초론(foundationalism)을 지지한다. 정초론은 인식을 정당화하는 데 있어서 그 자체로는 정당화를 필요로 하지 않지만 다른 것을 정당화하는 정초적·토대적 명제들이 있다는 관점이다. 이를 위해 경쟁적 관점들을 비판하기도 하지만 여기에서는 그의 정초론의 세 가지 논변을 볼 수 있다. 첫째 그는 지각 내용은 다양한 개념 체계에 따라 달라지는 것이 아니라는, 지각 내용의 비개념성 논변을 제시한다. 정초론은 '저 모양(that shape)'이라는 표현을 사용하여 구체적 지각 경험을 가질 수 있지만, 개념성이 요구하는 이 표현의 재확인(re-identification) 조건을 만족하지 않아도 된다는 점에서 이 지각 경험은 비개념적이라고 한다. 그러나 반정초론은 그러한 논의는 지시적(demonstrative) 개념과 분류적(sortal) 개념을 혼동한 결과라고 비판한다. 특정한 속성 F에 대한 개념 C를 가지고 있는지의 여부를 결정하는 것은 F의 새로운 사례들이 C에 속한다고 확인할 수 있는가의 여부이지, 이 사례들이 이전에 지각했던 것들과 동일한 속성들이라고 재확인할 수 있는가의 여부는 아니라는 것이다. 그러나 하종호는 이 비판이 오히려 지시사를 구사하는 능력과 지시적 개념을 구사하는 능력을 혼동하고 있다고 응수한다. 기억 상실증 환자나 유아도 지시사를 사용할 수는 있지만 지시사 개념 구사력을 발휘한다고 하기 어렵다는 것이다. 더 나아가, 반정초론은 지시사를 처음에 사용했을 때 개념적이었다고 하여 개념의 소유보다는 구성적 기능을 강조하지만, 정초론은 그러한 경우 그 인식자는 자신의 지각 내용을 특징 짓는 개념을 소유하지는 못했다는 점을 강조한다.

하종호의 정초론을 위한 둘째 논의는 정초론에 대한 반론인 "소여 신화론"을 비판한 것이다. 소여 신화론은 두 가지 요소로 구성되어 있다. 경험 소여는 비명제적이므로 다른 믿음을 정당화할 수 없기 때문에 정초적 역할을 할 수 없다는 것이고, 인식 주체는 경험 소여가 자신의 기초적 믿음과 적합하게 관련을 맺는다는 것을 믿어야 하는 상황에서 그 관계의 정당화에 대한 무한 소급에 빠진다는 점이다. 하종호(2012: 178-185)는 먼저 무한 소급에 대한 비판을 논의한다. 인식 주체의 의식 작용에 대한 의식이 의식을 의식이 되게 하는 주요한 요소라고 보는 경우 이것을 고차 의식론이라 하고, 이 관점은 무한 퇴행을 허용한다. 그러나 정초론은 동위 의식론을 제안하여 무한 퇴행을 차단하고자 한다. 자기의식이 대상적 의식보다 상위에 있지 않고 같은 층위에서 주변부 의식으로 나타난다고 보는 것이다. 예를 들어, 우리가 푸른 하늘에 대한 시각 경험을 가질 때 이 경험 안에는 하늘의 푸른색에 대한 외부 의식과 함께 바로 그 외부 의식에 대한 내부 의식이 포함되어 있으며, 이 두 의식이 바로 그 시각 경험을 공시적으로 구성한다고 본다. 의식적 경험의 내부 의식은 바로 그 의식적 경험의 논리적 부분이다. 내가 날씨가 좋다고 즐거워할 때 나는 날씨가 좋다고 믿는다. 날씨가 좋다고 믿지 않는데 날씨가 좋다고 즐거워할 수는 없기 때문이다. 이때의 믿음은 즐거움에 덧붙여서 발생하는 별개의 심적 작용이 아니라 즐거움에 내재해 있는 심적 상태라고 보는 것이 자연스럽고, 이 믿음은 나의 즐거움의 논리적 부분으로 간주된다. 현상적 의식과 그 의식에 대한 인식 주체의 내부 의식도 논리적 부분 개념으로 설명된다. 내가 푸른 하늘을 바라보면서 푸른색에 대한 시각 경험을 가질 때, 나는 그러한 나의 경험을 의식한다. 즉 현상적 의식을 의식하는 것이다. 이때의 현상적 의식에 대한 내부 의식은 그 경험과 별개로 일어나는 잉여적인 심적 작용이 아니라, 그 현상적 의식을 구성하는 심적 작용으로서 바로 그 경험의 논리적 부분인 것이다. 그래서 푸른색에 대한 지각 경험과 그 지각 경험에 대한 의식 사이에는 심리적으로 실재하는 관계가 성립하고 이 관계가 끊어지면 그 경험도 필연적으로 소멸하게 된다는 것이다.

하종호(2012: 185-191)의 정초론을 위한 셋째 논의는 "경험 소여는 비명제적이므로 다른 믿음을 정당화할 수 없다"는 비판에 대한 대응이다. 그 비판은 경험 소여는 진리치를 갖지 않기 때문에 인식 정당화에 들어올 자리가 없다는 것이다. 그러나 정초론은 버지(Burge, 1993)와 드레츠키(Dretzke, 1995)의 인식적 자격(epistemic entitlement)을 통해 이를 극복할 수 있다고 본다. 정당화를 명제 태도들 간에 성립하는 보장(warrant) 관계에 국한시킴으로써, 한 믿음이 다른 믿음의 이유가 되어 그 믿음을 믿는 것을 보장해줄 때만 '정당화' 개념을 쓰자는 것이다. 그리고 비명제적 경험적 소여가 지각 믿음을 보장하는 것은 추리 과정이 아니므로 명제 태도들 간의 보장 관계와는 구별된 개념을 사용할 필요가 있다고 보며, 이를 '인식적 자격'이라 제안한다. 지각 기관을 통한 경험과 그 경험에서 비롯된 믿음 사이에는 인과적 과정이 개입하여, 지각 믿음의 불가피성으로 인해 인식 주체는 그 믿음을 받아들일 권리를 갖게 된다는 것이다. 하종호는 여기에서 인과성 개념은 사양하고, 경험적 소여의 의식 상태가 그것에 해당하는 외부 세계의 특정 속성과 상응한다는 확충된 정초론의 전제를 수용한다. 그 상응 관계를 의심해야 할 특별한 이유가 없는 한, 틀릴 수 없는 상태가 된다는 것이다.

이병덕(2005)은 인식 정당화를 논의하면서 내재주의와 외재주의의 직관들을 살려 그 나름의 이론이라 할 이중 관점론을 제안한다. 인식 주체의 관점과 인식 평가자의 관점을 동시에 수용하는 것이다. 게티어 반례가 제시한 지식에서의 운(運)에 따른 참을 제거하기 위해 외재적 통찰을 하고, 믿음 유지에 최선을 다 했다면 인식적으로 무책임하지 않다는 내재적 접근을 수용한다. 그러나 올스톤(W. Alston)의 내재성과 외재성에 대해서는 비판적이다. 올스톤의 외재성은 사실적 확률에 기초하지만 관점 독립적이고, 올스톤의 내재성은 주체가 인지적 접근을 할 수 있는 것만이 정당하다고 하면서 우연적 참을 배제하지 못한다는 것이다. 사실적 확률 개념을 부인한다고 해서 객관적 확률 개념을 포기하는 것은 아니라는 것이다. 공동체는 객관적으로 사실인 것에 대해 틀릴 수 있다. 공동체가 믿는 것과 객관적으로 사실인 것의 차이는 여전히 유의미하게 구분할 수 있다. 결국, 믿음 정당화를 위한 평가의 두 조건은 (i)믿음 정당화가 인식적으로 비난받지 않도록 인식적 의무를 다 했는가? (ii)믿음 내용은 믿음 근거와 적절히 연결되었는가? 라는 물음으로 제시된다. 이러한 내재성과 외재성에 대해 조금 더 주목할 수 있을 것이다.

이병덕(2010)은 선험적 정당화와 경험적 정당화를 구분하여 인식 주체가 선택하는 이론 체계에 따라 달라질 수 있는 인식 주체의 내재적 자리를 확보하고자 한다. 예를 들어, 데빗(Devitt, 1980; 1996)은 콰인의 전체론을 수용하여 선험적 정당화를 부정했다. 분석 판단과 종합 판단의 구분은 인간이 경험에 대하여 말하는 방식으로부터의 구분일 뿐, 경험적 사물의 속성으로부터의 구분이 아니라는 것이다. 그렇다면 경험적인 방법과 그렇지 않은 방법은 구분할 근거가 없다. 경험적 사실과 이론적 사실의 구분, 과학과 철학의 구분이 소멸되고 양자 사이의 지속성이 유지되는 것이다. 논리학, 수학의 지식도 간접적인 경험적 방식으로 정당화된다. 그러나 인간 언어에서 우리는 언어 규칙을 규정하는 메타언어 문장과 경험적 사실을 기술하는 대상 언어 문장을 구분할 수 있고, 또 구분해 왔다는 것이다. 이러한 구분에 따르면 선험적 정당화와 후험적 정당화의 구분은 당연한 것이 된다. 예를 들어, "지금 내 앞에 개 한 마리가 있다"와 "모든 개들은 동물이다"라는 두 문장을 보자. 전자는 경험적 사실의 대상 언어 문장이고 후자는 언어 규칙을 서술하는 메타언어 문장이다. 후자는 "만일 x가 개라면 그러면 x는 동물이다"라는 추론 규칙에 따른 것이기 때문이다. 콰인은 좋은 이론의 기준으로 그 이론이 양립하기 어려운, "완강하게 반항하는 경험"을 가장 적게 갖는 이론이라고 말하지만, "완강하게 반항하는 경험"이라는 기준이 성립하기 위해서는 그 이론이 특정한 규칙, 모순율, 동일률 같은 논리적 법칙을 전제하고, 이것은 경험적인 것이 아니어야 한다.

이병덕(2011)은 설명적 정합성의 개념을 수용하여 인식 정당화에서 외재성을 유지하고자 한다. 정합론은 한편으로 정합성과 진리가 어떻게 연결되는지를 보여야 하는 '진리 개연성 문제'를 설명해야 하고, 다른 한편으로 정당화된 참 믿음에서 우연적 참을 배제하는 길을 모색해야 한다. 전체론적 정합성이 '명제는 다른 명제들과 일관된다'는 특징을 나타낸다면, 설명적 정합성은 '가설이 다른 경쟁 가설보다 나은가'를 논증함으로써 얻어지는 성질이다. 전자가 정적이고 수동적이라면 후자는 동적이고 능동적이다. 후자는 인식론적 전체론을 수용하면서도 추론적, 관계적 정합성을 추구하고 사회 실천 속에서 추정적 정당화를 시도한다. 전자의 정합성이 순간적이고, 논리적으로 얻어지는 것이라면, 후자의 정합성은 오류 가능성을 인정하면서, 얻어진 관찰 데이터를 경쟁적 명제보다 더 잘 설명하고자 하는 진행형 정합성이다. 이병덕은 지각적 믿음에 대한 추정적 정당화 개념의 연속선상에서 더 나아간다. "우리의 감각 지각이 세계와 인과적으로 연결되어 있다는 것은 현재 우리가 갖고 있는 세계상의 일부"라는 것이다. 그리고 개인은 정합성을 유지하기 위해 믿음 체계 전체를 파악하지 않아도 된다고 본다. 노동 분업을 통해 얻은 정당화 근거를 활용할 수 있다는 것이다. 이렇게 정당화는 주관적 모형 대신에 상호 주관적 모형으로 나아가고, 정당화의 사회 실천적 이론을 통해 진리 개연성 문제가 극복되어 이중 관점론의 외재성이 확보되는 것이다.

인식 자연화: 조인래와 이중원

과학에 대한 실재론적 자연화에 대한 의문(천현득, 2007)이 없지 않지만, 한국의 여러 철학자들은 과학의 자연화를 향한 작업을 수행한다. 조인래(1992b; 2006)는 선험적 인식론과 경험적 자연 과학의 구분을 상대적인 것으로 보고 인식의 자연화를 양자 사이의 지속성 개념하에 파악한다. 그리고 구체적으로 과학 철학의 자연화를 위한 몇 가지 작업을 시도한다. 먼저 자연화에서 만나게 되는 통상적 두 가지 종류의 난제에 주목한다. 첫째는 경험 과학이 의존하는 귀납의 정당화 주제이다. '귀납의 규칙을 사용한 과학적 탐구가 성공적이기 때문에 귀납의 규칙은 정당화된다'는 주장은 귀납의 규칙을 정당화하기 위해 귀납의 규칙을 사용하는 순환적 구조에 빠지는 문제가 있다는 것이다. 그리고 이에 대처하는 논변을 소개한다: 만약 세계에 대한 귀납적 탐구가 기대되는 성과를 거두지 못한다면 세계가 지속적인 질서를 가질 수 없다; 그러나 세계는 지속적인 질서를 가진다; 고로 귀납적 탐구는 정당하다는 논변이다. 두 전제를 수용할 수 있다면 귀납은 정당화된다는 것이다. 둘째는 과학 철학이 요구하는 설명의 규범성을 자연화할 수 있는가의 주제이다. 라우든(Laudan, 1981; 1977)은 과학 철학의 규범성을 도구적으로 해석하여 규범성의 자연화를 시도한다. 규범성은 과학의 목표와 수단 사이의 방법론적 규칙으로서 일종의 가언적 명령이다. "y가 목표라면 x를 해야 한다"는 형식의 가언 명령은 인간종 이외의 생명종에게서 보이는 생물학적 기능으로 볼 수 있다는 것이다. 비판가는 가언 판단 접근이 목표와 수단에 대한 인식론적 이해를 전제하고, 여기에 선험성과 신념이 개입한다고 보며 이는 자연화 프로그램에 역행적이라고 반대한다. 그러나 조인래는 선험성과 경험성의 분리에는 논란이 있고, 진화론적 관점에서 볼 때 인간이 참된 신념을 가지는 것은 많은 경우 그의 생존 확률을 높이는 데 기여해 왔다고 지적하며 관계된 인식적 원리들은 포괄적으로 도구적이라고 라우단을 옹호한다.

조인래(2008)가 과학 철학의 자연화를 위해 또 하나 시도한 작업은 아인슈타인 상대성 원리의 이중성을 명료화하는 것이다. 상대성 원리가 흔히 상대주의를 주장하는 근거로 사용되기도 하고 과학의 객관성을 약화하는 단서로 사용되기도 하기 때문이다. 상대성은 다음과 같이 규정된다: (1) 성질 P의 존재 여부가 어떤 인자 F의 상태에 따라 달라지는 그러한 F가 존재한다; (2) F의 상이한 상태들이 동시에 성립할 수 있다; (3) 이 상이한 상태들은 동등한 지위를 가지는 경우 그리고 이 경우에만 P는 상대적이다. 상대성 원리는 이 상대성 규정을 함축하지만 그러나 "체계 독립적 사태란 없다"는 보통의 상대주의를 함의하지는 않는다. 어떻게 그러한가? 특수 상대성 이론에서는 대상의 위치와 속도뿐만 아니라 시간, 길이, 질량 및 가속도도 관찰자의 운동 상태에 상대적인 것으로 드러난다. 절대 공간이 제거되는 것이다. 그렇다고 해서 모든 물리량이 관찰자의 운동 상태에 상대적인 값을 가지는 것은 아니다. 민코브스키(Minkowski) 시공간의 두 점 사이의 간격에 해당하는 값은 관찰자의 운동 상태에 관계없이 일정하다. 일반 상대성 이론에서 물리량들은 관찰자의 운동 상태에 상대적이지만, 특수 상대성 이론의 시공적 간격을 일반화한 물리량에 해당하는 값은 관찰자의 운동 상태로부터 독립적이다. 아인슈타인은 물체에 부여하는 물리량의 상대성을 주장하면서도 또한 상대화되는 물리량의 값들 사이에 성립하는 변환 관계의 일정성에 주목한다. 그러한 변환 관계는 관찰자의 운동 속도와 무관하게 성립하는 자연법칙들의 존재를 위한 필요조건이기 때문이다. 그러나 조인래는 여기에서 조심스럽다. 그러한 변환 관계를 토대로 하여 인식 주체의 상태와 무관하게 부과될 수 있는 대상의 성질들이 존재하는지 그리고 그 성질들에 관계되는 법칙적 질서들이 성립하는지를 묻는다. 그리고 만일 그러한 성질들 및 연관 법칙들이 존재한다면, 이들은 변환 속에서도 불변적 성격을 갖는다는 단서적 결론을 끌어낸다.

조인래(1992b)는 과학 철학 자연화를 향하여 양자 역학에 대한 여러 가지 설명 중에서 자연화가 필요로 하는 실재론이 어떤 것일 수 있는지를 탐구한다. 우선 양자 역학에 대한 EPR(Einstein–Podolsky–Rosen) 해석은 두 물리계가 상호 작용하지 않는 어떤 시점에 행해지는 한 물리계에 대한 측정은 다른 물리계에 어떤 실질적인 변화를 초래할 수 없다는 국소성(locality) 논제를 전제하고, 이 전제를 만족하지 않는 양자 역학적 기술은 불완전하다고 했다. 근대 이후의 성공적인 물리 이론들이 국소적 실재론의 성격을 가졌고 따라서 미래의 근본 이론도 이런 성격을 가지는 것이 바람직할 것이라는 판단이었다. 그러나 코펜하겐의 해석은 일종의 비국소성을 인정하고 양자 역학은 비결정론적 성격을 갖는다는 실험이나 관찰이 이어지면서 양자 역학에 대한 표준적 해석이 되었다. 폰 노이만(Neumann, 1981)도 이러한 방향에서 인간과 같은 의식을 가진 존재자의 개입이 양자 역학적 측정에 필수적이라고 말한다. 그러나 조인래는 숨은 변수 이론이나 다세계적 해석이 양자 역학의 실재론적 성격을 유지할 수 있다는 제안에 주목한다.

조인래(1992a; 1990)는 어떻게 양자 역학에 대한 실재론적 해석에 도달하는가? 먼저 조인래는 '양자 물리계의 각 물리량이 측정과는 상관없이 일정한 값을 가진다'는 식의 실재론 명제는 거부한다. '지각 작용과 독립해서 어떤 외계의 사물들이 존재하며 이들은 지각 작용에 의존하지 않는 어떤 독자적인 성질들을 가진다'는 최소 실재론을 허용하지 않는 것이다. 그는 '물리량은 측정과 더불어 일정한 값을 갖는다'는 표준적 해석을 수용하고 나서 그 안에서 어떤 종류의 실재론에 다가간다. 양자 물리계 s가 어떤 물리량 A에 대해 중첩 상태에 있을 때, s는 측정과는 별도로 일정하지 않은 A 값을 가진다는 것이다. 이 경우 어떤 선언적 사실{A_1 v A_2 v … A_n}이 성립하며 이는 측정에 의존해 성립하는 사태가 아니라는 것이다. 조인래는 이러한 선언적 사실은 발생적 사실이기보다는 개연적인 성향적 사실이고 그러한 사실의 논리적 부분이라는 것이다. 선언적 사실들이 측정과는 별도로 성립한다는 주장은 양자 물리계가 어떤 개연적 성향들을 가진다는 주장의 일부를 구성한다. 양자 역학적 상태의 내용을 구성하는 것은 양자적 개연 성향들과 그 기저에 해당하는 비부울적(non-Boolean)인 사건 공간이다. 따라서 측정과 별도로 선언적 사실들이 성립한다는 것은 양자 물리계에 양자 개연 성향들을 부여하는 것이 된다. 그는 이를 "양자 개연 성향적 실재론"이라 부르자고 제안한다.

이중원(2002: 279–298)은 "실용적 실재론"이라는 관점을 세워 과학적 지식이 합리적이고 실재적이라는 명제를 제안한다. 세계와 언어의 지시 관계가 불확정적이기 때문에 진리란 외재적인 것이 아니라 내재적이고 인식적인 것이라고 보면서 개념 상대주의를 수용하지만, 과학적 지식의 건강성을 확보하고자 한다. 그는 이를 위해 "퍼트남(Putnam, 1981; 1975)의 내재적 실재론은 과연 실재론인가?"를 묻고 불충분하다고 비판한다. 대상과 기호, 사태와 진술 사이의 지시 관계가 불확정적이라면 "실재한다"는 말의 의미는 무엇인가? 퍼트남은 경험적 유입물이 그의 이론에 실재성을 부여한다고 믿지만, 이것의 이론 의존성은 어떻게 극복되는가를 조명하지 않았다고 본다. 그리고 "용어의 지시체가 무엇인가"라는 물음은 '용어가 무엇을 지시한다'라는 문장이 주장될 수 있는 조건이 해당 언어 공동체 안에서 무엇인가"를 밝히는 문제와 동일한 것으로, 내재성 관점의 일관성은 유지되지만 실재성 주장에는 헛점이 생긴다는 것이다. 그렇다면 이를 보완하는 작업이 필요하다. 이중원은 이를 위해 양자 이론의 인식적 구조의 분석을 통하여 내재적 실재론의 안정성을 위한 "실용적 기준"을 찾는다.

이중원(2009: 1–23; 2001: 61–68; 2002: 287–290)은 과학적 지식에서 측정이나 주체 개념이 중요함을 강조한다. 고전 역학에서 측정이란 물리적 성질에 대응되는 물리량이 대상에 실재한다는 가정으로부터 물리량의 값을 드러내는 모사 과정이다. 그러나 양자 역학에서 측정 개념은 달리 구성된다. 여기에서 측정이란 측정 순간 인식 주체가 대상으로부터 물리적 자극을 통해 경험적으로 유의미한 어떤 고유치를 얻는다는 의미에서 인식적 사건이고, 동시에 대상에 대해서는 이 효과에 상응하는 특정의 고유 상태가 부여된다는 의미에서 물리적 사건이다. 측정 개념 자체에 인식성과 물리성이 상존하면서 다음의 구분들을 가능하게 한다. 먼저 인식 대상과 인식 주체가 구분된다. 인식 주체란 자연인에 국한되지 않고 인식자와 인식자가 사용하는 모든 장치들을 포함한다. 칸트에게서 시간, 공간, 개념이 주관의 인식 형식인 것과 같다. 인식 대상이란 실체적 지속성이나 사물적 동일성으로가 아니라, 측정 정보와 상태 정보 개념에 의해 구성된다. 측정 정보란 특정 순간 인식 주체가 대상과 접촉하여 얻은 측정 결과라는 현재적 의미만을 갖고, 미래의 사건 발생이나 시간에 따른 인과적 변화 등과는 아무런 상관이 없이 경험 표상 영역을 나타낸다. 그리고 상태 정보는 주어진 조건에서 측정 결과의 발생을 예측하는 미래지향적, 시간 연속적, 인과적 의미를 갖는다. 특정한 의미론적 규칙을 통해서만 경험적 의미가 부여되어 이론 의존적인 대상 서술 영역이 된다. 상태 정보는 측정이 일어나는 순간에 해당 측정 정보와 일대일 대응 관계를 갖지만, 측정이 일어나는 순간을 제외하고 나면 측정 정보와 일대일 대응 관계를 갖지 않는다. 두 정보 공간은 이질적인 공간이 되는 것이다.

고전 역학에서 인식 대상은 동역학적 특정 함수에 포함되는 측정 가능량이 특정의 값을 갖는 물리적 변수로서 설정되어 있다. 그러나 양자 역학에서는 그것이 연산자(operator)로서 설정된다. 연산자는 수치적 값을 갖는 변수 개념이 아니다. 양자 역학의 경우 측정 가능량은 수치적 값을 가질 수 없다. 그것은 대상의 상태와 특정한 관계를 맺음으로써만 의미 있는 경험적 정보를 제공하는 매개적 역할을 할 뿐이다. 대상의 양자 역학적 상태 정보는 어떻게 구하는가? "A"는 연산자, "an"는 측정 정보의 고유치, "l an〉"은 대상의 고유 상태를 표현한 고유 벡터라고 하자. 그러면 양자 역학의 대상은 다음과 같다:

$$A \mid an\rangle = an \mid an\rangle$$

고유치들은 측정 정보를 구성하는 반면, 고유 벡터 및 이것의 선형 결합은 상태 정보를 구성한다. 고전 역학적 인식 과정과 달리 상태 정보 집합과 측정 정보 집합은 더 이상 구조적으로 동형적이지 않다. 따라서, 대상에 대한 존재적 특성 및 물리적 상태에 관한 규정은 개념 체계 상대적이다.

대상 인식이나 인식 대상이 개념 체계적이지만, 체계의 실재성을 확보하기 위해 내재적 실재론은 "경험적 유입물"이라는 제약을 도입한다. "경험적 유입물"은 "물자체"처럼 실재하는 것처럼 보이기는 하지만 개념 체계를 통해 이루어지므로 외재적 관점이 개입되어 있지 않다는 것이 문제이다. 이중원은 경험적 유입물이 개입되는 외부적 성격과 내재적 조건은 어떻게 규정되어야 하는가에 주목한다. 하나의 개념 체계 안에서의 표현과 밖의 사물 간의 대응 혹은 지시 관계는 어떻게 확정될 수 있는가? 지시 관계가 하나의 개념 체계 안에서 성공적으로 고정된다면 이로부터 바로 실재론을 도출할 수 있지만 그러한 필연적 고정성은 없는 것이 아닌가? 고정성이 없다면 "실재한다"는 표현에 어떤 의미를 부여할 수 있는가? 이 물음에 대한 그의 제안은 다음의 세 조건이다: "그 무엇"에 대한 측정이 동일한 조건 하에서 언제나 동일한 결과를 산출한다면, 우리는 "그 무엇"의 동일성을 경험적으로 확인할 수 있다; "그 무엇"의 값에 대해 그 값을 이론을 통해 언제나 확정적으로, 확률 1로 예측할 수 있다면, "그 무엇"의 시간적 존속성을 주장할 수 있다; 대상의 "그 무엇"(성질 A)에 대한 측정이 대상의 또 다른 "그 무엇"(성질 B)에 관한 정보에 어떠한 영향도 가하지 않는다면, 우리는 "그 무엇"이 서로 독립적임을 주장할 수 있다. 소위 항상성 조건, 시간적 존속성 조건, 독립성 조건들은 논리적이거나 선험적이지 않지만 양자 이론의 인식론적 구조로부터 얻을 수 있는 합리적인 조건이라는 것이다. 이러한 인식적 조건들이 만족된다면, 실용적인 맥락에서 "실재한다"는 말의 의미를 부여할 수 있으며, 그 이상의 주장은 공허한 형이상학적 가정일 뿐이다. 이는 존재 세계에 대해 형이상학적 가정을 하지 않아도, 언어 공동체나 개념 체계 안에서 지시 관계의 고정이 실용적으로 확립될 수 있음을 보여준다는 것이다.

고인석(2000; 2003)은 지식이나 과학을 비형식적으로 이해하기 위해 조각보라는 관점을 구성한다. 과학은 전통적으로 진리에 이르는 길, 실재의 진상 등의 표현을 통해 형식적인 개념으로 이해하고자 했지만 그러한 접근은 과학의 실제적인 활동의 다양성이나 풍부성을 나타내지 못했다고 본다. 예를 들어, 카르납은 모든 과학 분야의 언어에 균질성을 전제함으로써 물리적 언어를 토대로 하는 환원을 추구하여, 통일 과학(the Unity of Science)에 도달하고자 했다. 통일 과학 운동은 그 과정에서 입증 가능성(confirmability), 반증 가능성(falsifiability), 또는 패러다임 등을 중심 작업 개념으로 채용했다. 이러한 형식적 과학에 공통된 것은 과학 활동을 독점적, 지배적, 또는 중심적 이론의 구도 속에서 파악하는 것이었다. 그러나 노이라트(Neurath, 1983)나 파이어아벤트(Feyerabend, 1975; 1987)는 "과학은 근본적으로 무정부주의적으로 영위되는 활동"으로 보고 경쟁적 대안 이론들이 풍부하게 병립함으로써 상호 간의 비판과 경쟁을 통하여 진보를 성취한다고 생각했다. 과학 활동에서의 이질성 공존을 허용하여 이를 통합(integration)적인 것으로 파악하는 것이다. 과학을 진리 수렴(convergence)이 아니라 진리 발산(divergence)의 구도에서 파악하는 것이다. 이런 구도에서라면 진리는 기하학적인 점과 같이 모아지는 것이 아니라 무한대의 부피를 지닌 어떤 것으로 간주될 수 있다. 경험 내용을 측량할 때 그 대상이 되는 단위가 단일 이론이 아니라 다양하고 때로는 서로 양립 불가능한 이론들이 공존하는 집합체라는 점이다. 경험적 내용의 크기는 그 이론 자체에 의해서 결정되는 것이 아니라 주변 이론들의 여건에 따라 변하는 가변량이 된다.

고인석(2000; 2002)은 그러한 과학관을 "조각보"라는 개념으로 확장하여 담아내고자 한다. 조각보 개념은 "과학 이론들 간의 경쟁은 어떤 방식으로 종결되는가?"에 대한 물음을 통해 얻어진다. 포퍼는 합리적 과학자가 비판적 눈으로 종결한다고 할 것이고, 쿤은 이론들 간의 경쟁이란 비정상과학의 시기에 나타나는 현상일 뿐 새로운 패러다임의 등장으로 경쟁은 해소된다고 본다. 둘 다 단일 이론 중심적 처방이다. 그러나 파이어아벤트는 경쟁 이론들 간의 적용 범위가 부분집합적인가, 완전히 겹치는가, 부분적으로 겹치는가에 따라 경쟁이 달라지고, 경쟁이 끝난 경우에도 살아남는 방식에서 조정이 달라진다고 한다. 예를 들어, 하이젠베르크의 행렬 역학과 슈뢰딩거의 파동 역학은 경쟁적으로 출발했지만 수학적으로 동등하다는 것이 증명되면서 양자 역학을 지탱하는 두 기둥이 되었다. 양자 역학에 대한 상이한 두 가지 방식의 수학적 체계화로서의 행렬 역학과 파동 역학은 조각보의 공간에서 각각 어떤 부피를 지닌 채 공존한다. 조각보 형성에서 묻게 되는 한 물음은 조각보의 경계선을 어떻게 긋는가이다. 경계선은 영역을 분할하기도 하지만 내적 통합의 단위를 나타내기도 하고, 그들이 서로 접합되어 있음을 함축한다. 과학은 문제풀이 활동이지만 단일 체계적인 일의적 활동이 아니라 상상력이 낳는 비약을 포함하고, 비합리적으로 보이는 요소들도 수용한다. 과학은 누적적이기도 하고, 이론의 파괴와 교체이기도 하다. 그리고 이 교체는 대부분 총체적이기보다는 국소적이다. 통일이나 환원은 과학적 성취의 중요한 징표이지만, 유일한 선이나 제일의 기준도 아니다. 고인석의 조각보 모델은 과학의 이러한 다양한 면모들을 포괄적으로 반영하고, 다양성의 상호 조정된 통합을 추구한다.

철학적 지식론과 과학적 지식론은 전통적으로 칸트적 선험성과 흄적인 경험성으로 구분되어 분류되어왔다. 이러한 구분은 분석 판단의 선험성과 종합 판단의 경험성에 근거한 것이기도 했다. 그러나 두 판단의 구분은 의미의 이론 의존성을 수용하는 경우 파산되었다고 간주된다. 지식은 이론 의존적인 것을 인정하지 않을 수 없고 이론 의존적인 지식은 자연화의 길을 처방하는 것으로 보인다. 철학자에 따라 인식 주체의 전통을 따라 개인 주체의 관점에서 투명한 인식 정당화의 길을 향하기도 하지만, 어떤 철학자는 집합 지성을 채택하여 집합 주체의 자연 과학이 보이는 자연화의 길로 기운다. 몇 한국 철학자들은 이러한 자연화의 길에 대한 실재론적 구조를 제시한다. 여러 실험들이 상이한 이론들에 속하지만 "그 무엇"을 측정하면서 동일한 조건하에서 언제나 동일한 결과를 나타내보인다는 것은 다원적 이론들이 동일한 그것에 대한 설명의 노력임을 나타내는 것이다.

16장 이성과 합리성

인간을 이해하고자 하는 노력들은 인간을 윤리와 도덕성으로 파악하기도 하고 이성과 합리성으로 규정하기도 한다. 윤리와 도덕성, 이성과 합리성에 대해 사람들은 특별한 교육을 받지 않아도 최소한도의 생각이나 행동 규범을 떠올릴 수 있다. 그러나 윤리와 도덕성은 타인의 시선을 생각하면 비교적 선명하게 의식에 떠오르지만, 이성과 합리성은 그리 선명한 것 같지 않다. 이성을 인간이 어떤 방식으로 생각하고 행동하는 능력이라고 한다면, 합리성은 바로 그 방식을 나타내보이는 생각이나 행동의 특별한 성질로 볼 수 있다. 이성과 합리성의 관계에 대한 이러한 이해는 작업적 특징에 불과하고 이성이 무슨 능력인지, 합리성의 근본적인 속성은 무엇인지에 대해서는 분명히 말하기 어렵다. 이성을 주제로 하는 한국어 개념 담론들은 많다. 본 장의 1절에서는 이성 논의의 역사적 배경과 한국어 담론의 몇 경우들을 언급하고, 2절과 3절에서는 이 주제를 지속적으로 탐구해온 두 학자에 주목하여, 김우창의 심미적 이성론과 남경희의 정치적 이성론을 다루려고 한다. 그러고 나서 한국의 이성 논의가 어떻게 발전될 수 있을 것인지를 전망하고자 한다.

1. 이성 논의의 역사적 배경

이성 논의는 과거로 거슬러갈수록 천상적인 것이었다면 최근으로 올수록 인간적인 것이 되었다. 과거에는 당대의 사회의 필요에 부응하는 역할, 사회를 안정시켜야 하는 역할 때문에 천상적 이성을 가정했을 것이다. 그러나 사회의 성원들이 보다 깨어 있는 자율적 존재가 되면서 인간적 이성에 도달하게 되었다고 생각한다.

전통적 이성

"태초에 이성(logos)이 있었고 이성은 절대자 신으로서 세계의 질서, 곧 세계를 창조했다." 이것은 기독교 성서 내용 중 한 부분(요한복음 1장 1절)에 대한 한 번역이다. 이러한 번역문은 철학적으로도 지지될 수 있다. 아리스토텔레스는 식물, 동물, 인간에게 점진적으로 고차화되는 영혼을 부여하여 "존재 사다리(scala naturae)"를 구성했고, 토마스 아퀴나스 등은 이를 확장하여 식물 아래로 광물을 두고 인간 위로는 신체가 없는 천사를, 그리고 최종적으로 이성 자체로서의 신을 정치시켰다. 그리고 광물, 식물, 동물, 인간, 천사의 각 성원들은 그의 특성에 따라 더 세분된 존재의 사다리로 분류된다고 보았고, 인간 사회는 위계 계층적으로 더 세분되었다. 세계의 모든 존재자는 존재 사다리의 이성적 질서 안에 특정한 자리를 지니면서 이성 자체인 신을 향한 지향적 존재가 된다는 것이었다.

데카르트는 서양 고·중세의 이러한 이성관을 종교로부터 해방하고자 했다. 논리 법칙이나 신의 존재 등 모든 것을 의심할 수 있었지만 "나는 존재한다"는 것은 의심할 수 없었다. 이를 의심하는 동안 그것을 의심하는 자는 존재해야 하고 그 의심자가 바로 나이기 때문이다. 이것이 "나는 생각한다, 고로 나는 존재한다(cogito ergo sum)"의 논리이다(참조: 2장 1절). 나의 이성이 종교의 권위나 어떤 지성적, 정치적 권위도 능가하면서

"개인의 탄생"이 철학적으로 이루어진 것이다. 이성이 우리를 인간이게 하고 짐승과 구별시키는 유일한 것이므로 그것은 모든 사람에게 온전히 갖추어져(백종현, 2007: 40, 46-7) 있어야 했다. 합리주의가 구성된 것이다. 그러나 칸트는 데카르트의 순수 이성에 의한 그러한 논의는 공허할 수 있고 이율배반에 빠진다고 비판했다. 필연, 자유, 신 존재 증명 등의 논의 사례가 그러하며, 세계 경험에 대한 오성 개념 또는 개념적 이해의 적용으로 진정한 이성 판단을 얻을 수 있다는 것이다. 그러나 헤겔은 생각이 달랐다. 그는 칸트 이성의 무시간적 비역사성에 의문을 제기했다. 그에 따르면 인간 역사는 이성의 자기 발전, 또는 계시의 역사였다.

인간적 이성

서양 고중세로부터 데카르트, 칸트, 헤겔에 이르기까지 짧은 개괄만 봤을 때 인간 역사는 이성의 비신화화의 역사처럼 보인다. 그러나 근세 철학의 이성관은 실존주의와 현대 프랑스 철학으로부터 강한 비판에 직면한다. 그 이성관은 이들에게 서양 중세 이성관 못지않게 총체적이고 절대적으로 보였기 때문이다. 실존주의자나 현대 프랑스 철학자들을 "반이성적"이라고 하기는 어렵지만 "전통적 이성에 매이지 않는다"는 의미에서 탈이성적 사유라고 할 수 있다. 이진우(2004: 117-148)는 이성 중심주의에서 배제되었던 "욕망, 몸, 권력" 같은 주제가 철학적 사유의 대상이어야 한다고 믿는다. 이주향(2004a: 222)은 근대 철학이 종교의 권위로부터 이성을 해방시켰다면, 현대철학은 "모든 가치 위에 군림한 경제적 가치"로부터 삶을 해방시켜야 한다고 생각한다. 이정우(2002: 23-24)는 "물질적 조건을 거부하는 형이상학적 사유는 그 자체 현실에 대한 근본적인 저항의 몸짓을 담고 있는 담론"이어야 한다고 본다. 김상환(2000: 100)은 "가속화되는 변화의 시대에 우리에게 부족한 것은 감각의 속도, 사고의 가속화, 상상력의 탈주가 아니다. 그것은 오히려 그 모든 속도의 존재론적 과거로 소급해가는 사유, 그 속도의 중심과 뿌리에 있는 무의 흔적에 머무는 사유, 즉 초월론적 사유이다"라고 생각한다.

근대적 이성관에 대해 위와 같이 철학적 대안을 제시한 비판도 있지만, 사실적 관찰에 의한 거리 두기의 비판도 있다. 이명현(1982: 55-65)은 분석 철학의 언어적 전회에 착안하여 "이성이란 언어를 통한 개념적 사고"라고 한다. 이것은 "언어의 논리적 구조는 존재 세계의 논리적 구조와 동일하다"는 강한 믿음에 근거한다. 이러한 믿음의 이유는 "모든 인간의 의식 구조의 선험적 보편성은 바로 종으로서의 인간의 생리적 구조의 공통성과 맞물린다. 그런데 바로 이 사고의 보편성이 언어의 보편적 구조를 가능케 한다"는 것이다. 이종권(1998: 7)은 근대적 이성의 세계관에서는 도덕적 원리나 자연의 변화를 지배하는 목적론적 원리가 절대적으로 보였지만, 근대 과학의 성립으로 원리들은 의심되기 시작했고 인과적 원리의 설명 구조가 대세를 이루게 되었다고 본다. 아리스토텔레스는 인간이 로고스를 가진 생물이라고 했는데, 이영철(1998: 73-96)은 그 로고스가 이성, 사유 등의 의미 외에도 언어라는 의미를 갖는다고 믿는다. 그는 인간의 이성적 사유와 언어 사이의 각별한 연관에 주목하고, 이성은 "일상 언어를 이해할 수 있으면 누구에게나 부여될 수 있는 것"이라고 한다. 결국, 이성은 저 높은 자리로부터 이 낮은 자리까지 내려온 것이다.

2. 김우창의 심미적 이성

잘된 초상화는 초월을 향한 노력의 표현이다(김우창, 1992: 52-55). 초상화 주인공이 신체적으로, 사회적으로 허약할 수도 있지만 초상화는 이를 벗어나는 초월 경험의 가능성을 부여한다. 허약함에 굴복하지 않고 허약함 자체를 주제화하여 어떤 차원의 반성적 의미로 고양시킬 수 있기 때문이다. 이러한 초월의 경험은 예술에서뿐만 아니라 사람들의 일상에서도 나타난다. 예를 들어, 풍수지리 같은 민속적 경험도 그러하다. 풍수설은 명당으로 간주되는 혈(穴)을 중심으로 하면서도 이 자리를 넘어가는 산들의 체계를 포함한다. 외부 공간은 내부 공간을 뒷받침하면서도 내부는 내부를 벗어나는, 밖을 향한 초월의 그리움을 간직할 수 있는 것이다. 김우창은 인간을 시공적으로 한계지워졌지만 감각의 구체성을 벗어나 보편성에 오를 수 있는 심미적 이성의 수행자라고 본다. 이러한 관점이 어떻게 개진되어 있는가를 보고자 한다.

감각적 인간의 가능성

사람은 부모로부터 몸을 받아 태어난다(김우창, 2007: 126). 비슷한 조건에서 춥고 배고프고 목말라하는 존재, 즉 신체적으로 감각적인 존재지만 같은 조건에서 다양하게, 다르게 경험하는 존재, 즉 지적으로 감각적인 존재이기도 하다. 사람은 신체적 감각에 사로잡혀 살 수밖에 없다. 춥고 배고프고 목마른 감각은 그 감각자에게 고유한 것이며 어떠한 경험에 의해서도 대치될 수 없고 어떠한 장치에 의해서도 치환될 수 없다. 그렇기 때문에 이러한 감각의 특수한 문맥에서 "개인은 도대체가 불합리성 그것에 다름 아니다"(김우창, 1993: 30-1)라고 말해지는 것이다. 만인 공통적이면서도 극히 개인적인 체험(김우창, 1992: 83)으로서의 신체적 감각은 삶의 전제 조건일 뿐만 아니라 어떠한 합리성 개념 구성도 만족해야 할 조건이라는 의미에서 그러하다.

사람은 또한 지적으로 감각적이다. 사람들은 어떻게 동일한 조건을 다르게 경험하는가? 김우창(1992: 363-366)은 표상과 바탕이라는 두 개념의 관계 지각론으로부터 논의를 끌어낸다. 멀리 보이는 귀여운 동물이 토끼로 보이기도 하고 오리로 보일 수도 있다. 그러나 대부분의 경우, 배경이 야산의 풀밭이라면 토끼로 보이고 잔잔한 호수라면 오리로 보인다. 이러한 지각 문맥에서 야산이나 호수는 "바탕(ground, 배경)"이 되고 지각된 토끼나 오리는 "표상(figure, 전경)"이 된다. 어떠한 지각도 바탕에 의존하며 어떠한 표상도 바탕 독립적이거나, 절대적으로는 주어지지 않는다. 사람의 지각은 이렇듯 바탕에 따라 표상을 끌어내는 능력이다. 그러면 표상이란 결국 허구란 말인가? 물론 김우창은 "모든 배경적 요소들을 다 모아서 바탕의 바탕"이라는 "원초적 바탕"의 종합적 질서를 설정하여 표상적 경험에 "심각한 실질성"을 부여한다.

김우창(1992: 117; 1992: 365-366)에 의하면, 표상의 실질성에도 불구하고 사람들의 표상은 다양하다. 사람의 지각 경험의 기저에 인과성이 개입된다고 할지라도 인과성은 뇌신경학적일 뿐 지각 경험의 의식 현상에 이르지 못한다. 지각 경험은 결국 표상과 바탕의 관계이기 때문이다. 그리고 이러한 표상과 바탕이 "사회 구조의 구속성"에 의해 지배되지 않고 어떠한 방식으로도 확정하기 어려운 까닭은 이들이 "자의적"이기 때문이다. 예를 들어, "김우창은 누구인가?"라는 물음에 대한 반응들은 특정한 수로 제한할 수 없다. 모든 반응들은 반응자가 김우창의 특정 국면에 대해 갖는 의견이고 그러한 반응은 원칙적으로 표상-바탕의 무한한 결합 가능성의 하나이기 때문이다. 한 대상의 국면들은 무한하므로 인간은 무한한 가능성의 경험에 열려 있다. 신체적 감각 경험은 사람 수만큼 다양하고 지각 경험은 한 대상의 국면들이 무한한 것만큼 대상들의 결합의 가능성 또한 무한하다는 것이다.

예술은 심미적 초월

인간이 무한한 가능성의 경험에 열려 있다는 분석은 한편 반가우면서도 다른 한편 염려스럽다. 인간 경험이 그렇게 다양하다는 것은 자기 중심성 이외의 다른 것이 아니며 사람들이 어울려 살아야 하는, 공유의 틀이 그만큼 희미해진다는 것을 뜻하기 때문이다. 그렇다면 사람들은 어떻게 개인적 좁은 관심으로부터 전체적인 넓은 틀로 나아갈 것인가? 이를 위해 김우창(1992: 366-369)은 하나의 논변을 제시한다. 사람은 자기 이해 없이 사람이기 어렵다. 자기 이해를 "개인으로부터 그의 주변의 상황으로, 다시 상황의 소산으로의 개인으로 순환적으로 확대"되는 것으로 상정하자. 그러면 이 인용문의 첫째 "개인"은 사적 개인을, 둘째 "개인"은 이 과정에서 사회화된 객체, 승화된 주체를 지시한다. 주체는 다양한 경험의 주체이지만 또한 반성적 의식으로서 즐김의 주체이기도 하다. 즐김은 "넓은 전체성의 인식"에서 비롯되고 "감각적으로 주어지는, 대상 초월의 경험" 에 관계된다. 전체성은 "쾌락의 원천"이라고 해야 한다.

즐김이 감각적으로 주어지는 대상을 그 전체성으로부터 인식하는 것이라고 한다면, 이러한 즐김은 "감각과 이상이 결합"하는 아름다움의 경험이다. 전체성과 독립해 있는 대상은 어떤 것도 무물(無物)이라 할 만한 조야한 사물이고, 전체성 안에 들어온 대상이라야 특정한 질서의 의미(김우창, 1992: 40, 143)를 갖는다. 아름다움은 질서 안의 의미 체험에서 발생한다는 것이다. 그러므로 예술은 한편으로 대상에 대한 감각적 차원에서 욕망을 자극하지만, 다른 한편으로 그 대상을 의미적 차원으로 승화시켜 감각의 구속성을 벗어나게 한다. 예술은 "삶을 깊고 높은 곳으로 끌어올리는, 형성적 힘"(김우창, 1992: 38-49, 101)이라는 것이다. 그렇기 때문에 아름다움을 자주, 많이 경험하는 사람일수록 인간의 다양한 능력을 통합하는 사람이고 전인성 회복에 다가가는 존재가 된다. 이러한 구조에서 예술은 한편으로 철학이나 과학처럼 "세계 인식의 한 방식"이면서 "세계 만들기의 한 방식"이고, 다른 한편으로 감각의 구속성으로부터 벗어나고자 하는 창조의 꿈이면서 또 현실에 있어서의 과업을 상기시키는 꿈이라는 것이다.

김우창(1992: 122-3, 143-148, 298-336)은 문학이 자연 언어를 매체로 사용한다는 점에서 예술의 다른 분야와 구분된다고 본다. 일상 언어가 현실 세계를 구성하면서 현실성 수행적이라면 문학 언어는 다른 하나의 가능 세계를 구성하여 그 세계에서 가능성 수행적이다. 문학 독자는 현실 세계에 거주하면서 문학 언어가 가능적으로 표상하는 "대응물로서의 세상"을 경험한다. 문학 세계와 현실 세계는 독자의 경험 속에서 하나의 체계를 이루고 "높은 정서적, 지적 이해에의 변조와 고양화"에 열리게 된다는 것이다. 문학 언어는 가능한 단편적 사실들에 전체성을 부여하여 구체적 보편성을 획득하는데, 고립된 사실들이 전체에 연결될 때 그 의미를 전체로부터 부여받기 때문이라고 한다. 전체성을 향한 문학 같은 통로가 또 있을 것인가? 문학의 운명은 인간의 운명을 뜻한다고 할 수 있을 것이다.

"예술"이라는 경험 영역이 감각이 촉발하는 전체성의 즐김에서 비롯된다는 점을 인정한다고 할지라도, 어떻게 이러한 즐김이 "예술"이라는 개념성에 이르는 것일까? 김우창(2007: 124-125)은 먼저 신체적 감각의 구속성이 일반화된다고 본다. 이것은 오감 경험만이 아니라 사회적, 제도적, 도덕적 경험의 구속성까지를 포함한다. 그리하여 심미 영역이 일반화될 수 있는 대상적 기초가 주어진다. 경험이 인격을 중심으로 하는 주변 상황과의 관계에서 발생하는 감각적 사건이라는 생각에 공감하면 세계는 단순히 인식의 대상으로만 저 멀리 남아 있는 것이 아니라 통합되어야 하는 세계의 부분으로 경험된다는 것이다. 구속성의 감각적 세계와 의미적 규범의 세계가 융합되고, 감각이 확장되어 "세계의 모든 가능성을 하나로 통합"하는 경험으로서의 예술이 얻어진다. 이 과정에서 인간 자아는 "신적" 체험을 한다는 것이다.

통합 경험이 심미적일 수 있는 까닭은 김우창(김우창, 1992: 367-8; 2007: 126; 1992: 174, 288)에게 자명하다. 아름다움이 감각을 전체성 속에서 파악하는 즐김은 감각의 시공적 제한성으로부터 우리를 해방하기 때문이다. 인간의 감각은 "결정" 상태지만 전체성 통합의 문맥에선 그 상태로부터 벗어나 "순수한 규정 가능성 상태"라는 자유의 순간을 얻는다. 모든 해방의 노력은 인간 가능성의 탐구인 것이다. 그렇다면 사람이 즐기는 것은 감각의 구속성인가 그 가능성인가? 어떠한 작은 즐김도 작은 해방이라야 하지 않는가? 모든 사람은 그러한 가능성의 담지자이고, 이상적 사회라는 것은 그 가능성들을 최대화하는 사회이다.

이성의 도덕성

김우창은 앞에서 예술을 심미적 초월이라고 했다. 그러나 "초월"이란 무엇인가? 예술을 전체성의 즐김이나 두 세계의 통합이라고 말했지만 이는 어떻게 가능한가? "모든 가능성의 통합"이나 "해방의 노력"이라는 표현을 사용했지만 이들은 어떻게 해석될 수 있는가? 어떤 실체를 나타내는 것인가? 궁금하지 않을 수 없다. 그는 이를 위해 인간 이성의 능력에 호소한다. 그의 이성 개념이 해석의 논리를 어떻게 제시하는지를 주목해 보자.

김우창(1992: 297-298, 307)은 현실은 무엇이든 간에 "그것 나름으로의 질서, 즉 이성"을 가지고 있다고 생각한다. "모든 존재하는 것은 이성적이다"라는 명제에 공감하는 것이다. 따라서 그는 이성의 이념이라는 것이 있다면 그것은 "사회의 모든 부분 간의 갈등 없는 정합성" 이외의 다른 것이 아니라고 믿는다. "갈등 없는 현실의 문법"이 이성을 드러낸다는 것이다. "사회의 전체성 또는 보편성"이 바로 그러한 이성의 이념일 것이다. 이성 요소로서의 보편성의 형식은 객관적 사물의 이치에 닿아 있고, 주체적 의지들은 대화를 통해 집단체를 구성하고, 감각의 구속성을 풀어주어 예술을 가능케 하는 배경이라는 것이다.

이성의 또 하나의 기능은 반성의 능력이다. 반성은 인간 경험의 전체성 지평을 한편으로 넓히면서 다른 한편으로 해체된 지평의 저편에 다른 지평을 나타나게 한다. 김우창(2000: 303-305)은 반성이 철학적으로 확실성을 탐구하는 방법이라고 본다. 반성이 어떻게 이런 방법일 수 있을까? 이는 "내가 틀릴 수 있다"라는 가능성의 믿음의 열림에서 시작되기 때문이 아닐까? 이는 데카르트의 방법적 회의에서 나타나고 있다. 그렇다면 이성적 대화에 순응하는 지속적 과정에서 탐구자는 확실성에 다가갈 수 있을 것이다. 김우창이 반성 개념에 주목하는 또 하나의 이유는 반성 능력을 통해서 인간이 "아니오"를 말할 수 있고, 이는 비판 능력의 기초라는 것이다. 이를 위해서는 반성 개념의 구성에서 정당화 과정의 요소보다는 정체성의 요소를 일차적으로 놓아야 한다. 인간 내면성은 목적지를 향한 도정이 아니라 "인간과 진리가 구성되는 공간" 자체라는 것이다. 사유로서의 반성이 인간의 본질이고 반성으로 도달하는 명증성이 진리의 기준이라고 믿기 때문이다. 그러나 정보와 소통이 지배하는 현대 사회가 우리를 외부 세계에 의존하게 할수록 우리는 내면성을 확보해 자신을 지킬 수 있어야 한다.

어떤 시인이 생각한 것처럼, 세상의 여건이 불리할수록 인간은 마음 한가운데로 숨어들어가서 삶의 행복에 대한 명상(김우창, 2000: 284–285)을 할 수 있어야 한다는 것이다. 그리고 그 당위성은 현실적으로 그렇게 될 수밖에 없다는 믿음에서 찾아진다. 김우창(2000: 44–48, 154; 1992: 59, 163–167, 307)은 "선택할 수 있는" 도덕주의의 도덕과 "선택의 여지가 없는" 이성적 도덕을 구분한다. 도덕주의는 쉽게 정치와 일치하여 종교와 정치가 일치하는 정교 일치주의(caesaropapism)의 폐단에 빠질 수 있다. 그렇다면 이성적 도덕에는 어떻게 다가갈 수 있는가? 초월성과 관련된 그의 논의에서 그 답을 시사 받을 수 있다. 초월은 일반적으로 "삶의 부분성이나 범속성을 전체적으로 고양된 이념으로 극복하는 경우"이고, 사람들의 마음이 이루어내는 업적의 총체는 "사회가 가지고 있는 상징 체계"가 된다. 그렇다면 앞의 두 명제는 인간 연대의 전체성-보편성에 이르게 하고 도덕성은 그 결과로 얻어진다. 내가 그러한 인간 연대의 전체성-보편성 공간 안에 들어 있을 때 나는 "사회적 초월 자아"가 되고, 그 도덕적 공간은 "초월적 자아의 공간"이라 할 만하다. 사람들은 이러한 초월적 자아의 공간을 통하여 연결되고 정합성 관계에 들 수 있는 것이다. 예를 들어, 능률이라는 개념은 이윤이라는 지표를 통해 이해되지만 이는 단기적 능률을 의미한다. 능률이 장기적으로 유지되기 위해서는 이윤이라는 감각적 단계를 전체성 단계로 확장할 수 있어야 한다. 이러한 확장에서 시장만이 아니라 사회 복지 같은 도덕성의 자리를 볼 수 있게 되는 것이다.

이성의 현실성

개인 주체는 반성적 사유를 통해서 전체성이나 보편성에 이를 수 있다고 해보자. 그러나 독립되어 있는 개인들이 어떻게 사회의 상징 체계에 이를 수 있을 것인가? 도덕성이 초월적으로 주어지는 것이 아니라 인간 사회에 의해서 구성된다면 그러한 구성은 어떻게 가능할 것인가? 김우창은 이 물음에 대해서도 이성의 현실적 역할에 기대를 건다. 달리 말해, 주체들의 경쟁적 초월적 성격은 이론적 탐구에 열려지고, 선험성 원리의 언어 공동체 안에서 순환성을 갖는다는 것이다. 결국 "이성의 자기 반성적 이성"이라는 변증법적 구조에 많은 것을 거는 것이다.

사람은 대상을 인식할 때 자기 관점으로부터 해석을 한다(김우창, 1992: 283, 369-370). 이러한 해석을 하면서 개인 주체는 자기 초월을 하게 된다. 그렇지만 "모든 주체의 작용이 객관성을 얻는 것은 아니"고 다른 주체들의 작용들과 경쟁하게 된다. 이러한 상황은 "이론적 탐구에 의하여 완성되어야 할 단초"이다. 그러나 요청되는 것은 경험의 세계를 넘어가는 객관적 이론이다. 이러한 것이 가능하다고 믿는 근거는 개인들이 사적이긴 하지만 사회화의 과정을 겪으면서 사회적 객체가 되고 "참으로 주체"가 될 수 있기 때문이다. 이러한 과정은 이성이 자기 완성에서 현실의 우위성을 보여주기 때문이다.

현실의 우위성은 김우창의 "선험 원리"의 성격에서도 나타난다. 김우창(1992: 167)은 형이상학적 초월적 주체성을 인정하지 않을 뿐 아니라 형이상학적 초월적 선험성도 상정하지 않는다. 그의 "선험적 원리"도 공동체에 기초하는 것이다. 자아는 사적이면서도 "원근법 속의 움직이는 점"(1992: 274)처럼 다중 관점을 유지하기 때문에 타인의 시선으로 발생하는 "집단 공유의 여러 태도를 조직화한" 개아(個我)(1992: 86)가 만들어진다고 본다. 따라서 "자기 중심으로의 심화가 전체로 확대"(1992: 367)되고 그 체험은 "동시대인의 체험"(1992: 272)이 된다는 것이다. 이러한 인간 경험의 구조에서 다양한 개인들이 드러내는 "선험성"이란 하나의 편견 파괴와 그 파괴의 토대가 되는 다른 편견 사이에서 작동한다. 경험의 개체성을 벗어나는 그러한 "선험적 원리"는 경험 세계가 지속적으로, 순환적으로 진행되는 과정에서 드러난다는 것이다(2000: 302).

그렇다면 독립적 개인들이 어떻게 사회의 상징 체계라는 언어에 이르는가? 언어 공동체라는 것이 있다면 선험성 원리도 그 안에서 구성되는 것이 아닐까? 이러한 물음을 조명하기란 쉽지 않다. 김우창은 언어 개념에 대해 체계적 논의는 하지 않았지만 그의 언어에 대한 관점의 체계를 추적해볼 수 있을 것이다. 사람들은 인간 연대의 전체성-보편성 공간 안에 들어 있을 때 모두 "사회적 초월 자아"가 되고, 이를 통해 사람들은 서로 연결된다는 입장을 앞에서 보았다. 인간 공동체가 구성된 것이다. 김우창의 언어관에 대한 많은 자료 중에서 다음의 주제에 주목해보자: "인간 능력에 의한 세계 구성"(1992: 73); "이성적 언어 해명은 특수한 것의 일반적 의미로의 지향"(1992: 124); "이성도 시간의 제약 속에 있는 부분적인 것" (2007: 126). 그렇다면 김우창은 인간 공동체가 세계를 무엇으로 구성했다고 볼 것인가? 김우창은 칸트를 현대화하고 있기 때문에, 순수오성 개념 대신에 언어라고 답할 것이다. 그리고 그 언어는 일원적이 아니라 다원적일 것이다. 사람들은 서로 만날 때 "체계와 체계 간의 상호작용"(1992: 162)을 할 준비가 되어 있어야 하기 때문이다.

언어가 체계로서 작동한다면 어떤 "이성적 언어 해명"도 그 언어 체계 안에서 정합적이고 만족스러운 일반화가 가능한 것들 중에서 선택될 것이다. 일반화라는 판단은 "실제"의 것이 아니라 "있을 수 있는, 즉 논리적으로 가능한 것"(김우창, 1992: 64)을 가리킨다. 그리고 이성이 형이상학적 총체성으로 주어지는 것이 아니라 인간 공동체의 전개에 따라 발전하는 것이라면, 이성으로 구성되는 언어 체계도 확정적 명제들의 체계라기보다는 유동적으로 성장하는 언어 발화 사건들의 체계인 것이다.

김우창의 언어관을 이렇게 파악했을 때, 그의 중요한 주제들은 선명해진다. 예를 들어, "언어의 신선함은 세계의 신선함"(김우창, 1992: 285)이라는 명제는 인간 언어가 무한한 가능성에 열려 있는 한 새로운 가능성의 모색이 될 수 있는 것이다. 그러므로 신선한 시적 언어가 나타나고 이를 통해 세계는 그만큼 우리에게 신선하게 나타나게 된다. 심미적 질서는 "공동체가 허용하는 종합적인 판단"(김우창, 1992: 63)에 기초한다는 것도 언어 공동체의 공유성이 전제되지 않고는 이해하기 어렵다는 뜻이다.

"해석이란 체계 간의 상호 작용"(김우창, 1992: 162)이라는 주제도 언어 체계의 다원성뿐만 아니라 체계들 간의 통약 불가능성을 거부하는 것이다. 인간 공동체라는 보다 큰 틀 안에서 다원적 언어 체계들을 부분적으로 공유하면서 작동시킨다는 것을 수용하는 것이다. "심미적 국가는 개인과 전체 사이에 완전히 틈이 없는 조화를 수립하고 그 안에서 사람들을 하나로 하고 사회를 하나로 한다"(김우창, 2007: 134)는 그의 말에서 보이는 "조화", "하나로 한다"라는 표현들도 언어 문법 이외의 장치로 해석하기 어렵다.

주체들의 경쟁적 초월성 현상은 어떻게 정합하고, 언어 공동체 안에서의 다양한 선험성 원리들은 어떻게 작동하는가? 김우창(1992: 297-8)은 변증법적 과정으로 이를 설명하고자 한다. 독자적인 개인들이 하나의 집단체로 묶일 수 있는 것은 여러 단계의 이성에 기초한 대화, 사물의 이치에의 승복의 변증법적 과정을 통해서 이루어진다는 것이다. 대부분의 경우 사람들은 이데올로기적 선택을 하고 서로 모순되는 것들의 긴장과 갈등 속에 있으면서도 "변증법적 통합을 통해 선택의 왜곡이 완화"(김우창, 1992: 144)된다. "미래는 현재의 현실 자체의 변증법적 움직임 속에서 배태"(김우창, 1992: 295)되어 나온다.

그러면 김우창의 변증법은 어떻게 이해할 수 있는가? 정반합의 변증법에 대해 여러 가지 설명들이 있다. 그러나 심미적 이성의 문맥은 전통적 변증법 개념에 억제 조건을 부과한다고 생각된다. 인간 구성성, 시간성, 유동성, 이성적 지배 등의 요소이다. 그렇다면 김우창의 변증법은 명제들 간의 초시간적 정반합의 논리를 부정한다. 그의 변증법은 시공적으로 조건화되는 사건들 간의 정반합의 대화적 질서이다. 그렇다면 김우창의 변증법은 "이성의 자기 반성적 이성"이라는 언어적 질서 이외의 다른 것이 아닌 것으로 보인다. 김우창의 이성은 신체적 감각 경험의 유한성을 넓은 전체성의 초월 경험의 의미 안에 자리매김하여 즐기는 능력이다. 이러한 감각 구속성을 벗어나는 심미적 이성은 사회의 부분 간의 갈등 없는 정합성을 향한 이성의 이념을 구성하여 인간과 진리가 구성되는 공간을 꿈꾸게 하는 능력이기도 하다.

3. 남경희의 정치적 이성

오이디푸스는 자신의 두 눈을 뽑아내어 장님이 되었고 이오카스테는 목을 매달아 자결했다. 소포클레스의 『오이디푸스』는 허구의 연극이지만 실제 인간 삶의 현실과 그리 떨어져 있지 않다. 여기에서 두 사람은 법정이나 제도에 의한 형벌을 받은 것이 아니라 스스로 그러한 고난을 짊어진다. 어떻게 그럴 수 있는가? 왜 그러해야 했는가? 남경희는 인간 언어에 "의미라는 목마"(남경희, 1997b: 213)가 들어와있기 때문이라고 말한다. "아들과 어머니의 근친상간은 상상할 수 없다"라는 규칙이 언어 의미에 정치적으로 들어와 있기 때문이라는 것이다. 인간 언어를 사용하는 사람은 누구든 자연 질서에서 발견할 수 없는, 그러한 규칙의 준수자가 스스로 된다는 것이다. 남경희의 정치적 이성론은 이러한 현상에 대한 이해의 틀을 마련해준다.

자아 양도적 언어

언어는 "존재의 집"이니, "존재의 거울"이라고 말하는 사람들이 있다. 그래서 단어의 어원을 들여다보면서 존재의 비밀이나 본질을 찾고자 하는 것이다. 그러나 남경희(1997b: 394, 104-106, 223)는 달리 생각한다. 언어는 인간들이 닦고 갈면서 이룩해낸, 오랜 세월의 노동의 성취이고 "진화의 결과"일 뿐 아니라 지속적으로 진화하고 있다는 것이다. 그는 언어 의미가 진리 같은 외부적 조건이 아니라 인간의 삶 속에서, 그 생활 양식에 의해 구성된다는 관점을 수용한다. 그는 언어가 개인이나 사회와 갖는 관계는 구성의 단계에서는 "우연적"이지만 구성의 합의를 통하여 "본질적"이 되며, 여기에서 발생하는 "언어의 힘"은 물리적 인과력을 제외하면 인간에게 발휘되는 “유일한 힘”이라고 믿는다.

사람들이 언어 구성에 합의를 한다고 하지만 어떻게 이로부터 “유일한 힘”이 발생하는 것일까? 남경희는 언어 구성 합의를 위해 루소의 사회 계약의 “완전 양도” 개념을 응용한다(남경희, 1997b: 77). 사회 계약의 당사자들이 동일한 조건에 놓이기 위해 모든 권리와 인격을 그 사회에 완전 양도하는 것처럼, 언어 구성 합의자들도 동일한 언어 사용 방식을 공유하기 위해 언어 사용에 대한 개인적 선호도를 그 공동체에 “완전 양도”하는 것이다. 그러기 때문에 갑씨가 을씨에게 “내일 찾아뵙겠습니다”라고 말했으면, 갑씨는 을씨를 내일 찾아볼 약속을 한 것이다. 이 약속이 지켜져야 하는 일차적 이유는 단순히 약속 의무 수행의 윤리성이 아니라, 갑씨가 언어 공유의 공동체에 들어오는 절차에서 언어 사용의 개인 선호도를 완전 양도했기 때문이다.

남경희(1997b: 245, 494, 384)에 의하면, 언어 구성 합의의 공동체는 그 언어로서 대상을 규정하고 세계를 구성한다. 우리가 속해 있는 언어 공동체는 “자신의 규정 방식이나 논리로 우리의 의식을 음각”하고 그 언어를 “객체인 인간의 주체”로 작동하게 한다고 본다. 그러므로 우리가 접하는 “자연은 사회화되고 정치화된 눈으로 본 자연”일 뿐이고, 그렇다면 언어가 도구인 것이 아니라 도구가 언어라고 해야 한다는 것이다. 언어가 도구라면 언어 없이 선재하는 내용이 있어야 하지만 이것은 대상이나 세계의 언어 의존성 가설과 일관되지 않는다는 것이다.

남경희(1997b: 83)는 관념적 언어주의를 제안하는 것인가? 그러나 그는 언어의 내용을 채우는 장치가 있다고 생각한다. 자세한 논의는 하지 않았지만 다음과 같이 주장하여 일종의 지칭 개념을 도입하는 것이다: “사과라는 사물과 ‘사과’라는 표현 사이의 관계는 우연적이고 외적이어야 할 것이다. 그러나 이 양자의 관계가 언어 사용자 사이의 합의에 의해 불가분의 것으로 정립된 이후, 이 관계는 객관적이고 필연적인 것으로 전환된다.” 남경희가 관념론자라면 이 인용문이 보이는 표현의 사용과 언급의 구분은 불가능해야 할 것이다. “지칭적 언어 합의론”과 “무지칭적 언어 합의론"을 구분한다면 후자만이 관념적 언어주의에 도달할 수 있을 것이다. 양자의 관계가 "함축"이 아니라 "도달"인 까닭은 공동체의 합의가 언어에 대한 실재적 억제의 장치로 작동할 수 있기 때문이다. 그렇다면 남경희는 합의적 언어주의를 제안하는 것이다.

남경희(1997a: 27-28; 1997b: 66-67, 71, 254)는 "자연은 인간에게 말을 부여함으로써 선악, 정의-불의를 구분케 하여 한 사회 내의 가치관의 형성을 유도하고 그리하여 공동체의 성립을 가능케 했다"는 아리스토텔레스의 명제에 일부 동의하며, 그 논리를 명료화한다. 인간 행동은 언어 의존적이고 언어는 공동체 합의적이며 인간관계, 권력관계, 문화 관계 등은 언어 질서로 환원되거나 그에 기초한다는 것이다. 남경희는 언어 자연론을 거부하고 언어 사회 구성론을 수용하는 것이다.

정치적 인간

남경희의 합의적 언어주의는 그의 인간 이해에서도 일관되게 드러난다(남경희, 1997b: 43, 69-70, 384-385). 언어가 없었다면 사람들은 신체적으로 근접해 있을지라도 실제로는 서로 단절된 "대양의 군도"로 존재한다는 것이다. "부모", "형제자매", "동료", "이웃", "공동체" 등의 언어 표현이 없었다면 더더욱 그러하다. 자연 상태에서 사람들은 "서로에 대해 완전한 타자, 불가해성, 절대 허무로서 존재"한다. 그러나 언어의 도입으로 선악의 구분이 가능하고 이와 같은 가치에 따르는 욕구의 사유가 가능해지면서 사람들은 "더 이상 자연 세계에 거주하지 않고 언어적 세계" 속에 살게 된다. 인간이 사슴과 다른 것은 "안전과 보호"를 추구하기 위해 "불안, 위험, 고독" 같은 개념의 장치하에 살기 때문이다. "사슴이 위험을 느낀다"고 말할 때 우리는 사슴을 정치화한다. 사슴이 언어 적용 여부에 따라 그 존재성이 달라지는 것처럼, 사람도 언어 세계 진입 여부에 따라 자연적 인간과 언어적 인간으로 나뉜다.

남경희의 정치적 인간은 자아 개념을 통해 더 명료화된다(1997b: 245,

350, 39n, 23). “불안, 위험, 고독” 같은 개념적 사유는 언어 없이 “그런 섬세함이나 깊이를 가질 수 없”고, 사람들의 내면 세계도 각자의 밀실보다는 의미 세계의 “광장에서 타자와의 소통으로 형성”된다는 것이다. 나의 마음속에 나타나는 나의 모습은 내가 구성하는 것이 아니라 “타인의 시선”이고, 타인과의 인간관계가 “나의 거울”이다. 타인의 시선을 의식할 때 이것은 멍에로 작용하기도 하지만 그러한 반성적 의식은 나를 “이 우주의 좌표에서 고유한 위치에 정립시키므로 자연의 세계, 우연의 대양에서 우리를 부상시키는 부력”이 된다. 타인과의 관계를 통해서만, 사회 속에서만 나는 자아 개념의 내가 될 수 있다고 본다. 자연 상태에서는 자아도 없다. 개념 없이 질서는 없기 때문이다.

남경희는 “루소와 칸트가 모두 자유의 언어 의존적 성격이나 사회 정치적 성격을 간과”하고 있다고 생각하면서 자신의 관점을 선명하게 한다(남경희, 1997b: 401, 533, 231, 23, 399). 인간은 사회라는 언어 공동체 속에서 각기 자아를 발견한다. 그러나 여기에는 양면성이 있다. 한편으로 “타인의 시선”이라는 장치로 인간관계의 질서로 편입하지만, 다른 한편으로 그 언어 공동체가 허용하는 언어 가능성에 열리게 되는 것이다. 개인은 자신에게 허용된 언어의 가능성을 통해 “자신의 세계를 구축”하면서 자신만의 자유 세계를 향유하게 된다. 개인의 자유가 진정한 것이기 위해서는 단순한 방향만이 아니라 그의 세계에 적합한 “목적과 방향과 지향가치” 를 선정하게 된다. 인간은 이렇게 구성한 자신의 세계에서 공동체 사회의 규제들을 당면할 때 이를 “강제된 조건”으로 인식할 수 있다. 자유란 그러한 조건으로부터의 해방이며 “주체의 확인”이다. 자유는 “자율적이고 자발적인 활동”을 통해 이루어지며 이 경우의 의식이 “권리 의식”이라는 것이다. 자유와 권리 개념은 인문성과 정치성으로 분리되는 것처럼 보이지만 실제로 밀접하게 엮어져 있다. 개인들의 권리가 모두 정합적일 수 있는 질서의 공간이 없다면, 자율성이란 공허해진다.

남경희(1997b: 90, 248, 345, 91)는 인간이 언어를 공유하게 되었을 때 “자연인은 소멸하고 정치적 인간이 탄생”했다고 한다. 홉스는 자연 상태에서 인간들이 만인 간의 투쟁 상태에 있었다고 하지만, 남경희는 달리 생각한다. 언어의 도입 이후 인간은 하나의 대상에 대해 다양하게 기술할 수 있게 됨으로써 욕망이 증폭되고 갈등이 심화되었다고 진단한다. 차이는 모든 갈등의 원인이고 이유인데, 다양한 기술의 방식 없이 가능하지 않기 때문이다. 그러나 이 갈등의 상태는 개인 간의 권리의 질서에 대한 다른 차원의 다양한 기술 가능성 때문이기도 하다. 여기에 권리 개념이 개입된다는 것이다. 이러한 차원에서 이 상태는 "정치적"이고 개인 주체는 정치적 인간이 된다. 그러므로 개인들의 권리가 자리를 차지할 수 있는 전체적인 질서의 공간에서는 개인들이 서로 연결되고 신성불가침의 권리 소유주가 되어 보편적 가치를 추구할 수 있는 자유의 주체가 되는 것이다. "시민"이란 단어는 이 새로운 인간에 대한 명칭이 된다.

정치 질서는 이성의 상형 문자

인간은 언어를 통해 서로 연결되는 한편 자아 개념을 가지고 자기만의 세계를 구성하여 자유를 확장하게 되었다. 그러나 모든 개인들의 자유 확장의 시도는 바로 언어에 기초한 차이로 인해 욕망이 증폭되고 갈등은 심화될 수밖에 없었다. 개인들 간의 권리의 정합적 전체성 질서가 불가피해지면서 정치적 인간, 시민이 탄생한 것이다. 그러나 이러한 과정의 단계들은 자동적인가? 정치적 인간이 언어를 통해 가능해졌지만 그 추동의 힘은 무엇인가? 개념의 언어성으로 자아, 세계, 자유, 차이, 권리, 전체성, 질서 등의 장치에 도달했지만 그러한 성취의 동력은 무엇인가?

남경희(1997a: 30, 528; 1993: 272-3)는 이러한 물음에 대한 답변을 인간 이성에서 찾는다. 동물은 자기가 태어난 세계 안에서 그 세계의 질서에 순응하면서 수동적으로 살지만, 인간은 "신체의 국경을 넘어" 자신의 세계를 적극적으로 구성하면서 능동적 삶을 산다. 인간은 자신이 태어난 세계의 다양한 현상들을 "자신의 질서나 논리에 따라", "한계지어진 공간 속에서 세계를 구성"한다. 이 구성 능력이 이성이다. 이성이 세계 구성의 능력이라면 그러면 이성이 "진리로 가는 사다리, 길, 방법, 실재에 이르는 초월적 능력"이라는 추리는 자연스럽다. 이러한 이성은 "보편화, 공유화의 능력이자 객관화의 능력"으로 달리 표현되기도 한다. 이성은 사물의 우연성에 이유를 제시함으로써 필연성을 부여하는 능력이라는 것이다. 그러므로 남경희에게 "이성적인 것은 보편적이고 보편적인 것은 이성적이다."

남경희는 비판, 분석, 종합, 연역, 직관, 상상, 초월, 규칙 구성과 준수 같은 이성 능력 중에서도 특히 반성 능력에 주목한다(1993: 272; 1997a: 32, 79-82, 91). 반성 능력이란 "자신의 오류 가능성을 인정"하는 능력이다. 이 능력이 언어 개방성의 능력이고 자유의 능력이다. 반성은 자신이 믿어 왔던 욕구, 인과적 계산, 삶 전체, 자아 전체, 세계 전체에 대해서도 틀릴 수 있지 않은가라는 물음을 묻는 능력이다. 그러므로 반성은 모든 상황과 조건에 대하여 존재 이유와 의미를 요구한다. 그래서 반성은 주어진 것에 대한 비판이요 "소여의 거부"이다.

이성은 세계 구성의 능력이고 반성의 능력이란 점에서 언어에 힘을 실어줄 수 있는 능력이다(남경희, 1997b: 74, 83). 다양한 현상들을 하나의 질서로 연결시킬 때 언어는 설득력을 갖고, 오류 가능성을 인정함으로써 언어는 개방성을 유지하며 새로운 상황에 유동적으로 대처하면서 확장의 길로 들어선다. 언어에서 보이는 이러한 이성의 능력은 언어에 힘을 실어준다. 약속의 말, 고백의 말, 양보의 말이 무게를 갖는 까닭은 이러한 말들이 언어 질서 안에서 갖는 개념적 연결성 때문이다. 언어는 이제 그러한 말의 힘으로 "우리의 리바이어던"이다. 남경희는 언어의 이러한 결을 특징화하는 술어 중에서 "정치적"이라는 단어를 선택하는 것으로 보인다.

남경희(1997a: 44; 1997b: 341-2, 300-305, 249)에게서 정치 세계는 "이성의 상형 문자"로 보인다. 이러한 해석의 근거는 무엇인가? 로크는 정치성을 권리의 질서로만 이해하지만 남경희는 여기에 타인과의 내재적인 연대성을 첨가한다. 모든 사람들의 권리는 전체성의 질서의 공간에서 여러 요소들을 평가하여 무게를 달리 부여하는 정치적 행위의 결과로 편성된다. 자연 상태에서 사람들은 차이로 부각되는 존재들이지만 전체성의 권리 편성의 질서에서는 "대등한 존재"가 된다. 그러나 남경희는 이러한 권리 개념보다 언어 질서가 더 근원적이라고 믿는다. 권리들의 무게의 범위와 한계가 규정되는 전체성의 언어 공간이 선행적이기 때문이다. 언어 질서를 통해 합의되는 권리의 공간은 사람들을 규제하고 허용하는 이성의 공간을 허용하게 된다. 헌법 재판소의 판결들은 입법부나 행정부의 활동들에서 표현된 정치적 판단이 즉시적으로나 궁극적으로 일상 언어의 합리성의 기준이 된다는 것을 선명하게 보인다. 정치 세계는 제대로 진행될 때 새로운 상황에 대한 이성의 상형 문자, 모두가 보다 자유로운 질서의 언어에 도달하는 것이다.

일반 의지적 이성

홉스(Hobbes, 1994)는 자연 상태에서 인간은 상호 경쟁적이고; 인간 욕구는 무한하여; 만인의 만인에 대한 투쟁 상태라 하여 국가의 필요를 말한다. 그러나 남경희(1997b: 38-53, 91, 202-226, 404; 1997a: 44)는 국가의 필요를 이성의 결여에서 찾는다. 현재의 상태에서도 이성은 아직 실현되지 않으므로 국가의 완성이 요청된다는 것이다. 국가는 사회가 합의한 특정한 부분에 대한 통치권의 집행이고, 사회 계약은 개인들의 완전 양도에 입각하여 자발적으로 동의한 정의 질서, 공생 질서의 계약이다. 사회 계약과 통치 계약은 발생론적으로 구분할 수 있지만 "존재론적으로는 불가분적"이라고 본다. 양자는 "동시적"이기 때문이다. 국가의 탄생은 인간 공동체를 물리적 인과력으로 유지하던 전통에서 이성의 설득력으로 바뀌었음을 의미한다는 것이다. "이 새로운 힘과 새로운 존재자의 특징은 이전의 것이 양적이고 상대적이었음에 반해 질적이고 절대적이라는 점이다."

남경희(2004: 272-2 79)는 공생 질서의 이성으로 결(玉)의 합리성을 제시한다. 전통적으로 이성은 흔히 초월적 로고스로 보았지만, 결이나 리(理)의 함축에 따라 해석할 필요가 있다는 것이다. "합리성이란 옥(玉)의 결과 같이" 인간 공동체 전체가 오랜 세월을 통하여 닦고 빚은 다음에 드러나는, 사회나 언어에 들어 있는 "전체의 결이나 무늬"라고 본다. 한국어에는 서양어보다 노소간 존대어의 결이 선명하게 들어 있고, 서양어에는 한국어보다 행위 주체의 주어의 결이 완연하게 나타나 있다. "이 사회적 합의로서의 이성은 그 사회 구성원들의 믿음의 결, 삶의 방식의 결이라고 말할 수 있다." 전체의 무늬나 결속에서 소외된 자들이나 다음 세대의 어린이들은 "공존을 가능하게 하는 공생의 질서"가 무엇인가를 배울 수 있게 된다.

이성이 공생 질서적이고 정치 세계가 이성의 상형 문자라고 한다면, 궁극적인 이성의 물음은 정치 세계의 이유에 관한 물음이 될 것이다(남경희, 1997a: 44, 95, 179, 534; 1997b: 93, 305, 496). 정치 세계는 반성적 이성이 거듭 물어진 물음의 결과로 존재하며 이러한 물음이 지속적으로 진행되면서 진정한 "실재 세계의 도달"을 지향한다. 달리 말해, 그 물음의 내용은 정치 세계의 우연성을 극복하는 것이고 정치 세계의 이성화이다. "이성의 실현이 가장 중요한 목표"인 것이다. 홉스의 목표가 국가라는 "단일 인격에서의 만인의 진정한 통일이라는 국가 권력주의였다면, 남경희의 목표는 만인 동의의 국가 구성적 노동에도 불구하고 권력이 "담론의 질서에 의해 음각된 그 세계 내의 수로를 따라 흐를" 때 수정에 개방되어 있는, 규제적 노동의 "말의 질서"이다.

남경희(1997b: 516–518, 82)는 세계의 이성화에 도덕적 요소를 요구한다. 루소는 전통 이론들처럼 도덕을 정치 질서에 선행하는 것으로 보았지만 또한 전통 이론들과는 달리 합의에 의해 도달하는 것으로 보았다. 그러나 남경희는 도덕률을 루소와 같이 합의적으로 보기는 하지만 루소와 달리 언어 내재적으로 해석한다. 도덕은 칸트와 같이 "이성의 필연성"이라고 믿으면서도 그 근거에 대해서는 칸트와 달리 언어적 필연성을 갖는다는 것이다. 언어를 사용하는 한, 도덕은 필연적이고 편재적이기 때문에 "도덕적 위기"란 불가능하다는 것이다.

남경희(2006: 542; 1997a: 83)에게 도덕은 언어 내재적이고 필연적이지만 자연에서 경험할 수 없는 당위의 요소를 갖는다. 도덕 의식은 인간 행위를 이성화하려고 할 때 형성되는, 전체성으로부터 조망되는 개념의 수로와 관련된 의식이다. 단편을 떠나 전체를 향한 의식은 새로운 세계를 향한 의식이라는 의미에서 초월이고, 자연 질서에 없는 이러한 당위 의식은 초월 의식이다. 인간이 우연에 남아 있는 동안은 현재에 안주하지만, 당위를 선택할 때 새로운 세계, 의미의 세계, 초월을 경험한다.

세계의 이성화는 도덕의 필연성과 우연의 초월성을 인간에게 허용하지만 그러한 목표를 향한 구체적 장치는 무엇인가? 남경희(1997b: 451-458)는 이를 위해 일반 의지적 이성을 도입한다. 루소의 일반 의지는 모든 사람의 의지가 아니라 "사적 의지들로부터 상호 상쇄되는 플러스들과 마이너스들을 제거할 때 남는 차이들의 총체"이고, 루소는 이 차이들의 총체에 이르는 방안으로 투표 제도를 제안했다. 그러나 투표가 어떻게 그러한 일반 의지로 인도하는가? 남경희는 투표의 소통론적 해석을 통하여 그 과정을 다음과 같이 구성한다. 의미론이 통사적 기호의 해석 규칙에 따라 의미에 도달하는 것처럼, 투표자가 합의한 투표 과정의 일반 의지가 규칙에 따라 작동하여 투표 결과에 도달한다; 언어 기호의 청자가 기호를 해석하기 위해 기호 발화의 문맥, 다른 발화의 진리 조건들을 고려하는 것처럼, 투표자는 자신의 좁은 이해만이 아니라 공동체의 넓은 이해의 문맥을 고려하여 투표한다; 성공적인 소통을 위해서 상대방의 믿음이 대부분 참이라고 상정하는 자비 원리를 수용하여 서로의 의견들에 최대-동일화하는 것처럼, 투표자들은 배경적인 믿음들에 동조화하여 다수결 원리를 따르는 정치적 자비의 원리를 수용한다. 남경희는 일반 의지에 대한 이러한 소통론적 해석이 일반 의지의 조건을 만족한다고 믿는다. 이로써 남경희는 '이성이 공동체가 구성하는 언어로 구조화되지만 언어 구성은 정치 질서로서의 이성을 공동체의 성원들에게 각인한다'는 관점을 명료화한다.

4. 이성 논의의 전망

이성과 합리성은 과거에는 천상적이고 외부적이어서 초시간적이었지만 이제는 시간적인 것이 되었다. 시간적 이성은 단순히 사적인 것이 아니라 공동체 언어를 통해 소통하는 이성이다. 인간은 소통하는 한 합리적이고 합리적인 한 소통적인 존재가 된다. 과학 공동체나 시민 단체는 이러한 소통적 이성의 구현체가 되어, 그 자체의 역할을 수행한다.

이성과 합리성

김우창과 남경희의 이성론에는 차이도 있지만 유사점도 있다. 두 학자 모두 이성이 형이상학적으로 초월적이라는 전통을 거부하고 이성을 인간 능력이라고 생각한다. 그러나 두 학자 모두 이성을 인간 능력으로 보지만 김우창은 외재적 방향으로 남경희는 내재적으로 기운다. 예를 들어, 둘 다 이성 이해에 있어서 "결"이라는 단어를 불러오지만, 김우창(1992: 83-85)은 작품이나 예술의 결을 언급하고 남경희(1997a: 304; 2004: 276)는 믿음이나 언어의 결을 말한다. 두 사람 모두 이성에 도덕성이라는 전체성을 부여하여 파편적인 현상으로부터의 초월을 지향하지만, 김우창은 심미성에 주목하여 초월성을 부각하고 남경희는 이성의 정치 질서의 관련성에 유념하여 현실성의 내재 질서를 존중한다. 그러나 김우창이 변증법을 그의 이성론과 정합적으로 해석하고 남경희가 의미 개념을 일상적으로 해석하고자 한 시도들은 이성론의 복합성의 정도를 보이는 작업들이다. 물론 두 학자의 이성론은 한국 사회가 안정 질서를 이루어야 하는 시기에 필요한 주제에 천착한 것이었다. 어떤 지적 작업이나 삶을 영위하는 데 필요한 고전성과 현대성을 아우르는 안정적 틀을 모색한 것이다.

김우창과 남경희는 이성과 합리성이라는 두 개념의 연속성을 전제하고 있다. 이들은 중세-근세적 이성관을 넘어 플라톤적, 아리스토텔레스적 이성으로 돌아간 것이다. 이성적 삶의 태도가 저절로 주어지는 것이 아니라 각종 교육에 의한 것(김남두, 1990: 310)이고, 인간을 합리적이라고 했을 때 인간이 추리할 수 있는 능력을 갖추고 있음(이종권, 1998: 6)을 의미한다는 것이다. 물론 중세-근세적 이성 개념은 형이상학적 초월성을 나타내기 때문에 그러한 이성-합리성의 연속성을 허용하기 어려웠을 것이다. 그러나 과학과 언어에 대한 최근의 이해에 따르면 그러한 연속성은 오히려 자연스럽다.

이성은 상상, 구성, 반성, 비판, 초월 등의 인간 능력을 나타내고, 합리성은 인간 행위의 성향성이나 발생적 결과에 대한 기술적, 평가적 술어이다. 그러므로 이성과 합리성의 관계는 분명하다. 이성적 인간만이 합리적이거나 비합리적일 수 있다는 의미에서 양자는 분리하기 어렵다. 그리고 어떤 사람이 아무리 합리적이라 할지라도 비판성이나 초월성의 능력 행사를 사양하거나 거부할 수도 있다. 이성이나 합리성은 기술적(descriptive)이거나 처방적(prescriptive)이지만 필연적(necessary)이지 않기 때문이다. 이성과 합리성의 연속성은 불가피하다. 그러나 현대 문화의 특성상 합리성은 더 주목을 받는 주제를 이룬다. 담론적 의사소통(백종현, 2007: 56)이거나 경험적이고 구체적인 대상의 탐구(이영철, 1998: 74)거나 합리성이 평가적 술어로 구조화되어 있기 때문이다. 그렇기에 한국 현대 철학에서 합리성에 대한 논의는 여러 분야에서 활발하게 진행되고 있다. 이러한 논의들은 이성 개념이 앞으로 어떻게 더욱 심화될 수 있을지에 대한 전망을 가능하게 한다.

근대 합리주의의 세계관이 근대 과학의 영향으로 "단계적 붕괴"(이종권, 1998: 7)를 겪었다면, 이제 그 초시간적 합리성은 시간적인 합리성으로 대체되었다고 할 수 있다. 이좌용(1998: 258-259)은 합리성이 도구적인 측면을 갖지만 그것이 "합리성의 전부"라고 생각하지 않는다. 합리성이 증거적, 상징적 효용성을 갖는 구조는 언어 게임이 발생하는 제도적 관행의 역사적 광장이고, "현실은 합리성의 터전"이라는 것이다.

이러한 기조는 여러 논의에서 확인된다. 전통적 합리성이 명제들의 영원한 진리의 성질이었다면, 현대적 합리성은 "제한된 시간, 지식, 자원"(이상하 · 김명식 · 윤석주 · 정병훈 · 조선희 · 최홍수, 2005: 81)에 의존하는 "정보의 입출력에 따라 평가가 달라지는 구조"(정영기, 1998: 261-288)이다. "고유한 목적을 갖고 그 목적에 적합한 논증 형태를 구성하는 전략적 추론"(김혜련, 1998: 222)이라는 수사학이 밝은 전망을 갖는 것이다. 더 나아가, 현대적 합리성은 화자 자신과 일상 언어를 엮어주고 있다. 도덕적 설득력이 진위나 승패의 승부적, 외부적인 기준보다는 개인의 성향을 중시하여 "부정적 논제를 노출시키고 교정"(서정신, 1998: 237)할 수 있다는 모델이 그것이다. 합리성은 나의 합리성이지만 또한 "광범위한 진리와의 정합성"을 그 내용으로 하여, 내가 특수하게 참여하는 언어 놀이라 할지라도 "가족 유사적 합리성"을 유지한다는 것이다. 이러한 구조는 "인간이 언어적인 한 합리적이며, 합리적인 한 언어적"(이영철, 1998: 95)인 선험적 기초에서 가능하다.

과학적 합리성

합리성이 언어 게임마다 다른 규칙으로 수행되는 속성이라면, 과학적 합리성도 과학 체계 단위별로 논의해야 한다는 "체계 내적" 관점과 통체계적으로 다루어야 한다는 "체계 간적" 관점은 다를 수 있다. "체계들은 서로의 문법이 다르기 때문에 공유하는 어휘가 없다는 관점에서 진위성이나 우열성을 비교할 수 없다"는 "공약 불가능성" 논제나, "경험의 내용은 체계 언어의 의미를 결정할 수 없다"는 "의미 미결정성" 논제 등의 수용 여부가 이러한 관점들을 나누는 계기가 될 것이다. 그러한 논제를 수용하면, "인식적 합리성의 개념을 약화"하여 "과학적 합리성을 완화하려는 경향"(이종권, 2001: 46)을 갖게 된다. 이 논제를 거부하는 경우도 있다. 두 논제를 과학적 활동의 요소들(이론, 방법, 목표)의 공변(covariance) 논제로 환원하여 비판하고, 세 요소의 공진화(coevolution) 논제를 주장하는 것이다. 세 요소의 공진화를 통해 통체계적 합리성이 얻어지고, 여기에 경험적 적합성과 인간적 배려의 요소를 첨가하여 온전한 과학적 합리성(조인래, 1998: 60-64)에 이른다는 것이다.

많은 논의들은 우선 체계 내적 합리성에 할애되고 있다. 체계 간적 합리성 논의는 지칭, 의미, 비교 등 주제들의 선결 요구를 하기 때문이다. 정상모(1998: 67-68)는 과학을 명제들의 체계가 아니라 세계에 관한 진리 탐구 행위로 간주한다. 따라서 과학적 합리성이라는 것은 과학자의 믿음 명제의 합리성이 아니라 탐구의 합리성이 된다. 탐구 행위는 목적 설정과 목적 추구의 두 요소로 나뉘고 후자는 도구적이고 전자는 비도구적, 범주적이라는 것이다. 그러므로 과학적 합리성은 탐구 행위의 목적 설정에서 효용 극대화의 관점에 따라 여러 가지 요소들을 고려할 수 있다. "인간의 실천적 성숙"(홍윤기, 2000: 58)이나 "과학주의"라는 이름으로 비판되는 여러 사안들의 극복을 위한 장치를 논의할 수 있다.

체계 간적 합리성에 대한 논의도 가능하다. 고인석(2003: 16-17, 21)은 과학 발전을 진리를 향한 과학 활동들의 "수렴(convergence)" 단계로 보는 대신, "발산(divergence)" 단계로 볼 것을 제안한다. 진리는 과학이 지향해야 할 기하학적 같은 점이 아니라 "무한대의 부피를 지닌 어떤 것"으로 볼 수 있다는 것이다. 그러면 과학의 발전은 "이론들이 포섭하는 적용 가능 영역의 합의 부피를 늘려가는 과정"이 된다. 그렇게 되면 "진리에로의 접근"이나 "진리"라는 개념 자체가 과학 진보를 설명하기 위해 필연적인 것이 아니게 된다. 중요한 것은 과학의 진보를 포괄하는 이론 안에 경험적 내용의 총합이 증가하는 것이고, 이 경험 내용을 측량할 때 대상이 되는 단위가 단일 이론일 필요가 없고 공존하는, 때로는 양립 불가능한 이론들일 수 있다는 것이다. 보다 나은 세계를 위해 루소와 밀이 요청한 "반대 의견"은 과학 발전에 불가피한 "경험 내용"의 부분이 되는 것이다.

과학적 합리성을 이처럼 체계 개념의 관점에서 접근할 수도 있지만, 과학이 인식 대상과 인식 주체 간의 문법 관계로 설정할 수 있다면 이 관계로부터도 과학적 합리성을 조명할 수 있다. 이중원은 과학적 합리성을 과학적 인식의 주체 개념을 통해 조명하고자 한다. 인식 주체는 전통적으로 보편적 선험 주체성을 갖는 개인 주체로 파악되었지만, 이중원(2001)은 과학에서의 인식 주체는 실험실의 구성원, 관측 장치, 실험이 전제하는 지식과 공동체 등으로 구성된 집합 주체라고 믿는다. 소위 인식 대상은 상태 정보로서의 대상 서술로 나타나고, 인식 주체는 관측 정보로서의 경험 표상으로 주어진다. 중요한 것은 관측 순간 두 정보는 일대일 대응 관계로 주어진다는 것이다. 과학 활동의 합리성은 과학 주체가 보이는 오류 가능성, 개방성, 창조성 등 "인식 구조적" 특징이 "현상 설명력과 같은 인식적 능력의 증대"에서 구현되는 속성으로 이해할 수 있다.

과학적 합리성을 인식적 능력의 개념으로 조명하는 단계에서 자연화라는 보다 적극적으로 나아가는 움직임이 있다. 정병훈(1995, 2007)과 이영의(2000)는 인식 개념의 전통적 인식 선험성을 사양하고 "자연화"로서 인지 과학 같은 경험 과학의 탐구 방식을 지향한다. 그러나 이들은 이렇게 자연화된 과학적 합리성의 매력을 수용하면서도, "모든 귀납은 정당화될 수 있다"라는 믿음과 이 믿음에 대한 근거 사이의 규범적 타당성에 대한 의구심으로 과학적 합리성에 제한적 성격을 부여한다. 반면 조인래(1994; 1996; 2006)는 귀납의 규칙을 자연화된 가언적 규칙으로 해석한다(참조: 15장 4절). 보다 구체적으로, 천현득(2006)은 "모든 귀납은 정당화될 수 있다"라는 가설은 과학적 합리성을 위해서 필요하지 않다고 생각한다. 그러한 가설을 요구하는 태도는 선험적 인식 주체를 요구하는 것과 같은 논리의 도입으로 보는 것이다. 과학적 합리성은 이 가설을 "잠정적으로" 승인하는 것으로 충분하다고 본다. 이 믿음이 과학적 합리성의 자연화에 장애물일 필요가 없다는 것이다.

공적 합리성

이성은 개인의 능력이기도 하지만 공동체의 능력이기도 하다. 그래서 "일반 의지적 이성"이 논의되었다. 그러나 보다 구체적으로 "정치체

(polity)의 질서, 안정, 번영"(이승환, 2005: 19)을 위해 공적 합리성의 논의도 필요하다. 칸트는 이미 공적 합리성 또는 이성을 개인이 "대중 앞에서 이성을 사용하는 경우"(나종석, 2007: 43)라고 규정했다. 칸트 스스로 자신의 초기의 개인적, 반성적, 도덕적 의식을 후기에 공적인 것으로 전환하고 있다. 이러한 방향 전회는 "시민 전체의 이성"(정원섭, 2010)의 계기를 부여한 것이다. 이러한 공적 합리성의 진작을 위해 어떠한 철학적 작업이 필요한가? 김홍우(2000: 47)는 공론장의 중요성을 지금까지 사용되지 않고, 무시되고 버려진 힘을 인정하고 모으고 사용하는 "힘 없는 자의 정치학"을 구성하는 계기에서 본다. 김경수(2005: 228)는 정보 시대의 공적 합리성의 원리를 "리좀 형식으로 이해한다면 주권 개념의 변화는 필연적"일 것으로 본다. 그러면 생체 정치적인 의사소통이 이루어져 수직적 위계 질서는 설 자리가 없을 것으로 보인다. 임홍빈(2005: 204)은 "매체들의 지구적 자율성"으로 "역사 이후"의 시간까지를 예견한다.

김미영(2003: 57-77)은 공적 합리성의 한 모형을 성리학의 군자 개념에서 찾는다. "군자"는 "두루하지만 패거리를 짓지 않는다(同而不比)"로, "소인"은 "패거리를 짓고 두루하지 않는다(比而不同)"로 규정된다. 그리하여 한 사람이 군자로 인정되어 지도자가 되면 "그의 행위로부터 합리적인 언행의 규준이 생겨나게 된다"는 것이다. 문제는 군자 덕목의 실천 방식이 아니라 군자와 소인을 구별하여 위계 사회를 정당화하는 데 군자 개념이 이용되고 있다는 것이다. 여기에서 주목할 수 있는 것은 "두루함 공동체"와 "패거리 공동체"의 구분이다. 두 공동체를 정의한다면 평등성과 위계성으로, 자율성과 타율성으로 특징지어질 것이다. 그렇다면 "군자"는 단일 인격자라기보다는 평등 공동체의 성질을 나타내는 술어로 보는 것이 그 규정과 일관된다 할 수 있다.

공적 합리성은 궁극적으로 사회의 합리성이 아닐까? 다원주의 시대의 사회에서 공적 합리성은 어떻게 유지될 수 있을 것인가? 다원주의 시대가 요구하는 합리성은 "언어 사용의 공동체라는 간주관적 아프리오리에서 출발"할 수밖에 없다. 하지만 그 공동체가 유지하는 논의적 이성만으로는 충분하지 않고 논의에 참여하지 못한 경우를 위해서라도 도덕적 태도인 "타자에 대한 배려"(한승완, 2002: 40, 45)가 첨가되어야 한다. 이러한 배려는 진리의 기준에 근거한 "강한 합리성"보다는 관용, 실천, 적합성을 드러내는 "약한 합리성"(이유선, 2002: 149, 150-170)에 더 정합적이다. 다원주의 사회에서는 강한 합리성이 오히려 무력할 수 있고, 약한 합리성이 진리를 약화한 적합성으로 오히려 설득력을 가질 수 있다.

제도적 정치 세계는 논의적 이성으로 소통하고자 하지만 논의에 참여하지 않는 다수에 대한 배려를 놓치기 일쑤다. 이러한 상황에서 시민 단체는 "소유하는 주체가 아니라 감시하는 주체"(김석수, 2002: 138-139)로서 필요하다. 시민 단체의 소통 노력은 그러한 훼손된 소통 체계를 보완하는 장치이다. 시민 단체는 "다양한 세력 사이의 갈등이 일어나는 관계의 장"이지만 "의사소통적 힘과 합리성이 작동되는 곳"이기도 하다. 이러한 과정에서 인격체의 상호 인정과 동등한 권리 부여"가 이루어져 시민 단체의 "보편성과 공공성 추구가 가능"(권용혁, 2002: 107-108)하게 된다.

이성은 과거에 천상적 능력이나 질서로 요청되었지만, 현재는 인간적 능력이나 질서로 이해되고 있다. 언어 질서는 그동안 언어 능력을 제약했지만 이젠 언어 능력은 꿈꾸는 것 이외의 다른 것이 아니게 되었다. 김우창은 인간이 인간 언어로 한계지워졌지만 감각의 구체성을 벗어나 아름다움의 보편성에 오를 수 있는 이성의 수행자, 가능한 초월자라는 심미적 이성론을 펴고, 남경희는 "아들 오이디푸스와 어머니 이오카테스의 근친상간은 상상할 수 없다"는 규칙이 언어 의미에 정치적으로 들어와 있기 때문에 아들은 자기 눈을 뺐고 어머니는 자살했다는 정치적 이성론을 제시한다. 이성을 그 기능에 주목하여 논의하는 경우도 있다. 반성, 탐구, 비판, 통합, 창조 등의 초월적 기능과 효율 계산, 제작 등의 도구적 기능을 대비하여 양자의 관계에 주목하는 것이다. 그러나 기능은 능력을 통해 이해되는 바, 양자에 갈등이 있다면 개념적으로 쉽게 조정될 수 있다. 그렇다면 언어적 이성은 단순히 사적인 것이 아니라 공동체 언어를 통해 소통하는 이성이다. 인간은 소통하는 한 합리적이고 합리적인 한 소통적인 존재가 된다. 학문 공동체나 시민 공동체는 이러한 소통적 이성의 구현체이다.

17장
철학사의 철학성

철학사는 철학함에 있어서 어떤 역할을 하는가? 이러한 물음은 서양 철학의 전통에서는 중요하게 물어지는 것 같지 않다. 그러나 한국이나 동아시아의 철학 문맥에서 이 물음은 중요하다. 유학이나 불교 철학이 전적(典籍)에 의존하는 경향이 뚜렷한 탓도 있을 것이고, 1920년대에 한국에 "철학"이라는 이름으로 도입된 서양 철학의 이해와 수용의 과정이 철학사의 위대한 철학자 중심인 까닭도 있을 것이다. 이 물음은 한국 철학자들의 교육과정이나 경험의 축적에서 오는 자연스럽고 불가피한 상황 때문이라고 생각한다. 따라서 한국 현대 철학의 문맥에서 "철학사의 철학성"이라는 주제는 소중한 성찰의 대상이 된다.

1. 철학사와 철학

철학사와 철학의 관계를 논의하기 위해서는 철학사와 철학에 대한 규정이 선행되어야 한다. 그리고 이를 위해서는 번역, 주석, 해석, 교육 등에 대한 "표준성"의 논의(강상진, 2007)가 독립적으로 필요하다는 점이 인정되어야 한다. 1920년대부터 2010년대에 이르기까지 한국 철학계의 철학 활동을 살펴보면 뚜렷한 경향을 발견할 수 있다(이훈, 1994; 백종현, 1996a; 김효명, 1996; 이좌용, 2000). 초기로 거슬러갈수록 외국의 개인 철학자 연구들이 많아 "외국 철학 수용기" 또는 "이식(移植) 철학기"라 할 수 있고, 후기로 올수록 연구자 개인 자신의 관점으로부터의 주제 연구들이 많아 "자생 철학기" 또는 "주체적 철학기"라 부를 수 있다. 철학사와 철학함의 관계에 대해 자신의 관점을 제시하는 경우에도 어느 시점에 주목하는가에 따라 의견들이 달라지는 것을 볼 수 있다.

'철학사=철학' 동일성 논제

대부분의 사람들은 일상적이고 합리적인 사유를 구사하면서 가족 성원으로, 공동체 구성원으로, 또는 시민으로 만족하며 살아간다. 그러다가 인문적 사유, 시적 사유, 철학적 사유를 하게 되면 보다 신선한 자유로움을 경험하면서 그러한 사유의 매력에 끌리게 되고 물음을 묻는다. 철학적 사유를 진작하기 위해서는 무엇을 해야 하는가? 이를 위해 우리는 대부분 철학사에 나타나는 인물이나 저서를 찾고, 도움을 얻는다. 그러면서 연구를 하다 보면, 더 깊은 물음을 묻게 된다. 철학사라는 분야는 철학에 어떤 중요성을 갖는가? 철학사에 나타난 구체적 철학자나 철학저서는 자체 나름의 철학성을 갖는다. 그러한 구체적 철학성은 지금 여기에 있는 독자나 연구자와는 어떻게 연결되는가? 철학사와 철학의 관계에 대해 여러 논의들이 있어왔지만 이들은 크게 두 관점으로 분류될 수 있다. 첫째 관점은 철학사와 철학은 상호 보완적이거나 분리 불가능하다는 넓은 의미의 동일성 관계의 관점이고, 둘째 관점은 철학사는 철학을 위한 배경이거나 사다리라는 넓은 의미의 수단성 관계의 관점이다. 수단성 관점은 4절에서 살피고 여기에서는 동일성 관점에 주목하자.

철학사와 철학의 동일성 논제는 헤겔 독자에게는 친숙하다. 헤겔에게서 모든 철학은 동시대의 철학이며, 그것은 항상 갈등과 융화, 부정적인 것과 긍정적인 것, 억압적인 것과 발전적으로 변형된 것을 포함한 과거의 모든 역사를 자신의 내면에 포함한다는 것이었다. 이태수(1999)와 김남두(1999)도 철학사와 철학의 동일성 논제를 지지하는 철학자로 분류될 수 있을 것이다. 그 지지 논변을 간단히 살펴보면 다음과 같다.

이태수(1999: 54-75)는 철학사와 철학의 동일성 논제를 위하여 하나의 역사적 논변을 제시한다. 철학과 철학사의 관계는 '철학은 인간의 자기 인식이다'와 '인간은 역사'라는 명제로 표현될 수 있다. 두 명제는 철학이란 역사가 역사를 인식하는 행위라는 결론을 함축한다. 그러면 역사가 역사를 인식한 결과는 다시 역사일 수밖에 없다. 만일 그 결과가 역사 밖으로의 탈출이라면 그것은 철학이 철학사와 분리될 수 있음을 의미한다. 그러나 인식의 결과 내용은 인식 대상과 인식 주체의 한계를 벗어나지 않는다는 점에서 철학의 역사 밖으로의 탈출은 불가능하다는 것이다.

김남두(1999: 19-23)는 철학을 하는 데 있어서 "철학사 중심"으로 할 것인가 "철학 문제 중심"으로 할 것인가라는 선택적 설정은 잘못된 것으로 간주한다. 양자가 상호 배제적이라는 잘못된 가정을 하고 있기 때문이다. 인간이 역사에 구속되어 있듯 철학은 철학사에 구속되어 있다는 의미에서, 철학과 철학사는 분리될 수 없다는 것이다. 철학의 문제 제기가 역사에 조건지워져 있듯이 철학사를 탐색하는 작업도 탐색자가 가지는 현재의 관심에 의해 규정되면서, 철학과 철학사는 현재와 과거의 소통이라는 점에서 서로로부터 분리되어 추상될 수 없다는 것이다. "철학 문제 중심"이라 할 때의 "문제"라는 것도 아리스토텔레스가 선행된 의견들을 "통념"으로 주제화한 개념이므로 현재의 문제와 과거의 의견은 시간적으로 분리 가능하지만 개념적으로 하나라는 것이다.

박홍규의 동일성 철학

박홍규(2011: 287)는 그의 고별 강연에서 철학과 철학사의 동일성 논제를 명료화한다: "사물을 정리할 수 있는 것은 시간에서냐, 공간에서냐 둘

뿐이에요. 플라톤은 둘 다를 놓았고, 아리스토텔레스는 공간에서 형상이론을 놓았고, 베르그송은 시간에서 정리했습니다. 그 외에는 없어요." 박홍규는 자신의 소신에 따라 철학사를 하면서 철학을 했고 철학을 하면서 철학사를 한 것이다.

윤구병(1996)과 최화(2011)도 이러한 박홍규의 관점을 확인한다. 최화(2011: 118-119)에 의하면, 박홍규는 전통적 형이상학을 물려받아 사물을 정의하면 모든 것이 동시에 주어진다고 믿고 사물을 전체적이고 총체적인 연관에서 파악했다. 윤구병(1996: 97-108)에 의하면, 박홍규는 형이상학의 길을 아리스토텔레스와 베르그송에서 찾았다. 아리스토텔레스의 형이상학은 형상-질료(Form-Matter) 개념으로 요약된다. 아리스토텔레스의 운동인은 형상에 종속되어 있다. 스스로 움직이지 않으면서 다른 모든 것을 움직이게 하는 것이 순수 형상이다. 순수 형상들은 투명한 공간에서 모든 것을 일관성 있게 포착하여 하나의 체계로 묶는 것이다. 그러나 현대 과학은 공간 형이상학을 멀리하고 시간 형이상학으로 간다고 박홍규는 생각한다. 그는 이를 위해 헤겔의 관념 형이상학보다는 베르그송의 운동 형이상학을 선택한다. 베르그송의 운동 이론은 태초의 운동을 설정하고 생명과 모든 다른 것들의 진화를 조명해낸다고 본 것이다. 박홍규에게 철학은 구체적 데이터에서 시작하여 깊은 형상 이론이나 운동 이론으로 가는 사유 활동일 뿐 다른 선택지는 없었다는 것이다. 그에게 철학사와 철학은 하나였던 것이다.

완화된 동일성 논제

철학과 철학사의 동일성 논제를 보다 완화된 입장에서 다루는 이들이 있다. 최재희(1985)와 임석진(1977)은 철학사와 철학의 단일성 논제를 완만하게 변형한다. 서양 전통과 동양 전통의 유사성을 발견하여 통합을 지향하는 것이다. 이들 두 철학자는 퇴계의 거경궁리(居敬窮理) 사상을 칸트와 헤겔에게서 각기 찾아낸다. 최재희(1985: VI/224)는 칸트가 말한 "이성의 사실"인 도덕 법칙에 대한 무조건적인 존경심을 퇴계가 말한 마음의 제반 경향성을 주재하는 경(敬)의 심정으로 설명하고자 했다(백종현, 1996: 73).

임석진(1977: 80-81)은 헤겔의 변증법이 소외와 자유의 의식이 끊임없는 자기 부정과 이의 극복을 되풀이하는 무한 운동과 진전 속에서 자발적이며 생동한 주체적 정신의 핵을 고수하는 데 그 토대를 두고 있다고 해석한다. 논리와 비논리를 넘어서는 초합리적 세계는 퇴계의 거경궁리라는 천인적 형이상학과 다르지 않다는 것이다. 임석진(1994: 15-17; 1978: 127-128)은 헤겔 변증법의 일(一)과 다(多)의 통일로서의 전일성을 "무위로 천차만별의 세계에 대처하고 무한심에 의한 지(知)의 직각(直覺)과 이 직각이 관조한 것이 만물 자체"라고 하는 장자 제물론과 관련시키고, 음양 또는 이기의 통전적 변증법과 서양 사상에 들어 있는 있음과 없음의 생성에로의 변증법의 공통소를 올바르게 토착화하여 공동의 선의식을 이 땅 위에 보편화할 수 있어야 한다고 생각한다.

박종현(2001: 193-199; 1992: 22-24)은 철학사와 철학의 단일성 논제를 아주 약화시킨다. 그는 플라톤의 이데아를 수정하여 수용한다. 그는 헬라스 사상의 기여를 당시의 "신들림"의 시대로부터 "지성의 들림"의 시대로 전환한 데서 찾는다(양문흠, 2003). 헬라스 사상은 자신의 혼을 보살피기 위해서 헤아리는 이성적 사유(logos)가 필요했고, 순수한 지성적 사유(nous)를 통해 존재, 인식, 윤리의 기준으로서의 이데아에 이를 수 있었다. 그러나 사물의 이해는 초월적 이데아뿐 아니라 그 감각성과 관계를 통해서만 가능하다. 예를 들어, 사람에 대한 이해도 사람의 이데아만이 아니라 분자 생물학적 구조가 도입되어야 한다는 것이다. 이는 플라톤의 형상 본질주의를 수정하는 것이다. 더 나아가 박종현은 한국 사회의 무속적 심성에서 헬라 사회의 "신들림"의 징조를 본다. 신바람, 새마을 운동, 88올림픽 모두 한바탕 굿판이었다. 하나의 굿판이 끝나면 새로운 굿판을 벌려야 했고, 통일은 아마 최대의 굿판이 될 것이다. 그러나 한국 사회도 헬라 사회처럼 "신들림"의 시대로부터 달라진 환경에 어울리는 이성과 지성의 새로운 세계를 그려낼 수 있어야 하는 것이다. 이러한 조명은 플라톤이 어떻게 그렇게 선명하게 철학의 패러다임을 구축할 수 있었는가라는 물음에 대한 해명일 수도 있다.

2. 백종현 칸트의 철학성

"철학"이라는 이름의 학문이 한국에서 100년 가까이 수행되면서 칸트(I. Kant)만큼 많이 연구된 철학자는 없다. 그만큼 한국 철학자 중에는 칸트 전공자나 전문가들이 많다. "칸트 앞의 철학들이 칸트에게서 종합되고 그 후의 철학들이 칸트에게서 흘러나온다"는 말은 외국은 물론 한국에서도 적용될 만하다. 많은 전문가 중에 백종현은 칸트 저서에 대한 번역과 연구가 가장 많은 학자이다. 그렇다면 백종현의 칸트 철학성은 무엇일까? 칸트는 철학을 인간성의 학문으로 보지만, 백종현(2012: 19-25)은 칸트 철학을 참 가치의 원리로서의 이성성으로 본다고 필자는 판단한다. 칸트는 세 가지 물음을 묻는다: 나는 무엇을 알 수 있는가? 나는 무엇을 행해야만 하는가? 나는 무엇을 희망해도 좋은가? 이는 초월적 대상 인식, 자율성의 윤리 판단, 궁극적으로 윤리적인 공동체에 대한 물음이다. 그는 미감적 판단과 세계 평화의 성찰을 통해 "인간은 무엇인가?"라는 물음, 철학의 물음에 도달한다고 보았다. 칸트는 그의 철학을 인간론으로 보았지만, 백종현은 칸트 철학을 이성론으로 해석한다. 21세기 현대의 조건이 너무 감성적이라고 판단해서였을 것이다. 현대 문화 현상의 다원성이 감성에 기인한다고 판단했을 수 있다. 칸트가 관심을 가졌을 인간론은 시대에 따라 변할 수 있지만 칸트가 배경적 원리로 요청했던 이성론은 시대에 상관없이 현대에도 적합하다고 판단했을 것이다. 백종현은 칸트 철학의 이성의 의미를 밝혀 현대 인간 문화의 균형자 역할을 할 수 있을 것으로 상정한다. 그리하여 백종현(2014)은 그러한 성찰을 현대의 조건에 적용하여 "좋은 나라"의 개념을 새롭게 구성하고자 한다. 백종현은 철학사와 철학의 관계에 대해 그 나름의 겸손한, 칸트를 철학적으로 비판하지 않는 관점을 제시한다.

칸트 철학의 진

백종현(2012: 33-35)은 칸트 철학 체계의 철학성을 참 가치의 원리로서의 이성성에서 보면서 그 체계를 진선미성화(眞善美聖和)의 다섯 주제어로 요약한다. 그는 먼저 칸트의 인식론을 인간 이성의 초월성으로 구체화하고, 인간의 순수(reine) 이성과 대조되는 초월(transzendental) 이성이 어떻게 세계를 향한 진정한 인식에 이를 수 있는지를 제시한다. 인간은 감성의 감각 작용을 통해서만 대상에 대한 인식을 시작할 수 있다. 감각은 무엇인가에 의해 촉발된 잡다한 내용을 공간적 · 시간적으로 의식에 떠올린다. 이러한 수동적 의식 내용에 지성(Verstand)이라는 사고 작용의 틀, 즉 범주들이 적용될 때 하나의 대상(Gegenstand)이 드러난다. 그러므로 칸트에게서 "사고한다"는 것은 잡다한 감각 내용들을 감각적 공간과 시간 그리고 지성적 범주들에 따라 결합하고 통일하는 인식 작용이다.

백종현(2012: 41-54)은 칸트의 인식 구조를 "~임"과 "있음"의 양상적 범주로 구분하여 명료화한다. 한 대상을 개념적으로 인식한다는 것은 어떤 것의 가능성으로서의 "대상임"으로부터 실질적 본질 규정으로서의 "대상으로 있음"에 이르는 것이다. 실질적 본질 규정에는 하나, 실재, 실체 같은 순수 지성 개념들이 범주로 작동한다. 지성은 단독적으로가 아니라 감성의 감각 작용과 결합해서 대상을 대상으로서 규정한다. 감성 없는 지성은 공허하고 지성 없는 감성은 혼란스럽다. 이러한 우리의 인식 맞은편에는 언제나 어떤 것이 마주 서있다고 생각하지만 그 "어떤 것 =x"는 우리가 알지 못하고 알 수도 없는 물자체(Ding an sich)로서, 다만 질료의 면에서 현상을 가능하게 하는 근거일 뿐이다. 우리의 감성에 주어지는 이러한 잡다한 현상에 대해 지성은 개념이라는 범주를 적용하여 대상을 규정한다. 이러한 지성의 범주 개념은 "대상임"으로서의 대상 인식의 조건이면서 동시에 "대상으로 있음"으로서의 인식 대상의 조건이 된다. 두 조건들의 이러한 대상성 일치의 논리에서 "선험적 종합 판단이 어떻게 가능한가"의 과제가 발생한다.

백종현(2012: 54-66)은 칸트의 대상 인식에서 지성 개념의 능력으로서의 초월적 이성을 명료화한다. "대상임"의 조건과 "대상으로 있음"의 조건이 양상적으로 구분되는 동시에 동일화되는 데서 칸트의 초월적(transzen-dental) 철학의 특징이 드러나고 칸트의 대상성 개념이 얻어진다. 감성 형식으로서의 시간, 공간이나 지성 형식으로서의 범주 개념이 인간 인식이나 경험을 가능하게 하는 조건이고, 그러한 형식들의 인식 주체성 때문에 인식의 코페르니쿠스적 전회가 가능한 것이다. 이 조건들은 인간 경험을 가능하게 하는 정초적(定礎的), 정험적(定驗的) 조건이라는 점에서 "초월적"이라 불린다. 칸트의 초월이성 개념은 그의 순수 이성 개념과 대조될 수 있다. 초월 이성은 감성의 내용에 범주 개념을 적용하여 선험적 종합 판단이라는 보편적 인식에 도달할 수 있는 지성 이성이지만, 순수 이성은 감성의 내용과 독립하여 있다는 점에서 사변이나 오류에 열려 있게 되는 위험을 안는다. 그러므로 칸트의 『순수이성비판』은 인간 인식의 범위와 한계를 명료화하고자 하는 노력이다. 합리주의의 순수 이성과 경험주의의 순수 인상이 칸트에 와서 한편으로 종합되고 다른 한편으로 객관적 인식으로 승화된 것이다. 칸트의 초월적 이성은 인간 인식에 있어서 참된 원리로서의 이성이 된다.

칸트 철학의 선과 미

백종현(2012: 81-87, 95-104)은 칸트 윤리학에서 이성이 어떻게 자율성을 구성하는가를 보이고자 한다. 이를 위해 그는 먼저 자연의 필연성과 자유의 인격성의 양립 가능성을 논의한다. 순수 이성이 자발성(Spontaneitaet) 같은 초험적 실재를 사변적으로 접근할 때 자연 제일원인은 자발성이며 자연에는 인과만이 있을 뿐이라는 이율배반에 걸린다. 그러나 자발성의 이율배반 해소의 실마리는 자발성의 의미 해명에서 찾을 수 있다. 임의의 두 사건 간에 유지되는 인과적 관계는 자연법칙을 따르지만, 두 사건의 관계는 인과적인 것만이 아니라 계기적(繼起的)일 수도 있는 것이다. 동일한 두 사건에 대해서 인과성의 자연법칙뿐 아니라 계기성의 자발성이나 자유의 빛으로부터도 관계를 찾을 수 있다. 자발적이고 자유로운 인간 의지는 자연적 사실(존재)이라기보다는 초월적 이념(이상), 이성의 이념이다. 이러한 자유의 이념은 인간의 인격성, 인간 생활에서의 유의미한 도덕성에서 나타난다.

백종현(2012: 105-120)은 자율로서의 도덕 법칙과 인격성을 연결하는 데 있어서 중요한 계기에 주목한다. 칸트가 인식의 코페르니쿠스적 전회를 통해 그의 대상성 개념에 도달하는 것처럼, 도덕에서도 코페르니쿠스적 전회를 통해 도덕성 개념에 도달하고 있기 때문이다. 그 코페르니쿠스적 전회는 다음과 같다: "자유를 근거로 해서만 도덕 법칙이 성립할 수 있으므로 자유는 도덕 법칙의 존재 근거지만, 우리가 도덕 법칙을 우리 안에서 발견하지 못했다면 자유 역시 의식하지 못했을 것이라는 점에서 도덕 법칙은 자유의 인식 근거이다." 이러한 도덕의 코페르니쿠스적 전회의 논리를 통해, 자유는 자율로 규정된다. 자율은 자기가 정한 법칙에 복종함이고 법칙에 대한 존경이다. 당위나 의무도 외부로부터 오는 것이 아니라 자신의 내적 강요이다. 인격성은 바로 이 자율의 힘에 기반을 둔다. 자기가 정한 법칙에 복종한다는 인간 이성의 모범적 실천적 표현은 정언 명령이 된다: "너의 의지의 준칙이 항상 그리고 동시에 보편적 법칙 수립의 원리로서 타당할 수 있도록, 그렇게 행위하라." 정언 명령은 순수 실천 이성의 원칙이고, 순수한 이성의 유일한 사실이다. 이것을 '사실'이라고 부르는 까닭은 이론 이성에서 모순율이 자명하듯 실천 이성에서는 정언 명령이 자명하기 때문이다. 모든 실천 행위는 이성의 사실로서의 이 원칙을 준거로 그 선(善)함을 평가받을 수 있다. 실천 이성의 원칙은 바로 선이라는 개념의 근거점이고, 모든 도덕 법칙이 갖추어야 할 보편적 형식으로서 모든 도덕의 내용을 규정한다. 칸트 윤리학의 이성적 구조가 선명하게 보이는 지점이다.

백종현(2010: 126-131, 132-139)은 미학적 또는 미감적 판단에서의 이성의 역할을 적어도 두 가지 점에서 논의한다. 합목적성과 미감적 판단의 연역성이다. 먼저, 합목적성이라는 개념은 판단력이 자연의 전 체계를 빈틈없이 이해하기 위해 하나의 법칙으로 지정한 자기 자율인데, 이 원리가 아름다운 것의 판정 원리로도 기능하는 것이다. 예를 들어, "이 장미꽃이 아름답다"라는 취미 판단은 장미 대상의 인식에 아무런 언표도 하지 않으면서도 감각에 기초해 대상을 판정하는 판단, 감각에서 단초를 얻되 상상력의 자유로운 유희에 의한 주관적인 판단이다. 그런데도 취미 판단은 필연적일 수 있다. 취미 판단을 언명하는 사람은 어느 누구도 "그 대상이 아름답다고 언명해야 한다고 의욕한다"고 할 수 있기 때문이다. 그러한 언명 의욕이 이성적으로 가능한 것은 쾌, 불쾌의 감정은 주관의 생명 감정으로서 이 표상에서 촉발되는 우리 마음의 방식에 따라 또는 그 표상이 우리의 생명력을 강화하고 고양하는지 아니면 저지하거나 강하시키는지에 따라서 나온다는 믿음에 근거한다. 어떤 대상에 대해 직관의 능력인 상상력과 법칙의 능력인 지성이 조화하고, 상상력이 합법칙적이면 판단력에 의해 '아름답다'는 판정이 내려지고 그로써 대상에 대한 쾌감이 일어나는 것이다.

칸트에게서 중요한 한 과제는 취미 판단이 위의 장미 판단에서처럼 주관적이고 단칭적 판단일 뿐인데 어떻게 보편 타당성을 가질 수 있는가라는 물음에 답하는 것이다. 취미 판단의 필연성은 선험적 근거들에 의거하기는 하지만, 선험적인 증명 근거들에 의존하지는 않으므로 그에 대한 찬동을 강요할 수가 없고, 따라서 설명이 요구된다. 백종현은 그러한 칸트의 과제에 대해 "순수한 미감적 판단의 연역"을 제시한다. 그것을 요약하면 다음과 같다: (i) 쾌의 생명 감정만을 갖는 순전히 형식적인 취미 판단에서 대상에 대한 흡족이 그것의 형식에 대한 판정과 결합되어 있다면, 그 흡족은 단지 반성적 판단력에 대한 형식의 주관적 합목적성에 의거해 있는 것이다; (ii) 형식의 주관적 합목적성에 의거한 반성적 판단력은 상상력과 지성 사이의 부합에서 오는 선험적이고 형식적인 조건을 전제한다; (iii) 감성적 대상 일반에 대해 판정할 때의 쾌감, 즉 상상력과 지성의 관계에 대한 표상의 주관적 합목적성은 누구에게나 가능하다. 이러한 미감적 판단 연역이 보이는 것은 우리 인간이 주어진 표상에 대한 감정을 개념의 매개 없이 보편적으로 전달하고, 판정하도록 하는 이성 능력을 가지고 있다는 것이다. 미감적 판단력은 공통감(sensus communis), 곧 자기 반성의 사유 속에서 다른 모든 사람의 표상 방식을 고려하는 또 하나의 이성 능력이다.

칸트 철학의 성(聖)과 화(和)

백종현(2010: 160-164, 171-174)은 칸트의 종교 역시 이성적 종교로 구성한다. 그에 의하면, 칸트가 종교의 종교성을 최고의 근원적 선, 곧 신의 개념에서 구하고, 종교의 이성성을 최고의 파생적 선, 곧 최선의 세계 개념인 윤리적 공동체 개념에서 찾는다는 것이다. 신과 윤리의 관계에 대해 계시 종교는 어떤 것이 신의 지시 명령이기 때문에 우리의 의무로 인정할 것을 요구하지만, 자연 종교는 어떤 것이 우리의 의무를 규정하고 있는 도덕 법칙이기 때문에 그것을 신의 지시 명령으로 생각할 것을 요구한다고 본다. 그러면 왜 최고의 근원적 선으로 신이 필요한가? 의지의 도덕 법칙과 온전히 맞는 것은 신성함이고, 이는 감성 세계의 어떠한 이성적 존재자도 현존의 어떤 시점에서도 이를 수 없는 완전함이다. 그럼에도 도덕 법칙과의 맞음은 실천상 필연적으로 요구되기 때문에 온전한 맞음을 향해 무한히 전진하고, 그러한 전진을 우리 의지의 실재적 객관으로 받아들이는 것은 순수 실천 이성의 원리상 필연적이다. 무한한 전진은 동일한 이성적 존재자의 무한히 지속하는 실존과 인격성(영혼의 불멸성)을 전제해야 가능하다. 따라서 최고선 개념을 위해서는 신 실존과 함께 감성 세계의 이성적 존재자의 영혼의 불멸성이 요청된다.

칸트 종교의 이성성은 최고의 파생적 선, 곧 최선의 세계 개념인 윤리적 공동체 개념에서 찾아진다. 가능한 세계의 최고선은 자신의 경향성을 제압하는 개인주의적 선이나 행복과 윤리의 완전한 맞음이 이루어지는 신적이고 예지적인 선이 아니라, 하늘나라의 최선의 세계가 이 땅에서도 이루어지기를 바라는 최고선, 즉 도덕성의 유지를 목표로 하는 윤리적 공동체의 구성이다. 윤리적 공동체는 덕의 법칙 아래 통합되는 인간의 상호 관계이다. 최고의 윤리적 선은 개개 인격들이 하나의 전체 안에서 하나의 체계로 통합하는 것이다. 공적인 법률에 복종하는 국가 시민의 구성이 아니라 도덕적인 법칙 수립자가 모두의 마음을 훤히 아는 신의 국민(하느님의 백성)으로 구성되는 공동체이다. 그러므로 종교 신앙은 "신이 우리가 정복(淨福)을 얻도록 무엇을 하며 또는 했는가에 대한 지식이나 고백에 있는 것이 아니라, 우리가 그럴만한 품격을 갖추기 위하여 행하지 않으면 안 되는 것에 있다".

백종현이 논의하는 칸트의 세계 평화론은 이성의 형식적 프레임과 이성의 자연적 합목적성으로 구분하여 요약할 수 있다. 먼저, 세계 평화에 대한 이성의 형식적 프레임은 "어떠한 전쟁도 있어서는 안 된다"는 저항할 수 없는 도덕적 실천 이성에 근거한다. 전쟁은 개인이 자기의 권리를 찾는 방식이 아니기 때문이다. 전쟁 저항권을 행사해야 한다는 준칙은 우리를 기만하는 것이 아니라 오히려 우리의 의무이다. 우리 안에 있는 도덕 법칙 자체를 기만적이라고 하는 것은 이성을 벗어나고 여타의 동물들과 같은 기제에 빠지는 것이다. 문제는 국가 간의 외적인 관계가 본성상 비-법적인 상태라는 점이다. 이러한 상태는 전쟁의 상태이며, 그 자체로 불법적이므로 이웃해 있는 국가들은 이 상태에서 벗어나야 할 책무가 있다. 그러기 위해 국제 연맹이 필요하고 국가들은 동료 관계로서 언제든 해체, 갱신될 수 있어야 한다.

이성의 자연적 합목적성은 세계 평화를 보증해준다. 그것은 인간의 의지에 반해서라도 인간의 불화를 일치로 생장시키기 때문이다. 이러한 자연의 강요는 숙명이며 섭리이다. 섭리란 보다 상위의, 인류의 객관적인 궁극 목적을 지향하고 이 세계 운행을 예정하는 심오한 지혜이다. 예를 들어, 자연의 의도는 인간이 지상의 모든 지역에서 살 수 있도록 배려하는데, 인간이 특정 지역만 선호하기 때문에 전쟁을 통해 모든 지역, 극히 황량한 지역까지 인간을 쫓아 그곳에 거주하도록 하고, 전쟁을 통해 인간을 크든 작든 법적 관계에 들어서도록 강요했다는 것이다. 국제 관계도 합목적적으로 이루어진다. 통치의 범위가 확대될수록 법률의 위력은 약화되고 법의 정신이 사라지면서 선의 싹도 절멸되어 마침내 영혼 없는 전제가 출현한다. 자연은 언어와 종교의 상이성이라는 두 수단을 통하여 민족들이 서로 섞이는 것을 막고, 그들을 분리시킨다. 자연은 언어와 종교의 상이성 때문에 서로 증오하고 전쟁의 구실을 만들게도 하지만, 그럼에도 성장하는 문화와 인간 원리의 보다 큰 일치를 향해 점진적으로 접근해감으로써 평화에 대한 동의를 이끌어낸다. 자연은 또한 세계 시민법의 개념으로는 전쟁에 대항하여 보장할 수 없을 여러 민족들을 "상호적 사익(私益)을 통해" 통합시킨다. 사익을 향한 상업적 정신, 금력이야말로 국가 권력에 종속되어 있는 모든 권력들 가운데서도 가장 믿을 만한 것이기 때문에, 국가들은 도덕성의 동기에서는 아니지만 고귀한 평화를 촉진하게 된다.

백종현의 좋은 나라

백종현은 칸트 철학을 연구해온 칸트 철학사가이다. 백종현 칸트의 철학성은 무엇인가? 백종현이 주목해온 칸트 철학의 철학성은 두 가지로 요약할 수 있다. 첫째, 칸트는 철학을 인간학이라 규정하고 있는데, 백종현은 철학이 현대를 지배하는 감성의 병폐를 치유할 수 있는 이성적 사유라고 설정하고 그 대변자로 칸트를 내세우는 것으로 보인다. 칸트는 현대의 감성적 병을 치유할 수 있는 참 가치의 원리로서의 이성을 제시하고 있다는 것이다. 칸트의 철학 체계를 진선미성화의 화두로 요약하면서 이들이 모두 참 가치의 원리로서의 이성에 근거한 강력한 처방이라는 것을 보이고자 한 것이다. 둘째, 백종현은 칸트로부터 선택할 수 있는 윤리적 공동체의 주제를 "좋은 나라"라는 개념으로 그 나름 구성하고 있다. 백종현은 한편으로 칸트를 뛰어넘어 칸트가 의존하는 영혼 불멸론을 비판하고 칸트가 부정할 공리주의를 수용하면서, 다른 한편으로 의무, 선, 자유 등의 칸트적 개념들을 유지하고 현대화하여 도덕적 국가론, "하늘의 뜻이 땅에 이루어지는" 좋은 나라론을 구성하고 있다. 칸트의 이성론을 현실화하는 것이다. 칸트 자신의 철학성과 백종현의 칸트 철학성이 만나는 지점이다.

백종현(2014)의 좋은 나라란 무엇인가? 그는 아리스토텔레스의 통찰을 수용하여 인간을 정치적 동물로 설정한다. 이러한 설정에는 적어도 두 가지 이유가 있다. 첫째, 인간은 성별(性別) 없이 살 수 없듯이 무리를 떠나서 살 수 없다는 것이다. 인간 개인이 하늘에서 내려오거나 땅에서 솟아난 것이 아니라 부모에게서 태어나기 때문에 그의 정체성이나 역할성은 무리 안에서 구성된다는 것이다. 둘째, 인간이 여느 동물보다 고도의 군집 생활을 할 수 있는 것은 언어를 가지고 있기 때문이다. 언어 때문에 사람들의 의견이 각각 분명해지고 그 차이 때문에 갈등이 일어나기도 하지만 또한 언어를 기반으로 차이를 극복할 수 있는 토론의 과정, 다수결 장치, 인내에 열린다. 인간의 기본적인 조건에서 좋음과 나쁨의 지각을 공유할 수 있다. 즉 사람들은 생명이 위태한 자를 돕는 것은 좋은 것이고 죄 없는 자가 고통을 받는 것은 악이라는 공감대를 갖는다. 백종현은 이러한 사실을 근거로 사람들이 동의할 수 있는 좋은 나라는 공적으로는 정의로운 정치를 하고 사적으로는 우애와 양심의 공동체라여야 한다고 제안한다.

백종현(2014: 2-12)이 지향하는 좋은 나라의 첫째 조건은 정의이다. 모든 국민이 자유롭고 평등한 관계를 갖는 것이다. 이러한 가치는 칸트의 최고선이 개인의 경향성을 제압하는 개인주의적 선이나 행복과 윤리의 완전한 맞음이 이루어지는 예지 세계적 선이 아니라, 도덕성 유지를 목표로 하는 윤리적 공동체의 구성에 있다. 이는 개개 인격들이 하나의 전체 안에서 하나의 체계로 통합되는 가치이다. 먼저, 이러한 가치는 '사람'

으로 인정받는 사회 구성원의 비율을 확대해온 인류의 역사, 평등 개념의 확장의 역사와도 일치한다. 인간 개개인은 가족, 건강, 능력, 미모 등 자연적 소양에 따라 평가되지만 '자연적 소양'도 역시 사회화된 것이므로 평등 개념은 원초적일 수밖에 없는 가치이다. 특히 경제적, 정치적 영역에서 더욱 그러하다. 그리고 윤리적 공동체의 가치는 자유로운 몸으로 태어난 사람들이 도처에서 사슬에 매이는 구속을 최소화한다. 특히 결사의 자유와 재산 형성의 자유가 주목되어야 한다. 결국 좋은 나라를 위해서는 남의 것을 탐내지 않는 의로움으로서 정의가 실현되어야 한다. 또한 정의는 본래 법이라는 사실과, 경제적 불평등은 정치적 불평등을 순식간에 양산한다는 복지로서의 정의를 확인해야 한다.

백종현(2014: 12-17)이 지향하는 좋은 나라의 또 하나의 조건은 우애와 양심이다. 자유롭고 평등한 정의 사회의 구현은 자유 원리와 평등 원리의 긴장 관계를 조정함으로써만 가능하다. 그리고 이 긴장 관계의 해소 내지 완화는 사회 구성원 사이의 우애와 양심을 통해서만 이루어질 수 있다. 우애의 자연스런 의미는 어려운 처지에 있는 타인들에게 이익이 되지 않는 한 더 큰 이익을 가지려고 하지 않는다는 관계성의 유지이다. 이러한 우애의 관점으로부터 '자신의 동의를 제외하고는 어떤 것도 그를 지상의 권력에 복종시킬 수 없다'는 자유주의 원칙도 다수결이라는 공동체의 의사 결정 과정을 통해 개인에게서 조정될 수 있다. 따라서 민주적 자유란 자신에게 복종하는 것이 아니라 내일이면 자신이 차지할 그 자리에 오늘 앉아 있는 누군가에게 복종하는 것이 된다. 양심이란 공통감이라고 볼 수 있다. 옳음에 대해 공동체의 구성원들과 함께 쾌감을 느끼고, 그름에 대해 함께 불쾌를 느끼는 도덕감이다. 이러한 공통감이 공동체의 우애감을 유지하는 장치가 되고 유대감의 내용이 된다. 우애는 우리로 하여금 절제와 자제, 통찰과 성찰을 하게 하여 우애의 마음을 더 자라게 하고 그 자양분은 양심, 함께 아는 양식(良識)이다. 그렇다면 인간은 왜 정의롭게 살아야 하는가? 그 이유는 자유롭고 평등한 사회에서만 인간이 함께 존엄성, 윤리성, 인문성을 얻을 수 있기 때문일 것이다.

백종현의 좋은 나라 기획은 철학사의 공부를 통한 백종현의 철학성을 보인다. 그것은 칸트가 철학을 인간성의 학문으로 보는 것과 백종현의 칸트 철학성인 참 가치의 원리로서의 이성성을 결합한 것이다. 그 결합은 단순한 병열이 아니라 이 시대의 변화된 조건을 배경으로 제시한 좋은 나라에서 나타난다. 백종현의 철학성은 인간적 이성의 구현 학문성으로 제시될 수 있다.

3. 이남인 후설의 철학성

후설(Husserl, 1999) 철학은 유럽 현대 철학계에서 중요했던 만큼, 한국 현대 철학계에서도 중요하게 연구되고 논의되어왔다. 후설 철학의 철학성은 그의 저서를 통해 알려진 것처럼 '선험적 주관성에 의한 본질 직관'이라는 주제어로 표명된다고 보인다. 그러나 이남인 후설의 철학성은 그것과는 다르다. 그는 후설의 유고(遺稿)에 근거하여 그 철학성을 '다원적 영역별 사태의 명증성은 비판적 합리성에 의한 소통의 결과'로 파악한다. 이남인은 그렇게 구성한 철학성으로 다양한 주제들을 분석해낸다.

현상학적 전회

이남인은 후설 현상학을 전공한 철학자이다. 이남인 후설의 철학성은 무엇일까? 그것은 몇 가지 항목으로 나열해볼 수 있다. 이남인(2004a: 22-45)은 후설이 현대의 위기를 실증적 자연주의, 실증적 역사주의, 문헌학적 실증주의의 병폐에서 진단하고, "사태 자체를 총체적이며 올바로 파악"할 수 있는 현상학적 환원으로 처방한 것에 공감한다. 그리고 후설 현상학에 대한 전통적인 선험적 주관성 해석으로부터 떠나 유고에 근거한 소통적, 간주관적 해석을 변호한다. 더 나아가 방법으로서의 현상학에 천착하여 여러 분야에서의 응용 가능성을 제시하고 그 자신 현대 문화 범주로서의 본능, 기분, 죽음, 통섭, 교육학, 경제학, 사회학 등에 대한 주제를 개발, 분석한다. 여기에서는 그가 구성하는 현상학을 요약하고 비판적 합리성과 다원주의에 대한 그의 현상학적 분석에 주목하고자 한다.

이남인(2004a: 41-43, 139-143)은 사태 자체의 파악을 위해 왜, 또는 어떻게 현상학적 환원을 해야 하는가를 설명한다. "내가 이 책상을 갈색의 책상으로 경험하고 있다"는 기술은 내가 경험한 대로의, 나의 지향성에 따른 현상적 기술이다. 그러나 이 현상적 기술에서 책상이라는 사물적 대상의 존재에 대해 판단 중지를 하면 나의 의식에 남는 것은 경험 현상 또는 현상적 경험이다. 판단 중지는 자연적 인과 관계와는 무관한, 자체 완결적인 의식의 영역으로 우리의 시선을 돌린다. 판단 중지라는 학문적 장치를 통해 도달한 이러한 현상학적 경험은 환각의 경험과 다를 바가 없다. 그래서 현상학적 경험에는 긍정함, 부정함, 그럴듯한 것으로 여김, 의심함 등의 정립 작용적 요소는 개입되지 않는다. 현상학적 장치를 통해 도달한 현상학적 경험은 현상학적 환원의 경험이고 "사태 자체로!"의 귀환이다. 은폐 성향, 왜곡 성향을 가능하게 하는 일체의 전제(사물적 대상의 존재)들이 배제되기 때문이다. 따라서 현상학적 환원은 "명석성과 판명성", "명증과 통찰"이 결여되는 것을 조금도 허용하지 않는다.

현상학적 환원을 통해 초월론적 현상학으로 나가기 전에, 먼저 이남인(2014: 89-101, 351)이 강조하는 질적 연구 방법론으로서의 현상학을 살펴보자. 예를 들어, 관악산 정상의 바위는 일차적으로는 생활 세계의 대상으로 경험된다. 그러나 동일한 바위라도 추상하는 방식에 따라 질적인 대상과 양적인 대상이 나누어진다. 실증주의는 이 바위에 수학적 언어를 적용하여 양적인 사물로만 표상하고 평가하여 대상화한다. 그러나 실증주의와는 달리 이 바위에 대한 생활 세계적 태도, 자연적 태도는 다양한 관심들을 허용한다. 양적 대상화가 유일한 태도가 아니기 때문에 이 사물 대상에 대하여 현상학적 환원을 수행하는 것이다. 이를 통해 의식에 남는 것은 태도를 구성하는 주도적인 관심; 미학적, 윤리적, 역사적, 언어적, 사회적, 정치적, 경제적, 문화적, 법률적, 교육적, 간호적, 의료적 관심의 반성 능력과 해석 능력의 개입을 요청한다. 현상학적 질적 연구의 다양성에 열리는 것이다. 이남인(1992: 379; 2014: 150-188)은 다양한 대상 영역에 대한 질적 연구의 가능성은 주관이 임의로 정할 수 있는 것이 아니라 그 영역 혹은 사태(Sache)의 본질적인 존재론적 구조에 의존한다고 본다. "사태"와 "방법"은 불가분의 관계에 있다는 것이다. 어떤 특정한 태도(Einstellung)를 취하면 그에 따라 채색된 특정한 의미를 지닌 세계가 주체에게 현출하며, 따라서 다양한 유형의 태도에는 다양한 유형의 세계가 대응된다. 현상학이 인간 경험의 다양한 분야에 적용될 수 있는 질적 연구 패러다임 가능성을 보여주는 것이다.

초월론적 현상학

이남인(2004a: 86-87, 136-138, 148-149)에게서 현상학적 판단 중지는 개별적 대상 인식의 사물적 조건에 대한 판단 중지이다. 그러나 인간의 인식은 개별적인 것도, 사물적인 것도 아니다. 자아에 대한 인식이나, '세계는 존재하는 것의 총체'라는 믿음과 같은 세계 현상에 대한 일반 정립은 비사물적 경험이기 때문에 초월적 대상이다. 초월적 대상에 대한 판단 중지는 이 대상들이 관여된 물질적인 요소뿐 아니라 역사적, 사회적으로 구성된 은폐 성향 및 왜곡 성향의 전제들을 판단 중지하는 것이다. 그 전제들을 괄호 안에 넣어 두면 남는 것은 그 믿음에 들어 있는 반성 작용의 지향성이다. 이러한 의식의 지향성은 그 대상들을 더 이상 세계 밖에 존재하는 초월적 대상이 아니라, 내재적 존재론의 범주 안에 들어오게 한다.

이남인(2013a: 127-132)의 상호 주관성 개념은 현상학적 환원에서 불가피하게 개입되는 태도 개념의 객관성을 보여준다. 태도를 구성하는 주도적인 관심은 주관적인 것으로 보이지만, 그의 상호 주관성은 이러한 우려를 불식시켜준다. 상호 주관성이란 세계 지평에 자기 경험과 타인 경험이 맞물려있다는 경험의 상호성이다. 인간은 기억, 예상, 상상, 판단, 추론, 감정, 의지 등 외부를 지각할 뿐 아니라 스스로에 대해 내적 인식을 하지만 타인들과도 의사 교환을 직간접적으로 수행한다. 자기 경험이 세계 지평에 대한 경험을 전제하는 것처럼, 타인 경험도 타인 경험이 의존하는 세계 지평에 의존한다. 이러한 세계에 대한 경험은 신체적이거나 언어적인 인간 표현에 대한 해석으로 구성되기 때문에, 해석적 경험은 상호 주관성을 갖는다. 그렇다면 어떤 초월론적 주관도 사회를 떠나서는 한순간도 살 수 없다.

이남인(2004a: 377-378, 469)의 초월론적 주관은 상호 주관성에 근거하지만 더 나아가 그 자체로 존재하는 것이 아니라 바로 이전에 존재했던 체험 및 다음 순간에 존재하게 될 체험과 결합되어 체험류 속에서 존재한다. 체험류 없이 주체는 세계를 나름대로의 고유한 의미를 지닌 세계로 경험할 수 없다. 이런 초월론적 자기 경험은 본래적으로 경험될 수 있는 핵만을 우리에게 제시해주는데, 그것은 바로 "나는 생각한다"라는 명제의 문법적인 의미가 표현하는 바, 생동하는 자기 현재이다. 초월론적 현상학적 환원을 거치면 자연적인 태도에서 모든 것의 총체인 세계의 일부로 파악되었던 인간은 이제 세계 및 세계 내 대상 전체에 의미를 부여하는 주관, 즉 초월론적 주관으로 드러난다. 인간과 초월론적 주관은 서로 다른 두 개의 존재자가 아니라 동일한 주체로서 자연적 태도에서 파악된 것이 인간이고, 초월론적 현상학적 환원의 태도에서 파악된 것이 초월론적 주관이다.

이남인(2004a: 78-87, 365-369, 420-422)은 마지막으로 초월론적 주관의 정체를 밝힌다. 심리학적 주관이 세계의 부분을 이루고 있는 주관(심리현상의 성질들의 집적체)임에 반하여, 초월론적 주관은 의미의 총체로서의 세계를 비롯하여 의미를 지닌 일체의 대상을 구성하는 주관으로서, 고유한 의미를 부여하고 경험과 학적 탐구를 가능하게 한다. 그러한 의미에서 이것은 모든 것의 뿌리 혹은 원천이다. 그는 후설이 1930년대에 초월론적 현상학을 "의식의 삶에 대한 해석학"으로 규정한 사실을 강조한다. 초월론적 현상학의 구성 작용이란 일종의 해석 작용이고, 그 해석의 주체는 바로 초월론적 주관이라는 것이다. 자연적 태도에서는 은폐되어 드러나지 않는 의식의 지향성이 지닌 초월론적 기능이 초월론적 주관에서 드러나고, 철학자의 의식의 지향성이 판단 중지와 더불어 세계의 속박으로부터 해방된다. 인간은 자연적 태도에 나타나는 사물들의 총체 안에 갇혀만 있는 것이 아니라 초월적 주관으로서 의미의 총체로서의 세계로 진입한다.

비판적 합리성

이남인(2004b: 83-129)은 초월론적 현상학이 현상학적 명증성 개념을 구성할 수 있게 한다고 판단한다. 그가 도달하는 현상학적 명증성은 철학적으로도 유용하다. 그는 이를 보이기 위하여 현상학적 명증성이 어떻게 불완전한 하버마스의 비판적 합리성 개념을 보완할 수 있는가를 논의한다. 그는 하버마스의 의사소통적 합리성은 비판적 합리성에 필요한 요소이긴 하지만 비판적 합리성에 이르기에는 충분하지 않다고 본다. 비판적 합리성의 필요충분조건은 이남인에게 있어서 논리적 합리성, 의사소통적 합리성, 명증적 합리성이라는 세 조건이다. 첫째, 논리적 합리성이란 일상 언어나 논리 언어가 나타내보이는 구조들의 합리성으로 이해할 수 있다. 그러므로 이남인은 의사소통적 합리성과 명증적 합리성을 중점적으로 조명한다.

이남인(2004b: 87-91)은 비판적 합리성의 둘째 조건으로 하버마스의 의사소통적 합리성 관점을 수용한다. 의사소통적 합리성이란 화자와 청자 간의 차이 극복이나 의견 합의를 위한 의사소통 행위가 올바로 진행되기 위한 조건들과 관련된 합리성이다. 여기에는 화자와 청자가 준수해야 하는 두 가지 종류의 제약 조건들이 있다. 첫째는 소통의 구성적 조건이다. 진술은 상호 이해 가능해야 하고, 참이어야 하며, 정당한 규범으로 구성되어야 하고, 진실성이 있어야 한다. 한마디로 이해 가능성 조건이다. 둘째는 소통이 합당한 근거에 기초해야 한다는 규제적 조건이다. 표면적 담론의 소통은 첫째 조건으로 충분하지만, 심층적 토론의 소통을 위해서는 보다 구체적 규제 조건이 필요하다. 즉 토론의 규칙을 준수하는 절차 조건과 그러한 절차 중에 제기되는 의견들에 대해 설득력 있는 논증, 비판적 검토가 수행되는 결과 조건, 그리고 이상적인 담화 상황에서 기대되는 훌륭한 논증이 지닌 강요 없는 강요에 승복할 수 있는 과정 조건이 있다. 이러한 조건들을 만족하는 의사소통은 합리적이고 인간 공동체의 생활 세계는 이러한 의사소통을 통해 형성된다.

이남인(2004b: 92-127)은 비판적 합리성의 셋째 조건으로 명증적 진리론을 제안한다. 명증적 진리론은 후설의 지향성 개념에 기반을 둔 것이다. 지향성이란 의식이 어떤 대상과 맺고 있는 의식적 관계로서, 대상이 다양한 만큼 지향성도 기억의 지향성, 예상의 지향성 등 다양한 유형으로 나타난다. 그중 지각의 지향성은 대상에 대한 직접적 경험을 구성하기 때문에 이 경험을 "명증적 경험"이라 한다. 명증적 경험은 여타의 다른 유형의 경험에 비해 인식론적 우위를 지니기 때문에 "원리 중의 원리"라고 하며 "직관"이라 부른다. 명증적 경험으로서의 직관은 오류 가능성을 허용한다는 점에서 의심 불가능한 데카르트적 필증적인 명증적 경험과 다르다.

이남인(2004a: 368-369; 2013: 44-45, 138-139)은 지각의 명증적 경험성을 보다 구체적으로 설명한다. 지각 과정은, 예를 들어 공을 아직 3차원적 대상으로 경험하지 않는 단계와 3차원적 대상으로 경험하는 단계로 구분하여 이해할 수 있다. 이는 감각적 경험 단계와 지각적 경험 단계로서, 감각적 대상을 토대로 지각적 대상을 경험하는 과정으로서의 구성 작용은 일종의 해석 작용이다. 해석에 필수적인 지향적 능력이 결여된 존재는 감각 내용을 대상적으로 지각할 능력이 없다. 현상학적으로 이해되는 지각의 세계는 생명적인 속성과 합리적인 지향의 총체로 이해된 그물망의 경험 세계이다. 여기에서 지성의 작용이나 합리적인 지향은 자연주의적 태도와 구별되는 자연적 태도에서 작동되는 개념화 작용, 판단 작용, 기억 작용, 예상 작용, 추론 작용 등이다. 지향적 체험으로서의 지각 체험은 감각 자료에 대한 감각 작용과 지각된 대상에 의미를 부여하는 파악 작용의 구조로 이루어진다. 지각의 명증성은 해석의 개입으로 오류 가능한 명증성이지만 감각 작용에 기초해 있다는 점에서 명증적 진리를 보유한다.

이남인(2004b: 110-115)은 현상학적인 명증적 진리론이 하버마스의 비판적 합리성 개념의 불충분한 자리를 채울 수 있다고 믿는다. 하버마스는 소통 규제 조건으로 합당한 근거를 언급하면서도 이를 자세하게 명시하지 않았다. 그러면 합당한 근거란 무엇인가? 근거란 대상 혹은 사태에 대한 넓은 의미의 직관 혹은 통찰 이외의 다른 것일 수 없다. 지각적 직관이 가장 단순한 유형의 지각 경험이지만, 토론의 경우 지각적 직관만으로 이루어지지 않고 다양한 사태에 대한 넓은 경험을 기초로 진행되기 때문에 명증적 진리론이 없는 의사소통적 합의는 실재적 내용을 갖지 못한 공허한 합의일 수 있다. 단순한 합의가 아니라 명증적 경험에 토대를 둔 진정한 합의만이 의사소통적 합리성을 비판적 합리성으로 탈바꿈시켜준다.

이남인(2004b: 103-108)은 비판적 합리성을 구성하는 데 있어서 명증적 진리론과 의사소통적 합리성이 양자택일적인 것이 아니라 상호 보완적인 것이라고 주장한다. 그는 양자의 상호 보완성을 양자의 상호 주관성에서 읽어낸다. 의사소통적 합리성은 화자와 청자 간의 이해 가능성 조건과 합당한 근거 조건을 만족해야 한다는 의미에서 상호 주관적이다. 그리고 명증적 진리론도 상호 주관적이다. 내가 개인적으로 경험하는 세계와 상호 주관적으로 경험하는 세계 간에는 긴장 관계가 성립된다. 이러한 긴장 관계 때문에 내가 경험하는 명증적 직관은 상호 주관적 지평 없이는 의미를 지닐 수 없다. 명증적 경험은 언제나 상호 주관적 검토라는 "시험대"에 올라있는 경험이며 의사소통을 통해 그 타당성 여부가 밝혀진다. 바로 이러한 이유에서 명증적 진리와 의사소통 행위는 비판적 합리성을 구성하는 데 있어서 상호 보완적이다. 의사소통 행위 없는 명증적 진리는 맹목이며, 명증적 진리 없는 의사소통 행위는 공허하다. 비판적 합리성은 소통과 합의를 가능하게 하는 구조를 유지한다는 점에서 합리적이고, 감각적 · 지각적 · 직관적 내용의 도발적 성격을 유지한다는 점에서 비판적이다.

다원주의

이남인(1992: 370-398)은 현상학에 대한 일반적 통념을 극복하기 위해 현상학적 다원주의를 제안한다. 탈근대 철학자들은 모든 현상을 총체적으로 설명하기 위해 통일적인 원리를 추구하는 철학을 다원적 관점의 여지를 인정하지 않는 획일주의라고 비판한다. 탈근대 철학자들은 후설의 현상학도 그러한 철학으로 분류해왔다. 현상학에 대해, 데리다(J. Derrida)는 근대 의식 철학의 재판이라 하고, 리오타르(J. F. Lyotard)는 데카르트적 주체성의 철학이라고 이해한다. 그러나 이남인은 현상학의 사태, 선험적 주관, 생활 세계를 분석하여 현상학이 근원적으로 다원성을 요청하는 철학이라고 주장한다.

이남인(1992: 379)은 사태 개념이 본질적으로 다원성을 함축한다고 생각한다. 후설은 선험적 현상학을 보편학이라 불렀지만, 수학이 보편학인 것과 같은 방식으로 현상학이 보편학이라고 생각하지는 않았다. 오히려 후설은 수학의 기능을 인정하면서도 수학이 적용되는 물리주의적 객관주의로 요약되는 방법론적 일원론을 비판하고, 다양한 유형의 이론 이성이 지닌 독자적인 권위를 모두 인정해주는 방법론적 다원론에 도달했다. 한 대상 영역을 탐구하기 위한 특정의 방법론은 주관이 임의로 정할 수 있는 것이 아니라 그 영역 혹은 사태(Sache)의 본질적인 존재론적 구조에 의존하는 것으로 본 것이다. 사태와 방법은 불가분의 관계에 있기 때문에, 방법은 밖으로부터 한 영역에 자의적으로 끌어다놓은 것도, 끌어다 놓을 수 있는 것도 아니다. 방법이란 한 영역과 그 영역의 일반적 구조들의 근본적 유형에서 유래하는 규범이기 때문이다. 따라서 수학도 영역에 따라 고유한 방법이 있고, 자연 과학이나 사회 과학도 영역에 따라 그 나름의 방법을 갖는 것이다.

이남인(1992: 386-390)은 후설의 선험적 주관이 통상적으로 이해되어온 것과는 달리 다원성을 나타내는 두 가지 특징, 즉 인간들이 갖는 개별적 역사와 다양한 이성에 주목한다. 먼저, 후설의 선험적 주관은 칸트의 선험적 자기 의식과 유사한 초개인적이며 초역사적인 자아가 아니라 부단히 자기 자신을 전개해나가는 역사적인 개별적 자아이다. 이 개별적 자아는 자연적 태도에서 파악된 세계 내 대상으로서의 심리학적 주관과는 다른 것으로, 그것을 파악하는 태도 방식에서 차이가 난다. 심리학적 주관은 선험적 주관이 자연적 태도를 통해 세계라는 보편적 기반 위에서 세계 내 대상으로 구성된 것이고, 선험적 주관은 심리학적 주관이 선험적 태도를 통해 세계를 구성하는 주관으로 선험적으로 파악된 것이다. 선험적 주관은 구체적이며 역사적인 개별성을 갖는다. 선험적 주관은 우리가 자연적 태도에서 만나는 심리학적 주관의 수만큼 존재하는 근원적으로 복수적인 존재이고, 근원적으로 다원적이다. 지속적으로 새로운 모습을 보이는 "살아 있는 통일체"인 것이다. 한편 개별적인 선험적 주관은 경험하는 영역에 따라 다양한 이성의 중심이 되고, 더 나아가 각기 다른 발생적 단계를 거친다. 반성적인 자기 의식 및 본질 직관 작용의 철학적 이성, 자연 현상에서의 추론 작용, 계산 작용의 과학적 이성, 선과학적 생활 세계에서 기능하는 다양한 유형의 지각 작용의 일상적 이성에는 차이가 있다. 예를 들어, 원시림의 토인이 실천적 가능성으로 숙고하며 행위하고 작품을 만들 때 이들의 "작품과 방법은 전통 속으로 침전해 들어가며 언제나 그 나름의 합리성 속에서 이해 가능하다."

이남인(1992: 391-396)은 마지막으로 생활 세계 개념을 통하여 다원주의와 객관주의를 보이고자 한다. 먼저, 생활 세계는 다원적이라는 점을 보자. 선험적 주관은 칸트의 선험적 의식과 유사한 초개인적이며 초역사적인 주관이 아니라 역사적이며 구체적인 개별적 주관이다. 나의 생활 세계는 구체적이며 총체적인 내용을 가진 나만의 고유한 세계로서, 주관적이며 체험적이고 상대적인 세계이다. 현상학은 성숙한 인간뿐 아니라 유아, 태아, 동물들도 나름대로의 생활 세계를 가지고 있다고 본다. 이들도 각각 다양한 유형의 선험적 기능을 지니고 있기 때문이다. 동물도 어떤 방식으로 존재 확실성 속에서 주어지는 자신들의 환경 세계를 갖는다. 따라서 선험적 주관의 상관자인 세계의 본질적인 구조는 선험적 주관의 본질적인 구조에 의존해 있다. 후설이 세계를 구체적으로 "생활 세계"라고 부르는 이유도 바로 그것이 "생적 통일체"인 선험적 주관의 노에마적 상관자이기 때문이다.

또한 생활 세계는 객관성을 보존해준다. 임의의 두 선험적 주관은 일차적으로 각자에게 고유한 개별적인 생활 세계를 가지고 있음에도 불구하고 서로 다른 두 개의 생활 세계를 토대로 상호 교섭을 통해 둘이 공유할 수 있는 동일한 하나의 세계를 구성할 수 있다. 따라서 두 사람은 공통적으로 존재하는 객관적 세계의 존재를 믿게 된다. 후설은 "우리 모두는 각기 다른 능력들과 접근 가능성들을 토대로 달리 규정된 세계, 그럼에도 불구하고 동일한 세계를 가지고 있다"고 말한다. 현상학의 근원적 다원주의는 일차적으로 개별적인 선험적 주관에 기초한 차이들이지만, 그럼에도 이러한 차이를 토대로 공통적으로 공유하는 확신이 차후에 구성되고 생활 세계에서 확인되는 것이다. 이러한 이남인 후설의 철학성은 인문적, 사회 과학적, 자연 과학적 주제들의 분석에 적용된다(이남인, 1994; 2005; 2009; 2010; 2013b).

이남인은 후설 철학의 철학성을 기존 저서에 나타난 선험적 주관성에 의한 본질 직관보다는 생의 마지막 유고에 표현된 다원적 영역별 사태의 명증성이 비판적 합리성에 의한 소통의 결과라고 파악한다. 이남인은 후설의 철학성에 따라 그 자신 여러 영역에서 비판적 합리성을 수행하고 유지한다. 철학사와 철학의 관계의 바람직한 발전적 지속성을 보이는 모델로 보인다.

4. 철학사 이해의 방향

철학사와 철학성의 관계는 무엇일 것인가? 이에 대한 신중한 논의는 철학사나 철학함에 대한 자세한 규정을 필요로 한다. 만일 어떤 철학사가 타자 동화적인 동일성의 사유를 강요한다면 해체의 대상이 될 만하다. 그러나 철학사의 한 주제가 현재 당면한 철학적 과제에 빛을 줄 수 있다면 그 주제는 연결되기 마련이다. 다행히 몇몇 한국 현대 철학자들은 철학사를 공부하면서 철학성을 적극적으로 수행하고 있다.

철학사의 철학성 수행

백종현의 저서 「존재와 진리-칸트 순수이성비판의 근본 문제」에 대해, 두 개의 서평이 있다. 김정주(2003)는 백종현이 칸트의 제일 비판서에 대하여 인식론적 해석과 존재론적 해석을 의식하면서 현상학적, 존재론적 해석을 한다고 인정한다. 김광명(2000; 2004)은 저자가 『순수이성비판』의 존재와 진리의 주제로 철학함이 어떠해야 한다는 것을 보여준다고 판단한다. 철학함이란 이성과 이성의 대화이고, 그 관계에 대한 반성이라는 것이다. 지금 여기에서 철학적으로 문제되는 주제에 대한 치열한 반성이라는 것이다. 최소인(2006)은 백종현의 칸트 주저들의 번역의 노고를 인정하고 번역의 어려움을 언급한다. 직역을 원칙으로 하고 저자의 문체, 어투, 문단 나누기 등을 보존하고자 하지만, 이것이 최선책이라 할 수 없다고 지적하며 직역과 의역 사이에서 균형 감각을 갖는 것이 왕도라는 것이다. 이남원(2009)은 칸트의 『순수이성비판』에 대한 번역에 들인 백종현의 열정을 확인한다. 번역에 천 수백여 개의 역주를 달고, 참조한 국내외의 연구 실적을 번역에 반영했다는 것이다.

이남인의 현상학 연구에 대해서는 보다 집중적인 논의들이 있다. 박찬국(2008)은 이남인의 현상학 연구에서의 기여를 높이 평가한다. 여기에서는 그가 논의하는 여러 가지 주제 중에서 구성 개념을 언급할 수 있다.

이남인은 현상학의 구성 개념을 낮은 단계의 대상적 의미로부터 더 높은 단계의 대상적 의미를 향해 초월해가는 과정, 실제 주어진 것보다 더 많이 사념함, 감각 내용에 혼을 불어넣음, 의미를 부여하는 작용 등으로 설명하지만 그 설명이 애매하다고 지적한다. 그래서 '감각적으로 드러나는 것 이상의 것을 파악하는 것은 어떻게 가능한가?'라는 질문이 남는다는 것이다.

이종훈(2004)은 후설의 전기와 후기에 차이가 있다면서도, 후설의 정적 현상학과 발생적 현상학은 배척적 관계가 아니라 보완적 관계로 볼 것을 주문한다. 이승호(2014)는 이남인의 체험 연구에서 양적인 것과 질적인 것을 구분하는 기준에 주목한다. 그리고 이남인이 질적인 것을 지향성과 본질적 비인과성의 두 조건으로 규정하는 것에 의문을 제기한다. 예를 들어, 물리학에서는 지향성이 배제되는가? 흄의 인과 개념은 본질적 비인과성을 만족하는가 만족하지 않는가? 이 두 조건은 질적인 것에 대해 충분하지도 않고 필요하지도 않다는 것이다.

철학사를 보다 적극적인 철학성 수행으로 보여준 학자들이 있다. 하이데거 전공의 이기상(3장), 유학 전공의 이승환(5장), 후설 전공의 이종관(10장), 플라톤 전공의 남경희(16장) 등이다. 여기에서는 이외에도 그러한 여러 학자들 중에서 한 경우의 사례를 언급하고자 한다. 김효명(1987; 1991; 2003)은 흄(D. Hume)의 인과 개념으로 학위 논문을 쓴 이후 이 주제를 연구해왔다. 그는 인과 개념을 흄적인 체계성 연구에서 시작했지만 천착해갈수록 비판적 시각에 이르고 결국 자신만의 관점에 도달하는 모습을 보여주었다. 흄은 근접성, 시간적 계기, 항상적 연접, 심리적 필연성을 인과 개념의 4요소로 요구했지만 김효명은 이들을 모두 부정한다. 근접성은 대상들의 관계일 뿐이라고 보며, 인과는 대상들이 아니라 사건들의 관계라는 점에서 원거리 관계를 허용하고 동시성이나 역시간성도 허용할 수 있어야 한다고 보았다. 필연성을 심리적인 것으로 보는 것은 반직관적이고 항상적 연접보다는 반사실적 연접에 의해 필연성이 조명될 수 있다고 보았던 것이다. 그러나 그는 심리적 사건이나 역사적 사건에 대한 인과적 조명에 대해서는 여전히 유보적이었다.

해체적 철학사의 철학성

철학사는 현재의 우리에게 무엇인가? 이러한 물음에 대해 한국 현대 철학의 문맥에서 두 가지 관점이 조명될 수 있다. 해체적 철학사와 사다리 철학사적 태도이다. 해체적 철학사 태도는 현대성에 대한 니체의 적극적 해석에서 영향을 받은 하이데거 철학과 현대 프랑스 철학에서 보이고, 사다리 철학사 태도는 문제 또는 주제 중심적 분석 철학 전통에서 나타난다. 그러나 두 가지 태도는 완전히 분리되는 것은 아니고 상호 배타적일 필요도 없다. 이들을 차례로 간략하게 살펴보자.

한국 현대 철학자 중에서 하이데거 철학이나 현대 프랑스 철학에 관심을 보이는 철학자들은 대부분 해체적 철학사 태도를 유지하는 것으로 해석될 수 있다. 그중 김상환(1999)과 박동환(1996)의 태도는 철학사에 대한 해박한 지식을 동원하면서도 보다 일관적이다. 철학사가 타자 동화적인 동일성의 사유의 형식을 갖는 한, 철학사는 해체의 표적이 된다. 적극적으로 표현하자면, 서양 철학사는 서양 전통의 로고스 중심주의에 젖어 있고 그 형이상학이 초래하는 폐해 때문에 해체되어야 한다는 것이다. 데카르트가 의심 가능한 모든 것을 의심하여 나의 존재의 확실성에 도달한다고 한 것처럼, 우리가 해체 가능한 모든 것을 해체하면 해체가 더 이상 가능하지 않은 흔적, 시간의 것들에 도달하게 된다고 본다. 여기 새로운 철학의 가능성이 열릴 수 있게 된다는 것이다.

동양 철학의 전통에서도 해체적 철학사 태도를 보이는 학자들이 다수 있다. 그중에서 심재룡(1986)과 길희성(1986; 1999)의 태도를 언급할 수 있다. 이들은 중국의 백가쟁명을 중국 철학으로 뭉뚱그리기도 어려운 터에 중국, 한국, 일본, 인도, 태국, 이란, 이라크를 한데 묶는 동양 철학이란 묶음은 상상할 수도 없다고 한다. 이들은 소위 "동양 철학"에서 "동양"이라는 수식어를 빼고 철학적 해석학을 통한 철학의 참다운 길을 모색할 것을 제안한다. 그렇지 않으면 동양 철학의 역사주의적인 객관적 연구는 동양 철학을 현재의 우리와는 무관한 역사적 유물, 몰가치한 것으로 만들게 된다는 것이다.

사다리 철학사의 철학성

분석 철학의 전통에 선 학자들은 과거 철학자 중심이 아니라 당대의 현안적 주제들을 중심으로 사유한다. 그 주제들은 다분히 특정 철학 공동체의 문제의식에 의존하지만 또한 철학사 전통에서 얻을 수 있는 통찰을 적극적으로 활용한다. 철학사를 철학함의 사다리로 보는 것이다. 김재권(1986)과 이명현(1986)은 그러한 흐름을 나타내 보여준다. 이들은 철학사 연구와 철학함 행위를 구분한다. 이들도 철학함 행위가 역사적 연결성을 가질 수 있다는 점을 인정한다. 예를 들어, 철학사의 이기이원론과 같은 이론이 오늘날 인간 본성에 대해 어떤 전망을 할 수 있는가라는 물음에 의미 있는 대답을 할 수 있을 때 연결성을 갖는다는 것이다. 사람의 본성, 심신 관계, 도덕적 선과 정당성, 자유, 인과에 대해 지금 여기라는 관점에서 타당하고 정합적인 설명을 할 수 있어야 한다는 것이다. 특정 철학적 관점이 특정한 시기에 가졌던 타당성을 오늘의 타당성으로 동일시하는 유혹이나 오류는 피해야 한다는 것이다. 과학에서는 보편성을 인정하면서 철학에서는 문화적 맥락성에 호소하여 보편성을 소홀히 하는 것은 있을 수 없다. 그리고 이러한 보편성은 형이상학적 실재론에 호소하여 얻어지는 것이 아니라, 개방적인 상상력이 위축되지 않고 상호비판이 이루어지는 공동의 대화를 통해 도달할 수 있다는 것이다.

김혜숙(2000b; 1999)도 철학사는 철학을 위한 사다리라는 논변을 구체적으로 제시한다. 그는 철학 저술의 문제 제기부터 결론에 이르기까지 옛 철학자를 빌어 말하는 탁고(託古)적 학문 방식은 문제라고 본다. 철학은 특정한 삶의 지점에서 던지는 물음과 반성을 떠나서는 성립할 수 없다. 탁고적 태도는 자유롭고 창조적인 철학적 사고 능력을 저하시킨다.

현재 저술자가 고려하는 과거 철학자는 저술자 자신의 문제의식을 발전시키고 결론을 향한 사다리로서 기능해야 한다. 과거 인물 중심적 사고는 현재 저술자의 사고를 경직시키거나 그 인물에 과도하게 집착시키는 경향이 있기 때문이다. 중요한 것은 어떤 문제와 씨름하고 있는가이지, 어떤 철학자를 영웅화하거나 신비화하는 것이 아니다.

박희영(1999)은 사다리 철학사의 철학성을 철학사적으로 논변하고 있다. 그는 "최초의 철학사가"라고 할 수 있는 아리스토텔레스가 어떻게 철학사를 철학을 위한 사다리적 도구로 사용하고 있는가를 보여준다. 철학사의 사다리적 도구성은 반복적인 사유로 경제적 효율성과 철학적 주제의 규정과 탐구를 용이하게 하는 방법론적 유용성에서 찾을 수 있다는 것이다. 이는 상상력이 위축되지 않고 상호 비판이 이루어지는 공동의 대화를 통해 도달할 수 있다는 것이다. 결국, 철학사와 철학함의 관계는 자명해 보인다. 철학함의 주체는 그 철학함을 자신의 철학함으로 명료화해야 한다. 내가 "생각한다"라는 표현으로 나의 생각을 수행할 때, 나의 생각은 타인의 생각을 참조할 수는 있지만 타인의 생각으로 대치될 수는 없다. 인간은 누구나 자신의 생각의 집을 평생 지어가기 때문에 더욱 그러하다.

"철학사의 철학성"이란 철학사가 철학함에 어떤 역할을 가지고 있는가에 대한 물음의 표현이다. 이러한 물음 앞에서 철학자들은 철학사에 대해 각기 나름의 입장을 가지고 있다. 철학사에 대한 대조적 태도들을 세 가지로 대별할 수 있을 것이다. 첫째는 동북아의 불교 철학-유학의 전통에서 보이는 전적 중심의 사유이다. 철학함과 철학사를 구분하기보다는 일치화 시키는 경향이 뚜렷하다. 원형적 사유의 단순성과 진실성을 상정하는 전통에서는 더 회고적이고 철학함과 철학사의 일치화는 자연스러운 성향이 된다. 둘째는 니체, 하이데거, 프랑스 현대 철학을 수용하는 철학자들에게서 보이는 철학사 해체적 사유이다. 이들은 해박한 철학사적 지식을 가지고 있지만 지금 그리고 여기에서의 인간의 현재적 조건에 주목한다. 따라서 철학사는 이러한 현재적 조건을 어지럽히거나 방해거나 억압하는 계기를 부여하는 것으로 간주한다. 셋째는 프레게, 비트겐슈타인, 콰인, 크립키, 차머즈 등으로 이어지는 주제 탐구성의 사유 전통이다. 이 전통은 철학사가 보여온 중요 주제 중에서 현대적 범주로부터 제외할 것과 유지할 것을 구분하고, 유지되는 주제들과 관련되고 필요한 철학사를 도입하는 데 적극적이다. 철학사에 대한 이러한 세 가지 태도들은 서로 간의 소통을 통해 각 전통의 이점을 살릴 수 있을 것이다. "나는 생각한다"라는 철학의 진정성 앞에서 전통의 벽들은 무너질 수 있기 때문이다.

이론 철학

5부

존재: 그래도 이것을

인간은 존재에 대해 물음을 묻는다. 무엇이 있는가? 왜 없지 않고 있는가? 있는 것은 어떤 식으로 있는가? 있는 모든 것은 같은 방식으로 있는가? 다른 방식으로 있는 것은 한 가지 방식으로 환원될 수 있는가? 존재의 물음, 실재의 성찰은 인간 사유나 체계에서 기본적이다. 그리고 존재는 또한 진리, 논리, 필연의 성격과 관련하여 달리 물어진다. 있는 것이 진리라면 이것은 어떤 논리로 구조화되어 있는가? 논리는 있는 것을 향하여 갈 수 있는 투명한 장치인가? 존재와 논리 사이에는 빈틈이 없는가? 논리는 필연적이 아닐 수도 있는가? 필연은 우연적 세계에서 어떻게 이해될 수 있는가? 필연의 의미는 어떻게 주어지는가? 진리가 언어 체계 상대적이라면 필연도 그러해야 하지 않는가? 필연도 문맥적이라면 그것은 아직도 필연인가? 존재의 물음은 또한 우리의 마음을 향해서도 제기된다. 우리 모두가 느끼고 안다고 하는 마음의 범주는 아직도 선명하지 않은 것이다. 내 마음은 내가 알지만 다른 마음은 어떻게 아는가? 다른 마음을 아는 데 언어는 어떤 역할을 하는가? 5부는 이러한 존재의 물음을 묻는 데 할애된다.

사람들은 세력 있는 사람을 좋아하고 용기 없는 사람을 싫어한다. 세력이나 용기는 있기도 하고 없기도 하다. 이들은 존재하기도 하고 존재하지 않기도 하다. 세력이나 용기는 무게나 크기처럼 어떤 사물의 속성으로서 존재한다(18장). 이런 속성들은 여러 사물들에 구현되어 존재한다는 의미에서 보편자이다. 소위 보편자 실재론이다. 그러나 존재에 대해 그렇게 느슨하게 말할 수도 있지만 존재를 실재로 엄밀하게 말하기 위해서는 특정한 기준을 만족해야 한다. 예를 들어, 인과성의 기준을 만족하는 경우에만 "실재한다"고 할 수 있다. 그렇다면 우리 마음에 따라 생각하고 결정하고 행동하는 것이 실재적이기 위해서는 인과성을 가져야 한다. 인과성이 없다면 우리의 생각들은 실재적이지 않다. 그렇다면 생각 실재성과 마음 인과성의 연결은 중요한 과제가 된다.

논리와 진리의 관계에 대해 논리는 진리에 이르는 길이라는 표현은 집약적이다. 이 말은 여러 가지 해석에 열려 있지만, "진리"는 참말로, "논리"는 참말들의 결로 이해할 수 있을 것이다(19장). 참말들은 결을 가지고 있어서 하나의 참말을 만나 그 말이 이어지는 결을 따라가다 보면 다른 참말에 이를 수 있다는 믿음을 갖는다. 그러나 인간은 이러한 말이나 결을 나열하는 것만으로 만족하지 못하고 이들을 총체적으로 이해하고자 체계적 작업을 하게 된다. 그러나 한 체계에서 참말인 것이 다른 체계에서는 아닐 수 있다. 이러한 상황은 논리와 진리의 관계에 대해 많은 주제들을 연구하게 한다. 문장, 문장 의미, 진리, 진리 담지자, 명제, 일관성, 직관, 인식적 진리, 논리적 진리, 수학, 필연성, 가능 세계 등의 주제들이다.

진리 주제 중의 하나는 우연적 진리와 필연적 진리의 구분이다(20장). 우연적 진리는 현실 세계에서 시공적 특성을 갖는 경험적 진리이고 필연적 진리는 그러한 제한적 속성을 갖지 않는 진리이다. 필연성 개념을 중심으로 이러한 구분을 명료화한 것이 양상 논리이다. 철학 언어는 양상 논리 체계가 선을 보인 20세기 중반 이후에 보다 선명해졌다. 그전에도 양상적 사유는 있어왔다. 데카르트의 의심할 수 없는 확실성, 흄의 경험적 진리에 국한한 자아와 인과 개념, 칸트의 선험적 자아는 양상적 특성을 나타내는 철학이다. 그러나 양상 논리학에 요구되는 과제들도 있다. 그중의 하나는 양상 개념을 조명하는 가능 세계를 어떻게 이해하는가이다. 이를 위한 하나의 시도는 반사실문의 논리에 의한 접근이다. 반사실문의 논리로 중요한 과제들을 설명할 수 있다면, 이 설명력은 반사실문의 논리 그리고 가능 세계를 지지할 수 있는 근거가 될 것이다.

"네 마음만 있어? 내 마음도 있어!" 우리는 친구들끼리 의견 차이를 이렇게 표명하기도 한다. 이러한 표현은 존재하는 것 중에 마음도 포함된다는 통속적 존재론을 나타낸다. 그러나 우리는 마음에 대해 얼마나 알고 있는가? 마음은 "안다"라는 수식어를 붙이려고 하는 순간 미지의 수렁으로 빠져드는 신비한 존재가 된다(21장). 그래서인지 마음에 대해서는 역사적으로 크게 구분되는 두 가지 전통이 있다. 마음을 비워둔 채로 놓아주자는 류의 불교 철학과 마음을 과학의 성과에 연결하여 적극적으로 알아보자는 류의 인지 철학이다. 두 전통은 양립적이다. 마음에 대해 알 수 있는 것을 추구해야 하는 관심과 알 수 없는 것 앞에서 겸손해져야 하는 태도는 양립적이기 때문이다.

18장
실재: 물리주의와 보편주의

무엇이 존재하는가? 이 물음에 대한 답변은 공허할 수 있다. "모든 것이 존재한다"고 대답될 수 있기 때문이다. 그러나 '모든 것'이라는 표현은 모호하여 '마땅한' 것만을 포함시키기 위해서는 특정 '조건'을 만족시켜야 한다. 따라서 이러한 논의는 조심스런 철학적 탐구를 필요로 한다. 그러한 조건에 대한 철학적 탐구는 어떤 형태로 이루어지는가? '존재한다'라는 술어는 일반적으로 '미국의 오바마 대통령', '경주의 남산', '서울의 이화여자대학교' 같은 표현이 지시하는 대상에 적용되지만 '진리', '사랑', '원자', '용', '영혼', '신', '마귀' 등의 단어에도 적용된다. 이러한 유형을 크게 나누면, 구체적 대상들의 존재는 물리적이라는 물리주의와 대상들에 적용되는 술어들이 나타내는 속성들은 다수의 대상들에 적용된다는 보편주의가 있다. 본장의 2, 3절에서는 이러한 주제에 대한 이좌용과 김재권의 논변들을 고찰하고자 한다.

1. 실재: 이론과 인과

'존재한다'는 술어를 존재의 단위에 적용할 때의 기준은 무엇인가? 어떤 학자들은 앞의 명단에 '형상', '보편자', '개념', '수', '집합' 같이 구체적 명사의 지시적 내용을 추가하고, "이것이 존재한다"고 가정함으로써 인간 지식을 더 잘 설명할 수 있다고 본다. 다른 학자들은 '임의의 문장을 참이거나 거짓이게 하는 사실이 존재한다'고 봄으로써 세계를 더 잘 이해할 수 있다고 주장한다. 모두 설명이나 이해를 위한 기준으로부터의 존재 설정이다. 전자를 대상적 실재론이라고 한다면 후자는 일반적 실재론이라고 할 수 있다. 또한 존재는 이론적이라고도 하고, 존재 유무를 가리는 기준은 인과성이라 하기도 한다. 이들에 대한 논의를 배경적으로 살펴보고자 한다.

존재와 실재: 윤구병의 경우

대상적 실재건 일반적 실재건 간에 실재에 관한 논의는 애매모호한 경우도 있지만 편의상 크게 두 가지 주제로 분류해볼 수 있다. 하나는 존재나 대상이 이론 의존적인가 아닌가의 논의이고, 다른 하나는 인과성을 실재의 기준으로 수용할 수 있는가의 논의이다. 전자는 "참이다"라는 술어가 체계나 이론에 의존한다는 가정을 수용한 결과이고, 후자는 존재나 실재의 기준으로서 합의할 수 있는 최소의 조건이 인과성 이외에 더 있는가라는 물음으로부터의 귀추적 사유의 귀결이다. 다수의 한국 철학자들은 이 주제에 관하여 철학적 씨름을 하고 있다.

윤구병(2013: 7, 108-150, 256-274)은 자신의 존재론을 가지고 있다. 그는 '존재와 무'가 아닌, '있음과 없음'을 이야기한다. 한국 일상 언어에서 추상된 존재와 무의 이야기의 의미성의 기준은 명료하지 않지만, 있다/없다/이다/아니다는 한국 일상 언어에서 구체적으로 빈번하게 사용되기 때문에 그 의미성의 기준은 상대적으로 선명하다는 것이다. 그의 존재론의 핵심 개념은 무한자(apeiron)이다.

없는 것은 그 자체 규정상 없는 것이므로 아무런 힘도 없다. 있는 것만이 두 순간 이상 지속되어 공간 표상인 모습을 드러낼 수 있고, 그 모습이 두 번 이상 반복되어 공간화되고 운동할 수 있다. 그러나 윤구병은 없는 것도 진정으로는 있다고 한다. 그의 있음과 없음의 구별은 속성이 긍정적으로 부여되는 임과 부정적으로 부여되는 아님으로 명료화되는 것으로 보인다. 예를 들어, 사람은 이성적이지만 개는 아니다. 사람은 사람이 가지고 있는 긍정적 성질, '임'으로만 규정되는 것이 아니라 그 부정적 성질, '아님'을 통해 온전히 드러난다. 사람이 들어 있는 임의 영역과 아님의 영역은 무한하여 이 둘이 사람의 무한자가 된다. 이 무한자가 사람의 임과 아님을 통하여 사람의 있음과 없음의 둘을 갈라놓기도 하고 둘이 관계를 맺을 수 있는 뚜쟁이 구실도 한다는 것이다.

대상: 이론 의존적인가?

먼저 대상의 이론 독립성 관점으로 기우는 논의들에 주목하자. 이명현(1993)은 "언어는 상호 주관성의 육화"라는 명제를 제시하는 한편, 언어 간의 번역 불확정성이나 지시체 불투명성을 주장하는 콰인(Quine, 1960)을 비판한다. 인류학자가 멀리 떨어진 원주민 언어를 원초적으로 번역할 수 없다는 콰인의 주장은 말 배우기의 문맥을 이론 구성의 문맥으로 간주하여 두 가지 다른 종류의 작업을 혼동한 결과라는 것이다. 정인교(1993)는 존재는 개념의 속성이지 대상의 속성이 아니라는 프레게(G. Frege)의 논리를 따라, 대상이 아닌 대상이 없고 자신과 같지 않은 대상이 없듯이 있지 않은 대상은 없다고 생각한다. 그리하여 "존재 진술이 거짓인 경우가 있을 수 없게 된다"고 믿는다. 김동식(1993)은 퍼트남이 내재주의로 가는 과소 결정론, 뢰벤하임-스콜렘 정의, 규칙 따르기 역설의 논의들을 긍정적으로 해석하면서도 실재론의 계기로 내세우는 퍼트남의 "환경의 기여"라는 것이 얼마나 실재적인가를 묻는다. 그것도 퍼트남의 체계 안에서는 "개념 체계 의존적"일 것이라고 생각하는 것이다. 임일환(1993)은 실재론 논의의 형식에 주목한다. 뢴트겐 사진의 건판이라는 관찰적 증거가 엑스레이의 존재에 대한 이론적 믿음을 정당화시켜주는 것처럼, "책상을 보는 듯한 경험을 한다"는 경험 명제는 "책상이 실제로 존재한다"는 우리의 귀추적 추론의 결론을 정당화시킨다는 것이다. 반실재론자는 귀납법이 귀납법을 정당화할 수 없는 것처럼 실재론자가 호소하는 귀추법은 귀추법에 의해 정당화될 수 없다고 하지만, 임일환은 이 순환이 인식적 순환이 아니라 수용할 수 있는 규칙적 순환이라고 분석해 낸다.

대상의 이론 의존성 관점에 기우는 철학자들도 있다. 김여수(1993)는 경쟁적인 이론들의 모든 문장이 참이라고 하더라도 그 이론들에 들어 있는 단어들의 "지시 관계는 고정적일 수 없다"고 믿기 때문에 전통적인 의미의 실재론을 거부한다. 이병욱(1993)은 필드(H. Field)의 지시 개념이 불확정적이 아니라 부분적이라는 점에 주목한다. 지시 관계가 상대적임에도 불구하고 단어와 대상이 이론 독립적 관계일 수 있다는 것이다. 그러나 문제는 최상위의 메타언어에서는 부분적 지시 관계가 성립하지 않고 과학적 방법으로는 지시체들이 일의적으로 결정되지 않는다는 것이다. 결국 "실재한다고 주장되는 것은 대상들이 아니라 대상들 사이의 관계로 이루어지는 세계의 구조적 특성"이라고 생각하는 것이다. 김혜숙(1993)은 콰인의 다른 면모를 비판한다. 콰인이 유지하는 전체주의적 요소에도 불구하고 그가 제안한 자연화된 인식론이 함의하는 "굳건한 실재론"은 "과학에로의 맹목 신앙을 방지할 장치를 완전히 차단"하고 있다는 것이다.

대상에 대한 제3안도 가능하다. 이론 독립성이나 이론 의존성의 한 뿔이 아니라 두 뿔을 함께 잡는 것이다. 이종권(1993)은 "지시체의 불가 투시성 현상이 지시 관계에 대한 물리적 이론의 수립을 불가능하게 할 만큼 보편적인 현상이냐 아니냐"는 물음에 대해 중립적 관점을 취한다. 오종환(1993)은 이해론과 지시론을 구분해야 하는 까닭은 "이해론은 많은 해석 가능성에 열려있지만 지시론은 개념 체계 내에서의 지시의 확정 이상의 역할"을 해야 하기 때문이라고 한다. 정대현(1993; 2013)과 이중원(2002; 2009)은 두 표현이 다른 이론에 속해 있다 할지라도 동일한 지시체를 가질 수 있다는 공지칭성 논제를 제시하고, 진리, 믿음, 규칙으로부터의 반론에 대해 이를 최소 실재론의 조건으로 변호한다.[1]

인과성: 실재의 기준

한국 현대 철학에서는 인과성에 관한 다양한 관점들이 제시되고 있다. 우선 인과성을 실재의 기준으로 해석하는 철학자들이 있다. 박우석(1996)은 흄의 중요한 기여를 첫째, 질료인(사물 재료), 형상인(사물 모습), 동력인(사물 제작), 목적인(사물 목적)이라는 아리스토텔레스 4원인론의 부정과 둘째, 근접성, 시간적 계기, 불변적 연접을 요소로 하는 단일한 인과 개념의 제시라고 본다. 백종현(2007: 131)은 칸트 철학의 영혼, 신, 자유, 평화, 진리, 필연 같은 존재의 사례들은 존재론의 물음을 존재 자체보다는 존재의 의미의 물음으로 환원하고, 표상에다 객관적 성격을 부여해주는 시공간, 감각 등의 인과 관계의 조건을 요구한다고 본다.

김영정(1986a)은 데이비슨 인과론에 대한 김재권의 비판을 강화하여 실재 기준으로서의 인과성을 제시한다. 데이비슨은 "프레게안 논증"을 통해 인과는 사건 간의 관계라고 보지만 비진리함수적 인과를 허용한다. 전자는 단칭 인과 문장으로 표현되는 외연성을 유지하고, 후자는 설명적 인과 문장으로 나타나는 내포성을 갖는다. 그러나 김재권은 그의 구성적 사건론을 통하여 데이비슨의 "내포적 인과 문맥에서 쓰이는 문장과 외연

1 강성용(2015)의 인도 철학의 진리(tattva) 개념 분석은 이론 독립성과 이론 의존성이라는 두 뿔의 통합 가능성을 시사하는 것으로 보인다. 그는 그 진리 단어(tattva)가 "그러함(being)"으로 사용되는 방식을 "부사적 용례"로, 그 단어가 "그것임(thatness)"으로 사용되는 방식을 "지시사적 용례"로 구분하지만, 후자의 우선성에 주목할 때 그러한 가능성이 나타난다.

적 인과 문맥에서 쓰이는 단칭어를 구별할 필요"를 없애고, 데이비슨의 인과 문맥의 이분법을 거부한다. 김재권의 논의는 논리적 동치 문장을 동일한 사건의 기술에 제한해야 하는 부담이 있다. 이를 보완하기 위해 김영정은 "동일한 사건에 한정하는 논리적 동치 문장"을 "그 문맥에 적합한 논리적 형식"으로 대치한다. 즉 김재권의 물리주의론을 실재에 대한 인과성 기준에 맞도록 안정화시킨다.

이좌용(1996)은 인과 개념이 인간의 개념적 활동을 포괄적으로 설명한다고 생각하지는 않지만, 존재의 기준이 된다고 해석하는 듯하다. 일반적으로 "인과 관계는 특수자 간의 관계이고 법칙 관계는 그것들에 예화되어 있는 보편자 간의 관계"지만, 구체적으로는 "원인 사건과 결과 사건은 인과 연쇄를 발생시키는 속성 P와 속성 Q의 예화"라고 본다. 김희정(2010)은 결핍된 개체는 인과력을 가질 수 없고 인과력을 부여하는 것은 속성이라 한다. 속성이라는 보편자가 인과력을 갖는다는 것은 이들이 사태 속에 예화되는 경우라는 의미에서 "인과 관계를 사태들의 관계"라고 할 수 있다는 것이다. 이좌용의 보편자 실재론이 인과적 근거를 갖게 되는 지점으로 보인다.

그러나 최근에는 인과성이 과연 실재의 기준인가에 대한 의문이 제기되고 있다. 김효명(2003)은 "인과를 물리적으로 환원할 수 있다는 생각은 하나의 프로그램"일 뿐이라고 생각하여 인과에 대한 규칙성 해석을 반대한다. 최성호 · 김효은(2009)은 인과를 사건 간의 관계가 아니라 과정의 요소로 보기 위해 기존의 이론을 확장한다. 이영의(2007)는 확률적 인과는 인과성과 우연적 상관성의 차이를 설명하지 못하지만 흄적인 인과로 환원 가능하다고 믿는다. 양승렬(1990)은 인과에 대한 규칙적 해석은 비결정론적 사례들을 다룰 수 없지만, 확률적 해석은 양자 이론의 수용 이후 결정론적 사례나 비결정론적 사례들을 모두 다룰 수 있다고 한다. 이렇게 새로워진 확률적 인과 개념은 반사실적 인과 개념과 더불어 전통적 실재론을 총체적으로 부정하지 않고 중요한 요소들을 이어받아 새로운 형태의 실재론을 향하고 있다고 생각한다. 자연주의는 그러한 시도의 한 노력이다.

김준성(2007, 2008)은 인과에 대한 확률적 설명론을 비판하는 관점의 반례를 분석한다. 그 반례는 다음이다. 두 명의 사수가 화병을 맞추고자 할 때 각각의 사수가 화병을 맞출 확률은 0.5이다. 각각의 사수가 서로 독립적으로 쏘았을 때 화병이 깨질 확률은 0.75이다. 두 사수가 동시에 총을 쏘았고 첫 번째 사수의 총알이 화병을 맞추고 두 번째 사수의 것은 빗나갔다면, 두 번째 사수의 사격은 화병이 깨질 확률을 높였지만 화병이 깨지는 사건의 원인은 아니다. 이것은 확률의 증가가 원인을 해명하는 데 충분하지 않다는 반례를 구성한다. 그러나 김준성은 엘스(E. Eells) 등에 동조한다. 예를 들어 인과 관계는 흡연과 폐암 감염이라는 두 사건 간의 이항관계 같은 것이 아니라, 두 사건이 집단(population) P(사람)가 갖는 속성 Q_1, Q_2, … Q_i(남성, 동양인, 30대, 60대, 음주자)에 관련한 삼항관계로서, 두 사건 간의 인과 연쇄가 갖는 시간대의 확률 궤적의 변화를 추적하여 인과 유관성을 해명할 수 있다고 말한다.

2. 김재권의 환원적 물리주의

물리주의는 현대 철학의 지배적 사조 중 하나이고 김재권은 그 사조의 구성에 중요하게 참여해왔다. 몸과 마음의 실체적 이원론은 폐기되었지만, 마음이 몸에 대해 심성적 인과력을 행사한다는 데카르트(R. Descartes)의 통찰은 포기할 수 없다는 것이다. 현대 물리주의는 이 통찰을 지지하는 철학적 노력이다. 인간이 자발적 행위 주체가 되어 사회적 실천을 할 수 있으려면 인간의 심적 상태가 물리계 안에서 인과적인 결과를 가져야 하고, 실제로 믿음과 욕구, 의도와 결정에 관계하는 행위 주체로서의 마음은 실재해야 하기 때문이다(김재권, 2007: 22). 김재권은 환원적 물리주의가 이러한 관심을 최적화하는 관점이라는 것을 지난 30여 년 동안 주장해왔다. 플로지스톤(Phlogiston)이나 마녀는 환원된 것이 아니라 제거되었지만, 유전자는 제거된 것이 아니라 디엔에이(DNA)로 환원된 것을 기억한다. 이처럼 마음도 제거되는 것이 아니라 환원될 수 있다면 마음의 실재성은 확립된다.

데카르트 이원론이 남긴 과제가 있다. 데카르트의 이원론은 파산된 것으로 간주되지만 그가 제기한 기본적 물음 하나는 현대 철학이 중심적으로 씨름하는 난제 중 하나가 되었다. 영혼과 물질의 실체 이원론이 인간의 경우 영혼과 몸으로 나타나면서 데카르트는 양자가 상호 관계적이라 했다. 그러나 당시대 보헤미아의 엘리자베스 공주가 의문을 품었던 것처럼, 어떻게 비물리적인 마음이 몸의 신경 구조를 결정할 수 있는가는 그때나 지금이나 풀리지 않는 문제이다. 당대의 대안들로, 스피노자(Spinoza, 1985)는 마음은 실재의 국면이라 했고 라이브니츠(Leibniz, 1989)는 예정 조화론을, 말브랑슈(Malebranche, 1980)는 절대자가 개입하는 기회 원인론을 제안했지만, 모두 마음의 인과적 역할을 부정했다.

김재권은 이원론을 지지하는 심각한 철학적 지지 논의가 지난 300년 동안 데카르트 자신을 제외하고는 전무했다고 생각하는 것 같다. 최근에 로브(Loeb, 1992)는 데카르트가 논의한 상호 연접성에서 심신 상호 인과적 관계를 찾을 수 있다고 주장했고 김재권(2007: 118-142)은 여기에 주목한다. 심신 사건 간의 상호 연접성에는 적어도 두 가지 어려움이 있다. 첫째는 철수와 영수가 동시에 손을 올리는 같은 행동을 하면서 심리적으로나 물리적인 사건들이 동시 발생적인 경우, 철수의 손 올리고자 하는 마음이 철수의 손 올라감에 못지않게 영수의 손 올라감에도 항상적으로 상호 연접되어 있을 수 있다. 상호 연접은 인과성을 보이기에 충분하지 않다. 둘째는 뇌신경적 사건에서처럼 심성적 사건에 대해서도 공간성과 시간성의 위치 부여를 할 수 있어야 상호 연접의 관계를 확인할 수 있다. 그러나 그러한 위치 부여가 심성적 사건에 대해 어떻게 가능할 것인가?

심성적 인과

심성적 사건은 부수적이 아니라 인과적이어야 한다. 이것이 바로 김재권(Kim, 1973)이 보이고자 하는 과제이다. 그가 심성적 인과를 유지하기 위한 프로그램으로는 환원론밖에 없다고 주장할 때 많은 반론들에 직면하는 것은 예상할 만하다. 그러나 그는 환원론에 호소하지 않는 심성적 논의들은 마음을 실재적인 것이 아니라 부수적으로 볼 수밖에 없다고 생각한다. 김재권의 환원론에 대한 중요한 반론이라 생각되는 퍼트남의 다수 실현성 논변, 데이비슨의 무법칙적 일원론, 비환원적 수반론, 블록의 인과적 누출론을 논의함으로써 김재권 철학을 깊이 이해할 수 있다.

퍼트남의 다수 실현성 논변과 데이비슨의 무법칙적 일원론

스마트(J. J. Smart) 같은 초기 물리주의자는 고통이라는 심성적 감각과 두뇌 상태라는 물리적 현상을 동일시했다. 그러나 퍼트남(김재권, 1997: 132-139)은 포유류, 조류, 파충류 같은 동물들도 고통을 경험한다고 전제하고 이들이 고통을 겪을 때의 두뇌 상태는 인간의 두뇌 상태와 같지 않다고 주장했다. 스마트의 동일성 논제는 퍼트남의 다수 실현성 논변으로 무력화된 것이다. 퍼트남의 논변은 스마트의 유형 동일론뿐만 아니라 인간종 안에서나 더 나아가 같은 개인의 여러 상황에서의 동일성 논제에도 적용되면서 심성적 사건이 신체적 사건으로 환원될 가능성을 차단하는 것으로 보였다. 김재권의 입지는 그만큼 좁아지고 관점의 주장을 위한 논의는 심화되어야 했다.

데이비슨(김재권, 1997: 230-238)은 한편으로 인간 심성의 인과적 유효성을 믿는다. 그러나 다른 한편으로 "모든 심성적 사건은 물리적이지만 그 역은 아니다"라는 물리적 일원론과 "물리적 사건은 인과 법칙에 의해 예화되지만 심성적 사건은 그렇지 않다"라는 심성적 무법칙성을 수용한다. 데이비슨은 물리적 일원론과 심성적 무법칙성을 결합하기 위한 해결책을 사건론에서 찾는다. 하나의 동일한 사건이 물리적 기술을 받으면 물리적 사건이고, 심성적 기술을 받으면 심성적 사건이라고 한다. 인과 법칙은 언어적 질서로서 사건들의 물리적 기술들 유형 간의 관계이다. 여기에서 중요한 것은 사건의 물리적 기술들은 개별화될 수 있기 때문에 유형 간의 법칙적 관계에 들어갈 수 있지만 사건의 심성적 기술들은 개별화될 수 없는 총체적 성격을 갖는다. "북한의 3대 세습은 바람직하지 않다"는 믿음은 많은 사람에 의해 공유되지만, 사람마다 그 이유는 다를 수 있다. 따라서 심성적 기술 유형은 법칙적 관계에 들어갈 수 없지만, 이들이 각기 나타내는 개별적 심성 사건은 그 물리적 사건과 동연적인 점에서 인과력을 갖는다고 하는 것이다. 데이비슨의 논의에 설득력이 있다면 김재권의 환원적 물리주의는 그만큼 어려워진다.

비환원적 물리주의의 심성적 인과

퍼트남의 심성적 속성의 다수 실현 가능성 논변과 데이비슨(김재권, 2007: 52-59)의 무법칙적 일원론은 현대 물리주의를 최소화하는 데 기여했다고 생각한다. 이들을 바탕으로 구성한 비환원적 물리주의는 몸이 없는 순전히 심적인 존재는 없다는 반데카르트적 관점에서 출발하여 몇 가지 주장을 한다. "두 개체가 물리적 속성들이 모두 같다면 심성적인 점에서도 다를 수 없다"는 심신 간의 수반(隨伴, supervenience) 관계를 주장하는 입장은 마치 두 조각가가 조각한 두 작품에 대한 물리적 상태 조건들을 구분할 수 없다면 이들에 대한 미적 평가도 구분해서는 안 된다고 하는 것과 같다. 또한 심성적 속성은 인과적 효력을 갖는다고도 주장한다. 어떤 것에서 인과력을 뺏는 것은 그 실재성을 박탈하는 것이기 때문이다. 포도르(Fodor, 1975; 1983)가 양보할 수 없는 조건이라 말하는 요소이다. 마지막 주장은 심성의 비환원성 요구이다. 마음의 언어가 몸의 언어로 환원될 수 없는 까닭은 의미들이 다르고 차원이 다르기 때문이라는 것이다.

그러나 김재권(1997: 239-240)은 퍼트남이나 데이비슨의 논의가 충분하지 않다고 믿으면서 환원적 물리주의를 향한 꿈을 꾼다. 우선 그는 데이비슨의 이론이 내용이 없는 약한 이론이라고 비판한다. 심적 속성을 가진 사건이 물리적 속성을 갖는다고 하지만 양자의 관계에 대해 아무것도 말해주지 않고, 동일한 개체가 두 성질을 예화하는 정도라는 것이다. 무법칙 일원론은 심적 속성과 사유들을 인과적으로 무력하게 만든다는 점에서 그 이론은 심적 속성들에 관한 부수 현상론이 된다고 본다. 심적 속성들을 이 세계에서 완전히 제거해도 이 세계의 인과 관계의 네트워크는 조금도 변하지 않는다. 이 세계의 어느 곳에서도 인과 관계가 가감되지 않기 때문이다.

비환원적 물리주의를 향한 수반/배제 논변

김재권(1997: 389-393; 2007: 35-40)은 퍼트남, 데이비슨, 포도르, 블록(N. Block) 등의 비환원적 물리주의가 한편으로 심성적 인과를 요구하면서 다른 한편으로 심성적 사건의 물리적 사건으로의 환원을 반대하는 점에 착안하여 중요한 반대론을 제기한다. 그 반대론의 핵심은 비환원적 물리주의의 관점을 수용하는 경우 심성적 사건의 인과력은 배제될 수 밖에 없다는 논변이다. 물리주의의 언어에 따라 M과 M*를 관련된 심성적 사건이라 하고, P와 P*는 그러한 심성적 사건이 수반되는 물리적 사건이라고 하자. 그리고 인과적 배제의 원리(어떠한 단일 사건도 인과적 중복 결정을 제외하고 충분 원인을 하나 이상 가질 수 없다)와 물리계의 인과적 폐쇄(물리적 사건이 t에서 발생한 원인을 갖는다면 그것은 t에 물리적 원인을 갖는다)를 수용하는 것은 수용하지 않는 것보다 상식적이라고 하자. 김재권(2007: 65-68; Kim, 1988)이 비환원적 물리주의를 공격하는 수반/배제 논변은 다음과 같은 구조(Loewer, 2007)로 진행된다.

1. M은 M*의 원인이다.
   (비환원적 물리주의는 심성적 인과를 주장한다)
2. M*는 P*를 자신의 수반 기초로 갖는다.
   (물리주의자는 심성 사건의 물리적 기초를 인정한다)
3. M은 M*의 수반 기초인 P*의 원인이 됨으로써 M*의 원인이 된다.
   (전제들 (1)과 (2) 간의 긴장 해소를 위한 처방이다)
4. M은 물리적 수반 기초인 P를 갖는다.

(물리주의자는 심성사건의 물리적 기초를 요구한다)

5. M은 P*의 원인이고, P는 P*의 원인이다.

(전제들 (3)과 (4))

6. M≠P

(비환원주의 논제)

7. P*는 M과 P에 의해서 인과적으로 중복 결정되지 않았다.

(비환원적 물리주의는 이들을 중복 결정이라 할 수 없다)

8. 심성적 원인인 M은 물리적 원인인 P에 의해서 배제된다.

즉 P*의 원인은 M이 아니라 P다.

(인과적 배제의 원리, 물리계의 인과적 폐쇄 원리, 전제 (7))

김재권(1977: 222)은 위와 같은 논변으로 비환원적 물리주의가 심성적 이해에 대해 데카르트보다 더 나은 주장이 아니라고 믿는다. 심성적 원인들이 충분히 물리계 안으로 들어올 수 없는 한, 정당한 원인으로서 지위를 가질 가망이 없기 때문이다. 논변이 보여주는 대로 심성적 속성을 부수 현상의 지위로 격하시키는 것이다. 이것은 마치 움직이는 자동차와 그 차의 움직임에 따라서 생기는 그림자의 관계와 같다. 그림자들은 움직이는 자동차에 의해 생겨났지만 그 차의 움직임에 대해서 어떠한 영향도 미치지 못한다. 또한 각각 다른 순간에 생기는 그림자들의 원인은 자동차의 움직임이지 바로 전 순간의 그림자가 아니다.

조건부 환원주의

심성의 인과력 논제와 심성의 비환원 논제 중에서 택일해야 하는 상황이라면, 어떤 것을 선택해야 하는가? 김재권은 비환원주의가 비환원 논제를 선택했다고 보고 자신은 심성의 인과력을 택하고자 한다. 그는 문제의 상황을 향하여 보다 선명하고 투명하며 일관되고 진정한 선택을 한다. 그렇다면 남은 과제는 환원이 어떻게 가능한가에 대한 그림을 그리는 것이다. 심성적 속성이 물리계 안에서 인과력을 가져야 한다면 물리적으로 환원 가능해야 하기 때문이다.

심성의 인과적 기능과 환원적 설명

환원 개념은 전통적으로 네이글(E. Nagel)적 환원으로 이해되어왔다. 표적 이론을 기초 이론으로 환원하는 것은 두 이론의 표현들을 연결하는 교량 원리에 근거하여 표적 이론의 모든 법칙들을 기초 이론으로부터 도출하는 것이다. 그러나 김재권(2007: 156)은 네이글적 환원이 성공하는 경우 심성적 사건과 물리적 사건 간의 상관 관계에 다가갈 수 있지만, 그 상관 관계를 가능하게 하는 원인이나 이유가 무엇일 것인가를 묻는다.

그러므로 김재권(1997: 132-138)은 인과 기능적 환원에 주목한다. 그는 심성적 종류를 유형 물리주의의 물리적 종류나 행동주의자의 행동적 종류가 아니라 기능적 종류로 간주한다. 우리의 심성을 구성하는 것은 두뇌의 계산적 속성이지 생물학적 속성들이 아니기 때문이다. 엔진이라는 개념이 에너지를 운동으로 변환하는 역할로 규정되지 그 역할 수행의 메카니즘으로 규정되지 않는 것처럼, 고통이라는 개념도 유기체 안의 조직 손상 감지체가 전형적인 고통의 입력(조직 손상, 외상 등)과 전형적인 고통의 출력(움츠리고 신음하는 등) 사이의 인과적 매개 작용으로 규정되고, 그 작용의 메카니즘으로 규정될 필요는 없다는 것이다.

김재권은 심성 환원의 3단계를 제시한다. 첫째는 표적이 되는 심성적 속성이 인과적으로 기능한다고 해석할 수 있는 개념적 단계이다. 심성적 속성 M을 갖는 것은 C라는 인과적 임무를 수행하는 속성 P를 갖는 것으로 규정된다. 여기에서 P는 M의 '실현자'이다. 둘째는 우리의 흥미를 끄는 개별 과학 집단에서 기능적 속성의 실현자들(그 특정한 인과적인 역할을 실제로 수행하는 메카니즘이나 속성들)을 찾는 과학적인 작업이 시작될 수 있다. M의 실현자 확인, 인과적 임무 C를 수행하는 환원기초에 있는 속성인 메카니즘 P를 찾는 것이다. 셋째는 이런 메카니즘들이 소정의 인과적인 역할을 어떻게 수행하는지를 하위의 환원적인 층위에서 설명하는 일이다. M의 실현자들이 C라는 임무를 수행하는 방식을 설명해주는 이론을 구축하는 것이다. 이 기능적 환원은 산발적으로 전개된다. M의 실제적이고 법칙적으로 가능한 모든 실현자를 확인하는 것보다 인간과 포유동물의 고통의 실현자들을 찾는 것이 더 가망이 있다. 네이글에서처럼 한 번에 끝나는 환원이 아니다.

위와 같은 환원이 얻어진다면, 김재권은 환원적 설명이 가능하다고 생각한다. "유기체 x가 시간 t에 심성적 속성 M을 갖는다"는 것은 다음과 같은 환원적 설명 구조를 갖는다는 것이다: 개체 x는 t에 Pi를 갖는다(Pi=M의 실현자); Pi는 C라는 인과적 역할을 수행한다; M을 가짐=def. 인과적 역할 C를 수행하는 속성을 가짐; 그러므로 x는 t에 M을 갖는다. 이 설명의 둘째 문장은 법칙이고 셋째 문장은 정의이므로 'M'에 관한 순환성에 빠지지 않는다.

김재권(2007: 174-185, 213-223)은 자신의 인과 환원적 동일성 설명 모델에 경쟁적인 동일성 모델에 주목한다. 블록 · 스톨네이커(Block & Stalnaker, 1999)는 환원적 동일성 명제 대신에 크립키류의 후험적 필연성 명제를 도입한다. "갑돌이는 시간 t에 왜 스트레스를 받는 느낌을 갖는가?"라는 물음에 대해 블록 · 스톨네이커 모델은 다음과 같이 답한다: 신경 생리학의 가정: 신경 상태 N_1은 신경 상태 N_2의 원인이 된다; 갑돌이는 시간 t에 고통 중에 있다; 고통=N_1; 스트레스를 받는 느낌=N_2; 그러므로 갑돌이는 t에 스트레스를 받는 느낌을 갖는다. 그러나 김재권은 이 설명이 처음의 두 문장에서 끝난다고 한다. 동일성 명제는 설명 구조에 들어가지 않았고, 만약 들어간 것으로 간주해야 한다면 다른 문제가 발생한다는 것이다. 동일성 명제는 상관 관계를 함축하고 이것은 설명하고자 하는 심성적 속성 어휘를 설명 안에서 사용하는 결과를 낳아 순환에 빠진다.

부분적 환원

김재권(1997: 396-398)의 환원적 물리주의의 걸림돌은 크게 세 가지로 지적할 수 있다. 퍼트남의 심성적 속성의 다수 실현 가능성 논변, 심성 내용, 그리고 의식이다. 다수 실현 가능성 논변에 대해서 김재권은 종 특수적 인과적 기능주의로 대처했지만 아직도 다음의 어려움이 있다. 하나의 종 안에서도 우리는 심적 속성들의 단일한 물리적 실현자들을 발견하기 어렵다. 두뇌가 손상된 경우 손상된 부분의 심적 기능을 다른 부분이 인수받을 수 있다. 인지 능력이 의존하는 두뇌 토대가 시간에 걸쳐 변화할 수도 있다. 개별 인간들 간의 신경적 차이는 키, 무게, 눈 색깔의 개별적 차이만큼이나 공통적이고 유의미하다. 그래서 김재권은 인과적 기능의 환원을 "부분적"이고 점진적일 것으로 제한하고 있다.

믿음, 욕구 같은 명제 태도의 심성 내용이나 의식의 문제에도 어려움이 있다. 다음절에서 상론하겠지만, 예를 들어 "힐러리 클린턴이 2016년 미국선거에서 승리할 것이라는 2015년의 믿음"은 이 믿음을 공유하는 모든 사람들을 어떻게 동일한 신경 상태에 이르게 하여 실현될 수 있는가? 김재권(1997: 399)은 어려움을 인정하지만 포기하지 않는다. 그러한 지적은 과학으로서의 인간 심리학의 가능성이 경험적이고 우연적인 사실에 의존한다는 것을 보여줄 뿐이라고 믿는다. 인간 심리학이 가능하고 생산적인 이유는 인간들이 충분히 유사한 신경 생물학을 공유하고 있기 때문이지만, 또한 심리학에서 엄격한 법칙들을 기대할 수 없는 이유이기도 하다. "충분한 유사성"이 "정확한 동일성"을 의미하지는 않기 때문이다.

김재권(2007: 246; Kim, 1989)은 심성이 물리계 안에서 인과적인 영향력을 갖는다면, 그것은 물리적으로 환원 가능해야 한다고 일관되게 주장한다. 그러나 이것을 "환원주의"로 약칭할 수는 없다고 말한다. 환원주의는 진리성이나 타당성에 관해 전혀 말하지 않기 때문이다. 심성적인 것들이 물리적인 기초로 환원될 수 있는지의 여부는 그 자체의 진가에 의해 해결되어야 하는 독립적인 문제라고 보며, 논의의 철학적 성격과 과학적 성격을 분리시킨다.

심성 내용

오늘 아침 날씨가 흐릴 거라 믿었지만 창밖을 내다보면서 비가 오고 있다는 것을 알게 되었다. 이처럼 우리는 살면서 많은 믿음들을 수정하고, 변경하며, 습득한다. 이러한 믿음 변화의 과정에서 우리의 주체적 수행성은 필연적이다. 우리의 심성에 인과적 기능이 없다면 어떻게 그러한 주체성을 철학적으로 확보할 수 있겠는가? 김재권(2007: 251)은 믿음 같은 심성 내용의 경우 짧은 기간 안에 기능적 정의를 충분히 갖게 될 가능성은 별로 없다고 생각하지만 그러나 여기에서도 환원적 물리주의의 적용을 꿈꾼다.

심성 내용의 환원론적 지향

김재권(2007: 252)은 믿음, 욕구, 의지 같은 속성이 기능적 속성들이며 인과적 역할에 따라 성격이 규정되어야 한다는 점을 보여주는 다양한 고찰들을 논한다. 개나 고양이는 우리와 유사한 언어적 행동을 표출한다. 그 표출이 우리와 충분히 유사하기 때문에 파충류에게는 적용하지 않는 믿음, 욕구, 지식, 행위, 의도를 이들에게는 귀인하게 된다. 로봇, 레이다 시스템 같은 기계들에게도 그러한 명제 내용의 어휘를 적용한다. 기계들에게 감지(지각), 정보 처리(기억, 지식, 믿음), 행위(주체) 등의 능력을 귀인할 때, 그 귀인 언어를 기계 제작자의 능력으로부터 파생된 것으로 보아야 한다는 관점도 있기는 하지만 심성 내용의 인과적 기능성의 관점에서는 그 자체로 당당한 것으로 간주한다.

심성 내용—실재성과 구성성

심성 내용에 대한 반실재론이나 상대론은 "자본은 사회에 해롭다는 믿음" 같은 것에 주목할 것이다. 이 믿음은 많은 사람들에 의해 공유될 수 있다. 반실재론에서는 이 믿음의 정당성은 어떤 해석틀에 의해서도 객관적으로 확립될 수 없다고 하고, 상대론에서는 해석틀에 따라 정당성 여부가 갈린다고 할 것이다. 그러나 김재권은 기초적 내용에서부터 출발하라고 조언한다. “지금 여기에 비가 온다는 믿음” 같은 지각의 경우이다. 물론 이 믿음은 많은 사람에 의해 공유될 수 있지만 그 정당성 또한 여러 상황에 따라 달라질 여지가 있다. 그러나 김재권(1997: 326)은 정상적인 조건에서 비가 오는 상황과 사람들의 지각 상태는 공변(共變)하고 이 공변 상태의 발생은 비가 오는 것에 대한 지시자(indicator) 역할을 한다고 본다. 정상적인 지각 경험의 경우, 심성 내용은 실재적이고 인과 기능적이라는 것이다.

좁은 내용–내용 명시화로서의 넓은 내용

문제는 우리의 믿음이 우리의 몸 안에서 발생하지만 믿음의 내용은 대부분 몸 밖의 상황에 대한 것이라는 것이다. 심성 내용의 문제는 어떻게 몸 밖의 요소가 몸 안의 요소와 결합하는가의 문제이다. 예를 들어, 피터와 메리가 각자의 집에서 토마토를 하나씩 들고 쳐다보면서 “이 토마토는 상했다는 믿음”을 갖는 경우를 보자. 두 사람은 각기 다른 토마토를 두고 그러한 믿음을 갖는다. 메리의 믿음은 참이지만 피터의 믿음은 거짓일 수 있다. 두 사람의 믿음의 진위가 갈리는 지점에서 두 사람의 믿음은 넓은 내용이라 하고, 두 사람의 믿음들이 공유하는 요소는 좁은 내용이라고 한다.

김재권(2007: 342–344)은 매튜스(R. Matthews)의 마음 측정 개념을 적용하여 넓은 내용에 대한 환원적 접근을 시도한다. 토마토는 피터와 메리의 믿음 내용의 구성적 요소가 아니라, 두 사람의 외부적 요소와 조건들의 제약 아래에서 형성되는 구체적 특성들이다. 물리적 대상의 질량이나 길이는 그 대상의 본래적 속성이지만, 질량이나 길이를 측정하여 수를 할당하는 것은 대상 자체보다 외부 관계, 국제 표준에 의존한다. 비슷하게, 심성 내용을 명시할 때 내용 문장을 사용하는 것은 그 주체 외부의 요소들을 사용하고 그것들에 의존하는 것이다. 그 내용을 “넓다”고 하는 것은 그 상태 자체가 아니라 그것들의 명시화나 기술들이 그렇다는 것이다. 내적 상태의 존재론적 지위와 그것의 명시화 양상은 혼동될 필요가 없다.

심성 내용의 역할과 개별화

김재권은 심성 내용의 역할이 무엇일 것인가를 묻는다. 심성 내용은 넓은 내용의 명시화를 통해 외부 세계와 관련을 가지면서 또한 좁은 내용의 인과적 기능으로 심리적인 자율성을 갖는다는 것이다.

먼저 넓은 내용의 명시화는 그동안 진리 조건적 개별화로 이루어졌다. 퍼트남의 예를 들어 보자. 앤디는 이 지구에서 살고, 앤디의 쌍둥이는 한 가지를 제외하고 지구와 똑같은 쌍둥이 지구에서 사는 경우이다. 그 유일한 예외는 지구에서 "물"이라고 불리는 것은 H_2O이고 쌍둥이 지구에서 "물"이라고 불리는 것은 XYZ이다. 그렇다면 "물이 불을 끈다"라는 두 사람의 믿음의 내용은 다르다. 믿음의 명제의 진리치가 두 사람의 믿음을 구별한다. 이 믿음은 앤디에게 적용했을 때 참이지만, 앤디 쌍둥이에게 적용했을 때 거짓이기 때문이다. 쌍둥이 지구에서 "물"이라고 불리는 것은 지구 언어로는 "쿨"로 불리기 때문이다. 그러나 김재권(1997: 349)은 이 접근이 아직 미완성이라고 보고, 보다 적극적으로 좁은 내용을 화이트(White, 1991)의 "공통적 그것"이라는 기술적 개념으로 접근하는 데 동조한다. 앤디와 앤디 쌍둥이의 좁은 내용이 공유하는 것은 다음의 역할을 갖는다: 만일 누구든지 그것을 가지며 지구에서 앤디의 언어를 습득했다면 "물"이라는 그의 단어는 물을 지칭하고 그는 물-생각을 갖는다; 그리고 만일 누구든지 그것을 가지며 쌍둥이 지구에서 앤디 쌍둥이의 언어를 습득한다면 "물"이라는 앤디 쌍둥이의 단어는 쿨을 지칭하며 앤디 쌍둥이는 쿨-생각을 갖는다.

그리고 심리적인 자율성은 좁은 내용만으로 확보된다고 김재권(1997: 346)은 믿는다. 앤디는 지구에서 물-생각을 하고, 앤디 쌍둥이는 쌍둥이 지구에서 쿨-생각을 할 것이다. 그러나 두 사람의 이 생각들은 그 각자의 환경에서 심리적 차이를 갖지 않는다. 화이트의 "공통적 그것"만으로 이들의 심리가 구성되어 있는 동안 이 심리는 지구나 쌍둥이 지구에서 무차별적으로 적용될 수 있기 때문이다. 그렇다면 심리적 이론에서는 넓은 내용이 문제 상황을 발생시킬 것 같지 않다.

의식

의식은, 예를 들어, 아픔의 느낌으로 위험을 피하게 하고 상쾌함의 느낌으로 즐김을 추구하게 하는 인간 능력이다. 그러나 의식은 타인에게는 열려 있지 않고 의식 주체에게만 사밀한 경험, 배타적으로 주관적인 경험이다. 그러면서도 네이글(T. Nagel)이 지적한 것처럼 의식은 모든 주관적 현상을 단일한 관점(point of view)에서 경험하게 한다. 타인에게는 파편적으로 보일 수 있는 주체의 다양한 의식 경험들이 하나의 관점으로부터 이해되는 것이다.

김재권(2007: 24- 25)은 이러한 의식의 주제에 와서 그의 당당했던 환원적 물리주의가 훼손되고 있다는 것을 인정한다. 의식은 심성의 다른 현상처럼 인과적 기능을 갖지 않고, 그 자체로 본질적인 경험이기 때문이다. 그렇다면 의식은 인과적 환원의 기초를 확보할 수 없다. 그런 까닭으로 의식은 의지, 향유, 행복을 다루는 도덕 철학이나 가치론에서는 주체 현상적인 높은 지위를 갖지만, 형이상학이나 인지 과학에서는 부수 현상적인 낮은 지위를 가지고 있는지 모른다.

감각질 구하기

데닛(Dennett, 1991) 같은 철학자는 의식의 주관성이 내적 탐지 메카니즘에 의해 설명될 수 있고, 그러한 자각의 "직접성"은 탐지 장치를 언어적 중추에다 직접 연결함으로써 설명된다고 믿는다. 그러나 김재권(1997: 290)은 주관성 개념에 들어 있는 일부 기능적인 부분에 대해서는 동조적이지만 의식의 현상적 국면에 대해서는 의문을 갖는다. 신경 생리적으로 나와 똑같은 복제물을 만드는 경우에만 그러한 기능을 수행하게 할 수 있고 의식 현상이 없는 경우가 가능하다는 생각이다.

김재권(2007: 256-257)은 로봇과 같은 기계가 고통을 느낄 수 있을지를 고려한다. "고통 상자"를 기계에 장착하여 고통 상자의 인과적인 작용과 그 상자가 활성화될 때 고통의 발생 간의 연결을 시도하는 과제이다. 그러나 김재권은 이때의 고통이 특정한 인과적인 임무와 연결될 수 있지만 이 임무가 고통을 구성하는 것은 아니라고 생각한다. 결국 고통은 기능적 속성이 아닌 것이다.

김재권(1997: 299-301)은 감각질의 설명에서도 법칙이 아니라 인과적 공간을 확보하고자 한다. 호간(Horgan, 1993)은 감각질이 형이상학적 필연성을 가지고 물리적 과정에 수반하지 않지만 약한 형태의 필연성, 즉 법칙적 필연성으로 수반할 수 있다고 한다: 유기체 x가 임의의 현상적 속성 M을 예화할 때마다 x는 어떤 물리적-화학적 속성 P를 예화하고, 임의의 유기체 y가 P를 예화할 때마다 y는 M을 예화한다는 것이다. 그러나 김재권은 이 모델은 가려움과 간지러움과 같은 예의 법칙적 설명은 제시할 수 있겠지만 우리의 철학적 물음에 답하는 것은 아니라고 한다. 엄격하게 요구되는 설명의 표적은 왜, 또는 어떻게 가려움과 간지러움이 각기 그러한 물리적-화학적 토대로부터 비롯되는가이다. 김재권은 인과-기능적 설명만이 애초의 철학적 물음을 만족시킬 수 있다고 본다.

플라나겐(O. Flanagen)은 35-75 헤르츠 범위의 빈도로 두뇌 안의 어떤 뉴런들을 동시에 활성화하는 "감마 진동" 연구 결과에 주목한다. 감마 진동은 감각-신경 통로들을 통해 진행되는 색, 형태, 소리, 운동, 촉각 등의 정보가 인과적인 의식적 지각에 도달하기 위해 어떻게 함께 연결되는지를 해결하는 열쇠가 될 수 있다는 것이다. 그러나 김재권(1997: 304-305)은 신경 과학이 감각질과 신경 상태의 상관 관계를 빠짐없이 찾아 우리의 지식을 증가시킬 수는 있지만 철학적 과제는 이 개별적 상관 관계가 우리의 세계 안에서 성립하는 이유를 설명하는 것이라고 한다.

감각질의 환원적 연결

교통 신호등은 국제적으로 통일된 규약을 가지고 있다. 운전자는 적색에 서고 녹색에 가고 황색에 감속한다. 그러나 이 세 가지 색의 경험적 감각질은 모든 사람에게 동일한 것이 아니다. 감각질 전도 현상이 있기 때문이다. 어떤 사람은 "적색"이라고 스스로 호칭하는 색등 앞에서 정지하지만 대부분의 사람처럼 정상적인 적색을 경험하는 것이 아니라 녹색을 경험할 수 있다. 김재권(1997: 258)은 색 감각질이 행동이나 물리-신경적 기초에 수반되지 않고 기능적으로 정의되지 않기 때문에 인과적으로 무력하고 환원될 수 없다는 것을 인정한다. 이러한 부담을 김재권(2007: 261)은 어떻게 약화할 수 있을까? 색 감각질과 연결된 본래적 성질들은 만인 공통적으로 감지될 수 없고, 따라서 소통을 위한 공적 기준에 미달한 것처럼 보인다. 그러나 신기하게도 감각질 전도의 현상에도 불구하고 한 사람의 색 감각질 간의 차이와 유사성은 행동적으로 감지된다는 근거에 기초하여 이러한 감각질의 차이나 유사성이 인간종의 단위에 있어서 일반화될 수 있다. 그러기 때문에 세계적인 교통 신호 체계가 얻어진다. 교통 신호 체계로 사각형, 원형, 삼각형 같은 객관적으로 인지적인 영상을 선택할 수 있었음에도 불구하고 적색, 녹색, 황색이라는 주관적인 감각질의 색을 선택한 까닭은 무엇일까? 김재권은 "식별이 중요한 것이지 성질들이 중요한 것은 아니다"라고 대답한다. 식별에 있어서 모양보다 색깔이 보다 직접적이기 때문일 것이다.

교통 신호등이 감각질 문제에 시사하는 바는 흥미롭다. 색 감각질은 환원이 불가능한 의식의 질적 내용을 포함하지만 지향적이고 인지적인 영역은 남겨 두고 개인 경험에 있어서의 차이와 유사성의 구조를 유지하도록 허용하는 것이다. 고통, 가려움 등도 질적 측면을 가지고 있지만 또한 기능적으로 분류할 수 있는 동기적, 행동적 측면을 갖는다(김재권, 1997: 259). 인간 마음은 달리는 자동차의 연속적 그림자들 간의 관계와 같은 부수적 현상이 아니라 지각, 기억, 믿음, 욕구, 의지, 결심에서 나타나는 인과적 효력의 주체라는 것을 철학적으로 보이고자 한 것이다.

심성 제거적 물리주의와 심성 확보적 물리주의는 대조된다. 데카르트는 당대 철학자들과 달리 심성적 인과력을 유지하고자 했고 김재권이 지적한 것처럼 인과 관계를 흄적인 항상적 연접성으로 해석하는 시도에 대해서는 부정적이었다. 현대 물리주의나 특히 김재권의 환원적 물리주의는 이러한 데카르트의 비-흄적인 심성적 인과 관점에 충실하다. 이 점은 과거의 물리주의와 대조되는 차별점으로 부각되어야 한다. 과거의 물리주의는 인간 심성을 제거적으로 보았다. 예를 들어 콩트(A. Comte)는 실증성의 기준을 수학적 정확성에서 찾았고, 비엔나 논리 실증주의는 의미의 표준을 검증 가능성이라 믿었으며, 행동주의자들은 마음의 언어를 행동적 집합 이외의 것이 아니라고 한 점에서 드러난다. 그러나 김재권(2007: 22-23)의 환원적 물리주의는 심성 확보적 물리주의이다. 인간이 행위 주체성뿐 아니라 지식을 얻기 위해서라도 심성적 인과는 실재해야 한다고 본다. 지각이란 주변의 대상과 사건이 지각 경험의 원인으로 발생하는 믿음이고, 추리란 옛 믿음이 새 믿음의 원인이며, 기억이란 경험 안에 들어 있는 정보의 물리적인 저장고와 그것을 다시 꺼내는 인지적 과정이기 때문이다. 결정론은 행위 주체로서의 인간 지위를 위협하고 회의주의는 인간 지식을 위태롭게 하지만, 심성 자율성이 보장되지 않는 심성 인과는 인간 행위 주체와 인지를 모두 위협한다는 것이다. 그리고 김재권은 심성 자율성과 심성 인과가 양립할 수 있는 구조는 환원주의를 통해서만 얻어지며 또한 그 이해 가능성에도 도달할 수 있다고 믿는다. 김재권은 그의 물리주의가 감각질이나 심성 내용을 다루기에는 한계가 있다고 인정하지만 그러나 인간 경험의 형이상학을 위하여 "거의 충분한" 실재론이라고 믿는다.

김재권의 물리주의는 심성적 사건은 부수적이 아니라 인과적이라는 인간의 상식적 직관을 일관되게 조명하고자 하는 시도이다. 그는 심성적 인과를 유지하기 위한 프로그램은 환원론밖에 없다고 생각하고 많은 반론들에 대처하기 위해 배제 논변을 편다. 물리적 사건은 물리적 원인을 갖는다는 것과 어떠한 사건도 충분 원인을 하나 이상 가질 수 없다는 것을 인정한다면 심성적 사건이 인과력을 갖기 위해선 물리적 사건으로 환원되어야 한다고 믿는다. 그리고 이 환원은 상관 관계에 머무는 교량적 환원이 아니라 인과 기능적 환원이라고 구체화한다. 심성 내용이나 의식에 대해서도 그의 물리주의 프로그램이 조명할 수 있는 가능성의 범위를 나타내주는 것이다.

3. 이좌용의 보편자 실재론

전통적 보편자론은 현상적인 것과 영원한 것의 구별에 근거한 것이었다. 이승만이나 김일성 같은 구체적 개별자는 시공에 매여 있는 현상적이고 가변적인 존재이지만 그러한 대상들에 적용되는 "사람이다"라는 술어는 영원하고 불변하는 속성을 나타내는 보편자였다. 실재의 기준은 영원성이었다. 그러나 이좌용은 불변/가변의 형이상학적 고려보다는 언어 개념적인 통찰, 경험적인 관찰을 근거로 속성 보편자론을 제시한다. 인과성이 실재의 표준으로 채택되는 것이다.

개별자와 보편자

인간은 물음을 묻는다. "이게 뭐야?"라고 물을 때 인간은 다른 동물과 달리 무엇을 하고 있는 것일까? 개는 눈앞에 있는 뼈다귀에 대해 묻지 않지만, 어린이는 엄마가 손가락에 낀 반지에 대해 "이게 뭐야?"라고 묻는다. 엄마의 손가락 반지는 그 자체로 다가 아님을 전제하고, 인간의 시간공간 안에서 이 반지가 다른 존재자들과 관계하여 차지하는 존재의 연결망 관계를 묻는 것이다. 어린이는 물음을 통해 이미 지성적, 철학적 작업 준비에 참여하고 있다. 어린이의 물음에 대해 엄마는 "이것은 금반지다"라고 대답할 것이다. 그것은 금이고 그리고 반지라는 것이다. 그러나 엄마의 대답이 지성적으로 명료하려면 '금이다'나 '반지다'라는 술어로 지칭하는 성질이 어떤 종류의 존재 범주인가를 제시할 수 있어야 한다. 그리고 이러한 종류의 존재 물음은 인간의 모든 물음과 관련된 가장 기초적인 문제 중의 하나이다. 아마 이 물음은 철학사에서도 아마 가장 오래되고 가장 깊이 논의되어온 주제 중의 하나일 것이다.

이좌용(2005)은 존재라는 철학의 정통적 주제를 추구한다. 그는 금이나 반지 같은 속성은 여러 개체들에서 나타나 예화(exemplification)된다는 의미에서 이를 '보편자(universal)'라고 부를 것을 제안한다. 이좌용의 보편자 실재론의 의의는 그 대립적 관점의 제시를 통해 부각될 수 있다. 보편자 실재론과 달리 보편자 유명론은 큼, 작음, 무거움, 가벼움 같은 속성들에 주목한다. 이들은 대상이 놓여 있는 문맥에 따라 상대적으로 이름이 허용되거나 불용되는 것일 뿐 문맥과 독립하여 실체화할 수 있는 속성 자체는 없다고 주장하며, 금, 반지 같은 속성들도 이와 마찬가지로 해석할 수 있다고 확장한다. 유명론자는 개별자만이 실재할 뿐 속성들은 이름일 뿐이라 믿는 것이다. 그러나 이좌용은 보편자 실재성 없이 개별자들 간의 관계는 설명하기 어렵다고 생각한다. 이러한 관점을 위한 이좌용의 여러 가지 논변에 주목해보자.

성질들의 같음 논변

이좌용은 "보편자는 실재한다"는 주제를 주장하기 위해 먼저 "성질들이 같다"는 논제를 제안한다. 어떻게 한 유형의 모습이 여러 대상에 나타날 수 있는가? 이 물음은 언어화 이전의 자연 사태에 대한 물음이다. 이 물음이 대답될 때 언어와 세계의 연결 가능성의 물음도 비로소 유의미하다. 그렇다면 이 물음이 전제하는 것은 "성질들이 같다"는 존재론적 기준이고 이좌용(2005: 51-55)은 바로 이 논제의 논변으로 주제 명제를 조명하고, 적어도 두 가지 논의를 구성하고 있다. 이들을 차례로 살펴보고자 한다.

이좌용은 성질 표상에 대한 콰인의 성질 증발론을 반박하고 '성질들 같음 논변'을 전개한다. 먼저 '콰인의 성질 증발론'에 주목하자. 콰인은 "'룰루는 고양이다'는 참이다"라는 진술을 "무엇이 있는데, '룰루'는 그것을 지시하며, '고양이다'는 그것에 대해서 참이다"로 이해한다. 그러나 이좌용은 이러한 이해에서는 '고양이다'라는 술어가 지칭하는 성질은 사라지고 그 술어의 사용 방식만 부각된다고 분석한다(2005: 60-61). '고양이다'라는 술어가 룰루에 적용하여 참이라는 문법은 이 술어와 룰루라는 개별자가 속해 있는 체계의 문법에 따라 참이거나 거짓인 구조가 얻어지기 때문이다. 이러한 구조에서 '고양이다'라는 술어는 체계 독립적 술어가 아니라는 의미에서 이 술어가 지칭하는 성질은 증발된다는 것이다.

이좌용은 콰인의 성질 증발론에 대해 묻는다. 성질을 증발시켜놓고 어떻게 언어와 세계 간의 관계를 설정할 수 있느냐는 것이다. "한 언어가 세계를 나타내려면, 그 언어와 세계 사이엔 어떤 접속이 있어야 한다는 것은 틀림없는 사항"(2005: 69)이라고 생각하기 때문이다. 콰인의 성질 증발론에 대해 이좌용은 "언어를 논리적으로 추상함으로써 그 언어의 불가피한 존재론 개입을 밝히고, 그것의 불가피함은 곧 그것이 참일 수밖에 없음을, 곧 세계가 바로 그런 것임을 단정하는 의미론적 접근은 옳은 태도가 아니다"(2005: 69)라고 비판한다. 보다 구체적으로 콰인의 성질 증발론에서는

(9) 발견되지 않은 근본 물리 성질들이 있다(2005: 70)

와 같은 문장을 어떻게 이해할 것인가? 이좌용은 이 문장이 보편자 실재론을 옹호하는 경우라고 믿는다. 언어 술어 체계의 적용 이전(2005: 71)에 발생하는 경험이기 때문이다. 이좌용은 콰인의 성질 증발론보다는 보편자 실재론이 유형의 동일성이나 술어를 관찰되지 않은 사례들에 적용될 수 있다고 본다.

이좌용의 '성질들 같음 논변'의 둘째 판본은 가족 닮음 논변이다. 이 논변(2005: 75-82)은 난해하므로 다음과 같은 재구성 시도를 통해 이해해보고자 한다. 유명론자는 게임의 여러 경우들을 '게임'이라는 이름으로 부를 때 하나의 공통된 성질이 '게임'이라는 이름으로 지칭된다는 것을 상

정한다. 그러나 비트겐슈타인이 지적한 대로 여러 게임의 경우들은 하나의 공통적인 모습(성질)이 없어도 '게임'이라는 이름으로 불린다. 비트겐슈타인은 "생각하지 말고 보아라! 공통적인 것은 보이지 않고 가족 닮음만 보게 될 것이다"라고 말한다. 여러 경우들의 게임이라는 가족 닮음의 성질은 한정 가능할 뿐(determinable)이어서 게임의 경계선을 그을 수 없고, 그래서 공통 요소를 찾을 수 없다는 것이다. 그러나 이좌용은 게임의 여러 경우들은 가족 닮음을 가능하게 하는 한정적(determinate) 성질을 갖는다고 한다. 즉 이 한정적 성질들의 닮음에 의해 이들이 공통 성질을 갖지 않음에도 불구하고 '게임'일 수 있다는 것이다.

이좌용의 가족 닮음 논변을 이처럼 해석하는 것이 가능하다면, 이좌용의 실재론의 핵심을 볼 수 있다. 첫째로 중요한 것은 이좌용의 가족 닮음 개념은 비트겐슈타인의 유명론적 가족 개념의 한 모습을 사용하여 오히려 실재론적으로 나아가고 있다는 점이다. 비트겐슈타인의 가족 닮음 개념은 언어 개념을 논의하는 과정에서 제안되었다. 언어 사용은 가족 유사적이고 게임 같은 것이라고 보는 것이다. 우리가 '언어'나 '게임'이라는 단어를 사용할 수 있는 것은 모세라는 사람에 대해 아무것도 모르고서도 '모세'라는 이름을 사용할 수 있는 능력과 같다고 생각하는 것이다. 사람들은 이 단어들을 사용하는 방식을 보고 배워 이를 사용하는데, 우리의 이 단어 사용 능력은 이 단어에 포섭되는 경우의 성질들에 의존하는 것이 아니라는 것이다.

둘째로 핵심적인 것은 이좌용의 통찰이 제시되는 방식이다. 그의 통찰은 게임의 여러 경우들이 공통적 성질을 갖지 않으면서도 각기 소유하는 특정한 성질로 인해 게임이 된다는 제안이다. 그 경우들이 특정한 성질을 갖는다는 것은 동어 반복이고 그 특정한 사실이 무엇인가를 제시하지 않은 상황으로 인해 게임이라는 제안은 설득력이 있다. 그 설득력은 다음과 같이 제시된다: "야구는 게임이고 바둑도 게임이다"에서 야구와 바둑은 '게임이다'라는 보편자를 각기 갖지 않는다. '게임이다'는 보편자가 아니기 때문이다. 그러나 이들은 어떤 보편자에 의해 각기 게임에 속하는가? 여기에서 이좌용은 인간이 "게임"이라는 단어로서 실재적인 어떤 것을 지칭할 수 있다는 것에 주목한다. 게임의 여러 경우들이 가족 닮음을 가능하게 하는 한정적(determinate) 성질을 갖고 있는 것이 아닌가? 그리고 이러한 한정적 성질은 선험적 보편자이기보다는 경험적 보편자라는 것이다. 그리하여 그 한정적 성질은 경험 과학이 탐구하는 대상인 것이다.

이좌용은 성질들의 같음 논변을 위해 또 하나의 논의를 구성한다. '사물 모습 논변'으로 부를 수 있는 논변이다. 이 논변은 닮음, 차이, 변화, 사건, 수반의 관계들이 인간이 경험하는 자연 세계의 '기초 관계'라는 점에 착안한다. 그는 이 관계들이 인과, 의미, 환원 등의 개념을 설명하는 자리에 있을 뿐 그 개념들에 의해 설명될 수 없다는 점에 주목한다. 이좌용(2005: 100-101)은 유명론자는 설명과 피설명항의 관계의 순서를 뒤집어놓았기 때문에 올바른 '해명'을 하기 어렵다고 주장한다. 기초 관계들은 모두 성질들의 같음 사태를 전제한다는 것이다.

이좌용의 논의 방식에 주목하기 위해 그가 제시하는 사물 모습 논변을 귀류법으로 파악해볼 수 있다: 닮음, 차이, 변화, 사건, 수반 등의 기초 관계들이 성질들의 같음을 전제하지 않는다고 하자; 그러면 이 관계들은 언어적 관계 이외의 다른 것이 아닐 것이다; 그러나 이러한 구성물이 언어적 관계라면 인간이 자연에 대해 경험하는 기초 관계를 설명할 수 없다; 그러나 과학은 자연의 기초 관계를 설명하고 있다; 고로 전제는 거짓이고, 기초 관계는 성질들의 같음을 전제한다.

법칙적 인과 관계의 성공 논변

이좌용은 보편자 실재론을 위한 또 하나의 전략으로 자연법칙이 자연 속성들의 관계라는 관점을 지지한다. 그는 자연법칙을 언어적 일반문으로 간주하여 자연적 필연은 존재하지 않는다는 흄의 경험론을 거부하고, 자연 세계에는 필연적 결속이 있다고 주장한다. 인과적 설명, 예측 통제의 성공은 법칙 실재론이 최선이라는 것이다(2005: 104). 이좌용의 법칙 실재론을 위한 두 가지 논의에 주목하자.

자연법칙은 이중 구조를 갖는다

이좌용의 법칙 실재론을 위한 첫째 논의는 자연법칙의 이중 구조 논변이다. 이좌용의 논변을 들어보자.

> 존재 세계의 근본적 원자들에 보편자와 특수자의 두 범주가 있다면 특수자들 사이의 한결같은 잇따름이 한갓 단순한 연접적 사례가 아니라 필연적 사례일 수 있다. 한 보편자가 다른 한 보편자를 늘 동반한다면 그 한 보편자를 예화하는 특수자들은 특별한 상정이 없는 한, 필연적으로 그 다른 한 보편자를 예화할 수밖에 없을 것이기 때문이다. 그렇더라도 무슨 보편자들이 존재하는가를 찾는 일은 경험 과학이 할 일이므로 경험론적 인식론은 견지될 것이다(2005: 116-117).

이좌용의 법칙 실재론을 옹호하기 위한 전략이 선명하게 보이는 구절이다. 이좌용은 법칙 설명의 성공을 주어진 것으로 보고 이 성공을 조명하는 최선의 방식으로 자연법칙의 이중 구조를 도입하는 것으로 보인다. 자연법칙의 이중 구조의 첫째는 자연법칙이 우연적 참 일반문과 구분되는 것은 세계 속의 존재자들 때문이 아니라는 점이다. 우연적 일반문은 이 세계의 특수자들의 단순한 연접 사례지만 법칙은 한 보편자가 다른 보편자를 늘 동반하는 구조이다. 보편자는 이 세계에 그 모습을 드러내지만 이 세계에 갇혀 있는 것이 아니다. 자연법칙의 이중 구조의 둘째는 보편자들의 늘 동반의 구조는 논리적 필연성이 아니라 자연적 필연성이라는 점이다. 논리적 필연성이 아니므로 법칙은 개념적이거나 철학적인 것이 아니고, 자연적 필연성이므로 경험적이거나 과학적 탐구의 대상인 것이다.

이좌용은 법칙 성공을 잘 설명하는 것은 존재의 의미론적 상승 모델보다는 보편자의 존재론적 상승 모델이라고 생각한다. 이좌용의 법칙의 존재론적 상승 논변은 드레스케(Dretske, 1977)-암스트롱(Armstrong, 1983)의 형식적 논의를 구조화한 것이라 생각한다. 드레스케-암스트롱은 법칙의 형식을 성질 보편자들 S와 P의 관계(2005: 127-130)에서 찾는다. 다음의 두 경우를 보자.

(10) (x)(Sx □→ Px)

(11) N(S, P)

비실재론은 법칙을 (10)에서와 같이 외연들 사이의 내포적 필연(□) 관계로 파악하지만, 외연의 S가 외연의 P를 논리적이거나 자연적인 필연(N)으로 내포적으로 함축하거나 귀결할 구조는 보이지 않는다. 그러나 드레스케-암스트롱의 법칙 이해는 (11)에서와 같이 법칙을 내포들 사이의 외연적 관계, 자연적 필연(N)으로 보아야 한다는 것이다. 법칙의 존재론적 상승은 성질 보편자들 S와 P의 관계의 기술이 단칭적으로 나타나는 데서 얻어진다.

이좌용은 법칙의 존재론적 상승론에 동의하면서 형식적 논의의 수준에 만족하지 않고 이를 술어 공지칭성 개념으로 구조화한다. 드레스케-암스트롱의 보편자 기술 단칭성을 확장한 것으로 보인다. 그의 발언에 주목해보자.

> 실상 자연 과학에서 한 특정 온도를 가짐과 어떤 분자 에너지를 가짐이 물리적으로 동일한 속성임이 주장될 때 그것은 '특정 온도를 가짐'의 술어와 '어떤 분자 에너지를 가짐'의 술어가 서로 그 뜻이 동일하다는 주장이 아니라 그것들이 동일한 한 자연 속성을 지칭한다는 주장이다. 이러한 동일성은 경험적이지 결코 선험적이지 않다. 따라서 술어들에 매달리지 않는 자연적 속성들이 독립적으로 있음을 드러내준다(2005: 146).

이 구절은 이좌용의 논의들 중 가장 중요하다고 생각되는 문맥에서 나타난, 그의 입장을 가장 선명하고 설득력 있게 요약한 구절이라고 믿는다.

이좌용이 수용하는 드레스케-암스트롱의 법칙의 존재론적 상승 개념에 주목해보자. 보편자들 S, P는 단순자들일 텐데, 이들이 어떻게 자연적 필연(N)으로 연결될 것인가? 과학자들은 이 연결에 어떻게 접근할 것인가? 단순 보편자들은 자연적 필연(N) 관계에 들어갈 수 있는 다른 단순 보편자에 대해서만 창문을 열 것인가? 단순한 보편자가 어떻게 창문 열기의 선택을 할 것인가? 선택을 하지 않는다면 이는 예정 조화된 것일까?

다음의 경우들을 보자.

(12) 물은 H_2O 이다.

(13) '물은 H_2O 이다'는 법칙이다.

(14) 만일 '물은 H_2O 이다'가 현실 세계에서 참이라면
그러면 '물은 H_2O 이다'는 모든 가능 세계에서 참이다.

(15) 문장 (12)가 우연적 일반화가 아니라 법칙적 일반화라는 읽기를 수용하면 이 읽기는 (13)과 (14)의 동치가 된다.

드레스케-암스트롱의 존재론적 상승론에서 자연 과학자의 역할은 어떻게 수행되는 것인가? 두 보편자들의 필연적 단칭 관계는 어떻게 탐구되는가? 존재론적 상승은 존재론적 요청 이외의 다른 방식이어야 하지 않는가? 이좌용이 제시하는 술어의 공지칭성 같은 구조에서라야 과학자의 역할은 기술될 수 있는 것이 아닐까?

(14)는 상식적으로 이해되는 과학자의 과제를 나타낸다고 믿는다. 달리 말해서 유한한 시간에서나마 문장 (12)가 거짓인 경우를 찾는 노력(falsification)에도 살아남는지를 실험하는 것이다. 이 역할의 논리적 구조는 '자의적 개별자 예화가 (12)의 반례가 된다'는 경우를 찾는 것이다. 이러한 과학 탐구의 절차를 수용할 수 있을 것인가?

존재는 인식에 선행한다

이좌용은 보편자 실재론을 매우 상식적인 태도에 근거하여 선택한다. 세계가 먼저 있고, 그리고 언어나 인식이 나타난다는 것이다. 세계 존재를 전제하지 않고 어떻게 세계에 대해 말한다고 할 수 있는가? 인식이란 언제나 어떤 무엇에 대한 인식이지 않는가? 이좌용의 보편자 형이상학은 일상 경험의 건강한 토대에서 출발해야 한다는 믿음에 근거한다. 이좌용은 보편자 실재론을 철학적으로 논변하기 전에 상식의 직관에 근거한 통찰을 먼저 제시한다. 그의 직관적 통찰 두 가지를 살펴보자.

이좌용은 모습과 술어의 구분 가능성 관찰을 통해 존재의 인식 선행성 논제를 지지한다. 모습과 술어의 구분 가능성은 "어떻게 한 모습이 여러 대상에 나타날 수 있는가"와 "어떻게 한 일반 술어가 여러 대상들에 적용될 수 있는가"의 물음은 구분될 수 있다(2005: 52)는 가정에 근거한다. 이좌용의 모습과 술어의 구분 관찰은 논리적으로 정당하며, 논리적으로 가능하다.

'예화'는 기초 술어이다. 존재의 인식 선행성 논제는 예화 개념에 대한 이좌용의 통찰에 근거한 것이다. 첫째, 고양이나 호수, 지혜나 사랑은 '다수로 예화될 수 있는 것(multiply exemplifiable entity)'이고 이들을 '보편자'라 부를 수 있다. 하나의 보편자와 다수 개별자 간의 이러한 예화 관계는 존재 질서의 직관이자 상식이다. 둘째, 이러한 개념을 나타내는 '예화'는 "다른 말로 풀이할 수 없는 기초 술어로 놓기로 한다"(2005: 22). 플라톤의 '형상'과 '참여', 타르스키의 '만족', 유학 체계의 '맞음(通中道)'처럼 예화도 보편자 실재론의 출발점이 될 수 있다. 무한정 예화될 수 있기 때문에 그 현실적 사례들을 빌어 동일자 원리를 마련할 수 없기 때문이다(2005: 23).

이좌용의 속성 보편자론은 선험적인 것이 아니라 경험적인 것이다. 속성들에 대해 "닮았다"고 비교하고 "같다"고 말하는 것은 유명론적인 것이 아니라 실재론적인 것이다. "축구팀이 이겼기 때문에 응원단이 신났다"라고 설명하는 것은 "이김"이라는 속성이 "신남"이라는 속성을 야기했다는, 인과적 속성 실재론의 표현이다. 그의 주장을 따르면, '특정 온도를 가짐'의 술어와 '어떤 분자 에너지를 가짐'의 술어들은 그 뜻이 동일한 것이 아니라 그것들이 동일한 한 자연 속성을 지칭하는 것이다. 이러한 동일성은 경험적이지 결코 선험적이지 않다. 술어들에 매달리지 않는 자연적 속성들이 독립적으로 있다는 것이다.

4. 물리주의와 자연주의

보편자 실재론이나 환원적 물리주의는 여러 가지 주제들의 논의를 통해 보다 구체적으로 확인되고 발전 방향도 선명해지고 있다. 이와 더불어 형이상학적 존재론도 다양하게 제시되고 있다. 인과적 설명과 목적론적 설명을 양립시킬 수 있다는 약한 자연주의의 논의도 있고, 과학 지식을 추구할 때 도구적 방법론에 의존할 수밖에 없다는 강한 자연주의도 제시되고 있다. 그리고 심성 인과와 심성 자율성의 양립성을 보이지 못하는 물리적 폐쇄성을 넘어 이를 보존할 수 있는 자연적 폐쇄성을 구성하는 제안도 있다. 또한 좀비는 의식이 없다는 선험적 양상 일원론보다는 좀비의 현상은 경험적으로 접근되어야 한다는 후험적 물리주의나, 사건 개념의 복합성에 주목한 최소 물리주의와 유명론적 심신론의 공존 가능성이 제시되기도 한다.

환원과 보편자

이좌용은 속성의 인과성 논의와 그 외의 논의들을 통해 보편자 실재성을 제안하고, 김재권은 심성의 인과적 실재성을 확보하기 위하여 환원적 논의를 지속하고 있다. 두 철학자에 대한 한국 철학자들의 반응의 내용도 관심을 끈다.

이좌용이 보편자 선정을 경험이나 과학적 작업에 의존하는 것에 대해 이한구(2005)는 일말의 의문을 갖는다: "무규정적인 자연을 우리가 협약에 의거해 분류하는 경우도 존재하지 않는가? 절대적으로 한정적인 객관적 속성이나 모습이라는 것을 전제하는 본질주의가 과연 최선의 설명인가?" 백도형(2005)도 보편자 실재론은 "실체-속성이라는 전통적인 범주를 중심으로 이루어지는 고전적인 세계관의 전형"이 아닌가라는 의문을 제기한다. 이러한 세계관에서는 "물리 영역 이외의 거시 영역의 자율성"을 유지하기 어렵다는 관찰을 한다. 정대현(2005)은 경험 과학의 역할에 주목하는 것은 불가피하지만 그 역할을 "존재가 인식에 선행한다"는 전제하에서 인정하는 것은 의문스럽다고 한다.

최현철(2007)은 인과 개념을 통해 보편자 실재성을 주장하기보다는 보편자 실재성을 통해 인과의 실재성을 조명하는 논의에 관심을 갖고 암스트롱을 그러한 철학자로 분류하여 그를 비판한다. 암스트롱은 인과 실재성을 보이기 위해 기존의 인과에 대한 규칙적 해석의 난점을 극복하고 자연법칙이 지니는 고유한 힘을 반사실적 조건보다 보편자 실재론에 의존한다는 것이다. 자연법칙은 실재적 보편자들을 엮는 속성들의 필연적 관계로, 자연에 내재되어 있는 인과적 필연성을 드러낸다고 믿어졌다. 반사실적 조건의 양상성은 초시공적 필연성이지만 실재적 보편자들 간의 관계의 필연성은 우연적이어 협소한 필연성이 된다. 최현철은 암스트롱은 인과적 힘, 인과적 메카니즘 같은 요소를 간과하고 있다고 지적한다.

김재권의 물리주의는 한국의 많은 철학자들이 공부하고 영향 받은 철학적 관점이다. 이 주제에 대해 많은 논의들이 있지만 여기에서는 최근의 토론에 한정하고자 한다. 김재권이 씨름해온 큰 주제 중 하나는 믿음 같은 명제 태도나 현상적 의식이 어떻게 기능적으로 환원될 수 있는가의 문제였다. 이좌용(2008)은 현상적 의식의 "본질적 주관성"은 환원될 수 없다고 주장한다. 김선희(2008)는 환원 가능한 심성과 환원 가능하지 않은 심성 즉 현상적 의식은 전통적 심물 관계의 문제를 더 심각하게 제기한다고 생각한다. 이종왕(2008)은 다른 인식 주체들 사이의 현상적 의식의 유사성을 내적 상태의 입출력에만 의존하는 경우 기능적이긴 하지만 물리주의적이라 하기 어렵다고 본다.

김재권은 심성의 물리적 환원을 위해 "배제 논변"을 제시한다. "물을 마시고 싶어 냉장고로 갔다"는 나의 보고에서 물 마시기를 원함(M)은 냉장고로 감(M*)의 원인으로 간주된다. 김재권의 수반론은 냉장고로 감이라는 심성적 사건(M*)은 어떤 물리적 사건 즉 나의 몸의 어떤 신체적 운동(P*)에 수반하고, 물 마시기를 원함(M)이라는 심성 사건도 특정한 뇌신경 상태(P)에 수반한다. 김재권은 여기에서 P*의 원인으로 M과 P를 상정할 수 있지만, 물리적 사건은 물리적 원인을 갖는다는 물리적 폐쇄 원리에 따라 M은 배제되고 P가 그 원인이 된다는 것이다. 신상규(2008b)는 배제 논변은 심성 실재론이 아니라 심성 비실재론에 도달한다고 한다. 선우환(2008a)은 배제 논변이 전제하는 인과 개념은 원인이 결과에 대해 충분조건으로 작동하도록 되어 있지만, 일상적으로 이해하는 인과는 반사실문적 논리나 맥키의 분석에 일치하여 필요조건으로 되어 있다는 것이다. 김광수(2006: 174-204, 325-340)는 한 걸음 더 나아가 "하향적 인과"에 대한 김재권의 부정적 논의는 마음을 부수 현상으로 간주하거나 제거하는 결과에 이르게 한다고 생각하여 "만일 물리 과학의 폐쇄성 또는 완결성을 거부할 수 없다면 물리 과학은 하향적 인과 작용을 소화하는 방식으로 수정되어야 할 것" 이라고 생각한다.

김재권의 환원 개념에 대한 논의도 있다. 최훈(2008)은 김재권의 조건부 환원주의가 개체 차원에서 성공하겠지만 종을 넘어선 총체적 차원에서는 여의치 않을 것으로 판단한다. 홍창성(2008)은 더 나아가 김재권의 기능적 환원주의가 유형 물리주의와 수렴될 수 있다는 것을 보이고자 하고, 김재권의 존재 개념 자체를 문제 삼기도 한다. 정대현(2008)은 김재권의 구성적 사건이 언어 없이 주어질 수 있는지를 묻는다. 백도형(2008)은 김재권의 물리주의가 존재 계층 실재론에서 벗어나야 한다는 점을 주장한다. 심성 속성이 큰 물리적(macro) 속성에 수반하고, 큰 물리적 속성은 더 작은(micro) 물리적 속성에 수반하는 방식으로 계속 내려가야 한다면, 배제 논변이나 환원 프로그램은 전망이 없어 보이기 때문이다. 또한 물리 세계의 운동의 독자성을 인정하지 않을 수도 있다(강성훈, 2015: 19).

김재권의 물리주의나 이좌용의 보편자론은 둘 다 단단한 실재론 관점으로부터의 입론이다. 따라서 이들은 아직 가야 할 길이 멀다. 한편으로 환원적 물리주의는 전망이 그전처럼 밝지 않고 다른 한편으로 인과 개념은 사건 관계에서 과정 구조로 확장되고 있다. 인간 경험을 보다 총체적으로 포용하면서 자연주의 같은 보다 넓은 설명 체계가 필요한 것이다. 그렇기 때문에 음양 개념 같은 동양 전통의 주제가 철학적 관심의 대상이 되고 있다. 이명현(1997: 65-76)은 음양에 대한 논리 분석을 하고, 김혜숙(2000a)은 설명 모델로서의 음양 개념을 제안하고, 정대현(2006: 340-359)은 음양의 유기성에 주목한다. 또한 흄이 자연주의자로 부각되기도 한다. 김효명(1995)은 흄의 입장에서 믿음을 인간 본성의 인지적 행위보다는 감성적 행위로 본다. 믿음의 정당화를 따지는 철학자이기보다는 믿음의 자연 발생적 과정을 기술하는 과학자가 될 수 있어야 한다는 것이다. 최근에 이루어지고 있는 "칸트식 선험 철학, 후설과 프레게의 논리주의, 카르납의 구성주의 등에 대한 반성"을 고려하면 더욱 그러하다는 것이다.

자연주의와 원치욱

그렇다면 자연주의의 실재론적 전망은 긍정적이라고 생각한다. 자연주의란 무엇인가? "자연을 좋아한다", "자연을 소재로 한다", "자연 속에 산다"와 같은 표현이 나타내는 '상식 자연주의'가 있지만, "인간 심성을 자연화할 수 있다" 또는 "세계를 자연적 언어로 설명할 수 있다"는 관점을 나타내는 '엄밀 자연주의'도 있다. 후자에 대해 민찬홍(1995)은 자연적 체계 안에서 소위 잘못된 "오표상"을 어떻게 보여줄 수 있는지를 묻는다. 윤보석(1995)은 지향성이 아직은 자연주의적으로 환원되어 설명되지 못한다고 본다. 그러나 이좌용(1995)과 김선희(1995)는 긍정적이다. 심신의 국지적 동일성 논제로 두 가지가 동시에 가능하다는 것이다. 이 논제는 한편으로 심성의 인과성을 유지하면서도, 다른 한편으로 심신 법칙을 제외시킬 수 있다는 것이다. 인간 행위에 대해 전자는 인과적 설명의 방법론적 개체론을 허용하고, 후자는 합리적 이해라는 방법론적 전체론을 부여한다는 것이다.

그러나 엄밀 자연주의는 모든 자연주의의 논의들을 포괄하지 못한다. 철학이나 과학이 자연주의 담론에 개입하게 되면서, 개입의 정도에 따라 자연주의의 강약이 구분되는 것이다. 약한 의미의 자연주의자로 분류할 수 있는 철학자들이 있다. 이좌용(1995a)은 "이 세계의 세계성만을 수용하지만 이 자연 세계만의 존재"를 주장하지 않는다. 김선희(1995)는 인과적 설명과 목적론적 이해를 양립하여 약한 자연주의와 일치시킨다. 이승종(1993, 1995)은 쓰임이라는 자연주의적 언어관을 통해 제1철학보다는 부단한 반성과 비판을 통한 철학의 성숙을 지향한다. 김영건(1993)은 철학과 과학의 연속성을 부정하면서 철학 고유의 기술적 작업을 규정하고자 한다. 양은석(2002)은 철학의 자연화가 과학에 의해 왜소해진 삶의 다양한 가치론적 측면의 중요성을 보일 수 있다고 보고한다. 노양진(2004)은 규범이 자의적이거나 보편적이지 않고 인간 공유의 자연적 조건에서 얻어진다고 믿는다. 김희정(2010)은 수, 집합, 가능 세계, 초월적 보편자, 신을 언급하는 초월적 실재론과 시공의 체계가 양립 불가능한 것이 아니라는 논변을 제시한다.

소홍렬(1996: 9-28; 1992: 11-48, 173-190)은 일찍부터 환원적 물리주의를 멀리하고, 보다 포괄적이고 약한 의미의 자연주의에 주목했다. 그의 자연주의는 "하나의 전체 세계만이 존재한다"는 일원론으로, 그는 "전체로부터 독립하여 초월적으로 존재하는 어떤 것도 부정"한다. 그는 자연 세계에서의 마음의 자리도 그러한 맥락에 위치 매긴다. "사람의 마음이 사람의 몸을 떠나서 기능할 수 없듯이 우주의 마음도 우주의 몸을 떠나서는 기능할 수 없"기 때문에, 유물론과 관념론의 대립은 의미가 없다는 것이다. "우주의 마음"이라는 표현을 이상하게 생각하는 구조는 인간의 마음이 진화의 결과가 아니라고 부정하는 논리와 같다고 소홍렬(1996:

25-71; 2006: 11-60)은 본다. 따라서, 인간의 정신 기능을 이처럼 자연 진화 역사의 문맥에서 파악하면 "문화적 지향성과 자연적 지향성의 연속성"은 그리 놀랄 일이 아니다. 그에게는 "하느님"이라는 표현도 특정 종교의 실체를 나타내는 것이 아니라 그의 자연주의의 문맥에서 이해되는 "우주의 마음, 우주의 말씀, 우주의 목적" 등의 어휘로서 파악되는 내용을 지칭한다. 윤보석(2009: 214-222)은 "지향성을 생물학화하기보다는 생물학을 해석학화"하는 가능성을 지적했는데, 이 관점이 어떻게 진척될 수 있을지 주목하게 된다.

강한 의미의 자연주의에 대한 논의들도 있다. 현대 철학적 사조의 설득력을 참작하면 자연스러운 흐름일 것이다. 김기현(1995)은 전통적 인식론이 믿음과 증거 사이의 논리적 구조에 주목하는 동안 믿음이 이루어지는 과정을 간과하게 되었다고 지적하면서, 믿음이란 환경과의 역할적 관계의 산물이라고 규정하고 인식론과 자연 과학의 연속성을 주장한다. 정병훈(1997)은 선험적 인식론의 거부, 진화론적 관점, 인식론과 심리학의 연속성, 인지 과학의 성취는 자연주의 관점의 강점으로 간주한다. 이봉재(1993)는 더 나아가 과학의 방법과 도구의 자연주의를 과학사의 변천사로 보기보다는 과학사의 내용이라고 파악한다. 그러나 인식의 자연화에 대해 소극적인 철학자들도 있다. 김동식(1995)은 자연주의 인식론은 존재론을 전제하고 물리주의의 심신 존재론의 전망은 어둡다고 한다. 자연주의는 주류적 실재론의 어려움을 인식하는 포괄적 관점을 나타내지만 자연주의는 전통적 실재론이 주목하는 심성의 자율성을 얼마나 해명하고 있는가? 심성의 자율성과 주체성이 인간 진화의 결과로 나타난 것이라면, 이에 대한 사태의 기술만이 아니라 그 사태의 구조, 기능, 과정에 대한 해명이 있어야 할 것이다.

원치욱(Won, 2013; 2014)은 이러한 자연주의 형이상학의 과제를 보다 엄밀하게 체계화한다. 물리주의 형이상학에서 핵심적 난제였던 심성 인과의 주제에 대해, 환원주의의 국면을 유지하면서도 물리주의에 대조되는 자연주의라는 논리로 설명해내는 것이다. 보다 구체적으로, 그는 심성 인과를 비과학적인 이원론으로가 아니라 과학적인 일원론으로 조명하기 위해서는 소위 인과적 폐쇄 원리를 유지할 수 있어야 한다고 본다. 그러나 "모든 물리적 결과 사건은 물리적 원인을 갖는다"는 원리는 표면적으로 심성적 사건이나 속성이 물리계에 기여할 수 있는 여지를 주지 않는 것처럼 보인다. 인간의 심성 자율성을 겉으로 허락하지 않는 것이다. 물리주의(Loewer, 2007)는 이러한 인과적 폐쇄 원리를 비환원적으로 강하게 풀이하면서도 심성 자율성을 유지할 수 있다는 것이지만, 원치욱은 오히려 환원적으로 온건하게 해석하는 자연주의 형이상학을 구성하여 심성 자율성을 유지하고자 한다.

원치욱(Won, 2013: 89-92; 2014: 205-229)의 자연주의와 물리주의는 인과적 폐쇄 원리를 통해 과학적 세계관을 공유하면서도 인간의 심성 원리에 대한 해석을 달리한다. 심성 원리란 '심성적 속성은 물리적 속성과 구분 된다'는 비환원성 명제, '심성적 속성은 물리적 속성에 수반한다'는 수반 명제, '심성적 속성은 인과적으로 유효하다'는 자율성 명제의 세 명제로 구성된 원리이다. 두 형이상학은 이 심성 원리를 공유하면서도 이 원리에 대해 달리 해석한다. 물리주의는 인과적 폐쇄 원리를 '모든 물리적 결과 사건은 기존의 물리적 조건에 장착된 물리 법칙들에 의해 완전히 결정된다'고 강하게 해석하여 물리적 폐쇄 원리로 가면서도, 심성 원리를 보존할 수 있는 장치를 심성 속성과 물리적 속성 간의 본질적인 형이상학적 관계에서 찾는다. 이 관계에서 두 종류의 속성들은 구분되면서도 인과적 유효성을 유지하고 중복 결정의 부담을 지지 않는다. 약화된 이원론으로 기우는 것이다. 그러나 원치욱의 자연주의는 인과적 폐쇄 원리를 '모든 물리적 결과 사건은 기존의 자연적 조건에 장착된 자연법칙들에 의해 완전히 결정된다'고 온건하게 해석하며 자연적 폐쇄 원리를 제안한다.

원치욱(Won, 2013: 96-107)의 자연주의는 심성 인과를 어떻게 조명하는가? 먼저 심성 인과에 대한 자연주의적 문맥은 다음과 같이 요약될 수 있다: 심성 사건 M_1은 물리적 사건 P_1에 수반하여 그로부터 창발되면서 이들은 함께 물리적 사건 P_2를 야기한다; 자연적 폐쇄 원리에 의해, 다음의 세 가지 사건들의 관계에 법칙적 필연성 관계가 성립한다: P_1과 M_1 간의 관계, P_1과 P_2 간의 관계, 그리고 M_1과 P_2 간의 관계가 그렇다는 것이다; 첫째 경우에는 P_1이 발생하고 M_1이 발생하지 않는 그러한 법칙적 세계란 없고, 둘째의 경우에는 P_1이 발생하고 P_2가 발생하지 않는 그러한 법칙적 세계란 없고, 셋째의 경우에는 M_1이 발생하고 P_2가 발생하지 않는 그러한 법칙적 세계란 없다는 것이다. 원치욱이 위의 세 가지 경우들의 양립성 조명은 간단하다. 세 가지 경우는 물리적 폐쇄 원리에 의해서는 양립 가능하지 않아 본질적 형이상학적 관계를 도입해야 하지만, 자연적 폐쇄 원리에 의해서는 법칙적 필연성 관계에 의존하기 때문에 신비하고 비경험적인 사태이기보다는 경험적인 탐구의 영역의 현상으로 남는다. P_1과 M_1은 자연적 폐쇄 원리에 의해 각기 P_2에 대해 인과적 원인이 될 수 있다는 점에서 인과적 폐쇄 원리뿐 아니라 심성 원리를 만족할 수 있다는 것이다.

대안적 형이상학: 한우진 · 백도형

한우진은 기존의 거의 모든 현대 존재론의 유형들이 선험적 존재론이라고 생각하여 사양하고, '후험적 물리주의'라고 부르는 새로운 체계를 구성하기 위해 첫걸음을 내딛는다. 먼저, 한우진(2007)은 루이스(Lewis, 1983; 1986)와 암스트롱(Armstrong, 1986)의 기능주의에 기초한 선험적 물리주의를 비판한다. 그들은 의식은 기능적 역할에 의한 개념적 분석(고통은 세포 손상 표지이다)을 통해 환원될 수 있다고 보았다. 이것은 물과 H_2O가 물적 물질이라는, 물에 대한 통속 이론 내에 존재하는 개념적 분석을 통해 확보된 동일성과 같은 것이라는 것이다. 그리하여 그들은 "나와 물리적으로나 기능적으로 동일하나 의식을 느끼지 못하는 좀비가 가능하다"는 물리주의에 대한 소위 '좀비 반론'을 거부한다. 그래서 개념적 논변에 의한 선험적 논변을 펴는 것이다. 그러나 한우진은 그러한 정의적 관계에 의한 분석성 논변을 콰인의 비판을 통해 거부하고 자신의 후험적 논변을 편다.

한우진(2008b; 2010)은 김재권(1997; 2007)과 윌슨(Wilson, 1926)의 존재론도 궁극적으로는 환원에 호소하는 선험적 물리주의의 관점에 서있다고 생각한다. 수반 개념은 '물리적으로 동일한 두 사건이 심적으로 다를 수 없다'는 형이상학적 명제를 나타내면서 '심적 세계가 물리 세계에 의존함을 보이면서도 심적 세계의 독립성을 유지해준다'는 철학적 장점 때문에 도입되었다. 그에 의하면 김재권과 윌슨은 그러한 수반 개념이 물리주의뿐만 아니라 창발론 같은 반물리주의와도 동일하게 일관된다는 점을 인정하여, 환원적 수반론을 선택하거나 법칙적 수반의 형이상학적 필연성의 선험성을 채택했다는 것이다. 그러나 그러한 환원이나 선험성은 좀비 반론에 대해 적절한 대응을 하기가 어렵다고 지적한다.

한우진(2008c; 2011a)은 차머스의 양상적 일원론은 자연종 같은 대상을 형이상학적으로 필연적 존재라고 선험적으로 판단한다고 해석한다. 차머스(Chalmers, 1996; 2006)에 따르면 논리적 가능 세계가 개념적 분석과 형이상학적 사실을 하나의 양상 공간 안에 모두 포괄할 수 있다는 것이다. 물은 H_2O이라는 비양상적 사실은 H_2O가 없는 물은 상상할 수 없다라는 개념적 분석과 만일 "물은 H_2O 이다"가 참이라면 그러면 "물은 H_2O 이다"는 필연적으로 참이라는 형이상학적 사실에 의해 양상적 일원론으로 조명된다는 것이다. 그러나 한우진은 차머스의 양상적 일원론의 선험적 접근은 형이상학적 필연성을 결정하는 가장 중요한 요소가 후험적 사실이라는 점에 충분히 주목하지 않았다고 비판한다. 자연종의 본질은 인과적으로 결정되는 것이다. 따라서 그는 독립적인 형이상학적 필연성과 이를 설명하는 의미론을 분리할 것을 요구한다.

위와 같은 선험적 존재론의 몇몇 유형들을 비판하고, 한우진(2008a; 2009; 2011b)은 자신의 후험적 물리주의를 제안한다. 한우진에 따르면, 나와 생물-물리적 조건에서 모두 동일하지만 내가 가지고 있는 고통 의식을 결핍한 좀비를 상상할 수 있다고 한다. 그러나 그는 상상 가능성이 형이상학적 가능성을 함축한다는 것을 부인하고, 의식의 경험적 방법에 의한 환원을 주장한다. 그는 현상적 개념은 현상적 제시 양식을 통해 우리에게 드러나는 현상적 경험을 개인적으로 지시한다고 믿는다. 그렇다면 좀비는 내가 가지고 있는 인간 특유의 의식으로서의 고통 감각은 갖지 않을 수 있지만 "어떠한 현상도 수반되지 않고 있다"고 선험적으로 판결할 수는 없다는 것이다. '고통'에 대한 의미론은 인간 세계의 경험에서 구성된 것일 뿐, 좀비 세계에서의 현상도 경험적으로 접근되어야 하는 것이다. '고통'이라는 단어에 대해 소위 '화제 중립적으로' 접근한다 할지라도, 성공적이라면 이는 물리적 사건과 현상적 사건을 모두 지시하고 현상적 개념으로서의 고통과는 다른 것이 된다는 것이다.

백도형(2014: 368-375)은 데이비슨(Davidson, 2001a)의 사건론을 수정하고 심화하고 일반화하여 그 나름의 최소 존재론을 제시한다. 기존의 형이상학이 서양 언어의 주어/술어의 구분에 입각한 3차원적 실체/속성의 형이상학이라면, 데이비슨은 시간적 인과 관계를 해명할 수 있는 개별자로서의 4차원적 사건 개념의 논리적 문법을 제시했다고 본다. 데이비슨은 사건을 존재 차원의 범주로 인정하면서도 이를 언어 차원에서의 사건 기술과 대조한다. 동일한 사건을 정신적(심성적) 술어로 기술하면 정신적 사건으로 보이고, 물리적 술어로 기술하면 물리적 사건이 나타난다. 즉, 사건의 존재론적 성격은 언어 차원의 기술 방식에 의존한다는 것이다. 그러나 데이비슨의 정신적 속성이 부수 현상이 아닌 까닭은 데이비슨의 인과력은 속성이 아니라 개별자 사건에 있기 때문이고, 과잉 결정에 빠지지 않는 까닭은 속성들 간의 대조가 언어 기술에 머물기 때문이다. 백도형은 데이비슨의 사건은 시공간적 점일 뿐 연장이 없어 양화될 수 없다는 점에서 단순체일 것으로 해석해낸다.

백도형(2014: 376-383)은 그러한 해석에 기초해 데이비슨 이론을 언어 차원 적용 이전과 언어 차원 적용 이후로 구별하고, 전자의 사건론을 4차원적 개별자론, 후자의 사건론을 유명론적 심신론이라 규정한다. 먼저, 4차원적 개별자론의 특성을 규정해보면 개별자는 시공간적 점일 뿐이고 단순체이기 때문에 더 이상 분석될 수 없다는 점에서 속성을 갖지 않고 따라서 술어화 될 수 없다. 개별자는 순간순간의 자기 동일성만이 있을 뿐이고 지속을 보존할 수 있는 것도 아니다. 데이비슨이 사건들은 동일한 원인과 결과들을 갖는 경우 그리고 이 경우에만 둘은 동일하다라고 말하는 사건 동일성 기준을 백도형의 4차원적 개별자론에서는 수용하지 않는 것이다. 그러한 사건 동일성은 다르게 서술된 사건들 간의 동일성일 뿐, 서로 다른 사건 서술들 중 어떤 것들을 동일한 사건에 대한 서술로 볼 것인가의 문제가 해소되지 않기 때문이다. 백도형은 사건이 찰나적 개별자이므로 사건 동일성은 각 사건 간의 재귀적 자기 동일성일 뿐이라는 최소 존재론에 도달한다.

백도형(2014: 381-389, 393-394)의 최소존재론은 언어 차원 적용 이후의 유명론적 심신론을 통해 명료화된다. 개별자는 그 자체로 술어화가 불가능하지만, 서술 주체의 관점에 따라 여러 방식으로 서술될 수 있다는 것이다. 서술은 다른 사건과 비교해 모종의 유형화, 일반화를 통해 이루어진다. 개별자의 자기 동일성은 비관계적 단순체로서 언어 차원 적용 이전에만 유지되고, 언어 차원 적용 이후에는 엄밀한 의미에서 유사성 관계만 허용된다. 따라서 인과 관계나 필연성의 범주도 특정 언어 프레임 안에서 구성되는 관계적이고 전체론적인 장치가 된다. 최소 존재론은 개별자의 술어화 불가능성 때문에 그 자체로는 무규정적이지만, 물리 언어의 전 세계에 대한 포괄적 적용 가능성이라는 전제를 수용함으로써 물리주의를 나타낼 수 있다. 인과적 폐쇄 원리를 미리부터 배제할 필요가 없는 것이다. 마찬가지로 최소 존재론은 생태주의나 유기체주의 같은 대안적 패러다임에도 열려 있을 수 있다.

백도형(2014: 389-392, 395-408)은 심신 유명론을 존재 계층 논제로 일반화한다. 존재 계층은 술어화 불가능성으로 언어 계층과 동시에 다음과 같이 5단계로 구성된다: 미시 물리적 존재자; 일상 사물; 생명체; 개인(정신, 이성); 사회. 이러한 5단계의 계층 간의 관계에서 환원은 부적절할 뿐 아니라 범주 오류를 발생시키는 것이어서 불가능하다. 그러나 단순한 외연적 포함 관계를 나타내는 모종의 의존 관계, 약한 수반은 허용된다. 그러면 정신적 사건은 언어 차원 적용 이후의 질서에서 다른 사건들과 법칙적 관계에 들어가지는 않지만 개별적 사건으로서 인과적 관계에는 들어간다. 최소 실재론은 실체/속성의 인간 중심주의를 벗어난 자연주의일 뿐 제거주의를 표방하지 않는다. 여기에서 분명히 하고자 하는 것은 최소 실재론은 그 자체만으로 별다른 설명력을 추구하지 않는다는 것이다. 최소 실재론의 의미는 존재에 대한 어떠한 이야기도 언어 술어화의 기준을 명료화할 때 진위를 판단할 수 있는 최소한의 규제 조건을 명시할 수 있다는 자명성의 확인이다.

실재는 철학의 지속적인 주제였다. 고대에는 동서양 철학이 모두 이데아(idea)나 천리(天理) 같은 실재를 전제했고, 중세에는 신, 영혼, 도덕, 음양 같은 실재의 내용을 탐구했다. 이러한 실재의 탐구는 20세기에 이르러 언어, 논리, 양상, 반사실 같은 도구를 사용하여 심성 인과와 속성을 실재 논의에서 핵심적 주제들로 등장시켰다. 심성 인과를 설명하고자 하는 물리주의, 자연주의, 후험적 물리주의, 최소 물리주의의 연구들은 실재의 지형도를 그리는 데 있어서 보다 선명한 지평을 열어주고 있다.

19장
직관 논리와 수리 철학

"아는 것이 힘"이라고 할 때 알아야 하는 것은 진리였고, "진리가 너희를 자유케 하리라"라고 할 때 진리는 인간의 목표였다. 적어도 20세기 초까지는 그러했다. 진리는 실재론이 지배하는 세계관의 출발점이었고 논리는 그러한 절대적 세계 질서의 문법이었다. 그러나 프레게(Frege, 1980; 1984) 이후, 진리와 논리는 피안의 절대적 형이상학의 옷을 벗기 시작했다. "진리는 문장의 속성이고 단어들의 의미는 문장의 의미를 통해서만 나타나며, 논리는 그러한 언어의 체계적 문법이다"라는 가설이 태동되고 확장되기 시작한 것이다. 큰 틀에서 한국 논리학자들의 작업은 이러한 추세에 맞추어 새롭고 창의적인 기여를 해왔다. 특히, 정인교는 선접사(∨)나 부정사(¬)의 의미를 이가율이 아니라 다치율을 선택하여 규정하는 까닭을 옹호하고, 김준걸은 "3"이라는 수는 "도시" 같은 보통 명사나 "서울" 같은 고유 명사가 아니라 "자주" 같은 부사라는 관점을 주장한다. 이러한 논의를 위해 원로 학자들의 기여적 배경을 살피고, 중진학자들의 활기찬 활동의 전망을 보고자 한다.

1. 논리의 의미

논리가 진리에 이르는 길이라는 믿음은 동서를 막론하고 오랜 전통을 가지고 있다. 동양의 천리(天理)나 서양의 로고스(logos)는 불변하고 영원한 것으로 간주되었다. 논리는 변화의 역사를 갖지 않는 절대적 진리의 질서로 항상 변하는 이 현상계가 따라야 할 뿐만 아니라 진리에 이르는 바다의 별, 북극성으로 신봉되었다. 그러나 프레게 이후 언어적 전회가 이루어지고, 진리가 무엇인가에 대한 물음은 논리에 대한 전통적 사유를 재고하게 했다. 논리학자들은 지칭, 의미, 필연성의 주제들을 논의하고 논리의 체계성이나 공리성, 범위나 효력에 대해 성찰하기 시작했다. 여기에는 인간의 마음이 투명한 논리를 담아낼 수 있는가에 대한 소위 "명제 태도"의 수수께끼도 포함된다.

진리와 논리

진리가 논리적으로 체계화되어 있다고 믿는다면 논리가 진리에 이르는 길이라는 것을 확신하는 것은 어렵지 않다. 그래서 한국에 "철학"이라는 이름의 새로운 양식의 개념 사유가 도입되면서 논리는 철학자들의 관심사였고 논리 교육은 그 핵심 과제 중의 하나였다. 이미 1940-50년대에 한국 철학자들은 아리스토텔레스적 개념의 양을 중심으로 하는 명제들 간의 논리를 그러한 방향의 사유와 교육의 내용으로 삼았다.[1] 1970-1980년대에는 일차 술어 논리를 통해 명제들 간의 논리적 계산에 주목하는 논리학 저서들을 번역하여, 논리적 사유의 힘과 효율을 증진시켰다.[2] 그리고 새 천년에 들어 한국 철학자들은 각기 나름의 논리적 사유나 비판적 사고 또는 그 교육의 방식을 드러내는 저서를 출판하기에

---

1 안호상, 1949; 김준섭, 1949; 박종홍, 1954; 천옥환, 1970; 최재희, 1971.

2 새먼, 1979; 제프리, 1983; 코피, 1988; 메이츠, 1992; 그렐링, 1993; 불로스, et al., 1996; 구텐플란, 1990; 헤겔, 1949.

이른다.[3]

한국의 논리학자들은 논리 교육뿐만 아니라 논리 철학 연구에도 힘을 쏟았다. 여훈근(2000: 1-74)은 논리 철학의 여러 주제들에 관심을 갖고 작업해왔다. 그의 진리 개념을 간단히 주목해보면, 그는 프래그머티즘 진리론, 진리 정합론, 진리 잉여론에 대해서는 부정적이지만 의미론적 진리론과 진리 대응론에 대해서는 긍정적이다. "두 진리론 사이에는 유사성"이 있기 때문이라고 한다. 의미론적 진리론이 참을 충족 개념에 의해 정의했고 "충족"이란 문장 함수들과 대상들의 순열 사이의 관계이므로, 이러한 충족 개념은 진리 대응론과 유사한 데가 있다고 추정한다. 그리고 그러한 유사성은 진리 대응론에 객관성을 부여하는 특징을 갖는다고 상정한다.

손병홍(2002: 187-190)은 술어 논리가 아리스토텔레스 논리나 명제 논리에 비해 얼마나 강력한 논리인가를 구체적으로 보여준다. 정보 시대의 논리가 바로 술어 논리이기 때문이다. 그럼에도 불구하고 그는 술어 논리의 한계를 두 가지로 지적한다. 첫째, 술어 논리로는 충분하지 못하다는 것이다. 인간 언어 경험에서 필연성, 현실성, 가능성 등은 중요한 논리적 경험이다. "2+3=5"는 필연적으로 참이고, "전도연은 유명한 영화배우이다"는 우연적으로 참이다. 그러나 술어 논리에서는 그러한 인간 논리 경험을 나타낼 만한 논리적 장치가 결여되어 있다는 의미에서 충분하지 못하다는 것이다. 둘째, 술어 논리는 타당하지 않다는 것이다. 술어 논리에 따르면, 예를 들어, "모순 명제로부터서는 임의의 어떤 명제도 추리할 수 있다"라는 결과를 수용해야 한다. 술어 논리는 이러한 결과를 수용해야 한다는 점에서 우리의 일상적 타당 개념에 위배된다는 것이다(참조: 19장 2절). 이러한 비판적 시각은 가능성과 필연성 언어에 주목하는 그의 양상 논리(참조: 20장 1절)를 향한 준비 작업으로 보인다.

---

3 한국철학사상연구회 논리교육연구실 편, 1997; 손병홍, 2002; 김영정 외, 2002; 배선복, 2004; 안건훈, 2005; 김광수, 2007.

귀납 논리

이초식(1975)은 과학 철학자로서 귀납 논리에 주목해왔다. 전통적으로 귀납 긍정론은 실천적 정당화에 주목해 “주어진 가설과 주어진 증거 집단과의 논리적 관계를 표시하는 확증도”라는 말로 표현되는 귀납적 확률론이고, 귀납 부정론은 귀납의 이론적 정당성의 영역에 치중하여 “경험하지 못한 사례들이 경험해온 사례를 닮았음을 증명하는 추리는 있을 수 없다”는 귀납 회의론이다. 이초식은 두 관점을 굿맨(Goodman, 1955)의 구안(構案, projection) 이론을 통해 연결하고자 한다. 굿맨은 “모든 에메랄드는 녹색이다”라는 명제 G_1을 지지하는 자료와 동일한 자료에 의해 지지되는 대조적 명제 G_2를 제안한다. 먼저 인공적인 술어 하나를 다음과 같이 도입한다. “x는 시간 t까지는 녹색(green)이지만 t 이후에는 청색(blue)인 경우 x의 탈시간적 색갈은 녹청(grue)이다”라는 것이다. 그러면 t 전에 관찰한 동일한 경험적 자료는 G_1과 G_2를 지지하지만, G_1과 G_2가 t 이후를 향해 구안하는 것은 다르다는 것이다. 이러한 현상은 귀납의 타당성이 언어 사용에 의해 크게 영향을 받고 있음을 보인다는 것이다.

이병덕(2009)은 귀납의 정당화에 대한 흄적인 회의주의를 셀라스(Sellars, 1989)적인 추리 의미론으로 극복하고자 한다. 그는 타당한 추론을 형식적인 것과 실질적인 것으로 구분한다. 예를 들어, 전건긍정 추론을 형식적, 연역적인 것으로 분류하고, “x는 개다/ 고로 x는 동물이다”나 “이것은 물이다/ 고로 이것은 H_2O이다”라는 추리는 개념적, 이론 동일화적인 추리라는 점에서 실질적인 추리라고 한다. 이병덕은 “모든 에메랄드는 녹청(grue)색이다”라는 귀납적 일반화에 대해서도 실질적 추리라고 규정하여, 회의주의적인 귀납의 문제는 발생하지 않는다고 본다. ‘x는 에메랄드’라는 성질은 자연종적인 성질이라는 점에서, 이 성질의 술어가 적용되는 대상은 내장된 법칙성에 따라 행동한다고 상정하는 것이 실질적으로 합리적이다. 따라서 귀납 추론은 개별적 대상들의 우연적 속성이 아니라 대상들에게 적용되는 자연종적 성질에 의해 법칙적인 귀납 추론의 존재가 선제되어 있다는 것이다. 이병덕에게 있어서 문제는 '귀납 추론을 받아들이는 것이 합리적인가'가 아니라 '어떤 귀납 추론을 받아들이는 것이 합리적인가'이다.

전영삼(2014; 2015)은 귀납 추리에 관련된 전문적 주제들을 다루고 있다. 그중의 하나는 증명적 귀납이 최선의 설명에로의 추론을 통해 어떻게 순환성 없이 자기 증거적 설명 방식이 될 수 있는가를 분석한 것이다. 증명적 귀납은, 예를 들어, 물이 H_2O이라는 한 번의 실험 관찰이 물은 H_2O이라는 귀납 일반화에 대한 증명이라는 논리를 나타낸다. '물이 H_2O라면 그 러면 물은 필연적으로 H_2O'라는 것이다. 최선의 설명에로의 추론은 과제로 주어진 자연 현상들과 배경지식의 관계를 설명하는 경쟁적인 가설들 중에서 최선의 것을 선정하는 추리이다. 자기 증거적 설명 방식이라는 개념은 본질적인 이유로 조명된다. 구체적으로, 하나의 법칙 L_1(질투심이 심한 사람은 그 질투의 대상을 살해한다)과 특정 사실 C_1(나의 뒷집에 사는 남자는 그의 아내에게 심한 질투를 느끼고 있다)이 하나의 결론 E(나의 뒷집에 사는 남자는 그의 아내를 살해했다)를 함축하는 경우, C_1의 참은 E의 참에 의해 지지되지만 순환적이 아닐 수 있다는 것이다. 순환적이 아닐 수 있는 까닭은 C_1은 특정 사실이지만 존재양화 문장(어떤 남자는 자신의 아내를 심하게 질투한다)을 허용하여 심한 질투와 살인 간의 본질적 관계를 도입할 수 있기 때문이다.

정인교(1993)는 연역과 귀납의 관계를 단절적이기보다는 지속적인 추리 형식으로 해석하는 것처럼 보인다. 프레게의 분석 판단은 논리 법칙과 정의들에 의해 정당성이 입증되는 연역적 추리이면서도 지식의 확장에 도달한다는 것이다. 정의는 단순한 개념 규정이 아니라 "복잡한 전제들에 나타나는 공통적이고 추상적인 패턴들을 발견하는 고도의 창의적인 작업"이기 때문이다. 그리고 정인교는 "연역적으로 타당한 추론의 결론이 지니는 정보는 그 추론의 전제들이 지니는 정보에 포함되어 있으나, 귀납적으로 강하거나 약한 추론의 결론이 지니는 정보는 그 추론의 전제들이 지니는 정보에 포함되어 있지 않다"고 하면서, "정보"라는 개념을 문장의 의미로, 내포적으로 파악한다.

박우석의 명제 태도

명제 태도란 사람들이 명제를 수용하는 태도이지만 논리 법칙이 적용되지 않는 문맥을 구성한다. 프레게는 논리학에서 기본적인 동일성 대치율이 준수되지 않는 명제 태도의 문맥에 지대한 관심을 보이고 논의했고, 이 주제는 논리학이 풀어야 하는 핵심적 과제의 하나가 되었다(정대현, 2001: 19-32). "최한기=혜강"이라는 동일성 문장은 외연 문맥(최한기는 『기측체의』의 저자이다/ 고로 혜강은 『기측체의』의 저자이다)의 추리에서 진리치를 보존하지만 명제 태도 문맥(김 씨가 최한기는 『기측체의』의 저자라고 믿는다/ 고로 김 씨가 혜강은 『기측체의』의 저자라고 믿는다)의 추리에서는 진리치를 보존하지 않는다.

박우석(1995)은 명제 태도에 대한 두 가지 대립적 관점들을 중재하는 잘타(E. Zalta)의 타협안의 논리를 소개하고 이를 비판한다. 인간 언어의 일상적 경험에서는 소크라테스는 지혜롭다; 소크라테스 = 플라톤의 가장 유명한 스승; 고로 플라톤의 가장 유명한 스승은 지혜롭다의 추리가 타당하다. 그러나 이들에 대한 명제 태도적 추리, 즉

(1) k는 소크라테스는 지혜롭다고 믿는다;
(2) 소크라테스 = 플라톤의 가장 유명한 스승;
(3) 고로 k는 플라톤의 가장 유명한 스승은 지혜롭다고 믿는다;

는 타당하지 않다. k의 두 믿음은 동일성 전제에 의해 필연적으로 연결되는 것이 아니기 때문이다. 이에 대해 프레게를 따르는 고전적 처방은 동일성 명제에서의 "소크라테스"와 "플라톤의 가장 유명한 스승"이라는 표현이 나타내는 지시체는 동일하지만 이 단칭 어귀들이 지시하는 양상으로서의 뜻은 다르다고 하여, 명제 태도 문맥에서의 추리가 부당한 까닭을

제시한다. 그러나 카플란(Kaplan, 1978)을 비롯한 직접 지시론자들의 처방은 "소크라테스" 같은 고유 명사는 뜻이 없고 직접 지시적 대상을 한결같이 고정적으로 갖지만, "플라톤의 가장 유명한 스승" 같은 정관사 어귀의 인지적 의미는 문맥으로부터 오는 내용으로의 함수이기 때문에 현실 세계에서는 동일한 대상을 지시하지만 동일한 대상을 지시하지 않을 수도 있는 가능 세계가 있다는 것이다. 프레게의 처방은 "플라톤의 가장 유명한 스승"은 소크라테스를 지칭한다는 두 자리 관계의 지시 술어를 갖는다고 하지만, 카플란의 처방은 "플라톤의 가장 유명한 스승"은 k에게 소크라테스를 지칭한다는 세 자리 관계의 신선 지시 술어성을 갖는다고 본다. 달리 말해, 앞의 동일성 명제는 3자리 관계의 지시 술어성 때문에 참이 아니게 되고, 명제 태도 문맥에서의 추리는 부당하게 된다는 것이다.

박우석에 의하면, 잘타는 고전적 처방과 직접 지시론적 처방을 중재하고자 한다. 잘타는 고전적 처방에서의 뜻과 지시체의 구분을 수용하고, 또한 고유 명사의 직접 지시성을 수용하면서도 고유 명사가 색인사와 공유하는 캐릭터와 내용의 구별을 유지할 수 있다고 하여 양자의 연결 지점을 모색한다. 이러한 캐릭터와 내용의 구별은 잘타에게서 대물성(de re)과 대언성(de dicto)의 구별로 나타난다. 그러면 앞의 문장 (1)에 대한 대물적 이해와 그 대언적 이해는 각기,

(1a) B(k, Ws): (k는 소크라테스가 지혜롭다고 믿는다),
(1b) B(k, Wtk): (k는 "플라톤의 가장 유명한 스승"이라는 k의 신선 지시 술어로 지칭되는 소크라테스는 지혜롭다고 믿는다)

를 나타내는 논리적 구조를 갖는다. 그리고 문장 (3)에 대한 대물적 이해와 그 대언적 이해는 각기,

(3a) (Bk, W(ιx)(Txp): (k는 플라톤의 가장 유명한 스승은 지혜롭다고 믿는다)

(3b) (Bk, W(ιx)(Txpk): (k는 "플라톤의 가장 유명한 스승"이라는 k의 신선 지시 술어로 지칭되는 소크라테스는 지혜롭다고 믿는다)

를 나타내는 논리적 구조를 갖는다. 잘타는 명제 태도적 추리에서 대물적 이해로 파악되는 (1a)와 (3a)의 논리는 타당하지만, 대언적 이해로 파악되는 (1b)와 (3b)의 논리로는 타당하지 않다고 한다.

박우석의 잘타의 분석에 대한 비판은 앞의 동일성 문장 (2)에 집중되어 있다. 잘타의 대물성과 대언성의 구분은 "플라톤의 가장 유명한 스승"뿐만 아니라 "소크라테스"에게도 적용되어야 한다는 것이다. 그러면

(4a) B(k, Wsk): (k는 "소크라테스"라는 k의 신선 지시 술어로 지칭되는 소크라테스는 지혜롭다고 믿는다);

(4b) ㄱB(k, W(ιx)(Txpk): (k는 "플라톤의 가장 유명한 스승"이라는 k의 신선 지시 술어로 지칭되는 소크라테스는 지혜롭지 않다고 믿는다)

는 양립 가능하다. 박우석에게 있어서 문제는 잘타의

(5a) sk = (ιx)(Txpk)

(5b) "소크라테스"라는 k의 신선 지시 술어로 지칭되는 자 = "플라톤의 가장 유명한 스승"이라는 k의 신선 지시 술어로 지칭되는 자

라는 동일성 명제의 성격이다. 명제 (5)는 참이거나 거짓이다. 이것이 거짓이라고 가정하자. 이 동일성 문장의 좌변과 우변에 의해 지시되는 것은 동일한 속성을 나타내지 않기 때문이다. 그러나 좌변과 우변은 동일한 속성을 나타내지는 않지만 동일한 개체에 관한 것으로 보인다. 이 지점에서 박우석은 잘타의 모순을 보고 있다고 생각한다. 잘타가 존재론과 의미론을 부자연스럽게 결합한 결과 때문이라고 박우석은 비판하는 것이다.

2. 정인교의 직관주의 논리

정인교의 논리학은 직관주의 논리학이다. 그는 프레게(G. Frege)와 러셀(B. Russell)의 주류적 고전 논리 체계에 대한 대안적 논리 체계로서 프라위츠(Prawitz, 1965)와 더밋(Dummett, 1978; 2000)의 직관주의를 일관되게 지지해오고 있다. 정인교는 직관주의를 지지하기 위해 부정적, 긍정적으로 양방향의 작업을 한다. 부정적 작업으로는 프레게-러셀 고전 논리의 어려움을 그 부정 규칙과 무한 확장성으로 구체화하고, 긍정적 작업으로는 의미란 형이상학적으로 주어지는 것이 아니라 인간의 용법으로 얻어진다는 시각의 증명론적 의미론을 제시한다. 구체적으로 논리 상항의 의미가 선험적으로가 아니라 의미론적 직관으로 선정된다는 것을 주장한다.

프레게-러셀의 고전 논리

먼저, 프레게-러셀의 고전 논리는 무엇인가? 정인교(2009b: 217)는 이에 대해, "고전 논리의 표준적 의미론에서는 각 문장에 우리의 인지 능력과 독립적인 진리 조건이 부여되며, 문장에 부여된 진리 조건이 만족되는지 여부에 따라 그 문장의 진리값이 우리의 인지 능력과는 무관하게 결정된다"고 정리한다. 프레게에게 진리는 인간 인식과 독립하여 객관적으로 거기에 있는 것이다. 위조지폐가 가능한 것은 진짜 지폐가 있기 때문이고, 한 문장이 거짓일 수 있는 것은 그 문장이 인간의 인식 능력과 독립하여 참일 수 있기 때문이라는 것이다. 보다 구체적으로(정인교, 2005b: 155-158), 프레게는 수(數)와 같은 추상적, 논리적 대상이 어떻게 우리에게 주어지는가를 물으면서 추상적 대상은 그 개념의 외연에 주어진다고 했다. 즉 수는 개념이 아니라 인간 인식과 독립하여 대상으로 주어진다는 것이다. 프레게는 이러한 관찰을 근거로 외연 연산자라는 개념을 도입했다. '외연 연산자'란 임의의 개념에 적용되어 대상으로서의 집합을 산출하며 원소 관계를 나타내는 "$x \in y$"는 "x는 y 가 그 외연인 개념 밑에 포섭된다($\exists F(y = \circ F \ \& \ F(x))$)"고 정의된다. 일견 외연 연산자는 논리적 연산자로 간주되고 외연은 논리적 개념의 집합으로 간주되는 것처럼 보인다. 주제 중립성과 보편적 적용 가능성을 지니고 있기 때문이다. 프레게는 외연 연산자를 엄밀하게 도입하기 위해 공리 V를 채택한다: "함수 f의 치역과 함수 g의 치역이 같기 위한 필요충분조건은 모든 논항에 대해 f와 g가 같은 값을 지닌다($\circ f = \circ g \leftrightarrow (\forall x(f(x) = g(x)))$." 이것은 달리 표현될 수 있다: "개념 F의 외연과 개념 G의 외연이 같기 위한 필요충분조건은 F인 대상들과 G인 대상들이 서로 일치하는 것이다($\circ F = \circ G \leftrightarrow (\forall x(F(x) = G(x)))$." 외연이 같은 개념들 밑에는 같은 대상들이 포섭된다. 인간 인식 독립적인 대상들은 또한 인간 인식 독립적인 개념이라는 제3세계의 뜻을 가능하게 하기 때문이다.

정인교(2005b: 158–159)는 프레게의 공리 V가 '러셀 집합'에 함축된 러셀의 역설을 낳는다고 생각한다. 프레게의 공리 V는 "모든 개념에 대해서 그 개념을 만족하는 모든 x가 속하는 어떤 대상 y가 있다"는 소박한 포괄 원칙($\forall G \exists x \forall y(y \in x \leftrightarrow G(x))$)을 함축한다. 개념이 주어지면 그 개념을 만족하는 집합이 있다는 것이다. 그러나 이러한 포괄 원칙은 자신을 원소로 갖지 않는 집합들의 집합의 존재를 함축하며, 러셀 집합 w는 ($\forall$ 집합들 x)($x \in w \leftrightarrow x \not\in x$)로 규정되어, 자신의 원소이면서 원소가 아니라는 모순을 낳는다. 러셀은 또한 "모든 크레타인은 거짓말쟁이다"라고 말하는 크레타인의 문장도 ($\forall$ 명제들 P)(크레타인이 P라고 말했다면 P는 거짓이다)라는, 같은 종류의 역설에 빠진다고 한다.

정인교(2005b: 169–175)는 프레게 공리의 문제점에 대한 러셀의 처방을 분석한다. 러셀은 프레게 공리가 러셀 역설, 거짓말쟁이 역설 등 허다한 역설들을 낳게 한다고 믿고, 이들은 모두 '모든($\forall$)', '어떤($\exists$)'이라는 양화사의 오용에 기인한다고 진단하고, 고전 논리를 유지하기 위해 분지 유형론이라는 처방을 제안한다. 양화사의 오용을 원칙적으로 막기 위해서 차원의 위계를 도입해서 다른 차원을 지칭하거나 양화하는 것을 제한

하는 것이다. 차원 0은 브루터스, 오마바 또는 1, 2 같은 개별자들 {a, b, c, . . }이고, 차원 1은 개별자를 영역으로 하는 '시저를 죽였다', '집합의 원소이다' 와 같은 명제 함수이고, 차원 2는 차원 1 명제 함수를 영역으로 하는 (∃x)(x는 시저를 죽였다)에서 보이는 명제 함수이고, 등등으로 차원이 올라간다. 그러므로 차원 위계를 무시하는 명제와 명제 함수에 관한 양화는 무의미하다는 것이다. 따라서 모든 양화 문장들은 차원 위계에 의해 구분되는 명제들에 대한 다의적 진술로 여겨야 된다고 제안한다. 러셀 역설이나 거짓말쟁이 역설은 차원 위계의 구분을 준수하지 않음으로써 발생하고 궁극적으로 이것은 유형을 위반하는 비문법적인 표현이라는 것이다.

정인교(2005b: 175-177)는 프레게 문제에 대한 러셀의 처방에도 불구하고, "두 철학자의 오류는 역설들이 양화사의 영역이 무한한 데서 기인한다는 것을 보지 못했다"는 더밋의 분석에 동조한다. 고전 논리의 진리 조건은 양화사의 영역이 무제한적인 경우 적용될 수 없는 진술이라는 것이다. 그러한 무제한적 영역에 대해 취할 수 있는 방식은 그에 대해 어떤 주장을 할 수 있는가를 검증하거나 증명하는 것이라고 본다. 진술 개념이 요구하는 실무한은 필요 없고 주장이 기대하는 잠재적 무한으로 충분하다는 것이다. 아래에서는 이러한 프레임 안에서 정인교의 직관주의 논리가 어떤 설득력을 보이는가를 살펴보고자 한다. 이를 위한 단편적 접근인 부정 규칙에 대한 해석은 간략하게 보고 체계적 접근인 무한 확장성에 대한 해석은 보다 자세하게 주목하고자 한다.

부정 규칙과 무한 확장성

정인교(1999: 289-304)는 고전 논리의 부정 규칙은 다른 규칙들과 조화롭지 못하여 결국 총체적으로 조화롭지 못하다고 판단한다. 이러한 판단은 그의 직관주의 선택을 자연스럽고 당연하게 만든다. 그의 판단은 정당화될 수 있다(정대현, 1997: 99-100). 부정 규칙은 "(P)(P ∨ ¬P)"의 대상 언어로 표현되는 배중률(excluded middle)로, 또는 "모든 문장은 참이거나 거짓이다"의 상위 언어로 표시되는 이가율(bivalence)로 나타난다. 다음의 두 문장을 보자.

(6) 함석헌은 친절하다.

(7) '함석헌은 친절하다'는 참이다.

(6)은 화자에 의해 발언을 목적으로 사용된 경우 진술이지만 그렇지 않은 경우 문장일 뿐이다. (7)은 (6)의 진술 사용에 국한된 진리치적 규정일 수도 있지만 문장적 사용에 대한 규정일 수도 있다. (7)이 (6)의 문장적 사용에 대한 진리치적 규정이라면 (6)에 대한 배중률적 해석((6) ∨ ¬(6))이 불가피하다. 그러나 진술적 사용의 경우 배중률은 정당화되기 어렵다. 함석헌이 출생하기 전 또는 사망한 후 발언을 목적으로 이 문장이 사용된 경우 이것은 참도 아니고 거짓도 아니기 때문이다. 문장적 사용의 경우 (7)에 대한 해석은 (6)의 단순한 배중률적 진리 조건을 주는 것으로 충분하다. 그러나 진술적 사용의 경우 함석헌의 생존 기간 동안에도 특별한 상황과의 관계에서 그 진리치는 달라진다. (6)에 대한 단순한 배중률적 진리 조건만으로는 충분하지 않다. (6)에 대한 구체적 상황에서의 진술의 조건이 검증되거나 구성될 수 있는 구조에서 (6)이 이해될 수 있다는 것이다. 따라서 ((¬A는 거짓이다) → ¬¬A)는 타당하지만, ((¬A는 거짓이다) → A)는 타당하지 않다는 것이 인식적으로 직관적이다. (A ∨ ¬A)가 아니므로 ¬A가 거짓이라고 하여 이로부터 A를 귀결할 수 없다는 것이다. 따라서, 이중 부정(¬¬A → A)은 (((A →거짓) 거짓) → A)의 구조를 가지고 있으므로 수용할 수 없다. 그러므로 배중률이나 이중 부정이 논리적 작업에 도입되는 경우 작업 전체의 부조화는 필연적이다.

정인교의 직관주의를 위한 체계적 접근으로서의 무한 확장성 개념은 무엇인가? 먼저, 정인교(2009a: 3-18, 2009b: 224-233)는 고전 논리적 양화 문장의 의미가 파악되기 위해서는 양화사의 영역에 속하는 것들에 어떤 것들이 있는지가 파악되어야 한다고 본다. 그런 문장이 확정적 진리 조건을 지니고 그 의미가 설명되기 위해서는 그 영역에 속하는 것들에 어떤 것들이 있는지 비순환적으로 규정되어야 한다. 어떤 양화사의 적용 영역을 그 영역에 관한 양화에 의존하지 않고서는 규정할 수 없다면 이는 순환적이기 때문이다. 정인교는 더밋(Dummett, 2000)의 선도를 따라 무한 영역에 대한 수학적 양화 문장의 의미를 설명하고자 한다. 예컨대,

(8) 어떠한 서수나 자연수에는 그보다 더 큰 수가 있다;

는 무한정 확장 가능한 영역에 대한 양화이고 이 영역은 사전에 비순환적으로 규정될 수 없으므로 문장 (8)을 확정적으로 참인 진술로 이해하는 것은 잘못이 된다. 그러나 (8)은 증명될 수 있으므로 결정 가능하고 따라서 과제 수행 능력에 대한 정당한 주장으로 이해되어야 한다는 것이다. 수학적 진리는 분석적이고, 수학적 진리는 경험에 의존하지 않는 개념적 진리라는 프레게의 통찰은 올바르다. 그러나 영역의 사전 규정 조건 때문에 수학의 양화사의 영역에 어떤 것들이 있는지를 결정하는 인식 독립적인 존재가 있다는 믿음은 일상적인 믿음이 아니라 정당화할 수 없는 형이상학적 믿음이 되고 만다는 것이다.

문장 (8)은 비서술적으로 이해될 수도 있고 서술적으로 해석될 수도 있다. 정인교(2009a: 19-20)는 어떤 해석도 문제가 된다고 생각한다. 먼저, '비서술적(impredicative)'이란 피정의항의 지시체를 포함하는 전체에 관한 양화가 정의항에 필수적으로 포함되는 것을 의미하고, '서술적'이란 그렇지 않은 방식을 뜻한다. 자연수에 대한 비서술적인 접근은 '자연수는 0을 포함하며 다음 수 연산에 의해 닫혀 있는 가장 작은 집합'이라는 정의를 하게 되고, 정의되어야 할 자연수 집합을 포함하는 전체에 관한 양화에 의거한 규정이 되어 앞 문단에서의 문제점을 갖는다. 그리고 서술적인 경우에도 문제 해소 가능성은 비관적이다. 자연수의 개념이 어떤 식으로 규정되든, 그것이 만족스런 규정이 되기 위한 필요조건은 수학적

귀납법이 자연수 개념에 의해 정당화되어야 한다는 것이다. 즉 수학적 귀납법은 어떤 것이든, 0을 포함하고 어떤 집합이 다음 수 연산에 대해 닫혀 있어도 모든 자연수를 포함한다는 것이다. 자연수 개념을 수학적 귀납법에 의거해 규정하려고 하면 순환적이고 비서술적 정의가 되고 만다. 이는 자연수 전체에 관한 양화 문장이 고전적으로는 이해될 수 없다는 것을 의미한다.

증명론적 의미론

정인교(1997: 397-424; 2007b: 165-186)는 직관주의 논리를 위한 고전 논리에 대한 부정적 논변뿐만 아니라 직관주의를 위한 긍정적이고 적극적인 논의를 제시한다. 먼저 그는 '의미가 용법에 의해 결정된다'는 더밋의 직관에 주목한다. 이 직관은 두 가지 방법론적 함축을 갖는다. 첫째, 의미란 고전 논리에서처럼 인식과 독립해 있는 형이상학적 존재에 의해 주어지는 것이 아니라는 것이다. 형이상학과 의미 이론과의 관계에서 순서를 분명히 해야 함을 강조한다. "형이상학적 문제를 먼저 해결하고 그리고 이에 의해 의미 이론을 구성한다"는 방침은 건강하지 않다고 하며, 인간의 언어가 어떻게 사용되는가를 먼저 밝히고 이에 대한 체계적 기술을 시도하라고 처방한다. 그렇게 하면 이것이 형이상학적 물음에 대한 답으로 인도한다는 것이다. 의미 이론이란 언어 사용의 실천과 가장 일치한 것이고 화자의 언어 이해를 비환원적으로 설명한다는 것이다. 둘째, '의미가 용법에 의해 결정된다'는 통찰은 인간의 언어 사용에 의해 인간 일상 언어의 조화(harmony)와 안정(stability)의 질서가 이루어진다는 것을 전제한다. 그리하여 이 질서는 다음의 언어 사용을 향한 선험적 조건들을 구성한다. 조화의 질서란 '어떤 진술의 귀결들은 그 진술의 주장을 정당화하는 것들로부터 보장될 수 있다'와 '어떤 진술의 주장을 정당화하는 것들로부터 정당화가 보장되지 않는 문장들을 그 진술의 귀결로 간주하지 않는다'이다. 안정의 질서는 '어떤 진술의 주장을 정당화하는 조건으로부터 정당화가 보장되는 진술들은 그 진술의 귀결들로 간주된다'와 '어떤 진술의 귀결들을 그 진술의 정당화가 보장하는 것보다 더 적은 것으로 간주하지 않는다'이다.

정인교는 또한 더밋의 증명 또는 검증 개념을 조명한다. 증명 또는 검증이란 고전 논리에서는 어떤 조건을 만족하는 체계의 문장들의 구문론적 열이라고 간주되었지만, 겐첸(Gentzen, 1969)에 의해 자연 연역 체계와 정식열 연산(sequent calculus)을 통한 논리적 증명의 분석이 가능하다는 의미론적 역할이 도입되었다. 따라서 논리적 증명의 도입 규칙은 논리적 복합문을 올바르게 주장하기 위한 표준적 조건을 규정하는 것으로 이해된다. 더밋(Dummett, 1991: 216, 309)은 검증의 표준적 조건을 구체적으로 논의한다. '노리에가 장군'이라는 고유 명사의 의미는 이 이름의 담지자를 확인하는 방식으로 규정된다. "노리에가 장군은 코를 곤다"는 문장의 검증은 이름의 담지자 확인과 이 개인이 그 술어를 만족하고 있다는 확인으로 구성된다. "키신저는 '나는 혼란스럽다'라고 말했다"라는 과거 시제 문장의 경우에도 검증은 이름의 담지자 확인과 그가 뉴스 필름에서 이 말을 한 사람과 동일인이라는 확인으로 구성된다. 그리고 "A & B"라는 복합 문장의 검증은 두 연언지들의 검증과 연언사의 도입 규칙의 적용으로 수행된다. "(∃x)Px"의 검증은 이 문맥에서 발생하지 않은 임의의 상항 t에 대하여 "P(t)"의 검증과 존재 양화사 도입 규칙의 적용으로 구성된다. "¬P"의 검증은 "P는 검증되지 않았다"의 검증이기보다는 "P는 거짓이다"의 검증 또는 "P"의 위증의 검증일 것이다. 검증 개념을 이렇게 구성하면 검증적 의미 이론은 언어의 모든 문장들에 대한 검증 조건을 귀납적으로 제시할 수 있게 된다. 이것은 진리 조건적 의미 이론이 모든 문장들에 대하여 진리 조건을 귀납적으로 제시할 수 있다는 믿음에 대응되는 믿음이다. 이러한 직관주의적 의미 이론은 문장의 의미와 문장의 사용 그리고 문장의 이해를 연결시키는 의미 이론의 요구 조건을 만족한다고 생각한다.

논리 상항의 직관성

위에서 살펴본 직관주의의 용법적 의미관이나 검증적 증명 개념은 겐첸의 도입 규칙에 대한 조명을 통해 더욱 선명해질 것이다(정인교, 2007b: 172-175). 전제의 증명을 결론의 증명으로 전환하는 효과적인 방법은 바로 도입 규칙 그 자체가 된다. 예를 들어, 연접사(∧)의 도입 규칙은 "P와 Q가 주어졌을 때 'P∧Q'가 추리된다"는 명제이다. 달리 말해, 연접사(∧)라는 논리 상항의 의미는 도입 규칙 그 자체에 의해서 규정되고 연접사 도입 규칙은 연접사의 의미에 의해 정당한 규칙이 된다. 연접사의 의미와 연접사 도입 규칙 간의 상호 관계는 "직관적"이다. 따라서 연접사와 같은 논리 법칙의 정당화는 필요가 없다. 흔히, 논리 법칙은 순환성 없이 정당화될 수 없고, 그래서 논리 법칙은 불가능하다고 간주한다. 그러나 선접사(∨)나 부정사(—)의 의미는 이가율로 규정하는 방식도 있고 다치율로 규정하는 방식도 있다. 그렇다면 논리적 상항의 의미는 논리 법칙에 대한 우리의 선택에 의해 결정되고, 논리 법칙의 정당화의 문제는 발생하지 않는다. 왜냐하면 논리 법칙은 위에서와 같은 의미에서 자기 정당적이기 때문이다(Dummett, 1991: 204-205).

정인교(1997: 408-412)는 용법적 의미관을 사용하여 논리적 상항을 명료화하는 프라이어(Prior, 1955)의 논변을 설명한다. 선언 도입 규칙과 같은 도입 규칙을 지니고 연언 배제 규칙과 같은 배제 규칙을 지니는 'tonk'라는 문장 연결사를 한국어에 도입하게 되면, 어떤 문장이든 다른 모든 문장으로부터 따라나오는 결과가 초래한다. P(이 잔의 물은 뜨겁다)라는 우유적으로 참인 문장과 Q(신은 존재한다)라는 형이상학적인 문장을 상정하자. 우리는 P로부터 tonk 도입 규칙에 의해 "P tonk Q"를 추리할 수 있고, "P tonk Q" 문장으로부터 tonk 배제 규칙에 의해 Q를 추리할 수 있게 된다. tonk 논의가 보이는 것은 논리 상항의 의미를 규정하는 추론 규칙들은 그 논리 상황과 추론 규칙들이 포함된 언어가 그것들이 배제된 언어의 보존적 확장이어야 한다는 것이다. 'tonk' 용법의 결함은 그것이

비일관적 체계를 낳기 때문일 뿐 아니라 논리 상항의 의미가 고정될 수 없다는 데 있다. 겐첸의 도입 규칙이 논리 상항의 의미를 규정하고 배제 규칙은 그렇게 규정된 논리로부터 나온다는 주장은 보존적 확장의 조건과 일관된다.

tonk 규칙 같은 추리 규칙들이 반박되는 방식은 이론적이 아니라 의미론적이다(Dummett, 1991: 188-189). 특정한 추리는 그 추리를 이루고 있는 전제가 참이고 그 결론이 거짓이라는 것을 보이기 전에는 결정적으로 반박될 수 없다. 그렇다면 비판자는 추리자가 그 추리를 위하여 의존하는 추리 규칙이 무엇인지를 끌어내고 추리 규칙에 대한 '강한 반례'를 구성해야 한다. 그러나 그러한 강한 반례는 이가율이 전제되어야만 가능하다. 이가율을 전제하지 않으면 반례는 '약한 반례'일 수밖에 없다. 약한 반례를 제시하면서 비판자는 "이렇게 말해야 한다"고 말하고 추리자는 "그것은 옳지 않다"고 말한다. 그렇다면 우리는 여기에서 강한 반례나 약한 반례를 제시하는 경우, 둘 다 '말하는 방식'에 따라 반례를 수용하기도 하고 반례를 거부하기도 한다는 것이다. 추리 규칙의 선택은 의미론적이라는 것이다.

추리 규칙의 선택이 의미론적이지만, 정인교(1993b: 155-179; 2007b: 168-170)는 직관주의 논리 체계에서 논리적 귀결 관계를 규명하고 연역적 논의가 어떻게 지식 확장적일 수 있는가를 논의한다. 논리적 귀결 관계란 문장들의 집합 Γ와 어떤 문장 A 사이의 관계, 즉 집합 Γ의 모든 문장들이 참인 경우 A도 참이게 마련인 관계이다. 이에 대해 고전 논리는 타르스키(A. Tarski)를 따라 'Γ의 모든 문장들이 참인 어떠한 해석하에서도 A는 참이다'로 규정하지만, 직관주의는 이가원리를 배제하고 증명 개념에 호소하여 '집합 Γ의 모든 문장들에 대한 증명들이 주어지는 경우 A의 증명을 산출하는 효과적인 방법이 있다'고 설정한다. 이때의 효과적인 방법은 인식적이지만 필연성을 담보한다는 것이다. 더 나아가 정인교는 이러한 연역적 논의가 지식 확장적일 수 있다고 한다. 그는 연역적 방법을 통해 확장할 수 없는 지식이라는 칸트적 이해를 반례로 반박하고,

연역의 결론은 추론이 담고 있지 않은 정보를 갖는다는 정보 개념을 도입한다. 정보는 특정 문장의 의미로 표현될 수도 있고 그 문장의 진리치로 파악될 수도 있다. 정인교는 후자를 선호하여, 정보를 그 문장이 가질 수 있는 함축의 그물망으로 이해하고 있다고 생각한다. 그리고 이것은 인과적 정보론의 '신뢰할 만한 인과적 규칙성'의 정보 개념과 맥을 같이 한다고 생각한다.

정인교(2007b: 185-186; 2009b: 236)는 더밋 직관주의 논리의 많은 논제들에 호의적이지만 중요한 점에서 비판적인 관점(이윤일, 1988)을 유지한다. 여기에서 두 가지를 지적할 수 있다. 첫째는 논리 상항의 성격에 관한 주제이다. 논리 상항의 의미는 그 상항의 도입 규칙으로 규정되고, 도입 규칙은 자체적으로 정당하다고 한다. 그러나 문제는 타당한 논증들을 먼저 정의하지 않고 어떻게 타당한 추론 규칙들을 정의할 수 있는가이다. 둘째는 더밋의 반실재론적 형이상학의 주제이다. 더밋은 무한정 확장 가능성의 부담을 진리 조건을 지니는 진술이 아니라 과제 수행 능력에 관한 주장이라는 장치로 피해가려고 한다. 그러나 주어진 개념에 포섭되는 것들에 어떤 것들이 있는지 사전에 규정할 수 있어야 한다는 조건은 진리를 지향하는 고전 논리뿐만 아니라 주장을 방패로 삼는 직관주의에도 요구된다는 점에서, 정인교는 이를 '반실재론적 형이상학'의 부담이라고 규정한다. 그리고 정인교는 더밋의 난국에 다음과 같은 처방을 내놓는다: "개념은 우선적으로 파악되고 이해될 수 있는 것이다. '파악될 수 없는 개념', '이해될 수 없는 개념'이란 '크기가 없는 물체'와 마찬가지의 자가당착일 것이다… 어떤 개념 밑에 포섭되는 것들 전체를 파악한다는 것은 그 개념 밑에 포섭되는 것들에 어떤 것들이 있는지를 사전에 순환적이 아닌 방식으로, 예컨대 그 전체에 대한 양화에 의존하지 않고, 규정할 수 있다는 것을 의미한다."

결론적으로, 정인교의 직관주의 논리 방식은 단순화시켜 볼 수 있다. 고전 논리는 "¬A는 거짓이다"라는 진술로부터 "¬¬A" 뿐만 아니라 "A"도 추리할 수 있는 부정사 "¬"의 의미가 형이상학적으로 주어진다고 믿지만, 정인교는 전자는 추리되지만 후자는 추리되지 않는다고 말하는 것은 "ㄱ"의 다양한 의미의 선택의 사안이라고 본다. 그리고 선택되는 의미는 우리가 이 부정사를 어떻게 사용하는가의 직관에 충실한 의미라고 한다. 예를 들어, 고전 논리는 "이순재가 노인이 아닌 것은 아니다"라는 이중 부정과 "이순재는 노인이다"라는 긍정문을 동치로 해석하는 부정사의 문법을 갖지만, 우리의 일상 언어의 부정사 사용 방식은 전자는 긍정하지만 후자는 긍정하지 않는 부정사의 의미를 유지한다는 것이다.

3. 김준걸의 부사적 수리 철학

수란 무엇인가? 김준걸(Kim, 2013b: 22-23)에 의하면, 고전적(플라톤, 유클리드)으로는 수가 개별적 사물이 아니라 사물들의 집합 또는 하나의 무리(multitude)로 이해되었다고 한다. 모든 사물이 아니라 모든 사물의 단위(unit)들이 수를 구성한다는 것이다. 예를 들어, 아테네, 스파르타와 테베는 하나의 3이고, 피타고라스, 파르메니데스와 플라톤은 또 하나의 3이다. 이러한 두 개의 3들은 상이한 단위로 구성되어 있기 때문에 서로 동일하지 않다. 이들은 상이한 3들이어서, "3"이라는 단어는 한 대상의 고유 명사가 아니라 복수를 허용하는 "도시" 같은 보통 명사라는 것이다. 김준걸은 수에 대한 최근의 이론들을 프레게와 이병욱의 경우를 통해 제시하고 자신의 관점을 편다.

프레게의 단칭 명사적 수론

프레게에 의하면, "하나의 3"이라는 표현은 수용할 수 없다고 한다. 다양한 3이 있는 것이 아니라 유일한 3이 있다는 것이다. 그래서 "3"이라는 숫자는 "프레데릭 대제"나 "화학적 원소인 금" 같이 복수를 허용하지 않는 고유 명사라는 것이다. 김준걸은 프레게의 그러한 수 개념이 적어도 두 가지 근거에 기초한다고 믿는다. 첫째는 '단어들은 명제의 문맥에서만 의미를 갖는다'는 프레게의 문맥 원리(Kim, 2011b: 193-194)이다. 프레게는 지칭 원리로서 문맥 원리를 사용한다. 표현이 문맥과 독립해 있을 때는 대상을 지칭하는지의 여부를 결정할 수 없고, 그 표현이 실제로 지칭하는 것과 우리 마음에 불러일으키는 관념이 혼동스러울 수 있다. 대상들의 특징은 같은 것으로 다시 인지될 수 있는 성질이므로, 수가 대상이라는 것을 보이기 위해 필요한 것은 수의 동일성 표준을 제시하는 것이다. 어떤 조건하에서 수들을 같은 것으로 인지할 수 있는가를 보이는 것이다. 프레게는 그러한 조건이 흄의 원리(Hume's Priciple, HP)로 알려진 명제로 나타난다고 한다: "모든 속성들 F와 G에 대해, F들의 수와 G들의 수가 같은 것인 경우 그리고 이 경우에만 F들과 G들 간에 일대일의 상관 관계가 있다(∀F∀G(F들의 수 = G들의 수 ↔ F들과 G들 간의 일대일의 상관 관계가 있다))". HP에서 숫자적 표현들은 같은 것으로 다시 인지될 수 있는 것을 지칭한다는 의미에서 그 표현들은 대상을 지칭한다. 따라서 수들은 감각적 지각으로 주어질 수는 없지만 대상들이라는 것이다.

프레게의 수 개념이 기초하는 또 하나의 근거는 그의 대상 개념(Kim, 2011b: 205-206)이다. 프레게에게 대상이란 기능이나 함수가 아닌 어떤 것이다. 대상에 대한 표현은 빈 자리를 포함하지 않는다. 함수나 술어나 속성은 불온전(incomplete)하고 불충만(unsaturated)하기 때문에 대상 같은 것에 의해 보충되어야 하지만 대상이란 온전하다는 것이다. 그래서 대상은 단칭 명사에 의해 지칭된다고 본다. 이러한 논의는 프레게가 수를 대상이라고 했을 때의 그 대상은 문법적으로 단순한 대상이 아니라 플라톤적인 의미에서의 "자족적(self-subsistent)", "온전한(complete)" 것이어서 같은 것으로 다시 인지될 수 있는 속성을 가진 대상이다. 이러한 것을 근거로 프레게는 수들을 숫자적 동일성 기준의 문맥에서 도입할 수 있게 된 것이다(참조: 권병진, 2006; 2004).

그러나 김준걸(Kim, 2013a: 1101)은 프레게의 단칭 명사적 수론에 문제가 있다고 본다. 프레게가 주장하는 대로, 동일성은 대상들 간의 관계이고 대상들은 단칭 명사로서만 지칭될 수 있다고 가정하자. 프레게의 방식대로 이러한 관점을 수에 적용하여 "nF들이 있다"라는 형식의 "다섯 사람들이 있다"라는 문장이 처음에 우리에게 주어진다고 하자. "다섯"은 단칭 명사이고 "사람들"은 복수적 보통 명사라면 이들의 관계는 무엇일 것인가? 여기에서 "다섯"이라는 숫자를 단칭 명사로 간주할 수 있는가? 그렇게 간주할 수 없다면 프레게가 시사하는 대로 "다섯"이라는 숫자는 대상을 지칭할 수 없다. "다섯"은 대상이 아닌 것이다. 이러한 사실은 수들에 대해 진정한 동일성 진술을 말할 수 없다는 것을 의미한다.

이병욱의 술어적 수론

김준걸(Kim, 2010: 329-336)에 의하면, 이병욱(Yi, 2002)은 보통 명사로서의 수 개념이라는 고전적 전통을 계승하는 중심적 대변자이다. 이병욱은 "둘(2)" 같은 숫자는 "소크라테스와 하피아스는 둘이다"에서처럼 숫자적 술어로 기능한다고 주장한다. 그리고 숫자들의 다른 문법적 사용들은 그 술어적 사용의 방식으로 풀어쓸 수 있다고 한다. 김준걸은 이병욱의 술어적 수론에 대해 비판적이다.

술어 "F"가 분배적(distributive)이라는 것은 'a와 b가 F들인 경우 그리고 이 경우에만 a와 b의 각 경우는 F'라는 것을 의미한다. 예를 들어, 진주와 순천이 도시들인 경우 그리고 이 경우에만 진주와 순천의 각 경우는 도시이다. 고전적 수론은 "하나이다"나 "둘이다"와 같은 숫자적 술어들은 비분배적이여서, 소크라테스와 히피아스는 둘이지만 소크라테스와 히피아스의 각 경우는 하나이지 둘이 아니다. 고전적 수론은 "소크라테스와 히피아스는 둘이다"라는 문장을 "소크라테스와 히피아스는 두 인간이다"의 약자로 간주하지 않는다. "둘"을 인간에 대한 형용사가 아니라 그 문장의 진정한 술어로 쓴다. 그리하여 "둘"이라는 술어는 소크라테스와 히피아스를 함께 묶은 전체의 속성으로서의 "둘임"을 나타낸다는 것이다.

이병욱은 숫자는 일차적으로 숫자적 술어이고 따라서 수들은 많은 사물들에 속하는 비분배적인 복수적 속성들이라고 한다. 예를 들어, "콰인과 굿맨은 두 철학자들이다"라는 문장에서의 '두'라는 형용사는 '둘임'이라는 속성을 나타내는 술어를 나타내기 위해 '콰인과 굿맨은 둘이고 그리고 콰인과 굿맨은 철학자들이다'로 번역하여 제거되어야 한다는 것이다. "두 사람"이라는 표현도 '둘이고 그리고 사람들이다'라고 표현되어야 한다는 것이다. 이를 일반화해 '어떤 것들이 nF들인 경우 그리고 이 경우에만 이들은 n이고 그리고 이들은 F들이다'라는 이병욱 도식(Yi Schema: YS)을 얻을 수 있다. 이 도식은 표면적인 개연성이 있고 많은 이들이 수용하고 있다.

그러나 김준걸은 이병욱 도식이 바르지 않은 결과들을 산출해낸다고 비판한다. 예를 들어, '스코틀랜드인과 아일랜드인은 한 민족이다(The Scots and the Irish are one people)'라는 예문은 YS에 의하면 '스코틀랜드인과 아일랜드인은 하나이고 그리고 이들은 민족이다'가 된다. 그러나 스코틀랜드인과 아일랜드인은 하나가 아니다. 스코틀랜드인만 해도 다수이고 스코틀랜드인과 아일랜드인을 합치면 많다고 아니할 수 없다는 것이다. 술어론자는 '스코틀랜드인과 아일랜드인은 한 민족을 구성(compose)한다'라는 재기로 고쳐 쓰고자 할 수 있다. 그러면 원래의 한 민족이다라는 표현은 주격의 보어가 되지 못하고 스코틀랜드인과 아일랜드인의 속성을 나타내지 않는다는 점에서 반론을 피할 수 있는 것처럼 보인다. 그러나 '스코틀랜드인과 아일랜드인은 게일스(Gaels)를 구성하고 게일스는 한 민족이다'는 재기를 함축하지만 본래의 예문을 함축하지 않는다. 앞의 재기는 원래의 예문의 충실한 번역이 아닌 것이다. YS는 "nF들이다"라는 형식의 술어들에 대한 만족스러운 번역 도식이 아니라는 것이다.

김준걸의 부사적 수론

김준걸(Kim, 2014: 3-5)은 수는 단칭 명사가 아니고 보통 명사 같은 술어도 아니며 부사라고 제안한다. 먼저 수리 철학에 기본적인 기수 기능(the functionality of cardinality: FC) 논제는 '임의의 개념 F에 대해 "정확하게 mF들이 있고 그리고 정확하게 nF들이 있다"는 구조에서 m과 n은 차별화되는 수일 수 없다'는 명제이다. '이 방에 정확하게 다섯 남자가 있고 그리고 같은 이 방에 5 남자가 있다'는 사실에서 다섯과 5는 구별될 수 없다는 것이다. 이 논제는 수의 동일성 기준을 제시하는 것이다. 여기에서 m과 n이라는 변항들이 형용사 자리와 단칭 명사 자리에 모두 나타나고 있다. 이것은 개별자 변항들은 단칭 명사 자리에서만 나타난다는 표준적 관행과 어긋난다. 그러나 FC는 우리가 감당해야 하는 기본적 진리라는 사실이 "nF들이 있다"에서의 "n"을 수를 지칭하는 것으로 해석하게 하여 '만일 정확하게 mF들이 있고 정확하게 nF들이 있다면 그러면 m과 n은 같은 수이다'를 수용하게 한다. 달리 말해, FC를 고려하면 "nF들이 있다"에서의 "n"자리는 개별자 변항들이 차지하는 자리이면서 그 값들은 서로에 대한 동일성이나 비동일성의 관계를 유지하는 것으로 상정해야 하는 것이다.

김준걸은 FC를 먼저 상정하고 그리고 제기되는 의문들을 해소하고자 한다. 그의 논의를 따라가보자. "nF들이 있다"에서의 "n"은 "어떤 F들이 있다"에서의 "어떤"이라는 표현이 작동하는 것과 같은 방식으로 작동한다. "어떤"이 그 다음의 명사를 수식하는 것처럼 "n"도 그 다음의 "F들"을 수식하는 명사 수식어로 간주될 수 있다. 만일 우리가 부사적 실체나 단위를 '양상'이라 할 수 있다면, a와 b는 같은 양상이라고 할 수 있는 필요충분조건은 '무엇이건 간에 이들이 a-인 방식으로 발생한 경우 그리고 이 경우에만 이들이 b-인 방식으로 나타난다'는 것이다. 그러면 이러한 규정에 약간의 수정을 가하면 다음과 같이 말할 수 있다. 'm과 n이 같은 수로 간주될 수 있다'를 위한 필요충분조건은 '모든 속성 F에 대해 F들이

m-인 방식으로 존재하는 경우 그리고 이 경우에만 F들은 n-인 방식으로 존재한다'라는 것이다.

철학자들은 의문스러운 실체들에 대한 존재론적 약속이나 책무를 피하기 위해 부사 표현을 사용해왔다. 예를 들어, 사람들은 우체통을 "빨갛게" 감지한다고 말하여 빨강이라는 색깔을 실체화하지 않을 수 있다. 의자 같은 인공물도 일단의 입자들이 "의자-방식으로" 배열되었다고 하여 부사적으로 갈 수 있다. 그러면 양적인 항목을 지칭하는 부사적 표현들의 사례를 살필 수 있을 것이다. 다음 문장을 보자: "에베레스트 산은 매우 높다; 그것은 8850미터 높다." 앞 문장의 "매우"는 형용사 "높다"를 수식하는 부사로 기능한다. 둘째 문장에서 "8850미터"라는 표현도 같은 "높다"를 수식하는 역할을 하고 있다. "8850미터"라는 표현 역시 부사적 표현으로 간주되어야 한다. 그러나 이러한 양적 부사와 앞의 비양적 부사에는 차이가 있다. 양적 부사는 양적이기 때문에 같은 양인지 아닌지를 구별하여 "19,035피트"와 같은 양을 나타낼 수 있다. 높이는 부사적 표현으로 나타나지만 높이에 대해 우리들은 양화를 할 수 있고 동일성 진술을 정당화할 수 있다. 그리하여 높이는 변항의 자리에 들어올 수 있고, 부사적 자리나 단칭 명사의 자리에 놓일 수 있는 것이다. 예를 들어, "미국의 어떤 산도 6960 미터보다 높지 않다"라는 문장은 "h"를 높이 변항으로 하여 "∀x∀h(x는 미국에 있는 산이다 ∧ x는 높다) → ¬(h는 6960 미터보다 높다)"로 적을 수 있다.

김준걸(Kim, 2013a: 1103-1104)은 수의 부사적 조명을 위해 "빈도치 논변"이라 부를 수 있는 논의를 제시한다. 만일 "n개가 있다"라는 형식의 문장에서 숫자 'n'이 그 자체로 지시체를 갖는다면 이것은 그 자체로서 어떤 논리적 역할을 가져야 한다. "n개의 F들이 있다"에 'n'의 역할은 정확하게 무엇인가? 하나의 단서는 빈도치 형용사의 논리적 행태에서 얻어질 수 있을 것이다. 다음의 문장을 보자: "미국의 남동쪽에는 가끔(occasional) 폭풍이 있다." 이 문장에서 가끔이라는 것은 개별적 폭풍의 속성일 수 없고, 폭풍들의 집단적 속성일 수도 없다. 카트리나, 이사벨,

이반, 에밀리 같은 폭풍들이 "가끔" 있다는 것은 말이 안 된다. 폭풍은 지난 몇 년에 걸쳐 집단적으로 발생했다고 할 수 있다. 그러나 이들은 한 번 발생하고 다시 발생하지 않았고 미래에도 발생하지 않을 수도 있다. '가끔의'라는 빈도치 단어는 '폭풍'이라는 단어의 형용사적 수식어가 아니다. 이 단어는 '가끔 있다'는 동사 어귀에 속하여 '가끔 존재한다'라는 동사와 동치적으로 이해된다. 그렇다면 앞 문장은 다음처럼 풀어 쓸 수 있다: "미국의 남동쪽에는 폭풍들이 가끔(occasionally) 존재한다." 결국 앞 문장에서의 '가끔의(occasional)'라는 형용사는 동사-수식적 부사로서 기능하는 것이다.

시저 반대론 · 기수 기능 반대론

자연수에 대한 통상적 이해는 다음과 같은 것일 수 있다: "0은 자연수이고; 1은 모든 x, y에 대해 만일 x가 하나의 F이고 y가 하나의 F이면 그러면 x=y로 정의되는 수이며, 그리고 n이 자연수라면 n의 계승자도 자연수이다." 김준걸(Kim, 2013a: 1102-1105)은 이러한 자연수에 대한 프레게의 반론을 소개하고 이 반론을 그의 부사적 관점으로부터 해명한다.

프레게는 자연수에 대한 통상적인 보통 명사적 이해를 따르는 경우 수는 그가 원하는 대상이 될 수 없게 된다는 것을 알았다. 왜냐하면 대상들은 단칭 명사에 의해서만 지칭되는 데 반하여, 예를 들어, "태양계에는 8 행성들이 있다"에서 '8'은 단칭 명사로 기능하지 않기 때문이다. 만일 '8'이라는 표현이 단칭 명사로 기능한다면, 우리가 이 표현을 '줄리어스 시저'와 같은 단칭 명사로 대치해도 이 문장들의 문법성이 훼손되지 않아야 한다. 그러나 "화성에는 줄리어스 시저 행성들이 있다"와 같은 문장은 제대로 구성된 문장이 아니다(참조: 박준용 2009; 2001; 2005).

김준걸은 자연수에 대한 시저 반대론을 그의 부사적 관점에서 조명한다. 그는 "태양계에는 8 행성들이 있다"라는 문장을 "태양계에는 행성들이 8개(eight-wise) 있다"로 번역할 것을 제안한다. 그는 그의 빈도치 논변에서처럼, '가끔의'라는 빈도치 형용사가 부사적 논리로 행동하듯 숫자적 형용사도 동사-수식적 부사로서 기능한다고 상정한다. 그러면 동사-수식적 부사들은 사물들이 행동하는 방식을 지칭한다는 것이다. 그리하여 "n개의 F들이 있다"에서의 'n'은 F들이 존재하는 어떤 방식, 즉 'n-식으로'를 지칭한다. 그렇다면 수는 사물들의 존재의 양식이고, 숫자들은 "얼마나 많은 F들이 있는가?"라는 물음에 대한 대답이 된다. 수들은 존재의 양적 양상들인 것이다.

김준걸은 이러한 부사적 관점을 보다 구체적으로 해명한다. "얼마나 많은 비너스의 행성이 있는가?"라는 물음에 대해 "0"이라고 대답할 때 우리는 비너스의 행성들이 있다는 것을 단순히 부정하는 것이 아니라 비너스의 행성이 0이라는 것을 긍정하는 것이다. 달리 말해, 비너스의 행성들은 0-인 방식으로 존재한다는 것을 말한다. 우리는 비너스의 행성들이 존재하는 특별한 방식을 작명하는 것이다. "0"이라는 단어는 "no"라는 단어와는 달리 행동한다. "no"라는 단어는 "아무것도 없는(not any)"이라는 표현을 생략한 것으로 '비너스에는 행성들이 없다'는 진술은 단순한 부정문일 뿐이다. 그러나 '비너스에는 0의 행성들이 있다'는 진술은 비너스의 행성들이 존재하는 특별한 방식을 구체화한다. 그리하여 0은 존재의 한 양상이다. 어떤 것이든지 이들이 0-인 방식으로 존재한다면 그러면 이들은 존재하지 않는 것이다. 시저 반론이 제기하는 도전은 임의의 것이 수인가를 확정하는 것이다. 즉 수의 개념을 적용할 수 있는 기준을 제시하는 것이다. 부사적 수 개념은 바로 그 기준을 제시한다: 임의로 주어진 것은 수이다 ↔ 그것은 개별자들의 존재의 확정적인 양적 양상이다.

김준걸(Kim, 2013a: 1106-1108)은 자연수에 대한 통상적 이해에 대한 프레게의 또 하나의 반론을 소개하고 그의 부사적 관점으로부터 대답한다. 그 반론은 기수 기능(the Functionality of Cardinality: FC) 논제에 기반을 둔다. 먼저 FC는 임의의 개념 F에 대해 "정확하게 mF들이 있고 그리고 정확하게 nF들이 있다"는 구조에서 m 과 n 은 차별화되는 수일 수 없다는 것이다$(\forall F \forall m \forall n)$((정확하게 mF 들이 있다 ∧ 정확하게 nF들이 있다) → (m=n)). 태양계에 정확하게 8개의 위성들이 있고 태양계에 정확하게 여덟 개의 위성들이 있다면 그러면 8=여덟이라는 것이다.

프레게는 자연수에 대한 통상적 규정에 의하면 기수 기능 논제의 전건이 주어진다고 할지라도 그 후건이 필연적이라는 것을 증명할 수 없다고 한다. 그러면 "개념 F에 속하는 수"라는 표현을 정당화할 수 없게 된다. 그렇게 되면 확정적 수에 도달할 수 없기 때문에 일반적으로 수적 정체성(a numerical identity)을 증명할 수 없게 된다는 것이다. 기수 기능 논제는 산수의 철학적 기초에서 기본적인 사실이기 때문에 이 논제의 개연성을 확보할 수 있어야 하는 것이다.

김준걸은 이러한 FC 반대론에 대한 대답은 FC가 의존하는 "정확한 mF들", "정확한 nF들"을 분석하여 그 후건이 논리적으로 연역된다는 것을 보이면 얻어진다고 믿는다. 달리 말해, FC의 증명은 수에 대한 정체성의 기준을 요구한다. 수는 존재의 특별한 종류의 양상이므로, 존재의 양상들이 동일하다면 그러면 수들은 동일한 것으로 인정되어야 한다. 김준걸은 FC가 수의 부사적 개념으로부터 자연스럽게 나타나는 직관적 원리들에서 연역될 수 있다고 주장한다. 보다 구체적으로, m과 n이라는 수들이 동일한 것으로 간주될 수 있는 필요충분조건은 '어떤 F에 대해서도, 만일 F들이 m-인 방식으로 존재하면 이들은 또한 n-인 방식으로 존재해야 하고 그리고 만일 F들이 n-인 방식으로 존재하면 이들은 또한 m-인 방식으로 존재해야 한다'는 것이다.

김준걸은 FC 증명을 위해 자연수를 부사적으로 규정하는 예비 작업을 한다. "정확하게 nF들이 있다"에서 "정확하게"는 "최소한(at least)" 그리고 "최대한(at most)"과 같은 것을 의미한다. 그리고 만일 최소한 nF들이 있다면, $1 \leq m \leq n$ 인 임의의 m에 대해, 다른 수와는 아니고 m에 대해서만 관련을 지을 수 있는 하나의 F가 있어야 한다. 또한 만일 최대한 nF들이 있다면, 모든 F에 대해, $1 \leq m \leq n$ 과 m이 다른 F와는 아니고 이 F와만 관련을 지어야 한다. 그리고 'm이 n보다 크다고 인정될 수 있다'에 대한 필요충분조건은 '임의의 속성 F에 대해, 만일 F들이 m-인 방식으로 존재한다면 그러면 이들은 또한 n-인 방식으로 존재해야 하지만, 그러나 만일 F들이 n-인 방식으로 존재한다면 그러면 이들은 또한 m-인 방식으로 존재해야 하는 것은 아니다'라는 것이다. 그러면 "정확하게 nF들이 있다"는 것은 "최소한 nF들이 있다"와 "최대한 nF들이 있다"는 것으로 정의되고 1에서 n에 이르는 수들과 F들 사이에 일대일 상관 관계가 있다는 것을 말하는 것이 된다.

그러면 FC 증명은 다음과 같이 주어진다. 정확하게 mF들이 있고 그리고 정확하게 nF들이 있다고 하자. 그러면 1에서 m에 이르는 수들과 F들 사이에는 일대일의 상관 관계가 있다. 그리고 1에서 n에 이르는 수들과 F들 사이에도 일대일의 상관 관계가 있다. 일대일 상관 관계의 대칭성과 이행성에 의하여, 1에서 m에 이르는 수들과 1에서 n에 이르는 수들 사이에도 일대일의 상관 관계가 있다. 그렇다면, m과 n은 동치적(equal)이어야 한다. 즉 임의의 속성 G에 대해, mG들 ⇔ nG들이 성립한다. 달리 말해, 정확하게 nG들이 있다 ↔ G들의 수 = n이 얻어진다. 이를 통해 김종걸은 프레게의 대상적 수 개념보다는 여기에서 제시되는 그의 부사적 수 개념이 시저 반론과 기수 기능 반론을 보다 효과적으로 해결한다고 제시한다.

결국, 김준걸은 "3"이라는 숫자가 "도시" 같이 여러 단위들에 적용되는 보통 명사도 아니고, "나폴레온" 같이 복수를 허용하지 않는 단칭 명사도 아니고, '어떤 것들이 nF들인 경우 그리고 이 경우에만 이들은 n이고 그리고 이들은 F들이다'에서처럼 비분배적 술어가 아니라고 한다. 그리고 김준걸은 'm과 n이 같은 수로 간주될 수 있다'는 부사적 수론을 제시하고 이를 위해 '모든 속성 F에 대해 F들이 m-인 방식으로 존재하는 경우 그리고 이 경우에만 F들은 n-인 방식으로 존재한다'는 필요충분조건을 제시한다.

4. 인식적 논리

현대 철학은 논리에 대해, 수학에 대해 새로운 조명을 해왔다. 이러한 노력은 일반적으로 실재론적 방어를 지속하면서도 구성적이고 일상 언어적 직관에 충실한 방향으로 이루어지고 있다. 더 나아가, 직설 조건문, 잠자는 미녀, 괴델, 베이즈주의, 확률 등의 논리학의 주요 주제들에 대해 성실한 탐구가 계속되고 있다.

직관주의와 부사론

이종권(1990)은 배중률에 대한 직관주의의 반론에 대해 의문을 제기했다. 그는 배중률에 대한 러셀의 고전주의와 브라워(Brower, 1975)의 직관주의의 대화를 유지해간다. 그리하여 그가 논문의 마지막 문단에서 도달한 갈림길은 "이 문장은 증명되지 않는다"라는 자기 지칭적 괴델 문장이었다. 직관주의는 괴델 문장이 배중률에 대한 반례가 된다고 한다는 것이다. 그러나 이종권은 이러한 반례의 일관성에 의문을 표현하면서 그것을 다음과 같이 말하고 있다.

> "그러나 형식적인 산수 체계는 타당하다고 인정되는 추론 방식을 처음부터 몇 가지로 제시하고 들어가는 체계이다. 반면에 직관주의자들에 있어 타당한 추론의 방식은 처음부터 제한되지 않는다. 따라서 괴델 문장이라도 수학자들이 수학을 구성해가는 과정에서 얻어지는 새로운 추론 방식에 의해 증명되거나 반증되지 않는다고 장담할 수는 없다."

이종권의 논의는 형식적으로 타당하다. 특히 배중률에 대한 논의를 수학 언어에 한정하는 경우 그 타당성은 증가한다. 그러나 이종권의 관심은 수학 언어라는 특수 언어로부터 언어 일반으로 확장이 가능하다는 것이다. 달리 말하여 그는 수학 언어와 자연 언어 간에 질적으로 다른 장벽이 있다고 전제하지 않는다. 그러나 출발점을 언어 일반에 두면 위의 논의에서는 내용적으로 의문스러운 점이 있다. 인용문의 셋째 문장이 의문스러운 것이다. 이것은 얼핏 직관주의의 증명 개념과 일관되는 것처럼 보인다. 그러므로 만일 이 문장과 괴델 문장이 양립적인 것을 보일 수 있다면 논의는 더 강력해질 것이다.

배중률에 대한 직관주의의 반론에 의문을 제기하기 위해서는 괴델 문장의 증명 가능성보다는 '아니다(¬)'에 대한 해석의 설득력에 초점을 맞추게 된다. 이 부정사에 대해 고전주의자는 부정사 도입 규칙뿐 아니라 그 제거 규칙까지 수용하지만 직관주의자는 전자만을 수용한다. 부정사에 대한 이러한 해석의 차이는 논리나 정당성의 문제이기보다는 세계나 언어에 대한 해석 선택의 차이이다. 고전론자가 세계 해석에 있어서 언어 체계의 단순성과 경제성의 아름다움을 존중한다면 직관주의는 화자가 부정사를 일상 언어에서 자연스럽게 사용하고 있는 직관을 존중한다. 고전주의가 체계의 심각성을 선택한다면 직관주의는 화자의 심각성을 선호하는 것이다. 결국 직관주의에 대한 의문은 체계의 단순성을 우선적 가치로 선택하지 않는 데서 나타난다고 보는 것이다.

김남중(2014)은 김준걸의 부사적 수론에 대해 의문을 제기하여, 수와 부사적 사항(entity)들과의 관계가 선명하지 않다고 지적한다. 부사적 사항을 수의 개념을 정립하는 데 사용하기 위해서는 부사적 사항들에 대한 일반론을 일차적으로 제시할 수 있어야 한다는 것이다. 그러나 아직 그러한 논의가 없는 문맥에서 김남중은 부사적 어귀들이 모순을 일으키는 상황을 제시하며 부사적 사항을 구성하기 어렵다고 한다. 또한 김준걸은 그의 부사론을 위해 "부사적 사항과 일상적 사항이 동일하다"는 직관에 의존하고 있지만, 김남중은 이 직관이 중요하게 설명되어야 할 사안일 뿐 쉽게 전제될 가설이 아니라고 생각한다.

직설 조건문

논리학의 중요 주제 중의 하나는 직설 조건문(indicative conditional; 만약 A이면 C이다; A→C)과 실질 조건문(material conditional; A이므로 진리함수적인 C이다; A⊃C)의 논리적 성격, 그리고 이들의 관계이다. 먼저, 두 조건문의 관계를 규정하는 세 원리가 있다. 첫째는 A→C는 A⊃C를 함축한다는 논란 없는(uncontested) 원리이다. 왜냐하면 A→C와 A가 참이면서 C가 거짓이라는 것은 불가능하고, A→C가 참이면서 A⊃C 가 거짓이라는 것이 불가능하기 때문이다. 둘째는 A⊃C는 A→C를 함축한다는 이행(passage) 원리이다. 명제 논리의 구조에 따라 A∨B 이므로 ¬A→B이라는 추론을 수용할 수 있기 때문이다. 세째는 직설 조건문을 실질 조건문으로 분석하는 방식에 대한 의문이 제기되면서 주목되는, 소위 "실질 함축의 역설의 원리"이다. 예를 들어, ¬A 그러므로 A→C는 내용적으로 부당하지만 형식적으로 타당하다고 해야 하는 것이다. 이 형식은 "나는 다리가 부러지지 않았다"라는 사실만으로도 "만약 내가 다리가 부러졌다면, 나는 오늘 오후에 스키를 탈 것이다"라는 결론의 추리를 가능하게 한다(노호진, 2006: 31-36; 송하석, 2009a; 양은석, 2011; 2013; 최원배, 2014; 2005).

한국의 많은 논리학자들은 직설 조건문이 중요한 만큼 직설 조건문에 대해 광범위한 논의를 해왔다. 먼저, 노호진과 김세화는 직설 조건문의 특정 문제를 확률 개념으로 조명한다. 노호진(2006: 41-49)은 직설 조건문에 나타나는 세 원리를 모두 수용하고자 한다. 세 원리를 동시에 만족할 수 없는 진리 타당성 개념을 사양하고, 세 원리를 보존할 수 있는 확률 타당성 개념을 선택한다. 전제의 확률이 n이라면 결론의 확률은 n 이상일 때 그 추론은 확률적으로 타당하다는 것이다. 그리고 이러한 개념으로 앞의 세 원리를 양립시키는 작업을 한다. 김세화(2000)는 직설 조건문에서 진리 타당성 개념을 일차적으로 적용하고 그리고 이 적용에 어려움이 있을 때, 예를 들어, 전건 긍정문의 후건이 또 하나의 조건문으로 구성되는 경우에 야기되는 문제에 대해 확률 개념을 이차적으로 적용하고자 한다. 그렇지 않으면 직설 조건문이 허용하는 연역성, 계산성, 진리성 등 너무 많은 것을 포기해야 하는 부담이 있을 것 같다는 것이다.

직설 조건문이 제기하는 또 하나의 주제는 "조건문이 진리 조건을 갖지 않는다"는 기바드 현상(A⊨B(영이가 콜했다면 영이는 이겼을 것이다), A⊨¬B(영이가 콜했다면 영이는 이기지 못했을 것이다))에 대한 찬반 논의이다. 송하석, 최원배, 선우환은 조건문이 진리 조건을 갖는다는 관점에서 논의를 펼치고 있다. 송하석(2009a)은 스톨네이커의 가능 세계 의미론에 따라 선택 함수 f는 β라는 가능 세계와 A라는 명제를 취해서 f(A, β)를 산출하는 함수로서, 그 함수 값은 A가 참이라는 사실 이외에는 β와 가장 유사한 세계로 설정한다. 그러면 (A→C)는 β에서 참인 경우 그리고 이 경우에만 f(A, β)에서 C가 참이게 된다. 그리고 여기에 화용론적 제한을 첨가하여, A가 맥락 집합 δ와 양립 가능하다는 조건하에, β∈δ라면 f(A, β)∈δ라고 한다. 이리하여 진리론적 추론으로 결과되는 직설 조건문의 어려움을 화용론적 추론으로 설명할 수 있다고 옹호한다.

최원배(2014)는 기바드 현상이 연역적 추론이라 한다면, 참인 전제들로부터 양립 불가능한 결론을 함축할 수 있는 귀납 추론과 그렇게 함축할 수 없는 연역 추론의 헴펠적 구분을 수용하여, A⊨B에서의 A와 A⊨¬B에서의 A는 각기 노출되지 않은 정보들 F_1과 F_2를 따로 가지고 있다는 것이다. 그러면 이 분석은 기바드 현상의 두 예가 어떤 의미에서 참인가를 보여주면서 또한 조건문의 진리 조건성을 유지할 수 있게 한다. 선우환(2008b)은 기바드 현상을 설명하는 또 다른 처방들을 제안한다. 첫째는 두 조건문이 참이기 위해 강한 연관 관계를 요구하지 않을 수 있으므로 A가 거짓인 것으로 충분하다는 것이다. 둘째는 두 예들이 참이지만 이들을 동시에 수용하는 것은 합리적이지 않기 때문에 적절한 수용 가능성 조건을 만족시켜야 한다는 것이다.

이병덕(2008a)은 직설 조건문의 논리를 셀라스-브랜덤의 추론주의 의미론으로 조명하고자 한다. 직설 조건문 A→C 가 정당하게 말해질 수 있는 조건은 'A이다. 그러므로 C이다'라는 논증이 정당(warranted)해야 한다는 것이다. 정당한 논증에는 'A&B이다. 그러므로 A이다'와 같은 형식적으로(formally) 타당한 논증과 'x는 로봇이다. 그러므로 x는 동물이 아니다'와 같이 인간의 사회적 실천에 기반을 둔 간주관적인, 실질적으로(materially) 타당한 논증이 있다. 이병덕은 이러한 타당성 개념에 입각하여 소위 "실질함축 역설의 원리"로 직설 조건문에 적용되는 (¬A → (A→C))의 경우를 배제한다. ¬A가 참인 경우 다음의 직설 조건문은 정당한 논증에 기반을 둔 것이 아니라는 것이다.

양은석(2011)은 직설 조건문의 전건과 후건의 관계를 우연적 함의(contingent implication) 관계의 개념으로 조명한다. 그 관계는 필연적이 아니어서 필함(entailment)적이 아니지만, 또한 그 관계는 직설 조건문(A→C)는 A는 C를 함의하는 관계라는 것이다. 이러한 우연적 함의론은 여러 과제들을 설명할 수 있다. 예를 들어, 이행 원리에 대한 반례(닉이 새 보트를 산다면 그는 완전히 파산할 것이다; 닉이 복권에 당첨된다면 그는 새 보트를 살 것이다; 그러므로 닉이 복권에 당첨된다면 그는 완전히 파산할 것이다)에 대해, 양은석은 함의 관계에 의해 두 전제가 동시에 참일 수 없다고 한다. 둘째 전제의 전건이 참이라면 첫째 전제의 후건은 거짓이기 때문이다.

잠자는 미녀

소위 "잠자는 미녀 문제"는 확률론의 문제들 중의 하나이다. 미녀는 다음과 같은 확률 실험의 모든 내용을 미리 알고 이 실험에 자진 참여하여 일요일에 잠든다. 김명석(2012a: 18; 2012b)은 이 실험의 구조에 대해 다음과 같이 요약한다: 일요일에 동전을 던진다; 만일 앞면이 나오면 월요일에만 미녀를 깨우고 묻는다; "일요일에 던졌던 동전의 앞면이 나왔을 확률은?" 만일 뒷면이 나오면 월요일에 미녀를 깨우고 묻는다; "일요일에 던졌던 동전이 앞면이 나왔을 확률은?" 그런 다음 질문을 받았다는 기억을 지운 후 잠들게 하고 화요일에 다시 미녀를 깨우고 묻는다; "일요일에 던졌던 동전이 앞면이 나왔을 확률은?”

김명석(2012a: 50)은 “일요일에 던졌던 동전이 앞면이 나왔을 확률은?”이라는 질문을 미녀가 세 번의 상황에서 받을 수 있다는 점을 인정하면서도, 미녀는 일요일에 던져진 동전은 앞면의 세계와 뒷면의 두 세계 중 어느 하나에 이미 돌입해 있다고 믿는 것이 직관적이라고 한다. 그렇다면 미녀의 답은 1/2일 것이라고 한다. 그러나 송하석(2012: 11)은 미녀가 실험의 내용을 미리 알고 있었고 그리고 미녀가 특정한 시점에 받고 있는 질문은 세 개의 상황 중 하나라는 것을 인정한다는 것을 중요하게 고려한다. 그렇다면 미녀는 “이 세 가지 상황은 동일한 가능성(equiprobable)을 갖는다고 판단할 수밖에 없다”는 것이다. 결국 미녀의 답은 1/3이어야 한다.

김한승(2009; 2010; 2007)은 잠자는 미녀 문제에 대해 지표적 관점의 조명을 시도한다. 그에게서 그 문제는 단순히 “일요일에 던졌던 동전이 앞면이 나왔을 확률은?”이 아니라 “나를 오늘 깨우게 한 일요일 동전이 앞면이나 뒷면이 나왔을 확률은?”이라는 지표적 물음이 된다. 그리고 이 물음은 또한 내부적 관점과 외부적 관점에 열리게 된다. 확률에 대한 1/2론과 1/3론이 둘 다 나름의 설득력을 가지고 있으면서 긴장이 해소될 기미가 보이지 않는다면 이것은 진정한 역설이고 다른 대답들의 후보는 다른 사실에 근거해야 하는 것이다. 지표적 물음의 외부적 해석은 미녀의 내면적 세계와는 독립해 있는 외부 세계적 동전의 행태에 주목하는 것이고, 그 내부적 해석은 미녀가 처해 있을 수 있는 세 가지 상황에 대한 성찰로부터의 해석이다. 그래서 이러한 해석들은 각기 1/2과 1/3로 인도하고, 이 해석들은 갈등 관계에 있을 필요가 없다. 확률이 달라지는 것은 지표적 물음에 대한 관점이 달라지면서 그 물음의 다른 국면들이 대조되는 데서 결과가 나오기 때문이다.

김남중(2012)은 1/2론은 미녀가 “일요일에 던졌던 동전이 앞면이 나왔을 확률은?”이라는 세 가지 가능한 상황에서의 물음에 대해 가지고 있는 근거가 동일하다는 점에 착안한 것이라고 하고, 자신도 그 근거 동일성에 동의한다. 그러나 김남중은 미녀가 1/2보다 낮은 값을 제시하리라는 가설도 지지하기 위해 가버(D. Garber)의 구분을 도입한다. 체계 내적(intrasystematic) 근거란 주어진 체계에서의 정보만으로 구성된 근거이고, 체계 외적(extrasystematic) 근거란 배경적 지식이 함축하는 명제이다. 인간은 논리적으로 전지하지 못하기 때문에 배경 지식이 논리적으로 함축할 수 있는 지식을 선험적으로 갖지 못하고 논리적 작업을 통해서만 도달하게 된다. 그렇다면 그러한 함축 관계로 얻어진 명제는 사실적인 것은 아니지만 개념적으로 새로운 지식을 허용한다. 그러면 월요일에 깨어난 미녀는 동일한 체계내적 근거를 가지고 있지만, 배경적 지식에 의해 함축되는 명제 '오늘은 월요일이거나 화요일이다'라는 것을 새롭게 알게 되는, 체계외적 근거를 갖게 된다. 새로운 근거의 확률성 때문에 미녀의 대답은 1/2보다 낮아진다는 것이다.

주목된 주제들

한국 철학자들은 위의 주제들 이외에도 여러 주요한 논리학 과제들을 논의한다. 박정일(2000; 2012)은 괴델의 불완전성 정리가 힐베르트의 무모순성 증명 이론을 반박하는가에 대한 논의에 참여한다. 힐베르트의 유한주의는 수학의 형식 체계가 무모순이라는 것을 증명하기 위한 전제 조건이다. 그의 유한주의는 대상들의 유한성을 나타내기도 하고 표현이나 정당화의 절차가 유한해야 한다는 것을 의미하기도 하며 양자를 결합하여 구성적 유한성을 보이기도 한다. 괴델은 힐베르트의 유한주의를 대상 유한주의로만 파악했고, 그 감소하는 수열의 다양한 구조적 가능성들을 직관적으로가 아니라 추상적으로 파악한다고 보며, 수론의 무모순성이 유한적 방법으로는 증명될 수 없다고 했다. 겐첸은 무한을 완성된 것으로서가 아니라 형성되어가는 것으로 파악한다. 박정일은 무한에 대한 이러한 구성주의적 해석은 힐베르트의 유한주의와 대등한 것으로 간주한다. 겐첸의 구성적 무한이 설득력을 가지면서 힐베르트의 구성적 유한주의는 괴델의 정리로 반박된 것이 아니라는 결론을 끌어낼 수 있다는 것이다.

이진희(2008)는 수학적 실재론의 한 논변이 유명론을 반박하지 못한다는 주장을 펴고 있다. 버지스-로젠 딜레마는

(9) 1000보다 큰 소수가 존재한다;
(10) 수는 존재한다;

라는 두 명제를 사용하여 제시된다. 실재론은 수학적 정리인 (9)는 실재로는 (10)을 함축한다는 것이지만, 유명론은 (9)는 온전히 정당화되지 않았거나 겉보기와는 다른 의미를 갖는다고 한다. 딜레마는 (10)으로의 추론을 저지하기 위한 유명론의 (9)에 대한 두 전략이 성공적이지 않다는 것을 내용으로 한다. 그러나 이진희는 유명론이 수학-과학에 대한 비판이라기보다는 "수학이 과학에 필수 불가결하다"는 종류의 실재론에 대한 비판이라는 점을 분명히 한다. 그리고 "수 대신 시-공점 및 시-공점들의 영역을 사용해서 과학적 진술들 각각에 대응하는 유명론적 대응식을 제시할 수 있다"라는 필드(Field, 2008)의 표상 정리에 동조하여, 수학이 과학에 적용될 때 핵심적인 요소는 대상이 아니라 적용된 물리적 세계와 수학 사이의 구조적 동형성에 근거한 사상적 설명(mapping account)이라고 주장한다. 과학에 필요한 수학은 대상이 아니라 구조이다. 따라서 과학 언어에서 숫자적 단칭 명사를 사용하더라도, 존재론적 결정의 문맥에서는 물리적 내용의 변화 없는 유명론적 해석을 할 수 있다는 것이다. 수학의 사용과 존재론적 개입을 이원화하는 것이다.

여영서(2003)는 확률 논의에서 질적 문제 해결보다는 양적 문제 해결을 선호한다. 예를 들어, 그는 "증거 E가 가설 H를 입증한다"는 것을 배경지식 K에 의한 확률 PR 즉 PR(H | E&K)−PR(H | K)>0 으로 정의하는 베이즈주의가 "오래된 증거의 문제"를 질적으로가 아니라 양적으로 해소할 수 있어야 한다고 주장한다. 여영서는 오래된 증거의 문제를 질적으

로 풀어내고자 하는 가버의 방식을 비판한다. 과학사의 과학자들은 오래된 증거 E를 새로운 가설 H를 입증할 수 있는 것으로 보지만, 베이즈주의는 그럴 수 없다고 본다. 왜냐하면 H에 대한 실험자의 믿음이 E에 대한 엄밀한 조건문의 실현에 의해 증가할 때 비로소 E는 H를 입증하기 때문이다. 여기에서 가버는 오래된 증거 E의 사실적 지위는 변하지 않는다는 것을 인정하면서도, E가 논리적-수학적으로 함축할 수 있는 명제들에 대해 실험자는 미리 모두를 알 수 없고 구체적 작업을 통해서만 새로운 지식에 도달할 수 있다고 하여 오래된 증거의 문제를 질적으로 해소하고자 한다. 그러나 여영서는 함축 관계가 오래된 증거에는 포함되지 않는다는 것을 허용하면서도, 양적인 문제 조명에는 미흡하다고 지적한다. 여영서의 양적인 접근은 하우슨(C. Howson)에 동조하여, E가 K에 속하지 않는 반사실적 상황 K-{E}를 가정해서 P(H | | K)와 P(H | K-{E})의 차이를 계산하면 H에 대한 E의 입증도를 결정할 수 있다는 것이다.

양경은(2010)은 확률에 대한 객관론과 인식론을 종합하는 제3의 관점으로서의 구성론을 제안한다. 객관론은 동전을 던져 앞면이 나올 확률을 동전을 여러 번 던져 앞면 발생 사건의 빈도치로 해석한다. 그러나 이러한 해석은 세계 구조에 대한 지식의 방법으로서의 확률과 세계 사건 현상의 우연성의 빈도치 간의 관계가 안정적일 것을 전제하는 부담을 가지고 있다. 성향성이라는 개념을 도입하여 인과성에 호소하기도 하지만 모든 확률 진술들을 인과적 주장으로 환원할 수는 없다. 인식론은 동전을 던져 앞면이 나올 확률이 선험적으로 결정된다고 한다. 앞면과 뒷면이 나올 확률이 "동등하게 가능(equally probable)"하기 때문이다. 그러나 동등한 가능성의 원리가 있는가? 확률의 경쟁 사건들에 대해 선호할 증거가 없을 때에는 동등한 가능성을 부여할 수 있다는 무관심 원리를 제안하기도 하지만 이것은 문제 해소라기보다는 해소 지연의 전략으로 보인다. 양경은은 여기에서 확률은 일종의 일반화 구성이라는 그의 관점을 제시한다. 객관론이 허약한 연결 고리에, 인식론이 동등 가능이라는 수학적 구조에 의존하고 있을 때 양경은은 양자를 종합할 수 있는 지점을 찾아낸다. 확률은 경험적 자료일 뿐만 아니라 그 구조를 우리가 구성하여 도달하는 유의미한 일반화라는 것이다.

논리와 수학은 전통적으로 플라톤적 존재 질서의 개념으로 설명되어 왔지만, 20세기부터 점차 언어적 인식 질서의 개념으로 이해되고 있다. 이러한 추세는 한국 현대 철학에도 나타나고 있다. 선접사(∨)나 부정사(¬) 같은 논리학의 기본적 상항을 고전적 이가율이 아니라 주관적 다치율로 해석하고, 수학의 수 개념도 "도시" 같은 보통 명사나 "서울" 같은 고유 명사의 플라톤적 질서가 아니라 "가끔" 같은 부사라는 이해가 그러한 경향에 동조하는 것이다. 이러한 추세는 논리학의 다른 주요 개념들에 대한 새로운 탐구에서도 드러나고 있다. 이제 논리와 수학은 20세기 이전과 같은 총체적 질서의 문법으로 작동하지 않을 것이지만, 주어진 과제에 따라서는 특정한 형식 체계의 접근을 통해 강력한 기능성으로 작용하고 기여할 것이다.

20장
양상 철학: 필연과 반사실

데카르트가 서양 중세 철학의 패러다임인 존재론으로부터 인식론적 전회를 성취했다면, 프레게-러셀-비트겐슈타인은 데카르트적 인식론 패러다임으로부터 언어적 전회를 구성해냈다. 진리의 단위가 특정 언어 체계의 문장이고, 생각의 문법은 언어 문법과 구별하기 어렵다는 철학적 사유의 전환을 가져온 것이다. 문장의 의미는 검증 가능성이라고도 하고 공동체의 사용 방식이라고도 했다. 그러나 이러한 언어적 전회는 양상적 전회라 부를 만한 계기를 통해 완성되고 있다고 생각한다. 양상의 통사적 체계들은 루이스(Lewis, 1932) 등에 의해 여러 가지로 제시되어 왔지만, 크립키(Kripke, 1959)의 양상 의미론이 나오자 그 여러 양상 체계들은 일이관지하게 의미론적으로 이해할 수 있게 되었다.[1] 한국 현대 철학도 이러한 철학 발전에 주목하고 참여하여 철학의 여러 분야에서 양상적 사유를 적용하고 있다. 이 장의 2절과 3절에서는 최성호의 반사실문 논리에 입각한 성향 철학과 양상적 사유로 철학을 하는 선우환의 양상 철학에 주목하고자 한다.

---

1 Hughes, G. E. & M. J. Cresswell, 1996; 이훈, 1978; 정대현, 1981; 이좌용, 1982.

1. 양상 철학의 배경

양상적 전회는 "필연성"이나 "가능성" 같은 단어들이 야기해온 다양하고 혼란스러운 온갖 개념들에 대해 일관성을 유지할 수 있는 단일한 의미를 부여하는 데서 시작한다. 그러면 양상이란 무엇인가? 양상은 현실태(actual)와 가능태(possible)의 구별을 통해 명료해질 수 있다. 현실태는 우리 인간이 현실에서 만나는 사태들이고 가능태는 인간이 현실에서는 만나지 않지만 만날 수 있는 가능한 사태들이다. "나는 노래를 잘한다"는 현실태에서는 거짓이지만 가능태에서는 참일 수 있다. 현실태에서 나는 노래를 못하지만 노래 연습을 많이 해서 노래를 잘하는 사태를 가능태에서 구현할 수 있는 것이다. 양상이란 현실태와 가능태의 사태들이 나타나는 방식이고 이 방식은 복잡해서 철학사적으로 혼란스러웠다.

사학이나 사회 과학은 현실태의 사태를 기술, 해석, 평가하지만 철학은 개념적 사유를 해야 하므로 현실태뿐만 아니라 가능태의 질서를 넘나들면서 인간 경험 총체를 체계적으로 조명하고자 한다. 철학은 최근에 성취한 양상적 전회에 힘입어 개념적 사유가 강력해지고 선명해질 수 있게 되었다. 철학은 이제 양상적 논리를 도구로 활용하여 반사실, 사유 실험, 시제, 인식, 당위, 인과, 본질, 내포와 같은 철학적 사유의 핵심적 개념들을 보다 명료하게 제시할 수 있게 되었다. 또한 사실이나 현실이라는 개념도 양상적 성질을 갖는 것으로 분석된다. 생각이나 상상이라는 인간의 기본적인 사유에서도 양상적 성질이 나타나는 것이다. "김 씨는 친절하다"라는 문장으로 생각할 때에도 이 생각에는 양상적 속성이 포함된다. 왜냐하면 "김 씨는 친절하지 않다"라는 문장이 올바로 사용될 수 있는 수많은 문맥들을 정당하게 무시한 다음에, 화자가 이 문장이 정당하게 사용될 수 있는 문맥들에 충분한 무게를 합리적으로 부여한 결과이기 때문이다. 이러한 양상적 전회를 통해 본질 형이상학이 제시될 만큼 논리적 분석은 설득력을 얻게 되었고 비트겐슈타인의 일상 언어 분석에 의한 철학적 사유는 중요하게 보완될 수 있었다.

김정선(1976: 144–149)은 가능성과 필연성에 대한 양상 철학에 관심을 보인 최초의 한국 철학자가 아닐까 생각한다. 그는 아리스토텔레스의 부분 가능성과 메가라(Megara) 학파의 전체 가능성의 차이를 논의하고 이를 건축가 개념으로 예시했다. 부분 가능성은 건축가가 건축할 수 있는 사람이라는 성향적 사태에서 읽어내고, 전체 가능성은 건축가가 실제로 건축하는 가상 상황에서 주변 조건들의 합으로 건축가가 되는 충분조건에서 가려낸다. 김정선은 실업자 논변을 통해 부분 가능성보다 전체 가능성을 선택한다. 실업자는 아무 일도 안하고 있지만 여전히 일할 수 있는 사람이라고 해야 할 것이다. 그러나 실업자의 비극은 일할 수 있다는 성향적 부분 가능성만으로는 비극이 조금도 덜어지지 않는다는 것이다. 존재는 전체 가능성으로 실현된다는 것이다.

여훈근(1981: 128–132; 2000: 121–142)은 양상 논리의 필연성 문제들 중에서 동일성 대치율 (Indiscernibility of identicals, 동일한 것들은 어떤 술어도 공유한다: (x)(y)(x=y.→.(F)(Fx ↔ Fy)))이 하나의 중요한 주제라고 생각한다. 그러나 그는 '동일하다'라는 술어를 적용할 수 있는 상항을 고유 명사에 한정하는 스멀리언-크립키(A. Smullyan-S. Kripke)와 정관사 어귀에도 적용하는 콰인-위긴스(W. Quine-D. Wiggins)의 차이에 주목한다. 전자의 경우 필연성은 대물적(de re)이지만, 후자의 경우 지칭 애매성(referential opacity)이 발생하므로 필연성은 대언적(de dicto)이 된다. 여훈근은 논리 언어적으로는 전자의 편에 기울지만, 일상 언어적으로는 후자의 편에 서는 것으로 보인다. 일상 언어에서의 동일성 문장은 고유 명사 이외의 표현들을 얼마든지 포함하기 때문이다.

임일환(1995)은 다음의 명제에 대한 비판을 통해 그의 통세계적 동일성 개념을 나타낸다.

(1) 통시간적 동일성은 통세계적 동일성의 한 유형이다.

이 명제에 대한 첫째 비판은 서술 논변이다: 상이한 속성을 가진 것들은 동일자일 수 없다. 이것은

(2) 필연적으로 동일자는 모든 속성을 공유한다;

라는 '라이브니츠 원리'로 수용되어야 한다고 본다. 달리 말해, '동일자는 모든 속성을 공유한다'는 모든 가능 세계에서 참이라는 것이다. 그러나 그는 이 동일성은 통세계적 동일성이 아니라 모든 가능 세계에서의 세계 내적 동일성이라고 지적한다. 그리고 통시간적 동일율에 주목하여 "한 시점에 존재하는 개체가 다른 시점에 존재하는 개체와 속성이 적어도 하나 다르다면 이들은 동일하지 않다"고 보며, 이것은 통세계적 동일성과는 무관한 것이라고 결론짓는다. 통시간적 동일성은 여러 조건 중에서 인과 관계의 조건을 포함할 수 있지만 통세계적 동일성은 그러한 조건을 요구할 수 없다는 것이다. 둘째 논의는 양상 논변이다. 명제 (1)이 유지되기 위해서는 문장 (2)가 아니라

(3) 필연적으로 동일자는 모든 속성을 필연적으로 공유한다

에 의존한다고 말한다. 문장 (3)은 두 가지를 함축한다. 첫째는 동일자들은 통세계적으로 모든 속성을 공유한다는 것이고 둘째는 동일자들의 모든 속성은 그 본질이 된다는 것이다. 임일환은 둘째 함축을 강조하여 그 문제점을 지적한다. 이 함축에 의하면 철수의 모든 속성, 예를 들면, 뚱뚱함도 철수의 본질이 된다는 것이다. 그러나 이것은 반직관적이다. 그러므로 (3)은 거짓이고 이에 근거한 명제 (1)도 설 자리를 잃는다.

필자는 "이 세상의 필연성을 어떻게 설명할 수 있는가?"라는 물음으로 양상 철학을 공부(정대현, 1981; 1988a; 1994a; 2014a)해왔다. 대물적 필연성에 대한 필자의 확신은 비트겐슈타인-크립키의 규칙 개념과 더밋의 반실재론으로 수정되어, 필연성은 문맥적인 것으로 이해하게 되었다. 진리

가 문장의 성질이고 언어체계 의존적이라면, 필연성도 그러해야 한다는 생각의 전환은 쉽지 않았다. 그러나 크립키의 고정 지시어는 다원주의의 체제에서도 객관성으로의 출구는 열려 있다는 가능성을 가리키는 것으로 보였다. 다양한 이론들이 "이것"이라는 지시사가 나타내는 동일한 것에 대해 달리 말하는 것이 가능한 것이다. 물론 필자의 양상 개념에 대해 여러 비판들이 강력하게 제기되었다.[2] 앞으로 더욱 토론하고 생각을 정리할 것이다.

이종권의 종 개념

이종권(1986; 1985; 1993)은 동일성 명제의 필연성 논의에서 중요한 주제인 자연종과 인공종에 대해 둘의 구별을 부인할 수 있는 논의를 제시한다. 인공종은 인간의 의도가 개입됨으로써 기능이나 목적이 부여된 종이고 자연종은 인간의 의도가 개입되지 않은 종이라는 일반적 직관을 수정하는 통찰이다. 그는 "인공종"이라 불리건 "자연종"이라 불리건 간에 우리가 관심을 갖는 어떠한 대상도 부속품(components)들을 가지는 것으로 상정한다. 일반적으로, a라는 대상은 {p1, p2,⋯, p100}의 부속품들을 갖는다. 데시우스의 배도 그러하고 김정일이 그의 부모로부터 받은 그의 수정란도 그러하다. 대상 a가 그 자체의 부속품들의 집합 P와 갖는 관계는 그 대상이 자연종이건 인공종이건 간에 변하지 않고 상수적이라는 것이다.

두 종 간의 차이를 주장하는 사람은 인공종에는 통시간적 동일성의 표준을 적용하고 자연종에는 통세계적 동일성을 적용하면서, 크립키의 인공종 본질주의를 반대할 때는 인공종의 기원의 본질을 고려하지 않고 전자의 통시간적 표준을 강조한다는 것이다. 또한 인공종의 경우 대상 a가

2 김영정, 1986b; 1990b; 이종권, 1995; 이좌용, 1995b; 임일환, 1995; 강진호, 2013a; 김선희, 2013; 선우환, 2013; 정인경, 2013.

소유하는 그 부속 p는 복수적인 $\{p_1, p_2, \cdots, p_e\}$의 집합으로 간주하면서, 자연종의 경우 a가 소유하는 부속 p^i는 분할 가능하지 않은 원초적인 것으로 상정한다. 그러나 이종권은 자연종의 부속인 p^i도 복수적이라는 점을 주시한다. 그리하여 김정일의 수정란도 부속 요소들을 갖는다고 보고 인공종 데시우스의 배에 적용했던 통시간적 동일성의 구조를 여기에 적용하지 못하게 할 그러한 장치가 없다는 것이다.

이종권은 통시간적 동일성과 통세계적 동일성의 구별에 대해 어떠한 대답을 할 수 있는가? 우선 이 구별의 초견적 설득력이나 정당성은 인정될 수 있는 것처럼 보인다. 그러면 통세계적 동일성과 통시간적 동일성은 무엇인가? 이러한 개념을 구성하는 것은 우선 다음처럼 제안할 수 있을 것이다. t_1, t_2등을 시간에 적용되는 변항으로, w_1, w_2 등은 가능 세계에 적용되는 변항으로 채용하자. 그러면 통세계적 동일성 Iw와 통시간적 동일성 It의 관계들은 다음과 같이 규정될 수 있을 것이다.

(4) $It(a,b) \leftrightarrow (\exists P)((\forall t_1)(Pat_1 \leftrightarrow Pbt_1) \wedge \neg(\exists t_2)(\forall x)(Pxt_2 \wedge \neg(x=a) \wedge \neg(x=b))$

(5) $Iw(a,b) \leftrightarrow (\exists P)((\forall w_1)(Paw_1 \leftrightarrow Pbw_1) \wedge \neg(\exists w_2)(\forall x)(Pxw_2 \wedge \neg(x=a) \wedge \neg(x=b))$

두 개의 개별자가 통시간적으로 동일하다는 것은 이들이 적어도 하나의 성질을 모든 시간에 공유하고 그리고 이 성질은 이들을 제외한 다른 개별자에게는 어떤 시간에도 공유되지 않는 것이다. 통세계적 개별자들에 대해서도 비슷하게 말해진다. 그러면 이러한 성질은 무엇인가? 결국 이 성질은 그 개별자들만 모든 시간에 또는 모든 세계에서 공유하는 성질이 된다. 단순하게 말해 배타적 본질을 갖는 것이다. 이러한 규정을 수용하면 두 동일성 간에 어떤 관계가 보인다. 통시간적 동일성은 통세계적 동일성의 한 유형으로 나타나는 것이다. 양자 간에 차이가 있다면 특수적 양상과 일반적 양상 간의 차이라고 보인다. 이종권의 입지는 개연성을 갖는 것으로 보인다.

손병홍의 헤세이티스틱 양상 현실론

가능 세계란 무엇인가? 가능 세계의 언어가 의미를 부여받기 위해서는 그 세계의 요소인 가능 세계나 가능 대상이 어떤 방식으로건 간에 설정될 수 있어야 한다. 손병홍(2013: 218)은 기존의 루이스(D. Lewis) 이론에 대한 대안을 구성한다. 그는 양상 명제에 진리 조건을 부여함으로써 자연스러운 해석에 이를 수 있고 양상 명제들로 구성된 논증들에 타당성 여부를 외연적으로 결정할 수 있는 틀을 제공할 수 있다고 본다.

루이스의 가능 세계들은 각각 독립되어 있고, 개별자를 하나도 공유하지 않는다. 다른 세계들에 존재하는 개별자들이 동일한가의 여부의 문제는 발생하지 않고, 두 세계에서의 두 개별자들은 그 세계의 다른 개별자들보다 더 많은 속성 성질들을 공유하는 상대역(counterpart)의 관계를 갖는다. 이들은 물론 시공적, 인과적 관계를 갖지 않는다. 손병홍(2003: 105-108)은 그러한 상대역 가능 세계론에 대해 많은 문제들을 논의한다. 예를 들어, 반사실문에서의 대물적(de re) 문장은 개체 자체에 대한 문장인데도 루이스는 개체 자체가 아닌 다른 개체와의 유사성에 의존한다는 것이다. 또한 루이스에 따르면 하나의 개체 a가 실제로 갖고 있는 속성들과 상당히 다른 속성들을 소유할 가능성이 있다는 상상을 하기 어렵다. 그 개체는 a 와 상당히 다르므로 그 상대역이 될 수 없다는 것이다.

손병홍(2003: 113-136)이 제안하는 헤세이티스틱 양상 현실론은 현실 세계의 대상들이 가능 세계들의 공간으로 옮겨갈 때 추상 개체가 되면서 이들 간에 대물적(de re) 해석이 이뤄진다는 관점이다. '헤세이티스틱'(haecceitistic)은 대상들을 질적 속성이 아니라 직접적 의도로 지시할 수 있는 지칭적 속성을 나타낸다. 크립키의 고정 지시어와 같은 역할의 속성을 나타낸다. 세 살짜리 어린이가 동물원 호랑이를 보고 그린 그림이 호랑이보다 쥐와 더 닮았다고 할지라도 그 그림은 호랑이-그림으로 간주된다는 점에서 인간 언어의 지칭적 속성은 헤세이티스틱 특징을 나타낸다는 것이다. 이러한 관점은 한편으로 루이스 이론의 문제를 극복하면서 다른 한편으로 질적 유사성에 의존하는 통세계적 동일성론의 문제를 회피할 수 있을 것이다.

2. 최성호의 성향 철학

논리 실증주의는 "표현의 의미는 그 표현의 검증 가능성"이라는 기치 아래, 관찰 술어는 쉽게 검증될 수 있다고 하면서 "좋다", "아름답다" 같은 가치 술어나 용해성(solubility), 깨지기 쉬움(fragility) 같은 성향성 술어는 관찰적 술어로 환원 또는 그 비슷한 것으로 번역될 수 있어야 한다고 믿었다. 예를 들어, 카르납(R. Carnap)은 "소금은 용해적이다"라는 성향성 문장을 "만일 소금을 물 속에 넣는다면 그러면 소금은 용해된다"라는 관찰 문장으로 분석했다. 그러나 가능 세계 의미론이 알려지고 반사실 조건문의 의미론이 설득력을 가지면서, 성향성 술어가 포함하는 필연적 양상성을 유지할 수 있다는 것이 수용되었다. 카르납이 환원시킨 관찰 문장은 외연성을 갖는 이점은 갖지만 본래의 성향성 문장이 포함하는 양상성을 놓치게 된다는 것이다. 최성호는 바로 이러한 성향이라는 개념을 탐구하여 '성향 철학'이라는 형이상학을 구성하고 있다. 그는 이러한 탐구를 위해 반사실 조건문의 논리를 채택하고 옹호한다. 흄(D. Hume)은 인과 관계를 사실적 우연 관계로만 해석했을 뿐 아니라 그 필연성을 "인정하지 않을 수 없다"는 과제를(김효명, 1991: 159) 미루어놓았지만, 최성호는 그 과제를 반사실문의 논리에서 찾으려고 노력하고 있는 것이다.

인과와 반사실 조건문

인과 관계에 대한 반사실 조건문적 탐구는, 예를 들어, "만일 철수가 시간 t에 야구공을 던지지 않았더라면 영희 방의 창문이 깨지지 않았을 것이다"에서처럼 야구공 던짐 사건과 창문 깨짐 사건 간의 관계가 상례적 · 우연적인 것이 아니라 보다 강한 필연적 양상 성질을 갖는다는 점에 착안한다. 이를 일반화하면,

> (T) 만일 두 사건이 반사실적 의존 관계에 들어 있다면 이들은 인과적 관계에 들어 있다;

라는 인과 논제에 도달한다. 최성호(2001; 2003; Choi, 2007)는 인과 논의에서 중요한 이 논제를 비판하는 바커(Barker, 2003)의 논의에 주목하여 루이스(D. Lewis)의 가능 세계 의미론을 사용해 논의한다.

바커의 비판은 다음과 같다(Choi, S. 2007: 2-10). 사건 e가 사건 c의 결과일 때 또는 c와 e가 공동 원인의 결과이면서 서로에 대해 인과 관계에 있지 않을 때, 논제 (T)는 "사건 e가 사건 c를 야기한다"는 판결을 내린다는 것이다. 왜냐하면 "e가 아니었더라면 c가 발생하지 않았을 것이다"라는 반사실문을 허용하기 때문이라는 것이다. 그리고 바커는 그러한 경우의 예를 아래의 도식으로 보이고자 한다. 두 개의 납판 S_1과 S_2가 원통형 백납 상자에 들어 있고, S_1은 동선에 매달려 S_2에 간신히 얹혀져 있고, S_2는 백납 바닥에 떠받혀져 있다. 동선줄이 끊어질 때 S_1이 S_2를 누르기 때문에 백납 바닥이 깨지고 결국 두 납판이 아래로 떨어진다.

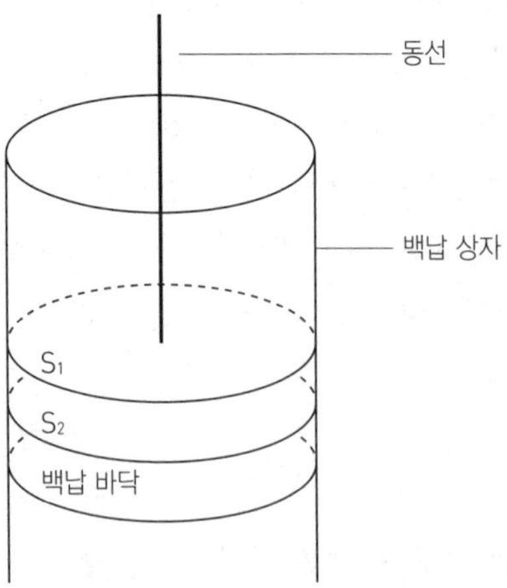

바커는 이 사례로부터 "만일 S_2가 하강 개시를 하지 않았더라면 S_1은 하강 개시를 하지 않았을 것이다"라는 반사실문을 읽어내고, 논제 (T)는 S_2의 하강 개

시가 S_1의 하강 개시의 원인이라는 판결을 내리지만 이것은 역행적이고 가짜 인과라고 한다. S_1의 하강 개시가 S_2의 하강 개시의 원인이기 때문이다. 바커의 반례가 성공적이라면, 인과 관계에 대한 반사실 조건문적 접근은 핵심 논리의 근거를 상실하게 된다.

최성호는 바커의 반례를 반박한다(Choi, 2007: 8–12). S_1의 하강 개시를 'e_1'으로, S_2의 하강 개시를 'e_2'로 부르기로 한다면, "e_1이 e_2의 원인이다"라는 바커의 주장은 틀렸다고 한다. 그리고 "e_2가 e_1을 야기하지 않는다"는 관점은 e_1이 e_2를 선행한다는 가정에 기초하지만, "e_1이 e_2에 시간적으로 선행한다"는 가정도 잘못이라고 지적한다. 그러한 잘못된 가정으로부터 '역행적 인과'라는 진단이 나왔던 것이다. 최성호는 바커의 논의가 잘못되었다는 토론을 다음과 같이 구성한다. S_1과 S_2 사이에는 틈이 있거나 틈이 없거나이다. 한편으로, 틈이 있다고 가정하자. 그러면 S_1이 S_2 보다 먼저 하강을 시작할 것이고 e_1은 e_2보다 시간적으로 선행할 것이어서 '역행적 인과'란 없는 것이 된다. 다른 한편으로 틈이 없다고 가정하자. 그러면 S_1의 하강 개시는 S_2의 하강 개시 후에야 이루어질 것이고, 그러면 e_1은 e_2보다 후에나 또는 적어도 동시에 발생하는 것이 되어, 바커의 e_1의 시간 선행성 가정은 잘못이 된다.

최성호에게 있어서 e_2를 야기하는 것은 e_1이 아니라, S_1이 시간 t에 S_2를 향해 아래로 미는 힘의 압력이다. 달리 말해, e_1은 S_1이 시간 t에 S_2를 향해 아래로 미는 힘의 압력에 의해 시간적으로 선행한다. 그렇다면 이러한 상황에서 얻어지는 반사실문은 "만일 S_1이 하강 개시를 하지 않았더라면 S_2도 하상 개시를 하지 않았을 것이다"라는 것이다. 그리고 논제 (T)는 이러한 반사실문으로부터 "e_1이 e_2의 원인이다"라는 판결을 내리는 것이 아니라, "S_1이 시간 t에 S_2를 향해 아래로 미는 힘의 압력이 e_2의 원인이다"라는 판결을 내린다는 것이다.

성향과 단순 반사실 조건문

최성호는 반사실 조건문의 논리의 강건함에 입각해 성향(disposition) 개념의 형식과 내용을 탐구한다. 성향은 논리 실증주의의 프로그램을 포기한다고 할지라도 중요하다. 성향은 인간(사람다움), 마음(믿는다), 윤리(착하다), 언어(의미), 과학(법칙), 존재(본질)의 주제뿐만 아니라 인간 경험에서 연결되지 않는 분야가 거의 없을 정도로 철학적으로 기본적인 개념을 구성한다. 이들은 모두 성향적이다. 그렇다면 성향 개념을 양상성으로 환원하지 않고 이를 보존하는 분석이 어떻게 가능할 것인가? 철학자들(N. Goodman; G. Ryle)은 20세기 중반에 이를 위한 제안을 했다. "소금은 용해적이다"라는 성향성 문장을 "만일 소금을 물 속에 넣었더라면 그러면 소금은 용해되었을 것이다"라는 반사실 문장으로 분석하자는 것이다. 이를 일반화하여,

> (6) 대상 x가 환경 C에서 발현 m의 성향을 갖는 경우 그리고 이 경우에만 만일 x가 C에 처해 있었다면 x는 m을 발현했을 것이다

가 얻어지고 필연적 양상성이 보존된다는 것이다. 경험 인식론의 전통으로부터 양상 인식론으로 관심을 보이기 시작한 것이다. 이러한 접근을 양상의 반사실성에 대한 "단순 조건문적 분석(Simple Conditional Analysis, SCA)"이라 부른다.

최성호(Choi, 2006: 369-370)는 이러한 분석에 대한 마틴(C. Martin)의 반론을 반박하여 SCA를 지지한다. 마틴은 "대상 x가 시간 t에 깨지기 쉬운 성향성을 갖는 경우 그리고 이 경우에만 만일 x가 t에 타격되었다면 그러면 x는 깨졌을 것이다"라는 단순 조건문적 분석에 대한 반례를 제시한다. 구체적으로, 훼방꾼 마법사가 유리 G_1이 타격되었어도 깨지지 않도록 마법을 걸 수 있다는 것이다. 그러면 성향성에 대한 분석문의 전건은 만족되었는데도 후건이 참이 아니게 되어 단순 조건문적 분석은 수용할

수 없게 된다는 것이다.

최성호(Choi, 2009: 568, 571)는 마틴과 달리 "G_1은 깨지기 쉬운 성향성을 가지고 있지 않다"는 관점에서 출발한다. 이러한 관점은 단순 조건문적 분석 논제와 본질적 성향성 논제(The Intrinsic Dispositions Thesis, IDT)의 갈등에 호소하여 유지된다. 먼저, 후자는 "대상들 x와 y의 모든 짝에 대해, 만일 x와 y가 완전한 복제자들이고 동일한 자연법칙을 따른다면 그러면 이들은 모든 성향들을 공통적으로 소유한다"는 말로 표현된다. 그러면 마법에 걸리지 않은 유리 G_2가 G_1의 복제자라는 것을 상상할 수 있고 "만일 G_2가 타격되었었다면 그러면 G_2는 깨졌을 것이다"라는 조건을 만족하여 G_2는 깨지기 쉬운 성향성을 소유한 것이 된다. 그러나 만일 G_2가 깨지기 쉬운 성향성을 소유하면 그러면 IDT에 의해 G_1도 깨지기 쉬운 성향성을 소유해야 한다. 그러나 G_1은 마법에 걸려 있으므로 그러한 성향성을 갖지 않고 있다. 결국, 이러한 상황을 야기시키는 SCA와 IDT는 갈등에 봉착한다. 그러나 최성호는 IDT 에 대한 반례를 수용하여 갈등을 벗어나고자 한다. 나의 열쇠는 나의 현관문 자물쇠에 삽입되었을 때 그 현관문을 여는 성향성을 가진다. 그러나 나의 열쇠의 완전 복제자는 열쇠의 환경, 즉 현관문 자물쇠를 바꾼다면 그 현관문을 여는 성향성을 소유하지 못한다. 같은 원리로 IDT가 거짓이라면, 그 SCA와의 표면적 갈등은 진정한 갈등이 아니어서, G_2는 깨지기 쉬운 성향성을 소유하지만 G_1은 깨지기 쉬운 성향성을 가지고 있는 것이 아니라는 것이다.

반사실 조건문적 분석의 옹호 논변들

최성호의 성향 철학이 구성되는 방식을 보기 위해서는 논의의 전개 과정을 추적할 수 있어야 한다. 이를 위해 먼저 루이스(D. Lewis)가 마틴(C. Martin)의 SCA에 대한 반례를 심각하게 고려하여 제시한 "수정 조건문적 분석(Reformed Conditional Anqalysis, RCA)"에 주목해보자.

(7) 대상 x는 자극 s에 반응하여 발현 m을 나타낼 성향을 시간 t에 가지고 있는 경우 그리고 이 경우에만, x가 t에 가지고 있는 본질적 속성 B와 t 후의 시간 t'에 대해, 만일 x가 t에 s를 겪었고 그리고 t'까지 B를 보유했다면 그러면 s와 x의 B 소유는 x의 m 발현에 대한 하나의 x-온전한 원인이 될 것이다.

최성호는 본질적 성향성 논제의 거짓에 호소하고, 루이스는 본질적 속성의 보유라는 조건을 첨가하여, 성향에 대한 반사실 조건문적 분석의 구조를 유지하면서 SCA와 RCA라는 두 개의 다른 반사실 조건문적 분석 유형을 지탱한다.

최성호(Choi, 2008: 3-4)는 이들에 대한 다른 차원의 버드(A. Bird) 반례에 주목한다. 마법사는 유리 G_3가 타격되었을 때 타격의 충격을 무효화하는 해독제를 투여하여 유리가 깨지는 과정을 중단시킨다는 것이다. 버드는 G_3가 타격되었을 때 깨지는 성향 D_1을 가지고 있으므로, SCA나 RCA의 오른쪽 조건문의 전건은 만족되지만 그 후건이 만족되지 않는 상황이 발생함으로써 성향에 대한 반사실적 분석에 대한 반례가 얻어졌다는 것이다.

최성호(Choi, 2008: 2-3; 2009: 572-573)는 "버드의 G_3가 D_1을 가지고 있지 않다"고 주장하여 버드를 반박한다. 그는 이를 위해 성향에 대한 루이스의 '두 단계 접근'을 사용한다. 첫째 단계는 성향을 '공개적으로 성향적인 말투'로 정의하는 것이다. 달리 말해, 성향의 세밀한 자극 환경들과 발현들을 명시함으로써 성향이 그러한 조건하에서 그렇게 발현한다는 것을 보이는 것이다. 이러한 성향을 '규칙적 성향'이라 한다. 둘째 단계는 "대상이 그러한 규칙적 성향을 가지고 있다"고 말하는 것이 무엇을 뜻하는가를 설명하는 단계이다. 구체적으로 규칙적 성향을 단순한 반사실적 조건문으로 분석하는 것이다. 예를 들어, '유독성'에 대한 첫째 단계는 식품을 먹었을 때 죽음을 유발하는 성질로 정의하고, 둘째 단계는 식품을 먹었다면 그것은 죽음을 야기했을 것이라고 설명하는 것이다.

이러한 접근으로 "G_3가 D_1을 가지고 있지 않다"는 것이 어떻게 지지되는가? 최성호(Choi, 2008: 3-4; 2009: 573-574)는 루이스의 첫째 단계에 의존하여 버드의 성향 언어를 세분한다. 타격되었을 때 깨지는 성향 D_1과 마법사 개입 없이 타격되었을 때 깨지는 성향 D_2를 구분하는 것이다. 그러면 G_3는 D_1을 가지고 있는 것이 아니라, D_2를 가지고 있는 것이 된다. G_3는 마법사 개입 없이 타격되었던 것이 아니기 때문이다. G_3는 D_2 가 규정하는 세밀한 자극 환경에 처해 있지 않다. 한편으로, G_3는 D_2를 가지고 있지만 D_2를 발현하지 않고 있다. 다른 한편으로, G_3는 D_1이 규정하는 세밀한 자극 환경에 처해 있으면서도 D_1을 발현하지 않는 까닭은 D_1을 가지고 있지 않기 때문일 것이다. 최성호는 이러한 구조의 이유를 들어, 버드의 반례는 실패하고 SCA나 RCA는 온전하게 유지될 수 있다고 주장한다.

그러나 최성호(Choi, 2008: 17-19)는 루이스의 성향에 대한 규정은 '성향의 세밀한 자극 환경들과 발현'이라는 조건에 의존하여 순환성에 빠진다고 지적한다. 구체적으로, G_3의 성향을 마법사 개입 없이 타격되었을 때 깨지는 성향 D_2로 규정하는 것이 그러하다. '마법사 개입 없이'라는 표현은 깨지는 성향에 대한 해독제 없이라는 것을 뜻하기 때문이다. 그렇다면 순환성 없이 어떻게 '성향의 세밀한 자극 환경들과 발현'이라는 것을 규정할 수 있을 것인가? 최성호는 이러한 순환성 극복을 위한 기존의 논의들을 살펴본다. 멈포드(S. Mumford)는 '깨지는 성향'이라는 개념에 호소하지 않아도 깨지는 성향에 대한 해독제라는 데 도달할 수 있는 많은 조건들이 있겠지만, 그러한 모든 조건들의 온전한 목록의 나열은 불가능하다고 판단하고 그 자리에 '이상적 조건들'이라는 이름의 제한을 가하고자 한다.

최성호(Choi, 2008: 19-22)는 멈포드가 '이상적 조건들'이라는 이름만을 제시하고 이에 대한 상세한 설명을 하지 않았다고 하면서, 그 자리에 '일상적 조건'이라는 제한을 부여한다. 필라멘트는 진공 속에서만 발광한다. 필라멘트가 발광하는 것은 필라멘트의 내재적 속성뿐만 아니라 그 외재적 조건에 의존하는 것이다. 설탕 용해성도 설탕의 내부적 특성뿐만 아니라 외부적 조건, 일상적 조건에서 어떻게 나타나는가에 관심을 갖는 것이지 이상하게 요란스러운 조건의 상황에 주목하는 것이 아니다. 설탕 용해성의 '세밀한 자극 환경들'에 처해 있다는 것은 일상적 조건에 있는 물에 들어 있다는 것이다. 물론 '일상적 조건'이라는 표현이 애매모호할 수 있기 때문에 구체적 성향에 따라 이 표현은 상대화될 수 있어야 한다. 용해성의 일상적 조건은 일상인의 조건이지만, 초전도성에 대한 일상적 조건은 해당 분야의 과학자의 조건이다. 최성호는 버드의 반례에 대해 여러 가지로 대응하여 그 반례가 반사실적 조건문의 성향 개념 분석을 흔들지 않는다는 점을 주장한다.

루이스와 최성호의 차이점

최성호의 성향 철학은 루이스 철학에 기대면서도 루이스와 다른 관점을 제시하며 구성된다. 먼저 그가 루이스로부터 수용하는 점들을 확인해 보자. 그의 반사실 조건문의 의미론은 루이스적이다. "P였더라면 Q였을 것이다"라는 반사실문의 현실 세계적 의미는 "현실 세계와 비교 유사성에서 가장 가까운 모든 P-세계들이 또한 Q-세계이다"라는 것이다. 반사실문에 대한 경쟁적 해석들은 이러한 비교 유사성의 경쟁에서 살아남는 것으로 선정된다. 성향에 대해서는 두 단계 접근을 통해 성향, 예를 들어 깨지기 쉬운 성향은 '성향의 세밀한 자극 환경들과 발현'의 개념을 통해 구체적인 환경에서 타격되었을 때 깨지는 성향 D_1과 마법사 개입 없이 타격되었을 때 깨지는 성향 D_2를 구분해낼 수 있었다. 최성호는 루이스와 더불어 성향에 대한 반사실 조건문적 접근이 효과적이라는 믿음을 공유하는 것이다.

그러나 최성호는 루이스에 대한 차별성을 선명하게 보이고 있다. 먼저 최성호(Choi, 2006: 376-377)는 루이스의 두 단계 접근에 대한 해석에 의견을 달리한다. 두 단계 접근은 '성향의 세밀한 자극 환경'의 명시를 요구하지만 이 요구는 마법사 개입 없이 이루어지는 타격 같은 환경의 명시는 포함하지 않았다는 것이다. 그러나 최성호는 왜 깨지기 쉬움 세밀 자극으로부터 깨지기 쉬움 해독제 부재라는 환경 조건이 배제되어야 하는가를 묻는다. 루이스는 이에 대해 분명한 답을 하지 않는다고 한다. 깨지기 쉬움 해독제나 이와 같은 환경 요소들은 모두 깨지기 쉬운 대상들의 외부적 환경이고, 타격으로부터 결과하는 인과적 과정에 개입하기 때문이다. 그렇다면 깨지기 쉬움 세밀 자극의 명시는 깨지기 쉬움 해독제 부재라는 환경 조건을 포함하는 것이 보다 자연스러운 것이라고 주장한다. 그리고 이러한 구조를 따르게 되면 루이스가 그 다음 단계로 밟는 SCA에 대한 수정안으로서의 RCA를 제안하는 번잡함에 빠지지 않아도 된다는 것이다.

최성호(2006: 377-378)는 루이스의 RCA가 어떤 문제점을 가지고 있는가를 보다 적극적으로 논의한다. 루이스에게는 RCA를 만족하는 대상 c가 본질적 속성 B를 가질 수 있다. 만일 c가 깨지기 쉬움 세밀 자극을 겪고 B를 보존한다면, 그러면 B와 타격은 c가 깨지기 쉬움 세밀 발현을 보이는 사건의 c-온전한 원인이 된다는 것이다. 그러나 최성호는 여기에 문제가 있다고 본다. c에게 타격이 가해졌더라도 c가 깨지지 않았을 것이라는 것이다. 왜냐하면 c의 다른 하나의 본질적 속성 B* 가 타격과 합하여 처음의 본질적 속성 B를 내어버릴 수 있다는 것이다. c는 RCA에 따라 깨지기 쉬움의 성향을 가질 수 있지만, 또한 c가 타격을 받고 B*를 보존했을 때 c는 물리적으로 강해 깨지지 않았을 것이라는 것이다. 최성호는 이러한 문제는 SCA에 발생하지 않는다고 한다. SCA에 의하면, c는 타격을 받았어도 깨지지 않았을 것이고 물리적으로 강하게 남는다는 것이다. 이러한 결과는 두 개의 대립되는 성향 개념들은 상호 배타적이라는 우리의 상식과 일관된다는 것이다.

간단히 말해서, 최성호는 인과 관계의 필연성을 성향성에 대한 반사실문적 분석보다는 단순 조건문적 분석을 통해 옹호하고자 한다. "대상 x가 시간 t에 깨지기 쉬운 성향성을 갖는 경우 그리고 이 경우에만 만일 x가 t에 타격되었다면 그러면 x는 깨졌을 것이다"라는 단순 조건문적 분석에 대해, 마틴은 "마법사가 유리 G_1이 타격되었어도 깨지지 않도록 마법을 걸 수 있다"는 반례를 제시한다. 성향성에 대한 분석문의 전건은 만족되었는데도 후건이 참이 아니게 되어 단순 조건문적 분석은 수용할 수 없다는 것이다. 그러나 최성호는 G_1과 물리적 속성과 물리적 여건이 동일한 G_2를 상정할 수 있고 오로지 다른 것은 마법이 걸림의 여부라면, 그러면 G_2는 깨지기 쉬운 성향성을 소유하지만 G_1은 깨지기 쉬운 성향성을 가지고 있는 것이 아니라는 것이다. 마틴의 반례는 극복된다.

3. 선우환의 양상 철학

선우환은 현대 분석 철학이 도달한 양상적 전회에 입각해 이를 수정하고, 심화하여 전통적으로 제기되었던 중요 철학적 주제들을 자신의 입장에서 조명하고 제안한다. 그가 분석하고 있는 철학적 주제들은 존재, 인과, 지식, 믿음 같은 주제이다. 이러한 주제들의 분석이 전통적 이해와 어떻게 달라지고 있는가를 살필 수 있을 것이다.

양상 형이상학

선우환(2001b)은 인과 유관적 반사실문의 논리로 양상 형이상학을 추구한다. 먼저, 양상적 전회가 당면한 중요 과제 중의 하나는 양상 이론의 딜레마를 벗어나는 일이었다. 철학 언어는 한편으로 일차 술어 논리의 언어를 사용하면서도 양화되지 않는 필연성-가능성의 양상 범주를 제외해야 했지만 다른 한편으로 양상 논리는 일차 술어 논리가 요구하는 필연성-가능성의 양상 범주를 양화하기 위해 가능 세계나 가능 개체를 대상으로 간주할 수 있는 방식을 제안했어야 한다. 선우환은 이러한 양상 딜레마를 조명하는 양상 존재론을 다룬다.

선우환(2007; 2000a)의 양상 존재론은 양 극단의 관점들을 논의하는 과정에서 나타난다. 이 점에서 루이스(D. Lewis)의 진짜 가능 세계 실재론과 로젠-누난(G. Rosen & H. Noonan)의 양상 허구론에 대한 그의 논의들은 중요하다. 먼저, 루이스는 세계들을 시공간적으로 단절된 부분들의 전체론적 합으로 규정한다. 인간이 살고 있는 이 세계는 인간에게 현실적(actual)인 세계이고, 다른 가능 세계는 그 세계의 거주자들에게 현실적인 세계여서 그 세계의 말하는 당나귀도 이 세계의 당나귀처럼 피와 살을 갖는 진짜 세계라는 것이다. 두 세계의 개별자들은 '가장 비슷한'이라는 관계를 통해 구성되는 상대역(相對役, counterpart)으로 연결된다. 그러나 선우환은 루이스의 가능 세계를 크게 두 가지로 비판한다. 첫째, 그의 가능 세계가 시공적으로만 규정되는 한 일차 술어 논리의 조건을 만족하겠지만 양상성을 사물성으로 환원하는 전략은 양상 개념에 대해 무엇을 해명하는가라고 묻는다. 둘째, 세계들이 단절된 시공의 개별자들로 구성되고 이들이 상대역 관계로 연결된다면, 가능 세계들이 완전히 닮은 경우 서로 식별 불가능한 관계에 들어간다고 진단한다. 원리적으로 분별할 수 없는 사실의 문제가 발생하는 것이다.

로젠-누난의 양상 허구론은 이 세계만을 현실적이라 하고 다른 가능 세계들을 '허구 이야기에 따르면'이라는 문장 연산자로 구성하여, 루이스의 과다한 존재론적 개입을 피하면서도 그 상대역의 의미론적 장점들을 취하고자 한다. 그리하여 모든 세계는 여러 세계들을 부분으로 포함하고 원초적 세계 동반자 관계로 각각 연결되는 최대 체계로 이해된다. 선우환(2000a: 272)은 이러한 양상 허구론을 아직 수용하지는 않으면서도, 이에 대한 치하라(C. Chihara)의 비판을 반박한다. 치하라는 "양상 허구론에 따르면, 참된 상대역 관계는 존재하지 않는다"라고 하여 허구론이 지향하는 의미론적 역할의 근거가 없다고 본다. 그러나 선우환은 "어떤 속성을 갖는 대상들이 허구 속에서만 존재한다는 사실이 그 속성 자체가 허구 속에서만 존재한다는 사실을 함축하지 않는다"고 지적한다. '황금산'이라는 속성을 가진 대상들은 스페인 탐험가들이 믿는 전설 속에서 존재하지만, 황금산이라는 속성 자체는 '황금이다'와 '산이다'라는 세부 속성들의 연언적 속성으로 실재한다고 말할 수 있다는 것이다. 그렇다면 '황금산이다'라는 속성은 예화된 적이 없어서 허구적이라 할지라도 가능한 대상의 본질적 속성일 수 있다. 따라서 선우환은 "상대역 관계를 맺는 대상들은 오직 허구 속에서만 존재한다 하더라도 상대역 자체는 허구적 관계가 아닐 수 있다"고 결론짓는다.

선우환은 양상 존재론의 양극단에 대한 논의에 참가함으로써 그의 양상 형이상학을 간접적으로 드러내 보이지만 또한 형이상학적 필연성을 주장함으로써 그의 관점을 직접적으로 나타낸다. 선우환(2004a: 203-209)이 크립키의 기원 본질론을 사용하여 자신의 형이상학적 필연성에 도달하는 과정을 살펴보자. 크립키는 "책상 a가 실제로 특정한 나무 조각 b로부터 기원했다면, 그 a가 얼음 조각 c로부터 기원하는 그런 가능 세계를 상상할 수 없다"고 말하여 a가 b로부터 기원했다면, a가 c로부터 기원하는 것은 가능하지 않다고 생각한다. 선우환은 이러한 크립키 관점의 논의의 구조로부터 함축을 끌어낸다. 우리가 실제로 어떤 상상을 했다면 그것은 바로 상상된 것이 가능하다는 것에 대한 증거가 된다. 반대로, 우리가 어떤 것을 상상하지 못했다는 것은 그 자체로 그것이 불가능하다는 것을 보장하지는 않는다. 그러나 상상하고자 충분히 노력했는데도 그것을 상상하지 못했다는 것은 다른 조건이 같다면, 그것이 불가능하다는 것에 대한 잠정적 증거 구실을 할 수 있다는 것이다. 그리하여 상상이 양상 판단에서 차지하는 지위는 지각이 외부 물리적 사물들의 존재에 대한 판단에서 차지하는 지위와 유사하다. 상상은 양상에 대한 안내자이지만 오류 불가능한 안내자는 아니라는 것이다.

그러나 선우환(2005b: 79-94)은 상상이 오류 가능함에도 불구하고 형이상학적 필연성을 지닌다고 본다. 그는 먼저 자연적 가능 세계와 형이상학적 가능 세계를 구분한다. 전자는 상상 가능한 세계들 중에서 자연법칙이 부합한 세계들이고, 후자는 형이상학적 직관이나 선험적으로 알려질 수 있는 세계들이다. 형이상학적 직관은 기원 본질론을 통해 예시된다. 아돌프 히틀러(Adolf Hitler)가 자신의 기원을 본질적 속성으로 갖는 것은 '아돌프 히틀러'라는 표현과 관련된 의미론적 속성, 맥락적 정보, 상상 가능성에 귀착되지 않고, 아돌프 히틀러가 모든 가능 세계에서 알로이스 히틀러(Alois Hitler)의 자식이라는 속성을 갖기 때문에 성립한다. 아돌프 히틀러가 태어난 기원으로서의 알로이스 히틀러의 그 특정한 난자 이외의 다른 사람의 난자나 알로이스 히틀러의 자신의 다른 난자로부터는 아돌프 히틀러가 기원했다는 것을 상상할 수 없다는 직관을 우리는 가지고 있다는 것이다. 바로 이 직관이 선우환이 주목하는 형이상학적 직관이다. 논리적 가능성, 상상 가능성, 의미론적 사실은 아돌프가 알로이스에게서 태어나지 않은 세계의 존재를 배제하지 않지만, 이러한 형이상학적 직관은 그러한 세계 존재를 배제한다. 만일 아돌프가 현실 세계에서 알로이스로부터 태어났다면, 그러면 아돌프 히틀러가 알로이스 히틀러로부터 태어났다는 것은 형이상학적으로 필연적인 것이다.

양상 존재론의 논의에서 선우환(2010a; 2001b: 107; 2007)의 자리는 어디쯤일까? 그는 가능 세계에 대해 극단적 실재론, 허구주의, 환원주의를 논의하면서, 양상 딜레마를 해결하는 이론은 아직 나타나지 않았다고 한다. 선우환은 다른 양상 존재론(명제들의 최대 일관적 집합, 최대 가능 사태, 추상 개체, 구조적 보편자, 문장들의 최대 일관적 집합, 현실적 대상들의 조합)에 열려 있으면서 '가능 세계'라는 이름을 너무 진지하게 생각하지 않아도 된다는 크립키의 조언에 긍정적인 것이 아닐까 생각한다. 양상 딜레마 해결에 적극적이기보다는 형이상학적 필연성을 선명하게 하는 것이 더 중요하다고 판단했을 것이다.

반사실 조건문: 인과와 설명

선우환의 양상 개념은 철학적 작업에서 반사실 조건문의 논리를 통해 구체적인 도구로 발전된다. 전통적 법칙 개념(Mackie, 1980)은 인과 개념을 한 사건의 다른 사건에 대한 '불충분하지만 필요한 문장의 필요하지만 충분한 조건'으로 분석할 때 개입하지만, 그 규범적 일반화를 우연적 일반화로부터 구별해내지 못했다. 그러나 선우환(2011a: 366-377; 2002c: 96-97)은 다음과 같은 루이스-스톨네이커(Lewis- Stalnaker)의 반사실 조건문 의미론을 수용하여 인과적 유관성의 반사실적 조건문적 테스트를 제시한다:

(8) 'P였더라면 Q였을 것이다(P □→ Q)'는 참이다 ↔ P 가 참이면서 현실 세계와 가장 가까운 유사 가능 세계들 모두에서 Q도 참이다.

그러나 이러한 쌍조건문은 '시끄러운 발포가 그 희생자의 죽음을 야기했다'는 상황에서, "그 발포가 시끄럽지 않았더라면 그 발포는 희생자의 죽음을 야기하지 않았을 것이다"라는 반사실문을 통해 '그 발포가 희생자의 죽음을 야기한 것은 그 발포가 시끄러웠기 때문'이라는 잘못된 원인에 이르게 한다. 이러한 상황에서 선우환은 인과적 유관성의 반사실적 조건문적 테스트로서 "c가 e를 야기한 것은 c가 속성 F를 가졌기 때문이다"라는 기준을 제시한다. 이 기준은 단순히 "c가 속성 F를 갖지 않았더라면 c가 e를 야기하지 않았을 것이다"가 아니라,

(9) 다음을 만족하는 c의 속성 G는 존재하지 않는다: c가 속성 F를 갖지 않고 속성 G만을 가졌더라도 c는 e를 야기했을 것이다

를 뜻한다는 것이다. 선우환의 이러한 분석은 "c가 e를 야기했다"는 것은 '다음을 모두 만족하는 엄밀 법칙 L과 속성 F, G 가 존재한다: c가 F를 가진다; e가 G를 가진다; & L에서 F가 G에 대해 충분조건적으로 적절하게 연결 된다'는 것을 의미한다는 데이비슨과 김재권이 수용하는 인과관계에 대한 법칙 포섭적 개념을 대치하는 것이다.

이렇게 구성된 선우환의 인과 유관적 반사실적 조건문의 논리는 설명, 심적 인과, 프롭(PROP, a probability-raiser of a process) 인과 같은 주제들의 조명을 돕는다. 먼저 설명 개념은 어떻게 조명되는가? 선우환(2002c:

94-100)은 먼저 인식적으로 정당화되거나 합리적인 조건으로서의 설명적 적합성 조건과 "P이기 때문에 Q이다"의 진리로서의 설명적 유관성 조건을 구별한다. 그리고 "'P이기 때문에 Q이다'가 참이다 ↔ (P는 참이다, Q는 참이다, & ¬P였더라면 ¬Q였을 것이다)"라는 분석을 제안하여, 반사실 조건문적 의존 모형이 설명 진술("P이기 때문에 Q이다")의 진리 조건을 올바로 포착한다고 주장한다. 루이스는 "한 사건을 설명하는 것은 그 사건의 인과적 역사에 대한 어떤 정보를 제공하는 것"이라고 하지만, 선우환은 "반사실 조건문적 의존 조건이 인과 관계에 대한 조건으로서보다는 설명적 유관성에 대한 조건으로서 보다 더 적합"하다고 말한다.

다음의 두 사례가 보이는 것처럼, 인과 관계에 상관없이 '때문에'라는 말이 사용되어 참인 진술이 이루는 곳에서는 늘 반사실 조건문적 의존 관계를 발견할 수 있다. 사람들은 "긴 속눈썹이 모래 바람으로부터 눈을 보호하는 데 유리하기 때문에 낙타는 속눈썹을 가지고 있다" 또는 "붕괴할 수 있는 한도까지 다 붕괴했기 때문에 별의 붕괴가 정지한다"고 말한다. 그러나 선우환은 '붕괴할 수 있는 상태가 더 이상 남아 있지 않다'는 사실은 '붕괴가 정지한다'는 사실 전에 발생하여 그 원인이라 하기 어렵고, '속눈썹이 유리하다'라는 사실은 '속눈썹을 갖는다'라는 사실이 일어나기 전에 일어난 사건이 아니므로, 그 원인이 아니라고 생각한다. 물론 반사실 조건문적 인과 분석이 부딪히게 되는 문제들이 있고, 그중의 하나는 과잉 결정이다. 김 씨와 이 씨가 각각 쏜 총알이 박 씨의 심장에 동시에 들어가 심장이 파열되어 사망이 야기되었다면, 박 씨 사망은 과잉 결정된 것이다. 루이스는 두 사건의 부분 전체론적 합을 원인으로 제안하지만 그러한 사건론은 반직관적이다. 두 사건들의 선언(disjunction)을 원인으로 시도할 수 있지만, 선우환은 사건들은 참이거나 거짓인 명제적 대상이 아니기 때문에 선언적 구조에 열려 있지 않은 인과적 분석보다는 이 구조에 적합한 설명의 반사실 조건문적 분석이 보다 나은 처지에 있다고 제안한다.

물리주의는 심성 현상이나 심성적 언어를 어떻게 물리주의적으로 조명할 수 있는가라는 과제를 안고 있었다. 이 과제에 특히 관심을 가졌던 데이비슨(D. Davidson)과 김재권(J. Kim)의 형이상학은 "무법칙적 일원론에서는 심적 속성이 어떻게 인과적 유관성을 가질 수 있는가?", "비환원적 유물론은 물리적 인과 설명으로 심적 인과 설명을 배제하는 것이 아닌가?"와 같은 물음을 밝히고자 했다. 이러한 전통에 대해 선우환(2011a)은 반사실 조건문적 인과 개념은 그러한 문제들을 피할 수 있다고 믿는다.

구체적으로, 선우환은 심성적 사건은 법칙 포섭적이지 않고, 물리적 인과 설명은 심적 인과 설명을 배제한다는 두 철학자의 주장을 반박한다. 반사실적 조건문적 인과 개념은 법칙 포섭적이지 않은 성격을 유지하기 때문에 심적 무법칙성으로부터 제기되는 문제를 피하게 해주는 동시에 그 필요조건적 성격은 인과 설명 배제의 문제를 피하게 해준다는 것이다. 그러면서 선우환은 반사실 조건문적 인과 개념이 심신 간의 수반 논제도 수용하여 심적 인과의 가능성을 설명하고, "모든 물리적 사건 각각에 대해, S에 대한 물리적 기술이 그 물리적 사건에 대한 '객관적 확률 부여관계'를 이루는, 그 사건 이전 시점의 상태 S가 존재한다"는 물리주의적 결정론의 원리를 유지하고자 한다.

선우환(2010b: 68-72)은 쉐퍼(J. Schaffer)의 프롭 인과론에 대한 최성호의 반례에 입각하여 프롭 이론을 세련화시킨다. 쉐퍼는 'c가 e를 야기 한다'는 것은 'c가 e에 대한 프롭이다', 또는 '사건 e에 이르는 연속적인 사건들의 e-과정이 존재하고, e-과정과 구분되는 사건 c가 시간 tc에 존재하고, c가 tc에 발생하지 않았더라면 e-과정은 발생하지 않았을 것이다'로 분석된다고 한다. 최성호는 이에 대한 반례를 제시한다: 평범한 학생 수지와 프로 투수 빌리가 서로 알지 못한 채 같은 시간에 같은 유리병에 돌을 던지기로 한다; 불량배 존스가 빌리를 훼방하여, 수지 혼자 돌을 던지고 병이 깨진다; 훼방이 없었더라면 빌리가 돌을 던졌을 것이고 빌리의 돌이 병을 먼저 쳤을 것이고 병의 깨짐을 야기했을 것이다. 선우환은 이 사례를 포롭에 대한 강력한 반례로 간주하고 프롭론을 수정하기로 한다. 아돌프 히틀러가 그 부모의 특정한 수정란으로부터 태어나 그 기원이 그의 본질적 속성이 되는 것처럼, 한 사건의 기원 역시 그 사건의 본질적 속성이라고 하는 것이 자연스럽다는 것이다. 그렇다면 반례에서의 '유리병의 깨어짐'은 '수지의 돌 던짐'을 본질적 속성으로 갖게 된다. 훼방이 일어나지 않았더라면 '빌리의 돌 던짐'이 '유리병의 깨어짐'을 야기했겠지만, 그러나 이것은 다른 사건을 구성하게 된다는 것이다.

양상적 지식

선우환(2004a)은 지식 개념을 데딕토(de dicto) 양상 개념의 우선성으로 조명한다. 예를 들어, "「님의 침묵」의 저자는 「님의 침묵」을 저술하지 않을 수도 있었다"는 문장은 해석 방식에 따라 참과 거짓의 다른 진리치를 부여받을 수 있다. '「님의 침묵」의 저자'라는 표현을 데레(de re, 지칭적 투명성)로 해석해 한용운을 지시한다면 참이 되지만, 이 표현이 나타내는 대상을 데딕토(표현의 질적 속성)로 해석하면 거짓이 되는 것이다.

선우환(2004a: 210-212)은 크립키의 데레 우선성에 반대하며 데딕토 우선성을 논의한다. 먼저, 다음의 두 문장을 대조한다. "우디 앨런은 뻐드렁니를 가졌을 수도 있었다"와 "우디 앨런은 클레오파트라의 아들일 수도 있었다"라는 문장이다. 크립키는 둘째 문장이 참이 아니라고 하는 까닭을 우리가 우디 앨런이 클레오파트라의 아들임을 상상하는 것이 아니라 우디 앨런을 닮은 누군가 다른 이를 클레오파트라의 아들로 상상한 것이라고 한다. 그러나 선우환은 왜 첫째 문장이 참임을 부정하는 철학자가 똑같은 전략을 사용하여 우리는 우디 앨런이 뻐드렁니를 가진 상황을 상상한 것이 아니라 우디 앨런을 닮은 누군가 다른 사람이 뻐드렁니를 가진 상황을 상상한 것이라고 주장해서는 안 되냐고 묻는다. 두 문장을 같이 취급하거나 크립키처럼 달리 취급하거나 간에 통세계적 동일성의 문제는 실질적인 문제가 된다고 선우환은 생각한다.

선우환(2004a: 213-215)은 우디 앨런에 대한 데딕토 문장이나 데레 문장이 각각의 상대역에 대해 다른 방식이긴 하지만 어떤 관계를 갖는 관찰을 통해 질적 개념에 의한 통세계적 동일성 기준에 도달한다고 믿는다. 그리고 그는 데레 상상의 세 가지 요소를 제시한다: 우리는 우디 앨런에 대해 직접적 개념을 형성한다; 우리는 누군가가 뻐드렁니를 가진 경우를 상상한다; 우리는 그 상황에서 누군가가 우디 앨런의 직접 개념의 대상으로 우디 앨런과 다름없다고 약정한다. 여기에서 선우환은 첫째 단계와 셋째 단계에서는 진정한 의미의 상상이 개입하지 않고, 진정한 의미의 상상이 개입되는 것은 오직 두 번째 단계라고 믿으며, 데레 상상은 데딕토 상상에 데레 사유를 부가한 것에 불과한 것으로 결론지어 데딕토 양상 문장들은 데레 양상 문장들보다 더 기초적인 인식론적인 지위를 갖는다고 판단한다.

선우환(2004a: 216-218)은 데딕토 문장의 우선성을 다시 부연한다. 가능세계가 크립키에게서처럼 약정되는 것이라면 그것은 순수 지시적 표현을 사용하여 약정된다. 그렇다면 통세계적 동일성의 기준 요구는 생겨나지 않는다. 그러나 만약에 우리가 아무런 제약 없이 어떠한 세계를 약정한다면 둥근 사각형이 존재하는 가능 세계도 약정에 의해 주어지는 것을 막지 못할 것이라고 선우환은 염려한다. 누군가가 대통령직을 사임하지 않는 상황에 대해서는 그것이 닉슨에 대한 상황이라고 약정하는 것을 허용하고, 닉슨을 닮은 고양이가 뛰어다니는 상황에 대해서는 그것이 닉슨에 대한 상황이라고 약정하는 것을 허용하지 않기 위해 두 종류의 상황을 구별 짓는 기준이 필요하다. 선우환은 그 기준은 다름 아닌 통세계적 동일성 기준이어야 한다고 믿는다. 선우환은 통세계적 동일성의 주제는 인식론적으로 파생적인 데레 양상 문장들의 진리치가 인식론적으로 더 기초적인 데딕토 양상 문장들의 진리치로부터 어떻게 결정될 수 있는가의 주제로 재정식화될 수 있다고 생각한다.

양상적 지식론에서 선우환(2011b)이 주목하는 또 하나의 주제는 회의주의이다. 그가 주목하는 회의주의는 "내 앞에 책상이 있다"(A)와 "나는 통 속의 두뇌가 아니다"(B)의 두 문장을 우리가 각기 수용할 만하다고 믿지만 폐쇄성 원리(나는 A를 안다, 나는 (A → B)를 안다, 고로 나는 B를 안다)를 채택하면 A와 B는 양립할 수 없다는 양식의 회의주의이다. 명제 A에 대해서는 '안다'고 말할 수 있지만, 명제 B에 대해서는 '안다'고 말할 수 없다는 것이다. 이러한 회의주의에 대해 루이스는 A가 발화되는 일상적 맥락과 B가 발화되는 회의주의 논의 맥락이 다르기 때문에 두 발화는 직관적으로 참이고 또한 폐쇄성 원리도 저촉되지 않는다고 믿는다. 그러나 선우환은 루이스의 맥락 개념이 자의적이라고 생각한다. 인식론 수업 시간과 같은 단일 맥락에서는 두 명제의 관계를 논의해야 하기 때문이다. A를 지지해주는 증거가 있고 A로부터 B가 논리적으로 따라 나온다면 어떻게 B를 지지해주는 증거가 없을 수 있는가? A를 지지해주었던 증거들이 B도 지지해주어야 하지 않는가라고 묻는다.

선우환(2011b: 73-81)은 맥락에 호소하지 않는 방식으로 양립 가능성을 주장하는 정당화 조건을 제시하고, 이 조건을 통해 지식에 대한 폐쇄성 원리뿐만 아니라 정당화에 대한 폐쇄성 원리도 성립하지 않는다는 것을 논의한다. 그는 먼저 3요소적 지식 개념을 수용하고 증거 개념을 규정한다. S는 P라는 것을 안다 ↔ ((i) P는 참이다, (ii) S는 P를 정당화하는 증거 E를 갖는다, & (iii) S는 E 때문에 P를 믿는다); 증거 E가 명제 P를 정당화한다 ↔ E가 ¬P인 가능성들을 상당히 많이 제거한다. 그리고 그는 P인가 ¬P인가의 문제를 고려하는 맥락에서 P와 ¬P 사이에 어느 것을 선호할 적극적 이유가 없을 때, 주체는 P와 ¬P 각각에 균등하게 반반 정도의 확률을 부여하고 시작하는 경향이 있다는 관찰을 제시하고 회의주의 문제에 대한 처방을 내린다. A가 참인 것에 대한 증거들은 A가 거짓인 가능성들을 제거해주지만, B가 참인 가능성을 제거하지 못한다. 그러나 나는 B가 참인 것에 대한 증거를 갖고 있지 않기 때문에 B가 거짓인 가능성을 제거하지 못한다. 결국 나는 A에 대한 정당화된 믿음을 가지고 있고 B에 대해서는 정당화된 믿음을 가지고 있지 못하다. A를 알고 있지만 B를 알지 못한다는 직관이 설명된다. 선우환에게는 지식뿐만 아니라 정당화도 알려진 연역적 함축에 대해서 닫혀 있지 않다. 증거를 가진다는 속성은 연역적 함축에 의해 전이되지 않는다. 그리고 이러한 폐쇄성 원리의 불성립 원리는 선우환이 앞서 주장한 데닥토 지식의 우선성 원리와 일관된 것으로 보인다.

믿음 퍼즐과 부정 관사적 명제

선우환은 현대 철학의 가장 중요한 주제 중의 하나인 믿음 개념을 분석한다. 믿음 개념은 크립키에 의해 '믿음 퍼즐'이라는 이름으로 그 문제가 구성되었고 선우환은 이 퍼즐을 자신의 부정 관사적 명제론으로 조명한다. 선우환(2002b: 282-285)은 믿음 퍼즐을 다음과 같은 내용으로 요약한다. 피엘은 프랑스에 사는 소박한 불어 화자이다. 다른 외국어는 모르고 외국 여행도 아직까지 해본 적이 없지만 런던에 대해서 좋은 이야기를 듣고, "런던이 아름답다"는 의미의 "Londres est jolie"라는 불어 문장에 동의하여 이를 믿는다. 그후 그는 우여곡절 끝에 무슨 도시인지도 모르는 채 영국 런던의 한국인 동네에 도착해 살면서 한국어를 배우고 유창하게 한국말을 하며 자기가 살게 된 도시를 '런던'이라고 부른다. 그리고 "런던은 아름답지 않다"라는 한국어 문장에 동의하고 이를 믿게 된다. 그러나 동시에 그는 불어 문장 "Londres est jolie"에 대한 동의를 한 순간도 철회하지 않는다. 이 이야기가 믿음 퍼즐로 문제가 되는 것은 우리들이 "두 서술 문장이 같은 의미를 가진다면 그 두 문장은 같은 명제를 표현한다"는 명제 동일성 원리와 "누군가가 명제 P와 그것의 부정 ¬P를 동시에 믿으면, 그는 비합리적이다"라는 합리성 원리를 수용하기 때문이다. 표면적으로, 피엘에게 합리성을 부여하기 위해서는 두 서술문 중 어느 하나를 부정해야 한다. 이에 대해 기술 이론은 'Londres'와 '런던'은 다른 기술구와 관련되기 때문에 다른 뜻을 갖는다고 하여 믿음 퍼즐을 풀려고 할 수 있고, 밀(Mill, 2012)주의적 이론은 두 이름은 같은 지시체를 갖기 때문에 같은 의미를 갖는다고 하여 믿음 퍼즐을 인정할 것이다. 그러나 두 처방에서는 모두 반직관적인 요소들이 보인다.

선우환(2002b: 291-292)은 솔먼(Salmon, 1986)의 해결 시도가 성공적일

것인지를 살핀다. 솔먼은 "김 씨는 한글 창제가 세종대왕의 가장 큰 업적이라고 믿는다"라는 경우에서 일상적인 믿음이 김 씨와 명사절의 이항관계로 해석되고 있다고 보고, 믿음 퍼즐이 그러한 이항관계에서 발생하는 것으로 진단한다. 그리고 명사절 또는 명제를 특정한 외관들(guises)이나 면식 양식들(modes of acquaintance)이라는 새로운 존재자들을 도입하여 이해할 것을 제안한다. 그러면 믿음은 삼항관계가 된다. 즉 "피엘은 런던이 아름답다는 것을 믿는다"는 문장은 "피엘은 'Londres est jolie'라는 하나의 양식을 통해 런던이 아름답다는 명제를 파악하고 그리고 피엘은 그 양식으로 이 명제를 믿는다"로 분석된다는 것이다. 그리고 "피엘은 런던이 아름답다는 것을 안 믿는다"는 문장은 "피엘은 '런던은 아름답다'라는 하나의 양식을 통해 런던이 아름답다는 명제를 파악하고 그리고 피엘은 그 양식으로 이 명제를 안 믿는다"로 분석된다는 것이다. 피엘은 런던이 아름답다는 명제를 다양한 양식들을 동원하여 파악할 수 있고 이 파악의 내용에 따라 다른 태도를 취하게 된다. 솔먼은 믿음 내용은 믿음 주체의 외부에 있는 사물들과 같은 것이어서, 자신의 믿음 내용에 대해 서로 상반되는 두 태도를 동시에 가질 수 있어 퍼즐을 해소할 수 있다고 한다. 그러나 선우환은 이러한 솔먼의 전략은 믿음 내용이 직접적으로 내성될 수 있다는 생각을 포기한다고 비판한다. 믿음의 친밀한 이항관계를 버리고 소원한 삼항관계를 원초적인 것으로 도입하는 것이 문제라는 것이다.

선우환(2002b: 293-296)은 믿음 퍼즐에 대해 새로운 처방을 제시한다. 명제를 부정 관사적으로 해석하는 방식을 도입하는 것이다. "'런던'이라 불리는 도시는 아름답다"라는 문장은 오직 하나의 명제를 표현하지만 "런던은 아름답다"라는 문장은 그렇지 않다는 것이다. '런던'처럼 직접적 지시 용어를 포함하는 문장은 단일한 명제를 표현하지 않는다는 착상에서 비롯되는 관점이다. 그러한 문장은 단일한 밀주의적 명제를 표현하는 대신에 다수의 기술 이론적 명제들을 표현한다고 생각한다. 이를 일반화해, "직접적 지시 용어 N을 포함하는 문장은 N의 지시체를 지시하는 간접적 지시 용어에 의해 N이 대치되었을 때에 얻어지는 문장들에 의해 표현되는 모든 명제들을 표현한다"고 말하는 것이다. 직접적 지시 용어는 개념이나 내포를 의미로 갖지 않기 때문에 다의적이지 않고, 따라서 어떠한 특정 내포에 대해서도 중립적이다. 직접적 지시 용어를 포함하는 문장은 많은 명제들을 표현하지만 그런 문장의 의미는 애매성 없이 그러한 모든 명제들의 총합으로서 결정된다는 것이다. 선우환은 직접적 지시 용어를 포함하는 문장을 부정관사 기술에 유비시킨다. '최초의 대한민국 대통령(the first President of Republic of Korea)' 같은 정관사 기술은 세계에서 유일한 대상을 나타내지만, '하나의 사람(a man)' 같은 부정관사 기술은 소크라테스, 플라톤, 그 밖의 모든 사람을 지칭하지만 다의적인 것은 아니다. '플라톤'이라는 직접적 지시어를 포함하는 명제절, 예를 들면, "플라톤은 많은 대화록의 저자라는 것(that Platon is the author of many dialogues)"이라는 명제절은 부정 관사적 명제절로서 "소크라테스의 가장 유명한 제자는 많은 대화록의 저자라는 것", "아리스토텔레스의 가장 유명한 스승은 많은 대화록의 저자라는 것" 같은 간접적 지시 용어들만을 포함하는 명제절들을 지칭한다. 이를 일반화하면, 직접적 지시 용어 N을 포함하는 명제절은, N의 지시체를 지시하는 간접적 지시 용어로 N이 대치되었을 때 얻어지는 명제절들에 의해 지칭되는 모든 명제들을 지칭한다.

선우환(2002b: 297-3012)은 이렇게 얻어진 부정 관사적 명제절로써 믿음 퍼즐의 문제를 구체적으로 해소하고자 한다. 그의 작업은 전통적 존재 양화와 믿음의 이항 술어적 구조를 유지하면서 이루어진다. 예를 들어, "나는 한 사람을 만났다"라는 문장은 '다음과 같은 x가 존재한다: 나는 x를 만나고 x는 사람이다'라는 존재 양화문으로 분석된다. 이러한 방식이 믿음 문장에도 그대로 적용된다. "피엘은 런던이 아름답다는 것을 믿는다"는 '다음과 같은 명제 P가 존재한다: 피엘은 P를 믿고 P는 "Londres est jolie"로 표현된다'로 분석된다. 그리고 "피엘은 런던이 아름답다는 것을 믿지 않는다"는 '다음과 같은 명제 P가 존재한다: 피엘은 P를 믿지 않고 P는 "런던은 아름답다"로 표현된다'로 분석된다. 이러한 두 분석문은 서로 모순되지 않는다. 언급된 명제절들은 서로 다른 명제일 수 있다. 두 존재 양화는 서로 다른 명제에 의해 양화될 수 있고, 퍼즐은 해소된다. 피엘은 명제 동일성 기준을 해치지 않으면서도 두 개의 믿음으로도 합리성 기준을 만족하는 것이다. 또한 순수 질적인 명제만을 수용하여, "런던은 아름답다는 것"에 의해 표현되는 부정 관사적 명제절은 런던 혹은 런던의 상대역 혹은 간접적으로 지시해 얻어진 대상들이 아름다운 그런 가능 세계들의 집합이다. 선우환은 믿음의 퍼즐에 대해서도 그의 데딕토 양상 개념의 우선성 원칙을 일관된 빛으로 해소하고자 한다.

요약하자면, 선우환은 반사실 조건문적 의존 조건을 인과 관계에 대한 설명적 적합성 조건으로 간주하는 루이스 등의 관점을 수정하여 설명적 유관성에 대한 조건으로 해석해낸다. "P이기 때문에 Q이다"의 진리 조건은 (P는 참이다, Q는 참이다, & ¬P 였더라면 ¬Q 였을 것이다)라는 분석으로 포착된다고 조명한다. 선우환은 그의 반사실문 논리가 법칙 포섭적이지 않은 성격을 유지하기 때문에 심적 무법칙성으로부터 제기되는 데이비슨의 문제를 피하게 해주는 동시에, 그 필요조건적 성격은 김재권의 인과 설명 배제의 문제를 피하게 해준다고 믿는다. 또한 양상적 지식이나 믿음 퍼즐에 대한 유용한 분석에 이르게 된다.

4. 철학의 양상적 전회

일련의 한국 현대 철학자들은 반사실문의 논리에 대한 연구들을 수행하고 이 논리로 인과적 설명의 구조화를 추구하고 그 설명 개념을 명료화하기도 한다. 또는 필연성에 대한 기원 정의주의나 가능 세계를 해석학적 허구 체계로 제안하는 등 구체적 주제들의 분석을 시도한다.

반사실 · 설명 · 추론

최성호의 성향 철학에 대한 국내에서의 본격적인 논의는 아직 제시되지 않고 있는 것으로 보인다. 그러나 반사실 조건문의 역할에 대한 최성호의 대화 상대자는 선우환이다. 반사실문의 역할에 대해서 최성호는 인과적 조명을 하는 것으로 보지만, 선우환(2002a)은 설명적 유관성을 보고자 한다. 보다 구체적으로, 최성호가 최근에 쉐퍼(J. Schaffer) 인과 이론을 논파하는 반례들을 제시했을 때 선우환(2010b)은 최성호를 지지하지만, 그러나 그 논의들은 인과적이라기보다 설명적으로 보는 것이 더 개연성이 있다고 지적한다. 인과론은 사건들을 속성과 시공간 영역의 순서쌍들로 바라본다. 예를 들어, 돌팔매질의 한국 선수권자인 김 씨와 평범한 이 씨가 돌을 던져 병을 깨기로 동시에 결정을 하지만, 김 씨는 박 씨의 훼방으로 돌을 던지지 못하고 이 씨의 돌 던짐이 병 깨짐을 야기했다고 하자. 인과론은 이 경우 "박 씨가 훼방을 하지 않았더라면 김 씨의 돌 던짐이 병 깨짐을 야기했을 것이다"라고 한다. 그러나 설명론은 병 깨짐이라는 사건들이 있다면 이러한 사건들의 동일성은 그 사건들의 기원과 과정을 통해 본질적으로 결정되어야 한다는 것이다. 그렇다면 이 씨가 야기한 병 깨짐과 김 씨가 야기했을 수 있는 병 깨짐은 다른 사건들로 간주되어야 하는 것이다.

선우환의 양상 철학의 양상성에 대한 토론은 아직 시작되지 않았다. 그러나 설명과 경험적 조건이라는 두 가지 중요 주제에 대해서는 고인석과 이병덕에 의해 문제가 제기되었다. 선우환(2002c: 94-100; 2001a)은 먼저 인식적으로 정당화되거나 합리적인 조건으로서의 설명적 적합성 조건과 "P이기 때문에 Q이다"의 진리로서의 설명적 유관성 조건을 구별하고, "'P이기 때문에 Q이다'가 참이다 ↔ (P는 참이다, Q는 참이다, & ¬P 였더라면 ¬Q 였을 것이다)"라는 쌍조건문적 분석을 제안하여, 쌍조건문의 전건인 설명("P이기 때문에 Q이다")적 유관성 조건과 그 후건인 반사실 조건문적 진리 조건을 동치화하여 두 조건 간의 관계를 명료화한다. 이러한 설명적 유관성 조건 개념 앞에서는 '확률적 설명'이 문맥에 따라 설명에 적합할 수 있지만 유관할 수 없다고 본다. 확률이란 인식적 개념으로서 논리적 공간에서 계산되는 논리적 개념이 아니고, 배경 이론 안에서만 얻어지는 빈도치 개념도 아니며, 계산자의 배경지식에 의존해야 하는 주관적 개념이라는 것이다. 따라서 확률은 설명의 필요조건인 설명 진술의 진리 조건을 구성하지 못한다는 것이다.

고인석(2002)은 선우환의 설명론에 대해 여러 가지로 논의하지만 중요한 주제는 확률과 설명의 개념으로 보인다. 먼저, 확률적 기술은 체계 의존적이지만 체계 의존성이 인식 상대성의 위험에 빠지게 하는 것이 아니라고 한다. 체계 의존성에도 불구하고 확률적 기술이 객관적인 성향을 표현할 수 있다는 것이다. 과학적 지식은 '귀납과 통계의 길'을 따라 알려지는 지식이라는 직관과 일관되는 확률 개념이다. 양자 역학에서의 관찰이 불확정적이면서도 '근본적으로 확률적(fundamentally probabilistic)'이라는 국면은 과학적 지식에 대한 전통적 이해와 부합된다는 것이다. 그리고 설명이란 물음이 제기되는 곳에 물음을 해소하는 행위라고 본다. 그렇다면 설명 개념은 물음 해소를 위해, 물음이 제기되는 문맥에 따라 그 개념의 엄밀성의 정도를 달리 요구할 수 있다는 것이다. 고인석은 일반적으로 충분조건적 조명을 지향하고 선우환은 문맥적으로 문제 중심적, 반사실 조건문적 해석을 추구한다. 그러나 두 철학자는 "설명의 요구가 패러다임적 기반 위에서 일어난다"는 가정을 공유하기 때문에, 과학 이론의 변동에 따라 설명의 적합성 조건이 달라질 수 있다는 점에도 합의한다고 생각한다. 그렇다면 두 철학자는 진리가 인식적인지, 비인식적인지에 대한 관점에서 논의를 계속할 것으로 전망된다.

경험적 필연성은 선우환이 의존하는 반사실 조건문의 논리에 기초한 개념이다. "만일 물이 H_2O라면 그러면 물은 필연적으로 H_2O이다"라는 경험적 필연성은 "만일 물이 H_2O가 아니었더라면 그러면 물이 H_2O인 가능 세계는 하나도 없었을 것이다"라는 반사실문의 양상적 의미론에 근거한 것이다. 이러한 경험적 필연성에 대해 이병덕(2008; 2013)은 반사실

양상적 의미론에 대한 대안적인 것으로 추론적 의미론에 의한 해석을 제안한다. 구체적으로 다음의

(10) 물이 H_2O 가 아닌 것은 불가능하다;

(11) 물은 H_2O 가 아닌 것으로 밝혀질 수도 있었다;

의 두 문장은 각기 필연성과 경험성을 나타내는, 자연법칙 문장의 두 요소를 갖춘다는 점에서 수용하지만, 그러나 그 양립 가능성에 대한 양상적 해석을 거부하고 추론적 해석을 지지한다는 것이다. '물'이라는 단어에 대해

(12) 'x는 물이다' → 'x는 H_2O 이다';

라는 언어 추론 규칙은 '물'의 의미를 부분적으로 구성하기 때문에 이 규칙이 준수되는 세계들, 물이 존재하는 가능 세계에서는 (10)이 참이다. 그러나 콰인을 따르자면, 어떤 명제도 수정 가능하다. 물이 H_2O가 아니라 XYZ인 것으로 밝혀지는 경우, (12)에 대한 승인을 철회하고, 대신

(13) 'x는 물이다' → 'x는 XYZ이다';

를 승인해야 한다는 것이다. 이병덕은 (10)과 (11)의 양립 가능성을 (12)와 (13)의 추론주의 의미론에 입각한 개념 변화를 통해 지지한다. 그렇다면 선우환과 이병덕은

(14) 만일 물이 현실 세계에서 H_2O 이라면 그러면 물은 모든 가능 세계에서 H_2O 이다;

가 참이라는 것을 공동으로 수용하면서도, "물이 H_2O이다"라는 문장의

필연성에 대한 해석에서 달라진다. 선우환은 이 문장의 반사실적 조건문의 분석을 통해 형이상학적 이해로 나아가지만 이병덕은 추론주의 의미론의 개념 구성의 질서로 향한다는 점에서 달라지는 것이다.

반사실적 인과

철학계는 인과 개념에 대해 일반적으로 흄(D. Hume)의 전통을 따라왔다. 흄적인 관점이란 'e_i와 같은 종류의 사건들이 지속적으로 e_j와 같은 종류의 사건들과 연결되어 발생했고 e_i는 e_j 보다 시간적으로 앞서 발생한다'로 요약되는 상례적(regularity) 인과 개념이다. 그러나 흄은 이 규정을 하고 나서, 바로 "달리 말하면 전자의 것이 존재하지 않았다면 후자도 결코 존재하지 않았을 것으로 정의할 수 있다"(Hume 1975: 76-77)라는 반사실적(counterfactual) 분석을 첨가한다. 김효명(1991, 1995, 2003)은 흄의 상례적 인과 개념이 필연성 개념을 결핍하고 있다는 점을 아쉬워하면서도 반사실적 분석이 부각하고자 하는 필연성은 순환적이 아닌가를 묻는다.

김영배(1996)와 김윤환(2009)은 흄의 반사실적 개념을 구체화한 루이스(D. Lewis)의 분석, 즉

(15) e_i가 발생하지 않았더라면 e_j도 발생하지 않았을 것이고,
e_i가 발생했더라면 e_j도 발생했을 것이다;
$((\neg Oe_i \;\Box\!\!\rightarrow \neg Oe_j) \;\&\; (Oe_i \;\Box\!\!\rightarrow Oe_j))$

를 긍정적으로 수용한다. 상례적 분석과는 달리 반사실적 분석은 필연성 개념을 유지할 뿐 아니라 법칙적 일반 진술과 비법칙적 일반 진술을 구별해낼 수 있다고 본다. 그러나 이러한 분석이 제기하는 여러 가지 문제들을 논의하고 어려움을 지적한다. 그중 한 문제는 두 명의 저격수가 그 나라 독재자에게 발사하여 총알이 동시에 그 심장을 관통하는 경우이다. 독재자 피살이 과잉 결정(overdetermination)되어 루이스의 (15)에

대한 반례가 된다. 다른 하나는 빌과 수지가 각기 돌을 던져 병을 깨는 경우이다. 빌의 돌은 수지의 돌보다 먼저 병에 도착하지만, 루이스의 조건 (15)를 만족하지 못하는 인과적 선점(preemption)이 발생한다. 빌의 돌 던짐이 발생하지 않았더라도 수지의 돌 던짐이 병을 깼을 것이기 때문이다.

반사실적 인과 개념을 적극적으로 지지하는 몇몇 철학자들을 살펴볼 수 있다. 김동현(2008)은 반사실적 인과론을 지지하기 위해 이를 대치하고자 하는 인과 조종 가능성 이론을 논의한다. "원인은 결과를 조종하기 위한 장치"라는 인과 조종론은 인과 자체에 대한 논의라기보다는 인과적 설명에 대한 철학적 이론화에 초점을 두면서 인과 관계에서 일반화(generalization)와 예화(instatantiation)의 양 방향 전환을 목표로 한다. 김동현은 반사실적 인과는 인과의 개항에 초점을 두고 유형으로서의 인과 조종론은 경험의 경계를 뛰어 넘는 추론의 비약이라는 점을 염려한다. 결국 두 이론은 인과론에서 다른 목표를 갖는 양립적 관점이라고 본다.

김성수(2012)는 반사실적 인과론의 중요한 직관들을 옹호하기 위해 제기되는 문제점들을 루이스의 "내적(intrinsic) 관계" 개념에 기초해 해소하고자 한다. 이 개념은 "정황상 필요한 것으로서의 원인"이라는 출발점을 가능하게 한다. 인과 관계는 사건들 간에 그 자체로 갖고 있는 특성으로 인해 성립하며 외적 상황과는 독립적이라는 것이다. 그런 점에서, 인과적 선점의 상황에서도 빌의 돌 던짐은 유리창 깨짐에 내적으로 연결되어 있지만 수지의 돌 던짐은 외적 상황에 불과하다는 것이다. 그러나 이 관점은 소위 "치명적 해독제"의 상황을 표면상 풀지 못하는 것처럼 보인다. "주어진 결과를 촉진하는 동시에 억제하는 사건은 그 결과의 원인일 수 없다"라는 직관과 상충하는 것처럼 보이기 때문이다. 그러나 김성수는 이 직관을 수용하면서도 상충하는 것처럼 보이게 하는 전제를 무력화하고자 한다. 보스를 죽이고자 한 행위가 보스가 살아남은 것의 원인이라는 주장에는 문제가 있지만, 암살자의 의도에 대한 고려 때문에 암살자의 행위가 보스가 살아남은 것의 원인이 아니라는 직관은 포기할 수 없다는 가능성은 정당하다는 것이다.

송하석(1997: 140–144)은 루이스의 반사실적 분석(15)에서 첫째 연언지 (15a)는 예방자(protector) 조건이고 둘째 연언지 (15b)는 산출자(producer) 조건으로 의도된다는 점에서 이들을 수용한다. 송하석은 "e_i"는 갑돌이와 갑순이의 결혼을 지칭하고, "e_j"는 갑돌이와 갑순이의 행복을 표시하여, (15)를 이해할 수 있다고 한다. 그러나 (15)에 대한 이해는 스텔네이커–루이스의 가능 세계 의미론을 따른 이해이다. 송하석은 그렇게 하는 경우 산출자 조건 (15b)는 "자명하게(trivially) 참"이 되고 (15b)로부터 기대하는 역할은 사라진다고 판단하여, 루이스의 (15b)를 다음과 같이 수정한다:

(15b′) $\neg Oe_i \ \Box\!\rightarrow (Oe_i \ \Box\!\rightarrow Oe_j)$.

송하석의 수정된 복합적 반사실문은 산출자 조건을 제대로 기능하게 하는 것을 목표로 한다. 달리 말해, (15)가 함축하는 원인과 결과의 비대칭성 논제를 지지하기 위해 논제에 제기되었던 반례를 극복하기 위해 인과를 사실을 제외한 사건 간의 관계로 제한하고,[3] "무엇을 하지 않음"이라는 부정적 사건을 도입하는 등 루이스의 즉석 변통(ad hoc)적 가설을 도입하지 않아도 된다는 것이다.

양상 논의의 발전과 한성일

현대 철학은 20세기 초에 언어적 전회를 시작하고 그 중반에 양상적 비약으로 전회의 완성에 기여했다고 생각한다. 국내에서도 양상적 언어

3 송하석의 복합적 반사실문 분석은 한국의 몇 철학자들의 관점과 맥을 같이한다. 사실과 사건의 구분은 데이비슨의 외연적 인과와 내포적 인과의 구분에 근거한 것이지만, 김재권은 인과 문맥의 이분법을 거부한다. 김영정(1986)은 김재권이 갖는 문제점을 해소하여 이를 안정시키고(18장 1절 참조), 선우환(1991)도 이 주제를 논의했다.

에 의한 철학 작업은 움직임을 보이고 있다. 반사실문의 논리에 대한 연구들이 수행되고 있고[4] 한국어의 양상 언어적 계기도 탐구되고 있으며(민찬홍, 2013) 보다 구체적 주제의 작업도 수행되고 있다. 한우진은 후험적 물리주의를 구성하고자 하고(18장 4절 참조), 윤보석은 자기를 잘못 아는 경우일지라도 직접 지시성으로 자기지의 근거를 확보한다고 한다(21장 4절 참조). 김기현은 반사실문의 논리로 지식의 자연화의 길을 모색하고(15장 절 참조), 이진우는 의사소통적 이성의 규범성을 담화자들의 전제조건에 대한 반사실적 구조로부터의 확인에서 찾는다(10장 3절). 예술 철학에서 박이문은 작품을 '가능한 유일 체계'로 규정하고 오종환은 작품을 '작품이 태어나는 문맥으로부터 새롭게 창조되는 가능 세계의 개시'라고 본다(13장).

한성일(2014)은 필연성에 대한 흄(D. Hume)과 크립키(S. Kripke)의 관점들을 대비시키고 구조화하여 기원 정의주의(origin definitionalism)를 나타내는 정의적 본질 개념의 논변을 펼친다. 흄은 일반적으로 알려진 바와 같이 인과 관계의 상례성을 주장하면서 '시공적으로 별개의 다른 두 대상은 서로를 필요로 하지 않는다'는 흄 명제를 남겼지만, 크립키(1972)는 "대상이 그것의 현실적 시원으로부터 기원했다는 것은 필연적이다"는 기원 필연주의(origin necessitarianism)를 제시하여 양자 간에 모순 같은 긴장을 유발했다. 예를 들어, 기원 필연주의는 '소크라테스는 그의 아버지의 정자 s와 그의 어머니 난자 e로부터 기원했다'는 필연적이라고 하지만, 흄 명제는 '정자 s와 난자 e는 두 개의 다른 생식체이고 소크라테스보다 시간적으로 앞서 있다는 점에서 소크라테스와 별개의 다른 것이다'가 참이라는 것을 함축하기 때문이다.

한성일은 기원 정의주의 논변을 제시하여 기원 필연주의의 근거를 마련한다. 그는 "만일 x가 y로부터 기원한 것이 가능하다면, 그러면 y로부

4 이지애, 1989; 김영배, 1996; 김윤환, 2009; 노호진, 2010; 박찬수, 2010; 김성수, 2012; Choi, 2016.

터 기원한 어떠한 대상도 x이고 다른 것이 아니라는 것은 필연적이다"라는 기원 충분성 개념을 수용하여, 다음과 같이 논의한다: 만일 소크라테스가 수정란 se로부터 기원했다면 se로부터 기원한 어떠한 사람도 소크라테스이다; 그렇다면 소크라테스 이외의 사람이 se로부터 기원한다는 것은 가능하지 않다; 그리하여 소크라테스가 존재한다면 소크라테스가 se로부터 기원했다는 것은 필연적이다; 즉 소크라테스는 se를 필연화한다. 한성일은 이를 일반화하여, "x가 y로부터 기원한다"라고 말할 때의 기원 관계는 내적으로 생성적인 인과 관계이다. 소크라테스는 그의 시원의 내적 인과를 가짐으로 유래되었고, 그의 현실적 존재 전에는 어떤 것도 아니었다. x가 그 현실적 존재를 y에게 인과적으로 의존해 있다는 것은 x의 정체성의 부분이다. 그렇다면 x는 부분적으로 y에 의해 정의된 것이다. 기원 정의주의는 이렇게 유지된다.

김세화의 해석학적 허구주의

김세화는 가능 세계를 '해석학적 허구주의'라는 존재론적 관점으로 이해할 수 있다고 하여 이를 옹호하고 그 함축을 드러낸다. 김세화(2001: 113-119)는 가능 세계들이 독립적이지만 이들 가능 세계들을 실재적으로나 추상적으로 접근하는 데는 부담을 느낀다. 그리하여 소설 세계에 대해 얘기할 때 우리가 "특정 소설에 의하면"이라는 접두사 사용에 주목하여 "특정 가능 세계에 의하면"이라는 접속사를 도입하고, 가능 세계 얘기를 특정한 실체의 도입 없이 일상 언어에 연결할 수 있다고 생각하는 것이다. 예를 들어, "날개 달린 말이 가능하다"라는 문장은 날개 달린 말이 있는 세계가 있다는 것을 뜻하지만, 이것은 부가적 존재자의 도입 없이 특정 가능 세계에 의하면 날개 달린 말이 있는 세계가 있다는 허구적 언어 질서를 나타내는 것으로 이해하는 것이다.

그러나 김세화(2002: 119-127)는 허구주의에 대한 브록-로젠(Brock-Rosen)의 반론이 심각하다는 것을 보고 이에 대한 해결책들이 미흡하다고 판단해 해석학적 허구주의를 제안한다. 먼저 그 반론은 다음이다: 우리는 여러 가능 세계가 있다는 것을 수용할 수 있다; 이것은 여러 세계가 있다는 것이 적어도 한 세계에서 참이라는 것을 의미한다; 그러나 의미론적으로 도메인에 있는 모든 것에 대해 양화했을 때 이것은 모든 세계에서 참이다; 어떤 문장이 모든 세계에서 참이라고 하는 것은 그것이 필연적이라는 것이다; 앞의 두 문장으로부터, 필연적으로 여러 세계가 있다는 것을 추론할 수 있다; 그런데 P가 필연적이라면 그러면 P는 참이다; 그러므로 여러 세계가 존재한다. 반론은 가능 세계 허구주의의 거짓을 보이기에 충분하다. 반론에 대한 해결안 중에서 김세화는 누난(H. Noonan)을 논의한다. 누난은 Wx: x는 세계이다; Ixy: x는 y 내에 있다를 이용하여, "여러 세계가 있다"라는 문장을 "모든 세계에 대해 각각의 세계 내에 적어도 두 세계가 있다((∀w)(Ww → ((∃w')(Iw'w & Ww' & (∃w'')(Iw''w & Ww'' & (w' ≠ w'')))))"로 번역한다. 그러나 이 번역이 보여주는 것처럼, 브록-로젠의 논의는 세계는 겹쳐 있지 않고 독립적이어야 한다는 허구주의의 조건에 어긋나므로 진정한 반론이 될 수 없다고 누난은 판단한다. 김세화는 누난의 논의도 해결안일 수 없다고 한다. 누난의 논리는 "하나의 세계가 있다는 것이 필연적이라는 것을 선험적으로 판결한다"는 것이다.

김세화(2010)의 가능 세계에 대한 해석학적 허구주의는 윤리적 속성에 대한 허구주의에 빗대어 이해할 수 있을 것이다. 좋다, 나쁘다와 같은 윤리적 속성은 실체적으로 허구적이지만, 사회 언어적으로 서술적이어서 우리는 이를 수용하고 이에 따라 행동하며 이를 유사-주장한다. 이와 같이 가능 세계도 실체적으로는 허구적이지만 인간 언어에서의 그 사용의 문법을 서술적으로 해석하여 수용하고 그 문법의 설득력만큼을 유사-주장할 수 있다는 것이다.

김세화(2010: 22; 2013)는 더 나아가 스탠리 (J. Stanley)의 두 가지 반론들을 비판하여 해석학적 허구주의를 옹호한다. 첫째, 스탠리는 존재론은 실제적(actual)이어야 하는데, 해석학적 허구주의의 존재론은 믿어진

(believed) 것에 불과하다고 비판한다. 그러나 김세화는 스탠리가 이론의 존재론 개입과 이론 사용자의 존재론 개입의 구분을 하지 않고 있다고 지적한다. 예를 들어, "1과 10 사이에 몇 개의 소수가 있다"라는 문장은 소수 존재에 대해 연역적 존재론을 개입시키지만, 그러나 이 문장의 사용자는 존재론 개입에 대해 자동적이지 않다는 것이다. 둘째, 스탠리는 소위 '자폐증 반론'을 제시한다: 스탠리는 해석학적 허구주의는 (i) 허구 담론은 척하기(pretending)와 관련된다고 한다; 우리는 (ii) 자폐증 인간은 허구 담론을 할 수 있다는 것을 안다; 그러나 (i)에 의하면, (iii) 척하기 능력을 결핍한 인간은 허구 담론을 할 수 없다; 우리는 또한 (iv) 자폐증 인간은 척하기 능력을 결핍한다는 것을 안다; 그렇다면 (iii)과 (iv)에 의해, (v) 자폐증 인간은 허구 담론을 할 수 없다는 것을 귀결할 수 있다; 그러나 (v)와 (ii)는 모순된다; 그렇다면 해석학적 허구주의의 주장 (i)은 거짓이다. 스탠리는 레슬리(A. Leslie)의 주장을 가정하여, 척하기와 심성 상태 이해 능력은 선표상(meta-representation) 능력으로서 본래 표상의 정상적 입력-출력 관계를 바꾸거나 심성 개념을 이해하는 능력이라고 한다. 그러나 김세화는 믿음이나 욕망 개념 없이도 믿을 수 있고 욕망할 수 있으며, 아이들도 믿음 자각 없이도 척하기 놀이를 한다고 한다. 또한 릴러드(A. Lillard)의 연구도 인용한다: 두 살짜리 어린이들이 인형 놀이를 할 때 인형에게 처음엔 역할(agency)을 부여하고, 다음엔 지각-정서 경험을 부여하고, 마지막 단계가 되는 세 살 반에서야 지향성 상태인 선표상 능력인 인지적 경험을 부여한다는 것이다.

김세화는 그의 해석학적 허구주의로 여러 가지 철학적 주제들을 조명하지만, 여기에선 허구 경험의 감정에 대한 분석(김세화, 2002: 315-317; 2005: 165-169)을 살펴보자. 우리는 『안나 카레니나』를 읽을 때 그 이야기가 허구인 줄을 알면서도 슬픔을 느낀다. 허구적이라는 믿음과 실제적 슬픔 사이의 이러한 간격을 '래드포드(Radford) 퍼즐'이라고 한다. 월튼(K. Walton)은 감정의 대상이 실재한다고 믿을 경우에만 온전한 감정에 이르고, 그렇지 않은 감정은 진정한 감정이 아니라고 한다. 그러나 김세화는 그 간격을 세분한다. 카레니나 이야기에서 어떻게 표상적으로 연민을 느낄 수 있는가는 개념적 사안이고, 같은 이야기에서 생리적으로 맥박이 빨라지고 손에 땀이 나고 뱃속이 꼬이고 울음이 나는 것은 인과적 사안이라는 것이다. 퍼즐은 개념 분석이 아니라 인과 분석을 요구한다는 것이다. 그렇다면 독자의 슬픔은 카레니나의 이야기가 함축하는 실재적 믿음이 아니라 그 이야기에서 구성된 생각, 상상력 등에 의해서 야기된 것이라고 한다.

필연성과 가능성의 양상 언어에 대해 다양한 통사 체계들이 있었던 것처럼, 철학사에서도 양상 언어가 다양하게 사용되어왔다. 데카르트는 '전지전능한 마귀가 논리적 진리라고 나를 속일 수 있다'는 가능성을, 스피노자는 '이 세계는 유일하게 가능한 세계이다'는 필연주의를, 라이브니츠는 '명제가 모든 가능한 세계에서 참인 경우 그리고 이 경우에만 그것은 필연적이다'라는 필연성을 이야기했다. 버클레이는 '지각되지 않은 것은 존재할 수 없다'는 지각론을, 흄은 원인과 결과 사건들에 대해 '만약 첫 번째 대상이 없었더라면 두 번째 대상도 존재하지 않았을 것'이라는 반사실적 양상의 필연성을, 칸트는 '분석 판단의 필연성과 선험적 종합 판단의 필연성'의 구분을 논의했다. 그리고 크립키에 이르러 양상 의미론으로 다양한 통사 체계들이나 철학사의 양상 논의들에 일이관지하는 의미 부여를 할 수 있게 되었다. 한국 현대 철학자들은 이러한 양상적 사유를 통해 존재, 본질, 믿음, 언어, 인식, 인과, 시제, 당위 등 중요한 철학적 주제들을 논의하고 명료화하고 있다. 크립키나 루이스 등의 선행 논의를 참조하면서도 독립적 관점과 보다 설득력 있는 논의를 전개해가고 있다. 더 많은, 더 깊은 탐구들을 기다린다.

21장
비우는 마음 · 헤아리는 마음

마음은 무엇인가? 마음은 인간에게 가장 가까이 있으면서도 가장 헤아리기 어려운 것이다. 그래서 마음에 대한 물음들에는 답하기가 곤혹스럽다. 동양과 서양의 전통이 이 물음에 주목해온 것은 마음의 이러한 역설적 성격 때문일 것이다. 그러나 동서가 이 물음에 대처해온 방식은 적어도 주류의 사고방식에서는 다르다. 동양적 전통의 마음이 성기성물(成己成物: 나를 이루는 것과 모든 다른 사물을 이루는 것은 맞물려 있다)이라는 명제로 요약되는 수행적 마음이라면, 서양적 전통의 마음은 지기지물(知己知物: 나를 아는 것과 모든 다른 사물을 아는 것은 맞물려 있다)이라는 명제로 축약되는 지성적 마음이다. 유학, 도교, 불교와 동양 철학이 수행적인 까닭은 마음에 대한 동양적 이해에 근거한 것이고, 유태교, 기독교, 이슬람교와 서양 철학 전통이 합리적인 까닭은 마음에 대한 서양적 출발점 때문이라고 생각한다. 동양적 마음의 전범인 불교적 마음과 서양의 계산주의적인 인지 철학적 마음은 서로 만날 수 없는 것인가? 마음의 두 전통은 오늘의 우리에게 어떤 조명을 줄 수 있을 것인가?

1. 마음 문제

21세기 지구촌 사회는 오랜 수행과 지식의 축적을 통해 지금과 같은 문화의 단계에 도달했지만, 수행과 지식의 연마는 앞으로도 더욱 깊게 추구되고 지속되어야 한다. 그러기 위해 수행과 지식에 대한 그동안의 목표를 반성하고 대안적 프로그램을 상상해볼 수 있다. 수행은 단순히 개인적인 차원에 머무르지 않고, 더 확장될 수도 있다. 지식과 기술의 축적으로 강한 의미의 인공 지능을 향한 인지 과학의 발전은 로봇을 비롯해 지금보다 강력한 마음의 연장을 가능하게 할 것이다. 또한 노화를 자연이 아니라 질병으로 분류하는 현재의 상황에서 노화가 과학적 방지의 대상이 된다면, 죽지 않는 인간도 사람인가라는 물음은 마음에 대한 또 다른 철학적 성찰을 요구할 것이다. 마음에 대한 양적 지식 추구와 마음에 대한 질적 수행은 변화하는 인간 역사의 문맥에서 새로운 관계 정립에 들어가야 할지도 모른다. 이 장은 마음에 대한 그러한 이해와 전망을 가지고 구성되었다. 대표적 수행론의 하나로 생각되는 불교 마음론을 위해 한자경의 정면 돌파식 불교 철학을 다루고 인지 철학의 초기 대표자로 김영정의 인지 철학을 살펴볼 것이다. 이를 위해 먼저 그 배경을 살피고 중견 철학자들의 최근 작업들에 주목해보고자 한다.

불교의 마음

고형곤(2005: 276-311; 소광희 외, 2011)은 인간 존재를 시간성으로 파악하고 시간성의 탈은폐의 계기를 마음의 의식에서 헤아려낸다. 불교의 마음을 하이데거의 빛에 따라 조명하고자 하는 것이다. 시간은 전후단속(前後斷續)의 시간이 아니라 절대 현재라는 현전일렴(現前一念)의 시간, 모든 부처님이 항상 마음에 나타나는 상현재전(常現在前)의 근원적 시간이다. 신오현(1991: 33-35)은 철학적 인생과 경험적 인생이 분리되어 있지 않다는 의미의 "법신즉색신(法身卽色身)이고 색신즉법신" 명제를 지지한다. 그의 논의는 다음과 같이 요약할 수 있다: 우리가 나의 삶, 나의 사랑을 다른 사람의 것과 비교하거나 모방하는 것에 흥미를 갖지 않는 것처럼, 나의 지혜 사랑도 그러하다; 지혜 사랑의 진면목은 지식에 있지 않고 사랑에 있기 때문이다; 사랑은 지혜의 완성이기 때문이다; 이러한 사랑은 우주적인 사랑이다; 우주에서는 본래적인 자아, 철학적, 형이상학적인 자아, 부모미생 이전의 자아는 본래무물, 불입문자, 언어도단이기에 다만 직지(直指)하거나 직지(直至)하여 견성(見性)할 뿐이다.

안성두(2013)는 마음이 불교의 핵심적 주제라는 것을 확인한다. 일반적으로 사람들은 물질세계가 마음과 독립하여 존재한다는 자연주의적 태도와 이원론적 관점을 유지하지만, 불교는 마음을 수행의 대상으로 간주하고 이를 위해 마음의 대상에 대한 관계를 일원론적으로 설명한다는 것이다. 마음은 욕망과 무지라는 번뇌의 제거를 일차적 과제로 삼는다. 번뇌를 극복할 때 인간 인지의 오염 요소들이 제거되어 여실지견(如實知見)할 수 있게 되고 진여(眞如)의 세계로 귀향할 수 있다는 것이다. 그리고 이러한 번뇌 제거는 오랫동안 깊이 수행한 선승에게만 가능한 것이 아니라 '만물이 불성(佛性)을 가지고 있다'는 불성 편재성(遍在性)에 의해 모두에게 열려 있는 수행의 목표라고 한다.

길희성(2001; 2013)과 심재룡(2004)은 이러한 불교적 마음을 지눌의 관점으로부터 구체화한다. 지눌은 불성을 범부의 망심과 구별하여 진심(眞心)이라 하고 "비고 고요하며(寂) 영묘한 앎(知)"의 양면성을 지닌다고 했다. 진심은 단순한 심리적, 인식적 개념이 아니라 "마음이 곧 부처(卽心是佛)"라는 실재를 나타낸다. 따라서 번뇌는 실재적인 것이 아니라 무명(無明)이 지어낸 것이므로 우리의 관점은 미혹된 집착으로부터 벗어나야 하는 것이다. 그러므로 지눌은 마음의 적지에 이르기 위해 수행을 강조했다. 이를 위한 깨달음의 길은 돈오문(頓悟門), 점수문(漸修門), 간화문(看話門)의 세 단계이다. 돈오는 자신의 참 자아, 즉 꿈과 같은 미혹으로 인해 인지하지 못했던 자신의 참 마음을 홀연히 발견하게 됨을 의미한다. 점수는 갓난아이가 책임감을 지닌 어른이 될 때까지 오랜 시간의 양육이 필요하듯, 깨달음에 원숙함을 부여하는 것이다. 이(理)는 갑자기 깨닫게 될 때 무지가 사라지지만 사(事)는 갑자기 제거되지 않고 점차적으로 없어지기 때문이다. 간화는 "뜰 앞의 잣나무", "마 세 근" 같은 화두를 붙잡을 때 아무런 다른 마음을 쓸 수 없게 하는, 언어 아닌 언어로 언어를 끝장내어 도달하는 자아 향유의 길, 자유의 길이라는 것이다.

유학의 마음

정원재(2013)는 유학이 보는 인간의 마음을 공자의 인, 맹자의 인의예지에서 출발하는 착함의 기능으로 파악한다. 그리고 우리 전통에서는 마음에 대한 신유학의 이론 중 "마음은 기"라고 선언한 율곡 이이(李珥)의 이론이 조선조의 주류적 전통으로 자리 잡았다고 해석한다. 그래서 감정은 사람 뜻에서 나오는 것이 아니라 몸에서 비롯된 욕구를 반영한 것이 된다. 혜강 최한기(崔漢綺)는 이이의 이론을 변형하여 인간과 자연 세계의 구성의 기본 단위를 신기(神氣)로 파악했다. 인간의 마음은 신기이고 신기의 작동 방식은 추측(推測)이다. 추측은 과거나 현재의 경우들을 미루어(推) 미래의 가능성을 헤아리(測)는 것이다. 다양한 외부의 구체적 감각정보들을 추상하여 단일한 일반화의 명제로 나아가는 것이 미룸이고, 이러한 가설적 미룸이 미래의 경우들에도 반박되지 않을 때 바름에 가까이 가는 장치가 헤아림이다.

최한기는 그의 「추측록」을 통해 이러한 탐구론을 펴고 「신기통」(神氣通)을 통해 진리론을 제시한다(정대현, 1983; 금장태, 2013; 허남진, 1998). 최한기는 문장과 사실 사이에 무위(無違)라는 대응적 진리가 있고, 문장들 사이에 순리(順理)라는 정합적 진리가 있으며, 준적(準的)이라는 지향적인 합일적·박진(迫眞)적 진리가 있다고 진리의 유형을 분류한다. 명(名)이 실(實)을 갖지 않을 때 공허하다는 그의 언어 의미론은 이러한 진리론에 기초한다. 그의 추측론도 개과천선(改過遷善: 잘못을 바꾸면 바름에로 가까이 간다)의 논리에 기초해 있다. 최한기는 기의 개념을 통해 한편으로 실체의 운동을 설명하는 참다운 학문을 제시했을 뿐 아니라 다른 한편으로 당시의 서양 과학과 사회적 규범과 개인적 윤리까지 일관되게 아우르는 큰 체계를 세웠다. 이이의 비전이 최한기에 와서 구체화된 것으로 보인다. 최한기가 도달한 탐구적 마음의 논리 발전이 다음 세대로 이어지지 못하고 일제 강점기에 의해 중단된 것은 큰 아쉬움으로 남는다.

심리 철학

강진호(2012)는 마음이 심리 철학에서 주제로 자리 잡은 과정을 추적한다. 그는 마음을 세계를 파악하는 범주 중에서 가장 기본적인 것으로 생각한다. 마음 또는 심성을 부여할 수 있는지, 또는 어느 정도 부여할 수 있는지에 따라 세계의 다양한 존재자들에 대한 태도가 달라진다는 것이다. 따라서 사람과 개를 달리 대하고, 개와 물고기를 달리 취급하고, 물고기와 바위를 달리 사용하게 된다. 그러면 마음이란 무엇인가? 이 물음에 대한 첫째 관점은 몸과 마음은 서로 다른 범주의 실체라는 데카르트 이원론으로 나타났다고 본다. 몸과 마음은 다른 실체지만 둘은 상호 인과 관계성으로 연결된다고 했다. 그러나 연장으로서의 물질과 의식으로서의 마음의 규정은 널리 수용되었지만, 두 실체의 연결 논리는 널리 부정되었다. 그래서 나타난 두 번째 관점이 관념론이다. 흄과 칸트와 헤겔에서 유명해진 이 관점은 우리의 의식에 주어지지 않는 것은 인식할 수 없다는 것이다. 그러나 19세기 중반부터 자연 과학이 발전하고, 인간의 사고와 행위가 그동안 믿었던 것처럼 자유롭지도 합리적이지도 않다는 것을 알게 되면서 셋째 후보로서 마음을 물리적으로 환원하거나 설명할 수 있다는 물리주의가 힘을 얻게 되었다고 본다. 20세기 후반에 성립된 심리 철학이나 인지 과학은 인공 지능, 체화된 마음(embodied mind) 등의 개념을 구체화하여 그러한 방향으로 가고 있는 노력이라는 것이다.

노양진(2009: 113-132, 207-232)은 체화된 마음, 신체화된 마음을 지지하지만 물리주의와는 거리를 둔다. 그에게 경험되는 마음은 두 층위를 갖는다. 즉 자연적(신체적, 물리적) 층위와 기호적(정신적, 추상적) 층위이다. 기호적 층위의 경험은 자연적 층위의 경험에 근거하는 동시에 자연적 층위의 경험에 의해 강력하게 제약된다는 것이다. 이러한 의미에서 우리의 모든 경험은 몸으로부터 출발하여 처음부터 끝까지 "신체화(embodied) 되어" 있다. "김양은 나를 사랑한다"라는 나의 진술 문장과 "김양은 나를 사랑한다고 나는 믿는다"라는 나의 믿음 문장은 얼핏 차이가 없는 것 같지만 진리치 조건이 다르고, 따라서 믿음 문장은 진술 문장의 신체적, 물리적 조건에 의해 제약받는다. 이와 같이 마음의 작용은 신체적, 물리적 활동의 특수한 형태거나 그 산물이라는 것이다. 데카르트가 가정했던 순수한 마음은 존재하지 않으며 마음은 본성적으로 신체화되어 있는 것으로 본다. 우리가 마음이라고 부르는 모든 추상적 작용은 몸의 활동에서 비롯되며, 동시에 몸의 활동에 제약된다. 마음은 우리의 신체적 활동으로부터 비롯되지만 몸의 요소들로 환원되지 않는 새로운 양상이라는 것이다. 그러나 그의 몸의 우선성은 물리주의를 함축하지는 않는다.

김광수(2006)는 마음의 자율성을 유지하기 위해 창발적 물리주의를 제안한다. 마음의 자유와 자연의 필연성 중 어느 하나도 포기할 수 없기 때문에, 이것은 양자 간의 표면적 모순을 제거할 수 있는 관점이라는 것이다. 그에게, 자연은 인간과 대뇌를 발생시킨 것이 확실하지만, 인간의 생각만은 자연이 아니라 인간이, 대뇌가 발생시킨 것이다. 대뇌 즉 마음은 자연의 산물이지만 나의 믿음, 소원 등은 자연의 산물이 아니다. 나의 믿음, 소원 등은 나의 마음이 입력되는 데이터를 처리해 생겨난 것들, 즉 창발된 것이라고 본다. 대뇌가 특정한 행위를 기계적으로 촉발시키도록 하는 물리 법칙은 없다는 것이다. 그러한 의미에서 그는 무법칙적 일원론자이고 창발적 물리주의자이다. 김광수에 따르면 그러한 행위는 대뇌가 합리성과 자유의 원칙에 따라 스스로 궁리하고 판단한 결과이다. 대뇌는 자연으로부터 결과되었지만 대뇌로부터 나오는 것들은 자율적인 체계이다. 자연사와 인간사는 보기에 따라 다른 것이 아니라 존재론적으로 다르다. 이러한 존재론적 단절은 상향적으로 결정되는 것이 아니라 하향적으로 결정된다는 것을 받아들임으로써 가능해진다. 뇌세포들의 존재는 상향적으로 결정되지만 뇌세포들은 합리성의 원칙에 따라 생각을 하향적으로 실현시킨다. 내가 빨강 신호등 앞에서 "나는 멈춰 서야 한다"라고 하는 생각은 나의 멈춰 섬을 하향적으로 야기한다. 이러한 김광수의 창발적 물리주의는 마음의 자율성을 확보하고 비환원적 물리주의를 유지할 수 있게 한다.

2. 한자경의 불교: 비우는 마음

한자경의 불교적 마음론은 내재적 초월론이다. 의식 이외의 외적 대상은 없다는 의미에서 내재주의이고 잡다한 현상을 넘어 인간 내면의 마음엔 나의 마음도 없다는, 그리하여 일심을 "구"한다는 의미에서 초월주의이다. 한자경은 현대 철학의 기조에 맞서서 마음의 내재적 초월론을 자신이 구성해낸 자아 정체성, 사적 언어론, 전도된 감각질 등을 통해 제시하고, 전통적 불교의 윤회, 업보, 해탈, 깨달음 등의 개념들을 일관된 그림으로 그려낸다.

나는 누구인가

"당신은 누구요?" 사람들은 이런 물음에 쉽게 대답한다. 어떤 일을 해왔으며 어떤 사람들과 무슨 관계에 있는지 그리고 좋아하고 싫어하는 것들이 무엇인지를 말하면, 대강 대답이 된 것으로 생각한다. 그러나 내가 스스로 "나는 누구인가?"라고 물을 땐 상황이 달라진다. 처음엔 아는 것 같다가도 이내 심연으로 빠져 헤어나오지 못하는 것 같다. 같은 것을 다른 사람에게 말하는 것과 나 자신에게 말하는 것 사이에 간격이 있는 것이다. 이 간격은 도대체 무엇인가? 왜 나는 이 간격을 부인할 수 없는가? 이 간격은 나에 대해 무엇을 말하는 것인가? 이 간격의 물음은 조명될 수 있는 것인가? 혹시 이 물음은 무의미한 것이 아닌가? 아니면, 이 물음은 조명되지 않은 채 접어야 하는가?

한자경은 자아라는 주제에 오래 천착해왔다. 일련의 저술들을 통해 이 주제에 대해 자신의 관점을 펼쳐왔으며, 나를 아무리 찾아도 나는 없다는 것으로 결론을 내린다. 나의 마음도 없다는 것이다. 그리고 여기에서 모든 작업이 끝난 것처럼 보이기도 한다. 그러나 그의 무아나 무심은 하나의 형이상학적 체계 속에서 그 설득력을 지닌다. 여기서는 그의 빈 마음이 바람에 스치는 빈 소리가 아니라 그의 체계 안에서 모든 사람의 해탈의 메시지가 되는 방식에 주목하고자 한다.

한자경의 무심 체계는 진공 속에서 솟아난 것이 아니라 유식론에서 비롯된 것이다. 인도 대승 불교의 세친(世親 Vasubandu)의 유식(唯識)은 중국으로 가서 법상종(法相宗)으로 발전되었으며, 이 종파의 현장(玄奘)이 호법(護法 Dharmapala) 등의 저서를 한역한 것이『성유식론』이다. 현장의 제자 원측(圓測)을 비롯한 한국의 많은 고승들이 이 유식을 공부했고(원의범, 1983), 이 저서를 한자경(2000: 17-18, 30)은 독특하게 "내적 초월주의"로 해석한다. 한자경은 한편으로 내가 이 세상에서 경험하는 것은 모두 나의 의식이 지어낸 것이라는 관점의 유식 내재주의를 수용하면서, 다른 한편으로 깨어 있는 인간 의식은 어느 한 단계에 머물지 않는다는 관점을 제안하고 있다. 인간 의식은 깨어 있는 상태로 선택이라는 초월적 양식에 의해 현상 다자성으로부터 일심의 하나에 이르는 해탈 단계에 진입한다는 것이다.

唯識無境: 오직 의식의 세계

인생은 흔히 꿈에 비유되곤 한다. 한자경(1999: 18; 2006: 259-264)은 이러한 비유에 특정한 뜻이 있다고 믿는다. 꿈에서 본 세계가 꿈을 떠나 존재하지 않는 것처럼, 우리가 일상적으로 경험하는 이 세계도 우리의 의식을 떠나 실제로 존재하지 않는다는 것이다. 우리가 인간 생활에서 운영하고 생활하고 말하는 이 세계는 실제에 있어서 인간 의식이 그려내는 세계에 불과하다는 것이다. 꿈 꾼 세계가 그에 대응하는 실재를 갖지 않는 것처럼, 인간 경험의 세계도 이에 대응하는 실재 세계는 없다는 것이다. 유식무경(唯識無境: 의식이 있을 뿐 경계로 주어지는 외부 대상은 없다)이라는 명제는 이렇게 꿈 비유로 조명된다. 이에 따르면 모든 외부 존재는 가유(假有)로서의 현상(1992: 344)일 뿐 실재가 아니다.

한자경(1999: 15-26; 2002: 36n)에게는 자아도 또 하나의 가유로서 실재가 아니라 무아(無我)이다. "나는 누구인가?"라는 물음을 물으면서, 우리는 이 세상에 살면서 쓰고 다니던 가면을 하나씩 벗게 된다. 이 세상에서의 나의 활동에 대한 기술(記述) 가능성은 무한하다. 그러한 의미에서 나의 가면 또한 무수하다. 따라서 유한한 시간 안에 나의 가면들을 모두 벗겨낼 수는 없다. 이렇게 잡힐 수 없는 무한성 의식 앞에서 나는 상대화될 수 없는 나의 절대성을 대면한다. 이러한 나의 무한성이나 절대성은 예감할 수 있을 뿐 기술하거나 개념화할 수 없다. 그러한 의미에서 거기에 나타나지 않는 나는 무아이고, 내가 들여다본 나의 마음은 무심(無心)이다. 공병(空甁)이라는 단어는 병이 없다는 것이 아니라 내용물이 없다는 것을 뜻하는 것처럼 무심도 마음 자체는 있지만 나라는 자아에 대응하는 내용이 없음을 의미한다.

한자경(1997b: 48-51)은 나의 무아성을 존재론적으로도 보일 수 있다고 생각한다. 양파란 무엇인가? 이 물음에 대한 하나의 실체론적 접근은 "양파 껍질을 하나씩 벗기면 결국 양파의 본질에 이를 수 있다"는 것을 가정한다. 이러한 실체론적 접근의 허위성은 모든 사물이나 자아의 정체성 접근에도 그대로 적용된다. 사물이나 자아의 모든 경험적 성질들을 사상(捨象)하고 나면 대상 그 자체는 공(空)이 된다. "실재성을 가지고 증감할 수 있는 사물보다 더 근원적인 의미에서 실재하는 것은 증감함이 없이 증감의 배면에 있는 공"이라고 생각하는 것이다.

무아라는 개념을 온전하게 하기 위해 한자경(2001; 2006)은 적어도 두 가지 추가 작업을 수행한다. 첫째는 책임 개념의 보완이다. 사회는 개인이나 집단의 행위에 대해 책임을 묻고 상벌을 내리지 않는가? 불교 체계 안에서도 업과 보의 인과 관계를 요구하지 않는가? 무아와 인과응보 개념은 어떻게 일관될 수 있는가? 내가 무아라면 나의 현생과 전생에서의 업보는 어떻게 실현될 것인가? 업보는 있지만 행위 주체자는 없다(有業報無作者)는 관점은 도대체 무엇인가? 한자경은 여기에 대해서도 간결하게 조명한다. 한자경의 유식론은 "생각과 독립해서 생각하는 자가 따로 있지 않다"와 "업을 떠나 업 짓는 자가 따로 있지 않다"라는 두 명제를 양립시키는 체계이다. 한 사람이 한순간 생각하고 다음 순간 다른 생각을 할 때 두 순간을 연결하는 자기 동일성의 나는 없다. 중요한 것은 처음의 생각이 하나의 업으로서 다음 생각과 인연이 된다고 보는 것이다. 현생에서의 순간들의 관계가 그러하고 전생과 현생의 관계도 그러하다. 시간을 관통해 유지되는 자기 동일성의 실체적 자아란 없다. 인간은 매 순간 짓는 업 자체가 삶을 변화시키는 힘이라는 것을 깨달을 때 큰 힘을 얻을 수 있다.

무아 개념을 완성하기 위한 둘째 작업은 외부 세계 존재에 관한 것이다. 어떻게 외부 세계의 존재를 부인하고 나의 의식만이 있다고 할 수 있는가? 어떻게 외부 세계는 없고 의식이 구성한 현상만이 있다고 하는가? 한자경(2002: 192-194; 2006: 223-225; 2000: 23)은 의식 구성 결과로서의 현상론에 대해 적어도 세 가지 근거를 제시한다. 첫째는 "업보(業報) 현상론"이라 부를 수 있는 논리이다. 지금의 나는 나의 현생이나 전생의 업(業)에 의한 결과로서의 보(報)이다. 여기에 유지되는 자기 동일성은 없지만, 인연적 인과 업보는 유지되고 작동되고 있는 것이다. 나의 현재의 의식은 나의 그러한 과거의 업의 훈습으로 심어진 종자(種子)로 이루어진다. 그러므로 내가 세계를 본다는 것은 이러한 종자로 구성하는 현상의 경험이다. 내 안의 훈습된 종자 언어의 그물로 고기를 만들고 실재를 시설하는 것이다. 현상계는 이렇게 구성된 가유(假有)의 세계이다. 이것은 음악을 들을 때 나는 분절된 소리만을 듣는 것이 아니라 그 계기에 맞는 인연으로 하나의 운율을 구성하는 것과 같은 것이다(한자경, 2002: 266-

292).

의식 현상론에 대한 둘째 근거는 "형이상학적"이라 부를 수 있는 이유이다. 우리는 앞에서 한자경(2002: 53-55; 1999: 15-26; 2002: 66-68)이 어떻게 무아, 무심에 도달하는가를 보았다. 무심은 무한하고 절대적인 점에서 일심(一心)이라고도 한다. 무한하고 절대적인 것은 하나일 뿐 다자가 아니고 그 하나는 의식 안에서 얻어지기 때문이다. 경계가 없어진 마음, 공관(空觀)에 이르는 것이다. 모두가, 전체가 하나 된 마음이다. 이러한 일심이 나타내는 상대가 없는 절대, 한계가 없는 무한은 절대적 하나, 신, 존재 자체, 태극이라 할 수 있다. 그러나 "그것은 오로지 하나이고 또 전부이므로 그 자체만으로 의식되지는 않는다". 절대가 자신을 드러내는 길은 자신을 분화하고 상대화하며 무한을 유한화하는 것이다. 그래서 신은 세계를 창조하고, 태극은 음양을 생성하고 공(空)은 가(假)를 형성해야 했다. 그리고 "일심은 나의 자리에서 나의 마음이 되고 너의 자리에서 너의 마음이 된다"는 것이다(참조: 신옥희, 2000; 은정희, 1998).

모든 현상은 의식일 뿐이라는 믿음의 셋째 근거는 "불성 관점"이라 부를 수 있는 것이다. 방금 "나의 마음"과 "너의 마음"을 언급했지만, 두 마음은 어떻게 연결되는가? 이 세계가 나의 의식의 현상이고 나의 세계라면, 나의 세계는 어떻게 너와 공유할 수 있을 것인가? 한자경(2002: 204-206; 2002: 259; 2000: 133-134)은 이 물음은 잘못된 물음이라고 한다. 나와 네가 "공유할 수 있는 세계란 없다"는 것이다. 내가 무아로 일심에 들어가고 네가 또한 무아로 일심에 들어가면, 거기에 나와 너의 구분은 없어진다는 것이다. 우리 중생은 모두 불성을 가지고 있어서(卽心卽佛) "우리를 하나로 이어주는 보편적 끈"이 여래심(如來心)이다. 그래서 우리 인간은 비슷한 업력으로 비슷한 신체로 태어나 비슷한 세계를 경험한다. 이러한 세계 경험은 우리 각 개인이 든 촛불이 많지만 그 빛은 하나로 나타나는 것과 같다.

一心 형이상학의 초월적 논변

한자경의 유식무경 존재론은 총체적이고 범형적이다. 이 체계를 수용하면 이 체계가 문제, 해결, 설명, 이해, 존재 등의 기준을 제시해주고, 이 체계 안에서 물어지는 모든 물음들은 그 나름의 일관성을 가지고 조명될 수 있다. 그러나 이 체계를 수용하기 전에는 여러 가지 물음들이 떠오르고 한자경은 그러한 물음들에 주목한다. 여기에서는 이 체계의 설득력을 위해 한자경이 펴는 논의들을 세 주제로 나누어 고찰하고자 한다.

첫째는 "상식 전도 논변"이라 할 수 있는 논의이다(한자경, 2000: 14-44). 불교의 유부학파가 "개체적 물질이나 보편적 관념이 그 자체로 실재한다"고 주장한 상식적 존재론에 대해, 한자경이 수용하는 유식학파는 이를 거부한다. 책상이나 장미 같은 대상이 존재한다는 상식에 대해, 유식은 이를 자기모순이라고 한다: 이 상식은 내가 인식하는 대상이 나의 인식과 독립하여 존재할 수 없는데도 불구하고 그 대상이 나의 인식과 독립하여 존재한다고 믿기 때문이다. 외부 세계(外境)는 의식과 독립해 있는 것이 아니므로 의식처럼 존재하지 않고, 의식(內識)은 우주의 총체적 인연에 따라 발생하기 때문에 외부 세계처럼 없는 것이 아니다. 상식적 원자론에서는 개체는 요소들의 조합 가능성의 변형이라는 점에서 덜 실재적이지만 그 요소들은 어떤 변형에도 불구하고 남아 있어야 한다는 점에 주목했다. 그러나 유식론은 이러한 원자론이 논리적으로 불가능하다고 본다. 이 불가능 논변은 다음의 네 문장으로 구성된다: 대상을 더 이상 분리할 수 없는 단계의 원자로 분할했을 때 이를 "극미"라고 하자; 그러면 극미는 연장(延長, 방문)을 갖거나 갖지 않는다; 극미가 연장을 갖지 않는 경우 이 극미들은 공간적 대상을 구성할 수 없으므로 실재하지 않는다; 극미가 연장을 갖는 경우 그것은 자체 모순적이므로 실재하지 않는다.

둘째, 한자경(2002: 193; 2000: 84-90)은 "아포아(aphoa) 언어론"을 도입한다. 언어란 무엇인가? 이 물음에 대한 한자경의 관점은 다음에서 간결

하게 찾아진다: "불교는 의식 활동으로부터 무의식에 침전되는 것을 종자(種子)라고 하고, 그러한 종자가 침전되는 방식을 훈습(薰習)이라고 한다. 우리의 의식적 또는 의지적 분별 작용은 우리의 무의식적 마음 안에 종자를 훈습한다. 종자는 일종의 이데아, 관념이고 개념이며 언어다. 그래서 종자를 총칭하여 명언종자(名言種子)라고 말한다." 언어는 인간이 구성한 것이고 점차적이며 개념적 구조를 갖는 것으로 보인다. 그리고 이 언어는 총체적이고 따라서 비유적이다. 한 단어의 의미는 독자적으로 갖는 것이 아니다. 단어는 독자적 지시체를 갖지 않고, 그 단어가 들어 있는 체계의 모든 다른 단어들과의 관계 속에서 의미를 갖는다. 이러한 단어 의미의 총체성을 "아포아"라고 한다. 따라서 단어 의미의 체계적 총체성은 단어 이해에 직접적이기보다는 비유적으로 영향을 미친다. 직접적이어야 할 일대일의 실재가 없기 때문이다.

한자경의 아포아 언어론은 그의 일심 형이상학의 여러 난제들을 조명한다. 하나의 난제는 유식 체계의 언어가 사적(私的) 성격을 갖는다는 점이다. 비트겐슈타인(1994: #293)에 의하면 언어란 공적(公的) 규칙을 갖는 경우에만 언어 배움과 언어 소통에 사용될 수 있다. 그런 까닭에 "사적 언어"는 언어가 아니다. 모든 사람들이 각기 상자 하나씩을 가지고 있고 그리고 그 안에는 그 사람들이 각기 "딱정벌레"라고 부르는 것이 들어 있지만 다른 사람의 상자를 처음부터 영원히 볼 수 없다고 하자. 그러면 사람들은 각 상자 안에 있는 것들이 동일한 종류의 것인지 알 길이 없다. 이러한 구조에서는 사람들의 언어에서 "딱정벌레"라는 단어가 공적인 규칙에 따라 사용되지 않기 때문에 소통의 유용성을 가질 수 없다는 것이다.

그러나 한자경(2002: 200-203)은 언어가 근본적으로 사적이라는 점을 강변한다. 언어의 성격이 공적이라고 말하지만 공적으로 확인된 언어 사용의 경우 어느 누구인가의 기억에 저장된 것이고 이것은 의식의 다른 형태일 뿐이라는 것이다(참조: 허우성, 1988). "딱정벌레"의 경우도 이와 같다는 것이다. 또한 두 사람이 같이 "빨강"이라고 부르는 색깔에 대해

한 사람은 실제로는 노란색을 경험하는 "전도된 스펙트럼"을 경험할 수 있다는 것이다. 언어는 직접적이 아니라 총체적이고 비유적인 것이다. 그래서 두 사람은 활동이나 소통에서 아무런 문제가 없다는 것이다. "마음 안의 딱정벌레가 바로 우리 의식의 침전물로서의 우리 자신의 삶"이고, "유아론(唯我論)은 철학적 궤변이 아니라 오히려 우리의 현실"이라는 것이다.

아포아 언어론이 적용되는 한 경우는 주목할 만하다. 외부 대상이 실재하지 않는다는 유식론에서는 자신들의 주장을 위해 일수사상(一水四相) 명제를 사용한다. 하나의 물이 인간, 축생, 천사, 아귀에 따라 달리 보인다는 것이다. 그러나 반유식론자는 네 종류의 인식자들이 공유하는 "하나의 물"은 있는 것이 아닌가라고 할 것이다. 그러나 한자경(2002: 306-311)은 달리 생각한다. 인식자 각각의 세계란 그 의식에 상응하는 상으로서의 세계일 뿐이고, 의식 독립적인 객관 실재로서의 "하나의 물"이라는 것은 무의미하다는 것이다. "그것 자체 역시 우리가 떠올린 하나의 버전, 하나의 기표에 지나지 않는다"는 것이다. "하나의 물"이라는 표현은 지칭적인 것이 아니라 진실을 드러내기 위한 언어적 구상일 뿐이라고 본다.

일심 형이상학을 위한 한자경(1992: 345-349; 2000: 12-19)의 셋째 근거는 "팔식 일심론"이라 부를 수 있는 논의이다. 어쩌면 이것이 가장 중요하고 가장 근본적이라고 생각된다. 팔식(八識)이란 안이비설신(眼耳鼻舌身)의 감각적 오식, 감각 경험을 통합하는 사유로서의 대상 의식인 제6식, 욕망과 의지로서의 제7식인 말나식(末那識), 과거 전체의 역사를 등에 업고 미래의 삶을 열어가는 궁극 주체, 주객미분의 심으로서의 제8식이라 불리는 아뢰야식(阿賴耶識)이다. 회의주의자는 팔식의 구분 가능성이나 정당성에 대해 의문을 제기할 것이다. "이 사과는 빨갛다"는 감각 판단은 전오식의 안식에 한정된 것인가? 사과와 다른 과일과의 관계나 색깔의 분류 방식 없이 어떻게 그러한 판단을 할 수 있을 것인가? 그리고 이 판단은 표면적으로 감각 판단이지만 실제에 있어서 총체적이고 문맥적일 수 있다. 예를 들어, "잘 익은 사과를 골라주십시오."라는 요구에 대한 반응으로서의 발화일 수 있는 것이다.

그러나 한자경(2000: 150-151)은 팔식 구분의 회의주의를 무의미한 것으로 간주한다. 팔식은 의식의 구분을 위한 것이 아니기 때문이다. 팔식은 내가 일심에 도달하기 위한 사다리에 불과하다. 한편으로, 팔식은 현상과 의식을 동시적 인연 인과로 연결하는 장치이다. 이러한 연기적 사유는 궁극적 원인을 부정하고 그 원인조차도 그 결과를 통해서 설명한다. 원인이 결과가 되고 결과가 다시 원인이 되는, 동시적 상호인과를 통해 현상이 나타난다. 다른 한편으로, 팔식은 나의 추적을 통한 나의 무한성을 향한 통로가 된다. 아뢰야식에 도달해 일심에 이르지만, 아뢰야식조차 인연으로서의 종자와 불일불이하면서도 불멸의 본체는 아니다. 일심에서 나는 모두와 하나가 된다. 결국 한자경의 팔식 일심론은 주장과 논변이 통합되어 있는 선험적 논변이다. 이를 수용하면 그의 일심 형이상학에 들어갈 것이고, 수용하지 않으면 팔식 일심의 회의주의자가 된다. 한자경의 아포아 언어론도 자체적이기보다는 팔식 일심론을 전제한 경우에 설득력을 갖는다고 생각한다.

빈 마음: 해탈

한자경(2000: 18; 2000: 94n.)의 일심 형이상학은 빈 마음을 향한 "내적 초월주의"로 구성되어 있다. 의식 이외의 외적 대상은 없다는 의미에서 내재주의이고, 잡다한 현상을 넘어 인간 내면의 마음엔 나의 마음도 없다는, 그리하여 일심을 "구"한다는 의미에서 초월주의이다. 의식을 팔식으로 나누지만 무아에 이르는 무심을 구하여 선택하는 것이다. 무심은 의식들의 차원에서 마지막 단계로의 초월적 전환에서 나타난다. 이 단계에서 자유가 찾아지고 해탈이 얻어진다. 그러므로 한자경은 초월적 전환을 부정하거나 인정하지 않는 현대의 모든 내재주의를 "밋밋"하다고 한다.

그러면 일심 형이상학에서 윤회란 무엇인가? 한자경(2006: 259-267;

2001: 214-215)에게, 윤회란 세계에 매인 마음이 다시 그렇게 매인 마음으로 태어나는 것이다. 세계를 실재로 착각하고 욕망, 집착으로 업을 짓고 그 업력에 의해 다시 매이게 되는 것이다. 그러나 윤회하는 것은 상주 불변의 자아가 아니라 오온일 뿐이다. 자아란 항상적이지도 않고 단일하지도 않으며 주체적이지도 않은, 색수상행식 오온의 화합물일 뿐이기 때문이다. 그러므로 윤회는 업에 따라 형성되고 이어지는 오온의 연속성으로 성립한다. 전생의 업이 원인이 되고 내생의 오온이 결과가 되는, 인과 관계가 성립하는 것이다.

이러한 윤회를 벗어나는 것이 해탈이다. 해탈은 대상 세계, 보편적 원리, 영원한 법, 천리 같은 것의 집착으로부터 벗어나 모든 것의 공을 깨달을 때 얻어진다. 한자경(2002: 85, 373; 2001: 221-222; 2000: 195)은 그 깨달음을 반복적으로 실천할 때 장애를 벗어나 공에 가까이 가는 것으로 본다. 그리고 마음이 해탈에 도달할 때 이때의 마음을 자아라고 하지는 않는다. "해탈의 마음"을 자아라고 하는 경우, 그 마음은 벌써 경계지어진 마음이 되기 때문이다. 그러므로 해탈한 마음은 이제 우주 만물을 포괄하는 큰 마음, 한 마음, 일심이 된다. 이러한 의미에서 해탈은 사후의 소망이 아니라 현생의 과제이기도 하다. 해탈의 경험은 현상을 넘어선 초월성이다. 초월의 주체는 우리 바깥의 신이나 브라흐만이 아니라 인간 마음에 있는 성품, 곧 불성이며 일심이다. 그러므로 인간이 소망하는 지혜는 집착을 버리고 공으로 들어가는 공의 통찰이고, 자비란 일체를 다시 포용하기 위해 공으로부터 현상으로 나아가는 공의 느낌이라 할 것이다.

3. 김영정의 인지 철학: 헤아리는 마음

나의 아바타는 나를 대신할 수 있는가? 영화 "아바타"는 그렇게 된 상황을 그려낸다. 지구의 나는 환경 유기적 존재들이 살고 있는 멀리 떨어진 행성의 자원을 찬탈하려는 불의한 세력에 맞서 나를 전송하고, 나의 아바타는 그 행성을 지키기 위한 전사가 된다. 그 행성에 가 있는 내 아바타는 지구에 있는 나의 대행자이다. 영화의 픽션이 실현된다면 그곳의 내 아바타의 마음과 이곳의 나의 마음은 동일하다. 김영정은 이러한 상황을 어떻게 평가할 것인가? 김영정의 인지적 마음 철학은 그 차원에서 두 마음의 관계를 정당화할 것인가, 아니면 철학적 문제를 제기할 것인가? 문제들이 있다면 그것은 무엇인가? 김영정은 이러한 상황을 어떻게 설명해낼 것인가?

인지 과학: 표상 모델을 넘어

마음을 이해하기 위해 김영정(1996: 66)은 왜 인지적 접근을 취하는가? 인지 과학이 1950년대에 태동하여 1970년대에 등장했을 때 학문 세계에서 마음에 대한 주도적 이론은 행동주의와 물리주의였다. 행동주의는 인간을 설명하기 위해 비관찰적인 인간 행위의 생각이나 지향적 요소를 제외하고 계량적인 행동만을 탐구했고, 물리주의는 인간 심리 현상을 물리적 용어로 설명할 수 있다는 관점을 주장했다. 그러나 인지 과학은 심리 현상의 실재성을 인정하고 인간 인지 자체에 인과력을 부여하면서도 물리적 용어로의 환원을 부정했다.

인지 과학의 이러한 태동의 배경에는 언어나 수가 참과 거짓의 이진법적 논리로 환원될 수 있다는 관점이 기여했다(김영정, 1996: 72). 프레게, 러셀, 화이트헤드(Whitehead, 1920), 힐버트(Hilbert and Ewald, et al eds., 2013) 등의 형식주의적 체계의 이해는 튜링(Turing, 1992)으로 하여금 수리 논리 기호의 조작 과정이 튜링 기계의 물리적 조작 과정으로 대치될 수 있다는 것을 믿게 했고, 튜링 계산 가능성에 도달하는 것을 도왔다. 이에 근거하여 샤논(Shannon, 1948)은 “정보는 구체적인 내용과는 별개의 것으로서, 단순히 두 개의 동등하게 합당한 대안들(예를 들어, 1과 0, 혹은 참과 거짓) 중에서 하나를 선택하는 것”이라고 했다. 많은 과정을 걸쳐 도달한 오늘날의 디지털 컴퓨터는 마음과 기계의 상호 유추를 가능하게 했고, 양자에 대한 이해가 상호적일 수 있다는 가설로 인지 과학이 성립되었다.

김영정(1996: 86; 1990a: 82-83; 2002: 71)은 이러한 인지 과학에서 어떠한 방법론을 택하는가? 그의 여러 논의들을 통해 나타나는 일관된 방법론을 구성해보고자 한다. 전통적 인식론이 지식 개념의 분석과 믿음의 정당화를 추구하는 표상적 방법을 취한다면, 김영정의 인지 과학 이론은 지식이나 믿음 같은 표상을 위한 도구가 아니라, 언어 이해 같은 "실제적 실천의 도구"로서의 개입이라는 해킹(Hacking, 1983)의 통찰을 수용한다고 보인다. 그리하여 인지 과학의 성취를 위해서 인과, 환원, 기능적 분석, 병렬 분산 처리, 경계 허물기 같은 다양한 수단이나 분야를 포괄하는 샐러드 볼식 개입 방법을 취한다고 믿는다. 아래에서는 바늘 찌름이 야기하는 아픔 같은 구체적 경험의 경우를 두고, 김영정이 이용할 수 있다고 생각되는 다양한 장치들을 개입시켜 이 경우를 어떻게 조명할 것인가를 살피고자 한다.

인과 · 수반 · 환원

인간의 마음은 인간의 신체적 조건과 어떤 관계에 있는 것일까? 행동주의와 물리주의는 마음의 실재성이나 인과력에 회의적이지만 인지 과학은 긍정적이다. 예를 들어, 내가 바느질을 하다가 바늘로 손가락을 찔렸을 때 내가 겪는 아픔은 나와 같은 사람들이 경험하는 일상적 상황의 경우이다. 나의 바늘 찔림 사건과 나의 아픔 사건 간의 관계에 대해 데이비슨(Davidson, 2001a)과 김영정(1996: 237)은 둘 다 두 사건 간에 인과 관계성을 부여한다. 그러나 이에 대해 데이비슨은 우연적이라 하지만 김영정은 우연적인 것만은 아니라고 생각한다.

데이비슨의 우연론은 그의 사건 개념에 입각한 심신 무법칙론에 의존한다. 데이비슨은 마음의 어떤 심성적(김영정의 "정신적") 사건도 물리적 사건이지만 그 역은 아니라고 한다. 사건은 심성적 기술을 받으면 심성적 사건이고 물리적 기술을 받으면 물리적 사건이 되며 사건의 동일성은 그 외연성으로 결정된다. 그러므로 동일한 사건이 심성적 사건이면서도 물리적 사건일 수 있다. 따라서 "나의 바늘 찔림"이라는 물리적 기술로 표시된 사건은 "나의 아픔"이라는 심성적 기술로 지시된 사건에 인과적으로 작용한다. 데이비슨은 물리적 기술들은 단위 독립적이지만 심성적 기술들은 정합성, 합리성, 일관성 등의 조건으로 지배를 받는 전체론적 단위라는 점에 주목한다. 그리하여 물리적 기술의 사건들은 인과 관계가 요구하는 사건 독립성 조건을 만족해 법칙적 구조에 들어갈 수 있지만 심성적 사건은 그렇지 못하다고 판단한다. 따라서 나의 바늘 찔림과 나의 아픔 간의 관계는 인과적이지만 법칙적이지는 않다고 한다.

그러나 김영정(1996: 219-235)은 달리 생각한다. 데이비슨의 논의에 대해 여러 가지 비판을 하지만 여기에서는 두 가지에 주목하고자 한다. 첫째는 데이비슨의 사건 개념이 "비구성적 구체물(unstructured concreta)"이라는 것이다. 김재권이 주장하는 사건이 성질과 시간의 예화라는 구성적 구조를 유지하면서, 사건 동일성 조건은 구체적이라는 점을 들어 비판한 것이다. 이는 언어 기술하에서만 대상 사건이 인식된다는 칸트적 인식론의 물자체 같은 성격을 지적하는 것으로 보인다. 둘째 비판은 심신 무법칙성에 관한 것이다. 데이비슨은 무법칙성을 지지하기 위해 심성 기술의 전체성에 대해 두 가지를 주장한다. 하나는 심성 기술의 전체성을 근거로 심성적 사건의 유형은 물리적 사건의 유형과 법칙적 관계에 들어 갈 수 없다는 것이고, 다른 하나는 심성 기술은 전체적이지만 그 심성적 사건의 개항적(token) 사건은 다른 개항적 사건과 인과적 연쇄선상에 있을 수 있다는 것이다. 그러나 김영정은 인과 법칙 명제와 참인 인과 단칭 명제에 대한 데이비슨의 구분을 인정하지 않고, 두 사건 유형 간의 차이를 위해 도입한 전체론 논변은 순환적이라고 생각한다.

김영정(1996: 244)도 모든 심성적 사건은 물리적 사건이라고 믿는다. 그렇다면 바늘로 찔렸을 때의 나의 아픔 사건도 하나의 물리적 사건이다. 그리고 이 아픔은 물리적 사건에 "의존" 또는 "수반"해 있다고 한다. 그러나 김영정은 이 수반이 너무 약하면 한 세계 내에서 같은 물리 속성은 필연적으로 같은 심성 속성을 갖는다는 "세계 내적 일관성"을 갖지만 필요한 개념적 일관성을 얻지 못하고, 너무 강하면 그 필연성이 특정 세계에 한정되지 않고 "통세계적 일관성"을 갖게 되어 환원성으로 빠지는 것을 우려한다. 데이비슨은 약한 수반성[1]을, 김재권은 강한 수반성[2]을 유지한다는 비판적 안목으로부터의 선택으로 보인다. 그리하여 김영정은 그 중도적 수반성을 기획한다. "수반 개념이 요구하는 것은, 수반 속성의 변화가 토대 속성의 변화가 주어진 토대 속성 집합 내에서 이루어지든 아니면 밖의 어떤 속성이 도입되어 이루어지든 상관없이 토대 속성의 변화에 의해 설명될 수 있기만 하면 된다"는 통찰에 기초한다. 그의 중수반[3]은 약수반과 강수반의 약점을 보완하기 위해 시도된 수반이라고 생각된다.

김영정(2002: 42-44)은 심성적 속성의 총체적 환원에는 의문을 갖지만 바늘에 찔렸을 때의 아픔 같은 경우 제한적 조건을 첨가한 "논의 영역 상대적" 환원 가능성에 열려 있다. 환원은 일대일 대응 관계를 요구하지도 않고 과학의 현 단계들의 두 분야간 환원일 필요도 없다. 아직 발전되어야 할 미래 단계에서의 환원은 공진화(co-evolution)를 돕는다는 것이다. 통계 역학이나 분자 유전학이 그러한 사례이다. 심성 술어의 강한 자율

---

1 약수반=어떤 사건이든 이 사건이 임의의 심성적 속성을 갖는다면 그러면 필연적으로 그 사건은 특정한 물리적 속성을 가지며 또한 다른 어떤 사건이라도 그 물리적 속성을 갖는다면 또한 그 심성적 속성을 갖는다: $h(x)(M)[Mx \rightarrow (\exists P)[\{Px \& (y)(Py \rightarrow My)\}]$

2 강수반=어떤 사건이든 이 사건이 임의의 심성적 속성을 갖는다면 그러면 필연적으로 그 사건은 특정한 물리적 속성을 가지며 또한 임의의 가능 세계의 다른 어떤 사건이라도 그 물리적 속성을 갖는다면 필연적으로 또한 그 심성적 속성을 갖는다: $h(x)(M)[Mx \rightarrow (\exists P)[\{Px \& h(y)(Py \rightarrow My)\}]$

3 중수반=어떤 사건이든지 간에 이 사건이 임의의 심성적 속성 M을 갖는다면 그러면 필연적으로 그 사건은 특정한 물리적 속성 P를 가지며 또한 임의의 가능 세계의 다른 어떤 사건이라도 그 물리적 속성 P를 갖는다면 또한 그 심성적 속성 M을 지니거나 「혹은 M과 같지 않은 M'이 있어서 무슨 사건이든지 M'을 갖는다면 필연적으로 물리적 속성 P'이 존재하여 P'을 갖는 어떤 사건도 필연적으로 M'을 가질 것이다」: $h(x)(M)[Mx \rightarrow (\exists P)\{Px \& h(y)(Py \rightarrow \{My \vee ((\exists M')(M'y \& M' \neq M) \& h(z)(M')[M'z \rightarrow (\exists P')\{P'z \& h(w)(P'w \rightarrow M')\}])\})\}]$

성(strong autonomy) 테제로 환원의 원칙적 폐쇄는 각 분야 간 상호 협조의 문을 닫는다고 김영정은 생각한다. 아픔을 설명할 수 있기 위해서는 어떠한 장치나 분야간 협조에도 열려 있어야 한다는 것이다. 연결주의나 분야 간 경계 허물기는 인지 과학의 개입적 방법론의 국면이 된다.

기능주의

김영정(1996: 163-172)이 수용하는 기능주의는 바늘 찔림과 아픔 간의 법칙적 관계를 어떻게 설명할 수 있을까? 행동주의는 아픔의 실재를 아픔의 행동으로 격하시키고 물리주의는 그것에 인과 관계의 진정한 위치를 부여하지 않지만, 김영정은 기능주의가 아픔의 실재를 확보한다고 믿는다. 나의 아픔이라는 심성적 속성은 내가 가지고 있는 신체 · 뇌 상태의 성질이지만, 나와는 신체적 조건을 달리하는 지렁이나 외계인도 아픔을 겪을 수 있다는 것이다. 소위 심성적 속성의 복수 실현 가능성 테제를 수용하여 아픔의 기능적 성격에 주목하는 것이다. 아픔을 겪는 유기체들의 경험은 다양한 종류의 컴퓨터들이 "특정한 수들과 연산 작용들로 구성된 입력과 내적 상태들이 기계 내에서 계산 작용을 하여 입력에 대한 체계적이고 규칙적인 출력"을 하는 것에 유비된다. 이에 따르면 인간의 마음도 세계에 대해 갖는 언어를 통한 체계적 표상이며 그 심리 상태를 정보 처리 과정으로 유추해볼 수 있다. 인간의 지각, 기억, 추론, 숙고, 학습, 언어사용 등의 지능 활동들이 "계산 과정 체계에 의해 통제되는 내적 상태의 체계들의 상호 작용적 집합체(module)를 상정함으로써" 설명될 수 있다는 것이다. 튜링 계산기의 기계 도표 상태의 유형에 비교된다.

그러나 김영정(1996: 172-175)은 인간 마음이 튜링 기계와 같을 수는 없다는 비판을 수용한다. 인간 마음의 심리적 상태는 기계 상태와는 달리 다른 인접 심리 상태들과 개념적으로 분리될 수 없다. 그리하여 김영정은 기능주의의 계산성과 심리 상태의 개념적 관계성을 반영하는 램시(Ramsey, 1929)의 문장적 방법을 수용한다. 램시 문장이란 한 체계 문장은 모두 그 체계의 다른 모든 요소들과 연결되어 산출되고 이해된다는 관점으로부터 구성된 문장이다. 램시 문장을 아픔에 적용하면, 나의 아픔을 설명하고자 하는 심리 이론은 나의 모든 심성적 상태들(M_1, . , Mn), 모든 행동적 반응들(O_1, . , Om), 모든 감각적 자극들(S_1, . , Sk)이 모든 요소들의 결합을 표상하는, 단일한 연접문으로 표기되는 체계 T이다. 여기에서 심성 상태를 변수로 하여 존재 양화사를 붙이면 다음과 같은 램시 문장이 얻어진다: ($\exists X_1$), . , ($\exists$Xn)T(X1, . , Xn; O_1, . , Om; S_1, . , Sk). 그리고 통증은 이에 준하여 규정된다: 통증=어떤 특정한 존재자 X_1 ($\exists X_2$), . , ($\exists$Xn)T(X_1, . , Xn; O_1, . , Om; S_1, . , Sk). 달리 말해, 바늘로 찔렸을 때의 나의 아픔이란 이론 T의 총체적 구조 안에서 기술되고 있는 인과적 역할의 담지자인 것이다.

김영정 · 최훈(2002b: 92)은 기능주의에 대한 하나의 도전을 잭슨(Jackson, 2004)과 차머즈(Chalmers, 2004)의 반물리주의 유형에서 본다. 이들이 취하는 논의 방식은 "경험적 성질(예: 최대 다수의 최대 행복) X는 선하다"라는 자연주의 윤리론에 대해 "X는 정말 선한가?"라는 열린 질문 논변의 방법이다. 경험적 성질이 선 개념을 정의한 것이면 이 물음은 공허하고, 이 물음이 공허하지 않으면 그 정의는 정당하지 않다. 반물리주의는 "개항적 아픔=개항적 C-섬유 자극"이 경험적으로 확립되었다고 할지라도 "그 아픔은 정말 이 C-섬유 자극인가?"라는 열린 질문이 유의미하다고 판단하는 것이다. 그러면 의식은 기능적이지 않고 기능주의는 마음 실재의 설명 구조가 아니라는 것이다. 도전의 구조를 김영정 · 최훈(2002b)은 그렇게 파악한다.

그러나 김영정 · 최훈(2002: 92-103)은 잭슨-차머즈의 논의에 허점이 있다고 지적한다. "물=H_2O"라는 명제가 경험적으로, 인식적으로 거짓일 수 있지만 존재론적으로 거짓일 수 없는 것처럼, "개항적 아픔=개항적 C-섬유 자극"도 경험적으로 참이라면 인식적으로 거짓일 수 있지만 존재론적으로 필연이라는 것이다. 그들은 동일성 명제의 경험적 성격과 필연적 성격의 차이를 혼동하거나 간과한 데서 아픔과 C-섬유 자극 간의 설명적 간격을 구성해낸 것으로 보인다는 것이다. 현재의 지식 수준에서 우리는 "C-섬유 자극"이 지시하는 대상을 모르지만 그러나 이것은 우리로 하여금 그 대상을 지시할 수 없다거나 그러한 대상은 없다고 하기 어렵다는 것이다. 사람들은 느릅나무와 너도밤나무의 차이를 구별하지 못하면서도 두 나무의 이름을 잘 사용할 수 있다는 것이다.

감각질과 신체적 구체성을 넘어

김영정의 기능주의는 인간의 기억, 지식, 믿음, 추론 같은 기능적 심성 능력은 잘 설명할 수 있는 것 같다. 그러나 아픔, 가려움, 갈증, 그리움 같은 의식 현상이 기능적이 아니라는 가정하에 설명 가능성의 문제가 발생한다. 블록(Block, 1990; 2002)은 감각질을 공유하지 않으면서 기능적으로 동치인 체계를 상상할 수 있다는 기능주의 반박 논의를 제시한다. 나의 두뇌가 10억 개의 뉴런으로 구성되어 있다면 10억 인구의 중국인에게 각기 다른 뉴런 기능을 부여한 "중국인 두뇌 로봇"이 중국 대륙 사이즈로 가능하다는 것이다. 그러면 나와 중국인 두뇌 로봇의 기능이 동치적이지만, 내가 마라톤을 완주할 때쯤 갖는 통증과 성취감을 중국인 두뇌 로봇은 가질 수 없다는 것이다. 소위 "감각질 결여 논변"이다.

그러나 김영정(1996: 81-84)은 감각질 결여 논변에 대해 적어도 두 가지 반론을 소개한다. 첫째는 "감각질 제외"라 할 수 있는 논변이다. 그는 "많은 심리적 상태들이 신경 상태라는 사실은 심리적 상태들이 필연적으로 신경 상태라는 것을 보증해주지 못하듯이, 많은 심리적 상태들이 질적이라는 사실은 심리적 상태들이 필연적으로 질적이라는 것을 보증하지 못한다"는 반론으로 기능주의를 지지한다. 일상적인 감기를 설명할 수 없다는 것을 걱정할 필요가 없듯이, 감각질을 설명할 수 없다는 것을 걱정할 필요가 없다는 것이다. 김영정은 감각질을 인지 과학의 주제에서 제외할 수도 있다고 생각한다. "코끼리에 대한 믿음이 코끼리에 대한 이론을 요구하지 않는 것"처럼 감각질의 경험은 감각질에 대한 이론을 요구하지 않는다는 것이다. 둘째는 슈메이커(Shoemaker, 2006)의 상상 가능성 반론이다. 화성인이 신경 생리 화학적으로 우리와 다르지만 기능적으로 우리와 동일한 심리 상태를 가졌다는 것을 상상할 수 있다. 그렇다면 화성인은 지구인의 감각질을 갖지 않아 일종의 결여성을 갖지만, 그러나 그들 나름의 감각질을 갖는다고 해야 한다. 김영정은 블록과 슈메이커의 토론 사이에서 기능주의를 지지한다.

기능주의를 반대하는 논의 중에는 블록 · 포더(Foder, 1972)의 "전도된 감각질 논변"이 있다. 두 사람이 완전히 동일한 기능적 구성을 가지고 있다 할지라도 한 사람이 붉은 물체를 볼 때 갖는 감각이 현상적으로 다른 사람이 녹색 물체를 볼 때 갖는 감각과 동일할 수 있다는 것이다. 그러나 김영정(1996: 184-186)은 통증 같은 심성 상태들을 경우에 따라 다른 감각질적 특성을 가질 수 있는 상태라고 간주함으로써 전도된 감각질 문제를 해결할 수 있다고 본다. 달리 말해, 감각질 상태를 포함한 모든 심성 상태를 존재 양화하여 구체적인 개별적 감각질에 대한 언급을 피할 수 있다는 것이다.

김영정은 기능주의(1996: 191-193)에 대한 감각질 반론에 대해 방어하지만 퍼트남(Putnam, 1981)의 "가족 유사성 반론"은 수용하는 것처럼 보인다. 가족 유사성 반론의 핵심은 "특정한 심성 현상의 모든 경우들이 공통적으로 갖는 과학적으로 기술 가능한 속성이나 프로그램, 배후에 실재하는 궁극적인 본성은 없고 그 경우들은 가족 유사적"이라는 것이다. 공통적으로 기술 가능한 속성이 존재한다면 본질주의가 성립하고 환원주의가 가능했을 것이다. 그러나 특정 심성 현상의 모든 경우들은 공통성은 없고 가족 유사적일 뿐이다. 게임의 개념에서 예시되는 것처럼 개념이 그에 포섭되는 모든 경우들의 공통성에 의해 통합되는 것이 아니라, 가족 유사성과 언어 공동체의 판단에 의해 통합된다는 비트겐슈타인의 통찰에 기초한 것이다.

가족 유사성 반론(김영정, 1996: 195-200)을 좀 더 자세히 살펴보자. 첫째 단계는 언어 대상적 단계이다. 인간 언어가 그러한 것처럼 어떠한 이론의 언어도 변화하는 믿음들의 전체 그물과 연결되어 있다. 그렇다면 그 이론의 용어들은 고정된 정의를 가질 수 없다. 어떤 용어가 고정된 정의를 벗어난다고 하여 다른 이론이 되는 것은 아니다. 그 용어들은 가족 유사적으로 이해되는 한, 의미들의 차이들이 삭감되어 동일한 의미로 이해되고 이론 동일성이 유지된다. 둘째 단계는 언어 상위적 단계이다. 야구와 제기차기는 "게임"이지만, 결혼이나 전쟁은 "게임"이라 하지 않는다. 어떤 가족 유사성의 수용은 "합리적"이지만 다른 어떤 가족 유사성의 수용은 "과도한" 것이다. 합리성과 과도성의 구별의 능력은 인간이 지니고 있는 전이해적 능력일 뿐, 기능적으로 기술 가능한 프로그램의 내용일 수 없다.

김영정(1996: 160)의 인지적 개입 모델은 가족 유사 반론으로부터 안전한가? 김영정은 이 반론을 수용하는 것처럼 보인다. 그는 인간의 특정 심성 현상의 모든 경우들은 가족 유사적이라는 것을 인정하며 인간의 이성 능력의 전이해적 성격 또한 수용할 수 있다고 믿는다. "이성의 전이해적 능력을 알고리즘화할 수 있다고 하더라도 이 알고리즘이 옳다는 것을 알 수 없을 뿐 아니라 반례가 원리상 구성 가능하다"는 괴델적 논변은 인간의 논리적 조건이기 때문이다. 이성이 형식화할 수 있는 것은 이성은 항상 넘어설 수 있다는 것을 보이는 것이다. 이성은 자기 초월적이기 때문이다. 김영정의 개입 모델은 인간 인지를 표상하는 것이 아니라 그 작동에 목표를 두고 있기 때문에 가족 유사론의 수용은 오히려 그의 인지적 마음을 적실하게 만든다고 생각한다. 그렇다면 인간과 같은 컴퓨터가 아니라 보다 나은 컴퓨터 개발을 위해 노력할 수 있다.

바늘 찔림과 아픔 간의 법칙적 관계는 어떠한가? 김영정의 인지적 마음은 제한적 긍정성으로 대답할 것으로 보인다. 아픔의 느낌은 단원적(modular)이기도 하지만 그 단원은 독립적 원자가 아니라 이성의 다른 단원이 개입될 수 있는 것이다. 그 아픔이 개체 단원적 경험에 그친다면 신경 상태의 사건으로서 법칙적일 수 있지만 단원 연계적 경험이라면 비법칙적일 수도 있다. 참음, 무시, 대응 탐구, 상황 판단, 아픔의 의미 이해

등 그 구체적 문맥과 정합적인 경험으로 나타날 수 있기 때문이다.

김영정은 아바타에 대해 무엇이라고 할 것인가? 물론 그는 자신의 개입의 방법으로 하나의 그림을 그릴 것이다. 먼저 그는 아바타에 대한 존재론적 제약을 가할 것이다. 나와 나의 아바타는 배타적인 유일한 인과관계에 있고 몸은 양면적이지만 마음 활성화는 일면적일 것이라는 등의 제약이다. 그렇다면 김영정은 램시 문장으로 기능주의의 계산성과 심리상태의 개념적 관계성을 구현할 수 있다. 그리고 아픔이나 감각질이 기능적이 아니라는 점을 인정한다 해도, 예를 들어, "개항적 아픔=개항적 C-섬유 자극"이 경험적으로 참이라면, 인식적으로 거짓이라 할지라도 존재론적으로 필연이라는 방식의 설명으로 다수 실현 가능성을 유지할 수 있다. 또한 많은 심리적 상태들이 질적이라는 사실은 특정한 심리적 상태들이 필연적으로 질적이라는 것을 강요하지 않는다는 점을 들어, 아바타에게도 나름의 감각질을 허용할 수 있을 것이다.

4. 깨달음과 자기 지식

한자경의 내재적 초월론은 해탈이나 깨달음에 대해 하나의 관점을 제시하고, 김영정의 인지적 마음은 확장적 마음이나 확장된 자아와 쉽게 연결된다. 그러나 자기 지식은 외재주의의 현실 앞에서 어떻게 진정성과 권위를 지킬 수 있을 것인가? 유식론은 유식의 이름으로 어떻게 깨달음에 도달할 수 있을 것인가? 나의 아바타가 나 대신 자기 지식의 진정성이나 권위에 관심을 갖는다면 사실적 우연성을 어떻게 다룰 것인가?

불교 마음-인지 마음

이재영(1999)은 형이상학적 체계를 해체하는 탈현대의 시대에 자아 개념을 중심으로 형이상학의 회복을 제안하는 것을 계면쩍어하는 한자경에게 자체 논리를 상기시킨다. “한 인간이 어떤 철학을 선택하는가는 결국 그가 어떤 인간인가에 달려있다”는 것이다. 박찬구(1998)는 우리의 철학이 우리의 삶, 역사, 정신과 분리될 수 없다는 한자경의 생각에 동의하면서 다른 사상의 패러다임을 이해하고자 하는 노력에도 지지를 보낸다. 그러나 그는 한자경의 관념론 전통의 논의에 비해 경험론 전통에 대한 논의가 미약하다는 점을 지적한다. 김진은 무아–윤회의 모순 구조로부터 비롯되는 변증론은 불교가 진지하게 해명하고자 한 핵심 문제라는 한자경의 생각에 동의한다. 그러나 그는 현상적 자아의 연속성과 행위의 책임성, 나아가 윤회 주체의 연속성조차도 실체적 자아의 자기 동일성을 전제할 필요 없이(무아론), 연기적 인과 연속성(연기론)에만 의해 성립한다는 한자경의 관점에 의문을 제기한다. 책임을 물을 수 있는 윤회 주체의 연속성을 담지한 자아는 이미 하나의 주체여야 하지 않느냐고 묻는 것이다.

불교의 마음에 대한 또 하나의 관점의 가능성이 조성택(2012)에게서 보인다. 그 가능성은 다음과 같은 가설에서 온다: “고타마 싯다르타(Gotama Siddhartha)의 마음은 그의 말, 행위, 성취에 의해 드러났다; 그리고 싯다르타의 이 마음은 붓다가 된 싯다르타의 깨달음의 내용이다.” 조성택이 그리는 싯다르타의 마음은 다음과 같이 이해된다. 싯다르타는 언어와 시간과 다원적 자율성에 대해 설했다. 먼저, 싯다르타는 법을 발견했고 자신은 이 법을 설했을 뿐이라고 하며 법과 교법을 구분한다. 싯다르타는 “비구들이여, 가라! … 안녕과 행복을 위해 법을 설하라. 한 길을 둘이 가지 말고”라고 당부한다. 무엇이라는 전법의 내용이 아니라 사람들의 안녕과 행복이라는 전법의 목적만 분명히 하는 것이다. 한 길을 둘이 가지 못하게 했기 때문에 법에 대한 가르침(教法)이 권위적인 하나가 아니라 다원적인 여럿인 것은 당연하다. 자신이나 다른 아라한들이 깨닫게 된 교법을 다양한 지방어를 통해 전달하라고 당부한다. 자연히 불교는 다양한 경전들을 갖는다. 다른 종교들이 배타적 언어로 유일하게 성스러운 경전을 제시하는 것과 달리 싯다르타는 특정한 언어 체계의 권위를 원치 않았고, 언어 소통 기능에 충실한 다양한 지방의 구어를 사용할 것을 권장했다. 불교적 진리는 주객이 구분되어 있는 근대 철학적 의미의 실체적, 초월적 진리가 아니라 명상을 통해 도달하는 다양한 단계와 다양한 차원의 개별적 자아의 체험적 진리이기 때문이다.

조성택은 불교의 시간관을 드러내어 자아의 체험적 진리의 성격을 명료화한다. 초기 불교는 다른 종교와 같이 문자의 종교가 아니라 구전의 종교였다. 예를 들어, 힌두교의 베다는 정확한 저장과 인출이라는 기술(技術)로서의 기억에 기초한 전승이지만, 불교는 기억 과정에 능동적으로 참여하는 활력(活力)으로서의 기억에 기반을 둔 체험적 종교이다. 이러한 체험은 물리주의적 단선 일방향 인과론이 전제하는 시계적 시간, 선후적 시간이 아니라 "한때(一時)"라는 우주적 시간이고, 시공적 시간, 음양적 시간이다. 한때는 불특정하지만 그렇기 때문에 오히려 씨앗과 여러 선행하는 사건들이 완벽한 조화를 이루어 싹이라는 사건으로 발생하는 것과 같은 때를 나타낸다. 직선적 인과론만으로가 아니라 다중적 인과론의 포용적 틀에서 시공론을 이해하는 것이다. 조성택의 책은 또한 불교의 다원적 자율성을 보여준다. 제자들이 사후의 리더십에 대해 물었을 때 싯다르타는 "자등명, 법등명(自燈明 法燈明)"이라 답했다. 이 명제는 '자와 법은 불일 불이의 등'이라는 다원적 자율성의 가르침을 나타낸다. 이러한 해석은 싯다르타 자신이 이끌었던 상가(교단)를 조직으로 생각하지 않은 정신과 일관되고 그 정신의 근거가 된다. 강력한 중앙 리더십을 요구하는 체계와 위계의 조직이 아니라 느슨한 형태의 자율적이고 사방에 흩어져 있는 수행자들의 공동체이다. 고대 불교인들이 싯다르타를 '우리 시대'의 스승 붓다로 알았고, 다음 시대에는 또 다른 붓다가 출현한다고 믿었던 태도와도 일관된다. 싯다르타의 마음은 싯다르타의 깨달음의 내용, 붓다를 현시하는 방식을 통해 그려지는 것이다.

고타마 싯다르타의 마음을 조성택이 그 다원적 자율성의 일상성에서 밝히고 있다면, 현응(2009: 102-132; 법진 백강, 2015)은 소위 "깨달음"에 대한 싯다르타적 이해를 통해 접근하여 상호 보완적인 마음 이해에 도달한다고 생각한다. 현응은 깨달음을 '이루는 깨달음'과 '이해의 깨달음'으로 구분한다. 한국의 불교는 "간화선(看話禪)"이라는, 주어진 화두를 들어 통째로 간파하여 추호의 의심도 없이 그 전체를 체험하여 자신이 화두 자체가 되는 경지의 전통 속에 있었다. 현응은 간화선의 이러한 깨달음을 이루는 깨달음이라 부르고, 문제는 간화선의 수행, 달성, 평가의 높은 기준 때문에 도달하기 어려운 경지라는 점에 있다고 본다. 그 대신 싯다르타의 삶과 가르침에서 보이는 물음, 대화, 토론, 소통의 과정을 통해 당대의 문제들의 범주에 대한 이해의 단계에 이를 수 있고, 이를 이해의 깨달음이라고 본다. 과학적 지식의 실재를 전제한 자연 현상에 대한 이해에서 출발하지만, 이해의 깨달음은 한 차원 더 올라가 실재가 아니라 관계를 전제한 그 깨달음(보디)을 역사(사트바)와 일치시키는 것이다. 그러므로 이해의 깨달음은 자연 현상과 사회 현상을 모두 과정 속에 아우르는 보디사트바(보살)가 된다.

이러한 깨달음은 이영호(1982)의 다음과 같은 성찰과 같은 문맥을 이루는 것으로 보인다: 불교가 종교의 본질을 불성에 대한 각(覺), 즉 인식이라고 할 때 불교의 깨달음이란 한갓 지적인 인식에만 의존해서 이루어지는 것은 아니며, 비현실에 대한 소외된 삶의 심정적인 요구를 포함한다; 그렇지 않고서야 어찌 실재하지도 않는 비현실적 실재, 곧 불성을 인식으로써 깨칠 수가 있겠는가? "신앙은 소외된 삶의 정열이 인식에 통일됨으로써 비로소 창조"된다고 할 수 있지 않을까?

임일환(1997)은 심리 철학에서 중요한 사건론에 대해 김영정이 고려하지 않은 콰인의 사건론을 논의하여 김영정의 사건 개념을 보완하고자 한다. 예를 들어, 데이비슨의 사건론이 특정 사건에 대해 물리적 언어로 기술하면 물리적 사건이고 심성적 언어로 기술하면 심성적 사건이라는 "비구조적 구체자 사건론"이라면, 김재권의 사건론은 특정 속성이 시간과 공간으로 개체에서 실현되는 "구조적 구체자 사건론"이다. 그러나 콰인의 사건론은 사건을 "시공간 영역의 내용"으로 간주한다. 데이비슨은 후기에 콰인에 동조하지만, 김재권의 관점과는 사건 동일성의 기준에서 달라진다. 김재권의 속성과 개체가 아니라 콰인의 시공의 동일성으로 충분하다는 관점이다. 김효은(2006: 1-21)은 감각질 전도 시나리오를 상상할 수 있지만 상상 가능성은 감각질 전도 시나리오의 가능성 여부를 판별하지 못한다고 생각한다. 김영정의 감각질 논의에 대한 배경 자료로 보인다.

확장된 마음과 자아

나의 마음을 나의 두뇌에 한정하는 "심성-상태 내재주의"가 전통적인 마음의 이해였다면, 클락·차머스(Clark and Chalmers, 1998)의 확장된 마음 논제는 나의 마음이 두뇌에 한정되지 않고 두뇌를 넘어 바깥으로 확장된다는 주장이다. 그렇다면 보다 구체적으로, 확장된 마음(extended mind)이란 무엇인가? 이 개념은 소위 동등성(parity) 원리로 설명된다(이영의, 2008; 이정모, 2010; 신상규, 2011). 우리가 어떤 일을 처리할 때, 그 일이 우리 머리 안에서 이루어졌다면 그것을 인지적 과정의 일부로 인정하는 데 전혀 망설이지 않는 것처럼, 세계의 부분이 가능하다면 세계의 그 부분은 인지적 과정의 일부라는 것이다. 인지적 과정이 모두 머릿속에 있는 것은 아니다. 이를 보이는 사유 실험은 정상적인 기억력의 두뇌를 가진 소녀 잉가와 노트북의 기억력에 의존해야 하는 소년 오토가 "미술관이 53가에 있다"라는 정보를 떠올려 똑같이 그곳을 향해 갈 수 있다는 것이다. 비슷하게, 군함 항해의 인지 과정은 승무원들의 분업적 마음들이 각종 도구와의 상호·통합 작용의 과정인 것처럼 인간 개인의 인지나 행위도 개인의 마음이 핸드폰이나 컴퓨터 같은 환경과 상호 작용하여 통합된 과정의 결과로 간주된다.

신상규(2011; 2012)는 확장된 마음과 자아의 경계에 대해 묻는다. 두뇌적 마음은 두뇌적 자아를 나타낸다는 것이 직관적이지만, 확장된 마음은 어떻게 확장된 자아를 나타내는가? 그는 로렌즈의 제안을 수용하여 스스로에 대해서 말하고 말해지는 여러 이야기들, 즉 우리가 수행하는 일이나 성취하고자 하는 목표와 계획, 행해야 할 책임으로 이루어진 내러티브의 중력 중심으로서의 확장된 자아를 옹호한다. 두뇌적 마음도 엄밀한 의미에서 두뇌적 몸과 그 자아를 동일시하지 않으면 자아는 몸이 갖지 않는 성질을 소유한다. 같은 논리로 확장된 마음은 두뇌적 몸이 갖지 않는 지성적 속성들을 환경에서 실현하면서 단일한 방식이 아닌 복잡한 사유, 선택, 통제, 연합, 변화를 유지하는 수행자이다(참조: 3장 4절).

이영의(2008; 2012)도 인지와 마음의 분리론에서 자아의 자리를 찾는 것 같다. 그는 기어리(Giere, 2007)를 수용하여 인지는 분산될 수 있지만 마음은 분산될 수 없다는 인지와 마음의 차이를 주장한다. 나의 컴퓨터를 훔친 사람은 사물을 훔친 것일 뿐, 나의 마음이나 인격을 훔친 것으로 간주하기 위해서는 고차원적 해석이 들어가야 하기 때문이다. 이영의는 기어리의 인지와 마음의 분리적 접근에 대해 한동안 유예적이었지만 점차 그 유예성을 약화시키고 있다. 인지와 마음의 분리론은 분산성이 허용하는 이점은 모두 가지면서도 분산성이 위협하는 마음의 에이전시를 보호할 수 있는 것으로 보인다. 고인석(2012)은 인지와 마음의 분리론에 제3의 통합론적 자아를 조심스럽게 시사한다. 인지 분산론은 두뇌 안팎의 몫이 "대등"할 뿐 "동일"하지 않다는 입장이고, 마음 분산론은 두뇌 안팎의 몫이 "다르다"고 할 뿐 두뇌 혼자 "모든 걸 건다"고 하지 않는다. 그렇다면 마음의 탐구에서 두 길은 기능적이거나 포괄적인 길이지 원칙적으로 대등한 길로 간주할 수 있다는 것이다. 천현득(2011)은 그러한 통합론에 호의적이면서도 이것은 탐구와 논증의 결과여야지 미리 전제되는 출발점이어서는 안 된다고 한다.

외재적 자기 지식과 윤보석

마음의 확장성에 대한 논의가 자기 지식의 성격에 대한 논의로 이어지는 것은 당연하다. 자기 지식은 전통적으로 일인칭적이고 심리주의적으로만 해석되었다. 그러나 최근의 논의는 의미의 외재주의를 도입하여 자기 지식의 외재주의의 가능성을 다루고 있다. 여기에서는 이를 위한 배경적 논의들을 살피고 직접 지시성 개념을 구성하여 접근하는 윤보석의 논의에 주목하고자 한다.

김상원(2006)은 "자기 지식과 외재주의는 양립 가능하다"는 버지의 관점을 옹호한다. 버지 비판가는 자기 지식의 선험성과 외재주의의 경험성은 모순된다고 하지만 김상원은 버지 관점은 일관성을 유지할 수 있는 방식으로 이해될 수 있다고 주장한다. 오스카가 "나는 물이 습기를 띤다고 생각한다"라는 문장을 지구에서 말할 때 "물"은 H_2O 를 지칭하는 넓은 내용의 자기 지식을 갖는다. 그러나 본인도 모르게 오스카가 쌍둥이 지구로 옮겨지고서 같은 문장을 말할 때의 "물"은 XYZ를 지칭하는 좁은 내용의 자기 지식을 갖는다. 그러나 넓은 내용의 자기 지식은 외재적이기 때문에 개념적 선험성이 아니라 형이상학적 경험성의 내용이다. 따라서 좁은 내용의 경우에도 모순을 일으키는 것을 면할 수 있다는 것이다.

하종호(2005)에게는 자기 지식에 대한 외재주의는 적어도 버지(Burge, 1988)의 경우에 확립되지 않는다. 그가 주목하는 버지 논변은 다음과 같다. "나는 물이 투명하다고 내 자신이 생각한다고 생각한다"라는 물 문장은 "나는 뭔가가 투명하다고 내 자신이 생각했다고 생각한다"라는 존재 양화 문장을 함축한다. 그리고 "나는 유리가 투명하다고 내 자신이 생각한다고 생각한다"라는 유리 문장도 위의 존재 양화 문장을 함축한다. 자기 지식 선험론은 존재 양화 문장의 자기 지식은 물 문장에 기인한 것이건 유리 문장에 기초한 것이건 간에 동일한 자기 지식을 갖는다. 그러나 버지는 두 문장이 양화 문장에 갖는 인과 연쇄가 다르기 때문에 그것은 동일한 자기 지식이 될 수 없다고 한다. 반면 하종호는 화자가 물 문장으로 말하는 경우와 유리 문장으로 말하는 경우를 기억할 수 없다면 양화 문장으로 표현되는 사고 내용에 질적인 차이가 있다고 하기 어렵다는 것이다. "외부 환경과의 인과적 관계가 성립한다고 해서 그것이 사고 내용의 질적 차이를 반영할 만큼 실질적인 인과적 효력을 확실하게 담보하지는 못한다"고 믿는 것이다.

이기홍(2009: 233-235; 2012: 450-452)은 자기 지식과 외재주의의 관계에 대해 보다 적극적이다. 그에게 있어서 마음이란 뇌의 수동적 상태가 아니라 환경의 요소들과 상호 작용하여 성취하는 외적인 창발을 내적으로 경험하는 구현적 능력이다. 이러한 구현주의는 인지에 있어서의 뇌만이 아니라 뇌가 처해 있는 환경에도 적극적 역할을 부여한다. 예를 들어, 나의 크라운 아이스크림 선택은 나의 크라운 아이스크림 선호일 수도 있지만 크라운 아이스크림의 매력적 유도성에 기인한 것일 수도 있다. 그는 마음의 외재성뿐 아니라 마음의 분산성까지 아울러 고려하고 있다.

윤보석(2005a; 2009: 169-185)은 마음이라는 주제를 그가 발전시킨 "직접 지시성"의 개념으로 조명하고 있다. "마음이 무엇인가"라는 물음을 물을 때 "나의 마음"이라는 자기지(自己知)에서 시작하는 것이 자연스럽기 때문일 것이다. 데카르트 이후 마음에 대한 인식론적 특이성은 널리 받아들여졌다. 사고의 주체는 어떤 증거에도 의존하지 않고 직접적으로 자신의 사고 내용을 파악한다고 보기 때문이다. 영희가 "내가 지금 아프다"라고 진지하게 생각해 말한다면 영희는 그 아픔의 경험에 대해 잘못될 수 없는 일인칭적 권위를 갖는다는 것이 수용되었다. 그러나 이러한 자기지에 대해 의문들이 제기되어왔다. 심리학이나 프로이트에 따르면 사람들이 자신의 마음에 대해 잘못 알고 있는 경우가 많다는 것이다. 보다 구체적으로, 철수가 목이 말라 "물 좀 주소"라고 말할 때 "물"은 지구에서 H_2O를 의미하지만, 철수가 잠자는 사이에 쌍둥이 지구에 옮겨지고 나서 그 말을 할 때의 "물"은 쌍둥이 지구에서 XYZ를 의미할 수 있다. 철수는 같은 문장으로 같은 태도를 유지하지만 지구인지, 쌍둥이 지구인지에 따라 자신도 모르게 자신의 심성 내용이 달라지는 것이다. 의미는 두뇌-내부적이 아니라 두뇌-외재적이라는 것이다. 그렇다면 철수는 자신의 경험에 대해 일인칭 권위를 갖지 않는다. 이 경우, 자기지는 진정한 지식이 아니게 된다.

철학자들은 마음과 사물 간의 데카르트적 이원론에 기우는 경우 일인칭 권위성과 의미의 외재성은 양립 불가능하다고 하고, 이원론을 멀리하는 경우 양립 가능성에 무게를 둔다. 윤보석은 후자의 편에 서면서도 그 논의의 문제점을 직접 지시성 개념으로 돌파하고자 한다. 버지는 양립론을 위해 하나의 논의를 제시한다. 그는 "나는 가시에 찔려 아프다(what I think)"라는 일차적 사고에 대해, "나는 가시에 찔려 아프다고 나는 믿는다(what I think I think)"라는 이차적 사고를 구분해보자고 한다. 그러면 우리는 여기에서 일차적 사고에 도입된 내용이 이차적 사고 단계에서 계승(inherit)되는 것을 볼 수 있다. 일차적 사고에 나타난 일인칭 권위는 이차적 사고에서 표시되는 의미 외재성과 일관된다. 일차 사고의 내용이 이차 사고에서 계승되기 때문이다.

윤보석은 이러한 계승 개념을 거부하지는 않지만 충분하지 않다고 주장한다. 충분하지 않은 것은 일차 단계에 문제가 있다는 것이다. 계승 원리에 따르면, 철수가 의식하지 못하는 외적 환경에 의해 자신의 생각이 지시하는 대상이 변화했더라도("물"이 H_2O가 아니라 XYZ를 지칭하는 경우) 이것이 사고 내용에 대한 철수의 지식을 위협하지 않으며, 그 이유는 철수가 생각한다고 생각하는 대상도 그와 상응하여 변화하기 때문이다. 자신이 무엇을 생각하던지 바로 그것을 생각한다고 생각하는 것이다. 그러나 과연 철수가 그것이 무엇인지 바로 아는가? 철수의 입장에서 보면, 자신이 생각하는 대상이 변하지 않은 것이나 다름없지 않는가? 결론적으로 세계에 대한 일차 사고의 단계에서 철수는 자신이 무슨 생각을 하는지 전혀 이해하지 못하고 있으며 계승 원리는 단지 그러한 무지를 이차 사고의 단계에서 반복할 뿐이다. 이것이 계승 원리의 심각한 문제점이라는 것이다.

윤보석은 이러한 계승 원리를 보완하기 위해 직접 지시에 대한 인식론적 제약의 가능성을 논의한다. 먼저, 직접 지시는 다음과 같이 규정된다: 대상 k, 성질 F, 다른 명제 P에 대해, P의 지식에 기초하여 추론하지 않고 "k는 F이다"라는 지식을 직접적으로 확보하는 것이다. 이렇게 이해되는 직접 지시는 그 대상에 대해 우리가 오류 불가능하고 완전한 지식을 갖는다는 것을 함축한다. 그러나 실제에 있어서 나는 비정상적으로 책상위에 있는 컵을 지각할 때 잘못 알아볼 수도 있다. 직접 지시의 인식론적 제약성 때문이다. 그러나 이것은 내가 그 컵을 결코 직접 지시할 수 없음을 함축하지 않는다. "물 좀 주소"라는 발화가 지구와 쌍둥이 지구에서 다른 내용을 갖는다는 것은 내가 바로 그것이라는 것을 직접 지시할 수 없음을 함축하는 것이 아니다. 마음은 세계를 지향하는 성질을 가지기 위해 마음의 주체가 세계와 직접 대면할 수 있다. 자기지는 세계 안에서 얻어진다. 마음은 나의 마음이지만 세계 안에서만 자기지에 이를 수 있는 통로이다.

마음에 대해서 '해탈한 마음은 우주 만물을 포괄하는 큰 마음, 한 마음, 일심(自燈明 法燈明)'이라는 명제로 요약되는 수행적 마음과 '진리가 너희를 자유케 하리라'는 문장으로 축약되는 지성적 마음의 전통이 있어왔다. 마음 개념은 이론적으로 형이상학적 체계의 강력한 기초 개념이다. 또한 동시에 마음 개념은 실천적으로 일상화되어 있다. 비우는 마음과 헤아리는 마음은 일반적으로는 동양적인 것과 서양적인 것으로 보이지만 구체적으로는 모든 전통에서 양립해왔다. 좁게는 한 개인에게서도 병존하고, 한 개인의 특별한 시간에도 공존하고 있다. 자국 영해를 침입한 적국의 항공 모함은 자체로 하나의 인격체이듯, 나의 마음도 두뇌뿐만 아니라 안경, 핸드폰, 도서관, 가족, 공동체, 국가, 세계와 연결된 확장적 마음으로 헤아리는 마음이다. 그러면서도 나의 마음에 대한 나의 지식은 언제나 오류 가능하여 비우는 마음의 계기를 만난다. "비움"과 "헤아림"은 실천적으로 완결적이고 단일적인 사건의 이름이 아니다. 이들은 인간이 만나는 모든 구체적인 상황의 문맥에서 요구되는 마음의 특정한 국면의 이름일 것이다.

나오는 말

이 책은 한국 현대 철학에 대한 주제적 지형도이다. 한국이라는 여기에서 지금 이루어지고 있는 철학적 사유의 주제적 궤적을 나타내 보이고자 한 것이다. 이 책은 "한국 현대 철학사"에서 기대할 만한 온고지신(溫故知新)의 시공적 지형도의 접근이 아니라, 온금지래(溫今知來)의 목적으로 기획되고 집필되었다. 두 접근 방식의 구분은 배타적이 아니라 상보적이다. 온고지신의 접근에서 설득력을 보이는 주제들과 온금지래의 접근에서 개연성을 갖는 주제들은 배타적이지 않고 상보적이기 때문이다. 이 책에서 다루지 못한 부분들이 온고지신의 한국 현대 철학사를 통해 보완된다면 한국 현대 철학의 그림은 보다 온전해질 것이다.

한국 현대 철학의 주제적 지형도를 통해 도달한 온금지래의 내용은 무엇인가? 이 책은 한국 철학의 오늘을 미루어 내일을 살피고자 했다. 그러나 오늘의 한국 철학이라는 것은 유일한 실체로서 어디에도 존재하지 않는다. 나타나 보이는 것은 다양한 한국 현대 철학의 진행적 국면들일 뿐이다. 우주가 공간 안에서 팽창하는 것이 아니라 팽창하는 우주 자체인 것처럼, 한국 현대 철학은 절대적 시공에서 기술되기를 기다리는 실체가 아니라 '지금 진행되고 있는 국면들 자체'일 뿐이다. 주제들의 선택에 따라 달라지고, 주목하는 철학자들에 따라 달라지는 양상일 뿐이다. 철학자 개인들도 지금 여기에서 완성된 철학 체계를 제시하는 것이 아니라 지속적으로 탐구하고 조정하는 생각을 하고 있기 때문이다. 그러므로 한국 현대 철학에 대한 어떠한 온금지래도 국면적이다. 현 시점에서 미루어 본 것은 다음과 같은 다섯 명제들이다.

"인간은 근대적 홀로 주체성보다는 동아시아적 서로 주체성으로 드러난다." 인간은 데카르트의 코기토나 칸트의 선험적 주관으로 대표되는 인간관에서 홀로 주체로 파악되어왔다. 이러한 합리주의적 주체는 이성 위주의 인간관을 그리면서 고통이나 몸의 범주를 거부하거나 간과했다. 그러나 이제 주체는 동양적 전통이 주목해온 서로 주체성의 관점에서 파악되고 강조되고 있다. 유학 도덕의 제일원리로서의 기소불욕 물시어인(己所不欲 勿施於人, 내가 하고자 하지 않는 바는 남에게 시키지 말아야 한다)은 단순히 인간의 필요조건(無惻隱之心 非人也)을 함축하는 것이 아니라 인간이 만물과의 서로 주체성임(成己成物)에로 확장된다. 고통은 인간을 표면적으로 원자적 인간으로 나누는 것으로 보이지만 심층적으로 인간을 연대해 내는 경험이고, 민중 경험이나 여성주의는 이에 대한 증좌이다. 어떠한 사회적 사건도 서로 주체적이고 과학 기술 시대에 요구되는 선택적 진화는 신체적이고 사회적일 수밖에 없다. 우리의 인문적 경험도 타인의 얼굴을 통해 무한적일 수 있고 모순 통합적인 내재적 초월에 이를 수 있는 것이다.

"윤리라는 인간 최소 조건은 건강하고 안정적이어야 한다." 인간은 더불어 살아야 하기 때문에 윤리적이고 사회적이어야 하지만 사회성이나 윤리성을 최대화할 수는 없다. 이를 강화할수록 절대적 공간, 기계적 공간의 방향으로 바뀌기 때문이다. 윤리는 인간적 공간 안에 남을 수 있을 만큼 최소적이면서 안정적이라야 한다. 윤리의 최소성을 유지하기 위해서는 정의와 도덕과 법의 여러 조건들에 선명한 의미가 부여되고 인문적으로 정연해져야 할 것이다. 또한 윤리의 안정성을 보완하기 위해서는 안정성을 저해하거나 위협할 수 있는 조건들을 극복하거나 무력화해야 한다. 생태와 기술은 지구촌적 조건으로 주목해야 한다. 분단과 민주화/

산업화는 한국 사회의 구체적 주제이다. 우리는 윤리의 최소 조건을 건강하고 안정적으로 지키기 위해 새로운 주제들의 개발에 주력해야 한다. 이러한 작업은 인간의 윤리적 의무일 뿐 아니라 지성인의 과제, 철학자의 책무이기도 하다.

"문화는 공동체마다의 최대 조건이지만 인간이 만드는 세계이다." 공동체들은 공동체가 풍성하도록 공동체의 삶을 최대화한다. 그래서 인간 문화는 사회적 종으로서의 인간이 만드는 최대 조건이고 공동체마다 다르게 나타나는 지역 문화이다. 그러나 문화는 또한 자연적 종으로서의 인간이 만드는 지구촌 문화이다. 여기에 문화들의 연결 지점이 있고 소통이나 공유의 계기들이 보인다. 이 책은 사회적 종으로서의 인간 문화, 한국 문화의 논의보다는 자연적 종으로서의 인간 문화, 보편 문화에 더 주목했다. 문학은 그 자체로 철학적이고, 역사와 예술은 둘 다 모두 개념적으로 논의될 수 있는 주제이다. 민족 문화 담론은 세계화 담론보다 우선순위에서 밀리는 것일까? 진정한 세계화는 다수 지역 문화의 융성에 의해서만 의미를 갖게 되는 것이 아닐까? 한국문화에 대한 보다 많은 구체적 성찰이 기다려진다.

"언어는 소통하는 집합적 지성이다." 언어 의미는 사실적으로 주어지는 것이 아니라 언어 공동체의 지속적 생활 양식에 의해서 주어진다. 그리고 언어는 완성품이 아니라 소통 과정에 있는 공동체 성원들의 집합적 지성이다. 지식 정당화는 반사실문적 논리로 정당화될 때 홀로 주체가 아니라 서로 주체의 집합적 지성이 작동하는 것이고, 과학에서의 지식 주체도 마찬가지이다. 이성이라는 인간의 능력도 플라톤의 형상에 참여하는 능력이나 모든 인간이 공유하는 합리주의의 논리적 능력이 아니라, 인간이 서로 배우고 확장하는 언어 사용 능력이라는 것이다. 언어 사용 능력은 심미적이건 정치적이건 간에 인간이 구성하는 능력이다. 철학사에서 보이는 철학성도 표면적으로는 홀로 주체의 '심성 작용'으로 보이지만, 칸트나 후설의 경우에서 보이는 것처럼 개인 철학자들의 철학성도 자신도 모르게 외부의 집합적 지성에 의해 부여받은 '심성 내용'이다.

"존재의 언어적 경험은 실재에 기초해 있다." 무엇이 존재하는가? 개별자, 보편자, 인과적으로 연결된 사항이 존재한다고 해왔다. 그리고 이들은 현대에 이르러 언어적 경험의 일부로 편입되는 것 같았다. 논리가 그러하고 수학이 그러하고 필연까지도 그러하다. 그러나 그러한 언어적 경험도 존재에 닿아 있어야 하는 것이 아닌가? 20세기 초중반의 반형이상학적 조류는 후반에 와서 형이상학적 관심에 의해 조정되었다. 이러한 조정을 가능하게 해준 논리는 양상 언어의 '반사실적 조건문의 논리'이다. 양상 논리는 존재, 본질, 인과, 물리주의, 기원, 믿음, 지식, 자기지식, 인격, 언어, 시제, 이성 규범성, 당위, 예술 작품 같은 전통적으로 중요한 철학적 주제들의 분석이나 조명에 사용되고 있다. 그러나 마음에 대해서는 아직 합의 가능한 접근 방식의 길이 나타나 있지 않다. 마음은 우리에게 가장 가까이 있으면서 또한 가장 먼 인간 경험이다. 이러한 긴장은 언제까지 지속될 것인가? 철학의 항구적 과제이다.

이 책으로부터 미루어 볼 수 있는 명제들은 많지만, 나는 우선적으로 이러한 다섯 명제에 끌렸다. 이러한 미룸은 내일의 상황에서 헤아려져야 할 명제들이다. 그렇게 말할 수 있는 문맥에서 이 책은 한국 현대 철학에 대한 온금지래의 한 국면을 미루어 본 것이다.

참고문헌

강내희(2010), 「인문학과 향연-시학과 발명학으로서의 인문학」, 『영미문화』, 10-3: 1-27.

강대성(1986), 『니체와 현대철학』, 한길사.

강동수(2000), 「후설의 선험현상학에서 신체성 분석의 의의」, 한국현상학회 편(2000): 11-41.

강민혁(2014), 『자기배려의 인문학: 중년 은행원의 철학, 문학, 글쓰기 창구』, 북드라망.

강상진(2007), 「아우구스티누스 신국론」, 『철학』, 91: 333-338.

강성용(2015), 「인도철학에서의 진리 개념에 대하여」, 서강대학교 『철학논집』, 43: 195-229.

강성훈(2015), 「플라톤은 심신이원론자였는가?」, 『철학』, 124: 1-25.

강신주 · 지승호(2013), 『강신주의 맨얼굴의 철학 당당한 인문학』, 시대의창.

강신주(2006), 『철학, 삶을 만나다』, 이학사.

_____(2010), 『철학 vs 철학: 동서양 철학의 모든 것』, 그린비.

_____(2012), 「한국 인문학의 활로를 찾는 여우 놀이- 서평: 김상환의 철학과 인문적 상상력」, 『창작과비평』, 40-4: 471-474.

_____(2012), 『김수영을 위하여』, 천년의상상.

강양구(2013), 「인문학이 노동자의 무기가 될 수 있는가」, 『싸우는 인문학』, 반비: 213-221.
강영계(1995), 『니체, 해체의 모험』, 고려원.
_____(2000), 『니체와 예술』, 한길사.
강영안(1995), 「문화개념의 철학적 배경」, 『문화철학』, 한국철학회 편(1995): 190-222.
_____(1996), 『주체는 죽었는가-현대철학의 포스트모던 경향』, 문예출판사.
_____(1997), 「통일과학 이념과 인문학」, 『철학』 51: 343-374.
_____(1998a), 「고통과 윤리」, 『서강인문논총』, 8: 3-29.
_____(1998b), 「근대 지식 이념과 인문학」, 『철학』, 57: 95-127.
_____(2000), 「한국철학과 언어 문제」, 『한국철학의 쟁점』, 한국철학회 편(2000): 299-326.
_____(2002a), 『인간의 얼굴을 가진 지식-인문학의 철학을 위하여』, 소나무.
_____(2002b), 『우리에게 철학은 무엇인가: 근대, 이성, 주체를 중심으로 살펴본 현대 한국철학사』, 궁리.
_____(2005), 『타인의 얼굴: 레비나스의 철학』, 문학과지성사.
_____(2012), 「얼굴을 가진다는 것」, 『철학과현실』, 92: 179-189.
강정인 외(2002), 『민주주의의 한국적 수용』, 책세상.
강정인(2002), 「서구중심주의에 비친 한국의 민주화, 민주주의의 한국화」, 강정인 외(2002): 19-67.
강정인 · 이기상 · 최영진 · 이승환(2002), 「좌담: 동양철학연구, 무엇이 문제인가」, 『오늘의 동양사상』, 6: 114-143.
강준만(1996), 『서울대의 나라』, 개마고원.
_____(2001), 「민족은 사라지지 않는가-송두율, 탈냉전시대의 마지막 냉전적 볼모」, 『인물과 사상』, 33: 102-136.
강지수 등(2000), 『문학과 철학의 만남』, 민음사.
강지연(2008), 「생태주의 윤리규범으로서 도가사상의 가능성」, 『범한철학』, 49-2: 31-53.
강진호(2007), 「논리철학논고의 중대한 오류들」, 『철학적 분석』, 15: 127-157.
_____(2009), 「비트겐슈타인의 철학」, 계명대학교 『인문학연구』, 42: 47-70.
_____(2010a), 「촘스키와 비트겐슈타인의 지칭 의미론 비판」, 『철학』, 102: 109-

137.

_____(2010b), 「'우리 마누라'의 의미」, 『철학적 분석』, 21: 153-164.

_____(2012), 「마음을 이해하는 서양철학의 세 가지 전통」, 서울대학교 철학사상연구소 엮음(2012): xi-xxxi.

_____(2013a), 「공지칭성과 이론 실재성」, 정대현(2013): 272-304.

_____(2013b), 「맥락주의와 공유된 내용의 문제」, 『철학적 분석』, 27: 31-57.

강철웅(2004), 「메타담론의 측면을 통해 본, 사변과 비판으로서의 파르메니데스 철학」, 『철학』, 80: 83-115.

강학순(2014), 『박이문-둥지를 향한 철학과 예술의 여정』, 미다스북스.

강학철(1994), 『무의미로부터의 자유: 키에케고어의 역설적 인간학』, 동명사.

고광필(1993), 『키에르케골의 자아개념』, 학면.

고명섭(2010), 「법의 지배는 민주주의 강화의 필요조건」, 『한겨레』, 2010.09.10.

고봉진(2007), 『굴뚝』, 매컴.

고영근(2006), 「통일언어철학의 탐색방향」, 한국어문학회『어문학』, 91: 1-21.

고영직(2008), 「벽을 문으로 바꾸는 교육예술」, 임철우 · 우기동 · 최준영 외(2008): 93-111.

고은(1988), 「恨의 극복을 위하여」, 서광선 엮음(1988): 23-60.

고인석(2000), 「과학의 조각보 모델-통합된 과학의 구상」, 『철학』, 63: 305-332.

_____(2002), 「올바른 과학적 설명이란 어떤 것인가」, 『철학』, 70: 259-282.

_____(2003), 「파이어아벤트의 포퍼 비판: 이론증식 테제의 의미」, 『범한철학』, 28: 5-30.

_____(2012), 「마음은 어떻게, 그리고 얼마나 연장되어 있는가?」 서강대학교 철학연구소 학술대회지.

고형곤(1969), 『선의 존재론적 구명』, 철학연구회.

_____(2005), 『선의 세계』, 동국대학교출판부.

공병혜(2008), 「고통의 현상과 윤리적 삶」, 『인문의학』, 2: 1-10.

곽강제(1997), 「의미와 언어행위」, 한국건지철학회 『건지철학』, 5: 220-252.

곽광수(2008), 「외국 문학 연구와 텍스트 읽기」, 『세계의 문학』, 33-1: 404-439.

곽신환(1995), 「'같음'과 '다름'의 문제에 대한 조선조 후기 성리학적 접근」, 한국공자학회, 『공자학』, 1: 343-371.

구승회(1996), 「생태위기와 에코아나키즘의 대안」, 『환경과 생명』, 11: 142-155.

구연상(2009), 「낱말 풀이를 통해 본 존재론적 차이」, 『존재론 연구』, 19: 123-154.
구텐플란, S.(1990), 『교양 논리학』, 심철호 옮김, 푸른산.
국민윤리(1976a), 「정치사회와 시민적 자유」, 정진홍 편: 150-161.
국민윤리(1976b), 「이데올로기의 대립」, 정진홍 편(1976): 162-175.
권병진(2004), 「수미결정성」, 『논리연구』, 7-1: 101-117.
_____(2006), 「수학적 플라톤주의」, 『논리연구』, 9-1: 137-171.
권영민(2002), 『한국현대문학사 1 & 2』, 민음사.
권용혁(1996), 「하버마스의 사회이론의 한국 사회 적용 가능성과 그 한계」, 한국철학회 『철학』, 49: 349-374.
_____(1997), 「하버마스와 새로운 사회운동」, 정호근 외(1997): 335-356.
_____(2002), 「의사소통적 합리성과 규범」, 사회철학연구회 편(2002): 81-115.
그렐링, A. C. (1993), 『철학적 논리학 입문』, 이윤일 옮김, 자유사상사.
금장태(1994), 『한국유학사의 이해』, 민족문화사.
_____(2013), 「최한기: 신기의 마음과 추측의 인식」, 서울대학교 철학사상연구소 엮음(2013a): 393-419.
길희성(1986), 「해석학을 통해 본 동양철학 연구」, 심재룡 외(1986): 197-226.
_____(2001), 『지눌의 선사상』, 소나무.
김경수(2005), 「정보혁명과 공공적 이성의 구조변화」, 임홍빈 외(2005): 207-231.
김경재(1989), 「함석헌의 씨알사상 연구」, 한신대학 『신학연구』, 30.
김경집(2013), 『인문학은 밥이다』, 알에이치코리아.
김경호(2012), 「슬픔은 어디에서 오는가?」, 중앙대학교 『철학탐구』, 31: 125-152.
김광명(1995), 「서구의 자연관에 대한 반성과 환경미학의 모색」, 서울대학교 『예술문화연구』, 7-25.
_____(2000), 「존재와 진리-칸트 순수이성비판의 근본문제」, 철학연구회 『철학연구』, 4: 259-262.
_____(2004), 『칸트 미학의 이해』, 철학과현실사.
김광수(2006), 『마음의 철학』, 철학과현실사.
_____(2007), 『논리와 비판적 사고』, 철학과현실사.
_____(2013), 『철학하는 인간』, 연암서가.
김교빈(2007), 『한국철학 에세이』, 동녘, 2007.3.
김교빈 · 송영배 · 한형조 · 홍원식 · 이승환(1998), 「근대성과 전통 그리고 동양철학의 길」, 『오늘의 동양사상』, 1: 13-38.
김국태 (2001), 「칸트의 존엄성 개념에서 본 인간 복제의 윤리성 문제」, 『시대와 철학』, 12: 257-276.
김규영(1979), 『시간론』, 서강대학교출판부.
김기봉(2000), 『역사란 무엇인가를 넘어서』, 푸른역사.
_____(2006a), 『역사를 통한 동아시아 공동체 만들기』, 푸른역사.
_____(2006b), 『팩션시대, 영화와 역사를 중매하다』, 프로네시스.
_____(2009), 『역사들이 속삭인다』, 프로네시스.
김기순(1981), 「윤리학에 있어서 존재와 당위의 구분의 특성과 한계」, 철학연구회 『철학연구』 16: 97-113.
김기현(1995), 「자연화된 인식론과 연결」, 한국분석철학회 편(1995): 77-103.
_____(1997), 「자아와 행위에 대한 서평」, 철학연구회 『철학연구』, 4: 268-272.
_____(2011), 『현대 인식론』, 민음사.
김남두(1990), 「좋은 나라와 이성의 지배」, 『철학과 현실』, 291-316.
_____(1999), 「철학사와 철학 그리고 한국철학의 패러다임」, 한국철학회 편(1999): 9-25.
_____(2001), 「기초학문 진흥의 과제」, 『철학과 현실』, 50: 109-121.
김남두 · 윤규병(2000), 「공생이 생명계의 주요한 흐름」, 『철학과현실』, 45: 83-119.
김남중(2012), “Sleeping Beauty-a Gargerian Approach”, 『논리연구』, 15-1: 107-154
_____(2014), “Are Numbers Modes of Existence?”, 한국분석철학회 2014년 여름 발표문모음.
김대행(1986), 『시조 유형론』, 이화여자대학교출판부.
김도식(1995a), 「증거론이란 무엇인가?」, 철학연구회 『철학연구』, 36: 177-204.
_____(1995b), 「자연주의적 인식론의 한계」, 한국분석철학회 편(1995): 126-149.
_____(1999), 「현대 영미 인식론의 소개: 김기현의 현대 인식론」, 『철학과현실』, 40: 295-303.
_____(2008), 「자연화된 인식론의 의의와 새로운 앎의 분석」, 『철학적 분석』, 17: 93-115.
_____(2011a), 『현대 영미 인식론의 흐름』, 건국대학교출판부.

_____(2011b), 「통일인문학의 개념 분석」, 건국대학교 『통일인문학논총』, 51: 155-172.

김도종(1988), 「기론적 역사철학」, 한국사상사학회 『한국사상사학』, 2: 93-122.

_____(1997), 「문화의 성쇠에 대한 역사 존재론적 분석」, 한국철학회 편: 11-33.

김동식(1993), 「퍼트남의 내적 실재론과 실재론 그리고 상대주의」, 한국분석철학회 편(1993): 261-303.

_____(1995), 「자연주의 인식론의 철학적 의의」, 한국분석철학회 편(1995): 39-76.

_____(2001), 「분석철학과 삶의 접점」, 철학연구회 『철학연구』, 54: 61-78.

김동춘(1997), 『분단과 한국 사회』, 역사비평사.

_____(1998), 「서평: 백낙청, 흔들리는 분단체제, 분단체제 변혁의 공부길」, 청평문화 재단 『통일시론』, 1: 258-268.

_____(2004), 「강남에 살지 못하는 죄」, 『한겨레』, 2004-10-16.

김동현(2008), 「인과의 조종 가능성이론과 반사실적 분석」, 『과학철학』, 11: 85-105.

김말복(1995a), 「무용예술의 정체성에 대한 고찰」,『한국미학회지』, 20: 73-113.

_____(1995b), 「무용 예술 감상에서의 고려사항」, 『한국체육철학회지』, 3-2: 45-80.

김명석(2012a), 「동전을 던진 후 미녀를 깨우다」, 『논리연구』, 15-1: 17-52.

_____(2012b), 「세계의 문턱과 사건의 되풀이」, 『철학적 분석』, 26: 75-90.

김명수(2008), 「함석헌의 씨알사상과 예수의 씨알비유에 나타난 자연주의」, 『기독교사상』, 596: 44-54.

김문정(2010), 「환경: 사라진 미래」, 한국철학사상연구회(2010): 270-301.

김문환(1994), 「환경미학의 이론적 과제: 자연미를 중심으로」, 『철학과현실』, 22: 266-277.

_____(2011), 『미학자가 그려보는 인문도시』, 지식산업사.

김미영(2003), 「성리학에서 공적 합리성의 연원」, 『철학』, 76: 57-77.

김범수(2010), 「소비: 너는 얼마짜리야?」, 한국철학사상연구회(2010): 160-195.

김병익(1985), 『들린 시대의 문학』, 문학과지성사.

김병채(1995), "중국의 현대 신유학 연구", 단국대학교 『동양학』, 25-1(1995): 279-300.

김비환(1996), 「롤즈의 정치적 자유주의 비판, 한국정치학회」, 『한국정치학회보』,

30-2: 5-23.
_____(1997), 「롤즈 정치철학의 두 가지 문제점: 완전주의와 정치 없는 정치철학」, 『한국정치학회보』, 31-1: 31-48.
_____(2012), 「마이클 오크숏의 법의 지배 이론과 그 헌정구조적 함의-하이에크와의 비교를 포함하여」, 『법철학연구』, 15-1: 191-218.
김상봉 외(2010), 『굿바이 삼성』, 꾸리에,
김상봉(1998), 『자기 의식과 존재 사유』, 한길사.
_____(2002), 『나르시스의 꿈: 서양정신의 극복을 위한 연습』, 한길사.
_____(2003), 『그리스 비극에 대한 편지』, 한길사.
_____(2004), 『학벌사회: 사회적 주체성에 대한 철학적 탐구』, 한길사.
_____(2005), 『도덕교육의 파시즘: 노예도덕을 넘어서』, 길.
_____(2007), 『서로 주체성의 이념』, 길.
_____(2009a), 「함석헌과 주체성의 문제」, 철학연구회 『철학연구』, 84-1: 33-56.
_____(2009b), 「함석헌과 씨알철학의 이념」, 대한철학회 『철학연구』, 109-1: 1-28.
_____(2010a), 「씨알철학과 세계철학」, 『철학』, 102: 139-162.
_____(2010b), 「지금 당장 삼성불매운동을 제안한다」, 김상봉 외: 17-44.
_____(2010c), 「제왕적 경영에서 시민 경영으로: 삼성불매운동의 철학적 기초」, 김상봉 외(2010).
_____(2010d), 「씨알철학과 세계철학」, 『철학』, 102-1: 139-162.
김상원(2006), 「버지의 양립가능성 논증에 대한 맥킨지의 비판은 정당한가」, 『철학적 분석』, 13: 1-23.
김상일(1983), 『한철학』, 전망사.
김상준(2009), 「주자와 스피노자는 왜 비슷한가?」, 『정신문화연구』, 116: 385-415.
_____(2011), 『맹자의 땀, 성왕의 피』, 아카넷.
_____(2014), 『유교의 정치적 무의식』, 글항아리.
김상환(1994), 「시의 여백에 쓰는 철학」, 『현대시학』, 304: 283-295.
_____(1996), 『해체론 시대의 철학』, 문학과지성사.
_____(1997), 「주체의 죽음과 그 이후 : 서평: 강영안의 주체는 죽었는가」, 『철학과 현실』 33: 293-300.
_____(1999a), 『예술가를 위한 형이상학』, 민음사.
_____(1999b), 「철학(사)의 안과 밖: 다시 해체론이란 무엇인가」, 한국철학회 편

(1999): 398-437.
_____(2000a), 「문화와 정보 사회-기술, 언어, 실재에 대하여」, 『철학사상』, 10: 81-100.
_____(2000b), 「철학과 시의 관계: 처음을 위한 회상」, 『문학과 철학의 만남』, 민음사: 70-108.
_____(2002), 『니체, 프로이트, 맑스이후』, 창작과비평사.
_____(2012), 『철학과 인문적 상상력』, 문학과지성사.
김석수(2001), 『현실속의 철학 철학속의 현실』, 책세상.
_____(2002), 「공리주의, 합리성, 그리고 한국 사회」, 사회철학연구회 편(2002): 117-144.
_____(2005), 『칸트와 현대 사회 철학』, 울력.
김선욱(2001), 『정치와 진리』, 책세상.
_____(2004), 「"디지털시대의 정치동학"에 대한 논평」, 철학연구회 편(2004): 148-157.
_____(2005a), 「정치철학적 관점에서 본 나르시스의 꿈」, 『시민과 세계』, 7: 328-338.
_____(2005b), 「하버마스 언어철학의 전체론적 특성」, 『사회와 철학』, 10: 65-88.
_____(2007), 「정치에 있어서 대중과 자각적 개인」, 『정치사상연구』, 13-2: 183-202.
김선희a(1995), 「행위철학과 사회과학방법론」, 한국분석철학회 편(1995): 296-326.
_____(1996), 『자아와 행위』, 철학과현실사.
_____(2004a), 『사이버시대의 인격과 몸』, 아카넷.
_____(2004b), 「서평: 허라금의 원칙의 윤리에서 여성주의 윤리로」, 『여/성이론』, 11: 306-313.
_____(2004c), 「사이버 자아의 인격적 지위: 윤보석 박사의 서평에 대한 답변」, 『철학』, 81: 114-121.
_____(2008), 「김재권의 심성 인과론의 문제: 두 마음의 간극」, 하종호 외(2008): 43-70.
_____(2009a), 「자아정체성에 기초한 철학상담 방법론」, 고려대학교 『철학연구』, 85: 227-244.

_____(2009b), 「여성주의와 심신이론: 타인의 마음의 문제를 중심으로」, 고려대학교 『철학연구』, 86: 203-220.
_____(2010), 「여성의 정체성과 철학상담: 여성주의 철학상담은 가능한가?」, 고려대학교 『철학연구』. 89: 129-157.
_____(2012), 『과학기술과 인간 정체성』, 아카넷.
_____(2013), 「공지칭성과 이론 실재성」, 정대현: 272-304.
_____(2015), 『철학상담 : 나의 가치를 찾아가는 대화』, 아카넷.
김선희b(2014), 「'피로사회'에 나타난 주체들의병리적 유형화와 치료적 접근」, 철학연구회『철학연구』, 107: 173-200.
김선희c(2010), 「전통: 근대가 만든 과거」, 한국철학사상연구회 편(2010): 124-159.
_____(2014), 「최한기를 위한 읽기 위한 제언: 근대성과 과학의 관점에서」, 철학사상연구소 『철학사상』, 51: 67-96.
김성민(2010), 「분단의 장벽을 녹이는, 소통 · 치유 · 통합의 통일인문학」, 『철학과 현실』, 85: 164-173.
김성민 · 박영균(2010), 「인문학적 통일담론에 대한 비판적 성찰: 강만길 백낙청 송두율」, 『범한철학』, 59: 507-534.
김성민 · 박영균(2011), 「인문학적 통일담론과 통일인문학: 통일패러다임에 관한 시론적 모색」, 고려대학교 『철학연구』, 92: 143-172.
김성수(2012), 「반사실적 인과론과 인과 구조식 접근법」, 『철학』, 113: 259-291.
김성진(1999), 「생태철학 : 철학적 인간학의 생태학적 과제」, 한림대학교 『인문학연구』, 6: 97-134.
_____(2007), 「환경미학과 썩음의 미학」, 『환경철학』, 6: 35-74.
_____(2009), 「철학상담치료학회 창립 의의」, 『철학과 현실』, 83: 229-239
_____(2010a), 「철학 실천과 상담 왜 그리고 어떻게」, 『철학과 현실』, 87: 187-199.
_____(2010b), 「철학상담치료: 개념정립과 정당화 시론」, 한국철학상담치료학회 『학술대회보』: 3-37
김세균(2004), 「송두율 사건: 경과와 교훈」, 민주화운동기념사업회 『기억과 전망』, 8: 172-194.
김세서리아(2006), 「차이-사이의 개념으로 다시 읽는 음양론」, 『한국여성철학』, 3: 75-94.
_____(2006), 「차이의 철학으로서의 음양론과 '차이-사이'의 변증법」, 『시대와 철

학』, 17-2: 7-37.
김세정(1999), 「왕양명의 친민설에 대한 생태론적 접근」, 『동양철학』, 11: 253-273.
김세화(2000), 「직설조건문과 전건 긍정법」, 『논리연구』, 4: 23-36.
____(2001), 「양상허구주의」, 『철학적 분석』, 3: 113-128.
____(2002), 「허구에 대한 감정과 래드포드의 퍼즐」, 철학연구회 『철학연구』, 57: 305-319.
____(2005), 「감정에 대한 인지주의와 그에 대한 수정」, 『철학』, 84: 157-172.
____(2010), 「해석학적 허구주의」, 『철학적 분석』, 21: 1-26.
____(2013), "Pretence and Autism", 서울대학교 『철학사상』, 48: 157-173.
김소영(1994), 「서울, 영화 속의 도시」, 『문화과학』, 5: 95-117.
김수중(2004), 「꽉 찬 알맹이 '참', 속빈 껍데기는 '거짓'」, 『한겨레』, 2004.07.26.
김승동(1999), 『한국철학사』, 부산대학교출판부.
김시천(2010), 「문명: 문명, 네 속엔 야만도 들어 있어!」, 한국철학사상연구회 편(2010): 302-334.
김애란(2011), 『두근두근 내 인생』, 창비: 306-309.
____(2013), 「침묵의 미래」, 김애란 외, 『침묵의 미래 외』, 문학사상사: 10-34.
김애령(2001), 「이야기로 구성된 인간의 시간」, 한국현상학회 『철학과 현상학연구』, 18: 269-290.
____(2006), 『예술: 세계 이해를 향한 도전』, 이화여자대학교출판부.
김양현(2014), 「칸트철학의 생태철학적 비판과 반비판」, 『사회와 철학』, 28: 131-154.
김여수 외(1997a), 『언어 · 진리 · 문화 1』, 철학과현실사.
____(1997b), 『언어 · 진리 · 문화 2』, 철학과현실사.
김여수(1984), 「비트겐슈타인과 본질철학의 종언」, 한국분석철학연구회 편(1984): 181-200.
____(1986), 「분석철학의 전개에 있어서 의미와 진리」, 한국철학회『철학』, 26: 3-18.
____(1993), 「진리와 실재론」, 한국분석철학회 편(1993): 191-209.
____(1995), 「서양 문화종합의 미래」, 한국철학회 편(1995): 67-89.
____(1997), 『언어와 문화』, 철학과현실사.

김연숙(2009), 「레비나스: 주체의 시간과 타자의 시간들」, 한국동서철학회 편(2009): 335-360.
김열규(1981), 『恨脈源流』, 주우, 1981.
김영건(1993), 「비트겐슈타인과 자연주의 철학」,『철학과현실』, 17: 12-311.
____(2002), 「노장의 사유 문법과 철학적 분석」, 『철학과현실』, 55 191-208.
김영무(2011), 『공감적 상상력에서 생명의 시학으로』, 서울대학교출판문화원.
김영민a(1996), 『탈식민성과 우리 인문학의 글쓰기』, 민음사.
____(1992), 『철학과 상상력: 철학의 시작 혹은 그 시작을 위한 시작』, 시간과공간사.
김영민b(2005), 「한국철학사 방법론: 한국철학사 연구와 인문학 교육」, 예문동양사상연구원 『오늘의 동양사상』, 12: 207-230.
김영배(1996), 「인과관계에 대한 반사실적 분석의 몇 가지 문제들」, 한국분석철학회 편(1996): 63-112.
김영정a(1979), 「한국 근대의 여성 운동」, 『여성학』 이화여자대학교 한국여성연구소 편(1979): 205-229.
김영정b · 최훈(2002), 「사실-가치구분과 그 심리 철학적 함축」, 서울대학교 『철학사상』, 14: 81-107.
김영정b 외(2002), 『필로지아: 멀티미디어 논리학/비판적 사고 개론서』, 오란디프.
김영정b(1986a), 「인과 관계의 논리형식」, 『철학』, 26: 185-197.
____(1986b), 「데이딕토(de dicto)와 데이레이(de re)-정대현 교수의 논문에 대한 논평」, 『철학』, 2: 53-77.
____(1990b), 「넓은 분류와 간이론적 지칭가능성-정대현교수의 논문에 대한 논평」, 한국철학회, 『철학』, 34: 137-143.
____(1992), 「철학: 인지과학의 토대」, 『철학과 현실』, 13: 158-177.
____(1996), 『심리철학과 인지과학』, 철학과현실사.
____(2002), 「인지과학 방법론 연구」, 서울대학교 『철학사상』, 14: 35-79.
김영주a(2015), 「게슈탈트 치료와 동양상상」, 성신여자대학교 박사학위 논문.
김영진(1981), 「가치에 대한 물음의 뿌리」, 김태길 외(1981): 149-169.
____(1984), 「Austin의 언어철학과 Hare의 규정성이론: 언어철학, 분석철학 그리고 윤리학의 만남」, 『철학』, 21: 97-116.
____(2004), 『철학적 병에 대한 진단과 처방 : 임상철학』, 철학과현실사.

김영철(2002),『윤리학』, 학연사.
김영한a(1997),「과학 시대의 인문정신」, 이화여자대학교 한국 문화연구원 편(1997): 195-221.
김영한b(1997),「푸코, 데리다, 료타르의 해체 사상」, 한국해석학회『해석학연구』, 4: 259-278.
김영호(2002),「함석헌의 비폭력 평화사상과 그 실천전략」,『우원사상 논총』10: 198-218.
김예숙(1994),「외도-결혼제도의 그림자인가」,『철학과 현실』, 22: 250-264.
김요한(2006),「현대예술의 정의」,『동서철학연구』, 42: 295-324.
김용복(1982),「민중의 사회전기와 신학」, 한국신학연구소 편(1982): 369-390.
김용옥(1985a),『동양학 어떻게 할 것인가』 민음사.
_____(1985b),「기철학이란 무엇인가? 한의학이론 형성과정과 황노지학」, 고려대학교『중국학논총』, 2: 55-102.
김용정(1978),「상보성에 관한 인식론적 고찰」,『철학』, 12: 21-54.
_____(1990),「물질과 정신의 양의성에 관한 형이상학적 고찰」,『철학』, 34: 1-39.
김용환(2006),「관용의 윤리: 철학적 기초와 적용영역들」,『철학』, 87: 65-90.
김우창(1980),「비평과 이데올로기」, 김우창(1992): 140-144.
_____(1983),「문학과 문학연구의 방법에 대한 몇가지 생각」, 김우창(1992): 105-139.
_____(1992),『심미적 이성의 탐구』, 솔, 1992.
_____(1993),『법 없는 길』, 민음사, 1993.
_____(1999),「오늘의 인문 과학과 코기토」,『비평』, 비평이론학회 엮음, 생각의나무, : 170-211.
_____(2000),『정치와 삶의 세계』, 삼인.
_____(2007),『자유와 인간적인 삶』, 생각의나무.
김우택(2004),「라틴아메리카의 경제적 포퓰리즘: 정치 경제학적 접근」, 철학연구회 편(2004): 167-189.
김유신 · 성경수(2004),「공학과 공학윤리」, 새한철학회『철학논총』35.1: 81-100.
김윤경(2007),『청소년을 위한 한국철학사 : 단군신화에서 현대철학까지』, 두리미디어.
김윤식 외(1998),『한국문학사』, 민음사.

김윤환(2009), 「인과에 관한 반사실적 조건문 분석의 이론적 구조」, 서울대학교 『철학논구』, 37: 219-236.

김응종(2000), 「서평: 김기봉저 역사란 무엇인가를 넘어서」,『서양사론』, 제66호: 147-156.

김인회(1984), 「민중과 사회교육」, 한국신학연구소 편(1984): 238-259.

김재권(1986), 「한국철학이란 가능한가」, 심재룡 외(1986): 83-96.

_____(1997), 『심리철학』, 하종호 · 김선희 옮김, 철학과현실사.

_____(2007), 『물리주의』, 하종호 옮김, 아카넷.

김재영(2012), 「여러 세계/마음 해석과 '서울해석'」, 한국물리학회 『물리학과 첨단기술』, 21-4(2012.4): 22-30.

김재현(1987), 「노동과 여가에 대한 논평」, 철학연구회 『철학연구』, 22(1987): 97-103.

_____(1996a), 「하버마스 사상의 형성과 발전」, 장춘익 외: 19-62.

_____(1996b), 「하버마스에서 공론영역의 양면성」, 이진우 엮음: 119-150.

_____(2002), 『한국 사회철학의 수용과 전개』, 동녘.

김정선(1976), 「양상논리의 존재론적 기초」, 철학연구회 『철학연구』, 11: 137-154.

김정주(2003), 「칸트 주제들에 대한 체계적인 접근」, 『철학과 현실』, 59: 220-226.

김정현(1995), 『니체의 몸 철학』, 지성의샘.

_____(2006), 『니체, 생명과 치유의 철학』, 책세상.

김조년(2008), 「함석헌의 그리스도교 이해」, 한남대학교 『기독교문화연구』, 13: 155-191.

김종욱(2011), 「복잡계로서 생태계와 법계」, 서울대학교 『철학사상』, 41: 7-34.

김주연(2006), 『독일비평사』, 문학과지성사.

김주현(2010), 「페미니즘과 반미학」, 『철학과 현실』, 87(2010 겨울): 143-154.

김준섭(1949), 『논리학』, 국제문화관.

김준성(2007), 「선점의 문제와 사건 수준 확률인과이론의 인과유관성 해명」, 『범한철학』, 44: 311-340.

_____(2008), 「인과를 해명하는데 확률의 역할은 무엇인가?」, 서울대학교 『철학사상』, 29: 125-162.

김진(1998), 「無記의 칸트주의적 해석」, 대한철학회 『철학연구』, 72: 1-37.

_____(2003), 『칸트와 생태사상』, 철학과현실사.

_____(2004),「한(恨)의 희망 철학적 해석」,『철학』, 제78집: 319-345.
김진석(1996),『니체에서 세르까지』, 솔.
_____(2003),「서평: 이종관 저, 사이버 문화와 예술의 유혹」, 철학연구회『철학연구』, 62: 299-303.
김창래(2001),「해석학적 문제로서의 표현」,『철학』, 66: 181-205.
김창룡(2003),「재독학자 송두율 교수와 언론보도」 관훈클럽『관훈저널』, 91: 196-208.
김창호(1991),「마르크스 역사철학에서 주체성의 문제와 사회주의 인간론」, 철학연구회『철학연구』, 29: 37-73.
김충열(1998),『한국유학사』, 예문서원.
김치수(1982),『박경리와 이청준』, 민음사.
김태길 외(1981),『현대 사회와 철학』, 문학과지성사.
김태길(1977),『소설문학에 나타난 한국인의 가치관』, 일지사.
_____(1981),「현대한국의 윤리적 상황」, 김태길 외.
_____(1982),「John Rawls의 사회정의론-윤리학의 방법에 대한 함축을 중심으로」,『철학』, 17: 3-23.
_____(2000),『일상 속의 철학』, 철학과현실사, 2000.
_____(2010),『윤리학: 우송 김태길 전집 1』, 철학과현실사, 1963.
김학근(2001a),「비트겐슈타인에 있어서 규칙 따르기의 역설에 대한 고찰」,『범한철학』, 24: 107-130.
_____(2001b),「비트겐슈타인에 있어서 사적 언어에 대한 문법적 탐구」,『범한철학』, 23: 405-424.
김학준(2006),「한반도의 분단과 통일의 정치경제사」, 동국대학교『북한학연구』, 2-1: 5-35.
김한승(2007),「비개념적 내용의 비개념성과 그 철학적 근거」,『범한철학』, 46: 317-340.
_____(2009),「비개념적 내용으로서의 지표적 내용 : '잠자는 미녀' 문제에 대한 관점주의적 대답」,『철학적 분석』, 20: 119-140.
_____(2010), "Sleeping Beauty's Reflection: In and Out",『논리연구』, 13-1: 21-52.
김현(1976),「문학이란 무엇인가?」,『문학이란 무엇인가』, 김현 · 김주연 엮음, 문학과지성사.
_____(1990),『전체에 대한 통찰』, 나남.
_____(1991-1993),『김현문학전집 1-16』, 문학과지성사.
김현식(2008),「포스트모던 시대의 역사학을 위하여」, 역사학회『역사학보』, 200: 665-690.
김현자(1982),『시와 상상력의 구조: 김소월, 한용운을 중심으로』, 문학과지성사.
김형석(1990),『영원과 사랑의 대화』, 청아출판사.
_____(1992),『고독이라는 병』, 철학과현실사.
_____(1993),『역사철학』, 철학과현실사.
김형찬(2010),「욕망하는 본성과 도덕적 본성의 융합」, 고려대학교『철학연구』, 41: 71-93.
김형철(2004),「생태학적 세계관에 나타난 윤리적 의미」,『한국윤리교육학회 추계 학술대회보』.
김형효(1994),『구조주의의 사유체계와 사상』, 인간사랑.
_____(2002a),「도가 사상의 현대적 독법」, 한국도가철학회『노자에서 데리다까지』, 15-36.
_____(2002b),「데리다를 통해 본 노장의 사유문법」, 한국도가철학회『노자에서 데리다까지』, 267-322.
_____(2006),「인간이란 무엇인가?」(01),『철학과 현실』, 71: 225-232.
_____(2007),「인간이란 무엇인가?」(03),『철학과 현실』, 73: 246-253.
_____(2008),「인간이란 무엇인가?」(06),『철학과 현실』, 76: 221-229.
_____(2009a),「인간이란 무엇인가?」(10),『철학과 현실』, 81: 210-218.
_____(2009b),「인간이란 무엇인가?」(12),『철학과 현실』, 83: 202-209.
김혜련(1995),「상호작용론적 실재론과 은유」, 한국철학회,『철학』, 43: 60-76
_____(1998),「수사학적 합리성」, 한국분석철학회 편(1998): 199-223.
_____(1998a),「실용주의와 환경미학의 문제」,『미학』: 31-69.
_____(1998b),「기능성과 환경모델의 미학」, 연세대학교『인문과학』, 79: 403-419.
_____(2001),「여성적 숭고의 가능성」,『한국여성철학』, 창간호: 178-190.
_____(2008),「기계-인간 생성론과 포스트모성」,『한국여성철학』, 9: 127-153.
_____(2010),「네트워크 에이전트의 행위성에 대한 젠더분석적 고찰」,『한국여성

철학』, 13: 53-79.
김혜숙(1988), 「제일철학으로서의 인식론의 가능성」, 철학연구회, 『철학연구』, 23: 107-119.
_____(1989), 「콰인의 경험주의와 전체주의」, 『철학』, 32: 191-201.
_____(1992), 「정합성과 인식적 이상」, 『철학』, 38: 5-28.
_____(1993), 「콰인의 경험주의와 전체주의」, 한국분석철학회 편(1993): 479-492.
_____(1998), 「영화존재론」, 『영화연구』, 제14집: 546-569.
_____(1999), 「미국철학의 지적 연원: 수입철학에서 고유 브랜드 생산에 이르기까지」, 한국철학회 편(1999): 345-368.
_____(2000a), 「음양적 사유와 인과적 사유」, 『철학적 분석』, 창간호: 52-77.
_____(2000b), 「한국현대철학 문제제기 방식의 특징과 그 과제」, 한국철학회 편(2000): 368-391.
_____(2006), 「여성주의 방법의 철학적 모색: 음양의 방법」, 『한국여성철학』, 6: 33-49.
_____(2008), 「인간학으로서의 인문학: 주체와 젠더의 문제」, 『탈경계 인문학』, 이화인문과학원, 창간호: 7-28.
_____(2014), 『신음양론: 동아시아 문화논리의 해체와 재건』, 이화여자대학교출판부.
김호(2000), 「무엇이 역사학의 위기를 부르는가」, 『당대비평』, 12: 426-430.
김홍우(2000), 「한국 정치의 철학적 과제」, 『철학과 현실』, 46: 38-50.
김화경(2006), 「실천적 확실성: 축-명제들의 지위와 역할」, 『철학적 분석』, 13: 51-78.
_____(2007), 「비트겐슈타인과 여성주의가 만난다면?」, 『철학과현실』, 74: 164-177.
김화영(1984), 『미당 서정주의 시에 대하여』, 민음사.
김환석(1997), 「과학기술에 대한 사회학적 이해」, 『과학사상』, 20: 223-238.
_____(2001), 「STS(과학기술학)와 사회학의 혁신: 해위자-연결망 이론을 중심으로」, 『과학기술학연구』, 1-1: 201-234.
_____(2006), 『과학사회학의 쟁점들』, 문학과지성사.
김효명(1987), 「D. Hume의 인과론」, 서울대학교 『철학논구』, 15: 79-94.
_____(1991), 「흄의 필연성론에 대한 비판적 고찰」, 서울대학교 『철학사상』, 1:

145-164.
_____(1995), 「흄의 자연주의」, 한국분석철학회 편: 11-35.
_____(1996), 「영미철학의 수용과 그 평가」, 서울대학교 『철학사상』, 6: 79-103.
_____(2003), 「인과개념의 철학적 분석」, 서울대학교 『철학사상』, 16: 105-126.
김효은(2006), 「감각질 전도는 가능한가?」, 『철학적 분석』, 14: 1-21.
김홍호(1984), 『실존들의 모습』, 풍만.
김희정(2010), 「암스트롱의 자연주의와 인과력의 원리」, 서울대학교 『철학사상』, 35: 329-350.
나종석(2007), 「칸트에서의 공적 이성과 토의 정치」, 『칸트연구』, 19: 23-54.
_____(2010), 「1950년대 한국철학계의 실존주의」, 『사회와 철학』, 20: 1-32.
_____(2011), 「민주주의, 민족주의 그리고 한반도에서의 국민국가의 미래」, 『사회와 철학』, 22: 1-34.
남경희(1993), 「이성」, 『철학과 현실』, 철학과현실.
_____(1997a), 『이성과 정치 존재론』, 문학과지성사.
_____(1997b), 『말의 질서와 국가: 근대 서구 정치철학의 비판과 재해석』, 이화여자대학교출판부.
_____(2004), 「리 또는 결」, 『철학』, 79: 257-279.
_____(2006), 『플라톤-서양철학의 기원과 토대』, 아카넷.
남기창(1994), 「비트겐슈타인은 데카르트적 의미로서의 사적 감각의 존재를 인정하는가?」, 『철학』, 41: 220-235.
_____(1997), 「다른 마음의 문제에 대한 비트겐슈타인의 입장」, 『철학연구』, 철학연구회 편, 41: 119-142.
_____(1999), 「후기 비트겐슈타인 철학에서의 의미론과 인식론 사이의 관계」, 『철학』, 58: 283-304.
남정길(1975) 「마르틴 부버의 하시디즘」, 『기독교 사상』 207: 96-111.
노성숙(2012), 「현대 상담이론 및 심리치료적 접근의 철학적 배경」, 철학연구회 『철학연구』, 99: 209-244.
노양진(1998), 「지칭에서 의미로」, 『철학』, 56: 193-214.
_____(2004), 「규범성의 자연주의적 탐구」, 『범한철학』, 32: 167-191.
_____(2009), 『몸 언어 철학』, 서광사.
노호진(2006), 「조건문에 관한 성향적 분석」, 『논리연구』, 9-2: 31-57.

_____(2010),「반사실적 조건문과 인과적 의존」, 서울대학교『철학사상』, 35: 351-378.
다니엘 네틀 외(2003),『사라져 가는 목소리들』, 김정화 옮김, 이제이북스.
도면희(2002),「포스트모더니즘, 폭풍인가 찻잔 속의 폭풍인가」,『역사학보』, 176: 403-418.
도법 · 이주향 외(2010),『길에서 꽃을 줍다』, 호미.
도승연(2012),「철학의 역할, 진실의 모습」,『한국여성철학』, 18: 151-176.
도정일(1999),「인문학의 미래-몇 가지 모색」, 경희대학교『인문학연구』, 3: 1-18.
류승국(2008),『한국유학사』, 성균관대학교출판부.
메이츠, B.(1992),『기호 논리학』, 김영정 · 선우환 옮김, 천지.
목광수(2010),「역량중심 접근법과 인정의 문제」,『철학』, 104: 215-239.
문성원(2014),「향유와 노동」,『시대와 철학』, 68: 49-72.
문순태(1985),『피아골』, 정음사,
문창옥(2007),「시간과 궁극자의 범주」,『화이트헤드연구』, 15: 41-70.
민경국(2007),『자유주의의 지혜』, 아카넷.
민주식(2008),「미와 추, 아와 속」, 한국미학예술학회『미학 예술학 연구』, 27: 62-87.
민찬홍(1995),「자연주의와 심적 표상」, 한국분석철학회 편(1995): 176-202.
_____(2013),「대물 문맥과 '-라고'의 몇 가지 의미론적 특성」, 한국논리학회『논리연구』, 16-1: 61-85.
박구용(2001),「하버마스 담론윤리학의 현실적 적용가능성」,『범한철학』, 23: 161-184.
_____(2003),「다원주의와 담론윤리학」,『철학』, 76(2003 가을): 209-231.
_____(2005),「법다원주의와 의사소통적 세계민주주의」,『사회와 철학』, 10(2005.10): 169-194.
_____(2006),「예술의 종말과 자율성」,『사회와 철학』, 12: 57-98.
박남희(2008),「노숙인을 위한 인문학 강의」, 임철우 · 우기 · 최준영 외(2008): 128-147.
박노해(2010),「스무 살의 역사」,『그러니 그대 사라지지 말아라』, 느린걸음.
박동천(2008),「박정희 시대의 정치와 언어」, 호남대학교『인문사회과학연구』, 19: 153-190.

박동환(1996),「고고학으로 함몰하는 철학사 그리고 남은 과제」, 철학연구회 편(1996): 251-261.
_____(2013),「x의 존재론을 다시 풀이함 : 영원의 매체 '제1 언어'에 대하여」,『사회와 철학』, 26: 425-460.
박민미(2010),「권력: 누군가 우리를 지켜보고 있다」, 한국철학사상연구회(2010): 12-47.
박민영(2009),『인문학, 세상을 읽다』, 인문과사상사.
박범수(1995),「서평: 표재명의 키에르케고어 연구」,『철학연구』, 37: 287-294.
박병준(2015),「철학상담과 해석학」, 한국하이데거학회『존재론연구』, 38: 221-249.
박병철(1996),「검증과 시간」,『철학』, 한국철학회, 48: 239-274.
_____(2002),「비트겐슈타인의 사적 언어 논의」,『철학』, 72: 197-219.
_____(2003),「비트겐슈타인과 문법」,『철학』, 77: 103-124.
_____(2005),「비트겐슈타인과 상(相)의 문제」,『철학』, 83: 191-210.
_____(2008),「비트겐슈타인과 관상」,『철학』, 97: 93-118.
박순영(1994),「실천적 삶과 역사이념」,『철학』, 41: 340-344.
_____(2004),「역사 사실주의와 역사 의미주의」, 철학연구회 편(2004): 146-182.
박승억(2008),「통섭: 포기할 수 없는 환원주의자의 꿈」,『철학과 현상학연구』, 36: 197-218.
박승찬(2003),「학문 간의 연계성」,『철학』, 74: 53-78.
박영균(2010),「분단을 사유하는 경계인의 철학: 송두율의 통일담론에 대한 비판적 검토」, 대한철학회『철학연구』, 114: 57-83.
_____(2013),「통일의 인문적 비전」,『시대와 철학』, 24-3: 211-236.
박영도(1997),「하버마스에서 주체 중심적 사유의 지양과 언술변증법」, 정호근 외(1997): 55-88.
박영식(1991),「비트겐슈타인: 그 사람과 언어」, 한국분석철학회 편: 11-23.
_____(2011),『인문학 강의』, 철학과현실사.
박영신(2011),「김지하 생명사상에 있어 인간의 지위」, 대한철학회『철학연구』, 119: 77-102.
박우석(1995),「명제태도의 퍼즐들: 잘타의 타협안」,『인지과학』, 6-1: 31-46.
_____(1996),「중세 아리스토텔레스주의의 인과론: 첫 인상」, 한국분석철학회 편

(1996): 11-37.
박우현(1991),「비트겐슈타인의 명제 이해에 관하여」,『철학』, 35: 189-202.
박은정 · 한인섭 엮음(1995),『5.18, 법적 책인과 역사적 책임』, 이화여자대학교출판부.
박은정(2007),『법철학의 문제들』, 박영사.
_____(2010),『왜 법의 지배인가』, 돌베개.
박은진(1998),「진리와 과학의 성공 그리고 과학기술의 문제」,『철학』, 55: 261-279.
박이문 외(2010),『미술관에서 인문학을 만나다』, 한국 문화예술위원회 미술문화.
박이문(1983),『예술철학』, 문학과지성사.
_____(2003),『문학과 언어의 꿈』, 민음사.
_____(2010),「미학과 예술철학」,『예술과 생태』, 미다스북스.
_____(2011),「양상론적 예술의 정의」,『예술철학』, 문학과지성사.
_____(2013),『문학과 철학의 이야기』, 살림.
박인철(2005),「자연의 유한성과 무한성」,『현대 문화와 철학의 새 지평』, 한국철학회 편(2005): 231-269.
박일호(2009),「예술과 리얼리티 그리고 일상적인 삶」,『기초조형학연구』, 10-6: 141-152.
박재순(2009),「동아시아와 함석헌의 평화사상」,『일본사상』, 16: 21-53.
_____(2010),『씨알사상』, 나녹.
박정순(1993),「자유주의대 공동체주의-방법론적 쟁점」, 철학연구회『철학연구』, 33: 33-63.
_____(1999a),「공동체주의 정의관의 본질과 그 한계」,『철학』, 61: 267-292.
_____(1999b),「자유주의대 공동체주의-자유주의의 건재」, 철학연구회『철학연구』, 45: 17-47.
_____(2005),「서평: 허라금의 원칙의 윤리에서 여성주의 윤리로」, 서울대학교『철학사상』, 23: 167-179.
박정일(2000),「유한주의와 철학적 해석」,『논리연구』, 4: 37-62.
_____(2012),「비트겐슈타인과 힐베르트 프로그램」,『논리연구』, 15-1: 155-189.
박정하(2003),「인문교육의 근본: 글쓰기 요육의 이론과 실제」,『시대와 철학』, 14-1: 175-195.

박종현(1992), 「철학노트」, 철학문화연구소, 『철학과 현실』, 12: 20-26.
_____(2001), 『헬라스 사상의 심층』, 서광사.
박종홍(1926), 「철학하는 것의 출발점에 관한 일의문」, 박종홍(1998): 317-331.
_____(1935), 「우리의 현실과 철학」, 박종홍(1998): 386-399.
_____(1954a), 「철학개설」,박종홍(1998): 135-369.
_____(1954b), 『일반논리학』, 백영사.
_____(1959), 「부정에 관한 연구」, 박종홍(1998): 581-691.
_____(1963), 「20세기의 동양사상」, 『박종홍 전집2』, 형설출판사, 1980: 554-613.
_____(1965), 「중용의 사상」, 『박종홍 전집2』, 형설출판사, 1980: 554-613.
_____(1980) 『박종홍 전집 3』, 형설출판사.
_____(1980), 「반공주의 철학비판」, 『박종홍 전집2』, 형설출판사: 554-613.
_____(1998), 『박종홍전집 I-VII』, 민음사.
박종홍 · 유달영 외(1973), 『국민윤리』, 증보판.
박준용(2001), 「고차 개념으로서의 수」, 『논리연구』, 5-1: 81-117.
_____(2005), 「추상 대상과 논리적 대상」, 『철학』, 83: 211-240.
_____(2009), 「종류개념과 시저 반론」, 고려대학교 『철학연구』, 86: 295-330.
박찬구(1998) 「서평: 한자경의 자아의 연구」, 철학연구회 『철학연구』, 42: 361-367.
_____(2006), 「생명윤리의 정언적 성격에 대한 재인식」, 『생명윤리』, 7-2(2006. 12): 1-12.
박찬국(1998), 「동물의 존재방식에 대한 하이데거의 현상학적 고찰」, 한국현상학회(1998): 91-125.
_____(2001), 『에리히 프롬과의 대화』, 철학과현실사,
_____(2008), 「현상학과 해석학」, 서울대학교 『인문논총』, 60: 303-329.
_____(2008), 『니체 인간에 대해서 말하다』, 철학과현실사, 2008.
박찬수(2010), 「본질적 속성과 본질」, 『철학적 분석』, 22: 39-68.
박찬승 편(2010), 『한국 근현대사를 읽는다』, 경인문화사, 2010.
박찬승(1992), 『한국 근현정치사상사 연구』, 역사비평사, 1992.
_____(2004), 「일제하 한국 민족주의 사학과 특수 보편론」, 한국철학회 편(2004): 4-86.
박홍규(2011), 「고별강연」, 최화(2011): 231-288.

박효종(2003), 「색깔론과 역색깔론의 합을 찾아야」, 평화문제연구소 『통일한국』, 239: 39-41.
_____(2005), 「공산당에 맞서 민주주의」, 『한국논단』, 184: 52-59.
박희성(1989), 『회의와 진리』, 유고간행회 발행,
박희영(1999), 「서양고대철학에서의 철학함과 우리의 철학함의 전형」, 한국철학회 편(1999): 133-160
방인(1996), 「불교의 시간론」, 『철학』, 49: 33-57.
배선복(2004), 『탈현대 기초논리학』, 철학과현실사.
배식한(2007), 「가능한 통섭과 불가능한 통섭」, 최재천, 주일우 엮음(2007): 241-272.
배종호(1974), 『한국유학사』, 연세대학교출판부.
백낙청 외(1987), 「현단계 한국 사회의 성격과 민족운동의 과제」, 『창작과 비평』, 1987: 6-99.
백낙청(1992), 「분단체제의 인식을 위하여」, 『창작과 비평』, 78.
_____(1994), 『분단체제 변혁의 공부길』, 창작과비평사.
_____(1998), 『흔들리는 분단체제』, 창작과비평사.
_____(1999), 「한반도에서의 식민성 문제와 한국의 이중과제」, 『창작과 비평』, 105: 6-28.
_____(2006), 「선시와 리얼리즘」, 『통일시대 한국문학의 보람』, 창비: 219-236.
_____(2011a), 「세계화와 문학」, 『문학이 무엇인지 다시 묻는 일』: 87-107.
_____(2011b), 「D. H. 로런스의 민주주의론」, 『창비』, 154: 388-408.
_____(2011c), 「현대시와 근대성 그리고 대중의 삶」, 『문학이 무엇인지 다시 묻는 일』, : 63-86.
_____(2012a), 「포용정책 2.0을 향하여」, 『2013년 체제 만들기』, 창비: 95-123.
_____(2012b), 「한국 민주주의와 한반도의 분단체제」, 『2013년 체제 만들기』, 창비: 131-157.
_____(2014), 「큰 적공, 큰 전환을 위하여: 2013년 체제론 이후」, 『창비』, 166: 14-62.
백도형(2005), 「서평 이좌용 존재론 연구I-보편논쟁」, 『논리연구』, 8-2: 145-155.
_____(2008), 「철저하지 못한 물리주의」, 하종호 외(2008): 241-258.
_____(2014), 『심신문제: 인간과 자연의 형이상학』, 아카넷.

백승균(2005),『철학적 인간학』, 계명대학교출판부.
_____(2007),『세계사적 역사인식과 칸트의 영구평화론』, 계명대학교출판부.
_____(2014),『인문학: 사람과 생명 그리고 사회』, 세창출판사.
백승영(2005),『니체, 디오니소스적 긍정의 철학』, 서울, 책세상, 2005
백영서(2014),『사회인문학의 길』, 창비.
백종현(1995),『칸트 실천이성비판 논고』, 성천문화재단, 1995.
_____(1996a),「독일철학의 유입과 그 평가」, 서울대학교『철학사상』, 6: 1-27.
_____(1996b),「서양철학의 수용과 서우의 철학」, 철학연구회 편(1996): 61-76.
_____(1998),『독일철학과 20세기 한국의 철학』, 철학과현실사.
_____(2000a),「'한국철학'이란 무엇인가?」, 한국철학회 편(2000): 61-78.
_____(2000b),『20세기 한국의 철학』, 철학과현실사, 1998, 2000.
_____(2000c),『존재와 진리 — 칸트 〈순수이성비판〉의 근본문제』, 철학과현실사.
_____(2003),『현대 한국 사회의 철학적 문제: 윤리 개념의 형성』, 철학과현실사.
_____(2007),『철학의 개념과 주요문제』, 철학과현실사.
_____(2010),『칸트와 헤겔철학』, 아카넷.
_____(2012),『칸트이성철학』, 아카넷.
_____(2014),「좋은 나라-국가 사회의 운영원리 문제들」, 한국철학회 · 한국법철학회: 1-19.
법진 백강(2015),「깨달음에 관하여」, 완주 송광사 발표록(미출판).
불로스, G. et al(1996),『계산가능성과 논리: 수리논리학 입문』, 김영정, 최훈, 강진호 옮김,
브라우닝, C. R.(2010),『아주 평범한 사람들』, 이진모 옮김, 책과함께.
비트겐슈타인, L.(1994),『철학적 탐구』, 이영철 옮김, 서광사.
사회철학연구회 편(2002),『철학과 합리성』, 이학사.
새먼, W. C.(1979),『논리학』, 곽강제 역, 학문사.
샤르티에, 로제(2015),『프랑스 혁명의 문화적 기원』, 백인호 역, 지만지.
서경요(1988),『한국유학사상의 특성에 관련 연구: 실천철학적 성격을 중심으로』, 성균관대학교 박사학위 논문.
서광선(1988),「한의 이야기와 사제적 실천」,『한의 이야기』, 서광선 엮음(1988), 청노루보리.
서남동(1982),「한의 형상화와 그 신학적 성찰」, 한국신학연구소 편(1982): 319-

347.
서대석(2011), 『무가문학의 세계』, 집문당.
서동욱 외(2013), 『싸우는 인문학』, 반비.
서동욱(2000), 『차이와 타자』, 문학과지성사.
_____(2011a), 『철학연습』, 반비.
_____(2011b), 『익명의 밤』, 민음사.
_____(2013), 「사도바울은 왜 급진 정치철학자로 각광받는가」, 서동욱 외(2013): 203-212.
서배식(1999), 『실존철학들의 같은 점과 다른 점』, 문음사.
서상복(2006), 「셀라스의 지각이론: 과학적 설명과 일상적 이해를 조화시키는 길」, 고려대학교 『철학연구』, 75: 467-485.
서울대학교 철학사상연구소 엮음(2012), 『마음과 철학: 서양편 하』, 서울대학교출판문화원.
_____(2013a), 『마음과 철학: 유학편』, 서울대학교출판문화원.
_____(2013b), 『마음과 철학: 불교편』, 서울대학교출판문화원.
서유석(2010), 「연대 개념의 역사적 맥락과 현대적 의미」, 『시대와 철학』, 21-3: 453-482.
서재영(2022), 「한국선원의 생태적 사유와 전통」, 서울대학교 『철학사상』, 41: 37-72.
서정선(1989), 「만족개념에 기초한 대응론」, 『철학』, 30: 177-199.
서정신(1998), 「도덕적 입장의 설득 가능성에 대하여」, 한국분석철학회 편(1998): 227-240.
서정혁(2007), 「우리가 진 빚에 대한 회상과 감사」, 참여연대 『시민과세계』, 11: 358-362.
선우현(1999), 「의사소통행위이론의 정치이론적 재편 기획」, 『철학』, 61: 239-266.
선우환(1991), 「반사실적 조건문으로서의 인과 문장」, 『철학논구』, 19: 184-216.
_____(2000), 「치하라의 양상 허구론」, 『철학연구』, 철학연구회, 51: 257-281.
_____(2001a), 「확률적 설명 모형이 설명의 기준을 제시할 수 있는가?」, 『철학』, 66: 227-256.
_____(2001b), 「양상이론의 딜레마」, 『철학적 분석』, 3: 85-112.
_____(2002a), 「설명의 반사실 조건문적 의존 모형」, 철학연구회 『철학연구』, 59:

93-120.
_____(2002b), 「믿음에 대한 퍼즐, 명제, 그리고 직접적 지시」, 철학연구회 『철학연구』, 57: 281-304.
_____(2002c), 「총체적 수반 개념의 철학적 적합성」, 『철학적 분석』, 5: 3-90.
_____(2003), 「반말과 계층구조」, 국제언어인문학회 『인문언어』, 제5집: 93-106.
_____(2004), 「통세계적 동일성의 문제와 양상 인식론」, 철학연구회 『철학연구』, 65: 193-221.
_____(2005), 「상상가능성 논변들과 형이상학적 가능성」, 『철학적 분석』, 11: 61-93.
_____(2007), 「루이스의 양상 실재론과 구체적 존재자로서의 가능세계」, 새한철학회 『철학논총』, 47: 137-160.
_____(2008a), 「배제 논변과 심적 인과」, 하종호 외(2008): 71-110.
_____(2008b), 「직설법적 조건문은 진리조건을 가지지 않는가?」, 『철학적 분석』, 18: 1-35.
_____(2010a), 「콰인과 내포적 문맥」, 『범한철학』, 57: 339-363.
_____(2010b), 「쉐퍼의 인과 이론과 사건의 동일성」, 『철학적 분석』, 21: 57-73.
_____(2011a), 「심적 인과와 반사실 조건문적 인과 개념」, 새한철학회 『철학논총』, 64: 363-389.
_____(2011b), 「회의주의 문제와 지식의 폐쇄성 원리와 정당화 조건」, 철학연구회 『철학연구』, 93: 61-95.
_____(2013), 「공지칭성과 이론 실재성」, 정대현(2013): 272-304.
설헌영(1980), 「하이데거에 있어서 역사성의 문제」, 서울대학교 『철학논구』, 8: 94-105.
_____(1991), 「칸트의 역사철학에 대한 일고찰」, 『범한철학』, 6: 5778.
_____(2000), 「아도르노의 역사철학 연구」, 철학연구회 『철학연구』, 49: 109-133.
성균관대 비판적사고와 문화연구소(2010), 『비판적 사고와 문화』, 1.
성균관대학교 인문과학연구소 편(1995), 『인문과학의 이념과 방법론』, 성균관대학교출판부.
성진기(2000), 『니체 이해의 새로운 지평』, 철학과현실사.
성창원(2012). 「스캔런의 계약주의 그리고 잉여반론과 불확정성반론」, 『철학』, 111: 159-185.

성태용(2000), 「진정한 내성외왕의 학을 위한 제안」, 『오늘의 동양사상』, 3: 76-89
소광희 외(1994), 『현대의 학문체계: 대학에서 무엇을 배울 것인가』, 민음사.
_____(2011), 『청송의 선과 철학』, 운주사.
소광희(2009), 『시간의 철학적 성찰』, 문예출판사, 2009.
소흥렬(1985), 「서평: 황경식 저, 사회정의의 철학적 기초」, 『철학』, 23: 133-136.
_____(1988), 「인과적 설명과 비인과적 설명의 논리」, 철학연구회 『철학연구』, 23(1988): 73-87.
_____(1992), 『자연주의적 유신론』, 서광사.
_____(1996), 『문화적 자연주의』, 소나무.
_____(1999), 「온생명과 온정신」, 『과학철학』, 2-1: 111-129.
_____(2003), 「자연주의 철학과 과학」, 『과학철학』, 6-2: 1-28.
_____(2006), 『자연주의』, 이화여자대학교출판부.
손동현(1994), 「문화의 존재론적 기초와 구조」, 철학연구회 『철학연구』, 35: 295-326.
_____(1999), 「정보의 존재론적 구조와 특성」, 철학연구회 편 『정보사회의 철학적 진단』, 철학과현실사.
_____(2003), 『중등도덕교육의 현실과 문제』, 집문당.
손명현(1972), 「자유의 근거」, 『철학논고』, 고려대학교출판부: 52-53.
손병홍(2002), 『논리학2: 술어논리』, 소피아.
_____(1995), 「헤세이티스틱 양상현실론」, 『동서철학연구』, 12(1995): 49-67.
_____(2004), 『가능세계의 철학』, 소피아.
_____(2008), 「치좀의 역리와 헤세이티스틱 양상현실론」, 『철학적 분석』, 17: 61-82.
_____(2013), 「가능세계 이론들에 대한 고찰」, 『범한철학』, 70(2013 가을): 215-246.
손봉호(1995), 『고통받는 인간: 고통문제에 대한 철학적 성찰』, 서울대학교출판부.
_____(2000), 「피해자 중심의 윤리」, 『서강인문논총』, 11(2000): 5-26.
손정규(1984), "해방신학 개관", 한국윤리학회 『윤리연구』, 18(1984): 676-692.
손호철(2007), 「한국민주주의 20년」, 학술단체협의회 · 민주화운동기념사업회 엮음(2007): 367-386.
손화철(2003), 「사회구성주의와 기술의 민주화에 대한 비판적 고찰」, 『철학』, 76:

263-288.
_____(2006a),「기술철학에서의 경험으로의 전환」,『철학』, 87: 137-164.
_____(2006b),「현대 기술과 민주주의」,『철학과현실』, 68: 334-338.
_____(2008),「인간사회 바꾸는 정보통신기술」, 한국과학기술단체총연합회『과학과 기술』, 3월호.
_____(2014),「기술격차에 대한 철학적 반성」, 서강대학교『철학논집』, 38: 185-212.
송기득 (1992),「함석헌의 사람봄」, 변선한외『종교다원주의와 한국적 신학』, 한국신학연구소.
송두율(1995a),『역사는 끝났는가』, 당대.
_____(1995b),『통일의 논리를 찾아서』, 한겨레신문사.
_____(1996),『계몽과 해방』, 당대.
_____(1998),『21세기와의 대화』, 한겨레신문사.
_____(2000),『민족은 사라지지 않는다』, 한겨레신문사.
_____(2001),「북한: 내재적 접근법을 통한 전망」, 역사비평사『역사비평』, 54: 115-125.
_____(2002),『경계인의 사색』, 한겨레신문사.
_____(2007),『미완의 귀향과 그 이후』, 후마니타스.
송상용 외(1999),『생태문제와 인문학적 상상력』, 나남.
송상용(1990),「환경위기의 뿌리」,『철학과 현실』, 5(1990. 6): 28-35.
_____(1999),「휴머니즘과 환경위기」, 한림대학교『인문학연구』, 6: 209-225.
송성수(2008),「기술과 사회의 암흑상자 열기」, 이중원 외(2008): 98-123.
송영배(2004),『동서철학의 교섭과 동서양 사유 방식의 차이』, 논형.
_____(2012),『동서철학의 충돌과 융합』, 사회평론.
송재소(1980),「민중문학과 노예문학」,『창작과 비평』, 15-1(1980.12): 123-140.
_____(2015),『시로 읽는 다산의 생애와 사상』, 세창출판사.
송종서(2010),「합리성: 내 마음속의 계산기」, 한국철학사상연구회(2010): 196-233.
송하석(1997),「인과율에 관한 반사실적 분석과 그 수정」, 철학연구회『철학연구』, 40: 127-148.
_____(1999),「언어와 규칙 따르기」,『철학연구』, 철학연구회 편, 45: 355-378.

_____(2009a), 「직설법적 조건문에 대한 스톨네이커의 해석」, 『논리연구』 12-2: 31-58.
_____(2009b), 「잠자는 미녀의 역설」, 한국논리학회 2009년도 동계학술 발표회.
_____(2011), 「잠자는 미녀의 문제, 그의 대답은?」, 『논리연구』, 14-1: 1-22.
_____(2012), 「잠자는 미녀 문제, 다시 보기」, 『철학적 분석』, 25: 1-21.
송항용(1987), 『한국도교철학사』, 성균관대학교출판부.
승계호(2008), 『서양철학과 주제학』, 아카넷.
신귀현(2001), 「퇴계의 성군과 플라톤의 철인왕에 관한 비교 고찰」, 『퇴계학보』, 110: 203-225.
신상규(2004), 「비트겐슈타인_철학적 탐구」, 서울대학교 『철학사상』 별책, 3-22: 1-172.
_____(2008a), 『푸른 요정을 찾아서』, 프러네시스.
_____(2008b), 「비환원적 유물론은 과연 신화인가」, 하종호 외(2008): 259-297.
_____(2011), 「확장된 마음과 동등성 원리」, 『철학적 분석』, 23: 83-108.
_____(2012), 「확장된 마음과 자아의 경계」, 서강대학교 『철학논집』, 31: 55-89.
_____(2014), 『호모사피엔스의 미래: 포스트휴머니즘과 트랜스휴머니즘』, 아카넷.
신승환(2008), 「'영성'개념의 철학적 사유 지평」, 『가톨릭철학』, 10: 5-33.
_____(2010a), 『지금 여기의 인문학』, 후마니타스.
_____(2010b), 「통섭 논의의 이해와 오해」, 대한건축학회, 『건축』, 54.3: 14-17.
신오현(1991), 「부모미생이전의 자기를 찾아서」, 『철학과 현실』, 9: 22-35.
신옥희(1997), 「여성과 문화 그리고 철학」,『한국여성철학회 창립 심포지움 자료집』: 1-6.
_____(2000), 『일심과 실존』, 이화여자대학교출판부.
_____(2014), 『문학과 실존: 현대문학과 실존철학의 대화』, 이화여자대학교출판부.
신우현(2010), 「오리엔탈리즘 : 파란 눈에 비친 노란 얼굴」, 한국철학사상연구회: 234-269.
신인령(1979), 「법제상 여성의 불평등」, 『여성학』 한국여성연구소 편(1979): 284-307.
신일철(1969), 「역사적 이해의 기준문제」, 『고대논문집』, 17: 75-102.
_____(1979), 「역사의 과학성 문제」, 철학연구회 『철학연구』, 14: 21-37.
_____(1987), 「북한 주체철학의 개인숭배 교조적 성격」, 고려대학교 『아세아연구』,

78: 1-60.
_____(1991), 「김정일의 주체사상 전개」, 극동문제연구소 『공산권연구』, 151: 21-42.
_____(1999), 「주체사상」,『한국사 시민강좌』, 일조각 25: 220-241.
신정근(2008), 「한국어 호칭사용으로 본 생활세계의 단면」, 『시대와 철학』, 19-1: 327-352.
_____(2009), 「이야기 철학의 변명」, 『철학과 현실』, 80: 23-33.
신정원(2007), 「여성주의 미학, 그 가능성과 과제」, 『문화과학』, 49: 143-158.
_____(2012), 「심미적 경험과 여성의 이반성」, 『한국여성철학』, 18: 97-122.
신중섭(1990), 「역사적 합리주의」, 철학연구회 『철학연구』, 27: 25-55.
_____(1991), 「과학의 이론 선택에 있어서 합리성의 문제」, 『철학과 현실』, 8(1991. 3): 373-375.
심광현(2010), 「시공간의 변증법과 도시의 산책자-대안적 도시 인문학의 철학적 기반구축을 위해」, 『시대와 철학』, 21-3: 255-312.
심재룡 외(1986), 『학국에서 철학하는 자세들』, 집문당.
심재룡(1986), 「동양철학을 하는 두 자세」, 심재룡 외(1986): 227-249.
_____(2004), 『지눌연구』, 서울대학교출판부.
심헌섭(1984), 『법철학』, 법문사.
_____(1993), 「독일철학 및 법철학에서의 정의론의 동향」, 서울대학교 『법학』, 34-3.4: 46-47.
_____(1995), 「정의의 실질적 규준에 관한 연구」, 서울대학교 『법학』 36-1: 85-110.
씨알사상연구회 편(2007), 『씨알 생명 평화』, 한길사.
안건훈(2005), 『기호논리학과 그 응용』, 서광사.
안경환(1993), 「'참여'하는 법철학: 박은정 지음 『현대의 사회문제와 법철학』」, 『창작과비평』, 21-3: 416-418.
안광복(2007), 『철학의 진리나무』, 궁리.
_____(2011), 『키워드 인문학』, 한겨레출판.
안병무(1982), 「마가복음에서 본 역사의 주체」, 한국신학연구소 편(1982): 151-184.
안병영(1984), 「역사의 주체로서의 민중」, 유재천 편(1984): 112-118.

안병욱(1983), 『키에르케고르』, 의명당.
_____(2005), 「행복의 메타포」, 『길道』, 자유문학사.
안성두(2013), 「마음의 문제에 관한 불교편의 간략한 소개」, 서울대학교 철학사상연구소 엮음: xi–xxi.
안세권(1994), 「환원주의와 자기동일성의 문제」, 철학연구회 『철학연구』, 35: 403-418.
안옥선(2005), 「평등, 자유, 자비의 실천으로서의 화쟁」, 『철학』, 82: 69–97.
안종수(2011), 『한국철학사상의 이해』, 소강.
안호상(1949), 『논리학』, 문화당.
안호상 · 김종욱(1975), 『국민윤리학』, 배영출판사.
양경은(2010), "A Third Way to Interpretations of Probability", 『논리연구』, 13–1: 53–81.
양문흠(2003), 「서평: 박종현–『헬라스 사상의 심층』」, 『철학』, 74: 265–271.
양성만(1999), 「사적 언어는 불가능한가」, 새한철학회『철학논총』, 16: 205–222.
양승렬(1990), 「인과성에 대한 확률론적 분석」, 『철학』, 34: 171–196.
양승태(2007), 『우상과 이상 사에에서–민주화시대의 이데올로기들에 대한 비판적 성찰』, 이화여자대학교출판부.
양승호(2014), 「남북한 민족주의와 다민족 연방제」, 『사회와 철학』, 28: 155–174.
양은석(1999), 「후기 비트겐슈타인의 자연주의 언어철학」, 『철학』, 60: 237–260.
_____(2002), 「자연주의 두 얼굴: 과학주의 대 반과학주의」, 『철학』, 73: 5–244.
_____(2005), 「비트겐슈타인과 자연주의」, 『철학적 분석』, 11: 115–138.
_____(2011), 「직설법 조건문과 연관함의」, 『철학적 분석』, 23: 139–165.
_____(2013), 「전건 긍정식과 직설법적 조건문」, 『철학적 분석』 28: 173–201.
양재혁(2004), 「"時中之道"와 유학사상의 보완」, 『동양철학연구』, 36: 415–436.
양해림(1998), 「하버마스의 생활세계 이론–생활세계 이론을 통한 분단극복의 한 시도」, 고려대학교 『철학연구』, 21: 153–175.
양현혜(2008), 「함석헌의 역사의식과 사유체계」, 『신학사상』, 142: 159–194.
엄정식(1983), 『비트겐슈타인과 분석철학』, 서광사.
_____(1991), 「윤리적 자아의 구조와 인식」, 철학문화연구소, 『철학과 현실』, 8: 276–290.
_____(1994), 『확실성의 추구』, 서강대학교출판부.

____(1999), 「정보 사회와 자아의 정체성」, 철학연구회 편(1999): 73-104.
____(2001), 「분단시대의 한국철학과 민족주의」, 서강대학교 동아연구소 『동아연구』, 41: 45-89.
____(2007), 「공동체적 자아의 개념」, 서강대학교 인문과학연구소, 『서강인문논총』: 228-253.
____(2015), 『격동의 시대와 자아의 인식』, 세창출판사.
여영서(2003), 「베이즈주의와 오래된 증거의 문제」, 『논리연구』, 6-2: 135-158.
여현석(2010), 「진보: 지키는 자와 넘어서려는 자」, 한국철학사상연구회: 48-87.
여훈근(1981), 「양상논리의 필연성문제」, 『철학』, 16: 119-134.
____(2000), 『논리철학』, 고려대학교출판부.
____(2007), 『현대논리학의 연구』, 고려대학교출판부.
연효숙(2015), 「여성의 시간과 아이온의 시간」, 『한국여성철학』, 23: 89-117.
연희원(2011), 「복식의 인식론적 기초연구」, 『한국여성철학』, 16: 177-208.
오동석(2004), 「송두율 교수 사건을 통해 본 한국 민주주의와 인권: 국가보안법의 현재」, 『민주법학』, 26: 105-131.
오미환(2012), 「조선 성리학 이기론 400년 논쟁은 오해에서 비롯됐다」, 『한국일보』, 2011.11.01.
오병남(2003), 『미학강의』, 서울대학교출판부.
____(2014), 『미술론강의』, 세창출판사.
오병선(2008), 「분배적 평등의 실현형태와 그 평등화의 척도」, 『법철학연구』, 11-2: 451-480.
오상무(2005), 「노자의 유무도의 관계 재론」, 『동서철학연구』, 36: 245-265.
____(2012), 「『장자』의 좋은 사회관에 대한 구성적 이해」, 『철학』, 111: 29-59.
오생근(2013), 『미셸 푸코와 현대성』, 나남.
오종환(1990), 「일관성 있는 내적 실재론을 향하여」, 『철학과현실』, 7: 314-315.
____(1991), 「예술작품의 정의 가능성에 대한 소고」, 『미학』, 16.
____(1995), 「미적 도구주의의 관점에서 본 예술비평의 인식적 성격」, 서울대학교 『인문논총』, 33: 93-116.
____(1999), 「허구의 인식적 특성과 허구적 대상의 존재론적 지위」, 『미학』, 27: 81-104.
____(1993), 「온건한 상대주의의 옹호」, 한국분석철학회 편(1993): 235-260.

____(2002),「허구에 의해 환기되는 감정의 합리성 문제」, 서울대학교『인문논총』, 47: 155-176.

____(2005),「대중매체 시대 예술의 가치 평가 문제」,『미학』, 43: 175-207.

____(2008),「월하임과 월튼의 묘사론 비교」, 서울대학교『인문논총』, 59: 409-450.

____(2011),「월하임의 '~에서 보기(seeing-in)' 이론 재고」,『미학』, 67: 108-137.

우기동(2008),「세상살이 인문학과 삶의 철학」, 임철우 · 우기동 · 최준영 외(2008): 112-127.

원만희(2010),「객관주의 역사학이 말할 수 없는 것」, 성균관대 비판적사고와 문화연구소(2010): 59-80.

원의범(1983),「성유식론적 감각관」,『철학』, 19: 3-18.

유권종(2002),「다산 인간관의 재조명」,『철학』, 72: 5-29.

유명종(1975),『한국철학사』, 일신사.

유인희(1985),「주희의 역사철학」,『철학』, 23: 27-50.

____(1999),「정주 리학과 동아시아 철학의 미래」,『한국사상사학』, 12: 289-308.

유재천 편(1984),『민중』, 문학과지성사.

유종호(2009),『시와 말과 사회사』, 서정시학.

윤구병 · 김남두(2000),「공생이 생명계의 주요한 흐름」,『철학과현실』, 45: 83-119.

윤구병(1996),「박홍규 교수의 삶과 철학」, 철학연구회 편(1996): 97-108.

____(2004),『꼭 같은 것보다 다 다른 것이 더 좋아』, 보리.

____(2013),『철학을 다시 쓴다: 있음과 없음에서 함과 됨까지』, 보리.

윤병태(1999),「삶의 이념과 현실」,『철학』, 58: 207-228.

윤보석(1995),「지향성과 자연주의」, 한국분석철학회 편: 203-214.

____(2004),「서평_김선희_사이버 시대의 인격과 몸」,『철학』, 79: 305-309.

____(2005a),「외재주의적 직접 지시」,『철학적 분석』, 11: 11-32.

____(2005b),「뇌물리주의 비판」,『철학』, 제83집: 297-324.

____(2008),「계산주의는 구현주의와 양립가능한가?」 고려대학교『철학연구』, 83: 187-209.

____(2009),『컴퓨터와 마음』, 아카넷.

윤사순(1980), 『퇴계철학의 연구』, 고려대학교출판부.
____(2008), 『실학의 철학적 특성』, 나남.
____(2010), 『조선, 도덕의 성찰』, 돌베개.
____(2012), 『한국유학사』, 지식산업사.
윤사순 · 이광래(2001), 『우리 사상 100년』, 현암사.
윤선구(2003), 「신자유주의적 세계화의 원인과 대안」, 『동아시아 사상과 민주주의』, 이학사: 155-188.
윤은주(2013), 「정치적 행위에서 다름의 인정」, 『한국여성철학』, 20: 181-206.
윤평중(1988), 『담론이론의 사회철학』, 문예출판사.
____(1997), 「담론이론의 사회철학」, 정호근 외(1997): 89-112.
____(2008), 『극단의 시대에 중심잡기』, 생각의나무.
____(2009), 『급진 자유주의 정치철학』, 아카넷.
윤형식(2002), 「토의민주주의와 시민사회」, 『사회와 철학』, 4: 193-238
윤혜린(1998), 「몸에 대한 문화철학적 담론」, 『철학과현실』, 36: 160-173.
은정희(1998), "원효의 '대승기신론소'를 통해 본 일심의 원리", 『원효학연구』, 3(1998): 163-178. 이강수(2005), 『노자와 장자: 무위와 소요의 철학』, 길.
____(2013), 『노장사상과 더불어 현대 사회에서 살아가기』, 세창출판사.
이광래(2001), 「니체 상속인으로서의 푸코」, 『니체연구』, 4: 9-28.
____(2007), 『해체주의와 그 이후』, 열린책들.
이광세(1995), 「로티와 장자, 반표상주의, 다원주의 및 대화의 개념」, 『철학과현실』, 27: 257-273.
____(1998), 『동양과 서양 두 지평선의 융합』, 길.
이광수(2015), 『사진 인문학: 철학이 사랑한 사진 그리고 우리 시대의 사진가들』, 알렙.
이규성(2009a), 「한국현대철학에서의 두 가지 변증법과 사상의 혁명」, 『시대와 철학』, 20-3: 311-375.
____(1996), 「생의 기술-우울과 명랑의 세계」, 『철학연구』, 39: 31-59.
____(2009b), 「경험과 생철학의 가능성」, 인제대학교 인간환경미래연구원 『인간환경 미래』, 2009: 1-31.
____(2012), 『한국현대철학사론』, 이화여자대학교출판부.
이규호(1968), 『말의 힘』, 제일출판사, 1994.

_____(1976), 「민주주의와 이성」, 정진홍 편: 192-204.

_____(2005), 「언어철학과 인문학」, 『언어철학』, 연세대학교출판부: 217-230.

이기동 · 박찬영(1995), 「무엇이 가장귀한 것인가」, 철학연구회 『철학연구』, 37: 59-77

이기상(1992), 「현대기술의 본질: 도발과 닦달(3)」, 『과학사상』, 2: 192-205.

_____(1995), 「서평: 손봉호의 고통받는 인간」, 『철학』, 45: 253-258.

_____(1997), 「존재진리의 발생사건에서 본 기술과 예술」, 『존재론연구』, 2: 131-181.

_____(1998), 「도구」, 『존재와 시간 용어해설』, 까치.

_____(1999),『이 땅에서 철학하기』, 솔.

_____(2001), 「존재역운으로서의 기술-사이버 시대에서의 인간의 사명」, 한국하이데거학회 『존재론연구』, 6: 308-355.

_____(2003a), 『하이데거의 존재사건학-존재진리의 발생사건과 인간의 응답』, 서광사.

_____(2003b), 『다석과 함께 여는 우리말철학』, 지식산업사.

_____(2003c), 「기술시대에서 철학의 종말과 사유의 과제」, 『언론과 사회』, 11-3.4: 14-48.

_____(2004), 「역사속의 진리사건」, 『존재론 연구』, 9: 1-27.

_____(2006), 「함석헌의 생명학적 진리」, 한국외국어대학교 『철학과 문화』, 12: 5-40.

_____(2010a), 『글로벌 생명학』, 자음과모음.

_____(2010b), 「지구촌 시대의 존재사건과 통합적 시각의 필요성」, 한국하이데거학회 『존재론연구』, 24: 1-46.

이기홍(2009), 「구현주의 인지 vs. 계산주의 인지」, 철학연구회 『철학연구』, 87: 227-257.

_____(2012), 「마음의 경계-부속외재주의 비판 그리고 구현주의를 위한 변론」, 『동서철학연구』, 64: 427-456.

이남원(2009), 「백종현 교수의 철학적 열정」, 서울대학교 『철학사상』, 34: 323-332.

이남인(1992), 「선험적 현상학과 탈현대-다원주의」, 철학연구회 『철학연구』, 31: 370-398.

_____(1994),「후설의 기분의 현상학」,『철학과 현상학연구』, 13: 258-289.
_____(2004a),『현상학과 해석학』, 서울대학교출판문화원.
_____(2004b),「비판적 합리성의 구조」, 서울대학교『철학사상』, 19: 83-129.
_____(2005),「경제적 합리성 개념에 대한 철학적 반성」, 서울대학교『인문논총』, 53: 33-63.
_____(2009),「인문학과 자연과학은 어떻게 만날 수 있는가?」, 철학연구회『철학연구』, 87: 259-311.
_____(2010),「현상학적 교육학」, 교육철학회『교육철학』, 47: 127-158.
_____(2013a),『지각의 현상학』, 한길사.
_____(2013b),「후설의 현상학적 사회윤리학의 의의와 과제」, 서울대학교『인문논총』, 69: 189-218.
_____(2014),『현상학과 질적 연구』, 한길사.
이도흠(2011),「한국불교의 생명 생태 사상과 그 실천운동」, 서울대학교『철학사상』, 41: 99-123.
이돈희(1990),「교육제도와 분배정의」, 한국교육철학회『교육철학』, 8: 31-41.
이만열 외(2012),『씨알의 희망과 분노』, 동연.
이만열(2000),『우리 역사 5천년을 어떻게 볼 것인가』, 바다출판사.
이명곤(2014),『키르케고르 읽기』, 세창미디어.
이명원(2008),「교도소로 부치지 못한 편지」, 임철우 · 우기동 · 최준영 외(2008): 42-58.
이명현(1982),『이성과 언어: 현대철학의 지평을 찾아서』, 문학과지성사.
_____(1986),「한국철학의 전통과 과제」, 심재룡 외(1986): 19-36.
_____(1991),「언어의 규칙과 삶의 형식」, 이명현(1997): 261-274.
_____(1993),「언어, 사유와 존재」, 한국분석철학회 편(1993): 394-416.
_____(1997),『신문법 서설』, 철학과현실사.
이명현 외(2010),『우송 김태길 선생님의 삶과 사상』, 철학과현실사.
이병덕(2001),「인식적 합리성, 무한후퇴, 그리고 추정적 정당화」, 철학연구회,『철학연구』, 52: 165-179.
_____(2005),「지식의 이중관점 이론」,『철학』, 85: 151-170.
_____(2008a),「직설법적 조건문에 대한 추론주의적 설명」,『철학적 분석』, 17: 135-164.

_____(2008b), 「필연성과 오류가능성」, 『철학』, 96(2008.8) 109-132.
_____(2009), 「실천추론에 의한 귀납의 정당화」, 『한국논리연구』, 12-2: 59-88
_____(2010), 「인식적 분석성에 의한 선험적 정당화」, 『철학적 분석』, 21: 27-56.
_____(2011), 「정합론의 진리 개연성 문제와 정당화의 사회실천이론」, 『철학적 분석』, 23: 27-59.
_____(2013), 「언어적 오류와 추론주의 의미론」, 『철학』, 115: 143-173.
이병도(2012), 『한국유학사』, 한국학술정보.
이병수(2009), 「남북관계에 대한 반성적 고찰: 체제와 민족을 중심으로」, 건국대학교 『통일인문학논총』, 48: 9-32.
_____(2010), 「민족: 국가와 민족은 허구인가?」, 한국철학사상연구회편(2010): 88-123.
_____(2010), 「통일의 당위성 담론에 대한 반성적 고찰」, 『시대와 철학』, 21-2: 355-388.
이병우(2000), 『한국유학사상의 인간 이해와 윤리』, 오늘의문학.
이병욱(1993), 「지시체 불가투시성과 퍼트남의 실재론 논박」, 한국분석철학회 편(1993): 340-367.
이병창(1994), 「서평: 백낙청, 분단체제 변혁의 공부길」, 『시대와 철학』, 5-2: 267-282.
이봉재(1993), 「과학사와 과학철학-자연주의 메타방법론의 검토」, 철학연구회 『철학연구』, 33: 137-156.
_____(1999), 「경험양식으로서의 가상현실」, 철학연구회 편(1999): 181-208.
_____(2000), 「지식으로서의 과학: 기술과학 테제에 대한 반론」, 철학연구회 『철학연구』, 49: 217-234.
이삼열(1990), 「남북대화의 문제와 평화통일의 길」, 평화문제연구소 『통일문제연구』, 2-2:273-305.
_____(1991), 『평화의 복음과 통일의 사명』, 햇빛출판사.
이상욱(2008a), 「나노기술의 윤리적 쟁점들」, 이중원 외(2008): 210-231.
_____(2008b), 「아주 작은 것의 위험에 대해 생각하기」, 이중원 외(2008): 210-231.
_____(2012), 「정보, 인식주체, 서울해석」, 한국물리학회 『물리학과 첨단기술』, 21-4: 31-36.

이상은(1963), 「박정희 씨에게 부치는 글」, 『사상계』, 1963.11: 28-34.
_____(1998a), 『중국철학』, 예문서원.
_____(1998b), 『시론 대학교육론 어문교육론』, 예문서원.
이상하 · 김명식 · 윤석주 · 정병훈 · 조선희 · 최홍수(2005), 「제한적 합리성과 적응적 사고」, 『과학철학』, 8-2: 83-120.
이상헌(2009), 「신경윤리학의 등장과 쟁점들」, 서강대학교 『철학논집』, 19: 99-128.
이상화(1997), 「하버마스의 사회분석틀에 대한 여성주의적 비판」, 정호근 외(1997): 381-408.
_____(1998), 「페미니즘과 차이의 정치학」, 『철학과현실』, 38: 181-196.
이상훈(2004), 「전자민주주의: 사이버 나라와 절차적 협치사회」, 철학연구회 편(2004): 116-139.
_____(2015), 「민주공화국의 이념의 기원」, 『철학』, 124: 121-139.
이성백(1996), 「서평: 송두율의 역사는 끝났는가」, 한국철학사상연구회 『시대와 철학』, 7-2: 294-299.
이수성 외(2000), 『우범 이수성 선생 화갑기념 논문집』, 동성사.
이숙인 · 고정갑희(1999), 「'차이' 해석의 유교적 특성」, 한국유교학회 『유교사상연구』, 12: 21-49.
이승구(2003), 『[철학적 단편]에 대한 신학적 읽기의 한 시도』, 백석기독학회.
이승종(1993), 「언어철학의 두 양상」, 『철학과 현실』, 19: 173-190.
_____(1995), 「인간의 얼굴을 한 자연주의」, 철학연구회 『철학연구』, 36: 205-228.
_____(1998), 「차연과 자연: 동아시아 사유로부터」, 『철학과 현실』, 38: 40-54.
_____(2002), 「노장의 해체와 분석 : 김형효 교수의 노장 해석 비판」, 『오늘의 동양사상』, 6: 16-37.
_____(2004), 「예술과 언어: 박이문 교수의 철학 세계」, 『철학과 현실』, 61: 211-218.
_____(2005), 「생활양식과 언어 게임」, 『철학적 분석』, 12: 121-138.
이승호(2014), 「현상학과 질적 연구」, 철학연구회 『철학연구』, 105: 112-124.
이승환(1996), 「눈빛 낯빛 몸짓」, 정대현 외(1996): 125-171.
_____(1998), 『유가사상의 사회철학적 재조명』, 고려대학교출판부, 1998.
_____(2000), 「한국 전통 철학과 현대철학의 연속성과 단절」, 한국철학회 편

(2000): 99-102.
_____(2004), 『유교담론의 지형학』, 푸른숲.
_____(2005), 「동양에서 공적 합리성의 특성과 근대적 변용」, 임홍빈 외(2005): 19-58.
_____(2012), 『횡설과 수설』, 휴머니스트.
이어령(1986), 『저항의 문학』, 기린원.
이영의(2000), 「자연화된 과학철학과 인지과학」, 이초식 외(2000): 441-476.
_____(2007), 「인과가 확률로 환원가능한가?」, 철학연구회 『철학연구』, 76: 137-158.
_____(2008), 「분산된 인지와 마음」, 고려대학교 『철학연구』, 36: 3-30.
_____(2012), 「확장된 마음 이론의 쟁점들」, 서강대학교 『철학논집』, 31: 29-55.
_____(2013), 「철학치료의 본질과 과제」, 『대동철학』, 65: 91-115.
이영준(2008), 「한국판 전자-파놉티콘」, 이중원 외(2008): 182-209.
이영철(1995), 「비트겐슈타인의 규칙 따르기 논의와 콰인-데이빗슨의 의미 불확정성론」, 『철학』, 44: 133-162.
_____(1998), 「이해와 합리성」, 한국분석철학회 편(1998): 73-79.
_____(2009), 「사용 관상 의미」, 『철학적 분석』, 20: 25-49.
이영호(1982), 「인식과 신앙」, 『철학』, 18: 130, 121-135.
이왕주(2014), 『상처의 인문학』, 다음생각.
이유선(2002), 「합리성의 두 가지 의미」, 사회철학연구회 편(2002): 145-174.
이윤일(1988), 「논리학에 관한 전기 Putnam의 실재론적 입장과 Dummett의 비판」, 『철학』, 29: 245-262.
이은주(2010), 「자동차와 길에 관한 짧은 생각」, 한국외국어대학교 『철학과 문화』, 20(2010. 4): 61-78.
이을호(1980), 『한국개신유학사시론』, 박영사.
_____(2015), 『한국철학사』, 한국학술정보.
이장규(2008), 「네트워크에 갇힌 인간: 유비쿼티스 기술의 철학적 문제들」, 이중원 외(2008): 232-259.
이재영(1999), 「나는 누구인가? : 벗어날 수 없는 영원한 철학적 물음」, 『철학과현실』, 42: 285-292.
_____(2014), 「과학철학의 형이상학적 회귀」, 중앙대학교 『철학탐구』, 36: 73-120.

이정모(2010), 「체화된 인지 접근과 학문간 융합」, 서울대학교 『철학사상』, 38: 27-66.
이정우(1996) 「서평: 강영안의 주체는 죽었는가」, 철학연구회 『철학연구』, 39: 281-285.
____(2000), 「나-되기, 남-되기, 우리-되기」, 아카필로 『아카필로』, 1: 42-60.
____(2002), 「상식, 과학기술 형이상학」, 『동서철학연구』, 한국동서철학회, 25: 5-26.
____(2009), 『주체란 무엇인가』, 그린비.
____(2011), 『객관적 선험철학 시론』, 그린비.
이정은(2001), 「인륜적 공동체와 헤겔의 여성관」, 『한국여성철학』, 1: 113-133.
____(2003), 「헤겔 『법철학』에서 여성적 자매애와 사회적 우애의 관계」, 『한국여성철학』, 3: 55-74.
____(2009), 「현대 여성주의 철학에서 보살핌 윤리」, 『한국여성철학』, 11: 143-171.
이종관(2003a), 『사이버 문화와 예술의 유혹』, 문예출판사.
____(2003b), 「영화, 그 희미한 그림자의 철학적 힘」, 『철학과 현실』, 59: 7-13.
____(2004), 「시적 도시를 향한 현상학적 시도」, 한국현상학회, 『철학과 현상학 연구』 23, 201-228.
____(2005), 『과학에서 에로스까지』, 철학과현실사.
____(2012a), 『공간의 현상학 풍경 그리고 건축』, 성균관대학교출판부.
____(2012b), "Urban Aesthetics in the Age of Ubiquitous Computing", 『철학과 현상학 연구』, 54: 123-154.
____(2013a), 「테크노퓨처리즘과 네오휴머니즘의 대결 그리고 그 화해를 향하여」,『철학과 현상학 연구』, 59: 5-49.
____(2013b), 「융합을 넘어서 융화를 향하여」, 성균관대학교 『인문과학』, 51: 131-160.
____(2013c), 「IT의 파장: 형이상학의 완성과 붕괴」, 『철학과 현실』 97, 107-131.
이종권(1985), 「양상논리와 증명가능성」, 철학연구회 『철학연구』, 20: 217-242.
____(1986), 「자연종과 인공종」, 미발표논문.
____(1990), 「배중율에 대한 직관주의의 반론」, 『과학과 철학』, 1: 119-139.
____(1993), 「지시관계에 관한 실재론과 반실재론의 대립」, 한국분석철학회 편

(1993): 304-339.
_____(1995), 「필연성의 문맥적 이해」, 『과학철학』, 과학사상연구회, 6: 307-318.
_____(1998), 「합리성의 철학적 이해: 머리말」, 한국분석철학회 편(1998): 6-14.
_____(2001), 「현대 과학문명에서의 합리성에 관한 한 고찰」, 한국과학기술한연구회 『과학기술학연구』, 1-1: 29-50.
이종왕(2008), 「기능적 환원과 물리주의」, 하종호 외(2008): 201-218.
이종우(2011), 『한국철학사 : 외래사상 대 토착사상의 갈등과 융합』, 한국학술정보.
이종은 외(2009), 『언어와 정치』, 고양, 인간사랑.
이종훈(2004), 「후설과 하이데거의 정확한 관계는 제대로 규명되었는가」, 『철학과 현실』, 62: 224-230.
이좌용(1982), 「양상논리의 모형의미론」, 『서울산업대학 논문집』.
_____(1995a), 「자연성 인과성 심성 그리고 가능성」, 한국분석철학회 편(1995): 153-173.
_____(1995b), 「분석철학 논의의 세계화」, 『철학과 현실』, 25: 265-271.
_____(1996), 「인과성과 법칙성」, 한국분석철학회 편(1996): 113-135.
_____(1998), 「수인의 딜레마와 합리성」, 한국분석철학회 편(1998): 241-260.
_____(2000), 「한국에서의 영미철학 수용의 특징과 과제」, 한국철학회 편(2000): 243-254.
_____(2005), 『존재론 연구I-보편논쟁』, 철학과현실사.
_____(2008), 「인과성과 환원」, 『김재권과 물리주의』, 하종호 외, 아카넷, 19-42.
_____(2010), 「어떻게 설명적 해석학은 가능한가」, 성균관대 비판적사고와 문화연구소(2010): 1-20.
이주향(1985), 「사법부의 독립은 민주 사회의 최후의 보루」, 한국사법행정학회 『사법행정』, 26-2: 16-16.
_____(1994), 「심성상태의 인과력과 비개인주의」, 『철학』, 41: 156-178.
_____(1996), 『나는 길들여지지 않는다』, 명진출판.
_____(2002a), 『내 가슴에 달이 들어』, 문예당.
_____(2002b), 「불교적 자아와 21세기」, 『철학적 분석』, 6: 109-124.
_____(2003), 「부동하는 중심으로 중심을 지키고 싶다」, 『철학과 현실』, 58: 118-122.

_____(2004a),「인간 중심적인 대상적 차별을 넘어서」,『니체연구』, 6: 207-226.
_____(2004b),「새만금 정책을 문화철학적 관점에서 진단한다」,『철학과 현실』, 60: 131-143.
_____(2005),「니체와 종교의 만남: 니체와 예수, 그리고 금강경: 실체성 부정에 관한 고찰」,『니체연구』, 8: 99-118.
_____(2007a),『치유하는 책읽기』, 북섬.
_____(2007b),「낡은 서판에 대한 차라투스트라의 시선과 그림자이론」,『니체연구』, 12: 229-285.
_____(2008),「니체와 기독교 : 기독교 "죄" 개념에 대한 니체의 비판과 "죄" 사유의 긍정적 실천」,『니체연구』, 14: 51-70.
_____(2009),「니체철학과 인간, 자연의 치유 : 니체, 아타 그리고 비극의 탄생 -자유, 개념의 포박풀기」,『니체연구』, 16: 189-204.
_____(2010),「자기를 아는 자의 고통에 대한 니체의 해석」,『니체연구』, 18: 185-204.
_____(2011),「예수의 십자가와 아리아드네의 탄식에 대한 니체의 주목과 버려진 여자의 원형 하갈」,『니체연구』, 19: 69-85.
_____(2012a),『그림너머 그대에게』, 예담.
_____(2012b),「차라투스트라의 "중력의 악령"과 전경린의 "황진이"」,『니체연구』, 21: 115-134.
_____(2013),「Red Book을 통해 본 자기 생명체험, 차라투스트라에 닿다-니체와 융의 자기 생명 살기」,『니체연구』, 23: 157-178
_____(2015),『나를 만나는 시간: 온전한 나로 살기 위한 철학의 지혜』, 도서출판 사우.
이주형(2002),「세계 언어 절반 사멸 위기」,『연합뉴스』, 2002.2.21.
이준섭(1993),『프랑스문학사1』, 세손출판사.
이중원 외(2008),『필로 테크놀로지를 말한다』, 해나무.
이중원(2001),「현대 물리학의 자연인식 방식과 과학의 합리성」,『과학철학』, 7: 59-81.
_____(2002),「내재적 실재론의 비판적 옹호 -양자이론의 인식과정 분석을 통한 고찰」, 철학연구회『철학연구』, 279-303.
_____(2008a),「기술철학의 새로운 담론을 위하여」, 이중원 외(2008): 14-31.

_____(2008b), 「기술에 어떤 철학적 문제들이 있나」, 이중원 외(2008): 34-71.
_____(2009), 「측정에 대한 새로운 접근과 슈뢰딩거의 고양이」, 『과학철학』, 12-1: 1-23.
_____(2012), 「양자역학의 대안적 해석들과 '서울해석'」, 한국물리학회 『물리학과 첨단기술』, 21-4: 2-3.
이지애(1989), 「반사실문 분석을 통한 본질 개념의 해석」, 이화여자대학교 석사논문.
_____(2001), 「배움공동체의 "지혜-사랑" 공동체로의 전환」, 『대동철학회지』, 13: 97-116.
_____(2007), 「철학적 돌봄으로서의 철학교육」, 『철학윤리교육연구』, 23: 79-95.
이진남(2013), 「철학상담의 정체성과 심리상담의 오해」, 서강대학교 『철학논집』, 34: 247-282.
이진우 엮음(1996), 『하버마스의 비판적 사회이론』, 문예출판사.
이진우(1993), 「현대의 철학적 에토스-칸트의 계몽주의에 대한 푸코의 탈현대적 해석」, 대한철학회 『철학연구』, 51: 51-71.
_____(1995), 「포스트모던 사회와 인문과학의 과제」, 성균관대학교 인문과학연구소 편(1995): 41-64.
_____(1996), 「급진민주주의의 규범적 토대-법치국가에 관한 하버마스의 담론이론적 해석」, 이진우 엮음(1996): 177-208.
_____(1997), 『도덕의 담론』, 문예출판사.
_____(2000), 『이성정치와 문화민주주의』, 한길사.
_____(2004), 「욕망의 계보학」, 『니체연구』, 8: 117-148.
_____(2009a), 『프라이버시의 철학-자유의 토대로서의 개인주의』, 돌베개.
_____(2009b), 『니체, 실험적 사유와 극단의 사상』, 책세상.
_____(2013), 『테크노 인문학 : 인문학과 과학기술 융합적 사유의 힘』, 책세상.
이진희(2008), 「버지스-로젠 딜레마와 유명론」, 『논리연구』 11-1: 1-31.
이초식 외(2000), 『귀납논리와 과학철학』, 철학과현실사.
이초식(1968), 『민주이념의 확립을 위하여』, 새글사.
_____(1975), 「귀납의 부정론과 긍정론」, 『철학』, 9: 57-86.
_____(1982), 「과학성이란 무엇인가-분석철학의 입장」, 철학연구회 『철학연구』, 17: 63-88.

_____(1986),「과학적 인식에 있어서 발견과 정당화의 맥락에 관한 고찰」,『철학』, 26: 79-105.
이태수(1994),「학문체계 안에서 인문학의 위치에 관한 고찰」, 소광희 외(1994): 210-236.
_____(1995),「서양의 인문학의 전통과 특성」, 성균관대학교 인문과학연구소 편(1995): 89-108.
_____(1999),「역사속의 철학」, 한국철학회 편(1999): 54-75.
_____(2003),「인문학의 두 계기-진리탐구와 수사적 설득」, 장회익 등(2003): 91-120.
_____(2009),「신이 되는 인간: 심층생태주의의 경우」, 인제대학교『인간 · 환경 · 미래』, 2: 87-112.
이필렬(1994),「과학기술의 발달과 환경 문제」,『한국방송통신대학교 논문집』, 18: 713-727.
_____(2012),『생태적 삶을 찾아서』, 한국방송통신대학교출판부.
이하배(2007),「나이의 일상 예문화」,『정신문화연구』, 30-4: 309-334.
_____(2011),「소통크기, 행복크기」,『동양사회사상』, 23: 73-107.
이한구(2003),「서평: 이종관 저, 현대의 사이버문화에 대한 현상학적 성찰」,『철학과현실』, 57: 255-260.
_____(2005),「서평 이좌용 존재론 연구I 보편논쟁: 자연주의적 실재론의 정당화」, 철학과 현실』, 76: 250-257.
_____(2007),『역사학의 철학』, 민음사.
_____(2010a),『역사주의와 반역사주의』, 철학과현실사.
_____(2010b),「열린 사회와 새로운 적들」, 성균관대 비판적사고와문화 연구소(2010): 107-130.
_____(2010c),「서평: 윤평중 지음 급진 자유주의 정치철학」,『철학』, 제102집: 197-203.
이현복(2011),「생태철학의 선구자, 스피노자」, 서양근대철학회『근대철학』, 6: 21-43.
이현재(2009),「코라 공간의 물질성과 사회철학적 확장 가능성」,『사회와 철학』, 18: 493-518.
_____(2010),「지워진 여성의 몸-코라와 물질 개념을 중심으로」,『한국고전여성문

학연구』, 21: 5-33.
_____(2012a), 「다양한 공간 개념과 공간 읽기의 가능성」, 『시대와 철학』, 23-4: 221-248.
_____(2012b), 「여성 공간을 어떻게 이해할 것인가?」, 계명대학교 『젠더와 문화』, 5-1: 41-69
이혜경(2006), "근대 중국의 탈 중화주의", 『오늘의 동양사상』, 15(2006.10): 71-90.
이혜순(1985), 『수허전연구』, 정음사.
_____(2010), 『전통과 수용: 한국 고전문학과 해외교류』, 돌베개.
이혜정(2008), 「계약모 생식 테크놀로지에 대한 여성주의적 성찰」, 『한국여성철학』, 9: 155-184.
_____(2012), 「여성주의, 우정 그리고 도덕적 성장」, 『한국여성철학』, 18: 123-149.
이홍균(1997), 「하버마스의 이론적 전략-의사소통이론으로의 패러다임 전환에 대하여」, 정호근 외(1997): 141-164.
이화여자대학교 한국문화연구원 편(1997), 『새 천년의 한국문화: 다른 것이 아름답다』, 이화여자대학교출판부.
_____(2003), 『철학연구 50년』, 도서출판 혜안.
이효재(1978), 『여성의 사회의식』, 평민사.
이훈(1978), 「양화양상논리의 해석에 관한 연구」, 서울대학교 석사학위 논문.
_____(1984), 「비트겐슈타인, 언어, 철학」, 한국분석철학연구회 편(1984): 255-282.
_____(1987), 「노동과 여가」, 철학연구회 『철학연구』, 22: 83-96.
_____(1988), 「노동과 여가에 대하여」, 『철학논집』, 4: 1-22.
_____(1994), 「영미철학의 수용과 그 평가」, 서울대학교 『철학사상』, 4: 79-103.
임석진(1977), 「독일 관념철학의 한국적 受容과 그 內的 연관성의 모색」, 『현상과 인식』, 1-3: 76-83.
_____(1978), 「변증법적 사유와 사회비판이론의 반비판」, 『현상과 인식』, 6: 111-129.
_____(1986), 「헤겔 역사철학의 근본문제」, 『헤겔연구』, 3: 11-41.
_____(1994), 「한국철학의 발전적 자기모색과 동서철학 융합의 길」, 『헤겔연구』,

5: 11-20.
임일환(1993), 「과학적 실재론과 설명」, 한국분석철학회 편(1993): 507-537.
_____(1995), 「정대현 교수의 필연성의 이해」, 철학연구회 『철학연구』, 36: 327-336.
_____(1997), 「서평 : 김영정 교수의 언어 논리 존재」, 『논리연구』, 1: 183-196.
_____(1999), 「정보 지식 인지 개념」, 철학연구회 편(1999): 37-72.
임재해(1984), 「문학과철학의 관련양상」, 『한민족어문학』, 11(1984.12): 51-67.
임철우(2008), 「프롤로그: 나를 깨우쳐준 인문학 수업」, 임철우 · 우기동 · 최준영 외(2008): 18-41.
임철우 · 우기동 · 최준영 외(2008), 『행복한 인문학』, 이매진.
임혁백(2000), 『세계화 시대의 민주주의』, 나남출판.
임현진(2011), 『세계화와 반세계화』, 세창출판사.
임홍빈 외(2005), 『새로운 공적 합리성의 모색』, 철학과현실사, 2005.
임홍빈(2002), 『세계화의 철학적 담론』, 문예출판사.
_____(2005), 「비판적 매체 철학의 관점에서 본 공적 합리성」, 임홍빈 외(2005): 181-206.
_____(2007), 「헤겔철학에서 정신개념의 문제」, 고려대학교 『철학연구』, 34: 99-127.
장경렬(2000a), 「상상력과 언어」, 강지수 등(2000): 147-192.
_____(2000b), 「수사적 차원과 논리적/축어적 차원 사이에서-김현 비판론에 덧붙이는 하나의 사족」, 『작가세계』, 45(2000. 5): 352-374.
_____(2003), 「언어의 수사성과 이념성」, 장회익 등(2003): 121-153.
장대익(2008), 「뇌 탓이요?: 신경과학의 철학적 쟁점들」, 『철학과현실』, 78: 137-151.
_____(2014), 「라투어, 데닛을 만나다: 행위자 연결망과 지향계 이론」, 『과학철학』, 17-2: 57-82.
장동진(1996), 「완전주의: 자유주의적 해석」, 『한국정치학회보』, 29-4: 115-134.
_____(2003), 「자유주의와 공동체주의의 구성원리: 정당선과 선」, 『법철학연구』, 6-2: 267-294.
_____(2005), 「존 롤즈의 공적 이성과 관용의 한계」, 연세대학교 『사회과학논집』, 35: 1-21.

장석주(2013), 『동물원과 유토피아: 니체의 철학으로 비춰본 한국인, 한국 사회』, 푸르메.
장영민(2000), 「자유와 평등의 변증법: 드워킨의 자유주의적 평등이론을 중심으로」, 이수성 외(2000): 21-42.
장은주(2005), 「우리의 철학, 어떻게 할 것인가?: 김상봉의 시도에 부쳐」, 『시민과 세계』, 7: 290-307.
장춘익 외(1996), 『하버마스의 사상』, 나남출판.
장춘익(1997),「법과 실천적 합리성: 하버마스의 법대화론」, 정호근 외(1997): 219-242.
_____(1999a), 「생태철학: 과학과 실천 사이의 지적 상상력」, 한림대학교 『인문학연구』, 6: 97-134.
_____(1999b), 「서평: 윤평중 저 담론이론의 사회철학」, 『철학』, 59: 379-386.
장하준(2007), 『나쁜 사마리안인들: 장하준의 경제학 파노라마』, 이순희 역, 부키.
장회익 등(2003), 『삶, 반성, 인문학-인문학의 인식론적 구조』, 티학사.
장회익(1998), 『생명과 온생명』, 솔출판사.
_____(2008), 『과학과 메타과학-자연과학의 구조와 의미』, 지식산업사, 2008 (1989).
_____(2009), 『물질, 생명, 인간-그 통합적 이해의 가능성』, 돌베개, 2009.
전경린(2004), 『황진이 1 & 2』, 이룸, 2004.8.
전상진(2013), 「사회과학은 사회공학으로 남을 것인가」, 서동욱 외(2013): 151-160.
전영삼(2014), 「귀납의 파노라마: 논평들에 대한 답변」, 『과학철학』, 17-3: 165-178.
_____(2015), 「증명적 귀납과 IBE 그리고 자기 증거적 설명」, 『과학철학』, 18-1: 31-71.
전원배(1983), 『역사철학』, 원광대학교출판국.
전호근(2015), 『한국철학사: 원효부터 장일순까지 한국 지성사의 거장들을 만나다』, 메멘토.
정과리(2009), 『글숨의 광합성 : 한국 소설의 내밀한 충동들』, 문학과지성사.
정대현 외(1996), 『감성의 철학』, 민음사.
정대현(1981), 「양상의미론의 한 분석」, 대한철학회 『철학연구』, 32(1981), 57-76.

_____(1983a), 「이론의 선택과 실학적 방향」, 철학연구회 『철학연구』, 18: 143-162.
_____(1983b), 「교양교육의 개념」, 『대학교육』, 대학교육협의회, 2: 11-17.
_____(1985), 『한국어와 철학적 분석』, 이화여자대학교출판부.
_____(1986), 「민중개념의 실학적 분석」, 현영학 외(1986): 386-405.
_____(1988a), 「크립키 본질주의와 인공종」, 『철학』, 29: 129-145.
_____(1988b), 「한의 개념적 구조」, 서광선 엮음(1988): 245-259.
_____(1990), 『지식이란 무엇인가: 지식개념의 일상 언어적 분석』, 서광사.
_____(1992), 「여가와 한국 사회」, 「철학과 현실」, 15(1992 겨울): 111-117.
_____(1993a), 「실재론과 넓은 지칭」, 한국분석철학회 편(1993): 210-234.
_____(1993b), 「분석철학과 한국철학」, 『철학』, 39: 144-162.
_____(1994a), 『필연성의 문맥적 이해』, 이화여자대학교출판부.
_____(1994b), 「자연과학, 사회과학, 인문과학: 박이문의 과학철학」, 철학연구회 『철학연구』, 34(1994 봄): 419-422.
_____(1994c), 「한글전용의 의미론」, 『세계의 문학』, 1994 가을.
_____(1997), 『맞음의 철학: 진리와 의미를 위하여』, 철학과현실사.
_____(2001a), 『심성내용의 신체성: 심리언어의 문맥적 외재주의』, 아카디아.
_____(2001b), 「시간과 인문학」, 『기호학 연구』, 9: 78-107.
_____(2001c), 「표현인문학 개요」, 『인문언어』, 1-1: 67-76.
_____(2003), 「반말의 비인문성」, 『인문언어』, 5(2003), 국제언어인문학회, 75-92.
_____(2004), 「그런 사실은 없다-사실 문장의 의미 규칙 규범성을 위한 모색」, 『철학적 분석』, 한국분석철학회, 10(2004.12): 1-24.
_____(2005), 「서평 이좌용 존재론 연구I 보편논쟁」, 『철학적 분석』, 12: 183-199
_____(2006), 『다원주의 시대와 대안적 가치』, 이화여자대학교출판부.
_____(2008a), 「유영모 · 함석헌의 씨알 방법론-동양적 학문의 한 유형」, 『씨알의 소리』, 198: 42-79.
_____(2008b), 「물리주의와 사건 동일성」, 하종호 외: 219-240.
_____(2009), 「"우리 마누라"의 문법」, 『철학적 분석』.
_____(2010a), 「해석적 담론으로서의 수필철학」, 이명현 외(2010): 250-272.
_____(2010b), 「둥지 철학의 언어와 진리」, 『철학』, 2010년 여름(103집): 373-378.
_____(2010c), 「둥지 철학의 두 가지 기여」, 『철학과 현실』, 2010년 여름(85호):

221-226.
_____(2011), 「유기적 생태론의 통전성 존재론 모색」, 『생각과 실천-함석헌 사상의 인문학적 조명』, 한길사: 21-49.
_____(2013), 『이것을 저렇게도: 다원주의적 실재론』, 세창출판사.
_____(2014), 「지칭의 자연화 -음양 존재론을 향한 지칭 개념 모색」, 『철학』, 120: 27-52.
_____(2015a), 「인문성과 문본성: 그 편재적 성격」, *Trans-Humanities*, 8-2: 5-40.
_____(2015b), 「체계적 이성과 탐구적 이성」, 『사회와 철학』, 29: 125-156.
정대현 · 박이문 · 유종호 · 김치수 · 김주연 · 정덕애 · 이규성 · 최성호, 『표현 인문학』, 생각의나무.
정동호(1990), 『니체철학의 현대적 조명』, 청람.
_____(2014), 『니체』, 책세상.
정명환(1989), 「사르트르의 『구토』를 통해서 본 문학과 철학」, 『철학』, 30: 63-89.
정병훈(1995), 「자연화된 과학철학은 가능한가」, 한국분석철학회 편(1995): 217-251.
_____(1997), 「철학적 자연주의」, 『과학사상』, 범양사, 21: 2-304.
_____(2007), 「과학적 합리성의 자연화」, 고려대학교 『철학연구』, 79: 223-251.
정상모(1998), 「과학의 합리성」, 한국분석철학회 편(1998): 29-72.
정세화(1979), 「한국여성의 사회화」, 한국여성연구소 편(1979): 353-369.
정수경(2008), 「혐오미술의 미학적 이해: 신디 셔먼의 후기 작품을 중심으로」, 『미학예술학 연구』, 27: 125-158.
정수복(1993), 『새로운 사회운동과 참여민주주의』, 문지.
_____(1997), 『녹색대안을 찾는 생태학적 상상력』, 문지.
_____(2002), 『시민의식과 시민참여』, 아르케.
_____(2007), 『한국인의 문화적 문법』, 생각의나무.
_____(2013a), 『책인시공』, 문학동네.
_____(2013b), 『책에 대해 던지는 7가지 질문』, 로도스.
정연교(2010) 「자유주의 국가이론」, 『철학과 현실』, 87: 46-58.
정영기(1998), 「비단조 논리적 합리성」, 한국분석철학회 편(1998): 261-288.
정원규(1998), 「하버마스의 합의론에 대한 비판적 검토」, 철학연구회 『철학연구』, 42: 223-239.

_____(2009a),「공화주의적 경제민주주의의 전망」,『사회와 철학』, 17: 325-354.
_____(2009b),「롤즈 정의론의 형이상학적 문제들」, 황경식 외(2009): 187-199.
정원섭(2010),「공적 이성과 국론 분열 극복」,『철학과 현실』, 85(2010 여름): 17-28.
정원재(2013),「유학에서 보는 마음-거울과 저울」, 서울대학교 철학사상연구소 엮음(2013a): x-xxxiii.
정인경(2013),「공지칭성과 이론 실재성」, 정대현(2013): 272-304.
정인교(1993a),「프레게의 칸트적 주제들」, 한국분석철학회 편(1993): 29-65.
_____(1993b),「연역적 방법과 귀납적 방법: 정당화를 위한 서론」, 철학연구회『철학연구』32: 155-179.
_____(1999),「조화와 보존적 확장」, 철학연구회『철학연구』, 45: 289-304.
_____(2003),「자체적으로 정당한 규칙과 논리상항의 의미」,『논리연구』, 6-2: 1-22.
_____(2005a),「조화와 비서술성」,『철학적 분석』, 12: 99-120.
_____(2005b),「러셀의 역설과 프레게의 오류」, 철학연구회『철학연구』, 71: 155-179.
_____(2007a),「논리적 추론에 관한 덤밋의 증명론적 정당화」,『철학적 분석』, 16: 21-48.
_____(2007b),「직관주의 논리의 증명론적 의미론」, 고려대학교『철학연구』, 79: 165-186.
_____(2009a),「악순환 원리와 비서술성」,『철학적 분석』, 20: 1-23.
_____(2009b),「무한정 확장가능성과 양화」, 고려대학교『철학연구』, 38: 213-249.
정인재(2004),「현상학적 윤리학 정립을 위한 양명 철학적 시론」,『철학과 현상학 연구』, 22: 131-153
정재서(2011),『중국신화의 세계 : 상상력, 이미지, 스토리』, 돌베개.
정재현(2006),「동아시아 사유와 철학- 유가 천인 합일론을 중심으로-」『동양철학연구』47: 279-301.
_____(2009),「현재의 나에게 철학함의 의미는 무엇인가」,『중국학보』, 60: 523-541.
정지석(2006),「함석헌의 민중사상과 민중신학」, 한국신학연구소『신학사상』,

134: 101-133.
정진홍 편(1976), 『국민윤리』, 명지대학교출판부.
정태욱(2002), 「인식비판적 정의론-심헌섭 선생의 정의관」, 『영남법학』, 8-1 · 2: 39-58.
정현기(2000), 「인문학의 기초없는 이미지 예술의 운명」, 문예진흥원 『문화예술』, 1(2000): 21-28.
정현백(1994), 「여성사 연구의 이론과 방향」, 『역사비평』, 1994 가을호.
정현종(1999), 『정현종 시 전집 1～2』, 문학과지성사.
_____(2003), 『견딜 수 없네』, 시와시학사.
정호근 외(1997), 『하버마스: 이성적 사회의 기획, 그 논리와 윤리』, 나남.
정호근(1997), 「의사소통적 규범정초 기획의 한계」, 정호근 외(1997): 113-140.
_____(2002), 「이성의 '발굴'-비판이론에서의 '언어적 전회'의 명암」, 한국철학회 편(2002): 314-351.
정화열(1999), 「현상학과 몸의 정치」, 『몸의 정치』, 민음사. 18: 269-290.
제갈현숙(2010), 「신자유주의 시기 한국의 노동유연화와 사회복지 체제의 특징」, 『신자유주의시대 한국경제와 민주주의』, 선인, 93-128.
제프리, R.(1983), 『형식논리학』, 이좌용 옮김, 서광사.
조가경(1972), 『실존철학』, 박영사.
조경원(1991), 「롤즈의 정의론에 입각한 교육기회 균등의 문제에 대한 고찰」, 『교육철학』, 9: 109-125.
조관성(1998), 「자연과 문화의 만남」, 한국현상학회 편.
조광(1984), 「정약용의 민권의식 연구」, 한국신학연구소 편(1984): 289-340.
조광제(2010), 「철학의 눈으로 본 매체」, 박이문 외(2010): 179-266.
조광제, 박이문, 임태승, 이광래(2010), 『미술관에서 인문학을 만나다』, 미술문화: 한국문화예술위원회.
조국(2003), 「피의자신문시 변호인참여권 소고」, 한국형사정책연구원 『형사정책연구』, 56: 181-200.
조대호(2002), 「카오스와 헤시오도스의 우주론」, 『철학』, 71: 51-74.
조동일(1984), 「민중의 민중의식, 민중예술」, 한국신학연구소 편(1984): 86-155.
_____(1997), 『인문학문의 사명』, 서울대학교출판부, 1997.
_____(2005), 『한국문학통사』, 지식산업사.

조성택(2012), 『불교와 불교학』, 돌베개.

조요한(2003), 『예술철학』, 미술문화, 2003(1973).

_____(2004), 『한국미의 조명』, 열화당, 2004(1999).

조은(1998), 「미래 사회와 여성 노동」, 고려대학교 노동문제연구소 『미래의 일과 노동』.

조은수(2022), 「지율 스님의 생태운동과 에코 페미니즘」 서울대학교 『철학사상』, 41: 127-150.

조인래(1990), 「양자역학, 개연적 성향 그리고 실재론」, 『철학과현실』, 5: 346-347.

_____(1991), 「서평: 과학과 메타과학」, 『한국과학사학회지』, 13-2: 184-186.

_____(1992a), 「양자역학에 대한 실재론적 해석은 가능한가?」, 철학연구회, 『철학연구』, 31: 320-348.

_____(1992b), 「현대 양자역학과 철학」, 『철학과현실』, 14: 155-187.

_____(1994), 「이론 미결정성의 도그마」, 『철학』, 42: 132-158.

_____(1996), 「공약불가능성 논제의 방법론적 도전」, 『철학』, 47: 155-187.

_____(1998), 「과학적 합리성의 지위」, 『과학철학』, 1: 35-73.

_____(2006), 「철학속의 과학주의-과학철학의 자연화」, 『과학철학』, 9-2: 1-23.

_____(2008), 「상대주의와 상대성 이론」, 『철학과현실』, 79: 126-150.

조지형(1997a), 「역사의 문학성과 문화비평」, 『이화사학연구』, 23 · 24, 7-14.

_____(1997b), 「도미니크 라카프리의 텍스트 읽기와 포스트모던적 역사 서술」, 『미국사연구』, 6: 1-26.

_____(2000), 「포스트모던 시대의 기호학적 역사학」, 『역사학보』, 165: 143-175.

조형 외(1985),「한국여성학의 보편성과 특수성」, 한국여성학회 『한국여성학』, 1: 177-189.

조형(1979), 「경제발전과 여성의 지위」, 『여성학』 이화여자대학교 한국여성연구소 편(1979): 124-147.

조혜정(1988), 『한국의 여성과 남성』, 문학과지성사.

주동률(2012), 「평등과 응분의 유기적 관계에 대한 변호」, 황경식 외(2012b): 41-70.

진교훈(1982), 『철학적 인간학(I)』, 경문사.

_____(1994), 『철학적 인간학(II)』, 경문사.

_____(1998), 「한국인의 전통적 문화 생활에 나타난 자연관」, 한국현상학회: 205-

230.
_____(2002), 『의학적 인간학: 의학철학의 기초』, 서울대학교출판부.
_____(2012), 「사람다움과 효」, 『청소년과 효문화』, 20: 107-130.
_____(2014), 「한국의 가정위기극복과 효도교육의 부활」, 『청소년과 효문화』, 23: 97-117.
진은영(2003), 『일곱개의 단어로 된 사전』, 문학과지성사.
_____(2007), 『니체, 영원회귀와 차이의 철학』, 그린비.
_____(2008a), 『우리는 매일매일』, 문학과지성사.
_____(2008b), 「감각적인 것의 분배」, 『창작과 비평』, 142: 67-84.
_____(2012a), 『훔쳐가는 노래』, 창비.
_____(2012b), 「문학의 아트포스: 문학, 정치, 장소」, 한국문학연구학회 『현대문학의 연구』, 48: 91-116.
차옥숭(2010), 「모성성의 주춧돌 위에 세워진 씨알, 생명사상」, 씨알연구소 편 『생각하는 백성이라야 산다』, 나녹, 396-414.
차인석(1990), 「권력과 정당성: 이진우 교수의 논문에 대한 논평」, 대한철학회 『철학연구』, 46: 68-71.
_____(1995a), 「사회병리의 철학적 성찰」, 『범한철학』, 11:1-17.
_____(1995b), 「탈전통의 문화」, 한국철학회 편(1995): 11-22.
차하순(1981), 『역사의 의미』, 홍성사.
_____(1993), 『역사의 본질과 인식』, 학연사.
천옥환(1970), 『논리학』, 박영사.
천현득(2006), 「규범적 자연주의와 도구적 합리성」, 『과학철학』, 9-2: 101-134.
_____(2007), 「양자역학의 여러 마음 해석」, 고려대학교 『철학연구』, 78: 137-157.
_____(2011), 「분산된 인지와 비확장적 마음」, 『과학철학』, 14-2: 121-140.
철학과현실(1988), 「창간사」, 『철학과현실』.
철학연구회 엮음(2004), 『역사를 어떻게 볼 것인가』, 철학과현실사.
_____(1996), 『해방 50년의 한국철학』, 철학과현실사.
_____(1999),『정보사회의 철학적 진단』, 철학과현실사.
_____(2002), 『현대철학의 정체성과 한국철학의 정립』, 철학과현실사.
_____(2004), 『디지털시대의 민주주의와 포퓰리즘』, 철학과현실사,
최경석(2008), 「생명윤리에서의 넓은 반성적 평형과 판단력」, 『법철학연구』, 11-1:

65-84.
최근덕(1998),『한국유학사상연구』, 학원출판사.
최동희(1980),『동학의 사상과 운동』, 성균관대학교출판부, 1980.
_____(1983),『해월 최시형』, 중앙서관, 1983.
_____(2003),『새로 쓰는 동학: 사상과 경전』, 집문당, 2003.
최민홍(1964),『실존철학연구』, 성문사.
_____(1974),『한국철학사』, 성문사.
_____(1984),『한철학: 한민족의정신적뿌리』, 성문사.
최병조(1988),「자연법 사상」, 철학연구회『철학연구』, 23: 145-151.
최봉영(2002),「본과 보기 구조와 문화 이해」,『동양사회사상』, 5: 65-93.
최성호(2001),「사건 인과에 관한 반사실적 조건문 분석과 사건 본질」,『철학』, 66: 207-226.
_____(2003),「인과에 대한 영향 이론과 그 적들」,『과학철학』, 6-2: 123-135.
최성호 · 김효은(2009),「새먼의 과정 인과 이론」,『철학적 분석』, 20: 141-168.
최세만(2000),「비트겐슈타인 철학과 신비주의」,『철학』, 65: 137-162.
최소인(2006),「얻은 것과 잃은 것」, 서울대학교『철학사상』, 2006.
최순옥(1995a),「BonJour의 Doxastic Presumption에 대한 비판적 논의」, 철학연구회『철학연구』, 36: 285-299.
_____(1995b),「콰인의 자연주의적 인식론에 관한 논의」, 한국분석철학회 편(1995): 104-125.
최신한(2010),「믿음과 확실성-야코비와 분석철학의 대화」,『철학』, 104: 125-149.
최영성(1994),『한국유학사상사』, 아세아문화사.
최영진 외(2009),『한국철학사: 16개의 주제로 읽는 한국철학사』, 새문사.
최영진(1998),「인물성동이론의 생태학적 해석」,『유교사상문화연구』, 10: 57-68.
_____(2006),「같음, 다름, 어울림」,『철학과현실』, 71: 183-192.
_____(2008),『한국유학사상연구』, 동방출판사.
최원배(2005),「조건부 확률과 조건문의 확률」,『논리연구』, 8-2: 59-84.
_____(2014),「기바드 현상과 조건문의 진리조건」,『철학논총』 76-2: 629-646.
최인숙(2005),「칸트철학에서 계몽의 의미」, 동국대학교『철학 사상 문화』, 1: 1-26.

최인훈(1960), 『광장/구운몽』, 문학과지성사.

최장집(2010), 『민주화이후의 민주주의』, 후마니타스.

최재천 · 주일우 엮음(2007), 『지식의 통섭』, 이음.

최재희(1958), 『논리학원론』, 일신사.

_____(1970), 「역사철학의 과제」, 『정경연구』, 67: 114-124.

_____(1971), 『논리학원론』, 일신사.

_____(1975), 『역사철학: 하나의 입문』, 청림사.

_____(1985), 『최재희 전집』, 삼지원.

최정식(2000), 「우리, 우리의 철학, 그리고 철학사」, 한국철학회 편: 103-117.

최종덕(2007), 『함께하는 환경철학』, 동연.

최준성(1995), 「니이체 철학에 있어서의 인간다운 삶」, 『니체연구』, 1: 3-22.

최진덕(1997), 「일상적 세계와 인륜적 질서」, 『정신문화연구』, 20-2(1997.6): 3-21.

_____(2004), 『인문학, 철학 그리고 유학』, 휴먼필드.

_____(2008),「포스트모더니스트들의 유학 읽기에 대하여」, 『유교사상연구』, 34: 157-176.

최진석 · 김상환(1999), 「노장과 해체론-개방성의 기원에 대하여」, 철학연구회 『철학연구』, 47: 129-141.

최하림(1984), 『시와 부정의 정신: 최하림 시론집』, 문학과지성사.

최한기(1979), 『기측체의』 I, II, 민족문화추진회 (1839).

최현철(2007), 「자연 법칙과 인과 실재론적 해석」, 중앙대학교 『철학탐구』, 22(2007.11): 117-145.

최화(2011), 『박홍규의 철학』, 이화여자대학교출판부, 2011.

최훈(2008), 「김재권의 조건부 환원주의」, 하종호 외(2008): 173-200.

_____(2009), 「동물 신경 윤리: 동물 고통의 윤리적 의미」, 『생명윤리철학』, 10-2: 49-61.

최희봉(1996), 「흄과 의미회의론」, 『철학』, 48: 95-115.

칸트(1784), 「계몽이란 무엇인가에 대한 답변」, 『칸트의 역사철학』, 이한구 편역, 서광사, 2009, 13-22.

코피, I.(1988), 『논리학 입문』, 민찬홍 옮김, 이론과 실천.

크립키, 솔(2014), 『이름과 필연』, 정대현 · 김영주b 옮김, 필로소픽.

탁석산(2000), 「민족의 정체를 되묻는다」, 새얼문화재단 『황해문화』, 29: 363-367.
표재명(1975), 「키에르케고르의 역설의 개념」, 철학연구회, 『철학연구』, 10: 153-165.
_____(1978), 「키에르케고르의 주체성-진리 사상」, 고려대학교 『철학연구』, 5: 193-207.
_____(1995), 『키에르케고어 연구』, 지성의 샘.
표정훈(2013), 「인문학에 관한 책들은 인문학적인가」, 서동욱 외(2013): 60-70.
하상복(2009), 『푸코 & 하버마스-광기의 시대, 소통의 이성』, 김영사.
하선규(2012), 「현대영상매체와 공간적 경험에 관한 매체미학적 연구」, 『미학』, 71: 179-219.
하이데거, 마르틴(1988), 『존재와 시간』, 이기상 옮김, 까치글방.
하일민 엮음(1996), 『현대 사회와 철학교육』, 부산대학교출판부.
하종호 외(2008), 『김재권과 물리주의』, 아카넷.
하종호(2005), 「외재주의적 자기지식론」, 철학연구회 『철학연구』, 68: 267-342.
_____(2008), 「인과적 배제의 문제와 인과적 양립주의」, 하종호 · 김선희 외(2008): 111-140.
_____(2008), 「지각내용의 개념성과 지시적 개념」, 『철학』, 97: 147-169.
_____(2012), 「소여의 신화에 대한 정초론적 해법의 확충」, 『철학』, 113: 173-195.
하종호 · 김선희 외(2008), 『김재권과 물리주의』, 아카넷.
학술단체협의회 · 민주화운동기념사업회 엮음(2007), 『한국민주주의의 현실과 도전』, 한울아카데미.
한국도가철학회 엮음(2002), 『노자에서 데리다까지』, 예문서원.
한국동서철학회 편(2009), 『시간과 철학』, 철학과현실사.
한국동양철학회 편(1994), 『기술정보화시대의 인간문제』, 현암사.
한국분석철학회 편(1984), 『비트겐슈타인의 이해』, 서광사,
_____(1991), 『비트겐슈타인과 분석철학의 전개』, 철학과현실사.
_____(1993), 『실재론과 관념론』, 철학과현실사.
_____(1995), 『철학적 자연주의』, 철학과현실사.
_____(1996), 『인과와 인과이론』, 철학과현실사.
_____(1998), 『합리성의 철학적 이해』, 철학과현실사.
_____(1999), 『언어 · 표상 · 세계』, 철학과현실사.

한국신학연구소 편(1982), 『민중과 한국신학』, 한국신학연구소.
_____(1984), 『한국민중론』, 한국신학연구소.
한국여성연구소 편(1979), 『여성학』, 이화여자대학교출판부.
한국여성철학회 편(2007), 『다문화주의와 아시아 여성철학』, 한국여성철학회
한국철학사상연구회 편(2010), 『세계를 바꾼 아홉가지 단어: 권력에서 문명까지, 세상을 바꾼 인문학 키워드』, 동녘.
_____(2015), 『처음 읽는 한국현대철학 동학에서 함석헌까지』, 동녘.
한국철학사상연구회논리교육연구실 편(1997), 『실용논리학 입문 : 토론과 논술을 위한 논리 연습』, 천지.
한국철학사연구회 편(1997), 『한국철학사상사』, 한울.
한국철학회 편(1987), 『한국철학사』, 동명사.
_____(1995), 『문화철학』, 철학과현실사.
_____(1996), 『해방의 철학』, 철학과현실사.
_____(1997), 『문명의 전환과 한국 문화』, 철학과현실사.
_____(1998a), 『기술문명에 대한 철학적 반성』, 철학과 현실사.
_____(1998b), 『문화의 진보에 대한 철학적 성찰』, 철학과현실사.
_____(1998c), 『철학사와 철학』, 철학과현실사.
_____(2000), 『한국현대철학 100년의 쟁점과 과제』, 철학과현실사.
_____(2001), 『21세기의 도전과 희망의 철학』, 철학과현실사.
_____(2002), 『현대철학과 언어』, 철학과현실사.
_____(2003), 『다원주의, 축복인가 재앙인가』, 철학과 현실사.
_____(2004), 『역사를 어떻게 볼 것인가』, 철학과현실사.
_____(2005), 『현대 문화와 철학의 새 지평』, 철학과 현실사.
_____(2011), 『살기 좋은 사회와 유토피아』, 한국철학회.
한국철학회 · 한국법철학회(2014), 『가치와 규범』, 공동학술대회보: 1-19.
한국키에르케고어학회(2003), 『다시 읽는 키에르케고어』, 철학과현실사,
한국현상학회 편(1992), 『생활세계의 현상학과 해석학』, 서광사.
_____(1998) 『자연의 현상학』, 철학과현실사.
_____(1999a), 『문화와 생활 세계』, 철학과현실사
_____(1999b), 『역사와 현상학』, 한국현상학회 편, 철학과현실사.
_____(2000), 『몸의 현상학』, 철학과 현실사.

한기호(2011), 『애들아 철학하자』, 길벗어린이.
한면희(1997), 『환경윤리: 자연의 가치와 인간의 의무』, 철학과현실사.
_____(2004), 『초록문명론』, 동녘.
_____(2007a), 『미래세대와 생태윤리』, 철학과현실사.
_____(2007b), 「생태주의 이념과 현황 그리고 전망」, 『초록눈으로 세상 읽기』, UNEP 한국위원회 엮음, 한울아카데미: 15-38.
_____(2009a), 『동아시아 문명과 한국의 생태주의』, 철학과현실사.
_____(2009b), 「김지하의 생명사상」, 『동아시아 문명과 한국의 생태주의』, 철학과현실사, : 153-201.
한상진(1984), 「민중과 사회과학」, 한국신학연구소 편(1984): 153-168.
_____(1997), 「언술검증과 비판이론」, 정호근 외(1997): 21-51.
한성일(2014), "Hume's Dictum and Origin as Real Definition", 한국분석철학회 편 여름발표회.
한승완(2002),「다원주의 시대의 합리성으로서의 '논의적 이성'」, 사회철학연구회 편(2002): 11-48.
_____(2004),「연줄망에서 연결망으로」, 『민주주의와 철학』, 사회와철학연구회 편(2004), 이학사, : 97-121.
한승완(2011),「한국 국민정체성의 민주적 반추와 통일 문제」, 『사회와 철학』, 22: 35-58.
한양대학교 과학철학교육위원회 편(2010), 『과학기술의 이해』, 한양대학교출판부.
한완상(1984), 『민중사회학』, 종로서적.
_____(2013), 『한반도는 아프다-적대적 공생의 비극』, 한울, 2013.
한완상 · 김성기(1980), 「한에 대한 민중사회학적 시론」, 『현대자본주의와 공동체 이론』, 서울대사회학 연구회, 한길사.
한용운(1926), 「님의 침묵」, 『한용운 시전집』, 최동호 편, 서정시학, 2009.
한우진(2007), 「선험적 물리주의의 참을 수 없는 사소함」, 철학연구회 『철학연구』, 79: 205-43.
_____(2008a), 「후험적 물리주의의 건설」, 철학문화연구소 『철학과현실』, 79: 317-319.
_____(2008b), 「수반에 기초한 물리주의의 딜레마」, 철학연구회 『철학연구』, 80: 133-155.

_____(2008c), 「화제중립성과 물리주의」, 고려대학교 『철학연구』, 83: 143-162.
_____(2009), 「비개념적 내용과 현상적 의식」, 철학연구회 『철학연구』, 84: 315-341.
_____(2010), 「형이상학적 필연성과 법칙적 필연성」, 철학연구회 『철학연구』, 91: 209-236.
_____(2011a), 「이차원적 의미론과 양상 일원론에 대한 비판」, 고려대학교 『철학연구』, 94: 137-161.
한우진(2011b), 「복수 실현 가능성과_환원」, 『철학적 분석』, 23: 109-137.
한자경(1992), 「유식사상에 있어서 식의 지향성」, 『철학과 현상학연구』, 6: 339-359.
_____(1996), 「하버마스의 의사소통적 합리성」, 이진우 엮음(1996): 55-81.
_____(1997a), 『자아의 연구-서양 근현대철학자들의 자아관 연구』, 서광사.
_____(1997b), 『자아의 탐색』, 서광사.
_____(1999), 「유식무경」, 『철학과현실』, 41: 17-26.
_____(2000), 『유식무경-유식불교에서의 인식과 존재』, 예문서원.
_____(2001), 『동서양의 인간 이해』, 서광사.
_____(2002), 『일심의 철학』, 서광사.
_____(2003), 『불교철학의 전개』, 예문서원.
_____(2006), 『불교의 무아론』, 이화여자대학교출판부.
_____(2008a), 『명상의 철학적 기초』, 이화여자대학교출판부.
_____(2008b), 『한국철학의 맥』, 이화여자대학교출판부.
한전숙(1984), 『현상학의 이해』, 민음사.
한정선(2000), 「기철학적으로 본 신체의 생명현상」, 『신학과 세계』, 40: 350-375.
_____(2006), 「습관과 습관적 앎에 대하여」, 『철학과 현상학 연구』, 29: 1-25.
_____(2008), 「뇌과학과 철학 : 누가 인간을 설명할 것인가?」, 『철학과 현실』, 77: 159-171.
한학성(2000), 『영어 공용어화, 과연 가능한가』, 책세상.
한형조(2000), 『왜 동양철학인가』, 문학동네.
_____(2002), 「전통 예의 원리와 기능」, 『전통 예교와 시민윤리』, 한형조 외 지음, 청계, 1: 15-48.
_____(2008), 『왜 조선 유학인가』, 문학동네.

____(2010), 「홍원식 대담: 조선유학의 거장들, 왜 조선유학인가」, 『오늘의 동양사상』 21: 132-153.
____(2012), 「다문화 공동체 구축에 있어 전통 유교의 전망과 조언」, 『유학, 시대와 통하다』, 자음과모음, 김교빈 외 지음, 147-182.
함석헌 기념사업회 엮음(2003), 『함석헌 사상을 찾아서』, 삼인.
함석헌 기념사업회 편(2001), 『민족의 큰 사상가 함석헌 선생』, 한길사.
함석헌(1989), 「고난의 의미」, 『씨알의 소리』, 99호: 51-82.
____(1993), 『함석헌전집 1권~15권』, 한길사.
____(2003), 『뜻으로 본 한국역사』, 한길사, 2003(1965).
함정혜(1996), 「놀이의 본질과 기능에 관한 연구」, 『한국체육철학회지』, 4-1: 31-46.
허남진(1988), 「최한기의 리개념에 관한 소고」, 중앙대학교 『철학탐구』, 8: 31-47.
____(1998), 「서양철학수용에 따른 전통철학의 대응 및 전개」, 서울대학교 『철학사상 』, 8: 67-444.
____(1999), 「최한기의 기학과 한국철학의 정립」, 『철학』, 58(1999.05): 250-262.
허라금(1993), 「'여성적'인 도덕 관점과 바람직한 인류 공동체」, 『철학과 현실』, 제18호: 214-228
____(1997), 「'성별화된 철학'이 의미하는 바에 관하여」, 『한국여성철학회 창립기념 심포지움 자료집』, 7-22.
____(1998), 「여성주의 윤리의 개념화」, 『한국여성학』, 14-: 95-119.
____(1999), 「제3의 물결로서의 생태여성주의」, 철학문화연구소, 『철학과 현실』, 40: 165-180.
____(2002), 「유교의 예와 여성」, 『시대와 철학』, 제00집.
____(2004), 『원칙의 윤리에서 여성주의 윤리로』, 철학과현실사.
____(2006a), 「보살핌의 사회화를 위한 여성주의의 사유」, 『한국여성학』, 22-1: 115-145.
____(2006b), 「다문화시대의 여성주의 윤리」, 『여성학연구』, 부산대학교 여성연구소, 16-1: 155-160.
____(2007), 「여성주의적으로 다시 철학하기」, 『한국여성철학』, 7: 163-187.
____(2009), 「보살핌 위기 사회의 철학적 담론」, 『철학과 현실』, 83: 137-147.
____(2010), 「젠더 전환적 전략을 위한 '적극적 조치'의 재개념화」, 『한국여성학』,

26-2: 99-125.
허우성(1988), 「진나와 아리스토텔레스 대조연구」, 『철학』, 29: 225-243.
허재윤(1975), 「철학적 인간학의 정립을 위한 기초적 구상」, 대한철학회, 『철학연구』, 20(1975): 17-50.
_____(1976), 「Plessner 의 철학적 인간학의 연구」, 대한철학회 『철학연구』22: 91-104.
헤겔, G. (1949), 『논리학』, 전원배 역, 행림서원.
현남숙(2013), 「포스트휴먼적 미래는 인간적일까?」, 가톨릭대학교 『인간연구』, 25: 169-178.
현상윤(1949), 『조선유학사』, 민중서관.
현영학(1982), 「한국탈춤의 신학적 이해」, 한국신학연구소 편(1982): 348-368,
현응(2009), 『깨달음과 역사』, 불광출판사.
홍성욱(1999), 『생산력과 문화로서의 과학기술』, 문학과지성사, 1999.
_____(2001), 『2001 싸이버스페이스 오디쎄이』, 창작과비평사.
_____(2004), 『과학은 얼마나』, 서울대학교출판부.
_____(2008a), 『인간의 얼굴을 한 과학』, 서울대학교출판부.
_____(2008b), 『과학 에세이: 과학, 인간과 사회를 말하다』, 동아시아.
_____(2008c), 「기술은 인간처럼 행동한다: 라투어의 새로운 기술철학」, 이중원 외 (2008): 124-155.
홍성하(1993), 「역사적 공동체 기억에 대한 고찰」, 『철학과 현상학 연구』, 7: 162-192.
홍원식(2005), 「한국인의 우리로서 관계 맺기와 그 철학적 배경」, 『동양사회사상』 제12집, 219-237.
_____(2011), 「유교, 한국 유교, 그리고 생태담론」, 계명대학교 『한국학연구원 학술대회』: 23-35.
홍원표(2009), 「대통령 이승만의 정치언어와 언어정치」, 이종은 외(2009): 41-80.
홍윤기(1996), 「하버마스의 언어철학」, 장춘익 외(1996): 65-121.
_____(1999), 「철학함의 철학-열암의 철학에서 나타난 자생 철학 담론」, 우리사상 연구소 편 『이 땅에서 철학하기』, 솔.
_____(2000), 「과학적 합리성의 철학적 반성」, 『과학철학』, 4: 35-60.
_____(2002), 「비판적 사고와 인성-불가결한 인성 요인으로서 비판적 지성과 도덕

성을 위한 변호」, 철학연구회 『철학연구』, 58: 75-105.
_____(2004a), 「포퓰리즘과 민주주의」, 철학연구회 편(2004), 284-338.
_____(2004b), 「송두율 교수 사건을 통해 본 한국 민주주의와 인권: 양심과 사상의 자유」, 민주주의 법학연구회 『민주법학』, 26: 29-82.
_____(2007), 「푸코와 하버마스 언어철학의 근거연접과 이성규정의 강화」, 『사회와 철학』, 113: 196-244.
_____(2011), 「정치언어학의 철학」, 고려대학교 『철학연구』, 95: 181-221.
_____(2013), 「교육으로 인한 사회갈등과 교육을 통한 갈등극복」, 철학연구회 『철학연구』, 100: 329-360.
_____(2015a), 「세월호 참사가 우리 사회에 던지는 성찰적 화두」, 철학연구회 『철학연구회 학술발표논문집』.
_____(2015b), 「'좋은 민주주의'의 관점에서 본 통합진보당 해산 결정의 문제」, 『사회와 철학』, 29: 79-124.
홍창성(2008), 「유형물리주의와 기능주의 환원론의 만남」, 하종호 외(2008), 143-172.
황경식 외(2009), 『롤즈의 정의론과 그 이후』, 철학과현실사.
_____(2012a), 『윤리학과 그 응용』, 철학과현실사.
_____(2012b), 『정의론과 사회윤리』, 철학과현실사.
황경식(2003), 「서양 윤리학의 수용과 그 영향: 국민윤리의 대두와 전개」, 이화여자대학교 한국 문화연구원 편: 491-536.
_____(2009), 「존 롤즈의 자유주의를 위한 변명-현대 자유주의의 진화와 정당화」, 황경식 외: 15-44.
_____(2012a), 『덕윤리의 현대적 의의』, 아카넷.
_____(2012b), 「덕윤리의 현대적 의의」, 황경식 외(2012a): 13-33.
_____(2013), 『사회정의의 철학적 기초』, 철학과현실사.
황문수(1984), 「헤겔의 역사의식과 운명의식」, 한국헤겔학회 『헤겔연구』, 1: 156-176.
황유경(2002), 「조형예술적 재현의 기호이론 옹호」, 『미학』, 34: 325-364.
황의동(2011), 『한국유학사상연구』, 서광사.
황지우 외(1993), 『뼈아픈 후회』, 문학사상사.
황지우(1983), 『새들도 세상을 뜨는구나』, 문학과지성사.

____(1986), 『사람과 사람 사이의 신호』, 한마당.
____(1987), 『나는 너다』, 풀빛.
____(1998), 『어느 날 나는 흐린 주점에 앉아 있을 거다』, 문학과지성사.
황태연(1997), 「하버마스의 소통적 주권론과 쌍선적 토론 정치이념」, 정호근 외(1997): 187-218.
황필호(1989), 「어거스틴의 시간관」, 『철학』, 30: 163-176.
황현산(1989), 「문학의 통찰과 철학의 방법」, 『문학과사회』, 2-2: 814-820.
황희숙(1995), 「이미지 속의 여성」, 『철학과현실』, 27: 242-255.
____(2012), 「페미니스트 과학론의 의의」, 『한국여성철학』, 18: 5-37.
____(2015), 「행위자-연결망 이론(ANT)과 페미니즘의 동맹가능성」, 『한국여성철학』, 23: 61-88.

Alston, W. P.(1993), *The Reliability of Sense Perception*, Cornell University Press.
Althusser, L. (1969), *On The Reproduction Of Capitalism*, tr. G. M. Goshgarian, London: Verso, 2013.
Aquinas, Thomas. *Commentary on Aristotle's Politics*. Trans. Richard J. Regan. Indianapolis Publishing Co.: Hackett, 2007.
Aristotle. *The Metaphysics*. New York, Penguin Classics, 1999.
Armstrong, D. M.(1978), *Universals and Scientific Realism*, Cambridge University Press.
Armstrong, D. M.(1997), *A World of States of Affairs*, Cambridge University Press.
Armstrong, D. M.(2004), *Truth and Truthmakers*, Cambridge University Press.
Armstrong, D.(1983), *What Is a Law of Nature?*, Cambridge: Cambridge University Press.
Asimov, I.(1992), *The Positronic Man*, Doubledlay.
Austin, J. L.(1975), *How to Do Things with Words*, eds., M. Sbisà and J. O. Urmson, Oxford University Press.
Ayer, A. J.(1946), *Language, Truth, and Logic*, London: Gollancz.

Baba, Meher (1987). *Discourses* (7th edition). Myrtle Beach, S.C.: Sheriar Foundation.

Bacon, F.(2000), *A Critical Edition of the Major Works*, ed., B. Vickers. Oxford University Press.

Barker, S.(2003), "A dilemma for the counterfactual analysis of causation", *Australasian Journal of Philosophy*, 81-1: 62-77.

Baudrillard, J.(1983), *Simulations*, Semiotext(e).

Benjamin, W.(1991), *Selected Writings*, ed. H. Eiland & M. W. Jennings, Harvard University Press.

Bentham, J. 2013, *Not Paul, But Jesus Part III*. Doctrine, Bentham Project, 2013

_____(1907), *An Introduction to the Principles of Morals and Legislation*, Oxford: Clarendon Press, 1907.

Block, N. and R. Stalnaker(1999), "Conceptual Analysis, Dualism, and the Explanatory Gap", *Philosophical Review*, 108: 1-46.

Block, N.(1990), "Inverted Earth", *Philosophical Perspectives*, 4: 53-79.

_____(2002), "The Harder Problem of Consciousness", *Journal of Philosophy*, 94: 1-35.

Boas, Franz (1963). *The Mind of Primitive Man*, Collier Books.

Brouwer, L. E. J.(1975), "Intuitionism and Formalism," tr., A. Dresden, *Bulletin of the American Mathematical Society*, 20 (1913): 81-96.

Buchanan, A. (2011), *Beyond Humanity*, Oxford University Press.

Burge, T.(1979), "Individualism and the Mental," *Midwest Studies in Philosophy*, 4: 73-121.

_____(1988), "Individualism and Self-Knowledge," *Journal of Philosophy*, 85-1: 649-663.

_____(1993), "Content Preservation," *The Philosophical Review*, 102: 457-488.

Carnap, R.(1928), *The Logical Structure of the World*, tr. R. A. George, University of California Press, 1967.

Castells, M. (1996). *The Rise of the Network Society*, Oxford: Blackwell Publishers.

Chalmers, D. J.(2006), "Two-Dimensional Semantics", in *Oxford Handbook of Philosophy of Language*, E. Lepore and B. Smith (eds.), Oxford: Oxford University Press, 575-606.

_____(2004), "Epistemic Two-Dimensional Semantics", *Philosophical Studies*, 118: 153-226.

_____(1996), *The Conscious Mind*, New York: Oxford University Press.

Chang, Pilwha(2012), *Women's Studies in Korea, Asia: The Future of Asian Feminisms*, Cambridge S. P.

Chang, Yoon-Jae(2007), "Women, Nature, and Liberation", *Ewha Journal of Feminist Theology*, 5(2007): 30-52.

Chardin, Teilhard de(1984), *On love &happiness*, San Francisco: Harper & Row, 1984

Cho, Kah Kyung(2013), "Subject-Alienation as the Basis of Eco-Ethical World-View", The XXIII World Congress of Philosophy: East-West Endowed Lecture.

Choi, Leesun (2016), Haecceitism and the Specification of the World", Rutgers University Dissertation.

Choi, Sungho(2007), "The incompleteness of dispositional predicates", *Synthese*, 2007:

_____(2005), "Do Categorial Ascriptions Entail Counterfactual Conditionals?", *The Philosophical Quarterly*, 55-220(2005): 495-503.

_____(2006), "The Simple vs. Reformed Conditional Analysis of Dispositions", *Synthese*, 148(2006): 369-379.

_____(2008), "Dispositional Properties and Counterfactual Conditionals", *Mind*, 117-468(October 2008): 1-48.

_____(2009), "The conditional analysis of dispositions and the intrinsic dispositions thesis", *Philosophy and Phenomenological Research*, LXXVIII-3(May 2009): 568-590.

Chung, Daihyun(2015a), "A Redemptive Analysis of Suffering", *Philosophy Study*, 5-10(October 2015): 530-536.

_____(2015b), "The Ubiquity of Humanity and Textuality in Human

Experience", *Humanities*, 4-49(2015): 885-904.

_____(2011), "The Status of Knowledge and New Directions for the Humanities", *Diogenes*, 58(2011February-May): 100-105.

Clark, A. and D. Chalmers, 1998, "The Extended Mind," *Analysis*, 58: 10-23.

Danto, A.(1981), *The Transfiguration of the Commonplace*, Harvard University Press.

Darwin, C.(1964), *On the Origin of Species By Means of Natural Selection*, Harvard University Press.

Davidson, D.(2001a), *Essays on Actions and Events*, Oxford: Clarendon Press, 2nd edn,

_____(2001b), *Inquiries into Truth and Interpretation*, Oxford: Clarendon Press, 2nd edn.

Deleuze, G.(1991), *Empiricism and Subjectivity*, tr., C. Boundas, Columbia University Press.

Dennett, D. C.(1991), *Consciousness Explained*. Boston: Little, Brown and Company

Derrida, J.(1974), *Of Grammatology*, tr., G. Spivak, The Johns Hopkins University Press.

Descartes, R.(1999). *Discourse on Method and Related Writings*, trans. Desmond M. Clarke. London: Penguin.

Devitt, M.(1996), *Coming to Our Senses*, New York: Cambridge University Press.

_____(1980), *Designation*, New York: Columbia University Press.

Dewy, J.(1999), *The Essential Dewey*, Bloomington: Indiana University Press.

Dretske, F.(1977), "Laws of Nature", *Philosophy of Science*, 44: 248-268.

_____(1970), "Epistemic Operators," *Journal of Philosophy*, 67: 1007-1023.

_____(1995), *Naturalizing the Mind*, Cambridge, MA: MIT Press.

Dummett, M.(1978), *Truth and Other Enigmas*, Cambridge MA: Harvard University Press.

_____(1991), *The Logical Basis of Metaphysics*. Harvard University Press.

_____(2000), *Elements of Intuitionism*, 2nd, rev. ed., Oxford: Clarendon Press.

Durkheim, E.(1997), *Suicide: A Study In Sociology*, tr., G. Simpson, Free Press.

Dworkin, R. (1977), *Taking Rights Seriously*, Harvard University Press, Cambridge, Mass.

Elliot, T. S. (1948), *Notes Towards the Definition of Culture*, 1948.

_____(1919), "Tradition and the Individual Talent", *The Sacred Wood: Essays on Poetry and Criticism*, Dodo Press, 2009.

Escher, M. C. and Ernst, B.(1995), *The Magic Mirror of M. C. Escher*. Taschen America.

Ewald, W. eds.(2013), *David Hilbert's Lectures on the Foundations of Arithmetic and Logic*, Springer.

Feyerabend, P.(1975), *Against Method*, London: Verso, 1975.

_____(1987), *Farewell to Reason*, London: Verso/New Left Books.

Field, H.(2008), *Saving Truth from Paradox*, Oxford: Oxford University Press.

Fodor, J.(1975), *The Language of Thought*, New York: Thomas Cromell.

_____(1983), *The Modularity of Mind: An Essay on Faculty Psychology*, Cambridge MA: MIT Press.

Foder, J. and Block, N.(1972), "What Psychological States Are Not", *Philosophical Review*, 81: 159-81.

Foucault, M.(1972). *The Archaeology of Knowledge*, tr., Allan Sheridan, New York: Harper and Row, 1972

Frege, G.(1980), *Translations from the Philosophical Writings of Gottlob Frege*, eds. and trans. P. Geach and M. Black, Blackwell.

_____(1984), *Collected Papers on Mathematics, Logic, and Philosophy*, ed., B. McGuinness, Oxford: Blackwell,

Freud, S.(1968), *The Ego and the Id*, ed. and trans. J. Strachey. London: The Hogarth Press.

Fukuyama, F.(2002). *Our Posthuman Future: Consequences of the Biotechnology Revolution*. NY: Farrar, Straus and Giroux.

Gentzen, G., 1969, *The Collected Papers of Gerhard Gentzen*, ed. M. Szabo, Amsterdam: North-Holland.

Gettier, E.(1963), "Is Justified True Belief Knowledge?", *Analysis*, 23: 121-123,

Giere, G. N.(2007), "Distributed cognition without distributed knowing", *Social epistemology*, 21: 313-320.

Ginzburg, Carlo (1980). *The Cheese and the Worms, The Cosmos of a Sixteenth-Century Miller*. Baltimore: The Johns Hopkins U. Press.

Girard, R.(1979), *Violence and the Sacred*, Johns Hopkins University Press.

Goldman, A.(2012), *Reliabilism and Contemporary Epistemology: Essays*, Oxford: Oxford University Press.

Goodman, N.(1955), *Fact, Fiction, and Forecast*, Cambridge, MA: Harvard University Press,

_____(1976), *Languages of Art: An Approach to a Theory of Symbols*, Indianapolis: Hackett.

_____(1985), *Ways of Worldmaking*, Indianapolis: Hackett, 1978.

Habermas, J.(1979), *Communication and the Evolution of Society*, tr., T. McCarthy, Boston: Beacon.

_____(1989), *The Structural Transformation of the Public Sphere*, trs., T. Burger and F. Lawrence, MIT Press.

_____(2003), *Truth and Justification*, tr., B. Fultner. Cambridge, MA: MIT Press.

_____(1995). "Reconciliation through the public use of reason: Remarks on John Rawl's Political Liberalism." *The Journal of Philosophy*, XCII-3: 109-131.

Hacking, I.(1983), *Representing and Intervening*, Cambridge University Press.

Hare, R. M.(1952), *The Language of Morals*, Oxford: Clarendon Press.

Hartman, N.(1953), *New Ways of Ontology*, Chicago: Enry Regnery Co.

Hayek, F. A.(1988), *The Fatal Conceit: The Errors of Socialism*, W. W. Bartley III (ed.), University of Chicago Press.

Heidegger, M.(1962), *Being and Time*, tr. J. Macquarrie and E. Robinson. Basil Blackwell.

_____(1982), *The Basic Problems of Phenomenology*, tr. A. Hofstadter, Indiana University Press.

Hobbes, T.(1994), *Leviathan*, ed., E. Curley, Indianapolis: Hackett, 1994.

Horgan, T.(1993), "The Austere Ideology of Folk Psychology," *Mind and Language*, 8: 282-297.

Hughes, G. E., and Cresswell, M. J.(1996), *A New Introduction to Modal Logic*, London: Routledge.

Hume, D.(1975), *An Enquiry Concerning Human Understanding*, eds., L. Selby-Bigge & P. H. Nidditch, Oxford: Clarendon Press.

_____(2000). *A Treatise of Human Nature*, edited by D. F. Norton and M. J. Norton, Oxford University Press, 2000.

Husserl, E.(1999), *The Essential Husserl*, ed. D. Welton, Bloomington: Indiana University Press.

Jackson, F.(2004), "Why We Need A-Intensions", *Philosophical Studies*, 118: 257-277.

Jacobi, F. H.(1994), *The Main Philosophical Writings and the Novel*, tr. & ed. G. di Giovanni, McGill-Queen's University Press.

Joseph, J. H. ed.(2009), *Language and Politics*, New York: Routledge.

Jung, Kyeongil(2012), "Compassion and Confrontation: A Buddhist-Christian Response to a World of Suffering", *The Japan Mission Journal*, 66-1(Spring 2012).

Kant, I.(1996), *Practical Philosophy*, ed., Gregor, M., Cambridge University Press.

_____(2007), *Anthropology, History, and Education*, eds., Zöller, G., and Louden, R., Cambridge: Cambridge University Press.

Kaplan, D. 1978. 'Dthat,', ed., P. French, et al, *Contemporary Perspectives in the Philosophy of Language*, University of Minnesota Press.

Kelsen, H.(1960), *Pure Theory of Law*, tr., V M. Knight, Berkeley: University of California Press.

Kierkegaard, S.(2010), *Concluding Unscientific Postscript*, ed., R. A. Furtak, Cambridge University Press.

Kim, Heisook(2009), "Feminist Philosophy in Korea: Subjectivity of Korean Women", *Signs*, 34-2(2009.02): 247-251.

Kim, Hyunseop(2012), "What We Owe to Our Descendents A Pluralistic

Account of Our Moral Obligations to Future People", New York University, Disserttion.

Kim, Jaegwon (1973), "Causation, Nomic subsumption and the concept of event", *The Journal of Philosophy*, 70: 217-236.

_____(1988), "Explanatory realism, causal realism and explanatory exclusion", *Midwest Studies in Philosophy*, 12: 225-239.

_____(1989), "The myth of nonreductive materialism", *Proceedings and Addresses of the American Philosophical Association*, 63-3 (Nov.,1989): 31-47.

Kim, Joongol(2004), "A Philosophical Inquiry into the Concept of Number", University of Notre Dame, Dissertation,

_____(2006), "Concepts and intuitions in Kant's philosophy of geometry", *Kant-Studien*, 97-2(2006): 138-162.

_____(2010), "Yi on 2", *Philosophia Mathematica*, 18-3(2010.10): 329-336.

_____(2011a), "A Strengthening of the Caesar Problem", *Erkenntnis*, 75-1 (2011.07): 123-136.

_____(2011b), "Frege's Context Principle", *Pacific Philosophical Quarterly*, 92-2(2011.06): 193-213.

_____(2013a), "What are numbers?", *Synthese*, 190-6(2013.04): 1099-1112.

_____(2013b), "Euclid Strikes Back at Frege", *Philosophical Quarterly*, 64-254(2013.11)

_____(2014b), "A Logical Foundation of Arithmetic", *Studia Logica*, 2014.05

Kim, Namjoong(2009), "Sleeping Beauty and shifted Jeffrey conditionalization", *Synthese*, 168-2(May 2009): 295ff.

_____(2010), "Sleeping Beauty and De Nunc Updating", University of Massachusetts, Dissertation.

Kim, Yersu(1990), "The Idea of Cultural Identity and Problems of Cultural Relativism", Washington, D. C.: The Wilson Center, Occasional Paper Number 36(1990).

_____(1993), "Philosophy, Universality, and Cultural Synthesis: How to Conceive Universality in Philosophy", Moscow: XIX World Congress of

Philosophy, 1993: pp. 1-13.

Kohlberg, Lawrence (1981). *Essays on Moral Development*, San Francisco, CA: Harper&Row.

Kripke, S.(1959), "Semantical Analysis of Modal Logic", *Journal of Symbolic Logic*, 24: 323-324.

_____(1980), *Naming and Necessity*, Cambridge, MA: Harvard University Press

_____(1982), *Wittgenstein on Rules and Private Language*, Oxford: Blackwell, 1982.

Kristeva, J.(1982), *Powers of Horror: An Essay on Abjection*, tr. L. S. Roudiez, Columbia University Press.

Kuhn, T.(1970), *The Structure of Scientific Revolutions*, University of Chicago Press.

Kurzweil, R.(2005), *The Singularity Is Near: When Humans Transcend Biology*, Penguin Books.

Kvart, Igal(1986), *A Theory of Counterfactuals*. Indianapolis: Hackett Publishing.

Laudan, L.(1977), *Progress and Its Problems: Toward a Theory of Scientific Growth*, Routledge and Kegan Paul.

_____(1981), "The pseudo-science of science?", *Philosophy of the Social Sciences*, 11: 173-98.

_____(1984), *Science and Values*, University of California Press.

Lawrence, D. H.(1955), *Selected literary criticism*, W. Heinemann

Lee, Jaeho(2010), "Disposition, Explanation, and Causation-A Defense of the Reformed Conditional Analysis of Disposition", *Philosophia*, 38-3 (2010.09): 569-577.

Lee, Jaeho(2011), "Genuine Counterexamples to the SC Analysis of Disposition: A Reply to Choi", *Philosophia*, 39-(2011.06): 327-334.

Lee, Jong Kwan(2008), "Phenomenology of Body and Fashion Design", 『철학과 현상학연구』, 38, 2008.8, 189-222.

Lee, Sukjae(2013) "Philosophy in its Place and Time", Seoul National University, *Philosophical Thought*, 48(2013.05): 265-282.

Leibniz, G. W.(1989), *Philosophical Essays*. tr. and ed. R. Ariew and D. Garber. Indianapolis: Hackett,

Lepore, E. and Cappelen, H.(2005), *Insensitive Semantics*, Blackwell.

_____(2006), "Shared Content", in Lepore & Smith (eds.), *The Oxford Handbook of Philosophy of Language*, Oxford, 1020-1055.

Levinas, E.(1987), *Time and the Other*. tr., Richard A. Cohen, Pittsburgh, PA: Duquesne University Press, 1987.

_____(2001), *Alterity and Transcendence*, Columbia University Press.

Lewis, C. I. et al(1959), *Symbolic Logic*, New York: Dover Publications.

Lewis, D.(1973), *Counterfactuals*, Harvard University Press.

_____(1983), *Philosophical Papers*, Volume I, Oxford: Oxford University Press.

_____(1986), *Philosophical Papers*, Volume II, Oxford: Oxford University Press.

Locke, J.(1975), *An Essay Concerning Human Understanding*, ed., P. Nidditch, Clarendon.

Loeb, Louis.(1992). "The Cartesian Circle," in *The Cambridge Companion to Descartes*, J. Cottingham (ed.). Cambridge: Cambridge University Press, 200-35.

Loewer, Barry(2007), "Mental Causation, or Something Near Enough", *Contemporary Debates in Philosophy of Mind*, ed., Brian P. McLaughlin and Jonathan Cohen, Blackwell Publishing, 2007, 243-264.

Lugones, Maria.(2002), *Impure Communities*, edited by Philip Anderson. 2002. Oxford: Blackwell.

Mackie, J.L.(1980), *The Cement of the Universe. A study of Causation*, Clarendon Press.

Malebranche, N.(1980). *Dialogues on Metaphysics*. tr. W. Doney, New York: Abaris Books.

Marx, K.(2000), *Karl Marx: Selected Writings*, ed., D. McLellan, Oxford Universiry Press.

McLuhan, M.(1964), *Understanding Media: The Extensions of Man*, New York: McGraw Hill.

Medick, H.(1981), "The Proto-Industirial Family Economy", P. Kriedte, ed. *Industrialization before Industrialization*, Cambridge U. Press.

Merleau Ponty, M.(1962), *Phenomenology of Perception*, tr., Colin Smith, New York: Humanities Press.

Mill, J.S.(2012), *System of Logic, Ratiocinative and Inductive*, Cambridge University Press.

Montague, R.(1970), "Universal grammar", *Theoria*, 36: 373-398.

Moore, G. E.(1959), *Philosophical Papers*, George, Allen and Unwin, London: 1959.

Nagel, T.(1974). "What Is It Like to Be a Bat?", *The Philosophical Review*, 83-4: 435-450.

Neurath, O.(1983), *Philosophical Papers 1913-1946*, R. S. Cohen and M. Neurath, eds., Dordrecht: Reidel.

Nietzsche, F.(1967), *The Will to Power*. trans. W. Kaufmann. Random House.

Park, Jung Soon(1992), *Contractarian Liberal Ethics and the Theory of Rational Choice*, New York: Peter Lang Pub. Inc., 1992.

Park, Ynhui(1998), "The Artistic, the Aesthetic and the Function of Art: What is Artwork Supposed to be Appreciated for?", *Reality, Rationality and Value*, Seoul National University Press, 1998: 249-269.

_____(2012a), "The Self-Deconstructive Process of Art as a Form of Reconstruction of the World", *The Crisis of Civilization and Asian Response*, Seoul National University Press, 2012: 249-259.

_____(2012b), "The Transformation of the World into Artwork: A Philosophical Foundation of Environmental Aesthetics", *The Crisis of Civilization and Asian Response*, Seoul National University Press, 2012: 263-277.

Pasolini, P. P.(1988), *Heretical Empiricism*, tr. Louise K Barnett, New Academia Publishing.

Peirce, C.(1998), *The Essential Peirce*, ed., N. Houser, et al, Indiana University Press.

Plato.(1997), *Plato: Complete Works*, Cooper, John M. (ed.), 1997, Indianapolis: Hackett.

Polanyi, M.(1958), *Personal Knowledge*, The University of Chicago Press.

Popper, K.(1963), *Conjectures and Refutations: The Growth of Scientific Knowledge*, London: Routledge, 1963.

Prior, A. (1955), *Formal Logic*. Oxford: Clarendon Press.

Prawitz, D.(1965), *Natural Deduction: A Proof-Theoretical Study*, Stockholm: Almqvist & Wiksell.

Putnam, H.(1975), *Mind, Language and Reality*, Cambridge University Press, 1975.

_____(1981), *Reason, Truth, and History*, Cambridge: Cambridge University Press,

Quine, W.(1960), *Word and Object*, MIT Press.

_____(1969), "Epistemology Naturalized", *Ontological Relativity and Other Essays*, New York: Columbia University Press, 1969, 69-90.

Ramsey, F.(1929), "Theories," in ed., R. Braithwaite *The Foundations of Mathematics and Other Logical Essays*, Littlefield and Adams.

Rawls, J.(1971), *A Theory of Justice*, Cambridge, MA: Harvard University Press1971

Rawls, J.(1993), *Political Liberalism*, New York: Columbia University Press.

Regan, T.(1985), "The Case for Animal Rights," in ed., P. Singer, *In Defence of Animals*, Oxford: Basil Blackwell.

Reid, Th.(1997), *An Inquiry into the Human Mind on the Principles of Common Sense*, ed., D. Brookes, Pennsylvania State University Press.

Ricoeur, P.(1988), *Time and Narrative*, tr., K. Blamey and D. Pellauer, University of Chicago Press.

Rorty, R.(1989), *Contingency, Irony, and Solidarity*. Cambridge University Press.

Russell, B.(1961), *The Basic Writings of Bertrand Russell*, 1903-1959, George Allen and Unwin.

Salmon, Nathan(1986), *Frege's Puzzle*, MIT Press/Bradford Books.

Saussure, F. de (1993), *Saussure's Third Course of Lectures in General Linguistics*, tr. and ed. E. Komatsu et al, Oxford: Pergamon.

Scanlon, T. M.(2014), *Being Realistic about Reasons*. Oxford University Press.

_____(1988), *What We Owe to Each Other*. Harvard University Press.

Schmitt, Carl(2007), *The Concept of the Political*, tr. G. Schwab, University of Chicago Press.

Schutz, A.(1982), *Life forms and meaning structure*, tr., H. Wagner, Routledge.

Schweitzer, Albert(1923), *The Philosophy of Civilization*, New York: Macmillan.

Searle, J.(1969), *Speech Acts: An Essay in the Philosophy of Language*. Cambridge University Press.

Sellars, W.(1989), *The Metaphysics of Epistemology*, ed., Pedro Amaral, Ridgeview Publishing Co.

Seung, Sebastian (2012). *Connectome: How the Brain's Wiring Makes Us Who We Are*, Houghton Mifflin Harcourt Pub. Co.

Shannon, C.(1948), "A Mathematical Theory of Communication," *Bell System Technical Journal*, 27: 379-423, 623-656.

Shoemaker, S.(2006), "On the Ways Things Appear," in *Perceptual Experience*, eds., T. Gendler and J. Hawthorne, Oxford: Oxford University Press.

Singer, I.(2009), *Philosophy of Love: A Partial Summing-up*, Cambridge, MA: MIT Press.

Singer, P.(1990), *Animal Liberation*, New York: New York Review.

Slote, M.(2010), *Moral Sentimentalism*, New York: Oxford University Press.

So, Hung-nyol(1976), *Causal Explanation of Human Action*, Chongpan Kwangmunsa.

Sobchack, V.(2004), *Carnal Thoughts: Embodiment and Moving Image Culture*, University of California Press.

Spencer, H.(1901), *Essays: Moral, Political and Speculative*, London: Williams and Norgate.

Spinoza, B.(1985), *The Collected Writings of Spinoza*, tr. E. Curley, Princeton University Press.

Stalnaker, R., 2003b, *Ways a World Might Be: Metaphysical and Anti-Metaphysical Essays*, Oxford: Clarendon Press.

Stanley, Jason (2008), *Language in Context*, Oxford University Press.

Stevenson, C. L.(1944), *Ethics and Language*, New Haven: Yale University Press.

Turing, A.(1992), *Mechanical Intelligence*, D. C. Ince(ed.), Amsterdam: North-Holland.

von Mises, R.(1981), *Probability, Statistics and Truth*, second revised English edition, New York: Dover.

Weber, M.(1992) *The Protestant Ethic and the Spirit of Capitalism*, tr., T. Parsons, Routledge.

White, S.(1991), *The Unity of the Self*, Cambridge, MA: MIT Press.

Whitehead, A.(1920), *The Concept of Nature*, Cambridge University Press.

Wilson, J. C.(1926), *Statement and Inference with other Philosophical Papers*, Oxford, Clarendon Press.

Wittgenstein, L.(1953). *Philosophical Investigations* , trs., & eds., G.E.M. Anscombe and R. Rhees, Oxford: Blackwell.

Won, Chiwook(2013), "Reasons, Actions, and Causes", Brown University, Dissertation.

_____(2014), "Overdetermination, Counterfactuals, and Mental Causation", *Philosophical Review*, 123-2(2014): 205-229.

Yi, Byeong-uk(2002), *Understanding the Many*. London: Routledge.

Zalta, E. N.(2001). "Fregean Senses, Modes of Presentation, and Concepts", *Philosophical Perspectives*, 15: 333-357.

Zizek, S.(2014), *Event: A Philosophical Journey Through a Concept*, New York: Penguin.

⟨http://blog.naver.com/hatsue/24708876⟩

⟨http://cafe.daum.net/analyticphilosophy/kRV1/48⟩

⟨http://modernism.research.yale.edu/wiki/index.php/The_Waste_Land⟩

⟨http://news.hankooki.com/ArticleView/ArticleView.php?url=culture/201211/h2012110121075184330.htm&ver=v002⟩

⟨http://cafe.daum.net/analyticphilosophy/kRV1/48⟩

찾아보기

용어 색인

인명 색인

한국현대철학

그 주제적 지형도

펴낸날 초판 1쇄 2016년 7월 13일
지은이 정대현
펴낸이 김훈순
펴낸곳 이화여자대학교출판문화원
주소 서울특별시 서대문구 이화여대길 52(우 03760)
등록 1954년 7월 6일 제9-61호
전화 02) 3277-2965(편집), 02) 362-6076(마케팅)
팩스 02) 312-4312
전자우편 press@ewha.ac.kr
홈페이지 www.ewhapress.com
책임편집 양지하
디자인 정혜진
찍은곳 (주)현문자현

ISBN 979-11-5890-168-4 93150
값 39,000원

* 잘못된 책은 바꾸어 드립니다.

이 도서의 국립중앙도서관 출판예정도서목록(CIP)은 서지정보유통지원시스템 홈페이지(http://seoji.nl.go.kr)와 국가자료공동목록시스템(http://www.nl.go.kr/kolisnet)에서 이용하실 수 있습니다. (CIP제어번호 : CIP2016014346)